SONDERHEFT 18

WISSENSCHAFTSSOZIOLOGIE

WISSENSCHAFTSSOZIOLOGIE

Studien und Materialien

HERAUSGEGEBEN VON

NICO STEHR UND RENÉ KÖNIG

WESTDEUTSCHER VERLAG

Inhaltsübersicht

I. Teil: Einleitung

Zur Soziologie der Wissenschaftssoziologie. Von Prof. Dr.
Nico Stehr, Edmonton 9

*II. Teil: Entwicklung, Wachstum und Wandel von Wissenschaft:
Wissenschaftssoziologische und wissenssoziologische Aspekte*

Der Fortschritt der Wissenschaft als Trivialisierungsprozeß. Von Prof. Dr.
Friedrich H. Tenbruck, Tübingen 19

Drei Modelle der Wissenschaftsentwicklung. Von Dr. *Michael J. Mulkay*,
Heslington, York 48

Wittgenstein und die Soziologie der Mathematik. Von Prof. Dr.
Derek L. Phillips, Amsterdam 62

Wissenssoziologie und Wissenschaftssoziologie. Entwicklung eines
gemeinsamen Untersuchungsrahmens. Von Prof. Dr. *Roger G. Krohn*,
Montreal 79

Programm einer Wissenschaftssoziologie der Jurisprudenz. Von Prof. Dr.
Ekkehard Klausa, Berlin 100

Grundprobleme der Wissenschaftsgeschichte. Von Dr. *Volker Bialas*,
Erlangen 122

III. Teil: Zur Entwicklung wissenschaftlicher Spezialgebiete

Konkurrenzformen, Autonomie und Entwicklungsformen wissen-
schaftlicher Spezialgebiete. Von Dr. *Richard D. Whitley*, Manchester 135

Biometriker versus Mendelianer. Eine Kontroverse und ihre Erklärung.
Von Dr. *Donald A. MacKenzie* und Dr. *S. Barry Barnes*, beide
Edinburgh 165

Fallstudien zu wissenschaftlichen Spezialgebieten. Von Dr. *David
O. Edge*, Edinburgh, und Dr. *Michael J. Mulkay*, Heslington, York 197

IV. Teil: Soziale und kognitive Organisation von Wissenschaft: Theoretische Aspekte

Die Ausdifferenzierung wissenschaftlicher Diskurse. Von Dr.
Gernot Böhme, Starnberg 231

Organisatorische Faktoren im Wissenstransfer. Eine explorative Untersuchung
zur Situation in den Sozialwissenschaften. Von *Heine von Alemann*,
Köln 254

Soziale Organisation, Kodifizierung des Wissens und das Belohnungssystem
der Wissenschaft. Von Prof. Dr. *Jerry Gaston*, Carbondale, Illinois 287

V. Teil: Soziale und kognitive Organisation von Wissenschaft: Empirische Untersuchungen

Paradigmatischer Konsens in Forschungsorganisationen. Von Dr. *Hans Geser*,
Zürich 305

Konsensus, methodologische Verfahrensweisen und die Trivialisierbarkeit
von Entscheidungen im Forschungsprozeß. Von Dr. *Karin D. Knorr*,
Wien 325

Unterschiede zwischen einzelnen Wissenschaften im Hinblick auf
Forschungsaktivität und Produktivität. Von Prof. Dr. *Janice M.
Beyer* und Dr. *John M. Stevens*, beide Buffalo, N. Y. 349

Anomie und Dissens in wissenschaftlichen Gemeinschaften. Von
Prof. Dr. *Lowell L. Hargens*, Bloomington, Indiana 375

VI. Teil: Wissenschaft, Technik und Gesellschaft: Soziohistorische Aspekte

Das Verhältnis von Wissenschaft und Technik im Wandel ihrer
Institutionen. Von Prof. Dr. *Peter Weingart*, Bielefeld 393

VII. Teil: Wissenschaft, Technik und Gesellschaft: Aktuelle Aspekte

Der vielschichtige Schnittbereich von Wissenschaft und Gesellschaft.
Von Prof. Dr. *John M. Ziman*, Bristol 419

Gelenkte Wissenschaft in der gelenkten Gesellschaft. Von Dr.
  Hilary Rose, London 429

Zur gesellschaftlichen Irrelevanz der Sozialwissenschaften. Von Dr.
  Helga Nowotny, Wien 445

Die Rolle der wissenschaftlich-technischen Revolution (WTR) im
  Marxismus-Leninismus. Von Dr. *Arnold Buchholz*, Köln 457

VIII. Teil: Wissenschaftssoziologie und Wissenschaftsphilosophie

Über einen neueren Versuch, die Vernunft zu retten. Von Prof. Dr.
  Paul K. Feyerabend, Berkeley 479

Philosophische Aspekte der Wissenschaftsforschung. Von Prof. Dr.
  Lorenz Krüger, Bielefeld 515

I. Teil: Einleitung

Zur Soziologie der Wissenschaftssoziologie*

Von Nico Stehr

Die Wissenschaftssoziologie ist in Bewegung geraten und mit ihr Wissenschaftsgeschichte und Wissenschaftstheorie sowie eine Reihe weiterer, im akademischen Bereich institutionalisierter wissenschaftlicher Spezialgebiete, die sich „Wissenschaft" reflexiv als Forschungsobjekt gewählt haben[1].

Die in diesem Band zusammengetragenen Aufsätze sind sowohl Ausdruck als auch Ergebnis dieser neuerlichen Entwicklungen auf dem Gebiet der Wissenschaftssoziologie in verschiedenen Ländern und, wie man immer mehr feststellen kann, der ihr einerseits verwandten, andererseits aber auch vorausgehenden und komplementären theoretischen Ansätze in der Wissenschaftsgeschichte und der Wissenschaftstheorie. Der Zusammenhang von Wissenschaftssoziologie (und Wissenssoziologie), Wissensgeschichte und Wissenschaftstheorie als solcher ist zwar keineswegs neu, schon in der Vergangenheit haben sich die in diesen Spezialgebieten dominierenden theoretischen Annahmen gegenseitig beeinflußt. Allerdings blieb der angedeutete Zusammenhang, und hier besonders was die Wissenschaftssoziologie angeht, häufig implizit und war zudem von einem, die in der Wissenschaft herrschende Hierarchie von Disziplinen und Spezialgebieten wiederspiegelnden Abhängigkeitsverhältnis gekennzeichnet, bei dem die in einem Spezialgebiet vorherrschenden Annahmen die des anderen weitgehend bestimmten. Im Gegensatz dazu kann man immer häufiger beobachten, daß Abhängigkeitsverhältnisse von Strukturen abgelöst werden, die auf eine wachsende Zusammenarbeit der sich mit (wenn auch verschiedenen) Aspekten der Wissenschaftsentwicklung beschäftigenden Spezialgebiete schließen läßt. Und um auch dies vorauszuschicken, die Gesamtheit der Aufsätze in diesem Band stellt in keiner Weise den Anspruch, vollständig zu sein oder etwa eine Synthese verschiedener Entwicklungen in der Wissenschaftssoziologie und ihr verwandter Gebiete vorzubereiten; dennoch ist ihr Ergebnis in bedeutsamer Hinsicht repräsentativ für neuere theoretische und empirische Arbeiten in der Analyse von Wissenschaft als sozialer Aktivität.

Es ist zwar richtig, daß die Zahl der Soziologen in aller Welt, die sich hauptsächlich um eine soziologische Analyse der Wissenschaft bemühen, im Vergleich zur Zahl der Soziologen, die sich mit anderen gesellschaftlichen Institutionen beschäftigen, immer noch verhältnismäßig gering ist. Dennoch ist Wissenschaftssoziologie heute im Kontext der ungleichmäßigen Entwicklung soziologischer Interessengebiete ein Bereich, der unter Soziologen zunehmend Aufmerksamkeit findet[2]. In der Bundesrepublik fand dies Ausdruck in der 1974 erfolgten offiziellen Gründung der Sektion Wissenschaftsforschung der *Deutschen Gesellschaft für Soziologie* auf dem Soziologentag in Kassel. Noch wichtiger aber ist, daß nicht nur die Zahl der an der Wissenschaftssoziologie interessierten Soziologen gestiegen ist, obwohl dies ein wichtiges Merkmal der in Bewegung geratenen Wissenschaftssoziologie ist, sondern daß wissenschaftssoziologische Themen von einer Vielzahl von Wissenschaftlern aufgegriffen werden und sich die Thematik, wie noch zu zeigen sein wird, im Laufe dieser Entwicklung im Vergleich zur Wissenschaftssoziologie der vergangenen drei Jahrzehnte wesentlich verschoben hat.

Kurz, die kognitiven und institutionellen Veränderungen in der Wissenschaftssoziologie machen es unwahrscheinlich, daß *Robert K. Merton* und eine Reihe anderer Autoren[3] ihre in den fünfziger und sechziger Jahren veröffentlichten und für diesen Zeitraum weitgehend gültigen Beobachtungen und Erklärungen zur Vernachlässigung der Wissenschaftssoziologie in der Soziologie in dieser Form wiederholen würden. Tatsächlich beschreibt *Merton* den gegenwärtigen Status der Wissenschaftssoziologie in folgenden Worten: ,,After a long gestation, the sociology of science has finally emerged as a distinct sociological speciality. Having evolved a cognitive identity in the form of intellectual orientations, paradigms, problematics and tools of inquiry, it has begun to develop a professional identity as well in the form of institutionalized arrangements for research and training, journals given over to the subject in part or whole, and invisible colleges of specialists engaged in mutually related inquiry and not infrequent controversy[4].``

So möchte ich an dieser Stelle denn auch versuchen kurz darzustellen, welche kognitiven und gesellschaftlichen Faktoren in der Nachkriegszeit diesen offenbar allgemein anerkannten Umschwung zunächst verhinderten und dann in Gang gebracht haben. Die detaillierte Darstellung der Substanz, der Richtung und vorläufiger Ergebnisse der in Bewegung geratenen Wissenschaftssoziologie bleibt dagegen den verschiedenen Aufsätzen selber vorbehalten[5].

I. Die Vernachlässigung der soziologischen Analyse von Wissenschaft

Als erster Ansatzpunkt für eine Darstellung der Vernachlässigung der Wissenschaftssoziologie in der Nachkriegszeit kann *Mertons* 1952 veröffentlichte Einleitung zu *Bernard Barbers* Science and Social Order, dem ersten Lehrbuch zur Wissenschaftssoziologie im englischen Sprachbereich, gelten. *Merton* versucht in diesem Aufsatz, die später wiederholt vorgebrachte Beobachtung vom Desinteresse der Soziologie an spezifischen wissenschaftssoziologischen Problemen, die von ihm an dieser Stelle noch im Gegensatz zu später einsetzenden Entwicklungen in der Wissenschaftssoziologie zentral als Beziehungen von Wissenschaftsentwicklung und Gesellschaft identifiziert werden[6], zu analysieren. Seine Darstellung verweist darüber hinaus indirekt auf Faktoren, die ursächlich auf eine Belebung der Wissenschaftssoziologie schließen lassen.

Zunächst einmal beschreibt *Merton* die zu der Zeit vorhandene Literatur zur Wissenschaftssoziologie als entweder durch theoretisch unfundiertes Anhäufen von Tatsachen gekennzeichnete Arbeiten oder als theoretische Beiträge, die nicht auf empirischem Material zur Wissenschaftsentwicklung beruhen. Mit anderen Worten, er beklagt, daß auf dem Gebiet der Wissenschaftssoziologie die ,,productive patterns of inquiry in which ... men pursue facts until they uncover ideas or pursue ideas until they uncover facts"[7] weitgehend abwesend sind. Das hauptsächlich von Naturwissenschaftlern — sozusagen nebenberuflich — zusammengetragene Tatsachenmaterial zur Entwicklung und zum Zusammenspiel von Wissenschaft und Gesellschaft sowie die unter Sozialwissenschaftlern trotz vorhandener theoretischer Bezugsrahmen zu beobachtende Vernachlässigung von empirischen Untersuchungen der Wissenschaft machen daher nach *Merton* den Stand der Reflexion über Wissenschaft zu diesem Zeitpunkt aus. Sofern es überhaupt bedeutsame theoretische Einsichten zur Wissenschaft gab, werden sie in den ersten Nachkriegsjahren nur wiederholt, aber nicht fortentwickelt. Kognitive Stagnation war damit an der Tagesordnung und dies trotz der wachsenden gesellschaftlichen Bedeutung der Wissenschaft.

Als Erklärung für den derzeitigen Stand der Wissenschaftssoziologie offeriert *Merton* eine Reihe von Gründen. Dabei wird deutlich, daß diese Erklärungen ihrerseits auf ein bestimmtes, von den damaligen sozio-historischen Bedingungen gestütztes Verständnis der Entwicklung der Wissenschaft im allgemeinen und der Sozialwissenschaften im besonderen zurückgehen. *Merton* unterscheidet zwischen Faktoren, die einerseits für die Vernachlässigung der Wissenschaftsforschung unter Naturwissenschaftlern verantwortlich sind und andererseits für das von ihm konstatierte Desinteresse unter Soziologen. Die Vernachlässigung der Wissenschaftssoziologie unter *Naturwissenschaftlern* ist einmal Ausdruck der in der Wissenschaft institutionalisierten Arbeitsteilung, zum anderen aber auch Ergebnis des unter Naturwissenschaftlern vorherrschenden und gesellschaftlich gestützten Wissenschaftsverständnisses, das Wissenschaftsgeschichte in erster Linie als Folge einer Anzahl von kreativen Beiträgen eher einsamer und autonomer Wissenschaftler[8] perzipiert und damit eine ernsthafte Analyse des sozialen, politischen und ökonomischen Kontextes dieser Entwicklungen von vornherein weitgehend unmöglich macht. Darüber hinaus, so betont *Merton,* sei die Bereitschaft von Naturwissenschaftlern zur Untersuchung des Einflusses gesellschaftlicher Faktoren, und das heißt natürlich sogenannter externer Faktoren, auf die Entwicklung der Wissenschaft dadurch gehindert, daß solche Einwirkungen auf die Autonomie und die immanent gesteuerte Wissenschaftsentwicklung von Wissenschaftlern in der Regel als negativ bewertet werden[9], da sie etwa die Motivation der Wissenschaftler in zweifelhaftem Licht erscheinen lassen würden. Das Desinteresse an einer reflexiven Beschäftigung mit Wissenschaft und Naturwissenschaftlern ist somit auf sich gegenseitig unterstützende ideologische und institutionelle Ursachen zurückzuführen, die ihrerseits wiederum für die Wissenschaft der damaligen Zeit charakteristisch sind. Sieht man davon ab, daß *Merton* darauf verweist, daß das unter Wissenschaftlern vorherrschende Wissenschaftsverständnis mit dem in der Gesellschaft vorhandenen Bild von der Wissenschaft konvergiert, so reflektieren seine angeführten Ursachen der Vernachlässigung der Wissenschaftsforschung unter Naturwissenschaftlern eher wissenschaftsimmanente Bedingungen.

Dies gilt ebenfalls weitgehend für die von *Merton* genannten Ursachen für die Vernachlässigung der soziologischen Analyse der Wissenschaft unter *Soziologen.* Im Gegensatz zu den Naturwissenschaftlern gibt es unter den Soziologen nur wenige Anhänger der Theorie der Rolle von „great minds" im Prozeß gesellschaftlichen Wandels, und zum anderen wird die soziale Determinierung von individueller Motivation von ihnen als gesichert angesehen, ohne daß damit gleichzeitig unterstellt wird, daß es sich dabei

dann um fragwürdige Motive handeln muß. *Merton* nennt zwei, besonders auf Sozialwissenschaftler zutreffende Gründe. Erstens, „it may be that the connections between
science and society constitute a subject matter which has become tarnished for academic sociologists who know that it is close to the heart of Marxist sociology[10]." Mit
anderen Worten, die von *Merton* zentral mit der Wissenschaftssoziologie in Verbindung
gebrachte Fragestellung von der Beziehung zwischen Wissenschaft und Gesellschaft ist
dadurch diskreditiert, daß sie als „Marxistische" Problemstellung angesehen wird. Eine
Assoziation, die in den Tagen des kalten Krieges sowie der McCarthy-Aera in den
USA in der Tat tabuierend gewirkt haben muß, zumal viele der zu diesem Zeitpunkt
dem Sozialwissenschaftler zur Verfügung stehenden und als Beispiel dienenden Untersuchungen über Interaktion oder Determination von wissenschaftlicher Entwicklung
durch gesellschaftliche Prozesse in den dreißiger Jahren von Wissenschaftlern verfaßt
worden sind, die sich als Marxisten verstanden oder doch zumindest die Analyse des
Standortes der Wissenschaft als sozialer Aktivität im Sinne von *Karl Marx* problematisierten[11].

Schließlich deutet *Merton,* wie im Fall der Naturwissenschaftler, auf eine weitere
analoge Ursache für die Vernachlässigung der Wissenschaftssoziologie unter Soziologen
hin; die akademische Arbeitsteilung bewirkt, daß Soziologen in der Regel keine Kompetenz auf einem Gebiet der Naturwissenschaft oder der Wissenschaftsgeschichte aufweisen können[12]. Der von *Merton* später häufig betonte „self-exemplifying" Charakter
der Entwicklung der Wissenschaftssoziologie[13] im Spannungsfeld der Entwicklung benachbarter Disziplinen und Spezialgebiete *und* gesellschaftlicher Bedingungen bleibt
bei der Aufzählung seiner Gründe für die Vernachlässigung der Wissenschaftssoziologie
weitgehend unberücksichtigt. Da seine Analyse in eine historische Epoche fällt, in der
man die wissenschaftliche Entwicklung und die Institution Wissenschaft durch totalitäre Regime gefährdet sah, bleiben zwar ausgewählte gesellschaftliche Bedingungen
nicht ganz unberücksichtigt, dennoch spielen sie hier wie in den darauffolgenden
zwanzig Jahren Wissenschaftssoziologie offenbar eine nur sekundäre Rolle.

Generell kann man sagen, daß die kognitive und institutionelle Entwicklung der Soziologie sowie anderer sozialwissenschaftlicher Disziplinen im Vergleich zu den meisten
naturwissenschaftlichen Disziplinen in einem sehr viel engeren Zusammenhang zu gesellschaftlichen Veränderungen steht[14], so daß eine Darstellung der Vernachlässigung
der Wissenschaftssoziologie oder des wachsenden Interesses für wissenschaftssoziologische Fragen ohne Hinzuziehung des relevanten gesellschaftshistorischen Kontextes
solcher Entwicklungen mehr als unvollständig bleibt.

Merton ist sich dieser Tatsache bewußt, wenn er etwa schreibt: „In social science,
institutes for specialized research are typically established in response to social, economic, and political needs, as these are defined by influential groups in society[15]."
Und da Wissenschaftler und Öffentlichkeit zugleich zu dieser Zeit die Konsequenzen
von Wissenschaft und Technik angesichts der Ereignisse von Nagasaki und Hiroshima
zunehmend als „soziales Problem" definieren, besteht die Hoffnung, daß ein Interesse
an der Wissenschaftssoziologie und ihrer Förderung ebenfalls zunehmen wird. Daß sich
die von ihm antizipierten Anstöße für eine Entwicklung der Wissenschaftssoziologie in
dieser Richtung dann aber doch nicht realisierten, lag sicher nicht zuletzt an den von

Merton wohl kaum vorauszusehenden historischen Entwicklungen. Im Gegensatz zu den von ihm ausgesprochenen Erwartungen zeigte sich dann sehr schnell, daß die gesellschaftliche Bewertung der Wissenschaft und Technik als soziales Problem zwar, wenn man so will, weiter bestand, aber doch nicht mehr in der von ihm beschriebenen Weise. Das heißt, die erwähnten Besorgnisse unter Wissenschaftlern und Öffentlichkeit wurden geradezu in ihr Gegenteil verkehrt, da der Beitrag der Wissenschaftler zur Kriegsführung in den USA etwa zu gesteigerten Erwartungen führte und zur Grundlage für eine weitere, sehr viel umfangreichere Wissenschaftsförderung, besonders durch das Militär, wurde[16]. Besorgnisse über die destruktiven Konsequenzen von Wissenschaft und Technik eröffneten den Weg zu Diskussionen über die konstruktiven Konsequenzen von Wissenschaft und Technik.

Jean-Jacques Salomon beschreibt diesen Zusammenhang wie folgt: ,,The demobilisation of researchers at the end of the war did not put an end to the mobilisation of science. For those very scientists who lived in the 'laboratory-barracks' of Los Alamos, the return to their home university might well have meant the return to their peaceful tasks of teaching and research; but those tasks were to take not so much a new form as a new orientation. In fact the alliance between government industry and the universities was not only kept in being but was made even closer. The balance of power determined by atomic weapons meant that in any new world war the issue would no longer turn on the ability to convert a peace economy and increase mass production but on an immediately 'realisable' scientific and technical capital. The mobilisation of science must therefore be the subject of permanent arrangements, organised and controlled by the government. Science was lodged in the heart of politics and could no longer escape[17]."

Auf dem Hintergrund des verstärkten Konkurrenzverhaltens von Nationen oder Blöcken von Nationen, des kalten Krieges, wirtschaftlichen Aufschwungs, des Sputniks usw. war Wissenschaft und Technik weiterhin ein soziales Problem, aber eben doch ein soziales Problem ganz anderer Art.

Die Jahre 1952 bis etwa 1967 waren durch ein stetiges und dramatisches Wachstum der staatlichen Ausgaben für wissenschaftliche und technische Forschung[18] sowie der Zahl der Wissenschaftler und Ingenieure gekennzeichnet, so daß die von *Merton* antizipierten Probleme zunächst für fast zwei Jahrzehnte weitgehend durch Probleme anderer Art überlagert wurden. Charakteristisch für den Zeitraum der Expansion von Wissenschaft und Technik war deshalb nicht die Problematisierung des *Inhalts* von Wissenschaft, Technik oder der direkt auf die Wissenschaftsentwicklung abzielenden politischen Maßnahmen, sondern hauptsächlich eine Problematisierung der *Organisation* und *Effizienz* der mobilisierten Wissenschaft für zunächst nicht weiter in Frage gestellte gesellschaftliche, militärische, ökonomische und politische Zielsetzungen. Zweifellos waren diese Entwicklungen, wie gegenwärtig immer deutlicher wird, von wichtigen Veränderungen in der Wissenschaft und in der Art der Beziehungen zwischen Wissenschaft, Technik und Gesellschaft begleitet. Vereinfacht läßt sich sagen, daß es mit der Expansion der Wissenschaft, einschließlich der sogenannten Forschung und Entwicklung in der Nachkriegszeit, zu einer progressiven Verschiebung der Grenzen von wissenschaftlichen Disziplinen, besonders der Unterscheidung von angewandter und reiner Forschung, sowie zu einem mehr oder weniger starken Abbau der Unterschiede zwischen staatlichen und privaten ökonomischen Aktivitäten, politischen und ökonomischen Interessen, dem Bereich des Politikers und des Wissenschaftlers und damit auch zu einem Abbau der Grenzen von Wissenschaft und anderen gesellschaftlichen Institutionen kam[19]. Diesen Veränderungen wiederum entsprachen tiefgreifende, wenn auch bisher ungleichmäßige[20], strukturelle Änderungen in der Wissenschaftsorganisation, den Bedingungen wissenschaftlicher Forschung (etwa Technologisierung der Forschung in einer Reihe von wichtigen wissenschaftlichen Disziplinen), der Perzeption wissenschaftlicher Arbeit, kurz, die Sozialstruktur der Wissenschaft befand sich und befindet sich weiter in einem signifikanten Wandel.

Trotz der an dieser Stelle nur kurz aufgezählten Veränderungen der „materiellen" Bedingungen wissenschaftlicher Arbeit und teilweise auch der gesellschaftlichen Legitimation von Wissenschaft in diesem Zeitraum der Nachkriegszeit[21] blieb die Wissenschaft und ihr Entwicklungsprozeß zunächst noch im Bewußtsein vieler Wissenschaftler einschließlich vieler Sozialwissenschaftler weiterhin eine Art „autonome Republik"[22]. Außerdem trugen sicher die Erfolge der „industrialisierten" Wissenschaft bei vorgegebenen Zielen sowie die traditionellen Annahmen der Wissenschaftstheorie und -geschichte zur immanenten Steuerung der Wissenschaftsentwicklung bei.

Angesichts dieser Situation konzentrierte sich die Wissenschaftssoziologie auf sogenannte interaktionelle theoretische Ansätze[23], bei denen die sozialen Beziehungen von Wissenschaftlern an ihren Arbeitsplätzen in der Universität, Industrie oder in staatlichen Forschungseinrichtungen im Vordergrund standen[24]. Damit bewahrheitete sich, wie *Merton* antizipierte, daß die Wissenschaftssoziologie dieser Zeit in erster Linie theoretische Anregungen zur Analyse der Wissenschaft von existierenden soziologischen Untersuchungen zur Struktur, Rolle und Funktion verschiedener Professionen übernahm und sie auf die Berufsposition „Wissenschaftler" anwandte. Dabei handelte es sich dann auch um empirische Materialien, die in der Regel mit den vorherrschenden Forschungstechniken der Soziologie behandelt werden konnten.

Es kam zu diesem Zeitpunkt und später zwar zu dem von *Merton* 1952 erwarteten Aufschwung der Wissenschaftssoziologie, allerdings hielt er sich zunächst noch in den Grenzen des Wachstums der Soziologie und beschränkte sich darüber hinaus, was die von damaligen Soziologen aufgegriffene Thematik angeht, hauptsächlich auf organisationssoziologische Fragen der Wissenschaft, so daß die kognitiven Entwicklungsmechanismen der Wissenschaft im Kontext von Wissenschaftsorganisation und gesellschaftlichen Bedingungen kaum problematisiert wurden[25].

II. Die Entzauberung der Wissenschaft

Dem exponentialen Wachstum der Wissenschaft ist in vielen Ländern Stagnation und dem Optimismus über die sozialen Konsequenzen von Wissenschaft und Technik ist Ernüchterung gewichen. Eine Tatsache, die an dieser Stelle nicht ausführlich dargestellt werden muß und nicht eingehend analysiert werden kann, da sie noch in frischer Erinnerung ist oder erst gegenwärtig in allen ihren Folgen sichtbar und begriffen wird.

Eindeutig aber ist, daß die neuerliche Krise der Wissenschaft ebenso eine Krise der Gesellschaft ist, d.h. „it is no accident that the challenge facing science today coincides with the indictment of industrial societies which, in dizziness from technical conquests, are once again discovering the human and social costs of progress"[26]. Die sich immer deutlicher zeigenden Widersprüche zwischen wissenschaftlich-technischen Möglichkeiten einerseits und dem Mißbrauch von Wissenschaft und Technik andererseits haben, auf eine kurze Formel gebracht, dazu geführt, Wissenschaft und Technik heute entweder als hoffnungslose Gefahr oder als eine die Hoffnung gefährdende Kraft anzusehen. Mit *Max Weber* gesprochen lautet die Frage daher: „Hat der ‚Fortschritt‘ als solcher einen erkennbaren, über das Technische hinausreichenden Sinn, so daß dadurch der Dienst an ihm ein sinnvoller Beruf würde? Die Frage muß aufgeworfen werden. Das ist nun aber nicht mehr die Frage des Berufs *für* die Wissenschaft, das Problem also: Was bedeutet die Wissenschaft als Beruf für den, der sich ihr hingibt?, sondern schon die andere: Welches ist der *Beruf der Wissenschaft* innerhalb des Gesamtlebens der Menschheit? und welches ihr Wert[27]?" Diese Frage hat nicht zuletzt zu einer deutlich erhöhten Selbstreflexion der Wissenschaftler geführt, sondern ist auch zu einem großen Teil verantwortlich für die in Bewegung geratende Wissenschaftssoziologie. *Mertons* vor zwanzig Jahren ausgesprochene Erwartung einer vitalen Wissenschaftssoziologie hat sich damit, wenn auch verspätet, realisiert. Im Zuge dieser Entwicklung werden traditionell nicht in Frage gestellte Ansichten zur Entwicklung der Wissenschaft und zur Interaktion von Wissenschaft und Gesellschaft von der Wissenschaftssoziologie, der Wissenschaftsgeschichte und der Wissenschaftstheorie problematisiert. Die in diesem Band zusammengetragenen Aufsätze geben einen vorläufigen Überblick verschiedener theoretischer und empirischer Bemühungen in dieser Richtung.

Anmerkungen

* Der Herausgeber dankt allen Autoren und Übersetzern des Sonderheftes für ihre Mitarbeit. Besonderen Dank gilt *René König* nicht nur für seine Bereitschaft, diese Sammlung von Aufsätzen zur Wissenschaftssoziologie in die Reihe der Sonderhefte der Kölner Zeitschrift für Soziologie und Sozialpsychologie aufzunehmen, sondern auch für seine stets großzügig zur Verfügung gestellte intellektuelle und technische Unterstützung bei der Vorbereitung und Verwirklichung dieses Bandes. Schließlich möchte ich *Axel Schmalfuß* für seine mir aus großer Entfernung geleistete Hilfe danken.

[1] Es ist bewußt darauf verzichtet worden, die in anderen Sonderheften übliche Bibliographie zum Thema des Bandes beizufügen, da einerseits die in den verschiedenen Aufsätzen aufgeführten Literaturangaben einen hinreichenden ersten Überblick geben und andererseits im deutschen Sprachbereich bereits eine periodisch auf den neuesten Stand gebrachte ausführliche Bibliographie zur Wissenschaftsforschung existiert (siehe *Ina Spiegel-Roesing*, Wissenschaftsentwicklung und Wissenschaftsforschung, Frankfurt 1973, S. 133—283, sowie die von ihr periodisch auf den neuesten Stand gebrachte Bibliographie zur Wissenschaftsforschung, Abteilung Wissenschaftsforschung, Universität Ulm).

[2] Siehe *Nico Stehr* und *Lyle Larson*, The Rise and Decline of Areas of Specialization, in: The American Sociologist 7 (1972), S. 3, 5—6.

[3] *Robert K. Merton*, The Neglect of the Sociology of Science, in: *Norman Storer*, Hrsg., The Sociology of Science, Chicago 1974 (zuerst, Vorwort zu *Bernard Barber*, Science and Social Order, New York 1952, S. XI—XXIII); siehe auch *Robert K. Merton*, Introduction, in: *Robert K. Merton*, Social Theory and Social Structure, New York 1957, S. 531—536; *Norman Storer*, The Sociology

of Science, in: *Talcott Parsons*, Hrsg., American Sociology, New York 1968, S. 199—213.
Die von *Merton* speziell auf amerikanische Verhältnisse abzielende Darstellung der Vernachlässigung der Wissenschaftssoziologie trifft, was das Desinteresse als solches angeht, auch größtenteils für andere Länder zu, so etwa für die Bundesrepublik. Ein Anzeichen dafür ist, daß das Stichwort „Wissenschaft" in dem 1955 von *Bernsdorf* und *Bülow* herausgegebenen „Wörterbuch der Soziologie" überhaupt nicht vorkommt. In der 1972 neubearbeiteten Auflage des Wörterbuches findet sich dann zwar ein Hinweis auf die Wissenschaftssoziologie, allerdings beschränkt er sich darauf, stichwortartig einige Thesen der funktionalistischen Wissenschaftssoziologie *Mertons* und *Barbers* anzuführen.

   4 *Robert Merton*, Author's Preface, in: *Norman Storer*, Hrsg., a.a.O., S. IX.
   5 Zu neueren Entwicklungen der Wissenschaftssoziologie vgl. auch *Richard Whitley*, Hrsg., Sosical Processes of Scientific Development, London 1974; *Barry Barnes*, Scientific Knowledge and Sociological Theory, London 1974.
   6 *Robert K. Merton*, The Neglect of the Sociology of Science, a.a.O., S. 210, sowie *Robert K. Merton*, Introduction, a.a.O., S. 531: "In broadest outline, the subject matter of the sociology of science is the *dynamic interdependence* between science, as on ongoing social activity giving rise to cultural and civilizational products, and the environing social structure." An dieser Stelle verweist *Merton* weiterhin darauf, daß die Wissenschaftssoziologie eigentlich Teil der Wissenssoziologie sei. Es ist deshalb wichtig, in diesem Zusammenhang darauf aufmerksam zu machen, daß die in den letzten Jahren häufiger vorgetragenen Vorwürfe gegen *Merton*, die darauf hinauslaufen, ihn ursächlich für die restriktive Wissenschaftssoziologie der letzten zwanzig Jahre verantwortlich zu machen, nicht voll zutreffen. Zumindest Teile seiner Arbeiten und Interpretationen zur Wissenschaftssoziologie und Wissenssoziologie können durchaus als Unterstützung für eine wissenssoziologisch orientierte Analyse von Wissenschaft *gelesen werden* (siehe etwa *Robert Merton*, The Sociology of Knowledge in: *Robert Merton*, a.a.O., insbesondere S. 484—488, zuerst 1945 veröffentlicht). Daß diese Passagen, besonders von amerikanischen Soziologen, häufig nicht in dieser Absicht *gelesen wurden*, sondern daß sein funktionalistischer Ansatz eine Art Monopolstellung in der Wissenschaftssoziologie gewann, kann man ihm nicht zum Vorwurf machen. Dies wiederum verlangt eine Erklärung, die sich des gesellschaftlichen und akademischen Kontextes der fraglichen Zeit bewußt ist.
Etwa zwanzig Jahre später beschreibt *Joseph Ben-David* in einer kurzen Übersicht zur Entwicklung der Wissenschaftssoziologie nach dem zweiten Weltkrieg die für sie besonders charakteristische Thematik als „the interactional study of the scientific community, or more concretely, the networks of communication and social relationships between scientists working in given fields, or in all fields" (*Joseph Ben-David*, Introduction, in: International Social Science Journal 22 (1970), S. 15). Dies heißt dann aber auch, "the virtual disappearance of attempts to explain the content and theories of science on the basis of social conditions" (*Ben-David*, Ebd., S. 19), da, wie *Ben-David* zustimmend bemerkt, "historical studies of the development of scientific thought, and sociological investigation of the way scientists work, have unequivocally shown that the problems investigated by scientists are overwhelmingly determined by conditions internal to the scientific community, such as the 'state of the art' and the resources for and organization of scientific work. This is not to say that general philosophical ideas or social concerns may not influence science at all, but that the growth of scientific knowledge cannot be systematically explained as resulting from such external conditions. Their effect can only be indirect and is always circumscribed by the internal state of science" (*Ben-David*, Ebd., S. 20; siehe auch *Joseph Ben-David*, The Scientist's Role in Society, Englewood Cliffs 1971 und *Joseph Ben-David*, The State of Sociological Theory and the Sociological Community, in: Comparative Studies in Society and History 15 (1973), S. 448–472, sowie *Norman Storer*, The Social System of Science, New York 1966 und *Jonathan Cole* und *Stephen Cole*, Social Stratification in Science, Chicago 1973).
   7 *Robert K. Merton*, The Neglect of the Sociology of Science, a.a.O., S. 213.
   8 Vgl. etwa *Robert Murray*, Science and Scientists in the Nineteenth Century, London 1925.
   9 Siehe auch *Merton*, Introduction, a.a.O., S. 532. Daß der zuletztgenannte Grund eine nicht unwesentliche Rolle gespielt haben mag, wird deutlich, wenn man gegenwärtig häufig auf nostalgische Äußerungen von Naturwissenschaftlern stößt, die die unpolitische Rolle der Wissenschaft und der Wissenschaftler in der Vergangenheit (dem goldenen Zeitalter der Wissenschaft) herausstellen: "But after the idyllic years of world science, we passed into a tempest of history; and by an unfortunate coincidence, we passed into a technological tempest, too" (*C. P. Snow*, The Moral Un-neutrality of Science, in: *Obler-Estrin*, Hrsg., The New Scientist, Essays on the Methods and

Value of Modern Science, New York 1962, S. 135). Oder, "the year Rutherford died there disappeared forever the happy days of free scientific work which gave us such delight in our youth. Science has lost her freedom. Science has become a productive force. She has become rich but she has become enslaved and part of her is veiled in secrecy" (*P. L. Kapitza*, Address to the Royal Society in Honour of Lord Rutherford, in: Nature 210 (1966), S. 783).

[10] *Robert K. Merton*, The Neglect of the Sociology of Science, a.a.O., S. 216.

[11] *J. D. Bernal*, The Social Function of Science, London 1939: *B. Hessen*, The Social and Economic Roots of Newton's Principia, in: Science at the Crossroads, London 1931; *J. D. Crowther*, The Social Relations of Science, New York 1941; *L. Hogben*, Science of Citizen, London 1938.

[12] Diese Tatsache hat dann auch sicher dazu beigetragen, daß die Wissenschaftssoziologie dem Inhalt der von ihr untersuchten naturwissenschaftlichen Disziplinen kaum Aufmerksamkeit schenkte, obwohl die Substanz wissenschaftlicher Produkte in vielen Untersuchungen von vornherein aus einer Reihe von anderen Gründen nicht problematisiert wurde. Das Forschungsinteresse der Wissenschaftssoziologie konzentrierte sich restriktiv auf einen begrenzten Bereich der Wissenschaft. *Norman Storer* faßt dies in folgende Worte: "We will define science not as a body of knowledge or set of investigatory techniques but as the organized social activity of men and women who are concerned with extending man's body of empirical knowledge through the use of these techniques. The relationship among these people, guided by a set of shared norms, constitutes the social characteristics of science. To the extent that these patterns of behavior remain stable over an appreciable length of time, we may discuss them as components of an organized system of behavior and attempt to determine the relationships that exist among them" (*Storer*, The Social System of Science, a.a.O., S. 3).

[13] *Robert K. Merton*, Insiders and Outsiders: A Chapter in the Sociology of Knowledge, in: American Journal of Sociology 77 (1972), S. 9—47.

[14] *Cornelius Lammers*, Mono- and Poly-paradigmatic Developments in Natural and Social Sciences, in: *Richard Whitley*, Hrsg., a.a.O., S. 123—147, sowie den Beitrag von *Helga Nowotny* in diesem Band.

[15] *Robert K. Merton*: The Neglect of the Sociology of Science, a.a.O., S. 211.

[16] Vgl. *S. S. Blume*, Toward a Political Sociology of Science, New York 1974, S. 19—25; *Helmut Krauch*, Die organisierte Forschung, Neuwied 1970, S. 151—175.

[17] *Jean-Jacques Salomon*, Science and Politics, Cambridge 1973, S. 48.

[18] Siehe verschiedene in den letzten Jahren von der OECD in Paris veröffentlichte Untersuchungen zur Wissenschaftspolitik ausgewählter Länder. Siehe auch die von *Derek de Solla Price* durchgeführten Untersuchungen zum Wachstum der Wissenschaft: *Derek de Solla Price*, Science since Babylon. New York 1962, und *ders.*, Little Science, Big Science, New York 1963.

[19] Vgl. *Don Price*, The Scientific Estate, Cambridge 1965.

[20] Es wäre falsch anzunehmen, wie *Ravetz* betont, daß "the whole social activity of science has been completely transformed in the last two decades. A large part of scientific research proceeds as before, in a social context which is still mainly 'academic' rather than industrialized. The radical difference is that certain new tendencies resulting from industrialization are developing rapidly, and that the self-consciousness of science, as reflected in the pronouncements of its leaders, has changed from a simple optimism to a troubled uncertainty" (*Jerome Ravetz*, Scientific Knowledge and its Social Problems, New York 1971, S. 409).

[21] Ausführliche Darstellungen finden sich in *Jerome Ravetz*, Ebd., S. 31—68; *Hilary Rose* und *Steven Rose*, Science and Society, London 1969; *D. S. L. Cardwell*, The Organization of Science in England, London 1957.

[22] *Michael Polanyi*, The Republic of Science, in: Minerva 1 (1962), S. 54—73. Vergleiche in diesem Zusammenhang auch die in den sechziger Jahren in der Bundesrepublik heftig diskutierte und umstrittene These von der Eigengesetzlichkeit der wissenschaftlich-technischen Entwicklung. Zum Beispiel *Helmut Schelsky*, Der Mensch in der wissenschaftlichen Zivilisation, in: *Helmut Schelsky*, Auf der Suche nach der Wirklichkeit, Düsseldorf 1965, S. 439—480 und *H. P. Bahrdt*, Helmut Schelskys technischer Staat, in: Atomzeitalter (1961), S. 195—200.

[23] *Ben-David*, Introduction, a.a.O., S. 15 und *ders.*, The Scientist's Role in Society, a.a.O., S. 2 ff., unterscheidet zwischen interaktionellen und institutionellen theoretischen Ansätzen in der Wissenschaftssoziologie. Der interaktionelle Ansatz konzentriert sich auf die Analyse der Beziehungen von individuellen Wissenschaftlern in einem als gegeben angesehenen sozio-historischen Kontext, während der institutionelle Ansatz eine umfassendere Perspektive umschließt, d. h. etwa auch die vergleichende Analyse von allgemeinen ökonomischen, politischen und religiösen Einflüssen auf die

Entwicklung der Wissenschaft.

[24] Charakteristisch für die Wissenschaftssoziologie ist dann eine eher restriktive Definition ihres Forschungsobjektes. Vgl. *Norman Storer*, The Social System of Science, a.a.O., und *ders.*, The Sociology of Science, in: *Talcott Parsons*, Hrsg., a.a.O., sowie die wachsende intellektuelle Bedeutung der Aufsätze *Mertons*, die sich mit der Organisation der Wissenschaft im Gegensatz zur Beziehung von Wissenschaft und Gesellschaft befassen, vgl. *Robert K. Merton*, Social Theory and Social Structure, a.a.O., und *ders.*, Science and the Democratic Social Structure, ebd.

[25] Ähnliche Entwicklungen treffen für die Wissenschaftsgeschichte dieses Zeitraumes zu. Vgl. *A. R. Hall*, Merton Revisited or Science and Society in the Seventeenth Century, in: History of Science 2 (1963), 1-16; zur Kritik dieser Perspektive in der Wissenschaftsgeschichte *Robert Young*, The Historiographic and Ideological Contexts of the Ninteenth-Century Debate on Man's Place in Nature, in: Changing Perspectives in the History of Science, London 1973, S. 344—438.

[26] *Jean-Jacques Salomon*, a.a.O., S. XIV.

[27] *Max Weber*, Vom Inneren Beruf zur Wissenschaft, in: *Max Weber*, Soziologie, Weltgeschichtliche Analysen, Politik, Stuttgart 1956, S. 318—319.

II. Teil: Entwicklung, Wachstum und Wandel von Wissenschaft: Wissenschaftssoziologische und wissenssoziologische Aspekte

Der Fortschritt der Wissenschaft als Trivialisierungsprozeß

Von Friedrich H. Tenbruck

Seit sich die Soziologie ihre Selbständigkeit mittels des Nachweises der Allgegenwart sozialer Strukturen erkämpft hat, pflegen ihre Analysen an eben diesen institutionellen Tatsachen anzusetzen. Aus dem charakteristischen Zugang wird leicht eine *déformation professionelle*, wenn die Strukturen als die wesentliche Wirklichkeit gelten, auf deren Analyse die Soziologie beschränkt wird. In eine solche Verengung hat sich auch die Soziologie der Wissenschaft hineinmanövriert mit der Folge, daß sie sich nun schwer tut, Boden unter die Füße zu bekommen, und wesentliche Dimensionen der Problematik der Wissenschaft nicht mehr sehen kann. Will man die Disziplin aus dieser Lage befreien, so muß man notgedrungen von Dingen reden, die so fremd, dunkel und unbekannt geworden sind wie die Rückseite des Mondes.

I. Zur Lage der Wissenschaftssoziologie

Die Soziologie der Wissenschaft hat — von älteren wissenssoziologischen und marxistischen Ansätzen abgesehen — mit dem Vorhaben begonnen, *die Wissenschaft als Institution* zu sezieren, wobei sie sich lange auf die Naturwissenschaft beschränkte. Die für alle Bindestrich-Soziologen typisch vage Absicht, „die Beziehungen zwischen Wissenschaft und Gesellschaft zu ermitteln"[1], mußte mangels einer spezifischen Fragestellung auf die Übertragung allgemeiner soziologischer Begriffe auf ein neues Gebiet und somit auf die institutionelle Analyse hinauslaufen. Bei *Robert K. Merton* und *Bernard Barber* las sich das so: "To get a better understanding of science by applying to it the kind of sociological analysis that hàs proved fruitful when applied to many other kinds of social activity"[2]. Soweit dahinter auch eine Beunruhigung, teils über die Ohnmacht der Wissenschaft vor totalitären Eingriffen, teils über Anzeichen beunruhigender Folgen der Wissenschaft, stand, lief auch sie stracks auf die institutionelle Analyse zu. Denn vorausgesetzt war noch stets, daß die Wissenschaft bei angemessener Institutionalisierung den geraden Weg ihrer eigenen Logik gehen werde, und natürlich auch gehen solle. Bessere Kenntnis ihrer institutionellen Voraussetzungen sollte somit die Hoffnung eröffnen, die Wissenschaft besser gegen sachfremde Einflüsse abschirmen, vielleicht sogar ihren Fortschritt effizient beschleunigen zu können. Und was die bedrohlichen Folgen der Wissenschaft anging, so setzten *Merton* und *Barber* auf die sociology of science, welche mittels der Kenntnis der institutionellen Komponenten eine sinnvolle Steuerung der Wissenschaft in Aussicht stellte. Wo diese vorbeugende Steuerung etwa versagte, da sollten die durch Naturwissenschaft und Technik angerichteten Schäden von einer großzügig zu entwickelnden Sozialwissenschaft nachträglich abgefangen werden. *Barbers* Systematisierung des Programms *Mertons* endete dann auch mit einer neuen Variante des alten Versprechens, daß die negativen Folgen der Wissenschaft durch mehr Wissenschaft behoben werden könnten: „Science in our society will not achieve full maturity until social science comes of age with its sisters, the natural sciences[3]."

Als die 60er Jahre den Glauben an die Wissenschaft, ihren Wert und ihre Eigenlogik, erschütterten, kamen die Voraussetzungen *Mertons* ins Wanken, nicht zuletzt auch beschleunigt einmal durch *Th. S. Kuhns* Vorstellung vom Wechsel der Paradigmata, und zum anderen durch das Eingeständnis des logischen Positivismus, daß Logik und Empirie zusammen nicht zwingend über alternative Theorien entscheiden können. Beide Thesen widersprachen *Mertons* Annahme, daß bei angemessener Institutionalisierung die Wissenschaft rein dem Zwang ihrer Eigenlogik folge. Angekettet an die institutionelle Analyse mußte der Zweifel nun dazu führen, die Institutionen genauer unter die Lupe zu nehmen, um in ihnen Gründe für oder gegen die Rationalität der Erkenntnisbewegung zu finden. Jene Idealnormen, welche für *Merton* eigentlich die Eigenlogik des Wissensfortschrittes garantiert hatten, mußten nun zurückgedrängt, die um sie verkürzten Institutionen selbst als Steuerungen der Wissenschaftsentwicklung ausgepreßt werden. Damit konnten dann beliebige, an ganz anderen Institutionen entwickelte Theorien auf die Wissenschaft übertragen werden, so die Herrschafts-, die Markt-, die Austauschtheorien. Die Institutionen, in welchen *Merton* die Garantie für die geradlinige Entfaltung der wissenschaftlichen Eigenlogik erblickt hatte, waren nun zu einer Gefährdung der Wissenschaft geworden, und die Soziologie der Wissenschaft entwickelte sich zu dem gegenwärtigen Knäuel von Theorien über nicht wissenschaftsspezifische und nicht wissenschaftskonforme Institutionen.

Die Wissenschaft läßt sich jedoch nicht zureichend als Institution erfassen, ihre Entwicklung nicht aus ihren Institutionen begreifen — und das schon gar nicht, wenn die Institutionen vorher um die wissenschaftsspezifischen Normen gekürzt worden sind. Im Klartext: mag die Entwicklung der Wissenschaft auch in Institutionen vor sich gehen, mögen ihre Erkenntnisse auch in solchen Gehäusen produziert werden, so liegt darin doch immer ein Zwang geistiger Notwendigkeit, der aus den Institutionen nicht abgeleitet werden kann, sie ja auch immer wieder durchbrochen und verändert hat. Wer das nicht zu sehen vermag, spricht nicht von Wissenschaft und weiß nichts von ihrer Geschichte.

Es ist denn auch kein Zufall, daß neuerdings *Lakatos* und *Polanyi* wiederum versuchen, diese geistige Notwendigkeit zu erfassen, aus der heraus sich Wissenschaft produziert und entwickelt. Ihnen fehlt allerdings das für den Soziologen schlagendste Argument, das die Gleichsetzung der Wissenschaft mit ihrem institutionellen Gehäuse ad absurdum führt. Denn der Wissenschaft fehlen nun einmal, obschon sie institutionalisierte Züge trägt, gerade jene Eigenheiten, an denen der Soziologe Institutionen erkennt: die vorhersehbare Geregeltheit des Verhaltens. Institutionell geregelt ist in der Wissenschaft jedoch nur die Form des Verhaltens, während gerade die Ergebnisse, welche erst die Wissenschaft konstituieren und ihre Entwicklung ausmachen, institutionell nicht vorhersehbar zu regeln sind. Deshalb weist sie dann auch ein Legitimationsproblem auf, das so bei anderen Institutionen nicht existiert. Die Legitimation institutionellen Handelns bezieht sich ja darauf, daß nach Regeln eine vorhersehbare soziale Leistung erbracht wird. In der Wissenschaft hingegen läßt sich diese Leistung nur durch den Leerbegriff „Neues Wissen" beschreiben, so daß die Legitimation hier einen ungewöhnlichen und typisch instabilen Charakter annehmen muß. Deshalb gehört die mangelnde Institutionalisierbarkeit charakteristisch zur Wissenschaft, deren Eigenart man durch Analyse der Institutionen eben nicht auf die Spur kommen kann.

Die berufene Eigenlogik der Wissenschaft ist freilich komplizierter, als daß sie sich schon mit kognitiven Modellen unter Berufung auf die Fachlogik (oder ein die Fachlogik repräsentierendes Modell, wie *Polanyi* es entwickelt hat) verstehen ließe. Spätestens vor der Tatsache, daß Menschen sich überhaupt unter den Zwang von etwas stellen, das sie als rationale Wahrheit verstehen, müssen sie kapitulieren. Wie die institutionellen lassen aber auch die kognitiven Modelle vor allem außer Anschlag, was doch das Fundament jeder Disziplin sein müßte, welche die Wissenschaft als gesellschaftliche Tatsache begreifen will: die tatsächliche Geschichte der Wissenschaft in ihrem Verhältnis zur Gesellschaft. Das Verständnis dieser Geschichte, aus der doch auch die heutige Lage der Wissenschaft resultiert, muß der letzte Test für jede Soziologie der Wissenschaft sein. Diese Geschichte wird aber heute, soweit sie von der Soziologie überhaupt noch zur Kenntnis genommen wird, in mikrosoziologische Tatsachen zerhackt, selektiv in Daten aufgelöst und rein nach Einzeldisziplinen verhandelt. Wie könnte da noch in den Blick kommen, welche Notwendigkeit sich im geschichtlichen Gang der Wissenschaft durchgesetzt hat?

Wird man also schon daran zweifeln dürfen, ob die institutionellen oder kognitiven Modelle uns die Geschichte der Wissenschaft verstehbar machen können, so schweigen sie sich völlig aus über die gesellschaftliche Bedeutung der Wissenschaft. Hier gerät die Konzentration auf die Wissenschaft als Institution, gerät überhaupt die Orientierung an geschichtslosen Modellen in ein seltsames Mißverhältnis zu den Fragen und Antworten, die einer Soziologie der Wissenschaft aufgegeben sind. Indem einseitig und eng auf den gesellschaftlichen Einfluß, dem die Wissenschaft als Institution unterliegt, abgehoben wird, kommt schon der zweite Teil, auf den die Disziplin nach ihrem eigenen Programm verpflichtet ist, überhaupt nicht mehr zum Zuge. Die überragende und unvergleichliche Bedeutung, welche die Wissenschaft für die Entstehung und Eigenart der modernen Gesellschaft gespielt hat, wird allenfalls am Rande erwähnt und auf die instrumentale, technische und ökonomische Rolle der Wissenschaft verengt. Der ungeheure und fortwährende Rationalisierungsprozeß, der in unseren äußeren und inneren Daseinsverhältnissen nichts unberührt gelassen und Religion, Wirtschaft, Kunst, Arbeit, Politik, Literatur, eben schlechthin alles in uns und um uns durchdrungen und geformt hat, scheint für die heutige Wissenschaftssoziologie nicht zu existieren, gilt ihr jedenfalls nicht als Thema. *Max Webers* Frage nach der Kulturbedeutung der Wissenschaft würde sich denn auch fremd und verlegen vorkommen müssen in einer Disziplin, die sie nicht mehr versteht. So scheint die Frage nach der Entstehung und Eigenart unserer modernen, und das heißt doch vor allem: verwissenschaftlichten Welt vergessen zu sein in jener Disziplin, welche doch wohl am ehesten berufen wäre, sie zu stellen und zu beantworten. Das Fach, das gefordert ist, eine Schlüsseldisziplin zur Enträtselung unseres

Schicksals in einer verwissenschaftlichten Zivilisation zu sein, will in der provinziellen Enge einer Spezialdisziplin verharren und kastriert das ungeheure Phänomen, mit dem es befaßt ist, zur Institution.

Sicher gibt es gewisse, vor allem heute praktische Fragen, welche auch institutionelle Perspektiven und kognitive Modelle erfordern. Aber man wird auch mit ihnen nicht weit kommen, wenn man sie nicht in die historische Gesamtbewegung der Wissenschaft einzuordnen versteht. Diese dreihundertjährige Entwicklung darf nicht zur leeren Formel vom Erkenntnisfortschritt eingeebnet werden. Sie trägt deutlich Züge, welche die Geschichte der Einzeldisziplinen übersteigen. Beispielsweise hat die moderne Wissenschaft in der Überzeugung begonnen, „die Wahrheit" zu finden. Schon *Galileis* Streit mit der Kirche bezog sich nicht auf das heliozentrische Weltbild als solches, sondern auf dessen Deutung. Weil *Galilei* darauf beharrte, daß dieses Weltbild die innere Wahrheit der Schöpfungsordnung (und nicht bloß ein bequemes Modell) sei, kam es zum Zusammenstoß[4]. Warum war der objektive Wahrheitscharakter für *Galilei* entscheidend, und wieso ist es dazu gekommen, daß für uns die Wissenschaft nicht mehr Wahrheit sondern perspektivische Aussagen produziert? Ein anderes Beispiel: die Wissenschaft hat einmal in der Erwartung begonnen, auf einen Schlag und ein für allemal die Ordnung der Natur enträtseln zu können. Wieso ist es dazu gekommen, daß Wissenschaft für uns ein endloser Fortschritt geworden ist, in dem jede Aussage von heute als morgen überholt betrachtet wird, und was bedeutet dieser Wandel für die Stellung der Wissenschaft in der Gesellschaft?

Solche grundlegenden Veränderungen können nur auf der Folie der Geschichte der Wissenschaft in ihrer Einheit sichtbar gemacht werden. An diesem entscheidenden Punkt versagt aber unser Verständnis der Wissenschaft, versagt deshalb auch das Verständnis unserer heutigen Lage. Denn wir betrachten die Geschichte der Wissenschaft arglos und selbstverständlich wie ein Nebeneinander von Geschichten der Einzelfächer, allenfalls noch notdürftig beschreibbarer Fächergruppen. Zu einer Geschichte der Wissenschaft werden diese Fachgeschichten nur deshalb rein äußerlich zusammengebündelt, weil sie gleichartig die formale Qualität teilen, Erkenntnis zu liefern. Doch aus dem Studium der Fachgeschichten ergibt sich noch nicht die Geschichte der Wissenschaft, so wenig sich aus der Generalisierung des Erkenntnisbetriebs der Einzeldisziplinen schon ein Modell des Erkenntnisbetriebes der Wissenschaft abnehmen läßt. Die Geschichte der Wissenschaft weist nämlich übergreifende Züge auf, die weder in den institutionellen und kognitiven Modellen einer ahistorischen Wissenschaftssoziologie, noch in den Einzelgeschichten der Fachwissenschaften auftauchen können, weil die Einzelwissenschaften in eine Gesamtbewegung eingebunden sind, die mehr ist als die Summe der Geschichte der einzelnen Fächer. Die Entwicklung der Wissenschaft stellt, ungeachtet der im einzelnen ihrer Fachlogik folgenden Disziplinen, eine Gesamtbewegung mit einer Eigenlogik dar. Die Geschichte der Wissenschaft kann deshalb in ihrer Notwendigkeit erst dann hinreichend verständlich werden, wenn man sie nicht auf die Geschichte der Einzelwissenschaften reduziert und für die gemeinsame Geschichte dann nur noch die leere Formel vom Erkenntnisfortschritt übrig behält. Wer die Kräfte, welche die Wissenschaft in ihrer Entwicklung angetrieben haben; wer die Gesetzmäßigkeiten, welche in ihrer Bewegung liegen; wer die Kulturbedeutung, welche die Wissenschaft entfaltet hat; wer schließlich die Lage, in der sich die Wissenschaft heute befindet, verstehen will, muß deshalb die untergründige Dimension freilegen, in der sich diese Gesamtbewegung der Wissenschaft kraft ihrer Eigenlogik vollzogen hat. Wenn die Soziologie der Wissenschaft ihren Aufgaben gerecht werden will, so muß sie aus den historischen Daten die Einheit der Geschichte der Wissenschaft rekonstruieren, muß sie anhand der historischen Tatsachen lernen, hinter der Geschichte der Einzelfächer jene ursprünglicheren Fragestellungen zu entdecken, aus denen sich die Disziplinen erst herausentwickelt haben.

II. Begriffe und Probleme

Von einer solchen Figur, welche die Geschichte der Wissenschaft umgreift und alle Fachwissenschaften in ihre Eigenlogik einbezieht, soll hier die Rede sein, nämlich von der *Trivialisierung der Erkenntnis*, welche als Folge ihres Fortschrittes eintritt.
Zur begrifflichen Verdeutlichung muß man davon ausgehen, daß jede Erkenntnis über ihre Sachaussage hinaus einen *Bedeutungs- und einen Nutzungswert* besitzt. Dieser bezieht sich auf die instrumentelle Verwendung der Erkenntnis, jener auf ihren Bedeutungsgehalt, welchen sie vor, und unabhängig von ihrer Benutzung haben kann. Offenbar sind die Nutzen- und Bedeutungswerte einer Erkenntnis nicht schon aufgrund ihrer Sachaussage (ihres Inhalts) zu bestimmen. Der Nutzwert einer Erkenntnis hängt stets davon ab, welche sonstigen Erkenntnisse verfügbar sind und ändert sich auch mit den gesellschaftlichen Bedingungen, welche die Anwendungsmöglichkeiten bestimmen. Ähnliches gilt für den Bedeutungswert. Noch einmal also: die Nutzen- und Bedeutungswerte einer Erkenntnis sind nicht reine Funktionen ihres Inhalts.
Aufgrund dieser Unterscheidung läßt sich nun festlegen, daß eine Erkenntnis in dem Maße trivial ist, in dem sich mit ihr keine Bedeutung verbinden läßt. In die soziologische Gemeinsprache übersetzt heißt das, Vorstellungen haben Bedeutung, insoweit sie gewisse Zustände oder Handlungen als sinnvoll zu legitimieren vermögen, es sei direkt durch normative Anweisungen oder indirekt durch Sinnvorstellungen. Sie liefern ihren Trägern also das Bewußtsein, richtig und sinnvoll in irgend einem Sinn zu handeln, und damit natürlich auch den Antrieb, so zu handeln. Bedeutungen werden normalerweise aus der gesellschaftlichen Tradition zur Verfügung gestellt. Suche nach Bedeutung zeigt also immer an, daß dem tradierten Bedeutungssystem einer Kultur keine ausreichenden Handlungslegitimationen mehr zu entnehmen sind. Eine mindestens relative Anomie ist somit der gesellschaftliche Ort des Suchens nach Bedeutung.
Das Gesetz der Trivialisierung lautet nun: im Wissensfortschritt verlieren die Erkenntnisse zunehmend an Bedeutung. In der Ausgangslage des Prozesses besitzen sie einen hohen Bedeutungswert, hingegen meist keinen Nutzungswert, in der Endlage umgekehrt keinen Bedeutungs-, gewöhnlich aber einen hohen Nutzungswert. Der Anstieg der Nutzungswerte ist eine häufige Begleiterscheinung des Trivialisierungsprozesses, kann hier jedoch außer Betracht bleiben. Die Trivialisierung bezieht sich also nur auf den Bedeutungsschwund. Dieser aber tritt im Wissensfortschritt mit einer gewissen Zwangsläufigkeit ein. Der Fortschritt der Wissenschaft bringt uns zwar immer mehr

Erkenntnisse ein, entkleidet sie dabei jedoch ihrer Bedeutung. Wiederum ins Soziologische übersetzt: die Wissenschaft hat ursprünglich Handlungslegitimation geliefert, weil ihre Erkenntnisse Bedeutungswert besaßen. Der Trivialisierungsprozeß stutzt die Wissenschaft zurück auf die facta bruta von Tatsachenaussagen. Sie fällt damit als Legitimationsquelle in der heutigen Gesellschaft aus, oder wird doch zu einer sehr problematischen Quelle für Legitimation.

Dieser Satz, daß die Wissenschaft in ihrem Fortschritt einer unaufhaltsamen Trivialisierung unterliegt und deshalb zunehmend als Legitimationsquelle ausfällt, bedarf allerdings der Qualifizierung, weil der Vorgang nicht in allen Fächern gleich verläuft, wie wir noch sehen werden. Deutlich sichtbar und wohl bereits abgeschlossen ist der Trivialisierungsprozeß in den Kernfächern der Naturwissenschaften, von denen hier auch zuerst die Rede sein soll.

III. Der Trivialisierungsprozeß in den Naturwissenschaften

Wir sind uns völlig darüber im klaren, daß die naturwissenschaftlichen Erkenntnisse für uns bedeutungslos geworden sind, das heißt als Aussagen bloß noch den Spezialisten interessieren. Das gilt auch nicht nur für Einzelfragen, wie etwa den für die Supraleitfähigkeit eines Stoffes notwendigen Kelvingrad. Es bedeutet uns ebenfalls nichts mehr, ob es Quasare gibt, wie es mit der Antimaterie steht, ob das Weltall sich ausdehnt oder nicht. Jede neue Aussage und jeder Widerruf bisheriger Theorien rauschen an uns vorüber, weil wir damit keinerlei Bedeutung für unser Weltbild mehr verbinden können. Eine allenfalls flüchtige Neugier heftet sich nicht an den Erkenntnisinhalt, sondern an seine technische Seite. Die Mondfahrt erregt für ein paar Jahre auch die Gemüter, denen die astrophysikalischen Fortschritte sonst gleichgültig bleiben. Derweil man sich durchaus bewußt ist, daß die Wissensfortschritte eine enorme praktische Bedeutung (einen Nutzungswert) haben werden, weil sie innerhalb kurzer Zeit durch Nutzung zum Bestandteil unserer Umwelt werden, fehlt ihnen ein eigener Bedeutungswert. Wie total die Bedeutungsentleerung ist, kann man sich mittels der — natürlich unsinnigen — Annahme klar machen, die Naturwissenschaft würde morgen wieder zum geozentrischen Weltbild zurückkehren. Auch diese grundstürzende Meldung würde über den Augenblickswert ihres Neuigkeitsgehalts und kurzfristige Spekulationen hinaus nichts erbringen. Die Natur selbst ist für uns eben tot, weil sie, so oder so, bloß noch ein Bündel von gesetzmäßig beschreibbaren Regelmäßigkeiten und Zusammenhängen geworden ist. Ein Umsturz im Weltbild der Physik ist kein Umsturz in dem Weltbild der Menschen mehr. Ob es in der Natur so oder anders aussieht, das braucht uns nicht zu interessieren, so lange es dabei bleibt, daß wir in der Natur außer der schieren Gesetzmäßigkeit nichts zu entdecken vermögen. Dieses Wissen aber saugt heute jedes Kind mit der Muttermilch ein, und keine naturwissenschaftlichen Fortschritte können dem irgendetwas hinzufügen.

An diese Bedeutungsentleerung unseres Wissens über die Natur haben wir uns so gewöhnt, daß wir uns kaum noch daran erinnern, wie anders die frühe Naturwissenschaft auf ihr gebildetes und sogar auf ihr ungebildetes Publikum gewirkt hat. Die Kopernikanische Revolution, von der unsere Schulbücher berichten, löste aber wirklich eine Revolution in den Köpfen der Menschen aus, auch wenn sie erst mit weiteren Erkenntnissen, vor allem mit der Systematisierung durch *Newton* durchdrang. Wohl für ein Jahrhundert haben die Leistungen der frühen Naturwissenschaft die Menschen in Atem gehalten, bildeten sie das Zentrum der geistigen Welt. Wo man nicht zu den Originalarbeiten griff, da jedenfalls zu den anspruchsvollen Popularisierungen, wie etwa *Voltaires* "Lettres Philosophiques". Schon die Titel der Arbeiten machen deutlich, daß Enthusiasmus und Wissenszwang quer durch die Schichten liefen. So schrieb *Euler,* der große Mathematiker, "Lettres à une princesse d'Allemagne", und von *Algarotti* stammte "Il Newtonianismo, per le dame". Nimmt man noch all die Traktate und Predigten, die Wochenblätter und Zeitungen, die Gesellschaften, Zirkel und Salons hinzu, welche sich mit der neuen Naturwissenschaft befaßten, die Vorträge in Salons und Boudoirs, in denen sich die Damen Mathematik, Geometrie und Gravitation explizieren ließen — so daß das „Journal des Savants" schon spottete, die Galanterie käme vor der Wißbegierde aus der Mode — dann hat man den sozialgeschichtlichen Untergrund, auf dem sich das Phänomen erhebt, das uns interessiert: der enorme Bedeutungswert der frühen Naturwissenschaft[5].

Für uns steht heute dem Verständnis des außerordentlichen Bedeutungsgehalts der frühen Naturwissenschaft allerdings die übliche, dubiose Form der Wissenschaftsgeschichte im Wege, die noch immer den Horizont der Gebildeten bestimmt. Da werden aus der Entwicklung nur jene Vorgänge und Erkenntnisse herausgegriffen, welche wir heute noch als richtig anzuerkennen geneigt sind, so daß die Geschichte der Wissenschaft zur bloßen Vorgeschichte unserer heutigen Wissenschaft umgebogen wird. So lernen wir zwar die Keplerschen Gesetze, hören aber kaum über die harmonia mundi, wissen zwar über *Newtons* Formeln, aber nicht über seine Metaphysik Bescheid. Wenn wir von *Keplers* Beschäftigung mit der Astrologie, von *Newtons* Vertiefung in die Magie hören, dann sind das für uns Kuriositäten. *Lord Keynes'* Bemerkung, daß *Newton* der letzte mittelalterliche Mensch gewesen sei, wäre dem Zeitgenossen unverständlich, der Abziehbilder im Genre von *Brechts* „Galilei" bereitwillig für die geschichtliche Wahrheit hält. Diese selektive Geschichtsschreibung, von den Fachleuten längst beiseitegeschoben, ist, wie erwähnt sein soll, gewissermaßen die Hagiographie der Wissenschaft. Durch sie bestätigte sich die Aufklärung, bestätigte sich dann das 19. Jahrhundert ihr jeweiliges Selbstverständnis von Wissenschaft — natürlich um den Preis der konformen Modernisierung ihrer Geschichte.

Zu dieser Hagiographie gehört die Legende, die Bedeutung der frühen Wissenschaft habe rein darin gelegen, daß sie mit dem finalen Weltbild des Mittelalters aufgeräumt, an dessen Stelle schlicht die Tatsachenordnung der Natur gesetzt habe. Der Bedeutungsgehalt der Naturwissenschaften habe eben rein in ihren Sachaussagen gelegen, mit denen sie ein früheres Weltbild von final-teleologischem Charakter gestürzt habe. Nach der psychologischen Seite ausgedrückt heißt das, die Begründer der modernen Naturwissenschaft hätten rein die Erkenntnis der Tatsachen um ihrer selbst willen angestrebt, beflügelt allenfalls von pragmatischen Nützlichkeitserwägungen.

Diese hagiographische Legende hält den geschichtlichen Tatsachen nicht stand. Denn so radikal die frühe Naturwissenschaft mit dem älteren Weltbild brach, so sehr bean-

spruchte und lieferte sie doch Erkenntnisse mit eigenem Bedeutungswert. *Voltaires*
Feststellung "l'horloge implique l'horloger", die schlagartig den Bedeutungsgehalt des
frühen naturwissenschaftlichen Weltbildes pointiert, war bereits aus der nachträg-
lichen Distanz erster Enttäuschung gesprochen, für die der anfängliche Bedeutungswert
schon abgeblaßt war. Besser hält man sich da an *Alexander Popes* berühmten Epitaph
auf *Newton*: „Nature and Nature's Laws lay hid' in Night, God said, Let Newton Be!
And All was Light[7]." Denn hier wird in einem Bild getroffen, worum es ursprünglich
ging: Die göttliche Einrichtung der Welt als eines sinnvollen Kosmos war den Menschen
zweifelhaft geworden, schien ihnen durch den biblischen Bericht nicht mehr verbürgt.
Als Gott sprach „Es werde Licht", da waren zwar die Dinge geordnet, aber das Licht,
das dem Menschen diese Ordnung ausgeleuchtet hätte, fehlte. Gottes Schöpfung blieb
unvollständig, weil sie den Menschen nicht vollständig offenbart worden war. Erst
Newton erleuchtete sie über die Ordnung der Welt, erst die Naturwissenschaften er-
laubten es ihnen, die göttliche Ordnung der Welt zu begreifen. Als der Vollender der
Naturwissenschaften rückte *Newton* damit in die Heilsgeschichte der Offenbarung ein.
„God said, Let Newton be!" − d. h. *Newtons* Tat ist ein letzter Akt der Offenbarung,
durch welchen Gott die Menschen über die Ordnung seiner Schöpfung unterrichtet,
oder besser: es gehörte zum Heilsplan der Offenbarung, daß die Menschen die göttliche
und sinnvolle Ordnung der Welt selbst entdecken sollten. So geht das Licht, das Gott
in die Welt gebracht hat, den Menschen am Ende erst durch *Newton* auf. Die für ver-
ständige Wesen effektive Schöpfung der Welt vollzieht sich durch die Naturwissenschaft und vollendet sich in *Newton*. "No wonder", schrieb ein so eminenter Kenner
wie *Alexandre Koyré*, „that Newtonianism became the scientific creed of the eighteenth century, and that already for his younger contemporaries, but especially for
posterity, Newton appeared as a superhuman being who, once and for ever, solved the
riddle of the universe" − so daß sich der *Marquis de L'Hôpital* ernsthaft fragen konnte,
ob *Newton* wohl auch esse und schlafe, und *Edmund Halley,* der Entdecker des Ko-
menten, ebenso ernsthaft schreiben konnte: nefas est propius Mortali attingere Divos[8].
Solche Seitenblicke sind für eine Geschichte des Bedeutungswertes der Naturwissenschaft keine Nebensachen. Sie machen uns vielmehr den Bedeutungsgehalt der frühen
Naturwissenschaft klar, der in ihren unmittelbaren Sachaussagen ja nicht zu finden ist.
Völlig richtig analysiert *Koyré*: "Thus the Newtonian science, though as mathematical
philosophy of nature it expressly renounced the search for causes (both physical and
metaphysical), appears in history as based on a dynamic conception of physical cau-
sality and as linked together with theistic or deistic metaphysics. This metaphysical
system does not, of course, present itself as a constitutive or integrating part of the
Newtonian science, it does not penetrate into its formal structure. Yet it is by no
means an accident that not only for Newton himself but for all the Newtonians − with
the exception only of Laplace − this science implied a reasonable belief in God ...... It
was just this conception of God's presence and action in the world which forms the
intellectual basis of the eighteenth century's world feeling and explains its particular
emotional structure: its optimism, its divinization of nature, and so forth. Nature and
Nature's laws were known and felt to be the embodiment of God's will and reason[9]."
Man muß diesen enormen Bedeutungsgehalt des frühen naturwissenschaftlichen Welt-

bildes kennen, um den großen Durchbruch der modernen Wissenschaft überhaupt verstehen zu können. Es gehört ebenfalls zur Legendenbildung, an der schon die Aufklärung in ihrem Kampf gegen die Kirche, später dann die Naturwissenschaft des 19. Jahrhunderts in ihrer heroischen Selbststilisierung, schließlich der gesamte Positivismus, aus Gründen, über die noch zu sprechen sein wird, gewoben haben, daß die moderne Wissenschaft ihre Existenz dem reinen Willen zur Erkenntnis und der puren Leidenschaft für die Tatsachen verdankt habe. Die Überschätzung der pragmatischen, der technischen und ökonomischen, aber noch allgemeiner auch der empirischen und theoretischen Motive hält der geschichtlichen Inspektion nicht stand. Die durch *Francis Bacon* vertretene Komponente, welche für Induktion, Erfahrung und Nutzung stand, hätte niemals den entscheidenden Schritt der Mathematisierung tun können[10]. Setzt man feinere Unterschiede der Zeiten, Länder und Persönlichkeiten einmal beiseite, so versteht man die geistigen Motive und Erwartungen jener Männer, welchen wir die moderne Wissenschaft verdanken, am besten in der lapidaren Feststellung: "Les constructeurs du monde moderne se veulent les découvreurs du plan divin[11]." Und warum sie unter dem inneren Zwang standen, den göttlichen Weltplan entschlüsseln zu müssen — so sehr, daß sie dabei den irdischen Mächten, einschließlich jener, die als irdische Statthalterin des göttlichen Plans sprach, trotzen konnten und mußten —, das hat uns schon *Max Weber* ebenso prägnant gesagt: „Wenn Sie sich an den Ausspruch Swammerdams erinnern: ‚Ich bringe Ihnen hier den Nachweis der Vorsehung Gottes in der Anatomie einer Laus‘, so sehen Sie, was die ..... wissenschaftliche Arbeit sich damals als ihre eigene Aufgabe dachte: den Weg zu Gott. Den fand man damals nicht mehr bei den Philosophen und ihren Begriffen und Deduktionen: — daß Gott auf diesem Wege nicht zu finden sei, auf dem ihn das Mittelalter gesucht hatte, das wußte die ganze pietistische Theologie der damaligen Zeit ..... Gott ist verborgen, seine Wege sind nicht unsere Wege, seine Gedanken nicht unsere Gedanken. In den exakten Naturwissenschaften aber, wo man seine Werke physisch greifen konnte, da hoffte man, seinen Absichten mit der Welt auf die Spur zu kommen[12]."

Es ist hier nicht der Ort, um die Bedeutungsgehalte der frühen naturwissenschaftlichen Erkenntnisse zu detaillieren und ihre Vielschichtigkeit zu nuancieren, die Raum für persönliche, nationale, religiöse und zeitliche Unterschiede ließ. Außer Frage jedoch steht, daß das Weltbild der neuen Wissenschaft einen enormen Bedeutungsgehalt besaß. Die Gesetzmäßigkeiten galten als Evidenz für die göttliche Einrichtung der Welt und wurden damit zur Versicherung über die Stellung des Menschen in einem sinnvoll eingerichteten Kosmos. Damit verband sich die neue Gewißheit, aus den Zweifeln einer geoffenbarten, und noch dazu strittigen Religion heraus zu sein und die unverrückbare Sicherheit der rationalen Einsicht in die Zwecke der Weltordnung zu besitzen. Mit dem Vermögen zur Entschlüsselung der Weltordnung rückte der Mensch in eine neue Schlüsselrolle, mit der Erkenntnis der gesetzmäßigen Ordnung der Welt rückte der Glaube in ein neues Weltvertrauen ein.

Aus dieser neuen Lage ergaben sich bald gewaltige Antriebe für die Formung des Lebens, wie sie vorzüglich im protestantischen Bürgertum zum Tragen kamen. Von dieser außerordentlichen Kraft zur Prüfung des individuellen und sozialen Lebens, die in dem Bedeutungsgehalt der frühen Naturwissenschaft lag, wird in späteren Kapiteln ausführlich zu sprechen sein. Hier hingegen ist zu betonen, daß sich diese Bedeutungsge-

halte zwar in ihrer Fülle erst ergaben, als die Erkenntnisse der frühen Naturwissenschaftler sich zu einem kosmologischen Bild rundeten, als Erwartungen aber bereits
ihrer Erkenntnissuche vorausgeleuchtet hatten. Der vorherige Glaube, daß man in dem
Buch der Natur die nach Maß, Zahl und Gewicht geschriebenen Gesetze Gottes finden
und sich dadurch über allen Zweifel hinaus der Ordnung vergewissern könne, deren
Charakter und Sinn so zweifelhaft geworden war, gehört zur zentralen Motivlage, aus
der die moderne Wissenschaft entstanden ist. Denn die geistige Entschiedenheit, aus
der, wie *Max Weber* sagte, „in letzter Analyse" die Mathematisierung der Welt hervorgehen konnte, entstammte weder Spekulationen auf Nutzwerte der Erkenntnis noch
dem Glauben an den Eigenwert der Erkenntnis, wie ihn die spätere Wissenschaft stili-
sierte; sie entstammte vielmehr jenem Mehrwert an Bedeutung, welche die Erkenntnis
besaß, also der Überzeugung, in der Natur Gottes Plan und Absicht, und in diesen Führung und Geleit für das eigene Leben, insbesondere und vorab denn auch: Erlös von
den Zweifeln über die Existenz Gottes und die Ordnung der Dinge finden zu können.
Deshalb greift, wie hier anzumerken ist, *Mertons* bekannte Arbeit über die Entstehung
der Wissenschaft nicht weit genug, wenn sie unterstellt, die wissenschaftliche Revolution habe auf den Werten einer rationalen, empirischen und pragmatischen Kultur beruht, die nur noch so schwach gewesen sei, daß sie vorübergehend der religiösen Krücke
bedurft hätte, nämlich des Motivs, daß die Erkenntnis der Ordnung der Welt dem
Ruhm Gottes diene. Nicht um den Ruhm Gottes geht es zuerst, sondern um seine
Existenz und Absichten, um die Erlösung aus der Ungewissheit und den Zweifeln an
einer unverständlichen und sinnlosen Welt. Der Topos *The Glory of God* ist der Dank
für die Erlösung aus diesen Zweifeln, die Beglückung des Menschen, der den göttlichen
Weltplan versteht[13].
Bekanntlich ist ja nun die Entwicklung über die skizzierte Konstellation schnell
hinweggeschritten. Insofern scheint die Hagiographie die geschichtliche Vernunft auf
ihrer Seite zu haben, wenn sie darin nur Restbestände metaphysischer Spekulation,
Impuritäten, von denen sich selbst die Geistesheroen nicht frei machen konnten, hat
sehen wollen. Ein Jahrhundert nach *Newton* waren die offenen Fragen, in denen er
den zwingenden Verweis auf den Pantokrator, der das Räderwerk der Welt kunstvoll
konstruiert hatte, sehen wollte, immanent gelöst, und fast schon indigniert antwortete
Laplace auf *Napoleons* Frage nach der Rolle Gottes in seinem Weltsystem: "Sire, je
n'ai pas eu besoin de cette hypothèse[14]." Mag also *Max Weber* recht haben, daß die
moderne Wissenschaft „in letzter Analyse" aus einer Bedeutungssuche, für die die
Tatsachensuche nur Instrument war, hervorgegangen ist, warum sollten wir in historischen Befangenheiten kramen, die doch nur antiquarische Köpfe interessieren können?
Aber das ist eine schnell erkennbare Täuschung. Sie scheitert an der Tatsache, daß die
Trivialisierung der Naturwissenschaft gar nicht schon dort eintrat, wo die Bedeutungsgehalte ihrer ersten Phase abgestoßen werden. Vielmehr hat sie ihren Bedeutungswert
kontinuierlich bis in unser Jahrhundert behalten, freilich in gewandelter und ge-
schwächter Form. Sie war dann nicht mehr der Weg zu Gott, sondern wurde etwa der
Aufklärung zur Chiffre für die rationale Selbstheit des Menschen, dem 19. Jh. zum Unter-
pfand für seine äußere und innere Perfektibilität. Und immer eröffneten ihre neuen Erkenntnisse auch neue Lebensstile, legitimierten sie durch ihren Bedeutungsgehalt neue

Formen und Inhalte im persönlichen wie im gesellschaftlichen Bereich, so den Rationalismus des 18., wie den Liberalismus des 19. Jahrhunderts.

Es ist unmöglich, hier bereits den Wandlungen dieses Bedeutungswertes nachzugehen, aber es sei doch an einige Erscheinungen erinnert, an denen sich jedenfalls die Tatsache ablesen läßt, daß die Naturwissenschaft ihren Bedeutungswert über das Abblassen ihrer ursprünglichen Metaphysik hinaus bewahrt hat. Eine Analyse der Sprache der 1822 gegründeten, und für die Geschichte der Naturwissenschaft im deutschen Raum bedeutendsten Vereinigung, der ehrwürdigen Gesellschaft der deutschen Naturforscher und Ärzte, zeigt eine klare religiöse Terminologie. Da sind, um einige der wiederkehrenden Formeln zu zitieren, die Naturwissenschaftler die Himmelsboten höchster Offenbarung, da steigen sie kühn in die Tiefen des Universums und bauen am heiligen Tempel der Natur, da schaffen sie als Pilger zum heiligen Land der Natur den Tempel der Heilkunde und siegen im Zeichen des wissenschaftlichen Heils[15]. Wie wenig solche Wendungen als Topoi abgetan werden dürfen, zeigt sich, wenn ein kühler Kopf wie *Virchow* in anderen Worten das gleiche sagt: Die Wissenschaft habe nur ein einziges Ziel, ,,dem Humanismus zu dienen und in die Rolle einzutreten, welche in früheren Zeiten den transzendenten Bestrebungen der Kirche zugefallen war"[16]. Und in *Helmholtz'* Ansprachen ist das Sendungsbewußtsein eines säkularisierten Priestertums nicht weniger greifbar[17]. Von einer Trivialisierung der Naturwissenschaft jedenfalls kann hier keine Rede sein; vielmehr ist die Wissenschaft selbst an die Stelle der Religion gerückt. Endlos und vielfältig sind dafür die Belege, die von der Wissenschaftsreligion, die *Auguste Comte* gegründet, bis hin zur Askese der Wissenschaftler reichen, welche ihr Leben in ihren kümmerlichen Instituten verbrachten in dem Gefühl, für die Menschheit zu wirken[18]. Die Trivialisierung fällt also nicht zusammen mit dem Kollaps der ursprünglichen Erwartung, im Buch der Natur den Finger Gottes zu erkennen. Die Wissenschaft blieb der Weg, auf dem der Mensch sich mit Welt und Selbst in Einklang setzen, dem Dasein also, um mit *Max Weber* zu sprechen, einen umfassenden Sinn verleihen konnte.

Das späte 19. Jahrhundert, dem wir uns ja noch eng verbunden fühlen, ist da von besonderem Interesse, weil sich dort das geschärfte Methodenbewußtsein eines rigorosen Positivismus ausbildete, dem die Ablehnung aller Aussagen, die über das empirisch streng Beweisbare hinausgingen, zu einem mit Eifer betriebenen heiligen Beruf wurde. Hier, so möchte man vermuten, war nun die Naturwissenschaft durch ihr Ideal der Nüchternheit wirksam gegen jede auch nur heimliche Fortschreibung eines Bedeutungsglaubens gefeit. Weit gefehlt hat aber auch die zur vollen Nüchternheit erwachsene Naturwissenschaft massive Bedeutungswerte überliefert, interpretiert und artikuliert, wie denn auch der den reinen Tatsachen verschriebene Positivismus seine eigene Metaphysik mit sich herumtrug. *Auguste Comte, Rudolf von Virchow* und *Hermann Helmholtz*, auf die bereits hingewiesen wurde, sind da mitnichten Ausnahmen, und bedeutende Forscher wie *Ernst Mach* standen mit ihrem ganzen Lebenswerk für diese Sinndeutung der Naturwissenschaften, zu schweigen von den erfolgreichen Aposteln dieser neuen naturwissenschaftlichen Weltanschauungen wie *Ernst Haeckel*, dem Verfasser der ,,Welträtsel".

Verzichtet man, um sich die Sache nicht zu leicht zu machen, auf Männer wie *Mach* und *Haeckel*, dann bietet *Thomas Henry Huxley*, der große englische Zoologe und Promotor der Naturwissenschaft, ein geeignetes Beispiel, an dem sich repräsentativ ablesen läßt, welche Vorstellungen über die Bedeutung der Naturwissenschaften damals nicht nur in Deutschland, sondern weltweit Zustimmung fanden und zum allgemeinen Gedankengut der Zeit gehörten. Denn *Huxley* setzt, nicht anders als etwa *Virchow* oder *Karl Pearson*, mit dem Gedanken ein, daß der Wert der Naturwissenschaft durchaus nicht nur in ihrem Nutzen läge. Bei *Virchow* hieß es: „Ich, meine Herren, lege nun freilich einen höheren Wert als auf die materielle Seite auf die ideelle Seite des Fortschritts, welche die Naturwissenschaften anbahnen, und ich frage mich immer wieder, sowohl als Naturforscher als auch als Politiker: Welchen Einfluß wird und muß in Zukunft die Naturwissenschaft auf das ideelle Leben der Nation ausüben?" *Huxley* schrieb 1866 für seine Rede „On the advisableness of improving natural knowledge": „I say that natural knowledge, seeking to satisfy natural wants, has found the ideas which can alone still spiritual cravings. I say that natural knowledge, in desiring to ascertain the laws of comfort, has been driven to discover those of conduct, and to lay the foundations of a new morality[19]." In beiden Fällen liegt also der Versuch vor, die Naturwissenschaft vor ihrem Aufgehen im reinen Nutzwert, also vor der Trivialisierung zu bewahren. In beiden Fällen wird dafür gestritten, daß die Naturwissenschaft die geistigen und moralischen Fragen beantworten wird. In beiden Fällen wird dann auch die Erziehung zum Mittel der Erlösung, wie sie denn überhaupt als das säkuläre Substitut der Bekehrung und in dieser Funktion allen Glaubensbewegungen und insbesondere dem Wissenschaftsglauben heilig ist. So heißt es am Ende der Rede über „Administrative Nihilism", mit der *Huxley* einen langen Kreuzzug für die naturwissenschaftliche Bildung einleitete, daß der Staat seinem Ziel ("the good of mankind") durch naturwissenschaftliche Erziehung dienen müsse und mündet dann in einem Panegyrikon, das bis zur letzten Steigerung die Nüchternheit der Sprache durchschlägt: "For education promotes peace by teaching men the realities of life and the obligations which are involved in the very existence of society; it promotes intellectual development ...... it promotes morality and refinement by teaching men to discipline themselves, and by leading them to see that the highest, as it is the only permanent, content is to be attained, not by grovelling in the rank and steaming valleys of sense, but by continual striving towards those high peaks, where, resting in eternal calm, reason discerns the undefined but bright ideal of the highest Good — a cloud by day, a pillar of fire by night[20]."

Der heutige Leser — wie stets immunisiert gegen die gestern gültigen Sinnformeln und wie stets infiziert mit den heutigen — wird wahrscheinlich über solche Aussagen hinweglesen, ohne auch nur zu bemerken, welche tiefsitzenden und weitreichenden Vorstellungen über die Sinnprobleme des Daseins, die Ordnung der Welt und die Rolle der Wissenschaft dort ans Licht kommen. Gewiß hält die Sparsamkeit des Ausdrucks keinen Vergleich mit theologischen Traktaten aus. Aber unverkennbar stecken doch in den Aussagen und Bildern dieses Absatzes die klassischen Hoffnungen und Vorstellungen der Religion, Metaphysik und Kosmologie, die sich noch in der Großschreibung des summum bonum als *highest Good* manifestieren. Denn da wird ja die Verborgenheit der ewigen Wahrheit beschworen, die vom Wandel der Erscheinungen unberührt

bleibt, und da wird dem von seinen Sinnen mit immer wechselnden Eindrücken über-
schwemmten und in seiner Sinnlichkeit an nie dauerhaft zu befriedigende Triebe verlorenen Menschen die Einigkeit mit sich selbst in der Ruhe der vollendeten Vernunft
in Aussicht gestellt. Die direkten Verheißungen, daß die Naturwissenschaft den Frieden, die intellektuelle Entwicklung und die Moral fördere, gewinnen ihre Kraft erst
dort, wo die Metaphorik ihre Tiefenschichten freilegt. Was *Huxley* den Menschen im
Namen der Wissenschaft verspricht, das ist jener Glaube an die Selbstvergewisserung
durch Wissenschaft, den *Platon* bereits im Höhlengleichnis berufen hatte, den die
moderne Wissenschaft bei ihrem Durchbruch im 17. Jahrhundert erneuerte und danach über alle Enttäuschungen hinweg nur modifizierte: "The faith which is born of
knowledge, finds its object in an eternal order, bringing forth ceaseless change, through
endless time, in endless space[21]." „Der aus dem Wissen geborene Glaube" — das ist in
der Tat die Bekräftigung jener Erwartung, mit der die moderne Naturwissenschaft
begonnen hatte. Und die ewige Ordnung, in der dieser Glaube sein Objekt findet, ist
jene Hoffnung, auf die schon die frühe Naturwissenschaft gesetzt hatte. Freilich,
Ordnung und Glaube sind hier von der Schöpfung gelöst worden. Die ewige Ordnung,
das sind nun die verselbständigten Naturgesetze, und ist für *Huxley* vor allem das
große Gesetz der Evolution, die endlos durch Raum und Zeit immer neuen Wandel
schafft. Aber diese Verwandlungen sind für *Huxley manifestations of the cosmic
energy*, und der Gesamtvorgang ist *a cosmic process*, der ständig sinnvolle Anpassun-
gen und Steigerungen liefert. Und aus der von der Naturwissenschaft geleisteten Einsicht in diese ewige Ordnung zieht dann auch der Mensch die Sicherheit einer inneren
und äußeren Ordnung.
Allerdings, zwei Jahrhunderte nach dem Durchbruch der modernen Naturwissenschaft
hat sich etwas geändert. Hatte man damals noch gemeint, daß die Einsicht in die wahre
Ordnung sich von selbst und sofort in die richtigen menschlichen Ordnungen über-
setzen werde, so klafft für das späte 19. Jahrhundert eine doppelte Lücke zwischen
Versprechen und Realität. Denn zum einen ist jetzt die Einsicht in die ewige Ordnung
noch nicht weit genug gediehen, so daß es erst des weiteren Fortschrittes der Wissenschaft bedarf. Zum anderen aber ist die individuelle Einsicht grundsätzlich kein zurei-
chender Transmissionsriemen mehr für die Übersetzung der Erkenntnis in die richtige
menschliche Ordnung, wenn ihr nicht Politik beispringt. Während für die Väter der Naturwissenschaft die entdeckte Ordnung durch ihren Bezug auf die weise Einrichtung
der Welt durch einen Schöpfer noch unmittelbare Sinnbefriedigung geleistet hatte, gibt
die zum kosmischen Prozeß gewordene Ordnung der Naturwissenschaft des späten 19.
Jahrhunderts das nicht mehr her. Was die Naturwissenschaft an Erkenntnisinhalten
liefert, ist bereits so weit trivialisiert, daß es zwar noch die kosmologische Grundierung
für den Wissenschaftsglauben abgibt, ihn aber nicht mehr ausfüllen kann. Nicht schon
durch ihre eigenen Erkenntnisse, sondern erst durch ihre Methode werden die Naturwissenschaften nun zum Heilsbringer. Der Glaube an ihre Berufung läßt sich nur mehr
dadurch halten, daß die Naturwissenschaften sich zum methodologischen Modell erklären und damit gleichzeitig über sich hinausweisen.
Hier liegt ein tiefer (und später noch näher auszuleuchtender) Einschnitt im Trivialisierungsprozeß der Naturwissenschaften. Im gleichen Maße nämlich, wie sich ihr Bedeu-

tungswert von der Sache auf die Methode verschob, mußte der Glaube an die Naturwissenschaft in die Prophezeiung umschlagen, daß andere Fächer mit Hilfe dieser Methode die Aufgabe vollenden würden, von der die Naturwissenschaften bereits zurückgetreten waren. Die Naturwissenschaften gaben durch neue Erkenntnisse zwar weiterhin Anlaß zu Weltanschauungen wie Evolutionismus, Vitalismus oder Kybernetik, denen der Kosmos von einem einheitlichen Prinzip gestaltet erschien. Aber solche Hoffnungen waren nicht nur flüchtig, sondern konnten von Anfang an die menschlichen Orientierungsbedürfnisse nicht mehr hinreichend befriedigen.

So mußte eben auch *Huxley* den kosmischen Prozeß erst ergänzen, um seine Verheißung, daß die Naturwissenschaft alle wesentlichen Fragen beantworten würde, einlösen zu können. Nicht schon die Erkenntnisse der Naturwissenschaften, sondern die zukünftigen und nahe bevorstehenden Erkenntnisse anderer Wissenschaften würden die Menschen hinreichend über ihre Stellung in der Welt belehren und ihnen die Einsicht in die wahren Ordnungen bescheren. Eben dieser Gedanke durchzieht alle Äußerungen *Huxleys* und so auch die Äußerungen fast aller Naturwissenschaftler des späten 19. Jahrhunderts, die damit zu den Vorreitern der Sozialwissenschaften wurden. Die Auflösung aller menschlichen Fragen wird dann erreicht werden, wenn die Prinzipien und Methoden der Naturwissenschaft gleichermaßen auf alle Bereiche ausgedehnt werden. Das freilich wird Zeit erfordern, aber am Ende werden Psychologie, Soziologie und Politikwissenschaft als stringente Wissenssysteme vorliegen und die jeweiligen Gesetzmäßigkeiten ihrer Bereiche darlegen können. Dann aber werden die Menschen, wie *Huxley* in ,,Science and Culture'' 1881 ausführt, in einmütiger Gewißheit über ihre sozialen und politischen Angelegenheiten entscheiden können. Denn wenn sie erst die gesetzmäßigen Zusammenhänge kennen, so können sie vorhersehen, was eintreten würde, wenn sie sich so oder anders entschieden, so daß sie bei vollständig sachlicher Überlegung zu einer gemeinsam errechneten Politik kommen müssen. Dazu bedarf es neben dem Fortschritt der Wissenschaft der Ausschaltung aller Emotionen. So führt der Wissenschaftsglaube nun einen erbitterten Kampf für die totale Versachlichung des Handelns, wobei die Erkenntnisse die Maßstäbe und die Maßstäbe die Einmütigkeit sichern werden. "Men will gradually bring themselves to deal with political, as they now deal with scientific questions ...... muster the principles of its action[23]." Die Wissenschaft spendet als Methode Selbstvergewisserung und wird zur Quelle von Moralität und Legitimität, ohne daß noch überhängige Wert- und Sinnfragen entstünden.

Huxleys Auffassungen sind so repräsentativ für seine Zeit, daß es schwer fallen würde, auch nur eine gewichtige Ausnahme zu finden. Entscheidend an ihnen ist nicht der Glaube an die Evolution, den seine Fachgenossen mit der Zeit teilten, sondern die Neubestimmung des Bedeutungswertes der Naturwissenschaften, die vorgenommen wird. Die Hoffnung, daß der naturwissenschaftliche Fortschritt am Ende doch noch jenen Blick ins Innerste der Natur frei geben wird, welcher den Menschen die Vergewisserung über Sinn und Handeln liefert, ist dahin. Die Einsicht in den ,,kosmischen Prozeß'', der den Kosmos als von einer einheitlichen Kraft erfüllt darstellt, ist zur bloßen Grundierung abgesunken, und angesichts des Nutzungswertes der Naturwissenschaft, der sich immer stärker in den Vordergrund schiebt, muß ihr Bedeutungswert neu bestimmt werden. Und das geschieht durch die Zurücknahme aus der Sache in die Methode, woraus sich konsequent der Zwang ergibt, die Befriedigung der menschlichen Vergewisserungsbedürfnisse an die Sozialwissenschaften weiterzugeben. So markiert das späte 19. Jahrhundert einen endgültigen Einschnitt im Trivialisierungsprozeß der Naturwissenschaften. Die ursprünglichen, dann immer nur modifizierten und hinausgeschobenen Erwartungen sind abgeschrieben, was nicht hindert, daß bis in unsere Gegenwart hinein untergründige Resterwartungen flüchtig hochschießen, wenn neue Theorien sich dafür anbieten, wie das etwa der Vitalismus, die Quantenphysik, die Kybernetik getan haben. Aber auch diese immer flüchtigeren Bedeutungsauslegungen naturwissenschaftlicher Erkenntnisse beanspruchen gar nicht mehr, hinreichende Orientierung über die Stellung des Menschen zu liefern. Mit dem Ende des 19. Jahrhunderts ist deshalb, von einer vagen und wohl gar nicht auflösbaren Restdisposition seelischer Deutungsbereitschaft abgesehen, die Naturwissenschaft trivialisiert. Ihr Bedeutungswert wird nun in die Methode verlagert um den Preis, daß für die Erfüllung der Vergewisserungsverheißungen andere Fächer ans Werk gerufen werden müssen.

Will man hierfür einen weiteren Beleg, so findet man ihn bequem in *Karl Pearsons* "Grammar of Science", einem Werk, das mindestens in der angelsächsischen Welt die Entwicklung des modernen Wissenschaftsbegriffes wirkungsvoll beeinflußt hat. Auch *Pearson* geht, und zwar ausdrücklich, von der Frage aus, wie denn ein so aufwendiges Unternehmen, wie die Wissenschaft es ist, gerechtfertigt werden kann. Auch er hält daran fest, daß diese Rechtfertigung nicht bloß auf den Nutzen gegründet sein darf. Auch *Pearson* verspricht, daß der Mensch sich durch Wissenschaft vollständig über sein Handeln vergewissern kann, und Politik bei Ausschaltung der Emotionen zur Einmütigkeit über das Richtige wird. Und auch er muß hierfür die Wissenschaft auf die Methode der Naturwissenschaft zurücknehmen und deshalb auf die Sozialwissenschaften vorweisen. Ganz richtig schreibt *Ernest Nagel*: "The Grammar of Science is an influential example of the kind of intellectual house-cleaning that was undertaken by distinguished scientific thinkers in most civilized countries during the latter part of that century[24]." Aber die Reinigung der Naturwissenschaft von, wie *Nagel* sagt, idealistischen Deutungen durch einen neuen Rigorismus der Methoden, lief eben auf die Stillegung des Bedeutungsproblems in der Naturwissenschaft, also auf die Trivialisierung ihrer Erkenntnisse hinaus. Damit schied die Naturwissenschaft aus der Konkurrenz um die Befriedigung der Orientierungsbedürfnisse aus, doch eben nicht, ohne als Methode neue Ansprüche anzumelden, welche als Aufgaben neuen Fächern, also den Sozialwissenschaften zufallen mußten.

Damit war die Frage nach dem Bedeutungswert der Wissenschaft auf neue Fächergruppen übergegangen, während für die Naturwissenschaft nur noch die Frage nach ihrem Nutzungswert und somit nach ihrem zweckvollen Einsatz übrig bleiben konnte. Durch den Anspruch freilich, daß ihre Methode zur Vergewisserung über Sinn und Handeln tauge, blieb die Naturwissenschaft im Spiel. Aber die Entscheidung darüber, ob die wissenschaftliche Methode zur Stillung der menschlichen Orientierungsbedürfnisse ausreiche oder nicht, fiel damit an die Methodologen und Wissenschaftstheoretiker. Es mag deshalb an anderer Stelle untersucht werden, wie dann die Wissenschaftstheorie, welche nun unter dem Druck der Aufgabe mit dem Wesen auch die Bedeutung der Wissenschaft zu bestimmen, aus dem Boden schoß, den Bedeutungswert der Wissenschaft als Methode verteidigt hat. Sie tat es nämlich am Ende, um hier das Ergebnis vorwegzunehmen, um den Preis, daß sie alle Orientierungsfragen, weil wissenschaftlich nicht lösbar, als Scheinprobleme ausschloß.

IV. Bedeutungssuche und Trivialisierungsprozeß

Mit der Übersicht über den Trivialisierungsprozeß in den Naturwissenschaften ist noch nicht alles Nötige gesagt, weil sich dieser Prozeß ja nicht als die stetige Abtragung anfänglicher Bedeutungswerte abgespielt hat. Bis hin zu ihrer dauerhaften Trivialisierung ist die Naturwissenschaft Bedeutungssuche geblieben. Sie hat immer wieder gehofft, daß ihr neue Erkenntnisse jene tieferen Bedeutungen offenbaren würden, welche ihr die vorhergehenden nicht dauerhaft geliefert hatten. Die Entwicklung der Naturwissenschaft hat sich also in einem vielmaligen Wechsel von Bedeutungssuche und Trivialisierung abgespielt, so daß die Bedeutungserwartungen nicht nur Triebkraft für die anfänglichen Erkenntnisse waren, sondern fortwirkend in den Fortschritt der Naturwissenschaften eingegangen sind.

Bei alledem folgt nämlich die Trivialisierung einem bestimmten Schema, das der Eigenart der Evolution der Naturwissenschaft entspricht. Denn diese begann ja an einem sehr kleinen Ausschnitt, der Mechanik der irdischen und himmlischen Körper, und eroberte sich Schritt um Schritt immer neue Gebiete. Der Trivialisierungsprozeß vollzieht sich entsprechend in Etappen, d. h. es wird nicht die ganze Natur allmählich bedeutungslos, sondern es werden nacheinander Teilgebiete der Natur trivialisiert. Dabei richtet sich die Hoffnung, in das Innere der Dinge einzudringen, stets auf neu anstehende Gebiete. Sind sie dann wissenschaftlich vermessen, so tritt mit der Ernüchterung auch die Enttäuschung ein, die die Aufmerksamkeit auf das nächste Feld zwingt, von dem man sich nun die Entschlüsselung, den großen Durchbruch, das entscheidende Wissen verspricht. So ist es wesentlich die Bedeutungserwartung, welche die Naturwissenschaft zur Eroberung immer neuer Gebiete treibt.

Man kann diesen Vorgang exemplarisch schon dort beobachten, wo sich um die Mitte des 18. Jahrhunderts herausstellt, daß die Erkenntnisse der *Kepler, Galilei* und *Newton* keine bleibende Versicherung über einen sinnvoll geordneten Kosmos leisten können. *Charles C. Gillispie* hat uns jenen, in der frz. Revolution dann auch politisch favorisierten Anti-Newtonianismus gezeigt, für den auch *Diderot* sprach[25]. Dort ist plötzlich das mathematisierbare Räderwerk der Welt, in dem eben noch Generationen die Sicherheit für eine rationale Lebensgestaltung gefunden hatten, zur Belanglosigkeit des Tatsachenwissens abgeblaßt, das den Menschen nichts sagt. Dort formierte sich deshalb ein Interesse, das in die Bereiche der Physiologie und Psychologie und Biologie vorstoßen will und hinter den mathematisierbaren Äußerlichkeiten jenes andere Wissen sucht, in dem der Mensch sich wieder erkennen kann. Der gesuchte Bedeutungswert des Wissens wird über einen bereits trivialisierten Bereich hinaus in einen neuen geschoben.

Damit wurde eine Schwelle überschritten, kam im gewissen Sinn die moderne Wissenschaft erst auf die Bahn ihres rastlosen Fortschritts. Denn für die Begründer der modernen Wissenschaft ging es ja nicht um einen endlosen Erkenntnisprozeß. Sie wollten hier und jetzt und ein für alle mal die wahre Ordnung der Welt ergründen. In diesem Sinne wurde *Newtons* Systematisierung auch als das abschließend definitive Weltbild, eben als die wahre Ordnung des Kosmos verstanden. Daß diese erkannte Ordnung sich zum Schluß nicht als die gesuchte rationale und undiskutierbare Versicherung über die Welt erwies, das war der Stachel, der zum Ausgreifen auf neue und immer neue Gebiete treiben mußte. Der Glaube, daß diese Suche auf dem neuen Gebiet auch enden werde, daß man dort nun ins Innere der Dinge eindringen würde, machte nur sehr langsam der Vorstellung Platz, daß die Wissenschaft sich in einem endlosen Fortschritt befindet. Es ist jedenfalls für das späte 18. Jahrhundert noch typisch, wenn *Kant* schreibt, daß bei Anspannung aller Kräfte das endgültige System der Philosophie noch vor Ablauf des Jahrhunderts entwickelt werden könnte. Und als sich die Naturwissenschaft im 19. Jahrhundert schließlich als einen Fortschrittsprozeß begriff, da immer noch in der Erwartung eines endlichen Abschlusses und definitiven Systems. Wie bei allen Enttäuschungen von Prophetien, war die Erfüllung, der endgültige Bedeutungswert, auf die Zukunft verschoben, aber deshalb noch nicht weniger wirksam.

Deshalb vollzog sich die gebietsweise Eroberung der Natur nach einem festen repetitiven Schema, das in Vergröberung stets folgendermaßen ablief: War ein Gebiet der Natur wissenschaftlich vermessen, so trat über kurz oder lang die Trivialisierung dieses Wissens ein, welche die Aufmerksamkeit und Hoffnung auf ein neues Gebiet zwang. Stieß man dort auf die ersten gesetzmäßigen Zusammenhänge, so bildeten sich Erwartungen über einen entscheidenden Durchbruch, der nicht bloß neue Gesetzmäßigkeiten, sondern diesmal ein inneres Gesetz der Natur bloßlegen würde. Man muß einmal nachlesen, mit welchen exzessiven Erwartungen, die am Mehrwert von Bedeutungen hingen, die ersten großen Einsichten in den Magnetismus, in die Elektrizität, in die Chemie, dann in die organische Chemie, in die Physiologie, in die Biologie oder Genetik begrüßt worden sind. Meist gruppieren sich um den allgemeinen Enthusiasmus der Forscher besondere Erscheinungen. Von einigen, und gerade auch großen Forschern werden solche ersten Einsichten zu einem Weltbild ausgesponnen, so noch im Vitalismus von *Hans Driesch*, in *Max Plancks* an die Unstetigkeit der Quantenemission angeschlossenen Spekulationen über die Willensfreiheit, oder in *Norbert Wieners* kybernetischem Weltbild. Entsprechend führen erste Einblicke in die grundsätzliche Gesetzhaftigkeit eines neuen Gegenstandsgebietes auch zu den fixen Moden, welche den Durchbruch als Prinzip auf andere Gebiete übertragen, so die Übertragung des kybernetischen Modells auf alle möglichen Gebiete. Gleichzeitig bilden sich um solche ersten Durchbrüche häufig Popularphilosophien und hermetische Zirkel und Sekten. In dem Maße, wie die nun durch Hoffnung einer entscheidenden Erkenntnis angespornte Naturwissenschaft Stein auf Stein setzt, die erste Gesetzmäßigkeit in ein Flechtwerk von sich wechselseitig ergänzenden und erklärenden Gesetzmäßigkeiten systematisiert, wird dann das Gebiet trivial, richtet sich nun die Spannung auf ein neues Gegenstandsgebiet.

So folgt die Entwicklung der Einzelfelder der bekannten S-Form der wissenschaftlichen Entwicklung. Allerdings: über die Geschichte der Naturwissenschaft hinweg werden die Bedeutungserwartungen geringer, dauern die immer neu belebten Hoffnungen kürzer, tritt die Ernüchterung schneller ein, bleibt es bei der vagen Antizipation eines Bedeutungswertes, aus dem keine legitime Daseinsorientierung mehr hervorgehen kann.

V. Die Geistes- und Sozialwissenschaften als Produkt des naturwissenschaftlichen Trivialisierungsprozesses

So folgt die Naturwissenschaft — überall unmittelbar nur mit Tatsachen befaßt — in ihrer Dynamik einer Eigenlogik, welche aus ihrer anfänglichen Bedeutungskonstellation hervorging. Aus dieser sind nun aber auch die Geistes- und Sozialwissenschaften hervorgegangen, und die gleiche Logik regiert grundsätzlich ihre freilich verschlungeneren Wege. Es ist in der Tat überaus wichtig zu verstehen, daß die Naturwissenschaften und die Geistes- und Sozialwissenschaften einander zugeordnet sind als Komponenten und Momente einer Gesamtbewegung, die sich nicht zureichend begreifen läßt, wenn sie in Fachgeschichten von Einzeldisziplinen aufgelöst wird, die nur noch das formale Merkmal der Erkenntnissuche gemeinsam haben.

Es sind zwei Gründe gewesen, welche die Geisteswissenschaften aus dem Erkenntnisunternehmen der Naturwissenschaften hervorzwangen. Als sich der Mensch mit der Trivialisierung des frühen naturwissenschaftlichen Weltbildes aus der Mechanik der Natur vertrieben fand, da mochte die Naturwissenschaft in neuen Gebieten nach Anzeichen einer sinnvollen Ordnung ausspähen. Mindestens ebenso stark und eben immer stärker mußte aber nun der Druck werden, die rationale Versicherung über eine sinnhafte Ordnung, und damit auch die Legitimation für Daseinsformen in der Welt des Menschen selbst, in seiner eigenen Natur, in Geschichte, Gesellschaft, Kultur zu suchen. Ganz evident gilt das ja für die Philosophie, die nach der Veralltäglichung des *Newton*schen Weltbildes nur noch ein zentrales Thema hatte: dem Menschen einen neuen Platz zu suchen durch den Aufweis einer Ordnung, die in seinem Inneren oder in den den Naturwissenschaften entzogenen Bereichen seiner Produkte und Gehäuse entdeckt werden kann.

Daß hier der gesuchte Bedeutungswert aus der Welt der äußeren Natur in die Welt des Menschen abzuwandern beginnt, verstärkt sich dann auch durch ein Resultat, das aus der Trivialisierung des Newtonianismus hervorging. Mochte der Mensch in der Natur heimatlos geworden sein, so nahm er aus der Enttäuschung doch das Bewußtsein mit, zu einem Teil die Welt aus eigener Kraft entschlüsselt, in ihr etwas rational beweisbar Gewisses gefunden zu haben. Diese revolutionäre Erfahrung einer neuen Lage bedurfte der Interpretation an Hand der Fragen: was für ein Wesen ist der Mensch, und welche Stellung im Kosmos nimmt er ein, wenn er die Gesetzmäßigkeit der Welt entschlüsseln kann. Was von *Kepler, Galilei, Newton* als Aussagen über die Natur gemeint war, das wurde nun zu einer Aussage über den Menschen. Diese Um- und Ausdeutung der Naturwissenschaft als einer menschlichen Leistung haben bekanntlich und typisch die Literaten, nicht die Naturwissenschaftler vorgenommen, vor allem *Fontenelle*, wie *Herbert Butterfield* beschrieben hat[26]. Die Botschaft der Aufklärung war diese Umdeutung der Naturwissenschaft als einer menschlichen Leistung, — der Versuch aus dieser Leistung die Stellung und Aufgabe des Menschen neu zu verstehen.

Auf diesen beiden Wegen also ging die Geisteswissenschaft aus der Eigenlogik jener Konstellation hervor, aus der die rationale Naturwissenschaft geboren wurde, und führte eben auch zu ganz parallelen Erscheinungen. Zwei Beispiele müssen als Illustration genügen. Als die erste klare Gesetzmäßigkeit in der Welt des Menschen entdeckt wurde, da bildete sich um *Adam Smith* eine Gloriole wie früher um *Newton*, und sein Werk, in dem die heutige Wirtschaftswissenschaft allenfalls noch die Entdeckung der facta bruta wirtschaftlicher Gesetzmäßigkeiten zu erblicken vermag, hat früheren Generationen als legitime Anweisung auf eine richtige Ordnung des individuellen und sozialen Daseins gegolten und dem Liberalismus seine normative Begründung geliefert. Und natürlich rückte dann auch in den Geisteswissenschaften, ja hier noch mehr, die Wissenschaft an die Stelle der Religion. „Wer Kunst und Wissenschaft besitzt, der hat auch Religion — wer diese beiden nicht besitzt, der habe Religion" heißt es bezeichnend in den zahmen Xenien.

Natur- und Geisteswissenschaften sind also nicht als beziehungslose Fachgruppen entstanden, denen nur die formale Gemeinsamkeit der Erkenntnissuche den Schein einer Zusammengehörigkeit gegeben hat. So wie schon in der Antike die Vergeblichkeit der Naturphilosophie in der Sophistik in die Frage nach dem Menschen umgeschlagen war, so löste sich aus dem Weltbild der frühen Naturwissenschaft, als sein Bedeutungswert abblaßte, ein mächtiger Impuls, die gesuchte Ordnung in der menschlichen Welt zu finden — mit dem Unterschied freilich, daß die moderne Naturwissenschaft aufgrund ihres Erkenntniserfolges auf ihren eigenen Hoffnungen weiterlaufen konnte. Aber auch in ihrer Entwicklung sind die beiden Fächergruppen aneinander gekettet geblieben, weil sie (und soweit sie) auch in ihrer Erkenntnis nach Ordnungen suchten, an denen sich der Mensch orientieren konnte. Vor allem (aber nicht nur) die Philosophie ist kaum mehr gewesen als die mit den Fortschritten der Naturwissenschaften immer erneuerte Frage, wo der Platz des Menschen in einer Welt der Gesetzmäßigkeiten sei. Und umgekehrt haben die Naturwissenschaftler in den von den Geisteswissenschaften entdeckten oder vermuteten Ordnungen immer wieder Hilfen für die Ausdeutung und Einordnung ihres eigenen Tuns gefunden. Bis tief in das 19. Jahrhundert verstehen sich die Fächergruppen als Momente einer gemeinsamen Wissenschaft, deren Teile endlich zu einem einzigen System zusammenwachsen werden.

So sind die beiden Fächergruppen durch ihre gemeinsame Beziehung auf eine Bedeutungsdimension in einer Weise verbunden, die in den gesonderten Fachgeschichten nicht ans Licht kommen kann. Für jedes Fach ist die Bedeutungslage nicht bloß durch die eigenen Erkenntnisse sondern auch durch die Bedeutungslage der anderen Fächer bestimmt, so daß Forschungs- und Deutungsimpulse erst dann hinreichend freigelegt werden können, wenn man die Bedeutungslagen und Bedeutungszwänge versteht, durch welche die verschiedenen Wissenschaften in dem gemeinsamen Unternehmen Wissenschaft zusammengeschlossen sind.

Im übrigen wird es Gegenstand späterer Betrachtungen sein müssen, die Bedeutungsgeschichte der Geisteswissenschaften nachzuzeichnen, und dabei sowohl auf die Mitbedingtheit durch die Lage der Naturwissenschaften zu achten, wie besonders der Entstehung der Sozialwissenschaften die nötige Aufmerksamkeit zu schenken.

Bei der Gelegenheit wird auch zu untersuchen sein, wie sich Bedeutungssuche und

Trivialisierungsprozesse in diesen Bereichen abgespielt haben. Daß auch dort solche Entwicklungen stattgefunden haben und zur inneren Logik dieser Fächer gehören, ist ziemlich offenbar. Die kleinen Trivialisierungen treten schon in der Auslaugung der jeweils modischen Theorien und Probleme auf, die gestern noch als der große Durchbruch galten und heute routinisiert oder vergessen sind. Gerade auch die Soziologie ist ja voll davon; man denke nur an die Hoffnungen, welche sich jeweils an die Sozialforschung, an die Soziometrie, an die Kleingruppenforschung und was sonst geknüpft haben, oder heute an Indikatoren, Multivarianzanalyse, Datenbanken gehängt werden. Wichtiger wohl sind die großen Wendemarken, an denen epochale Bedeutungserwartungen verabschiedet werden, so etwa die berühmte These von *Karl Marx*, daß es nicht darauf ankomme, die Welt zu erkennen, sondern sie zu verändern; denn diese These ist ja die aus Enttäuschung geborene Absage an die Bedeutungserwartung, welche bis dahin der modernen Wissenschaft vorausgeleuchtet hatte, daß nämlich der Mensch durch Erkenntnis mit sich einig werde, und sie ist zugleich die Erneuerung der Bedeutungserwartung durch Reinterpretation. Dazwischen laufen jene Trivialisierungsprozesse, welche an ganzen Fächergruppen, so an den Wirtschafts- und Rechtswissenschaften zehren. Freilich stellt sich in den Geistes- und Sozialwissenschaften die Frage, ob es eine endgültige und vollständige Trivialisierung überhaupt geben kann, ob also diese Fächer nicht kraft der Natur ihres Gegenstandes einen Mehrwert an Bedeutung unwiderruflich behalten werden. Sie ist schwieriger zu beantworten, als es scheinen mag, und erfordert die sorgfältige Durchleuchtung der Bedeutungsgeschichte der Geistes- und Sozialwissenschaften. Als sicher darf schon hier darauf hingewiesen werden, daß auch in den Geistes- und Sozialwissenschaften der Anteil des trivialen Wissens angestiegen ist. Erstickung in weitläufigen Begriffsterminologien, Überwucherung der methodischen und technischen Aspekte, Spezialisierung der Aufgaben und Schablonisierung der Forschung sind unverkennbare Indizien.

VI. Der Kampf um die Verheißungen

Geht man einmal davon aus, daß die Wissenschaft im Namen von Erwartungen und Verheißungen begonnen hat, welche ihr den Charakter eines Glaubens verliehen, so stellt sich wie bei jedem Glauben auch hier die Frage, wie die Wissenschaft mit der Enttäuschung ihrer ursprünglichen Erwartungen fertig geworden ist. Offenbar gibt es für diese Lagen nur eine beschränkte Zahl von Alternativen, die grundsätzlich zum Zuge kommen können. 1. Zuerst ist es natürlich möglich, die ursprüngliche Erwartung resolut abzuschreiben, was gewöhnlich Folgeprobleme mit sich bringt, weil nach dem Ausfall einer Erwartung ein Ersatz gesucht werden muß, um die Balance des inneren Haushalts aufrecht erhalten zu können. 2. Unter Umständen kann auch einfach der Zeitpunkt für die Erwartung hinausgeschoben werden: der Irrtum betraf nicht die Sache, sondern die Zeit ihres Eintritts. Unter Umständen kann dann (und muß bisweilen sogar) diese Verschiebung anders begründet werden. So werden magisch begründete Erwartungen häufig an die Richtigkeit rituellen Verhaltens gebunden sein, wie religiös begründete Erwartungen in der ethisch durchrationalisierten

Weltkonzeption der Hochreligionen moralisch bedingt sein können. Das Ausbleiben der Verheißung führt dann auf den Schluß, daß die magischen Praktiken nicht rituell korrekt vorgenommen worden sind, oder daß die Menschen, im anderen Fall, die moralischen Vorbedingungen der Verheißung, d. h. irgendeine Art der Sündlosigkeit nicht erfüllt haben. Das säkulare Gegenstück bei rein innerweltlichen Erwartungen ist dann natürlich die Erklärung, daß die Menschen es an der nötigen Anstrengung haben fehlen lassen. In allen diesen letzteren Fällen jedenfalls muß sich die Verschiebung der Verheißung mit der Aufforderung zu neuer Tätigkeit: korrekter Wiederholung der magischen Prozeduren, verstärktes Streben nach moralischer Vervollkommnung, zusätzliche Anstrengungen des Willens oder des Geistes, verbinden. Die Verheißung wird dann an eine neue, bisher übersehene oder vernachlässigte Bedingung gebunden, welche die Menschen zu erfüllen haben. 3. Schließlich kann der Inhalt der Verheißung modifiziert werden: man hatte sich von dem was kommen würde eine falsche Vorstellung gemacht, so daß nun eine Reinterpretation der überlieferten Verheißung notwendig wird.

Die Begrenztheit der grundsätzlichen Alternativen (die uns ja aus der Alltagserfahrung so vertraut wie wissenschaftlich erforscht sind) macht nun klar, daß Erwartungsabläufe einer Eigenlogik folgen oder folgen können. Wenn wir es also mit einer zeitlichen Folge von Erwartungen zu tun haben, so sind diese unterschiedlichen Erwartungen nicht notwendig Reflexionen der ihnen jeweils zuordbaren Zeitumstände, sondern sind wahrscheinlich auseinander hervorgegangen. Bestehen einmal Erwartungen, so mag es bei deren Enttäuschung von anderen Faktoren abhängen, welche der grundsätzlichen Alternativen zum Zuge kommen wird, aber das Ergebnis muß doch immer eine sinnhafte Beziehung auf die vorherige Erwartung haben. Bedeutende Erwartungen, wie sie als fundamentale Glaubenskonstellationen zu geschichtlichen Zeitpunkten auftreten, werden demnach mit ziemlicher Wahrscheinlichkeit zum Ausgangspunkt einer Glaubensgeschichte, welche die ursprünglichen Verheißungen angesichts neuer Erfahrungen auszulegen gezwungen ist. Ein solcher Prozeß erzeugt seine eigene Dynamik aus der Kraft des ursprünglichen Glaubens und der zu verarbeitenden Erfahrung und entwickelt dabei eine eigene Logik, welche sich gegenüber sonstigen Tatsachen und Ereignissen durchzusetzen vermag, freilich in Grenzen, über die jeweils nur die tatsächliche Geschichte Auskunft gibt.

Die Geburt der modernen Wissenschaft schuf eine solche fundamentale Glaubenskonstellation durch die Verheißung, daß der Mensch sich seines rechten Platzes in der Ordnung der Welt durch Erkenntnis versichern könne. Die Wissenschaft stand damit unter dem Gebot, ihre ursprüngliche Verheißung jeweils in Einklang mit dem Ergebnis ihrer Erkenntnisbemühungen zu bringen. Solange sie ihr ursprüngliches Versprechen nicht völlig widerrufen wollte, standen ihr dafür nur zwei Wege zur Verfügung: die Verschiebung des Zeitpunktes der Erfüllung und die Reinterpretation der Verheißung.

Die Verschiebung steht anfangs im Bann der Naherwartung, so daß man stets von der nächsten Theorie die entscheidende Einsicht erwartet. Deshalb sind die Durchbrüche der Naturwissenschaft in neue Bereiche lange Zeit von exzessiven Erwartungen getragen worden. Ebenso hat die Philosophie bis in das 19. Jahrhundert hinein in der Überzeugung gearbeitet, daß das endgültige System vor der Entdeckung stünde; anders ließe sich die dichte Folge ihrer Systementwürfe auch gar nicht erklären. Mit dem Übergang in das 19. Jahrhundert mußte dann allerdings der Erwartungshorizont immer weiter hinausgeschoben werden. Die Naturwissenschaften gewöhnen sich in den Fortschritt der Erkenntnis ein, der erst am Ende die vollständige Einheit allen Wissens und damit das Gesamtverständnis der wahren Ordnung bringen werde. Und die neuen Geisteswissenschaften beginnen bereits in dem Bewußtsein, daß erst mühselige Arbeit schließlich befriedigende Einsicht in die Zusammenhänge der menschlichen Ordnungen liefern kann. So soll sich aus der vielfältigen Arbeit der Historiker zuletzt ergeben, wie alles wirklich gewesen, und die Altertumswissenschaften vertrauen darauf, daß aus ihrem Zusammenwirken immer klarer hervorgehen wird, wie sich eine exemplarische Kultur wie die Antike erschuf und erhielt. Diese allmähliche Dehnung des Erwartungshorizontes fiel anfangs umso leichter, als man dem Fortschritt gewissermaßen nur die Ausführungen und Details überlassen mußte, weil man davon überzeugt war, daß die bisherigen Erkenntnisse bereits die Grundzüge sinnvoller Ordnungen offen gelegt hatten. Die Naturwissenschaften arbeiteten noch im Schatten der Vorstellung, daß ihre Erkenntnisse sich zu einem einheitlichen System der Natur zusammenfügen ließen, das auf die Zwecke des Menschen bezogen sei. Und die Geisteswissenschaften waren sicher, in Geschichte, Kultur und Person das Walten sinnvoller Mächte zu spüren, aus deren Verständnis der Mensch Orientierung gewinnen könne.

Die Erklärung dieser allmählichen Verzögerung regelte sich erst einmal aus der Bestimmung der jeweiligen Erkenntnislage. In der Philosophie und in den Geisteswissenschaften lief das auf den Nachweis hinaus, daß man bisher einer falschen Theorie gefolgt sei, die nun durch das endgültige System korrigiert würde. In den Naturwissenschaften lag es eher näher festzustellen, daß man bisher noch zu wenig oder am falschen Ort gesucht habe. Daneben hat aber die Wissenschaft auch nicht kleinlich von dem Mittel Gebrauch gemacht, auf das alle Glaubensverheißungen verfallen, wenn das Heil sich nicht, oder nicht im vollen Umfang einstellt: von feindlichen Gegenkräften, welche dem Heil entgegenarbeiteten. Schon die Aufklärung hatte ja ihrer Behinderung durch kirchliche und staatliche Kräfte den Stempel der Heilsverzögerung beizulegen versucht. Als im 19. Jahrhundert diese institutionellen Behinderungen gefallen waren, derweil sich trotz endloser Fortschritte der Wissenschaft die versprochenen Verheißungen nicht eingestellt hatten, da mußte man die mangelnde Einmütigkeit und fortbestehende Ungewißheit der Menschen, dazu die Mängel ihrer bestehenden Ordnungen, durch die Entdeckung neuer Gegenkräfte erklären. Solche Versuche ziehen sich breit durch das 19. Jahrhundert hin, am deutlichsten natürlich in dem Bemühen von *Marx*, die Wissenschaft als Herrschaftsinstrument einer Klasse gegen ihre wahre Aufgabe abzusetzen, am häufigsten aber in der Form eines Kreuzzuges, der alle Vorstellungen ausrotten soll, die nicht streng wissenschaftlich beweisbar sind. In milder und geradezu vornehmer Form hat *Ludwig Bücher*, der Verfasser von „Kraft und Stoff", dem Ausdruck gegeben, wenn er schreibt: „Seit Jahrtausenden ist die Welt von mythischen, mystischen und subjektiven Ideen beherrscht worden. Die Zeit naht, wo diese Herrschaft an die Wissenschaft, an die objektive Gewißheit überzugehen hat. Je rascher sich die Menschen und Völker entschließen werden, die Wahnideale der Vergangenheit zu verlassen und an ihrer Stelle die positiven oder Erkenntnisideale der Gegenwart zu setzen, umso größer wird das Glück und die Zufriedenheit der kommenden Menschheit sein[27]." Hier hat der Glaube, „daß an der Hand der Ausmerzung alter Vorurteile, alter Dummheit und alten Aberglaubens ein unbegrenzter Fortschritt auf dem Wege der Tugend, Weisheit und Glückseligkeit möglich ist", die Idee der Wissenschaft um die Vorstellung der Verstockten und Erlösungsunwilligen erweitert, gegen die allein die völlige Durchregulierung der menschlichen Gedanken im Namen der Wissenschaft hilft. Das Compellite intrare liegt da nicht mehr fern.

Je mehr allerdings trotz immer weiterer Erkenntnisfortschritte die Hoffnung der einmütigen Einsicht in die definitive Ordnung der Dinge verblaßte, und je weniger sich die akuten Segnungen des Erkenntnisfortschrittes einstellen wollten, desto mehr geriet die Wissenschaft in den Zwang, jene allgemeinen Erwartungen, mit denen sie angetreten war, und denen sie durch jeden Fortschritt neue Nahrung gab, nicht nur zu modifizieren sondern grundsätzlich neu auszulegen. Wenn ich recht sehe, ist das vor allem mit zwei Strategien versucht worden.

Da ist einmal der Zug zur Methodologie und Wissenschaftstheorie, der unverkennbar um die vorige Jahrhundertmitte einsetzte. Er entsprach natürlich unmittelbaren Bedürfnissen und Verlegenheiten der Fächer, diente aber auch anderen Zwecken. Zu diesem Entwicklungsstrang gehören die Verschärfung der Anweisungen und Verfahren für die experimentelle Forschung; die Systematisierung, Logifizierung, Formalisierung und Mathematisierung der Begriffsapparate, Operationen und Aussagen; die Entstehung neuer Disziplinen, welche sich, wie die Statistik, die Methodenlehre, die mathematische Logik, solcher Probleme annehmen; aber auch eine Reihe von neuen Hilfswissenschaften, welche der Leistung der wesentlichen Fächer zuarbeiten sollen; in gewissem Sinne auch noch alle die Anstrengungen, welche der Vervollkommung der Hilfsmittel und Apparaturen und der schieren Vervielfachung der Institute und Forschungen dienen; vor allem aber doch jene Arbeiten, welche, von den vagen Ideen *Comtes* ausgehend, über Männer wie *Claude Bernard, Karl Pearson, Henri Poincaré* in die moderne Wissenschaftstheorie des logischen Positivismus münden, welche heute mit einiger Verspätung auch solche Fächer aus dem Bereich der alten Geisteswissenschaften erreicht, die sich früher dagegen hatten abschließen können. Keineswegs liegen allerdings die Dinge so, daß dieser Zug zur Methodologie und Wissenschaftslogik nur in den Naturwissenschaften vorherrschte. Unverkennbar haben auch die Geisteswissenschaften an dieser Entwicklung teilgenommen. Offenkundig ist das sowieso für die Philosophie, welche, wo sie sich nicht überhaupt auf die Geschichte der Philosophie herausredete, ihre Aufgabe in der Ergründung der allgemeinen Voraussetzungen aller Wissenschaften, mithin in der Wissenschaftstheorie und Wissenschaftslogik suchte. Aber auch die Entwicklung der Historie vollzog sich deutlich genug im Schatten dieser allgemeinen Strömung. Man verfolge nur, wie im 19. Jahrhundert die historischen Hilfswissenschaften aus dem Boden sprossen, vor allem: wie sich die Fußnoten der Texte bis zu dem Punkte vermehrten, wo es als normal galt, wenn auf 10 Zeilen Text einer Seite 60 Zeilen kleingedruckter Anmerkungen und Quellen kamen.

Der gemeinsame Zug in allen diesen Entwicklungen war nun der, daß die endgültige Wahrheit, welche sich nicht eingestellt hatte, durch eine Steigerung der verschiedenen Hilfsgrößen erzwungen werden sollte, also eine Verschärfung der Verfahren, eine

Massierung der Daten, eine arbeitsteilige Vervielfältigung der Disziplinen, überhaupt die quantitative Vermehrung der Forschung. In der Tat, man kann die in den obigen Bemerkungen angezogenen oder mitgemeinten Arbeiten nicht lesen, ohne überall dem offenen oder untergründigen Versprechen zu begegnen, daß mit dieser Entwicklung nicht nur irgendeine Unsicherheit eines Faches vermindert werden könne, sondern vielmehr auf diesem Wege sich am Ende die ursprünglichen und inzwischen fachweise modifizierten Verheißungen eines endgültigen Verständnisses erfüllen würden. Sehr deutlich ist das überall dort, wo neue Formalisierungen und Mathematisierungen ins Spiel gebracht werden, so etwa dort, wo sich die statistischen Methodenlehren und mathematischen Verfahren entwickeln, also beispielsweise auch in der mathematisierten Volkswirtschaftslehre oder in der Sozialforschung der zwanziger Jahre, die mit dem stolzen Bewußtsein, nun den Rang einer reifen Wissenschaft erlangt zu haben, das Versprechen verbinden, daß nunmehr die zugehörigen Gegenstandsbereiche, dort also die Wirtschaft und hier die Gesellschaft, steuerbar würden. Aber ebenso ging auch in den historischen Wissenschaften mit der Ausbildung von Hilfsfächern, mit der Verschärfung der Quellenanalysen und der Benutzung der Tatsachen, endlich auch mit der Massierung der Daten und der Ausdehnung der Forschung, teils auf immer weitere Räume und Zeiten, teils auf immer engere Lokale und Ereignisse, die deutliche Hoffnung einher, daß aus diesen vermehrten Anstrengungen am Ende das endgültige Verständnis aller Geschichte und, darüber hinaus, der in sie verwobenen Gesetze und Ordnungen erwachsen würde.

Ganz deutlich tritt in allen diesen Entwicklungen die Überzeugung hervor, daß sich bisher die Versprechungen deshalb nicht hinreichend erfüllt haben, weil man es an der nötigen Genauigkeit oder auch an der nötigen Masse der Anstrengungen hatte fehlen lassen. Der Sieg der Erkenntnis, und der mit ihr jeweils verbundenen Verheißungen, verlagert sich somit von der Sache auf die Hilfsmittel und Grundsätze. Das hat weitreichende Folgen. Denn nun rücken auch stellvertretend die Hilfsmittel und Grundsätze in den Rang der Heilsversprechungen selbst auf. An Stelle der erlösenden Erkenntnis, welche die ursprünglich erwarteten Sacheinsichten in die Ordnung der Welt oder in die für den Menschen gültigen Ordnungen liefern sollte, tritt nun die Erkenntnis in das Wesen der Wissenschaft. Statt der Übereinstimmung mit der wahren Ordnung der Welt und sich selbst genügt es nun, die wahre Ordnung der Wissenschaft zu entdecken. Die innere Widerspruchslosigkeit und Systematik der Wissenschaft in ihrem formalen Verstand ersetzt die Widerspruchslosigkeit und Sinnhaftigkeit der Welt, und in der Systematik ihrer Begriffsentwürfe fühlt sich eine neue Intelligenz so sicher wie ihre Vorgänger sich einstmals in der entdeckten Harmonie des Kosmos. So dient die methodologische Gewissenserforschung einer Verlagerung der Fragen von dem Inhalt auf die Form, von der Sache auf die Methode, von der Leistung auf das Prinzip, und ermöglicht damit ineins die Erklärung der Verzögerung wie die neuerliche, von konkreten Inhalten entlastete Bestätigung der Verheißung. Die Auseinandersetzung um die Preisgabe oder Bekräftigung der Erwartungen spielt sich nun in der Form methodologischer Kämpfe und Argumente ab. Die Weiterungen des hiermit umschriebenen Wandels sind bis in die Lebensformen der Wissenschaftler hinein spürbar. Denn wenngleich den früheren Zeiten die Hingabe und Besessenheit des Forschers nicht fremd, obwohl auch nicht die Regel gewesen waren, entwickelt sich doch erst im 19. Jahrhundert jene uniforme Askese des Gelehrten, welche zur totalen methodischen Lebensführung im Dienste der Verarbeitung immer größerer Tatsachenmassen bei ständiger Konzentration auf die Exaktheit der Verfahren zwingt und dafür auch mit dem Preis, am entscheidenden Durchbruch der menschlichen Geschichte unter Hintanstellung persönlicher Interessen mitzuwirken, winkt. Fast jede Biographie eines der großen Gelehrten und Forscher von der Mitte des vorigen Jahrhunderts ab kann diese Aussage mit Leben erfüllen. Im übrigen läßt sich die Rolle, welche die Methodologisierung für den Bedeutungsgehalt des Wissenschaftsbegriffes gespielt hat, vielleicht am besten einer Geschichte der Rektoratsreden entnehmen, in denen der Sinn des Studiums immer stärker auf methodische Disziplin und kritisches Denken zurückgeschnitten wurde.

Noch aufschlußreicher für die langfristige Entwicklung sind jedoch jene, mit den methodologischen Anstrengungen häufig verbundenen Versuche, die früheren Erwartungen bis auf den Punkt abzubauen, wo nur noch rein innerweltliche pragmatische Verheißungen übrig bleiben. Auch diese Zurücknahme der Versprechungen hat natürlich eine gewisse Vorgeschichte. So ist ja, um nur ein markantes Beispiel zu nennen, die Kritik der reinen Vernunft ein Versuch gewesen, nach dem Mißlingen aller Anstrengungen, eine gewisse und befriedigende Metaphysik auf die Erkenntnisse der Naturwissenschaften zu gründen, diese ursprüngliche Hoffnung abzuschreiben, um auf einem anderen Wege doch den eigentlichen Kern dieser Hoffnung durch die Beantwortung der Fragen, was soll ich tun und was darf ich hoffen, retten zu können. Oder, wie *Kant* es selbst ausdrückte, es mußte das Wissen eingeschränkt werden, um dem Glauben Platz zu machen. Noch rücksichtsloser wurde dann Ballast abgeworfen, als die Naturwissenschaft ihre früheren Verheißungen über den inneren Eigenwert der Erkenntnis in das Evangelium des Fortschrittes umdeutete. Immerhin galt es noch für das 19. Jahrhundert fast stets als ausgemacht, daß der äußere Fortschritt von einer sittlichen, kulturellen und intellektuellen Perfektion begleitet sein werde, die auf eine Reinigung der diesbezüglichen Ideen und insoweit auch auf eine Beantwortung des diesbezüglichen Fragen hinauslief. Dagegen beginnt sich schon im 19. Jahrhundert eine Strömung anzukündigen, welche alle Fragen, die über rein wissenschaftlich beweisbare Tatsachenfeststellungen hinauszielen, als überflüssig zu perhorreszieren beginnt. Aus der anfänglichen Botschaft, daß die Wissenschaft dem Menschen alle seine wesentlichen Fragen beantworten und ihn somit in die Wahrheit stellen wird, wird nun umgekehrt die neue Lehre, daß nur diejenigen Fragen, welche sich strikt empirisch-logisch beantworten lassen, überhaupt als zulässige Fragen gelten dürfen. Hinter dieser, stark von der angezogenen Methodologisierung getragenen Verwissenschaftlichung verbirgt sich der Versuch, die ursprünglichen Fragen nach zwei Jahrhunderten vergeblicher Bemühungen still zu legen. Das freilich geht wiederum nicht ohne eine neue Vorstellung davon, wie der Mensch den Lauf der Dinge ordnen und mit sich selbst ins reine kommen kann. So entsteht das neue Konzept einer Welt, die rein auf den Rädern der Pragmatik gesichert und befriedigend fortzulaufen imstande ist, wenn der Mensch alle emotionalen und metaphysischen Rückstände, und damit auch alle Wert- und Sinnprobleme entschlossen abzustoßen weiß und als der neue aufgeklärte Rationalist mittels der Wissenschaft zu jener hinreichenden Vorausberechnung aller Entwicklungen, einschließlich der Reaktionen, welche sein eigenes Handeln bei anderen Menschen auslösen wird, befähigt sein wird, welche ihm die sichere Berechnung seiner optimalen Entscheidungen erlauben und dabei den nötigen sozialen Konsens rein aus der allseitigen Rationalität und prinzipiellen Vorhersehbarkeit herzustellen versprechen. Hier sind alle Wert- und Sinnfragen nicht nur für unbeantwortbar erklärt worden, sondern zu Unproblemen deklariert, für welche in einer Welt totaler Rationalität kein Raum und kein Bedürfnis besteht. Hier war die Wissenschaft nach 300 Jahren der Bedeutungssuche, nicht zuletzt getrieben durch das mit dem Axiom der Werturteilsfreiheit offenbar gewordene Eingeständnis ihres Unvermögens, zur radikalen Umkehr ihrer ursprünglichen Verheißungen getrieben worden. Diese Entwicklung läßt sich in der Fachgeschichte vieler Disziplinen verfolgen, vor allem dort, wo sich in der Strömung der verschiedenen neueren Schulen des Positivismus in diesem Jahrhundert neuartige Theorien und Theoriekonzepte entwickeln. Sie wird besonders greifbar in bestimmten allgemeinen Lehren dieser positivistischen Strömungen, die, wie der logische Positivismus oder die analytische Philosophie, ja wesentlich darauf hinausliefen, überlieferte Probleme anhand sprachlicher Kategorialanalysen und empirischer Beweiskriterien für Scheinfragen zu erklären.

Erst aus dieser Lage heraus werden die Untergründe und Dimensionen der jüngsten Diskussion um die Wissenschaft, werden die großen geistigen Zeitverschiebungen verstehbar. Das wird eine eigene Betrachtung der Geschichte der Geistes- und Sozialwissenschaften erfordern, welche zu den eigentlichen Erben des Glaubens an den Bedeutungswert der Wissenschaft wurden, mit dem die Neuzeit begonnen hatte.

Anmerkungen

[1] So verschiedentlich die programmatische Formel, auch von *Robert K. Merton* in der Einleitung benutzt, unter die *Bernard Barber* sein Buch Science and the Social Order, Glencoe, Ill., 1952, stellte, das den Beginn der Wissenschaftssoziologie als einer Sonderdisziplin markierte.

[2] So *B. Barber* auf S. 5 seines angezogenen Werkes, und *R. K. Merton*, a.a.O., S. XI.

[3] A.a.O., S. 262. Vgl. zum allgemeinen Gedanken auch S. 260: "If we have more social science, then we shall have the possibility of more social control."

[4] Hierzu insbesondere die beiden Arbeiten von *Benjamin Nelson*, The Early Modern Revolution in Science and Philosophy, in: Boston Studies in the Philosophy of Science, vol. III, 1964 und 'Probabilists', 'Anti-Probabilists', and the Quest for Certitude in the 16th and 17th Centuries, in Actes du Xme Congrès international d'histoire des sciences, Paris 1965.

[5] Zu den vorstehenden Angaben vgl. man *Alexandre Koyré*, Newtonian Studies, Chicago 1968, S. 18. — Die Angabe über das *Journal des Savants*, damals vielleicht das einflußreichste wissenschaftliche Organ Europas, aus dem Buch von *Paul Hazard*, La crise de la conscience Européenne, dt. Übs. Hamburg 1939, S. 365, das ein breites und lebhaftes Panorama der Zeit liefert.

[6] So etwa in dem von *Th. S. Kuhn* verfaßten Artikel über Wissenschaftsgeschichte in der Encyclopaedia of Philosophy.

[7] Dazu die genannte Arbeit von *A. Koyré*, S. 18 f., und *E. A. Burtt*, The Metaphysical Foundations of Modern Science, jetzt in Doubleday Anchor Bocks, New York 1954, S. 30 ff.

[8] Zitat und Angaben bei *A. Koyré*, S. 18. Grundlegend für *Newton* jetzt die Arbeit von *F. E. Manuel*, The Religion of Isaac Newton, London 1974.

[9] *A. Koyré*, op. cit., S. 18 und 10. Vgl. dazu auch *A. Koyré*, From the Closed World to the Infinite Universe, Baltimore 1957.

10 Die Figur *Francis Bacons* erfordert ein eigenes Wort, weil sich mit ihr immer wieder grundsätzliche Auffassungen über die Geschichte der Wissenschaft verbunden haben. Für die Aufklärung gehörte *Bacon* unproblematisch zum Pantheon der Heroen, welcher die Wissenschaft auf den Weg der Wahrheit, oder wie *Kant* es ausdrückte, die Physik auf die Heerstraße der Wissenschaft gewiesen hatte. Unter dem Einfluß des technischen Triumphes der Naturwissenschaft avancierte *Bacon* dann in den angelsächsischen Ländern zum eigentlichen Bahnbrecher der Wissenschaft, wofür sich *Macauley* in der *Edinburgh Review* von 1831 verwendete. Gegenüber dieser Überzeugung, welche die moderne Wissenschaft aus den pragmatischen Motiven *Bacons* ableiten wollte, hat die solidere Forschung doch bald erkannt, daß von den pragmatischen Methodenlehre und den technischen Visionen *Bacons* kein Weg zum entscheidenden Vorgang der Mathematisierung führen konnte. Von dieser Erkenntnis hat *Max Weber* bereits Gebrauch gemacht, worauf ich kürzlich in der Zeitschrift für Soziologie, Jgg. 3, Max Weber and the Sociology of Science. A Case Reopened, hingewiesen habe. *Koyré* bemerkt in den Newtonian Studies ähnlich: "I do not see what the scientia activa has ever had to do with the development of the calculus, nor the rise of the bourgeoisie with that of the Copernican, or the Keplerian astronomy. And as for experience and experiment two things which we must not only distinguish but even oppose to each other — I am convinced that the rise and growth of experimental science is not the source but, on the contrary, the result of the new theoretical that is, the new metaphysical approach to nature that forms the content of the scientific revolution of the seventeenth century, a content which we have to understand before we can attempt an explanation (whatever this may be) of its historical occurrence" (S. 6). Grundsätzlich urteilen *K. v. Fritz* und *P. Chaunu* genau so.
Damit soll nicht bestritten sein, daß in der Zeit, wie *Merton* gezeigt hat, starke praktische Interessen bereit lagen und sich auch an die einmal entstandene Wissenschaft bald anheften konnten. Aber weder die sichtbaren Erfolge praktischer Erfindungen noch die raren Anwendungen wissenschaftlicher Erkenntnisse konnten ja zu der Gleichsetzung von Erkenntnis und Nutzen führen. *Bacons* Apologie der praktisch-nützlichen Wissenschaft musste am den Preis der Theorie gewonnen worden, während die Nützlichkeitsüberlegungen des 17. Jahrhunderts im Banne der Überzeugung stehen, daß alle Erkenntnis auch nützlich sein müsse. Noch weniger aber konnten *Bacons* Vorstellungen zur Mathematisierung des Kosmos führen, die doch erst einmal so deutlich von der praktisch-sinnlichen Welt abführte.
Inwieweit man dennoch in *Bacon* den Ahnherrn einer technischen Gesinnung sehen darf, welche auf die Beherrschung der Natur durch menschliche Künste setzt, scheint mir auch dann noch zweifelhaft. Allerdings ist das eine verbreitete Auffassung, so *Kurt v. Fritz*, Grundprobleme der Geschichte der antiken Wissenschaft, Berlin 1971, vor allem S. 118, oder gar *Friedrich Wagner*, Die Wissenschaft und die gefährdete Welt, München 1964, wo es in der 2. Auflage S. 46 kurzerhand heißt: „Dennoch hat *Bacon* die Weltgesinnung begründet, auf der das Zeitalter der Wissenschaft und des Fortschritts beruht."
11 *René Taveneaux*, Le catholicisme posttridentin, in der von *Henri-Charles Puech* herausgegebenen Histoire des religions, vol. II, S. 1089, Paris 1972. Ähnlich *Pierre Chaunu*, La Civilisation de l'Europe classique, Paris 1966, S. 399.
12 *Max Weber*, Wissenschaft als Beruf, in *Max Weber*, Gesammelte Aufsätze zur Wissenschaftslehre, Tübingen 1951, S. 581.
13 Daß die Wissenschaft den Ruhm Gottes durch die Erkenntnis seiner Werke verkünden würde, ist bekanntlich ein verbreiteter Topos in der frühen Naturwissenschaft. *Robert K. Merton* hat in seinem inzwischen als klassisch geltenden Werk, das der Entstehung der Wissenschaft im England des 17. Jahrhunderts nachging, dieser Formel eine erhebliche Bedeutung beigemessen. Dieser Gedanke nämlich soll nach *Merton* die neuen Studien der Natur, welche in einer wesentlich religiös geprägten Kultur keine eigene Legitimation besitzen konnten, sozial legitimiert haben. Allerdings meinte *Merton*, daß die Naturwissenschaft sich endlich auch ohne diese Hilfe durchgesetzt hätte, weil die Sachlogik in Verbindung mit den technischen Bedürfnissen ihre Entwicklung erzwungen hätten. Aber der frühe und schnelle Durchbruch ist nach seiner Meinung wesentlich auf diese vorübergehende Hilfe durch die Formel vom Ruhm Gottes zurückzuführen.
Nun irrt *Merton* erst einmal schon in der nicht weiter diskutierten Auffassung, dieser Topos sei spezifisch protestantisch oder spezifisch englisch. Richtig ist allerdings die Geläufigkeit der Formel unter jenen Personen, die die neuen Studien damals in England betrieben oder unterstützten, also jener Kreise, aus denen bald die *Royal Society* hervorging. *Merton* war, wie er selbst in seinem Vorwort schreibt, durch die enge Verbindung dieser Männer mit der puritanischen Religion, also auch durch ihre Berufung der Glory of God, auf sein Problem gestoßen, wie der Durchbruch der

modernen Naturwissenschaft in England zu erklären sei. Aber so richtig er daran tat, sich über dieses auffällige Phänomen zu verwundern, so wenig bedachtsam war es doch, ohne weitere Prüfung davon auszugehen, daß es sich hier um ein spezifisches Motiv aus dem Umkreis des Puritanismus handele.

Tatsächlich nämlich gehört die Formel der frühen und also wesentlich aus katholischen Ländern stammenden Literatur an. So heißt es bspw. in einem Brief von *Descartes*: "Au contraire, nous ne pouvons comprendre la grandeur de Dieu, encore que nous la connaissions" (Lettres, tome II, S. 478), und das gleiche Argument zieht sich durch *Galileis* Schriften und Äußerungen hindurch. Diese Tatsache hätte *Merton* veranlassen können, seine Ausgangsfrage abzuändern, dahingehend, daß er die Entstehung der Wissenschaft vergleichend angegangen wäre: wieso dringt das Argument in protestantischen Ländern durch, aber nicht in katholischen? Die Antwort wäre einigermaßen klar gewesen: die neue Politik, welche die Kirche, und mit ihr weitgehend die katholischen Länder, mit dem Prozeß gegen *Galilei* überraschend einschlugen, wirkten sich als Druck gegen die Entfaltung der Wissenschaft aus, worüber das Notwendige ja in den einschlägigen Arbeiten zu lesen ist.

Diese Berücksichtigung des tatsächlichen Ursprungs und der Verbreitung, zeitlich und räumlich, der Formel vom Ruhm Gottes hätte freilich *Merton* nicht zu einer wesentlichen Änderung seiner These über die Rolle dieser Formel nötigen müssen. Dazu hätte er die Bedeutung des Gedankens genauer unter die Lupe nehmen müssen. Denn er sieht darin — und hier liegt der eigentliche und schwerwiegende Irrtum — nur eine zusätzliche Bekräftigung und Bereicherung eines festen und unerschütterten religiösen Glaubens. Nun soll hier durchaus nicht bezweifelt werden, daß die englischen Puritaner, welche die neuen Studien betrieben und förderten, durchaus gläubige Protestanten waren. Mit einer solchen pauschalen Feststellung ist aber der Frage gar nicht beizukommen.

Der Glaube kann nun einmal, nach Intensität, Gewißheit und Beunruhigung die allerverschiedensten Formen annehmen, und zwar auch bei Menschen, die sich als entschieden gläubig wissen. Die Glaubensgewißheit war nun in der frühen Neuzeit von einer Reihe von Unsicherheiten umstellt. Einmal waren offenbar die Daseinsumstände einer relativ entwickelten Kultur, welche über Traditionen der Philosophie und Wissenschaft verfügte, dazu ihren Angehörigen den Blick auf andere Lebensumstände sozial freigab, von der Art, daß sie zu einer vernünftigen Legitimation des Glaubens auffordern mußten, während etwa in der primitiven Gesellschaft die Menschen noch in der unmittelbaren Sicherheit ihres Glaubens ruhen. Zu diesem Versicherungsniveau gesellte sich als nähere Beunruhigung die Glaubensspaltung, welche mit der Reformation begonnen hatte. Die Vielheit der Religionen und Sekten wurde zu einer untergründigen Herausforderung aller Gläubigen, und gewiß am stärksten dort, wo in einer Nation verschiedene Konfesstionen neben- oder nacheinander auftraten. Denn wenn die Wahrheit eine und nur eine war, wie konnten Christen in der Unwahrheit verharren? Dieser Stachel saß allen Gläubigen, Katholiken wie Protestanten, im Fleisch und ist in seiner Bedeutung für die Entstehung der modernen Welt noch gar nicht hinreichend geklärt worden. Der Zwang, sich durch Wissenschaft eine rationale Vergewisserung über die Ordnung der Welt zu verschaffen, hat dadurch ganz wesentliche Anstöße empfangen. Schließlich kam in protestantischen Ländern gestuft die durch die Prädestination geschaffene Frage der certitudo salutis hinzu, welche *Max Weber* in seiner Arbeit über die Protestantische Ethik leider nur — von Hinweisen in Anmerkungen abgesehen — für die Entstehung der modernen Wirtschaftsethik ausgeleuchtet hat. Vor dem Hintergrund dieser drei Schichten religiöser Verunsicherung sollte aber klar sein, daß der Topos Glory of God auch in England Tiefenschichten besaß, welche weit über das Preisen des Schöpfers durch glaubensgewisse Menschen hinaus lagen.

[14] Vgl. dazu *A. Koyré*, From the Closed World to the Infinite Universe, S. 276, wo diese Antwort *Laplaces* treffend so kommentiert wird: "But it was not Laplace's System, it was the world described in it that no longer needed the hypothesis God."

[15] Siehe dazu die aufschlußreiche Arbeit von *Heinrich Schipperges*, Die Versammlung Deutscher Naturforscher und Ärzte im 19. Jahrhundert, Schriftenreihe der Bezirksärztekammer Nordwürttembergs Nr. 12, 1968, besonders S. 17 f.

[16] Vgl. *Schipperges*, a.a.O., S. 19.

[17] Ibid. S. 90. Entsprechende Hinweise für Frankreich jetzt in dem Buch des Positivismus-Spezialisten *D. G. Charlton*, Secular Religions in France 1815—1870, London 1963.

[18] Fast jede Biographie kann diese Aussage belegen. Hier sei auf *Paul Ehrlich* hingewiesen, dessen Leben sich folgendermaßen vollzog: „Ein Dasein, das anderen als trocken, nüchtern, als ein ewiger harter ‚Dienst' erscheinen mochte, war für ihn das einzig mögliche. Es zu erfüllen war ihm innere Notwendigkeit. Und weil er gern tat, was zu tun ihm aufgegeben war, daraus wuchs wiederum seine

Kraft ...... Jeder, der erlebte, wie er, in schon vorgerückten Jahren, den ganzen Tag in seinem primitiven Labor stand; manchmal wenn ihm der Tisch nicht ausreichte, höchst unbequem auf dem Boden hockend, in einer Luft von Zigarrenqualm zum Schneiden dick; über das Mikroskop gebeugt, chemische Reaktionen prüfend, Versuchstiere beobachtend ... Immer wieder, Monate, Jahre, praktisch sein ganzes Leben lang, ohne daß man ihm Ermüdung angemerkt hätte – der wußte, daß hier ein Mann am Werk war, der sich normalen Maßstäben entzog." *Heinrich Satter,* Paul Ehrlich, Begründer der Chemotherapie, Frankfurt 1962, S. 25.

[19] On the Advisableness of Improving Natural Knowledge, in: Methods and Results, Collected Essays, I, London 1894.

[20] Administrative Nihilism, ebenfalls im 1. Band der Collected Essays.

[21] So in der Vorrede zu Evolution and Ethics and other Essays, New York 1897.

[22] Ibid.

[23] Science and Culture, in: Science and Education, Collected Essays, III, London 1895.

[24] Ernest Nagel in der Vorrede zu *Karl Pearson*, The Grammar of Science, New York 1957, S. VI.

[25] *Charles Coulston Gillispie*, The Encyclopédie and the Jacobin Philosophy of Science: A Study in Ideas and Consequences, in: Critical Problems in the History of Science, hrsg. von *Marshall Clagett*, Madison, Wisconsin 1969.

[26] *Herbert Butterfield*, The Origins of Modern Science, New York 1958.

[27] *Ludwig Büchner*, Am Sterbelager des Jahrhunderts, Gießen 1898, S. 371.

Drei Modelle der Wissenschaftsentwicklung[1]

Von Michael J. Mulkay

In diesem Aufsatz beabsichtige ich, drei generalisierte Darstellungen oder „Modelle" von Prozessen der Wissenschaftsentwicklung zu diskutieren. Ich nenne sie das „Modell der Offenheit", das „Modell der Geschlossenheit" und das „Modell der Verzweigung". Jedes der drei Modelle zielt hauptsächlich auf eine Darstellung des Einflusses sozialer Faktoren auf die Entwicklung wissenschaftlicher Aussagen in rein wissenschaftlichen Forschungsgemeinschaften[2] hin. Ich werde versuchen zu zeigen, daß das dritte Modell im Gegensatz zu den beiden anderen Modellen eine zufriedenstellendere Lösung dieses Problems bietet.

I. Das Modell der Offenheit

Das Modell der Offenheit ist in seinen verschiedenen Versionen weitgehend als akkurates Spezifikationsmaß für die wichtigsten Merkmale der *scientific community* akzeptiert worden. Dieses Modell kommt offenbar der Vorstellung sehr nahe, die sich viele Laien von der Wissenschaft machen, wird aber auch von Wissenschaftlern benutzt, wenn sie Außenseitern die charakteristischen Merkmale der *scientific community* beschreiben[3]. Die erste systematische soziologische Darstellung dieses Modells stammt von *Robert K. Merton*[4], dessen Analyse mit nur geringen Änderungen von einer Reihe von darauffolgenden Soziologengenerationen bis vor kurzem wiederholt wurde[5]. Ich möchte diese soziologische Fassung des Modells der Offenheit kurz darstellen.

In industriellen Gesellschaften existiert die *scientific community* der mit reiner Forschung Beschäftigten als besondere und teilweise autonome soziale Einheit. Sie unterscheidet sich von anderen sozialen Gruppierungen in der gleichen Gesellschaft durch die Tatsache, daß sich ihre Mitglieder hauptsächlich um die Erweiterung zuverlässigen und anerkannten Wissens bemühen. Die Erweiterung anerkannten Wissens kann in gewisser Hinsicht als Ziel dieser Gemeinschaft angesehen werden, obwohl dies nicht das Hauptziel aller ihrer Mitglieder sein muß. Es ist möglich, daß einzelne Wissenschaftler mehr daran interessiert sind, befördert zu werden, internationale Anerkennung zu erlangen oder einflußreiche Machtpositionen einzunehmen. Sie können jedoch als Mitglieder der Forschergemeinschaft diese persönlichen Ziele nur auf Grund signifikanter wissenschaftlicher Beiträge und durch Anpassung an die sozialen Normen der Wissenschaft erreichen. Trotz einer Vielzahl individueller Motivationen konvergieren die professionellen Tätigkeiten der Wissenschaftler, da sie gemeinsamen sozialen Erwartungen unterworfen sind. In der Wissenschaft ist somit eine wesentliche Verhaltensübereinstimmung vorhanden, da wissenschaftliche Rollen durch bestimmte kulturelle Werte oder Normen definiert sind, die von Wissenschaftlern generell im Verlauf ihrer professionellen Tätigkeit bestätigt werden. Individuen können nur dann als Mitglieder der *scientific community* akzeptiert werden und Belohnungen erwarten, wenn sie sich den kulturellen Werten der Gemeinschaft unterwerfen.

Daraus folgt, daß ein wichtiger Teil der Darstellung des Modells der Offenheit eine Beschreibung der die *scientific community* hauptsächlich charakterisierenden Werte ist. Es gibt jedoch bereits eine Reihe von Beschreibungen dieser Normen[6]. Anstatt sie einzeln aufzuzählen und zu erläutern, werde ich versuchen, die angenommenen gegenseitigen Beziehungen der Normen aufzuzeigen, während gleichzeitig in Klammern darauf hingewiesen wird, um welche Norm es sich jeweils handelt. Zunächst einmal gibt es die grundlegende Erwartung, daß sich die Mitglieder der Forschungsgemeinschaft um die Entdeckung und Erklärung neuer Aspekte der Natur bemühen (Norm der Originalität). Allerdings gilt derart gewonnene Information nur dann als wissenschaftlich, wenn sie der kritischen Prüfung anderer Wissenschaftler zugänglich gemacht wird. Die Forscher sind damit verpflichtet ihre Resultate ihren Kollegen ohne Vorbehalte mitzuteilen (Kommunismus). Wissenschaftliche Erkenntnisse sind Eigentum der Forschergemeinschaft und nicht des einzelnen Wissenschaftlers. Werden wertvolle Ergebnisse anderen Forschern mitgeteilt, so werden Wissenschaftler durch professionelle Anerkennung belohnt. Sie dürfen allerdings, abgesehen von der Genugtuung zur Erweiterung anerkannten Wissens beigetragen zu haben, Reputation oder andere Belohnungen nicht aktiv anstreben (Uneigennützigkeit). Eine Beurteilung der Erkenntnisse anderer Wissenschaftler muß ebenso auf streng unvoreingenommene Weise geschehen. Bewertungen müssen unbeeinflußt durch persönliche Charakteristika des Entdeckers vorgenommen werden (Universalismus). Gleichzeitig soll der einzelne Wissenschaftler gegenüber eigenen und fremden Erkenntnissen in hohem Maße kritisch eingestellt sein (Organisierter Skeptizismus). Wissenschaftler dürfen sich im Verlauf ihrer Arbeit niemals auf Treu und Glauben verlassen. Sie sollen ihre eigenen Überzeugungen sowie alle Wissensansprüche Anderer laufend überprüfen.

Die wichtigste Behauptung dieses Modells ist, daß Wissenschaft von der Unbefangenheit ihrer Praktiker abhängt. Im Modell der Offenheit werden wissenschaftliche Aussagen im Prinzip als sozial neutral betrachtet; die Normen der Wissenschaft verhindern, daß Wissenschaftler diese Neutralität störend beeinflussen. Ausgehend von der Annahme einer unter Wissenschaftlern weit verbreiteten Konformität mit diesen Normen wird argumentiert, daß wissenschaftliche Erkenntnisse schnell wachsen[8], da neue Ideen nur wenigen Vorurteilen und minimalen Widerständen gegenüberstehen, und daß sie in der Praxis besonders erfolgreich sind, da sie die objektiven Komplexitäten der physischen Welt ohne Verzerrung offenbaren. Die diesem Argument zugrundeliegende wichtigste Annahme geht davon aus, daß das schnelle Wachstum zuverlässigen Wissens nur in ,,offenen" Gemeinschaften möglich ist. Da sich die Wissenschaft unzweifelhaft schneller und mit größeren praktischen Erfolgen verbunden entwickelt hat als andere intellektuelle Bewegungen, so muß die *scientific community* offener als andere soziale Gruppierungen sein. Ein weiteres wichtiges Merkmal dieser Argumentation impliziert, daß der wissenschaftliche Fortschritt durch externe Einflüsse auf die *scientific commu-*

nity wahrscheinlich gehemmt wird. Versuchen Außenseiter die Richtung wissenschaftlichen Wachstums zu beeinflussen, so führt dies zu Einseitigkeit, Eigennutz, intellektuellen Vorurteilen und Geheimhaltung. Anhänger des Modells der Offenheit behaupten
daher auch, daß sich die Wissenschaft in demokratischen Gesellschaften besonders
erfolgreich entwickelt[9], einerseits weil die Normen der Wissenschaft selbst demokratisch sind und andererseits weil die Ausübung von Druck auf die Forschergemeinschaft
in Demokratien weniger wahrscheinlich ist.

Das Modell der Offenheit hat in verschiedenen Versionen weitverbreitete Annahme gefunden. Es ist daher überraschend, daß es auf sehr dürftigem Beweismaterial beruht. So
stützt sich *Robert K. Mertons* ursprüngliche Analyse der Normen der Wissenschaft zum
Beispiel auf eine unsystematische Auswahl von Aussagen einer kleinen Anzahl von
Wissenschaftlern über ihren Beruf. Solche Daten können nur dann legitimerweise zur
Charakterisierung des wissenschaftlichen Ethos verwendet werden, wenn man repräsen-
tative Aussagen durch systematische Verfahren erhebt und den Sinn dieser Aussagen in
Bezug auf das jeweils angesprochene Publikum analysiert. Obwohl dies bisher nicht
durchgeführt wurde, existieren eine Reihe von Versuchen, in denen eine begrenzte
Auswahl von Wissenschaftlern nach dem Grad ihrer Zustimmung mit verbalen Formulierungen der sogenannten Wissenschaftsnormen befragt wurden. Allerdings liefert keine dieser Untersuchungen irgendwelches Beweismaterial, das auf eine enge Bindung
der Wissenschaftler an die vermeintlichen Normen der Wissenschaft schließen läßt[10]. Darüber hinaus liegen Hinweise vor, daß sich Wissenschaftler nicht notwendigerweise diesen Normen entsprechend verhalten, selbst wenn sie den Normen verbal zustimmen.
So zeigt zum Beispiel die Studie einer ausschließlich aus Vertretern der Festkörperphysik bestehenden Universitätsfachabteilung, daß alle Mitglieder der Fachabteilung
verbal der Notwendigkeit zustimmten, in Zeitschriften publizierte unbedeutende Arbeiten kritisch zu beurteilen; die Mehrzahl der Befragten unterstrich zwar, daß in
ihrem Spezialgebiet eine größere Menge geringwertiger Arbeiten publiziert wird, keiner
von ihnen hatte jedoch jemals publizierte Arbeiten eines anderen Wissenschaftlers kritisch rezensiert oder konnte einen Wissenschaftler nennen, der eine solche Besprechung geschrieben hatte[11].

Es gibt also nur wenig direkte Beweise, die darauf hindeuten, daß Wissenschaftler allgemein dem Wert der intellektuellen „Offenheit" zustimmen, oder daß sie von ihm in
der Praxis wesentlich beeinflußt sind. Ferner gibt es viele Aussagen Beteiligter, die die
Wissenschaft als alles andere als offen beschreiben. Da ist zum Beispiel das bekannte
Zitat *Max Plancks* daß „eine neue wissenschaftliche Erkenntnis nicht über ihre Gegner
triumphiert, indem sie diese überzeugt und ihnen Erleuchtung bringt, sondern weil ihre
Gegner schließlich streben und eine neue Generation heranwächst, die mit dieser Erkenntnis vertraut ist"[12]. Gewisse Autoren, darunter eine Reihe von früheren Wissenschaftlern, haben dieses Argument weiterentwickelt und darauf hingewiesen, daß
Wissenschaftler sich besonders eng an etablierte wissenschaftliche Verfahren, Aussa-
gensysteme und bestimmte geistige Perspektiven binden. So beschreibt zum Beispiel
M. Polanyi eine Reihe von Fällen, die zeigen, daß Wissenschaftler häufig keine unbefangenen, unabhängige „Puzzle-Löser" sind, sondern daß sie ihre Aufmerksamkeit
einem durch ihre Gruppe definierten, eng begrenzten Problemkreis widmen[13]. Daß die

geistige Entwicklung der Wissenschaft nicht reibungslos verläuft, sondern durch eine Reihe von Auseinandersetzungen getragen wird, in denen Innovatoren gezwungen sind, sich mit etablierten Ideen anderer Wissenschaftler auseinanderzusetzen, ist das Entscheidende dieses Arguments. Daher besteht *Polanyi* „auf Anerkennung der Tatsache, daß die Methode der Wissenschaft durch Orthodoxie diszipliniert ist und *sein muß* und nur einen begrenzten Grad von Dissent erlaubt, und daß dieser Dissent für den Dissenter mit schwerwiegenden Risiken verbunden ist[14]."

II. Das Modell der Geschlossenheit

Darstellungen der Wissenschaft, die nicht deren Offenheit, sondern die Existenz wissenschaftlicher Orthodoxien unterstreichen, sollen hier Modelle der Geschlossenheit genannt werden. Diese Modelle sind dem Modell der Offenheit in verschiedener Hinsicht überlegen. So erkennen sie zunächst einmal das hinreichend dokumentierte Vorhandensein geistiger Resistenz in der Wissenschaft an[15]. Während das Modell der Offenheit diese geistige Resistenz auf nicht immanente Faktoren zurückführt, die eine zeitlich begrenzte Abweichung von den Normen der Wissenschaft hervorrufen, wird die Tatsache geistiger Resistenz im Modell der Geschlossenheit zum Mittelpunkt der Analyse und ihr Ursprung systematisch untersucht. Darüberhinaus wird das Modell der Geschlossenheit durch eine Vielzahl von Untersuchungen zur Reputationsvergabe in der Wissenschaft unterstützt. Diese Untersuchungen zeigen, daß Reputationsgewinn keineswegs direkt von konformem Verhalten mit den angeblichen Normen der Wissenschaft abhängt, sondern von der Bereitstellung von Informationsmaterial, das auf Grund vorherrschender kognitiver und technischer Standards als wertvoll betrachtet wird[16]. Schließlich scheint das Modell der Geschlossenheit mit dem Wesen der Wissenschaftserziehung besser vereinbar zu sein, die traditionell dazu führt, geistige Konformität zu produzieren[17]. Die Mitglieder der etablierten wissenschaftlichen Disziplinen nehmen an, daß für einen weiten Bereich die relevanten Probleme bereits identifiziert und korrekt gelöst worden sind. Der Student einer Wissenschaft ist daher verpflichtet, sich das gegebene System wissenschaftlicher Aussagen fraglos anzueignen. Letztlich ist die Tatsache der formal organisierten internen Struktur der *scientific community* in spezifische Wissensbereiche, Techniken und Forschungen von Bedeutung. Und damit wird klar, daß man dieses Erkenntnismaterial zum Mittelpunkt der Analyse machen muß[18]. Es zeigt sich zum Beispiel, daß eine Studie der Bindung an allgemeine soziale Werte bei der Erklärung von Unterschieden in der Wachstumsrate verschiedener wissenschaftlicher Spezialbereiche kaum weiterhilft. Konzentriert man sich demgegenüber auf Unterschiede in der Art des Wissens, der Fragestellungen und der Techniken wissenschaftlicher Spezialbereiche, so besteht eine größere Wahrscheinlichkeit, signifikante Differenzen wahrzunehmen, die von Einfluß auf die verschiedenen Wachstumsraten sein können[19].

Kurz, dies sind dann einige Vorteile des Modells der Geschlossenheit. Das Modell hat jedoch einen entscheidenden Nachteil: Wie kann dieses Modell mit der ungewöhnlich rapiden und innovativen geistigen Entwicklung der modernen Wissenschaft in

Übereinstimmung gebracht werden? Das Modell der Offenheit postuliert die Existenz originaler Beiträge zur Wissenschaft und eliminiert dann weitgehend die Möglichkeit geistiger Resistenz, indem eine allgemeine Konformität mit dem Wert der Offenheit vorausgesetzt wird. Obwohl diese Darstellung in mancher Hinsicht unzureichend sein mag, so ist sie jedoch konsistent mit dem Vorkommen kumulativer geistiger Innovation. Da das Modell der Geschlossenheit die Häufigkeit wissenschaftlicher Orthodoxien betont, erscheinen wissenschaftliche Innovationen als sehr problematisch. Dennoch gibt es eine einleuchtende Lösung dieses Problems, denn wissenschaftliche Orthodoxien können wie repressive politische Systeme durch eine Revolution gestürzt werden[20].

Besonders *Th. S. Kuhn* erkannte die Notwendigkeit, die Vorstellung von der ,,wissenschaftlichen Orthodoxie" durch das Konzept der ,,wissenschaftlichen Revolution" zu ergänzen. Ich konzentriere mich daher auf *Kuhns* Version des Modells der Geschlossenheit. *Kuhns* zentrale These besagt, daß die kumulative Entwicklung der Wissenschaft nicht von der geistigen Offenheit ihrer Praktiker abhängt, sondern paradoxerweise von ihrer geistigen Geschlossenheit. Paradigmata[21], d. h. eine Reihe von zusammenhängenden und generell in einem bestimmten Bereich akzeptierten theoretischen, methodologischen und empirischen Postulaten, so argumentiert er, bestimmen die normale Wissenschaft. Die Forschungstätigkeit besteht aus Versuchen, vom Paradigma generierte Fragen zu lösen, ohne dabei grundlegende Voraussetzungen des Paradigmas in Frage zu stellen. Die Forschergemeinschaft kann sich deshalb auf die Lösung der von ihr allgemein als problematisch definierten Fragestellungen konzentrieren, da mit der Bindung an ein Paradigma der diesem zugrundeliegende kognitive Rahmen als fest etabliert gilt[22]. Den *scientific communities* gelingt es auf diese Art, kumulativen geistigen Fortschritt zu erzielen, da interne Übereinstimmung, was die Legitimität von Fragestellungen, Techniken und Lösungen betrifft, fest etabliert ist und Personen, die den herrschenden Vorstellungen nicht zustimmen, ausgeschlossen werden.

Von dieser Perspektive aus gesehen erscheinen die meisten wissenschaftlichen Innovationen als vorhersehbare Zusätze oder relativ geringfügige Modifikationen des existierenden Paradigma. *Kuhn* weist aber auf eine zweite, sehr viel radikalere Art der Innovation hin, und zwar die Ablösung eines Paradigmas durch ein anderes Paradigma. Dieser Übergang zu einem neuen Paradigma kann nur durch offene Rebellion gegenüber der herrschenden Orthodoxie erreicht werden, da Paradigmata ihren Bereich rigide definieren und sich Wissenschaftler eng an ein Paradigma binden, das sich als fruchtbar erwiesen hat. Normalerweise führt die Akkumulation von Anomalien zum Verlust des Vertrauens in das Paradigma und somit zur Revolution. Jedes Paradigma generiert kontinuierlich Anomalien, die sich nicht mit den präzisen kognitiven Erwartungen der normalen Wissenschaft vereinbaren lassen. Normalerweise erscheinen diese Fehlschläge jedoch als unbedeutend im Vergleich zu früheren erfolgreichen Arbeiten und den gegenwärtig noch nicht abgeschlossenen. Früher oder später erweist sich jedoch, daß gerade diese Leistungsfähigkeit der vom Paradigma abhängigen Forschung eine wachsende Anzahl von Puzzles hervorbringt, die mit Hilfe der existierenden Regeln einfach nicht mehr zu lösen sind. Das weitverbreitete Versagen dieser Regeln führt zur Suche nach neuen Regeln, insbesondere durch jüngere, weniger fest an das Paradigma gebundene Wissenschaftler. Verschiedene alternative Schemata werden vorgeschlagen und die Vorhersagbarkeit normaler Wissenschaft unterminiert, was zu einer allgemeinen Krise führt, in der keine generell anerkannten Kriterien wissenschaftlicher Signifikanz bestehen. Der Wettbewerb unter Anhängern rivalisierender Theorien führt in den meisten Fällen dieser Art zur graduellen Adoption eines neuen Paradigma und der Etablierung einer neuen Orthodoxie.

Kuhns Darstellung der wissenschaftlichen Entwicklung enthält allerdings nur wenige Hinweise auf soziale Prozesse, mit deren Hilfe in der Forschergemeinschaft geistige Konformität aufrechterhalten wird[23]. Dennoch wird seine Darstellung durch das, was gegenwärtig über das Wesen der sozialen Kontrolle in der Wissenschaft bekannt ist, unterstützt. Es gibt jetzt umfangreiches Beweismaterial, das zeigt, daß die soziale Kontrolle in der Wissenschaft durch die Art des Austausches von als wertvoll angesehenen Informationen gegen professionale Reputation aufrechterhalten wird[24]. Kompetente Anerkennung des Wertes der Forschungsresultate eines Wissenschaftlers ist die von der Forschergemeinschaft kontrollierte primäre Belohnung[25]. Sie wird von Wissenschaftlern teilweise deshalb als wertvoll angesehen, weil sie der eindeutigste Hinweis auf die Erfüllung der Verpflichtung ist, zum anerkannten Wissen beigetragen zu haben, und teilweise weil von der erfolgten Reputationsvergabe die Realisierung anderer Ziele wie Beförderung, Machtgewinn, Zugang zu Forschungsmitteln usw. abhängt. Eine größere Anzahl von Untersuchungsergebnissen zeigt, daß der Grad der Reputation eines Wissenschaftlers im wesentlichen von der perzipierten Qualität seiner Forschungen abhängt. Die Qualität oder Signifikanz der Forschungen eines Wissenschaftlers wird natürlich in Bezug auf vorherrschende wissenschaftliche Annahmen und Erwartungen bewertet. Daher werden radikale Abweichungen vom vorherrschenden geistigen Rahmen normalerweise nur selten mit Reputationsvergabe belohnt, während originale Beiträge, die nicht von etablierten Annahmen abweichen, schnell belohnt werden[26].

Das System der Reputationsvergabe scheint somit generell zur Aufrechterhaltung der normalen Wissenschaft beizutragen[27]. Das Belohnungssystem der Wissenschaft kann unter bestimmten Bedingungen dennoch einen revolutionären Umbruch fördern. Dies geschieht auf folgende Weise. Die allgemeine Akzeptierung eines Paradigmas oder eines Forschungsrahmens führt zunächst zur Identifikation einer größeren Anzahl von signifikanten und ungelösten Problemen. Diese Probleme wiederum geben dem in einem bestimmten Forschungsbereich Tätigen eine Vielzahl von Möglichkeiten, Reputation, Förderung der Karriere, geistige Zufriedenheit usw. zu erlangen. Unter diesen Bedingungen ist die Aufrechterhaltung der sozialen Kontrolle unproblematisch, da die der Forschergemeinschaft im Kontext des Paradigma mitgeteilten Ergebnisse zu einer zumindest ausreichenden und oft sogar großzügigen Belohnung führen. Die von *Kuhn* vorgetragene Darstellung impliziert jedoch, daß die Signifikanz der von der normalen Wissenschaft produzierten Ergebnisse mit der Zeit abnimmt. Alle Hauptprobleme werden graduell gelöst und noch verbleibende Fragestellungen werden zunehmend trivialer. Gleichzeitig nimmt die Vorhersagbarkeit der Forschung ab und die Forscher werden unsicher, was die Anerkennung ihrer Leistungen betrifft. Mit anderen Worten, mit der Ausfüllung des Paradigmas reduziert sich die Höhe der professionellen Belohnungen und die Gewißheit auf Belohnungen. Sofern dieser Rückgang in der Verfügbarkeit der

Belohnungen andauert, kommt es schließlich zu einem vollständigen Zusammenbruch der sozialen Kontrolle[28].

In den vorangegangenen Abschnitten habe ich zu zeigen versucht, daß *Kuhns* Darstellung der wissenschaftlichen Entwicklung nicht nur konsistent mit der Analyse der sozialen Kontrolle in der Wissenschaft ist, sondern teilweise sogar von ihr unterstützt wird. Es hat den Anschein, daß in Situationen mit etabliertem wissenschaftlichen Konsensus, der von verschiedenen vorhersagbaren Forschungsproblemen begleitet wird, Austauschprozesse zur Aufrechterhaltung geistiger Konformität beitragen; die sozialen Kontrollmechanismen werden jedoch schwächer und erhöhen damit die Wahrscheinlichkeit, daß geistige Krisen und revolutionäre Umwälzungen eintreten, sobald die dem Paradigma entstammenden Hauptprobleme gelöst werden. Eine Analyse der wissenschaftlichen Entwicklung als Oszillation zwischen normaler und revolutionärer Wissenschaft ist jedoch von einer Reihe von fragwürdigen Annahmen abhängig. Im einzelnen nimmt man an, daß wissenschaftliche Orthodoxien rigiden, präzisen und graduellen Modifikationen nicht zugänglich sind; daß Entdeckungen entweder kompatibel oder inkompatibel mit den vorherrschenden wissenschaftlichen Konzeptionen sind; daß solche Gruppierungen, deren Mitglieder sich an ein bestimmtes Paradigma gebunden fühlen, klar erkennbar und von stabiler Mitgliedschaft sind; und daß die Reputationserwartungen eines jeden Mitglieds auf eine einzelne Forschergruppierung beschränkt bleiben. Nur wenn man von diesen Annahmen ausgeht, ist es notwendig, der wissenschaftlichen Revolution eine zentrale Rolle im Modell einzuräumen. Ich will versuchen zu zeigen, daß diese Annahmen ungültig sind und ihre Modifikation zu einem Modell der Verzweigung führt.

Einer der problematischen Aspekte der Darstellung *Kuhns* ist seine irreführende und enge Konzeption der Entdeckung. *Kuhn* behandelt zwei Haupttypen von Entdeckung. Einerseits handelt es sich dabei um geringfügige Innovationen der normalen Wissenschaft, bei denen „bis auf das kleinste esoterische Detail (tendenziell) alles von vornherein bekannt ist"[29]. Andererseits handelt es sich um grundlegende Innovationen, die typischerweise eine drastische Neukonzeptualisierung eines bestehenden Forschungsgebietes beinhalten. Ich bin sicher, daß *Kuhn* recht hat, wenn er darauf hinweist, daß in der Wissenschaft häufig vorhersehbare Ergebnisse produziert werden und radikale Veränderungen in der Perspektive auftreten. Aber die wichtige Frage ist nicht, ob normale und revolutionäre Wissenschaftsformen vorkommen, sondern ob sie typisch sind und ob es andere Entdeckungsformen gibt, die wesentlich zur wissenschaftlichen Entwicklung beitragen. Eine der in der *Kuhnschen* Darstellung nicht behandelten Entdeckungsformen bezieht sich auf zwar unerwartete aber mit herrschenden wissenschaftlichen Vorstellungen vereinbare Beobachtungen oder theoretische Schlüsse. Solche Entdeckungen deuten auf neue „Ignoranzgebiete" hin, die in vielen Fällen mit Hilfe einer Extension und graduellen Modifizierung des etablierten konzeptionellen und technischen Systems erforscht werden. In der Darstellung von *Kuhn* wird diese Entdeckungsform als unbedeutend angesehen. Dennoch gibt es eine größere Anzahl von Beispielen wissenschaftlichen Fortschritts dieser Form[30]. Der Fall der Radioastronomie ist eines der best dokumentierten Beispiele[31].

Die systematische Analyse von Strahlenemissionen der Himmelskörper begann während der vierziger Jahre, als eine Reihe von akademischen Physikern bestimmte, in industrieller und militärischer Forschung zufällig gemachte Beobachtungen weiterhin untersuchte. Die ersten Beobachtungen waren zwar unerwartet, aber nicht anomal. Vorherrschende wissenschaftliche Erwartungen wurden durch sie nicht verletzt[32]. Eine Neukonzeptualisierung existierender Problemstellungen war nicht notwendig. Sie führten vielmehr zu Frageformulierungen, die für die mit ihnen beschäftigten Wissenschaftler ein bisher unbekanntes Forschungsgebiet umschrieben. Diese Fragen stellten Versuche dar, ein Ignoranzgebiet zu spezifizieren und die Art der für einen bisher unbekannten Bereich notwendigen Informationen zu identifizieren. Graduell wurden akzeptable Antworten auf die ursprünglichen Fragen entwickelt. Die als Lösungsversuche unternommenen Untersuchungen warfen kontinuierlich neue und häufig völlig unerwartete Forschungsprobleme auf. Die Behandlung jeweiliger Forschungsprobleme entwickelte sich von vage definierten Ausgangsfragen und unpräzisen Techniken zu präziserer Instrumentierung, eindeutig definierten Problemen und Lösungen, sowie einem zunehmenden geistigen Konsensus. Während die Wissenschaftler mit der Lösung der wichtigsten Fragen eines Problemkreises beschäftigt waren, wandten sie gleichzeitig ihr Interesse neuen Forschungsproblemen zu, mit denen sich dann die Prozesse des Definierens, Lösens und der Entdeckung neuer Fragen wiederholten. Obwohl der Charakter der traditionellen optischen Astronomie durch das Auftauchen der neuen Forschungsprobleme grundlegend verändert wurde, war der geistige Widerstand unter Wissenschaftlern der optischen Astronomie nicht markant, da die von den Radioastronomen gemachten Enthüllungen niemals als *inkompatibel* mit dem vorherrschenden Wissen über das optische Universum betrachtet wurden[33].

Dieses Muster wissenschaftlichen Wachstums ist nicht auf die Radioastronomie beschränkt. Ein ähnlicher Verlauf kann zum Beispiel in der Entwicklung der medizinischen Wissenschaften des vergangenen Jahrhunderts beobachtet werden[34]. Obwohl es nur wenige detaillierte Fallstudien gibt, zeigen Statistiken über das Wachstum der Wissenschaften insgesamt, daß Wachstum durch Verzweigung häufig vorkommen muß. Eine langfristige Analyse der steigenden Anzahl von Wissenschaftlern und wissenschaftlichen Veröffentlichungen deutet auf ein fast exponentielles Wachstum mit einer sehr kurzen Dopplungszeit von etwa fünfzehn Jahren hin[35]. Das kumulative Anwachsen wissenschaftlicher Aktivitäten hat sich *möglicherweise* auf eine Reihe einigermaßen stabiler Forschungsbereiche konzentriert. Allerdings ist *wahrscheinlicher*, daß der dramatische Anstieg im Umfang der Forschergemeinschaft durch eine kontinuierliche Schöpfung neuer Forschungsbereiche hervorgerufen wurde. Eine Untersuchung der Zunahme wissenschaftlicher Zeitschriften, deren Gründung die Kommunikation unter Wissenschaftlern neuer Forschungsbereiche erleichtern soll, wäre eine Möglichkeit, diese Frage einer Lösung näherzubringen. Die Tatsache der rapiden Zunahme der Anzahl wissenschaftlicher Zeitschriften[36] ist daher ein angemessener Hinweis dafür, daß sich die Wissenschaft zu einem großen Teil durch die Formation neuer Forschungsbereiche entwickelt hat. Die Wissenschaft ist daher wahrscheinlich nicht durch eine kontinuierliche Expansion und wiederholte neue Definition einer Reihe von stabilen Forschungsbereichen gewachsen, sondern durch kumulatives Aufblühen neuer Forschungsbereiche.

Dem Wachstum der *scientific community*, das auch weiterhin zu beobachten ist, entspricht allerdings nicht ein ebensolches Anwachsen der mit bestimmten Fortschungsbereichen verbundenen sozialen Beziehungen. Forschungsbereiche scheinen in kleinere Gruppierungen zu zerfallen, sobald sie eine obere Grenze von 100 bis 200 Mitgliedern erreicht haben[37]. Infolgedessen setzt sich die *scientific community* immer mehr aus relativ kleinen und von der formalen Unterteilung einer Wissenschaft in Disziplinen und Spezialgebiete unabhängigen sozialen Gruppierungen zusammen. Es gibt eindeutiges Beweismaterial dafür, daß sich die Mitgliedschaft dieser sozialen Gruppierungen zu einem bedeutenden Grad überschneidet[38], daß Partizipanten häufig von einem zum anderen Forschungsbereich und den damit verbundenen sozialen Beziehungssystemen überwechseln[39] und daß die sozialen Beziehungssysteme der Forschungsbereiche kontinuierlich einem Wachstums-, Niedergangs- und Auflösungsprozeß unterworfen sind[40]. Die hier angedeutete Charakterisierung der Forschergemeinschaft als eine von flüssigen und amorphen sozialen Beziehungen gekennzeichnete Gruppierung unterscheidet sich wesentlich von der *Kohns* und hat bedeutsame Implikationen für die Art der Konzeptualisierung der kognitiven Wissenschaftsentwicklung.

III. Das Modell der Verzweigung

Eine wichtige Annahme des dritten Modells der Wissenschaftsentwicklung ist, daß in der Wissenschaft regelmäßig neue Forschungsbereiche und damit verbundene soziale Beziehungssysteme entstehen. Gleichzeitig wird angenommen, daß die Evolution eines sozialen Beziehungssystems wesentlich von den Entwicklungen in benachbarten Forschungsbereichen abhängt. Die Entwicklung eines neuen Forschungsbereiches folgt typischerweise einer Perzeption, die von bereits in einem oder mehreren Forschungsbereichen tätigen Wissenschaftlern gehalten wird, und zwar der der ungelösten Probleme, unerwarteten Beobachtungen und ungewöhnlichen technischen Fortschritte, deren Analyse außerhalb ihres gegenwärtigen Forschungsbereiches liegt. Die Erforschung neuer Fragestellungen wird daher durch einen wissenschaftlichen Migrationsprozeß in Gang gesetzt. Wissenschaftliche Migranten entstammen Forschungssystemen mit bestimmten Merkmalen: Systemen, in denen kürzlich ein ausgeprägter Rückgang in der Signifikanz der Forschungsergebnisse zu beobachten war, deren Mitglieder ohne Weiteres nur wenige oder keine Forschungsprobleme ausfindig machen können, deren Mitglieder spezielles und möglicherweise über ihren Forschungsbereich hinaus anwendbares Wissen oder Techniken beherrschen, sowie Systemen, die durch externe Ereignisse aufgelöst werden und deren Mitglieder daher keine feste Bindung an einen bestehenden Forschungsbereich haben. Natürlich schließen sich diese eine Migration in einen neuen Forschungsbereich fördernden Umstände nicht gegenseitig aus.

Während der ersten Phase der Entwicklung eines neuen Forschungsbereiches untersuchen Forscher in verschiedenen Orten und Ländern oft ohne voneinander zu wissen, die gleichen oder eng zueinander in Beziehung stehenden Probleme[41]. In dieser Phase der Entwicklung eines Forschungsbereiches sind multiple Entdeckungen, Antizipation von Forschungsergebnissen und offene Prioritätskonkurrenz[42] sehr wahrscheinlich, da die zur Untersuchung ausgewählten Variablen und die in der explorativen Phase verwendeten Techniken ziemlich gebräuchlich sind und es kaum Kontakte unter den Forschern gibt. Forschern, denen Doktoranden, Forschungsmittel, angemessene Techniken, Publikationsmöglichkeiten und die legitimierende Unterstützung prominenter Wissenschaftler leicht zugänglich sind, gelingt es normalerweise, einen Vorsprung im Wettbewerb um Forschungsergebnisse zu erzielen[43].

Die ersten Forschungsergebnisse eines neuen Bereiches werden tendenzgemäß zunächst in verschiedenen Fachzeitschriften und anderen allgemeinen Zeitschriften veröffentlicht[44]. Auf Grund dieser ersten Veröffentlichungen werden einige der unabhängig voneinander an ähnlichen Problemen arbeitenden Wissenschaftler auf ihre gemeinsamen Interessen aufmerksam und nehmen informelle Kontakte auf. Solche Kontakte werden ebenfalls durch die zwischen Mitgliedern der „*invisible colleges*" bestehenden Beziehungen gefördert; sofern sie den neuen Forschungsbereich als vielversprechend ansehen, lenken viele in dieser Phase ihre Protégés in diesen Forschungsbereich, während sie selber am Rande verbleiben. Auf Grund der verbesserten Kommunikation entwickelt sich eine immer effektivere wissenschaftliche Debatte, die graduell zur Entwicklung eines allgemeinen Konsensus über solche Fragen wie die relative Signifikanz von Forschungsproblemen, die angemessene Definition von Variablen und die korrekte Anwendung von Techniken führt[45]. Die Etablierung des Konsensus ist nicht notwendigerweise ein reibungsloser, kumulativer Prozeß. In vielen Fällen sind dabei verschiedene Änderungen in der Perspektive, Neudefinitionen zentraler Fragestellungen und erhebliche Meinungsverschiedenheiten unter den Mitgliedern involviert. Da aber keine allgemein anerkannte Orthodoxie, die gestürzt werden kann, existiert, kommt es normalerweise nicht zu einer wissenschaftlichen Revolution. Stattdessen entwickelt sich der Konsensus in einer Reihe von Verhandlungen, in denen die Forscher ihre ursprünglichen Ansichten in Reaktion auf die Forschungsprobleme des neuen Bereiches und im Hinblick auf alternative Perspektiven von Mitgliedern mit unterschiedlichem wissenschaftlichen Werdegang modifizieren[46].

Der wachsende Konsensus ist mit gleichzeitig eintretenden Änderungen in kognitiven und sozialen Prozessen des Forschungsgebietes verbunden. Veröffentlichungen erscheinen in einer immer kleiner werdenden Anzahl von Zeitschriften. Die Zitierung von nicht zum Kern des Forschungsbereiches gehörenden Autoren nimmt proportional ab. Eine kleine Anzahl früherer Beiträge wird als besonders wichtig anerkannt und regelmäßig zitiert[47]. Mit dem wachsenden Bekanntheitsgrad dieser Veröffentlichungen steigt auch die Zahl der aktiven Forscher und Publikationen des Forschungsbereichs exponentiell. Forscherteams werden gebildet, die neue Mitglieder rekrutieren und sie gemäß des an Stabilität zunehmenden Konsensus ausbilden. Forschergruppen, sowie individuelle Wissenschaftler, wenden sich, sobald Forschungsprobleme genauer definiert worden sind, zunehmend spezifischen Forschungsfragen zu, die sie auswählen, um Überschneidungen zu minimieren und damit die Wahrscheinlichkeit der Konkurrenz zu reduzieren. Dieser Prozeß sichert, daß eine relativ große Anzahl von Forschungsproblemen untersucht wird[48].

Soziale Beziehungssysteme entwickeln sich typischerweise als Reaktion auf wichtige Beiträge, die während der ersten Wachstumsphase des Forschungsbereiches erscheinen[49]. Darauffolgende Beiträge ergänzen hauptsächlich frühere Veröffentlichungen. Innovative Leistungen sind damit erbracht, bevor der Forschungsbereich einen signifikanten Teil der endgültigen Mitgliedschaft aufgenommen hat. Die Möglichkeiten für bedeutende wissenschaftliche Leistungen und die Chancen auf einen ungewöhnlichen Reputationsgewinn sinken nach der ersten Phase der Entwicklung sehr schnell[50]. Sobald diese Tatsache von den Mitgliedern des Forschungsbereiches und potentiellen Rekruten, von diesen zwar langsamer, erkannt wird, verändert sich das exponentielle Wachstum in ein lineares Wachstum. Mit einem weiteren Rückgang der Anzahl interessanter und/oder lösbarer Probleme, der mit einer wachsenden Knappheit von Reputations- und Karrieremöglichkeiten verbunden ist, geht auch die Zahl der Rekruten zurück, und etablierte Mitglieder greifen Probleme sich neu formierender Forschungsgebiete auf[51]. Diese Migranten tendieren besonders dazu, unerwartete Forschungsprobleme des sich im Rückgang befindlichen Forschungsbereichs zu verfolgen. Allerdings dauert es häufig sehr lange, bis vormals gut etablierte Forschungsbereiche vollständig aussterben. Fast immer sind noch *einige* Beobachtungen zu machen, *einige* Meßoperationen zu verfeinern oder *einige* technische Entwicklungen auszubeuten. In vielen Forschungsbereichen verbleibt deshalb eine kleine, wissenschaftlich aktive Nachhut, die traditionelle Forschungsprobleme noch lange nach einem Wandel in den Forschungsinteressen weiterverfolgt[52].

Die obige Exposition des Modells der Verzweigung basiert auf einer Darstellung des Wachstums und Verfalls von kleinen Forschungssystemen als anfängliche Produzenten und Validatoren wissenschaftlicher Aussagen. Ähnliche Prozesse lassen sich jedoch auch für die Entwicklung von neuen Disziplinen und Spezialgebieten innerhalb von Disziplinen beobachten. Der letztere Fall unterscheidet sich hauptsächlich dadurch, daß es in der ersten Entwicklungsphase zu einem rapiden Anwachsen von nur lose miteinander in Verbindung stehenden Forschungsproblemen kommt. In solchen Fällen kann der Ablauf der einleitenden Entwicklungsphase, nämlich exponentielles Wachstum und Nivellierung, eindeutig auf der Ebene des Spezialgebietes oder der Disziplin beobachtet werden.

Das Modell der Verzweigung unterscheidet sich zu einem signifikanten Grad sowohl von dem Modell der Offenheit als auch dem Modell der Geschlossenheit. Dennoch ist es dem Modell der Geschlossenheit in mancher Hinsicht ähnlich. Erstens, beide Modelle betonen die Zusammenhänge zwischen sozialen und kognitiven Differenzierungen in der Forschergemeinschaft. Weiterhin stimmen beide Modelle in ihrer Darstellung der Rolle des wissenschaftlichen Erziehungssystems überein, und beide Modelle betonen die Existenz eines geistigen Konformitätszwanges. Darüber hinaus sehen beide Modelle wissenschaftliche Revolutionen in Situationen voraus, in denen immanente oder externe radikale Innovationen, die als unvereinbar mit herrschenden Vorstellungen angesehen werden, auf ein stabiles soziales Bezugssystem treffen. Während solche Vorfälle aus der Perspektive des Modells der Geschlossenheit als typisch betrachtet werden, stellten sie jedoch im Modell der Verzweigung nicht mehr als einen Spezialfall dar. Das Modell der Verzweigung erlaubt uns daher, die Bedingungen zu spezifizieren, unter denen Revolutionen in der hochinstitutionalisierten Wissenschaft wahrscheinlich sind. Wissenschaftliche Revolutionen treten in Forschungsbereichen auf, in denen signifikante Forschungsprobleme und Reputationsmöglichkeiten abnehmen, in denen Migrationsschwierigkeiten unter Forschern zum Beispiel durch notwendige esoterische, technische Fähigkeiten bestehen, in denen sich neue Forschungszweige entwickeln, sowie in Forschungsbereichen mit sehr präzisem Wissen, in denen daher die Möglichkeiten kognitiver Neudefinitionen begrenzt sind.

Es ist daher nicht unbedingt notwendig, die Modelle der Verzweigung und Geschlossenheit als inkompatibel anzusehen. Darüberhinaus hat das Modell der Offenheit einen heuristischen Wert, wenn man es als Ideologie betrachtet[53]. Aus dieser Sicht kann das Modell der Offenheit als eine Serie von verbalen Formulierungen oder als Vokabular angesehen werden, das Wissenschaftler in bestimmten sozialen Kontexten verwenden, besonders dann, wenn sie die reine Forschung Außenseitern gegenüber beschreiben oder zu rechtfertigen versuchen. Das Modell der Verzweigung scheint das zufriedenstellendere Modell der drei Darstellungen zu sein, nicht nur weil es die Schwierigkeiten seiner Vorgänger vermeidet und eine größere Konsistenz mit einer Vielzahl von empirischen Resultaten aufweist, sondern auch weil es die wertvollen Aspekte der beiden anderen Modelle der wissenschaftlichen Entwicklung einschließt.

Anmerkungen

[1] Mein Hauptinteresse gilt den gegenwärtigen, im hohen Grad institutionalisierten Bedingungen der Naturwissenschaften, obwohl Teile dieser Analyse auch auf andere wissenschaftliche Disziplinen und historische Epochen anwendbar sein mögen.

[2] Die implizierte Dichotomie von reiner und angewandter Forschung zielt nicht auf eine Unterscheidung von verschiedenen intellektuellen Tätigkeiten, sondern auf verschiedene soziale Kontexte in denen diese Tätigkeiten ausgeführt werden. Vgl. *H. A. Shepard*, Basic Research and the Social System of Pure Science, in: Philosophy of Science 23 (1956), S. 48−57.

[3] Zum Beispiel: *J. R. Oppenheimer*, The Open Mind, New York 1955, oder *J. Bronowski*, Science and Human Values, London 1961.

[4] *R. K. Merton*, Science and Democratic Social Structure, in: Social Theory and Social Structure, New York 1957 und: The Sociology of Science, Chicago 1973.

[5] Zum Beispiel: *B. Barber*, Science and the Social Order, New York 1962, und *N. W. Storer*, The Social System of Science, New York 1966.

[6] Vgl. *R. K. Merton*, a.a.O.; *B. Barber*, a.a.O., und *N. W. Storer*, a.a.O. Für eine kritische Besprechung, vgl. *M. J. Mulkay*, Some Aspects of Cultural Growth in the Natural Sciences, in: Social Research 36 (1969), S. 22−52.

[7] Eine Diskussion von „Wissensansprüchen" findet sich in *B. Barnes*, Sociology of Science, Harmondsworth 1972.

[8] Eine Darstellung des Wachstums der modernen Wissenschaft, vgl. *D. J. de Solla Price*, Little Science, Big Science, New York 1963.

[9] Vgl. *R. K. Merton*, a.a.O. Ähnliche Ansichten finden sich jedoch auch bei Anhängern des Modells der Geschlossenheit, zum Beispiel *M. Polanyi*, The Republic of Science, in: Minerva 1 (1962), S. 54−73.

[10] *S. West*, The Ideology of Academic Scientists, in: IRE Transactions on Engineering Management (1960), S. 54−62; *M. Blisset*, Politics in Science, Boston 1972.

[11] *M. J. Mulkay* und *A. T. Williams*, A Sociological Study of a Physics Department, in: British Journal of Sociology 22 (1971), S. 68−82.

[12] *M. Planck*, Scientific Autobiography, London 1950, S. 33−34. Dieser Gedanke ist weiterentwickelt in *I. B. Cohen*, Orthodoxy and Scientific Progress, in: Proceedings of the American Philosophical Society 96 (1952), S. 505−512.

[13] M. Polanyi, Personal Knowledge, London 1958; vgl. auch J. Ziman, Public Knowledge, Cambridge 1968.

[14] M. Polanyi, Knowing and Being, London 1963.

[15] R. Taton, Reason and Change in Scientific Discovery, New York 1962.

[16] Vgl. S. und J. Cole, Scientific Output and Recognition: A Study of the Reward System in Science, in: American Sociological Review 32 (1967), S. 377–390; S. Blume und S. Sinclair, Chemists in British Universities, in: American Sociological Review 38 (1973), S. 126–135; G. Lemaine und B. Matalon, La lutte pour la vie dans la cité scientifique, in: Revue Française de Sociologie 10 (1969), S. 139–165, und M. J. Mulkay, Conformity and Innovation in Science, in: Sociological Review Monograph 18 (1972), S. 5–24.

[17] F. R. Jevons, The Teaching of Science, London 1969; T. S. Kuhn, The Essential Tension: Tradition and Innovation in Scientific Research, in: C. W. Taylor und F. Barron, Hrsg., Scientific Creativity, New York 1963.

[18] Vgl. W. O. Hagstrom, The Scientific Community, New York 1965.

[19] D. Crane, Invisible Colleges, Chicago 1972.

[20] T. S. Kuhn, The Structure of Scientific Revolutions, Chicago 1970.

[21] Kuhns kürzlich vorgenommene Differenzierung verschiedener Komponenten des ursprünglich so genannten „Paradigma" beeinflußt die grundlegende Logik seiner Darstellung nicht. Ich benutze daher weiter das Konzept des „Paradigma", um die hinreichend bekannten Ideen Kuhns möglichst kurz und einfach darstellen zu können.

[22] Diese Ansicht wird auch von I. B. Cohen, a.a.O., und M. Polanyi, a.a.O., vertreten.

[23] Unabhängig von seiner Diskussion wissenschaftlicher Ausbildung. Vgl. Anm. 17.

[24] W. O. Hagstrom, a.a.O.; N. W. Storer, a.a.O.

[25] R. K. Merton, Priorities in Scientific Discovery, in: American Sociological Review 22 (1957), S. 635 659. Wiederabgedruckt in R. K. Merton, The Sociology of Science, a.a.O.

[26] Siehe Fußnote 16, sowie K. E. Clark, America's Psychologists; A Survey of a Growing Profession, Washington, D. C. 1957.

[27] Die Darstellung des Modells der Verzweigung wird deutlich machen, daß der Prozeß komplexer ist.

[28] M. J. Mulkay, The Social Process of Innovation: A Study on the Sociology of Science, London 1972.

[29] T. S. Kuhn, The Structure of Scientific Revolutions, a.a.O.

[30] G Holton, Models for Understanding the Growth and Excellence of Scientific Research, in: S. R. Graubard und G. Holton, Hrsg., Excellence and Leadership in a Democracy, New York 1962; H. H. Turner, Astronomical Discovery, Berkeley 1963.

[31] M. J. Mulkay und D. O. Edge, Cognitive, Technical and Social Factors in the Emergence of Radio Astronomy, in: Information sur les Sciences sociales 12 (1973), S. 25–61.

[32] Von einer geringeren Ausnahme abgesehen. Vgl. D. O. Edge und M. J. Mulkay, A Preliminary Report on the Emergence of Radio Astronomy, Cambridge University Engineering Department Technical Report, Kap. 2, S. 6 und Kap. 5, S. 7.

[33] Ebd. und M. J. Mulkay und D. O. Edge, a.a.O.

[34] A. Zloczower, Career Opportunities and the Growth of Scientific Discovery in 19th Century, with special reference to physiology, The Eliezer Kaplan School of Economics and Social Sciences, Jerusalem 1966. Zloczower berücksichtigt den Einfluß des Wandels der Universität auf die Wissenschaftsentwicklung weitaus ausführlicher als dies hier geschieht. Eine „vollständige" Darstellung würde darüberhinaus den Einfluß weitreichender sozialer Faktoren berücksichtigen.

[35] D. de Solla Price, a.a.O.; L. J. Anthony et al., The Growth of the Literature of Physics, in: Reports on the Progress of Physics 32 (1969), S. 713; K. O. May, Growth and Quality of Mathematical Literature, in: Isis 59 (1969), S. 363–371.

[36] D. de Solla Price, a.a.O.

[37] Ebd.; W. D. Garvey und B. C. Griffith, Scientific Information Exchange in Psychology, in: Science 146 (1966), S. 1955–1959.

[38] N. C. Mullins, The Distribution of Social and Cultural Properties in Informal Communication Networks among Biological Scientists, in: American Sociological Review 33 (1968), S. 786–797; D. Crane, a.a.O.

[39] W. D. Garvey und K. Tomita, Continuity of Productivity by Scientists in the Years 1968–71, in: Science Studies 2 (1972), S. 379–382; R. McGinnis und U. P. Singh, Mobility Patterns in Three Scientific Disciplines, Paper presented to the American Sociological Association, New Orleans 1972.

40 *D. Crane*, a.a.O.; *M. J. Mulkay*, The Social Process of Innovation, a.a.O.; *C. Fisher*, The Death of a Mathematical Theory, in: Archives for the History of the Exact Sciences 3 (1966), S. 137—159.

41 *D. Crane*, a.a.O.

42 *M. J. Mulkay* and *D. O. Edge*, a.a.O.

43 *N. C. Mullins*, The Development of a Scientific Speciality: The Phage Group and the Origins of Molecular Biology, in: Minerva 10 (1972), S. 51—82; *N. C. Mullins,* The Development of Specialties in Social Science: The Case of Ethnomethodology, in: Science Studies 3 (1973), S. 245—273, und *D. L. Krantz*, Schools and Systems, in: Journal for the History of the Behavioral Sciences 8 (1973), S. 91—95.

44 *D. Crane*, a.a.O.

45 *M. J. Mulkay* and *D. O. Edge*, a.a.O.

46 Ein der revolutionären Situation am nächsten kommender Fall ergibt sich daher, wenn Migranten einem etablierten Bereich beitreten und versuchen, seine grundlegenden Annahmen zu verändern. Vgl. *J. Ben-David* und *R. Collins*, Social Factors in the Origins of a New Science: The Case of Psychology, in: American Sociological Review 31 (1966), S. 451—466.

47 *D. Crane*, a.a.O.

48 *W. O. Hagstrom*, a.a.O.

49 *G. Holton*, a.a.O.

50 *G. N. Gilbert*, The Development of Science and Scientific Knowledge: The Case of Radar Meteor Research, Paper read at the Parex Project Conference, Paris 1973.

51 *M. J. Mulkay*, The Social Process of Innovation, a.a.O.

52 *G. Holton*, a.a.O.

53 *J. R. Ravertz*, Scientific Knowledge and its Social Problems, Oxford 1971.

Aus dem Englischen übersetzt von *Nico Stehr*

Wittgenstein und die Soziologie der Mathematik

Von Derek L. Phillips

Der Mathematiker ist ein Erfinder, kein Entdecker.
Ludwig Wittgenstein [1]

Karl Mannheim und die meisten anderen Wissenssoziologen sind der Meinung, daß die Naturwissenschaften sozialen Einflüssen nicht unterliegen. Naturwissenschaft, Logik, Mathematik, so nimmt man im allgemeinen an, können vom sozial-historischen Zusammenhang losgelöst werden. *Mannheim* [2] bemerkt zum Beispiel, es sei ihm nicht möglich einzusehen, wie man „2 × 2 = 4" von einer soziologischen Perspektive aus betrachten könne. Diese Ansicht ist bis heute unter Soziologen des Wissens und der Wissenschaft verbreitet. Sogar *C. Wright Mills,* der eingesehen hatte, daß Wissenschaft und Logik sozial bedingt sind, erfaßte nur teilweise, inwieweit diese Wissenschaften soziologisch behandelt werden können. *Ludwig Wittgenstein* liefert andererseits eine Perspektive, von der aus Mathematik und Logik in einem tieferen Sinne als bisher soziologisch betrachtet werden können.

In diesem Aufsatz werde ich mich zunächst kurz mit der dominierenden realistischen Auffassung von Mathematik und Logik auseinandersetzen. Danach werde ich auf einige Tatsachen eingehen, die diesem Gesichtspunkt widersprechen, und skizzieren, auf welche Weise die Wissenssoziologie unmittelbar relevant ist. Am wichtigsten ist es mir jedoch zu zeigen, daß *Wittgenstein* einen Gesichtspunkt entwickelt hat, von dem aus die Praxis der Mathematik als soziale Aktivität angesehen werden kann. Diesem Aspekt soll der größte Teil des Folgenden gewidmet sein. Darüberhinaus soll diese Untersuchung der *Wittgensteinschen* Ansicht der Mathematik das wechselseitige Verhältnis von Soziologie und Philosophie klar machen.

I

Die Realisten glauben, daß unsere Ideen externen Wesenheiten entsprechen, die als evidente Wahrheiten existieren. Diese Wesenheiten können wir mittels unserer Verstandesfähigkeiten entdecken. Sie sind der Meinung, daß die Sprache ganz einfach eine Kopie bereits bestehender Strukturen ist. Der Schlüssel zur Wahrheit wird durch reines Denken erbracht, welches durch Logik und Mathematik am besten exemplifiziert wird. Im Fall der Mathematik sind Realisten der Ansicht, mathematische Objekte seien einfach „da" und stünden unabhängig von uns in bestimmten Beziehungen zueinander. Der Mathematiker ist dann vornehmlich ein Entdecker dieser unabhängigen Wahrheiten. Dieser Standpunkt wird von einer Reihe von Autoren vertreten. *Bertrand Russell* behauptet, daß

"The statement "two and two are four" deals exclusively with universals and therefore may be known by anybody who is acquainted with the universals concerned and can perceive the relation between them which the statement asserts. It must be taken as a fact discovered by reflecting upon our knowledge that we can have the power of sometimes perceiving such relations between universals[3]."

Der Mathematiker *G. H. Hardy* stimmt dieser Ansicht zu, indem er sagt, daß "mathematical reality lies outside us, that our function is to discover or observe it, and that the theorems which we prove and which we decide grandeloquently as our 'creation' are simply our notes of observation"[4]. *Morris Cohen* behauptet, wenn er von Beziehungen spricht, die „da draußen" existieren: "The discovery of the proof that π is transcendental did not create any logical relations but showed us what the relations always have been[5]." Und, so überraschend das sein mag, der Phänomenologe *Alfred Schutz* schreibt: "The expression $2 \times 2 = 4$ has an objective meaning regardless of what is in the minds of any or all of its users[6]." Die Mathematik wird also von all diesen Autoren als ein Gebiet von Wahrheiten betrachtet, die vom erkennenden Subjekt unabhängig sind.

Die Gegner dieser Auffassung vertreten die Meinung, daß die Begriffe und Theorien der Logik kulturelle Produkte sind. In Bezug auf die Logik bemerkt *Gérard De Gré*: "Certain rules are set up during the course of time by social groups as to how valid knowledge is to be acquired, and how propositions are to be logically operated with. (The sociology of knowledge) is interested in the situations in which these rules were developed and the influence of those rules on social action[7]." *Ian D. Currie*[8] und *Stephen Toulmin*[9] haben auf dasselbe hingewiesen, als sie den scharfen Kontrast zwischen der Logik der Gegenwart und der des Mittelalters herausarbeiteten. Ähnlich mit der Mathematik, ihre Begriffe und Methoden haben sich seit der Zeit der Euklidischen Geometrie in tiefgehender Weise gewandelt. Über die Mathematik schreibt *Toulmin*:

"Such fundamental mathematical concepts as 'validity" and "rigour", "elegance", "proof", and "mathematical necessity", undergo the same sea-changes as their scientific counterparts ... Even the basic standards of "mathematical proof" have themselves been reappraised more than once since Euklid's time. The result is that the concepts, methods, and intellectual ideals of mathematics are no more exempt from "the ravages of history" – as Descartes and Frege hoped and supposed – than those of any other intellectual discipline[10]."

Wenn man annimmt, daß die Entwürfe der Logik und Mathematik in bedeutendem Maße kulturelle Produkte sind, dann wird man erwarten dürfen, daß Wissenssoziologen die sozialen Hintergründe und Zusammenhänge, in denen sich diese verschiedenen Konzepte entwickelten und gefunden werden, untersuchen. Welche kulturellen Bedingungen können zum Beispiel die Entwicklungen in der Logik vom Mittelalter bis zum 20sten Jahrhundert erklären? Man dürfte mehr Untersuchungen erwarten wie die von *Marcel Granet*[11], der den sozialhistorischen Hintergrund des Zahlensystems und der Mathematik in der chinesischen Gesellschaft betrachtet. Dies ist eine Art und Weise, in der die Soziologie des Wissens und der Wissenschaft von unmittelbarer Bedeutung für das Studium der Logik und Mathematik ist. Sie kann jedoch in einem noch tieferen Sinne neues Licht auf unsere Vorstellungen von Logik und Mathematik werfen.

64

Derek L. Phillips

Bevor wir uns mit einer „Soziologie der Mathematik" beschäftigen, muß die realistische Position noch ein wenig näher betrachtet werden[12]. Wenn wir die Aktivität, Mathematik zu betreiben, betrachten wollen, dann müssen wir uns zunächst die Auffassung des Realisten von der mathematischen Praxis genauer ansehen. Angenommen, es wird gefragt, warum jemand „2 × 2 = 4" geschlossen hat. Der Realist würde antworten, daß 2 × 2 = 4 *wirklich* 4 ist, man hat beobachtet, daß dieser Satz wahr ist. Das heißt: die Wahrheit des Satzes, die Struktur der mathematischen Realität ist die *Ursache* davon, daß man diesen Schluß zieht. In Bezug auf dieses Beispiel macht *David Bloor* einige nützliche Bemerkungen. Er macht darauf aufmerksam, daß der Ausdruck „Ursache" hier unmöglich „notwendige und hinreichende Bedingungen" bedeuten kann, weil es dann weder Irrtum noch Ignoranz geben könne. *Bloor* sagt dazu folgendes:

"There is, however, another sense of the word "cause", which fits with what has gone before and which would be consistent with the ideal that a proposition is believed because it is true. This is the teleological, purposive or goal-directed sense that is sometimes given to the word. Suppose it were assumed that man has a natural tendency to perceive the truth when presented with it, and there is a natural movement, as it were, towards the truth. In this case only beliefs that are false would require explanation. Beliefs that are true require no comment, for their truth is all the explanation that is required. It might be said on this view that truth is the cause of true beliefs, whilst a variety of factors cause the deviations into ignorance or error[13]."

Die teleologische Auffassung, so wird von *Bloor* argumentiert, stellt in der Tat die Ansicht der meisten Realisten und auch der *Mannheimschen* Wissenssoziologie dar. *Mannheim* bemerkt[14], daß der Prozeß der Erkenntnis nicht nur aus „der Art der Dinge" oder „reinen logischen Möglichkeiten" folgt, sondern bisweilen von „außer-theoretischen" Faktoren verschiedener Art beeinflußt wird. Mit anderen Worten, solange die Menschen logisch oder gemäß dem Wesen der Dinge handeln, ist keine weitere Erklärung nötig. Erklärungen – in diesem Fall die der Wissenssoziologie – sind nur erforderlich, wenn die Menschen die „immanenten Gesetze", wie *Mannheim* sie nennt, nicht befolgen, d. h. wenn sie sich nicht in Richtung auf die Wahrheit bewegen. Eine solche Wissenssoziologie wird von *Bloor* eine „Soziologie des Irrtums" genannt[15]. Weil man der Meinung war, daß außer-theoretische Faktoren nur in Bezug auf Irrtümer, Ignoranz, Ausnahmen und Abweichungen zu betrachten sind, haben die Wissenssoziologen – und die Soziologen im allgemeinen – die Praxis der Mathematik als außerhalb ihres Gebietes gelegen betrachtet. Weil andererseits die Teleologie in die realistische Auffassung von Mathematik eingebaut ist, können wir nur durch Anwendung eines anderen Konzeptes der Mathematik fruchtbare Untersuchungen der Aktivitäten der Mathematiker machen. *Ludwig Wittgenstein* bietet uns hier eine Alternative.

II

Wittgenstein lehnt auf konsistente Weise die Idee ab, es gebe von der menschlichen Praxis unabhängige Standards, die man heranziehen kann, ohne auf Widerspruch und mangelnde Übereinstimmung zu stoßen. Dies trifft auf die Mathematik und die Wissenschaften und ebenso auf alle übrigen Gebiete zu. Untersuchen wir dies in Bezug auf das in seinem Buch erwähnte Beispiel der Fortsetzung der Zahlenreihe 2, 4, 6, 8, ... Realisten würden, wie *Bloor* bemerkt, behaupten: "The correct continuation of the sequence, the true embodiment of the rule and its intended mode of application exists already. To obey the rule is to trace out what is already faintly there, existing in 'advance' ...[16]." Der realistische Regelbegriff bringt uns jedoch nicht viel weiter. Denn, sogar wenn die Regel schon existiert, welche Regel soll man dann verwenden, um herauszufinden, ob man dieselbe Regel an verschiedenen Stellen benutzt? Das heißt, die realistische Annahme, daß es einen logischen oder mathematischen Prototyp gibt, der der „wahren" Fortsetzung der Zahlenreihe entspricht, setzt ein Kriterium (eine Regel) voraus, das angibt, ob der Prototyp *tatsächlich* die Verkörperung der für die Fortsetzung der Reihe notwendigen Regel ist. Dabei ist man wieder beim Ausgangsproblem angelangt. Welches Wissen ist erforderlich, um zu wissen, daß *diese* Regel die richtige ist? Bei jedem Schritt ist es also aufs Neue notwendig zu wissen, wie die Regel lautet. Das Problem mit dem Realismus ist, wie *Bloor* schreibt, "the circular character of the epistemology involved. It presupposes precisely what it has set out to explain[17]." Der Realismus setzt voraus, daß bei jedem Schritt eine „natürliche Annäherung" an die Wahrheit erfolgt.

Wie erklärt *Wittgenstein*, der die realistische Auffassung mit seinen teleologischen Voraussetzungen zurückweist, die Tatsache, daß jemand die Reihe „2, 4, 6, 8, ..." korrekt fortsetzt? Wie ist es möglich, daß wir im allgemeinen Übereinstimmung erreichen? Wie kann man erklären, daß wir nur selten beim Rechnen streiten? Denn *Wittgenstein* betont, daß im allgemeinen Übereinstimmung besteht, wenn man Mathematik betreibt: „Es kann ein Streit darüber entstehen, welches das richtige Resultat einer Rechnung ist (z. B. einer längeren Addition). Aber so ein Streit entsteht selten und ist von kurzer Dauer. Er ist, wie wir sagen, ‚mit Sicherheit' zu entscheiden. Es kommt zwischen den Mathematikern, im allgemeinen, nicht zum Streit über das Resultat einer Rechnung. (Das ist eine wichtige Tatsache.) Wäre es anders, ... , so würde es unsern Begriff der ‚mathematischen Sicherheit' nicht geben[18]." Daß wir meistens beim Rechnen zu den gleichen Ergebnissen kommen, liegt daran, wie wir die Mathematik *erlernen*, wie wir darin unterrichtet werden. Wie jedes andere Sprachspiel verlangt das Sprachspiel der Mathematik ein Einüben der Regeln, Standards, Konventionen und der Grammatik, die man beherrschen muß, um das Spiel richtig spielen zu können. Das bedeutet zum Teil auch, daß man die ‚richtige' und ‚falsche' Spielweise zu unterscheiden lernt. In der Mathematik lernen wir, daß man ‚richtig liegen' kann und daß man ‚Fehler' machen kann. Wie *Wittgenstein* bemerkt: „Die Kinder werden nicht nur im Rechnen geübt, sondern auch in einer ganz bestimmten Stellungnahme gegen einen Rechenfehler[19]." Ebenso wie es verschiedene mathematische Systeme gibt, so gibt es auch verschiedene Unterrichtsmethoden: „Man könnte sich auch so einen Unterricht in einer Art von Arithmetik denken. Die Kinder können dann, ein jedes auf seine Weise, rechnen, – solange sie nur auf die innere Stimme horchen und ihr folgen. Dieses Rechnen wäre wie ein Komponieren[20]." Es würde sich dann natürlich eine von der unseren völlig verschiedene arithmetische Praxis ergeben.

Um nun auf das Problem der Fortsetzung einer Zahlenreihe zurückzukommen, *Wittgen-stein* behandelt hier zwei Probleme[21]:

1. Wie wird die Anwendung einer Regel bestimmt? Das heißt, warum ist *diese* und nicht *jene* die korrekte Anwendung;

2. Wenn es mehrere Anwendungen einer Regel gibt, worin besteht dann Konsistenz bei der Anwendung dieser Regel?

In Bezug auf die erste Frage — das Entscheidungskriterium, wie eine Regel oder For-mel gemeint ist — stellt *Wittgenstein* das Problem folgendermaßen:

„*Wie weiß ich*, daß ich im Verfolg der Reihe +2 schreiben muß „2004, 2006" und nicht „2004, 2008"? … „Aber du weißt doch z. B., daß du immer die *gleiche* Zahlenfolge in den Einern schrei-ben mußt: 2, 4, 6, 8, 0, 2, 4, usw." — Ganz richtig! Das Problem muß auch schon in dieser Zahlen-folge, ja auch schon in *der*: 2,2,2,2, usw. auftreten. — Denn wie weiß ich, daß ich nach der 500sten „2" „2" schreiben soll? daß nämlich an dieser Stelle „2" ‚die gleiche Ziffer' ist? Und wenn ich es *zuvor* weiß, was hilft mir dieses Wissen für später? Ich meine: wie weiß ich dann, wenn der Schritt wirklich zu machen ist, was ich mit jenem früheren Wissen anzufangen habe?
(Wenn zur Fortsetzung der Reihe +1 eine Intuition nötig ist, dann auch zur Fortsetzung der Reihe +0.)
„Aber willst du sagen, daß der Ausdruck +2 es für dich zweifelhaft läßt, was du, nach 2004 z. B., schreiben sollst?" Nein; ich antworte ohne Bedenken: „2006". Aber darum ist es ja überflüssig, daß dies schon früher festgelegt wurde. Daß ich keinen Zweifel habe, wenn die Frage an mich herantritt, heißt eben nicht, daß sie früher schon beantwortet worden war[22]."

Erinnern wir uns, daß *Bloor* die Auffassung, die *Wittgenstein* ablehnt, durch eine tele-ologische Annahme charakterisiert, das heißt, daß ein Individuum in Richtung auf einen bestimmten Zweck (oder Ergebnis) gesteuert wird, daß es von einem Naturzweck dazu bewogen wird. Obwohl *Wittgenstein*, soweit ich sehen kann, nichts Explizites über teleologische Erklärungen sagt, lehnt er den Einfluß der „Intuition" eindeutig ab. Er macht das implizit im obigen Zitat deutlich und wird an anderen Stellen noch deut-licher. Bei der Behandlung des selben Problems (Fortsetzung einer Zahlenreihe) in den „Philosophischen Untersuchungen"[23] weist *Wittgenstein* die Idee zurück, daß bei je-dem Schritt eine neue Einsicht — Intuition — erforderlich ist, damit man den Auftrag „+n" ausführen kann. Er sagt: „Nur eine Intuition könnte diesen Zweifel beheben? Wenn sie eine innere Stimme ist, wie weiß ich dann, wie ich ihr folgen soll? Und wie weiß ich, daß sie mich nicht irreleitet? Denn, kann sie mich richtig leiten, dann kann sie mich auch irreleiten[24]." Die Frage, wie soll ich eine Regel einhalten, ist also weder eine Frage der Kausalität, noch der Intuition. Hier spielen weder externe (die Natur, die wahre Reihenfolge der Zahlen) noch interne (Intuition, Apprehension) Kräfte eine Rolle. Es geht vielmehr um die *Rechtfertigung* für die Art und Weise, in der ich die Regel einhalte.

Diese Rechtfertigung liegt darin, wie *wir gelernt haben, diese Formel zu verwenden*. „Aber", so fragt *Wittgensteins* imaginärer Gesprächspartner, „worin liegt dann die ei-gentliche Unerbittlichkeit der Mathematik?" …

„Zählen (und das heißt: *so* zählen) ist eine Technik, die täglich in den mannigfachsten Verrich-tungen unseres Lebens verwendet wird. Und darum lernen wir zählen, wie wir es lernen: mit endlosem Üben, mit erbarmungsloser Genauigkeit; darum wird unerbittlich darauf gedrungen, daß wir Alle auf „eins" „zwei", auf „zwei" „drei" sagen, u.s.f. „Aber ist dieses Zählen also nur ein *Gebrauch*; entspricht dieser Folge nicht auch eine Wahrheit?" Die *Wahrheit* ist, daß das Zählen sich bewährt hat. — „Willst du also sagen, daß ‚wahr-sein' heißt: brauchbar (oder nützlich) sein?" — Nein; sondern, daß man von der natürlichen Zahlenreihe — ebenso wie von unserer Sprache — nicht sagen kann, sie sei wahr, sondern: sie sei brauchbar und, vor allem, *sie werde verwendet*[25]."

Natürliche Zahlen, wie unsere Sprache, sind weder wahr noch falsch. Man verwendet sie. Und die Tatsache, daß die Zahlen, ebenso wie die Sprache, ohne besondere Vorbereitung auf jede Eventualität in einer Vielzahl von Situationen angewandt werden können, hat seinen Grund in der Gewohnheit. „Was hat der Ausdruck der Regel — sagen wir, der Wegweiser — mit meinen Handlungen zu tun?" fragt *Wittgenstein*[26]. „Was für eine Verbindung besteht da? Nun etwa diese: Ich bin zu einem bestimmten Reagieren auf dieses Zeichen abgerichtet worden, und so reagiere ich nun." Und: „Einer Regel folgen, eine Mitteilung machen, einen Befehl geben, eine Schachpartie spielen sind Gepflogenheiten (Gebräuche, Institutionen[27])." Die Mathematik ist also eine menschliche Institution, ein menschliches Produkt, eine Erfindung. Wenn ich die Reihe „ +n" korrekt fortsetze, dann ist das nur möglich, weil ich das Sprachspiel der Mathematik gelernt habe.

Eine Regel verwenden, eine Formel richtig anwenden bedeutet nichts anderes, als die Formel oder die Regel so anzuwenden, wie sie im allgemeinen in diesem Sprachspiel angewandt wird:

„Daß ich den Beweis *durchlaufe* und dann sein Ergebnis annehme. — Ich meine: so *machen* wir es eben. Das ist so bei uns der Brauch, oder eine Tatsache unserer Naturgeschichte[28]."

„Wie die Formel gemeint wird, das bestimmt, welche Übergänge zu machen sind." Was ist das Kriterium dafür, wie die Formel gemeint ist? Doch wohl die Art und Weise, wie wir sie ständig gebrauchen, wie uns gelehrt wurde, sie zu gebrauchen[29]."

Wittgenstein zeigt, daß der mathematische Prozeß der Anwendung einer Formel in die soziale Praxis eingebettet ist. Er verwendet hier, wie *Bloor*[30] hervorhebt, soziologische Begriffe: „so machen wir es eben", „doch wohl die Art und Weise, wie wir sie ständig gebrauchen, wie uns gelehrt wurde, sie zu gebrauchen". Die Mathematik ist eine soziale Aktivität, eine soziale Praxis. Wenn Menschen auf *diese bestimmte Weise* abgerichtet werden, auf eine *bestimmte* Weise zu rechnen, dann stimmen sie in ihren Ergebnissen im allgemeinen überein. Jede Anwendung einer Formel ist das Endprodukt eines *Sozialisationsprozesses*.

Wenn die Anwendung einer Formel ein sozialer Prozeß ist, dann müssen wir uns mit der Weise auseinandersetzen, in der jemand ein Sprachspiel erlernt. Das Kind, sagt *Wittgenstein*, lernt nicht mittels Erklärung, sondern mittels Abrichtung. Abrichtung unterscheidet sich von Erklärung dadurch, daß sie — wenigstens bei Kindern — zum Teil nicht sprachlich ist, und auf das Hervorbringen bestimmter Handlungen gerichtet ist. „Die Grammatik des Wortes „wissen" ist offenbar eng verwandt mit der Grammatik des Wortes „können", „imstande sein". Aber auch eng verwandt mit der des Wortes „verstehen" (eine Technik ‚beherrschen')[31]." Und darunter: „Nur von Einem, der

das und das *kann*, gelernt hat, beherrscht, hat es Sinn zu sagen, er habe *das* erlebt[32]."
Man lernt die Mathematik also genau so, wie man andere Sprachspiele lernt. Hierbei
spielen die Begriffe richtig und falsch, Irrtum und Fehler, Regeln und Übereinstimmung eine Rolle. *Wittgenstein* betont: „Die Worte ‚richtig‘ und ‚falsch‘ werden beim
Unterricht im Vorgehen nach der Regel gebraucht. Das Wort ‚richtig‘ läßt den Schüler
gehen, das Wort ‚falsch‘ hält ihn zurück[33]." Diese Begriffe von „richtig" und „falsch"
liegen im Sprachspiel. Die Mathematik ist deshalb, wie *Wittgenstein* bemerkt, normativ:
„Logischer Schluß ist ein Übergang, der gerechtfertigt ist, wenn er einem bestimmten
Paradigma folgt, und dessen Rechtmäßigkeit von sonst nichts abhängt[34]." Die einzige
Wahrheit, um die es sich hier handelt, ist die, daß logisches Schließen, wie Zählen, seine Nützlichkeit gezeigt hat. Leute wie wir wenden es täglich an. Einen weiteren Grund
braucht man nicht:

„Aber folgt es nicht mit logischer Notwendigkeit, daß du zwei erhälst, wenn du zu eins eins zählst,
und drei, wenn du zu zwei eins zählst, u.s.f.; und ist diese Unerbittlichkeit nicht dieselbe, wie die
des logischen Schlusses?" Doch! sie ist dieselbe. — „Aber entspricht denn der logische Schluß
nicht einer Wahrheit? Ist es nicht *wahr*, daß das aus diesem folgt? — Der Satz: „es ist wahr, daß
das aus diesem folgt", heißt einfach: das folgt aus diesem[35]."

Was etwas zu einem logischen Schluß macht, ist das Spiel, das wir damit spielen, die
Einstellung, die wir demgegenüber einnehmen. Vom mathematischen „Muß" sagt
Wittgenstein demgemäß:

„Das mathematische Muß ist nur ein anderer Ausdruck dafür, daß die Mathematik Begriffe bildet.
Und Begriffe dienen zum Begreifen. Sie entsprechen einer bestimmten Behandlung der Sachlagen.
Die Mathematik bildet ein Netz von Normen[36]."

Die Antwort auf unsere erste Frage — Was ist die Rechtfertigung für die korrekte Anwendung einer Regel oder Formel? — lautet also, *daß wir die Formel so verwenden,
wie man es uns gelehrt hat.*
Betrachten wir jetzt die zweite Frage. Was konstituiert die *konsistente* Anwendung einer Regel, wenn es mehrere Anwendungen dieser Regel gibt? Auch hier betont *Wittgenstein*, daß Menschen in bestimmten Handlungsweisen unterrichtet werden. Wenn sie
einer neuen Situation gegenüberstehen, fahren sie fort, in einer Weise zu handeln, die
sie — und andere — für konsistent halten. Sie fahren fort, die Regel „auf natürliche
Weise" anzuwenden, das heißt, als eine natürliche Erweiterung ihrer bisherigen Abrichtung. Es gibt aber keine *externe* Garantie dafür, daß diese Anwendung immer gemäß
der bisherigen Abrichtung oder Praxis sein wird. „Konsistenz" wird also in Bezug auf
das, „was sich natürlich ergibt", definiert, das heißt als ein Erzeugnis der bisherigen
Abrichtung. *Wittgenstein* schreibt:

„Ist es nicht so: Solange man denkt, es kann nicht anders sein, zieht man logische Schlüsse. Das
heißt wohl: solange *das und das gar nicht in Frage gezogen* wird. Die Schritte, welche man nicht
in Frage zieht, sind logische Schlüsse[37]."

So machen wir es einfach; eine weitere Rechtfertigung gibt es nicht. So handelt die Gruppe. Es gibt, abgesehen von den Aktivitäten der Gruppe, keine Standards, durch die letztlich die Richtigkeit einer Handlung entschieden werden kann. *Wittgenstein* bemerkt:

„Ist nun sicher, daß Leute nie werden anders rechnen wollen? Daß Leute unsern Kalkül nie so ansehen werden, wie wir das Zählen der Wilden, deren Zahlen nur bis fünf reichen? – daß wir die Wirklichkeit nie *anders* werden betrachten wollen? Aber *das* ist gar nicht die Sicherheit, die uns diese Ordnung geben soll. Nicht die ewige Sicherheit des Kalküls soll gesichert werden, sondern nur die zeitliche, sozusagen[38]."

Die Konsistenz in der Anwendung einer Regel hat also nichts mit externer Richtigkeit, mit ewigen, unveränderlichen Gesetzen zu tun. *Wittgenstein* sagt hierzu:

„Die Begründung aber, die Rechtfertigung der Evidenz kommt zu einem Ende; – das Ende ist aber nicht, daß uns Sätze als unmittelbar wahr einleuchten, also eine Art sehen unsererseits, sondern unser Handeln, welches am Grunde des Sprachspiels liegt. Wenn das Wahre das Begründete sei, dann ist der Grund nicht wahr, noch falsch[39]."

III

Es sollte jedoch klar sein, daß unsere bisherige Betrachtung auf die Mathematik als ein besonderes Sprachspiel eingeengt war. Andererseits muß bemerkt werden, daß wir alle eine Vielzahl von Sprachspielen lernen. So lernen wir das Sprachspiel der Mathematik nur auf der Grundlage früher erworbener Sprachkenntnisse. Unsere ursprüngliche Alltagssprache ist eine angewandte Meta-Sprache, die beim Erlernen und Betreiben der Mathematik immer schon vorausgesetzt ist. Daß *Wittgenstein* diese Tatsache erkennt, unterscheidet seine Auffassungen von den übrigen konventionalistischen Analysen der Regelbefolgung. Dies ist wichtig für das Verständnis seiner Beobachtung, daß es keine Gewähr dafür gibt, daß Regeln immer genau so, wie sie gemeint sind, interpretiert werden. Das Problem der richtigen Fortsetzung einer Zahlenreihe (Anwendung einer Formel) kann uns hier wieder als Beispiel dienen. Jemand schreibt die Reihe „2, 4, 6, ... 1000" nieder. Er fordert einen Anderen auf, die Reihe „+2" fortzusetzen und erwartet, daß er schreiben wird: „1002, 1004, 1006, ...". Der Andere schreibt jedoch: „1004, 1008, 1012, ..."

„Wir sagen ihm „Schau was du machst!" Er versteht uns nicht. Wir sagen: „Du solltest doch zwei addieren; schau wie du die Regel begonnen hast!" Er antwortet: „Ja! Ist es dann nicht richtig? Ich dachte, so soll ich es machen." Oder nimm an, er sagte auf die Reihe weisend: „Ich bin doch auf die gleiche Weise fortgefahren!" Es würde uns nun nichts nützen, zu sagen: „Aber siehst du dann nicht ...?" – und ihm die alten Erklärungen und Beispiele zu wiederholen – Wir könnten in so einem Falle etwa sagen: Dieser Mensch versteht von Natur aus jenen Befehl, auf unsere Erklärung hin, so wie wir den Befehl: „Addiere bis 1000 immer 2, bis 2000 4, bis 3000 6, etc.[40]."

Dieses Beispiel zeigt, daß man eine Regel auf mehrere Weisen interpretieren kann. Der

Regelbefolger im Beispiel glaubt, daß es „natürlich" ist, die Regel „+2" anders zu interpretieren, als im Falle korrekter Regelbefolgung gemeint ist. Wie ist so etwas möglich?
Die Antwort, so meine ich, liegt in der Tatsache, daß die natürliche (gewöhnliche)
Sprache, die der Erlernung der mathematischen (außergewöhnlichen) Sprache zugrun-
deliegt, aus einer Menge von Regeln besteht, die mehrere Interpretationen zulassen.
Falls dies so ist, ergibt sich jedoch ein großes Problem. Wenn alle Regeln, einschließlich
die der anfänglich erworbenen Sprache, mehrere Interpretationen zulassen, wo sollen
wir dann Halt machen? Sind wir dann nicht in einem infiniten Regreß von Regeln —
Interpretationen — Regeln usw. gefangen? _Wittgenstein_ bezieht sich explizit auf diese
Probleme:

„Unser Paradox war dies: eine Regel konnte keine Handlungsweise bestimmen, da jede Handlungsweise mit der Regel in Übereinstimmung zu bringen sei. Die Antwort war: Ist jede mit der Regel
in Übereinstimmung zu bringen, dann auch zum Widerspruch. Daher gäbe es hier weder Übereinstimmung noch Widerspruch. Daß da ein Mißverständnis ist, zeigt sich schon darin, daß wir in diesem Gedankengang Deutung hinter Deutung setzen; als beruhige uns eine jede wenigstens für einen
Augenblick, bis wir an eine Deutung denken, die wieder hinter dieser liegt. Dadurch zeigen wir
nämlich, daß es eine Auffassung der Regel gibt, die nicht eine Deutung ist; sondern, sich von Fall
zu Fall der Anwendung in dem äußert, was wir „der Regel folgen" und was wir „ihr entgegenhan-
deln" nennen[41]."

Was bedeutet es jedoch, wenn man sagt, es gebe eine Art von Regelverständnis, die
keine Interpretation ist? Worauf _Wittgenstein_ hier hinweist, ist, meiner Meinung nach,
die Vorstellung von einer _immer schon verwendeten_ Meta-Sprache, oder genauer, die
menschlichen Aktivitäten, die Ausführung und Strukturierung unserer Untersuchungen ermöglichen. Diese „Meta-Sprache" ist jedoch nicht nur sprachlicher Natur, denn
sie umfaßt eine Menge von Aktivitäten, die entwickelt werden, um mit der Welt um
uns herum fertig zu werden. Sie besteht aus dem, was wir _tun,_ aus den Methoden, mit
denen wir vorgehen. Diese Methoden machen Interpretationen überhaupt erst möglich. Das heißt: die Totalität der menschlichen Aktivitäten bildet eine Lebensform.
Eine Lebensform ist aus mehreren Sprachspielen zusammengesetzt. Diese Lebensform,
diese immer schon verwendete Meta-Sprache, spielt eine zentrale Rolle beim Verstehen
der Aussagen _Wittgensteins_ über die Anwendung einer Regel im Realfall.
Wenn jemand bereits eine Sprache beherrscht, dann kann er diese Sprache und die Tatsache, daß er sie versteht, dazu benutzen, jemandem zu erklären, wie eine bestimmte
Regel befolgt werden soll. Wir können also eine neue Regel oder eine neue Konvention
— zum Beispiel in der Mathematik — dadurch klar machen, daß wir Regeln und Konventionen, die schon _angewandt werden,_ in unsere Erläuterungen miteinbeziehen.
Nachdem man eine Umgangssprache erlernt hat, kann man — und muß anfangs sogar —
die Regeln und Konventionen dieser Sprache verwenden, um eine besondere Sprache
wie beispielsweise die Mathematik zu lernen. Diese Regeln und Konventionen, die wir
als Teil der Lebensform, in der wir ursprünglich abgerichtet wurden, erworben haben,
machen sozusagen den Apparat aus, mit dem wir uns zusätzliche (außergewöhnliche)
Sprachen zueigen machen. Die Regeln und Konventionen _innerhalb_ des bereits gespielten Sprachspiels in der Lebensform, in der wir uns anfangs die Sprache aneigneten, er-

möglichen das Erlernen neuer Sprachspiele. Sie ermöglichen auch, daß jemand, der bei der Anwendung einer mathematischen Formel „in der selben Weise weitermacht", die Zahlenreihe unseres Beispiels so fortsetzt: „1004, 1008, 1012, ...". Denn er mag in einer Lebensform aufgewachsen sein, die sich von der, in der die meisten von uns aufwuchsen, unterscheidet.

Obwohl wir uns vorstellen können, daß jemand „in der selben Weise weiterzumachen" versteht, wie im obigen Beispiel, ist dies im allgemeinen unwahrscheinlich. Ich meine hier, daß den Sprachspielen, die man tatsächlich spielen kann, Schranken gesetzt sind. Es gibt gewisse physiologische und psychologische Tatsachen, die die möglichen Alternativen für Menschen wie uns bestimmen. Wenn jemand in unserer Lebensform abgerichtet wird, dann gilt: „Ich mach's ihm vor, er macht es mir nach; und ich beeinflusse ihn durch Äußerungen der Zustimmung, der Ablehnung, der Erwartung, der Aufmunterung. Ich laß ihn gewähren oder ich halte ihn zurück; usw.[42]." Der Unterricht besteht aus Gesten, Lächeln, Aufstöhnen, Stirnrunzeln, Anheben und Senken der Stimme des Lehrers usw.. Dies besagt jedoch nicht, daß alle Sprachspiele gespielt werden können. Schließlich kann ich meinen Kindern nicht das Fliegen beibringen. Eine Katze kann ihre Jungen nicht das Addieren lehren. Für manche Leute ist es sicherlich aus physiologischen oder psychologischen Gründen unmöglich, die Sprachspiele zu lernen, die die anderen spielen. Weil es gewisse Naturtatsachen gibt, und weil wir gewissen individuellen Beschränkungen ausgesetzt sind, können nicht alle Sprachspiele gespielt werden. Die allgemeinsten strukturellen Charakteristika der Welt haben den Bereich der Sprachspiele auf die physikalisch für uns möglichen eingeschränkt. *Wittgenstein* schreibt: „Wie würde eine Gesellschaft von lauter tauben Menschen aussehen? Wie eine Gesellschaft von ‚Geistesschwachen'? *Wichtige Frage!* Wie also eine Gesellschaft, die viele unserer gewöhnlichen Sprachspiele nie spielte[43]?" In einer Gesellschaft tauber oder schwachsinniger Menschen könnte viele der üblichen Sprachspiele nicht gespielt werden. Wir sehen hier noch einmal, daß die Zahl der angewandten Sprachspiele von bestimmten Naturtatsachen eingeschränkt wird. All dies scheint darauf hinzuweisen, daß der großen Verschiedenartigkeit von Sprachspielen nur *eine* Lebensform zugrundeliegt. Zumindest, wenn wir Lebensform so verstehen, daß die allgemeinsten Naturtatsachen darin miteinbezogen sind, die zu einem gewissen Ausmaß die menschlichen Möglichkeiten, dies oder das zu erlernen, bestimmen, dann müssen wir schließen, daß die Menschen überall (soweit bekannt) dieselbe Lebensform teilen. Wir können uns selbstverständlich andere Lebensformen vorstellen — so wie auch *Wittgenstein* das manchmal tut — aber auch diese müssen innerhalb der uns bekannten Lebensform konzipiert sein. Der Rekurs auf eine Lebensform als einer Art Meta-Sprache, die es erlaubt, den infiniten Regreß Regel — Interpretation — Regel — usw. einzuhalten, ist letztlich ein Rekurs auf notwendige Bedingungen oder notwendige Wahrheiten. Aber wenn das so ist, dann scheinen die Realisten recht zu haben. Sie haben jedoch nur in beschränktem Sinne recht, denn sie können keine *notwendigen* Verbindungen zwischen bestimmten Naturtatsachen — von welchen wir zugeben können, daß sie überall gleich sind — und den von uns gespielten Sprachspielen herstellen. Selbst wenn wir die realistische Auffassung akzeptieren, daß es gewöhnliche, nicht-empirische Wahrheiten gibt über die Welt (beispielsweise Menschen, deren Köpfe vom Körper getrennt sind, sterben; niemand kann auf Wasser gehen; Menschen lösen sich nicht in Luft auf), so können diese jedoch die begrifflichen Wahrheiten in verschiedenen Sprachspielen nicht erklären.

Man muß zugeben, daß sich *Wittgenstein* nicht so explizit äußert, wie ich es hier getan habe. Obwohl der Begriff der „Lebensform" viel verwendet wird und verschiedentlich interpretiert worden ist, hat man es im allgemeinen unterlassen, die Rolle, die dieser Begriff in *Wittgensteins* Formulierungen spielt, genauer zu untersuchen. Es ist meiner Ansicht nach nützlich, diesen Begriff so aufzufassen, daß „Lebensform" mit den „allgemeinen Naturtatsachen" zusammenfällt. Dies ist angebracht, meine ich, weil es uns verstehen hilft, daß *Wittgenstein*, der sicherlich kein Realist war, andererseits auch kein völliger Konventionalist war. *Wittgenstein* behauptet: „Unsere Rede erhält durch unsere übrigen Handlungen ihren Sinn[44]." Was sind das für Handlungen? Vielleicht sind es Beispiele:

„Seltsamer Zufall, daß alle die Menschen, deren Schädel man geöffnet hat, ein Gehirn hatten!
Ich habe ein Telephongespräch mit New York. Mein Freund teilt mir mit, daß seine Bäumchen die und die Knospen tragen. Ich bin nun überzeugt, das Bäumchen sei ... . Bin ich auch überzeugt, die Erde existiere?
Daß die Erde existiert, ist vielmehr ein Teil des ganzen *Bildes*, das den Ausgangspunkt meines Glaubens bildet[45]."

Gewißheiten über Schädel und Gehirne, die Existenz der Erde u. a. sind ein Teil unserer Lebensform. Sie machen das Fundament aus, das die Grundlage für unser *Handeln* formt. Sie liegen unseren Handlungsweisen zugrunde und unserem Reden über die Dinge. Über die Voraussetzung, daß die Erde existierte, bevor wir geboren waren, bemerkt *Wittgenstein*: „Die Annahme, kann man sagen, bildet die Grundlage des Handelns, und also natürlich auch des Denkens[46]."

IV

Wenn, wie *Wittgenstein* argumentiert, die Mathematik eine normative Praxis ist, was bestimmt dann die gewöhnlichen Verfahrensweisen einer Gruppe? Hier kommen wir zurück auf unsere oben eingenommene Position: die Mathematik ist ein anthropologisches Phänomen. Dies bedeutet wiederum, daß es Naturtatsachen gibt, die es uns überhaupt erst ermöglichen zu rechnen, folgern usw. Betrachten wir beispielsweise die Konvention, daß 12 Zoll einem Fuß gleichkommen. Niemand, bemerkt *Wittgenstein*, würde dies normalerweise als einen empirischen Satz ansehen. Es ist vielmehr eine Konvention. „Aber," so sagt er, „das Messen würde *seinen gewöhnlichen Charakter* gänzlich verlieren, wenn nicht z. B. die Aneinanderreihung von 12 Zollstücken für gewöhnlich eine Länge ergäbe, die sich wieder besonders aufbewahren läßt[47]." Die Konvention, daß 12 Zoll ein Fuß sein sollen, muß man gegen den Hintergrund der konstanten Form und Größe von Objekten betrachten. Diese dehnen sich nicht plötzlich aus oder schrumpfen nicht ohne Grund zusammen. Wäre das der Fall, so mußten wir alle unsere Auffassungen über das Messen revidieren. Eine Proposition ist nicht nur in einer Technik,

sondern auch in den physischen und psychologischen Tatsachen, die die Technik ermöglichen, begründet. Die Konvention über Zoll und Fuß ist willkürlich. Nicht willkürlich aber ist unsere Konzeption des *Messens*, die dahinter steht. Für Menschen wie
wir, die sich mit Messungen beschäftigen, ergibt sich eine bestimmte Konsistenz in
den Resultaten. Unsere gewöhnlichen Sprachspiele, einschließlich des Messens, würden
ihren Sinn verlieren, wenn die Regel zur Ausnahme und die Ausnahme zur Regel würde. Wie *Wittgenstein* bemerkt: „Die Prozedur, ein Stück Käse auf die Waage zu legen
und nach dem Ausschlag der Waage den Preis zu bestimmen, verlöre ihren Witz, wenn
es häufiger vorkäme, daß solche Stücke ohne offenbare Ursache plötzlich anwüchsen,
oder einschrumpften[48]."
Meines Erachtens nach sind die Kommentatoren der *Wittgenstein*schen Philosophie
bisher zu wenig auf diese „Naturtatsachen", über die *Wittgenstein* redet, eingegangen.
Noch ein Beispiel: seine Bemerkungen über Farben in „Zettel":

351. „Wenn die Menschen nicht im allgemeinen über die Farben der Dinge übereinstimmen, wenn
Unstimmigkeiten nicht Ausnahmen wären, könnte es unsern Farbbegriff nicht geben." Nein:
gäbe es unsern Farbbegriff nicht.

352. Will ich also sagen, gewisse Tatsachen seien gewissen Begriffsbildungen günstig oder ungünstig? Und lehrt das die Erfahrung? Es ist Erfahrungstatsache, daß Menschen ihre Begriffe
ändern, wechseln, wenn sie neue Tatsachen kennenlernen; wenn dadurch, was ihnen früher wichtig
war, unwichtig wird und umgekehrt.

354. Zwischen Grün und Rot, will ich sagen, sei eine *geometrische* Leere, nicht eine physikalische.

355. Aber entspricht dieser also nichts Physikalisches? Das leugne ich nicht. (Und wenn es bloß
unsre Gewöhnung an *diese* Begriffe ist, an diese Sprachspiele wäre. Aber ich sage nicht, daß es so
ist.) Wenn wir einem Menschen die und die Technik durch Exempel beibringen, — daß er dann mit
einem bestimmten neuen Fall *so* und nicht *so* geht, oder daß er dann stockt, daß für ihn also dies
und nicht jenes die „natürliche" Fortsetzung ist, ist allein schon ein höchst wichtiges Naturfaktum[49].

Wenn unsere Begriffe aber irgendwie von diesen Tatsachen abhängig sind, müssen wir
uns dann nicht mit ihnen beschäftigen? *Wittgenstein* selber stellt diese Frage und beantwortet sie:

„Wenn die Begriffsbildung sich aus Naturtatsachen erklären läßt, sollte uns dann nicht, statt der
Grammatik, dasjenige interessieren, was in der Natur zugrundeliegt? Uns interessiert wohl auch die
Entsprechung von Begriffen mit sehr allgemeinen Naturtatsachen. (Solchen, die uns ihrer Allgemeinheit wegen meist nicht auffallen.) Aber unser Interesse fällt nun nicht auf diese möglichen Ursachen der Begriffsbildung zurück; wir betreiben nicht Naturwissenschaft; auch nicht Naturgeschichte, — da wir ja Naturgeschichtliches für unsre Zwecke auch erdichten können[50]."

Unsere Begriffe, Regeln, Formeln setzen einen bestimmten Hintergrund physischer
und psychologischer Tatsachen voraus. Ohne diese wäre Messen, Rechnen, Zählen usw.
unmöglich. Obwohl diese Tatsachen eine notwendige Bedingung für unsere Handlungsweisen sind, sind sie keine hinreichende Bedingung dafür. Letzten Endes gibt es ja brei

te Variationen im menschlichen Verhalten, die alle mit den Naturtatsachen vereinbar sind. Es kann mehrere logische und mathematische Systeme auf dem Hintergrund dieser physikalischen und psychologischen Tatsachen geben. Genauso verhält es sich im Falle der mathematischen Regelbefolgung und des jeweilig angewandten mathematischen Systems. Wir müssen diese in Bezug auf menschliche Institutionen erklären, nicht mittels physischer Realitäten oder Tatsachen.

V

Ich habe oben erwähnt, daß es in verschiedenen sozial-historischen Zusammenhängen und Perioden völlig verschiedene mathematische Begriffe und Auffassungen geben kann. Weitere Beweise dafür werden von *Bloor*, der den Begriff „Null" diskutiert, herangezogen. Er bemerkt zum Beispiel, daß die Babylonier zwar eine Stelle-Wert-Notation verwendeten, ihr Konzept „Null" jedoch etwas anders war: "The nearest equivalent to zero operated in the way that ours does when we use it to distinguish, say, 204 from 24. They had nothing corresponding to our use when we distinguish, 240 from 24[51]." Offenbar entscheidet bei den Babyloniern nur der Zusammenhang den absoluten Wert einer Zahl (*O. Neugebauer*)[52]. Wenn es verschiedene Begriffe der Null gibt, dann kann dieser Begriff keine Forderung der Logik oder Instinkte sein. Dieser Schluß weicht ganz klar von den Auffassungen *Freges, Carnaps, Russels* und anderer ab, die der Meinung sind, Begriffe seien von jeder Sprache, vom menschlichen Bewußtsein unabhängig. Während sie voraussetzen, daß Intuitionen Erkenntnis herstellen, die sich spontan in völlig fehlerlosen Sätzen ausdrücken läßt, ermöglicht allein die *Wittgenstein*sche Position die Einsicht, daß die Struktur eines Begriffes von den Rechenmethoden, in die er eingebettet ist, abhängig ist. Wie andere mathematische Begriffe ist der Begriff „Null" Teil der sozialen Institutionen der Mathematik und diese Institution ist nicht überall gleich.

Unter allen Menschen jedoch ist allgemeine Übereinstimmung bezüglich korrekter Resultate des Rechnens und Schließens erforderlich; nicht jedes zufällige Resultat wird als richtig akzeptiert. „Wer anders schließt," bemerkt *Wittgenstein*, „kommt allerdings in Konflikt: z. B. mit der Gesellschaft; aber auch mit andern praktischen Folgen[53]." Diese Übereinstimmung, worauf unser Rechnen und Schließen beruht, ist jedoch nicht das Ergebnis unserer freien Auswahl aus einer Vielzahl von Möglichkeiten. Statt dessen gilt:

„Denken und Schließen (sowie das Zählen) ist für uns natürlich nicht durch eine willkürliche Definition umschrieben, sondern durch natürliche Grenzen, dem Körper dessen entsprechend, was wir die Rolle des Denkens und Schließens in unserm Leben nennen können[54]."

„Die Rolle des Denkens und Schließens", so meine ich, bezieht sich auf unsere Gebräuche und Institutionen. Die Mathematik — Zählen, Ableiten, usw. — ist sowohl von den Naturtatsachen abhängig als auch von bestimmten Forderungen oder Idealen, die für verschiedene Gruppen verschieden sein können. In diesem Zusammenhang nennt

Wittgenstein das Ideal der Glätte und des maschinellen Rechnens. Sein Gesprächspartner sagt:

„Erfahrungen hat uns gelehrt, daß das Rechnen mit der Maschine verläßlicher ist, als das mit dem Gedächtnisse, Sie hat uns gelehrt, daß unser Leben glatter geht, wenn wir mit Maschinen rechnen." Aber muß das Glatte unbedingt unser Ideal sein (muß es unser Ideal sein, daß alles in Zellophan gewickelt sei)[55]?"

Die Mathematik ist offenbar sowohl biologisch als auch sozial begründet. Auf die Regeln des Rechnens, usw., die von menschlichen Wesen wie wir mit bestimmten biologischen Fähigkeiten und Beschränkungen aufgestellt worden sind, beruft man sich, wenn man die Richtigkeit bestimmter Berechnungen und Schlüsse beurteilen will. Diese Regeln werden verwendet, um zu entscheiden, was gerechtfertigt ist und was nicht; sie beziehen sich immer auf menschliche Aktivitäten. Es gibt keine höhre Autorität jenseits unseres Tuns: der Arten tatsächlich zu rechnen, folgern und Mathematik zu betreiben. Der beharrende Kritiker möchte vielleicht doch noch fragen: „Aber wie wissen Sie, daß diese akzeptierten Regeln tatsächlich die richtigen sind?" *Wittgenstein* antwortet: „Die Gefahr ist hier, glaube ich, eine Rechtfertigung unseres Vorgehens zu geben, wo es eine Rechtfertigung nicht gibt und wir einfach sagen sollten: *so machen wir's*[56]." Es gibt keine weitere Rechtfertigung, keinen letzten Grund für unsere Verfahrensweisen. Dies bedeutet aber auf keinen Fall, daß unsere Prozeduren (beim Rechnen usw.) unzuverlässig sind, und daß wir einfach entscheiden können, sie nicht zu akzeptieren. *Wittgenstein* schreibt:

„Ich meine: wenn nun wirklich in der Arithmetik ein Widerspruch gefunden würde — nun so bewiese das nur, daß eine Arithmetik mit einem *solchen* Widerspruch sehr gute Dienste leisten könnte; und es besser sein wird, wenn wir unsern Begriff der nötigen Sicherheit modifizieren, als zu sagen, das wäre eigentlich noch keine rechte Arithmetik gewesen.
„Aber es ist doch nicht die ideale Sicherheit!" — Ideal, für welchen Zweck? Die Regeln des logischen Schließens sind Regeln des *Sprachspiels*[57]."

Die Frage, ob wir die Regeln der Mathematik akzeptieren oder ablehnen, stellt sich in Wirklichkeit nie, genau wie die Frage, ob wir lieber Menschen als Steine sein wollen. Wenn man sich fragt, ob unsere menschlichen Praktiken richtig oder gerechtfertigt sind, fragt man sich gleichzeitig, ob wir gerechtfertigt sind, die Wesen zu sein, die wir sind.
Aus unseren bisherigen Betrachtungen kann man Folgendes schließen: das Messen, Rechnen, Schließen, usw. ist durch die Naturtatsachen begrenzt, aber *besondere* Systeme des Messens, Rechnens, usw. sind reine soziale Konvention. Dies oder jenes System der Mathematik wird auf dem Hintergrund einer gewissen Konstanz der Objekte in der Natur (sie ändern nicht plötzlich ihre Form und verschwinden nicht ins Leere), unseres menschlichen Vermögens, Zahlen zu erinnern, und der verschiedenen Funktionen des Zählens und Rechnens in unserem Leben erfunden oder geschaffen. Obwohl diese Naturtatsachen Beschränkungen in Bezug auf die verschiedenen möglichen Sprachspiele darstellen, können sie weder die Existenz bestimmter Sprachspiele noch die Arten, in welchen die Menschen diese Spiele lernen, erklären.

Wenn man einsieht, daß Mathematik und Logik eine Ansammlung von Normen sind, sieht man auch, daß sie denselben ontologischen Status haben wie die übrigen Institutionen. Sie sind rein sozialer Art. Das bedeutet, daß die Normen der Logik und Mathematik auf dieselbe Weise gelernt werden müssen, wie andere Normen des sozialen Lebens. Genauso wie jemand die Grammatik des Wortes „verlieren" (seinen Weg verlieren, sein Gedächtnis, Haltung) und „leben" (in Sünde, in Angst, im Studentenheim) lernen muß, so muß er auch die Grammatik der Mathematik lernen. Wer sich mit der Grammatik beschäftigt, so betont *Wittgenstein*[58], beschäftigt sich mit der Welt, mit Anwendungen. Von dieser Sicht aus sind die Tatsachen, die *Mannheim* als „extra-theoretisch" bezeichnet, in die Mathematik miteinbezogen. Man kann nicht, wie es *Mannheim* und andere Wissenssoziologen gemacht haben, annehmen, daß Mathematik und Logik nur durch das „Wesen der Dinge" und die „reine Logik" bestimmt werden.

VI

Zum Schluß soll noch eine weitere Konsequenz unserer Diskussion der *Wittgenstein*schen Auffassung der Mathematik betrachtet werden: das Verhältnis zwischen Philosophie und Soziologie. In den letzten Jahren haben philosophisch orientierte Autoren wie *Peter Winch* und *Louch* betont, daß die Philosophie die Soziologie aufklären kann. Man kann dieses Argument, so glaube ich jedoch, auch umkehren und zeigen, daß die Soziologie zur Erklärung philosophischer Probleme gebraucht wird[59]. Einige Jahre lang habe ich die *Winch*sche Position vertreten, Soziologie sei „*misbegotten philosophy*", und überging dabei die Frage, ob das Verhältnis auch umgekehrt werden kann. Betrachten wir dieses Problem etwas genauer. Die Frage bezieht sich auf das Verhältnis zwischen Philosophie und Soziologie, so wie es sich in *Wittgensteins* Analyse der Regelbefolgung darstellt.

Gehen wir noch einmal auf unser Beispiel zurück: die Fortsetzung einer Zahlenreihe. Jemand schreibt „2, 4, 6, 8, ..." nieder und eine zweite Person soll mit der Reihe auf dieselbe Weise fortfahren. Beweis dafür, daß die Regel verstanden wurde, erhalten wir, wenn er die Reihe richtig fortsetzt, also mit „10, 12, 14, ...". Ob die Regel korrekt angewendet wird oder nicht, hängt aber nicht nur von dem Regelbefolger selbst, sondern auch von den *Reaktionen Anderer* auf sein Handeln ab. Nur in einer Situation, in der die Regel öffentlichen Charakter hat, kann man überhaupt sagen, man folge einer Regel. Dies trifft auf alle Sprachspiele zu: Mathematik, Logik, Wissenschaft, etc. Selbstverständlich sieht *Winch* dies ein. Er bemerkt zum Beispiel: "Social relations really exist only in and through the ideas which are current in society[60]." Gleichzeitig aber, so meine ich, existieren die Ideen, die in einer Gesellschaft vorherrschen, nur in und mittels der existierenden sozialen Beziehungen. Diese sozialen Beziehungen bestimmen zum Beispiel, was als Idee gelten kann, oder was als eine gute beziehungsweise schlechte Idee gilt. *Winch* selbst betont dies, indem er bemerkt, daß verschiedene Kategorien der Bedeutung, der Nachvollziehbarkeit, etc. "are *logically* dependent for their sense on social interaction between men"[61]. Ich will nicht leugnen, daß das, was man als diese oder jene soziale Beziehung betrachtet (helfen, Eifersucht), selbst von sozialen Ideen abhängt. Entscheidend ist hier vielmehr, daß eine Wechselwirkung zwischen Begriffen und Ideen einerseits und sozialen Beziehungen andererseits vorliegt. „Logisch handeln" heißt handeln gemäß der Regeln des logischen Schließens. Diese Regeln sind aber nicht von den sozialen Beziehungen abgesondert, in denen man über richtiges logisches Schließen entscheidet. Gleichzeitig werden die sozialen Beziehungen von Auffassungen über Regeln und der Regelbefolgung konstituiert. Um soziale Beziehungen zu verstehen, müssen wir Regeln verstehen. Das Verstehen der Regeln aber erfordert das Verständnis der sozialen Beziehungen. Es ist deshalb ein Irrtum, daraus zu schließen, wie es *Winch* tut, daß der Philosophie gegenüber der Soziologie eine Sonderstellung zukommt. Seine eigenen Arbeiten sind ein Zeugnis für die Interdependenz im Verhältnis zwischen Soziologie und Philosophie.

Ich habe herauszuarbeiten versucht, daß die Mathematik eine soziale Aktivität ist. Im Gegensatz zu den Auffassungen von *Mannheim* gibt es keinen Grund dafür, die Naturwissenschaft und die Mathematik als Objekte soziologischer Forschungen auszuschließen. Vielleicht ist *Mannheims* impliziter Realismus verantwortlich dafür, daß er nicht sah, in wie weit Mathematik und Wissenschaft soziologischen Überlegungen offen sind. *Wittgenstein* hat die realistische Auffassung der Regelbefolgung abgelehnt und uns damit eine durchgängig soziologische Betrachtungsweise der Mathematik ermöglicht. Mathematik ist in dieser Betrachtungsweise ein Beispiel für die außergewöhnliche Verwendung der gewöhnlichen Umgangssprache.

Anmerkungen

[1] *Ludwig Wittgenstein*, Bemerkungen über die Grundlagen der Mathematik, Cambridge, Mass. 1967, I—167.
[2] *Karl Mannheim*, Ideology and Utopia, London 1972, S. 263.
[3] *Bertrand Russell*, Mysticism and Logic, New York 1928, S. 202.
[4] *G. H. Hardy*, A Mathematician's Apology, Cambridge 1941, S. 63—64.
[5] *Morris Cohen*, Reason and Nature, Glencoe, Ill. 1953, S. 193.
[6] *Alfred Schutz*, Subjective and Objective Meaning, in: *Anthony Giddens*, Hrsg., Positivism and Sociology, London 1974, S. 42—43.
[7] *Gérard de Gré*, The Sociology of Knowledge and the Problem of Truth, in: *James E. Curtis* und *John W. Petras*, Hrsg., The Sociology of Knowledge, New York 1970, S. 664—665.
[8] *Ian D. Currie*, The Sapir-Whorf Hypothesis, in: *James E. Curtis* und *John W. Petras*, Hrsg., The Sociology of Knowledge, New York 1970.
[9] *Stephen Toulmin*, The Uses of Argument, Cambridge 1948.
[10] *Stephen Toulmin*, Human Understanding: Vol. 1, Oxford 1972, S. 252.
[11] *Marcel Granet*, La Pensée Chinoise, Paris 1934.
[12] Ich beziehe mich in diesem Aufsatz auf den sehr guten Aufsatz von *David Bloor* (vgl. Anm. 13).
[13] *David Bloor*, Wittgenstein and Mannheim on the Sociology of Mathematics, in: Studies in History and Philosophy of Science 2 (1973), S. 178.
[14] *Karl Mannheim*, Ideology and Utopia, a.a.O., S. 239—240.
[15] *David Bloor*, a.a.O., S. 180.
[16] *David Bloor*, a.a.O., S. 181.
[17] *David Bloor*, a.a.O., S. 182.

[18] *Ludwig Wittgenstein*, Philosophische Untersuchungen, New York 1953, Absatz 225.
[19] *Ludwig Wittgenstein*, Bemerkungen über ..., a.a.O., Absatz 190.
[20] *Ludwig Wittgenstein*, Philosophische Untersuchungen, a.a.O., Absatz 233.
[21] *David Bloor*, a.a.O., S. 184.
[22] *Ludwig Wittgenstein*, Bemerkungen über ..., a.a.O., I-3.
[23] *Ludwig Wittgenstein*, Philosophische Untersuchungen, a.a.O., Absatz 186.
[24] *Ludwig Wittgenstein*, ebd., Absatz 213.
[25] *Ludwig Wittgenstein*, Bemerkungen über ..., a.a.O., I-3/4.
[26] *Ludwig Wittgenstein*, Philosophische Untersuchungen, a.a.O., Absatz 199.
[27] *Ludwig Wittgenstein*, ebd., Absatz 199.
[28] *Ludwig Wittgenstein*, Bemerkungen über ..., a.a.O., I−63.
[29] *Ludwig Wittgenstein*, ebd., I-2.
[30] *David Bloor*, a.a.O., S. 184.
[31] *Ludwig Wittgenstein*, Philosophische Untersuchungen, a.a.O., Absatz 209.
[32] *Ludwig Wittgenstein*, ebd., Absatz 209.
[33] *Ludwig Wittgenstein*, Bemerkungen über ..., a.a.O., V−32.
[34] *Ludwig Wittgenstein*, ebd., V−45.
[35] *Ludwig Wittgenstein*, ebd., I−5.
[36] *Ludwig Wittgenstein*, ebd., V−46.
[37] *Ludwig Wittgenstein*, ebd., I−155.
[38] *Ludwig Wittgenstein*, ebd., II−84.
[39] *Ludwig Wittgenstein*, Über Gewißheit, Oxford 1969, Absatz 204.
[40] *Ludwig Wittgenstein*, Philosophische Untersuchungen, a.a.O., Absatz 185.
[41] *Ludwig Wittgenstein*, ebd., Absatz 201.
[42] *Ludwig Wittgenstein*, ebd., Absatz 208.
[43] *Ludwig Wittgenstein*, Zettel, Berkeley and Los Angeles 1970, Absatz 371.
[44] *Ludwig Wittgenstein*, Über Gewißheit, a.a.O., Absatz 229.
[45] *Ludwig Wittgenstein*, ebd., Absatz 207−209.
[46] *Ludwig Wittgenstein*, ebd., Absatz 411.
[47] *Ludwig Wittgenstein*, Bemerkungen über ..., a.a.O., V−1.
[48] *Ludwig Wittgenstein*, Philosophische Untersuchungen, a.a.O., Absatz 142.
[49] *Ludwig Wittgenstein*, Zettel, a.a.O., Absätze 351−352, 354−355.
[50] *Ludwig Wittgenstein*, Philosophische Untersuchungen, a.a.O., Absatz 230.
[51] *David Bloor*, a.a.O., S. 186.
[52] *O. Neugebauer*, The Exact Sciences in Antiquity, Princeton 1952.
[53] *Ludwig Wittgenstein*, Bemerkungen über ..., a.a.O., I−116.
[54] *Ludwig Wittgenstein*, ebd., I−116.
[55] *Ludwig Wittgenstein*, ebd., II−81.
[56] *Ludwig Wittgenstein*, ebd., II−74.
[57] *Ludwig Wittgenstein*, ebd., V−28.
[58] *Ludwig Wittgenstein*, Philosophische Untersuchungen, a.a.O., Absätze 370−374.
[59] Ich versuche hier, eine Bemerkung von *Bloor* (vgl. Anm. 13) weiterzuentwickeln.
[60] *Peter Winch*, The Idea of a Social Science, New York 1958, S. 133.
[61] *Peter Winch*, ebd., S. 44.

Aus dem Englischen übersetzt von *Louis Boon*

Wissenssoziologie und Wissenschaftssoziologie.
Entwicklung eines gemeinsamen Untersuchungsrahmens

Von Roger G. Krohn

In diesem Aufsatz versuche ich, einen Untersuchungsrahmen für Probleme der Wissenssoziologie einschließlich der Wissenschaftssoziologie aus Elementen ihrer sozialkritischen (*Karl Marx, Karl Mannheim*) und ihrer konservativen Traditionen (*Emile Durkheim*) zu entwickeln und diese in gemeinsame, zeitgenösische Begriffe zu fassen[1]. Dabei versuche ich zu zeigen, daß eine historische und soziologische Erklärung des europäischen Wissenschaftsbegriffs (Wissenschaftstheorie) und der Entwicklung wissenschaftlicher Theorien nicht so verstanden werden muß, daß damit diesem Begriff und diesen Theorien die Gültigkeit abgesprochen würde. Wissenschaft ist also nicht als „Ausnahmekategorie", als außersoziale Wahrheit anzusehen, sondern als gesellschaftliches produktives Unternehmen innerhalb bestimmter Gegebenheiten, mit bestimmter Leistungsfähigkeit und mit eigenen Problemen. Dem entspricht die Annahme, daß die von irgendeiner Gemeinschaft oder Institution langfristig verwendeten Begriffe nicht einfach falsch sein können.

Die Kritiker des Denkens haben sich vor allem mit der Frage befaßt: „Wie konnten sie (wir) sich (uns) nur so irren?" Das „(wir)" bedeutet, daß die schärfsten Kritiker die Kategorien ihres eigenen Denkens von ihrem Zweifel nicht ausgenommen haben. Die konservativen Verteidiger des Denkens haben die Frage in den Mittelpunkt gestellt: „Wie konnte selbst unser (ihr) offenbarer Irrtum noch zur Gestaltung der Gesellschaft und zu einer produktiven Lebensweise beitragen?" Mir scheint, daß *Durkheim* die vorkommerzielle europäische Tradition nachaufklärerisch reinterpretiert hat. Seine Verteidigung der religiösen Vorstellungen von Naturvölkern ist m.E. auch als Verteidigung europäischer Denktraditionen anzusehen und hat ihn durch eigene Forschungserfahrung dazu geführt, von seiner früheren Meinung von der positiven Wissenschaft abzurücken[2]. Sowohl Kritiker als auch Konservative haben in ihrer einseitigen Beschäftigung mit bestimmten Fragen großen Gewinn erzielt. Für uns müssen sich diese beiden Fragen jedoch nicht gegenseitig ausschließen. Unser Gewinn kann darin liegen, daß wir sie beide stellen.

Wir können die beiden Fragen verbinden mit der weniger einseitigen und weniger aufschlußreichen Frage der Wissenschaftssoziologie: „Wo liegen die gesellschaftlichen Quellen der Entdeckung der Wahrheit?" Das ist die Frage, die z.B. hinter *Robert K. Mertons* Formulierung der universellen Normen der Wissenschaft steht[3]. Von diesen drei Fragen her haben die Wissenschaftshistoriker „neuer Art" wie *Th. S. Kuhn* und *Everett Mendelsohn* eine Art Synthese unternommen, wenn sie nach den sozialen Prozessen und Quellen der periodischen („revolutionären" und „normalen") Entwicklung wissenschaftlicher Theorien fragen sowie nach Umwegen, Blockaden und steckenge-

bliebenen Anfängen in bestimmten historischen Forschungsvorhaben. Mit anderen
Worten: „Wo und warum unterscheidet sich Wissenschaftspraxis von Wissenschaftstheorie, und unter welchen Umständen sind weder Theorie noch Praxis besonders erfolg-
reich?" *Francis Yates'* Suche nach den Ursprüngen wissenschaftlicher Ideen in den
apokryphen Quellen der hermetischen Tradition und im wissenschaftlichen Anteil der
Rolle des Zauberpriesters legt eine weitere Frage nahe: „Warum entspringt wissen-
schaftlicher Erfolg zuweilen aus ganz unerwarteten Quellen[4]?"
Diese Fragen sind durchaus miteinander vereinbar. Können wir nicht verbindende
Hypothesen und Begriffe suchen, um die beiden Arten von Wissenssoziologie mit der
Wissenschaftssoziologie und -geschichte zu verknüpfen und die notwendigen Korrek-
turen zu ermöglichen?
Jede dieser Zentralfragen hat einen bestimmten theoretischen Brennpunkt und einen
eigenen Denkstil hervorgebracht. Die kritische Richtung verlegt sich auf die geistigen
Folgen des sozialen Wandels und auf Konflikte zwischen Teilbereichen der Gesellschaft.
Die Konservativen behandeln die Integration und Stabilität von Gesamtgesellschaften;
die Wissenschaftssoziologen konzentrieren sich auf Wissenschaftler und ihre Institutionen. Die Kritiker waren empfindsam für die Entwicklung von Ideologien herrschender Institutionen und Klassen und für die Rolle geistiger Eliten. Sie haben sich mit den
spezifischen gesellschaftlichen Quellen allgemeiner Ideen und mit der Art und Weise
befaßt, wie Interessengruppen und Weltanschauungsgruppen sie formulieren. Der intellektuelle Stil einer solchen Darstellung ist dialektisch; er sieht kämpfende Gruppen
hinter entgegengesetzten Begriffsgebäuden und sieht die Einstellungen der Gegenwart
als Reaktion auf eine abgelehnte Vergangenheit. Für *Mannheim* liegen hier die Quellen
des Irrtums.
Die *Durkheim*schen Konservativen (*Marcel Mauss, Claude Lévi-Strauss, Victor Turner*)
haben versucht, Gedanken im gesamtgesellschaftlichen Prozeß anzusiedeln, statt ihre
Ursachen in einem besonderen interessegeleiteten Verhalten zu suchen[5]. *Durkheim* z.B.
suchte die Mechanismen, die dazu führen, daß offenbare empirische Irrtümer wie die
Totemreligion sozial praktikabel und durch Erfahrung verstärkt werden[6]. Diese Logik
nimmt einen zeitlichen aber a-historischen Prozeß an, worin der Glaube das Ritual
deutet und ableitet, das Ritual die soziale Solidarität verstärkt und den Glauben wieder
festigt. Weit entfernt von der Annahme ursächlicher Logik kann *Durkheim* behaupten,
daß der Begriff der „Ursache" seinen Ursprung in dem Gefühl habe, daß Ritual und ver-
eintes Wollen wirkungsvoll sind. So erschaffen z.B. australische Ureinwohner ihre
Beutetiere neu durch ihr Repräsentationsritual[7]. Er fragt also, wie die Beteiligten ihren
Erfolg anders erklären sollten als aus ihrer „einzig bewußten Absicht", dem genauen
Zelebrieren des Rituals[8].
Der Gegensatz und der Widerspruch der expliziten Argumente und spezifischen analyti-
schen Einsichten von *Mannheim* und *Durkheim* ließen kaum erkennen, daß beide
Wissenssoziologen sind und daß der bessere Teil ihrer Erkenntnisse vereinbar ist. Ihre
Parallelen sind aber nicht weniger überraschend als ihre Gegensätze. Beide glauben, daß
Denken sich in integrierten impliziten Systemen abspielt. *Mannheim* z.B. sucht nach
„einer objektiven Erklärung für die strukturellen Unterschiede im Denken"[9]. Beide
sehen keinen kategorischen Unterschied zwischen den höheren Formen des Wissens

– Philosophie und Wissenschaft – und dem gesunden Menschenverstand[10]. *Durkheim* geht noch einen Schritt weiter und verbindet modernes wissenschaftliches mit primitivem Denken: Beide wurzeln in gefühlsmäßig begründeten Identitäten und Gegensätzen. *Mannheim* glaubt auch, daß Emotion und Vernunft selbst in den höchsten Formen des Denkens zusammenklingen. Zur sozialistischen Auffassung der Einheit von Theorie und Praxis bemerkt *Mannheim,* es handele sich um „eine Synthese von Intuition und einem entschiedenen Bestreben, Phänomene äußerst rational zu begreifen"[11].

Schließlich traten beide für eine geistige Reform an der Wurzel ein, wobei sie sich selbst nicht ausnahmen. Nach *Mannheim* zwingt uns „das Problem falschen Bewußtseins... zur Erkenntnis, daß unsere Axiome gründlich umgestaltet worden sind". *Durkheim* wollte Empirismus wie Rationalismus durch eine soziale Theorie des Wissens überwinden. Unbefriedigt mit ihrer eigenen intellektuellen Tradition meinten beide, die Lösung sei von Kategorien mit weiterem Horizont zu erwarten. *Mannheim* dachte dabei an „eindeutige und nicht wertende Kategorien"[13]. *Durkheim* war der Auffassung, alle unsere Begriffe seien in der Sozialwissenschaft methodisch zu verankern.

Ein gemeinsamer roter Faden zieht sich durch diese Einheit stiftenden Kernpunkte: Er kommt aus dem Bemühen, die eigenen theoretischen Traditionen neu zu interpretieren, die sich gegenüber existentiellen Fragen zum Teil als problematisch herausgestellt hatten. *Durkheim* vertraute auf die methodischen Fundamente und die Logik der Naturwissenschaft und sah gleichzeitig, wo der Rationalismus in der Sozialphilosophie der Aufklärung zu kurz gegriffen hatte. Er gab der konservativen Sozialphilosophie den Vorzug; die aber lieferte kein brauchbares analytisches Instrumentarium. *Mannheim* war zutiefst interessiert an der marxistischen Kapitalismuskritik. Für die sozialistischen Zukunftsprogramme beseelte ihn eine mit Skepsis gepaarte Hochachtung, und er bewunderte die Soziologie *Max Webers*. Diese Art der Neuauslegung erlaubte es *Durkheim* und *Mannheim,* die Perspektiven und Gedanken anderer hautnah und mit Anerkennung nachzuvollziehen, gleichzeitig aber gegenüber den unmittelbaren Intentionen der betreffenden Denker skeptische Distanz zu wahren.

Auf der anderer Seite konzentrierten sich Soziologie und Geschichte der Wissenschaft bis zu ihren jüngsten Ausprägungen auf die Grundprinzipien wissenschaftlicher Einrichtungen. Sie beschreiben, wie Forschungsstandards, akademische und professionelle Organisation, formelle und informelle Kommunikation, Zusammenarbeit in Forschungsteams und „Schulenbildung (invisible colleges)" die Wissenschaft weiterbringen. Sie unterstellen die Legitimität wissenschaftlicher Institutionen und verfolgen, wie der gesellschaftliche Prozeß zu ihrem Aufbau beiträgt.

Die modernen Sozialhistoriker der Wissenschaft wiederum zogen aus, das positivistische Bild und Programm der Wissenschaft zu revidieren. *Kuhn* als bekanntester Vertreter hat den Prozeß in der Wissenschaftlergemeinschaft um soziale und politische Dimensionen bereichert, und er hat bestimmte Strukturen wissenschaftlichen Arbeitens postuliert. Das zeigt sich besonders darin, daß methodische Regeln aus Entdeckungen abgeleitet werden und nicht umgekehrt, und daß neue Paradigmen nicht so sehr wegen ihrer theoretischen Anfangserfolge akzeptiert werden, sondern eher wegen der Hoffnung, die sie als Forschungsprogramm erwecken. Diese Erkenntnisse wurzeln wieder in einer Art doppelter Einstellung: Auf der einen Seite im Vertrauen auf die grundsätz-

liche Vernünftigkeit wissenschaftlicher Einrichtungen, auf der andern Seite in der Annahme, daß Historiker, Philosophen und Wissenschaftler eigentlich nicht wissen, warum
sie oft gut arbeiten und warum sie zu anderen Zeiten scheitern.

Dieser Überblick sollte eines klar herausstellen: Inhaltlich widersprechen die angeführten Lehren einander in Wahrheit nicht, so sehr es auch die theoretischen Positionen
tun, von denen aus sie formuliert wurden. Wenn wir in ihnen dennoch Gegensätze
sehen, so vielleicht deshalb, weil wir zu viel von ihrer Theorie, viel zu viel intellektuellen
Ballast in Form von Annahmen und Doktrinen usw. mitschleppen. Es brächte uns Gewinn, diese Perspektiven jeweils vom Standpunkt der anderen logisch und empirisch zu
überprüfen. Hier jedoch interessieren wir uns nicht so sehr für die intellektuelle Kritik
als negativen Vergleich, sondern unternehmen den positiven Vergleich, von dem wir uns
einen gemeinsamen Untersuchungsrahmen sowie Frage- und Forschungsimpulse versprechen.

I. Ein Rahmen für Wissens- und Wissenschaftssoziologie

Wissenssoziologen haben sich selektiv mit folgenden Aspekten beschäftigt:
1. Mit den in Frage stehenden Theorien, Begriffen und Ideologien;
2. mit den dahinter stehenden „Interessen", mit ihrer emotionalen oder gar biologischen Grundlage;
3. mit ihrer sozial-organisatorischen Basis und ihrem Standort und
4. mit ihren Wurzeln in Erfahrung und Beobachtung.

Alle vorhandenen Theorien des Wissens haben den überwiegenden Einfluß von einem
oder zwei dieser Aspekte des Gesellschaftslebens auf Inhalt oder Formulierung des
Wissens unterstellt oder verfochten. Wir behaupten, daß dies irreführende Verallgemeinerungen waren, die den gesellschaftlichen Zwecken und Perspektiven der betreffenden Forscher entsprangen und letzten Endes für eine umfassende sozialwissenschaftliche Theorie des Wissens nicht taugen. Wir wollen uns unter den Rubriken „Kultur",
„bio-emotionaler Prozeß", „Organisation" und „Umwelt" mit allen vier Aspekten des
sozialen Verhaltens beschäftigen.

Wir können diese Begriffe ohne die Annahme von monokausalen Verknüpfungen
definieren:
1. *Kultur* ist die gesellschaftliche Ausprägung der perzeptiven und motorischen Fähigkeiten; sie umfaßt die erlernten Techniken, Vorstellungen und Erwartungen über
   Dinge, Menschen und Ereignisse, deren sich die Beteiligten bedienen;
2. Der *bio-emotionale Prozeß* ist die sozial ausgeprägte Physiologie der in einem gesellschaftlichen Verband lebenden Menschen;
3. Die *gesellschaftliche Organisation* ist das Muster der Wechselseitigkeit zwischen Beteiligten, der interessegeleitete Austausch in der untersuchten gesellschaftlichen
   Einheit;
4. Die *Umwelt* ist die stoffliche Basis des gesellschaftlichen Lebens, nämlich diejenigen
   Teile der Erdoberfläche, des Klimas usw., die von sozialer Bedeutung sind, also
   sozial wahrgenommen und nutzbar gemacht werden.

Diese einfachen Begriffsbestimmungen sollen zur Überwindung der traditionellen Dichotomien im europäischen Denken dienen: Natur/Mensch, rational/irrational, Individuum/Gruppe, Natur/Kultur. Das bedeutet: Kultur ist nicht willkürlich oder „freischwebend", allein auf den schöpferischen Kräften des Menschen ruhend. Vielmehr muß man sehen, daß sie auf menschlichen Fähigkeiten der Wahrnehmung, der Handhabung von Dingen und auf Motorik beruht. Insofern schwächt ein Denken in der Dichotomie Natur/Mensch unsere Fähigkeit, kulturelle Prozesse zu analysieren. Ebenso sind menschliche bio-emotionale Prozesse niemals rein „animalisch" oder „natürlich", sondern sind zu einer Komplexität und Vielfalt entwickelt, die außerhalb von sozialen Kontexten undenkbar wäre. Folglich ist das, was immer unter der Kategorie „irrational" verstanden werden soll, ebenso als Produkt sozialer Erfahrung anzusehen wie als angenommene physiologische Reaktion. Auch kann die gesellschaftliche Organisation als Muster der Wechselseitigkeit ebensowenig rein sozial betrachtet werden, was immer man darunter versteht. Vielmehr muß man sehen, daß sie Interessen enthält, die letzten Endes physiologisch relevant sind und kollektiv definiert werden müssen. „Individuum contra Gruppe" — das ist lange genug als falsche Dichotomie angegriffen worden; diese Dichotomie erscheint aber immer noch in der Formulierung von Fragestellungen und Analysen, die menschenbeherrschende und unterdrückende Strukturen verdinglichen. Schließlich ist die menschliche Umwelt kein vorgegebenes Naturphänomen, sondern die Menschen, die in ihr leben, nehmen sie selektiv wahr, reagieren auf sie selektiv, reagieren auf sie und gestalten sie um. Die Trennung von Natur und Kultur ermöglicht nicht nur große Trugschlüsse wie den Satz: „Der Mensch erobert die Natur", sondern verdirbt spezifische Untersuchungen: Sie führt zu zahlreichen soziologischen Untersuchungen, die ohne das geringste Gefühl für physische Rahmenbedingungen angelegt und geschrieben werden.

Hier geht es nicht darum, die Geschichte und Implikationen dieser Dichotomien zu verfolgen, sondern es soll gezeigt werden, daß ein durch sie geprägtes Denken leicht bei der Erklärung von Ereignissen der einen oder der anderen Seite eine kausale oder moralische Priorität einräumt. Wenn das Gesellschaftsleben immer die vier von uns herausgestellten Aspekte enthält, so ist es im besten Fall nur verwirrend, nach Verallgemeinerungen für die Vorherrschaft einer einzelnen zu suchen. Das ist jedoch genau das schon erwähnte monokausale Argument, das für die Wissenssoziologie charakteristisch war. Jedes monokausale Argument sucht je nach politischer Orientierung seine Ursachen und Wirkungen in verschiedenen Bereichen des gesellschaftlichen Prozesses.

In den vielfältigen Formen des gesellschaftlichen Lebens hat jeder der vier Aspekte seine eigene Struktur. Wir wollen nur zwei davon erörtern, Kultur und gesellschaftliche Organisation. Kultur entwickelt sich zuerst sozusagen auf der „mundartlichen" Ebene. Wir folgen damit der sprachtheoretischen Unterscheidung zwischen der Mundart und den grammatischen — deskriptiven und normativen — Regeln des Sprechens. Wie in der Sprache gibt es zahlreiche Techniken für die Aufgaben und Probleme des Alltagslebens. Die Grenzen menschlicher Merkfähigkeit und Aufmerksamkeit allerdings bedeuten, daß wir diese Unmenge von Informationen und Techniken nicht unmittelbar erfassen und behalten können. Deshalb suchen wir dauernd nach Mustern und

Regeln, wie die Gestalt-Theoretiker u.a. uns gelehrt haben[14]. Einige dieser Muster und Regeln drücken sich in der „mundartlichen" Kultur aus und erhalten sich, z.B. in volkstümlichen Redensarten, Faust- und Handwerksregeln. Andere Muster finden nicht ohne weiteres Ausdruck. Darunter fallen z.B. die „generativen Strukturen", die Kinder aus der Sprache ableiten und zum Bilden vollkommen neuer Sätze benutzen[15]. Außerdem gibt es Regeln des richtigen Schließens, die den Menschen gegenwärtig sind, wenn sie etwas als unsinnig bezeichnen. Sodann gibt es Regeln zwischenmenschlichen Verhaltens in besonderen sozialen Situationen, die nur zum Teil formuliert sind[16]. Diese noch nicht bewußten Muster stammen ebenfalls aus Erfahrung, die jedermann übernimmt oder selbst macht, und die für das Alltagsleben von enormer Bedeutung sind. Mit „Meta-Kultur" meinen wir die kulturelle Struktur hinter den vordergründigen abrufbaren Fertigkeiten, Symbolen und Problemlösungs-Vorstellungen, die wir mundartliche Kultur genannt haben.

Meta-Kultur ist, jedenfalls in der Darstellung von Sprachwissenschaftlern der *Chomsky*-Tradition, ein sehr konsistentes Gebilde und im Gegensatz zu Faustregeln genau und verläßlich. Sie entstammt der Praxis des Alltagslebens und muß sich dauernd an ihr bewähren. Wenn spekulative Denker oder religiöse Mystiker Elemente zugrundeliegender Strukturen in einem Kulturgebiet entdeckten, waren sie beeindruckt von ihrer klaren Ordnung und ihrer offenbaren Kraft zur Vervollkommnung und Aufklärung. Unter diesem Eindruck benutzten sie häufig eine räumliche Bildsprache und nannten diese Erkenntnisse „tief", „tiefgründig", „fundamental" oder „grundlegend". Im gleichen Sinne sprechen wir von „Meta-Kultur", wenn wir diese impliziten, häufig strengen Muster meinen. Einige dieser Muster sind „entdeckt" und haben als Regeln Ausdruck gefunden. Die systematische Anwendung dieser Regeln bringt durch Vermeidung von Irrtümern im Alltagsverhalten großen Gewinn. Die Griechen erreichten eine solche Wirkung mit ihrer Entdeckung der Regeln des Überzeugungsgesprächs in der „Rhetorik" und des vernünftigen Arguments in der „Logik". Spezialisten, die dies neue Wissen formulierten, haben das Bild der „Tiefe" durch das der „Höhe" ersetzt. Religiöse Systeme assoziieren mit Bergen, den Wolken und dem Himmel. In den unpersönlichen Worten „abstrakt", „allgemein", „Wissen" oder „Theorie" klingt die Vorstellung eines hohen räumlichen Standorts mit. Dementsprechend nennen wir solche artikulierten Systeme „Supra-Kultur", wobei wir uns klar sind, daß jede Kultur in der Haut des Menschen steckt.

Anders als die mundartliche Kultur hat die Meta-Kultur keine klar erkennbare gesellschaftliche Wurzel. Wie *Durkheim* feststellt, gaben die theologischen Grundprinzipien eine einleuchtende Quelle ab, indem sie die sichtbare Macht dieser unbewußt oder intuitiv entstandenen Kulturformen als Regeln, Bräuche, Normen erklärten, die den Menschen instandsetzten zu leben, Hindernisse zu überwinden und Gefahren auszuweichen — und all das mit Mitteln, die sie selbst kaum verstanden[17]. Supra-Kultur wird jedoch von Menschen formuliert, deren Ansehen auf den Kräften beruht, die sie freizusetzen scheinen. Diese Kulturspezialisten, ob es Priester, Mystiker, Logiker, Akademiker, Philosophen und Wissenschaftler waren, hatten gewöhnlich besondere gesellschaftliche Stellungen und Blickwinkel. Ihre Interessen und eigene Sprache wurden zum Filter des neuen Wissens. Dieser besondere Standort und dieses Vokabular konnten ebenso einen überlegenen Überblick gewähren wie zur Zerrlinse werden. Diese konservativen Wissenssoziologen haben das eine gesehen, die Sozialkritiker das andere. Beide haben aus spezifischen empirischen Situationen gewonnene Erkenntnisse übermäßig verallgemeinert. Daraus schließen die Konservativen, daß „Wahrheit" oder „Glaube" für eine Gesellschaftsordnung unentbehrlich sind. Die Kritiker schließen, daß die Intellektuellen zunächst oder immer Gruppeninteressen dienen. Allerdings nehmen die Kritiker sich eventuell selbst dabei aus und beanspruchen einen besonderen Zugang zur Wahrheit.

Wir kommen zu dem Schluß, daß hier beide irren müssen, die Konservativen wegen der von den Kritikern erbrachten Beweise und die Kritiker, weil die Männer, die man bedeutend nennt, dies wenigstens *manchmal* durch wertvolle Leistungen für die Erhellung von Erfahrung und für die Anleitung der Gesellschaft verdient haben müssen. Sonst hätten sie nicht eine so große moralische Macht gewonnen. So verleiht unser gegenwärtiger Sprachgebrauch dem „Wissen" und der „Wissenschaft" einen Geltungsanspruch und einen Status jenseits des gesunden Menschenverstandes. Damit begreifen wir Wissenschaft als eine unabhängige und „höhere Wahrheit" und setzen so die Selbstdefinition älterer Weisheitslehren fort. Wir schreiben die Kraft der Kondensierung und Folgerichtigkeit in höheren Wissenssystemen landläufig ihrer „Wahrheit" zu. Deshalb kommt es zum Dilemma der Relativität in soziologischen Untersuchungen des Wissens. Sind Kondensierung und Folgerichtigkeit aber erst entmystifiziert, so sehen wir, daß sie bei aller Nützlichkeit und häufigen Überlegenheit im Vergleich zum Alltagswissen noch nicht notwendig „wahrer" oder genauer sind. In mancher Hinsicht sind sie es sogar weniger — weniger vollständig, weniger empfänglich für Wandel usw. Wenn die hervorragende Effizienz suprakultureller Systeme nicht in erster Linie als ewige und universelle Wahrheit rationalisiert wird, so muß ihre Untersuchung als Teil von Sozialprozessen ihre Gültigkeit nicht in Frage stellen. Insofern ist das Dilemma der Relativität ein künstliches.

Weiter: Eine soziologische Erklärung, ein Hinweis auf gesellschaftsbedingte Ableitung von Gedanken bedeuten nicht, alle Wegemarken und Kriterien des Denkens abzubauen. Vielmehr werden damit die Kriterien gleichzeitig als soziale Produkte gesehen, die vielleicht kurzfristig besonders effizient sind, langfristig aber die Leistungsprüfung in Praxis und Forschung nicht bestehen. Das Problem Wahrheit/Falschheit ist auflösbar in die Frage einer *Wechselbeziehung* zwischen Denkprozeß und Denkkriterien. Denkkriterien sind Regeln, die aus Beispielen erfolgreicher Alltagspraxis abgeleitet sind. Sind sie erst abgeleitet, so machen diese Regeln die Praxis effizienter, bis sich neue Praktiken entwickeln, die neue Regeln nötig machen. „Wahr" und „falsch" sind dann keine sinnvollen Sprechweisen mehr für die besondere Art der Überlegenheit eines Wissenssystems auf hoher Stufe und für die Art der Probleme, die damit zu lösen sind.

Der zweite Strukturbegriff bezieht sich auf die soziale Organisation. Die Einbeziehung des Verhaltens geschieht gleichzeitig auf verschiedenen gesellschaftlichen Ebenen: z.B. innerhalb der Mutter-Tochter-Beziehung, der zusammenlebenden Blutverwandtschaft, der Familie im weiteren Sinne, der Nachbarschaft und dem Stamm aus zusammenhängenden Familien. Der Einfachheit halber erörtern wir hier zwei Ebenen, nämlich

Makro- und Mikro-Ebene. In unserem Fall mag diese Vereinfachung zulässig sein, denn die größere Einheit ist die nationale Gemeinschaft und die kleinere ist ihre Wissenschaftlergemeinschaft oder eine Disziplin oder eine andere Einheit geistigen Diskurses. Auf der Mikro-Ebene entstehen Interpretationsschemata zumindest in dreierlei verschiedener Weise: aus bestimmtem Anlaß, in einer intellektuellen Rolle und durch eine Institution. *Durkheim* und seine Anthropologie-Studenten untersuchen die Anlässe zum religiösen Ritual, zu dramatischen Aufführungen und mystischen Ekstasen[18]. Wissenschaftliche Tagungen und Forschungsinstitutionen sind als besondere Anlässe untersucht worden, aber vorrangig aus ihrer eigenen Definition und offiziellen Bedeutung heraus. Von der konservativen und kritischen Fragestellung ausgehende Forschung, die diese Anlässe in einen breiten sozialen Kontext stellte, müßte äußerst informativ sein. Intellektuelle Spezialistenrollen wie die des Medizinmannes, Geschichtenerzählers, Propheten, Lehrers oder Wissenschaftlers, und geistige Institutionen, wie Priesterorganisationen, Kirche, Akademie, Universität und Forschungsinstitut sind aus verschiedenen Blickwinkeln ausgeleuchtet worden, aber selten in ihrem Nebeneinander und Zusammenhang. Daher rührt das Interesse an der oben erwähnten Studie von *Yates* über den Zauberer und den Wissenschaftler.

Auf der Makro-Ebene haben Sozialkritiker gesehen, daß in speziellen Institutionen entwickelte Begriffe auf ein größeres Gebrauchsfeld ausgedehnt werden können. *Marx* zeigte, daß Privateigentum und die für den Warenaustausch äußerst nützlichen Grundsätze der Marktwirtschaft sich übermäßig ausgedehnt haben, so daß sie ganze Gesellschaften beherrschen. Die erwähnten konservativen Gelehrten setzen den Schwerpunkt auf Gesamtgesellschaften und die von ihnen geleistete geistige Integration ihrer Untergliederungen. Es ist klar, daß für die meisten Probleme eine kleinere (Mikro-) und eine größere (Makro-)Relevanzeinheit definiert werden muß, und daß die hauptsächlichen intellektuellen Einflüsse in beide Richtungen laufen können. Statt Überlegungen über eine permante Einflußrichtung anzustellen, sollten wir unser Augenmerk auf solche Mechanismen wie „verbindende Begriffe" lenken, die zwei Ebenen berühren und damit eine glaubwürdige Verbindung in beide Richtungen schaffen können. Die möglichen Beziehungen dieser beiden Ebenen und die Nützlichkeit und Legitimität von Vorstellungen sind im folgenden *Modell 1* dargestellt.

Modell 1: Die Ebene der organisatorischen Postulierung eines Begriffs, ihre (empirische) Brauchbarkeit und (moralische) Legitimität

	Makro-organisatorische Ebene	
	Brauchbar — Legitim	Unbrauchbar — Illegitim
Mikro-organisatorische	Brauchbar — Legitim 1.a) Heuristisch 1.b) Kodetermination	2. Ideologie (institutionelle) oder Klassenbegriffe werden zur gesamtgesellschaftlichen Herrschaft benutzt
Ebene	Unbrauchbar — Illegitim 3. Zumutung Herrschaft	4. Utopie durch Extrapolation und Gegenbegriff

Wir können diese Prozesse der begrifflichen Verknüpfung zwischen organisatorischen Ebenen kurz definieren und illustrieren:

(1.a) Heuristisch: Ein Begriff kann gesetzt werden, auf einer organisatorischen Ebene erfolgreich Anwendung finden und dann mit Erfolg auf eine andere übertragen werden. Darüber wäre weiter nichts zu sagen, außer daß es bisher so wenig Beachtung gefunden hat. Sozialkritiker haben sich auf die illegitime Übertragung von Ideen zwischen gesellschaftlichen Ebenen konzentriert, Konservative auf die intellektuelle Integration der größten gesellschaftlichen Einheiten, nicht aber auf die Wechselwirkung zwischen sozialen Ebenen, und die traditionelle Wissenschaftssoziologie hat eine Soziologie wissenschaftlicher Ideen überhaupt für unmöglich erklärt[19]. Daher überrascht es uns als Erkenntnis von beträchtlicher Originalität, wenn *Lewis S. Feuer* mutmaßen kann, daß *Einstein* möglicherweise bei seiner Entdeckung der Relativität in der Physik wesentlich dadurch gefördert würde, daß *Marx* schon vorher gesellschaftliche Relativität entdeckt hatte[20]. Wir können hier nicht *Feuers* ganzes kontextabhängiges Belegmaterial bringen, sondern nur darauf hinweisen, daß *Einstein* als radikaler Student mit marxistischen Sympathien eben *Marxens* Beispiel einer Relativierung der Begriffe Eigentum, Vertrag und Individuum vor Augen hatte, als er sich mit der *Lorentz-Gleichung* auseinandersetzte, die durch eine ähnliche Relativierung der Begriffe Zeit, Raum und Masse zu lösen war. Dieser Fall zeigt nicht nur, daß sowohl *Marx* als auch *Einstein* metakulturelle Annahmen zur Lösung entscheidender technischer Forschungsfragen abändern mußten, sondern das Beispiel illustriert auch die Übertragung einer Vorstellung aus einem Bereich geringer Glaubwürdigkeit, nämlich Politik, in einen anderen Bereich mit hoher Glaubwürdigkeit, nämlich die moderne Physik. Diese Übertragung wurde deshalb nicht offen ausgesprochen. Falls *Einstein* diese Quelle selbst überhaupt bemerkte, so hatte er keinerlei Anreiz, die Gültigkeit seiner Begriffe durch einen Hinweis auf die *Marx*schen Vorarbeiten zu untermauern.

(1.b) Kodetermination: Begriffe können gleichzeitig in Prozessen auf mehr als einer Ebene eine Rolle spielen, sowohl auf etablierter wie auf revolutionärer Stufe. Auf diese Weise kann die auf einer Ebene erworbene Glaubwürdigkeit auf eine andere Ebene übertragen werden. Sind solche Begriffe erst einmal eingeführt, so sind sie bei solch doppelter Verankerung kaum zu ändern, und es ist sehr viel schwieriger als in einer revolutionären Phase, sich ihnen zuentziehen. *Mendelsohn* gibt ein Beispiel von Kodetermination bei der Entwicklung von mechanistischen Erklärungsgrundsätzen und einer Experimentalmethode in der deutschen Physiologie in den vierziger Jahren des 19. Jahrhunderts[21]. Biologische und medizinische Forscher versuchten damals, Physiologie als Disziplin unabhängig von Anatomie und organischer Chemie zu begründen. Eine mechanistische Metaphorik ging damals von der Notwendigkeit aus, biologische Prozesse experimentell auf physikalische Kräfte zu reduzieren. Sie ermöglichte es der neuen Disziplin, sich zu profilieren und akademisches Prestige zu fordern, indem sie sich in die Nähe der Physik stellte. Obwohl wir diesen Gesichtspunkt bei *Mendelsohn* nicht finden, können wir hinzufügen, daß zur gleichen Zeit eine sozialdemokratische Reformbewegung sich gegen die autoritäre Regierungsform erhob, die selbst einer „vitalistischen" Ideologie

huldigte, indem sie sich als organische Einheit darstellte, die von Angriff und Reform unberührt bleiben müsse. Dies vitalistische Prinzip vertrat zur gleichen Zeit die herrschende orthodoxe „Naturphilosophie" in der Biologie. Insofern konnten junge reformerische Physiologen wie *Helmholtz* und *Virchow* um 1840 zugleich in der sozialdemokratischen und sozialen Reformbewegung arbeiten und an beiden Fronten dieselbe Sprache benutzen, um den politischen Gegner durch den Erfolg ihrer auf Physik beruhenden Physiologie zu diskreditieren. Es ist also festzuhalten, daß sowohl das herrschende „vitalistische" Prinzip wie auch das „revolutionäre" mechanistische" gleichzeitig in Wissenschaft und in Politik eine Rolle spielten.

(2) Ideologie: Gesellschaftliche Unterbereiche können ihre nach Herkunft und nach Entwicklung eigenen Begriffe zur Ausdehnung und Einflußgewinnung auf der Makro-Ebene einsetzen. Das klassische Beispiel ist wiederum die Verwendung des Marktbegriffs und der Marktmoral zum Zwecke der Herrschaft über andere Institutionen und in der nationalen Politik, wie wir sie in Westeuropa und Nordamerika seit dem Frühkapitalismus vorfinden. Die Erkenntnis dieser Situation hat *Marx* verständlicherweise übermäßig verallgemeinert, wenn er annahm, daß jegliche, selbst eine kaum merkliche Begriffsverwendung für Zwecke außerhalb ihres Ursprungsbereichs im Kern immer das Gleiche bedeute: Eine parteiliche Gruppe greift nach der Herrschaft über die Gesamtgesellschaft, und alle Ideen sind insofern „sozial determiniert". *Mannheim* hat dies nicht vollständig korrigiert, und die kritische Wissenssoziologie trennt auch heute noch „soziale" von „intellektuellen" Faktoren und verbindet sie durch eine Sprache der Kausalität[22]. Aber natürlich können dabei die eigenen Ideen des Kritikers nicht ausgenommen werden. Das ist das Relativitätsproblem. Ich behaupte, daß dies Problem nur lösbar ist, wenn man das Denken als Teil des gesellschaftlichen Prozesses begreift. Im Falle des Denkens über Gesellschaft berührt dies das Problembewußtsein des Denkers (Grundlage seiner emotionalen Beteiligung), seine geistigen Traditionen (Kultur), die ihm zugängliche Erfahrung und die von ihm gesuchten Daten (Umwelt). Wir werden später noch darlegen, daß es eine nutzlose Mühe ist, eine einzige allgemeine Determinante in einem einzigen Aspekt für einen oder alle anderen zu suchen. Dergleichen hinterläßt immer genügend nichtintegrierbare Daten für die Widerlegungsversuche der Kritiker.

(3) Zumutung — Herrschaft: Insbesondere sollte „Ideologie" von autoritären Grundsätzen unterschieden werden, also davon, daß Ideen auf der Makro-Ebene entwickelt und dann ohne empirische Überprüfung und soziale Legitimation auch auf einer unteren Organisationsebene benutzt werden. So ist etwa das wohlbegründete Bedürfnis nach sozialer Ordnung oder nach durchgängiger Sozialphilosophie zur Ausbeutung von sozialen Untergruppen, Klassen, Institutionen, ethnischen und rassischen Gruppen mißbraucht worden. In diesem Sinne ist sogar ein stark von sozialer Verantwortung geprägter Konservatismus in Gefahr, für Ausbeutungszwecke verwendbar zu sein. Die Unterscheidung der für Zumutung/Herrschaft benutzten Vorstellungen von der Ideo-

logie macht uns die gesellschaftliche Grundlage und Gültigkeit konservativer Einsichten sichtbar, zugleich aber, daß sie anfällig für autoritäre Verwendung sind. Auf der anderen Seite sind die Ideologien von Institutionen und Klassen kaum als Organisationsprinzipien für ganze Gesellschaften tauglich. So war z.B. die Gesellschaft nie ein rein ökonomischer Mechanismus und wird es auch nie sein. Die Anstrengungen, die Gesellschaft dazu zu machen, haben immense soziale Kosten verursacht[23].

(4) Utopie: Man kann sich um ein Organisationsprinzip des gesellschaftlichen Lebens ohne unmittelbare gesellschaftliche Grundlage bemühen, sowohl auf höherer wie auf niederer Organisationsebene. Dies Grundprinzip gewinnt man zunächst dadurch, daß man Merkmale eines bestehenden Sozialsystems extrapoliert, das man als gut bewertet. Wenn materieller Wohlstand, Friede, abwechslungsreiche Arbeit, Gemeineigentum usw. gut sind, dann wird eine gute Gesellschaft materiellen Überfluß, vollkommenen Frieden, nichtspezialisierte Arbeit, Gleichheit und Gemeineigentum genießen. In zweiter Linie baut man sich eine Utopie aus einem Gegenkonzept, das sich sehr gut mit der Extrapolation verbinden läßt. Wenn Privateigentum, sexuelle Hemmungen, Arbeitsteilung der Geschlechter schlecht sind, dann werden öffentliches Eigentum, sexuelle Freizügigkeit, gleiche Arbeit für beide Geschlechter usw. gut sein. Da nun keine vorhandene Gemeinde oder Gesellschaft einer solchen Utopie einen möglichen Ausgangspunkt bietet, plant man eine neue Gemeinschaft oder Stadt auf jungfräulichem Land, oder eine völlig neue Gesellschaft soll die vorhandene über Bord werfen und auf neuer Grundlage wiederaufbauen.

Diese gesamte Ausdifferenzierung von Kategorien und Typen hat einen Kernpunkt. Und zwar ist ein großer Teil der gegenwärtigen „Theorie" sowohl in der Wissens- wie in der Wissenschaftssoziologie und Wissenschaftsgeschichte auf dem Holzwege. Häufig ist die Theorie, die eine jede Tradition als ihr Herzstück in Ehren hält, nichts anderes als der Versuch, das Unbeweisbare zu beweisen: Daß nämlich der eine oder andere Aspekt des gesellschaftlichen Prozesses, eine bestimmte kulturelle oder soziale organisatorische Ebene die letzte Instanz und primäre Ursache sei. Hinter diesen falschen Verallgemeinerungen steht ein bestimmtes gesellschaftliches Ziel und Engagement oder eine Gegenposition gegen frühere oder konkurrierende Schulen. So sind uns eine lange Reihe von angeblich letzten Determinanten präsentiert worden: kulturelle, organisatorische, materielle, geographische, biologische und emotionale. Jede einzelne kulturelle Ebene ist irgendwann einmal als letzte Quelle des Denkens stilisiert worden, die unmittelbare Erfahrung (mundartliche Kultur), das intuitive oder das „offen"-Wissen (Meta-Kultur), die explizit formulierten Regeln der Logik und der wissenschaftlichen Methode (Supra-Kultur). Ebenso hat man verschiedene Ebenen der Sozialorganisation als Determinante von Ideen ins Spiel gebracht, z.B. Individuum versus Gruppe und Wissenschaft versus Gesamtgesellschaft.

Wir meinen, daß viel dabei zu gewinnen ist, wenn man diesen Theoremen als falschen Verallgemeinerungen, als irreführenden Forschungsrichtungen ohne Informationswert den Abschied gibt. Andererseits hat jede dieser Perspektiven auch sinnvolle Fragen, Begriffe und Analysen hervorgebracht, die man auswählen und in einen vollständigeren Rahmen einbringen kann. Unserer Ansicht nach muß dieser Rahmen nicht eklektisch sein, sondern kann zu einer Gesamtschau führen. Der Vorschlag eines solchen Gesamtrahmens erfordert zwei Dinge:

1. Die vier Aspekte des gesellschaftlichen Prozesses sind so zu definieren, daß sie einander als Kategorien ausschließen. Soziologische Begriffe, die zwei oder mehr Aspekte durcheinandermengen, führen zu unklaren und sich verschiebenden Bedeutungen; so können mit „Werten" z.B. emotional begründete Vorlieben oder grundsätzliche Bekenntnisse gemeint sein.
2. Wir müssen die impliziten und expliziten kulturellen Ableitungen auf Meta- und Supra-Ebene von der problemlösenden Alltagskultur trennen.

Im letzten Teil unserer Überlegungen wollen wir zeigen, wie einige spezifische Probleme der Wissenschaftssoziologie sich in der hier vertretenen Formulierung verschieben würden.

II. Ausgewählte wissenschaftssoziologische Probleme

Unser erstes Problem stellt sich bei der Unterscheidung und bei der Frage der Priorität zwischen der Logik des Beweises und dem Entdeckungsprozeß neuen Wissens. Wir gewinnen vielleicht einen Standpunkt in der Frage, wie sich Beobachtungsregeln, Messung, Logik auf der einen Seite zur Metaphernbildung, Analogie, theoretischen Modellen auf der anderen Seite verhalten, wenn wir die Trennung selbst als eine Folge des besonderen Ursprungs moderner Wissenschaft verstehen. Das Problem selbst ist vielleicht seiner Lösung nahe oder wird einfach nicht mehr behandelt. Zunächst haben Praktiker wie *W. I. B. Beveridge* und *J. M. Ziman,* dann einige Wissenschaftstheoretiker wie *Abraham Kaplan,* ältere Wissenschaftstheorien umgedreht und „die Reihenfolge der Entdeckung"[24] oder die „Logik der Anwendung"[25] als letzte Instanz bezeichnet. Sodann hat *Kuhn* darauf hingewiesen, daß die Regeln der Methodik von Paradigmen oder Forschungs-„vorbildern" abgeleitet sind, die dann weitere Forschung anleiten. Solche Regeln sind nicht überall anwendbar und können die Entwicklung neuer Paradigmen hemmen, die im Gegenzug neue Regeln für ihre eigene Entwicklung hervorbringen[26]. Wenn wir im Augenblick einmal annehmen, daß praktische Forschung bei Entdeckungen und Formulierung gültigen Wissens den Vorrang hat, so wissen wir nicht, warum man einst allgemein glaubte, diese Entdeckungen der Logik des Beweises oder der Notwendigkeit logischer Rekonstruktion unterwerfen zu müssen.

Die neue Naturphilosophie des 17. Jahrhunderts entfaltete sich in der Kritik und im Gegenzug zur älteren, scholastischen Gelehrsamkeit. Diese hatte sich in wichtigen Grundsätzen auf die Einsichten antiker Philosophen in eine tiefere, integrierte und stabile Wahrheit eher verlassen als auf den gesunden Menschenverstand des Alltagslebens. Darin könnten wir die Formulierung meta-kultureller, logischer, ethischer und sprachlicher usw. Regeln erblicken. Diese Ergebnisse galten nicht als Ableitung aus Elementen der Erfahrung, sondern als Ausdruck höherer Autorität, als Schutz gegen den Irrtum im Argument, in der Entscheidung, in der Sprache. Als Reaktion auf jüngst entdeckte empirische Fehler der traditionellen Gelehrsamkeit — der Lehre z.B., daß die Erde einziger Mittelpunkt der Bewegung in einem gleichbleibenden Universum sei — lehnte die Naturphilosophie schließlich auch die geistige Methode und den Stil dieser Gelehrsamkeit ab. Schließlich begegnete man der intuitiven Einsicht und der rückschauenden Darstellung von Ereignissen usw. mit Mißtrauen und Geringschätzung. Geistige Traditionen, die bedeutsamen intellektuellen gesellschaftlichen Gewinn gebracht hatten, wurden nicht etwa neu durchdacht und gereinigt, sondern einfach abgelehnt. Die wissenschaftliche Bewegung, insbesondere die spätere akademische Theorie, ging jedoch zu weit in ihrer Ablehnung der traditionellen Gelehrsamkeit mit ihren Einsichten in die zugrundeliegenden kulturellen Strukturen. Die neue Gelehrsamkeit grenzte sich systematisch ab von der christlichen Theologie mit ihrem Anspruch auf Offenbarung, Tradition und kollektiver Weisheit, und dabei blieb jede individuelle Überzeugung auf der Strecke.

So ergriff der Streit um geistige Autorität auch ihre Grundlage und führte die neue Ideologie dazu, die Wissenschaft von bestimmten Aspekten des Wissensprozesses auszuschließen. Alle diese erwähnten Maximen, sowohl was die Vernunft als auch was Beobachtung und das Individuum als einzige Stützen geistiger Autorität betrifft, mußten revidiert werden, um eine Sozialtheorie des Wissens zu schaffen. Wenn man „Offenbarung" (Intuition, Einsicht), geistige Traditionen und kollektive Gedankengänge ausschließt, so stellt man damit genau die emotionalen und sozialen Dimensionen allen menschlichen Denkens ins Abseits. Wenn wir heute annehmen, daß jede Form des Denkens einen Fuß in der Erfahrung hat, dazu typische Formen und Methoden der Erkenntnis, bestimmte Typen von Gesamtvorstellungen und konventionelle Grundlagen der Glaubwürdigkeit, so nehmen unsere eigenen Forschungsfragen eine neue Richtung. Wir fragen bei jeder besonderen Wissensart nicht, ob sie überhaupt eine Erfahrungsgrundlage hat, sondern nur, wo diese liegt und ob sie deutlich herausgestellt oder im Dunkeln gelassen ist. Wir fragen nach Arten und Methoden ihrer Erkenntnis, den Typen ihrer Bildsprache usw. und verzichten darauf, einen bestimmten Denktyp als *entweder* intuitiv *oder* empirisch zu kennzeichnen usw. Halten wir fest, daß die Wissenschaftstheorie gegenbegriffliche Postulate enthält, die ihrerseits sehr viel mehr apriorisch als empirisch abgeleitet sind. Ihre Zählebigkeit verdankt sie dem wissenschaftlichen Glauben, besonders dem Glauben der Wissenschaftstheoretiker, und dies hat lange Zeit ein klares Bild dessen verhindert, was diese Aspekte des gesellschaftlich bedingten menschlichen Denkens, die in der vorwissenschaftliche Gelehrsamkeit herrschten, auch heute noch für die Wissenschaft bedeuten.

Die neue und die alte Lehre bedienten sich in ihrem Kampf um Glaubwürdigkeit der Begriffe „Wahrheit" und „Falschheit". Um dieser Dichotomie zu entgehen, scheinen wir in die „ausgeschlossene Mitte" des *Aristoteles* zu verfallen, in die „Falle der Relativität". Wir sind dem Glauben verhaftet, daß Ideen weder glaubwürdig noch brauchbar sind, wenn entweder die Glaubwürdigkeit oder die Brauchbarkeit nicht absolut ist. Und wir haben polarisierte Meinungen über den Denkprozeß des Menschen geerbt, wir hätten es in der Sprache mit verdecktem Gedankengut zu tun, das Geheimnisse andeutet, während wir uns mit expliziten Gedanken isoliert und mechanistisch beschäftigen.

In ähnlicher Weise verwirrte sich im Lauf der Geschichte der Unterschied zwischen verbaler Logik und anschaulichen Modellen. Die Metalogik des mündlichen Diskurses ist zum Teil von den alten Griechen bei der Aufstellung dichotomischer Kategorien entdeckt worden, z.B. im „Gesetz der ausgeschlossenen Mitte" des *Aristoteles*. In den frühen Phasen der Wissenschaft trat diese Logik des Diskurses in einen scharfen Gegensatz zu anschaulichen Modellen und der mathemtaischen Anpassung der Wahrnehmung an solche Modelle. Für viele wurde die Mathematik zur Grundlage des Wissenschaftsbegriffs; noch mehr Menschen betrachteten sie als höchste Form der Wissenschaft. Wir weisen noch einmal darauf hin, daß kein Grund besteht, die Logik der Sprache und verbale Kategorien als primitiv, Symbole der Erkenntnis und Quantifizierung dagegen als modern hinzustellen. Vielmehr kommt es darauf an, wo man diesen oder jenen Typ des Denkens verwendet, welche besondere Struktur, Vor- und Nachteile der eine oder andere für bestimmte Untersuchungszwecke hat.

Dennoch verwickelten sich in der Geschichte verschiedene Typen der Metalogik in die Auseinandersetzung zwischen der neuen und alten Lehre. Das hat Folgen bis zum heutigen Tage, besonders für die Sozialwissenschaften, die um eine brauchbare Bildsprache, einen systematischen Zugang zu Wahrnehmung und Erfahrung und um eine eigene Grundlage ihrer Glaubwürdigkeit ringen.

Als drittes Problem können wir vielleicht eine weitere Bemerkung zur Klarstellung des Unterschiedes zwischen Natur- und Sozialwissenschaften anbringen. Die Dichotomie Mensch/Natur ist natürlich älter als die Ursprünge europäischer Wissenschaft. Sie steckt schon in der Wurzel jüdisch-christlicher Kosmologie. Was im 17. Jahrhundert noch hinzukam, war eine Aufsplitterung des intellektuellen Zugangs zu immer weiter ausdifferenzierten Bereichen der Gelehrsamkeit, ein Unterschied im Ziel und in der Methode der Forschung, in der Art von Beweisen, in der Grundlage der Glaubwürdigkeit. Bis zum heutigen Tage stoßen wir immer wieder auf ein Spannungsverhältnis zwischen dem, was wir als humanistische Relevanz eines Problems empfinden, und der Fähigkeit, es wissenschaftlich zu behandeln. Wichtig ist daran folgendes: Selbst wenn die Kettenglieder zur Verbindung von Natur und Mensch oder Natur und Kultur gefunden sind, so macht die Formulierung des Begriffsapparats alle Anstrengung zunichte, wie etwa im Falle der *Marx*schen Verbindung der materiellen Produktivkräften mit sozialer Ideologie und dem Bewußtsein, *Mannheims* Verbindung der sozialen und intellektuellen Schichten mit der geistigen Produktion, *Durkheims* Verbindung der sozialen Gruppen mit dem Kollektivvorstellungen. Der Gegensatz liegt zwischen dem Physischen und dem Geistigen, dem Wahrnehmbaren und der Schlußfolgerung, dem Objektiven und Subjektiven. Selbst wenn eine Untersuchung sich auf ein wahrnehmbares Objekt richtete, wie die von *Durkheim* über das totemistische Symbol als Kunstprodukt und von *George H. Mead* über die physiologische Geste, so reichte es nicht aus, die Untersuchungsbegriffe zu verschieben. Im Falle des symbolischen Interaktionismus wurde die physiologische Geste einfach ausgeschieden, und die Untersuchung verschrieb sich einem vollständigen sozialen Determinismus.

Die vier Aspekte des gesellschaftlichen Prozesses, wie wir sie definiert haben, sollten in die wahrnehme Welt gestellt werden, um den Anschein zu vermeiden, daß kulturelle und organisatorische Aspekte in einem körperlosen geistigen oder sozialen Zutand schweben. Die Definitionen der bioemotionalen und Umwelt-Aspekte gehen von der Annahme aus, daß Menschen niemals im reinen Naturzustand sind, nicht einmal in ihren Emotionen und in ihrer Physiologie, und daß sie auch nicht ihre Umwelt in einem vorsozialen Stande der Unschuld antreffen. Nur zu unserer Definition der Kultur wollen wir wegen einer bestimmten Einzelheit noch einmal zurückkehren. Die Formulierung „soziale Entwicklung des Wahrnehmungs- und Bewegungsvermögens" geht davon aus, daß es kein geistiges Produkt und keinen geistigen Zustand oder Kunstprodukt gibt, keine „Bedeutung", die von geschriebenen oder gesprochenen Symbolen unabhängig wäre. Dann nehmen wir an, daß die zugrundeliegende Kultur oder das unausgesprochene Wissen von mündlichen und schriftlichen Symbolen und anschaulichen Modellen abgeleitet sind und deshalb eine besondere Form haben, die für ihre Analyse ebenso wichtig ist, wie die der Mundart und der technischen Praxis an Stellen, wo man ohne sie nicht auskommt.

Die genaue Beachtung kultureller Kunstprodukte, die den Strukturalismus von *Lévi-Strauss* kennzeichnet, macht den Weg zur Neuordnung sozialwissenschaftlicher Sonderprobleme frei. Die Probleme des unmittelbaren Beweises, des Gegensatzes von objektiven und subjektiven Daten sind keine Besonderheiten der Sozialwissenschaften, wie oft behauptet wird, vielmehr sind die größere Spannweite und die längere Dauer der Beobachtungseinheiten die eigentlichen Probleme. Deshalb müssen sich Sozialwissenschaftler nicht nur auf die Analysen und Schlußfolgerungen ihrer Kollegen verlassen können, sondern auch auf ihre eigenen unterschiedlichen Daten. Insofern wird die genaue Übersetzung zwischen Sichtweisen und die Koordination von Denkstilen zum Zentralproblem.

Unser vierter und letzter Punkt betrifft die historischen und gegenwärtigen Beziehungen zwischen der Wissenschaft und den Universitäten und deren Folgen für die Sozialwissenschaft. Drei Jahrhunderte war die Wissenschaft ein unabhängiges Unternehmen von Amateuren. Danach trat sie in die zweite Hauptentwicklungsphase ihrer Institutionen, geprägt durch ihre Selbstdarstellung als „Wissenschaft" als Folge ihrer Etablierung an europäischen Universitäten. Bis vor kurzer Zeit, etwa bis zum letzten Jahrzehnt, galt dies als normale und vorteilhafte Entwicklung sowohl für die Wissenschaft als auch für die Universität, die als Mehrerin und Wahrerin des Wissens auftrat. Zur Abrundung dieses Bildes rufen wir uns ins Gedächtnis, daß vor dem 19. Jahrhundert die europäischen Universitäten eher Stätten der Bewahrung und Verbreitung des Wissens als der Entdeckung und Überprüfung waren; ganz sicher waren sie nicht dazu da, die Grundlagen des Wissens in Frage zu stellen. Ein bemerkenswertes Beispiel bringt *Arthur Koestler* in seinen „Schlafwandlern": es waren ausgerechnet die Aristotelischen Philosophen an den Universitäten, die den ersten offiziellen Protest gegen *Galilei* und sein Plädoyer für die kopernikanische Astronomie erhoben. Dabei kamen ihnen *Galileis* hochfahrendes Wesen und sein Stolz zu Hilfe und nicht etwa die hohen Würdenträger der römischen Kirche[27]. Diese Geistlichen und auch Papst *Urban*, unter dem ihm der Prozeß gemacht wurde, waren persönlich aufgeschlossen und sogar Anhänger der neuen Astronomie.

Noch beweiskräftiger für diesen Widerstand der Universitäten ist, daß sie praktizierende Naturwissenschaftler erst später als Lehrer aufnahmen, nachdem schon 3 Jahrhunderte lang Amateure aus eigenen Mitteln und mit nur gelegentlicher Förderung das europäische Denken neu gestaltet hatten[28]. Außerdem waren es nicht die etablierten selbstverwalteten Universitäten, die den Naturwissenschaften als erste Aufnahme gewährten, sondern die staatlich finanzierte École Polytechnique im revolutionären Frankreich und die neue Berliner Universität, sodann die minderrangigen deutschen Universitäten in Gießen, Halle und Göttingen[29]. Die Gelehrten der alten Fächer, die Grundlegendes und Ewiges lehrten, das schon lange bekannt war und den Schutz der Universitätskörperschaften genoß, hatten keinen Anlaß, die neuen Forscher willkommen zu heißen, die als unabhängige Forscher in der Gegenwart neues Wissen zu entdecken glaubten.

Ohne Zweifel bietet die akademische Wissenschaft zahlreiche Vorteile: Den Wert beträchtlicher und stabiler Unterstützung, freie Zeit für festbesoldete Lehrer, bessere Forschungsmittel, eingespielte strenge Maßstäbe der Gelehrsamkeit in Fächern wie Philologie, ausgezeichnete Grundlagen für Rekrutierung und Ausbildung und Institute für kooperative, flexible und doch organisierte Forschung. Andere Auswirkungen jedoch haben mindestens zweischneidige Folgen für den Wissensfortschritt gehabt: Die Aufteilung der Wissenschaft in Lehrfächer, die Einordnung der Disziplinen in eine Prestige-Hierarchie, die Aufsplitterung in Grundlagenforschung und angewandte Forschung. Die jüngere Auffassung von Wissenschaft als Anhäufung von Wissen erscheint uns als plausibler Kompromiß zwischen der früheren Einstellung der Amateure, die das Wissen zu revidieren meinten, und der ursprünglichen Auffassung der Universitätslehrer von ihrer Rolle als Wahrer des Wissens. Das ausdrückliche Streben nach einer Revision des Wissens wäre ein äußerst lästiges Unterfangen überall in der Universität gewesen; es hätte auf zu breiter Front Furcht erregt. Unter dem Etikett eines „neuen Wissens" verwischte man den Unterschied zwischen der Revision der Fundamente und der Einfügung weiterer Elemente in einen schon vorhandenen Erkenntnisrahmen. Die Auffassung, daß Wissen zugleich eine Revision der Grundlagen des Wissens ist, ist neuerdings von *Kuhn* wieder aufgegriffen worden, der damit viel Widerspruch und Zweifel erregt hat. Es liegt z.T. ohne Zweifel daran, daß *Kuhn* sich auf die „Inkommensurabilität" der Paradigmen verlegt hat, um seine These zu stützen, und damit das Relativitätsproblem wieder heraufbeschwor.

Die Sozialwissenschaft hat einiges aus der Geschichte der Naturwissenschaft wiederholt: Sie hat die Frage der ehrenamtlichen Amateure und die der sozialen Bewegung durchgemacht. Aber diese Phase war viel kürzer, sie dauerte nur ein Jahrhundert statt drei und brachte nicht das Spektrum solider, überzeugender Erfolge, die der Naturwissenschaft ihre intellektuelle Selbständigkeit verliehen hatten[30]. Das könnte sehr tiefgreifende Folgen haben. Wir teilen *Kuhns* Annahme, daß die erfolgreichen Modelle, die „greifbaren Leistungen", der Kern dessen sind, was der Meister dem Lehrling mitgibt. Dies ist es, was Forschungsmethoden tatsächlich anleitet, es sind nicht die eher philosophischen und programmatischen Feststellungen, die Wissenschaftstheoretiker oder Praktiker weitgehend an die Adresse von Außenstehenden richten. Als die Sozialwissenschaften Zugang zur Universität suchten, waren sie in einer viel ungünstigeren Position, wenn sie sich von den Anforderungen etablierter methodischer und philosophischer Doktrinen anderer Bereiche frei halten wollten. Sie betraten die Universität nicht mit Selbstvertrauen, mit einer neuen erfolgreichen Methodik, wie einst die Naturwissenschaften, sondern sie mußten bei diesen Naturwissenschaften, ihrem Erfolg und ihren

Grundprinzipien Unterschlupf suchen. Durch Übernahme solcher Prinzipien bei der Darstellung ihrer eigenen Probleme dürften die Sozialwissenschaften sich selbst von ihren besten Forschungsfeldern abgeschnitten haben. Das bedeutet zweierlei. Einmal erklärt es, warum die Naturwissenschaften ihre wissenschaftliche Methode normalerweise nicht als Sonderfach lehren, sondern davon ausgehen, daß sie in der Forschungspraxis vermittelt wird. Auf der anderen Seite werden in den Sozialwissenschaften je nachdem wie „wissenschaftlich" sie sich geben, Methoden aus apriorischen Prinzipien abgeleitet und mit dem Anspruch gelehrt, daß sie die Forschungspraxis anleiten können. Zweitens erklärt sich daraus, warum die ursprünglich vorherrschende amerikanische Forschungsrichtung, die „Chicagoer Schule", trotz Dutzender empirisch und theoretisch gehaltvoller Studien sich schließlich unterwürfig dem methodisch und theoretisch ambitionierteren Stil der Universitäten an der Ostküste beugte. In der Tat ist Chicago zur Forschungsmethode der „harten Daten" übergegangen, die nach dem Zweiten Weltkrieg propagiert wurde. Es kommt hier nicht darauf an, welche Phase produktiver war, obwohl meine Sympathien bei der älteren Chicagoer Schule liegen, sondern es geht hier darum, daß sie bis zu den 60er Jahren nicht einmal versuchte, ihre eigene grundsätzliche Methode und die Logik ihrer Erfolge zu artikulieren[31].

III. Schlußfolgerungen

Wir haben versucht, drei Dinge zu tun: Zunächst haben wir gezeigt, daß vieles in der „Theorie" der Wissenssoziologie und der Wissenschaftssoziologie nur auf einer parteilichen Auseinandersetzung und auf ganz bestimmten institutionellen Annahmen beruht. Sowohl die kritischen wie auch die konservativen Wissenssoziologien und die orthodoxe Wissenschaftssoziologie stellen informative aber letztlich zu enge Fragen. Die Kritiker fragen: „Wie konnten sie (wir) so irren?" oder, stärker operationalisiert: „Welche Folgen hat eine bestimmte Idee für das Handeln?" und: „Wer hat den Nutzen, wenn entsprechend gehandelt wird?" Diese Fragen entstanden und waren besonders erfolgreich im Verlauf der Entlarvung von Gruppeninteressen hinter Ideen, die in allgemeiner Formulierung auftraten. Leider sah diese kritische Sichtweise aber auch in Gruppeninteressen die einzige Hauptursache gesellschaftlicher Ideen.
Die Konservativen haben gefragt: „Wo liegt die Wahrheit in unserem (ihrem) offenbaren Irrtum?", oder, stärker operationalisiert: „Woran liegt es, daß dieser offenbare Irrtum sozial produktiv gewesen ist?" Diese Fragen entstanden im Verlaufe einer soziologischen Verteidigung grundlegender Traditionen, die allzu voreilig rational und empirisch in die Ecke gestellt worden waren. Bei näherer Prüfung würde sich herausstellen, daß Vorstellungen wie die Totemreligion sich „experimentell rechtfertigen" lassen[32]. Leider vertrat die konservative Sichtweise die Behauptung, daß nur die Gemeinschaft und nicht ihre Untergruppen oder Individuen und ihre Beziehungen untereinander geistig etwas Konstruktives hervorbringen könnten. Die Konservativen stellten nicht die intellektuellen Folgen von Konflikt und sozialem Wandel in Rechnung. Weder die Rede von der sozialen Verursachung noch die von der sozialen Funktion, worauf man *Durkheims* „experimentelle Rechtfertigung" reduzierte, berücksichtigen hinrei-

chend das Ausmaß empirischen Nutzens der analysierten Gedanken. Zum Beispiel läßt sich die europäische Gesellschaft als System des Austausches im Wettstreit betrachten, und die Beziehungen zwischen Stammesfamilien kann man als Analogie zu natürlichen Arten betrachten. Aber ein Mindestmaß an Brauchbarkeit ist die Voraussetzung dafür, daß man solche Vorstellungen weiter verwenden sollte[33].

Orthodoxe Wissenschaftssoziologen haben gefragt: „Wo sind die sozialen Quellen der fortschreitenden Anhäufung von Wahrheit in der Naturwissenschaft?" oder, stärker operationalisiert: „Wie förderte oder fördert dieser oder jener historische Umstand oder Aspekt wissenschaftlicher Einrichtungen den wissenschaftlichen Fortschritt?" Dies sind die Fragen der Mitglieder, die selbst innerhalb des institutionellen Rahmens arbeiten, den sie untersuchen. Diese Fragen haben eine Menge wertvoller Studien hervorgebracht, und dabei sind auch potentiell anomale Daten gesammelt worden, wie z.B. der Widerstand von Wissenschaftlern gegen Daten und Auslegungen, die sich später als richtig herausgestellt haben[34]. Wieder liegt die Beschränkung darin, daß das Hauptaugenmerk auf Kontinuität und Erfolg liegt und daß die Tendenz herrscht, in die Vergangenheit entsprechende Bedeutungen gegenwärtigen Praktiker hineinzulesen[35].

Zweitens haben wir versucht zu zeigen, daß genügend Elemente für eine umfassendere Gesamtanalyse vorliegen. Wir haben uns um eine Definition der vier Aspekte des sozialen Prozesses bemüht zur Vermeidung der ewigen Frontstellung zwischen Natur und Kultur, rational und irrational, subjektiv und objektiv, zwischen sozialen und empirischen Ursachen von Ideen. Wir haben Meta- von Supra-Kultur unterschieden, um folgendes zu zeigen: Erstens, daß vorwissenschaftliche Philosophen sich möglicherweise durchaus mit realen und wichtigen Problemen auseinandergesetzt haben, selbst wenn sie in der Rückschau häufig offenbar und in spezifischen Fragen geirrt haben; zweitens, daß man die Möglichkeit in Betracht ziehen muß, daß die wirkliche Forschungspraxis noch nicht klar formulierten Regeln folgt, obwohl einzelne Praktiker dies aus ihrer eigenen Erfahrung in Angriff genommen haben[36]; und drittens, daß es möglich ist, daß die gegenwärtige Wissenschaftstheorie in den meisten ihrer grundlegenden Annahmen irrt. Und wir haben die Ansicht vertreten, daß jede Analyse wissenschaftlicher Ideen deren Rolle auf mindestens zwei der hauptsächlichen Organisationsebenen in Betracht ziehen muß, nämlich auf der innerwissenschaftlichen und auf der Ebene der nationalen Gesellschaft. Neben anderen Vorzügen erlaubt dies Verfahren die Einsicht, daß eventuelle Anleihen von einer intellektuellen Ebene zur anderen weder ohne weiteres als Mißbrauch noch als Bestätigung dieser Ideen gelten darf, bis der spezielle Fall überprüft ist.

Schließlich haben wir an vier Beispielen darzustellen versucht, welche Folgen die besondere geschichtliche Entstehung und Entwicklung der Naturwissenschaft für ihre Selbstdarstellung und Philosophie hatte, nämlich folgende:

Man nahm einen Gegensatz zwischen der Logik des Beweises und dem Entdeckungsprozeß an, ebenso zwischen anschaulichen Modellen und Mathematik einerseits und der Logik des Diskurses andererseits, und schließlich zwischen Natur- und Sozialwissenschaften. Und wir unterstellten bei der Eingliederung der Wissenschaften in die Universität schwerwiegende Folgen, insbesondere für die Sozialwissenschaften. Kurzum, wir haben versucht zu zeigen, daß das wissenschaftliche Erbe ebenso problematisch wie mächtig ist, und daß wir mit unserer Forschung beide Möglichkeiten im Auge behalten sollten. Die Sozialwissenschaften zwingen uns ständig zur Auswahl einerseits zwischen Problemen, die wir als relevant empfinden, die aber nur mit zweifelhaften Methoden anzugehen sind, und auf der anderen Seite Problemen von geringerer Relevanz, die aber mit strengeren Methoden anzugehen sind. Während wir bislang dies Dilemma mit der vermuteten Komplexität des sozialen Lebens oder der Neuheit der Sozialwissenschaft erklärt haben, sollten wir jetzt vielleicht noch einmal das, was wir für unsere besten Standards und Werkzeuge gehalten haben, kritisch überprüfen.

Die Kritiker der Wissenssoziologie haben zu Recht auf viele Daten hingewiesen, die jeder einzelnen ihrer zentralen Aussagen widersprechen. So hebt z.B. *Joseph Ben-David* hervor, die These von der Klassenideologie scheitere daran, daß die Philosophen des Individualismus sich untereinander in ihren sonstigen Loyalitäten sehr unterschieden: *Hobbes* war Monarchist, *Smith* bezweifelte das soziale Interesse der Kaufleute; und auch Kollektivisten wie *Rousseau, Hegel, De Maistre, Comte* und *Marx* unterschieden sich vollständig in ihren Loyalitäten und in ihrem Hintergrund[37]. Vielleicht war die These von der Klassenideologie eine von Anfang an „falsche Verallgemeinerung". Die Mechanismen und Prinzipien, die Aufschluß über die Rolle von Ideen im gesellschaftlichen Leben geben, sind auf einer anderen Ebene zu suchen. Wir haben sie in solchen Vorstellungen angedeutet wie der „Tendenz zur Neuauslegung", „verbindende Vorstellung" und „gegenbegriffliche Entwicklung" eines expliziten Arguments, schließlich in der „geheimen Übereinstimmung" entgegengesetzter Standpunkte und im Begriff der „falschen Generalisierung". So gesehen, sollten soziologische Untersuchungen, die unsere eigene Hochkultur einschließlich der Wissenschaft zum Gegenstand machen, deren Brauchbarkeit und Glaubwürdigkeit nicht schwächen, sondern stärken.

Anmerkungen

[1] Die Verknüpfung der Standpunkte von *Marx* und *Mannheim* unterstellt nicht ihre Identität. *Mannheim* selbst unterscheidet seinen eigenen „allgemeinen" Ideologiebegriff, der sich auf sämtliche Sichtweisen, auch die eigene, bezieht, von dem *Marx*schen „totalen" Ideologiebegriff, der ganze Sichtweisen an der Wurzel packt, aber eben nur die der Gegner. Vielmehr soll hier auf einen Zusammenhang zwischen *Mannheim* und *Marx* hingewiesen werden, der darin liegt, daß *Mannheim* soziale Ursachen für Irrtümer und für Verzerrungen sowohl in Ideologie wie auch Utopie suchte. Wahres und brauchbares Wissen war demnach von einer Gruppe ohne soziale Verankerung zu erwarten, von den Intellektuellen, die „eine Verbrüderung mit der einen oder anderen antagonistischen Klasse ablehnten". Diese sollten dann offen sein für die „Entdeckung eines Standpunktes, von dem aus eine Gesamtschau möglich wäre", S. 158—160, in *Karl Mannheim*, Ideology and Utopia, New York 1936. Alle folgenden Seitenangaben beziehen sich auf diese Ausgabe, die eine von *Louis Wirth* und *Edward Shils* besorgte Übersetzung der Erstausgabe „Ideologie und Utopie" (Bonn 1929) darstellt. Bei der erhältlichen deutschen Ausgabe (5. Aufl., Frankfurt a.M. 1969) handelt es sich um eine Rückübersetzung aus dem Englischen.

2   *Emile Durkheim,* Les formes élémentaires de la vie religieuse, Paris 1912, 4. Aufl. 1960.

3   *Robert K. Merton,* The Sociology of Knowledge, in: Social Theory and Social Structure, New York 1957, S. 456—488.

4   *Thomas S. Kuhn,* The Structure of Scientific Revolutions, in: International Encyclopedia of Unified Science, Band 2, Heft 2. Chicago 1970; *Everett Mendelsohn,* Revolution and Reduction: The Sociology of Methodological and Philosophical Concerns of Ninetheenth Century Biology, vervielfältiges Manuskript (Dept. of the History of Science, Harvard University) 1972; *Francis Yates,* The Hermetic Tradition in Renaissance Science, in: *C. S. Singleton* (Hrsg.), Art, Science and History in the Renaissance, Baltimore 1967.

5   *Emile Durkheim* und *Marcel Mauss,* Primitive Classification, übersetzt, herausgegeben und eingeleitet von *R. Needham,* London 1963; *Claude Lévi-Strauss,* Le totémisme aujourd'hui, Paris 1962; *Victor W. Turner,* The Ritual Process: Structure and Anti-Structure, Chicago 1969.

6   *Durkheim* benutzt den Ausdruck «justification expérimentale»; *Durkheim,* a.a.O., S. 513.

7   *Durkheim,* a.a.O., S. 290 ff.

8   *Durkheim,* a.a.O., S. 513 ff.

9   *Mannheim,* a.a.O., S. 58.

10   *Mannheim* bemerkt z.B., daß „die Geschichte des Denkens ... ihre Hauptbedeutung aus der Erfahrung des Alltagslebens erfährt, und daß selbst die größten Wandlungen in der Bewertung unterschiedlicher Sphären der Wirklichkeit, wie sie in der Philosophie zu finden sind, letztlich auf Wertverschiebungen in der Alltagswelt zurückgehen"; *Mannheim,* a.a.O., S. 71.

11   *Mannheim* a.a.O., S. 128. An vielen Stellen verbindet *Mannheim* höhere Wissensformen mit dem Alltagsleben. Z.B. „... für den modernen Menschen ist der Pragmatismus ... zur unvermeidlichen und angemessenen Sichtweise geworden, ... die Philosophie hat sich in diesem Fall einfach diese Sichtweise angeeignet und ist von da aus zu den entsprechenden logischen Folgerungen weitergegangen"; a.a.O., S. 73; oder: „Die Umgangssprache enthält oft mehr Philosophie und ist für die weitere Formulierung von Problemen wichtiger als akademische Auseinandersetzungen ..."; a.a.O., S. 73.

12   *Mannheim,* a.a.O., S. 76.

13   *Mannheim,* a.a.O., S. 188.

14   *Herbert Simon,* Scientific Discovery and the Psychology of Problem Solving, in: *R. Colodny* (Hrsg.), Mind and Cosmos, Pittsburgh 1966; *Erich Goldmeier,* Similarity in Visually Perceived Forms, in: Psychological Issues, 8 (1972).

15   *Noam Chomsky,* Language and Mind, New York 1972.

16   *Edward T. Hall,* The Silent Language, Garden City 1958.

17   *Durkheim,* a.a.O., S. 268 ff.

18   *Turner,* a.a.O.,

19   *Joseph Ben-David,* Is There a Sociology of Knowledge?, The University of Chicago, Working paper 136, 1969.

20   *Lewis S. Feuer,* The Social Roots of Einstein's Theory of Relativity, in: Annals of Science, Teil I und II, 27 (1971), S. 227—298, 313—344; und: Einstein and the Generations of Science, New York 1974.

21   *Mendelsohn,* a.a.O.

22   Z.B. sagen *Peter Berger* und *Thomas Luckmann* nach den Erörterungen verschiedener Definitionen des Feldes: „Trotzdem herrschte allgemeine Übereinstimmung ..., daß die Wissenssoziologie es mit der Beziehung zwischen dem menschlichen Denken und dem Sozialzusammenhang zu tun hat, worin dies Denken entsteht." *Peter Berger* und *Thomas Luckmann,* The Social Construction of Reality, Garden City 1966, S. 4. Die Autoren stimmen dem zu und erörtern dann die dadurch aufgeworfenen erkenntnistheoretischen Fragen. Dabei ordnen sie diese Fragen nicht der empirischen Soziologie, sondern der Methodologie zu (S. 13). Dort verbleiben sie angeblich.

23   *Karl Polanyi,* The Great Transformation, Boston 1945.

24   *W. I. B. Beveridge,* The Art of Scientific Investigation, New York 1957.

25   *Abraham Kaplan,* The Conduct of Inquiry: Methodology for Behavioral Science, San Francisco 1964.

26   *Kuhn,* a.a.O., S. 43—50. Das Argument gegen die Existenz logischer Kriterien, die eine klare Wahl zwischen Theorien erzwingen könnten, wird natürlich von Wissenschaftstheoretikern heftig bestritten, z.B. von *Popper* und *Lakatos,* vgl. *Imre Lakatos* und *Alan Musgrave* (Hrsg.), Criticism and the Growth of Knowledge, London 1970.

27   *Arthur Koestler,* The Sleepwalkers: A History of Man's Changing Vision of the Universe, New York 1959. Vgl. S. 427 über die Aristoteliker und S. 432—62 über die Haltung der kirchlichen Amtsträger und den Verlauf, der zu seinem Prozeß und Widerruf im Jahre 1633 führte.

[28] Die Einführung der Naturwissenschaft in die Universität und ihre Folgen behandelt ausführlicher *Roger G. Krohn*, Patterns of the Institutionalization of Research, in: *Saad R. Nagy* und *Ronald G. Corwin* (Hrsg.), Social Context of Research, New York 1972.

[29] *Friedrich Paulsen*, The German Universities and University Study, London 1906, S. 443.

[30] Diese Datierung ist ungenau und vielleicht problematisch. Aber wenn man die Wirtschaftswissenschaften als erste erfolgreiche Sozialwissenschaft ansieht, sind es etwa 100 Jahre von *Adam Smiths* "Wealth of Nations" (1776) bis zur Viktorianischen Epoche, als die Wirtschaftswissenschaften „zur Domäre der Professoren" wurde (*Robert L. Heilbroner*, The Worldly Philosophers: The Lives, Times and Ideas of the Great Economic Thinkers, New York 1961). Es hat andererseits zwei bis drei Jahrhunderte gedauert, bis die Naturwissenschaften systematisch Zugang zu den Universitäten erlangten, je nachdem, ob man den Anfang bei *Kopernikus* "De Revolutionibus" (1543) oder *Newtons* "Principia" (1687) setzt.

[31] *Barney G. Glaser* und *Anselm L. Strauss,* The Discovery of Grounded Theory: Strategies for Qualitative Research, Chicago 1967.

[32] *Durkheim,* a.a.O., S. 513.

[33] Darauf hat *Levi-Strauss* 1962, a.a.O., hingewiesen.

[34] *Bernard Barber,* Resistance by Scientists to Scientific Discovery, in: Science 134 (1961), S. 596–601.

[35] Z.B. *Hagstroms* Behauptung, daß Prestige das Hauptmotiv für wissenschaftliches Forschen sei und daß dafür der Vorrang von Prioritäts-Streitigkeiten in der Vergangenheit spreche. (*Warren O. Hagstrom*, The Scientific Community, New York 1965.)

[36] *Beveridge,* a.a.O.; *P. B. Medawar,* The Art of the Soluble, London 1967; *John Watson,* The Double Helix: A Personal Account of the Discovery of the Structure of DNA, New York 1968; *John Ziman,* Public Knowledge: A Essay Concerning the Social Dimension of Science, London 1968.

[37] *Ben-David,* a.a.O.

Aus dem Englischen übersetzt von *Anita Köhler*

Programm einer Wissenschaftssoziologie der Jurisprudenz

Von Ekkehard Klausa

Mannigfachen Aufschluß über Juristen und Rechtsprechung verspricht eine neuere Dokumentation empirischer Rechtssoziologie[1] : Von der professionellen und politischen Einstellung der Richter, Staats- und Rechtsanwälte bis hin zum Einfluß der Schöffen auf das Strafmaß. Dagegen sucht man eine Berufsgruppe und ihre Tätigkeit vergebens: Rechtslehrer und Rechtswissenschaft. Den Richter verfolgen manche Rechtssoziologen bis in seine Schul- und Kinderstube zurück, denn dort bilden sich Wertvorstellungen, mit denen er später Recht anwendet und Recht auch oft erst schafft. Andere Rechtssoziologen halten Arbeitsorganisation und Karrieremuster für wichtiger als Herkunft und Erziehung. Aber allgemein galt die Justizsoziologie im letzten Jahrzehnt in der Bundesrepublik als Königsweg der soziologischen Erforschung des Rechts.

Die richtige Erkenntnis, daß Recht soziologisch nicht von Rechtsprechung zu trennen ist, hat einen vernachlässigten Zwilling: Die Erkenntnis, daß Rechtswissenschaft und Recht noch weniger voneinander zu trennen sind. Kunstwissenschaft handelt auf der Metaebene von Kunst, dagegen bringt Rechtswissenschaft Recht hervor: Recht und Rechtswissenschaft sind nicht zweierlei[2] . Wer das Produkt soziologisch verstehen will, muß sich mit dieser (Mit-)Produzentin befassen.

Deshalb hat die Rechtssoziologie Grund, die Debatte der Wissenschaftssoziologen aufzunehmen, nach verwendbaren Hypothesen und Ergebnissen Ausschau zu halten und empirische Bemühungen im eigenen Feld beizutragen. Verwendbare Mosaiksteine gibt es zwar schon viele in der rechtssoziologischen, rechtshistorischen und rechtsmethodischen Literatur. So hat man rechtswissenschaftliche Methodenlehren mit der Sozialstruktur ihrer geschichtlichen Epochen erklärt. Aber selbst bei *Max Weber*[3] , erst recht bei Rechtshistorikern wie *Franz Wieacker*[4] , wurde daraus eher eine allgemeine, stark ideengeschichtlich orientierte Wissenssoziologie des Rechtsdenkens. Auch historisch-materialistisch orientierte Interpreten wie *Ernst Fraenkel* und *Wolf Rosenbaum*[5] bleiben mit ihrer Ideologiekritik auf einer wenig spezifischen makrosoziologischen Ebene.

Der hier zu skizzierende Programmentwurf

- grenzt zunächst seinen Gegenstand ab, nämlich nicht Rechtswissenschaft allgemein, sondern enger: Jurisprudenz (I);
- bezeichnet die wissenschaftssoziologische Richtung, der er folgen will (II);
- fragt, ob ein solcher, an Naturwissenschaft entwickelter Ansatz auf Jurisprudenz

- vergleicht diesen Ansatz dann mit einigen vorhandenen rechtssoziologischen und rechtshistorischen Erklärungsmodellen und erörtert, auf welcher analytischen Ebene er sinnvolle Ergebnisse erwartet (V);
- und skizziert schließlich einige Hypothesen und Elemente eines Forschungsprogramms für eine Wissenschaftssoziologie der Jurisprudenz (VI).

I. Jurisprudenz

Jurisprudenz ist nicht als Synonym, sondern als Teil von Rechtswissenschaft gemeint, und zwar als der dogmatische. Jurisprudenz ist die Tätigkeit der Rechtsanwendung und die sie unmittelbar vorbereitende systematisch *und* topisch[6] verfahrende Lehre. Auf die Terminologie kommt es hier nicht an. Man mag Jurisprudenz als Teil der Rechtswissenschaft neben Rechtssoziologie, Rechtsphilosophie, Kriminologie und anderen Disziplinen nennen. Man mag die Jurisprudenz als die „eigentliche" Rechtswissenschaft ansehen und die anderen genannten Disziplinen zu Grenzgebieten erklären. Man mag auch mit *Ottmar Ballweg*[7] diese Grenzgebiete als die einzigen Rechts-„Wissenschaften" zulassen und sie der Jurisprudenz als nicht wissenschaftlichem „Meinungsdenken" gegenüberstellen. Hier kommt es nur auf die Abgrenzung als solche an.

Unser wissenschaftssoziologisches Programm befaßt sich mit der dogmatischen Jurisprudenz und nicht mit ihren Metawissenschaften. Denn Rechtsdogmatik steht unter durchaus anderen sozialen Bedingungen als etwa Rechtsphilosophie. Sie dient unmittelbar dazu, staatliches und gesellschaftliches Handeln zu steuern. Sie ist deshalb viel zu wichtig, um sie allein den Rechtswissenschaftlern zu überlassen. Vielmehr umfaßt die Fachgemeinschaft, das Rechtsdogmatik hervorbringende soziale System, neben der Universität (und häufig vor ihr) auch die höchstrichterliche Rechtsprechung und zum Teil die Ministerialbürokratie[8]. Rechtsdogmatik wird deshalb ganz anders gesteuert, unterliegt ganz anderen Imperativen (dazu unten VI c) als Rechtsphilosophie, Rechtstheorie und Rechtssoziologie. Mit diesen „Orchideen", wie die juristischen Grundlagenfächer auch genannt werden, darf die Juristische Fakultät machen was sie will. Im rechtsdogmatischen Nutzgemüse dagegen schaut der staatliche Obergärtner dem Gelehrten beim Säen wie beim Unkrautjäten ständig über die Schulter. Deshalb verwehrt es den heutigen Rechtstheoretikern niemand, sich nach Belieben auf *Martin Heidegger, Aristoteles* oder *Ernst Bloch* zu berufen, auf ontologisches Naturrecht, Existenzrecht oder das Prinzip Hoffnung[9], wo der Rechtsdogmatiker eher den Bundesgerichtshof zitieren würde[10]. Wissenschaftssoziologisch stehen die juristischen Metawissenschaften deshalb, sowohl in ihrer Methode als auch in ihrer steuerungspolitischen Lage den benachbarten Sozialwissenschaften näher als der Jurisprudenz.

Eine weitere Trennungslinie, die manche zwischen der rechtsdogmatischen *Lehre* und der Jurisprudenz als *richterlicher* Entscheidungskunst sehen, ziehen wir nicht. Sicherlich gibt es Unterschiede, aber die spielen für unsere Zwecke keine Rolle. An der Rechtsdogmatik als Produkt sind, wie erwähnt und noch näher auszuführen, Rechtslehrer und Richter beteiligt. Deshalb bezeichnen wir mit *Ballweg* (S. 44) als Jurisprudenz „das gesamte juristische Handlungs- und Entscheidungssystem unter Einschluß der mit ihm verbundenen Lehre".

II. Materiale Wissenschaftssoziologie im Gefolge Kuhns

Die gegenwärtig sehr moderne[11] Wissenschaftssoziologie oder, allgemeiner, Wissenschaftsforschung[12] betrachtet Wissenschaft von mehreren Seiten:
— als Aussagesystem;
— als Tätigkeit von Einzelmenschen und organisierten Gruppen;
— als Bestandteil der Kultur einschließlich der Ökonomie.
Alwin Diemer[13] spricht vom propositionalen, anthropologischen und kulturellen Wissenschaftsbegriff. Wissenschaftssoziologie hat es also mit drei verschiedenen Gebieten zu tun, die für Wissenschaftsentwicklungen wichtig sind:
1. Die internen Gesetzmäßigkeiten wissenschaftlicher Entwicklung (z.B. Standards methodischer Rationalität, Wissenschaftslogik);
2. Die sozialen Strukturen der Wissenschaftlergruppen (z.B. Muster der Karriere und Reputation);
3. Die „externen" Determinanten wissenschaftlicher Entwicklung (z.B. Einfluß der Produktionsverhältnisse; gezielte Förderung oder Unterdrückung von Wissenschaftszweigen durch ökonomische oder politische Interessenten).

Die frühen Wissenschaftssoziologen, geführt von *Robert K. Merton*[14], widmeten sich vorwiegend dem zweiten Gebiet. Sie analysierten das Verhalten der Wissenschaftler, ihre Werte, Normen und Motive, Kommunikations- und Wachstumsprozesse, soziale Kontrolle und Schichtung der *"scientific community"* (*Peter Weingart*[15]). Damit blieb der Inhalt von Wissenschaft unproblematisch. *Merton* setzt den Inhalt der Wissenschaft positivistisch als feststehende Naturwahrheit voraus, die nur noch zu finden ist. Zumindest in Naturwissenschaft, die als Modell für Wissenschaft überhaupt gilt, wird die Wahrheit scheinbar Steinchen für Steinchen bruchlos aufeinander gehäuft: der Turm wird immer höher. Wissenschaftssoziologisch bleibt dann nur noch zu erforschen, welche Arbeitsbedingungen und Motive funktional, welche dysfunktional für das Aufspüren der Wahrheit sind[16].

Diese Art von Wissenschaftssoziologie ließe sich mühelos auf Jurisprudenz übertragen. Inhaltliche Unterschiede zwischen natur- und rechtswissenschaftlichen Gegenständen und Methoden bleiben ja außer Betracht; es geht allein um äußeres Verhalten von Wissenschaftlern.

Ein solcher auf Jurisprudenz bezogener Forschungsansatz ist *Bernd Rüthers'* Statistik über rechtswissenschaftliche Habilitationen seit 1945[17]. *Rüthers* sammelt Daten, die einer inhaltlichen Wissenschaftssoziologie Ausgangsmaterial bieten. Mit Recht fordern seine Kritiker aber auf die Dauer die Verbindung solcher Zahlenwerke mit „inhaltlichen Fachfragen (z.B. den Schulenbildungen und Rekrutierungen, deren innerer Struktur und deren gesellschaftlichem Ort)"[18].

Solche äußere Verhaltensforschung kann durchaus Besonderheiten der Jurisprudenz herausarbeiten. Z.B. unterscheidet sich das Steuerungssystem der juristischen Fachgemeinschaft signifikant von dem anderer Wissenschaften. Der „Zitierindex", ein Lieblingsthema der funktionalistischen Wissenschaftssoziologie[19], entsteht anderswo allein in der Gruppe der Universitätswissenschaftler. Dagegen spricht in der Jurisprudenz die Justizhierarchie entscheidend mit (darauf ist unten, VI b, in anderem

Zusammenhang einzugehen). Dennoch bleiben die Ergebnisse einer Wissenschaftsforschung, die sich auf formale und institutionelle Aspekte beschränkt, relativ trivial[20]. Sie kommen über eine Berufssoziologie der Wissenschaftler nicht weit hinaus. Eben dies ist aber der Richtersoziologie vorgehalten worden: daß sie Verhalten und Attitüden einer Berufsgruppe in den Mittelpunkt stellt, ohne zu untersuchen, wie die Urteilstätigkeit dadurch im Einzelfall beeinflußt ist[21]. Die erprobten soziologischen Forschungsinstrumente erlauben eben sehr viel eher eine Verhaltensstatistik oder Attitüdenmessung als eine soziologisch plausible Inhaltsanalyse von Theorien[22]. Diesem Problem muß sich aber eine Wissenschaftssoziologie stellen, die nicht nur eine weitere juristische Berufsgruppe, sondern das Recht selbst soziologisch untersuchen will.

Eine Revolution in der Wissenschaftssoziologie war 1962 das Buch von *Thomas S. Kuhn* über ,,Die Struktur wissenschaftlicher Revolutionen‘‘[23]. *Kuhn* erklärt den *Inhalt* von Wissenschaft, den kognitiven Prozeß selbst, aus sozialen Bedingungen. Danach bildet Wissenschaft nicht eine vorhandene Wahrheit ab, sondern konstruiert kulturabhängige Denkvehikel, ,,Paradigmen‘‘, die nicht geradlinig wachsen, sondern hin und wieder in revolutionären Brüchen von neuen, ungleichartigen Paradigmen verdrängt werden. Wissenschaft als Aussagesystem ist damit weniger *Abbild* als eigengesetzliche *Konstruktion* der Wirklichkeit.

Da die Vorgänge, die das Werden und Vergehen solcher kulturvarianter Konstruktionen erklären, mit Struktur, Sozialisation und Arbeitsweise einer Wissenschaftlergemeinschaft ursächlich verknüpft sind, hat *Kuhn* den Schritt zur Erklärung kognitiver aus sozialen Prozessen getan. Zwar bleibt bei ihm noch unklar, wie sich gesamtgesellschaftliche, kulturelle, politische Einflüsse zu den von ihm vornehmlich behandelten institutionellen verhalten. Auch ist seine Wissenschaftsgeschichte noch zu wenig differenziert, weil er lediglich die Vorgeschichte der Wissenschaft und die Epoche der reifen Wissenschaft unterscheidet, die immer wieder den gleichen paradigmatischen Zyklus durchläuft. Hier haben aber Wissenschaftssoziologen vom *Kuhn*schen Ansatz her weitergearbeitet. Sie haben externe politische und ökonomische Einflüsse mit interninstitutionellen vermittelt und verschiedene historische Phasen der ,,reifen‘‘ Wissenschaftsentwicklung unterschieden (z.B. *Gernot Böhme, Robert van den Daele* und *Wolfgang Krohn*[24]).

Der hier idealtypisch zugespitzte Unterschied der Wissenschaftssoziologie vor und seit *Kuhn* ist nicht so zu verstehen, daß es vor *Kuhn* keine Versuche gegeben hätte, Wissenschaftsinhalte soziologisch zu erklären. Im Gegenteil: In den dreißiger Jahren gab es zahlreiche Versuche, wissenschaftliche Theorien gewissermaßen kurzschlüssig aus makrosozialen Bedingungen (Klasseninteresse, politische Ideologie) abzuleiten. Das hat nach dem Kriege aufgehört, weil historische Studien des wissenschaftlichen Denkens gezeigt haben, daß die untersuchten Probleme überwiegend von der internen Struktur der Fachgemeinschaften bestimmt sind[25]. Gerade deshalb ist es aber *Kuhns* Verdienst, die Brücke zwischen dem Inhalt des Paradigmas und den institutionellen Bedingungen der Fachgemeinschaft geschlagen zu haben. Über diese Brücke mag es auf lange Sicht möglich sein, den Ertrag der funktionalistischen Wissenschaftssoziologie in die Analyse von Wissenschaftsinhalten zu überführen. So wäre eine neue Ebene spezifischer Wissenssoziologie[26] zu gewinnen. Während dieser Weg in den Naturwissenschaften noch unabsehbar weit ist, scheint er in den Sozialwissenschaften etwas kürzer zu sein. Denn ihr Gegenstand eignet sich eher für eine sozial bestimmte (beispielsweise standes-ideologische) Konstruktion des Wissenschaftlers und damit auch für eine soziologische Rekonstruktion des Wissenschaftssoziologen. Jedenfalls gibt es für das Gebiet der Sozialwissenschaft schon einige wegweisende Analysen, die mit wissenschaftssoziologi-schen Mitteln Wissenssoziologie betreiben (*Robert W. Friedrichs, Alvin Gouldner*)[27].

III. Paßt Kuhns Modell auf Jurisprudenz?

Ist Jurisprudenz aber überhaupt eine Wissenschaft, die mit Sozialwissenschaften ver-gleichbar ist oder gar mit Naturwissenschaft, die der Wissenschaftssoziologie Modell ge-standen hat? Wir können den Relativsatz auch weglassen und einfach fragen: Ist Juris-prudenz überhaupt eine Wissenschaft? Das wird immer wieder verneint. Stimmt dies, so ist eine inhaltliche Wissenschaftssoziologie (im Gegensatz zu einer formal-organi-satorischen) als Brückenschlag von Physik über Soziologie bis hin zu Jurisprudenz sinn-voll kaum möglich.

Warum soll aber Jurisprudenz keine Wissenschaft sein? Wir haben schon *Ballwegs* Ant-wort gehört (oben unter I): Weil sie ein Meinungsgefüge „dogmatisch außer Frage stellt". Deshalb soll sie nicht, wie die Wissenschaft, „Wahrheit" hervorbringen. Aber ist etwa die Soziologie darin so anders? *Alvin Gouldner* zeigt, daß es wesensbestimmende Leistung von Soziologie nicht ist, wahre Fakten abzubilden, sondern eine befriedigende interpretative Ordnung zu schaffen. Diese Ordnung stellt niemals voraussetzungslos dar, was „ist", sondern mit ihren Betonungen und Auslassungen legitimiert oder postuliert sie irgendeine Praxis. Damit hat ihre Konstruktion der Realität, so viele Fakten sie als Bausteine auch verwenden mag, immer auch einen normativen Bauplan. Deshalb sind es auch nicht neue Fakten (Daten), die ein soziologisches Lehrgebäude erschüttern, sondern neue normative Orientierungen. Also kann man Soziologie, ähnlich der Jurisprudenz, in wesentlichen Teilen als topischen Diskurs über Handlungs-anweisungen verstehen[28].

Wird Jurisprudenz auf diese Weise anderen Humanwissenschaften vergleichbar, so rückt *Kuhn* von der anderen Seite her die Naturwissenschaft in eine hermeneutische Dimen-sion hinein und damit näher an die Humanwissenschaften heran[29]. Im naturwissen-schaftlichen „Paradigma" finden sich gewiß genug dogmatische, nämlich außer Frage gestellte, Denkformen und Denkinhalte. Auch *Kuhns* Kritiker *Imre Lakatos*[30] sieht Naturwissenschaft als eine Abfolge von Forschungsprogrammen mit je einem außer Frage gestellten, also dogmatisierten, „harten Kern". Dieser Kern ist „unwiderlegbar kraft methodischer Entscheidung".

Solange das Forschungsprogramm erfolgreich ist, bleibt der dogmatische Kern sakro-sankt. Erst wenn ein erfolgreicheres Forschungsprogramm auftaucht, fällt das bis-herige Dogma. Es zeigt sich: Die moderne Theorie der Naturwissenschaften (*Kuhn, Lakatos, Feyerabend*) läßt wenig übrig von der *Popper*schen ideologischen Selbst-darstellung des Wissenschaftlers, der angeblich ständig alles bezweifelt und sich gerade dadurch einer von dogmatischer Beimengung entschlackten Wahrheit nähert.

Was *Kuhn* und *Lakatos* über naturwissenschaftliches Forschen sagen, läßt sich durchaus auf Rechtsdogmatik übertragen. Die moderne Rechtsdogmatik enthält viel weniger als ein naturwissenschaftliches Forschungsprogramm apodiktische Aussagen über die Struktur der Realität. Sie benutzt ihre Begriffe weithin nicht als „wahre", die Realität widerspiegelnde, sondern als Zweckbegriffe[31]. Diese richten sich an einem bestimmten normativen Ziel aus und können deshalb je nach Regelungszusammenhang verschiedenes bedeuten. Erweist sich das „Forschungsprogramm", also eine rechtsdogmatische Konstruktion, als erfolglos, so kann es durch ein anderes ersetzt werden, das befriedigendere Ergebnisse ermöglicht.

Sozialpsychologisch mag sich der Rechtsdogmatiker schwer tun, ein Paradigma aufzugeben — eine Rolle spielt dabei die politische Funktion des Rechts als Garant von Herrschaft und Sicherheit, also beidemal Kontinuität[32]. Aber philosophisch-erkenntnistheoretisch tut sich der Rechtsdogmatiker mit einer neuen, „befriedigenden" Konstruktion leichter als der Naturwissenschaftler. Denn der Rechtsdogmatiker weiß heutzutage gewöhnlich, daß seine Konstruktion eine Zweckschöpfung ist, die eine andere Zweckschöpfung, Gesetz und Recht, praktisch machen soll.

Ein Beispiel für paradigmatisches Denken in der Jurisprudenz ist die Lehre vom „faktischen Vertrag": Jemand stellt sein Auto auf einen bewachten Parkplatz, lehnt aber den Abschluß eines Bewachungsvertrages ausdrücklich ab. Die traditionelle „Willenstheorie" des Vertrages kommt hier zu keinem befriedigenden Ergebnis. Denn sie kennt als Verpflichtungsgrund nur den eigenen Willen des Vertragschließenden. Um die hier als gerecht und notwendig empfundene Zahlungsverpflichtung des Parkers dennoch zu konstruieren, erfindet man flugs die rechtsdogmatische Figur des „sozialtypischen Verhaltens", das als weiterer Verpflichtungsgrund neben den erklärten Willen tritt[33].

Die Diskussion um diese rechtsdogmatische Figur ist ähnlich strukturiert wie die um Anomalien im *Kuhn*schen Paradigma. Die Vertreter der Lehre vom faktischen Vertrag sehen eine Anomalie, die mit dem Paradigma der Willenstheorie nicht zu lösen sei. Es gibt sogar Stimmen, die ein gänzlich neues Vertrags-Paradigma befürworten: Verpflichtungsgrund ist nicht der Wille des Vertragsschließenden, sondern der des Staates, der den Willen der Beteiligten nur als Indiz für die sachgemäße Regelung benutzt (Dies Paradigma soll insbesondere bei offenbar ungerechten Verträgen mit knebelnden „Allgemeinen Geschäftsbedingungen" helfen)[34].

Die Mehrheitsmeinung verteidigt aber das alte Paradigma der Willenstheorie. Den Parkplatz-Fall erkennt sie als Anomalie nicht an, sondern sieht ihn als „Rätsel" (*Kuhn*), das „normalwissenschaftlich" innerhalb des alten Paradigmas lösbar ist: In Wahrheit hat der Parker seinen Willen, einen Bewachungsvertrag abzuschließen, doch kundgetan. Wer auf einem offensichtlich bewachten Parkplatz parkt, äußert objektiv diesen Vertragswillen, und sein entgegenstehendes Gerede ist unbeachtlich (protestatio facto contraria)[35].

Was *Kuhn*[36] über das neue Paradigma in der Naturwissenschaft sagt: es siege auch deshalb, weil es einfacher, klarer, ästhetisch befriedigender sei als das frühere, das ist ebenso und noch besser bei zwei konkurrierenden rechtsdogmatischen „Konstruktionen" möglich.

Hier tritt aber auch der Unterschied hervor: Naturwissenschaftlicher Theoriewandel hat bei *Kuhn* und *Lakatos* immer *auch* Fakten zum Auslöser. Bei *Kuhn* sind es Beobachtungen, die dem Paradigma widersprechen und schließlich als „Anomalien" zur Krise führen[37]. Bei *Lakatos*[38] führt der "excess empirical content" das neue For-

schungsprogramm zum Siege: Es sagt erfolgreich Tatsachen voraus, die sein Vorgänger
für unwahrscheinlich oder unmöglich hielt.

Bei der Jurisprudenz kann man weniger von *faktischen* Anomalien sprechen, die ein
rechtsdogmatisches Programm erschüttern, als von *normativen*. Eine „herrschende"
rechtsdogmatische Regelung verliert ihre Legitimität aus zwei Gründen: Entweder
wandelt sich die Auffassung der „maßgebenden Kreise": die „Topoi", die der bisherigen Regelung zugrundeliegen, überzeugen nicht mehr. So galt der Arbeiterstreik bis
zu einem gewissen Zeitpunkt als strafbare Nötigung, erhielt aber schließlich seine
dogmatische Rechtfertigungskonstruktion (In diesem Fall war es der politisch-öko-
nomische Druck der *nicht* maßgebenden Kreise, der diesen Auffassungswandel der
maßgebenden erzwang). Oder aber es entwickeln sich neue tatsächliche Verhältnisse,
denen gegenüber die alten rechtsdogmatischen Figuren lückenhaft (und das heißt doch
nichts anderes als unbefriedigend) erscheinen.

So ist es etwa bei der „Produzentenhaftung". Die bisherigen zivilrechtlichen Haftungsnormen
decken nicht den neuen Tatbestand, daß der Markenproduzent gegenüber dem Endverbraucher für
sein Produkt einzustehen vorgibt, ohne doch für dessen Fehler zu haften (denn nicht er, sondern
der Einzelhändler schließt den haftungsbegründenden Vertrag mit dem Käufer). Das erscheint als
Regelungslücke. Diese wird mit ganz verschiedenen rechtsdogmatischen Konstruktionen geschlossen, bei denen nur das Ziel klar, der Weg relativ beliebig ist. Nur soll der Weg „konstruktiv befriedigend" sein, also systemästhetisch. — Trotz der neuen tatsächlichen Verhältnisse, die hier
zur „Anomalie" führen, ist die Anomalie doch in viel geringerem Maße „faktisch" als die folgende
in der Naturwissenschaft: Ende des 18. Jahrhunderts bemerkten die „Naturgeschichtler", daß eine
starre Klassifikation der Lebewesen in „Zweifüßler" und „Vierfüßler" durch immer neue empirische
„Zwischenformen" durchlöchert wurde. Sie mußten das starre Klassifikations-Paradigma aufgeben
und konzipierten nun einen historisch-allmählichen Übergang von einer Art zur anderen[39]. Der
*Kuhn*sche Naturwissenschaftler sucht in diesem Fall einen gleichbleibenden Gegenstand mit einem
neuen Paradigma wie mit einem Netz einzufangen, nachdem das alte empirische Löcher und Risse
gezeigt hat. Dagegen ist es beim Rechtsdogmatiker häufig der Gegenstand selbst, nämlich die zu
regelnde soziale Wirklichkeit, die sich ändert und sich den ursprünglich befriedigenden dogmatischen
Regelungsinstrumenten entzieht.

Darin ähnelt die Rechtsdogmatik der Soziologie. Auch soziologische Theorien werden
selten durch neue Daten „widerlegt". Viel eher verliert ihre interpretative Ordnung den
Kontakt zu den sich wandelnden politischen Aufgaben und normativen Bedürfnissen
der Hersteller und Abnehmer von Sozialtheorie. So können etablierte Theorien plötzlich irrelevant, langweilig, absurd oder gar offenbar falsch erscheinen, obwohl keinerlei
neue „Gegendaten" ins Spiel gekommen sind[40].

Es zeigt sich also, daß die Jurisprudenz ein intellektuelles Verfahren ist, das in seinen
Entwicklungsschritten der Soziologie recht ähnlich und der Physik noch ähnlich genug
ist, um eine Wissenschaftssoziologie als gemeinsame Untersuchungsmethode aussichts-
reich erscheinen zu lassen. Damit ist selbstverständlich keine Gleichartigkeit der
methodischen Regeln aller drei Disziplinen behauptet.

Noch ein Wort zum Verhältnis solcher Wissenschaftssoziologie zur Rechtstheorie:
Diese kann und sollte durchaus gesellschaftliche Einflüsse auf die Methodenbildung
berücksichtigen. Auf der anderen Seite darf Wissenschaftssoziologie Theorien der Juris-

suchen. Es wäre soziologistisch, die „internalistische" Wirksamkeit von Gedanken- und Methodentraditionen zu übersehen. Deren Wechselspiel mit Sozialfaktoren soll näher bestimmt, nicht ihre totale Abhängigkeit behauptet werden[41]. Rechtstheorie und Wissenschaftssoziologie haben es also zum Teil mit dem gleichen Stoff zu tun, setzen aber unterschiedliche Akzente. Der Rechtstheorie geht es in erster Linie um die „rationale Rekonstruktion" (*Lakatos*[42]) ihres Gegenstandes. Zugleich sucht sie ihn weiterzuentwickeln mit Hilfe von Rationalitätsmaßstäben, deren historisch-soziale Prägung sie dabei keineswegs zu verleugnen, aber auch nicht vorrangig zu reflektieren braucht.

IV. Offene Türen?

Rennt aber die Wissenschaftssoziologie bei der Jurisprudenz nicht offene Türen ein? *Kuhns* Entdeckung, daß wissenschaftliches Denken nicht einfach vorgebene Wahrheit abbildet, sondern Realität erst paradigmatisch konstruiert, ist für Physik revolutionär; Für eine Soziologie oder Ethnologie, soweit sie gesellschaftliche Naturgesetze abzubilden meint, ärgerniserregend; aber ist sie für Jurisprudenz nicht selbstverständlich? Läuft sie nicht offene Türen ein in einer Wissenschaft, die schon vor 127 Jahren von sich sagte: „Drei berichtigende Worte des Gesetzgebers und ganze (rechtswissenschaftliche) Bibliotheken werden zu Makulatur" (*Kirchmann*[43])?
Eine solche Wissenschaft kann schon lange nicht mehr von sich angenommen haben, ihr Gegenstand sei eine naturhaft-vorgegebene Wahrheit. Gewiß, diese relativierende Grunderkenntnis ist für Jurisprudenz nicht neu. Die Wissenschaftssoziologie zeigt aber eine spezifische Art von Bedingtheit, die in juristischen „Methodenlehren" vernachlässigt wird. Diese stellen oft ideengeschichtliche Abhängigkeiten in den Vordergrund. Bei *Karl Larenz*[44] scheint es, als entwickelten sich rechtsdogmatische Auslegungslehren in einem Wechselspiel von „Gedankenrichtungen" und philosophischen Einflüssen. Das ist die „internalistische" Geschichtsschreibung der Wissenschaft, gegen die eine soziologische Rekonstruktion der Wissenschaftsentwicklung auftritt. Auch *Wieacker*[45] neigt bei aller subtilen Verflechtung geistes- mit realgeschichtlichen Wirkfaktoren dazu, den Wandel der Rechtswissenschaft aus dem „Geist der Zeit" zu erklären. Der Übergang von der Begriffs- zur Interessenjurisprudenz erscheint als (logisch?) „notwendiger" Griff nach einem Surrogat für die preisgegebene „Rechtsidee" (S. 452 f.).
Allerdings mangelt es auch nicht an historisch-soziologischen Erklärungen rechtswissenschaftlicher Lehren. Gesamtgesellschaftliche Einflüsse auf Rechtswissenschaft, nicht nur im Sinne allgemeiner Geistesgeschichte, sondern auch von aktueller Politik, sind unübersehbar. Deshalb konnte Rechtswissenschaft ihre Geschichte schon lange nicht mehr so darstellen, wie es z.B. die Kunstwissenschaft heute noch tut: Als eine Porträtsammlung begnadeter Schöpfer der Kunstbetrachtung (vgl. *Heinrich Dilly*[46]).
Dagegen sind die Analysen der Jurisprudenz, wie sie z.B. *Fraenkel, Friedrich Kübler* und *Rosenbaum* bieten, prinzipiell wissenschaftssoziologisch. Fraglich ist aber, ob ihre *Ebenen* der Analyse spezifisch genug sind.

V. Das Problem der Analyse-Ebenen

Diese drei analysieren Jurisprudenz vornehmlich auf gesamtgesellschaftlicher Ebene
und leiten von dortigen Faktoren ohne weiteres rechtsdogmatische Inhalte ab. Demgegenüber macht Wissenschaftssoziologie eher die Ebene der *"scientific community"* zum
Brennpunkt[47]. An dieser tatsächlichen Produktionsstätte von Wissenschaft verschmelzen
externe makro-soziologische und intern-wissenschaftslogische Wirkfaktoren unter
spezifischen institutionellen Bedingungen zu rechtsdogmatischen Figuren und Ergebnissen. Makro-soziologische Faktoren reichen deshalb zur Erklärung konkreter Wissenschaftsinhalte gewöhnlich nicht aus.

Fraenkel[48] meint, der deutsche Richter habe in der Kaiserzeit „formalistisch" (begriffsjuristisch) geurteilt, sich also starr ans Gesetz gehalten, und sei in der Weimarer Republik „finalistisch" geworden, habe also das Gesetz frei angewendet und nach seinem „Zweck" korrigiert. Während er sich in
der Kaiserzeit in einer Klassenharmonie mit dem Gesetzgeber befunden habe, schwinge er sich in
der Inflationszeit aus einem Mittelständler-Sparer-Klasseninteresse zum Richter über die guten
Sitten des demokratischen Gesetzgebers auf, der Maßnahmen gegen die Proletarisierung des Mittelstandes unterließ.
Kübler[49] führt diesen Gedanken weiter: Der deutsche Richter war desto unkritischer gesetzespositivistisch, je undemokratischer der Gesetzgeber war. Sobald der Gesetzgeber nach den beiden
Weltkriegen demokratisch wurde, distanzierte sich der Richter vom Gesetz mithilfe von Naturrechtsideen.

Solche Erklärungen der rechtsdogmatischen Paradigmen „positivistisches", „finalistisches" und „neo-naturrechtliches" Rechtsdenken sind im Prinzip wissenschaftssoziologisch. Sie sind aber noch zu allgemein-soziologisch auf das Klasseninteresse der
Richter und allgemein-ideologiekritisch auf die Einstellung des Richters zur Demokratie
bezogen. Wissenschaftssoziologie müßte stärker auf die Bedingungen der *scientific
community* als der unmittelbaren Produzentin der Wissenschaft eingehen. Was mit
dem Unterschied zwischen einer allgemein-soziologischen und einer wissenschaftssoziologischen Analyse gemeint ist, mögen zwei verschiedene Ansätze verdeutlichen,
die das Aufkommen der Interessenjurisprudenz erklären. *Rosenbaum*[50] versucht eine
makro-soziologische, historisch-materialistische Ableitung. *Gerhard Podstawski*[51] bemüht sich als einer der ersten um eine spezifisch wissenschaftssoziologische Erklärung
historischer Methodenlehren der Jurisprudenz.

Rosenbaum: Der formalistische Positivismus, die begriffsjuristische Rechtsanwendung ohne Ansehen der Person und der jeweils besonderen Interessenlage, war den Verhältnissen des Konkurrenzkapitalismus angemessen. In ihm befanden sich die Teilnehmer am Wirtschaftsverkehr insofern in
gleicher Lage, als sie die Marktbedingungen nicht zu ihren Gunsten zu ändern vermochten. Mit der
Ausbreitung marktbeherrschender Unternehmen und der Entwicklung des Staatsinterventionismus
gilt das Recht nicht mehr als formales systematisches Normensystem, sondern als Mittel zur Befriedigung bestimmter Zwecke und Interessen. Diese werden durch Gesetzgebung und Justiz pluralistisch ausbalanciert. Das ist „Interessenjurisprudenz". Sie setzte sich auch deshalb durch, weil sie
die tatsächliche Eigenentscheidung des Rechtsanwenders leugnet und dem Richter ein neutralunpolitisches Rollenverständnis erlaubt: Ihr naiver soziologischer Positivismus meint, im Gegensatz zur Freirechtslehre, die Interessenwertung allein dem Gesetz entnehmen zu können.

Podstawski[52] erklärt die rechtswissenschaftlichen Methodenlehren des 19. Jahrhunderts systemtheoretisch aus der wechselseitigen Abhängigkeit von Theorie und Organisation. Danach erscheint die Interessenjurisprudenz als arbeitsorganisatorisches Hilfsmittel für einen erhöhten Bedarf an Informationsverarbeitung.

Theorie dient als Filter, mit dem das System Wissenschaft vom äußeren Informationsdruck soviel abfängt, daß der durchkommende Rest arbeitsorganisatorisch bewältigt werden kann. Die Begriffsjurisprudenz hatte die Unabänderlichkeit der Dogmatik behauptet. Die damalige juristische Wissenschaftsorganisation — professionalisierte Einzelforschung ohne Spezialisierung oder hierarische Arbeitsteilung — mußte die Komplexität des Gegenstandsbereichs, also des zu regelnden gesellschaftlichen Lebens, drastisch reduzieren. Die Begriffsjurisprudenz hatte daher einen „hochstrukturierten" Theoriefilter: Alle Rechtsentscheidungen sollten im — lückenlos gedachten — System des Gesetzes und der Rechtsbegriffe enthalten sein.

Als die Begriffsjurisprudenz weltfremde Ergebnisse brachte, mußte sich das System Wissenschaft umorganisieren, um leistungsfähiger zu werden und mehr soziale Komplexität bewältigen zu können. Eine der organisatorischen Alternativen war die Interessenjurisprudenz. Die Theorie erkennt Lücken im Gesetz jetzt an. Sie werden durch Interessenabwägung geschlossen, d.h. Folgeabwägung in jedem Einzelfall. Auf der Organisationsebene bedeutet das den Übergang zur Arbeitsteilung, die auch den am Einzelfall arbeitenden Rechtspraktiker mit einbezieht. Hatte die objektive Auslegungslehre gegenüber der Begriffsjurisprudenz die Abänderbarkeit der Dogmatik behauptet und damit das Lernen institutionalisiert, so schreitet die Interessenjurisprudenz zur jederzeitigen Abänderbarkeit und damit zum „Lernen des Lernens" fort. Um das System Wissenschaft zusammenzuhalten, entsteht ein Mechanismus jederzeit abänderbaren Konsenses: die „herrschende Meinung".

Offenbar schließen sich *Rosenbaums* und *Podstawskis* Thesen gegenseitig nicht aus. Ein Gegenstand wie die juristische Methodenlehre ist „überdeterminiert", hat also nicht nur eine einzige wahre Ursache (oder Ursachen nur auf einer einzigen „relevanten" Ebene). *Podstawskis* Brennpunkt hat aber den Vorteil, daß er die Strukturentscheidungen für Form und Inhalt rechtsdogmatischer Lehren an der Stelle rekonstruiert, wo sie tatsächlich fallen: in der *scientific community*. Das heißt nicht, daß die politischen oder sonstigen makro-soziologischen Einflüsse nicht „in letzter Instanz" entscheidend sein könnten. Sie werden aber in einer spezifischen Wissenschafts- und Wissenschaftlerorganisation vermittelt, und sie können auf sehr verschiedene Weise vermittelt werden. (Daß *Podstawski* solche makro-soziologischen Einflüsse vernachlässigt, liegt nicht an der von ihm gewählten Ebene, sondern an der politisch neutralistischen Ideologie einer Systemtheorie, die dazu neigt, politische Machtkämpfe in technische Probleme der „Informationsverarbeitung" aufzulösen[53].)

Dafür, daß eine makro-soziologische Analyse nicht zur Determinierung einer konkreten wissenschaftlichen Lehre hinreicht, nur ein Hinweis: In einer und derselben politökonomischen Situation, der gegenwärtigen in der Bundesrepublik, bringen Wissenschaftler in derselben Klassenlage und Berufssituation entgegengesetzte Theorien hervor, z.B. konservative und kommunistische Sozialtheorien. *Gouldner*[54] zeigt in seiner *Parsons*-Studie, wie viele Ebenen der Analyse zu verbinden sind, um die konkrete Ausprägung einer Sozialtheorie zu erklären. Zur Herleitung des Funktionalismus von *Talcott Parsons* hält *Gouldner* Faktoren der verschiedensten Ebenen für wichtig:

— *makro-soziologische* (z.B. die Weltwirtschaftskrise);
— *sozialpsychologische* (z.B. Mittelschicht-Werthaltungen);

— *institutions-soziologische* (z.B. das Prestige der Harvard-Universität und die Diffusion ihrer Lehren durch den Vorteil ihrer Absolventen im Lehrstuhl-Wettbewerb; das intellektuelle Klima der Universität allgemein und von Harvard im besonderen; die Lebensweise ihrer Professoren und die Oberschichtbedürfnisse ihrer Studenten);
— und schließlich *individual-biographische* (*Parsons'* Herkunft, Freundeskreis, seine „persönliche Realität"[55]).

Wenn man nicht die Lehre eines Einzelwissenschaftlers kausal herleiten, sondern eine allgemeinere theoretische Orientierung und die Bedingungen ihrer Durchsetzung analysieren will, so spricht vieles für die institutions-soziologische Ebene als Brennpunkt. Denn die Institution Fachgemeinschaft ist Produktionsstätte und Schaffott wissenschaftlicher Theorien, wenn viele externe Einflüsse auch wirksam, aber eben nur vermittelt wirksam sind.

Wissenschaftssoziologie muß jetzt zweierlei leisten: Einmal die vorhandenen Erklärungsansätze für die Entwicklung von Jurisprudenz sichten und sieben, was davon ihrem wirklichkeitswissenschaftlichen Erklärungsanspruch standhält. Zum anderen muß sie ihre eigenen Hypothesen empirisch abklopfen. Wenn z.B. *Podstawski* die historischen Methodenlehren als Ausdruck tatsächlicher Arbeitsorganisation deutet, so wäre zu prüfen, ob die Begriffsjuristen in der Praxis nach ihrem methodischen Bekenntnis verfuhren. *Wieacker*[56] deutet an, daß sie in Wahrheit auch „topische" und andere nicht-begriffsjuristische Instrumente verwandten.

VI. Hypothesen und Elemente eines Forschungsprogramms

Mit der wissenschaftssoziologischen Vergleichbarkeit von Physik, Soziologie und Jurisprudenz (vgl. oben III) ist keine „Gleichheit im wesentlichen" behauptet. Es kommt nicht darauf an, um jeden Preis Parallelen nachzuweisen und Unterschiede zu verwischen. Forschungspraktisch ohne Nutzen wäre eine hochabstrakte Einheitswissenschaft nach dem Muster einer gewissen Systemtheorie, die alle möglichen sozialen Phänomene (etwa System, Sinn, reflexive Mechanismen, Verfahren, Aufklärung, Ideologie und Soziologie) funktional äquivalent setzt (zur Reduktion diffuser „Komplexität") und damit jede Trennschärfe preisgibt[57]. Gesucht sind vielmehr eine gemeinsame Fragestellung und Begrifflichkeit, die Eigenheiten ebenso wie Gemeinsamkeiten verschiedener Wissenschaften bezeichnen können. Darin mag die Wissenschaftssoziologie eine ähnliche Aufgabe übernehmen wie die Rollentheorie oder die systemtheoretische Organisationssoziologie, die eher eine gemeinsame Sprache und ein gemeinsames Problembewußtsein liefern als einen festen Bestand an „Wenn-Dann"-Aussagen[58].

Es folgt eine Art Experiment, ob wissenschaftssoziologische Modelle, die für andere Wissenschaften entwickelt worden sind, für Jurisprudenz fruchtbar werden können. Gefragt sei nach der steuerungspolitischen Lage der rechtswissenschaftlichen Fachgemeinschaft im Vergleich zu anderen Wissenschaften.

(a) „Finalisierung" der Jurisprudenz?

Für die fortgeschrittenen Naturwissenschaften ist eine „Finalisierung" diagnostiziert worden, d.h. eine spezifische Art und Weise, wie sie für extern vorgegebene Zwecke in Dienst genommen werden.

Böhme, van den Daele und *Krohn*[59] unterscheiden für Naturwissenschaft drei Entwicklungsphasen: (a) die vorparadigmatische Probierphase, (b) die Phase theoretischer Reife, in der das Paradigma selbst die Weiterentwicklung steuert (das wäre *Kuhns* „reife Wissenschaft") und schließlich (c) die Phase der „Finalisierung". Auf der stabilen Basis einer gesicherten Grundlagentheorie für einen größeren Gegenstandsbereich (z.B. Physik) schaffen sich externe Zwecke — politische, ökonomische, strategische — ihre eigenen wissenschaftlichen Unterdisziplinen. Deren Richtung ist dann nicht mehr als interne Weiterentwicklung des Paradigmas verständlich, sondern nur aus der äußerlichen Zwecksetzung. Beispiel: Die „Lärmforschung" hat zum Leitfaden kein physikalisches Forschungsprogramm, sondern das soziale Problem des Umweltschutzes. „Lärm" ist, im Gegensatz zu „Schall", kein physikalischer Begriff, sondern in ihn geht soziale Wertung ein.
Finalisierte Wissenschaft ist etwas anderes als angewandte Forschung. Diese ist eine Art von Abfallprodukt einer theoriegeleiteten Disziplin im Sinne der Phase (b). Finalisierte Wissenschaft verdankt ihre Entstehung einem externen Zweck, wie viele Zweige der Weltraumforschung. Erst die Abgeschlossenheit der Grundlagentheorie und die Abhängigkeit der Naturwissenschaft von finanziellen Prioritäten des Staates machen es möglich, daß gegenwärtig externe Zwecksetzungen als Entwicklungsleitfaden von Naturwissenschaft vorrangig werden.

Läßt sich so die Entwicklung der Jurisprudenz beschreiben?
Jurisprudenz war von Anfang an (wenn auch nicht durchgängig) angewandte Wissenschaft im Sinne von Medizin oder Ökonomie. Das allein ist aber noch keine Finalisierung. Eine solche sieht *Podstawski* mit der Interessenjurisprudenz beginnen: Die Jurisprudenz nimmt externe Zwecke (Befriedigung gesellschaftlicher Interessen) zum Entwicklungsleitfaden, wird offen teleologisch.
Andererseits fehlen der Jurisprudenz auch heute noch die meisten Merkmale einer finalisierten Wissenschaft. Sie hat keine gesicherte Grundlagentheorie, sondern bescheidet sich sogar mit geringerem theoretisch-methodischen Anspruch als zu Zeiten der Begriffsjurisprudenz. Sie erhält ihre Richtung, Aufgaben und Probleme, weniger von den Lenkern staatlicher und wirtschaftlicher Finanzströme, sondern aus einer relativ kontinuierlichen Problemtradition justizieller Konflikte. Deshalb kann sie auch nicht in eine neue, den externen Lenkern im Augenblick wichtige Forschungsrichtung umgelenkt werden; denn sie muß zumindest *auch* ihre bisherige Kundschaft mit ihren traditionellen Konflikten bedienen.
Mit der Gründung eines gut dotierten Instituts ist Jurisprudenz kaum auf einen neuen externen Zweck hin finalisierbar[60]. Sie braucht nicht die gewaltigen Finanzspritzen, die heute in der Naturwissenschaft externe Entscheidung über Prioritäten unvermeidlich machen. *Weber* nannte die naturwissenschaftlichen Institute schon vor 55 Jahren „staatskapitalistische Unternehmen", doch ist die von ihm auch für Sozialwissenschaften prophezeite „Trennung des Arbeiters von seinen Produktionsmitteln"[61] in der Jurisprudenz noch nicht vollendet. Der Rechtsdogmatiker arbeitet noch handwerklich. Zwar sind die Bücher nicht sein Eigentum, aber sie sind allgemein zugänglich und

vergleichsweise billig. Nach *Warren Hagstrom*[62] führen drei Faktoren zur zentralisierten autoritätsgeleiteten Teamforschung: Die wissenschaftlichen Produktionsmittel werden immer teurer, Apparaturen immer schwerer zugänglich; moderne Techniken und Instrumente überfordern die Kenntnisse des Einzelforschers; immer mehr interdisziplinäre Forschung wird nötig. Dagegen vollzieht sich rechtsdogmatische Forschung überwiegend in hermeneutischer Einzelarbeit[63]. Die von *Weber* vorausgesagte Trennung von den Produktionsmitteln wird hier noch länger dauern als etwa in Soziologie mit ihrem Aufwand an empirischer Sozialforschung.

Selbst wenn Interessengruppen mit bezahlten Gutachten und daraus hervorgehenden Zeitschriftenartikeln die Rechtswissenschaft kräftig beeinflussen (vgl. *Max Imboden*[64]), so erreicht diese externe Steuerung noch längst nicht den Grad der Finalisierung. Die externen Interessenten übernehmen nicht selbst die Steuerung des Forschungsprozesses, sondern gewinnen auf dessen autonome Steuerungsmittel äußeren Einfluß. Sie kaufen gewissermaßen nicht den ganzen wissenschaftlichen Laden auf (Finalisierung), sondern sie schmieren bloß den Commis.

Das wissenschaftssoziologische Finalisierungs-Modell paßt also nicht ohne weiteres auf Jurisprudenz, trägt aber dazu bei, ihre steuerungspolitische Lage relativ zu den fortgeschrittenen Naturwissenschaften zu bestimmen. Nähere Untersuchungen würden vermutlich wieder eine größere Nähe der Jurisprudenz zu den Sozialwissenschaften ergeben. Soziologie und Psychologie werden nach *Böhme* u.a.[65] erst dann finalisiert, wenn sie aus „weichen" zu „harten" Wissenschaften mit fertiger Grundlagentheorie geworden sind[66]. Im Unterschied zu Jurisprudenz lassen sich diese beiden Sozialwissenschaften wahrscheinlich leichter finalisieren. Mit Neugründungen von Instituten und Berufungspolitik dürften sich ganze Schulen der Soziologie und Psychologie stillegen, neue aus dem Boden stampfen lassen. *Gouldner*[67] zeigt, wie die Forschungsfragen einer etablierten soziologischen Schule (*Parsons*) von einer neuen Forschergeneration (*Goffman, Garfinkel*) einfach ad acta gelegt werden können. Das dürfte bei Jurisprudenz wegen ihrer justiziell-technologischen Kontinuität nicht möglich sein. Es läßt sich nicht dekretieren, daß künftig nur noch justizielle Konflikte eines bestimmten Typs auftreten sollen.

Daß Jurisprudenz nicht finalisiert ist, schließt natürlich eine andersartige externe Steuerung nicht aus. *Bühl*[68] postuliert für die Funktionsfähigkeit von Wissenschaft die Integrität ihres inneren Funktionskreises, der sich im Kreislauf von Selektion, Sozialisation, Forschung, Publikation, Kodifikation und wieder Selektion (S. 86) relativ autonom regulieren muß. Kurzschlüssiger politischer Eingriff zerstöre die Leistungsfähigkeit, die doch das politische System von Wissenschaft erwartet. Deshalb, so folgert *Bühl*, müsse es für die Theoriebildung wenig bedeuten, ob die Umwelt der Fachgemeinschaft kapitalistisch oder sozialistisch sei (S. 94 f.). *Bühl* setzt hier, wie Wissenschaftssoziologen zumeist, Wissenschaft implizit mit Naturwissenschaft gleich. Es ist aber offenbar, daß die Autonomie der Jurisprudenz nicht derartige Dornen gegenüber dem politischen System entwickeln kann. Affirmative Naturwissenschaft (*Lyssenko!*) ist nutzlos, affirmative Jurisprudenz kann hochwillkommen sein. Jurisprudenz ist von Hause aus externen Zwecken dienstbar, insofern sie für Herrschaft nicht nur *verwendbar* ist (wie Naturwissenschaften oder Psychologie), sondern selbst eine *Form* der Herrschaft ist. Außerdem mangelt ihr die spezifische wissenschaftliche Kontrollform, die *Bühl* in moderner Wissenschaft — auch Sozial- und selbst Geisteswissenschaften — für unabdingbar hält: die Internationalisierung der Ergebnisse und der Kritik (S. 42 f.). Allenfalls in einigen Metawissenschaften der Jurisprudenz kann davon die Rede sein. Dadurch erfüllt Jurisprudenz fast genau *Bühls* Definition von „Pseudowissenschaft" (S. 94): Das ist jede „Wissenschaft", die nicht in einem relativ invarianten System betrieben werden kann, dessen Distanz zu ausländischen Wissenschaftssystemen geringer ist als zum eigenen politischen Trägersystem und das dadurch von national-gesellschaftlichen Bindungen und kulturellen Provinzialismen weithin frei ist. Daß Jurisprudenz diese Forderungen nicht im selben Maße erfüllen kann und muß wie Physik oder auch Soziologie, ist klar. Umso wichtiger ist es für eine normative, nicht nur Faktoren klaubende Wissenschaftssoziologie, ein Bild von den Mindestbedingungen zu entwickeln, unter denen Jurisprudenz noch als autonom und kritisch gelten darf.

(b) Alternativen in der Wissenschaft

Während das Steuerungsmodell, das *Böhme* u.a. unter dem Stichwort „Finalisierung" für die gegenwärtige Naturwissenschaft entwerfen, nicht voll auf Jurisprudenz paßt, ergeben sich Übereinstimmungen mit ihrem Modell *früherer* Wissenschaftsentwicklung. Sie überschreiben es mit „Alternativen in der Wissenschaft"[69] :

Im Gang der Naturwissenschaft stehen immer wieder alternative Wege zur Fortentwicklung offen. Denn es gibt stets eine Vielfalt von Theorien, zwischen denen nicht zwingend nach Wahrheit und Falschheit unterschieden werden kann. Aus der wissenschaftstheoretischen Nicht-Notwendigkeit einer bestimmten Wissenschaftsentwicklung folgt die Offenheit für wissenschaftsexterne Bestimmungsfaktoren: kulturelle, soziale, ökonomische. Sie entscheiden als „Umwelt" im Sinne von *Darwin* über Zugrundegehen oder Überleben einer wissenschaftsintern entwickelten Alternative. Allerdings gibt es z.B. in der Physikgeschichte lange Perioden, wo sich ein Forschungsprogramm rein intern aus dem vorangehenden auswickelt (im Sinne von *Lakatos*[70]). Wenn aber in einer Periode der Krise im Sinne von *Kuhn* inkommensurable Forschungsprogramme in Konkurenz treten, so daß nicht rein wissenschaftslogisch zwischen ihnen entschieden werden kann, so wird externe Bestimmung möglich.

Vermutlich läßt sich die Geschichte der Jurisprudenz über lange Strecken und auch gegenwärtig nach diesem Modell rekonstruieren. Zeitweilig entwickelte sich die juristische Theorie vorwiegend intern in den juristischen Fakultäten, die lange Zeit das „extern" geltende Recht nicht einmal in ihr Lehrprogramm aufnahmen[71]. Ältere rechtswissenschaftliche Lehrbücher zitieren nur Rechtsgelehrte, kaum jemals Rechtsprechung. Um die Mitte des vorigen Jahrhunderts gewann die Rechtspraxis zunehmend Einfluß auf die Lehre. Rechtsprechung wurde zitierfähig. Heute zitiert ein Lehrbuchautor nichts lieber als eine ihm rechtgebende höchstrichterliche Entscheidung. Praktiker drangen über Zeitschriften- und Kommentarliteratur in die wissenschaftliche Kommunikation vor.

Die Rechtsprechung und die über sie hierarchisch verfügende Staatsgewalt kann als „Umwelt" der rechtswissenschaftlichen Fachgemeinschaft an der Universität gedeutet werden, die über intern entwickelte Alternativen extern entscheidet. Die Rechtsprechung greift eine von Rechtslehrern entwickelte Alternativ-Methode (in *Fraenkels* Beispiel etwa die „finalistische Auslegung") auf, läßt eine andere verkümmern. Ist eine Rechtsmeinung zur ständigen Rechtsprechung geworden, so kann ein konkurrierender Rechtslehrer nur noch säuerlich anmerken, die Rechtsprechung sei leider nicht seiner eigenen, viel logischeren Meinung gefolgt — aber er kann auf die Dauer nicht umhin, von der höchstrichterlichen Version als dem faktisch geltenden Recht auszugehen.

Die Justiz ist aber nicht nur Umwelt, sondern zugleich Mitproduzent von Rechtsdogmatik. Das geht so weit, daß die Rechtsprechung nicht nur Alternativen der Rechtslehre akzeptiert oder verwirft, sondern auch eigene entwickelt. Dabei benutzt sie Argumente von Rechtslehrern eventuell nur als Bausteine. In der heutigen Rechtsdogmatik finden sich zahlreiche Lehren (z.B. die Enteignungsbegriffe des Bundesgerichtshofs und des Bundesverwaltungsgerichts), die von den hohen Gerichten nicht übernommen, sondern selbständig entwickelt und von der Rechtslehre nur modifiziert wurden.

Das wäre auch nicht dadurch zu widerlegen, daß man im Einzelfall nachweist, diese oder jene durch Rechtsprechung zur „herrschenden Meinung" gewordene Rechtsfigur habe schon vorher in irgendeiner Habilschrift geschlummert. Noch nicht dadurch erhielt sie den rechtsdogmatischen Rang, den sie heute hat, sondern erst durch ihre höchstrichterliche Erwählung.

Damit setzen sich viele rechtswissenschaftliche Alternativen nicht in der „Sachdimension" (*Niklas Luhmann*) als „Wahrheit" durch, sondern die Obergerichte schaffen in der „Sozialdimension" Konsens, nämlich durch ihr hierarchisch institutionalisiertes letztes Wort in Rechtsfragen. Bei aller richterlichen Unabhängigkeit und trotz parlamentarischer Richterwahl darf man nicht vergessen, daß die Richter am Bundesgerichtshof praktisch von den Justizministerien des Bundes und der Länder ausgewählt werden[72].

Es wäre empirisch zu erforschen, in welchem Verhältnis die Rechtsprechung und die Literatur wichtige rechtsdogmatische Innovationen hervorgebracht haben. Ein überwiegender Einfluß der Rechtsprechung wäre schon dann zu bejahen, wenn sie in zentralen Fällen zwar nicht eigenen Alternativen entwickelt, aber literarische Mindermeinungen durchgesetzt hätte.

(c) Selbststeuerung der Wissenschaft

Hier zeigt sich eine bedeutsame Eigenheit der Jurisprudenz. Es sind politisch gewählte Spitzen der Justizhierarchie, die weithin über die Reputation von Rechtslehrern entscheiden. *Luhmann*[73] nennt die Reputation als entscheidendes Mittel der Selbststeuerung von Wissenschaft. Durch die Alltagsentscheidung der Wissenschaftler, wen sie zitieren, wen sie in Standardwerke und Lexika aufnehmen, entsteht Reputation. Dafür bedarf es des freien akademischen Meinungsmarktes, man könnte sagen: einer Gelehrtenrepublik mit freien Wahlen. Hinter diesem Bild verbirgt sich keine Illusion über Wissenschaft als *ausschließlich* selbstgesteuertes System zur Wahrheitssuche. *Luhmann* sieht neben diesem Mechanismus der Selbststeuerung durchaus die staatlich-gesellschaftliche Steuerung, die Geld und Personal zuteilt. Diesen politischen Instanzen erkennt *Luhmann* sogar die letzte Entscheidung zu. Damit aber die gesellschaftlichen Verteilungsentscheidungen nicht willkürlich sind, müssen sie an das Selbststeuerungssystem der Wissenschaft anknüpfen. *Luhmann* folgert daraus (S. 240): Hierarchie, die Macht, nicht Wahrheit als Kommunikationsmedium verwendet, ist in Wissenschaft als durchorganisierte nicht legitimierbar.

Der Einfluß der Justizhierarchie beschränkt sich nicht auf das Erwählen oder Verwerfen rechtswissenschaftlicher Alternativen. Es erstreckt sich auch auf die von *Luhmann* (S. 237) als Teil des Selbststeuerungssystems genannten „Fähigkeitszertifikate". Das ausbildungsprägende erste juristische Staatsexamen steht in seiner Isolierung von der Universitätswissenschaft, seiner Fremdbestimmung durch den Staat, seit zweihundert Jahren einsam da. Selbst auf andere Staatsprüfungen wie die der Lehrer hält der Staat seinen Daumen nicht so fest.

Was das für die Ausbildung künftiger Richter bedeutet, ist oft genug beklagt worden. Man darf auch nicht vergessen, daß auch künftige Rechtslehrer an der Universität durch dies von der Justiz direkt kontrollierte Examen müssen, das häufig genug das gesamte wissenschaftliche Studium zu einer bloßen Examensvorbereitung deformiert. Es gibt keine andere Universitätsdisziplin, die als Nachwuchs keine eigenen, sondern nur Staatsprüflinge zuläßt[74].

So liegt die Vermutung nahe, daß der universitären Jurisprudenz die Flügel doppelt gestutzt werden: durch die staatlich kontrollierte Denkschulung des Nachwuchses und dadurch, daß die von den Justizprüfungsämtern am Leben gehaltenen Repetitoren der Universitätsausbildung das Wasser abgraben.

Außerdem kann der Rechtsdogmatiker an der Universität Alternativen nur in viel engerem Rahmen entwickeln als z.B. ein Soziologieprofessor. Das liegt an der beschriebenen Entscheidungskompetenz der Rechtsprechung über rechtsdogmatische Alternativen und wohl auch an der tastenden Langsamkeit des Fachs infolge seiner kontinuierlichen justiziellen Service-Aufgaben.

Daraus ergibt sich die Hypothese — die, wie auch andere der hier angestellten Mutmaßungen über die Steuerungslage der Jurisprudenz, zu operationalisieren und empirisch zu prüfen wäre —, daß die politischen Meinungsunterschiede zwischen Rechtslehrern sich in weitaus geringerem Maße in ihren „Paradigmen" spiegeln als die von Soziologen. Der rechtsdogmatische Konsensmechanismus der „herrschenden Meinung" (vgl. oben V) erlaubt dem Rechtswissenschaftler immer nur einen Schritt Abstand. Er kann anderer Ansicht sein, aber er kann nicht von etwas anderem sprechen. Ist er stets anderer Ansicht, so verliert er seinen Einfluß auf die Rechtsprechung, die zitierenden Kollegen und die Studenten, die etwas Nützliches für das Examen lernen wollen. Der Name „Anders-Mayer", der einem eigenwilligen Strafrechtslehrer beigelegt wurde[75], ist eher ein Spott- als ein Ehrenname.

(d) Fallstudien zur Wissenschaftsgeschichte

Bis hierher wurde Jurisprudenz mit wissenschaftssoziologischen Modellen anderer Disziplinen verglichen. Wissenschaftssoziologie der Jurisprudenz ist aber nicht nur Kostgänger, sondern stößt bei der Erforschung ihres Gegenstandes auf Strukturen, die Wissenschaftsentwicklung allgemein erhellen. Das zeigt sich gegenwärtig in einem Projekt „Fallstudien zur Wissenschaftsentwicklung" am Institut für Soziologie der FU Berlin[76]. Dort untersuchen Fachvertreter parallel und vergleichend die Entwicklung verschiedener Wissenschaften im 19. Jahrhundert, von der Kunstwissenschaft über die Ethnologie und Psychologie bis zur Jurisprudenz. Gemeinsames Forschungsprogramm ist es, Wissenschaftswandel als einheitlich sozialen und theoretischen Prozeß vom „Gegenstandsbereich" über die „Organisationsstruktur" bis auf die „Theorieebene" zu verfolgen. Häufig ergeben sich Parallelen in den organisatorischen Bedingungen und den Auswirkungen auf Theoriebildung.

(a) Der Denkstil der „Verzeitlichung" löst um die Wende zum 19. Jahrhundert in Biologie (Evolutionismus) wie Jurisprudenz (Historische Rechtsschule) die alten Klassifikationssysteme ab. Ein solcher Denkstil ist nicht nur eine ideengeschichtliche Anwandlung, sondern hat (auch) soziale Ursachen, insbesondere auf der Organisationsebene von Wissenschaft. Die Verzeitlichung ist eine Reaktion auf den wachsenden Empiriedruck, der aus erhöhter technischer Forschungskapazität entsteht (*Wolf Lepenies, Podstawski*[77]).

(b) Der Ethnologe *Bastian* postuliert Mitte des 19. Jahrhunderts die Identität der „Wilden" mit den Europäern (und vertritt damit als erster den „Monogenismus", die Theorie der einheitlichen Abstammung der Menschheit, mit wissenschaftlichen statt mit biblischen oder humanistischen Argumenten). Diese wissenschaftstheoretische Position legitimiert das (bis dahin von der Universität verbannte) Sammeln ethnographischer Daten, weil die vergleichende Ethnologie durch den Monogenismus zum Labor anthropologischer Forschung werden kann (*James Ryding*[78]). Damit dient eine bestimmte Theorie dazu, einer hungrigen neuen Disziplin Zugang zu den Fleischtöpfen der Universität zu verschaffen.

Parallel argumentiert zur gleichen Zeit die germanistische Richtung der Jurisprudenz: Das Recht der alten Germanen bietet ein Labor, in dem die dem deutschen Wesen entsprechenden Rechtsformen rein und historisch unvermischt hervortreten.

Neben Parallelen finden solche vergleichenden Untersuchungen auch unterschiedliche Entwicklungsbedingungen und damit Eigenheiten der Jurisprudenz. In mehreren der „Fallstudien" zeigt sich die Institutionalisierung von Wissenschaftsdisziplinen als zentrales determinierendes Problem ihrer Theorieentwicklung. Der Kampf um ein warmes Eckchen in der Universität prägt das Gesicht der Theorie junger Wissenschaften — neben der genannten Ethnologie auch bei der Psychologie (*Werner Obermeit*[79]). Gegenstand und Wissenschaftstheorie der Kunstwissenschaft verändern sich mit den wechselnden Organisationsstrukturen kunsthistorischer Arbeit — am Museum, an der Universität (*Dilly*[80]).

Demgegenüber sind die noch näher zu erforschenden Veränderungen in der Organisationsstruktur von Jurisprudenz recht andersartig. Jurisprudenz durchläuft nicht den dornenreichen Weg, den *Terry Clark*[81] als Grundmuster der Institutionalisierung von Disziplinen beschreibt. Zuerst kommt der Einzelforscher, dann die Amateurwissenschaft, die beginnende und die etablierte Universitätswissenschaft und schließlich die polyzentrische „Big Science". Jurisprudenz hat eine ganz andere Geschichte. Um einen Platz an der Universität brauchte sie – auf dem europäischen Kontinent! – nie zu kämpfen. Sie gehörte hier zu den klassischen vier Fakultäten des späten Mittelalters. Ist das durch ein justizielles Verwertungsinteresse des frühen Absolutismus zu erklären? Oder sind auch „internalistische" Gründe wichtig, etwa die humanistische Tradition, die der Rechtswissenschaft ihren akademischen Platz auch dann sicherte, wenn sie zur Technologie der Rechtsanwendung kaum in Verbindung stand[82]? Wieso war es in England anders? Mit welchen Folgen für die Struktur der Jurisprudenz? Hier zeigt sich die Notwendigkeit einer kulturvergleichenden, historisch orientierten Wissenschaftssoziologie.

Als Entwicklungsphasen in der Organisationsstruktur von Jurisprudenz nennt *Podstawski* denn auch ganz andere Phänomene als den Kampf um Institutionalisierung. Weithin sind es nur Verschiebungen in der Aufgabenverteilung innerhalb der juristischen Fakultät, die strukturell und selbst personell-zahlenmäßig stabil bleibt. Man schreitet von der Allzuständigkeit des Einzelforschers zur Spezialisierung und zur Arbeitsteilung fort. Struktur und Grenzen des wissenschaftsproduzierenden Systems werden hier am nachhaltigsten durch das Eintreten von Rechtspraktikern in die wissenschaftliche Kommunikation verändert. Die Ursachen und Umstände dieses Wandels geben noch zahlreiche theoretische und empirische Fragen auf[83].

Die Projektgruppe verspricht ein gerade für Jurisprudenz seltenes Maß an interdisziplinären Impulsen. Sie wird allerdings mit ihrem wissenschaftssoziologischen „Paradigma", das die Durchsetzung einer Theorie-Alternative aus Bedingungen der Organisationsstruktur erklärt, selbstkritisch bleiben müssen, damit die paradigmatischen Wahrnehmungsraster sich nicht verselbständigen. Die mit ihrem Organisationsansatz konkurrierenden internalistisch-wissenschaftslogischen Erklärungsversuche dürfen nicht unbesehen als nicht zum Paradigma passend verworfen werden, sondern sind auf ihre Plausibilität zu prüfen.

Ein Beispiel: Die Projektgruppe sieht vornehmlich auf der Organisationsebene von Wissenschaft die Ursachen für die Durchsetzung der ethnologischen Alternative *Bastians* gegenüber der „Länder- und Völkerkunde" *Ritters* und der „Universal-Kulturwissenschaft" *Klemms* (*Ryding* a.a.O.); ebenso für die Durchsezung der naturwissenschaftlichen Psychologie *Wundts* gegenüber der philosophischen von *Lotze* (*Obermeit*). Die Durchsetzung von *Wundt* und *Bastian* könnte aber auch „internalistisch" dadurch erklärt werden, daß sie dem „metaphysischen Paradigma" (*Margaret Masterman*[84]) des naturwissenschaftlich-elementaristischen Denkens am nächsten kamen, das damals zum internen Rationalitätsmaßstab von Wissenschaft überhaupt wurde. Die institutionelle Sprödigkeit der Universität gegenüber den nicht-naturwissenschaftlichen Alternativen wäre dann eine Auswirkung des Metaparadigmas und keine selbständige Ursache auf der Organisationsebene[85].

Dieser Einwand müßte von der organisationssoziologisch analysierenden Wissenschaftsgeschichte beachtet und im Einzelfall entkräftet werden.

VII. Ertragsaussichten

Es scheint, daß Jurisprudenz von der Wissenschaftssoziologie einiges an Aufklärung ihrer Entwicklungs- und damit auch ihrer Änderungsbedingungen zu erwarten hat. Vieles, was Rechtssoziologie und Rechtstheorie schon zusammengetragen haben, kann sich in diesem (freilich noch sehr unfertigen) Kategoriensystem zu neuen strukturellen Einblicken zusammenfügen. Wissenschaftssoziologische Modelle müßten die Rechtssoziologie befähigen, Inhalte der Jurisprudenz unter gemeinsamen Perspektiven mit Nachbarwissenschaften zu erforschen. Manche rechtssoziologische Analyse z.B. in der Richterforschung, die bisher eher berufssoziologische Bedeutung hatte, kann auf diesem Wege zu einer inhaltlichen Soziologie der Jurisprudenz beitragen.

Selbst wenn Wissenschaftssoziologie zunächst nicht mehr als eine interdisziplinäre Problemsprache bringen könnte, wäre damit der Selbstaufklärung der ,,Rechtswissenschaft als Sozialwissenschaft'' gedient. Dies häufig benutzte und reichlich unklare Schlagwort bedeutet hier, daß Jurisprudenz sich als eine unter vergleichbaren Disziplinen kennenlernt, die geprägt sind

— durch weithin gemeinsame wissenschaftslogische, kulturhistorische und institutionelle Bedingungen paradigmatischen Denkens
— und durch eine historisch je besondere Fachgemeinschaft, deren besondere Arbeitsorganisation, Kommunikationsstruktur und Steuerungslage empirisch zu erforschen sind.

Anmerkungen

[1] Rechtstatsachenforschung, Kriminologie. Dokumentation der laufenden und der in jüngster Zeit abgeschlossenen empirischen Forschungsarbeiten, hg. vom Bundesministerium der Justiz, Bonn 1974.
[2] *Karl Engisch*, Einführung in das juristische Denken, 5. Aufl., Stuttgart 1971, S. 8.
[3] *Max Weber*, Rechtssoziologie, 2. Aufl. Neuwied und Berlin 1967.
[4] *Franz Wieacker*, Privatrechtsgeschichte der Neuzeit, 2. Aufl. Göttingen 1967.
[5] Vgl. unten V und Anm. 48, 50.
[6] Vgl. *Franz Wieacker*, Zur praktischen Leistung der Rechtsdogmatik, in: *Bubner/Cramer/Wiehl* (Hrsg.), Hermeneutik und Dialektik, Bd. 2, Tübingen 1970.
[7] *Ottmar Ballweg*, Rechtsphilosophie als Grundlagenforschung der Rechtswissenschaft und der Jurisprudenz, in: *Maihofer/Schelsky* (Hrsg.), Rechtstheorie als Grundlagenwissenschaft der Rechtswissenschaft (Jahrbuch für Rechtssoziologie und Rechtstheorie Bd. 2), Düsseldorf 1972, S. 43 ff.
[8] Vgl. unten Anm. 83.
[9] Einen prägnanten Überblick über die gegenwärtigen deutschen Rechtsphilosophien gibt *Hans-Ulrich Stübler*, Zum gegenwärtigen Stand der deutschen Rechtstheorie, vervielf. Man., Berlin 1974.
[10] Natürlich können auch rechtsdogmatische Ansätze auf einer Metaebene zu einer politischen Philosophie zurückverfolgt werden. Daß dies möglich ist, zugleich aber auch: daß es nur indirekt und mit Mühe möglich ist, zeigt *Rudolf Wiethölter*, Privatrecht als Gesellschaftstheorie? Bemerkungen zur ordnungspolitischen Rechtslehre, in: *Fritz Baur* u.a. (Hrsg.), Funktionswandel der Privatrechtsinstitutionen, Festschrift für Ludwig Raiser zum 70. Geburtstag, Tübingen 1974, S. 645 ff.

[11] Lehrstühle für Wissenschaftssoziologie entstehen; eine eigene Sektion in der *Deutschen Gesellschaft für Soziologie* wurde im Herbst 1974 auf dem 17. Deutschen Soziologentag gegründet.

[12] Diesen Namen wählt *Ina Spiegel-Rösing*, Wissenschaftsentwicklung und Wissenschaftssteuerung, Frankfurt 1973, die einen guten Überblick der verschiedenen Richtungen gibt.

[13] *Alwin Diemer*, Zur Grundlegung eines allgemeinen Wissenschaftsbegriffs, in: Zeitschrift für allgemeine Wissenschaftstheorie (1970), S. 209 ff.

[14] *Robert K. Merton*, a) Social Theory and Social Structure, 11. Aufl. New York 1967; b) Auszug daraus: Wissenschaft und demokratische Sozialstruktur, in: *Peter Weingart* (Hrsg.), Wissenschaftssoziologie, Bd. 1, Frankfurt 1972, S. 45 ff.; c) Die Priorität wissenschaftlicher Entdeckungen, in: *Weingart*, a.a.O., S. 121 ff.

[15] *Peter Weingart*, Zum Problem einer soziologischen Theorie des wissenschaftlichen Wandels, vervielf. Man. Bielefeld 1972, S. 1.

[16] Z.B. wird der an sich nützliche Drang nach wissenschaftlichem Ruhm dysfunktional, d.h. er bringt Wissenschaft nicht weiter, sondern absorbiert wertvolle Kräfte, wenn sich Forscher nur noch um die Priorität einer Entdeckung streiten (*Merton*, a.a.O., Anm. 14c).

[17] *Bernd Rüthers*, Die rechtswissenschaftlichen Habilitationen in der Bundesrepublik zwischen 1945 und 1969, in: Juristenzeitung (1972), S. 185 ff.

[18] *H.-J. Brauns, Stephan Leibfried* und *Heinz Wagner*, Verbot der Rechtssoziologie in Berlin, in: Kritische Justiz (1973), S. 72 ff. (73 f.).

[19] Z.B. *Richard Whitley*, Kommunikationsnetze in der Wissenschaft: Status und Zitierungsmuster in der Tierphysiologie, in: *Weingart*, a.a.O. (Anm. 14), S. 188 ff.

[20] *Weingart*, a.a.O. (Anm. 15).

[21] Dies merkt zum „methodischen Hauptproblem" der Richtersoziologie kritisch an z.B. *Thomas Raiser*, Einführung in die Rechtssoziologie, 2. Aufl. Berlin 1973, S. 30.

[22] Ein Ausweichen vor inhaltlichen Fragen des Rechts auf die vertrauten soziologischen Instrumente der Berufs-, Meinungs- und Kleingruppenforschung wirft *Niklas Luhmann*, Rechtssoziologie, Bd. 1, Reinbek 1972, S. 2 ff., 7 f. der gegenwärtigen Rechtssoziologie vor.

[23] *Thomas Kuhn*, Die Struktur wissenschaftlicher Revolutionen, Frankfurt 1973 (original erschienen 1962).

[24] *Gernot Böhme, Robert van den Daele, Wolfgang Krohn*, Alternativen in der Wissenschaft, in: Zeitschrift für Soziologie (1972), S. 302 ff., und: Die Finalisierung der Wissenschaft, in: Zeitschrift für Soziologie (1973), S. 128 ff.

[25] *Joseph Ben-David*, Sociology of Science: Introduction, in: Social Science Journal (1970), S. 7 ff. (19 f.).

[26] *Walter Bühl*, Einführung in die Wissenschaftssoziologie, München 1974, S. 102, hält zwar auf lange Sicht eine solche Wissenssoziologie für möglich, die regelhafte Beziehungen zwischen Organisationsstruktur und Theorieebene untersucht, bemerkt aber (S. 101), daß die handwerkliche „normale" Wissenschaftssoziologie sich darum nicht kümmert.

[27] *Robert W. Friedrichs*, A Sociology of Sociology, New York-London 1970; *Alvin Gouldner*, Die westliche Soziologie in der Krise, 2 Bde., Reinbek 1974.

[28] Ausführlich dazu *Ekkehard Klausa*, Soziologische Wahrheit zwischen subjektiver Tatsache und wissenschaftlichem Werturteil, Berlin 1974, S. 73 ff.

[29] Das Erstaunliche an *Kuhn* ist u.a., daß seine Leser derart erstaunt waren. Ganz ähnliche Gedanken über naturwissenschaftliche Paradigmen waren ein halbes Jahrhundert vorher mit *Oswald Spengler* (Der Untergang des Abendlandes, München 1963, S. 482 ff.) selbst schon in die Populärwissenschaft eingegangen. *Spengler* sieht Naturwissenschaft als „Theoria" im Sinne von Bild, Vision einer Epoche. Sie ist mit den jeweiligen Naturmythen, Dogmen und Handlungsorientierungen einer Kultur untrennbar verknüpft: „Die appollinische (griechische) Theorie (der Physik) ist ein ruhiges Betrachten, die magische (arabische) ein verschwiegenes Wissen um — man kann auch da den religiösen Ursprung der Mechanik erkennen — die ‚Gnadenmittel' der Alchymie, die faustische (abendländische) von Anfang an eine *Arbeitshypothese*."

[30] *Imre Lakatos*, Falsification and the Methodology of Scientific Research Programmes, in: *Lakatos/Musgrave* (Hrsg.), Criticism and the Growth of Knowledge, Cambridge 1970, S. 81 ff. (133).

[31] Letztmalig der formaljuristische Positivismus der Pandektenwissenschaft (Begriffsjurisprudenz) hielt Rechtsbegriffe für Abbildungen unmittelbarer Realität im Range etwa von physikalischen Begriffen: die „Akzessorietät des Pfandrechts" war ebenso „wirklich" wie die „Lichtgeschwindigkeit"; *Wieacker*, a.a.O. (Anm. 4), S. 433 f.

[32] Schon 1848 klagt *Kirchmann* (Über die Wertlosigkeit der Jurisprudenz als Wissenschaft, Darmstadt 1962, S. 16) über die Neigung der Jurisprudenz, „die Bildungen der Gegenwart in die wohlbekannten Kategorien erstorbener Gestalten zu zwängen".

[33] So der Bundesgerichtshof in BGHZ, Bd. 21, S. 334 ff.

[34] Diese Vertragstheorie stammt von *Walter Schmidt-Rimpler*, Grundfragen einer Erneuerung des Vertragsrechts, in: Archiv für civilistische Praxis 147 (1942), S. 130 ff.

[35] Vgl. *Palandt/Heinrichs*, Bürgerliches Gesetzbuch, 33. Aufl. München 1974, Vorbem. 3b vor § 145.

[36] *Kuhn*, a.a.O. (Anm. 23), S. 205.

[37] Allerdings sprechen auch hier nicht „Tatsachen für sich selbst", sondern anomale Tatsachen gibt es immer, ohne das Paradigma zu bedrohen. Sie müssen erst durch soziale, politische oder technische Entwicklungen einen ärgerniserregenden Status erhalten. Beispiel: Die praktischen Bedürfnisse der Kalenderreform machten die altbekannte Anomalie des Ptolemäischen Paradigmas unerträglich.

[38] *Lakatos*, a.a.O. (Anm. 30), S. 116.

[39] *Wolf Lepenies*, Das Ende der Naturgeschichte und der Beginn der Moderne. Verzeitlichung und Enthistorisierung der Wissenschaftsgeschichte des 18. und 19. Jahrhunderts, vervielf. Man. Berlin 1974.

[40] Das zeigt *Gouldner*, a.a.O. (Anm. 27), S. 202 ff., am Beispiel des absteigenden Parsons-Funktionalismus; Vgl. *Klausa* (Anm. 28), S. 17 f.

[41] Ähnlich *Böhme* u.a., a.a.O., 1972 (Anm. 24), S. 304, Anm. 2: Machtsoziologische Reduktion des Wissenschaftssystems auf soziale Konstellationen übersehe die Mächtigkeit interner Begriffsstrukturen systematischer Wissenserzeugung.

[42] *Imre Lakatos*, History of Science and Its Rational Reconstructions, in: Boston Studies in the Philosophy of Science, Bd. 8, Dordrecht 1971, S. 91 ff.

[43] *Kirchmann*, a.a.O. (Anm. 32), S. 25.

[44] *Karl Larenz*, Methodenlehre der Rechtswissenschaft, 2. Aufl. Berlin—Heidelberg—New York 1969, S. 126 ff. und passim.

[45] *Wieacker*, a.a.O. (Anm. 4).

[46] *Heinrich Dilly*, Kunstgeschichte als Institution. Studien zur Institutionalisierung einer Disziplin. Beispiel Berlin, in: Projektgruppe, Fallstudien zur Wissenschaftsentwicklung (Zwischenbericht), Institut für Soziologie der FU, vervielf. Man. Berlin 1974, S. 65 ff. (70).

[47] *Lepenies*, a.a.O. (Anm. 39), S. 40, fordert eine Analyse der *scientific community* statt allgemeiner Parallelisierung politischer und wissenschaftlicher Revolutionen.

[48] *Ernst Fraenkel*, Zur Soziologie der Klassenjustiz, Berlin 1927, S. 24 ff.

[49] *Friedrich Kübler*, Der deutsche Richter und das demokratische Gesetz, in: Archiv für civilistische Praxis 162 (1963), S. 104 ff.

[50] *Wolf Rosenbaum*, Naturrecht und positives Recht, Neuwied-Darmstadt 1972, S. 72 f.

[51] *Gerhard Podstawski*, Rechtswissenschaft nach 1848. Versuch zu einer Strukturgeschichte der Rechtswissenschaft, in: Projektgruppe, a.a.O. (Anm. 46), S. 1 ff.

[52] Ebd., S. 14- 21.

[53] *Renate Mayntz* und *Rolf Ziegler*, Soziologie der Organisation, in: *René König* (Hrsg.), Handbuch der empirischen Sozialforschung, Bd. 2, Stuttgart 1969, S. 444 f. (461).

[54] *Gouldner*, a.a.O. (Anm. 27), S. 210 ff.

[55] Selbst für Naturwissenschaft nennt *Kuhn*, a.a.O. (Anm. 23), S. 202, als Gründe für die Annahme oder Ablehnung eines bestimmten Paradigmas u.a. „Eigenheiten des Lebenslaufes und der Persönlichkeit".

[56] *Wieacker*, a.a.O. (Anm. 4), S. 433.

[57] Diese Kritik an *Luhmann* übt *Karl Otto Hondrich*, Systemtheorie als Instrument der Gesellschaftsanalyse, in: Theorie der Gesellschaft oder Sozialtechnologie, Theorie-Diskussion Supplement 1, Frankfurt 1973, S. 88 ff. (90 f.).

[58] *Mayntz* und *Ziegler*, a.a.O. (Anm. 53), S. 458.

[59] *Böhme* u.a., a.a.O., 1973 (Anm. 24).

[60] Bei Jurisprudenz fehlt also die für Finalisierung konstitutive „Entscheidung zwischen ganzen Forschungsbereichen oder Disziplinen" (denn die Themen der Jurisprudenz sind weithin festgelegt) und die „Entscheidung zwischen der Förderung der Wissenschaft und anderen staatlichen Aufgaben" (*Spiegel-Rösing*, a.a.O. [Anm. 12], S. 87), denn das Sein oder Nichtsein der Jurisprudenz steht wegen ihrer technologischen Notwendigkeit nicht zur Debatte.

61 *Max Weber*, Wissenschaft als Beruf, in: *ders.*, Gesammelte Aufsätze zur Wissenschaftslehre, 4. Aufl. Tübingen 1973, S. 582 ff. (584).

62 *Warren Hagstrom*, Traditional and Modern Forms of Scientific Teamwork, in: Administrative Science Quaterly (1964/65), S. 241 ff.

63 Zur juristischen Universitätsforschung vgl. *E. Klausa*, Aktionsforschung — Eine Chance für Juristenausbildung, in: Recht und Politik 1975, S. 124 ff. (129).

64 *Max Imboden*, Bedeutung und Problematik juristischer Gutachten, in: Festgabe für Gutzwiller, Basel 1965, S. 503 ff. (517): „In unseren juristischen Zeitschriften, vor allem den öffentlich-rechtlichen, finden sich hunderte von Aufsätzen, die nichts anderes beinhalten als Gutachtentexte. Die meisten aber verleugnen ihre Herkunft."

65 *Böhme* u.a., a.a.O., 1973 (Anm. 24), S. 131.

66 Die stärkere Quasi-Finalisierung der Jurisprudenz in der DDR scheint zu einer „härteren" Grundlagentheorie, nämlich einer Rechtstheorie auf kybernetischer Grundlage, geführt zu haben. Danach würde nicht nur die Bildung harter Grundlagentheorien die Finalisierung begünstigen, sondern auch umgekehrt (Hinweis von *Hansjürgen Garstka*).

67 *Gouldner*, a.a.O. (Anm. 27), S. 446 f.

68 *Bühl*, a.a.O. (Anm. 26), S. 93 ff.

69 *Böhme u.a.*, a.a.O., 1972 (Anm. 24); Die Projektgruppe „Fallstudien zur Wissenschaftsentwicklung ' (Anm. 46) wendet dies Alternativen-Modell auch auf mehrere Sozialwissenschaften im 19. Jahrhundert an; vgl. *James Ryding*, Ethnology in Nineteenth Century Germany: A Case Study in the Sociology of Science, in: Projektgruppe, a.a.O., S. 31 ff. (54), und *Werner Obermeit*, Alternativen in der Psychologie vor Wundt, in: Projektgruppe, a.a.O., S. 84 ff. (92).

70 Vgl. Anm. 30.

71 *Uwe Bake*, Die Entstehung des dualistischen Systems der Juristenausbildung in Preußen, Diss. Kiel 1971, S. 65.

72 *Wolfgang Kaupen* und *Theo Rasenhorn*, Justiz zwischen Obrigkeitsstaat und Demokratie, Neuwied-Berlin 1971, S. 203.

73 *Niklas Luhmann*, Selbststeuerung der Wissenschaft, in: *ders.*, Soziologische Aufklärung, Opladen 1972, S. 232 ff. (233 ff.).

74 Vgl. *Rüthers*, a.a.O. (Anm. 17), S. 187.

75 Denn in Strafrechtskommentaren erscheint hinter der Angabe der herrschenden Meinung häufig als Hinweis auf abweichende Ansichten die Bemerkung „and. Mayer".

76 Vgl. Anm. 46.

77 *Lepenies*, a.a.O. (Anm. 39); *Podstawski*, a.a.O. (Anm. 51), S. 27.

78 *Rydings*, a.a.O. (Anm. 69), S. 53.

79 *Obermeit*, a.a.O. (Anm. 69).

80 *Dilly*, a.a.O. (Anm. 46), S. 81.

81 *Terry Clark*, The Stages of Scientific Institutionalization, in: International Social Science Journal (1972), S. 658 ff.

82 In England wurde bis vor kurzem an der Universität nicht das geltende Common Law, sondern das Römische Recht als allgemeine Denkschulung gelehrt. Preußische Rechtsgelehrte verschmähten es, das geltende ALR zu lehren.

83 Neben den Richtern sind auch Ministerialbeamte als juristische Theorieproduzenten aus der Praxis zu nennen. Sie kommentieren häufig selbstgemachte Gesetze. Sogar die moderne Kondiktionenlehre (§ 812 BGB), die meist mit dem Namen des Rechtslehrers *von Caemmerer* verbunden wird und die der Bundesgerichtshof zum faktisch geltenden Recht gemacht hat, erscheint schon in einem drei Jahre vor *Caemmerer* geschriebenen (allerdings erst im gleichen Jahr veröffentlichten) Aufsatz des Ministerialrats *Köttke* [Archiv für civilistische Praxis 153 (1954), S. 193 ff.]. *Raseborn* spricht von einem Kartell von hohen Richtern, Rechtslehrern und Ministerialbeamten, die unerkannt ein Monopol auf Rechtsfortbildung ausüben. Siehe: Was formt den Richter? in: *Böhme* (Hrsg.), Weltanschauliche Hintergründe in der Rechtsprechung, Karlsruhe 1968, S. 1 ff. (17).

84 *Margaret Masterman*, The Nature of a Paradigm, in: *Lakatos* und *Musgrave*, a.a.O. (Anm. 30), S. 59 ff. (65).

85 *Ryding* erwähnt selbst (S. 39), daß sich *Ritters* Alternative trotz externer Unterstützung durch militärisch-koloniale Interessen nicht durchsetzen konnte. Als Grund nennt *Ryding* die Ablehnung der Zunft gegenüber der „hybriden" Länder- und Völkerkunde. Das heißt, der wissenschaftslogische Anspruch dieser Disziplin war so weitgesteckt, daß er dem naturwissenschaftlichen Paradigma spezialisiert-exakter Methode widersprach.

Grundprobleme der Wissenschaftsgeschichte

Von Volker Bialas

I

Bei der Erörterung des Themas Wissenschaftsgeschichte sind klärende Bemerkungen hinsichtlich einiger verwendeter Begriffe unumgänglich, klärend im Sinne von interpretierend, nicht im Sinne von definierend. Der Terminus Wissenschaftsgeschichte bezeichnet ja nicht nur ein Geschehen in der Wissenschaft, sondern auch die Beschreibung dieses Geschehens durch eine Disziplin gleichen Namens[1]. Diese ist also sorgfältig von ihrem Objektbereich, dem sich in der Geschichte vollziehenden Prozeß der wissenschaftlichen Entwicklung, zu unterscheiden, einer Entwicklung, die durchaus nicht eindeutig und in sich widerspruchsvoll verlaufen kann. Wenn hier von Grundproblemen der Wissenschaftsgeschichte die Rede sein wird, so sollen damit die mit der Historiographie der Wissenschaften verbundenen Aufgaben, Funktionen und Methodologien angesprochen werden, die nicht nur für die disziplinäre Forschung eines Fachbereichs Wissenschaftsgeschichte, sondern ebenso für historische Ansätze der Wissenschaftssoziologie und Wissenschaftstheorie relevant sind.

Nun ist das Spektrum der Wissenschaft viel zu umfassend, als daß es von einer einzigen Disziplin in der Entwicklung der wissenschaftlichen Disziplinen, d.h. über alle Zeiten und Gegenstandsfelder hinweg, bearbeitet werden könnte. Schon dadurch, daß ein Teil dieses Spektrums sich von vornherein das Attribut „historisch", als unmittelbar dem menschlichen Geist und der Gesellschaft zugeordnet, zugelegt hat und so den Prozeß der eigenen disziplinären Genesis in seine Objektbereiche mit einbringt[2], erfolgt eine Ausklammerung bestimmter Disziplinen. Die Wissenschaftsgeschichte hat sich überwiegend mit der Bearbeitung des historischen Verlaufs von Naturwissenschaften und Technik beschäftigt. Wenn wir Technik nicht als bloßes Produkt der Naturwissenschaften, sondern als einen immer mehr sich verselbständigenden wissenschaftlichen Prozeß innerhalb der übergreifenden gesellschaftlichen Praxis verstehen[3], und wenn wir weiter noch andere Bereiche hinzunehmen, die mit den Naturwissenschaften noch immer eng verbunden sind, kann der Objektbereich von Wissenschaftsgeschichte differenzierter gesehen werden. Wir rechnen dann hierzu die Geschichte der Naturwissenschaften, der Technikwissenschaften, der Technologie[4], ferner die Geschichte von Mathematik, formaler Logik und Medizin. Gerade aus wissenschaftssoziologischer[5] und wissenschaftstheoretischer[6] Sicht wird indessen diese Begrenzung des Objektbereichs kritisiert.

II

Wie in anderen Disziplinen auch fand in der Wissenschaftsgeschichte in den letzten Jahren eine Aufgabenerweiterung und eine entsprechende Differenzierung der Methodologie statt. Ehe dieser Prozeß näher geschrieben und auf seine Ursachen hin untersucht wird, sei zunächst auf das Bild eingegangen, das sich die Disziplin von sich selber macht[7]. Als charakteristisch für die Arbeitsweise wissenschaftshistorischer Ansätze des 19. Jahrhunderts können die chronologische Auflistung von wissenschaftlichen Entdeckungen und die Untersuchung dieser Entdeckungen selbst angesehen werden. Von hier aus gesehen wird der wissenschaftshistorischen Arbeit ein unmittelbarer Kulturwert zuerkannt: Die Wissenschaftsgeschichte, auch in ihrem heutigen Selbstverständnis, stellt als Teil der Kulturgeschichte einen wichtigen, aber bisher weitgehend unbeachtet gebliebenen Teil der Universalgeschichte dar. Bereits die Beschäftigung mit den vergangenen Werken der Wissenschaft trage einen Wert in sich selbst, der die Genesis der Disziplinen als „Wunderwerk" des menschlichen Geistes erscheinen lasse. Erkenntnis als Wert „an sich" legt hier einen Begriff von Wissenschaft zugrunde, der als subjektive Individualtätigkeit abseits von öffentlichem Interesse und gesellschaftlicher Verfügbarkeit ihrer Ergebnisse und Anwendungen verstanden wird. Dementsprechend sieht sie ihre wichtigste Aufgabe in der Bewahrung von wissenschaftlichen Erkenntnissen der Vergangenheit, indem sie Quellen vergangenen Wissens aufspüren, sichern und aufschließen will. Sie verfolgt damit verschiedene Zwecke: vor allem will sie in den Werkausgaben und Editionen nicht mehr leicht zugängliche oder noch nicht publizierte Schriften sammeln und mittels eines kritisch-kommentierenden Teils der interessierten Öffentlichkeit zugänglich machen. Daneben will sie für Kulturen, in denen literarische Quellen fehlen, also für „schriftlose" Kulturen, andere historische Zeugnisse nach ihren spezifischen Verfahren untersuchen und auswerten und so zur Erhellung der Kulturen in zumeist prähistorischen Zeiträumen beitragen.

Sicher mag das Bewahrungsinteresse der Wissenschaftshistoriographie legitim sein. Für wen aber wird bewahrt und was kann aus dieser Funktion für andere gesellschaftliche Gruppen folgen? Dem Eigenverständnis der Wissenschaftsgeschichte nach soll die Sicherung und Aufbereitung historischer Quellen ein kulturgeschichtliches Unternehmen darstellen, das bestimmte Interessenten nicht unmittelbar ansprechen will. Dennoch läßt sich nicht übersehen, daß durch die Form der fachspezifischen Bearbeitung in erster Linie die Historiker selbst die Adressaten sind. Inwieweit durch Werkausgaben und Editionen ein historisches Bewußtsein für die Einschätzung wissenschaftlicher Prozesse überhaupt geweckt werden kann, hängt nicht zuletzt von der weiteren Vermittlung und Popularisierung der wissenschaftshistorischen Arbeiten ab.

Gerade aus der Kenntnis des historischen Werdegangs einer Disziplin vermag der Lernende die Relativität und historische Bedingtheit einer wissenschaftlichen Erkenntnis und Theorie einzusehen. Indem dieser durch das dargebotene historische Material auf analoge Problemlagen verschiedener Zeiträume aufmerksam wird, wird seine Kritikfähigkeit nicht nur gegenüber den geschehenen, sondern auch den aktuellen wissenschaftlichen Entwicklungen geübt und gefördert. Die didaktische Funktion der

Historiographie ist mit am deutlichsten an ihrer integrierenden Sichtweise zu erkennen. In ihrem multidisziplinären Ansatz, in dem sich historische und philologische Kenntnisse mit naturwissenschaftlichem Wissen vereinigen, will sie Zusammenhänge zwischen den verschiedenen Wissensbereichen darlegen, die durch fortschreitende Differenzierung der Disziplinen verloren gegangen sind. Ob sie damit allerdings dem aus der fortschreitenden Arbeitsteilung, Technisierung und Verwissenschaftlichung der Arbeitsprozesse resultierenden Fachspezialistentum einen wenigstens bewußtseinsmäßigen Ausgleich anbieten kann, ist angesichts der geringen Ausstrahlungskraft historischer Forschungen anzuzweifeln.

Schließlich sei noch kurz auf die integrative Funktion eingegangen, jetzt integrativ nicht so sehr auf den wissenschaftsinternen Bereich zu beziehen, sondern mehr gesellschaftlich-politisch verstanden. Wissenschaft, so wird dargestellt, vermehre nicht nur ständig ihr Volumen im Verlauf ihrer Entwicklung, sondern sie kenne auch keine Schranken zwischen Staaten, Völkern und Rassen und helfe so, das Trennende in unserer Welt zu überwinden.

Zu bezweifeln ist nicht die gute Absicht von Wissenschaft, sondern die Möglichkeit zur Realisierung dieser Intention. Gerade aus dem wissenschaftshistorischen Wissen um den Streit zwischen national ausgerichteten Schulen, um die Indienstnahme von Wissenschaft für kolonialistische und aggressive Zwecke, um die Geheimhaltung neuer wissenschaftlicher Erkenntnisse und deren Monopolisierung muß der Optimismus eines angeblich universalistischen Wissenschaftsgefüges in Absehung real-politischer Bedingtheit kritisiert werden. Anstatt den menschheitsverbindenden Auftrag von Wissenschaft zu glorifizieren, käme es für die Wissenschaftsgeschichte darauf an, diesen als Leerformel anhand ihres historischen Materials bloßzustellen. Dafür aber wären bestimmte Änderungen ihrer Erkenntnisziele und, damit zusammenhängend, ihrer methodologischen Ansätze unumgänglich.

III

Es sei näher auf die Methodologie der Wissenschaftsgeschichte eingegangen. Während noch im 18. Jahrhundert mit diesem Begriff die Hoffnung verbunden war, wissenschaftliche Probleme mit Hilfe bestimmter mechanischer Regeln lösen zu können, bestehen moderne Methodologien oder ,,Forschungslogiken" aus einem System von Regeln zur Einschätzung fertiger Theorien[8]. Die Wahl derartiger Regeln erfolgt nicht zufällig, sondern dahinter stehen bestimmte, am theoretischen Vorverständnis des Wissenschaftshistorikers orientierte Erkenntnisinteressen. Wenn wir einen Querschnitt durch das, was wir die ,,historische Situation des Problems" nennen wollen, machen, können wir nacheinander verschiedene Aspekte dieser Situation unterscheiden und sie bestimmten Erkenntnisinteressen des Historikers zuordnen. Seine verschiedenen Sichtweisen seien an einem *Schaubild 1* als konzentrische Kreise illustriert.

Als Kern dessen, was zum Inhalt jeder Wissenschaft gehört, steht im Zentrum der Betrachtung die wissenschaftliche Entdeckung, das Problem, das in einem kognitiven Prozeß bearbeitet wird. Der Theoretiker versucht zu erklären, wie das Problem ent-

Schaubild 1

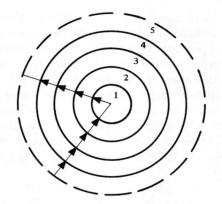

1 Problem
2 biographische Daten
3 scientific community
4 Ideengeschichte
5 Gesellschaft

standen ist, wie es gelöst wurde und in welcher Weise die neue Erkenntnis die nachfolgende wissenschaftliche Entwicklung beeinflußt hat. Der Prozeß der Erkenntnis wird also innerhalb einer problemorientierten Disziplingeschichte betrachtet. Nun läßt sich die Erkenntnis einem bestimmten Forscher oder einer Gruppe von Wissenschaftlern zuordnen, so daß biographische Daten zur ersten Erläuterung der historischen Situation herangezogen werden. In der wissenschaftshistorischen Arbeit wird allerdings häufig umgekehrt verfahren in der Weise, daß biographische Arbeiten zum Anlaß genommen werden, die Erkenntnisse von Wissenschaftlern aufzulisten. Derartige Unternehmungen, so nützlich sie auch als Ausgangsmaterial weiterer Untersuchungen sein können, bergen die Gefahr in sich, mit der Heroisierung bestimmter Forscher die betreffenden Epochen überzubewerten und den historischen Ablauf von wissenschaftlichen Prozessen mehr zu verschleiern als zu erklären. Es ist nicht schwer, die Grenzen der biographisch-historischen Methode auch in anderer Hinsicht nachzuweisen. Der Forscher, so genial er auch sein mag, arbeitet keineswegs allein, zumindest steht er im Gedankenaustausch mit anderen Wissenschaftlern und bildet mit ihnen eine durch Problemstellung und Wissenschaftstradition verbundene Gruppe, die *"scientific community"*. Erst die Kenntnis von Dialogen zwischen einem Wissenschaftler und anderen Mitgliedern der *scientific community* gibt nähere Aufklärung über die wissenschaftliche Praxis und über die Struktur wissenschaftlicher Organisationen einer Zeit.

Den unmittelbar internen Bereich von Wissenschaft verlassen wir mit dem nächsten Kreis unseres Schemas, wenn wir nach dem ideengeschichtlichen Hintergrund fragen, der den innerhalb der betrachteten Epoche aktuellen Problemhorizont gewissermaßen von außen trägt. Das Vorgehen des Forschers bei dem *"puzzle-solving"* wird ja nicht nur durch die Auseinandersetzung mit seiner *scientific community*, sondern im starken Maße von tragenden Ideen, Weltanschauungen und philosophischen Strömungen seiner Zeit bestimmt. Es werden also auch methodologische und theoretische Voraussetzungen der wissenschaftlichen Entdeckung zu erörtern sein. Letztlich haftet auch dieser Betrachtungsweise der Mangel an, lediglich die kumulative Eigenschaft von Wissenschaft herauszustellen und den Erkenntnisprozeß als allein von Ideen bestimmt zu beschreiben. Wissenschaft aber ist als spezifische Form menschlicher Tätigkeit ein in der Gesellschaft verlaufender Prozeß.

Auch der ideengeschichtliche Hintergrund kann nicht aus sich allein existieren, sondern wird von anderen das gesellschaftliche Leben bestimmenden Faktoren getragen. Auch auf ihn wirken Momente gesellschaftlich-politischer Art. Insgesamt wird durch den letzten, die Gesellschaft darstellenden Kreis, dessen äußere Konturen sich allerdings nicht genau ausmachen lassen, der interne Wissenschaftsprozeß in seiner Autonomie relativiert. Umgekehrt läßt sich auch eine Wirkung von Problemlösungen, von Einzelforschern oder wissenschaftlichen Gemeinschaften und von tradierten und vorherrschenden Ideen auf die Gesellschaft insgesamt nachweisen. Unser Bild veranschaulicht, daß signifikante Elemente der Gesellschaft, wie Technik, Politik, Produktion und Ökonomie, im direkten oder indirekten Wechselspiel mit den internen wissenschaftlichen Faktoren stehen.

Für die Wissenschaftsgeschichte stellt jeder von ihnen nach außen neu durchlaufene Kreis einen umfassenderen methodologischen Ansatz dar, der freilich immer schwieriger zu strukturieren und anzusetzen ist. Denn das historische Material ist am Problem selbst am kompaktesten und wird nach außen zu dünner und abstrakter.

IV

Letztlich setzt ein umfassender wissenschaftshistorischer Ansatz einen neuen Wissenschaftsbegriff innerhalb der Wissenschaftsgeschichte voraus. Es genügt dann nicht mehr, Wissenschaft als Produkt oder System reiner Erkenntnisprozesse zu sehen; wissenschaftliche Tätigkeit als gesellschaftliche Tätigkeit ist auf bestimmte Organisationsformen angewiesen, sie sieht sich bestimmten Anforderungen der Gesellschaft gegenübergestellt, nach denen sie ihre Problemformulierungen ausrichtet. Die Ergebnisse des Erkenntnisprozesses, wissenschaftliche Entdeckungen, Innovationen und Theorien, wirken über die interne Wissenschaft hinaus auf andere gesellschaftliche Gruppen ein, sei es direkt, wie über die Technik oder Politikberatung, sei es indirekt, wie durch Popularisierung ihrer Ergebnisse und durch Einflußnahme auf eine vorherrschende Weltanschauung.

Diesen sozialen Kontext von Wissenschaft gilt es für die Wissenschaftsgeschichte aufzudecken. Sie muß sich damit einer Aufgabe zuwenden, die erst in den letzten 15 bis 20 Jahren im Verlauf der weiteren Professionalisierung der historischen Wissenschaften für sie aktuell geworden ist[9], wenn es auch schon frühere Versuche gibt, den Zusammenhang zwischen Wissenschaft und Gesellschaft zu erhellen, so durch die Gruppe sowjetischer Wissenschaftler auf dem II. Internationalen Kongreß für Wissenschaftsgeschichte in London (1931)[10] mit dem umstrittenen Beitrag von *B. Hessen* über Newton[11] sowie die mittlerweile schon populär gewordenen Bücher von *J. D. Bernal*[12]. Gerade in den letzten Jahren ist im Zusammenhang mit den Bestrebungen der Wissenschaftswissenschaft oder Wissenschaftsforschung viel zu diesem Thema gesagt worden. Jedoch ist davor zu warnen, vorschnelle und nicht genug fundierte Ergebnisse zu publizieren und so ein falsches oder ungenaues Bild der sozialen Strukturen von Wissenschaft in der Geschichte zu skizzieren. Noch immer gilt der Hinweis von *Bernal,* daß der Wissenschaftshistoriker, der die Interdependenzen zwischen Wissenschaft und Gesellschaft untersuchen will, sozialgeschichtliche Studien miteinfließen lassen sollte[13]. Um also nicht in eine „schlechte Abstraktheit" zu verfallen, ist die Wissenschaftsgeschichte – und mit ihr jede andere Disziplin, die sich dieser Thematik zuwendet – genötigt, Studien zur Wirtschafts- und Sozialgeschichte für die Epoche anzustellen oder doch auf Ergebnisse dieser Fächer zurückzugreifen. Auf diese Zusammenhänge wird weiter unten nochmals eingegangen.

V

Neben der disziplinären Wissenschaftsgeschichte sind vor allem Soziologie und Wissenschaftstheorie mit wissenschaftshistorischen Arbeiten in letzter Zeit hervorgetreten. Derartige Arbeiten verlassen, indem sie das historische Material in größere Zusammenhänge stellen wollen, den wissenschaftsinternen Rahmen und fragen nach allgemein formulierbaren Erkenntnissen über die wissenschaftliche Entwicklung. Es wird vorausgesetzt, daß bei aller Verschiedenheit der historischen Gegebenheiten der wissenschaftliche Prozeß doch insofern gleich verläuft, als Übertragungen von Erkenntnissen über seinen Verlauf in einen anderen Zeitraum erlaubt erscheinen und sich damit gewissermaßen überzeitliche oder ahistorische Elemente in dem historischen Material nachweisen lassen. Die Frage ist nur, ob bei der Begrenzung auf die *scientific community* wirklich der interne Bereich der Wissenschaft verlassen wird. Wenn etwa der Zusammenhang von kognitiven Gehalten und Organisationsstrukturen der Wissenschaft unter der theoretischen Prämisse untersucht wird, daß einem bestimmten Entwicklungsstand in der Theoriebildung einer wissenschaftlichen – und hier: auch nicht naturwissenschaftlichen – Disziplin ein entsprechender Grad der Institutionalisierung zukommen soll und eine wesentliche Änderung im Theoriebereich Konsequenzen für die Struktur der *scientific community* zur Folge haben soll[14], so werden in diesem Ansatz zwar Theorie und Organisationsstruktur von Wissenschaft aufeinander bezogen, andere mehr äußere Faktoren aber nicht mitreflektiert. Die Diskussion der letzten Jahre über derartige Fragestellungen läßt sich in der Hauptsache auf *Th. S. Kuhn* und seine Vorstellungen der nach bestimmten Paradigmata ausgerichteten wissenschaftlichen Gemeinschaft zurückführen. Daß hinter dieser funktionalistischen Wissenschaftssoziologie mit der *scientific community* als zentraler Kategorie ein positivistisch reduziertes Wissenschaftsverständnis und damit eine ahistorische Betrachtungsweise steht, hat kürzlich *H.-H. Laufermann* vom Institut für Wissenschaftstheorie und -organisation der Akademie der Wissenschaften der DDR gezeigt[15]. Gleiches läßt sich für die Versuche sagen, Modelle wissenschaftlicher Entwicklungen aus dem historischen Material abzuleiten, ohne die mannigfaltigen Verflechtungen zwischen Wissenschaft und Gesellschaft durchschaubar gemacht zu haben. Ein derartiges Modell als Abbild des gesellschaftlich determinierten Prozesses von wissenschaftlicher Entwicklung läßt sich erst nach umfassenden wissenschaftshistorischen Fallstudien aus dem historischen Material ableiten. Auch hier ist die Gefahr einer schnellen Modellierung der Geschichte angesichts der kaum von einem einzigen Forscher zu bewältigenden Aufgabe gegeben. Das ist besonders dann der Fall, wenn die weltanschauliche Basis zu einer Verengung der historischen

Perspektive und so zu einer Simplifizierung in der Analyse der mannigfaltigen Bewegungskräfte von Wissenschaft und Gesellschaft führt. Ein Beispiel hierfür ist die von *H. Wußing* auf dem XIV. Internationalen Kongreß für Wissenschaftsgeschichte 1974 in Tokio vorgelegte Klassifikation des Wechselverhältnisses zwischen Naturwissenschaften und materieller Produktion[16].

Die Themastellung wäre durchaus geeignet, das Verhältnis eines wichtigen Teilbereichs der Gesellschaft zur Wissenschaft in seinem historischen Prozeß zu veranschaulichen. Indessen wird die Menschheitsgeschichte von der Urgesellschaft bis zur wissenschaftlich-technischen Revolution unserer Zeit in einem zeitraffenden Verfahren viel zu pauschal und global behandelt. So kann das Ergebnis dieser Studie, nämlich die Zuordnung der Stufen der Klassifikation zu den entsprechenden Gesellschaftsformationen, lediglich die weltanschauliche Position des Autors in der Geschichtsbetrachtung als Voraussetzung seines methodologischen Ansatzes bestätigen.

Nicht nur die Wissenschaftssoziologie, auch die Wissenschaftstheorie wendet sich in zunehmendem Maße wissenschaftshistorischen Studien zu. Die Abstraktheit neuer Wissenschaftstheorie im Sinne von *K. R. Poppers* Methodenlehre oder *Carnaps* Induktionslogik verlangt nach Konkretisierung durch wissenschaftshistorisches Material, das so gewissermaßen den empirischen Bestandteil von Wissenschaftstheorie darstellt. Die Einordnung der Empirie in die Theorie darf aber keineswegs als bloße Auffüllung oder Ergänzung von a priori-Hypothesen über die Konstitution von wissenschaftsspezifischen Strukturelementen verstanden werden, im Gegenteil wird dieser Prozeß eine Modifikation der theoretischen Grundannahmen bewirken müssen. So legitim das Hereinnehmen empirischer Daten in den Theorieaufbau erscheinen muß, läuft die Wissenschaftstheorie doch Gefahr, den wissenschaftlichen Entwicklungsprozeß in eine Reihe singulärer Erscheinungen aufzulösen und ihn so gründlich mißzuverstehen. Indem nur bestimmte Aspekte am Material fixiert werden und dieses aus der historischen Situation herausgelöst und bestimmten Teilstücken von Theorien — wie dem Prinzip der Einfachheit bei der Theoriebildung — konfrontiert wird, ist die Dialektik von Historischem und Logischem[17] in eine bloße Gegenüberstellung von Fakten und Hypothesen überführt.

VI

In jüngster Zeit kommen auf die Wissenschaftsgeschichte neu Aufgabenstellungen im Zuge der Etablierung der Wissenschaftsforschung zu. In einem umfassenderen Ansatz als es einzelnen, weitgehend isoliert voneinander arbeitenden Disziplinen möglich wäre, wird eine Analyse von Strukturen des wissenschaftlichen Systems in Gegenwart und Vergangenheit angestrebt, um Bedingungen der Wissenschaftsentwicklung und der Steuerbarkeit von wissenschaftlichen Prozessen in der Gesellschaft zu untersuchen und abzuleiten. Es geht auch hier noch um Erkenntnisfindung, aber nicht mehr um ihrer selbst willen, sondern mit dem Zweck, der Politik Entscheidungshilfen an die Hand zu geben. In dieser Nähe zur gesellschaftspolitischen Praxis ist Wissenschaftsforschung weitgehend sozialwissenschaftlich orientiert, ohne sich jedoch ausschließlich sozialwissenschaftlicher Methoden zu bedienen. Die Notwendigkeit der Steuerung wissenschaftlicher Entwicklungen angesichts des exponentiell verlaufenden Wachstums und angesichts der fundamentalen Bedeutung der Wissenschaft für alle Lebensbereiche der modernen Gesellschaft läßt nicht nur die Frage nach der politischen und theoretischen Konzeption der Wissenschaftspolitik aktuell werden. Auch an die Wissenschaftsforschung werden Erwartungen geknüpft. Mit einer bloßen Analyse der gegenwärtigen wissenschaftlichen Situation, verbunden mit einer entsprechenden Theoriediskussion, ist ihre Aufgabe nicht erfüllt. Sie sieht sich der Frage konfrontiert, ob sie für die Wissenschaftssteuerung inputs liefern kann, inputs, die vor allem aus bereits vorliegendem Material, d.h. aus historischen Untersuchungen gewonnen werden können. Kann eine Beurteilung gegenwärtiger Entwicklungen aus der Sicht vergangenen Wissens vorgenommen werden? Können aus dem wissenschaftshistorischen Material Regeln oder sogar Gesetzmäßigkeiten abgeleitet werden, die nicht nur für abgeschlossene Prozesse gelten, sondern sich auf gegenwärtige und zu erwartende Entwicklungen übertragen lassen? Diese Fragen sind vorurteilsfrei von der Wissenschaftsgeschichte zu prüfen und zu beantworten. Zwar sind an der Diskussion auch Wissenschaftssoziologie und Wissenschaftstheorie beteiligt, die aber in ihrer bisherigen Arbeit die Problematik auf die *scientific community* weitgehend eingeschränkt haben. Vorurteilsfreies Vorgehen der Wissenschaftsgeschichte soll heißen, daß sie ihren methodologischen Ansatz zur Gänze in die Arbeit einbringt und so durch die Theoriediskussion innerhalb der Wissenschaftsforschung einem erweiterten Wissenschaftsbegriff Rechnung trägt. Insbesondere sollte sie sich dann der Analyse und Beschreibung des Verhältnisses von Wissenschaft und Gesellschaft in der historischen Entwicklung zuwenden.

VII

Übertragen auf das methodologische Modell der Wissenschaftsgeschichte bedeutet das, daß insbesondere der umfassendste und alle übrigen Bereiche umschließende Kreis der Gesellschaft in seiner Wechselbeziehung zu den wissenschaftlichen Prozessen näher zu untersuchen ist. Nun ist die Gesellschaft als lebendige Wirklichkeit des menschlichen Daseins viel zu komplex, als daß sie in ihrer Gesamtheit der historischen Betrachtung zugänglich wäre. Es erscheint einfach, abstrakt von gesellschaftlichen Zusammenhängen der Wissenschaft zu sprechen, ohne zu spezifizieren, was konkret darunter zu verstehen ist und anhand welchen Materials sich diese nachweisen lassen. Wenn historisch vorgegangen wird, d.h. verschiedene Zeiträume inhaltlich miteinander in Beziehung gesetzt werden, besteht die erste Schwierigkeit schon in der Veränderlichkeit der Begriffe. Die Wesensgleichheit dessen, was verglichen werden soll, muß aber stets klargestellt sein.
Es geht nicht um eine bloße rationale Rekonstruktion des historischen Verlaufs, sondern um eine bewußte Selektion von Ereignissen, die geeignet sind, die Zusammenhänge zwischen Wissenschaft und Gesellschaft zu erhellen. Derartige Fallstudien am historischen Material sind bisher von der Wissenschaftsgeschichte kaum angewandt worden. Das Wesen einer Fallstudie liegt in ihrer Funktion zur Erhellung eines allgemein dargestellten Sachverhalts oder einer Theorie, deren Gültigkeit über das Einzel-

beispiel hinaus geht. Nun hat bisher die Wissenschaftsgeschichte weitgehend ihr Erkenntnisinteresse auf die wissenschaftsimmanenten Zusammenhänge, wie Problemge-
schichte und kognitive Prozesse, gelenkt. Indem sie ihr Selbstverständnis bei der Tätigkeit des Beschreibens disziplinärer Sachverhalte fand, mußte jede Selektion bereit eo
ipso als Blasphemie historischen Arbeitens erscheinen, als Versuch, den Prozeß der
Geschichte auf einige voneinander isolierte Situationen zu beschneiden.

Die bisher in der Wissenschaftsgeschichte verpönte Fallstudie wird stärker zum Zug
kommen, wenn die Selektion von historischem Material unumgänglich erscheint,
nämlich in der Übernahme von Aufgaben innerhalb der Wissenschaftsforschung. Nicht
mehr die lückenlose Beschreibung vergangener Geschehnisse ist dann gefragt, sondern
die Illustration, die Stützung und Bewertung allgemeiner Gesetzmäßigkeiten bestimmen einen neuen Aufgabenbereich der historischen Arbeit. Diese auf die Wissenschaftsgeschichte zukommende Entwicklung, die in den RGW-Staaten schon weit vorange-
schritten ist, könnte dahin tendieren, daß sie den Anspruch auf Verallgemeinerung
historischer − und darum auch: sozialer − Regeln und Normen von den Sozialwissenschaften übernimmt und Ausblicke auf die Zukunft wagt. Sie würde sich damit diesen
innerhalb der Wissenschaftsforschung annähern, ohne selbst schon eine historische
Sozialwissenschaft zu sein[18].

VIII

Die notwendige Strukturierung des komplexen Gebildes Gesellschaft innerhalb eines
wissenschaftshistorischen Ansatzes der Wissenschaftsforschung wird vor allem davon
abhängen müssen, was mit der Analyse geleistet werden soll. In einer ersten Phase der
Bearbeitung des historischen Materials geht es vor allem darum, das interdependente
Verhältnis von Wissenschaft und Gesellschaft anhand konkreter Beispiele zu klären.
Die Differenzierung dessen, was wir mit Gesellschaft bezeichnen, wird nicht durch-
gehend gleich bleiben können, sondern muß sich bereits selbst an einem Vorverständnis des genannten Wechselverhältnisses, also an einem groben Modell des historischen Verlaufs von Wissenschaft, orientieren. Für die beschriebene Aufgabenstellung
ist vor allem die neuzeitliche Entwicklung des Verhältnisses Wissenschaft-Gesellschaft
von Interesse. Zu Beginn dieses Zeitraumes stellt sich der historische Gang der Naturwissenschaften als gesellschaftlicher Emanzipationsprozeß dar: die Wissenschaft suchte
sich ihren erforderlichen Freiraum in der Gesellschaft gegen den Widerstand von kirchlicher Dogmatik und mittelalterlicher Scholastik. Mit zunehmender Erkenntnisgewinnung traten vor allem die exakten Naturwissenschaften ihren Siegeszug an und bestimmten die Philosophie und das Lebensgefühl eines ganzen Zeitalters. Gleichzeitig
aber wurde die Wissenschaft immer stärker über Technik und Technologie in den
Dienst der materiellen Produktion sowie über militärische Rüstung in den Dienst politischer Herrschaft genommen. Indem also ihre Funktion als Produktivkraft und als
Herrschaftskraft[19] immer deutlicher erkannte wurde, war die dem Emanzipationsprozeß folgende Dominierung der Wissenschaft eingeschränkt durch eine von außen gesteuerte Applikation wissenschaftlicher Ergebnisse. Damit wurde die eigenständige

Entwicklung der Wissenschaft, die vorübergehend allein von ihrer inneren Forschungs-logik bestimmt zu sein schien, vollends relativiert, sie sieht sich seitdem der Einfluß-nahme mächtiger gesellschaftlicher Instanzen, wie Wirtschaft, Politik und Staat, ausge-setzt. Wenn wir das Verhältnis von Wissenschaft und Gesellschaft in seinem historischen Verlauf näher bestimmen wollen, rücken also nacheinander verschiedene Teilbereiche der Gesellschaft als Widerpart zur Wissenschaft in den Blickpunkt. Es ist nicht zu über-sehen, daß nicht nur in der Dominierungsphase, sondern auch in allen anderen Zeit-räumen Rückwirkungen von wissenschaftlichen Erkenntnissen auf gesellschaftliche Momente vorzufinden sind.

Als Beispiel für die anzusetzenden Untersuchungen sei der historische Wandel im Ver-hältnis Wissenschaft und Kirche bzw. wissenschaftliche Erkenntnissuche und christliche Glaubensüberzeugung näher betrachtet. Der Prozeß der Emanzipation der Wissenschaft von der christlichen Kirche ist mit den Namen *Kopernicus, Bruno* und *Galilei* eng verbunden. Äußeres Kennzeichen der dogmatischen Haltung der Kirche gegenüber dem neuen Wahrheitsanspruch der Wissenschaft ist nicht nur in der düsteren Rolle der Inquisition, sondern auch in den von kirchlichen Instanzen sorgfältig überwachten ,,Index prohibitorum librorum" zu sehen. In dem weiteren Verlauf der wissenschaft-lichen Entwicklung konnte sich die Wissenschaft von kirchlicher Bevormundung weit-gehend befreien, andererseits übte die Ethik des Protestantismus auf die Arbeit und damit auf die Wissenschaft als gesellschaftliche Tätigkeit einen nachhaltigen Einfluß aus[20]. In neuer Zeit hat sich die Entwicklung auch in kapitalistischen Ländern eher umgekehrt: wo die Wissenschaft Erkenntniszuwachs in das moderne Weltbild ein-bringt, muß die Kirche um Anpassung durch Modifikation ihrer Lehrinhalte bemüht sein. Die entsprechenden Fallstudien zur Untersuchung des Verhältnisses Wissenschaft und Kirche in der Geschichte könnten also u.a. folgende Themenbereiche abdecken: Kopernicanische Wende und Inquisition; Funktion des Index prohibitorum librorum; der protestantische Geist in den modernen Naturwissenschaften; die Rolle der Wissen-schaft in der Aufklärung; der Einfluß der Naturwissenschaften auf die neuzeitliche materialistische Philosophie; Koexistenzversuche zwischen Kirche und Wissenschaft.

IX

Für eine zweite Phase historischer Arbeit in der Wissenschaftsforschung genügen der-artige Makrountersuchungen nicht mehr. Jetzt rücken Detailfragen über die Wissen-schaftsentwicklung im 19. und 20. Jahrhundert in den Vordergrund, Fragen, die sich an dem oben näher erläuterten methodologischen Modell der Wissenschaftsgeschichte orientieren könnten. Im Zentrum der Betrachtung steht nun nicht mehr ein beliebiges wissenschaftliches Problem, sondern der Erkenntnisprozeß selbst (*Schaubild 2*).

Wie verläuft ein Erkenntnisprozeß und durch welche Hilfsmittel (Arbeitsmittel, Training) ist er zu optimieren? Für die Beantwortung einer derartigen Frage kann die Wissenschaftsgeschichte konkretes Material aus ihrer Kenntnis der Fakten zur Ver-fügung stellen, die Bearbeitung muß sie anderen Bereichen der Wissenschaftsforschung überlassen. Wieder ist der Erkenntnisprozeß an Menschen, an Forscher gebunden. So

Schaubild 2

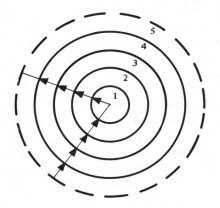

1 Erkenntnisprozeß
2 Bedingungen von 1, die
  mit Persönlichkeit des
  Forschers verknüpft sind
3 Struktur und Organisation
  von Wissenschaft
4 wissenschaftstheoretische
  Aspekte
5 gesellschaftliche Momente

werden mit dem nächsten Kreis u.a. Fragen des wissenschaftlichen Schöpfertums und der wissenschaftlichen Ausbildung angesprochen. Beide bisher betrachteten Bereiche wurden am Anfang der Wissenschaftsforschung der Wissenschaftspsychologie zugeordnet. Aber schon aus der groben Skizze ist ersichtlich, daß ebenso Wissenschaftslogik und Linguistik angesprochen sind.

Was zuvor die *scientific community* darstellte, wird jetzt umfassender durch Strukturen und Organisation der Wissenschaft ausgefüllt. Wie ist eine wissenschaftliche Disziplin zu strukturieren und zu organisieren, sowohl quantitativ als auch qualitativ, damit das Forschungspotential eine optimale Arbeitseffektivität erreicht? Auch derartige Fragestellungen können nicht einer einzigen Disziplin zugeordnet, sondern nur in multi- und interdisziplinärer Arbeit angegangen werden. Der ideengeschichtliche Bereich im alten methodologischen Modell der Wissenschaftsgeschichte wird jetzt von überwiegend wissenschaftstheoretischen Aspekten, wie der Untersuchung von Verfahren, Methoden und Theorien der wissenschaftlichen Arbeit, eingenommen. Und schließlich sind die gesellschaftlichen Momente, die letztlich mit allen übrigen Faktoren in Wechselbeziehung stehen, das tragende Gerüst jedes Teilbereichs von Wissenschaft. Beispielsweise werden Problemstellungen, die aus Bedürfnislagen und Erwartungshaltungen bestimmter gesellschaftlicher Gruppierungen resultieren, auch die Richtung und Zielsetzung von Erkenntnisprozessen mit beeinflussen[22]. Wie kann an all den skizzierten Fragestellungen die Wissenschaftsgeschichte mitarbeiten? Zweifellos kann sie das historische Material entsprechend den Fragestellungen strukturieren und aufbereiten. Aber anders als in einem ersten Ansatz historischer Arbeit innerhalb der Wissenschaftsforschung vermag sie nicht mehr autonom vorzugehen, wenn die aufgeworfenen Probleme gelöst werden sollen. Das gelingt keiner Disziplin mehr allein. Damit ist die Situation gegeben, daß die bestehenden etablierten Disziplinen an die Grenze ihrer Arbeitsmöglichkeit gelangt sind und ihr tradiertes Wissen in einen gemeinsamen Ansatz einbringen müssen.

Was hier als innere Notwendigkeit erscheint, erweist sich bei näherem Hinsehen als bloße Gedankenspielerei. Nicht zuletzt aus der Tendenz der Wissenschaftsgeschichte, in bewährter Manier, autonom und mit tradierter Methodologie auch in Zukunft zu arbeiten, ist zu schließen, daß die Wissenschaftsforschung sich in einer frühen Phase ihrer Etablierung befindet. Noch ist es ihr nicht gelungen, ihre Probleme hinreichend zu verdeutlichen und zu konkretisieren.

Anmerkungen

[1] Vgl. hierzu: *W. Diederich* (Hrsg.), Theorien der Wissenschaftsgeschichte, Frankfurt/M. 1974, Einleitung, S. 7.

[2] Erinnert sei daran, daß z.B. Kunstgeschichte den Kunstwissenschaften, Literaturgeschichte den Literaturwissenschaften und Philosophiegeschichte der Philosophie zugeordnet werden.

[3] *H.-J. Müller*, Weltanschauliche Fragen der Technikwissenschaft, Informationen des Instituts für Gesellschaft und Wissenschaft Nr. 10/1974, Erlangen.

[4] Der Begriff Technologie ist ebenso vieldeutig wie der der Technik, aber durchaus keine moderne Wortschöpfung. Er wurde im 18. Jahrhundert von *J. Beckmann* geprägt, der mit der speziellen Technologie Werkzeuge, Maschinen und Bearbeitungsstufen beschrieb, mit der allgemeinen Technologie Bearbeitungsverfahren nach gleichartigen Funktionen zusammenfaßte. Heute werden mit Technologie vor allem die Verfahren und die dahinter stehenden Gesetzmäßigkeiten produktionstechnischer Vorgänge bezeichnet. Vgl. hierzu: *W. Bittorf*, Johann Beckmann − 200 Jahre Technologie, in: die Technik 5 (1974), Berlin (0), S. 309−311.

[5] Ein Beispiel für historische Arbeiten abseits der Disziplin Wissenschaftsgeschichte sind die ,,Fallstudien zur Wissenschaftsentwicklung" des Instituts für Soziologie an der FU Berlin (Leiter: *W. Lepenies*). Der ,,Zwischenbericht über laufende Projekte" vom Juli 1974 erläutert Projekte über die Genesis von Disziplinen im nicht-naturwissenschaftlichen Bereich.

[6] So verlangt der Ostberliner Theoretiker *J. Kuczynski* für die Konzeption einer umfassenden Wissenschaftsgeschichte die Berücksichtigung der Historiographie auch nicht-naturwissenschaftlicher Disziplinen. In: spektrum 8 (1974), Berlin (O), S. 31.

[7] Eine offizielle Selbstdarstellung der Wissenschaftsgeschichte existiert meines Wissens noch nicht. Hier sei auch auf Diskussionsbeiträge eingegangen, die vor allem im südwestdeutschen Raum der Hochschullehrer für die Geschichte der Naturwissenschaften in die Denkschrift über die ,,Lage und Bedeutung der Geschichte der Naturwissenschaften" eingebracht wurden.

[8] *J. Lakatos*, Die Geschichte der Wissenschaft und ihre rationalen Rekonstruktionen. Abschnitt 1: Konkurrierende Methodologien der Wissenschaft, in: *Diederich* (Hrsg.) 1974, S. 57.

[9] *S. R. Mikulinsky*, The Methodological Problems of the History of Science, Manuskript, vorgelegt dem XIV. Internationalen Kongreß für die Geschichte der Wissenschaften, 19.−27. August 1974 in Japan.

[10] Die sowjetischen Beiträge wurden in dem Sammelband "Science at the Cross Roads", London 1931, publiziert, zuletzt 1971 neu gedruckt.

[11] *B. Hessen*, The Social and Economic Roots of Newton's 'Principia', in: Science at the Cross Roads, London 1971, S.149−212. In deutscher Übersetzung in: *P. Weingart* (Hrsg.), Wissenschaftssoziologie II − Determinanten wissenschaftlicher Entwicklung, Frankfurt 1974, S. 262−325.

[12] *J. D. Bernal*, The Social Function of Science, London 1939 und *ders.*, Science in History, London 1954. In deutscher Sprache: Wissenschaft, Hamburg 1970.

[13] Im Zusammenhang mit dem Projekt seines Buches "Science in History" sagt *Bernal*: ,,Damit wurde es erforderlich, die gesamte soziale und ökonomische Geschichte neben und in Verbindung mit der Geschichte der Wissenschaft zu untersuchen − eine Aufgabe, die wohl das Vermögen eines einzelnen übersteigt, selbst wenn er sein ganzes Leben der historischen Forschung widmen würde" (Wissenschaft, S. 10).

[14] *G. Podstawski*, Rechtswissenschaft nach 1848. Versuch zu einer Strukturgeschichte der Rechtswissenschaft (Dissertationsbericht), in: Fallstudien zur Wissenschaftsentwicklung, Berlin 1974 (vgl. Anmerkung 5). Das theoretische Erklärungsmodell ist freilich komplizierter als hier angegeben, beschränkt sich aber mit der Berufung auf *Popper* und *Lakatos* auf die wissenschaftliche Gemeinschaft, wie eingangs dargestellt wurde.

[15] H.-H. Laufermann, Gesellschaftliche Verhältnisse und die sogenannte "scientific community", in: G. Kröber und H. Steiner (Hrsg.), Wissenschaft und Gesellschaft, Berlin (0) 1974 (Reihe: Studien und Forschungsberichte, 1974 Heft 4), S. 114—131.

[16] H. Wußing, Versuch zur Klassifikation des historischen Wechselverhältnisses zwischen Naturwissenschaften und materieller Produktion, Leipzig August 1974 (vervielfältigtes Manuskript).

[17] G. Kröber, Zur Einheit von Logischem und Historischem bei der Erforschung der Wissenschaftsentwicklung, in: NTM Schriftenreihe für Geschichte der Naturwissenschaften und Medizin, 1/1974, S. 56—62. Auf S. 62 schreibt Kröber: ,,Wissenschaftsgeschichte und Wissenschaftstheorie verhalten sich zueinander wie Historisches und Logisches, d.h. sie bilden eine dialektische Einheit. Muß die Wissenschaftstheorie die Einheit des Logischen mit dem Historischen sichern, so muß, umgekehrt, die Wissenschaftsgeschichte die Einheit des Historischen mit dem Logischen gewährleisten."

[18] Vgl. hierzu Th. Schieder, Unterschiede zwischen historischer und sozialwissenschaftlicher Methode, vorgetragen auf dem XIII. Internationalen Kongreß für Wissenschaftsgeschichte, Moskau 16.—23.8.1971 (vervielfältigtes Manuskript).

[19] Den Stellenwert von Produktivkraft und Herrschaftskraft als gesellschaftliche Funktionen von Wissenschaft hebt u.a. J. Kuczynski hervor in: Prolegomena zu einer Geschichte der Wissenschaft, spektrum 7 (1974), S. 9—13 u. 8 (1974), S. 29—31.

[20] Vgl. hierzu Max Weber, Die protestantische Ethik und der Geist des Kapitalismus. Da in der Arbeit der von Gott vorgeschriebene Selbstzweck des Lebens gesehen wird, wird die Berufsspezialisierung als Mittel zur quantitativen und qualitativen Steigerung der Arbeitsleistung begrüßt.

[21] Vgl. Anmerkungen 5 und 14.

[22] Zu diesem Aspekt des Verhältnisses Gesellschaft und Wissenschaft sagt C. Burrichter: ,,Die unmittelbare Problembetroffenheit innerhalb einer Gesellschaft ist in Ergänzung dazu als Legitimation für die Teilnahme an der Thematisierung der Wissenschaften im Hinblick auf den problemlösenden Erkenntnisprozeß anzusehen." In: Soziale Determination und relative Eigengesetzlichkeit, Beitrag zum XIV. Internationalen Kongreß für Wissenschaftsgeschichte, Tokio 1974. Veröffentlicht in ABG (Analysen und Berichte aus Gesellschaft und Wissenschaft) 6 (1974), Erlangen, S. 48.

III. Teil: Zur Entwicklung wissenschaftlicher Spezialgebiete

Konkurrenzformen, Autonomie und Entwicklungsformen wissenschaftlicher Spezialgebiete

Von Richard D. Whitley

I. Einleitung

Die Analyse des Wettbewerbs in der Wissenschaft tendiert dazu, einer von zwei Möglichkeiten zu folgen: Die erste der beiden Möglichkeiten beschränkt sich auf eine Analyse der um soziale Belohnungen, Reputation und Mittel ganz allgemein konkurrierenden Wissenschaftler[1] und impliziert, wie an anderer Stelle gezeigt wurde[2], ein unproblematisches Wesen des Inhalts der Wissenschaft[3]. Die zweite der beiden Möglichkeiten untersucht die Konkurrenz von wissenschaftlichen Ansätzen; gewöhnlich wird sie als apokalyptischer Kampf rivalisierender Denksysteme oder Paradigmata beschrieben[4]. *Warren O. Hagstrom*[5] hat darüber hinaus Zielkonflikte in der Wissenschaft diskutiert, sofern Meinungsdivergenzen über angemessene Fragestellungen und Ansätze zu einer Differenzierung von Disziplinen führt; allerdings reduziert er die Analyse des Ursprungs solcher Divergenzen auf die evolutionäre Metapher der Konkurrenz unter Wissenschaftlern um Belohnungen und führt *Durkheims* Konzept der moralischen Dichte ein. Segmentation und Differenzierung werden daher als ein durch Wettbewerb in der *scientific community* mechanisch produzierter, nicht-kognitiver sozialer Prozeß betrachtet. Die evolutionäre Metapher ist natürlich auch von Wissenschaftstheoretikern als Modell zur Charakterisierung wissenschaftlichen Fortschritts aufgegriffen worden[6]; allerdings ist der Mechanismus, auf Grund dessen neue kognitive Strukturen entstehen und in Konkurrenz miteinander bewertet werden, bisher noch nicht expliziert worden[7]. Dies hat zur Folge, daß man sich letztlich auf irgendein Konzept der Nützlichkeit der Lösung bestimmter Fragen beruft, die von der gegenwärtigen wissenschaftlichen Elite als interessant definiert werden. Mit anderen Worten, die wissenschaftliche Entwicklung wird als rational angesehen, sofern sie mit dem Urteil der Wissenschaftselite übereinstimmt[8]. Als Alternative wird eine anarchistische Position vertreten, die beinhaltet, daß Wissenschaftler ihre Zeit mit der Kreation neuer Ideen zum Kampf gegen herrschende Ideen verbringen sollen[9]. Aber auch hier wird dabei davon ausgegangen, daß der Wettbewerb zwischen Ideen nur grundsätzlich eine Form annehmen kann und der Prozeß der Bewertung relativ unabhängig von dem Prozeß der Entstehung ist. Dieser Aufsatz über eine soziologische Analyse der wissenschaftlichen Entwicklung auf der Basis der Konkurrenzidee versucht, den Prozeß wissenschaftlicher Urteile zu problematisieren; anstatt mit einer Rekonstruktion der Wissenschaftsgeschichte auf Grund akzeptierter Urteile zufrieden zu sein, zielt man darauf hin, zu explizieren, wie Urteile zu ,,angemessenen" Urteilen werden[10]. Dies erfordert die Rekonstruktion des kognitiven Rahmens, innerhalb dessen Wissenschaftler bestimmte Aktionen und Entscheidungen im Licht ihrer sozialen und kognitiven Situation als „natürlich" ansehen. Daher ist eine Charakterisierung dieser Situation auf der Grundlage eines konzeptionellen Rahmens erforderlich, der auf das Verhalten von Wissenschaftlern in verschiedenen Bereichen zutrifft. In einem Aufsatz habe ich die Begriffe des Spezialgebietes und des Forschungsbereichs ausgearbeitet und ihre Anwendung auf verschiedene wissenschaftliche Disziplinen diskutiert[11]. An dieser Stelle versuche ich nun, diese Ideen fortzuführen und Vorstellungen über die Rolle der Konkurrenz und Autonomie in der Entwicklung der Wissenschaft zu entwickeln. Diese oder ähnliche Ideen sind notwendig, um die Urteile von Wissenschaftlern in einem weiteren Kontext zu lokalisieren und damit die einfache Reflexion der Vorstellungen von Wissenschaftlern zu transzendieren[12]. Von dieser Perspektive aus gesehen genügt es nicht, Beschreibungen von der „inneren Logik" der Wissenschaftsentwicklung durch Wissenschaftler zu akzeptieren, ohne zu untersuchen, wie diese innere Logik als solche konstruiert worden ist. Wissenschaft wird hier nicht als der Entdeckungsprozeß einer dritten Welt verstanden[13], sondern als Arbeitsprozeß an kognitiven Objekten als Teil eines allgemeinen Realitätsinteresses verbunden mit einer Reihe von geistigen und technischen Techniken und in einigen Fällen mit artikulierten Erklärungsmechanismen. Es gilt daher zu verstehen, wie Wissenschaftler zu bestimmten Interessen gelangen, wie kognitive Objekte konstruiert werden und wie diese Konstruktionen durch verfügbare Techniken und ihre Ableitungen modifiziert werden. Dies impliziert die Analyse der wissenschaftlichen Entwicklung als sozialer Prozeß unter bestimmten sozio-historischen Bedingungen.

Der Wettbewerb um die Dominanz bestimmter Realitätskonstruktionen und ihre Handhabung[14] wird als wesentlich angesehen, da er eng mit der Bildung von Bindungen und Identitätsentwicklung zusammenhängt und da unterschiedliche Konkurrenzformen in unterschiedlichen Graden der Institutionalisierung von Spezialgebieten und Forschungsbereichen auftreten. Darüberhinaus mag die Art der Konkurrenz mit dem Grad des Einflusses zusammenhängen, den andere, mit höherem Prestige versehene Bereiche, die dominierende Kultur und soziale Institutionen auf die Entwicklung wissenschaftlicher Spezialgebiete ausüben. Das Konzept des Wettbewerbs zwischen Ideen, Techniken, Modellen etc. stellt schließlich eine Verbindung zur Artikulation von Ansätzen und deren Anwendung, Ausbau und Annahme her. Obwohl sich die Mehrzahl der Autoren, die sich mit wissenschaftlicher Konkurrenz befaßt haben, fast ausschließlich auf den Selektions- und Bewertungsprozeß konzentriert hat, wobei die in Konkurrenz stehenden Phänomene als voll artikuliert und antagonistisch angesehen werden[15], besteht kein Grund dafür, daß dieses Konzept des Wettbewerbs nicht auch auf die verschiedenen Möglichkeiten der Entwicklung und Formulierung von Ideen auf der Basis existierender kognitiver Strukturen angewandt werden kann. Aus dieser Sicht schließt das Konzept des Wettbewerbs Prozesse ein, mit deren Hilfe mögliche Entwicklungen im Rahmen gegebener dominanter, kognitiver Strukturen in einem bestimmten Spezialbereich und verwandten Bereichen artikuliert und akzeptiert werden. Dies wiederum ermöglicht es, den Grad der sozialen und kognitiven Autonomie eines bestimmten Spezialgebietes sowohl in Hinsicht auf andere Spezialgebiete als auch in Bezug auf existierende Schichtungssysteme der Wissenschaft und in Beziehung zu anderen sozialen Institutionen zu berücksichtigen.

In den folgenden Abschnitten beschreibe ich diese Beziehungen zwischen wissenschaftlichen Konkurrenzformen, kognitiver und sozialer Institutionalisierung und Autonomie im Einzelnen. Die hier zugrundeliegende Gesamtperspektive konzipiert wissenschaftliche Entwicklung als einen kontinuierlichen Konkurrenzprozeß von unterschiedlicher Intensität zwischen verschiedenen, unterschiedlich artikulierten und in ihrer Allgemeinheit differenzierbaren, kognitiven Strukturen unter determinierbaren sozialen Bedingungen. In einer derartigen Rekonstruktion der wissenschaftlichen Entwicklung kommt der Analyse des Wettbewerbs zwischen Techniken, Axiomen, Interpretationsregeln und Erklärungen besondere Bedeutung zu. Dies heißt jedoch nicht, daß Wissenschaftler, wenn sie selbst keinen Konflikt perzipieren, notwendigerweise immer explizit miteinander konkurrieren, sondern hier soll die Aktivität von Wissenschaftlern als unvermeidlich konfliktvoll im Sinne einer kontinuierlichen Auswahl, Entwicklung und des Gebrauchs von Konstruktionen, sowie des Ausschlusses anderer angesehen werden. Diese Selektion und Entwicklung ereignet sich auf verschiedene Weise unter unterschiedlichen Bedingungen; es ist das Ziel dieses Aufsatzes, einige der Möglichkeiten der Analyse dieser verschiedenen Bedingungen zu skizzieren, wobei unterstrichen wird, daß unabhängig von der Entwicklung und Akzeptierung einer dominanten Perspektive in einer bestimmten Wissenschaft Divergenzen über angemessene Verfahren auftreten und daß wissenschaftliche Entwicklung nur fortschreitet, solange solche Divergenzen Konflikte generieren.

II. Konkurrenzformen in der Wissenschaft

Konkurrenz allgemein und in der Wissenschaft impliziert einen minimalen Konsens. Opponierende Gruppen definieren sich primär in Hinblick auf ein gemeinsames Objekt. Das gemeinsame Objekt variiert in seiner Allgemeinheit vom Ursprung des Universums oder des Wesens des Menschen bis zur Funktion des Gehirns oder den Krebserregern. Diese Objekte oder Realitätsinteressen konstituieren die Basis für wissenschaftliche Spezialgebiete. Sofern eine wissenschaftliche Disziplin weitgehend im Universitätssystem institutionalisiert ist, konstituieren Spezialgebiete die sich unterhalb der disziplinären Ebene anschließende, kognitive und soziale Organisationsform. Die Disziplin wird hier als vermittelnder Agent zwischen anderen sozialen Institutionen und den kognitiven Strukturen der Wissenschaft verstanden, wobei sie auch das wissenschaftliche *Establishment* allgemein mit der Entwicklung und Unterstützung von Spezialgebieten verbindet. Existiert eine etablierte disziplinäre Struktur, so kann die Mittelallokation zwar die Selektion von Spezialgebieten, sowie die Problemauswahl der Wissenschaftler, kaum aber in wesentlichem Maße die Verfahrensweisen oder die konkrete Forschungspraxis des Spezialgebietes beeinflussen. In Spezialgebieten, in denen „oppositioneller" Konflikt herrscht und das Realitätsinteresse vage charakterisiert ist, sowie nur unbestimmt mit der Definition des Forschungsbereiches und der konkreten Forschungspraxis verbunden ist, kann dieser restriktive Einfluß der Disziplin geringer sein. Ähnlich sind natürlich solche Disziplinen, die Legitimation anstreben und noch nicht in die vorherrschende Form der wissenschaftlichen Organisation und

Legitimation — den Fachbereich der Universität — aufgenommen sind, sehr viel direkter dem Einfluß durch Mittelallokation, dominante kulturelle Werte und kognitive Strukturen „erfolgreicher" Wissenschaften ausgesetzt. In solchen Fällen mag eine Differenzierung von Disziplin und Spezialgebiet nicht vorkommen; Konkurrenzverhalten bezieht sich dann auf die Definition des Objekts der Disziplin, sowie alternative vorhandene Modelle und Metaphysiken. Wahrscheinlich lehnen sich diese Alternativen enger an vorwissenschaftliche und nicht an institutionalisierten Disziplinen geformte Realitätsvorstellungen an.

Die vier weiter unten beschriebenen Konkurrenzformen lassen sich aus der Betrachtung von vier Objekten oder Aspekten wissenschaftlicher Forschung und deren Konkurrenz in Spezialgebieten ableiten. Bei diesen vier Aspekten, die Teil einer jeden Forschung sind, handelt es sich um die Definition der jeweiligen zugrundeliegenden Realität, Möglichkeiten sie zu verstehen und zu beschreiben, Mittel der Bearbeitung bestimmter Probleme und um die Konstruktion bestimmter Fragestellungen. In einer bestimmten Situation kann es sich dabei konkret um Krebserreger, biochemische Modelle von Zellprozessen, Irradiation und Präparationstechniken von Samples, sowie um Zerfallskurven der radioaktiv behandelten Leberzellen von Mäusen handeln. Konkurrenz in Spezialgebieten wird hier als Konflikt um einen oder mehrere dieser vier Aspekte der Forschung verstanden. Die natürlich auch zwischen Spezialgebiet und Disziplin stattfindende Konkurrenz, ebenso wie die Beziehungen von disziplinären Konflikten, der Prestigehierarchie der Wissenschaft und allgemeinen sozialen Strukturen soll hier nicht systematisch behandelt werden. Im weiten Sinne bezieht sich Konkurrenz in Spezialgebieten auf alternative Definitionen der zugrundeliegenden Realität, ihrer Erklärungsansätze, technischer Probleme und konkreter Fragestellungen der Forschung. Wissenschaftler selektieren und entwickeln bestimmte Aspekte und konkurrieren dabei um „interessante" und „erfolgreiche" Ansätze und Ansichten. Grundsätzlich konkurrieren sie um Anerkennung der Herrschaft „ihres" Ansatzes oder „ihrer" Technik im Spezialgebiet[16]. In den Sozialwissenschaften konkurrieren Wissenschaftler natürlich häufig auch um die Anerkennung „ihres" metaphysischen Standpunktes und um die Definition der Disziplin; an dieser Stelle will ich mich aber auf konkurrierende Objekte in, wenn auch manchmal schwach, organisierten Spezialgebieten beschränken.

Dichotomisiert man die Konfliktmöglichkeiten um die verschiedenen Aspekte der Forschung in Spezialgebieten, so erhält man ein Kontinuum von sechzehn denkbaren Konkurrenzformen. Die sechzehn Konkurrenzformen können auf vier Haupttypen reduziert werden, wenn man bei der weiteren Diskussion davon ausgeht, daß es sich bei den vier Aspekten der Forschung um Aspekte unterschiedlicher Allgemeinheit handelt[17]. Es ist zum Beispiel unwahrscheinlich, daß ein Konflikt um Erklärungsmodelle von einem Konsensus über angemessene und „interessante" Forschungsprobleme begleitet ist, denn, sind sie eindeutig und klar entwickelt, so sind sie normalerweise nur signifikant vermittels einer der alternativen Erklärungsmodelle. Mit anderen Worten, in Situationen mit entwickelten und zueinander in Beziehung stehenden Aspekten der Forschung kann man erwarten, daß Meinungsverschiedenheiten über Erklärungsmodelle oder Realitätsinteressen des Spezialgebietes in Konflikten über Forschungstechniken und -fragestellungen reflektiert werden. Sofern die verschiedenen

Aspekte nicht so entwickelt und integriert sind, mag dies nicht zutreffen. Obwohl sich Wissenschaftler über identifizierbare Alternativen nicht einig sind, kann zumindest erwartet werden, daß gewisse Beziehungen zu anderen Aspekten der Forschung bestehen, die dann Inhalt des Konflikts werden. Die Entwicklung von divergenten Modellen oder Realitätsinteressen des Spezialgebiets als Brennpunkt der Konkurrenz ist, meiner Meinung nach, ohne korrespondierende und damit verbundene Entwicklung von Forschungstechniken und -problemen empirisch unwahrscheinlich. Wie sich jedoch aus den in *Abbildung 1* dargestellten vier Haupttypen der Konkurrenz ergibt, ist es möglich, daß alternative Erklärungsmodelle zu einer gemeinsam definierten Realität formuliert werden und trotzdem allgemeine Verfahrenstechniken gemeinsam benutzt werden. Dieser Fall tritt ein, wenn die zur Verfügung stehenden Modelle nicht besonders entwickelt und nicht alternativ oder „inkommensurable" Erklärungsverfahren darstellen. Die Konkurrenz um „bessere" Erklärungen ermöglicht die Anwendung

Abbildung 1: Konkurrenzformen und Basis des Konfliktes

Konkurrenz-formen	Basis des Konfliktes			
	Problem definition	Erklärungs-modell	Techniken	Anwendung des Erklärungsmodells und der Techniken
Oppositionelle	ja	ja	ja	ja
Erklärende	nein	ja	ja-nein	ja
Technische	nein	nein	ja	ja
Extensionale	nein	nein	nein	ja

einer gemeinsamen Observationsmethode und auch Techniken, da sie im Rahmen eines allgemeinen Ansatzes bewertet werden. Es ist natürlich möglich, daß sich dieser Fall in einer Situation verändert, in der Erklärungsmodelle an bestimmte Techniken gebunden sind, insbesondere dann, wenn diese Modelle aus anderen Forschungsbereichen übernommen werden und mit Techniken aus diesen Bereichen assoziiert sind; bedeutsam ist hier jedoch, daß Konkurrenz um Erklärungen mit unterschiedlich starken Konfliktgraden in Bezug auf technische Verfahrensweisen zusammenhängen kann. Eine noch allgemeinere Feststellung ist, daß es in Spezialgebieten keinen notwendigen Entwicklungsablauf von einer Konkurrenzform zur anderen gibt, solche Entwicklungsprozesse sind von den Charakteristika benachbarter Spezialgebiete, dem jeweiligen Entwicklungsstand divergenter Perspektiven und potentieller Alternativen, sowie vom Standort des Spezialgebietes in den Rängen der Wissenschaften und seiner Autonomie, die später noch kurz analysiert wird, abhängig.

Oppositionelle Konkurrenz bezieht sich auf entgegengesetzte Definitionen des Forschungsobjektes, die unterschiedliche kognitive Ansätze, Techniken und Bewertungskriterien von Problemlösungen implizieren. Verbunden mit einem minimalen Konsensus über das allgemeine Forschungsobjekt, zum Beispiel „das Gehirn", sind bedeutsame Meinungsverschiedenheiten über die präzise Definition des Objektes, seine Grenzen und angemessene Forschungstechniken. Häufig basieren diese Meinungsverschieden-heiten auf unterschiedlichen Weltanschauungen, die, wie im Fall des Gehirns, auf entgegengesetzte Vorstellungen von Mensch und Gesellschaft zurückgehen können[18]. Diese Weltanschauungen implizieren bestimmte Erklärungsmodelle, Definitionen von Forschungsproblemen und Interpretationen von Forschungsergebnissen. Mit anderen Worten, oppositionelle Konkurrenz ähnelt *Kuhns* Konzept des Paradigmawandels von weitgehend artikulierten kognitiven Strukturen, unterscheidet sich aber dadurch, daß oppositionelle Konkurrenz mit einem geringen Konsens über die allgemeinen Charak-teristika des Realitätsinteresses verbunden ist und in einer übergreifenden Organisation, wie zum Beispiel die der Disziplin, stattfindet[19]. Ein Spezialgebiet mit oppositioneller Konkurrenz kann einfach als ein Gebiet beschrieben werden, das durch entgegenge-setzte Problemstellungen, Forschungsverfahren und Interpretationsregeln charakteri-siert ist.

Im Gegensatz dazu tritt Erklärungskonkurrenz ein, wenn Übereinstimmung über das Forschungsobjekt besteht, aber Divergenzen über angemessene Erklärungsmodelle auftreten. Diese Divergenzen können mit der Verwendung unterschiedlicher Techniken verbunden sein oder auch gemeinsame Techniken erlauben, allerdings unterscheidet sich wahrscheinlich die Anwendung der Techniken, sowie die Interpretation der For-schungsergebnisse. Die grundlegenden analytischen Techniken der Biologie zum Bei-spiel werden von fast allen Krebsforschern verwendet, dennoch unterscheiden sich einige der Forscher in der Interpretation der mit diesen Techniken erzielten Ergeb-nisse. Anstelle unterschiedlicher Weltanschauungen findet man hier entgegengesetzte Vorstellungen zum besseren Verständnis der Forschungsobjekte, konkurrierende Er-klärungen zugrundeliegender Mechanismen, die bestimmte Forschungsstrategien impli-zieren, sowie unterschiedliche Definitionen von Teilproblemen und der Bewertung vor-geschlagener Lösungen. Mit anderen Worten, die Konkurrenz besteht aus divergenten Erklärungsmodellen, die die Phänomene des gegebenen Forschungsobjekts zufrieden-stellend erklären und konzeptualisieren. Dies impliziert die Existenz von Regeln, die entscheiden, welcher Ansatz auf lange Sicht der fruchtbarste ist. Die Regeln basieren auf der gemeinsamen Definition des Forschungsobjektes.

Technische Konkurrenz bezieht sich auf Fälle mit unterschiedlichen Forschungs-techniken und Konflikten über ihre Validität und Nützlichkeit, sowie auf die Inter-pretation der mit ihrer Hilfe erzielten Forschungsergebnisse. Die aus verschiedenen Technologien hervorgehende Konkurrenz bezieht sich auf Fragen wie, welche der Techniken ermöglicht ein besseres Verständnis der Operation bestimmter Mechanis-men, möglicherweise auch auf die Nützlichkeit einer Technik, die zwar erhebliche Trennungsschärfe, aber einen engen Anwendungsbereich hat, wie zum Beispiel im Fall verschiedener Elektronenmikroskopien, Neutronenstreuungen und Röntgen-spektren in der Physik. Sofern vorhandene Erklärungsmodelle nicht besonders ent-wickelt sind, konkurrieren die damit verbundenen Techniken in geringerem Maße als alternative Verfahren zur Bearbeitung naheliegender Forschungsprobleme. In einem solchen Fall sind technische oder „taktische" Kriterien von besonderer Bedeutung, da keine eindeutigen „strategischen" oder theoretischen Maßstäbe vorhanden und anwendbar sind.

Extensionale Konkurrenz schließlich bezieht sich auf die angemessene Anwendung und Erweiterung einer Technik oder eines Erklärungsmodells. In diesem Fall treten bei einem Konsensus über das Forschungsobjekt, das beste Erklärungsmodell und angemessene Techniken Meinungsverschiedenheiten über die Verbindung des Modells mit den Techniken zur Definition und Lösung von Forschungsproblemen auf. Konflikte ergeben sich aus unterschiedlichen Interpretationen des akzeptierten Modells, seine Anwendbarkeit auf bestimmte Systeme und darüber, wie die mit bestimmten Techniken erzielten Ergebnisse in Bezug auf das Erklärungsmodell interpretiert werden sollen. Nach der Aufnahme bestimmter erklärungsbedürftiger Phänomene in das dominante Erklärungsmodell, z.B. Übergangsmetallkarbenchemie, ergeben sich Streitfragen über die Behandlung der Phänomene durch eine Extension des Modells und der Entwicklung bestehender analytischer Techniken wie im Fall der Analyse „ungeordneter" oder amorpher Festkörper in der Physik. Alternative Interpretationsmöglichkeiten des Modells und unterschiedliche Verwendungsmöglichkeiten der Techniken werden als konkurrierende Ansätze für das beste Verständnis der Phänomene angesehen.

III. Spezialgebiete, Forschungsbereiche und Konkurrenzformen

Die an anderer Stelle[20] analysierte Unterscheidung von Spezialgebieten und Forschungsbereichen geschah ohne systematische Einbeziehung der Idee der kognitiven und sozialen Konkurrenz. Das sich an dieser Stelle daher ergebende Problem bezieht sich auf die Bedingungen, unter denen Konkurrenzformen auftreten, und auf die Beziehungen zwischen der Art der Organisation von Spezialgebieten und Forschungsbereichen. Darüberhinaus ist es notwendig zu untersuchen, welche Konsequenzen verschiedene Konkurrenzformen für die Entwicklung von Spezialgebieten haben. Dies wiederum führt zu einer Analyse der Beziehungen des allgemeinen kognitiven und sozialen Kontexts von Spezialgebieten und Disziplinen zur Formation neuer Spezialgebiete sowie des Verfalls oder der Transformation bestehender Spezialgebiete.

In einem vorangegangenen Aufsatz verwies ich darauf, daß eine geringe kognitive Institutionalisierung des Spezialgebietes eine von zwei Formen annehmen kann. Es besteht erstens die Möglichkeit einer Anzahl entwickelter, konkurrierender Erklärungsmodelle zur Explikation des Forschungsobjektes; zweitens existiert das Spezialgebiet im Fall keines eindeutig entwickelten Modells im kognitiven Sinn nur als allgemeine Verständigung über das Forschungsobjekt. Oppositionelle Konkurrenz weist auf einen dritten Aspekt geringer kognitiver Institutionalisierung hin, und zwar Dissens über Einzelheiten des vorherrschenden Realitätsinteresses. In anderen Worten konkurrieren nicht nur unterschiedliche Erklärungsmodelle miteinander, sondern diese Modelle sind mit opponierenden Definitionen des Forschungsobjektes verbunden, so daß ein nur minimaler Konsensus in Bezug auf das Forschungsobjekt besteht und eine weitere Artikulation dieses Problems Gegenstand erheblicher Dispute ist. Ein geringer Grad kognitiver Institutionalisierung tritt gleichfalls nicht nur als Resultat mangelhaft artikulierter Erklärungsmodelle zur Forschungssteuerung auf, sondern auch als Konsequenz einer mangelhaft entwickelten Definition des Forschungsobjektes, so daß unklar ist, wie ein „erfolgreicher" oder „nützlicher" Mechanismus aussieht, sofern er je formuliert werden sollte. Im Fall der Krebsforschung zum Beispiel existiert offenbar ein gewisser Konsensus über die allgemeinen Charakteristika von Krebserregern, allerdings ist immer noch nicht klar, ob es einen grundlegenden Krebstyp und damit einen Erklärungsmechanismus gibt, zum Beispiel den Virus, oder ob es verschiedene Krankheitstypen gibt, die alle krebsartig genannt werden, und damit eine Reihe unterschiedlicher Erklärungsmodelle möglich sein können. Es stehen eine Anzahl möglicher Erklärungsmodelle aus biochemischen und biologischen Spezialgebieten zur Verfügung, da es aber keine weitgehende Übereinstimmung über die Art des Forschungsobjekts gibt, können diese Modelle nicht eindeutig verglichen oder ihre Entwicklungen und Anwendungen bewertet werden. Weiterhin sollte man zwischen dem Grad der kognitiven Struktur oder Artikulation eines Konzeptes oder Modells in einem Spezialgebiet, dem Grad des Konsensus über seine Leistungsfähigkeit und Ausdrucksfähigkeit, sowie seine Anwendbarkeit und dem Grad der sowohl kognitiven als auch sozialen Durchdringbarkeit oder Offenheit eines Spezialgebietes unterscheiden. Der Grad der eindeutigen Definition der Forschungsprobleme variiert und die Art und Weise ihrer Darstellung beeinflußt die Bewertung und Anwendung angemessener Erklärungsmodelle. Die Entwicklung einer Definition oder eines Erklärungsmodells impliziert zwar einen minimalen Konsensus über die Bedeutsamkeit einer solchen Entwicklung, allerdings folgt daraus nicht, daß ein weitreichender Konsensus, besonders unter denen, die sich primär mit dem allgemeinen Forschungsobjekt des Spezialgebietes befassen, über die Definition oder Nützlichkeit des vorgeschlagenen Mechanismus besteht. Im Hinblick auf Artikulation, Konsensus und Durchdringbarkeit impliziert oppositionelle Konkurrenz einen geringen Grad kognitiver und sozialer Institutionalisierung und einen hohen Grad von Durchdringbarkeit eines Spezialgebietes, obwohl andere Kombinationen dieser drei Aspekte vorkommen können. An dieser Stelle sollte erwähnt werden, daß in entwickelten Disziplinen mit etablierten institutionellen Strukturen eine Polarisierung sozialer Gruppen nicht gleichzeitig mit einem oppositionellen Nebeneinander von Ideen vorkommen muß. Je mehr diese Ideenformen jedoch bearbeitet werden und unterschiedliche Techniken, Metaphysiken und Forschungsobjekte einschließen, desto eher kann man eine soziale Polarisierung erwarten.

Die Erklärungskonkurrenz weist auf einen weniger extremen Fall der Desorganisation hin, indem von einem Konsensus über eine Formulierung des Forschungsobjektes des Spezialgebietes ausgegangen wird, der als Mittel der Anerkennung für die Fortschritte eines Ansatzes durch konkurrierende Ansätze dient. Anstelle der Zusammensetzung des Spezialgebietes aus opponierenden Gruppen mit eigenen elaborierten kognitiven Strukturen, mag eine Anzahl gemeinsamer Zeitschriften und wissenschaftlicher Konferenzen zur Diskussion und Entwicklung alternativer Strategien beitragen. Der Kontakt zwischen den Gruppen variiert mit dem Grad der Artikulation der konkurrierenden Erklärungsmodelle und dem Grad, in dem die Modelle unterschiedliche Forschungsprogramme implizieren. Je entwickelter die Erklärungsmodelle sind und je häufiger sie als konkurrierende Modelle verstanden werden und nicht als Modelle, die verschiedene

Aspekte des Forschungsproblems explizieren, desto fragwürdiger ist die soziale Kohäsion des Spezialgebietes. Das Konkurrenzverhalten im Spezialgebiet mag zwar dadurch reduziert sein, daß Wissenschaftler verschiedene Aspekte des zentralen Forschungsproblems für ihr Erklärungsmodell in Anspruch nehmen, und die Modelle deshalb als konsonant, aber nicht in direkter Beziehung zueinander stehend ansehen, so ist es dennoch möglich, daß die verschiedenen Erklärungsmodelle im Laufe ihrer Entwicklung extensiver werden, zusätzliche Aspekte des Forschungsproblems einbeziehen und, sofern sich die alternativen Modelle etwa gleich schnell entwickeln, dann doch als opponierende Modelle verstanden werden. Ob sich solche Gegensätze im Rahmen des gegebenen Forschungsproblems des Spezialgebietes halten, hängt von der Bedeutung des Spezialgebietes für die Disziplin und disziplinären Bewertungen der konkurrierenden Ansätze ab. Mit anderen Worten, inwieweit opponierende Erklärungsmodelle Widersprüche im Rahmen des allgemein akzeptierten Forschungsproblems lösen können, hängt zumindest teilweise von der Beziehung der Definition des Forschungsproblems zur Mutterdisziplin und der Art, in der verschiedene Erklärungsansätze in der Hierarchie der Wissenschaft bewertet werden, ab. Je bedeutsamer ein Spezialgebiet für eine institutionalisierte Disziplin ist, desto wahrscheinlicher ist es, daß ihre Identität erhalten bleibt; gleichzeitig gilt, je mehr ein bestimmter Erklärungsansatz dem in der Wissenschaft und ansonsten vorherrschenden Ansatz entspricht, desto wahrscheinlicher ist es, daß er konkurrierenden Ansätzen gegenüber als überlegen angesehen wird. Eine Eskalation des Konflikts bis zu Auseinandersetzungen um allgemeine Perspektiven und Weltanschauungen, wie man sie besonders in den Sozialwissenschaften und einigen Gebieten der Biologie beobachten kann, ist weniger wahrscheinlich, sofern die Definition des Forschungsproblems eines Spezialgebietes von besonderer Bedeutung für die Disziplin ist und eines der Erklärungsmodelle in direkter Beziehung zu angesehenen und mächtigen Spezialgebieten steht. Im Gegensatz dazu kann man erwarten, daß in marginalen Spezialgebieten oder in Spezialgebieten, deren Definition des Forschungsproblems die Identität der Disziplin ungefährdet läßt, die Erklärungskonkurrenz in oppositionelle Konkurrenz umschlägt, die dann wiederum dazu führt, daß entweder eine Gruppe Wissenschaftler ein neues Spezialgebiet mit einem neudefinierten Forschungsproblem schafft, oder daß es zu einem vernichtenden Konflikt um Artikulation und Definition des Forschungsproblems kommt. Die Wahrscheinlichkeit der zuletzt genannten Entwicklung steht in Beziehung zur Konkurrenz um die Mittel zur Ausführung der opponierenden Ansätze, dem Prestige der mit diesen Ansätzen verbundenen Spezialgebiete und Disziplinen, der Perzeption der Wissenschaftselite sowie natürlich dem relativen „Erfolg" der verschiedenen Ansätze bei der Lösung ihrer Probleme.

Die bisherige Erörterung ist weitgehend davon ausgegangen, daß jedes der Erklärungsmodelle in den verschiedenen Konfliktsituationen etwa äquivalente Mittel — kognitive wie soziale — zur Verfügung hat. Dies ist natürlich kaum wahrscheinlich, deshalb kommt es auch selten zu einem direkten Konflikt zwischen opponierenden entwickelten kognitiven Strukturen. Eine Analyse der Entwicklungsprozesse von kognitiven Strukturen, ihrer Anwendung und Verschiedenheit kann jedoch zufriedenstellend ausgeführt werden, wenn man davon ausgeht, daß Konflikte Teil der Wissenschaft sind. Solche kognitiven Strukturen treten in bestimmten kognitiven und sozialen Kontexten auf und stehen gleichzeitig zu den oben genannten Faktoren in Verbindung. Zu den kognitiven Filtern, die die Artikulation von Ideen und kognitiven Strukturen beeinflussen, gehören der Grad der Konsonanz mit dem dominierenden Wissenschaftsverständnis sowie die Leistungsfähigkeit der neuen Ideen in Bezug auf existierende wissenschaftliche Interessen und Ansätze. Der „versteckte Variablen"-Ansatz in der Mikrophysik etwa ist durch seine Irrelevanz zu konkreten Forschungsproblemen behindert. Während dieser Ansatz von philosophischem Interesse sein mag, sind seine Entwicklungschancen dennoch gering, solange er nicht auf gegenwärtige Forschungsprobleme anwendbar ist[22].

Zu den sozialen „Filtern" gehören ebenfalls das Prestige der mit einer Innovation in Verbindung stehenden Wissenschaftler, der Grad ihrer Bindung an die Innovation, ihr Zugang zu Forschungsmitteln usw. Je mehr eine bestimmte Idee oder Perspektive mit gängigen Interessen und Ansätzen zusammenfällt und angesehenen Ursprungs ist, desto wahrscheinlicher wird ihr, setzt man einen Grad von Bindung und „Erfolg" voraus, und nicht möglichen Alternativen Aufmerksamkeit geschenkt, wird sie entwickelt und angewandt. Dies bedeutet jedoch nicht, daß die wissenschaftliche Entwicklung monolithisch, selbstrechtfertigend und linear ist, sondern soll darauf hinweisen, daß solche Filter existieren und daß die Entwicklung von Ideen ein Wettbewerbsprozeß ist, in dem bestimmte Vorstellungen von vornherein Vorteile haben. Neben den sozialen und kognitiven Filtern bei der Artikulation von Vorstellungen existieren ähnliche Faktoren auf der eigentlichen Ebene des Wettbewerbs. Die mit etablierten wissenschaftlichen Disziplinen in Verbindung stehenden Erklärungsansätze können, ceteris paribus, auf mehr Forschungsunterstützung, Universitätspositionen und technische Unterstützung rechnen als weniger „wissenschaftliche" Ansätze. Erklärungsansätze in Spezialgebieten mit geringem Konflikt und geringer Autonomie von direkten gesellschaftlichen Einflüssen, die mit allgemeinen gesellschaftlichen Vorstellungen übereinstimmen, werden ebenfalls höher eingeschätzt als solche, die dies nicht tun. Sofern die zur Verfügung stehenden Ressourcen knapp sind, brechen Gruppen von Wissenschaftlern, die den allgemeinen Vorstellungen entgegengesetzte Erklärungsansätze vertreten, entweder auseinander oder entwickeln sich zu Gruppen mit hoher Solidarität und einer beinahe sektenartigen Organisationsform[23]. Eine solche Entwicklung ist allerdings in den Sozial- und biologischen Wissenschaften wahrscheinlicher als in den Naturwissenschaften, da sie durch größere kulturelle Autonomie gekennzeichnet sind und als „erfolgreich" angesehen werden; in der Tat bestimmen die Naturwissenschaften Erfolgskriterien für andere wissenschaftliche Gebiete[24].

In wissenschaftlichen Spezialgebieten mit ungenauen Problemansätzen und wenig entwickelten Erklärungsansätzen bestimmen häufig die Forschungsbereiche die kognitive und soziale Identität der Wissenschaftler. In interdisziplinären Bereichen ist dies allerdings häufig nicht der Fall. In diesen Fällen bestimmen Modelle und Techniken angrenzender Spezialgebiete die Basis eines Forschungsbereichs, bis der Bereich in der Lage ist, eigene kognitive Strukturen zu entwickeln und einen eigenen separaten Problemansatz zu artikulieren. Eine solche Entwicklung muß aber tatsächlich nicht unbedingt eintreten, da der Einfluß angrenzender Spezialgebiete unterschiedlich sein kann und Forschungsbereiche, die auf einer bestimmten Technik basieren und daher als Mittelpunkt sozialer Kontakte angesehen werden können, dennoch sozial als beinahe atomistisch erscheinen. Im Fall eines Krebslabors zum Beispiel ist die Häufigkeit der Kommunikation und Zusammenarbeit in angeblich existierenden sozialen Gruppen gering; sofern solche Kontakte vorkommen, werden sie nicht erwidert, das heißt ein Wissenschaftler erinnert sich dann nicht, mit einem anderen zusammengearbeitet zu haben; schließlich sind Gruppenzugehörigkeit und -grenzen variabel[25]. Röntgentechniken werden sowohl von Biochemikern als auch Biologen verwendet, während die Wissenschaftler, die chemische Auslöser zur Untersuchung von Krebs verwenden, teilweise unter Molekular- und teilweise unter Zellforschern zu finden sind. Einige Wissenschaftler verwenden Elektronenmikroskopie, andere nicht, auf jeden Fall können häufig nur die Physiker, die die Maschinen bedienen, die Ergebnisse völlig interpretieren. Mit anderen Worten, etwa vorhandene Kriterien zur Abgrenzung von Forschungsbereichen ergänzen sich unter diense Bedingungen nicht, sondern widersprechen sich, so daß sich keine eindeutigen kognitiven und sozialen Grenzen entwickeln können und unklar bleibt, in welchem Grad Krebsforscher eine soziale und kognitive Gruppe als solche bilden[26]. In diesem Fall existieren keine eindeutig artikulierten Erklärungsmodelle zur Explikation des ungenau definierten Forschungsproblems, sondern nur eine Reihe möglicher, aus anderen Bereichen übernommener Ansätze und Techniken, die Forschungsbereiche bestimmen. Diese Forschungsbereiche konkurrieren miteinander, da jedoch das allgemeine Problem nur ungenau definiert ist, sind die Kriterien für Erfolg oder Mißerfolg der Erklärungsansätze undurchsichtig und daher ist die genaue Basis der Konkurrenz unbestimmt. Unter diesen Bedingungen ist die Mobilität von Ideen und Wissenschaftlern von Forschungsbereich zu Forschungsbereich wahrscheinlich gering und die Entwicklung der Forschung sowie die Bewertung der Lösungen besonders offen gegenüber Einflüssen anderer wissenschaftlicher Gebiete und gesellschaftlicher Institutionen.

Sofern das Spezialgebiet institutionalisiert ist, bezieht sich die technische Konkurrenz auf Forschungsbereiche mit unterschiedlichen analytischen Techniken, die dann entweder komplementär sind, indem sie dazu dienen, verschiedene Aspekte eines Mechanismus zu untersuchen oder verschiedene Systeme zu analysieren, oder supplementär, indem sie mit opponierenden Interpretationen und Ergänzungen des dominanten Erklärungsmodells verbunden sind. Im ersten Fall bilden sie, sofern die Technik hinreichend komplex ist und besondere Kenntnisse verlangt, wie zum Beispiel in der Neutronenstrahl-Kristallographie, die Basis für soziale und kognitive Einheiten innerhalb des umfassenden Erklärungsmodells. Sobald der Konflikt ansteigt und sich in alternativen Erklärungsmodellen niederschlägt, können dagegen supplementäre Techniken als alternative Bezugspunkte zum Spezialgebiet zur Herausbildung sozialer Identität dienen. Der Grad der Institutionalisierung von Forschungsbereichen mit eigenen Techniken und Erklärungsmodellen ist auf jeden Fall höher als der von Forschungsbereichen, die nur auf eigenen Techniken basieren. In wissenschaftlichen Spezialgebieten mit hoher sozialer Solidarität ist der Grad der sozialen Institutionalisierung auf der Ebene der Forschungsbereiche gering und vice versa, obwohl in einigen etablierten Spezialgebieten in institutionalisierten Disziplinen, die durch sich nur langsam entwickelnde kognitive Strukturen gekennzeichnet sind, die Zahl der sozialen Kontakte gering sein mag und formelle Kontaktmöglichkeiten bedeutsamer sein können; in diesem Fall dient die Disziplin als Basis sozialer Identität.

Es ist möglich, daß unterschiedliche Interpretationen, Anwendungen und „interessante" Erweiterungen des dominanten Erklärungsmodells in kognitiv institutionalisierten Spezialgebieten als Basis zur kognitiven Abgrenzung von Forschungsbereichen dienen, allerdings dienen solche Forschungsbereiche kaum als Basis der sozialen Identität, es sei denn, die zur Verfügung stehenden Ressourcen sind sehr knapp oder die Abgrenzung von Forschungsbereichen ist starr und verhindert damit bewußt die Entwicklung einiger Erweiterungen des dominanten Erklärungsmodells. Auf sozialer Solidarität basierende Forschungsbereiche entwickeln sich kaum, sofern ein System informeller Kommunikation auf der Ebene des Spezialgebietes besteht und extensionale Forschungsbereiche dazu ohne Schwierigkeiten Zugang finden. Im umfassenden Rahmen des Spezialgebietes sollte Mobilität zwischen Forschungsbereichen relativ einfach und häufig sein. In diesem Zusammenhang ist interessant, die Mobilität von Theoretikern und Experimentierern der Festkörperphysik zu vergleichen. Die speziellen Kenntnisse der Theoretiker sind mathematische Kenntnisse, die sie auf eine umfangreiche Zahl „idealer" Systeme anwenden, während sich die Experimentierer ihre Kenntnisse in der Untersuchung bestimmter Systeme mit bestimmten Techniken aneignen, die in ihrer allgemeinen Anwendung begrenzt sind. Auf der Suche nach fruchtbaren Anwendungsmöglichkeiten des dominanten Erklärungsmodells wird die Frage nach der kognitiven Abgrenzung jedoch möglicherweise akut, insbesondere dann, wenn neue Systeme eine Revision des Erklärungsmodells verlangen oder doch zumindest seine gegenwärtig akzeptierte Interpretation in Frage stellen. Inwieweit solche Entwicklungen in der Wissenschaft als abweichend angesehen werden, muß noch untersucht werden; auf jeden Fall schließen sie die Herausbildung von kognitiven und sozialen Grenzen ein. Die Entwicklung eines durch hohe Solidarität gekennzeichneten Forschungsbereiches innerhalb eines institutionalisierten Spezialgebietes impliziert in gewisser Hinsicht eine Bedrohung und wird daher wahrscheinlich als abweichend angesehen. Das gegenwärtig zu beobachtende Wachstum der radikalen politischen Ökonomie im Bereich der Ökonomie und die Schule der „neuen" Kriminologie und des abweichenden Verhaltens in der Soziologie sind Beispiele einer solchen Entwicklung. Die Perzeption der Abweichung wird sicher akzentuiert, wenn die Mitglieder eines Gebietes es für nötig halten, zur Behandlung schwieriger Phänomene Ideen und Techniken aus anderen Spezialgebieten zu importieren. Je größer jedoch die gesellschaftliche Anerkennung einer Disziplin und ihrer wichtigsten Spezialgebiete ist, desto eher toleriert sie solche Abweichungen, besonders dann, wenn sie im Rahmen der traditionell anerkannten institutionellen und organisatorischen Grenzen auftreten, das heißt, daß sie nicht wie etwa im Fall der *Velikovsky*-affäre das traditionelle Wissenschaftsverständnis und die Vorherrschaft der Disziplin bedrohen[27].

VI. Konkurrenz, Autonomie und Entwicklung

In meiner Diskussion der Beziehungen zwischen vorherrschendem Wissenschaftsverständnis, kulturellen Bewertungssystemen und kognitiven Entwicklungsformen lag das Schwergewicht bisher teilweise zumindest auf einer Erklärung der kognitiven Entwicklung als Resultat von Wissenschaftsverständnis und Bewertungssystem, ohne damit mögliche Rückwirkungen bestimmter Entwicklungen auf dominante Erklärungsmodelle und insbesondere den Einfluß des vorherrschenden Wissenschaftsverständnisses auf die Kultur der westlichen Gesellschaft zu berücksichtigen. Dies heißt, die Art und Weise, in der die „erfolgreichen" Wissenschaften, besonders Chemie und klassische Physik, die in unserer Kultur dominierenden Modelle der Analyse und des Verständnisses bestimmt haben und damit ihren auf jeden Fall bedeutsamen direkten Einfluß auf Entwicklungen neuerer Wissenschaften noch steigern. Diese Auslassung illustriert die Notwendigkeit einer systematischen Darstellung der Beziehungen zwischen der Entstehung von Wissenschaften ("sciencing") und der Entwicklung allgemeiner kultureller Vorstellungen[28]; an dieser Stelle möchte ich mich jedoch auf eine kurze Darstellung der Autonomie und Entwicklung von wissenschaftlichen Spezialgebieten im Licht gesellschaftlicher und wissenschaftlicher Vorstellungen begrenzen, ohne auf ihre gegenseitigen Beziehungen einzugehen.

Eine pluralistische Darstellung der Wissenschaften[29] muß sich des unterschiedlichen Status der verschiedenen Wissenschaften, ihrer Erklärungsmodelle, Techniken und der allgemeinen Weltanschauung bewußt sein. Häufig bestimmt, wie oben angedeutet, das Schichtungssystem die Basis für wissenschaftliche Konkurrenz und vermittelt die dominante Kultur. Eine Darstellung der Autonomie und Konkurrenz von Spezialgebieten, die darauf hinzielt, ihre Entwicklung zu analysieren und zu bewerten, muß die Wirkung des Schichtungssystems und seiner Institutionalisierung in Universitäten sowie anderen gesellschaftlich legitimierten und unterstützten Organisationen berücksichtigen. Die wissenschaftliche Entwicklung vollzieht sich verschiedentlich in unterschiedlichen Spezialgebieten und in unterschiedlichen disziplinären Strukturen. Die folgende Darstellung untersucht die Bedingungen geringer sozialer und kognitiver Institutionalisierung, oppositioneller Konkurrenz und Erklärungskonkurrenz und schließlich die der technischen und extensionalen Konkurrenz.

a) Autonomie und Entwicklungen neuerer Disziplinen und Spezialgebiete

Der Einfluß entwickelter Wissenschaften, der dominanten Kultur und gesellschaftlicher Institutionen auf neuere Disziplinen, die noch nicht völlig durch die wissenschaftliche und gesellschaftliche Elite legitimiert sind und noch keine spezifischen Spezialgebiete entwickelt haben, es sei denn im Hinblick auf konkurrierende Perspektiven und disziplinäre Forschungsobjekte, dürfte besonders ausgeprägt sein. Mit anderen Worten, in diesen Disziplinen konstituieren das wissenschaftliche Schichtungssystem und nichtwissenschaftliche Interessen die dominierenden Einflüsse auf ihre Entwicklung, daher sollte die kognitive Struktur dieser Disziplinen diese Einflüsse reflektieren. Es ist zu erwarten, daß Entwicklungen, die eher mit denen der Wissenschaftshierarchie und gesellschaftlichen Interessen übereinstimmen, unter diesen Bedingungen durch die Zuteilung von Ressourcen bevorzugt werden. Während diese Darstellung nur auf eine geringe Anzahl von Disziplinen zutreffen mag und ein direkter Zusammenhang zwischen Problemwahl und gesellschaftlichen Interessen nach einer Integration in gesellschaftlich sanktionierte Kontroll- und Trägerinstitutionen — die Universitäten — nicht mehr zu beobachten sein mag, so muß dennoch betont werden, daß gesellschaftliche Interessen generell wissenschaftliche Disziplinen beeinflussen und daß indirekte Zwänge ebenso limitierend wirken können. Geht man zum Beispiel von der Entwicklung einer bestimmten analytischen Technik aus sowie davon, daß diese Technik beschränkend auf die Behandlung einer bestimmten Art von Forschungsproblem wirkt, so kann die Zuteilung von Ressourcen zur Erweiterung bestimmter Techniken die Probleme begrenzen, mit denen sich die Wissenschaft beschäftigen kann. Ein konkretes Beispiel für die Situation wäre etwa das Eindringen von Computern in die Sozialwissenschaften. Man kann erwarten, daß die kognitive Entwicklung in diesen Disziplinen für plötzliche Änderungen verbunden mit ausführlichen wissenschaftstheoretischen Diskussionen über das „tatsächliche" Forschungsobjekt der Disziplin anfällig ist. Darüberhinaus dürften langfristige Forschungsprogramme seltener sein, es sei denn, wie im Fall der Kriminologie, als Folge gesellschaftlicher Interessen. Forscher in diesen Disziplinen sollten in der Lage sein, sowohl ihre allgemeine Perspektive häufig zu ändern, als auch unter Beibehaltung ihrer Perspektive das Forschungsobjekt zu wechseln und dennoch die gleichen Techniken zu verwenden[30]. Stabile und zu einem hohen Grad institutionalisierte Forschungsbereiche sollten unter diesen Bedingungen selten sein, ebenso sollten spezifische Spezialgebiete unter die allgemeine disziplinäre Perspektive subsumiert werden.

Der Einfluß der Wissenschaftshierarchie auf die Problemdefinition und Erklärungsmodelle ist besonders deutlich im Fall der angelsächsischen Sozialwissenschaften[31] zu beobachten, gilt aber auch für andere Wissenschaften, insbesondere interdisziplinäre Gebiete. Allgemein kann man erwarten, daß die Beziehung von kognitiver Entwicklung, Wissenschaftshierarchie und gesellschaftlichen Interessen im Fall eines wissenschaftlichen Spezialgebietes eng ist, das durch oppositionelle Konkurrenz, Erklärungskonkurrenz oder einen geringen Grad von Institutionalisierung gekennzeichnet ist. Andererseits kann man erwarten, daß ein wissenschaftliches Spezialgebiet durch einen hohen Grad sozialer Autonomie charakterisiert ist, sofern es ausgeprägten Konsensus über ein entwickeltes Forschungsprogramm zeigt und von zentraler Bedeutung für eine etablierte Disziplin ist. Der Erwerb von Autonomie und die Entwicklung eines solchen „monistischen" Spezialgebietes sind natürlich voneinander abhängige Prozesse, ein Charakteristikum folgt nicht notwendigerweise aus dem anderen[32], sofern sich ein monistisches Spezialgebiet aber einmal etabliert hat, ist es autonomer als pluralistische Spezialgebiete.

Darüber hinaus variiert die Art der Beziehungen zu gesellschaftlichen Interessen mit dem Grad der Institutionalisierung. Im Fall institutionalisierter Spezialgebiete steht die Zuteilung von Ressourcen mit der Entwicklung von Forschungsbereichen in Verbindung, wie etwa im Fall der militärischen Unterstützung der Frakturmechanik, und mit der Anwendung bestimmter Technologien, besonders dann, wenn es sich um komplexe und teure Technologien handelt, normalerweise aber nicht mit dem Forschungsproblem oder Erklärungsmodell des Spezialgebietes. Oft ist allerdings nicht klar, ob die Zuteilung von Ressourcen hauptsächlich auf gesellschaftliche Interessen zurückgeht, da sich viele Forschungsobjekte trotz angeblicher gesellschaftlicher Relevanz nur wenig von denen unterscheiden, die als weniger relevant angesehen werden. Forscher in der Medizin verweisen etwa auf die Krebs-Publizität als Beispiel. Dies wiederum macht deutlich, wie wichtig es ist, an dieser Stelle aber nicht ausführlicher diskutiert werden kann, die tatsächlichen Beziehungen zwischen Wissenschafts- und Gesellschaftselite sowie dem dominanten Wissenschaftsverständnis und dominierenden gesellschaftlichen Vorstellungen zu untersuchen. In wissenschaftlichen Spezialgebieten mit geringer Institutionalisierung kann man dagegen erwarten, daß ihre Forschungsprobleme und bevorzugten Erklärungsmodelle eher „externen" Einflüssen unterliegen. So wird zum Beispiel die Dominanz biochemischer Ansätze in der Krebsforschung von Seiten einiger Forschungsfonds kritisiert; man kann deshalb davon ausgehen, daß sie alternative Erklärungsmodelle bevorzugen. Im Fall dieser Spezialgebiete dürften wissenschaftliche und gesellschaftliche Präferenzen für bestimmte Erklärungsmodelle und Forschungsprobleme den Wissenschaftler häufiger bei der Wahl „interessanter" Probleme, angemessener Techniken und Lösungsversuche beeinflussen. Mit anderen Worten, während monistische Spezialgebiete aller Wahrscheinlichkeit nach ihre eigenen Verfahrensweisen und Bewertungskriterien für Techniken und Lösungsverfahren entwickelt haben, die als selbstrechtfertigend und angemessen angesehen werden, so daß gesellschaftliche Interessen nur auf die allgemeine Förderung von Forschungsbereichen Einfluß nehmen, stehen in anderen wissenschaftlichen Spezialgebieten gesellschaftliche Interessen in Beziehung zu spezifischeren Aspekten der wissenschaftlichen Praxis. In diesem Fall impliziert eine Problemlösung die Förderung bestimmter Techniken und Erklärungsmodelle, da die Definition des Problems auf der Annahme bestimmter theoretischer Vorstellungen beruht und deshalb auch die Anwendung bestimmter Techniken und Erklärungsmodelle erfordert.

Kognitive Entwicklungen in einem wissenschaftlichen Spezialgebiet, das durch keine eindeutigen oder konkurrierenden Forschungsprobleme gekennzeichnet ist, somit nur einem vage definierten Forschungsobjekt verpflichtet ist und deshalb auch nicht in der Lage ist, Erklärungsmodelle angrenzender Spezialgebiete und Disziplinen systematisch zu bewerten, werden aller Wahrscheinlichkeit nach von der Anwendung geborgter Techniken und Erklärungsmodelle auf bestimmte Systeme und Materialien dominiert, die allgemein in Relation zu dem Forschungsproblem gesehen werden. Forschungsbereiche spezialisieren sich, mit anderen Worten, mit Hilfe von in anderen Gebieten entwickelten Techniken und Erklärungsmodellen. Unter diesen Bedingungen beeinflußt die Perzeption von Erfolgen in anderen Spezialgebieten direkt die Verwendung von konkurrierenden oder potentiell konkurrierenden Ansätzen, und gesellschaftliches Desinteresse an bestimmten Ansätzen — oder die Nichtbereitschaft, Alternativen zu berücksichtigen — kann direkt in den Zwang zur Wahl einer bestimmten Problemdefinition und Technik übersetzt werden. Die Abwesenheit von entwickelten kognitiven Strukturen auf der Ebene des Spezialgebietes oder der Disziplin, die die Forschungsstrategie und -taktiken bestimmen und legitimieren, sowie das Fehlen einer solidarischen Sozialstruktur machen es schwer, gesellschaftliche Interessen und Forderungen zu ignorieren oder offen umzuwandeln. Es muß betont werden, daß Forderungen dieser Art nicht nur vom Staat und seinen Repräsentanten kommen können, sondern auch von anderer Seite; in der biomedizinischen Forschung zum Beispiel ziehen

Patienten sicher die einfachere Behandlung durch Tabletten einer umfangreicheren Behandlungsform vor. Einflüsse dieser Art führen häufig dazu, daß das Forschungsziel eingeschränkt wird und man sich intensiver auf Ausbau und Verbesserung vorhandener Techniken, statt auf ein zusammenhängendes, systematisches Forschungsprogramm, das auf einem Erklärungsmodell basiert, konzentriert. Es dominieren kurzfristig angelegte, opportunistische Forschungsprobleme, und es gibt selten eine Forschungsstrategie, die die Ergebnisse solcher Forschungsarbeiten integriert. In dieser Situation arbeiten Wissenschaftler an eng umschriebenen Problemen, die häufig nicht zueinander in Beziehung stehen, es sei denn auf Grund gemeinsamer Techniken, in der Hoffnung, daß sich irgendwelche interessanten und nützlichen Ergebnisse finden. Da das wissenschaftliche Spezialgebiet jedoch nicht durch entwickelte kognitive Strukturen gekennzeichnet ist, durch die Forschungsergebnisse als interessant bewertet werden könnten, ist häufig unklar, wie signifikante Ergebnisse als solche erkannt werden können. Darüber hinaus ist unklar, wann ein Forschungsergebnis als „nützlich" bezeichnet werden kann, da die Korrespondenzregeln für das Forschungsergebnis und seine praktische Verwendung erst noch entwickelt werden müssen, besonders dann, wie oft der Fall ist, wenn die Definition des praktischen Problems — ausgenommen im ganz allgemeinen Sinn — unbestimmt ist. Unter diesen Bedingungen ist wahrscheinlich, daß die Forschung sowie ihre Nützlichkeit kurzfristig auf Grund von technischen Normen angrenzender Spezialgebiete bewertet wird, während langfristig ihr Erfolg oder Mißerfolg von der Lösung gesellschaftlich bestimmter praktischer Probleme abhängt.

Die kognitive Entwicklung des wissenschaftlichen Spezialgebiets kann sich in dieser Situation auf unterschiedliche Weise vollziehen. Erstens, das Spezialgebiet kann einfach von einem angesehenen angrenzenden Gebiet annektiert werden, indem es von einer bestimmten Technik und einem bestimmten Erklärungsmodell dominiert wird. Das Spezialgebiet entwickelt sich möglicherweise zu einem Anhängsel des dominanten Erklärungsmodells einer der angrenzenden Gebiete, dies wiederum hängt von der kognitiven und sozialen Struktur der angrenzenden Gebiete ab. Dieser Fall ist natürlich weniger wahrscheinlich, sofern es sich bei diesen Spezialgebieten um kognitiv und sozial pluralistische Gebiete handelt, sie keine entwickelten Erklärungsmodelle enthalten, die auf das zentrale Forschungsproblem des sich entwickelnden Spezialgebietes angewandt werden können, oder wenn Ressourcen mit dem Ziel zugeteilt werden, die Zahl der konkurrierenden Ansätze in den Spezialgebieten zu maximieren. Im Gegensatz dazu besteht die Möglichkeit, daß die Techniken und Forschungsprobleme einer Anzahl von Spezialgebieten zu opponierenden Erklärungsmodellen im Spezialgebiet führen und deshalb in Erklärungskonkurrenz resultieren. Dies wiederum ist wahrscheinlicher, wenn bestimmte Techniken an bestimmte Erklärungsmodelle gebunden sind und Ressourcen pluralistisch zugeteilt werden. Ein gemeinsames Verständnis des grundlegenden Forschungsproblems ist eine entscheidende Voraussetzung für Erklärungskonkurrenz; ist dies nicht der Fall, so ist das Spezialgebiet in Wirklichkeit in gegenseitig desinteressierte und nicht miteinander in Dialog stehende Gebiete aufgeteilt, es besteht zudem keine Möglichkeit, rivalisierende Ansprüche systematisch zu bewerten, da das Verständnis des Forschungsproblems differiert. Ein gemeinsames Verständnis des Forschungsproblems kann möglicherweise auf der Basis einer der theoretischen Ansätze eines benachbarten Spezialgebietes erzielt werden, sofern dieser Ansatz im Vergleich zu anderen eine ausgeprägtere Strategie und einen ausgeprägteren Anwendungsbereich für die Entwicklung des Spezialgebietes bietet und verbunden mit dem allgemeinen wissenschaftlichen Prestige seines Spezialgebietes oder seiner Disziplin wahrscheinlich auch zu einer im Vergleich zu Alternativen höheren Zuteilung von Ressourcen für diesen Ansatz führt. Dies allein ist jedoch für kognitive Hegemonie kaum ausreichend, da die Schwierigkeiten, den Ansatz auszubauen, um das Forschungsproblem des Spezialgebiets einzubeziehen — selbst wenn es neu definiert wird —, groß sein können und die zur Verfügung stehenden Techniken nicht unbedingt angemessen sein müssen. Schwierigkeiten dieser Art mögen sogar noch größer sein, wenn bedeutsame gesellschaftliche Interessen für das Forschungsproblem vorhanden sind und eine Transformation des Problems in ein praktisches Forschungsproblem für ein bestimmtes Spezialgebiet wahrscheinlich dem allgemeinen Wissenschaftsverständnis in den diese Forschung fördernden Institutionen widerspricht und deshalb von ihnen abgelehnt wird. Dies wiederum mag eine unsichere Situation zur Folge haben, in der Techniken und analytische Methoden auf das neue Forschungsproblem angewandt werden, ohne in ein Erklärungsmodell integriert zu sein, da dies die Umformulierung des Problems im Rahmen des Spezialgebietes bedeuten würde. In diesem Fall ist es möglich, daß bestimmte Techniken und Methoden zur Vorherrschaft gelangen, ohne daß gleichzeitig ein bestimmtes Erklärungsmodell oder ausgeprägte Vorstellungen vom Forschungsproblem dominieren. Die Vorherrschaft dieser Techniken und Methoden kann zu Unzufriedenheiten führen, und Ressourcen können daraufhin anderen Spezialgebieten zugeteilt werden. Eine weitere Möglichkeit besteht darin, daß das Spezialgebiet seine Mitglieder an angrenzende Gebiete verliert, die das Forschungsproblem des Spezialgebiets in ihrem Sinne umformulieren und in ihr Forschungsprogramm aufnehmen. Die Wahrscheinlichkeit einer solchen Entwicklung ist größer, wenn es sich um etablierte Disziplinen mit entwickelten Erklärungsmodellen und Techniken handelt und die eine solche Forschung unterstützenden Organisationen dies erlauben. Eine solche Entwicklung ist weniger wahrscheinlich, wenn es gelingt, die Techniken und Ideen anderer Gebiete in einem Spezialgebiet zu kombinieren; und diese Kombinationen und nicht ältere Spezialgebiete oder Disziplinen die Basis sozialer Gemeinsamkeiten werden. Je geringer die Institutionalisierung angrenzender Spezialgebiete, desto durchlässiger sind sie, sowohl kognitiv als auch sozial, und desto wahrscheinlicher sind Kombinationen verschiedener Spezialgebiete in einem Spezialgebiet.

b) Autonomie und Entwicklungen pluralistischer Spezialgebiete

Pluralistische wissenschaftliche Spezialgebiete, die durch oppositionelle Konkurrenz oder Erklärungskonkurrenz gekennzeichnet sind, mögen zwar nicht unbedingt eng an gesellschaftliche Interessen und die Wissenschaftshierarchie angelehnt sein, aber die Zuteilung von Ressourcen und damit konkurrierende Definitionen des Forschungsproblems und Erklärungsmodelle variiert mit der Konsonanz dieser metaphysischen Vorstellungen und Erklärungsmodelle mit dem dominanten Wissenschaftsverständnis und gesellschaftlichen Vorstellungen. Sofern sich die das Spezialgebiet kennzeichnenden

Differenzen nicht auf der Ebene der Forschungspraxis lösen lassen und deshalb auf der theoretischen oder meta-theoretischen Ebene ausgetragen werden, sind gesellschaftliche Vorstellungen und Vorurteile offenbar bedeutsamer und einflußreicher als etwa in monistischen Spezialgebieten, in denen Konkurrenz in Idee und Praxis nicht existiert. Pluralistische Spezialgebiete entwickeln sich oft dann, wenn eine Anzahl entwickelter Gebiete Interesse an bestimmten Forschungsproblemen zeigt, und die grundlegenden Annahmen dieser Gebiete in Konflikt miteinander stehen. Dies wiederum ist wahrscheinlicher im Fall marginaler Disziplinen oder Wissenschaften als in etablierten Disziplinen oder Wissenschaften, sowie dort, wo Wissenschaftsverständnis und seine Anwendbarkeit differieren. Die Entwicklung von zur Verfügung stehenden Vorstellungen zu konkurrierenden Forschungsprogrammen, die sich auf ein Forschungsproblem konzentrieren, setzt voraus, daß diese Vorstellungen zumindest zu einem gewissen Grad in Disziplinen entwickelt sind und eine Reihe von Techniken und Forschungsmethoden vorhanden ist, die als Basis für Definition und Explikation von konkreten Forschungsproblemen dienen können. Gleichzeitig impliziert eine solche Entwicklung, daß keine der angrenzenden Disziplinen derart vorherrschend und monistisch ist, daß sie das Forschungsproblem leicht in ihren Objektbereich aufnehmen könnte; deshalb wirkt ein hoher Grad von Institutionalisierung angrenzender Spezialgebiete kaum förderlich für diese Entwicklung. Darüberhinaus ist notwendig, daß der wissenschaftliche Status der Disziplinen zumindest minimal gesichert ist, so daß Wissenschaftler verschiedener Disziplinen auf der Basis gemeinsamer metaphysischer Interessen zusammenarbeiten können, ohne die Zusammenarbeit als bedrohend für ihre disziplinären Identitäten ansehen zu müssen. Die Definition des neuen Forschungsproblems muß deshalb als akzeptables Forschungsobjekt für die Disziplin gelten.

Erklärungskonkurrenz impliziert keine gleichartig eindeutige Divergenz von Perspektiven und kann deshalb eher in etablierten Disziplinen und Wissenschaften vorkommen. Da Übereinstimmung über die Definition des Forschungsobjektes wenigstens in einem gewissen Grade vorliegt, was wiederum gemeinsame metaphysische Annahmen und Kriterien zur Bewertung von Konflikten um Erklärungmodelle impliziert, tritt die Erklärungskonkurrenz zusammen mit einem gewissen Grad disziplinärer Institutionalisierung und demgemäß entwickelten Spezialgebieten auf, aus denen konkurrierende Erklärungsmodelle entwickelt werden können. Gleichzeitig existiert eine Anzahl von disziplinären Forschungstechniken, die mit verschiedenen Erklärungsmodellen in Verbindung stehen. Dennoch kann man auch in diesem Fall erwarten, daß die mit angesehenen Disziplinen und Spezialgebieten verbundenen Erklärungsmodelle mehr Unterstützung erhalten als solche, die auf relativ neue oder „nicht erfolgreiche" Gebiete zurückgehen. Gleichzeitig dürften Erklärungsmodelle populärer sein, die in der Anregung interessanter Probleme und deren Forschungstechniken erfolgreicher sind, das heißt Erklärungsmodelle, die bestimmte Forschungsarbeiten im Rahmen möglicher vorhandener Techniken und Methoden andeuten und sie ausweiten und entwickeln, im Vergleich zu Erklärungsmodellen, die hauptsächlich aus allgemeinen Ideen und programmatischen Sätzen bestehen, ohne auf bestimmte Forschungsstrategien und -taktiken hinzuweisen. Die Verteilung von Ressourcen ist in diesem Fall natürlich besonders wichtig, wenn komplexe Techniken entwickelt werden müssen und bestimmte Tech-

niken bevorzugt werden, da dann das damit verbundene Erklärungsmodell, nur weil diese Techniken entwickelt wurden, zum Nachteil seiner Alternativen bevorteilt wird. Je kostspieliger ein Forschungsgerät ist, desto mehr Arbeit wird darauf verwendet, es nutzbar zu machen und auf eine Anzahl von Forschungsproblemen anzuwenden, und desto größer ist die Zahl der im Hinblick auf das Gerät definierten Forschungsarbeiten, wie dies offenbar im Fall des Jodrell Bank "Big Dish" der Radioastronomie vorkam[33]. Die kognitive Entwicklung pluralistischer Spezialgebiete kann unter bestimmten Umständen zur Dominanz einer der Alternativen und zu einer monistischen kognitiven Struktur führen. Dieser Fall kann dann eintreten, wenn ein Spezialgebiet oder eine Disziplin das Forschungsinteresse absorbiert und konkurrierende Ansätze kein ausreichendes Interesse oder Ressourcen zu ihrer Entwicklung finden. In der Terminologie von *Lakatos*[34] handelt es sich dabei dann um „degenerierende" Forschungsprogramme. Eine solche Entwicklung ist wahrscheinlicher, wenn es sich um eine hochentwickelte, hegemonische wissenschaftliche Disziplin oder ein Forschungsverfahren handelt und konkurrierende Ansätze mit großem Mißtrauen betrachtet werden oder einfach als „nichtwissenschaftlich" ignoriert werden. Solange jedoch die konkurrierenden Ansätze Forschungstrategien bieten und wissenschaftlich hinreichend legitimiert sind, das heißt nicht mit „seltsamen" Spezialgebieten verbunden sind, und damit einige Ressourcen zugeteilt bekommen, ist dies nach *Kuhn* nicht die wahrscheinlichste Folge.
Neben der Zuteilung von Ressourcen und der allgemeinen technischen Unterstützung opponierender Schulen gibt es eine Reihe anderer Faktoren, die die kognitive Entwicklung pluralistischer Spezialgebiete beeinflussen. Diese Faktoren lassen sich in Entwicklungen in anderen angrenzenden Spezialgebieten, Änderungen des dominanten Wissenschaftsverständnisses und Veränderungen in gesellschaftlichen Vorstellungen unterteilen. Erstens, die Entwicklung neuer analytischer Techniken und Modelle kann natürlich die Fruchtbarkeit konkurrierender Erklärungsmodelle beeinflussen, vorausgesetzt daß die kognitiven Strukturen für innovationen dieser Art hinreichend durchlässig sind. Der Grad der Durchlässigkeit konkurrierender Ansätze hängt wahrscheinlich vom Status des Gebietes, aus dem die Innovation stammt, und natürlich auch von der allgemeinen Billigung der dominanten Perspektive dieses Gebietes durch die jeweils in Frage kommende kognitive Struktur ab. Die Aufnahme neuer erfolgreicher Techniken führt zwar nicht notwendigerweise zur Hegemonie eines der im Spezialgebiet vorhandenen Erklärungsmodelle oder eines neuen Erklärungsmodells, beeinflußt aber sicher den relativen „Erfolg" konkurrierender Modelle auf Grund der durch sie ermöglichten Problemstellungen und bevorzugten Lösungen, da die Techniken in einigen Fällen fruchtbarer sind als in anderen Fällen. Die Leichtigkeit, mit der Techniken eines Spezialgebietes von einem anderen übernommen werden können, hängt natürlich von den allgemeinen Bedingungen sozialer Mobilität ab, da handwerkliche oder „implizite" Bestandteile des Gebrauchs technischer Geräte beträchtlich sind[35]. Für eine Untersuchung der Diffusion von Techniken und Ideen von einem Spezialgebiet zum anderen ist deshalb, mit anderen Worten, die Mobilität von Wissenschaftlern und daher der Grad der Solidarität von Forschungsbereichen und wissenschaftlichen Spezialgebieten sowie der allgemeine Grad der Konsonanz von Bedeutung. Zweitens, Änderungen des dominanten Wissenschaftsverständnisses beeinflussen die Bewertung des „Erfolges" verschiedener Erklä-

rungsmodelle und der Definitionen von Forschungsproblemen sowie die Zuteilung von Ressourcen. Der Einfluß solcher Änderungen auf Disziplinen und Spezialgebiete variiert natürlich; ebenso wie es Unterschiede in der Autonomie von gesellschaftlichen Interessen gibt, bestehen Unterschiede in der Autonomie gegenüber der Prestigehierarchie der Wissenschaften. Drittens, sich wandelnde Prioritäten in der Gesellschaft und gesellschaftlichen Vorstellungen können ebenfalls die Bewertung „erfolgreicher" Forschungsprogramme und den Grad der Autonomie von wissenschaftlichen Spezialgebieten beeinflussen. Die Abwesenheit solcher Faktoren bedeutet aber nicht, daß sich die konkurrierenden Erklärungsmodelle in gleicher Weise und in gleichem Umfang entwickeln. Der Grad der kognitiven Institutionalisierung der verschiedenen Erklärungsmodelle und Forschungsstrategien, das heißt ihre Artikulation, Konsensus und Durchlässigkeit, variiert, und die Nützlichkeit und Flexibilität der Forschungstechniken beeinflußt die Entwicklung der verschiedenen Forschungsprogramme. In der Tat variiert der Umfang der mit verschiedenen Erklärungsmodellen in Verbindung stehenden systematischen Forschungsprogramme und beeinflußt die Art der stattfindenden Entwicklung. Die Integration verschiedener Forschungsbereiche untereinander und im Spezialgebiet, die die kognitive und soziale Mobilität im Spezialgebiet beeinflußt, ist von der Möglichkeit einer systematischen, zusammenhängenden Ausarbeitung der Forschungsprogramme im Gegensatz zu sporadischen, vereinzelten Entwicklungen in Technik und Mikroanalyse, wie sie hauptsächlich innerhalb von Forschungsbereichen auftreten, abhängig. In diesem Fall ist die soziale Organisation von Spezialgebieten und Forschungsbereichen natürlich ein wichtiger Faktor. Obwohl der Grad der Institutionalisierung opponierender Gruppen im Fall opponierender Konkurrenz oder Erklärungskonkurrenz größer ist als in Spezialgebieten mit geringer kognitiver Artikulation, kann man dennoch Unterschiede in der Art der Beziehungen von Forschungsbereichen und in der Rigidität der Arbeitsteilung verschiedener Erklärungsmodelle erwarten, dies steht in Beziehung zu unterschiedlichen kognitiven Entwicklungen und modifiziert den Einfluß von Entwicklungen in anderen Spezialgebieten.

Es ist natürlich möglich, in einem pluralistischen Spezialgebiet hochgradig sozial integrierte und solidarische Erklärungsmodelle zu finden, ohne daß daraus folgt, daß es eine hoch organisierte, detaillierte Forschungsstrategie gibt, die die Gesamtheit der Forschungsarbeiten integriert. Die Bindung der Wissenschaftler an das dominante theoretische Modell mag zwar eng, seine Übersetzung in praktische Forschungsarbeiten aber problematisch sein, und die theoretische Entwicklung kann deshalb begrenzt sein. Es ist wahrscheinlich, daß solche Ansätze gegenüber disziplinären, dominanten wissenschaftlichen und gesellschaftlichen Einflüssen weniger autonom und unmittelbar weniger „erfolgreich" sind als Ansätze, in denen das Erklärungsmodell und die Forschungstechniken entwickelter und integrierter sind, aber wiederum nicht so stark integriert, daß sie praktisch in sich abgeschlossen sind. Jede Art kognitiven Unternehmens, das Objekte und Probleme kontinuierlich als nicht-problematisch ausschließen muß, da sie nicht behandelt werden können, und gleichzeitig unterläßt, Konzepte und Techniken zu entwickeln, um seine Grenzen zu erweitern, wird unvermeidlicherweise in Sterilität resultieren. Obwohl möglich ist, daß Ideen, die nicht in konkrete Forschungsprobleme übersetzt werden können, nutzlos sind, ist ebenfalls möglich, daß

Wissenschaften, die nicht daran arbeiten, ihre Forschungsmethoden zu ändern, um neue Objekte einzubeziehen, völlig selbst-rechtfertigend und in sich abgeschlossen werden.

Die Artikulation und Integration kognitiver Strukturen beeinflußt die kognitive Entwicklung von Spezialgebieten in zweifacher Weise. Einerseits ist die Artikulation von kognitiven Strukturen zu einem gewissen Grad notwendig, damit entschieden werden kann, wann ein Forschungsergebnis „falsch" ist oder wann es als problematisch angesehen werden muß. Allerdings ist dies in der Wissenschaft nicht oft der Fall. Anstatt bestimmte Fragen an die Natur oder theoretische Objekte zu stellen, begnügt sich eine Vielzahl wissenschaftlicher Gebiete einfach mit der Beschreibung, was geschieht, wenn X oder Y auf Z einwirkt. Allerdings heißt das nicht, daß keine theoretischen Strukturen existieren, denn tatsächlich sind gegebene Beschreibungen auf Grund bestimmter — impliziter oder expliziter — Vorstellungen interessant oder entstanden, sondern daß diese Vorstellungen keine Fragen aufwerfen oder erlauben oder Erklärungsmodelle anregen. Es existiert kein systematisch ausgearbeitetes „Forschungsproblem", das dem Wissenschaftler erlauben würde, eine Hypothese zu formulieren, die im Rahmen einer umfassenden Forschungsstrategie getestet werden könnte und Ideen in Richtung neuer durch die Ergebnisse angedeuteter Probleme zu entwickeln. Eine Forschungsstrategie impliziert, daß die Forschung durch bestimmte, die Ergebnisse interpretierende theoretische Vorstellungen gelenkt wird, so daß sie zur Basis neuer Fragen werden.

Andererseits kann eine in hohem Grad integrierte kognitive Struktur zur Folge haben, daß die theoretischen Aspekte den Sinn der Forschungsergebnisse weitgehend determinieren, so daß Forschungsbereiche kaum autonom von theoretischen Vorschriften sind und die Grundlage zur Bewertung von Erfahrungsbeschreibungen mit der Basis für die Entwicklung neuer Fragen identisch ist. Letztenendes besteht die Möglichkeit, daß die integrierte Gruppe das Forschungsproblem neu definiert und es damit nicht länger wie seine Konkurrenten als Teil des gleichen Spezialgebietes angesehen werden kann. Im Fall oppositioneller Konkurrenz wird dieser Prozeß durch eine enge soziale Organisation, relativen Mißerfolg bei der Zuteilung von Ressourcen und beim Versuch, Legitimation zu erzielen, gefördert; diesem Prozeß wird entgegengewirkt, sofern das Spezialgebiet als zentral für die Disziplin gesehen wird und der in Frage stehende Ansatz Kernteil der Definition des Spezialgebietes ist.

c) Autonomie und Entwicklungen in monistischen Spezialgebieten

Technische und extensionale Konkurrenz in monistischen wissenschaftlichen Spezialgebieten dürften im Vergleich zu oppositioneller Konkurrenz und Erklärungskonkurenz in pluralistischen Spezialgebieten weniger von der Wissenschaftshierarchie und gesellschaftlichen Vorstellungen beeinflußt sein, besonders wenn es sich um ein in jedem Fall angesehenes Spezialgebiet handelt, das somit teilweise wenigstens allgemeine gesellschaftliche Vorstellungen beeinflußt. Obwohl es keine Gründe a priori für die Annahme gibt, daß monistische Spezialgebiete besonderes Ansehen genießen, impliziert die Artikulation, Ausarbeitung, Entwicklung und Integration einer kognitiven Struktur über längere Zeit eine erhebliche Allokation von Ressourcen und die Entwicklung angemessener technischer Einrichtungen zur Untersuchung von Forschungsstrategien. Darüberhinaus impliziert der Erfolg eines Ansatzes über andere Ansätze, daß er zumindest minimal mit herrschenden wissenschaftlichen und gesellschaftlichen Vorstellungen vereinbar war.

Obwohl die Existenz eines den herrschenden wissenschaftlichen und gesellschaftlichen Vorstellungen widersprechenden monistischen Spezialgebietes möglich ist, ist wahrscheinlicher, daß es sich dabei nicht um ein Spezialgebiet handelt, das sich auf ein bestimmtes Forschungsobjekt oder eine Realitätskonstruktion konzentriert, ein Erklärungsmodell elaboriert, angemessene Techniken auswählt und entwickelt sowie Forschungsstrategien formuliert, sondern daß es eine Bindung an bestimmte allgemeine metaphysische Vorstellungen und grundlegende Interpretationen, aber nicht ein ausgeprägtes Forschungsprogramm repräsentiert. Minimale Autonomie und Ressourcen sind notwendig, um ein solches Forschungsprogramm zu entwickeln, es ist kaum wahrscheinlich, daß dies der Fall ist, sofern es sich um eine Perspektive handelt, die dem herrschenden Wissenschaftsverständnis radikal widerspricht. Daraus folgt natürlich nicht, daß Autonomie und Ressourcen einzeln oder in Verbindung mit einander hinreichend für die Entwicklung eines monistischen Spezialgebietes oder, in der Tat einer jeden ausgeprägten kognitiven Struktur sind. Allgemein scheint es angemessen zu postulieren, daß ein monistisches Spezialgebiet mehr Ansehen genießt und in hohem Maße mit herrschenden Vorstellungen über wissenschaftliches Wissen übereinstimmt.

Obwohl eine ausgeprägte kognitive Struktur Teil der Definition eines monistischen wissenschaftlichen Spezialgebietes ist, folgt daraus nicht, daß sie in gleichem Maße für alle anderen Forschungsbereiche gilt, die das Spezialgebiet umfaßt. Die Anwendung eines Erklärungsmodells auf bei seiner ursprünglichen Entwicklung nicht berücksichtigte Phänomene ist insofern nicht immer erfolgreich, als sie akzeptierte Forschungsergebnisse nicht umfassend zu erklären vermag, besonders wenn die Ergebnisse mit Hilfe von in anderen Gebieten entwickelten Techniken erzielt worden sind. Die Forschung basiert in diesen Bereichen daher wahrscheinlich auf vorhandenen Techniken und in der Anwendung auf eine Reihe verschiedener Materialien, um festzustellen, wie sie sich verhalten, und nicht auf theoretisch problematisierte Untersuchungen. In wohletablierten, entwickelten und relativ autonomen wissenschaftlichen Spezialgebieten existiert eine Vielzahl von Forschungstechniken, und viele Forschungsbereiche werden hauptsächlich auf Grund der Anwendung und Verbesserung dieser Techniken, z.B. des Elektronenmikroskopes, sowie ihrer Interpretationen, die „Daten" in „Information" verwandeln[36], definiert und nicht auf Grund der sich aus der dominanten theoretischen Struktur ergebenden Forschungsprobleme. Wenn die zur Verfügung stehenden theoretischen Modelle als inadäquat angesehen werden, tritt in der Tat häufig die Reaktion ein, sie zugunsten der technischen Entwicklung wie zum Beispiel in Teilen der Metallurgie zu ignorieren. Eine solche Entwicklung ist besonders dann wahrscheinlich, wenn sich eine Arbeitsteilung zwischen theoretisch und experimentell orientierten Wissenschaftlern in Form von separaten Fachbereichen gesellschaftlich institutionalisiert hat. Zwar arbeiten beide Gruppen von Wissenschaftlern an scheinbar gleichen Problemen, der Kontakt zwischen ihnen ist jedoch minimal, jede der beiden Gruppen formuliert und untersucht eigene Probleme in fast totaler gegenseitiger Nichtbeachtung und manchmal Verachtung. Die Kriterien zur Wahl der von theoretischen Physikern untersuchten Phänomene unterscheiden sich zum Beispiel von den von experimentellen Physikern benutzten, die angeblich das gleiche allgemeine Forschungsproblem untersuchen, und konzentrieren sich häufig auf „ideale" Materialien, die in nur geringem Maße mit den in Experimenten manipulierten Substanzen in Verbindung stehen. Verbunden damit sind unterschiedliche Arbeitsmethoden[37]. Sofern Forschungsbereiche auf Grund technischer Geräte und der damit in Verbindung stehenden Interpretationssysteme definiert und Teil größerer wissenschaftlicher Spezialgebiete sind, die hauptsächlich als institutioneller Bezugspunkt dienen, besteht die Möglichkeit, daß sich die Forschungsbereiche sozial institutionalisieren und kognitiv unabhängig werden. Das dem Spezialgebiet zugrundeliegende Erklärungsmodell, z.B. die Quantenmechanik, wird zu einem allgemeinen, allen Forschungsbereichen unterliegenden Wissen, das jedoch nicht, im Fall einer Vielzahl von Bereichen zumindest, Forschungsprobleme definiert oder auf Forschungsstrategien hindeutet. Zwar ist das Erklärungsmodell hinreichend artikuliert, um Wissenschaftlern die Aussage zu erlauben, „diese Theorie ist nutzlos auf diesem Gebiet", es bestimmt jedoch den Forschungsprozeß nicht weitgehend genug, so daß diese Unzulänglichkeit dazu zwingt, detaillierte Überlegungen zu seiner Verbesserung anzustellen. Mit anderen Worten, das Spezialgebiet ist entwickelt und „erfolgreich" genug, daß Forschungsbereiche einen Grad von Autonomie erworben haben und genug Antrieb erhalten, um eigene Forschungsziele und -strategien zu entwickeln. Das institutionelle System des Spezialgebietes bildet die soziale Basis für die allgemeine Identität des Wissenschaftlers sowie für allgemeine Legitimation und Ressourcen, während der Forschungsbereich der Hauptbezugspunkt für seine kognitive und soziale Orientierung ist. Der wachsende Grad der Autonomie des Forschungsbereiches verbunden mit einer auf dem Ansehen des Spezialgebietes und der Disziplin beruhenden sozialen und ökonomischen Sicherheit kann dazu führen, daß die Forschungsbereiche mehr und mehr solche Probleme untersuchen, die sich von der ursprünglichen Definition des Forschungsproblems des Spezialgebietes entfernt haben. Die Wissenschaftler können durch Entwicklung und Verbesserung von Techniken Phänomene untersuchen, die vorher im Rahmen anderer Spezialgebiete oder Disziplinen problematisiert wurden, wie im Fall der Valenz oder den molekularen Strukturen von biologischen Geweben durch Benutzung des Elektronenmikroskops. Im Verlauf der Modifikation und Transformation dieser Techniken, um den neuen Phänomenen gewachsen zu sein, kann es zur Entdeckung neuer Erklärungsmodelle kommen, die zur Basis eines neuen Spezialgebietes werden.

Das zur Entwicklung neuer Apparaturen notwendige technische Wissen impliziert das Vorhandensein angemessener Ressourcen. Die Zuteilung von Ressourcen auf Forschungsbereiche hängt von zwei Faktoren ab, dem Grad der Relevanz ihrer Probleme für das Spezialgebiet und die Disziplin und dem Grad der gesellschaftlichen Relevanz ihrer Probleme. Obwohl Forschungsbereiche relativ autonom sein können, erscheint es angemessen anzunehmen, daß für Spezialgebiete die Forschungsbereiche, die zentrale Probleme untersuchen, angesehener sind als solche, die sich mit scheinbar peripherischen oder unbedeutenden Problemen beschäftigen. Es ist jedoch möglich, daß die zuletztgenannten Forschungsbereiche technische Geräte benutzen oder entwickeln oder Phänomene untersuchen, die mit gesellschaftlichen Interessen in Beziehung stehen und deshalb erhebliche Unterstützung erhalten. Der Wettbewerb um die fruchtbarste technische Entwicklung oder interessanteste Erweiterung des herrschenden Erklärungsmodells wird daher durch gesellschaftliche Interessen beeinflußt, indem Ressourcen eher für bestimmte technische Entwicklungen und Forschungsarbeiten bestimmter Art zur Verfügung gestellt werden. Ausgehend von der Annahme ihrer praktischen Bedeutung werden einige große Maschinen hergestellt, und ihre Entwicklung wird unterstützt. Allgemein kann man annehmen, daß solche technischen Entwicklungen unterstützt werden, die erwarten lassen, daß sie den Umfang des dominanten Erklärungsmodelles des Spezialgebietes im Rahmen des herrschenden Wissenschaftsverständnisses erweitern können. Gleichzeitig dürften Anwendungen auf Phänomene und Materialien, die auf lösbare Probleme im Rahmen des dominanten Erklärungsmodells hinweisen, als fruchtbarer angesehen werden als solche, die das Modell entweder ohne größere Modifikationen lediglich auf weitere Elemente der periodischen Tabelle anwenden oder Schwierigkeiten hervorrufen würden, die nicht mit vorhandenen Techniken oder im Rahmen des herrschenden Verständnisses zu lösen sind. Je nachdem wie groß die Schwierigkeiten für das herrschende Erklärungsmodell waren oder in welchem Grad seine Umformulierung eine verschiedenartige Verständnismethode implizierte, können Forschungsbereiche, die sich auf die zuletzt genannten Probleme konzentrieren, durchaus entweder als außerhalb des Spezialgebietes liegend oder sogar als nicht-wissenschaftlich angesehen werden. Innerhalb der allgemeinen Grenzen des Spezialgebietes und der Disziplin werden somit Entwicklungen höher eingeschätzt, die „interessante" Anforderungen an das dominante Erklärungsmodell stellen — wie etwa das Verhalten gewisser Halbleiter unter bestimmten Bedingungen —, und als im Rahmen des Modells lösbare Probleme gesehen werden.

Tendenzen zu einem umfassenden Wettbewerb zwischen technischen Ansätzen und Anwendungen des dominanten Erklärungsmodells sollten daher durch das Vorhandensein von Ressourcen besonders in Eliteinstitutionen in angesehenen Spezialgebieten gemildert werden. Wahrscheinlich hilft dies der Entwicklung von Autonomie in Forschungsbereichen und der friedlichen Koexistenz von Bereichen, die sich auf die „Ausfüllung von Lücken" konzentrieren, und solchen, die Techniken zur Untersuchung ungewöhnlicher Phänomene entwickeln. Es ist unwahrscheinlich, daß Entwicklungen in Forschungsbereichen auf Grund der Überzeugungskraft des zugrundeliegenden Erklärungsmodells und der Definition der Realitätskonstruktion des Spezialgebietes, ihrer Allgemeinheit und ihres Abstraktionsgrades tatsächlich zu kognitiven Strukturen führen, die das Modell auf eigenem Boden direkt herausfordern und so eine Krise im *Kuhn*schen Sinn hervorrufen. Obwohl zum Beispiel das Kristallmodell von Festkörpern als Basis zur Untersuchung von Flüssigkeiten verwandt und als unzureichend anerkannt wurde, ist es unwahrscheinlich, daß die Entwicklung eines angemessenen Flüssigkeitsmodells als direkte Herausforderung des gegenwärtigen Festkörpermodells verstanden wird, es sei denn, es entspräche anderen Entwicklungen wie etwa in der Untersuchung von „ungeordneten" Festkörpern. Es ist allerdings wahrscheinlicher, daß die Untersuchung und Erzeugung neuartiger Phänomene, Materialien und Techniken, die nicht Teile des ursprünglichen Modells ausmachen, zur Umformulierung der Grenzen des Spezialgebietes und der Forschungsprobleme führt. Auf jeden Fall ist wahrscheinlich, daß eine solche Umformulierung einer direkten Konfrontation vorangeht. Der Grad des Erfolges dieser Umformulierung und damit die Etablierung eines neuen Spezialgebiets hängt davon ab, was als Umfang der direkten sozialen und kognitiven Umwelt des Forschungsbereiches bezeichnet werden kann. Die Umformulierung der Grenzen des Spezialgebietes kann mit Schwierigkeiten verbunden sein; der Wettbewerb im ursprünglichen Spezialgebiet kann intensiviert werden und sich, je nachdem ob der abweichende Forschungsbereich irgendein Erklärungsmodell und dessen Anwendung auf traditionellere Forschungsobjekte ausgearbeitet hat, zu Erklärungskonkurrenz oder sogar zu oppositioneller Konkurrenz entwickeln, falls die untersuchten Forschungsprobleme als Teil anderer Spezialgebiete verstanden werden, und besonders dann, wenn diese Spezialgebiete darüberhinaus Teil anderer, relativ institutionalisierter, in gleichem Ansehen stehender Disziplinen sind. Man vergleiche in diesem Zusammenhang etwa Physiker, die zur Astronomie überwechseln, und Biochemiker, die Gehirnfunktionen untersuchen. Die Entwicklung eines solchen Erklärungsmodells hängt teilweise von dem Vorhandensein alternativer Definitionen der Phänomene und Forschungsprobleme ab. Je häufiger jedoch ein Forschungsbereich Ideen anderer Spezialgebiete borgt und transformiert, um den neuartigen Phänomenen, die ihn beschäftigen, gewachsen zu sein, desto unwahrscheinlicher ist es, daß er sein embryonales Erklärungsmodell direkt auf die ursprünglichen Forschungsprobleme anwenden kann, und desto leichter dürfte es für das in Frage kommende Spezialgebiet sein, seine Grenzen umzuformulieren, um diesen Forschungsbereich auszuschließen.

V. Schlußbemerkungen

Das Hauptziel dieser Darstellung vier verschiedener Wettbewerbsformen in der Wissenschaft in ihrer Beziehung zur Institutionalisierung und Autonomie von Spezialgebieten und Forschungsbereichen lag darin, Kategorien zur Analyse der wissenschaftlichen Entwicklung als eines — im weitesten Sinn — sozialen Prozesses zu erörtern. Obwohl die Ausarbeitung und Entwicklung von Kategorien unvermeidlicherweise in einer statischen Darstellung resultiert, soll die Idee des wissenschaftlichen Wettbewerbs die Basis für eine dynamische Analyse bilden. Mit anderen Worten, obwohl ich die Darstellung der Wissenschaft *Poppers* oder *Feyerabends* als konstanten Krieg aller gegen alle nicht akzeptiere, wäre es schwierig, ein Verständnis des Handelns von Wissenschaftlern und der Entwicklung von Wissenschaft zu erzielen, ohne den weitverbreiteten wissenschaftlichen Wettbewerb und damit eine Analyse der verschiedenen Wettbewerbsformen, des Kontextes, in denen sie auftreten, und ihre Folgen zu berücksichtigen.
Mit einer solchen Darstellung sind drei Hauptprobleme verbunden. Erstens ist es schwierig, die offizielle Rekonstruktion der Geschichte der Wissenschaft als ein soziologisches Problem zu erfassen. Zweitens, sobald man die offizielle Darstellung als problematisch ansieht, ergibt sich die Schwierigkeit, besonders einfache monistische Modelle der wissenschaftlichen Entwicklung, wie sie sich etwa häufig in der Wissenschafts-

lehre finden, zu vermeiden und dennoch gleichzeitig nicht einem ebenso vereinfachten Pluralismus zu erliegen, der die Legitimität einer soziologischen Analyse in Frage stellt. Schließlich besteht die Schwierigkeit, abstrakte und allgemeine Kategorien in einer konkreten, vergleichenden Analyse tatsächlich anzuwenden. Diese Schwierigkeiten treffen natürlich auf alle soziologischen Bereiche zu, sind aber besonders problematisch für die Wissenschaftssoziologie, wie an anderer Stelle kurz dargestellt[38].

Die zuerst genannte Schwierigkeit betrifft zwei Problemaspekte. Der eine Aspekt bezieht sich auf die Relation der gegenwärtig akzeptierten Rekonstruktion der Wissenschaft und der von Teilnehmern perzipierten Prozesse der Bewertung und Interpretation[39], der andere Aspekt besteht in der Formulierung von Kategorien, die beide Formen der Rekonstruktion zu analysieren vermögen. In der Wissenschaftsgeschichte wird heute weitgehend akzeptiert, daß wissenschaftliche Lehrbücher und anerkannte historische Darstellungen von wissenschaftlichen Entwicklungen in nur geringer Beziehung zur Bewertung und Darstellung dieser Prozesse durch zeitgenössische Wissenschaftler stehen. Obwohl dies besonders eindeutig für vergangene Jahrhunderte zutreffen mag, gilt dies aber auch für neuere Entwicklungen; besonders einseitig ist die Verwendung von Lehrbüchern als verläßliche historische Darstellung. Aber selbst eine Analyse der gegenwärtigen Wissenschaft wirft das Problem auf, die Perzeption der Wissenschaftler zu explizieren: eine bestimmte theoretische Struktur, die Perzeption und Verhalten als problematisch und in soziologischen Kategorien analysierbar ansieht, muß daher vorausgesetzt werden, das heißt, Perzeption und Verhalten sind nicht „natürlich" und daher für eine weitere Analyse unzugänglich[40]. Eine Untersuchung, die darauf hinzielt darzustellen, wie bestimmte Entwicklungen als „natürlich" angesehen werden, weshalb die Verwendung eines bestimmten Apparates als einleuchtend perzipiert wird, das heißt eine Analyse der Struktur des Diskurses, der dem alltäglichen Verhalten der Wissenschaftler in verschiedenen Spezialgebieten zugrundeliegt und im Rahmen dessen Teilnehmer ein Verständnis der Veränderungen erzielen, ist daher notwendig. Die Art und Weise der Entwicklung dieser Strukturen und ihres Kontextes kann dann untersucht werden.

Die mit der Analyse der Wissenschaftsentwicklung als eines singulären monistischen Prozesses zusammenhängende Problematik ist unter anderem ausführlich von *Martins*[41] und *Elias*[42] diskutiert worden. Es ist allgemein akzeptiert, daß eine Darstellung, die sich des Pluralismus der Wissenschaften und ihrer Entwicklung bewußt ist, vorzuziehen ist. Dies bedeutet jedoch nicht gleichzeitig die Rückkehr zu einem totalen wissenschaftstheoretischen und soziologischen Relativismus. Verschiedene Ansätze zum Verständnis der Realität können in der Tat in verschiedenen Wissenschaften zu verschiedenen Zeiten vorkommen; das heißt aber nicht, daß man Wissenschaft, wie auch andere Aktivitäten, auf einen irrationalen Subjektivismus reduzieren kann. Die Anerkennung von Wissenschaft als kultureller und sozialer Prozeß bedeutet lediglich die Verwendungsmöglichkeit von soziologischen Kategorien zum Verständnis der wissenschaftlichen Entwicklung. Ganz allgemein gesehen heißt dies, daß Wissenschaft ein Versuch des Menschen ist, sich seiner Umwelt unter bestimmten soziohistorischen Bedingungen anzupassen; Wissenschaft wird als Teil des umfassenden Prozesses der Konstruktion von Realität und Kontrolle verstanden und wird deshalb als integraler Bestandteil der dominanten Kultur sowie der Probleme, die sie aufwirft, angesehen. Die Rationalität der verschiedenen Wissenschaften ist deshalb in der von ihnen konfrontierten Realität zu suchen, die wiederum das Produkt vorangegangener Arbeit und Bedingungen ist. Die natürliche Umwelt und ihre Manifestation im Produktionsprozeß dienen als Limitation menschlicher Produkte. *Schmidt*[43] formuliert dies wie folgt: "The laws of nature exist independently of and outside the consciousness and will of men ... men can only become certain of the operation of the laws of nature through the forms provided by their labour process." Die Konstruktion von Wissensobjekten[44] ist ein durch natürliche Umstände limitierter sozialer Prozeß. Bestimmte Objekte können nicht produziert werden, unser Verständnis dieser Limitation ist aber sozial determiniert. Unser Einfluß auf die Natur ist durch materielle Realitäten beschränkt, unser Verständnis dieser Beschränkungen und damit unsere Konstruktion der objektiven Welt ist historisch determiniert. Obwohl unser Verständnis der Natur ein soziales Produkt ist, folgt daraus nicht, wie betont werden muß, daß die Existenz der Natur von den Menschen abhängig ist[45]. Da die Natur unabhängig vom Verständnis des Menschen ist, folgt außerdem, daß Wissensobjekte sich nicht immer wie erwartet verhalten und auf diese Weise konzeptionelle Veränderungen in Gang bringen. Es ist möglich, daß ein solches unerwartetes Verhalten im Rahmen eines kohärenten, monistischen *Kuhn*schen Paradigma als konsonant mit dominanten Vorstellungen angesehen wird oder durch eine Reihe von ad-hoc-Strategien erklärt wird, um das Paradigma zu retten[46]. Allerdings ist die Existenz eines völlig geschlossenen, konsistenten und sich selbst rechtfertigenden Ideensystems empirisch unwahrscheinlich[47], und eine gewisse Unabhängigkeit der Beobachtungsbegriffe von theoretischen Begriffen daher wahrscheinlicher. Wichtig ist auf jeden Fall, wie auch immer Phänomene definiert werden und sich wandeln, daß natürliche Bedingungen vorhanden sind, die beschränkend wirken, und der Prozeß des Verständnisses der Natur auf irgendeine Weise diese Beschränkungen zu berücksichtigen hat. Eine soziologische Darstellung der wissenschaftlichen Entwicklung wird daher versuchen, Wissenschaft in ihrem Kontext zu beschreiben und die Mechanismen herausstellen, die sie als sinnvoll erscheinen lassen.

Aus dieser Sicht ist jede wissenschaftliche Entwicklung problematisch, da sie mehr hergibt, sobald sie im Rahmen eines umfassenden Kontexts dargestellt wird. In diesem Fall versucht der Soziologe, das Verständnis der Wissenschaftler im Rahmen seines kognitiven und sozialen Kontexts — unter Einschluß der tatsächlich geleisteten Arbeit — zu analysieren. Der Soziologe versucht, die Wissenschaftsentwicklung zu rekonstruieren, indem er zeigt, wie sie vom Wissenschaftler selbst als verständlich im Licht ihres gegenwärtigen Wissens und ihrer Bedingungen angesehen wird. Dies heißt aber nicht, daß spätere Entwicklungen frühere nicht ablösen können oder daß die Entwicklung unter anderen Bedingungen nicht ebenso verlaufen wäre, sondern nur, daß ein volles Verständnis dieser Entwicklungen eine Analyse des Kontexts notwendig macht, in dem solche Entwicklungen den sozialen Akteuren als verständliches Verhalten erschienen. Dieser Ansatz sieht daher in der Darstellung ein Problem, auf welche Weise eine bestimmte Entwicklung im Rahmen ihrer Beziehung zu anderen Aspekten der gegebenen Situation als wissenschaftstheoretisch rational betrachtet wird, und nicht die mechanische Behauptung, daß diese Entwicklung wissenschaftstheoretisch rational war, während jene soziologisch rational war, und damit impliziert wird, daß die beiden völlig verschieden sind. Es ist kaum notwendig zu betonen, daß ähnliche Prozesse gelten, wenn man die soziologische Analyse als problematisch ansieht, das heißt, auch sie konzentriert sich auf bestimmte Aspekte und abstrahiert von anderen; diese Darstellung kann daher ebenfalls im Hinblick auf vorhandene Ideen, kognitive Strukturen etc. erklärt werden. Dieser Ansatz zielt deshalb nicht darauf hin zu analysieren, welche sozialen Faktoren die Wissenschaft von ihrem „wahren" Entwicklungspfad abgelenkt haben, sondern er zielt auf ein Verständnis tatsächlicher Entwicklungen im Rahmen herrschender Bedingungen, zu denen, wie oben angedeutet, die soziale und kognitive Institutionalisierung von wissenschaftlichen Spezialgebieten und Forschungsbereichen, der Grad der Autonomie, die Konkurrenzform, die wissenschaftliche Prestigehierarchie und gesellschaftliche Interessen gehören. Ein Hinweis auf die Bedeutung dieser Faktoren ist die Bestätigung des sozialen Charakters der Wissenschaft und ihrer fallibalistischen Eigenschaften.

Das dritte Problem bezieht sich auf eine Übersetzung dieser Kategorien in von Wissenschaftlern zur Beschreibung ihrer Tätigkeit benutzte Kategorien und die Standardisierung dieser Begriffe für eine vergleichende Analyse verschiedener Wissenschaften sowie auf eine größere Spezifizierung der Kategorien. Der theoretische Gehalt der Kategorien muß, damit sie verwendbar sind, klar und eindeutig sein, und die Begriffe der Wissenschaftler müssen in präzise Formulierungen übersetzt werden können. Natürlich sind die tatsächlich benutzten Worte nicht besonders bedeutsam, solange die von ihnen angedeuteten Unterschiede erhalten bleiben und damit eine vergleichende Analyse ermöglichen. Im praktischen Gebrauch dieser Kategorien kann man erwarten, daß, ebenso wie diese Begriffe aus Untersuchungen bestimmter Wissenschaftler in verschiedenen Bereichen und Organisationen hervorgegangen sind, bei einem Versuch, bessere Lösungen zu erzielen, Veränderungen in ihren Bedeutungen auftreten. Es ist unvermeidlich, daß sich Kategorien sowie ihre Beziehungen zueinander bei einer Darstellung der verschiedenartigen Formen der kognitiven und sozialen Organisation der Wissenschaften ändern, wichtig ist deshalb, sich darüber im Klaren zu sein, daß eine Reihe von allgemeinen Kategorien notwendig ist, um verschiedene Entwicklungen vergleichen zu können, sowie Kriterien, die ermöglichen, den Erfolg oder Mißerfolg von Darstellungen solcher Entwicklungen zu bewerten. Es ist daher notwendig, sich nicht nur auf eine Systematisierung der Darstellung von Wissenschaftlern zu beschränken — obwohl eine solche Systematisierung eine allgemeinere Perspektive impliziert —, sondern eine Anzahl von Kategorien für die Beschreibung solcher Darstellungen zu entwickeln. Dieser Aufsatz sollte daher als ein Versuch angesehen werden, eine Anzahl solcher Kategorien zu formulieren.

Anmerkungen

1 Vgl. W. O. *Hagstrom,* The Scientific Community, New York 1965; M. J. *Mulkay,* The Social Process of Innovation: A Study in the Sociology of Science, London 1972; N.W. *Storer,* The Social System of Science, New York 1966, S. 19—26.

[2] *R. D. Whitley*, Black Boxism and the Sociology of Science, in: *P. Halmos*, Hrsg., The Sociology of Science, Keele 1972.
[3] Vgl. *R. Klima*, Scientific Knowledge and Social Control in Science, in: *R. D. Whitley*, Hrsg., Social Processes of Scientific Development, London 1974.
[4] *T. S. Kuhn*, The Structure of Scientific Revolutions, Chicago 1962; *I. Lakatos*, Falsification and the Methodology of Scientific Research Programmes, in: *I. Lakatos* und *A. Musgrave*, Hrsg., Criticism and the Growth of Knowledge, Cambridge 1970.
[5] *W. O. Hagstrom*, a.a.O., S. 204–208.
[6] Siehe besonders *S. Toulmin*, Human Understanding, London 1972; *L. J. Cohen*, Is the Progress of Science Evolutionary?, in: British Journal for the Philosophy of Science 24 (1973), S. 41–61.
[7] *H. Nowotny*, On the Feasibility of a Cognitive Approach to the Study of Science, in: Zeitschrift für Soziologie 2 (1973), S. 282–296.
[8] Vgl. *L. Lakatos*, History of Science and its Rational Reconstruction, in: *R. S. Cohen* und *R. Buck*, Hrsg., Boston Studies in the Philosophy of Science, Dordrecht 1971; *R. D. Whitley*, a.a.O.
[9] *P. K. Feyerabend*, Against Method, in: *M. Radner* und *S. Winokur*, Hrsg., Analyses of Theories and Methods of Physics and Psychology, Minneapolis 1970.
[10] Vgl. *I. Lakatos*, History of Science and its Rational Reconstruction, a.a.O.; *H. Collins*, The Seven Sexes: A Study in the Sociology of Scientific Phenomena, in: Sociology 9 (1975).
[11] *R. D. Whitley*, Cognitive and Social Institutionalization of Scientific Specialities and Research Areas, in: *R. D. Whitley*, Hrsg., Social Processes of Scientific Development, London 1974.
[12] *H. Rose* und *S. Rose*, Do not Adjust Your Minds: There is Fault in Reality, in: *R. D. Whitley*, Social Processes of Scientific Development, London 1974.
[13] *K. R. Popper*, Objective Knowledge, London 1972.
[14] *K. Mannheim*, Essays on the Sociology of Knowledge, London 1952, S. 191–208.
[15] Vgl. *T. S. Kuhn*, a.a.O.
[16] Zum Beispiel *R. G. A. Dolby*, Debates over the Theory of Solution, Leeds University 1973, unpublished Paper.
[17] Vgl. *P. Weingart*, On a Sociological Theory of Scientific Change, in: *R. D. Whitley*, Hrsg., Social Processes of Scientific Development, a.a.O.
[18] Vgl. *S. Rose*, The Conscious Brain, London 1973; *H. Rose* und *S. Rose*, a.a.O.
[19] *P. Weingart*, a.a.O.
[20] *R. D. Whitley*, Cognitive and Social Institutionalization of Scientific Specialities, a.a.O.
[21] *D. Bohm*, Indication of a New Order in Physics, in: *T. Shanin*, Hrsg., The Rules of the Game, London 1972; *M. Bunge*, Phenomenological Theories, in: *M. Bunge*, Hrsg., The Critical Approach to Science and Philosophy, London 1964; *P. Feyerabend*, a.a.O.; *R. N. Hanson*, Patterns of Discovery, Cambridge 1958.
[22] *B. C. Griffith* und *N. C. Mullins*, Coherent Social Groups in Scientific Change, in: Science 177 (1972), S. 959–964.
[23] *C. Lammers*, Mono- and Polyparadigmatic Developments in the Natural and Social Sciences, in: *R. Whitley*, Hrsg., Social Processes of Scientific Development, a.a.O.
[24] *A. McAlpine, A. Bitz* und *I. Carr*, The Investigation of Patterns of Social and Intellectual Organisation in the Sciences, in: *A. Bitz, A. McAlpine* und *R. D. Whitley*, The Production, Flow, and use of Information in Research Laboratories in Different Sciences, London 1975.
[25] *A. McAlpine* und *I. Carr*, The Information Process in a Cancer Laboratory, in: *A. Bitz, A. McAlpine* und *R. D. Whitley* (1975), s. Anm. 24.
[27] *M. Mulkay*, Some Aspects of Cultural Growth in the Natural Sciences, in: Social Research 36 (1964), S. 22–52.
[28] *B. Nelson*, On the Shoulders of the Giants of Comparative Historical Sociology of Science in Civilizational Perspective, in: *R. Whitley*, Hrsg., a.a.O., S. 13–20.
[29] *N. Elias*, The Sciences: Towards a Theory, in: *R. Whitley*, Hrsg., a.a.O., S. 21–42.
[30] *S. Moscovici*, Society and Theory in Social Psychology, in: *J. Israel* und *H. Tajfel*, Hrsg., The Context of Social Psychology, London 1972.
[31] *J. Israel* und *Tajfel*, Hrsg., ebd.
[32] *C. Lammers*, a.a.O.
[33] *M. Mulkay* und *D. O. Edge*, Cognitive, Technical and Social Factors in the Growth of Radio Astronomy, in: Social Science Information 12 (1973), S. 25–61.
[34] *I. Lakatos*, Falsification and the Methodology of Scientific Research Programmes, a.a.O.
[35] *H. Collins*, The Sociology of the CO_2 Laser, Essex University, unveröffentlichte M. A. Thesis; *M. Polanyi*, The Tacit Dimension, London 1966; *J. R. Ravetz*, Scientific Knowledge and its Social Problems, London 1971.

36 J. R. Ravetz, Ebd., S. 76—88.
37 A. McAlpine und R. Whitley, Cognitive Monism, Pluralism and Stages of Research in the Formation of Social Groups in Ph. D. Research, Vortrag Warschau 1973.
38 R. Whitley, Introduction, in: R. Whitley, Hrsg., a.a.O.
39 H. Collins, The Seven Sexes, a.a.O.
40 A. McAlpine und A. Bitz, Some Methodological Problems in the Sociology of Science, in: A. Bitz, A. McAlpine und R. D. Whitley (1975), s. Anm. 24.
41 H. Martins, The Kuhnian ‚Revolution' and its Implications for Sociology, in: T. J. Nossiter, A. H. Hanson und S. Rokkan, Hrsg., Imagination and Precision in the Social Sciences, London 1972.
42 N. Elias, a.a.O.
43 A. Schmidt, The Concept of Nature in Marx, London 1971, S. 98.
44 L. Althusser und E. Balibar, Reading Capital, London 1970, S. 39—43.
45 Schmidt, Ebd.. S. 194—196.
46 N. R. Hanson, The Concept of the position, Cambridge 1963; I. Lakatos, Falsification and the Methodology of Scientific Research Programmes, a.a.O., S. 175—176.
47 Martins, a.a.O.

Aus dem Englischen übersetzt von Nico Stehr

Biometriker versus Mendelianer.
Eine Kontroverse und ihre Erklärung

Von Donald A. MacKenzie und S. Barry Barnes

I

Unter den vielen Kontroversen in der Geschichte der Wissenschaft ist jene zwischen den Mendelianern und den Biometrikern im frühen Zwanzigsten Jahrhundert äußerst beachtenswert. Ihr Studium ist für das Verständnis der Entstehung der modernen Genetik von zentraler Bedeutung und auch für die Geschichte der Statistik wichtig. Außerdem eignet sich die Kontroverse gut für eine soziologische Untersuchung, da ihre Geschichte gründlich erforscht und beschrieben wurde und es bei denjenigen, die diese Aufgabe übernommen haben, kaum unterschiedliche Ansichten über den Ablauf der Ereignisse zu geben scheint. Eigentlich besteht in allen Hauptpunkten der Darstellung Übereinstimmung[1].

Die biometrische Schule bestand aus einer kleinen, fest zusammenhaltenden Gruppe. Ihre Führer waren der Mathematiker *Karl Pearson* und der Zoologe *W. F. R. Weldon*. Die *Mendel*sche Seite war in diesem Streit amorpher, und wir werden unsere Aufmerksamkeit auf den führenden britischen Mendelianer *William Bateson* und seine engsten Mitarbeiter konzentrieren.

Beide Gruppen waren durch die Arbeit von *Francis Galton* (1822–1911) angeregt worden. Seinen Ideen muß unmittelbar Beachtung geschenkt werden, wenn man die Kontroverse selbst verstehen will[2]. Sein fundamentaler Beitrag, der von beiden Seiten der Kontroverse akzeptiert wurde, lag in der Klarstellung des Vererbungskonzepts (und verwandter Konzepte wie dem der Unterscheidung zwischen Erbe und Umwelt). Wie *Ruth S. Cowan* herausstellt, bestand *Galtons* einzigartiger Beitrag für die Entwicklung der Genetik darin, daß er den vorherigen vagen Begriff der Vererbung als einer Kraft, die bewirkt, daß Kinder ihren Eltern ähnlen (inheritance), umwandelte in das Konzept der Vererbung als einer Beziehung zwischen den Generationen (heredity). Der erste Schritt in der Vererbungsforschung war die Untersuchung äußerer Ähnlichkeiten (oder Unähnlichkeiten) zwischen den Generationen, sowohl auf individueller Grundlage als auch auf Bevölkerungsbasis. Aus diesem letzten Vererbungsbegriff folgte die Unterscheidung zwischen Merkmalen, die mit der Konzeption erhalten wurden (Erbe) und solchen, die durch Umwelteinflüsse entstanden (Umwelt). *Galton* stellte dar, daß die Erbmerkmale der Nachkommenschaft lediglich von den Erbmerkmalen der Vorfahren abhängig sind; Veränderung durch post-konzeptionelle Einflüsse werden nicht vererbt. Diese Begriffe (das Vererbungskonzept, die Unterscheidung von Erbe/Umwelt und die Ablehnung der Vererbung erworbener Merkmale) stellten in der Kontroverse für beide Seiten einen gemeinsamen Rahmen dar.

Dagegen wurden zwei andere Forschungsthemen *Galtons* von den Streitenden sehr unterschiedlich aufgenommen. Das eine war seine Ansicht, die statistischen Methoden seien für die Vererbungsforschung von entscheidender Bedeutung. Dies muß in Zusammenhang mit seinem Bestreben gesehen werden, den Begriff der Regression und der Korrelation einzuführen, was seinen berühmten Beitrag zur statistischen Theorie darstellte. Das andere waren seine Kritik an *Charles Darwins* Auffassung, Evolution gehe durch die Selektion geringer Unterschiede vonstatten, und seine Vermutung, große Variationen seien für den Evolutionsprozeß wesentlich.

Für *Pearson* und *Weldon* bestand das Hauptinteresse an *Galtons* Werk in der Möglichkeit einer statistischen Behandlung biologischer Probleme[3]. *Karl Pearson* (1857–1936) war von der Ausbildung her Mathematiker. Nach dem Studium an der Universität Cambridge verbrachte er einige Zeit in Deutschland und als Jurist in London, bevor er den Lehrstuhl für angewandte Mathematik erhielt. Für Statistik interessierte er sich erst, nachdem er 1889 *Galtons* „Natural Inheritance" gelesen hatte.

Weldon gelangte nicht als Mathematiker sondern als professioneller Biologe an das Werk *Galtons*. Er hatte jedoch an der Londoner Universität zwei Jahre lang Mathematik ebenso wie Zoologie studiert und ging anschließend, im Jahre 1878, an das St. John's College in Cambridge. Dort konzentrierte er sich zunehmend auf Zoologie und gelangte unter den Einfluß von *F. N. Balfour*, einem der führenden Vertreter der morphologischen Methode in der Evolutionsbiologie. Das Ziel der Evolutionsmorphologie war, zwischen den Klassen von Organismen mittels vergleichender Untersuchungen ihrer Form phylogenetische Beziehungen (Stammbäume) aufzustellen. *Weldons* früh veröffentlichtes Werk steht völlig in der morphologischen Tradition. Spätestens jedoch 1888, so berichtet *Pearson*, richtete *Weldon* seine Überlegungen ausdrücklich von der Morphologie auf Variations- und Korrelationsprobleme. „Natural Inheritance" lieferte ihm eine quantitative Methodologie für Studien dieser Art. 1890 veröffentlichte er seinen ersten biometrischen Aufsatz[4]. Mit *Galtons* Unterstützung auf statistischem Gebiet diskutierte *Weldon* die Häufigkeitsverteilung verschiedener Größenmaße der Muschel Crangon Vulgaris, wobei er zeigte, daß die Größenvariationen einer *Gauß*-Verteilung folgen, deren Parameter sich je nach der lokalen Rasse unterscheiden.

1891 nahm *Weldon* einen Ruf an den Lehrstuhl für Zoologie am University College in London an. Hier lernte er *Pearson* kennen, der *Galtons* Werk schon gelesen hatte. Aus der Zusammenarbeit dieser beiden Männer, unter der Schirmherrschaft *Galtons*, wurde die biometrische Schule geboren. *Pearson* und *Weldon* sammelten eine Gruppe junger Forscher um sich (*G. Yule, A. Lee, E. Schuster, A. D. Darbishire* et al.), die ihre Tätigkeit auf den Gebieten der Biometrik, Eugenik und Statistik entwickelten.

Was war Biometrie? Ganz offensichtlich verstand man darunter die Anwendung der von *Quetelet, Galton* u. a. zunächst für das Studium des Menschen entwickelten statistischen Methoden auf den gesamten biologischen Bereich. Biologie, besonders die Entwicklungsbiologie, sollte mathematisiert werden.

Die umfassendste Darstellung des biometrischen Versuchs, die Evolutionsbiologie zu quantifizieren, findet man in *Karl Pearsons* "Mathematical Contributions to the Theory of Evolution. III. Regression, Heredity, and Panmixia" aus dem Jahre 1896[5]. Hier wurden mathematische Definitionen der Begriffe Variation, Korrelation, natürliche

Selektion, sexuelle Selektion, reproduktive Selektion, Vererbung, Regression und Panmixie geliefert. Das zugrunde liegende Evolutionskonzept war die orthodoxe *Darwin*sche Auffassung von Evolution durch Selektion von kleinen individuellen Unterschieden. In der zweiten Hälfte der Abhandlung analysierte *Pearson Galtons* Argument, die *Darwin*sche Selektion kleiner Unterschiede könne wegen der ständigen Tendenz in der Nachkommenschaft, sich in Richtung auf den Elterntypus zurückbilden, keine evolutionäre Veränderung bewirken[6]. *Pearson* argumentierte, daß *Galtons* Folgerung auf einer unberechtigten Annahme beruhe: daß nämlich das Ziel der Rückbildung ein unveränderlicher Arttypus sei. *Pearson* selbst hielt dem entgegen, daß das Zentrum der Regression sich allmählich mit der Selektion verändere. Nach dieser Auffassung könnte die Selektion kontinuierlicher Unterschiede allerdings sehr effektiv sein, da sie in nur fünf Generationen eine dauerhafte, neue Züchtung produziert[7]. So konnte der orthodoxe *Darwin*sche Selektionsbegriff erhalten bleiben, und es bestand keine Notwendigkeit, plötzliche Mutationen (‚sports‘) als Evolutionsursache zu postulieren. Weder *Pearson* noch *Galton* schenkten dem „Warum" der Regression besondere Aufmerksamkeit.

Die von den Biometrikern gebrauchte operationale Definition von Vererbung wurde zum ersten Mal in obiger Abhandlung gegeben: „Ist ein beliebiges Organ in einem Elternteil, sowie das gleiche oder ein beliebiges anderes Organ in einem Abkömmling gegeben, so besteht das mathematische Maß der Vererbung in der Korrelation dieser Organe für Paare von Eltern und Abkömmlingen[8]." Diese Definition läßt die Stärke der *Pearson*schen Vererbungsvorstellung erkennen: Jede Eltern-Kind-Korrelation wird der Vererbung zugeschrieben, wodurch die Vererbungslehre in die Basis seines mathematischen Evolutionsmodells eingefügt wird. Da sie das Messen der „Vererbungsstärke" für ein bestimmtes Merkmal erleichterte, war diese Definition für die mathematische Biologie und Eugenik zweckdienlich. Wegen ihrer Angemessenheit erübrigte es sich sogar für die Biometriker, den Vererbungsmechanismus selbst zu erforschen. Mit heutigen Worten: Sie hatten keinen Grund, das Problem der phänotypischen Ähnlichkeit zu hinterfragen.

William Bateson, der Hauptgegner der Biometriker in der Kontroverse, hatte das Werk *Galtons* ebenfalls gelesen und war sehr von ihm beeindruckt, zog jedoch ganz andere Schlußfolgerungen daraus[9]. Wie *Weldon* studierte *Bateson* (1861–1926) bei den Morphologisten in Cambridge Biologie. Er kam ein Jahr später als *Weldon* an das St. John's College, und sie wurden enge Freunde, bis die wissenschaftliche Kontroverse ihre persönliche Beziehung zerstörte.

Batesons erstes Originalwerk stand völlig in der Tradition der phylogenetischen Rekonstruktion mit den Mitteln der Morphologie. Die Abhandlung wurde 1884/1885 veröffentlicht und befaßte sich mit einer umfassenden Studie des wurmartigen Balanoglossus. Sie wurde ein kleinerer Klassiker der Morphologie und brachte *Bateson* den Ruf eines fähigen Morphologisten ein. Es war *Bateson* jedoch nicht gelungen, eine eindeutige phylogenetische Beziehung zwischen diesem und anderen Organismen herzustellen. Schließlich fing er sogar an zu zweifeln, ob diese Arbeitsmethode geeignet sei, die Fragen der Entwicklungsbiologie zu beantworten. Er begann, nach anderen Methoden Ausschau zu halten, und verbrachte 18 Monate damit, nach einem Beweis für die

Entstehung von Veränderungen durch wechselnde Umwelteinflüsse zu suchen. Nach seiner Rückkehr nach Großbritannien begann er, in Bezug auf das Evolutionsproblem einen Ansatz zu entwickeln, der ausschließlich auf seinen eigenen Überlegungen beruhte. Er hatte begonnen, an der Richtigkeit der orthodoxen *Darwin*schen Evolutionsauffassung zu zweifeln. Vielleicht waren die Arten nicht so plastisch, wie es die orthodoxe Ansicht zu fordern schien. Innere Ordnung, Anlagemuster und Struktur wurden die Brennpunkte seines Interesses, und er versuchte immer stärker zu beweisen, daß die Veränderungen, die von einer Generation zur anderen stattfanden, groß und diskontinuierlich sein konnten. Ein Wechsel von einer stabilen Anlage zu einer anderen, anstelle von kleinen Veränderungen, war vielleicht die Basis der Evolution.

Während des größten Teils dieser Zeit befand sich *Bateson* in einer akademischen Randsituation. Erst nach 1900 war er in der Lage, so etwas wie eine Forschungsgruppe zu bilden, und erst 1908 wurde seine Arbeit durch einen "senior academic post" anerkannt. Aber selbst dann konnte ihn das Angebot des Direktorpostens an der „*John Innes Horticultural Institution*" veranlassen, sein geliebtes Cambridge in der Hoffnung auf angemessene Forschungsmöglichkeiten zu verlassen. Nichtsdestoweniger sammelte er doch eine kleine Gruppe von Forschern um sich, die seine *Mendel*schen Überzeugungen teilten. Während der Kontroverse konnte er sich natürlich auch an einen großen Kreis ausländischer Wissenschaftler wenden, die wie er Mendelianer und gegen den orthodoxen Marxismus eingestellt waren.

Verfolgen wir nun, hauptsächlich auf der Spur von *W. Provine*, den Verlauf der Kontroverse. Obwohl genaugenommen die Bezeichnungen „Biometriker" und „Mendelianer" nicht für die Zeit vor 1900, als *Mendels* Werk noch nicht wiederentdeckt worden war und *Pearsons* Name für seine neue Wissenschaft noch nicht geläufig war, gebraucht werden sollte, müssen wir den Beginn der Meinungsverschiedenheiten in dem vorangehenden Jahrzehnt suchen.

Die Veröffentlichung von *Batesons* „Materials for the Study of Variation" und *Weldons* feindliche Kritik darauf geben einen ersten Hinweis auf den entstehenden Meinungsstreit[10]. Die „Materials" entstanden in den ersten Jahren der Abwendung *Batesons* vom orthodoxen Darwinismus und den Methoden der Evolutionsmorphologisten in Cambridge. Wie schon der Name zeigt, besteht das Buch hauptsächlich aus einem Katalog einer großen Zahl von Variationsfällen. Die lange Einleitung vermittelt jedoch die Bedeutung dieser Beispiele. Die orthodoxe darwinistische Evolutionsauffassung war nicht haltbar. Es gab zum Beispiel keine befriedigende Erklärung dafür, wie der Einfluß von Milieus, die nicht wahrnehmbar ineinander übergingen, spezifische, sich voneinander diskontinuierlich unterscheidende Formen produzieren konnte. "We must admit, then, that if the steps by which the diverse forms of life have varied from each other have been insensible — if in fact the forms ever made up a continuous series — these forms cannot have been broken into a discontinuous series of groups by a continuous environment, whether acting directly as Lamarck would have, or as a selective agent as Darwin would have[11]."

Bateson verwarf die Vorstellung, daß eine Variation zwischen den Generationen notwendigerweise unendlich klein sein müsse; eine Auffassung, die er gegenüber der weitverbreiteten Überzeugung, alle natürlichen Prozesse müßten kontinuierlich sein, vertrat.

Er folgerte, daß eine für die Evolution bedeutsame Variation diskontinuierlich sein müsse und die gesammelten Daten zeigten, wie er meinte, daß solche diskontinuierlichen Variationen tatsächlich vorkamen. Obwohl er vorsichtigerweise sagte: „Die Erforschung der Variationsursachen ist nach meinem Urteil verfrüht[12]," schlug er doch vor, die Quelle der Diskontinuierlichkeit nicht in Umwelteinflüssen, sondern im lebenden Objekt selbst zu suchen, der Schlüssel zum Verständnis liege in den Phänomenen: Symmetrie und Merismus[13].

Weldons Kritik der „Materials" begann damit, daß er *Bateson* zur deskriptiven Seite seines Werkes beglückwünschte. Dann aber griff er *Bateson* wegen seiner Ansichten über die diskontinuierliche Variation an. In *Weldons* Augen war die orthodoxe Beschreibung der Evolution im Prinzip angemessen und *Batesons* Argumente konnten dagegen nicht aufrechterhalten werden. *Weldon* bezweifelte, daß *Batesons* „Materials" das häufige Vorkommen diskontinuierlicher Variation bewiesen. Wenn man nur Museumspräparate und gedruckte Berichte untersuchte, konnte man natürlich keinen kleinen Variationen begegnen, sondern nur Abnormitäten, die es wert waren, festgehalten zu werden. Er schlug stattdessen vor, zur Erforschung der Variation biometrische Methoden zu benutzen.

Dieses Thema, die Verteidigung der diskontinuierlichen Variation durch *Bateson* und die der kontinuierlichen Variation durch die Biometriker, sollte zu einem der Schlüsselaspekte der Kontroverse werden. In einem Brief an *Bateson*, legte *Weldon* die Position der Biometriker fest: „diskontinuierliche" Variationen sind nur die extremen Enden von Häufigkeitsverteilungen. Während sie viel seltener auftreten, werden sie viel stärker beachtet als geringere, weniger unwahrscheinliche Variationen[14]. Dies legt nahe, die Debatte über die kontinuierliche oder diskontinuierliche Natur der Variation (und von daher der Evolution) nicht als einfache Meinungsverschiedenheit über ein paar Streitfragen zu sehen, die durch bloßes „Hinschauen" beigelegt werden kann. Schon 1894 arbeiteten *Bateson* und die Biometriker mit unterschiedlichen Methoden und unterschiedlichen Gültigkeitskriterien. Kein Ergebnis der einen Seite konnte die andere zufriedenstellen.

Die Beziehungen zwischen *Weldon* und *Bateson* verschlechterten sich nach dem Frühjahr 1894 sehr schnell. 1895 stritten sie sich unerbittlich über ein Problem, das wieder auf der Frage der kontinuierlichen oder diskontinuierlichen Variationsdichotomie beruhte. Der Botaniker *Thisleton-Dyer* hatte behauptet, die kultivierte Form der Blume Cineraria sei aus der wilden Variante durch künstliche Selektion kontinuierlicher Differenzen gezüchtet worden. *Bateson* attackierte *Thisleton-Dyer*, indem er erklärte, die Hauptfaktoren in der Evolution der kultivierten Cineraria seien Hybridisierung und spätere plötzliche Mutation (sporting). *Weldon* verteidigte *Thisleton-Dyer* auf solche Weise, daß *Bateson* behauptete, er greife seine wissenschaftliche Integrität an. Nach einem Treffen, das ihre Differenzen beseitigen sollte, und einem feindlichen Briefwechsel war ihre Freundschaft unwiderruflich zerbrochen[15].

Zwischen 1895 und 1900 kam von der Kontroverse nur wenig an die Öffentlichkeit. Aber hinter den Kulissen spielte sich ein Kampf ab. Im Januar 1894 fand das erste Treffen des "Royal Society Committee for Conducting Statistical Inquiries into the Measurable Characteristics of Plants and Animals" statt. Die Männer, die hinter dieser

Vereinigung standen, waren *Weldon* als ihr Sekretär und *Galton* als Vorsitzender. Abgesehen vom Status, den die Biometrie dadurch erhielt, war dies auch eine nützliche Finanzierungsquelle, da hierdurch ein Teil der staatlichen Zuschüsse für die "Royal Society" abgezweigt werden konnte. Obwohl die betreffenden Summen klein waren (das Minimum war 50 Pfund), stellte der Zuschuß für die "Royal Society" eines der wenigen erhältlichen öffentlichen Finanzierungsmittel dar. Bei dem ersten Bericht des "Committees", das der "Royal Society" im November 1894 vorgelegt wurde, handelte es sich um einen Aufsatz *Weldons* mit dem anspruchsvollen Ziel, die Wirksamkeit der natürlichen Selektion geringer Variationen zu beweisen, indem man zeigte, daß die Sterblichkeitsrate des Krebses Carcinus Moenas mit den Frontalmaßen korrelierte[16].

Aufschlußreicher als die öffentlichen Kritiken des Aufsatzes sind vielleicht die privaten Stellungnahmen, die *William Bateson* in einer Reihe langer Briefe an *Galton* als den Vorsitzenden des "Royal Society Committees" abgab[18]. *Bateson* war es zweifellos klar, daß sein eigener Angriff auf den orthodoxen Darwinismus im Falle einer Akzeptierung von *Weldons* Verteidigung der evolutionären Wirksamkeit der Selektion kontinuierlicher Differenzen stark abgeschwächt würde.

Batesons Kritik an *Weldon* hatte soviel Überzeugungskraft, daß *Galton* seine Mitgliedschaft im Royal Society Committee für wünschenswert hielt. So wurde *Bateson* 1897 gegen die Einwände *Weldons* zusammen mit einigen anderen nicht biometrisch orientierten Biologen in das "Committee", dessen Name in "Evolution Committee" geändert wurde, aufgenommen. *Pearson* und *Weldon* spürten, daß *Bateson* und andere den biometrischen Forschungen gegenüber feindlich eingestellt waren; *Bateson* dagegen hoffte, das "Committee" für die Züchtungsexperimente zu interessieren, die, wie er jetzt meinte, die Erforschung der diskontinuierlichen Evolution weiterbrachten. *Pearson* und *Weldon* machten *Galton* ihre Unzufriedenheit klar. Im Jahr 1900 traten alle drei ab und ließen das "Committee" in *Batesons* Händen zurück[18]. Das "Evolution Committee" wurde zu einem bedeutenden Träger der Mendelschen Arbeit in Großbritannien.

Im Jahr 1900 kam der Wendepunkt der Kontroverse. In diesem Jahr wurde *Mendels* Arbeit von *Hugo de Vries, Carl Correns* und *Erich von Tschermak* wiederentdeckt und in Großbritannien begierig von *Bateson* aufgenommen, während die biometrische Schule ihre Geschlossenheit mit den ersten Schritten zur Gründung der Zeitschrift „Biometrika" demonstrierte.

Batesons Kritik an einem der ehrgeizigsten biometrischen Aufsätze *Pearsons* löste die weitere Entwicklung aus. *Pearson* und einige seiner Mitarbeiter hatten in diesem Aufsatz zu zeigen versucht, daß erbliche Ähnlichkeit einen Sonderfall der allgemeinen Ähnlichkeit von Homotypen (undifferenzierten ähnlichen Organen, wie verschiedene Blätter eines Baumes) darstellt. Mit einem algebraischen Argument, das auf etwas tendenziösen Vermutungen beruhte, folgerte *Pearson*, daß theoretisch „die Korrelation zwischen Brüdern gleich der mittleren Korrelation zwischen den homotypischen Organen eines Individuums sei". Dieses „sehr bemerkenswerte" und (falls es richtig war) „äußerst fundamentale" Ergebnisse wurde durch ausgedehnte statistische Untersuchungen gestützt, nach denen die vorausgesagte Gleichheit im großen auch zutraf.

Dem übergreifenden Ziel, nämlich zu zeigen, daß vererbte Ähnlichkeit Ausdruck des allgemeinen Phänomens der Ähnlichkeit entsprechender Teile ist, war *Bateson* durchaus zugetan. Er hielt *Pearsons* Aufsatz jedoch für methodologisch unsauber. Er schrieb eine Kritik des Aufsatzes, in der er behauptete, *Pearsons* Versuch, eine Kategorie undifferenzierter ähnlicher Organe zu bilden, „müsse in der Praxis beständig versagen und sei in der Theorie unzulässig"[20]. Er führte aus, daß echte Differenzierung und reine Variation nicht leicht zu trennen seien, und der Versuch einer Trennung die Aufgabe von *Pearsons* „starrer numerischer Methode" zugunsten eines höher entwickelten biologischen Ansatzes bedeuten würde[21]. Er wies seine Leser auf die Grenzen der statistischen Methoden hin und kehrte außerdem zu einem alten Thema zurück, dem Vorwurf, die Biometriker unterließen es, die Bedeutung der diskontinuierlichen Variation in der Evolution anzuerkennen.

Zusammen mit der ungebührlichen Behandlung der *Pearson*schen Abhandlung durch die "Royal Society" überzeugte dieser Angriff die Biometriker von der Notwendigkeit einer eigenen Grundlage. Am 16. November 1900, dem Tag nach *Batesons* erster öffentlicher Stellungnahme zu dem Aufsatz, schrieb *Weldon* an *Pearson*[22]: „Die Behauptung, ‚daß alle Zahlen nichts bedeuten und in der Natur nicht existieren‘, ist eine ernste Angelegenheit, die man verfechten müssen wird. Die meisten Menschen haben das schon überwunden, nur die meisten Biologen nicht. — Glauben Sie, es ist von vornherein zu teuer, so etwas wie eine Zeitung herauszugeben[23]?" Die „Zeitung" war „Biometrika" und erschien zum ersten Mal im Oktober 1901, herausgegeben von *Pearson* und *Weldon* (der amerikanische Mitherausgeber *C. B. Davenport* und *Galton* als beratender Herausgeber spielten bei der Herausgabe nur eine unbedeutende Rolle). Ab 1901 wurde der größte Teil der Arbeit aus der biometrischen Schule in „Biometrika", die somit stark von den wissenschaftlichen Präferenzen der Biometriker geprägt war, veröffentlicht.

Während in der Kontroverse um die Homotypen methodologische Differenzen zwischen den Biometrikern und *Bateson* deutlich geworden waren, bestand nach 1900 der sichtbarste Teil der Kontroverse in den unterschiedlichen Reaktionen beider Parteien auf den Mendelismus. *Bateson* sah sofort, daß das Werk *Mendels* mit seinen eigenen Ideen vereinbar war. Er wurde der führende britische Vertreter der *Mendel*schen Vererbungslehre und er und seine Mitarbeiter spielten eine lebhafte Rolle in der Entwicklung der *Mendel*schen Genetik, besonders im ersten Jahrzehnt des Jahrhunderts. Der Begriff „Genetik" verdankt *Bateson* seine Geläufigkeit und ein großer Teil der betreffenden Terminologie (z. B. „Homozygote", „Heterozygote") stammt von ihm. Er bewies die Gültigkeit der *Mendel*schen Lehre für Tiere (die ursprüngliche Arbeit *Mendels* und seiner Wiederentdecker bezog sich nur auf Pflanzen), und er arbeitete daran, komplexere Vererbungsmuster als die einfachen *Mendel*schen Schemata zu durchleuchten (z. B. die Arbeit von *Bateson* und *Punnett* über partielle Kreuzung). All dies schien jedoch die Folgerungen zu unterstützen, zu denen *Bateson* vor 1900 gekommen war. Der *Mendel*sche Faktor (Gen, wie er später hieß), der seine Identität erhielt und einer Vermischung widerstand, war für ihn ein klarer Beweis der diskontinuierlichen Natur von Variation und damit von Evolution.

Die Biometriker standen dagegen dem Mendelismus skeptisch gegenüber. *Weldon* schrieb für „Biometrika" eine verächtliche Kritik über *Mendels* Werk. Er behauptete, es sei fast schon eine Sache des Allgemeinwissens, daß die *Mendel*sche Dominanz- und Spaltungsgesetze nicht einmal bei Erbsen für alle Merkmale zuträfen. Er überprüfte die Kategorien *Mendels* (gelb-grün und glatt-gekräuselt) und erklärte, daß diese nicht exklusiv seien, sondern ineinander übergingen[25]. Wenn *Mendel* Recht hätte, könnte die Kenntnis von Einzelheiten der Abstammung der Elterngeneration, wenn die Faktorenkombination der Eltern bekannt ist, keine weiteren Informationen über die Merkmale des Abkömmlings geben. So verleugnete der Mendelismus, nach Ansicht *Weldons* die Abstammung.

Die Briefe *Weldons* an *Galton* aus den Jahren 1902 bis 1906 geben einen interessanten Einblick in die Haltung der Biometriker zum Mendelismus und ihre Entwicklung. Beobachtete *Mendel*sche Phänomene waren für *Weldon* ,,Anomalien'', und er verwandte in diesen Jahren einen beträchtlichen Aufwand, um sie in akzeptablen Formen zu erklären. Das von ihm vorgeschlagene Schema änderte sich, aber es scheint, daß das, was *Waldon* im Grunde nicht akzeptieren konnte, die Theorie der reinen Gameten war (d. h. die unveränderte Weitergabe genetischer Determinanten von einer Generation zur anderen). In Anbetracht der Folgen des Mendelismus für die natürliche Selektion und Evolution stellte *Weldon* nicht unberechtigt fest: ,,Wenn man keine Veränderlichkeit in den Determinanten zugibt, ist irgendeine Form der plötzlichen Veränderung (,sporting') oder der Mutation eine logische Notwendigkeit.'' Und weder *Pearson* noch *Weldon* wollten sich von dieser logischen Notwendigkeit bezwingen lassen. Stattdessen suchte *Weldon* nach einer *Mendel*schen Arbeitstheorie ohne irgendwelche ,,reinen Gameten'' und sagte voraus, daß der Begriff der Reinheit der Gameten ,,ein für alle Mal in die Kategorie der ,terminologischen Unexaktheiten' fallen werde''[26]. So suchten *Weldon* (und *Pearson*), während eine Erklärung der beobachteten *Mendel*schen Phänomene notwendig war, nach einer Erklärung, die nicht mit der kontinuierlichen Theorie über die Natur der Evolution konfligierte.

Weldons Kritik an *Mendel* rief eine hitzige Antwort von *Bateson* hervor, in der dieser eine Übersetzung der *Mendel*schen Originalaufsätze lieferte und danach strebte, ,,Mendel vor Professor Weldon zu verteidigen''[27]. Die Heftigkeit der Antwort war so groß, daß *Pearson* und *Weldon* sie in einer wissenschaftlichen Kontroverse für nicht mehr akzeptabel hielten. *Bateson* hatte nämlich gespürt, daß *Weldons* Angriff die Existenz des Mendelismus in Großbritannien im Innersten bedrohte, wobei ihre institutionelle Unsicherheit sicherlich zu diesem Gefühl beitrug. Im Jahre 1902 mußte der Mendelismus erst die breitere Anerkennung der Biologen gewinnen, und keiner der Mendelianer hatte die Sicherheit eines Universitätslehrstuhls.

Der deutlichste Ausbruch der Kontroverse im öffentlichen Bereich fand 1904 bei dem Treffen der ,,British Association'' statt. *Bateson* war in jenem Jahr der Präsident der zoologischen Sektion und seine Rede als Präsident war eine machtvolle Erklärung seines Standpunktes. Die Bedeutung der *Mendel*schen Vererbungslehre für Biologen wurde besonders betont und der Mangel an Interesse daran verurteilt. *Bateson* griff die orthodoxe darwinistische Selektionsauffassung an, indem er erklärte, die Auffassung von der Natur einer Spezies als einer Summe von Anpassungserscheinungen sei eine tote Formel (numbing spell). Eine sachgemäße biologische Erforschung sei das, was erforderlich sei. ,,Für derartige Phänomene ist die grobe statistische Methode ein irreführendes Instrument; und die eindrucksvolle Korrelationstabelle, in die der biometrische Prokrustes seine Aufstellungen nicht analysierter Daten packt, ist, auf diese komplizierten Unterscheidungen angewandt, noch kein Ersatz für ein gewöhnliches fachmännisches Urteil[28] ." Auf die Rede *Batesons* folgte die Darstellung weiterer Arbeiten der *Mendel*schen Richtung. Schließlich erhob sich *Weldon*, um zu antworten, „in aufgebauschter, leidenschaftlicher Sprache, mit Schweißtropfen auf der Stirn" (nach einem Augenzeugen). Er argumentierte, die *Mendel*schen Kategorien seien nicht ausgeprägt genug. Es sei nicht nötig, sich nicht vermischende, nicht variierende Determinanten vorauszusetzen, um die beobachteten *Mendel*schen Proportionen zu erklären. *Pearson* beschuldigte die Mendelianer der mangelnden statistischen Erfahrung, schlug jedoch einen Waffenstillstand in der Kontroverse vor. Dieses Angebot wurde nicht angenommen, und *Pearson* erinnert sich, daß das Treffen damit endete, daß *Bateson* ganz dramatisch die Bände der „Biometrika" hochielt, als Beweis für die offenkundige Torheit der biometrischen Schule[29] .

Auf diese Art ging die Kontroverse schließlich bis zum Tode *Weldons* im Jahre 1906 weiter[30] . Hiernach klang sie sehr schnell ab; es gab keine weiteren direkten Konfrontationen. Trotzdem erreichten die ursprünglich Beteiligten niemals Übereinstimmung. *Pearson* stimmte dem Mendelismus nie völlig zu, und *Bateson* lehnte die Biometrie weiterhin ab.

Wir sind nun in der Lage, die Hauptstreitfragen der Kontroverse zusammenzufassen. Auf das Risiko hin, zu sehr zu vereinfachen, können wir sie folgendermaßen einteilen:

1. War Evolution ein Prozeß der natürlichen Selektion kontinuierlicher Differenzen, wie die Biometriker, *Darwin* gemäß, glaubten, oder fand sie, wie *Bateson* argumentierte, in diskontinuierlichen Sprüngen statt?
2. War die *Mendel*sche Vererbungslehre, und vor allem die entscheidende Theorie von der Reinheit der Gameten richtig?
3. War die statistische Biologie, wie sie von den Biometrikern praktiziert wurde, in methodischer Hinsicht angemessen?

Es ist wert, bemerkt zu werden, daß die hier zuerst genannte Streitfrage auch chronologisch zuerst aufkam und die größte Polarität in den Meinungen der konfligierenden Gruppen bewirken sollte.

II

Es gibt eine Reihe von Gründen, weshalb diese gut dokumentierte Episode die Aufmerksamkeit der Soziologen verdient. Manche ihrer Merkmale lassen es sinnvoll erscheinen, die augenblicklichen Ansichten über die Entstehung und die Institutionalisierung von Spezialgebieten zu erweitern, um den äußeren Umständen besser Rechnung zu tragen[32] . Durch diese Kontroverse könnte Zweifel an der Auffassung entstehen, daß institutionelle Faktoren gegenüber intellektuellen vordringlich sind, wenn es darum geht zu bestimmen, ob Spezialgebiete expandieren oder zurückgehen sollen. Und schließlich illustriert die Kontroverse in hervorragender Weise, daß Validierung und Rechtfertigung, so wie sie in der wissenschaftlichen Praxis betrieben werden, im wesentlichen als soziale Prozesse betrachtet werden müssen[33]. Man wird im folgenden manchen Hinweis auf die Bedeutung der Auseinandersetzung in dieser Hinsicht finden. Das Hauptziel dieser Diskussion ist jedoch bescheidener. Wir werden hier die zugänglichen Berichte nutzen, um die unterschiedlichen Ansätze zur Erklärung wissenschaftlicher Kontroversen zu illustrieren. Wir meinen, daß in solchen Fällen befriedigende Erklärungsweisen die Annahme einer soziologischen Perspektive erfordern und daß eine solche Perspektive für die Schaffung einer guten „Geschichtsschreibung" zur Notwendigkeit werden sollte. (Wir betonen allerdings, daß unsere Erörterung nur Erklärungsweisen miteinander vergleicht. Wir wollen damit nicht die Tugenden einer formalen soziologischen Ausbildung ins Feld führen oder auf irgendeine andere Weise ein professionelles Interesse fördern. Viele historische Werke stellen soziologische Erklärungsmodelle bereit, die denen der Sozialwissenschaften selbst nicht nachstehen.)

Beginnen wir, die bevorzugten Erklärungsweisen der von uns gewählten Autoren genauer zu betrachten, so finden wir zwei Faktoren, die sowohl in Bezug auf die Häufigkeit, mit der sie erwähnt werden, als auf die Wichtigkeit, die man ihnen beimißt, vorherrschen. Den intellektuellen Faktoren wird in allen Aufsätzen erklärende Bedeutung zugeschrieben; drei Autoren nennen persönliche oder psychologische Faktoren (*Provine, Farrall, Cock*). Nur in zwei der sechs Abhandlungen (*Farrall, de Marrais*) werden soziologische Gedanken entwickelt, und in keiner der Abhandlungen wird das Haupterklärungsgewicht auf soziologische Faktoren im üblichen Sinne gelegt.

Betrachten wir die Rolle der persönlichen Faktoren in der Kontroverse genauer, so ist klar, daß sie, selbst vom Standpunkt jener aus gesehen, die auf sie hinweisen, keine grundlegende kausale Rolle in der Handlung spielen. *Provine* zeigt zum Beispiel, daß die persönliche Feindseligkeit zwischen *Bateson* und *Weldon* auf die Divergenz ihrer Ansichten folgt und daher nicht für diese verantwortlich sein kann. Wenn wir uns zusätzlich vergegenwärtigen, daß wissenschaftliche Kontroversen normalerweise zwischen Gruppen stattfinden, so ist es schwierig einzusehen, wieso spezielle persönliche Differenzen eine primäre kausale Rolle in der Entstehung und Aufrechterhaltung des Streites spielen sollten.

Wir müssen daher notwendigerweise zu den intellektuellen Faktoren zurückkehren, deren Bedeutung in allen der von uns gewählten Beiträge anerkannt wird. Wir wollen gleich zugeben, daß auch wir selbst ihre Bedeutung akzeptieren. Dennoch müssen wir fragen, auf welche Weise intellektuelle Faktoren eine wissenschaftliche Kontroverse hervorrufen können. Informelle historische Beschreibungen geraten schnell in einen Kreislauf und erklären, daß da eine Kontroverse war, weil die verschiedenen Protagonisten verschiedene Ansichten hatten! Recht häufig findet man, daß eine Vermutung durch eine andere erklärt wird. So behauptet *Provine, Galton* war gegen die kontinuierliche *Darwin*sche Evolutionsvorstellung, „weil" er an Regression glaubte[36]. Wenn wir dies akzeptieren, können wir weitergehen und fragen, warum *Galton* an Regression glaubte und warum er, im Gegensatz zu anderen, glaubte, sie bringe die kontinuierliche Regression zu Fall usw. . Sicherlich ist der informelle Gebrauch solcher „weil" nützlich, weil er uns einen Überblick über die verschiedenen Anschauungen gibt, die auf beiden Seiten der Kontroverse weiterbestehen. Er hilft uns vielleicht auch zu erkennen, daß solche Überzeugungsmuster (sets of belief) überall als Strukturen vorhanden sind, und er könnte uns helfen, die Hauptmerkmale eines jeden Musters abzuschätzen. Aber die Verwirrung über die Kontroverse selbst bleibt. Es bleibt uns nichts anderes übrig, als zu fragen, warum die streitenden Parteien auf den konfligierenden Meinungen bestanden. Vielleicht wissen wir etwas über die Kontroverse, aber wir sind immer noch weit davon entfernt, sie zu erklären. Wie sehr wir auch immer untersuchen, was geglaubt wird, wir können nicht erwarten darzulegen, warum es geglaubt wird. Hierfür müssen wir hinter die Einstellungen selbst schauen und die Kontroverse mit Theorien oder Hypothesen über das Auftreten oder die Verbreitung von Einstellungen in Zusammenhang bringen.

In der Wissenschaftsgeschichte sind eine Reihe solcher Theorien informell entwickelt worden. Eine Möglichkeit, die heute weniger als früher gebraucht wird, ist es, die Meinungen der einen Seite einer Kontroverse als wahr oder natürlicherweise vernünftig zu betrachten. So werden sie in Begriffen der Wirklichkeit, unserer teilhabenden Erkenntnis der Wirklichkeit und unseres natürlichen Strebens, rational auf der Basis unserer Erkenntnis zu denken, erklärt. Die Ansichten der anderen Seite, ,,der falschen Seite", werden dann entweder durch ihre relative Ignoranz erklärt — ihren Mangel an gewissen Erkenntnissen oder Angaben — oder durch Vorurteile, Ansprüche oder Emotionen, die den Hang zur Vernunft verdecken. Hier liegt ein echter Erklärungsversuch vor, der gewöhnlich von den Historikern als ein Versuch betrachtet wurde, rationale Ansichten durch intellektuelle Faktoren zu erklären. Heute besteht jedoch zunehmend Übereinstimmung darin, daß Theorien dieser Art unbefriedigend sind. Wenn der Wissenschaftler versucht, seine Theorien mit denen anderer zu vergleichen, gibt es keinen Weg, auf dem die natürliche Macht der Vernunft allein entscheiden kann, welche Alternative der Welt am besten entspricht[37]. Bezeichnenderweise widerspricht keiner unserer gewählten historischen Berichte dieser Behauptung; in diesen Schriften legt man bemerkenswert wenig Gewicht auf die Frage, wer ,,Recht" und wer ,,Unrecht" hatte.

Bevor wir jedoch diese Art von Theorien verlassen, soll noch eine Bemerkung dazu gemacht werden. Sie wird gewöhnlich mit Wissenschaftsphilosophen in Verbindung gebracht und als erkenntnistheoretische Theorie betrachtet. Es ist aber mißverständlich, sie als solche anzusehen, wenn man sie benutzt, um Einstellungen zu erklären. Sie erklärt rationale Meinungen in Begriffen der Welt, mit natürlichen kognitiven Prozessen und natürlichen Urteilsweisen. Sie sagt nichts darüber aus, ob wir uns auf solche natürlichen Gegebenheiten verlassen können oder ob die Meinungen, die sie erzeugen, Wissen im philosophischen Sinn genannt werden sollen. So erklärt diese Theorie Einstellungen im wesentlichen mit den Begriffen einer psychologischen Erkenntnis- und Denktheorie.

Jetzt scheint klar zu sein, daß jede scheinbar intellektuelle Auslegung einer wissenschaftlichen Kontroverse selbst auf einer rein psychologischen Theorie über rationale Einstellungen oder auf einer soziologische Faktoren beinhaltenden Theorie beruht. Die erste führt zu einer asymmetrischen Sicht der Kontroverse, wobei die rationale Seite anders als die irrationale erklärt wird, die letztere führt vielleicht zu einer ausgewogeneren Sicht, bei der beide Seiten auf die gleiche Weise erklärt werden. Historiker müssen wählen — intellektuelle Erklärungen brauchen einen festen Boden. Für uns ist klar, daß der rein psychologische Ansatz, der eben angedeutet wurde, nicht die gegen ihn genannten Argumente entkräften kann[38].

Um die Inadäquanz einer rein intellektuellen Erklärung näher zu illustrieren, wollen wir uns *G. Allens* bewundernswerter Darstellung der Wirkung der Theorien über die diskontinuierliche Evolution und des Werkes von *de Vries* im besonderen zuwenden. *Allen* erklärt diese Wirkung teilweise dadurch, daß die Theorie auf einige der Probleme antwortet, die, aus der Sicht der früheren kontinuierlichen *Darwin*schen Theorie betrachtet, besonders verwirrend und ungewöhnlich sind. Oberflächlich gesehen handelt es sich um eine Erklärung anhand von intellektuellen Faktoren, wobei man voraussetzt, daß die Probleme, die von einer akzeptierten Theorie hervorgerufen werden, kulturellen Wandel verursachen. Sie kommt *Th. S. Kuhns* Beschreibung, wie Anomalie und Krise zur Veränderung von Paradigmen führen, nahe; aber dies allein zeigt schon die Notwendigkeit einer Untermauerung. Selbst wenn diese Beschreibung oberflächlich betrachtet richtig ist, müssen wir fragen, warum für eine Gruppe die Anomalien tolerierbar waren, während sie für die andere genügend Grund boten, eine alternative Theorie zu bevorzugen. Was erklärt die unterscheidende Macht eines Arguments auf verschiedene Gruppen? Was bestimmt, wieviel die Argumente wert sind? Hier müssen wir entweder auf den psychologischen Ansatz zurückgehen, den wir ablehnen, oder die Soziologie ins Spiel bringen[39]. Aber wie soll das vor sich gehen? Wie kann man mit Hilfe der Soziologie intellektuelle Ableitungen begründen? Welche primär sozialen Faktoren könnten unterschiedliche Antworten auf die gleichen Argumente oder die Auswahl verschiedener Wege aus der großen Zahl intellektueller Bewegungen, die ein Wissenschaftler immer vollziehen kann, bewirken?

III

Eine Möglichkeit, die Problematik in Angriff zu nehmen, liegt im Rückgriff auf die Begriffe der Sozialisation und Ausbildung. Eine spezielle (esoteric) Ausbildung versorgt die angehenden Wissenschaftler mit den Fähigkeiten und Anschauungen, die in einem Forschungsgebiet gewohnheitsmäßig anerkannt werden. Aufgrund empirischer Betrachtungen meinen wir, daß diese Anschauungen zunächst ohne weiteres von denen, die sie lernen, akzeptiert werden. Sie bilden daher den Rahmen, in dem die neuen Wissenschaftler anfangs die Wissensansprüche und Forschungstechniken, denen sie fortwährend begegnen, einschätzen. Wenn die Beschreibungen der intellektuellen Historiker die Einstellungen der Wissenschaftler mit ihrer Anfangsausbildung in Verbindung bringen, so kann man sagen, sie bauen auf soziologischen Einstellungstheorien auf. Sie erklären dann Einstellungen dadurch, daß sie sie unter allgemeine Theorien über Sozialisierung und die ständigen Folgen der Sozialisierung für die Gedanken und Handlungen des sozialisierten Individuums subsummieren.

Dies ist im vorliegenden Fall tatsächlich ein Weg mit einer klar umrissenen Leistungsfähigkeit, wie in Abschnitt I schon vorgeschlagen wurde[40]. Besonders die Verteilung von mathematisch-rechnerischer und biologisch-experimenteller Ausbildung innerhalb der streitenden Gruppen könnte für eine Erklärung signifikant sein[41]. Trotzdem werden im Lichte dieses Ansatzes einige Züge der Kontroverse sogar noch rätselhafter. *Bateson* und *Weldon* genießen zum Beispiel eine ähnliche Ausbildung und nehmen in der Kontroverse doch entgegengesetzte Positionen ein (allerdings war *Weldon* mathematisch besser ausgebildet als *Bateson*, dessen mathematische Fähigkeiten, wie er selbst sagte, außerordentlich schwach waren). *Bateson* verwirft vieles von dem, was er gelernt hat. Er lehnt sowohl die morphologische Methode *Balfours* und seiner Schule zum Studium der Evolution ab, als auch den orthodoxen Darwinismus. Dennoch wird er, nach *Coleman*, weiterhin stark von den Elementen seiner Ausbildung beeinflußt. *Weldon* bildet einen Studenten namens *Darbishire* aus, der sehr schnell zum Mendelismus übergeht.

All dies sollte uns fragen lassen, wieviel erklärendes Gewicht man einer Ausbildung beimessen kann, und wie nun die Ausbildung genau zukünftige Einstellungen erklärt. Sicherlich wird hier kein vereinfachender Ausbildungs- oder Sozialisationsansatz ausreichen. Wir können nicht annehmen, daß eine bestimmte Ausbildung Meinungen und Urteilsmaßstäbe verleiht, die anschließend garantieren, daß alle Arbeiten, die mit ihnen übereinstimmen, automatisch angenommen und alle Arbeiten, die nicht mit ihnen übereinstimmen, abgelehnt werden. Wir müssen vielmehr fragen, bis zu welchem Grad die Ausbildung fortwährend einen Einfluß auf das Handeln behält und wie mächtig dieser Einfluß in verschiedenen Situationen sein kann.

Das Dilemma ist folgendes: einerseits zeigt die empirisch-soziologische Literatur, daß Meinungen, Werte, Urteilsmaßstäbe und andere Sozialisationselemente nicht als fortdauernde stabile Determinanten des Verhaltens eines Individuums oder als Einflüsse darauf betrachtet werden können. Man kann bestenfalls erwarten, daß die Sozialisations- und Ausbildungselemente wirksam bleiben, wenn sich der Handelnde weiterhin im unmittelbaren Sozialisationsmilieu bewegt; in neuen Situationen erwirbt er gewöhnlich neue Einstellungen, Werte, Ansichten und lernt, sich auf eine neue Weise Erfolg zu verschaffen[42]. Dennoch können wir unseren Gedanken, daß die Ausbildung einen dauerhaften Einfluß auf die Individuen ausübt, nicht aufgeben. In welchem Ausmaß beeinflußt die Ausbildung ferner das Verhalten eines Individuums, das sich von einer Situation zur anderen, von einer sozialen Rolle zur anderen bewegt?

Ohne eine unangemessen detaillierte Diskussion über dieses allgemeine Problem der soziologischen Theorie zu beginnen, sollte hier noch eine relevante Bemerkung gemacht werden. Vielleicht sollten wir die permanenten Wirkungen der Ausbildung nicht in einem Gefüge von Einstellungen und Werten suchen, das die Handlungen weiter bestimmt, sondern in den Ressourcen, die die Ausbildung zur Verfügung stellt. Was man glaubt und bewertet, scheint nach dem augenblicklichen Erkenntnisstand, besonders nach *Howard S. Becker* und seiner Schule, äußerst umweltabhängig zu sein. Dies trifft nicht für das zu, was man tun könnte und wozu man geistig in der Lage wäre. So sollten wir vielleicht erwarten, daß sich Ausbildungseffekte fortwährend als Fähigkeiten, Vorstellungen und kulturelle Möglichkeiten zur Erklärung[43], und vielleicht in einer ständigen Wahrnehmung von und einem Gefühl für bestimmte Arten von Problemen, die andere nicht wahrnehmen mögen, manifestieren.

Natürlich kann eine wissenschaftliche Ausbildung durch die Fähigkeiten, die sie heranbildet, auch weiterhin wissenschaftliche Werte indirekt bestimmen. Innerhalb der Konkurrenzstruktur der Wissenschaft bilden die Fähigkeiten des Handelnden eine Schlüsselrolle; er schätzt sie ebenso wie die Werke, in denen sie gebraucht werden, hoch ein.

Dagegen wird er Arbeiten, die die Überflüssigkeit dieser Werke implizieren und dabei alternative Methoden entwickeln, die der Betreffende nicht so gut beurteilen kann, skeptisch gegenüberstehen.

Eine solche Position läßt sich mit den laufenden empirischen Ergebnissen der Soziologie und den derzeitigen Trends in der soziologischen Theorie vereinbaren. Ebenso besteht eine deutliche Relevanz für die konkreten Probleme der vorliegenden Kontroverse. Wir haben *Batesons* Mißtrauen gegenüber der statistischen Methodologie der biometrischen Schule dokumentiert. Dieses Mißtrauen wurde von anderen Biologen geteilt, wie zum Beispiel dem großen Zoologen *E. Ray Lankester*, der schrieb: „Man kann (so scheint mir) die Entwicklung der Natur nicht, wie Professor Weldon vorschlägt, auf eine abstrakte statistische Form reduzieren, ohne die interessantesten Probleme zu vernachlässigen, und sich gleichzeitig weigern, die universale Methode der Hypothese und des konsequenten Experimentes zu gebrauchen, mit deren Hilfe die Menschheit neue Erkenntnisse über die Phänomene der Natur gewonnen hat[44]."
Aufgrund dieser und ähnlicher Stellungnahmen scheint es, daß das biometrische Programm einer Mathematisierung der Biologie die Feindschaft der traditionellen Biologen hervorrief, da diese meinten, es entwerte ihr „Zunft"-Wissen, d. h. die Fähigkeiten und Erfahrungen, die sie in ihrer Ausbildung erhalten hatten[45]. „Achten Sie auf Ausnahmen!", pflegte *Bateson* gern seine jungen Biologen zu warnen; dagegen blieb dem Biologen beim biometrischen Ansatz wenig Raum, sich dem Einzelfall zuzuwenden. Und ein Biologe ohne große mathematische Fertigkeiten war sicher nicht sehr beruhigt bei *Pearsons* Behauptung, der Biologe der Zukunft werde eine beträchtliche mathematische Ausbildung benötigen[46].

Das Gegenstück zur Reaktion auf die Biometrie kann in der Reaktion der Biologen auf die Mutationstheorie und den Mendelismus gesehen werden. Wie *Allen* herausstellt, lag in den Augen vieler Biologen während der ersten Jahre des 20. Jahrhunderts die große Tugend der Mutationstheorie darin, daß sie das Evolutionsproblem in den Anwendungsbereich der experimentellen Methoden gebracht hatte. So wurden die Vertreter der experimentellen Biologie vom Begriff der Mutation in der Evolution mehr angezogen als von der Darwinistischen Auffassung, die zu jener Zeit für experimentelle Untersuchungen weniger geeignet zu sein schien. Vielleicht ist das beste Beispiel für einen solchen Prozeß das des Amerikaners *C. B. Davenport*. *Davenport* hatte die *Pearson*sche Biometrie in Amerika eingeführt und wurde 1901 Mitherausgeber der „Biometrika". Außerdem verfügte er über eine beträchtliche Erfahrung als experimenteller Forscher und hatte Vorlesungen über experimentelle Morphologie in Harvard eingeführt. Von 1902 bis 1904 war *Davenport*, ein „schrecklich ehrgeiziger" Mann, eifrig bestrebt, die "Carnegie Institution" zu überzeugen, eine Abteilung für die experimentelle Forschung der Evolution einzurichten und ihn zum Direktor zu ernennen. Durch sein starkes Interesse an experimentellen Studien kam er dem Begriff der Mutation in der Evolution nahe. Im Jahre 1902 machte er eine Rundreise durch Europa, wo er die meeresbiologischen Stationen besuchte, „um sich besser auf die Arbeit des Direktors an der Abteilung für experimentelle Evolutionsforschung, wenn die Carnegie Institution eine solche gründet, vorzubereiten". Nach seiner Rückkehr schrieb er: „Während der letzten zwei Jahre bestanden die wichtigsten Ereignisse in

Bezug auf die Untersuchung der Evolution in der Gründung der Zeitung ‚Biometrika‘, der Gründung einer ‚Gesellschaft für Tier- und Pflanzenzüchtung‘ in Amerika, der Fertigstellung des ersten Bandes der ‚Mutationstheorie‘ von de Vries und der Wiederentdeckung von Mendels Mischungsgesetz. Besonders die beiden letzten Ereignisse riefen eine starke Tendenz zur experimentellen Erforschung der Evolution hervor. — Während der letzten vier Monate hat der Verfasser viele Evolutionisten der experimentellen Richtung in Europa besucht. Obwohl die gesamte Arbeit an diesem Gegenstand in Europa von größter Bedeutung ist, wird sie unter Bedingungen ausgeführt, die sie stark beeinträchtigen und den Beginn von Experimenten, die sich über mehrere Jahre erstrecken, gar nicht erst ermöglichen. Überall drückte man die Hoffnung auf die Gründung einer ständigen Abteilung für experimentelle Evolutionsforschung in Amerika aus, wobei man die Carnegie Institution für die geeignete Organisation hielt, eine solche Abteilung einzurichten und zu tragen[47].“

So können wir behaupten, daß die Mutationstheorie und der Mendelismus es *Davenport* mehr als der Darwinismus der Biometriker ermöglichten, etwas (innerhalb der von ihm angestrebten Position) zu erreichen. Im Jahre 1904 verwirklichte er sein Ziel tatsächlich und wurde Direktor eines von der Carnegie Institution eingerichteten Labors in Cold Spring Harbor. Die Arbeit unter seiner Leitung war an *Mendel* und der Mutationslehre orientiert. 1905 schrieb er bei einer Beurteilung des Werkes von *de Vries*: „Der große Nutzen des Werkes von de Vries liegt darin, daß es, auf dem Experiment beruhend, wiederum das Experiment zum Richter über seine Leistung macht. Seine größte Brauchbarkeit wird sich erst zeigen, wenn es einen weitverbreiteten Anreiz zur experimentellen Erforschung der Evolution schafft[48].“ Bei einer solchen Einstellung zur Mutation war eine Zusammenarbeit mit *Pearson* natürlich nicht länger möglich, so daß dieser und *Davenport* sich heftig zerstritten[49].

Dennoch wäre es unklug anzunehmen, daß diese Form der Begründung in der Erklärung einer wissenschaftlichen Kontroverse immer notwendig und hinreichend sei. Hin und wieder kann sie zufälligerweise ausreichen, aber ein solcher Glücksfall darf nie vorausgesetzt werden und kommt wahrscheinlich auch in der vorliegenden Kontroverse nicht vor. Nach unserer Ansicht können all die einzelnen Punkte des Streites zwischen den Protagonisten nicht allein aufgrund einer Fachausbildung analysiert werden. *Pearson* hätte zum Beispiel ohne weiteres seine außerordentlichen Fähigkeiten innerhalb des *Mendel*schen Rahmens statt gegen diesen entwickeln können und hätte somit Entwicklungen verfolgt, die erst mehr als ein Jahrzehnt später einsetzten[50].

Bateson ließ die theoretische Basis ebenso wie die morphologischen Techniken seiner Ausbildung fallen, und man kann daran zweifeln, ob die ganzen experimentellen Techniken, die er beherrschte, den Grund für seine Bindung an den Mendelismus bildeten. Die Protagonisten hätten auch ein Konzept der friedlichen Koexistenz oder der gegenseitigen Unabhängigkeit entwickeln können, um zusammenzuarbeiten und gegenseitig die verschiedenen Fähigkeiten zu respektieren. Aber sie taten es nicht, und die wenigen Bemühungen um einen solchen Kompromiß, wie z. B. die von *Yule*, wurden völlig ignoriert und erscheinen erst in der ex post-Analyse als weitsichtig und aufgeklärt. Wegen dieser und vieler anderer Beispiele wollen wir festhalten, daß eine Begründung durch Unterschiede in der Ausbildung nicht ausreichend ist[51].

IV

Wir müssen daher versuchen, die Kontroverse weiter zu begründen, wozu wir uns umfassenderen soziologischen Erklärungen werden zuwenden müssen, die die ganze Reichweite der Sozialisationserfahrungen der Beteiligten ebenso wie das allgemeine Milieu ihrer Zeit umfassen. Wir werden die Möglichkeiten der traditionellen Wissenssoziologie erkunden müssen, sowie die Rolle der „äußeren" Faktoren — alles Schritte, die bei der Untersuchung der Naturwissenschaften noch viel zu wenig erprobt wurden.

Dehnen wir die Diskussion aus, indem wir den biographischen Hintergrund *Pearsons* mit dem *Batesons* vergleichen. Beide waren erfolgreiche Akademiker, aber in ihrer Herkunft und in ihren Laufbahnen gibt es interessante Unterschiede. *Pearsons* Vater war ein kleiner, aber hart arbeitender und schließlich erfolgreicher Londoner Rechtsanwalt. *Bateson* stammte aus einer Akademikerfamilie aus Cambridge, sein Vater war ein humanistischer Gelehrter und Rektor des St. John's College. *Pearsons* Familie gehörte zu den Quäkern, wogegen *Batesons* Vater Mitglied der anglikanischen Geistlichkeit war. *Pearson* besuchte die "University College School", *Bateson* wurde in Rugby erzogen. So können wir *Pearsons* Familie in der sozialen Skala des viktorianischen Englands in den soliden, vorwiegend nicht zur Staatskirche gehörenden Mittelstand einordnen, während *Bateson* in die alte akademische Elite hineingeboren wurde.

Ein erstes klares Bild können wir uns von *Pearson* als Student in Cambridge machen[52]. Die gewaltigen Anforderungen des mathematischen Abschlußexamens beunruhigten ihn nicht weiter — er las viel und fühlte sich zu den radikalen, „fortschrittlichen" Ideen seiner Zeit hingezogen. Der Darwinismus und seine Konsequenzen, die Revolte gegen den viktorianischen „Laissez-faire"-Kapitalismus, die Frage nach Moral- und Glaubenssystemen, die nicht nur auf den Prämissen der offenbarten Religion beruhten, die Emanzipation der Frau, all dies findet seinen Niederschlag in *Pearsons* Essays aus dem Jahre 1880[53]. Wir können die Suche eines radikalen Intellektuellen nach einer angemessenen philosphischen und politischen Stellungnahme von "The New Werther" aus dem Jahr 1880 bis zu der berühmten "Grammar of Science" im Jahre 1892 (dem letzten Werk aus *Pearsons* vorbiometrischer Periode) nachvollziehen. Er stand natürlich nicht allein in seinem Streben. *Pearson* bewegte sich in den Kreisen der radikalen Londoner Intelligenz. Er wurde Mitglied im "Men's and Women's Club", in dem man fortschrittliche Fragen des Feminismus und sexuelle Bräuche diskutierte. Er war ein enger Freund der aus Südafrika stammenden „feministischen" Autorin *Olive Schreiner*, zu deren Zirkel auch der Sexualreformer *Havelock Ellis* und *Karl Marxs* Tochter Eleanor gehörten. 1890 heiratete er *Maria Sharpe*, ein Mitglied des "Men's and Women's Club". In den zunehmenden Bindungen zeigt sich eine bekannte Dialektik — eine anfängliche Empfänglichkeit für bestimmte Ideen führte zur Mitgliedschaft in besonderen sozialen Gruppen und dies wiederum zur Verstärkung und Weiterentwicklung der Ideen.

Die politische Gruppe, der *Pearson* am nächsten stand, war die "Fabian Society". Wie *Eric Hobsbawm* zeigte[54], sollte man die Fabier als Ausdruck der Bestrebungen einer neuen Berufsklasse sehen, die durch ökonomische Veränderungen aufgerüttelt und mit ihrer Stellung in der Viktorianischen Gesellschaft unzufrieden war. "Laissez-faire" ließ für ihre Talente zu wenig Spielraum. Sie strebten nach einer „sozialistischen" Gesellschaft, zu der Wissenschaftler, Verwaltungsbeamte und Akademiker den Weg weisen sollten. Die Selbsttätigkeit der Arbeiterklasse und ihr Niederschlag in der Lehre von *Karl Marx* wurden ebenso wie der Internationalismus abgelehnt. Was man brauchte, war eine *leistungsfähige* Organisation des britischen Weltreichs und eine humane Schutzherrschaft über die unterworfenen Völker.

Pearson entwickelte eine Variante des Sozialdarwinismus, die diese Ideen ausdrückte. Er bagatellisierte den Wettstreit der Individuen innerhalb einer einzigen Gesellschaft, der traditionsgemäß hervorgehoben wurde, wenn man "Laissez-faire" rechtfertigen wollte, und betonte stattdessen den Kampf zwischen Gesellschaften oder „Rassen"[55]. Soziale Leistungsfähigkeit (social efficiency) war das Schlüsselwort in diesem Revolutionskampf, und diese sollte durch kollektivistische, sozialistische Reformen unter der Schutzherrschaft der Intellektuellen und der Mittelklasse erreicht werden[56].

Der Radikalismus der Fabier entfremdete sie nicht völlig dem orthodoxen viktorianischen Denken. Ihr Glaube an allmählichen Fortschritt (progress and gradualism) war ebenso stark wie der eines orthodoxen Liberalen. Wie konnte es anders sein, wenn dies die Werte waren, mit denen der Fabier sich und seine Einstellung rechtfertigte? Diese Idee der Kontinuierlichkeit und Allmählichkeit war die zentrale Vorstellung in *Pearsons* frühem politischen Denken. Vor allem anderen mußte plötzlicher, heftiger Wechsel vermieden werden. Bei einer Rede zu diesem Thema meinte er auf einer Arbeiterversammlung: „Sie können es als ein Grundgesetz der Geschichte akzeptieren, daß eine große Veränderung nie sprunghaft vonstatten geht; keine große soziale Umwälzung, die zum ständigen Wohlergehen aller Klassen beiträgt, ist je durch eine Revolution herbeigeführt worden. Sie ist das Resultat eines allmählichen Wachstums, einer progressiven Veränderung, die wir als Evolution bezeichnen. Dies ist ein Gesetz sowohl der Geschichte als der Natur[57]."

In demselben Essayband bemerkt er: „Menschlicher Fortschritt ist wie die Natur niemals sprunghaft[58]." Die lebendigste der geschichtlichen Betrachtungen *Pearsons*, eine Beschreibung des tausendjährigen "Kingdom of God in Munster", ist ganz klar als Schulbeispiel für die schrecklichen Folgen gedacht, die der Versuch einer revolutionären Umwälzung mit sich bringt[59]. Wir stimmen mit *Nortons* Feststellung überein, daß „Pearson politisch an Darwins evolutionären Gradualismus gebunden war", und erhalten aus *Pearsons* eigenen Aufsätzen die Gewißheit, daß diese Bindung unterschiedlos in seinen naturwissenschaftlichen und seinen nicht naturwissenschaftlichen Überlegungen zu finden war. Der philosophische Darwinismus kennzeichnete sowohl eine soziale wie eine wissenschaftliche Position. Eine naturwissenschaftliche Theorie, die *Pearson* als anti-darwinistisch betrachtete, hätte die Basis seiner sozialen und ethischen Vorstellungen bedroht. Sie mußte sowohl unmoralisch als auch falsch sein.

Eine Ergänzung zu *Pearsons* expliziten politischen Ideen stellte seine Erkenntnistheorie dar. Diese konzentrierte sich auf das Problem des Wesens von naturwissenschaftlichem Wissen und dessen Bedeutung für den Glauben und die soziale Organisation. Weder das moralische Gesetz noch das Wissen waren absolut. Beide entwickelten sich mit der Evolution der menschlichen Gesellschaft, so daß *Pearson* entschied: „Das Moralische ist das Soziale." Moralisches Verhalten brauchte nicht auf religiösem Glauben zu beruhen, sondern auf einem Verständnis der Natur der sozialen Evolution, einem Verständnis, das nur von der Naturwissenschaft kommen konnte. Neuere viktorianische Versuche, Naturwissenschaft und Religion in Einklang zu bringen, wurden entschieden abgelehnt. *Pearson* bestand darauf, daß die Materie nichts als ein Konstrukt von Sinneseindrücken war und daß Wissen nur in dem „Was" eines Wahrnehmungsmusters bestand und nicht in dem „Wie".

So wies *Pearson* der (natur-)wissenschaftlichen Forschung eine privilegierte Rolle zu. Man mußte auf das wissenschaftliche Gesetz achten, wenn man sozialen Wandel verstehen und beeinflussen wollte. In den achtziger Jahren suchte *Pearson*, der sich schon über Entwicklungsbiologie informiert hatte, dieses Gesetz in historischen Studien. Aber das Werk *Galtons* und besonders die "Natural Inheritance" (1889) eröffneten den Blick für eine neue, genauere Wissenschaft von der sozialen Entwicklung. *Darwins* Theorie der Evolution durch Selektion von numerisch nicht wahrnehmbaren Unterschieden konnte quantifiziert werden und durch die Anwendung statistischer Techniken Resultate hervorbringen, die man zur Kontrolle und Steuerung sozialen Wandels verwenden konnte. So konnte die statistische Untersuchung der Vererbung den Weg zu einer leistungsfähigeren sozialen Organisation eröffnen, die in der Lage war, die Kämpfe des imperialistischen Zeitalters zu überwinden. „ Die Evolutionstheorie ist nicht nur eine rein passive intellektuelle Betrachtung der Natur; sie gilt für den Menschen in seinen Gemeinschaften ebenso wie für alle Formen des Lebens. Sie lehrt uns die Kunst des Lebens, wie man stabile und starke Nationen aufbaut, und sie ist für Staatsmänner und Philanthropen in ihren Gremien ebenso wichtig wie für den Wissenschaftler in seinem Labor und den Naturforscher auf dem Feld[60]."

Die wichtigste Folgerung, die man dem Studium der Vererbung und der Evolution entnahm, war die Notwendigkeit eines eugenischen Programms. Die körperlichen und geistigen Merkmale einer Rasse waren im Kampf der Rassen von grundlegender Bedeutung. Die Gesellschaft muß die untauglichen Mitglieder davon abhalten, sich fortzupflanzen. Dies muß in einer bewußten kollektiven Aktion geschehen, die an den wissenschaftlichen Erkenntnissen über Erbkrankheiten und Mißbildungen, die differentiellen Geburtenraten und selektiver Paarung für die Rasse usw. orientiert war[61].

Im Hinblick auf all diese Fragen beschäftigte sich *Pearson* mit Evolutionsbiologie (und Statistik). Die „mathematischen Beiträge zur Evolutionstheorie" erfüllten indirekt die gleichen Ziele wie seine direkt eugenische Arbeit. *Pearson* suchte wissenschaftliche Gesetze, die wirklich allgemeine prägnante Beschreibungen beobachteter Phänomene liefern konnten. Spekulative Elemente, Ungewißheit, „Theoretisieren" im negativen Sinn, mußten ausgemerzt werden, da die Gesetzmäßigkeit in unserer Weltauffassung die Basis für menschliches Verhalten und Humanität bilden sollte[62].

Wenden wir uns *Bateson* zu, so erhalten wir ein Kontrastbild vom entgegengesetzten Pol der Elite Großbritanniens. Er war gefühlsbetont, sensibel, unglücklich in der Schule und nur in der Berührung mit dem traditionellen, im wesentlichen vorindustriellen elitären Lebensstil zufrieden, den er in Cambridge kennen lernte und der hier weiter am Leben blieb. Seine Antwort auf die expandierende Industrialisierung, den Utilitarismus und die Ideologie des evolutionären Fortschritts unterschied sich sehr von der *Pearsons*. Er lehnte diese Erscheinungen sowohl vom Gefühl als auch vom Intellekt her entschieden ab. Er verwarf sie aus einer konservativen Haltung heraus, die, obwohl sie erst spät in seinem Leben deutlich ausgesprochen wurde, sein Denken sicherlich während des ganzen Lebens durchdrungen hatte.

Mit der Bezeichnung „konservativ" meinen wir nicht, daß *Bateson* ein orthodoxer Tory-Wähler war. Wir folgen stattdessen *Colemans* Gebrauch des Begriffes „konservativ", der von *Mannheim* stammt[63]. Er beinhaltet eine tiefe Unzufriedenheit mit der bürgerlichen Gesellschaft. Der Konservative reagiert in typischer Weise auf die Hauptelemente bürgerlichen Denkens. Nach *Mannheims* Typologie besteht das Charakteristikum konservativen Denkens in einer eher intuitiven als rationalistischen Erkenntnistheorie, in einer Tendenz, individuelle Fälle gegenüber der Deduktion aus allgemeinen Gesetzen zu bevorzugen, in einer sowohl im metaphysischen als auch sozialen Denken nicht atomaren, sondern organischen, ganzheitlichen Anschauungsweise, in einem tiefen Ästhetizismus. Wie *Coleman* zeigte, sind all diese Elemente in *Batesons* Denken auffindbar.

Batesons Haltung zur Kultur war die der konservativen britischen Tradition, wie sie bei *Raymond Williams* dargestellt wird[64]. Zum einen war Kultur das eigentliche Eigentum der Elite, zum anderen ein Mittel zur sozialen Kontrolle über die Masse. *Bateson* war der Führer der „pro-Griechisch"-Bewegung in Cambridge (dazu gehörten jene, die Griechisch als Pflichtbestandteil der Aufnahmeprüfung beibehalten wollten). Seine Gegner kämpften mit dem Argument, Griechisch sei für eine naturwissenschaftliche Ausbildung nicht notwendig, aber *Bateson* (der ein schlechter humanistischer Schüler gewesen war) betrachtete den Streit als klare Wahl zwischen einer utilitaristischen Kulturauffassung und seiner eigenen konservativen Einstellung. Er schrieb zu diesem Thema auf einem Flugblatt: „... Tatsächlich findet die Wahl zwischen dem klassischen System und einer technischen Ausbildung statt. ... Aus vielen Gründen, die oft angeführt wurden, ist das [klassische] System gut. Es ist starr und schwierig. Wenige mögen es, wenige entrinnen seiner Disziplin. Es ist dem gewöhnlichen Leben fremd, es ist „nutzlos", doch aufgrund zwingender Analogien in der Natur müssen wir bedenken, daß gerade in dieser „Nutzlosigkeit" die einzigartige Tugend des Systems liegt. ... Aber dazu kommt noch etwas. ... Die klassische Erziehung ermöglicht dem gewöhnlichen Menschen, einen Blick auf eine Seite des Lebens zu werfen, die nicht gewöhnlich ist. ... Für die Gesellschaft wäre es gefährlich und für den gewöhnlichen Menschen hart, wenn er dieses eine Mal nicht in der Gegenwart edler und schöner Dinge gestanden hätte[65]." Dieser Konservativismus setzt *Bateson* in starken Kontrast zu *Pearson*, der an der Londoner Universität einer der Führer der Reformbewegung gewesen war.

Der konservative *Bateson* lehnte in seinem Haß auf den industriellen Kapitalismus die viktorianische Idee eines allmählichen, kontinuierlichen Fortschritts ab. Die Industrialisierung war erst in jüngster Zeit aufgekommen und mußte am Mangel von fossilen Energiequellen zu Grunde gehen. In unseren Worten: die industrielle Expansion würde durch Öko-Krisen abrupt beendet werden. Die kapitalistische Ordnung war sozial wie ökologisch unnatürlich, sie war zu unstabil, um noch länger zu existieren. In seiner Schrift "Biological Fact and the Structure of Society" bemerkte er: „Wir haben die mittelalterliche Vorstellung vom Staat als einem Gebilde aus festen Ständen mit der Rangfolge der Lords von den "minuti homines" bis zum König auf seinem Thron abgeschafft, und doch scheint die Gesellschaft nach jedem Aufruhr auf diese Schichtung hin zu tendieren[66] ." Wir wissen wenig aus *Batesons* Studentenzeit, aber es ist klar, daß seine intellektuellen Neigungen in Cambridge durch die verschiedenen Strömungen konservativen Gedankenguts, denen er begegnet war, hervorgerufen wurden. Die vielleicht einflußreichste dieser Strömungen wurde nicht, wie man erwarten könnten, von Philosophen oder konventionellen Intelektuellen getragen, sondern von den Physikern *Maxwell, Thomson, Lodge, Barkla, Crookes, Rayleigh* u. a.[67] . Wie *Coleman* gezeigt hat, herrscht kein Zweifel darüber, daß das Gedankengut dieser idealistischen Tradition *Bateson* außerordentlich stark beeinflußte.

Der Konservativismus dieser Physiker manifestierte sich unter anderem in ihrem Interesse am Spiritualismus (*Bateson* teilte dieses Interesse trotz seines Agnostizismus). Sowohl *Sir William Crookes* als auch *Oliver Lodge* und *Lord Rayleigh* waren Präsidenten der Gesellschaft für Parapsychologie. Die Bedeutung der Parapsychologie lag in dem in ihr enthaltenen Versuch, Naturwissenschaft und religiösen Glauben in Einklang zu bringen. Das symbolische Universum der Viktorianischen Gesellschaft mußte nach dem *Darwin*schen Angriff auf die Offenbarungsreligion erneuert werden; die Radikalität der Naturwissenschaften mußte entschärft werden. In den Schriften der Spiritualisten wird sogar ein deutlicher Bezug zur sozialen Kontrolle sichtbar. Sie bilden einen interessanten Kontrast zu *Pearsons* Philosophie.

Aber auch innerhalb der Physik war der Konservativismus von Bedeutung. *B. Wynne* stellte dar, daß eine ganzheitliche Erkenntnistheorie, antimaterialistische, ätherische Atommodelle und ein fast „amateurhafter" Ansatz in der experimentellen Technik diese Gruppe kennzeichneten[69] . *Bateson* entwickelte für den Vererbungsmechanismus Modelle, die an diese idealistische Physik erinnern. Erbmerkmale wurden durch die symmetrischen Eigenschaften immaterieller vibrierender "vortices" erhalten. Das "Vortexatom" wurde zur "Vortexgemmula".

Batesons biologische Arbeit nach seinem Studium in Cambridge und seine frühe Ablehnung des Darwinismus wurden schon beschrieben. Es ist erwähnenswert, daß er keine soziale Bindung an den Gradualismus hatte, der den Glauben an eine Kontinuität in der Evolution gestützt hätte. Wenn wir nachträglich den Nutzen aus seinen späteren Schriften ziehen, so können wir eine positive Feststellung machen: Es scheint daß seine frühe diskontinuierliche Evolutionsauffassung gut zu seinen sozialen und politischen Vorlieben paßte, ganz abgesehen davon, daß sie eine Alternative zu einem Darwinismus bot, "which hued all too closely to the blighted atomistic individualism of the utilitarians"[70] . Wenn er in "Biological Fact and the Structure of Society" schrieb: „Wir haben endlich erkannt, daß evolutionäre Veränderung nicht durch Fluktuationen in den Merkmalen der Masse stattfindet, sondern durch die Vorherrschaft von sporadischen und speziellen Erbanlagen mit definiten Kennzeichen", so drückte er seine soziale ebenso wie seine biologische Philosophie aus[71] . „Veränderungen durch Mutation, eindeutige günstige Variationen sind es, von denen aller Fortschritt in der Zivilisation und in der Kontrolle der Naturmächte abhängen muß[72] ." Mit anderen Worten: So wie der evolutionäre Fortschritt von Mutationen abhängt, hängt sozialer Fortschritt vom außerordentlichen Genie ab. *Bateson* war eugenischen Argumenten gegenüber mißtrauisch, die ein Anwachsen der soliden Mittelklassen zur Folge hatten. Er beschwor die "Eugenics Education Society", sich der bedeutenden

Rolle des Genius zu erinnern, besonderes des Genius, der sich nicht mit körperlicher Kraft und sachlich-nüchterner Veranlagung assoziieren ließ[73] . Und er zeigte nie Beunruhigung darüber, daß Genius und Mutation anscheinend jenseits des Wirkungsbereichs menschlichen Eingreifens und menschlicher Kontrolle lagen!

Ähnlich sah *Bateson* Evolution als Entfaltung der latenten Möglichkeiten in der Natur der Organismen selbst. Dies ermöglichte ihm, den größten Teil des explanatorischen Gewichts des Begriffs der natürlichen Selektion zu entfernen. Es war selbstverständlich, daß ein konservativer Ästhet wie *Bateson* eine Alternative zu dem „undurchdachten Glauben, Lebewesen seien plastische Konglomerate verschiedenartiger Attribute und Ordnung und Symmetrie, seien nur durch Selektion in dieses bunte Gemisch gekommen[75] ", willkommen hieß. *Bateson* gab seiner alternativen, ganzheitlichen und ästhetischen Auffassung vom Organismus nie völlig Ausdruck. Sie wird aber nicht nur von *Coleman* auf der Grundlage von *Batesons* Schriften klar erkannt, sondern einige Hauptpunkte dieser Auffassung werden auch in *Gregory Batesons* Bericht über die biologischen Ansichten seines Vaters und ihren Einfluß auf ihn deutlich[75] .

Fassen wir unseren Vergleich zusammen. Es wird deutlich, daß *Pearson* und *Bateson* sich ausgesprochen und systematisch in ihren philosophischen, politischen und sozialen Ideen unterschieden. Diese Differenzen scheinen unleugbar mit Unterschieden in der sozialen Herkunft, in dem sozialen Hintergrund und in der Art, in der soziale Gruppen im späten Viktorianischen England ihre Rechte und Bedeutung verschiedenartig bewerteten, verbunden zu sein.

Teilten auch ihre Nachfolger diese Differenzen? Soweit es uns möglich ist, dies zu beurteilen, taten sie es im allgemeinen. *Punnett* teilte z. B. *Batesons* Konservativismus. Wie *Bateson* war er Führer der pro-Griechisch-Gruppe in Cambridge und seine allgemeinen Aufsätze zeigen ähnliche Ansichten wie *Bateson*. Weniger bedeutende Biometriker, wie z. B. *Ethel Elderton* und *David Heron* hatten philosophische und politische Standpunkte, die denen *Pearsons* ähnelten. Aber das ist es nicht, worauf es ankommt. Wir befassen uns nicht mit einer Vielzahl isolierter Individuen (wofür "head-counting"-Techniken benutzt werden müßten), sondern mit zwei kohärenten sozialen Gruppen, mit ganz bestimmten Führern (*Bateson* und *Pearson*). So schwächt die Tatsache, daß *Weldon* nichts über die weitere Bedeutung seiner Anlehnung an den orthodoxen Darwinismus schrieb, unsere Analyse nicht. Wir fordern nicht, daß jedes Individuum der Gruppe ausdrücklich die dominierende Philosophie der Gruppe teilt. Umgekehrt stärkt die Tatsache, daß der führende sozialdemokratische Theoretiker Großbritanniens nach 1918, *Harald J. Laski*, gegen die Mendelianer war, unsere Position nicht sehr[76] . Wenn die Analyse jenseits von *Pearson* und *Bateson* ausgeweitet werden soll, so muß dies durch die Analyse der herrschenden Praxis, Ideologie und institutionellen Struktur beider Gruppen geschehen[77] .

Will man die Bedeutung der wissenssoziologischen Perspektive darlegen, so besteht der letzte Schritt darin zu zeigen, wie diese philosophischen und politischen Differenzen im Kontext der Kontroverse selbst sichtbar werden. Dies ist eine vergleichsweise einfache Aufgabe, wenn man bedenkt, wieviele der einzelnen Konflikte, die in Abschnitt I beschrieben wurden, letztlich auf die Spaltung in die kontinuierliche und diskontinuierliche Evolutionsauffassung reduziert wurden. Es ist klar, daß diese Differenz auf

dem Unterschied in den wesentlichen Voraussetzungen der Protagonisten beruhte[78].
Pearson und *Weldon* benutzten sie tatsächlich ohne Entschuldigung als Bezugspunkt
in ihrer wertenden wissenschaftlichen Arbeit. Da sie sahen, daß der Mendelismus eine
auf Diskontinuierlichkeit und Mutation beruhende Theorie zur Unterstützung brauchte,
betrachteten sie ihn als so aussichtslos, daß sie sagten: „Für jene, die den biometrischen
Standpunkt akzeptieren, daß Evolution hauptsächlich nicht sprunghaft stattfindet,
sondern durch kontinuierliche Selektion der günstigen Variationen aus der Verteilung
der Nachkommenschaft um den erblich fixierten Typus, wobei jede Selektion den
Typus "pro rata" schrittweise modifiziert, muß es einen manifesten Mangel in der
Mendelschen Erbtheorie geben. Von diesem Standpunkt aus kann Reproduktion nur
das Kaleidoskop existierender Alternativen erschüttern, sie kann nichts Neues ins Feld
führen. Um die Mendelsche Theorie in Bezug auf Evolution zu vervollständigen, müssen
wir sie anscheinend mit Mutationshypothesen verbinden[79]."
Bateson betrachtete Diskontinuität bis zum Jahre 1900 nicht ausdrücklich als Voraussetzung; stattdessen sammelte er seine "Materials for the Study of Variation" als einen Versuch, sie empirisch zu belegen. Dies überrascht kaum, da *Bateson* zunächst
Pearson gegenüber in der unterlegeneren Position war. Trotzdem ist klar, daß *Batesons*
Position praktisch genauso dogmatisch war wie die *Pearsons*. Er unterschied definito-
risch zwei Klassen von Variationen, die „spezifischen" Variationen (die diskontinuierlich und von evolutionärer Bedeutung waren) und die „normalen" oder „kontinuierlichen" Variationen (die es apriori nicht waren)[80]. Wie *Pearson* lehnte er die Möglichkeit eines Kompromisses, gegen den ja kein klares empirisches Argument existierte, ab.
Wie wir schon sagten, glauben wir nicht, daß die unterschiedlichen Voraussetzungen
durch interne Faktoren der Kontroverse oder Unterschiede in der Ausbildung geklärt
werden können. Dennoch fordern ihre Existenz und die Intensität, mit der sie vertreten
werden, eine Erklärung. Da gerade diese Voraussetzungen eine bedeutende Rolle in
dem sozialen und politischen Denken der Protagonisten spielten, und es eine deutliche
Kontinuität zwischen dem, was wir als ihr wissenschaftliches und ihr soziales Denken
bezeichnen, gibt, drängt sich die Schlußfolgerung auf, daß ihre Differenzen durch, wie
wir definieren, „externe" Faktoren getragen wurden und schließlich durch Rückgriff
auf soziologische Determinanten begründet werden müssen[81]. Die Polarisierung um die
Dichotomie der Kontinuierlichkeit bzw. Diskontinuierlichkeit war eine Art der Vermittlung zwischen diesen Determinanten und der Naturwissenschaft.
Aber obwohl die Betrachtung dieser Polarität die schnellste und einfachste Methode
liefert, die Plausibilität unseres Falles darzulegen, wollen wir nicht die These aufstellen, man könne den Streit auf die Polarität *reduzieren*. Um diesen Eindruck zu
verhindern und ein besseres Verständnis von der Vielfältigkeit der Beziehungen, die
untersucht werden müssen, zu vermitteln, wollen wir einen Aspekt der Angelegenheit
näher betrachten. Beschäftigen wir uns mit *Karl Pearsons* Bewertung des Mendelismus, die bis zu seinem Tode im Jahre 1936 negativ war! Teilweise wurde die Antwort
auf die Frage, warum *Pearson* sich über 25 Jahre gegen die allgemeine wissenschaftliche Meinung stellte, schon gegeben. Er war ein erklärter Gegner der Mutations-
theorien und er sah, daß der Mendelismus eine solche Theorie implizierte. Aber man
kann noch mehr dazu sagen: *Pearsons* ausdrücklich formulierte wissenschaftliche

Maßstäbe wuchsen aus der Verflechtung seiner Erkenntnistheorie und seiner Konzeption von der politischen Bedeutung der Wissenschaft. Wie wir zeigten, waren sie zugleich politisch und philosophisch. Wenn er nun den Mendelismus von diesen „standards" aus beurteilte, fand er ihn nicht befriedigend[82].

Pearson sah seine positivistischen Maßstäbe als Garantie eines *sicheren* Wissens an. Und sicheres Wissen war die Grundbedingung, wenn man ein praktizierbares eugenisches Programm aufstellen wollte. Er war der Ansicht, daß seine eigene Arbeit diesen Maßstäben entsprach. Erbliche Ähnlichkeit konnte mittels seiner Korrelationsrechnung beschrieben werden, die Ergebnisse dieser Arbeit wurden im "Law of Ancestral Heredity" zusammengefaßt. Dieses berühmte Gesetz, das *Pearson* von *Galton* übernommen hatte und in einer völlig positivistischen Weise neuformulierte, war eine einfache Formel für Voraussagen über die Beziehungen zwischen den Abweichungen eines Sprößlings vom Populationsdurchschnitt und den Abweichungen seiner Vorfahren. *Pearson* betonte ständig, daß dieses Gesetz auf keinerlei theoretischen Vermutungen basierte, sondern ausschließlich eine Zusammenfassung von Erfahrung war. Es war das Paradigma eines positivistischen wissenschaftlichen Gesetzes, und das Wissen, das es darstellte, war, so folgerte er, der Anfang einer unbestrittenen (weil nicht theoriegebundenen) Basis für eugenisches Vorgehen[83].

Wir können hier nicht die schwierige Frage diskutieren, wie weit *Pearsons* wissenschaftliche Praxis durch seine abstrakten wissenschaftlichen Ideale beeinflußt wurde. Sicherlich gibt es von ihnen in seinen Arbeiten klare Abweichungen, die er selbst ohne weiteres erkannt haben könnte. Und sicherlich ist es möglich, das gesamte *Pearson*sche Werk als theoriegebunden zu analysieren, indem man auf die übliche Weise Voraussetzungen heraussucht. Man kann darüber diskutieren, wie weit *Pearson* seine Maßstäbe gebrauchte, um sein Vorgehen zu bestimmen, und wie weit er sie dazu benutzte, sein Vorgehen für rational zu erklären. Wir selbst würden den rationalisierenden Funktionen seiner methodologischen Ideale viel mehr Gewicht geben, als uns die Historiker im allgemeinen zugestehen[84]. Aber das bedeutet nicht, daß diese Ideale seine Abneigung gegen den Mendelismus nicht beeinflußt hätten.

Wenn wir unseren Blick auf diese Abneigung richten, so finden wir einen Fall, der klar zeigt, daß eine Beeinflussung vorlag. *Pearson* war kein blinder Kritiker des Mendelismus. Er erkannte, daß er in bestimmten Fällen „Erfahrung beschrieb". Und er sah, daß er mit seinem eigenen deskriptiven Ansatz vergleichbar gemacht werden konnte[85]. Aber er erkannte auch, daß er unabänderlich theoretisch war und daß er natürlicherweise nicht zu Deskriptionen der Erfahrung führte, sondern zu Schlußfolgerungen jenseits der Erfahrung: Schlußfolgerungen, die ständig das Subjekt von Widerruf oder Veränderung waren.

Pearsons Haltung zum Mendelismus wird in einer Denkschrift aus dem Jahre 1913 deutlich: „Die Frage, ob der philosophische Darwinismus angesichts einer Theorie verschwinden wird, die nichts als eine Ausflucht in alte, durch das Auftreten einer unerklärten Mutation veränderte, Einheitsmerkmale bietet, ist nicht der einzige strittige Punkt bei Züchtungsexperimenten. Wir stehen einem noch größeren Problem gegenüber, wenn wir anführen, daß nicht alle Merkmale den Mendelschen Gesetzen folgen. Mendelismus wird völlig voreilig auch auf anthropologische und soziale Probleme übertragen, um daraus Gesetze für Krankheiten und pathologische Zustände abzuleiten, die eine ernsthafte soziale Tragweite haben. So belehrt man uns, daß „Geisteskrankheit" — ein weiter Begriff, der mehr Formen umfaßt als menschlicher Albinismus — ein Einheitsmerkmal sei und den Mendelschen Gesetzen gehorche; und wiederum auf der Basis der Mendelschen Theorie wird versichert, daß sowohl normale als auch abnorme Mitglieder einer ungesunden Zucht sich ohne Risiko für die künftige Nachkommenschaft mit den Mitgliedern einer gesunden Zucht paaren können. Wenn die Wissenschaft dem Menschen tatsächlich eine Hilfe bei der bewußten Evolution sein soll, so müssen wir mindestens vermeiden, die großen Kluften in unserem Wissen durch solch schwankende Theoriegebilde zu überbrücken. Ein sorgfältiger Tatsachenbericht wird über Generationen bestehen, eine Theorie dagegen wird beständig geändert, sie ist einfach eine Art, unsere Erfahrung mehr oder weniger gültig zu beschreiben. Schlußfolgerungen, die man jenseits der Erfahrung aus der Theorie zieht, sind in neun von zehn Fällen falsch oder sogar verhängnisvoll, wenn sie soziale Probleme berühren. Bei allem, was sich auf die menschliche Evolution und die Probleme einer Weiterentwicklung der Rassen bezieht, ist es klüger, unsere gegenwärtige Begrenztheit zuzugeben, als unsere Ergebnisse in die Mendelsche Theorie zu zwängen und auf der Basis ihrer Gesetze weitreichende Rassentheorien zu bilden und definite Regeln für soziales Verhalten zu bestimmen[86]."

Wir müssen uns auch vergegenwärtigen, daß *Pearson* sich den Behauptungen und Veröffentlichungen einer konkreten Gruppe von Menschen widersetzte. Obwohl sein Denken sehr differenziert war, dürfen wir nicht annehmen, daß er den Begriff „Mendelismus" immer in eine inadäquate Realität und eine „platonische Essenz" trennte. Die *Mendel*sche Genetik, der *Pearson* gegenüberstand, befand sich in einem schnell wechselnden und unvermeidbar ungeordneten Zustand. Als man versuchte, die grundlegenden Paradigmen auszuweiten, verlor der Mendelismus viel von seiner anfänglichen Einfachheit. Bestimmte *Mendel*sche Analysen wurden ad hoc auf komplizierte Daten angewandt; Fehlschlüsse und Widersprüche waren häufig; grundlegende Ideen wurden aufgrund dürftiger Überlegungen akzeptiert und gerechtfertigt; realistische, kritische Beurteilungen hinkten hinter der spekulativen Übertragung unbeständiger Exemplarfälle her. Angesichts dessen, was wir heute den Fortschritt des genetischen Wissens nennen, war *Pearson* verständlicherweise entsetzt[87]. Die Unzulänglichkeit einiger Mendelianer hinsichtlich einfacher Beweisführungen verschlimmerte die Lage zweifellos noch.

Aber von noch größerer Bedeutung war für *Pearson* das Eindringen solcher spekulativer Mendelscher Theorien in die Eugenik. Er war besonders betroffen, als sein früherer Mitarbeiter *C. B. Davenport* erklärte, daß Geisteskrankheiten einfache rezessive *Mendel*sche Merkmale seien und die folgende allgemeine Regel für solch rezessive Merkmale vorschlug: „Schwäche in irgendeinem Merkmal muß mit Stärke in diesem Merkmal gepaart werden; und Stärke kann mit Schwäche gepaart werden[88]." Aus *Pearsons* Labor erschien schließlich eine vernichtende Kritik über *Davenports* Werk, die zeigte, wie seine Methoden darauf ausgerichtet waren, gerade die Resultate zu ergeben, nach denen er suchte. Es ist klar, daß auch die moralischen Implikationen des Mendelismus, die *Davenport* voraussetzte, die Biometriker störte. Durch eine Paarung mit „Starken" können jene Individuen, die von nachteiligen, homozygotischen, rezessiven Merkmalen betroffen sind, in großem Ausmaß vermeiden, diese Nachteile an ihre direkte Nachkommenschaft weiterzugeben. Dadurch bekommen die Individuen kein direktes Interesse an „eugenischer Verantwortung". Erst ihre weit entfernte Nachkommenschaft ist von ihren Sünden betroffen. Der letzte Abschnitt der biometrischen Kritik geißelt *Davenports* eugenische Konzeption folgendermaßen: „Die Zukunft der Rasse hängt davon ab, daß sich Starke mit Starken paaren und man Schwache von jeder Form der Elternschaft abhält. Einzig und allein diese Regel kann den wahren Eugeniker zufriedenstellen[89]."

Zusammenfassend können wir behaupten, gezeigt zu haben, daß der Streit zwischen Mendelianern und Biometrikern nicht isoliert von dem kulturellen und politischen Hintergrund des spätviktorianischen Englands verstanden werden kann. Wie aus den Arbeiten vieler Historiker hervorgeht, bildete das Denken jener Periode ein wichtiges Glied zwischen der Vorstellung, natürliche Prozesse gingen einheitlich, langsam und kontinuierlich vor sich, und der Vorstellung, die Gesellschaft befinde sich – und sollte sich befinden – in einem Zustand allmählichen Fortschritts. Wir haben dieses Bindeglied als einen Weg, über den allgemeine soziale Faktoren die wissenschaftliche Debatte beeinflussen, gekennzeichnet. Auf ähnliche Weise zeigten wir, wie eine Evolutionsauffassung, die die Bedeutung der Selektion verneint und die Bedeutung (unvorhersehbarer) Diskontinuierlichkeiten und die ganzheitliche geordnete Natur des Organismus betont, mit einem konservativen Gesellschaftsbild harmonierte und denen, die es vertreten, für ihre Polemiken gelegen kam[90].

Mit unserem ersten Ansatz, die Erklärung zu begründen, bleiben jedoch noch viele Probleme offen, die schnell sichtbar werden, wenn wir versuchen, eine ausführliche Theorie der Bestimmung von Ideen zu liefern. Dies sind traditionelle wissenssoziologische Probleme. Angenommen, wir versuchen. z. B. unsere Theorie auf „Interesse" zu gründen, wie sollten wir eine solche Theorie aufbauen? Wir wollen selbstverständlich nicht implizieren, daß „Interesse" notwendigerweise eine Überzeugung bestimmt oder daß alle Mitstreiter *Batesons* und anderer „Mutationstheoretiker" wie *de Vries* Konservative gewesen seien, oder daß *Batesons* Bruder, hätte er Biologie studiert, auch Mendelianer geworden wäre. Wir wären auch nicht damit zufrieden, das Konzept von „Interesse" vage und undefiniert zu lassen; definieren wir es aber mit dem Begriff individueller Beziehungen zu den Produktionsmitteln, so kommen *Pearson* und *Bateson* in dieselbe Gruppe!

Wenn wir dagegen Konzepte wie das von „Interesse", um Probleme dieser Art zu vermeiden, nicht berücksichtigen, so müssen wir Differenzen wie die zwischen *Bateson* und *Pearson* völlig mit Sozialisationsbegriffen klären. Dies bedeutet, daß der Handelnde als der totale Gefangene seiner Lebensweise erscheint, als jemand, der passiv aufnimmt, was vorher geschehen ist, als jemand, der einzig und allein Ideen ausführt. Das große Maß an Erkenntnis, das zeigt, wie Menschen ihre Ansichten angesichts neu wahrgenommener Bedürfnisse und Ziele schöpferisch umgestalten oder völlig neuorientieren, müßte abnorm erscheinen.

Hier ist nicht der Ort, um die allgemeine Problematik des wissenssoziologischen Ansatzes zu diskutieren. Wir glauben aber doch, berechtigt zu sein, kurz und unbelegt festzustellen, wie wir sie zu lösen gedenken. Wir müssen mit der Art allgemeiner Ursachen beginnen, die innerhalb einer gegebenen Kultur wirksam sind, die neue Auffassungen in den verschiedenen sozialen Gruppen und Schichten bewirken — Auffassungen von ihren Bedürfnissen und Interessen, ihrer Bedeutung, ihrer Macht, dem Ausmaß ihrer Ausbeutung. Ökonomische Veränderungen, die immer bis zu einem gewissen Umfang unabhängig von den Ansichten einer bestimmten Schicht stattfinden, produzieren z. B. neue Bewußtseinsformen, wenn die Gruppen ihre neue Situation mit der alten in Beziehung bringen und vergleichen, oder ihre veränderte Stellung im Vergleich zu anderen Gruppen feststellen. Manche dieser neuen Formen stellen kurzlebige Reaktionen auf kleinere Fluktuationen dar, andere aber sind dauerhafter — die Produkte langfristiger systematischer ökonomischer Veränderungen. Diese führen zur Entstehung neuer Subkulturen, zur Veränderung von Institutionen und zur Schaffung neuer institutioneller Formen. Selbstverständlich modifizieren dann derartige Institutionen die Wahrnehmung weiter auf der Basis ihres eigenen Belohnungssystems und ihrer eigenen Mittel zur sozialen Kontrolle.

Individuen mit verschiedenem sozialen Hintergrund, die in das Leben der Erwachsenen treten, finden sich von einzelnen Subkulturen und institutionellen Formen in unterschiedlicher Weise angezogen. Diese frühen Bindungen werden als Zwänge ("side-bets") auf spätere Bestrebungen und Bindungen wirken und so den Trend zu einer gewissen Konsistenz der Einstellung und der Handlung innerhalb einer individuellen Biographie produzieren. Da sich der Handelnde von einem Kontext zum anderen bewegt, wird er seine Fähigkeiten, d. h. auch seine geistigen Fertigkeiten und Denkformen, mit hinüber nehmen, um sie in seinem fortwährenden Bemühen, Situationen erfolgreich zu bewältigen, zu entwickeln oder sie als Möglichkeit zur Lösung der von ihm empfundenen Probleme zu nutzen[91].

So können wir durch die Vermittlung des Denkens *Pearsons, Batesons* und der anderen die Bedeutung sozio-ökonomischer Faktoren in einer wissenschaftlichen Kontroverse ersehen. In der letzten Analyse ist die soziale Herkunft für den Kernpunkt der Ausführung unwesentlich. Sie stellt nur natürlicherweise erwartete Einstellungskorrelationen dar. So hätten trotz unserer Diskussion über *Bateson* andere es zweckmäßig gefunden, die Industrialisierung jubelnd zu begrüßen, oder die Charakteristika ihrer familiären Situation hätten dazu geführt, alles, was im Leben ihrer Eltern heilig war, zu verachten. Es muß keine Notwendigkeit in der Kette der Bindungen bestehen, aus denen sich ein individueller Lebenslauf zusammensetzt. Aber die Glieder der Kette, die Bindungen selbst, müssen aus gegebenen Möglichkeiten herausgewählt werden. Primäre soziale und wirtschaftliche Ursachen verändern, indem sie das Wesen und die Verteilung der institutionalisierten Einstellungen ändern, die Spannweite dieser gegebenen Möglichkeiten. Danach kann man erwarten, daß sie mittels Individuen, die von einem Kontext zum anderen übergehen, weitere Folgen hervorbringen. Selbst zufällige Bewegungen der Individuen bewirken noch eine Art Übertragung; systematische, große Wanderungen von Individuen zwischen verschiedenen Situationen ergeben wahrscheinlich eine intensive Übertragung und bedeutende Konsequenzen.

Diese Art der Analyse bietet die Möglichkeit, die intellektuellen Differenzen, aus denen die vorliegende Kontroverse besteht, so zu begründen, daß die augenfälligeren Probleme der Unterstellung in der Wissenssoziologie gelöst werden. So kann sich unser umfassender

Ansatz als fähig erweisen, sowohl Unterschiede in der Ausbildung und den technischen Kompetenzen zu berücksichtigen, als auch die Unterschiede in den philosophischen und politischen Standpunkten, die gewöhnlich als „äußere Einflüsse auf die Wissenschaften" bezeichnet werden. Daher bringt er uns in der Erklärung der wissenschaftlichen Kontroverse möglicherweise einen Schritt weiter. Der Weg ist natürlich voller Hindernisse. Da der Ansatz auch die Berücksichtigung des inneren Wachstums von Disziplinen nicht vermeidet, erfordert er ein gründlicheres, kritischeres Studium der „inneren" Entwicklung, als es die einfache historische Beschreibung bietet. Aber gerade dies sind Schwierigkeiten, die Historiker und Soziologen als Anreiz für künftige Forschungen willkommen heißen sollten.

Anmerkungen

[1] Nicht weniger als sieben Autoren haben in den 70er Jahren Untersuchungen über die Kontroverse veröffentlicht. Dabei handelt es sich um *P. Frogatt* und *N. C. Nevin*, Galton's 'Law of Ancestral Heredity': its Influence on the Early Development of Human Genetics, in: History of Science, 10 (1971), S. 1—27; *P. Froggatt* und *N. C. Nevin*, The 'Law of Ancestral Heredity' and the Mendelian-Ancestrian Controversy in England, 1889—1906, in: J. Medical Genetics, 8 (1971); S. 1—36; *W. Provine*, The Origins of Theoretical Population Genetics, Chicago 1971; *A. G. Cock*, William Bateson, Mendelism and Biometry, in: J. Hist. Biology, 6 (1973), S. 1—36; *B. J. Norton*, The Biometric Defense of Darwinism, in: J. Hist. Biology, 6 (1973), S. 283—316; *B. J. Norton* (in Kürze erscheinend), The Methodological Foundations of Biometry, in: J. Hist. Biology; *L. Farrall*, The Role of Controversy and Conflict in Science: A Case Study — the English Biometric School and Mendel's Laws, in: Social Studies of Science, 5 (1975); *R. de Marrais*, The Double-Edged Effect of Sir Francis Galton: A Search for the Motives in the Biometrician-Mendelian Debate (in Kürze erscheinend).
Weiteres Material, das sich nicht ausdrücklich mit der Kontroverse befaßt, aber dennoch äußerst interessant und wertvoll ist, wurde veröffentlicht von *G. Allen*, Hugo de Vries and the Reception of the 'Mutation Theory', in: J. Hist. Biology 2 (1969), S. 55—87; und *W. Coleman*, Bateson and Chromosomes: Conservative Thought in Science, in: Centaurus, 15 (1970), S. 228—314.
Es existiert außerdem ein beträchtliches Maß an unveröffentlichten Briefen und weiterem für die Kontroverse bedeutenden Material. Einer von uns (D. M.) möchte folgenden Stellen danken: dem Bibliothekar des University College, London, für den Zugang zum Francis-Galton-Archiv; dem Bibliothekar der American Philosophical Society für den Zugang zu den Schriften *C. B. Davenports* und *Raymond Pearls*; dem Geschäftsführer der Royal Statistical Society für den Zugang zu den Schriften von *George Udny Yule*; Professor *C. D. Darlington* für die Erlaubnis, einige, sich in seinem Besitz befindende Briefe an *William Bateson* einzusehen; *Dr. Alan Cock* für die Erlaubnis, eine Mikrofilmkopie von Material aus dem Bateson-Archiv der American Philosophical Society und Kopien von weiteren unveröffentlichten Material einzusehen.
Wir möchten *Alan Cock, Ruth Cowan* und *Bernard Norton,* sowie unseren Kollegen an der Science Studies Unit für die Stellungnahme und die Kritik an einer früheren Version des Aufsatzes danken. D. M. möchte für die Unterstützung durch den Carnegie Trust für die Universitäten Schottlands danken.
[2] Die Hauptinformationsquelle über *Galton* ist *Karl Pearsons* Mammut-Biographie, The Life, Letters and Labours of Francis Galton, Cambridge, 1914—1930, 3 Bde. Siehe auch *Ruth Schwartz Cowan*, Francis Galton's Statistical Ideas: The Influence of Eugenics, in: Isis, 63 (1972), S. 509—528; *R S. Cowan*, Francis Galton's Contribution to Genetics, in: J. Hist. Biology, 5 (1972), S. 389- 412. *Cowan* stellt heraus, daß die Hauptanregung *Galtons* zu seiner Arbeit in der Zeit nach 1864 in seinem leidenschaftlichen Glauben an die Eugenik, an die Verbesserung der menschlichen Rasse durch selektive Paarung und an die Vervollkommnung der wissenschaftlichen Basis für ein solches Programm lag.

3 Die Quellen zu *Pearson* sind gering, vergleiche jedoch *Egon Pearson*, Karl Pearson: An Appreciation of some Aspects of his Life and Work, Cambridge 1938. Zu *Weldon* siehe *Karl Pearson*, Walter Frank Raphael Weldon, 1860—1906, in: Biometrika 5 (1906), S. 1—52.

4 *W. F. R. Weldon*: The Variations Occurring in Certain Decapod Crustacea. I. Crangon vulgaris, in: Proc. Roy. Soc., 47 (1890), S. 445—453.

5 *K. Pearson*, Mathematical Contributions to the Theory of Evolution III. Regression, Heredity, and Panmixia, in: Phil. Trans. A., vol. 187 (1896), S. 253—318.

6 *F. Galton*, Finger Prints, MacMillan 1892.

7 Vgl. *K. Pearson*, Regression, Heredity, and Panmixia, S. 314—318.

8 Ebd., S. 259.

9 Zu *Bateson* siehe *Beatrice Bateson*, William Bateson, Cambridge, 1928. Hierin sind eine Denkschrift ihres verstorbenen Mannes sowie verschiedene seiner allgemeinen Essays enthalten. Siehe auch *W. Coleman*, a.a.O.

10 *W. Bateson*, Materials for the Study of Variation, MacMillan 1894, und *W. F. R. Weldon*, The Study of Animal Variation, in: Nature 50 (1894), S. 25—26.

11 *W. Bateson*, a.a.O., S. 16.

12 Ebd., S. 78.

13 Vgl. *Coleman*, a.a.O., S. 250.

14 *Weldon* an *Bateson*, Bateson Papers, Febr. 15, 1894.

15 Für eine nähere Beschreibung der Kontroverse und weitere Angaben dazu siehe *W. Provine*, a.a.O., S. 45-48.

16 *W. F. R. Weldon*, An Attempt to Measure the Death-rate due to the Selective Destruction of Carcinus moenas with respect to a Particular Dimension, in: Proc. Roy. Soc., 57 (1895), S. 360—379, mit Anhang, ebd., S. 379—83; vgl. auch *B. J. Norton*, The Biometric Defense of Darwinism.

17 *Batesons* Entwürfe zu diesen Briefen finden sich in den Bateson Papers, Section 15.

18 *Galton* hat nie irgendeine Seite der Kontroverse öffentlich unterstützt.

19 *K. Pearson*, Mathematical Contributions to the Theory of Evolution. IX. On the Principle of Homotyposis and its Relation to Heredity, to the Variability of the Individual, and to that of the Race. Part I: Homotyposis in the Vegetable Kingdom, in: Phil. Trans. A., 197, S. 285—379. *W. Bateson*, Heredity, Differentitation and other Conceptions of Biology: A Consideration of Professor Karl Pearson's Paper 'On the Principles of Homotyposis', in: Proc. Roy. Soc., 69 (1901), S. 193—205.

20 *W. Bateson*, "Heredity, Differentiation etc. ...", a.a.O., S. 203.

21 Ebd., S. 205.

22 *Provine*, a.a.O., S. 62.

23 *K. Pearson*: Walter Frank Raphael Weldon ....", a.a.O., S. 35.

24 *W. F. R. Weldon*, Mendel's Law of Alternative Inheritance in Peas, in: Biometrika, 1 (1902), S. 228 254.

25 Die farbige Bildtafel, die *Weldons* Artikel illustrierte, verursachte viel Unruhe, weil sie (wegen technischer Schwierigkeiten beim Drucken) zunächst die eine Hälfte der Erbsen grün und die andere Hälfte gelb zeigte, statt die Farben allmählich abzustufen, womit *Pearson* und *Weldon* die *Mendel*schen Folgerungen untergraben hätten! Siehe *Pearson* and *Galton*, Galton Papers I:5, January 28, 1902.

26 *Weldon* and *Galton*, Galton Papers I:16, May 5, 1905; January 15, 1905; February 28, 1906.

27 *W. Bateson*, Mendel's Principles of Heredity: a Defence, Cambridge 1902.

28 Ebd., S. 240.

29 Siehe *Batesons* "Presidential Address" in *B. Bateson*, a.a.O., S. 233—259, und den Bericht in: Nature, 70 (1904), S. 538—539; ebenso *R. C. Punnett*, Early Days of Genetics, in: Heredity, 4 (1950), S. 7-8; außerdem *K. Pearson*, Walter Frank Raphael Weldon ..., a.a.O., S. 44.

30 Die Arbeiten von unbedeutenderen Teilnehmern waren ein ständiger Anreiz zum Konflikt. Vgl. *W. Provine*, a.a.O..

31 So schrieb *Bateson* 1922 an *Yule*, daß ein Mann, der versuche, Vererbung im Geist der biometrischen Schule zu untersuchen, besser zum Holzhacken verwendet würde! *Bateson* and *Yule*, Yule Papers, Box 22, Nov. 28, 1922.

32 Unter den vielen relevanten Untersuchungen nimmt nur *J. Ben-David* mit "The Scientist's Role in Society", New Jersey 1971, sowie *J. Ben-David* und *R. Collins* mit "Social Features in the Origins of New Science: The Case of Psychology", in: American Sociological Review, 31 (1966), S. 451—465 die äußeren Einflüsse auf das Wachstum von Wissenschaft wahr, und er bringt wissenschaftliche Konzepte, Theorien oder Vorgehensweisen niemals in Beziehung zu externen Determinanten.

[33] So fällt es uns, wenn wir die individuellen Beiträge zur Kontroverse untersuchen und vergleichen, schwer, nicht das meisterhafte, anspruchsvolle, verfeinerte Denken *Karl Pearsons* gegenüber der Nachlässigkeit und gelegentlichen Inkompetenz seiner Widersacher zu bevorzugen. *Pearson* war ein stark philosophisch orientierter Wissenschaftler und war außerdem vollkommen in der Lage, den Standpunkt der Mendelianer zu verstehen und ihre theoretischen Techniken anzuwenden. Dennoch sollten *Pearsons* Stellungnahmen zum Mendelismus den Lauf des wissenschaftlichen Wandels nicht beeinflussen, wogegen die Mendelianer, wie wir in der unlogischen Ausdrucksweise der ex-post-facto-Analyse sagen könnten, ständig die richtige Antwort auf die falsche Überlegung erhielten. Sie beglaubigten sich ihr Wissen in gemeinschaftlichen Interaktionen auf eine Weise, die die gründlichen Kritiken des einzelnen Individuums auf der anderen Seite des Lagers vereitelte. Vgl. *P. Froggatt* und *N. C. Nevin*, The Law of Ancestral Heredity ..., a.a.O., S. 17, zu *Pearsons* „unbeugsamer wissenschaftlicher Rechtschaffenheit" und *W. Provine*, a.a.O., S. 92–108, zur Nachlässigkeit der Mendelianer. Zur allgemeinen Diskussion der Rechtfertigung als sozialem Prozeß siehe *J. Ziman*, Public Knowledge, Cambridge 1968; *R. G. A. Dolby*, The Sociology of Knowledge in Natural Science, in: Science Studies, (1971); schließlich *S. B. Barnes*, Scientific Knowledge and Sociological Theory, London 1974.

[34] Siehe Anmerkung 1.

[35] *Farrall* betrachtet soziologische und institutionelle Faktoren ausdrücklich als von intellektuellen Faktoren abgeleitet. Sie selbst erklären Kontroversen nicht, obwohl sie möglicherweise erklären, warum Kontroversen intensiver oder länger als üblich andauern.
Die Arbeit von *de Marrais* ist nur in dem Sinne soziologisch, als er seine Ideen mit den hochgradig intellektualisierten Theorien von *Claude Lévi-Strauss* in Beziehung bringt.

[36] Im Detail gesehen ist die sachliche Basis dieses Arguments fragwürdig. *Galtons* erste Äußerung zum Prinzip der Regression ist die in seinem "Typical Laws of Heredity", in: Proc. Roy. Inst. 8 (1877), S. 282–301; sein Glaube an die Diskontinuität der Evolution wird dagegen in *Galtons*, Hereditary Genius, MacMillan 1869, S. 368–370 deutlich.

[37] Es war die vortreffliche historische Wissenschaft, die das Material hervorbrachte, welches für rationalistische Theorien über das Aufkommen von Einstellungen, wie wir sie hier diskutieren, so beschwerlich zu verwerten ist. Hier sei besonders an die Arbeit von *T. S. Kuhn* erinnert. Es hat keinen Zweck, die ausführlich diskutierten Argumente zu dieser Frage hier zu übergehen. Es genügt wenn wir angeben, wo unser Standpunkt ist. Eine ausdrücklich soziologische Behandlung findet sich bei *S. B. Barnes*, a.a.O.

[38] Logisch gesehen ist es auch möglich, Unterschiede in der Einstellung genetisch zu begründen, d. h. durch genetisch bestimmte Neigungen, sie aufrecht zu erhalten. Wir danken *Alan Cock* für diesen Hinweis.

[39] Es ist klar, daß man das gleiche für jede rationalistische Erklärung einer Kontroverse sagen kann. So erklären Historiker die Verbreitung von Ideen entlang bestimmter Linien, die auf eine Art „Ansteckungstheorie" hinauslaufen. A bekommt den Gedanken von B, der ihn von C übernommen hatte usw. In einer Kontroverse findet man aber wiederum das Problem der selektiven „Ansteckung". Warum wird der eine Teilnehmer „angesteckt" und andere nicht?

[40] *Coleman* macht in seiner Diskussion über *Batesons* unvorteilhafte Antwort auf die Chromosomentheorie von einer derartigen Begründung Gebrauch. Man sollte seine Darstellung mit unserer Diskussion hier vergleichen.

[41] Vgl. *G. Allen*, a.a.O., und *L. Farrall*, a.a.O.

[42] *H. S. Becker*, Personal Change in Adult Life, in: Sociometry, 27 (1964), S. 40–53.

[43] Für eine Diskussion der „kulturellen Ressourcen" ("cultural resources") und ihre Entwicklung in der Erklärung siehe *S. B. Barnes*, a.a.O.

[44] *Ray Lankester*, The Utility of Specific Characters, in: Nature, 54 (1896), S. 366.

[45] Zum Fachwissen in der Wissenschaft siehe *M. Polanyi*, Personal Knowledge, Chicago 1971 und *J. R. Ravetz*, Scientific Knowledge and its Social Problems, Oxford 1971, passim.

[46] Diese Position kann übertrieben werden. *Bateson* stand dem Gebrauch elementarer numerischer Techniken keineswegs feindlich gegenüber. Die Forschung der Mendelianer fußte sogar in großem Maß auf diesen. Was er dagegen ablehnte, war die Unterordnung des Biologischen unter die „bloße Zahl" in den Arbeiten der Biometriker.

[47] *C. B. Davenport*, Committee on Variation (Report to the American Association for the Advancement of Science), in: Science, N. S. 17 (1903), S. 46.

[48] *D. B. Davenport*, Species and Varieties, their Origin by Mutation, by Hugo de Vries, in: Science N. S. 21 (1905), S. 369.

[49] Siehe *E. C. MacDowell*, Charles Benedict Davenport, 1866–1944; A Study of Conflicting Influences, in: Bios, 17 (1946), S. 3–50 zu einer biographischen Studie über *Davenport*. Die Zusammenarbeit von *Pearson* und *Davenport* und ihr Ende kann in der Korrespondenz in den Davenport Papers verfolgt werden.

[50] Wir könnten aufgrund *Pearsons* mathematischer Schriften ein detailliertes Bild geben, daß es nicht Unfähigkeit oder Mangel an Vorstellungsvermögen waren, die ihn von diesem Weg abhielten, sondern seine freie Wahl. Unglücklicherweise müssen wir uns aus Platzmangel mit diesem Argument beschränken.

[51] Für jene, die die Hinlänglichkeit dieser Form der Begründung verteidigen wollen, wäre die beste Strategie, nach *Farrall* eine Erklärung zu entwickeln, wo psychologische und institutionelle Veränderungen den Bereich der Kontroverse vergrößern und erweitern, wobei die Begründung der Kontroverse auf Unterschieden in der Ausbildung basiert. Wir glauben, daß sogar dieses verfeinerte Programm inadäquat wäre, aber Platzmangel zwingt uns, es mit unseren alternativen positiven Ideen zu widerlegen, statt weiter ausdrücklich dagegen zu argumentieren.

[52] *K. Pearson*, Old Tripos Days at Cambridge, in: Math. Gazette, 20 (1936), S. 27–36.

[53] Vgl. *K. Pearson*, The Ethic of Free Thought, London 1888.

[54] *E. J. Hobsbawm*, The Fabians Reconsidered, Labouring Men, London 1968, S. 250–271.

[55] Vgl. *B. Semmel*, Karl Pearson: Socialist and Darwinist, in: B. J. Sociology, 9 (1958), S. 111–125, und *B. Semmel*, Imperialism and Social Reform: English Social Imperial Thought 1895–1914, London 1960, S. 35–52.

[56] Siehe *Karl Pearson*, National Life from the Standpoint of Science, London 1901, zu seiner Auffassung vom Kampf der Rassen in seiner stärksten Form. Wenn er sich von den Fabiern unterschied, dann darin, daß er ihren Elitismus und häufig auch Rassismus in seine logischen Folgerungen brachte.

[57] *K. Pearson*, The Ethic ..., a.a.O., S. 363.

[58] Ebd., S. 122.

[59] Ebd., S. 263–314.

[60] *K. Pearson*, The Grammar of Science (2nd ed.), London 1900, S. 468.

[61] *Pearsons* Pro-Imperialismus und seine Begeisterung für die Eugenik wurde von führenden Fabianischen Sozialisten, wie *Bernard Shaw, H. G. Wells* und *Sidney Webb* geteilt. Sie sahen wie *Pearson* Eugenik und Sozialismus nicht als unvereinbar an; die Eugenik paßte sehr gut zu ihren elitistischen und wissenschaftlichen Ansichten. Interessanterweise war der bedeutendste sozialdemokratische Theoretiker Großbritanniens im 20. Jahrhundert, *H. J. Laski*, eine Zeitlang Schüler *Pearsons* und schrieb für „Biometrika" einen Artikel gegen die Mendelianer (*H. J. Laski*, A Mendelian View of Racial Heredity, in: Biometrika, 8 (1912), S. 424–430).

[62] Es existiert deutlich eine starke Ähnlichkeit zwischen *Pearsons* Wissenschaftsphilosophie und der von *Ernst Mach*. Jeder von ihnen kannte die Arbeit des anderen und würdigte sie (siehe die Mach-Pearson-Briefe in *Joachim Thiele*, Karl Pearson, Ernst Mach, John B. Stallo: Briefe aus den Jahren 1897 bis 1904 in: Isis, 60 (1969), S. 535–542). In seiner berühmten Polemik „Materialismus und Empirio-Kritizismus" bezeichnet *Lenin* eher *Pearson* als *Mach* als seinen deutlichsten Gegner. Interessant ist die Tatsache, daß die *Mach*sche Philosophie mit ihren phänomenalistischen und relativistischen Aspekten für Radikale in der Wissenschaft und Politik sehr attraktiv war, da sie sowohl eine Waffe gegen die „etablierte Wissenschaft", als auch durch einen operationalisierten Marxismus und einen ethischen Relativismus eine wissenschaftliche Rechtfertigung für den Radikalismus bot. (Siehe *Lewis S. Feuer*, The Social Roots of Einstein's Theory of Relativity, in: Ann. of Science, 27 (1971), S. 277–298, 313–343, passim.). Abgesehen von den politisch-kulturellen Unterschieden zwischen dem kontinentalen Europa und Großbritannien waren in *Pearsons* Philosophie ähnliche radikale Inhalte zu finden. Sie waren natürlich weniger stark ausgeprägt. Kein Schüler *Pearsons* ermordete einen Premierminister, wie es der Machianer *Friedrich Adler* tun sollte!

[63] *Karl Mannheim*, Das konservative Denken, in: Archiv für Sozialwissenschaft und Sozialpolitik 57 (1926).

[64] *Raymond Williams*, Culture and Society 1780–1950, London 1958.

[65] *B. Bateson*, a.a.O., S. 47–49.

[66] Ebd., S. 354.

[67] In einem früheren Beitrag gebrauchten die konservativen Physiker Argumente aus der Thermodynamik, um *Darwins* Evolutionstheorie anzugreifen.

[68] Vgl. *B. Bateson*, a.a.O., S. 13.

[69] *B. Wynne* (in Kürze erscheinend), The Social Context of Scientific Style; The Case of Late Victorian British Physicists.

[70] *W. Coleman*, a.a.O., S. 295.

Die „Ideenübertragung" läßt sich in Bezug auf *Batesons* Diskontinuitätsvorstellung bis zu den zwei Sommern (1883 und 1884) zurückverfolgen, die er mit *W. K. Brooks* von der John Hopkins University verbrachte (*W. Provine*, a.a.O., S. 38). Im Jahre 1883 veröffentlichte *Brooks*, The Law of Heredity, in dem er für eine diskontinuierliche Evolutionsauffassung eintrat. *Brooks* behauptete, daß das Ovum, das weibliche Element, das konservative Element in der Vererbung sei und die Macht habe, einen neuen Organismus mit allen Merkmalen der Rasse hervorzubringen, wogegen das Sperma das progressive Element sei und durch die Übertragung von Keimteilchen, die von den verschiedenen Körperorganen aufgrund veränderter Bedingungen abgegeben wurden, Variationen verursache. Es ist sehr wahrscheinlich, daß *Bateson* durch den Kontakt mit *Brooks* bewußt auf eine diskontinuierliche Evolution aufmerksam wurde. Dennoch müssen wir erklären, warum eine solche Abweichung von seiner darwinistischen Ausbildung attraktiv für ihn sein sollte und nicht abgelehnt wurde, wie z. B. *Brooks* Auffassung von den unterschiedlichen Vererbungs-rollen für Ovum und Sperma.

[71] *B. Bateson*, a.a.O., S. 354.

[72] Ebd., S. 353.

[73] Commonsense in Racial Problems, The Galton Lecture, 1919 (Ebd., S. 371—387). "Broad-cloth, bank balance and the other appurtenances of the bay-tree type of righteousness are not really essentials of the eugenic Ideal" oder "I imagine that by the exercise of continuous eugenic caution the world might have lost Beethoven and Keats, perhaps even Francis Bacon, and that a system might find advocates under which the poet Hayley would be passed and his friends Blake and Cowper rejected."

[74] *W. Bateson*, Materials for the Study of Variation, a.a.O., S. 80.

[75] Siehe *Gregory Bateson*, Steps to an Ecology of Mind, London 1972, passim.

[76] *H. J. Laski*, a.a.O.

[77] *D. MacKenzie* wird dies für die biometrische Gruppe in seiner in Kürze erscheinenden Disser-tation tun.

[78] Dies spiegelt sich in den unterschiedlichen Konzepten von der Spezies wider. *Bateson* arbeitete mit einem Konzept, das dem der pro-darwinistischen Systematiker ähnelte, in welchem der Art*typus* zentral war und Abweichungen von nur geringer Bedeutung (siehe *B. Bateson*, a.a.O., S. 236—237). Die Biometriker gebrauchten eine weniger feste, auf der Population beruhende Definition.

[79] *K. Pearson*, Walter Frank Raphael Weldon ..., a.a.O., S. 39.

[80] Siehe z. B. *W. Bateson*, Heredity, Differentiation and other Conceptions ... , a.a.O., S. 203—204.

[81] Zu einer Diskussion über die Spannung zwischen externen Wissenschaftsdefinitionen und den Auffassungen der Betroffenen selbst von der Natur und den Grenzen der Wissenschaft vgl. *S. B. Barnes*, a.a.O.

[82] Es sollte betont werden, daß *Pearson* bei seiner Kritik am Mendelismus sehr gut über diesen informiert war. Er war sogar allen anderen an der Kontroverse Beteiligten in seinem Verständnis der Folgen aus der *Mendel*schen Lehre für eine Population mit zufälliger Paarung überlegen. Aus Gründen historischer Gerechtigkeit wäre hier eine gute Gelegenheit, die *Hardy-Weinberg*-Formel in die *Pearson-Hardy-Weinberg*-Formel umzutaufen.

[83] Zu einer Diskussion des „Ancestral Law" siehe *W. Provine*, a.a.O., S. 179—187, und *P. Frog-gatt* und *N. C. Nevin*, Galton's Law ...", a.a.O., und *P. Froggatt* und *N. C. Nevin*, The Law of An-cestral Heredity ..., a.a.O., *Pearson* philosophische Einstellung zum Mendelismus wird bei *B. J. Nor-ton*, The Methodological Foundations of Biometry (in Kürze erscheinend) ausführlicher diskutiert.

[84] Vgl. *A. G. Cock,*, a.a.O., sowie die Arbeiten von *B. J. Norton* und *P. Froggatt* und *N. C. Nevin* (siehe Anmerkung 83).

[85] *K. Pearson*, Mathematical Contributions to the Theory of Evolution. XII. On a Generalised Theory of Alternative Inheritance, with Special Reference to Mendel's Laws, in: Phil. Trans. A., 203 (1904), S. 53—86. Er behauptete, daß ein theoretisches Modell der Mendelianer, das eine große Zahl unabhängiger Faktoren benutzte, normal verteilte Merkmale erklären würde und auf das Abstammungsgesetz hinausliefe.

[86] *K. Pearson, E. Nettleship* und *C. H. Usher*, A Monograph on Albinism in Man. Part II., Drapers Company Research Memoirs. Biometric Series VIII, Dulau, 1913, S. 491.

[87] Vgl. *W. Provine*, a.a.O., Kap. 3.

[88] *C. B. Davenport*, Eugenics, New York 1910, S. 25. *Davenport* wandte weiter unterschiedlos einfache *Mendel*sche Schemata auf Menschen an. *C. B. Davenport*, Heredity in Relation to Eugenics, New York, 1911.

[89] *D. Heron*, Mendelism and the Problem of Mental Defect. I. A. Criticism of Recent American Work, Questions of the Day and the Fray no. 7, Dulau, 1913, S. 62.

[90] Es ist erwähnenswert, daß die Dichotomie der Kontinuierlichkeit/Diskontinuierlichkeit seit dem Beginn des 19. Jahrhunderts ein Schlüsselthema im wissenschaftlichen Meinungsstreit ist, nicht nur in geologischen und biologischen Streitfragen, sondern auch in der Physik, nämlich in der *Mach-Beltsmann*-Kontroverse. Analogerweise kam in der heutigen Philosophie die einzig lohnende Kritik an der liberalen Rechtfertigung der Wissenschaft von einem konservativen Denker (catastrophist conservative thinker)!

[91] *H. S. Becker*, a.a.O.

Aus dem Englischen übersetzt von *Xenia Ritter-Vosen*

Fallstudien zu wissenschaftlichen Spezialgebieten

Von David O. Edge und Michael J. Mulkay

Eine bedeutende Herausforderung an die Soziologie wissenschaftlichen Wissens besteht darin, eine angemessene Darstellung des Wechselspiels von sozialen und intellektuellen Faktoren bei der Entwicklung und Differenzierung von Wissenschaft bereitzustellen[1]. Untersuchungen zum Entstehen und zur Institutionalisierung wissenschaftlicher Spezialgebiete sind für diese Aufgabe besonders relevant; es wurden einige in den letzten Jahren angefertigt. Wir selbst haben kürzlich eine ausführliche Studie zum Anwachsen der Radioastronomie fertiggestellt, die zu zeigen versucht, wie die sozialen und intellektuellen Aspekte dieses Spezialgebietes in einem historischen Prozeß miteinander verknüpft waren[2]. In diesem Aufsatz werden wir die Beziehungen zwischen einigen unserer Ergebnisse und denen einer Auswahl anderer vergleichbarer Studien[3] diskutieren, um eine Reihe charakteristischer Merkmale und herausragender Probleme zu beleuchten und Richtlinien für die zukünftige Forschung vorzuschlagen. Unsere Darstellung muß zwangsläufig recht gedrängt sein. Wir werden jedoch bemüht sein, in Umrissen das an jedem Punkt der Diskussion relevante empirische Material anzugeben.

I. Die sozialen Ursprünge der Innovation

Eine offensichtliche Aufgabe, die sich den Wissenschaftssoziologen stellt, besteht darin, herauszufinden, ob es irgendwelche Ähnlichkeiten gibt in der Art und Weise des Entstehens größerer Innovationen. Es ist recht erstaunlich, daß diejenigen, die über wissenschaftliche Entwicklung geschrieben haben, dieser Frage wenig Aufmerksamkeit geschenkt haben. *Warren O. Hagstrom* zum Beispiel hält das Auftauchen neuer Ideen in der Wissenschaft für relativ unproblematisch. Die Bildung von Spezialgebieten, schreibt er, ,,beginnt mit kulturellem Wandel, dem Auftreten neuer Forschungsziele in der scientific community"[4]. Er fährt dann mit einer systematischen Untersuchung darüber fort, wie Wissenschaftler auf kulturellen Wandel *reagieren,* ohne weiter auf die Frage einzugehen, wie wohl neue Ideen zuerst einmal entstehen[5].

Bei denen, die sich diese Frage gestellt haben, klingt es allerdings als ständig wiederkehrendes Thema: daß diejenigen, die für den Anstoß größerer intellektueller Neudefinitionen in der Wissenschaft verantwortlich waren, häufig in den sozialen Randpositionen der in Frage kommenden Forschungsgemeinschaft angesiedelt waren. So bemerkt *Thomas S. Kuhn,* obwohl er sich nur kurz auf die Ursprünge der neuen ,,Paradigmata" bezieht, die so hervorragend seine Interpretation kultureller Entwicklung in der Wissenschaft kennzeichnen, daß ihre Begründer dazu tendierten, sehr jung oder auf dem Gebiet sehr neu zu sein[6]. *Joseph Ben-David* übernimmt in seiner Untersuchung der Rolle praktischer Ärzte in der Entstehungszeit von Bakteriologie und Psychoanalyse eine Hypothese aus der Literatur zum technologischen Wandel, nämlich: daß „revolutionäre" Erfindungen gewöhnlich von Außenseitern gemacht werden, das heißt von Leuten, die nicht an den Beruf gebunden sind, der ihren Einfluß erfährt, und die deshalb nicht durch berufliche Bräuche und Tradition eingeengt sind[7].

Wir können *Ben-Davids* Ergebnisse wie folgt zusammenfassen[8]. Erstens, die Mehrzahl dessen, was im nachhinein als die wichtigen vorbereitenden Entdeckungen auf diesen beiden Gebieten angesehen wurde, wurde von Wissenschaftlern geleistet, die sich eher mit praktischen Problemen als mit akademischen beschäftigten. Zweitens, die Arbeit dieser Praxis-Wissenschaftler wurde ursprünglich von akademischen Forschern entweder ignoriert oder verunglimpft. Drittens jedoch wurde Unterstützung für die neuen Ideen von anderen Praktikern gewährt. Viertens: diejenigen, die die neuen Disziplinen schließlich errichteten, waren akademische Wissenschaftler, die sich plötzlich in einen Anwendungszusammenhang begeben hatten, in dem ihre Probleme eher nach praktischen als nach „wissenschaftlichen" Kriterien ausgewählt werden mußten, und schließlich fand die schnelle wissenschaftliche Ausbeutung dieser anfänglichen Entdeckungen höchst wirkungsvoll innerhalb des akademischen Bereiches statt[9]. *Ben-David* betont die Bedeutung der Verbindung zwischen angewandter und akademischer Forschung, weil sie Probleme stellt, die normalerweise innerhalb etablierter akademischer Disziplinen nicht auftauchen würden, und häufig zu Ergebnissen führt, die nicht einfach als trügerisch abgelehnt werden können[10].

Diese Ergebnisse werden größtenteils durch unsere Daten zur Radioastronomie bestätigt: Die Ähnlichkeiten sind besonders eindrucksvoll angesichts unterschiedlicher Zeitpunkte, verschiedener sozialer Kontexte und unterschiedlicher Technologiestufen. Zunächst wurde *Karl Janskys* vorbereitende Entdeckung der Radiofrequenzstrahlung aus der Ebene unserer Galaxis bei der Verfolgung praktischer Ziele gemacht[11]. Zweitens, trotz ungewöhnlich eifriger Bemühungen, Aufmerksamkeit auf seine Arbeit zu lenken, wurde sie größtenteils von der akademischen Welt für ein ganzes Jahrzehnt ignoriert (obwohl nicht aktiv in Verruf gebracht). Darüberhinaus stand die einzige Person, die seine Entdeckung experimentell aufnahm (*Grote Reber*, ein anderer Radiotechniker), auch außerhalb der bestehenden akademischen Forschungsnetze und unternahm seine astronomischen Beobachtungen als eine Freizeitbeschäftigung. Wiederum waren die Wissenschaftler, die für die Hauptmenge der Entdeckungen während des Krieges verantwortlich waren (*J. S. Hey* und seine Kollegen), ebenso wie diejenigen, die die ersten größeren Forschungsgruppen für Radioastronomie einrichteten (*A. C. B. Lovell, J. L. Pawsey* und *M. Ryle*), ausnahmslos akademische Physiker, die zeitweise auf praktische Forschungsgegenstände (die Entwicklung des Radar) umgeschwenkt waren[12]. Und obwohl diese ursprünglichen Entdeckungen im Verlauf von angewandter Forschung gemacht wurden, fand die Beschäftigung mit ihren gesamten Implikationen vorwiegend innerhalb universitärer Einrichtungen oder deren Äquivalenten statt, wo praktische Nebenprodukte als unwichtig angesehen wurden[13]. Dieses Beweismaterial läßt vermuten, daß zumindest ein wiederkehrender

Anlaß für Innovation in „Grundlagenforschung" in der Einführung von Techniken, Informationen und Ideen liegt, die aus angewandter Forschung stammen.

Diesen Transfer von Information zu erzielen, erscheint schwierig, und er scheint äußerst direkt von der tatsächlichen Bewegung von Wissenschaftlern von einem Forschungskontext zu einem anderen verursacht zu werden (z. B. *Pasteur, Hey*). Wie *Ben-David* zeigt, gleicht die Bewegung von Wissenschaftlern von einer praktischen zu einer akademischen Rolle der Bewegung zwischen Disziplinen: das verfügbare Beweismaterial deutet darauf hin, daß diese letztere Art von Bewegung in der Naturwissenschaft vorkommt und daß sie in irgendeiner Weise mit Innovation verknüft ist[14]. Die Fallstudien, die wir zitiert haben, stellen weitere Beispiele zur Verfügung. In seiner Arbeit über die Ursprünge der Molekularbiologie beschreibt *N. C. Mullins*, wie eine kleine Anzahl von Physikern während der dreißiger Jahre des neunzehnten Jahrhunderts in die Biologie überwechselte und einen anhaltenden Einfluß auf die Entwicklung dieser Disziplin ausübte; *J. Laws* Arbeit berücksichtigt einen Aspekt dieses breiteren Prozesses. Ähnlich schreiben *Ben-David* und *R. Collins* das Entstehen der experimentellen Psychologie einer Wanderung von der Physiologie in die Philosophie zu, als deren Ergebnis eine radikale Neudefinition des Studiums der menschlichen Seele auftrat. Der Darstellung *R. G. A. Dolbys* entnehmen wir, daß die Pioniere der physikalischen Chemiker sowohl kulturell wie geographisch in einer „marginalen" Position waren; ihre Laufbahnen deckten Physik und Chemie, und sie wandten physikalische Begriffe auf chemische Probleme an. So beschreibt *A. Zloczower*, wie eine anhaltende Bewegung von Wissenschaftlern während des letzten Jahrhunderts zur Entwicklung neuer Gebiete medizinischer Forschung beitrug. Natürlich bestehen große Unterschiede im Detail zwischen jedem dieser Fälle. Gemeinsam aber ist ihnen das Merkmal intellektueller Wanderung, das sich in der Entwicklung der Radioastronomie wiederholt.

Wenn wir recht haben mit der Vermutung, daß viele größere wissenschaftliche Innovationen von außerhalb oder aus den Randzonen etablierter Forschungsgemeinschaften kommen (entweder aus Kontexten angewandter Forschung oder durch Wanderung zwischen Forschungsnetzen), dann überrascht es, daß so wenig über diesen Vorgang bekannt ist. Wir haben zum Beispiel keine Vorstellung darüber, welcher Anteil solcher Innovationen aus „angewandter" Forschung stammt und durch die Überführung von Personal in die zuständigen Netzwerke der Grundlagenforschung entwickelt wird: Übersichten über wissenschaftliche Innovationen sind notwendig, um diese Information bereitzustellen[15]. Betrachten wir wiederum wissenschaftliche Wanderung allgemeiner, so wissen wir nicht, wie häufig Wissenschaftler von einer Disziplin zu einer anderen oder von einem Spezialgebiet zum andern überwechseln[16]; wir wissen auch nicht, ob Abwanderer unverhältnismäßig stark von irgendeiner bestimmten Disziplin kommen[17]. Wir müssen wissen, ob die Bewegung einzelner Individuen zu umfassender Innovation führen kann (und, wenn dies der Fall ist, unter welchen Bedingungen); oder ob bedeutsame wissenschaftliche Entwicklung nur vorkommt, wenn Gruppen von Wissenschaftlern beteiligt sind. Und es bedarf der Forschung darüber, warum intellektuelle Wanderung überhaupt stattfindet: die einzige positive Äußerung in der vorhandenen Literatur zu diesem Punkt stammt von *Ben-David* und *Zloczower*, daß nämlich der Prozeß durch Veränderungen in der Verteilung akademischer Möglichkeiten und Laufbahnaussichten in Gang gesetzt werden kann. Aber es gibt wenige Anzeichen dafür, daß solche Faktoren zur Entstehung der physikalischen Chemie, der Molekularbiologie oder der Radioastronomie beigetragen haben: die beiden letzteren Wanderungen scheinen tatsächlich mit der Einschätzung einiger Teilnehmer begonnen zu haben, daß eine neue Linie der Untersuchung wissenschaftlich ergiebiger aussah als bestehende Behandlungsweisen. Unsere Studie zur Radioastronomie deckte viele solcher Beispiele von Interessenverlagerungen auf, von denen jede ein Urteil dieser Art beinhaltet. Aber solche „wissenschaftlichen" Urteile sind niemals klar von anderen Betrachtungen getrennt. Besonders die Entscheidung, einen neuen Forschungsweg aufzunehmen, wird mit größerer Wahrscheinlichkeit aufgrund der Verfügbarkeit geeigneter Forschungstechniken und der Abwesenheit möglicher Konkurrenten getroffen. Es ist deshalb eine plausible Vermutung, daß Interessenverlagerungen normalerweise innerhalb und zwischen Disziplinen vorkommen, daß sie die Bildung und Auflösung von Forschungsnetzen verursachen, und, beeinflußt durch solche Faktoren wie Urteile über relativen wissenschaftlichen Wert, die Anwendbarkeit von verfügbaren Techniken und die weite Verbreitung des Wettbewerbs. Natürlich können Faktoren dieser Art in besonderen Augenblicken mit Druck, der aus Mangel an Laufbahnmöglichkeiten und Überschuß an Nachwuchs erwächst, zusammentreffen. Nur mit Hilfe weiterer Fallstudien werden wir imstande sein, die relative Bedeutung dieser verschiedenen Einflüsse auf wissenschaftliche Wanderung einzuschätzen.

Ein weiterer Aspekt des Prozesses wissenschaftlicher Innovation verdient, an dieser Stelle erwähnt zu werden. Er betrifft die Rolle der *Forschungstechniken*. In den meisten gut etablierten Disziplinen werden die Forscher dazu erzogen, sich im Detail auf eine begrenzte Reihe von Problemen zu konzentrieren und diese Probleme mit einem spezifizierten Satz von Techniken anzugehen[18]. Das galt für Astronomie während der ersten Hälfte dieses Jahrhunderts, und die Spezialisiertheit der optischen Techniken schloß wirkungsvoll die Möglichkeit aus, daß irgendein gut sozialisierter Astronom sich so weit von etablierten Problemen und Methoden entfernen würde, daß er zufällig auf die Existenz von Himmelsradiofrequenzstrahlung gestoßen wäre. Die Radiofrequenzstrahlung wurde also notwendigerweise von „Außenseitern" entdeckt, und ihr intensives Studium erforderte das Bestehen von Forschungsgruppierungen, deren Mitglieder sich vor allem auf Radiobeobachtung konzentrierten, die das geeignete technische Wissen besaßen und die die Freiheit hatten, ihren eigenen Auswahlkriterien dessen, was wissenschaftlich interessant war, zu folgen. Diese Vorbedingungen waren an verschiedenen Zentren unmittelbar nach dem Krieg gegeben — vor allem in Cambridge, Manchester und Sydney. In den frühen fünfziger Jahren war dann die potentielle Bedeutung einer sorgfältigen Radio-„Kartographie" des Himmels weithin anerkannt; und es bestand Übereinstimmung über die physikalischen Prinzipien, die dieser technischen Unternehmung zugrundeliegen. Aber die Erkenntnis vom Potential der Radiotechniken ließ ein weiteres Jahrzehnt auf sich warten, bis mit der Entwicklung von geräuscharmen Verstärkern sowie von Computermethoden mit der Fähigkeit, die in der Technik der „Apertursynthese" (Entwicklungen außerhalb der Kontrolle der Radioastronomen) enthaltene Information zu handhaben, diese physikalischen Prinzipien voll auf den Entwurf von Richtantennennetzen angewendet werden konnten. Während dieses Zeitabschnittes konzentrierten sich viele Teams und Gruppen auf die Ausnutzung vorhandener Techniken „nach allen Regeln der Kunst", „indem sie sie bis an den Rand ihrer Möglichkeiten zwangen" (wie es einer unserer Informanden ausdrückte), und einfach beobachteten, auf was immer jedes neue Antennennetz reagieren konnte[19]. Solche technischen Entwicklungen wurden nur sehr schwach von den Vorstellungen astrophysikalischer „Problemlösungen" geleitet. Vielmehr leitete man sie mit der groben und unspezifischen Zusicherung in die Wege, sie seien der Sicherung von Daten von *einigem* astrophysikalischen Interesse verpflichtet: Radioquellen, was immer sie sein mochten, mußten zum Beispiel katalogisiert und ihre Positionen, Intensitäten und Durchmesser genauestens *gemessen* werden. Verbunden damit sahen die Beteiligten ihr eigenes technisches Programm gern „als mit eigenem Leben ausgestattet" und als unabhängig vom astrophysikalischen Problem an; astronomische Resultate werden dann eine Art glückliches Nebenprodukt, ein „spin-off". „Die Beobachtungen waren schwierig, das Denken leicht", wie man zu sagen pflegte.

Natürlich wurde kein solches technisches Programm in totaler astrophysikalischer Einfalt begonnen; tatsächlich wurden viele für ganz spezifische wissenschaftliche Ziele entworfen, und alle beinhalteten relativ genaue *Erwartungen*. Aber das Gespür für die Entwicklung zusammenhängender Folgen von Beobachtungstechniken, die sich aus eigenem inneren „Antrieb" und „eigengesetzlicher Logik" entwickelten, war ein auffallendes Merkmal unserer Interviews mit Radioastronomen. Es wirft ein interessantes Licht auf die Muster der Entdeckung, die wir als Norm in der Radioastronomie fanden: Zufall. Beinahe alle grundlegenden Entdeckungen kamen *unerwartet* und waren die unabsichtlichen Resultate von mit anderen Erwartungen entwickelten Techniken. So beobachtete *Janskys* Antennennetz die Galaxis; *Heys* Radar beobachtete die Sonne, Meteore und die Radioquelle in Cygnus; das frühe, 218 Fuß große Paraboloid in Manchester, das kosmische Strahlung oder Meteorechos empfangen sollte, erwies sich als ideal für Milchstraßenvermessungen und die Arbeit über Radioquellen; *Smiths* Carnegie Antennennetz beobachtete Jupiter; *Hewishs* Versuch, szintillierende Quasare zu katalogisieren, führte zur Entdeckung der Pulsare und so weiter. Entdeckungen, die aus Überprüfungen theoretischer Voraussagen entstehen, sind relativ seltene Ausnahmen[20]. Jede neue Entdeckung offenbarte ein neues Gebiet des Unwissens, bot eine neue Untersuchungsgrundlage und veränderte die für das Spezialgebiet zentralen Problemdefinitionen.

Schließlich wiesen diese neuen Techniken ihre astronomischen Beglaubigungsschreiben nach, und Radiomethoden sind heute ein anerkannter Aspekt der Gesamtastronomie: in der Tat definieren die in ihrer Folge gemachten Entdeckungen viele der fundamentalen Probleme der Disziplin. Die Innovation besteht so im wesentlichen in der Anerkennung durch etablierte Praktiker, der Relevanz eines neuen Sets von Techniken und den Resultaten, die sie erreichen. Es möchte scheinen, als teile Radioastronomie diese Eigenschaft mit physikalischer Chemie, der Röntgenstrahlenproteinkristallographie und vielen Untergruppen der Molekularbiologie[21]. Aber diese Spezialgebiete folgen, den verfügbaren Darstellungen nach, nicht dem Muster der gezielten Ausbeutung technischer Prinzipien, die zu zufälligen Entdeckungen mit konsequenter Verlagerung des Interesses führen. Das Feld der physikalischen Chemie war, ganz anders als das der Himmelsradiofrequenzstrahlung, schon vor *Ostwalds* Zeit bearbeitet worden, und ihre Problematik wurde schließlich weitgehend als „erschöpft" bezeichnet: dort gab es damals keine plötzliche Entdeckung von vorher unerwarteten Phänomenen; *Ostwalds* Initiative führte eher zu einer schrittweisen, lange Zeit in Anspruch nehmenden Wiederaufnahme des Interesses. Und in den greifbaren Darstellungen sowohl der Röntgenstrahlenproteinkristallographie als auch der Arbeit der Phagengruppe sehen wir hartnäckige und schließlich erfolgreiche Versuche, eine neue Technik zur Lösung *spezifischer*, gleichbleibender wissenschaftlicher Probleme zu nutzen[22]. Wieder ist weitere Forschung nötig, bevor wir einschätzen können, in welchem Maß Innovationen in Grundlagenforschung zufällige Folgen technischer Entwicklungen sind[23].

Wir benötigen ebenfalls weitere Untersuchungen derjenigen sozialen Prozesse, die sowohl bei der Entstehung wie bei der Unterstützung derartiger technischer Einrichtungen eine Rolle spielen. In der Verfolgung ihrer technischen Ziele haben Radioastronomen von Zeit zu Zeit mit Wissenschaftlern ganz anderer Forschungsnetze gemeinsame Sache gemacht und sich an ein neues Publikum gewandt. In den fünfziger Jahren zum Beispiel teilten in Cambridge die Radioastronomen und Röntgenstrahlenproteinkristallographen ein Interesse an den gemeinsamen Prinzipien, die ihren technischen Programmen zugrundelagen[24]. Die Entwicklung von Antennen und geräuscharmen Techniken brachte enge Kontakte mit Elektro- und Elektronikingenieuren; und die Interpretation von verworrenen und geräuschvollen Aufzeichnungen erbrachte Probleme, die man mit Statistikern und vielen anderen Experimentalwissenschaftlern teilte. Komplexe Interaktionen dieser Art sind äußerst schwer im Detail aufzuzeichnen. Die vorhandenen Studien von Spezialgebieten beschäftigen sich meist mit relativ stabilen Wissenschaftlergruppen, die ein Bündel gemeinsamer (wenn auch wechselnder) Probleme und Techniken über eine in Jahrzehnten gemessene Periode haben — nicht mit relativ flüchtigen Gruppen, die sich kurzfristig über einzelnen theoretischen und technischen Problemen verbinden, die sie für kurze Zeiträume im Sinne vorübergehender Aspekte längerfristiger Ziele teilen. Es ist möglich, daß ein erheblicher Anteil der Arbeit in der Grundlagenforschung (zumindest teilweise durch Befriedigung technischer Bedürfnisse) in solch »flüchtigen« Netzen stattfindet, und daß die soziale Wechselbeziehung (Interaktion), in die man sich (aus »intellektuellen« Gründen) hineinbegibt, eine Hauptrolle bei der Mobilität von Wissenschaftlern zwischen Forschungsnetzen und bei wissenschaftlicher Innovation spielt. Dieser Problembereich sollte in sorgfältig ausgewählten Fallstudien weiter erforscht werden.

II. Entwicklungsstufen und Prozesse

Wir wenden uns nun von der Frage, wie neue Forschungsfelder entstehen, ab und den Mustern ihrer weiteren Entwicklung zu. Wir werden uns zuerst etwas genauer einige der vorhandenen Fallstudien ansehen.

In ihrer Untersuchung der Entstehung der Experimentalpsychologie wenden sich *Ben-David* und *Collins* gegen die Vorstellung, daß die Anhäufung von Ideen und Information allein für den Aufbau und das Wachstum eines neuen Forschungsgebietes ausreicht.

Sie behaupten, daß in der Psychologie potentiell fruchtbare Ideen an einigen Orten über einen längeren Zeitraum hinweg existiert haben, daß diese Ideen nur in Deutschland zu ununterbrochenem intellektuellen Wachstum führten; und daß diese Entwicklung deshalb zuerst in Deutschland auftauchte, weil die Forscher hier nicht nur am intellektuellen Gehalt der neuen Ideen Interesse gewannen, sondern auch daran, sie zur Herstellung einer neuen intellektuellen Identität und somit einer neuen Berufsrolle zu nutzen. Es fand eine Bewegung der Forscher statt: aus der Physiologie heraus (hier begann in Deutschland die Möglichkeit beruflichen Fortkommens zu schwinden) und in die Philosophie hinein (hier war die akademische Konkurrenz weniger scharf). Dies führte zu einem neuen, von abgewanderten Physiologen und bekehrten Philosophen gebildeten Forschungsnetz. Die Mitglieder dieses Netzes wollten nun dem relativ niedrigen Ansehen der Philosophie entgegenwirken, indem sie das Studium der menschlichen Seele in ein echtes wissenschaftliches Unternehmen umzuwandeln und diesen neuen Ansatz von der traditionellen Philosophie abzugrenzen versuchten. Für *Ben-David* und *Collins* ist dies der Versuch, eine neue berufliche Identität zu entwickeln. Ihre zentrale These besagt, daß die Schaffung einer neuen wissenschaftlichen Identität der Bildung einer neuen wissenschaftlichen Perspektive voranging, sie sogar erst ermöglichte: Das neue Netz und die mit ihm verbundene berufliche Identität waren Vorbedingungen des kumulativen Wachstums einer naturwissenschaftlichen experimentellen Psychologie. Demgemäß schlagen *Ben-David* und *Collins* drei maßgebliche Stufen (oder Stadien) in der Entwicklungsgeschichte der neuen Disziplin vor. Erstens tragen bestimmte intellektuelle ,,Vorläufer" neue Ideen über die Natur des menschlichen Geistes vor. Im zweiten Stadium wandert einer (oder mehrere) dieser Vorläufer in die Disziplin ab, die traditionsgemäß mit dem Studium der Seele (mind) beschäftigt ist, und bildet ein wirksames Netz, das eine alternative Ansicht äußert: sobald die Mitglieder dieses Netzes beginnen, für Studenten attraktiv zu werden und sie auszubilden, können sie als ,,Begründer" einer neuen Disziplin angesehen werden. Schließlich begeben sich die ausgebildeten Studenten oder ,,Jünger" an andere Stellen, wodurch sie eine kumulative intellektuelle Steigerung in die Wege leiten.

Dieses Schema weist einige Ähnlichkeiten mit der Entwicklung der Radioastronomie auf. Die auslösende Entdeckung in der Radioastronomie wurde einige Jahre vor dem Beginn der kumulativen Steigerung gemacht, über das geeignete technische Wissen verfügte man bereits einige Zeit vor seiner systematischen Anwendung: Die Entstehung der Radioastronomie war allerdings nicht nur der stetigen Anhäufung von Ideen und Informationen zuzuschreiben. In beiden Fällen wurde der ,,take-off" von Forschungsnetzen bewerkstelligt, die als Resultat eines Druckes entstanden waren, dessen Ursprung außerhalb des wissenschaftlichen Bereiches lag. Und das weitere Anwachsen beider Disziplinen trat auf, weil sich die beiden ,,Gründer"-Gruppen Gehör bei graduierten Studenten verschaffen konnten. Dennoch scheinen die Unterschiede zwischen den beiden Fällen signifikanter zu sein.

Der offensichtlichste Unterschied liegt darin, daß die neue Identität als ,,Radioastronom" vor Beginn der kumulativen intellektuellen Zunahme noch nicht aufgebaut war: dies widerspricht *Ben-David* und *Collins* Hauptthese. Soweit wir wissen, entstand die Vorstellung, daß es eine im wahrsten Sinne neue Art von Wissenschaftler gab, eher allmählich, mehr oder weniger parallel mit der Bildung des internationalen Netzes von Forschern: sie scheint einfach eine Widerspiegelung früherer intellektueller und sozialer Entwicklungen zu sein. Tatsächlich begann die kumulative Zunahme zu einem Zeitpunkt, zu dem die daran Beteiligten Mitglieder physikalischer Forschungsgruppen waren und sich noch selbst als „Radiophysiker" betrachteten[26]; außerdem gibt es keine Anzeichen dafür, daß die schließliche Entstehung einer neuen Identität auf irgendeinem beobachtbaren Weg die Wahl der Gegenstände und Techniken durch die Radioastronomen beeinflußt hätte. Jedenfalls scheint es uns irreführend, auf diese Weise von Radioastronomen und ihrer Entwicklung _einer Identität_ zu sprechen. Obwohl einige unserer Informanden einfach sagten, sie seien „Radioastronomen", zogen andere es vor, sich als „Astronomen" oder „Physiker" oder „Astrophysiker" zu bezeichnen. Wieder andere meinten, sie befänden sich in mehreren dieser Kategorien, und ein Befragter erklärte, er bezeichne sich je nach Publikum verschieden. Wie wir bereits erwähnten, ist ja eine Vielzahl professioneller Gruppen an der Arbeit der Radioastronomen interessiert. Es ist wohl unwahrscheinlich, daß für die Experimentalpsychologen im späten neunzehnten Jahrhundert eine solche Bandbreite von professionellem Publikum existierte. Es dürfte sich deshalb lohnen, das Ausmaß näher zu untersuchen zu dem die Entwicklung einer starken Gruppenidentität unter Psychologen mit dem Fehlen von außenstehendem Publikum verbunden war[27].

Ein zweiter Unterschied scheint darin zu liegen, daß in der Radioastronomie die Karrierestruktur die Forscher nicht in neue Problemgebiete hinein trieb. All jene, die sich in den Anfängen der Radioastronomie mit ihr beschäftigten, waren junge Männer, die am Beginn ihrer Laufbahn standen. Das akademische System, in das sie eintraten, wies nicht annähernd eine so starke Konkurrenz auf wie das in Deutschland im neunzehnten Jahrhundert: niemand sah sich einer für sein Weiterkommen unüberwindlichen Hürde gegenüber; als Mitgliedern etablierter Forschungsgruppen standen ihnen bald Stipendien und Dozenturen zur Verfügung. Solange ihre Forschung einigermaßen erfolgreich war, genossen sie von Anfang an jeden voraussichtlichen Ertrag einer Forschungs- und Lehrkarriere in der Physik: außerdem waren sie als Physiker der intellektuellen Legitimität ihrer Probleme und Methoden in einer Art sicher, wie das bei deutschen Experimentalpsychologen nicht der Fall war. In dieser vergleichsweise sicheren beruflichen Situation scheinen die Hauptfaktoren, die ihre Wahl der Forschungsgegenstände beeinflußt haben, die wissenschaftliche Bedeutung neuerer Entdeckungen sowie die Verfügbarkeit geeigneter Geräte und technischer Fertigkeiten gewesen zu sein. Das Anwachsen des neuen Gebietes wurde nicht durch Veränderungen in den Karriereaussichten angekurbelt[28]; weder gab es irgendeinen Versuch, absichtlich eine neue Rolle zu schaffen, noch irgendeine erkennbare Anstrengung, einen besonderen Ansatz zu übernehmen, um das wissenschaftliche Ansehen der Mitglieder zu erhöhen. Ob Radioastronomie oder ob Experimentalpsychologie für unsere Fragestellung typischer ist, kann nur durch weitere Forschung entschieden werden.

Es gibt einen weiteren wichtigen Unterschied: die Radioastronomen nahmen, statt sich um eine Abgrenzung zur etablierten Disziplin zu bemühen, mit ihr eine zunehmend enge Zusammenarbeit auf. Die Gründe dafür liegen auf der Hand. Erstens war die Experimentalpsychologie ein geplantes soziales Produkt, das Ergebnis einer wohlerwogenen Kampagne für die Etablierung neuer Vorstellungen über bestehende Probleme; Radioastronomie hingegen war das unerwartete Resultat der Verfolgung einiger ganz neuer Probleme in der Radiophysik. Während, zweitens, die herkömmliche Philosophie wissenschaftlich nicht angesehen war, war die optische Astronomie durchaus geachtet, und ihre wissenschaftliche Legitimität wurde von den Mitgliedern des neuen Gebietes niemals angezweifelt[29]. Drittens teilte die Experimentalpsychologie keinen Bestand gesicherten Wissens, der einen Zwang zur Konsistenz zwischen ihren intellektuellen Produkten ausüben konnte: hingegen hingen sowohl Radio- wie optische Astronomie vom gemeinsamen Rahmen der physikalischen Theorie ab[30]. Schließlich waren die Experimentalpsychologen zu keinem Zeitpunkt um wesentlicher Information willen von den herkömmlichen Philosophen direkt abhängig: konsequenterweise gab es im wesentlichen keinen Informationsaustausch, aus dem eine beiderseitige Forschungsgemeinschaft hätte entstehen können[31]. Genau das Gegenteil trifft für die Beziehungen zwischen Vertretern der optischen Astronomie und den Radioastronomen zu.

So fehlten also im Falle der Radioastronomie die drei von *Ben-David* und *Collins* zur Erklärung der Entstehung der Experimentalpsychologie hervorgehobenen Faktoren (nämlich die Existenz einer blockierten Karriereleiter in der Physiologie, der Unterschied im wissenschaftlichen Ansehen zwischen Physiologie und Philosophie und die Aktivität einer Gruppe von Abgewanderten und Konvertierten, denen anvertraut wurde, letztere in die Bahnen der ersteren umzulenken). Zwei weitere in der Entwicklung der Radioastronomie gegenwärtige Faktoren begünstigten die Integration in die etablierte Disziplin, nämlich eine beachtliche kognitive Überlappung der beiden Gruppierungen und ein fortgesetzter und fruchtbarer Austausch von Informationen. Ein genaueres Studium kognitiver Überlappungen und Informationstransfers in anderen Fällen wissenschaftlicher Entwicklung könnte unser Verständnis für die Prozesse verbessern, die die Ausdifferenzierung wissenschaftlicher Spezialgebiete fördern bzw. beeinträchtigen.

Wir wenden uns nun *Mullins* Arbeit über das Phagennetz zu, ein Vorbote der Molekularbiologie. In dieser Studie nimmt *Mullins* einige der in *Ben-Davids* Arbeit angerissenen Themen auf, versucht jedoch, sowohl die soziale als auch die kulturelle Entwicklung mit größerer Ausführlichkeit zu untersuchen. Er beschreibt diese Entwicklung als eine Reihe von Stadien oder Stufen und führt die Begriffe „Paradigmagruppe", „Kommunikationsnetz" und „Cluster" ein.

Das erste Stadium erinnert an den Fall der Psychologie: Bestimmte Vorläufer (meist aus der Physik) greifen einige der physikalischen und philosophischen Probleme um „das Geheimnis des Lebens" auf und fachen eine Diskussion an. Danach entschließen sich einige Physiker, in die Biologie zu wechseln und solche Probleme anzugehen, da sie sie für wissenschaftlich interessanter halten als die damals in der Physik bestehenden. Dieser erste Schritt war weder mit blockierten Karrierestrukturen, noch mit in einem Anwendungsbereich gemachten Entdeckungen verbunden[32]: die Wanderung scheint in einer rein intellektuellen Entwicklung innerhalb der Gemeinschaft der Grundlagenforscher[33] entstanden zu sein.

Die abgewanderten Physiker (insbesondere *Max Delbrück*) begannen dann intensive Diskussionen mit verschiedenen Biologen. Zwischen 1935 und 1945 bildete sich ein

loses Forschungsnetz (die „Paradigmagruppe"[34]) mit den folgenden Eigenschaften:
seine Mitglieder (etwa fünfzehn insgesamt) teilen ein Interesse an der Erforschung
dessen, wie lebende Materie Erfahrung aufzeichnet und weitergibt. Sie wollen dies
durch die Untersuchung der Bakteriophagen tun, mit Hilfe von Techniken, die physikalisch so präzise wie möglich sein müssen: Innerhalb des Netzes konzentriert sich
ein kleiner Arbeitskern um *Delbrück*; mehr als die Hälfte der Beteiligten hat jedoch
keinen regelmäßigen Kontakt mit dem Kern. Dieses relativ unkoordinierte Stadium
endet etwa in den Jahren 1944 bis 1946, als eine ausdrückliche intellektuelle und
soziale Politik für die Zukunft des Forschungsnetzes entsteht. Standardisierte technische Vorgehensweisen werden eingeführt, ein regelmäßiges Sommertreffen und ein
Phagenkursus begonnen. Diese Maßnahmen helfen, die Kommunikation zu verbessern
und neue Forscher auszubilden: auch erhöhen sie die Bindung des sozialen Geflechts.
— So gab es damals, obwohl das Netz um 1953 viel größer wurde, weniger selbständige
Forscher und eine entsprechende Zunahme professioneller Bindungen, die aus Ko-
autorenschaft, Kollegen- und Studentenschaft erwuchsen. In *Mullins* Begriffen war
die „Paradigmagruppe" ein „Kommunikationsnetz" geworden.
In den späten 1940er Jahren nahmen *Delbrück* und andere leitende Forscher Universitätsstellen an, die die Verbindung zu Biologiestudenten ermöglichten. Von diesem
Zeitpunkt an wuchs das Phagennetz beständig, und seine Mitglieder begannen, wichtige
Beiträge zur Wissenschaft zu liefern. Die zentralen intellektuellen Probleme änderten
sich in den fünfziger Jahren nicht. Aber es wurden Schritt für Schritt relativ gesicherte
Lösungen anerkannt, und alle, die sich mit der Arbeit an den Phagen beschäftigten,
wurden sich ihrer gemeinsamen Leistungen und intellektuellen Identität bewußt: sie
waren ein „Cluster" geworden. Dieses „Cluster" war jedoch keineswegs stabil. Die Verschiebung belief sich auf annähernd 25 Prozent pro Jahr (und schloß viele von denen
ein, die die Entwicklung einst in Bewegung gesetzt hatten). Wie *Mullins* betont,
sammelte sich das „Cluster" nicht um einige beständig produktive Gründer. In den
frühen sechziger Jahren war die Gruppe Teil des neuen Spezialgebietes Molekularbiologie[35] geworden. Aber dieses Spezialgebiet hatte seine Ursprünge in verschiedenen
Entwicklungslinien, von denen die Phagengruppe nur eine war. *Mullins* beschreibt
nicht, wie sich die vermutlich komplexe Verbindung von Forschungsnetzen abspielte[36].
Diese Entwicklung ähnelt in mancher Hinsicht der der englischen Radioastronomie.
In beiden Fällen waren das Erkennen wichtiger Problemgebiete sowie die Verfügbarkeit angemessener Techniken entscheidend für die Bildung des Netzes; und kumulative
intellektuelle Entwikklung fiel mit der Etablierung sich selbst rekrutierender Netze
zusammen. Aber die Phagengruppe lernte deutlich mehr Schwierigkeiten bei der
Heranziehung neuer Mitglieder kennen, und beständige Rekrutierung wurde erst nach
der überlegten Formulierung der Politik, die das „Kommunikationsnetz"-Stadium
einleitete, erreicht. Die Radioastronomen hingegen waren sich als Untergruppe an
etablierten Universitätsfakultäten von Anfang an der Förderung und eines zumindest
bescheidenen Anteils von Studenten sicher. Zudem scheint es wahrscheinlich (obwohl
wir dessen weniger sicher sein können), daß die unterschiedlichen Wachstumsraten
von dem Maße, in dem die ausgewählten Probleme und Techniken allgemein für legitim

erachtet wurden, beeinflußt wurden[37]. *Mullins* zeigt, daß der Ansatz der Phagenforscher von anderen Biologen kaum verstanden wurde, und vermutet, daß Arbeit für
einige Jahre tatsächlich weithin mit Argwohn betrachtet wurde[38]. In der Radioastronomie jedoch gab es keine bedeutsamen Zweifel an der Legitimität der anfänglich von
den englischen Gruppen ausgewählten Probleme und Techniken, Beispiele bilden die
Patenschaften etablierter Physiker (u.a. *Appleton, Ratcliffe* und *Blackett*), die parallelen
Entwicklungen in Australien und die Geschwindigkeit, mit der andere Gruppen in der
ganzen Welt ihrem Vorgehen folgten. So scheinen die ersten Schritte der Entwicklung
in diesen beiden Fällen beträchtlich verschieden zu sein[39].

Im Zusammenhang mit der Diskussion der Rekrutierung zu Spezialgebieten, bevor
wir uns jedoch weiteren Vergleichen mit *Mullins* Arbeit zuwenden, sollten wir kurz
abschweifen, um uns *C. S. Fishers* Untersuchung des Untergangs der Invariantentheorie anzusehen, in der Variationen in der Rekrutierungsrate als Hauptdeterminante
des Wachstums von Spezialgebieten verwendet werden. In der Tat nähert sich *Fisher*
der Behauptung, daß der Untergang eines Spezialgebietes *allein* durch die Verfügbarkeit von Forschungspersonal bestimmt werden kann. Wenn *Ben-David* bestreitet, daß
die Existenz „fruchtbarer Ideen" ausreicht, die Entstehung neuer Spezialgebiete zu
erklären, bestreitet er doch nicht ihre Wichtigkeit; implizit zumindest behauptet
Ben-David, daß eine Kombination von intellektuellen und sozialen Faktoren für die
Entstehung und das Wachsen eines neuen Forschungsnetzes notwendig ist. Diese
Folgerung wird durch das, was wir über die Entwicklung der Phagengruppe und der
Radioastronomen wissen, unterstützt. Sollte jedoch *Fishers* These richtig sein, könnte
sie dahingehend interpretiert werden, daß intellektuelle Entwicklung ein bloßes Nebenprodukt sozialer Prozesse wäre: das zöge die Ergebnisse der bisher behandelten Fallstudien in Zweifel.

Es gibt jedoch Gründe, *Fishers* Begründung des Untergangs der Invariantentheorie als
unbewiesen anzusehen. Seine Analyse geht folgendermaßen vor: Die Invariantentheorie
wurde in der zweiten Hälfte des letzten Jahrhunderts fest etabliert. Auf ihrem Höhepunkt stammte etwa ein Drittel aller algebraischen Forschungspapiere, die jährlich
publiziert wurden, aus diesem Gebiet. Um 1920 wurde jedoch im Grunde genommen
über Invariantentheorie nicht mehr gearbeitet. Im Rückblick sagen Mathematiker,
Hilberts plötzliche Lösung ihrer Hauptprobleme im Jahre 1893 habe die Invariantentheorie zerstört. *Fisher* jedoch behauptet, diese Interpretation sei falsch, denn das
Interesse an der Invariantentheorie habe nicht schlagartig aufgehört. Sie ging in verschiedenen Ländern mit unterschiedlicher Geschwindigkeit unter; nicht etwa, weil
weitere Arbeit unmöglich oder unnötig gewesen wäre, sondern weil eine Reihe von
außen kommender Faktoren die Invariantentheoretiker daran hinderte, ihre Interessen nachfolgenden Generationen zu übermitteln[40].

Nun ist diese Analyse aus mindestens vier Gründen nicht überzeugend. Zum einen
interpretiert *Fisher* in einem separaten Papier[41] das *Anwachsen* der Invariantentheorie
vorwiegend als Antwort auf die Entdeckung interessanter Probleme und sieht so
Wachstum und Untergang als durch eine ganz unterschiedliche Dynamik bewegt.
Zweitens scheint es ein bemerkenswerter Zufall, daß in drei verschiedenen Ländern
ganz unterschiedliche externe Faktoren solch ein, bis zu diesem Zeitpunkt breites

Spezialgebiet innerhalb der Dauer einer einzigen akademischen Karriere völlig beseitigt haben sollten. Drittens ist es überraschend, daß der Untergang annähernd von *Hilberts* Beitrag ab datiert wird, wenn dieser Beitrag, doch ein so unwichtiger Faktor gewesen sein sollte. Schließlich gibt *Fisher* selbst zu, daß es unter den Mathematikern ein säkulares Schwinden des *Interesses* an den Problemen der Invariantentheorie gab[42]. Obwohl wir nicht bestreiten wollen, daß das Ableben der Invariantentheorie teilweise durch das Versagen des Spezialgebietes, seine Mitglieder zu ersetzen, herbeigeführt wurde, scheint es doch gute Gründe für die Annahme zu geben, daß dieses Versagen selbst Folge eines Interessenschwundes war, der von dem weitverbreiteten Glauben herrührte, *Hilbert* habe die zentralen mathematischen Probleme gelöst. Es wäre schwierig zu belegen, daß das Versagen, neue Mitglieder zu rekrutieren, der *entscheidende* Faktor beim „Tod" dieses Spezialgebietes war. Auch in diesem Fall scheinen Anwachsen und Niedergang aus einer Konvergenz intellektueller und sozialer Faktoren zu entstehen.

Wenn das allgemein zutrifft, muß jede Diskussion von Wachstumsstadien diese beiden Faktorengruppen behandeln. Das tut *Mullins,* indem er das Wachstum der Phagengruppe durch die Stadien der Paradigmagruppe, des Kommunikationsnetzes, des »Clusters« und der Assimilierung in einem institutionalisierten Spezialgebiet skizziert. Die Entwicklung der Radioastronomie zeigt eine gewisse Ähnlichkeit mit den wesentlichen Zügen dieses Ablaufs: das Größenwachstum zum Beispiel, die Zunahme an interner sozialer Komplexität, die Verbesserung in der technischen Genauigkeit und der Trend zu allgemein anerkannten Lösungen scheinen alle in beiden Fällen ähnlich zu sein. In einigen Punkten allerdings weicht Radioastronomie sehr stark von *Mullins'* Muster ab. Zwei davon haben wir bereits erwähnt. Wegen ihrer anfänglichen institutionellen Unterstützung, der Legitimität ihrer Probleme und Techniken und der Anhäufung relevanten technischen Wissens während des Krieges scheinen die ersten drei *Mullins*-Stadien im Fall der Radioastronomie sehr verkürzt. Zudem wurde in *Mullins'* Bericht die Arbeit der Phagengruppe in scharfem Kontrast zu der der Radioastronomen durch Stabilität des Ziels und unbedeutende technische Entwicklung charakterisiert (siehe Anm. 22). Weitere Unterschiede kommen aus Licht, wenn wir bedenken, daß *Mullins* überhaupt keine ausgesprochenen Bindeglieder zwischen der sozialen und der intellektuellen Entwicklung inerhalb irgendeines Stadiums aufzeigt. So scheint zum Beispiel, obwohl die Mitglieder der Paradigmagruppe sich die gleichen Problemstellungen und ähnliche Techniken zu eigen machten, kaum sozialer Kontakt bestanden zu haben, durch den diese intellektuellen Übereinstimmungen hätten in der Gruppe aufrechterhalten werden können. Darüberhinaus bemerkt *Mullins*, daß die sozialen Muster innerhalb der Gruppe „stetig im Fluß sind und sich ohne sichtbaren Effekt auf die Wissenschaft selbst wandeln können"[43].

Im Fall der Radioastronomie jedoch gibt es ausdrückliche Bindeglieder zwischen der wissenschaftlichen und technischen Entwicklung auf der einen und der Entwicklung sozialer Beziehungen auf der anderen Seite. Zum Beispiel[44]: Die Verfolgung einer Reihe von mit dem Studium von Meteoren durch Radar verbundenen, wechselnden Problemen in Manchester wurde durch eine fortgesetzte Bildung und Neubildung von Forschungsteams ermöglicht. Weitere, sich sowohl Radar- wir Radioproblemen widmende Forschungsteams entstanden in den fünfziger Jahren, und die Differenzierung der Gruppe durch Gegenstandsbereiche wurde durch Investition in Mehrzwecktechniken ausgeglichen. *Lovell* wurde strategischer Leiter einer Anzahl unterschiedlicher und autonomer Forschungsteams, von denen jedes ein ziemlich eng definiertes Bündel von wissenschaftlichen und technischen Zielen verfolgte. Jedes Teammitglied wies eine beschränkte Anzahl eigener Forschungsinteressen auf, aber die Gesamtheit der Teams deckte einen weiten Bereich von Gegenstände ab. Im Gegensatz dazu war in den fünfziger Jahren die Gruppe in Cambridge relativ undifferenziert und ihre Hauptaktivität (von *Ryle* koordiniert) bestand im Aufbau und der Nutzung einer Reihe von Beobachtungsinstrumenten, die für ziemlich spezifische Zwecke entworfen worden waren. Es entstand keine „Aufgaben-Team"-Struktur, und jedes Individuum verfolgte eine Reihe von Interessen. Koautorschaft und gegenseitige Zitierung waren unter den Gruppenmitgliedern relativ häufig. *Ryles* Leitung war eine teilnehmende, und die Gruppe hing eng zusammen[45]. Um 1960 jedoch tauchten mit dem Mitgliederwachstum und der zunehmenden Komplexität der Probleme und Techniken einige funktionale Differenzierungen in der Gruppe auf. In beiden Fällen können zwischen diesen kulturellen und sozialen Entwicklungen enge Verbindungen gezogen werden.

Hinzu kommt, daß in der Entwicklung der Radioastronomie gänzlich andere Stadien vorzukommen scheinen, in denen soziale und intellektuelle Faktoren deutlich verbunden sind. Um diese Stadien jedoch in den Blick zu bekommen, mußten wir ein breiteres Spektrum sozialer Beziehungen ins Auge fassen, als das *Mullins* tut: insbesondere haben wir die Beziehungen zu Mitgliedern anderer Forscherzusammenschlüsse einbezogen.

Auf der gedanklichen Ebene beginnt das erste Stadium mit den Entdeckungen durch *Hey* und seine Kollegen und deren anfänglicher Forschung. Sozial wird es durch die schnelle Bildung kleiner Gruppen von Radiophysikern charakterisiert, die durch Veröffentlichungen in etablierten Physikzeitschriften, Besuch von Konferenzen über Radiophysik und andere Mittel des informellen Kontaktes miteinander kommunizieren. Diese Phase endet in den frühen fünfziger Jahren mit der klaren Erkenntnis, daß hier einige recht verschiedene Forschungsrichtungen zusammengefaßt sind, von denen viele eindeutig astronomischen Zuschnitts sind. Diese Erkenntnis wurde von sozialen Entwicklungen begleitet, wie etwa die Bildung des ersten Radioteams in Manchester, und von intellektuellen Entwicklungen, wie der Interessenverlagerung in Cambridge: von der Sonne weg zur Arbeit an diskreten Radioquellen und der Milchstraße. Von diesem Punkt an beschäftigten sich die Radioastronomen sowohl in sozialer wie in intellektueller Hinsicht zunehmend mit den Vertretern des optischen Forschungszweiges — sie veröffentlichten in deren Zeitschriften, traten deren Gesellschaft bei und veranstalteten gemeinsame Konferenzen. Dies ist die Zeit schnellen technischen Fortschritts in der Radioastronomie und der ehrgeizigen technischen Programme für das Studium diskreter Radioquellen. In den frühen sechziger Jahren hat diese Entwicklung genaue und zuverlässige Ergebnisse erbracht, die dann wiederum zu einem relativ ausgeglichenen Informationsaustausch zwischen Radio- und optischen Astronomen führen, und dieses zweite Stadium mit der Lösung vieler Probleme, die gegen Ende des ersten Stadiums formuliert worden waren, beenden. Das dritte Stadium zeichnet sich durch eine wachsende Beschäftigung mit astrophysikalischen Problemen aus, die der Entdeckung von Quasaren und Pulsaren folgen, und dem Erscheinen der Ultraviolett-, Infrarot- und Röntgenstrahlenastronomie. Radiomethoden sind nun ein gesicherter Teil der Astronomie. Das frühere zahlenmäßige Wachstum hat sich eingependelt: Forschungseinheiten sind fest etablierte soziale Gruppierungen, die regelmäßig neue Mitglieder rekrutieren, sozialisieren und viele von ihnen mit relativ sicheren Laufbahnen versorgen. Man nahm kostspielige Investitionen in fortgeschrittenen Forschungstechniken vor. Auf diese Weise weist die Radioastronomie in den späten sechziger Jahren Züge auf, die an die optische Astronomie der dreißiger Jahre erinnern: bedeutende Leistungen, eine Reihe wichtiger, noch ungelöster Probleme, starke Bindung an hochspezialisierte Techniken, große Forschungsgruppen und gesicherte Rekrutierungs- und Sozialisationsverfahren.

Diese Folge von Stufen oder Stadien, in denen intellektuelle und soziale Entwicklungen eng verbunden waren, scheint sich von der, die *Mullins* der Phagengruppe zuschrieb, deutlich zu unterscheiden. Dies wäre möglich, weil die Spezialgebiete von verschiedener Art sind. So hat *Law* zwischen auf Theorie, auf Problemen und auf Technik gegründeten Spezialgebieten unterschieden und vermutet, daß jedes wahrscheinlich anderen Entwicklungsmustern folgt[47]. Dennoch ist es schwierig, die Radioastronomie in den Kategorien dieser Typologie eindeutig zu klassifizieren. Wie wir bereits oben ausgeführt haben, sind viele Radiotechniken tatsächlich zur Lösung spezifischer wissenschaftlicher Probleme und als Beitrag zur theoretischen Entwicklung entworfen worden[48], obwohl viele ihrer wichtigsten Entdeckungen nicht-intendierte Nebenprodukte der Anwendung von Radiotechniken auf sehr breit gefaßte Zwecke waren. Darüberhinaus unterscheidet sich, worauf wir auch hingewiesen haben, das Muster der Entwicklung in der Radioastronomie beträchtlich von dem, was in der Röntgenstrahlenproteinkristallographie vorkommt, die *Law* als ein echtes, auf Technik gegründetes Spezialgebiet betrachtet. Eine weitere Möglichkeit besteht darin, daß Entwicklungsfolgen bedeutend durch das Ausmaß beeinflußt werden, in dem die Mitglieder eines entstehenden Spezialgebietes Hilfe von etablierten Netzen anstreben, sowie den Grad, in dem jene in bestehenden Gebieten gewillt sind, günstig gewogen zu antworten. Aber es ist hier kein Platz, diese Möglichkeiten weiterzuverfolgen, weil das notwendige Beweismaterial fehlt.

Wenden wir uns abschließend *Dolbys* Studie der sozialen Faktoren zu, die in der letzten Hälfte des neunzehnten Jahrhunderts zur Entstehung „einer selbstbewußten und sich selbst erneuernder Gemeinschaft physikalischer Chemiker" führten[49]. Kurz skizziert ist die Geschichte folgendermaßen: Um die Mitte des neunzehnten Jahrhunderts wurde die Chemie von der Arbeit der deutschen *organischen* Chemiker beherrscht. Anorganische Chemie war vollständig beschreibend geworden und genoß wenig Interesse: im Gegensatz dazu war die organische Chemie theoretisch fruchtbar und hatte eine Reihe von forschungswürdigen Problemen hervorgebracht; die Aufmerksamkeit der Studenten wurde zunehmend auf solche Gegenstände gelenkt. Dennoch tauchten von etwa 1850 ab neue Ideen und Techniken an der Peripherie der etablierten Gebiete auf, als Physiker und Chemiker das Interesse an der Anwendung physikalischer Prinzipien auf chemische Probleme wiederaufnahmen. Diese Phase ähnelt in gewisser Hinsicht *Mullins'* „Paradigmagruppe": in den 1880er Jahren fand sie ihren Höhepunkt in der Formulierung einiger einflußreicher Theorien, wie jenen von *van't Hoff* und *Arrhenius*. Diese Theorien wurden hauptsächlich in Universitäten am Rande des deutschen akademischen Systems (zum Beispiel in Schweden) entwickelt, wo sich Chemiker leisten konnten, die modische Ansicht, anorganische Chemie sei überholt, nicht zu teilen. in den 1880er Jahren konnte sich ein „Kommunikationsnetz" bilden. Die Zentralfigur war *Ostwald,* der ein grundlegendes Lehrbuch schrieb, eine Zeitschrift gründete, und schließlich einen Lehrstuhl in Leipzig annahm, wo er das, was *Dolby* eine „wissenschaftliche Schule" nennt, gründete, die einen großen Wissenschaftler, „der auch Lehrer war und um sich eine Gruppe von Schülern und Studenten versammelt hatte" miteinbezog[50]. Von da ab begründete *Ostwalds* Einfluß (über Lehrbücher, Zeitschriften, Studenten und eine eigens gegründete Gesellschaft) das Spezialgebiet wirksam. Aber die Fähigkeiten der neuen Spezialisten unterschieden sich stark von denen der anderen Chemiker, und ihre Probleme wurden allenthalben als peripher zu den zentralen Belangen der Chemie angesehen. Tatsächlich beginnen die organischen Chemiker erst im gegenwärtigen Jahrhundert den potentiellen Wert der physikalischen Chemie für sich zu erkennen, zu einer Zeit, in der die physikalischen Chemiker fest als eine eigenständige wissenschaftliche Gruppe etabliert waren.

Diese Geschichte ähnelt in einiger Hinsicht der der Radioastronomie. In beiden Fällen entstanden die neuen Ideen an den Grenzen der etablierten Disziplinen und waren (wie im Fall der Phagengruppe) mit der Abwanderung von Physikern verbunden. Zweitens scheint in keinem der beiden Fälle die akademische Karrierestruktur Wissenschaftler beeinflußt zu haben, sich vor der intellektuellen Entwicklung in neue Gebiete zu begeben: in jeder entstand eine neue wissenschaftliche „Identität" vor der abgeschlossenen Institutionalisierung des Spezialgebietes, aber *nach* dem Beginn kumulativen intellektuellen Wachstums. Drittens bildeten sich an bestimmten Orten Gruppen, die Studenten unterrichteten, welche anschließend dazu beitrugen, das Spezialistentum zu verbreiten. Aber diese Ähnlichkeiten scheinen von den Unterschieden zahlenmäßig übertroffen zu werden. Wie wir bereits bemerkt haben, zeichnet sich die Geschichte der physikalischen Chemie nicht durch die plötzliche Entdeckung vorher unerwarteter Phänomene aus. Traditionelle Chemiker hielten ihr Gebiet für „erschöpft", und so sahen sich die Fortschrittler einem starken intellektuellen Widerstand gegenüber. Dieser Widerstand scheint eine Hauptrolle bei *Ostwalds* Initiativen und der schließlichen Entstehung eines eigenen Spezialgebietes gespielt zu haben. So gründete *Ostwald* seine neue Zeitschrift zum Beispiel erst, nachdem ein Annäherungsversuch an eine bestehende Zeitschrift zurückgewiesen worden war[51]; und es scheint, daß *Ostwald* die Widersacher der neuen Theorien erst anzugreifen begann, nachdem sie sich in seinen Augen als nicht willens zur unparteiischen Prüfung der Theorien gezeigt hatten. So waren die Schulenbildung und ihre Expansionspolitik in einem beträchtlichen Maß eine Antwort auf Widerstand; und dieser Widerstand selbst war wahrscheinlich eine Konsequenz der unterschiedlichen Hintergründe der traditionellen und der physikalischen Chemiker. Erstere hatten über die Jahre hinweg eine Reihe eigener „chemikalischer" Hypothesen und Techniken entwickelt, die beide nicht direkt von der

Physik abhingen; die letzteren hingegen beriefen sich auf physikalische Prinzipien aus Gebieten (wie der Thermodynamik), die allgemein als beinahe bedeutungslos für die Probleme der organischen Chemie[52] angesehen wurden. Mit anderen Worten, das Auftauchen eigenen Spezialistentums war mit dem Fehlen eines produktiven Informationsaustausches mit der etablierten Disziplin verbunden. In dieser Hinsicht

Schaubild: Faktoren bei wissenschaftlicher Innovation und der Entwicklung von Spezialgebieten

	Radioastronomie *Edge & Mulkay*	Bakteriologie *Ben-David*	Psychologie *Ben-David & Collins*	Phagengruppe *Mullins*	Physikalische Chemie *Dolby*	Röntgenstrahlenprotein-kristallographie *Law*
1. Marginale Innovationen	+	+	+	+	+	+
2. Mobilität	+	+	+	+	+	+
3. Ursprüngliche „Entdeckung" im Kontext angewandter Forschung	+	+	−	−	−	−
4. Kumulative Entwicklung im akademischen Bereich	+	+	+	+	+	+
5. Bildung sozialer Gruppierungen, die wichtig bei der Ausbeutung der ursprünglichen „Entdeckung" sind	+	?	+	+	+	?
6. Wachstum, verbunden mit Kontaktmöglichkeit zu graduierten Studenten	+	+	+	+	+	+
7. Informationsaustausch mit etablierten Disziplinen	+	?	−	−	−	−
8. Kognitive Überschneidung zwischen Neueren und etablierten Praktikern	+	?	−	−	−	?
9. Konflikt mit etablierter oder „Mutter"-Disziplin	−	+	+	+	+	+
10. Schaffung einer neuen Zeitschrift	−	?	+	+	+	?
11. Klare Identität, eine einzige „Zuhörerschaft"	−	?	+	+	?	?
12. Soziale Identität geht wissenschaftlicher Perspektive voraus	−	?	+	−	−	−
13. Ein zentrales Problem	−	?	?	+	−	?
14. Blockierte Karrierestruktur	−	−	+	+	−	?

+   bedeutet, daß dieses Merkmal vorhanden zu sein scheint.

−   bedeutet, daß dieses Merkmal nicht vorhanden zu sein scheint.

?   bedeutet, daß es unsicher ist, ob der Forscher dieses Merkmal als vorhanden oder nicht vorhanden ansieht.

gleicht der Fall der physikalischen Chemiker denen der Experimentalpsychologen und der Phagenforscher. Die drei Fälle weisen Widerstand von vorhandenen Praktikern auf, die Bildung eng zusammenhängender Gruppen von Neulingen, die Entwicklung neuer Mittel der Kommunikation und Sozialisation und die schrittweise Etablierung einer sozial und intellektuell eigenständigen Forschergemeinschaft[53].

Wir fassen einige der Hauptbefunde dieses Vergleichs von Fallstudien zu wissenschaftlichen Spezialgebieten im nebenstehenden *Schaubild* zusammen.

III. Abweichende Spezialgebiete und revolutionäre Wissenschaft

Wir haben diskutiert, was gegenwärtig über die Entwicklung wissenschaftlicher Spezialgebiete bekannt ist, indem wir eine kleine Zahl von bisher verfügbaren Fallstudien verglichen. In diesem Abschnitt nun werden wir einen kurzen Vergleich zwischen einigen Merkmalen unserer Radioastronomie-Studie und zentralen Behauptungen zweier einflußreicher Autorenwerten — *W. O. Hagstrom* und *Thomas S. Kuhn* — vornehmen.

Wenden wir uns zuerst *Hagstrom* zu. Er unterscheidet zwischen „geordnetem" (orderly) und „aufrührerischem" (disorderly) Wandel[54]. Geordneter Wandel taucht auf, wenn Wissenschaftler auf eine Entdeckung mit der nochmaligen Einschätzung der Wichtigkeit der für sie offenen Probleme antworten und beschließen, neue Ziele zu verfolgen[55]. Wenn die Entdeckung wichtig genug ist, wird sich ein neues Spezialgebiet bilden, das herausragende Leiter und qualitativ hochstehende Studenten anlockt. Solange allgemeine Übereinstimmung über die Bedeutung der neuen Probleme für die Disziplin herrscht, wird die Differenzierung ruhig verlaufen. Jedoch ist die Aufeinanderfolge von Zielen nicht immer geordnet.

„Man kann alternative Ziele für inkompatibel halten. Wissenschaftler können das Gefühl haben, daß Methoden und Standards zur Bewertung der Forschung in verschiedenen Spezialgebieten so gänzlich unterschiedlich sind, daß sie nicht in dieselbe Disziplin gehören... In solchen Fällen wird die Aufeinanderfolge von Zielen nicht auf geordneten Wegen erreicht, sondern nur als Resultat von Konflikten. Die früheste Äußerung solchen Konflikts ist das Austauschen ‚abweichender‘ Spezialgebiete, Gruppen, deren Mitglieder meinen, innerhalb der Disziplin nicht so viel Prestige zu erhalten, wie ihre Anstrengungen verdienen[56]."

Hagstrom unterscheidet zwei Arten abweichender Spezialgebiete. Mitglieder „reformerischer Spezialgebiete" verfolgen dieselben breiten wissenschaftlichen Ziele wie andere in ihrer Disziplin, glauben jedoch, daß ihre besonderen Probleme für die Hauptbelange der Disziplin zentraler sind: deshalb verlangen sie einen höheren wissenschaftlichen Status. Mitglieder „rebellischer Spezialgebiete" sehen ihre Forschungsziele als von denen der Mutterdisziplin *getrennt* an; deshalb weisen sie deren Prestigehierarchie zurück und kämpfen darum, ihre eigene zu etablieren. Beide Arten abweichender Spezialgebiete treffen unvermeidlich auf Widerstand[57].

Nun fügt Radioastronomie sich dieser Analyse nicht leicht. Die Pioniere verfolgten Ziele, die allgemein als legitime Radiophysik angesehen wurden: Es ist dies ein Fall geordneten Wandels in der Physik. Innerhalb weniger Jahre jedoch waren Forschungsziele aufgetaucht, die deutlich jenseits der normalen Bandbreite der „Physik" lagen. Die Probleme, die in den späten 1940er Jahren aufgegriffen worden waren, „gehörten nicht zur selben Disziplin" wie die der Radiophysiker, die immer noch in einigen Fällen Forschungskollegen der „Radioastronomen" waren. In dieser Hinsicht war Radioastronomie ein abweichendes Spezialgebiet. Dennoch fand kein Entzug der Unterstützung durch die Physiker in den von *Hagstrom* vorgeschlagenen Bahnen statt. Die Leichtigkeit, mit der Radioastronomen ihre Forschungsziele änderten, könnte sehr durch ihre Mitgliedschaft in eng zusammenhängenden Gruppen begünstigt worden sein, die schwieriger zu kontrollieren sind als vereinzelte Forscher. Aber das erklärt weder die fortwährende Ermutigung von Seiten der internationalen Gemeinschaft der Radiophysiker, noch die Bereitschaft auf Seiten Physikzeitschriften, radioastronomische Ergebnisse zu veröffentlichen. Radioastronomie erfüllt, obwohl sie eindeutig kein Beispiel geordneten Wandels innerhalb einer etablierten Disziplin darstellt, nicht alle Anforderungen eines abweichenden Spezialgebietes.

Hagstroms Analyse ist nicht befriedigender, wenn man sie auf die Beziehungen zwischen Radioastronomie und optischer Astronomie anwendet. Radioastronomie besitzt einige Charakterzüge eines abweichenden *astronomischen* Spezialgebietes[58]. Sie führte vollständig neue Techniken in die Astronomie ein, die herkömmliche Astronomen nicht beherrschten; ihre Mitglieder behaupteten, absolut wichtige, durch optische Methoden unerreichbare Informationen liefern zu können; und innerhalb des ersten Jahrzehnts beanspruchte man, seit langer Zeit bestehende und fundamentale kosmologische Fragen entschieden zu haben[59]. Zudem erschien, je mehr Radioergebnisse gefunden waren, der frühere Rahmen astronomischen Denkens umso unangemessener. Hinzu kam, daß eine anfängliche Skepsis auf Seiten vieler optischer Astronomen und ein Vertrauen in die bleibende Überlegenheit ihrer eigenen Techniken über einige Jahre hinweg fortbestand. All diese Züge sind von der Analyse *Hagstroms* aus zu erwarten, ebenso wie die augenscheinliche jährliche Verbesserung im relativen Prestige der Radioastronomen innerhalb der astronomischen Gemeinschaft[60]. Dennoch fehlen bestimmte wichtige Merkmale. Insbesondere gab es keine bedeutenden Versuche von Unterdrückung oder aktiver Zurückweisung durch optische Astronomen. Viele Astronomen bezweifelten den Wert von Radiotechniken oder waren einfach desinteressiert; aber sie reagierten sicherlich nicht so wie gegenüber einem Abweichler und Störenfried. In der Tat waren einige von Beginn an äußerst interessiert an der Radioforschung; um die Mitte der fünfziger Jahre reichte die Zahl der aktiv Kooperationsbereiten aus, um zu sichern, daß die Radioastronomen in den professionellen astronomischen Vereinigungen aufgenommen und ihre Artikel schnell von den etablierten Zeitschriften angenommen wurden[61]. Unser Beweismaterial weist kaum auf Konflikte und äußerst selten auf Kontrollversuche durch die etablierte Disziplin hin, die ja *Hagstrom* als derartig wesentlich für die Entstehung abweichender Spezialgebiete ansieht.

Eine Erklärung für diese augenscheinliche Anomalie wird durch die Tatsache angedeutet, daß im allgemeinen diejenigen optischen Astronomen, deren Arbeit am wahrscheinlichsten von den Radio-Befunden beeinflußt wurde, die Zusammenarbeit mit den Neulingen am aktivsten unterstützten[62]. Es scheint wahrscheinlich, daß sie die

Zusammenarbeit förderten, weil sie aus den wissenschaftlichen Informationen, die nur Radiomethoden erbringen konnten, Vorteile ziehen sollten; vielleicht wählten sich Radioastronomen ihre Kollegen aus denselben Gründen aus. Unsere Studie liefert genügend Beweismaterial, um diese Behauptung zu stützen. Offener Konflikt blieb deshalb zumindest teilweise aus, weil beide Seiten sich an einem produktiven Informationsaustausch beteiligten, *Hagstrom* selbst hat zu diesem Punkt eine treffende Beobachtung gemacht:

„Beziehungen zwischen einzelnen Wissenschaftlern neigen dazu, durch den Austausch von Information und Anerkennung reguliert zu werden. Anerkennung wird für Information gegeben, und der Wissenschaftler, der seinen Kollegen viel Information bietet, wird von ihnen mit hohem Prestige versehen. Dieser Prozeß kann auf die Beziehungen zwischen Gruppen verallgemeinert werden ... Information, die in einem Spezialgebiet oder einer Disziplin produziert wird, kann unter Umständen in einer anderen verwertet werden. Manchmal ist dieser Austausch symmetrisch: ... die in einem Spezialgebiet erarbeitete Information ist eventuell für ein anderes wichtig; deren Information jedoch kann für das erste wenige oder gar keine Konsequenzen für die Forschung haben. In diesem Fall könnten die Forscher des ersten Spezialgebiets höheres Prestige beanspruchen und auch verliehen bekommen[63]."

Diese Bemerkung bietet uns einiges an Erklärung; denn da der Wert der Information der Radioastronomen zugenommen hat (gewöhnlich als Folge technischer Entwicklung), hat sich ihr wissenschaftlicher und astronomischer Rang verbessert[64]. *Hagstrom* jedoch betont das Bemühen des Wissenschaftlers, angemessene *Anerkennung* zu erhalten: er vertritt deshalb die Ansicht, daß alle entstehenden Spezialgebiete, die umfassende Neudefinitionen existenter fachspezifischer Ziele zu erfordern scheinen, von den etablierten Praktikern als eine *Bedrohung* ihres wissenschaftlichen Prestiges angesehen werden müssen. Wir aber haben wenig Beweise für irgendeine *aktive* Bemühung unter den Astronomen gefunden, entweder ihr persönliches oder ihr disziplinäres Ansehen zu wahren. Sogar in Situationen großer Konkurrenz sind Forscher vorwiegend damit beschäftigt, den anderen den Zugang zu ihrer Information zu verwehren: selten, wenn überhaupt, versuchen sie, die *Anerkennung,* die sie für diese Informationsbeschaffung gewinnen, zu regulieren. In ähnlicher Weise schienen gerade die optischen Astronomen, die am meisten von den Radioresultaten berührt wurden, unbesorgt über eine langfristige Bedrohung des Prestiges der konventionellen Astronomie: ihre Hauptanstrengung bestand in der Anwendung der neuen Information zur Ausdehnung ihrer eigenen Forschungen. Folglich griffen die optischen Astronomen, wenn sie das neue Spezialgebiet kritisierten, nicht die Legitimität von Techniken und Objekten an, sondern stellten eher die Zuverlässigkeit und Genauigkeit der entsprechenden Information in Frage. Die Beziehungen zwischen optischer Astronomie und Radioastronomie scheinen somit vorwiegend durch den Austausch von Informationen bestimmt worden zu sein, die von Forschern gesammelt wurden, die zwei verschiedene Arten von Techniken benutzten. Dieser Austausch war zu Beginn äußerst unausgeglichen, in dem Maße, wie er jedoch symmetrischer wurde, verschmolzen die beiden Forschungsgemeinschaften sozial miteinander. Die Neuverteilung des professionellen Prestiges war unserer Vermutung nach ein unkontrolliertes Nebenprodukt des Informationsaustausches. Natürlich dürfte eine Situation dieser Art nur unter spezifischen Umständen und vielleicht sogar unter Ausnahmebedingungen vorkommen. Es könnte sein, daß sich solch ein produktiver Austausch nur entwickeln kann, wenn ein gemeinsamer kognitiver Hintergrund vorhanden ist, wenn die Neulinge homogene Gruppen quali- fizierter Wissenschaftler bilden, sie institutionell gesichert sind und anderes mehr. Die Diskrepanzen zwischen *Hagstroms* Schema und den Daten über Radioastronomie sind vielleicht diesem atypischen Umstand zuzuschreiben, einmal mehr kann jedoch das Problem nur durch weitere Forschung entschieden werden.

Wenden wir uns nun der Arbeit von *Kuhn* zu[65]. *Kuhns* Analyse der Wissenschafts- entwicklung ist zu bekannt, als daß sie hier einer genaueren Darstellung bedürfte. Er betrachtet die wissenschaftliche Forschergemeinschaft als aus einer Zahl von For- schungsnetzen[66] zusammengesetzt, deren Mitglieder entweder mit problemlösender „normaler Wissenschaft" beschäftigt sind oder sich ihr annähern. Auf allen Ebenen[67] sind die in normaler Wissenschaft Arbeitenden fest an eine bestimmte Menge von Beispielen oder „Paradigmen"[68] gebunden, die eine eindeutige Definition legitimer Probleme und Techniken sowie potentiell annehmbarer Lösungen bereitstellen. Dies ermöglicht detaillierte und kumulative Forschung, begrenzt jedoch die Möglichkeit der Neuerung[69]. Folglich wird umfassender intellektueller Wandel in den meisten Fällen nicht durch allgemeine und skeptische Neueinschätzung vergangener Ergebnisse hervorgerufen, sondern als eine Folge von Konflikt:

> „Nach dem vorparadigmatischen Stadium hat die Assimilation aller neuen Theorien und beinahe aller Arten von Phänomenen tatsächlich die Abschaffung eines früheren Paradigmas und einen folgerichtigen Konflikt zwischen konkurrierenden Schulen wissenschaftlicher Ideen erfordert. Kumulativer Erwerb unvorhergesehener Neuerungen erweist sich als eine kaum existente Aus- nahme von der Regel wissenschaftlicher Entwicklung[70]."

Wir werden uns auf drei der zentralen Behauptungen *Kuhns* konzentrieren: daß nur solche Resultate leicht assimiliert werden können, die vorausgesehen werden, daß kumulative Assimilation unerwarteter Ergebnisse sehr selten ist und daß umfassende Veränderung fest etablierter wissenschaftlicher Sichtweisen als Antwort auf uner- wartete Befunde gewöhnlich Widerstand, Konflikt und „wissenschaftliche Revolu- tion" hervorruft[71].

Die frühen Jahre der Radioastronomie können ziemlich einfach mit *Kuhns* Analyse in Einklang gebracht werden: es gab keine Abschaffung eines alten Paradigmas, keine Neudefinition bestehender Probleme durch ein etabliertes Netz, statt dessen jedoch die Untersuchung unerwarteter Beobachtungen und die Verfolgung neuer Probleme durch ein neues Netz. Es fällt schwer, diese frühe Arbeit als „normale Wissenschaft" zu bezeichnen. In der Erforschung diskreter Radioquellen beispielsweise vergingen noch viele Jahre, bevor es allgemeine Übereinstimmung über die Natur der Probleme, die Regeln technischer Verfahren oder die Form einer annehmbaren Lösung gab. Dennoch kann man die Forschung zwischen 1945 und 1960 so betrachten, als bringe sie eine Reihe von Beispielen hervor und konstituiere deshalb einen Übergang von einem vorparadigmatischen Stadium zur normalen Wissenschaft. Allein, sogar mit einem etablierten Konsens über technische und wissenschaftliche Resultate hebt sich die Situation noch deutlich von *Kuhns* Darstellung ab. Wie wir bereits beschrieben haben, ist die Entwicklung der Radioastronomie noch in den 1960er Jahren und auch weiterhin durch zufällige Entdeckungen charakterisiert, die neue Forschungsgebiete definieren, in die Forscher schnell abwandern. Das einzige größere Forschungsprogramm, das *Kuhns* Modell von der normalen Wissenschaft entspricht, ist jenes, das die 21 cm Wasserstofflinie bestätigte und anschließend die Struktur unserer Galaxis aufzeichnete[72]. Die typische Reihenfolge in der Radioastronomie ist nicht die Etablierung paradigmatischer Lösungen innerhalb stabiler Forschungsgebiete gewesen, auf die dann Anomalie, Konflikt und Neuentwurf folgten: viel eher ging es um die Entdeckung neuer Dimensionen des Unbekannten, gefolgt von der Untersuchung und der schrittweisen Etablierung wissenschaftlichen Konsensus', und schließlich der Interessenverlagerung auf weitere, neue Problemgebiete. So ergab sich im Zusammenhang der Erforschung diskreter Radioquellen die gänzlich unerwartete Entdeckung von Quasaren und schließlich Pulsaren aus der Klärung früherer Probleme und Unbestimmtheiten. Ob langfristig diese Entdeckungen ohne revolutionären Umbruch vollständig in die Astrophysik assimiliert werden, kann man gegenwärtig unmöglich sagen[73]. Klar *ist* jedoch, daß die Anhäufung unerwarteter Neuheiten sich in diesem Gebiet bis in die Periode fortgesetzt hat, die sich durch Konsens und relativ feste wissenschaftliche Erwartung auszeichnet; daß diese Entdeckungen bedeutende Wandlungen in der Richtung astronomischer Forschung mit sich brachten; und daß sie auf wenig Widerstand stießen.

In seiner Analyse nützt *Kuhn* die psychologischen Experimente von *J. S. Bruner* und *L. Postman*[74] weidlich aus, in denen Versuchspersonen eine Reihenfolge von Karten identifizieren sollten, wobei einige anormal sind (zum Beispiel eine rote Pik-Sechs). Nach sehr kurzem Aufdecken wurden die anomalen Karten sicher in Termini der „durch frühere Erfahrung vorbereiteten begrifflichen Kategorien"[75] identifiziert. Als man die Aufdeckzeiten verlängerte, wurden die Versuchspersonen häufiger unsicher und zögerten, bis sie, oft in Form einer blitzartigen Einsicht, die Situation durchschauten und die anomalen Karten mit Leichtigkeit und Präzision zu identifizieren begannen. *Kuhn* meint, diese Art von Abfolge sei typisch für wissenschaftliche Entdeckung:

„In der Wissenschaft tauchen wie im Spielkartenexperiment auf einem von Erwartungen bestimmten Hintergrund Neuheiten nur mit der Mühe auf, die sich im Widerstand äußert[76]."

Uns scheint jedoch, daß *Kuhn* diese Auffassung organisierter Wahrnehmung auf irreführende Weise benutzt. Radikale begriffliche Neufassung von der Art des ‚Kartenspiel'-Typus ist für den einzelnen Wissenschaftler zweifellos schwierig, und wenn sie innerhalb von Forschergemeinschaften auftaucht, ist ein bestimmtes Maß an Widerstand und Konflikt selbstverständlich. Aber sie ist nur nötig, wenn unerwartete Beobachtung in einem Forschungsgebiet auftaucht, das trotzdem in gewisser Hinsicht stabil bleibt. Die Versuchspersonen wurden gezwungen, ihre Annahmen besonders über *Spielkarten* umzugestalten; *Kuhn* diskutiert solche historischen Beispiele wie den Wandel von der Kreis- zur elliptischen Anschauung der *Planetenbewegung* und von der Korpuskular- zur Wellentheorie des *Lichts*. Wenn die meisten unerwarteten Phänomene in der Wissenschaft diese Art von „Umdenken"[77] beinhalten, würden wir erwarten, daß ihnen in der Regel Widerstand entgegengebracht und die intellektuelle Entwicklung beständig durch Krisen unterbrochen würde, mit etablierten Vorstellungen, die sorgfältig abgeändert werden, um widerspenstige Daten aufzunehmen. Aber die meisten Entdeckungen in der Radioastronomie waren nicht *in diesem Sinn* „unerwartet": sie haben nicht so sehr Erwartungen verletzt, als Aufmerksamkeit auf Gebiete gelenkt, die vorher weder systematisch erforscht noch gar begrifflich erfaßt waren. Für solche Fälle ist das Spielkartenexperiment ein unzutreffendes Analogon.

Sehen wir uns zum Beispiel die Entdeckung von Pulsaren an[78]. In mehrfacher Hinsicht ähnelt sie *Kuhns* Darstellung von Entdeckungen innerhalb normaler Wissenschaft. Zuerst ersann man eine technische Ausrüstung, um spezifische Beobachtungen zu machen, die auf genauen Erwartungen zur Beschaffenheit von Quasaren und den Wirkungen interplanetarischer Scintillation basierten[79]. Zweitens wurde angenommen, als nämlich unerwartete Ergebnisse auftauchten, man könne diese erklären, ohne geläufige Vorstellungen über Radioquellen zu zerstören (zum Beispiel, indem man sie externen Störungen zuschrieb). Drittens folgte der systematischen Untersuchung möglicher Interpretationen die schrittweise, fast schon zögernde Erkenntnis, daß die Beobachtungen von einem bisher unbeobachteten Typ von Objekt abhängig waren. So ist es zwar richtig, daß die Beteiligten anfänglich jeder außergewöhnlichen bzw. unüblichen Interpretation Widerstand leisteten, und daß ihre Daten ihre Bedeutung vor dem Hintergrund von Erwartungen erhielten. Aber die präzisen wissenschaftlichen Vorstellungen, die diese Forschung leiteten, verboten keinesfalls die Existenz schnell pulsierender Radioquellen: Die Anerkennung dieses neuen Tatbestandes verlangte keinerlei Änderung der festgefügten Annahmen, die zur Entdeckung geführt hatten − und, in der Tat, nicht nur dieser, sondern imgrunde aller festgefügten astronomischen Annahmen[80]. Deshalb wurde ihr kein Widerstand entgegengebracht, und diejenigen mit geeigneter Ausrüstung erforschten schnell ihre Möglichkeiten.

Unser Beweismaterial legt nahe, daß dies das normale Muster einer Entdeckung innerhalb der Radioastronomie war. Solche Beispiele untermauern *Kuhns* Behauptung, daß Forschung auf der Basis bestimmter und präziser Erwartungen durchgeführt wird; aber sie zeigen auch, daß die unerwarteten Beobachtungen, die oft erfolgen, wenig Beziehung zu den ursprünglichen Erwartungen haben, und die kumulative Aneignung unvorhergesehener Neuheiten eher die Regel als die Ausnahme sein kann. Unsere Daten legen nahe, daß äußerst umfassende Änderungen in Technik, Beobachtung und Theorie innerhalb einer etablierten Disziplin ohne auffallenden Widerstand, ohne Krise oder revolutionären Umbruch auftauchen können. Natürlich mag die Radioastronomie in dieser Hinsicht eine Ausnahme sein. Vor dreißig Jahren war die Himmelsradiofrequenzstrahlung vollständig unerforscht: Wenn einmal alle ihre Phänomene enthüllt sein werden, werden vielleicht harte Beispiele allgemein etabliert und *Kuhns* normale Wissenschaft folgen. Ausbreitung in neue Gebiete könnte ein Wesenszug der frühen Jahre zumindest einiger entstehender Spezialgebiete sein, aber solche internen Veränderungen können die Tendenz haben, weniger häufig zu werden und zu einer revolutionären Situation innerhalb der Gesamtdisziplin zu führen[81]. Ob oder ob nicht sich das regelmäßig abspielt, kann nur durch weitere Forschung gezeigt werden.

In unserer Diskussion von *Hagstroms* Auffassungen legten wir Nachdruck auf die Bedeutung einer gemeinsamen wissenschaftlichen Basis und den beiderseitigen Wert des Informationsaustausches, als wir den relativ friedlichen Zusammenschluß von Radioastronomie und optischer Astronomie erklärten. Ein verwandter Punkt ist, daß keine der radikalen Veränderungen, die in die bestehenden astronomischen Verfahren und das Wissen durch Radiomethoden eingeführt wurden, eindeutig durch bestehende Forschungsregeln verboten waren. Die neuen Techniken und Daten wurden von Anfang an als zur traditionellen Perspektive komplementär angesehen. *Kuhn* bemerkt, daß

,,die Entscheidung, ein bestimmtes Gerät einzusetzen und es in einer bestimmten Weise zu gebrauchen, eine Vermutung impliziert, daß nur bestimmte Arten von Ereignissen auftauchen werden[82]".

Das ist eine unbestreitbare Feststellung und die Basis unseres vorausgegangenen Arguments, daß die Radioneuerungen nicht innerhalb der etablierten optischen Astronomengemeinschaft haben entstehen können. Dennoch verletzten die neuen Techniken ,,die tiefsitzenden Erwartungen der optischen Astronomen nicht"[83]. Wo sie irrelevant erschienen, wurden sie von den optischen Astronomen ignoriert; wo man sie als mögliche Ergänzung ansah, wurden sie rundum begrüßt und gefördert. In dem Maße, wie sich die neuen Techniken entwickelten, wurden sie für die Disziplin zentraler und deshalb ,,bestritten sie den vormals paradigmatischen Instrumentierungstypen ihr Anrecht auf diesen Titel"[84]. Dennoch gab es keine wissenschaftlichen Gründe, aufgrund derer den Radiotechniken prinzipiell Widerstand geleistet werden konnte oder wurde. Der neue Ansatz entwertete keineswegs die Ausbildung und die Kompetenzen der etablierten Praktiker[85], noch ließ er sie irrelevant erscheinen. Es scheint deshalb, daß Entwicklungen innerhalb einer gesamten Disziplin manches Mal sehr denen ähneln können, die zu einer bestimmten Entdeckung beitragen. Auf beiden Ebenen werden vielleicht neue Methoden und neue Forschungsgebiete unerwartet aufgedeckt, die im großen und ganzen oder vollständig mit etabliertem Wissen und Techniken im Einklang stehen, die aber den wissenschaftlichen Rahmen, innerhalb dessen sich Forschung abspielt, vollständig verändern.

Das bringt uns zu einem abschließenden Punkt. Vorausgesetzt, jeder Schritt in der Art internen Ablaufs (articulation), wie wir ihn beschrieben haben, ist selbst einwandfrei reformistisch, könnten dann die kumulativen Veränderungen eigentlich als ,,revolutionäre" Begriffsneubildungen des ,,Spielkarten"-Typs eingeordnet werden? Wenn ja, stellte die beobachtete Abwesenheit von Widerstand und Konflikt oder Krise ein eindeutiges Gegenbeispiel zu *Kuhns* These dar. Und tatsächlich beschreiben Beteiligte diese intellektuellen Entwicklungen oft als revolutionär.

,,Während der letzten 20 Jahre haben Radioastronomen eine Revolution in unserem Wissen vom Universum angezettelt, die man nur mit den historischen Beiträgen von Galilei und Kopernikus vergleichen kann. Insbesondere wurde das poetische Bild eines ruhigen, von wunderschönen, sich drehenden Milchstraßen bevölkerten Kosmos durch eine Reihe von Vorgängen von erstaunlicher Heftigkeit ersetzt: eine urweltliche Feuerkugel, schwarze Löcher, Neutronensterne, veränderliche Quasaren und explodierende Milchstraßen[86]. "

Aber man könnte behaupten, diese Veränderungen lägen nicht auf der gleichen Ebene wie die *Kuhns*, und wir würden deshalb nicht erwarten, daß sie von revolutionärem Umbruch begleitet sind. Tatsächlich ist es nicht eben leicht, unzweideutig zu bestimmen, welche Arten intellektueller Veränderungen von *Kuhns* Blickwinkel aus eine „Revolution" zur Folge haben sollten[87]. Um Fälle zu identifizieren, auf die *Kuhns* Argument zutrifft, könnten wir unsere Analyse auf Situationen auf irgendeiner Ebene beschränken, auf der hinterher, nach dem Ereignis klar ist, daß wissenschaftliche Neuerungen von einigen Beteiligten als mit früheren Annahmen unvereinbart angesehen wurden.

Konsequent wäre es zu behaupten: Da sich in der gegenwärtigen Astronomie kein Zustand der Krise entwickelt hat, können die Veränderungen im beteiligten wissenschaftlichen Denken nicht erfolgt sein. Aber dieser Ansatz läßt die Analyse trivial werden. Es müssen Kriterien intellektuellen Wandels formuliert werden, die unabhängig sind von sozialen Prozessen des Widerstands und Konflikts: nur dann wird es möglich sein, zu beurteilen, ob es empirisch gesehen eine regelmäßige Verbindung zwischen diesen sozialen Prozessen und der Art wissenschaftlicher Entwicklung, die *Kuhn* im Sinne hat, gibt. Man könnte zum Beispiel die Zahl und Bedeutung der wissenschaftlichen, impliziten wie expliziten, Annahmen einschätzen, die über eine bestimmte Periode hinweg und innerhalb einer bestimmten Forschergemeinschaft geändert wurden. Wenn jedoch revolutionäre Veränderungen sowohl umfassend als auch eng begrenzt sein können (was von der untersuchten Forschergemeinschaft abhängt), hinge die Interpretation dieser Einschätzung stark davon ab, was über die Auffassungen der Beteiligten hinsichtlich intellektueller Entwicklung bekannt war. Tatsächlich legt *Kuhn* selbst starke Betonung auf den Wandel der „Weltsicht" (world view) als eines Kriteriums wissenschaftlicher Revolutionen[88]. Unsere Belege über Arten astronomischer „Weltsicht" deuten an, daß die durch die Radioastronomie hervorgerufenen Veränderungen beträchtlich und aus der Perspektive des früheren Rahmens vollständig unvorhersehbar gewesen sind; diese Belege jedoch kommen vorwiegend von Radioastronomen selbst und sind deshalb ohne Beweiskraft. Um zu zeigen, daß neuere Veränderungen in astronomischer Forschung ein klares Gegenstück zu *Kuhns* These darstellen, müssen drei Anforderungen erfüllt werden. Erstens muß eine unzweideutige Angabe der Art wissenschaftlicher Veränderungen gemacht werden, auf die *Kuhns* Analyse angewendet werden soll; zweitens müssen die wirklichen Veränderungen in den allseits akzeptierten astronomischen Vorstellungen und gemeinsamen Forschungsverfahren von 1940 bis 1970 dokumentiert werden; drittens müssen Veränderungen in der professionellen „Weltsicht" der Beteiligten aufs Genaueste untersucht werden. (Besondere Aufmerksamkeit ist der Arbeit und den Ansichten der optischen Astronomen zu widmen.) Obwohl es anfänglich so schien, bleibt unsere Untersuchung doch eine nicht ausreichende beweiskräftige Herausforderung an *Kuhns* Hauptthese; immerhin deutet sie aber an, wie wir beginnen können, seine These einem empirischen Test zu unterziehen.

IV. Abschließende Bemerkungen

Im Laufe unserer Ausführungen haben wir jene Punkte aufgezeigt, von denen wir annehmen, sie bedürften weiterer Forschung. Unsere eigene Arbeit hat die Möglichkeiten fortzuführender Untersuchungen der Entwicklung von spezifischen, relativ eng begrenzten Forschungsfeldern in der modernen Astronomie genannt[89]. Die Disziplin Physik selbst bietet weiteren Raum zum Studium von Innovationen innerhalb eines von mehreren geteilten kognitiven Rahmens, sowohl auf Spezialgebieten (wie Hochenergieteilchenphysik[90]), die hohe und langfristige Investitionen für eine aufwendige Forschungstechnik erfordern, und von denen man schon deshalb erwartet, daß sie einer intellektuellen Entwicklung folgen, die weitgehend die der Radioastronomie entspricht, als auch auf Spezialgebieten (wie Niedrigtemperaturphysik), die weniger teuer und technisch komplex und weniger zufällig in ihrer Eigenart sein mögen. Außerdem sind weitere Untersuchungen von Spezialgebieten nötig, in denen es genügend oder gar keine kognitive Überlappung zwischen Innovatoren und etablierten Forschern gibt. Bis zum heutigen Tage sind die Spezialgebiete die meist untersuchten, in denen die Innovationen physikalischer Art waren und präzise physikalische und quantitative Methoden einbrachten.

Es wäre zudem hilfreich, mehr über die gegenseitigen Beziehungen anderer wissenschaftlicher Disziplinen (zum Beispiel den Einfluß der Ethologie auf die Experimentalpsychologie) zu wissen. Daraus einfach zu schließen, man benötige weitere Fallstudien, wäre allerdings banal. Wir schlagen fünf wichtige Kernpunkte vor, die der Organisation zukünftiger Forschung dienen könnten:

a) Wie wir oben ausführlich dargelegt haben, müssen wir mehr über den Ursprung wissenschaftlicher Innovationen und ihrer Beziehung zur Wanderung von Wissenschaftlern aus der angewandten in die Grundlagenforschung und zwischen den Disziplinen wissen.

b) Alle früheren soziologischen Untersuchungen dieser Art haben den Blickwinkel der Innovatoren eingenommen. Das ist anfangs vielleicht unvermeidlich. Dennoch sollte man jetzt denen, die auf wissenschaftliche Innovationen reagieren, genauso viel Aufmerksamkeit widmen wie denen, die diese Innovationen initiierten; denn die Reaktion kann weitgehend darüber entscheiden, ob die Innovation die Entstehung eines eigenen Spezialgebietes ermöglicht. Solch eine Untersuchung wird die empirische Prüfung unserer Behauptung ermöglichen, daß der Widerstand gegen größere Innovationen in keiner Weise unvermeidlich ist, und in dem Maße, wie Neuerer und etablierte Praktiker Gebrauch von einem gemeinsamen Bestand wissenschaftlichen Wissens machen, immer undeutlicher wird. Neue Ausgangspunkte werden eher als ergänzend denn als mit den herrschenden Ansichten unvereinbar angesehen. Neuerern schreibt man eine besondere wissenschaftliche oder technische Kompetenz zu; und Neulinge liefern Informationen, die den auf dem Gebiet bereits arbeitenden Kollegen innerhalb ihres eigenen Bezugsrahmens wertvoll erscheinen. Es gibt keinen Grund, warum der Widerstand als soziologisch interessanter erachtet werden sollte als die Annahme und die Zusammenarbeit. Für den Soziologen liegt die Hauptaufgabe in der Bestimmung der relativen Häufigkeit von Widerstand und Zusammenarbeit und der Vorlage einer zufriedenstellenden Darstellung der Bedingungen, unter denen diese oder jene Reaktion auftaucht. Er sollte Fragen stellen: Wie beurteilen Mitglieder einer Forschergemeinschaft neue Forschungsergebnisse? Als vereinbar oder als unvereinbar mit der bestehenden Anschauung? Unter welchen Umständen finden Wissenschaftler unerwartete Ergebnisse interessant und weiterer Untersuchung wert?

c) Für die Zukunft werden einige Untersuchungen über das Entstehen von Spezialgebieten auf internationaler Ebene benötigt. Die meisten bedeutenden wissenschaftlichen Innovationen werden heute in vielen Ländern schnell übernommen, obwohl das soziale und intellektuelle Umfeld von einer Gesellschaft zur anderen beträchtlich variieren kann. Vergleiche zwischen Entwicklungen in verschiedenen Ländern sollten uns Schlüsse darüber ermöglichen, welche Variablen die Richtung und Geschwindigkeit des Wachstums stark beeinflußt haben[91].

d) Wenn wir das langfristige Wachstum neuer Spezialgebiete ins Auge fassen, sind hierbei vergleichende Untersuchungen der Beziehungen zwischen Forschungsnetzen genau so wichtig wie bei der Analyse ihrer anfänglichen Schritte. Wir haben oben zumindest zwei verschiedene, in keiner Weise jedoch unvereinbare langfristige Abfolgen angesprochen[92]: zusätzliche Untersuchungen dieser (und anderer) Abfolgen sind nötig, um ihre relativen Häufigkeiten zu bestimmen, ihre Variationsbreite und ihre soziale Dynamik. Wir müssen zum Beispiel mehr wissen über die Bedingungen, unter denen neue Entwicklungen als legitim betrachtet werden und Patenschaft sowie institutionelle Unterstützung erhalten; ob „Schulden" immer als Antwort auf intellektuellen Widerstand und/oder Mangel an institutioneller Unterstützung gebildet werden; und die Wege kennenlernen, auf denen neue Spezialgebiete eine sichere Stellung innerhalb verschiedener Arten akademischer Systeme erlangen. Hier sind weitere Fallstudien wesentlich, aber nicht selbst schon ausreichend. Antworten können nur durch systematischen Vergleich in einem Maßstab erhalten werden, der gegenwärtig unerreichbar ist, da geeignetes empirisches Material spärlich ist.

e) Es bleibt das grundlegende Problem der Beziehung zwischen den „sozialen" und den „intellektuellen" oder „kulturellen" Prozessen in der Wissenschaft. Frühere soziologische Studien haben den kulturellen Faktoren wenig Aufmerksamkeit gewidmet[93]. Wir benötigen weitere Untersuchungen, in denen die wissenschaftliche und soziale Entwicklung der betrachteten Forschungsgemeinschaft als ein einziger historischer Prozeß behandelt wird. Diese Arbeit verlangt Kompetenz im Stoff des untersuchten wissenschaftlichen Spezialgebietes und engere Verbindung mit Wissenschaftshistorikern[94].

Rückblickend erscheinen all die verfügbaren Fallstudien (einschließlich unserer eigenen) in wichtigen Aspekten unzulänglich. Niemand sollte die Komplexität und Schwierigkeit solch empirischer Arbeit in der Soziologie wissenschaftlichen Wissens unterschätzen.

Anmerkungen

1 Für eine allgemeine Diskussion dieser Probleme siehe *S. B. Barnes,* Scientific Knowledge and Sociological Theory, London 1974. Siehe auch *M. J. Mulkay,* The Social Process of Innovation, London 1972.

2 Eine zusammenfassende Darstellung der wesentlichen Züge dieser Untersuchung, ohne theoretische Erörterung, enthält *M. J. Mulkay* und *D. O. Edge,* Cognitive, Technical and Social Factors in the Growth of Radio Astronomy, in: Social Science Information 12 (1973). Ausführliches Beweismaterial, das Daten von Interviews, die Forschungsliteratur, Sekundärarbeiten von Beteiligten sowie Zitations- und Veröffentlichungsanalysen beinhaltet, kann man in dem vollständigen Forschungsbericht A Preliminary Report on the Emergence of Radio Astronomy in Britain, Cambridge: University Department of Engineering, 1972, Bd. 1 (CUED/A-Mgt.Stu.TR7) und Bd. 2 (CUED/A-Mgt.Stu./TR8) finden. Die gesamte Untersuchung, Astronomy Transformed: The Emergence of Radio Astronomy in Britain wird für die voraussichtlich 1976 erscheinende Publikation in Buchform vorbereitet. Der vorliegende Aufsatz ist eine zusammengefaßte und modifizierte Version des letzten Kapitels des Preliminary Report.

3 Die von uns betrachteten Fallstudien sind: *J. Ben-David,* Roles and Innovations in Medicine, in: American Journal of Sociology 65 (1960); *J. Ben-David* und *R. Collins,* Social Factors in the Origins of a New Science: The Case of Psychology, in: American Sociological Review 31 (1966); *R. G. A. Dolby,* Social Factors in the Origin of a New Science: The Case of Physical Chemistry, Leeds: Department of Philosophy, University of Leeds (unveröffentlichtes Manuskript); *C. S. Fisher,* The Last Invariant Theorists, in: Archiv. Europ. Sociol. 8 (1967), und The Death of a Mathematical Theory, in: Archiv. Hist. Exact Sci. 3 (1966/67); *J. Law,* Specialties in Science: A Sociological Study of X-Ray Crystallography, (unveröffentlichte Ph. D. These) University of Edinburgh, Edinburgh: 1972, und The Development of Specialties in Science: The Case of X-Ray Protein Crystallography, in: Science Studies 3 (1973); *N. C. Mullins,* The Development of a Scientific Specialty: The Phage Group and the Origins of Molecular Biology, in: Minerva 10 (1972); und *A. Zloczower,* Career Opportunities and the Growth of Scientific Discovery in 19th-Century Germany, with Special Reference to Physiology, (unveröffentlichte M. A. These) The Eliezer Kaplan School of Economics and Social Science, Hebrew University, Jerusalem 1966. Der Raum erlaubt es uns nicht, mehr als nur flüchtigen Bezug auf einige dieser Studien zu nehmen, denen wir notgedrungen weniger als Gerechtigkeit angedeihen lassen mußten. Wir mußten auch die Arbeit von *D. L. Krantz* über Psychologie ausklammern; siehe z.B. *D. L. Krantz,* Schools and Systems: The Mutual Isolation of Operant and Non-operant Psychology as a Case Study, in: J. Hist. Behav. Sci. 7 (1971), und The Separate Worlds of Operant and Non-operant Psychology, in: J. Appl. Behav. Anal. 4 (1971).

4 *Warren O. Hagstrom,* The Scientific Community, New York 1965, S. 222.

5 Abgesehen von dem Vorschlag (in der Absicht, Konkurrenz zu mindern), Wissenschaftler möchten sich innerhalb eines bestimmten Gebietes über einen Problembereich verteilen, dadurch die kulturelle Differenzierung vorantreiben. Unsere Untersuchung der Radioastronomie bietet für die Stützung dieser Annahme ausreichendes Beweismaterial. Siehe den Aufsatz von *M. J. Mulkay* in diesem Band, S. 48—61.

6 *Thomas S. Kuhn,* The Structure of Scientific Revolutions, Chicago 1962, S. 89.

7 *Ben-David,* a.a.O., Anm. 3, S. 557. Da sich *Ben-David* vorwiegend mit den Innovationen in der Wissenschaft Medizin beschäftigt, sind medizinische Praktiker für ihn „Außenseiter". Dennoch merkt er selbst an, daß die meisten Außenseiter realiter zahlreiche Verbindungen mit den Gebieten haben, in denen sie ihre Beiträge leisten. Der Begriff „Randperson" ist deshalb dem des „Außenseiters" vorzuziehen.

8 Für diejenigen, die *Ben-Davids* Ausführungen nicht kennen, sollten wir klarmachen, daß seine beiden Fälle weiterer genauer Untersuchung bedürfen, bevor seine Analyse als schlüssig betrachtet werden kann. Wir werden jedoch keine *historische* Kritik an den in diesem Aufsatz erörterten Fallstudien unternehmen; unser Augenmerk liegt vielmehr auf ihren theoretischen Ergebnissen, die wir als „gegeben" behandeln wollen.

9 Das trifft nur für den Fall der Bakteriologie zu, die, anders als die Psychoanalyse, schließlich intellektuell respektierbar wurde.

[10] *Kuhn* macht im wesentlichen die gleiche Feststellung, allerdings wieder einmal nur beiläufig: „Da das Handwerk eine ständige bereitwillige Quelle von Fakten ist, die nicht hätten zufällig entdeckt werden können, hat Technologie häufig eine wesentliche Rolle bei der Entstehung neuer Wissenschaften gespielt" (a.a.O., Anm. 6, S. 15/16).

[11] *Jansky*, ein bei der Bell Telephone Company angestellter Ingenieur, machte die Entdeckung 1932 in Rahmen seiner Nachforschungen nach Quellen statischer „Störgeräusche" bei Radioübertragungen.

[12] *Hey*, der über das Radar der britischen Armee arbeitete, werden drei bahnbrechende Entdeckungen zugeschrieben: der Nachweis der Radiostrahlung von der Sonne; der Nachweis der Radar-Reflektion von Meteorschweifen; und die Entdeckung des ersten „Radio Sterns". Kurz nach dem Krieg bildeten *Lovell* und *Ryle* in den Abteilungen für Physik der Universitätten von Manchester und Cambridge Gruppen, um *Heys* Entdeckungen weiterzuverfolgen. In der Zwischenzeit lenkte *Pawsey* in Australien die radiophysikalische Abteilung des C.S.I.R.O. in Sydney auf sich in ähnlichen Bahnen bewegende Forschung in Friedenszeiten hin. Siehe *G. Westerhout*, The Early History of Radio Astronomy, in: Ann. N.Y.Acad.Sci. 198 (1972); *J. S. Hey*, The Evolution of Radio Astronomy, London 1973; *A. C. B. Lovell*, The Story of Jordrell Bank, London 1968; und Out of the Zenith, London 1973; und die Arbeit, die in Anm. 2 zitiert ist.

[13] C.S.I.R.O., eine australische Forschungsorganisation der Regierung, unterstützte ein ehrgeiziges Grundlagenforschungsprogramm.

[14] Dieses Thema wird diskutiert in *M. J. Mulkay*, Conceptual Displacement and Migration in Science: A Prefatory Paper, in: Science Studies 4 (1974).

[15] Einige Untersuchungen über die Quellen technologischer Innovation in der Industrie wurden angefertigt, siehe z.B. *J. Langrish et al.*, Wealth from Knowledge, London 1972; siehe auch *T. Burns'* Aufsatz in *W. H. Gruber* und *D. G. Marquis* (Hrsg.), Factors in the Transfer of Technology, Cambridge, Mass. 1969. *Burns* behauptet, technologischer Transfer neige eher dazu, durch die Bewegung von Menschen hervorgebracht zu werden als durch den Fluß von Information. *D. A. Schon* bietet eine sehr anregende Analyse der Natur technologischer und wissenschaftlicher Innovation in „Displacement of Concepts", London 1962.

[16] In einer neueren Untersuchung hat man herausgefunden, daß ein Drittel eines großen Samples von Physikern, Mathematikern und Chemikern ihr Spezialgebiet zwischen 1960 und 1966 gewechselt hatten: siehe *R. McGinnis* (Cornell University) und *V. P. Singh* (University of Pittsburgh), Mobility Patterns in Three Scientific Disciplines (unveröffentlichtes Papier, vorgelegt der American Sociological Association, August 1972). Siehe auch *W. Garvey* und *K. Tomita*, Continuity of Productivity by Scientists in the Years 1968—71, in: Science Studies 2 (1972).

[17] Die Studien zeigen, daß die Wanderer sehr oft Physiker sein können. Siehe auch *R. L. Meier*, The Origins of the Scientific Species, in: Bull.At.Sci. 7 (1951).

[18] Dieser Punkt wird von *Kuhn*, a.a.O., Anm. 6, betont. Er ist auch zentral für *J. Zimans* Argument, in: Public Knowledge, London 1968.

[19] In Manchester zum Beispiel entwickelte ein Team (unter *Palmer*) Radiostrahlenstörungsmesser auf stets zunehmender Grundlinie; in Sydney baute *Mills* Antennen nach dem „Cross"-Prinzip, und die gesamte Gruppe in Cambridge (unter *Ryle*) nutzte spaced-aerial Antennen (was schließlich zur Anwendung des ganzen Apertursyntheseprinzips führte), die für umfassende Beobachtungen des Himmels und insbesondere der diskreten Quellen der Radiostrahlung entworfen worden waren.

[20] Die einzige größere Ausnahme ist das »Weltrennen« zwischen Leiden, Sydney und Harvard um die Beobachtung der 21-cm Wasserstofflinie, die 1944 von *Van der Hulst*, dem holländischen Astrophysiker, vorausgesagt worden war. Es ist sicher kein Zufall, daß die Leidener Gruppe auch eine Ausnahme ist, da sie das einzige frühe Radioteam war, das aktiv von einem optischen Observatorium unterstützt und von „Insidern" geleitet wurde.

[21] Einschließlich der Phagengruppe, da wir den Gebrauch von Phagen als eine Technik zur Inangriffnahme eines Problems, dem man sich auch auf anderen Wegen hätte nähern können, ansehen können.

[22] *Mullins'* Darstellung der Entwicklung der Ideen und Techniken in der Phagengruppe ist für uns nicht ausreichend genau, um zu beurteilen, ob die historische Abfolge, die er beschreibt, sich tatsächlich wesentlich von der Entwicklung der Radioastronomie unterscheidet. Die Verfeinerung der Phagen-Techniken (falls solch eine technische Entwicklung wirklich stattgefunden hat), könnte unerwartete Ergebnisse hervorgebracht und die Forscher auf vorher ungeahnte Probleme hingelenkt haben. Obwohl richtig ist, daß das Grundproblem der Phagenforscher immer das des „wie gelingt lebender Materie die Aufzeichnung und Weitergabe ihrer Erfahrung" (*Mullins*, a.a.O., Anm. 3,

S. 55, 59) war, könnte es ebenfalls zutreffen, daß dieses Problem auf sehr verschiedene Arten zu verschiedenen Zeitpunkten interpretiert wurde, die neue Bahnen der Forschung bewirkten. Tatsächlich könnten einige derer, von denen *Mullins* meint, sie hätten das Phagen-Netz verlassen, sich solchen neuen Forschungsrichtungen zugewandt haben. Sollte dies der Fall sein, schiene die intellektuelle Entwicklung der beiden Gebiete ähnlicher. Die ausführliche historische Arbeit von *R. C. Olby*, die übrigens gerade veröffentlicht wurde, sollte helfen, diesen Punkt zu klären, s. The Path to the Double Helix, London 1975.

[23] Für eine Darstellung von Entdeckungen in moderner Grundlagenwissenschaft, bei denen genaue theoretische Voraussagen offensichtlich eine viel größere Rolle spielen, siehe *B. D. Josephson* The Discovery of Tunneling Supercurrents, in: Science 184 (1974).

[24] Das Interesse lag bei den Grundlagen der Fourier-Transform-Theorie, und beide Gruppen besuchten *J. A. Ratcliffes* Vorlesungen über den Gegenstand. Die Radioastronomen verwendeten auch Computer-Techniken, die von den Kristallographen entdeckt worden waren.

[25] Ein interessantes Beispiel für eine solche Studie ist *H. M. Collins,* The TEA Set: Tacit Knowledge and Scientific Networks, in: Science Studies 4 (1974). *Collins* untersuchte den Informationsfluß zwischen verschiedenen Laboratorien, die aus einer Vielzahl von Gründen am Bau eines bestimmten Type von Laser interessiert waren. Er beschreibt die Beteiligten als „eine Gruppe von Wissenschaftlern mit einem gemeinsamen Problem und nicht geteilten Problemen" und betont die Bedeutung des Übergangs der Wissenschaftler zwischen Laboratorien als den Hauptweg, auf dem Wissen sich ausbreitete. *Collins* lenkt seine Erörterung auf die Darstellung von Schwierigkeiten in der einfachen *Kuhn*schen Vorstellung eines die Forschung von festgefügten, wohl abgegrenzten Forschungsgruppen leitenden ‚Paradigma'. Er stützt *Granovetters* Vermutung, daß die wichtigsten Entdeckungen wahrscheinlich aus den *periphersten,* flüchtigen Kontakten entstehen.

[26] Der Begriff ‚Radioastronom' beginnt in der Literatur 1948 aufzutauchen und war in den frühen fünfziger Jahren weit verbreitet.

[27] Auf der anderen Seite schließt das von *Ben-David* und *Collins* vorgelegte Beweismaterial auf keinen Fall die Möglichkeit aus, daß kumulatives intellektuelles Wachstum begann, obwohl es, wie in Radioastronomie, eine Reihe professioneller Identifikationen gab.

[28] Es ist natürlich wahrscheinlich, daß Forscher normalerweise Gebiete wählen, die wissenschaftlich fruchtbar zu sein scheinen, teilweise weil sie glauben, daß Arbeit in solchen Gebieten ihre Karrieren fördern wird. Diese Situation muß jedoch von der unterschieden werden, in der von der Struktur vorgegebene Unterschiede in einem etablierten Karrieresystem weitgehend die Auswahl der Gegenstände durch die Beteiligten bestimmen.

[29] Einige dieser Punkte werden mit größerer Ausführlichkeit von *G. N. Gilbert* in seinem bei einer Zusammenkunft des PAREX-Projekts im Dezember 1973 vorgelegten Aufsatz, erörtert. The Development of Science and Scientific Knowledge: The Case of Radar Meteor Research, York (1973): Department of Sociology, University of York (unveröffentlichtes Manuskript). Im besonderen gebraucht *Gilbert* diese Vorstellung vom Prestige des möglichen Publikums als eine Erklärung für die Wahl der Forschungsgegenstände durch Radioastronomen. Sein grundlegendes Beispiel behandelt die frühere Wahl durch die Meteoren-Forscher in Manchester. Die neuen Radartechniken konnten zur Sammlung von Daten über Meteorenschweife und die Physik der oberen Atmosphäre benutzt werden — Gegenstände potentiellen Interesses von Ionosphären- und Radiophysikern. Aber sie konnten auch zur Messung der in die Erdatmosphäre eindringenden Meteore und zur Lösung eines von einer Gruppe optischer Astronomen, die an der Entstehung von Meteoren interessiert waren, genau formulierten Problems, benutzt werden. Kurz, wenn irgendeine signifikante Anzahl von Meteoren mit einer größeren als der „escape threshold" — Geschwindigkeit beobachtet werden konnte, mußten die Meteore außerhalb des Sonnensystems entstehen. Diese entscheidende Messung lag jenseits der Reichweite optischer Techniken. Die Manchester-Gruppe wählte die Lösung dieses Problems, und *Gilbert* interpretiert das als eine Art Werbung um ein Publikum von optischen Astronomen, und daher die Ehre, ein altes Problem in dieser angesehenen Disziplin zu lösen. Dennoch übersieht das den Umstand, daß es Grund für die Annahme gibt, daß die *besondere* (und kleine) Gruppe der optischen Astronomen, die an diesem Problem interessiert waren, in der wissenschaftlichen Gemeinschaft, an deren Rand sie ein wenig standen, keinen sehr hohen Status hatte, — und daß die meisten Beobachtungen von Meteoren von Amateuren vorgenommen wurden (ein klarer Indikator niedrigen Status'). Tatsächlich berichtet *Hey* (a.a.O., Anm. 12, S. 35—36), daß einige von *Lovells* konservativen Kollegen in der Fakultät „anfragten, ob die Einführung von Radarsystemen in die Forschungsprojekte eigentlich überhaupt als Physik angesehen werden könne"! Es scheint vernünftiger, diese Wahl im Gebrauch

der verfügbaren Techniken *der Eindeutigkeit des Problems und den erwarteten Chancen eines schnellen Erfolges* zuzuschreiben. Im Vergleich dazu schienen die Probleme der Physik der Ionosphäre komplex und schwer zu bearbeiten.

30 Beide waren zum Beispiel vorwiegend mit den Phänomenen der elektromagnetischen Strahlung beschäftigt, für die es eine kohärente physikalische Interpretation gab, und man erwartete allgemein, daß auf lange Sicht die Ergebnisse beider Zweige der Astronomie mit physikalischer Theorie dieser Art vereinbar sein würden.

31 Dieser Punkt ist eng mit dem oben angeführten verwandt, wo es um den Mangel externer Hörerschaften für Psychologen ging.

32 *Mullins* hat dies in einer privaten Unterredung bekräftigt.

33 Diese Bemühung auf Seiten der Physiker um „das Geheimnis des Lebens" kann natürlich Teil breiterer intellektueller Strömungen gewesen sein.

34 Diese ziemlich irreführende Terminologie gab *Mullins* in seiner späteren Arbeit auf.

35 Die damals eine abgegrenzte Identität aufwies. Verfahren zur regelmäßigen Rekrutierung, spezialisierte Zeitschriften, formale Organisationen und etablierte institutionelle Unterstützung.

36 *Mullins*, a.a.O., Anm. 3, S. 74–78. Dieser Prozeß würde vermutlich „flüchtige" Netze, wie oben erörtert, notwendig machen.

37 *Hagstrom* bezieht sich auch auf den Widerstand traditioneller Biologen gegen die Arbeit von Molekularbiologen, siehe a.a.O., Anm. 4, S. 193.

38 *Law* bezieht sich auch auf eine ähnliche Skepsis gegenüber der Arbeit der ersten Röntgenstrahlenproteinkristallographen. Es wird nicht ganz klar in *Mullins'* Darstellung, aber es scheint wahrscheinlicher, daß die unkonventionelle Ansatz der Phagengruppe es für ihre Mitglieder schwierig machte, etablierten Fakultäten beizutreten und auf diese Weise Zugang zu Studenten zu erlangen.

39 Diese Unterschiede können brauchbar folgendermaßen zusammengefaßt werden. Im Falle der Radioastronomie vollzog sich zuerst die Neubildung etablierter Forschungsgruppen zur Verfolgung bereits bestehender Forschungsbahnen. Ihr folgte die Entstehung von Untergruppen, die sich mit der Anwendung fortgeschrittener Techniken auf Probleme befaßten, die neu, aber eindeutig mit bestehenden Forschungsrichtungen verbunden waren. In dem Maße, wie diesen neuen Problemen in der Radiophysik nachgegangen wurde, deckte man weitere Probleme auf, die unmittelbar denen, die man in der etablierten Disziplin optische Astronomie gefunden hatte, analog waren, und eine Reihe von weitgehend parallelen Fortschritten durch Radiotechniken versprachen. Als Resultat wurden Studenten verfügbar, und ein schnelles und kontinuierliches Wachstum an Personal und in der Forschung folgten. Im Falle der Erforschung von Phagen begann die Abfolge mit der Verfolgung ähnlicher Probleme durch eine Reihe unabhängiger Forscher am Rande der Biologie. Die angeeigneten Forschungsmethoden und die Art der Problemformulierungen waren weit von den in der Biologie gebräuchlichen entfernt, und so war es schwer für die Beteiligten, professionelle Verbindungen mit etablierten Gruppen einzugehen. Deshalb vollzog sich die Rekrutierung langsam, und auch die intellektuelle Entwicklung war beträchtlich langsamer als in der Radioastronomie.

40 In Großbritannien zum Beispiel waren die Invariantentheoretiker keine professionellen Mathematiker, und zufällig waren die meisten von ihnen in Laufbahnen als Rechtsanwälte und Pfarrer verwickelt, unter Ausschluß der Mathematik. In Amerika hatten die Invariantentheoretiker Studenten, die jedoch in die Lehre anstatt die Forschung gelenkt wurden. Ähnlich wurden in Deutschland die Beteiligten „so untergebracht oder hatten solche Neigungen, daß sie die Theorie nicht einer folgenden Generation übermittelten" (*Fisher* 1967, a.a.O., Anm. 3, S. 238).

41 *Fisher* 1966/67, a.a.O., Anm. 3.

42 Zum Beispiel schreibt er in der Zusammenfassung seiner Schlußfolgerungen folgendes: „ In einem eng verstandenen Sinn starb die Invariantentheorie nicht an dem vermuteten, durch Hilbert beigebrachten Schlag. Die Theorie wurde von einer Reihe von Leuten bis in die 1920iger Jahre bearbeitet. Danach gibt es nur drei bedeutende Personen, die an der Theorie arbeiten. Zwei ... *erlangen nicht die Aufmerksamkeit vieler anderer Mathematiker*. Der Dritte ... ist sehr berühmt, die Invariantentheorie jedoch nur ein Aspekt seiner vielseitigen Interessen, und *niemand scheint seine Arbeit über den Gegenstand aufzunehmen*" (ebd., S. 243, Hervorhebungen hinzugefügt).

43 *Mullins*, a.a.O., Anm. 3, S. 58.

44 Für weitere Einzelheiten dieser Unterschiede zwischen den beiden Gruppen siehe *Mulkay* und *Edge* 1973, a.a.O., Anm. 2, S. 41–52.

45 *Gerald Holton* hat jüngst eine Darstellung von *Fermis* kernphysikalischer Pioniergruppe im Italien der 1930iger Jahre veröffentlicht, die auffallende Parallelen mit unserer Analyse aufweist und den möglichen Wert weiterer Untersuchungen dieser Art behauptet. In *Holtons* Bericht ähnelte der Führungsstil *Fermis* dem von *Ryle*, und die italienischen Kernphysiker und Cambridger Radio-

astronomen wiesen viele Ähnlichkeiten auf. Beide waren ziemlich kleine, flexible und eng zusammenhängende Gruppen mit großer theoretischer und technischer Kompetenz, und äußerst auf Wettbewerb eingestellt. *Holton* berichtet von dem kühnen Versuch der Italiener, zufällige Entdeckungen weiterzuverfolgen. *Fermi* war der anerkannte Leiter der Gruppe, der sowohl für ihre experimentellen als auch die theoretischen Strategien zentral und an allem voll beteiligt war: für seine Gruppe war Forschung eine „charismatische" Tätigkeit. *Holtons* kurzer Darstellung zufolge war das Cavendish Laboratorium unter *Rutherford* während der dreißiger Jahre −viel mehr als die Radioastronomen in Manchester unter *Lovell* − eine Ansammlung sehr kleiner, autonomer Teams, die an unterschiedlichen Problemen arbeiteten mit einem nicht mitarbeitenden, strategischen und fördernden (supportive) Leiter (und einem „anhaltenden Strom von Gästen"). Siehe *G. Holton*, Striking Gold in Science: Fermi's Group and the Recapture of Italy's Place in Physics, in: Minerva 12 (1974). Siehe auch *D. Cranes* Erörterung von 'solidarity groups' in: Invisible Colleges, Chicago 1972, besonders S. 35 f., 87 f. und 138−141; auch *Griffith* und *Mullins*, a.a.O., Anm. 53.

46 Zum Beispiel Probleme wie das der Erklärung der Mechanismen der Strahlung von Radioquellen oder der Messung der Verteilung von Wasserstoff durch die Milchstraße.

47 *Law*, a.a.O., Anm. 3.

48 Zum Beispiel mußten Polarisationsmaße, mit denen man sich in den späten fünfziger Jahren zunehmend beschäftigte, auf jeden Fall Daten für die Entwicklung der Synchrotontheorie bereitstellen können, die damals im vollem Fluß war.

49 *Dolby*, a.a.O., Anm. 3, S. 1.

50 Ebd., S. 7. *Dolby* bemerkt kritisch: „Dies passiert sehr natürlich in jenen Systemen akademischer Organisation, die, wie die Wissenschaft Deutschlands im neunzehnten Jahrhundert, Möglichkeiten für den großen Lehrer eröffnen. In solchen Systemen kann der Lehrer für sich selbst ein kleines Reich ausschneiden und eine Disziplin auf seine Weise lehren."

51 Ebd., S. 59.

52 Tatsächlich *war* es viele Jahre vorher, daß diese Prinzipien ihre fruchtbaren Anwendungen in anderen Gebieten der Chemie bewiesen.

53 Dieser Typ von Abfolge wird untersucht in *B. C. Griffith* und *N. C. Mullins*, Coherent Social Groups in Scientific Change, in: Science 177 (1972). Siehe auch *D. L. Krantz*, a.a.O., Anm. 3. Es war uns nicht möglich, *Griffiths* und *Mullins* Typologie von „Elite"- und „revolutionären" Gruppen auf den Fall der Radioastronomen anzuwenden: Am stärksten scheinen die Forscher in Manchester die Befähigung einer „Elite"-Gruppe zu besitzen, die Cambridge-Radioastronomen jedoch haben viele Eigenschaften mit „revolutionären" Gruppen gemeinsam. In späteren, unpublizierten Arbeiten, die diese Themen weiterentwickeln, meint *Mullins*, daß, obwohl die Entwicklung revolutionärer Gruppen „die normalen Prozesse der Wissenschaft unterbricht", die „normalen sozialen Prozesse in den Naturwissenschaften die Entwicklung eines Spezialgebietes zufriedenstellend zu erklären vermögen". Wir stimmen dieser Ansicht zu.

54 *Hagstrom*, a.a.O., Anm. 4, S. 177−187.

55 Die Entdeckung von Pulsaren und die folgende Neuformierung astronomischer Forschungsinteressen scheint ein solcher Fall zu sein.

56 *Hagstrom*, a.a.O., Anm. 4, S. 187.

57 Andere Mitglieder der Disziplin werden im allgemeinen versuchen, die Entwicklung solcher Spezialgebiete einzuschränken, indem sie sich organisatorischem Wandel in den Universitäten widersetzen, es ablehnen, Universitätsstellen abweichenden Spezialisten anzubieten und ihnen Raum in den etablierten Zeitschriften der Disziplin verweigern.

58 Eventuell mehr solche eines reformerischen als eines aufrührerischen Spezialgebietes, obwohl Radioastronomie langfristig eine dramatische Neubestimmung astronomischer Forschungsziele mit sich gebracht hat.

59 Die am weitestgehenden Ansprüche kamen von der Cambridge-Gruppe und trafen auf harte Einwände und einige Feindseligkeiten von seiten der kleinen Gruppe traditioneller Kosmologen. Diese Ansprüche waren ein direktes Resultate des technischen Programms der Cambridge-Gruppe und wurden von *Ryle* vorgebracht. In den späten fünfziger Jahren führten diese Entwicklungen in Cambridge zu Merkmalen, die an *Griffiths* und *Mullins'* „revolutionäre" Gruppen erinnern.

60 Siehe zum Beispiel *Hagstrom*, a.a.O., Anm. 4, S. 187−194.

61 Vorschläge in der Mitte der fünfziger Jahre, man brauche eine eigene Zeitschrift für Radioastronomie, wurden schnell von optischen Astronomen wie von Radioastronomen zurückgewiesen. In England scheinen solche Vorschläge niemals ernsthaft diskutiert worden zu sein. *Hagstrom* sieht die Gründung einer neuen Zeitschrift für die Entstehung neuer Arten von Spezialgebieten

als wesentlich an. „Nur wenn sich eine Zeitschrift etabliert hat, die einem Gebiet mit seinen eigenen Zielen und Standards gewidmet ist, wird es für (einen Wissenschaftler) möglich, sich selbst für eine neue Art von Spezialisten zu halten" (a.a.O., Anm. 4, S. 210).

[62] Dies trifft zum Beispiel für *Oort* im Fall der galaktischen Untersuchungen sowie für *Baade* und für *Minkowski* im Hinblick auf die Arbeit an diskreten Quellen zu. Alle drei waren Astronomen mit höchstem internationalen Ansehen.

[63] *Hagstrom*, a.a.O., Anm. 4, S. 168.

[64] Diese Beziehung wird durch den Umstand kompliziert, daß die meisten Radioastronomen mit ihrem Gegenstand „aufgewachsen" sind. Man könnte behaupten, daß ihnen in den frühen Tagen, obwohl ihre Information astronomisch gesehen genauso wertvoll war wie sie es jetzt ist, keine höheren Positionen innerhalb der wissenschaftlichen Gemeinschaft angeboten worden waren, einfach weil sie beruflich ziemlich jung waren. Wie jedoch die frühen Forschungsunterlagen deutlich zeigen, *waren* die ersten Radiobeobachtungen zu grob, als daß ihre Ergebnisse insgesamt von größerer Bedeutung für die Lösung der alten komplexen Probleme der optischen Astronomie hätten sein können.

[65] Weitere kritische Diskussion von *Kuhns* Arbeit im Lichte der Daten unserer Untersuchung ist in dem Aufsatz von *M. J. Mulkay* in diesem Band zufinden.

[66] *Kuhn*, a.a.O., Anm. 6, S. 176–181.

[67] Ebd., S. 6.

[68] Wir benutzen den Begriff »Paradigma« hier der Bequemlichkeit halber. Obwohl *Kuhn* jüngst verschiedene Komponenten von Paradigmen unterschieden hat, hat er den Charakter seines Hauptarguments nicht verändert. Ähnlich werden wir weiter *Kuhns* ursprünglichen Begriff eines „vorparadigmatischen" Stadiums verwenden, den er später aufgegeben hat.

[69] *Kuhn*, a.a.O., Anm. 6, S. 35.

[70] Ebd., S. 95.

[71] Diese Behauptungen sind in *Kuhns* Analyse eng verbunden: Es ist diese Unfähigkeit von Forschergemeinschaften, unerwartete Ergebnisse zu assimilieren, die zur Wiederkehr wissenschaftlicher Revolutionen führt.

[72] Siehe Anm. 20. Diese Forschung lieferte ausführliche Unterstützung für die bestehende astronomische Vorstellung von der Milchstraße. Die Ergebnisse wurden hier vorweggenommen und deshalb ohne Schwierigkeiten assimiliert. Wie wir aber schon betont haben, entwickelte sich die Erforschung des neutralen Wasserstoffs ganz verschieden von der der Mehrzahl der anderen Zweige der Radioastronomie. Und sogar das Feld der 21-cm-Forschung wurde nach einigen Jahren vorhersagbarer Ergebnisse durch die Entdeckung verschiedener Molekularzeilen und die Erforschung dieser neuen Untersuchungsbahnen umgestaltet. Obwohl die Existenz zumindest einiger Molekularlinien vorausgesagt worden war, stellte dies ein weiteres Beispiel einer Bewegung in ein verhältnismäßig unbekanntes Gebiet dar.

[73] Unsere Informanden äußerten in diesem Punkt eine breite Spanne von Meinungen. Die Teilnehmer einer ausgewählten Studienwoche über „Nuclei of Galaxies", die im April 1970 im Vatikan-Observatorium abgehalten wurde, schienen beide Auffassungen zu haben, als sie schlossen: „Es gibt keinen endgültigen Beweis dafür, daß die Grenzen konventioneller Physik überschritten worden sind: aber einige Phänomene sind immer noch nicht angemessen erklärt." Siehe *D. J. K. O'Connell* (Hrsg.), Nuclei of Galaxies, Amsterdam und London 1971.

[74] *J. S. Bruner* und *L. Postman*, On the Perception of Incongruity: A Paradigm, in: Journal of Personality 18 (1949).

[75] *Kuhn*, a.a.O., Anm. 6, S. 63. Die Anomalien wurden – mit anderen Worten – einfach nicht wahrgenommen.

[76] Ebd., S. 64.

[77] Ebd., S. 94. Ein Neuüberdenken dieser Art ist dem Gebrauch einer frischen Metapher gleichzusetzen, um das Problemfeld mit konsequenter Neueinstellung von theoretischen Begriffen und technischen Zielen neu zu beschreiben. Siehe *Schon*, a.a.O., Anm. 15, und die nachfolgende Diskussion von *Black, Hesse, Berggren, Bloor* und von anderen sowie *Mulkay*, a.a.O., Anm. 14.

[78] Eine gemeinverständliche Darstellung von einem der zentral Beteiligten ist *A. Hewish*, Pulsars, in: Sci. Amer. 219 (1968).

[79] Dieses Programm wurde in den späten sechziger Jahren geplant, als die sehr viel loser gefaßten, sehr allgemeinen Ziele, die kennzeichnend für technische Programme der fünfziger Jahre waren, mit der Entwicklung von Konsens den Weg für mehr spezifische Ziele freigemacht hatten.

[80] Der ursprüngliche Pulsar-Aufsatz zitierte zum Beispiel theoretische Ausführungen, die die (sehr vernünftige) Interpretation unterstützten, die Strahlung könnte von einem pulsierenden

„Neutronenstern" ausgehen. Eine solche Vorstellung war keineswegs unangebracht und die theoretische Möglichkeit der Existenz solcher Objekte war allgemein akzeptiert. Das bedeutet natürlich nicht, daß die Entdeckung von Pulsaren nicht *überraschend* gewesen wäre. *Lovell* hat das Ausmaß der „plötzlichen und fast unglaublichen Überraschung", die das Neue verursachte, dokumentiert in Out of the Zenith, a.a.O., Anm. 12, vor allem S. 121 f.

81 *Kuhn* ist der Ansicht, daß Revolutionen nicht nur innerhalb von Disziplinen, sondern auch innerhalb kleinerer Forschungsnetze vorkommen; siehe a.a.O., Anm. 6, S. 6 und unsere Diskussion.

82 Ebd., S. 59.

83 Ebd.

84 Ebd.

85 In der Tat ließen die neuen Entdeckungen diese traditionellen Qualifikationen sogar noch kritischer erscheinen, wie zum Beispiel bei der spektroskopischen Messung der Rotverschiebung von Quasaren und anderer Radioquellen.

86 *S. Mitton*, Newest Probe of the Radio Universe, in: New Scientist (1972), S. 138. Viele unserer Informanden drückten ähnliche Empfindungen aus, die jetzt häufig im Druck erscheinen, siehe z.B. *W. D. Metz*, Report on Astronomy: A New Golden Age, in: Science 177 (1972), S. 247–249.

87 Obwohl *Kuhn* dazu neigt, sich auf intellektuelle Entwicklungen im großen Maßstab zu konzentrieren, etwa auf die Kopernikanische oder auf die *Einstein*sche Wende, geschieht dies nur um der geeigneten Erklärung von Revolutionen willen. Wie er explizit klar macht, können sogar verhältnismäßig kleine wissenschaftliche Entwicklungen eine revolutionäre Form annehmen, und es ist „seine grundlegende These" seines Buches, daß die Merkmale wissenschaftlicher Revolutionen „auch in der Erforschung vieler anderer Episoden aufgespürt werden können, die nicht so offensichtlich revolutionär waren" (a.a.O., Anm. 6, S. 6 f.).

88 Ebd., Kapitel 10.

89 Untersuchungen von Radarforschung über Meteore und Pulsarforschung sind gegenwärtig in der Abteilung für Soziologie an der Universität von York im Gange, und ähnliche Arbeiten sind an der Science Studies Unit, Universität von Edinburgh, geplant.

90 *Gastons* Studie zur Gemeinschaft der britischen Hochenergiephysik beschäftigt sich hauptsächlich mit Problemen der Kommunikation und des Wettbewerbs und behandelt nicht die technische oder intellektuelle Entwicklung des Gegenstandes. Siehe *J. C. Gaston*, Originality and Competition in Science: A Study of the British High Energy Physics Community, Chicago und London 1973.

91 Diese vergleichende Technik ist viel von *Ben-David* verwendet worden. Im Fall der Radioastronomie wäre weitere Information über die Abfolge der Ereignisse in den Vereinigten Staaten besonders wertvoll. Wir könnten dann beispielsweise herausfinden, ob die amerikanische Forschergemeinschaft mehr auf Wettbewerb eingestellt oder kooperativer als die in England gewesen ist, mit daraus folgenden Unterschieden in der Wachstumsrate oder der Verteilung von Forschungsbemühungen. Ähnlich könnten uns ausführliche Untersuchungen über Reaktionen der amerikanischen und holländischen optischen Zusammenschlüsse, verglichen mit ihren britischen Kollegen, helfen, die Faktoren, die die Aufnahme wissenschaftlicher Innovationen beeinflussen, besser zu verstehen.

92 Die kürzeste Skizzierung dieser Abfolgen sieht folgendermaßen aus: In der Radioastronomie folgte der Beschäftigung mit wohlbegründeten Forschungszielen die Bereitstellung institutioneller Unterstützung, schnelles Wachstum, die schrittweise Neubestimmung von Forschungszielen, die Errichtung eines produktiven Informationsaustauschs mit optischen Astronomen, die Entwicklung einer vielfarbigen professionellen Identität und unter Umständen die umfassende Veränderung des Bezugsrahmens astronomischen Denkens. Verschiedene andere Fälle haben gezeigt, daß der Beschäftigung mit Problemen oder Ideen, für die es wenig intellektuelle und institutionelle Unterstützung gab, Gegenteiliges widerfuhr: eine niedrige anfängliche Wachstumsrate und ein minimaler Informationsaustausch mit bestehenden Spezialisten, die Bildung einer „Schule" und die Durchführung einer überlegten expansionistischen Politik sowie das Auftauchen einer getrennten Forschergemeinschaft mit einer verhältnismäßig einheitlichen beruflichen Identität.

93 Als Folge davon ist es uns unmöglich, selbst auf eine vorläufige Art und Weise, kulturelle Entwicklung innerhalb, sagen wir, der Molekularbiologie oder der experimentellen Psychologie einerseits und der Radioastronomie andererseits zu vergleichen.

94 Bis heute kann die auf dem Gebiet der Wissenschaftsgeschichte geleistete Arbeit insgesamt wenig Information über die sozialen Prozesse bieten, die mit intellektueller Entwicklung zusammenhängen.

Aus dem Englischen übersetzt von *Axel Schmalfuß*

IV. Teil: Soziale und kognitive Organisation von Wissenschaft: Theoretische Aspekte

Die Ausdifferenzierung wissenschaftlicher Diskurse

Von Gernot Böhme

I. Einleitung

Eine zentrale These meines Aufsatzes „Die soziale Bedeutung kognitiver Strukturen"[1] war die Behauptung, daß Argumentation das organisierende Prinzip von *scientific communities* sei, d. h. also diejenige Interaktion, die die informelle Kooperation in Forschungsgemeinschaften konstituiert. Gegen diese These ist u. a. eingewandt worden, daß wissenschaftliche Kommunikation häufig durch − in bezug auf die logische Relevanz ihrer Verknüpfung − wesentlich schwächere Äußerungsformen geführt wird und daß überhaupt Argumentation als Form wissenschaftlicher Kooperation bereits einen relativ fortgeschrittenen Entwicklungsstand einer Disziplin bezeichne, nämlich eine „theorieintensive" Phase der Forschung. Solche berechtigten Einwände[2] führen naturgemäß zu der Frage nach weiteren Einheiten wissenschaftlicher Kommunikation, nach lockereren Zusammenhängen, nach schwächeren Abgrenzungen, als sie durch den Kontext einer Argumentation gegeben sind; sie veranlassen eine Dynamisierung der Beschreibungsweise, mit Hilfe deren sich wissenschaftliche Kommunikation qua Argumentation als ein relativ fortgeschrittener, ein relativ „reifer" Stand einer spezifischen Wissenschaftsentwicklung charakterisieren läßt.

Damit ist das Thema der „wissenschaftlichen Diskurse" gegeben und die Frage nach ihrer Entstehung und Fortentwicklung. Wissenschaftliche Diskurse heben nicht von selbst an und entstehen nicht aus dem Nichts, sondern sind − soweit sie nicht einen bereits bestehenden wissenschaftlichen Diskurs spezifizieren oder mehrere integrierend fortsetzen − schrittweise sich isolierende Fortsetzung des „allgemeinen" Diskurses. Unter diesem allgemeinen Diskurs sei zusammengefaßt, was zunächst im alltäglichen Leben, dann aber auch in technischen, administrativen und ökonomischen Zusammenhängen geäußert wird. In solchen − praktischen − Zusammenhängen wird immer schon über die Gegenstände gesprochen und geschrieben, die dann zu Gegenständen einer entstehenden Wissenschaft werden[3]. D. h. also: die Entstehung wissenschaftlicher Diskurse ist als ein Prozeß der Ausdifferenzierung zu beschreiben, als ein Prozeß bei dem sich aus dem Boden der mehr oder weniger diffusen praktisch-technischen Diskurse spezifische und gegeneinander charakteristisch unterschiedene Diskurse herausbilden.

Dieser Prozeß ist als der Prozeß der Entstehung neuer Wissenschaften bekannt. Er ist vielfach studiert worden, freilich zumeist unverbunden aus den verschiedenen Perspektiven traditioneller Disziplinen: So hat z. B. die Wissenschaftssoziologie die Entwicklung einer neuen Disziplin, anhebend mit wissenschaftlichen Vereinen über die Vertretung durch Privatdozenten in etablierten Fächern, die Gründung von Fachzeitschriften, Lehrstühlen bis hin zur Einführung von besonderen Diplomen und Curricula studiert, d. h. also als einen Institutionalisierungsprozeß beschrieben. So haben auf der anderen Seite Wissenschaftshistoriker z. B. die Ablösung einer entstehenden Wissenschaft vom Handwerk, die Ausbildung besonderer Methoden, die ersten theoretischen Ansätze und schließlich die Erhebung einer entscheidenden Leistung zum „Paradigma", d. h. zum maßgebenden Beispiel für die weitere Forschung in der neuen Disziplin dargestellt. Schließlich haben sich die Philosophen durch Untersuchungen von wissenschaftlichen Methoden, Erkenntnisweisen und Gegenstandscharakterisierungen bemüht, die Grenze von Wissenschaft und Nichtwissenschaft, die bei der Entstehung einer Wissenschaft überschritten wird, zu bestimmen. Diese Untersuchungen geschahen zwar in der Regel nicht ohne Anleihen in anderen Disziplinen, die die Wissenschaft thematisieren, auch nicht ohne von Fall zu Fall der anderen Disziplin die Erklärung für die in der eigenen Untersuchung konstatierte Entwicklung zuzumuten, aber es fehlte doch an der systematischen Einheit, aus der her sich der Zusammenhang der einzelnen Untersuchungen hätte demonstrieren lassen.

Es besteht nun gute Aussicht, daß man mit den „Diskursen" diese systematische Einheit in der Hand hat: Unter Diskursen wollen wir den Zusammenhang von Äußerungen verstehen. Äußerungen sind von Personen in konkreten Situationen verwendete Aussagen[4]. Wir befinden uns deshalb mit der Untersuchung von Diskursen nicht in *K. R. Popper*s dritter Welt, sondern haben das soziologische Moment systematisch impliziert: Fachgemeinschaften können als Diskursgemeinschaften beschrieben werden. In Diskursen erscheinen ferner wissenschaftliche Ideen, werden Theorien ausgebildet, entwickelt und evtl. abgelöst. Es scheint daher, daß der genuine Gegenstand wissenschaftshistorischer Forschung weder die Wissenschaftler noch die wissenschaftlichen Ideen und Theorien sind, sondern die Diskurse, die die Produzenten mit ihrem kooperativen Produkt vermitteln. Schließlich werden auch für die Wissenschaftsphilosophie die Diskurse zum zentralen Gegenstand, jedenfalls dann, wenn sie die pragmatische Dimension und die Dynamik der Wissenschaft einzubeziehen versteht[5]. Dann wird sich zeigen, daß die Pragmatik durch Diskurssituationen bestimmt, die Dynamik durch Argumentation erzeugt wird. Schließlich wird auch die Erkenntnistheorie auf den Diskurs verwiesen, wenn sie die Konstitution des wissenschaftlichen Gegenstandes als eine kollektive Leistung erklären will.

Die Analyse von Diskursverläufen ist eine Aufgabe empirischer Forschung. Der Gegenstandsbereich für die Untersuchung von Ausdifferenzierungsprozessen ist die Entstehung wissenschaftlicher Disziplinen, insbesondere im 19. Jahrhundert. Im folgenden sollen nun nicht einzelne Fälle solcher Entwicklungen studiert werden, sondern zunächst die möglichen Dimensionen und Phasen der Ausdifferenzierung entworfen und Behauptungen über ihren Zusammenhang formuliert werden. Die allgemeine These ist, daß die Verwissenschaftlichung von Gegenstandsbereichen mit der Ausbildung von Fachgemeinschaften, der Professionalisierung von Erkenntnisweisen und der Autonomisierung der Wissenschaft verknüpft ist.

II. Verwandte Ansätze

Die Untersuchung wissenschaftlicher Diskurse ist nicht ohne Vorbereitung, sie vollzieht sich vielmehr selbst in einem diskursiven Raum, in dem vieles auf ihre Thematisierung hindrängt. Natürlich ist hier an erster Stelle das Werk *M. Foucaults* zu nennen, das sowohl mit breitangelegten Fallstudien als auch mit systematischen Überlegungen zur Theorie des Diskurses das Feld bereits eröffnet hat. Gleichwohl wollen wir jetzt in der Würdigung verwandter Ansätze nicht mit seinen Arbeiten beginnen, sondern vielmehr mit denjenigen, in denen sich partiell bereits die Interessen artikuliert haben, die wir mit der Thematisierung von wissenschaftlichen Diskursen verbinden. Wir fragen nach der Herausbildung von wissenschaftlichen Gemeinschaften, der Verwissenschaftlichung von Gegenstandsbereichen und nach der Autonomisierung von Wissenschaft.

Gleich für zwei Momente sind die Arbeiten *K. O. Apels*[6] zu nennen, und zwar sowohl für die Auslegung der Wissenschaftlergemeinschaft als Diskursgemeinschaft als auch für die Frage diskursiver Gegenstandskonstitution. Im Anschluß an *Peirce* und *Morris* hat *Apel* den Solipsismus der Kantischen Erkenntnistheorie kritisiert. Auf der Basis einer Analyse der Zeichenfunktion in Zeichen, Bezeichnetes und Bezeichnender (Zeichenverwender) wird zunächst die vollständige Vernachlässigung der Sprache in *Kant*s Erkenntnistheorie deutlich. Gibt man aber erst einmal der Sprache eine wesentliche Funktion für die Erkenntnis, so wird andererseits deutlich, daß man den Erkenntnisprozeß nicht auf die Leistung eines isolierten Subjektes stützen kann: Sprache ist immer schon intersubjektiv, in der Sprache sind Normen und Regeln impliziert und — mit *Wittgenstein* zu sprechen — niemand folgt einer Regel allein und nur einmal. Damit ist der Weg frei zu einer „soziologischen" Hinterfragung der Erkenntnisleistungen des Subjektes. Der Gefahr der Relativierung und Historisierung der Wahrheit, die damit gegeben ist, wird bei *Apel* zunächst durch die *Peirce*sche Wendung begegnet, daß die Anstrengungen der Wissenschaftlergemeinschaft „in the long run" auf Wahrheit tendieren. Damit ist allerdings noch nicht das letzte Wort darüber gesagt, in welcher Weise das *Kant*ische transzendentale Subjekt durch ein kollektives und geschichtliches Subjekt ersetzt werden kann.

Einen Ansatz dazu bietet *Apel* — nun freilich wieder auf Kosten einer erneuten Ahistorisierung der Gegenstandskonstitution — zumindest für den Bereich der Sozialwissenschaften. In seinem Aufsatz „Die Kommunikationsgemeinschaft als transzendentale Voraussetzung der Sozialwissenschaften" fragt er nach der Möglichkeit der nach der logisch-empiristischen Wissenschaftstheorie unvermeidlichen Konventionen. Die Rede von solchen für den Wissenschaftsprozeß nötigen Konventionen setzt Subjekte der Einigung, Regeln der Konsensfindung, Sprache voraus. Soll die Frage nach den wiederum auf dieser Ebene wirksamen Konventionen nicht zu einem unendlichen Regreß führen, ist man zur Annahme von Konventionen, auf die man sich „immer schon" geeinigt hat, gezwungen. Dies führt *Apel* zum A Priori der Kommunikationsgemeinschaft, der Universalpragmatik. *Apel* scheint uns durch dieses Vorgehen zwei Fragen vorschnell zu verknüpfen, nämlich einerseits die Frage nach der Konstitution sozialwissenschaftlicher Gegenstände und andererseits die Frage nach der Begründung diskursiver

Prozesse im Wissenschaftssystem, die diese Gegenstände möglicherweise thematisieren. Wenn zwar auch die Wissenschaftlergemeinschaft eine Kommunikationsgemeinschaft ist, so sind doch in Analogie zur *Kant*ischen Unterscheidung von Anschauung und Begriff stets zwei Konstitutionsleistungen zu unterscheiden: die Konstitution der Gegebenheit und die Konstitution des Begreifens[7]. Was die Wissenschaftlergemeinschaft qua Diskursgemeinschaft vollbringt, ist die Konstitution des Begreifens. Wenn man danach fragt, durch welche synthetischen Funktionen des Diskurses dies geschieht, so hat man Aussicht, für die verschiedenen Wissenschaftstypen durchaus spezifische zu finden und damit nicht nur die Sozialwissenschaften sondern auch die Naturwissenschaften diskursiv zu begründen. Man greift gewissermaßen eine Stufe zu hoch, wenn man mit dem Thema der Universalpragmatik sogleich danach fragt, was wiederum den Diskurs als solchen möglich macht. Diese Frage sollte wiederum zunächst auf der Ebene der Gegebenheit der Gegenstände der Sozialwissenschaft diskutiert werden, wie dies etwa bei *Cicourel*[8] geschieht.

*Apel*s Arbeiten stellen ferner einen Ansatz bereit, eine Dimension der Herausbildung von Wissenschaftsgemeinschaften zu beschreiben, indem er nämlich nahelegt, sie als Sprachgemeinschaften aufzufassen. Wissenschaftler verfügen kollektiv über das Erkenntnismedium der Wissenschaftssprache. Dieses kollektive Verfügen über die Wissenschaftssprache wird bei *Apel* aber noch als eine semantische Funktion ausgelegt, als Zeichenverstehen: die Wissenschaftlergemeinschaften sind Interpretationsgemeinschaften. Zugleich aber gibt *Apel* an, in welcher Richtung diese unzureichende (*Peirce*sche) Position zu verlassen wäre, indem nämlich auch die Wissenschaftlergemeinschaft als Interaktionsgemeinschaft, in der es um kollektive Willensbildung geht, aufgefaßt wird[9]. Bei *Apel* wird noch nicht die Frage gestellt, was, wie und warum in den Wissenschaftsgemeinschaften gesprochen wird, auch findet sich kein Grund für die Vervielfältigung der Wissenschaftssprachen. Ein Ansatz zur Beantwortung des „Warum" ergibt sich hingegen von *Habermas'* Versuch einer Konsensustheorie der Wahrheit her und seiner Unterscheidung von theoretischem und praktischem Diskurs[10]: Von hier aus bietet es sich an, die Wissenschaftlergemeinschaften als Diskursgemeinschaften aufzufassen, in deren Kommunikation es um die Wahrheit von Behauptungen geht[11].

Damit ist aber sicher noch keine Möglichkeit gegeben, von den vielen Wissenschaftlergemeinschaften zu sprechen, geschweige denn von dieser Vielfalt Rechenschaft zu geben. Das kann erst geschehen, indem man auch nach dem Was und dem Wie des Sprechens in dieser Sprachgemeinschaft fragt. Hier sollte — jedenfalls auf der empirischen Ebene — die Soziolinguistik bzw. Sprachsoziologie ein Stück weiterhelfen. Unter ihrem Aspekt würden sich die verschiedenen Wissenschaftssprachen als verschiedene „Register" darstellen: Solche sind lexikalische, grammatische und phonologische Modifikationen der grundlegenden linguistischen Struktur einer Sprache, die sich nach sozialen Faktoren wie subject matter of discourse, situation-type of discourse, participant roles within discourse, mode of discourse und medium of discourse einstellen[12]. Doch merkwürdigerweise hat sich die Soziolinguistik noch kaum mit dem doch so geeigneten, weil klar abgrenzbaren Objekt der Wissenschaftssprache beschäftigt. Aber bereits die eine Studie zu diesem Thema, nämlich über die Sprache der Chemie, hat gezeigt, daß die Modifikationen keineswegs bloß lexikalische sind, sondern daß sich in Abhängigkeit von dem „subject matter of discourse" spezifische Satzformen herausbilden[13]. Ferner kann man ohne weitere Studien sagen, daß das hochentwickelte Regelsystem der Nomenklatur in der Chemie sogar die traditionelle Trennung von Lexikon und Grammatik aufhebt: Namen sind hier bereits kanonisierte Aussagen. Auch darin zeigt sich eine sachbezogene Eigenschaft dieses Registers.

Zur Aufklärung der Frage, worum es in wissenschaftlichen Diskursen überhaupt geht, hat der kritische Rationalismus beigetragen. Wenn jede wissenschaftliche Erkenntnis hypothetisch ist, so kann der Erweis von Wahrheit nicht der eigentliche Inhalt dieser Diskurse sein. Vielmehr erweist sich umgekehrt der Diskurs, oder wie es heißt: die Kritik gerade als nötig, *weil* die Wahrheit wissenschaftlicher Aussagen in der Regel nicht demonstriert werden kann. Deshalb ist eine kollektive Evaluierung von „Erkenntnis" nötig. Freilich ist es eine Verengung, wenn *Popper* meint, daß diese Evaluierung nun unter dem Kriterium der „Wahrheitsähnlichkeit" geschehe. Vielmehr geht es dabei, wie ich glaube, allgemein um die Beibringung von Gründen, bestimmte wissenschaftliche Thesen für wahr zu halten. Solche Gründe können aber durchaus auch nicht-theoretischer Art sein[14]. Ferner wird bei *Popper* die Bedeutung der inhaltlichen Argumentation bei der Evaluierung von wissenschaftlichen Thesen nicht gesehen: Die Kritik von Theorien geschieht nach ihm stets mit methodologischen Argumenten, die die Falsifizierbarkeit, Wahrheitsähnlichkeit, den empirischen Gehalt betreffen.

Diese inhaltlichen Argumente spielen eine große Rolle für den zweiten Beitrag des kritischen Rationalismus zu einer Theorie wissenschaftlicher Diskurse: nämlich *Imre Lakatos'* Freilegung des dynamischen Charakters von Theorien. *Lakatos* hat gezeigt[15], daß Theorien eher als Erkenntnisprogramme aufzufassen sind, die im Zuge ihrer Ausarbeitung sich laufend verändern und vor allem laufend Probleme erzeugen. Mit dieser Methodologie der wissenschaftlichen Forschungsprogramme, durch das *Lakatos* zunächst nur ein den Falsifikationismus verbesserndes Evaluierungskriterium angeben wollte, nämlich Problemgenerativität oder „progressive problem shift" von Theorien, wurde zugleich ein Erklärungsgrund für die Verselbständigung der Wissenschaft angegeben: sie löst nicht nur vorgegebene Aufgaben, sondern erzeugt vielmehr ihre eigenen Probleme. Damit ist angezeigt, in welcher Weise die Autonomisierung der Wissenschaft zu beschreiben ist: mit der Ausdifferenzierung spezifischer wissenschaftlicher Diskurse entwickeln sich Systeme autonomer Evaluierung und autarker Problemerzeugung.

Das Werk *M. Foucault*s brauchte hier eigentlich nur mit gebührender Anerkennung genannt werden. Denn, was hier noch gefordert wird, ist dort bereits in großem Umfang entwickelt: Seine Fallstudien lassen sich als diskursive Entstehungsgeschichten der Psychiatrie und der klinischen Medizin, der Philologie, der Ökonomie und der Biologie verstehen[16]. Auf der anderen Seite hat er in den Büchern „Archäologie des Wissens" und „Die Ordnung des Diskurses"[17] so etwas wie eine Theorie des Diskurses vorgelegt. Wenn hier doch etwas näher auf *Foucault* eingegangen werden soll, so in dem Bemühen, gerade wegen der großen Nähe Unterschiede nicht zu verwischen. *Foucault*s Interesse gilt, genau genommen, gar nicht den Diskursen selbst und der Herausbildung spezifischer Diskurse. Diskurse sind für *Foucault* so etwas wie Oberflächen, auf denen etwas erscheint, sie sind für ihn die Grenzen zwischen Sichtbarkeit und Unsichtbarkeit, der Ort der Manifestation. Die Ordnung des Diskurses ist deshalb auch nicht in erster Linie die innere Regelung des Sprechens, sondern vielmehr die Reglementierungen, durch die Sprechen von Stammeln, Diskurs von Nicht-Diskurs geschieden werden: Die Ordnung des Diskurses ist die Schranke, durch die hindurch etwas zur Sprache kommen kann auf Kosten von anderem, das ins Schweigen abgedrängt wird. *Foucaults* Interesse gilt vor allem letzterem, seine Archäologie des Wissens ist eine Art ideengeschichtlicher Psychoanalyse; er denkt dem Diskurs entgegen, um ihn auf das Ungesagte hin zu durchdringen. Deshalb ist für ihn der Diskurs auch nicht eigentlich Gegenstand, sondern vielmehr Methode. Deshalb auch findet man bei ihm keine Analyse etwa von Argumentationsstrukturen, von diskursiven Zusammenhängen wie Bezugnahme, Fortführung, Kontroverse. Deshalb kommt es für ihn letzten Endes auch gar nicht darauf an, wenn wesentliche Phasen seiner Entwicklungsgeschichte gar nicht diskursiv vorangetrieben werden, sondern — wie etwa in der „Geburt der Klinik" — durch Experimentier- und Beobachtungsmethoden. Auch diese „erscheinen" natürlich im Diskurs, werden besprochen, legitimiert usw., auch wenn sie selbst nicht Elemente des Diskurses sind. Wenn also das Interesse *Foucaults* durchaus anders gerichtet ist, so geben doch seine Untersuchungen — ganz abgesehen von dem reichen Material — wesentliche Stücke für eine Theorie des Diskurses.

Da sind zunächst seine Prinzipien der „inneren Ordnung" des Diskurses zu nennen: der Autor, der Kommentar, die Disziplin. Auch dies sind, das sei noch einmal erinnert, Prinzipien der Verknappung des Sagbaren. Der Autor bringt das Prinzip der Individualität in den Diskurs. An ihm hängt, worauf *Foucault* an anderer Stelle großen Wert legt, die Kontingenz und Materialität des Gesagten: es ist nur sagbar, was von Sprechern zur Sprache gebracht wird. Mit dem irreführenden Terminus „Kommentar" bezeichnet *Foucault* den Prozeß der Kanonisierung von Texten, durch die weiteres Sagbares zum „Kommentar" eingeschränkt wird. Unter Disziplin versteht *Foucault* die Regeln, die ein linguistisches Register bestimmen, also etwa auch eine Wissenschaftssprache. Ferner aber auch den Zwang, das Zu-Sagende in einen „theoretischen Horizont" oder — wie wir sagen würden — in einen „Argumentationszusammenhang" einzufügen. Die beiden letzten Prinzipien dürften, dynamisch betrachtet, bereits Dimensionen der Ausdifferenzierung von Diskursen ergeben: denn durch beide kann sich ein spezifischer Diskurs gegen einen allgemeineren abgrenzen. Noch näher an unseren Interessen liegen zwei weitere Prinzipien *Foucaults*, das der Diskursgesellschaften und der Doktrinen. Diskursgesellschaften schränken das Sagbare durch Zugangsbeschränkungen ein, Doktrinen inhaltlich durch die Forderung der Adäquation an geltende Auffassungen. Das eine wird bei uns unter dem Titel der *scientific community*, das andere unter dem Titel eines *Paradigma* relevant werden. Aber — darin zeigt sich der Unterschied der Perspektive — nicht als Prinzipien der Einschränkung von Diskursen, sondern als Produkte ihrer Spezifizierung.

Hat *Foucault* so wesentliche Beschreibungskategorien und, dynamisch interpretiert, Dimensionen der Ausdifferenzierung von Diskursen angegeben, so weist er auch bereits darauf hin, daß die „Positivität" des Diskurses in der Konstitution von Gegenstandbereichen besteht[18]. Freilich glaubt er offenbar nicht, daß die diskursiven Beziehungen dafür verantwortlich sind, was der Gegenstand sein kann: „Sie bestimmen nicht seine innere Konstitution, sondern das, was ihm (dem Gegenstand) gestattet, in

Erscheinung zu treten[18a]." Wie dem auch sei, wir werden unsere Frage nach der diskursiven Gegenstandskonstitution als Fortsetzung von *Foucault*s Frage nach der „Formation der Gegenstände", der „Formation der Begriffe" und der „Formation der Strategien" (d. i. Theorien) verstehen dürfen, selbst wenn *Foucault* dabei eher an den Diskurs als eine Praxis zwischen Personen und Institutionen denkt, in der über das mögliche Manifestwerden von Gegenständen entschieden wird, als an die synthetischen Leistungen, die im Diskurs festlegen, was der Gegenstand ist.

III. Die Dimensionen der Ausdifferenzierung

Ein Prozeß der Ausdifferenzierung ist der Übergang von einem diffusen Zustand, in dem mögliche Unterschiede und Gegensätze noch ineinander spielen, zu einem Zustand größerer Spezifität und Bestimmtheit. Wenn wir sagen, daß sich der wissenschaftliche Diskurs durch einen Prozeß der Ausdifferenzierung aus dem lebensweltlichen ergibt, so meinen wir, daß er sich durch größere Bestimmtheit und Spezifität aus dem allgemeinen Diskurs heraushebt. Dies bedeutet zugleich eine Abgrenzung gegen den allgemeinen Diskurs und eine Verselbständigung. Da sich durch Ausdifferenzierung Spezifitäten des Diskurses bilden, ist die Ausdifferenzierung des Diskurses zugleich eine Vermannigfaltigung: es entstehen nicht nur spezifische und verselbständigte Diskurse überhaupt, sondern wissenschaftliche Diskurse verschiedener Art. Um in diese Mannigfaltigkeit Ordnung hineinzubekommen, kann man Kategorien oder Dimensionen ansetzen, die von ihrer Vielfalt Rechenschaft zu geben gestatten. Soweit man in den einzelnen Dimensionen selbst eine Stufenfolge etablieren kann, nach der sich die Ausdifferenzierung schrittweise beschreiben läßt, kann man so etwas wie einen „Reifegrad" der Verwissenschaftlichung einführen. Man sollte aber eine solche „dimensionale" Charakterisierung des Differenzierungsprozesses nicht überschätzen: von einem systematischen Ansatz der Dimension kann keine Rede sein.

Wir werden im folgenden mit Dimensionen arbeiten, nach denen sich das Wie, das Was und das Warum der diskursiven Kommunikation bestimmen läßt: Wir wollen also die Ausdifferenzierung wissenschaftlicher Diskurse nach ihrer Form (a), der diskursiven Behandlung des jeweiligen Gegenstandes (b) und der Funktion des Diskurses —, bzw. vom Diskursteilnehmer her gesehen: von der Motivation, sich am Diskurs zu beteiligen — her charakterisieren (c).

(a) Der Form nach gliedert sich der wissenschaftliche Diskurs allmählich aus dem allgemeinen aus durch Herausbildung spezieller Wissenschaftssprachen und durch Einschränkung der Äußerungsformen (zeitweise etwa bloß auf Behauptungen), man könnte also sagen: durch Veränderungen auf semantischer und syntaktischer Ebene einerseits und auf pragmatischer Ebene andererseits. Dazu kommt noch die Etablierung gewisser Diskursinhalte, d. h. also vor allem die Kanonisierung von Theorien.

Die Existenz von spezifischen Wissenschaftssprachen hat zwar schon vielfach Aufmerksamkeit erregt, aber man kann wohl kaum sagen, daß ihr Sinn und ihre Notwendigkeit schon durchsichtig wären, insbesondere fehlt es an empirischen Untersuchungen auf diesem Feld. Die Herausbildung von Wissenschaftssprachen wird allgemein als ein Vorgang der Terminologisierung der Sprache angesehen. Die Terminologisierung bringt Eindeutigkeit der Bedeutung in die Sprache. Zugleich wird mit der Einführung fester Termini eine Universalisierung versucht — das ist der Ursprung der Künstlichkeit von Wissenschaftssprachen. So hatten etwa die Pflanzen und Stoffe vor der Einführung einer festen biologischen Terminologie in der Regel regionale Namen. Man bevorzugte deshalb lateinische oder griechische Termini[19], später ging man zu künstlicher Namensbildung über. Auf dem Grunde der Eindeutigkeit von Bedeutungen wird in hohem Maße ein regelhaftes und konsistentes Sprechen möglich. Diese Eigenschaft der „Logizität" von Wissenschaftssprachen und zugleich die in jeder „natürlichen" Wissenschaftssprache angelegte Tendenz zur Künstlichkeit hat *Carnap* seinerzeit[20] veranlaßt, Wissenschaftssprachen überhaupt als angewandte Logik darzustellen, bzw. zu konstruieren. Abgesehen davon, daß ein solcher Versuch ohnehin nur als Rekonstruktion einer Wissenschaftssprache möglich ist, raubt er aber den wirklichen Wissenschaftssprachen den Vorteil, der darin liegt, daß sie schließlich doch immer ausdifferenzierte Umgangssprachen sind und als solche stets ein nicht ausgeschöpftes Entwicklungspotential enthalten — etwa in der „natürlichen Metaphorik der Umgangssprache". Man hat den Vorgang der Terminologisierung im allgemeinen als einen Prozeß aufgefaßt, der lediglich von semantischer Bedeutung ist. Das Beispiel der Chemischen Nomenklatur zeigt aber, daß die Bedeutung weitergehend ist: Die Regeln der chemischen Namengebung[21] sind eine Art innerer Grammatik, die Namen so etwas wie verkürzte Sätze, so daß hier überhaupt die traditionelle Trennung von Lexikon und Grammatik, Semantik und Syntax in Frage gestellt ist. Zudem hat die Arbeit von *Taylor* gezeigt, daß die Ausdifferenzierung der chemischen Fachsprache auch eine Wirkung auf die Syntax im gewöhnlichen Sinne hat. Für weitere empirische Untersuchungen ist zu erwarten, daß sich auch bei anderen Fachsprachen spezifische Tiefenstrukturen der charakteristischen Sätze nachweisen lassen.

Schon das Beispiel der chemischen Nomenklatur zeigt, daß Fachsprachen mehr sind als ein Kommunikationsmedium: Sie enthalten in ihrer Struktur kanonisiertes Wissen und sind deshalb ein Ort der Wissensakkumulation. Da diese Struktur ferner zur Repräsentation eines bestimmten Wirklichkeitsbereiches entwickelt wurde, werden sie zugleich zu heuristischen Instrumenten der Forschung[22]. Wenn man wohl auch nicht mit vollem Recht sagen kann, daß sich mit der Ausbildung von Fachsprachen bereits Theoriebildung in einem Bereich vollzieht, so doch eine Systematisierung der Phänomene des Bereiches[23].

Geht die Systematisierung in einer Wissenschaft mit der Terminologisierung der Sprache zusammen oder wird die erstere sogar durch die letztere ermöglicht, wie der historische Gang in Botanik und Chemie vermuten läßt[24], so wird ein weiterer Schritt der Ausdifferenzierung von Fachsprachen, nämlich die Formalisierung erst nach der Theoriebildung möglich. Denn das Wesentliche der Formalisierung liegt nicht in der Benennung, der Einführung von Symbolen, sondern in der Möglichkeit, mit solchen Symbolen zu operieren. So hatte man z. B. lange vor *Berzelius* Symbole, auch Initialen zur Bezeichnung von Stoffen benutzt. Ein formales Operieren mit solchen Symbolen wurde aber erst möglich, als *Berzelius* solchen Schreibweisen 1813 die *Dalton*sche Atomhypothese unterstellte.

Neben Änderungen in der Syntaktik und Semantik der Sprache besteht, sagten wir, die Ausdifferenzierung wissenschaftlicher Diskurse in einer Einschränkung der Äußerungsformen. Diese Veränderungen in der Pragmatik hängen natürlich mit der Veränderung der Funktion des Diskurses zusammen, sollen aber doch schon hier erwähnt werden. Im allgemeinen Diskurs kommen alle möglichen Äußerungsformen vor: Mitteilungen, Befehle, Fragen, Behauptungen, Versprechen, Warnungen; häufig sind sie nicht klar voneinander zu scheiden. Zwar kann man nun nicht sagen, daß bestimmte Äußerungsformen jemals endgültig aus dem wissenschaftlichen Diskurs verdrängt werden, er gliedert sich aber doch aus dem allgemeinen Diskurs durch eine Einschränkung der Äußerungsformen aus. Dies trifft jedenfalls für den schriftlich fixierten Diskurs zu. Dieser bewegt sich im wesentlichen in Äußerungsformen wie Mitteilung, Erwägung (Beratung), Frage (Problematisierung), Behauptung und Begründung. Je nach Entwicklungsstand einer Wissenschaft wird dabei die eine oder die andere Äußerungsform überwiegen und der Zusammenhang zu anderen Diskursen mehr oder weniger locker sein. Anfänglich, in der Zeit der Mitteilung von Curiosa, sind Wissenschaften noch kaum geschieden, auch heben sich die Wissenschaften noch nicht deutlich aus der allgemeinen Welt der Bildung und des Wissens heraus. Entsprechend sind die Zeitschriften, in denen solche Mitteilungen gemacht werden, bis gegen Ende des 18. Jahrhunderts kaum je spezifische Fachzeitschriften, ja unterscheiden sich in der Regel nicht einmal von allgemeinbildenden[25].

Mitteilungen im wissenschaftlichen Diskurs stehen im Prinzip immer auch der größeren Öffentlichkeit oder anderen Wissenschaften zur Verfügung, es sei denn dies werde durch ihre sprachliche Form verhindert. Eine andere Frage ist, ob sie auch für größere Öffentlichkeit und andere Disziplinen interessant sind. Dies weist auf Einschränkungen, die durch eine wachsende innere Vernetzung der spezifischen Diskurse zustandekommt, und die sich etwa im Hervortreten von Äußerungsformen wie Erwägung und Problematisierung manifestiert. Der Diskurs wird dadurch ein thematisch gebundener Zusammenhang, der sich immer mehr aus dem allgemeinen Diskurs ausgliedert. In dieser mittleren Phase sind aber die einzelnen wissenschaftlichen Diskurse noch nicht scharf geschieden. Die Phase stärkster Ausdifferenzierung ist erreicht, wenn sich über Behauptung, Problematisierung und Begründung der Diskurs in einem Argumentationszusammenhang zusammenschließt. Diese Phase ergibt sich, wie wir sehen werden, mit Einsatz der Theoretisierung des Gegenstandsbereiches.

In der wissenschaftlichen Argumentation geht es um die Anerkennung von Thesen. Der Prozeß darum wird nun nicht ewig weitergeführt, vielmehr gelten einmal gewisse Theorien, Methoden, Fakten als anerkannt, obgleich eine Problematisierung zu einem späteren Zeitpunkt dadurch nicht ausgeschlossen wird. Dieser Übergang zur etablierten wissenschaftlichen Theorie, Methode usw. sei als Kanonisierung bezeichnet. Kanonisierungen verändern ebenfalls den wissenschaftlichen Diskurs. Das braucht zwar nicht zu bedeuten, daß der ganze Diskurs — um mit *Foucault* zu sprechen — zum Kommentar wird, aber Interpretationen, Ableitungen, Abwendungen wird er auf Grund von Kanonisierungen stets enthalten. Und dies kann schließlich auch zu einer „Scholastik" führen, dem äußersten Stadium eines sich ausdifferenzierenden und isolierenden Diskurses.

(b) Als die zweite Dimension, entlang der sich Diskurse ausdifferenzieren, bezeichneten wir die diskursive Gegenstandsbehandlung. In ihr vollzieht sich über die Schritte der Thematisierung, Generalisierung, Problematisierung und Theoretisierung die Verwissenschaftlichung des Gegenstandes.

Im allgemeinen Diskurs ist das Reden über Gegenstände immer in Handlungsvollzüge eingelassen. Man spricht dabei quasi über die Gegenstände hinweg im Blick auf ihre Brauchbarkeit, Beschaffbarkeit, ihren Mangel; die Rede über Dinge ist eingelassen in einen praktisch-technischen Diskurs. Durch die Thematisierung von Gegenständen kommt in diesen Diskurs eine Diskontinuität hinein, ein Verhalten, das den technisch praktischen Vollzug unterbricht. Gewöhnlich ist dazu nötig, daß der Gegenstand irgendwie auffällig[26] geworden ist, sich gegen seine unmittelbare Verwendbarkeit sperrt oder einem sonstigen Erwartungshorizont nicht entspricht. Die Auffälligkeit allein genügt allerdings nicht zur Thematisierung, vielmehr muß dem auffälligen Phänomen selbst aus einer — auch meist praktischen — Perspektive ein Gewicht zukommen.

Ist ein Gegenstand erst einmal aus dem technisch-praktischen Diskurs herausgelöst und als solcher zum Thema eines Diskurses geworden, so bedeutet die „Generalisierung" einen weiteren Schritt hin auf seine Verwissenschaftlichung: Die Rede über diesen Gegenstand löst sich aus dem historisch-biographischen Zusammenhang, in dem der Gegenstand auffällig wurde, und es werden empirische Verallgemeinerungen vorgenommen.

In diesen beiden ersten Phasen ist die Behandlung des Gegenstandes noch keinem speziellen wissenschaftlichen Diskurs zuzurechnen. Diese Einordnung des Gegenstandes in bestehende Diskurse bzw. die Herausbildung eines entsprechenden neuen speziellen Diskurses geschieht erst in der Phase der Problematisierung. In dieser Phase wird der Gegenstand unter spezifische Fragestellungen gebracht, die übrigens in der Regel noch durchaus einem technisch-praktischen Erkenntnisinteresse entstammen, der Gegenstand gerät in Alternativen (einfach oder zusammengesetzt, naturgegeben oder vermeidbar, Laster oder Krankheit, chemisches oder biologisches, physiologisches oder psychologisches Phänomen), die den Gegenstand stilisieren und seine weitere Behandlung präformieren.

In der Phase der Theoretisierung schließlich wird der Gegenstand unter eine allgemeinere Struktur subsumiert. Dadurch werden die mannigfaltigen, durch Thematisierung, Generalisierung und Problematisierung zusammengetragenen Erfahrungen integriert und die bezüglich des Gegenstandes erzeugten Probleme erhalten ihre Erklärung, kurz der Gegenstand wird „begriffen". Geschieht nun schon in der Phase der Problematisierung die Zuordnung des Gegenstandes zu einem speziellen Diskurs, so löst sich in der Phase der Theoretisierung die Behandlung des Gegenstandes endgültig[27] von der technisch-praktischen Fragestellung ab: die Theoretisierung erzeugt ihre eigenen Probleme.

Um diese zunächst nur abstrakt charakterisierte Phasenfolge mit mehr Plastizität zu versehen, wollen wir kurz ein Beispiel einer Verwissenschaftlichung durchgehen, das sich durch alle Phasen verfolgen läßt. Es handelt sich um die Entwicklung der psychologischen Untersuchungen und Theorien zum Phänomen der Reaktionszeit, eine Entwicklung, die einen wesentlichen Strang der Entstehung der wissenschaftlichen (im Unterschied zur philosophischen) Psychologie im 19. Jahrhundert darstellt[28].

1796 entließ der englische Astronom *Maskelyne* seinen Gehilfen *Kinnebrook*, weil dieser Sterndurchgänge ständig später beobachtete als er selbst, und zwar mit einer nach den damaligen Erwartungen an Meßgenauigkeit intolerablen Verzögerung. Von diesem Ereignis hörte der Königsberger Astronom *Bessel* ca. 20 Jahre später. Er sah es im Horizont systematischer Fehlerbearbeitung und Verrechnung, wie sie damals durch *Gauss* gerade begründet worden war. *Bessel* ließ sich die Daten *Maskelynes* und *Kinnebrook*s kommen, analysierte sie und stellte selbst Beobachtungsvergleiche zwischen sich und ihm bekannten Astronomen an. Durch diese Schritte vollzieht sich die Thematisierung und Generalisierung des Phänomens:
1. Es wird aus dem technisch-praktischen Handlungszusammenhang herausgelöst, was man vor allem daran sieht, daß die Feststellung noch viel größerer Differenzen zwischen *Bessel* und seinen Kollegen, als sie bei *Maskelyne* und *Kinnebrook* auftraten, nicht mehr zur Unterstellung technischer Inkompetenz führte und keine sozialen Sanktionen nach sich zog. 2. Wird das Phänomen aus dem historisch-biographischen Zusammenhang herausgelöst und unter dem Terminus „persönliche Gleichung" als ein generelles Phänomen anerkannt. Bis hierhin war die Behandlung des Phänomens noch durchweg im astronomischen Diskurs angesiedelt, es war diesem Diskurs aber keineswegs spezifisch, handelte es sich doch um ein Phänomen, das im technischen Zusammenhang der Astronomie, nämlich der Beobachtungstechnik aufgetreten war. Die Problematisierung des Phänomens erfolgte nun unter der technisch-praktischen Perspektive der Fehlervermeidung. Um die persönliche Gleichung möglicherweise rechnerisch berücksichtigen zu können, mußte ihre Größe, mußten ihre möglichen Abhängigkeiten genau bestimmt werden. Um zu entscheiden, ob diese Fehlerquelle evtl. durch Änderung der Beobachtungsmethode oder durch Beobachtungstraining zu vermeiden sei, mußte geklärt werden, ob es sich um ein physiologisches oder ein psychologisches Phänomen handelte. Deshalb treten Abhandlungen zum Thema in dieser Phase in astronomischen, physiologischen und schließlich in den Zeitschriften der sich entwikkelnden experimentellen Psychologie auf. Durch Messung von Leitzeiten längs Nervenbahnen *(von Helmholtz)* und Experimente mit Verschiebung der Aufmerksamkeit wird schließlich geklärt, daß das Phänomen der persönlichen Gleichung unvermeidlich ist, daß aber zeitliche Unterschiede bei demselben Beobachtungstyp psychologische Gründe haben müssen. Die Problematisierung des Phänomens führt also zu seiner Einweisung in den psychologischen Diskurs, genauer gesagt bildet sich dieser Diskurs überhaupt erst an Hand der Behandlung dieses Phänomens aus: Die persönliche Gleichung war nämlich überhaupt das erste psychologische Phänomen, das einer experimentell-quantitativen Behandlung zugänglich wurde: *Donders* kam auf die Idee, zeitliche Differenzen in der persönlichen Gleichung dem Faktor der Aufmerksamkeit zuzurechnen[29]. Dadurch entwickelte sich die Untersuchung des Phänomens empirisch zum Programm der Reaktionszeitmessung, bei dem durch psychische Komplikation der Reaktion durch Einschub etwa von Wahl- und Erkennungsakten die Dauer einzelner Akte bestimmt werden sollte. Ferner vollzog sich hier die Theoretisierung des Gegenstandsbereiches. Es wurde nämlich dem Phänomen der Reaktion eine Struktur unterstellt, nach der sich der ganze Reaktionsvorgang aus einzelnen Elementarakten zusammensetzte. Diese Theoretisierung subsumierte den Bereich einerseits unter die damals allgemeineren

Vorstellungen eines elementaristischen Aufbaus der Wirklichkeit und erklärte andererseits die phänomenal auftretenden zeitlichen Differenzen. Durch den Übergang zu allgemeinen Reaktionszeitmessungen im Dienste einer psychologischen Theorie wurde die Behandlung des Gegenstandes von der ursprünglichen technisch-praktischen Fragestellung völlig abgelöst. Die Theorie erzeugte in der Folge ihre eigenen Probleme, so etwa die Frage nach der Abhängigkeit der „muskulär-sensuellen Differenz" von psychischen Veranlagungen und nach der inneren Organisation komplexer psychischer Akte.

(c) Die dritte Dimension, in der sich die Ausdifferenzierung von Diskursen vollzieht, ist ihre Funktion und − vom Diskursteilnehmer her gesprochen − die Motivation, sich am Diskurs zu beteiligen. Wir können hier zwar keine Grade der Ausdifferenzierung angeben, aber doch einen deutlichen Funktionswechsel beim Übergang vom technisch-praktischen Diskurs zum wissenschaftlichen. Dabei werden wir uns jetzt nicht bemühen, diese Änderungen für sich darzustellen, sondern werden, die Zusammenhänge ausnutzend, auf die Änderungen in den anderen Dimensionen Bezug nehmen.
Wir haben gesehen, wie die Thematisierung eines Gegenstandes ihn aus dem unmittelbaren technisch-praktischen Zusammenhang herausbringt. Zwar wirken sich die technisch-praktischen Interessen in der Verwissenschaftlichung des Gegenstandes bis in die Problematisierungsphase aus, gleichwohl wird von der ersten Phase an der Gegenstand den Handlungsbezügen enthoben und „erst einmal betrachtet". Ebenso ist der Diskurs über den Gegenstand damit von unmittelbaren Handlungszwängen entlastet. Wir halten es deshalb für gerechtfertigt, ihn mit *Habermas* als einen „theoretischen Diskurs" zu bezeichnen[30]. Das heißt aber nicht, daß es im wissenschaftlichen Diskurs von vornherein und ausschließlich um Wahrheitsansprüche ginge. Auch kann man den wissenschaftlichen Diskurs als theoretischen nicht in dem Sinne vom praktischen oder ästhetischen unterscheiden, daß es in ersterem im Gegensatz zu dem letzteren nicht um die Berechtigung von Normen und um Angemessenheit ginge. Der wissenschaftliche Diskurs unterscheidet sich von solchen Diskursen nicht durch das Thema sondern durch die Thematisierung. Es geht im wissenschaftlichen Diskurs primär um die Aufklärung des thematisierten Gegenstandes. Deshalb übernimmt der wissenschaftliche Diskurs aus dem praktischen die Funktion der Informationsübermittlung. Sowie es aber zu Generalisierungen kommt, wächst ihm eine neue Funktion zu, nämlich die der kooperativen Prüfung. In dieser Phase ist diese Prüfung zwar noch nicht selbst ein Geschäft des Diskurses, wird aber durch den Diskurs vermittelt und ermöglicht: Indem alle von der generalisierten These erfahren, können alle sie mit ihrer Erfahrung vergleichen. Der Diskurs erhält so die Funktion der Etablierung von allgemeinen Sätzen und damit − indirekt − die praktisch sehr wichtige Funktion, Voraussagekapazität bereitzustellen.
Schon in dieser Phase geht es im wissenschaftlichen Diskurs um die Berechtigung, gewisse Thesen für wahr zu halten, nur wird diese Frage selbst noch nicht argumentativ ausgehandelt. Dies ändert sich in der Phase der Theoretisierung. In dieser Phase übernimmt der Diskurs die Funktion, gewisse Formen des Begreifens zu begründen (s. u.), d. h. Theorieansätze als „vernünftig" auszuweisen. Dies wird teils geleistet, indem gezeigt wird, daß die Theorieansätze eine andere, nun dem Diskurs zuwachsende Funktion erfüllen, nämlich die Phänomene zu erklären. Auf der anderen Seite muß für die

Adäquatheit eines Theorieansatzes, für seine Konsistenz, seine Fruchtbarkeit, evtl. sogar für seine Legitimität argumentiert werden[31]. In diesem Prozeß erhält der Diskurs selbst die Funktion, Theorien weiterzuentwickeln und neue wissenschaftliche Probleme zu stellen.

Wir sehen also, daß der Diskurs zwei innerwissenschaftliche Funktionen erhält, nämlich die Funktionen der Evaluierung und der Problemgenese. Die Evaluierung geschieht einerseits, indem der Diskurs die kooperative Prüfung von allgemeinen Thesen vermittelt, andererseits durch Problematisierung und Begründung von Geltungsansprüchen. Die Problemgenese geschieht durch eben denselben Prozeß der Problematisierung und Begründung: Es müssen Konsistenzen nachgewiesen werden, Konsequenzen von Hypothesen entwickelt, neue empirische Untersuchungen angestellt werden, um gewisse Argumente zu stützen usw. In einem fortgeschrittenen Stadium der Theoretisierung kann man sagen, daß sich jedes Problem aus einem Argumentationszusammenhang definiert[32].

Neben den Funktionen des Informationsaustausches, der Evaluierung und Problemerzeugung erhält der Diskurs die Funktion der Reputationszuweisung. Es ist nicht ganz leicht zu sehen, was eigentlich der Ursprung dieser Funktion ist. Dadurch daß der wissenschaftliche Diskurs handlungsentlastet ist, ist zunächst der Diskursteilnehmer als soziale Person gerade unbetroffen[33]. Andererseits erhält der Sprecher schon auf der Ebene der Mitteilung von Curiosa einen gewissen Rang im Diskurs selbst: er ist derjenige, der die Merkwürdigkeit gesehen oder erlebt hat. Die Mitteilung wirkt hier so auf den Sprecher zurück, daß er sich als der ,,Erfahrene'', der ,,Weise'' etabliert. Dies ist aber wiederum nur möglich,weil auf dieser Ebene der Inhalt der Mitteilung noch historisch-biographisch eingebunden bleibt. Bereits in der Phase der Thematisierung und Generalisierung geht diese Bindung verloren. Wichtig für den einzelnen (als Motivation) und für die anderen (zur Bewertung der Diskursteilnahme) ist jetzt nur noch die Teilnahme selbst: der Wissenschaftler ist nicht mehr der Erfahrene, der Weise, der Gereiste, sondern der Autor: Wissenschaftler zu sein, bedeutet am wissenschaftlichen Diskurs teilzunehmen, zu publizieren[34]. Was jemand als Wissenschaftler taugt und gilt, muß sich an Hand seiner Publikationen erweisen. Deshalb ist der Prozeß der Evaluierung von Resultaten zugleich der von Wissenschaftlern. Die Differenzierung des wissenschaftlichen Diskurses ermöglicht es dem Wissenschaftler, spezifische Kompetenzen zu erweisen und eine Sichtbarkeit zu erhalten, die schon im allgemeinen wissenschaftlichen Diskurs unmöglich wären. Damit dieses System aber funktioniert, müssen gewisse Normen wie Universalität und organisierter Skeptizismus und gewisse Bräuche wie Eponymie und Zitierpflicht beachtet werden. Faktisch gibt es immer Verzerrungen, d. h. die Evaluierung von Ergebnissen kann sich z. B. nach der schon erworbenen Reputation des Autors richten[35]. Dadurch kehrt sich das ursprüngliche Verhältnis um: Hatte zunächst der Diskurs eine gewisse Funktion für die Reputationszuweisung, so erhält jetzt diese eine Funktion für den Diskurs, nämlich die der Reduzierung eines überkomplexen Informationsangebotes[36].

IV. Diskursive Gegenstandkonstitution

Die Rede von der Konstitution des Gegenstandes der Erkenntnis geht auf *Kant* zurück. Man bezeichnet durch diesen Ausdruck die Beziehung, auf Grund derer der Gegenstand in dem, was er ist, bestimmt wird durch die Art, in der er erkannt wird. Die Aufgabe, diese Beziehung aufzuhellen, ist traditionell (und auch von *Kant* selbst) in einer überzogenen Weise verstanden worden, nämlich so, als hätte man damit die Möglichkeit jeder Erfahrung überhaupt zu begründen. Dies konnte nur zu dem Vorwurf führen, daß inhaltliche und historische Voraussetzungen in der jeweiligen Grundlegung der Erfahrung verschwiegen oder übersehen seien: die Ergebnisse einer so konzipierten Konstitutionslehre erwiesen sich denn auch als die Begründung einer höchst spezifischen Erfahrung, deren Reichweite zudem historisch begrenzt war. Dies trifft auch *Kants* Konstitutionslehre und gerade sie: die Konstitution der Gegenstände der Erfahrung durch galileische Zeit, euklidischen Raum, Substanz und Akzidenz, durch die Relation der Kausalität erwies sich als eingeschränkt auf Gegenstände wissenschaftlicher Erfahrung im Rahmen gewisser Größenordnungen experimenteller Reichweite und im Kontext von sog. klassischen Theorien.

Ein Ansatz, der die Gegenstandskonstitution als einen Prozeß der Ausdifferenzierung spezifischer Gegenstände beschreibt, zieht die Konsequenzen aus diesen historischen Erfahrungen: Es wird von vornherein nicht versucht, Erfahrung überhaupt zu begründen, sondern vielmehr die Möglichkeit spezifischer, wissenschaftlicher Erkenntnisweisen. Dabei wird vorausgesetzt, daß wir lebensweltlich und technisch immer schon mit den Dingen umgehen und über sie sprechen, und daß wir darin bereits ein gewisses Wissen und sei es auch nur ein savoir faire haben. Die Gegenstandskonstitution wird dann als der Prozeß der Verwissenschaftlichung von Gegenstandsbereichen beschrieben. Dabei ist zu bestimmen, wie die Spezifität wissenschaftlicher Gegenstände durch die Spezifität wissenschaftlichen Umgangs mit den Gegenständen (Experiment und Datenerhebung) und wissenschaftlichen Redens bestimmt ist. In diesem Aufsatz haben wir es nicht mit der Frage zu tun, wie der lebensweltlich diffus gegebene Gegenstand durch gewisse Experimentalregeln zum spezifischen Gegenstand einer Wissenschaft stilisiert wird[37]. Hier geht es um die Frage, als was ein Gegenstand bestimmt wird, indem wir in bestimmter Weise wissenschaftlich über ihn reden. In der *Kant*ischen Unterscheidung von Anschauung und Begriff gesprochen, handelt es sich hier also nicht um die Form, in der uns ein Gegenstand gegeben wird, sondern um die Form, in der wir ihn begreifen.

Zur Bildung eines spezifischen wissenschaftlichen Gegenstandes tragen nun die Ausdifferenzierungen des Diskurses in allen drei Dimensionen bei. So vollzieht sich — um ein Beispiel aus der ersten Dimension zu nennen — im Zuge der Ausbildung wissenschaftlicher Termini eine Essentialisierung des Gegenstandes: In der diffusen Menge möglicher Eigenschaften eines Gegenstandes werden einige als die „wesentlichen" ausgezeichnet. So wurde z. B. aus der diffusen Menge von Eigenschaften, wie etwa Geschmack, ähnliches Aussehen, Herkunft usw., die eine Familie von Stoffen als Salze vereinigten, durch terminologische Festlegung die eine Eigenschaft der Verbindung aus Kation und Anion als die wesentliche herausgehoben. So wandelt sich — um ein Beispiel aus der dritten Dimension zu nennen — durch den Übergang vom praktischen zum theoretischen Diskurs, d. h. also zur Verwendung von Aussagen als Behauptungen, der Bereich vielfältiger und diffuser lebensweltlicher Beziehungen zwischen Dingen in ein Feld von Tatsachen. Der wichtigste Beitrag zur diskursiven Konstitution des wissenschaftlichen Gegenstandes liegt aber in der zweiten Dimension: er besteht in der Theoretisierung des Gegenstandsbereiches. Da wir in diesem Zusammenhang ohnehin die Konstitutionstheorie nicht entfalten können und wohl auch nicht der Ort für weitergehende philosophische Reflexionen gegeben ist, wollen wir uns hier auf eine Skizze des Vorgangs der Theoretisierung beschränken.

Indem wir über Dinge reden, sagen wir etwas über sie. Dieses Sagen hat im theoretischen Diskurs speziell die Form von Behauptungen. Schon *Kant* hat nun die eine Seite der Gegenstandskonstitution, nämlich die Leistung des Begriffs, als diskursive bezeichnet, freilich ohne zu sehen, daß die Repräsentation des Gegenstandes, in der sich diese Leistung auswirkt, nämlich das Urteil, ein Element des (theoretischen) Diskurses ist. Seine Charakterisierung dieser Leistung als diskursiver — im Gegensatz zur intuitiven der Anschauungsformen — zielte aber auf eine Leistung der Rede, von der auch wir ausgehen wollen: Indem wir über einen Gegenstand reden, zerlegen wir ihn (der uns intuitiv als eins gegeben ist) in eine Mannigfaltigkeit: wir sagen Vieles über Eins. Diese dissoziative Leistung vollzieht sich nun gewöhnlich in der Form von Paar-Begriffen wie Ding/Eigenschaft, Substanz/Akzidenz, Person/Akt, Vorgang/Ereignis, die den Gegenstand bereits im Sinne spezieller wissenschaftlicher Diskurse stilisieren[38]. Eine Ausdifferenzierung der Paare Ding/Eigenschaft und Person/Akt, die im lebensweltlichen Diskurs noch ziemlich ungeschieden zur Anwendung kommen (weshalb man auch aus der grammatischen Subjekt/Prädikat Struktur noch nichts Spezifisches über die Gegenstandserfahrung herleiten kann), ist z. B. ein Element der Ausbildung des Unterschieds von Natur- und Sozialwissenschaften.

Die primäre Leistung der Rede ist also die des „Durchlaufens", der Auflösung des kompakten Gegenstandes. Indem man aber Vieles über Eins sagt, unterstellt man zugleich die Einheit des Vielen, im theoretischen Diskurs wird diese Einheit sogar *behauptet*[39]. Nun ist zwar, was man an Mannigfaltigem im Diskurs äußert, empirisch gegeben, ebenso mag die Einheit des Gegenstandes diffus gegeben sein, die behauptete Einheit des Mannigfaltigen im Diskurs ist aber nicht gegeben. Um dies an einem Beispiel klarzumachen: Wenn wir im Diskurs von einer Person und ihren Akten sprechen, so sind uns diese Person (Paul) und ihre Akte (stiehlt) gegeben, ebenso — freilich diffus, etwa durch Zusehen — ein stehlender Paul. Die Einheit der Person Paul und der Handlung des Stehlens ist uns aber nicht gegeben. Wir brauchen daher, um sie behaupten zu können — so würden wir heute sagen — eine Theorie der Motivation. Ähnlich liegen die Dinge bei dem oben von uns genannten Beispiel der Theoretisierung der Untersuchungen zum Reaktionsverhalten des Menschen: Zwei nach Stimulus und Respons gleiche, aber nach der Dauer typisch unterschiedene Reaktionen werden diskursiv als automatischer Reflex und bewußte Reaktion unterschieden. Die Einheit beider muß nun so gedacht werden, daß sich die zeitliche Differenz erklären läßt. Dies geschieht, indem die Additionstheorie der psychischen Akte entwickelt wird: Danach ist dann der Vorgang der bewußten Reaktion der um den Teilakt der Apperzeption vermehrte psychische Akt.

Man sieht, wie die Behauptung der Einheit des Mannigfaltigen im Diskurs Ausgangs-
punkt von Theoriebildung wird: Eine Theorie ist, so gesehen, die Form in der die Einheit des diskursiven Mannigfaltigen behauptet wird.
Der dissoziativen Leistung der Rede entspricht also eine synthetische. Die Formen der
Synthesis sind die Formen, in denen wir den Gegenstand der Erkenntnis begreifen.
Man kann sie etwa entlang den Paaren der Dissoziation aufsuchen. Dies gibt allerdings
erst eine formale Anzeige, welcher Art die synthetische Leistung sein muß, welche
Kluft überbrückt werden muß. So ist etwa, um ein traditionelles Beispiel zu nehmen,
die Relation von Substanz und Akzidenz nur die formale Vorstellung der Einheit eines
unverändert Zugrundeliegenden mit wechselnden Attributen. Wie diese Einheit zu denken ist, ob als Emanation der Attribute, als Wirkung substantieller Kräfte, als bloße
Trägerschaft einer plastischen Materie o. ä. ist Sache der Theoriebildung. Aber ohne
Theoriebildung ist eben die Einheit des diskursiv entwickelten Gegenstandes nicht zu
denken.
In der Theoriebildung nun liegt die eigentlich konstitutive Leistung des Diskurses. Sie
teilt dem Gegenstand die Einheit mit, unter der er begriffen wird. Diese Einheit geht
grundsätzlich über das hinaus, was empirisch im Gegenstand gegeben ist. Denn mag
auch der Gegenstand empirisch diffus als einer gegeben sein, so ist doch die Einheit,
unter der er zu begreifen ist, die des für ausdifferenzierte Erfahrungsweisen (Experiment, Datenerhebung) gegebenen Mannigfaltigen (der Daten). Damit ist Theoriebildung überhaupt gerechtfertigt und die Notwendigkeit theoretischer Begriffe transzen-
dental erwiesen. Gegen die Angriffe des Operationalismus und des Behaviorismus war
das bisher nur notdürftig durch den Hinweis auf die Prognosefunktion von Theorien
und durch ihre systematisierende Wirkung geschehen[40]. Jetzt zeigt sich, daß Theoriebildung nötig ist, soll nicht die Erfahrung in heterogene Datenmengen zerfallen.
In dem bisher Gesagten konnte es nun noch so erscheinen, als sei Theoriebildung noch
durchaus ein monologischer Akt und als sei deshalb auch nicht von *diskursiver* Gegenstandskonstitution zu sprechen. Dieser Anschein kam aber nur zustande durch unsere
Orientierung an der *Kant*ischen Begründung der Einheit im Urteil. Faktisch ist aber
durch die Behauptung der Einheit des Gegenstandes in einer Aussage Theoriebildung
nur im Ansatz gegeben. Sie kommt überhaupt erst in Gang dadurch, daß der Diskurs-
partner für diese Behauptung eine Rechtfertigung fordert. Diese Rechtfertigung
besteht nun — da die behauptete Einheit ja nicht selbst empirisch gegeben ist — in
einer expliziten Konstruktion der Einheit des Mannigfaltigen: Es werden Hypothesen
gebildet, die diese Einheit abzuleiten oder zu erklären gestatten. Hier liegt der Ursprung wissenschaftlicher Argumentation: Sie kommt zustande, weil im Diskurs Behauptungen auftreten, die sich nicht durch unmittelbaren Rekurs auf Empirie rechtfertigen lassen. Die Rechtfertigung ursprünglicher, zum Begreifen der Einheit des Gegenstandes erzeugter Theorien geschieht dann entweder durch Ableitung und Überprüfung
spezieller empirischer Konsequenzen (die durchaus auch zum Nachweis ursprünglich
nur hypothetisch angenommener Einheiten wie Atome oder Lichtquanten führen
kann), oder durch Herstellung immer abstrakterer Einheiten, die aber dann einen
immer größeren Erfahrungsbereich zu integrieren gestatten.
Als Ergebnis unserer Frage nach der diskursiven Gegenstandskonstitution zeigt sich

also ein enger Zusammenhang von Theoretisierung des Gegenstandes und Spezifizierung des Diskurses zum Argumentationszusammenhang. Die Vermutung dieser Beziehung war ja, wie eingangs gesagt, der Anlaß zu unserer Untersuchung von Diskursen und ihrer Entwicklung.

V. Fachgemeinschaften als Diskursgemeinschaften

Wir haben im vorhergehenden bereits verschiedene Entwicklungslinien gezeichnet, die zur Autonomisierung der Wissenschaft führen, zur Verselbständigung, und Vervielfältigung wissenschaftlicher Diskurse und zu deren Isolierung gegenüber dem allgemeinen Diskurs: Die Herausbildung spezifischer Gegenstände durch die Verwissenschaftlichung von Gegenstandsbereichen, die Theoretisierung von Gegenstandsbereichen und die damit verbundene interne Problemerzeugung, die Entwicklung eines internen Evaluierungssystems und die Entwicklung spezieller Wissenschaftssprachen. Wir wollen jetzt sehen, wie diese Entwicklungen mit der Herausbildung spezieller Gemeinschaften verbunden sind, den wissenschaftlichen Fachgemeinschaften. Soziale Gebilde in der Wissenschaft sind schon unter den verschiedensten Gesichtspunkten untersucht worden, und die verschiedensten Merkmale sind als ihre Charakteristika hervorgehoben worden. So hat man etwa ihre formelle Organisation in Vereinen, Sektionen, Hochschuldisziplinen zum Thema gemacht, die Herausbildung kleiner zusammenhängender Gruppen durch Vernetzung aktueller Sozialbeziehungen, die Institutionalisierung von Spezialitäten und Forschungsfeldern in Zusammenhang mit der Organisation von Problemfeldern, die Stabilisierung und Abgrenzung von Disziplinen durch Mechanismen der Sozialisation und sozialen Kontrolle, das Verhalten der Wissenschaftler unter dem Gesichtspunkt einer Berufsethik oder dem technisch-methodologischer Regeln und Normen[41].

Die Vielfalt dieser Untersuchungen hat gezeigt, daß soziale Gebilde in der Wissenschaft nicht nur eine mehrschichtige soziale Struktur haben (etwa: Organisation der wissenschaftlichen Kooperation und Organisation des internen Belohnungssystems), sondern daß es auch durchaus verschiedene Formen von Wissenschaftlergemeinschaften gibt, die sich z. T. charakteristisch mit dem Entwicklungsstand der Wissenschaft ineinander transformieren. Um hier nicht unnütz die eine gegen die andere Bestimmung wissenschaftlicher Gemeinschaft auszuspielen, muß man vor allem unterscheiden, ob man sich auf der Ebene der informellen oder der formellen Organisation befindet. Informelle Gemeinschaftsbildungen ergeben sich dann, wenn Wissenschaftler informelle Sozialkontakte haben, durch gemeinsame Arbeiten, durch gemeinsame Anschauungen oder Methoden miteinander verbunden sind. Formell sind Gemeinschaften, wenn die Zugehörigkeit zu ihnen durch „aktenkundige" Attribute definiert ist (Diplome, Beitrittserklärungen, Approbationen), und wenn sie personunabhängige Organe besitzen (Lehrstühle, Zeitschriften, Vorstände usw.). Bei der Charakterisierung informeller Gemeinschaftsbildung in der Wissenschaft muß man wieder unterscheiden, ob man sich auf der Ebene der vorauszusetzenden Solidarität für diese Gemeinschaftsbildung befindet oder auf der Ebene der für sie charakteristischen Interaktion. Die Solidarität einer

Wissenschaftlergemeinschaft kann sich auf einen gemeinsamen wissenschaftlichen Gegenstand gründen, eine gemeinsame Theorie, eine gemeinsame Methode oder ein gemeinsames Forschungsziel[42]. Die Wissenschaftlergemeinschaften auszeichnende und zusammenhaltende Interaktion kann man versuchen, als Informationsaustausch zu bestimmen, als Austausch von Information gegen Anerkennung oder kreativer Leistung gegen kompetente Reaktion oder schließlich als Argumentationszusammenhang[43].

Wenn wir Wissenschaftlergemeinschaften als Diskursgemeinschaften bestimmen, dann machen wir Aussagen über die informellen Gemeinschaftsbildungen und charakterisieren diese von der Interaktion her. Dabei kann sich natürlich zeigen, daß die informelle Organisation an bestimmten Stellen zu formellen Organisationen führt, wie wir es z. B. schon für die Ausbildung von Fachzeitschriften im Zuge der Ausdifferenzierung spezifischer wissenschaftlicher Diskurse andeuteten. Ferner enthält unser Ansatz die Behauptung einer gewissen Priorität der Interaktion gegenüber der Solidarität als gemeinschaftsbildender Faktoren, weil wir ja z. B. die Herausbildung spezieller Gegenstände und die Kanonisierung von Theorien als Momente der Ausdifferenzierung von Diskursen behandeln.

Wir behaupten nun, daß sich mit der Ausdifferenzierung und Vervielfältigung wissenschaftlicher Diskurse wissenschaftliche Gemeinschaften herausbilden, die diesen Diskursen zuzuordnen sind, daß also der Ursprung von ,,Disziplinen'' und Fachgemeinschaften in dem von uns beschriebenen Differenzierungsprozeß liegt. Diese These wird genau dann zutreffen, wenn die Ausdifferenzierung von Diskursen gewisse Schwellen erzeugt, die Zugehörigkeit und Nichtzugehörigkeit zur Gemeinschaft der Diskursteilnehmer trennen. Daß diese Schwellen existieren, ist eine Tatsache: Seit dem 18. Jahrhundert sind nahezu unüberwindliche Schranken sowohl zwischen dem Wissenschaftler und den ,,Laien'' — auch den ,,gebildeten Laien'' und Naturliebhabern — als auch zwischen den Wissenschaftlern verschiedener Disziplinen entstanden. Man kann nun solche Schranken für die Zugänglichkeit wissenschaftlicher Diskurse in dreierlei Weise angeben und entsprechend dreifach Wissenschaftlergemeinschaften gegen die Laienwelt und gegeneinander abgrenzen: als Sprachgemeinschaften (a), als Argumentationsgemeinschaften (b) und als Paradigmagemeinschaften (c). Diese Abgrenzungen sind keinesfalls immer verschiedene Charakterisierungen ein und derselben Gemeinschaft, vielmehr haben die zugehörigen Gemeinschaften in der Regel verschiedene Extension, können sich auch einmal überschneiden.

(a) Die Schwelle, die Diskursgemeinschaften als Sprachgemeinschaften ausgrenzt, ist die der Verständlichkeit: Wer an einem speziellen wissenschaftlichen Diskurs teilnehmen will, muß dies in der zugehörigen Fachsprache tun, um sich Gehör zu verschaffen. Umgekehrt wird außerhalb des speziellen Diskurses und zwar in der Laienwelt wie in großen Teilen der übrigen Fachwelt wegen der Sprachbarriere nicht verstanden, was in dem speziellen Diskurs verhandelt wird. Das Problem der Popularisierung ist deshalb zum größten Teil ein Übersetzungsproblem, und die Schwierigkeiten interdisziplinärer Arbeiten sind weitgehend Sprachprobleme. Wir haben aber die Schwelle, die Wissenschaftlergemeinschaften als Sprachgemeinschaften ausgrenzt mit dem Terminus ,,Verständlichkeit'' in gewisser Weise noch zu technisch, bzw. zu einseitig aus der Perspektive des Nicht-Teilnehmers bestimmt. Vom Insider her gesehen hat nämlich die Fachsprache eine weitergehende Bedeutung als bloß die eines adäquaten Kommunikationsmediums: Sie hat zugleich „folkloristische" Bedeutung und wird für den Benutzer zum Merkmal seiner Zugehörigkeit für das, was er sagt, zum Merkmal der fachlichen Relevanz. Deshalb ist die Schwelle, die es verhindert, daß aus der Laienwelt etwas in die Fachwelt hineingesprochen wird, auch nicht einfach eine Schwelle der Verständlichkeit. Denn der Fachmann ist ja auch immer Teilnehmer am allgemeinen Diskurs und müßte schon verstehen können, was der Nichtfachmann in den spezifischen Diskurs hineinsprechen will. Es handelt sich hier genauer um eine Schranke diskursiver Wahrnehmungsfähigkeit: Der Fachmann nimmt im allgemeinen Probleme nicht als für seinen Diskurs relevant wahr, wenn sie nicht in der zugehörigen Fachsprache formuliert sind.

Da die Fachsprachen zunächst nur ein spezifisches Kommunikationsmittel darstellen und noch nicht die Einigkeit über gewisse Inhalte bzw. die diskursive Verbundenheit der Teilnehmer voraussetzen, werden durch sie nur die größten Einheiten wissenschaftlicher Gemeinschaften ausgegrenzt. Andererseits haben wir gesehen, daß sie auch kanonisiertes Wissen enthalten und daß sie ferner ein heuristisches Instrument darstellen: Ein Problem in einer speziellen Fachsprache formulieren können, bedeutet im Prinzip schon seine Lösbarkeit mit den Mitteln des entsprechenden Faches[44]. Mit dem Erlernen einer spezifischen Fachsprache wird also der Zugang zu einem Kommunikationsmedium erschlossen, eine gewisse Basis fachspezifischen Wissens, eine Heuristik und ein Instrument zur Formulierung von Ergebnissen entworfen. Man kann deshalb für viele Disziplinen analog behaupten, was *Taylor* als Ergebnis seiner Untersuchung der Sprache der Chemie formulierte: "To learn chemistry is to learn the language of chemistry[45]."

(b) Wurden als Sprachgemeinschaften relativ große Gruppen von Wissenschaftlern zu einer Gemeinschaft zusammengefaßt, so sind Gruppen, die durch einen Argumentationszusammenhang verbunden sind, gewöhnlich relativ klein. Häufig sind sie Untergruppen der ersteren, aber es ist für die Argumentationsgemeinschaft gerade charakteristisch, daß dies nicht so zu sein braucht: Sie können Wissenschaftler über die Grenzen von Fachsprachen und Disziplinen hinaus zusammenfassen. Das mag mit Übersetzungs- und Verständigungsschwierigkeiten verbunden sein, die entscheidende Schwelle aber für die Zugehörigkeit ist die Frage, ob ein Wissenschaftler in einem bestimmten Argumentationsstand etwas Relevantes beizutragen hat.

Ein Argumentationsstand ist eine aktuelle Konstellation von Arbeiten, Fragestellungen, Ergebnissen und Problematisierungen, die zueinander in bestimmten logisch ausweisbaren Beziehungen des Widerspruchs, der Stützung, der Folgerung, der Infragestellung usw. stehen. Ein Argumentationszusammenhang bildet sich, wie wir gesehen haben, durch die Theoretisierung eines Gebietes. Die verschiedenen Arbeiten der Wissenschaftler sind dann nicht mehr einzelne Informationen, die additiv zur Aufklärung eines Gebietes oder Gegenstandes führen, sondern sie sind alle aufeinander bezogen, evaluieren sich durch Stützung, Problematisierung, Widerspruch gegenseitig, erzeugen durch ihre Konstellation neue Probleme und bringen so kooperativ das Forschungsgebiet voran. Diese argumentative Vernetzung von wissenschaftlichen Arbeiten kommt dadurch zustande, daß von dem Zeitpunkt an, zu dem sich überhaupt eine argumentative Konstellation (etwa durch eine Kontroverse) ergeben hat, Wissenschaftler Resultate nur noch als „Beitrag" anbieten können und entsprechend Reputation gewinnen können, wenn sie ihre Arbeit irgendwie in den Argumentationszusammenhang hineinstellen. Gewöhnlich geschieht das schon antizipatorisch, indem nämlich die Wissenschaftler ihr Forschungsproblem bereits aus dem Argumentationsstand definieren. Eine Wissenschaftlergemeinschaft als Argumentationsgemeinschaft ist also durch die inhaltlich-logische Beziehung der Arbeiten *und* Fragestellungen definiert. Man kann sie deshalb mit einigem Recht als „Forschungsgemeinschaft" bezeichnen, weil durch die argumentative Vernetzung eine informelle Organisation der Forschung zustandekommt. Die Zugehörigkeit eines Wissenschaftlers zu einer solchen Forschergemeinschaft ist „im Prinzip" nicht an irgendwelche Voraussetzungen der wissenschaftlichen Sozialisation gebunden, sondern hängt davon ab, ob es einem Wissenschaftler gelingt, seine Arbeit aus dem Argumentationszusammenhang zu definieren und seine Resultate als triftige Argumente bzw. Problematisierungen zu präsentieren.

(c) Durch Kanonisierung werden bestimmte wissenschaftliche Inhalte und Methoden zum festen Bestand von Diskursen, ihre Akzeptation zur Voraussetzung der Teilnahme. Was in einem durch Kanonisierungen geprägten Diskurs vorgetragen werden kann, darf gewisse Voraussetzungen nicht problematisieren, muß „im Stil" gewisser Beispiele formuliert sein, hat sich als Fortsetzung, Ausfüllung, Verbesserung des kanonisierten Wissens zu erweisen. Diskursgemeinschaften, die durch solche Kanonisierungen ausgegrenzt werden, kann man nach *Kuhn* als „Paradigma-Gemeinschaften" bezeichnen. In Herausarbeitung der Rolle der Tradition in der Wissenschaft hat *Kuhn* gezeigt, daß die Wissenschaft gewöhnlich, in ihrem „normalen" Gang, durch gewisse disziplinäre Vorbilder geprägt ist, daß durch diese Vorbilder Grundlagen der Disziplin gegen mögliche Problematisierungen abgeschirmt werden und daß durch sie mögliche und im Prinzip lösbare Probleme — zugleich mit gewissen Lösungsansätzen — vorgegeben sind: Wissenschaftliche Arbeit in solchen Gebieten ist puzzle solving[46].
Die Stabilisierung und Abgrenzung von Paradigmagemeinschaften geschieht durch soziale Sanktionen und Kontrollen[47]: Es wird — etwa von Zeitschriftenreferenten — über die Einhaltung von technisch-methodologischen Regeln gewacht, es wird in der Gemeinschaft nur zur Kenntnis genommen und gewürdigt, was auf der Basis des gemeinsamen Dogmas entstanden ist. Der Eintritt in eine Paradigmagemeinschaft ist ebenfalls ein eher sozialer als ein wissenschaftlicher Akt: er geschieht gewöhnlich durch wissenschaftliche Sozialisation, in deren Verlauf dem werdenden Wissenschaftler das kanonisierte Wissen ohne Problematisierung[48] vermittelt wird. Später ist er als ein Akt der Konversion[49] zu werten: Ein Wissenschaftler ändert durch Eintritt in die Paradigmagemeinschaft seinen wissenschaftlichen „Glauben".

Wenn wir hier so getrennt von wissenschaftlicher Sprachgemeinschaft, Argumentationsgemeinschaft und Paradigmagemeinschaft geredet haben, so um die Typen idealiter voneinander abzusetzen. Faktisch enthalten natürlich Gemeinschaften jeder Art auch Züge der anderen. Wir haben schon darauf hingewiesen, daß Wissenschaftssprachen Kanonisierungen enthalten, allgemeiner kann man sogar sagen, daß sie Kanonisierungen sind, nämlich ein konventionelles Kommunikationsinstrument. Ebenso kommt natürlich keine Argumentation ohne Kanonisierungen aus: Niemals kann alles zugleich problematisiert werden und ohne einen Basiskonsensus, der zumindest für eine Zeitlang unangetastet bleiben muß, ist Argumentation nicht möglich. Ferner ist natürlich eine wissenschaftliche Paradigmagemeinschaft auch kein Glaubenszirkel, vielmehr entwickeln sich in ihr immer Argumentationen, die stets Teile des Wissens problematisch halten und im Prinzip die Öffnung der Paradigmagemeinschaft nach außen zur Folge haben können. Schließlich ist in der Regel eine Argumentationsgemeinschaft auch eine Sprachgemeinschaft, weil von außen — ohne Übersetzung — sich kaum ein Argument als relevant einbringen läßt. Trotz dieser vielfachen Beziehungen, sind die sozialen Formationen der drei Typen doch verschieden und in concreto wird ein Wissenschaftler auch entsprechend verschiedene soziale Identitäten ausbilden.

Gegen die Laienwelt sind die Absetzungen wissenschaftlicher Diskurse schroff, die Zugangsschranken erheblich. Aber auch in der Wissenschaft bilden sich durch sprachliche Schranken, durch Kanonisierungen und Argumentationsstände Diskursgrenzen heraus, die jedem nur gestatten, an ganz bestimmten Diskursen teilzunehmen. Dadurch wird der Diskurs zu einem „professionellen". Wer an ihm teilnehmen will, muß spezifische Kompetenzen erworben haben, muß sich gewissen Voraussetzungen unterwerfen und muß sich dem Stand der Dinge anpassen: Um an einem wissenschaftlichen Diskurs teilzunehmen, muß man die zugehörige Fachsprache lernen, gewisse Doktrinen akzeptiert haben und sich schließlich argumentativ in einen Diskussionszusammenhang hineinstellen.

Anmerkungen

[1] *G. Böhme*, Die soziale Bedeutung kognitiver Strukturen. Ein handlungstheoretisches Konzept der Scientific community, in: Soziale Welt 25 (1974).

[2] Die genannten Einwände stammen von Frau Dr. *B. Peters*, Wissenschaftszentrum Berlin, bzw. Dr. *W. Krohn*, MPIL Starnberg. Ihnen wie den übrigen Teilnehmern der Tagung der Sektion „Wissenschaftsforschung" im Juni 1974 in Starnberg, sowie meinen Hörern in München, Wien und Graz gilt mein Dank für die Kritik und zahlreiche Anregungen.

[3] Jedenfalls trifft das zu für „primäre Verwissenschaftlichungen", d. h. solche, bei denen die von der entstehenden Wissenschaft zu bearbeitenden Gegenstände nicht schon von vorhergehenden wissenschaftlich erzeugt wurden. In diesem Sinne fand zwar mit der Genetik im 19. Jahrhundert eine primäre Verwissenschaftlichung statt, nicht aber mit der Molekulargenetik im 20., der ihr Gegenstand, das sich reproduzierende Erbmaterial, bereits wissenschaftlich vorgegeben war.

[4] Es kommt uns hier darauf an, daß durch die Verwendung von Aussagen im Diskurs über ihren pragmatischen Sinn faktisch entschieden ist. Für die strengeren Unterscheidungen von utterance, illokutionärem Akt, énoncé und Proposition muß auf die Literatur verwiesen werden: *J. S. Searle*, Sprechakte, Frankfurt 1971, bes. 38—54; *M. Foucault*, Archäologie des Wissens, Frankfurt 1973, bes. 120—126; *J. Habermas*, Vorbereitende Bemerkungen zu einer Theorie der kommunikativen Kompetenz, in: *J. Habermas* und *N. Luhman*, Theorie der Gesellschaft oder Sozialtechnologie, Frankfurt 1971, 101—141.

5 Anzeichen für diese an sich unvermeidliche Wendung siehe bei W. Stegmüller, Probleme und Resultate der Wissenschaftstheorie und analytischen Philosophie, II, 2. Halbband, Berlin, Heidelberg, New York 1973.

6 K. O. Apel, Transformation der Philosophie, Bd. II, Frankfurt 1973. Darin besonders: Szientismus oder transzendentale Hermeneutik? Zur Frage nach dem Subjekt der Zeicheninterpretation in der Semiotik des Pragmatismus, 178—219. Die Kommunikationsgemeinschaft als transzendentale Voraussetzung der Sozialwissenschaften, 220—263; Szientistik, Hermeneutik, Ideologiekritik, Entwurf einer Wissenschaftslehre in erkenntnisanthropologischer Sicht, 96—127.

7 Diese traditionelle Unterscheidung findet sich übrigens bei Apel deutlich wieder in „Szientistik, Hermeneutik, Ideologiekritik . . ., a.a.O., als die von „Leibapriori" und „Bewußtseinsapriori".

8 A. V. Cicourel, Methode und Messung in der Soziologie, Frankfurt 1970.

9 Szientismus oder transzendentale Hermeneutik, . . . , a.a.O., 199 ff.

10 J. Habermas, Wahrheitstheorien, in: Wirklichkeit und Reflexion, Festschrift f. F. W. Schulz, Pfullingen 1973, 211—265.

11 Unsere Auffassung der Funktion wissenschaftlicher Diskurse unterscheidet sich von der von Habermas, insofern wir keine Konsensustheorie der Wahrheit akzeptieren. Dazu: G. Böhme, Über die Bedeutung einer Konsensustheorie der Wahrheit für eine Theorie der Alternativen in der Wissenschaft, Arbeitspapier, MPIL Starnberg, April 1972 und Habermas' Nachwort (1973) zu „Erkenntnis und Interesse", das die dort vorgetragene Kritik spiegelt.

12 R. Hasan, Code, Register and Social Dialect, in: Basil Bernstein (Hrsg.), Class, Codes and Control, London—Boston 1973, Vol. 2, 272.

13 G. Taylor, Language and Learning, Deep Structure in a Chemical Text, unpublished M. Litt. thesis, Univ. of Edinburgh 1968. Hier zitiert nach dem Referat in: A. Davies, The Notion of Register, in: Educational Review 22 (1969), S. 75 f.

14 G. Böhme, Die Bedeutung praktischer Argumente für die Entwicklung der Wissenschaft, in: Philosophia Naturalis, 15 (1974).

15 I. Lakatos, Falsification and the Methodology of Scientific Research Programmes, in: I. Lakatos und M. Musgrave (Hrsg.), Criticism and the Growth of Knowledge, Cambridge 1970, 91—196.

16 M. Foucault, Wahnsinn und Gesellschaft, Frankfurt 1973; ders., Die Geburt der Klinik, München 1973; ders., Die Ordnung der Dinge, Frankfurt 1971.

17 M. Foucault, Archäologie des Wissens, Frankfurt 1973; ders., Die Ordnung des Diskurses, München 1974.

18 Z. B. in: Die Ordnung des Diskurses, a.a.O., 48, Die Ordnung der Dinge, a.a.O., 204.

18a Archäologie des Wissens, a.a.O., 68.

19 S. hierzu und dem folgenden: M. Crosland, Historical Studies in the Language of Chemistry, London 1962.

20 R. Carnap, Introduction to Symbolic Logic and its Applications (1954), New York 1958.

21 S. dazu etwa: R. Wolff, Die Sprache der Chemie vom Atom bis Zyankali. Zur Entwicklung und Struktur einer Fachsprache, Bonn 1971.

22 Lavoisier hat bei der Nomenklaturreform 1787 die Anpassungsfähigkeit gegenüber neuem Wissen und heuristische Kraft als Prinzipien der chemischen Sprache formuliert: "It (the new nomenclature) would adapt itself to the work ahead; it would mark in advance the new substances which could be discovered and it would only require minor local reforms in the future" (Crosland, a.a.O., 179).

23 Foucault, der solche Systematisierung durch die jeweilige Repräsentation in einer Fachsprache als die entscheidende Erkenntnisleistung des 18. Jahrhunderts für die Naturgeschichte, die Ökonomie und die Grammatik herausarbeitet, formuliert für die Naturgeschichte: „Es handelt sich um eine fundamentale Anordnung des Wissens, das die Erkenntnis der Wesen nach der Möglichkeit ordnet, sie in einem System von Namen zu repräsentieren . . . Die Natur zu erkennen, heißt in der Tat, ausgehend von der Sprache eine wahre Sprache zu errichten" (Die Ordnung der Dinge, a.a.O., 203 bzw. 209).

24 Die Nomenklaturvorschläge liegen jeweils kurz vor den eigentlich systematischen Werken: Linnés Critica Botanica 1737, sein Systema Naturae 1758, die Méthode de nomenclature chimique 1787 zwei Jahre vor Lavoisiers Traité élémentaire de chimie.

25 D. A. Kronick, A History of Scientific and Technical Periodicals. The Origins and Development of the Scientific and Technical Press 1665 till 1790, New York 1962, bes. 104, 209. Kronick gibt als erste spezifisch physikalische Zeitschrift Roziers „Observations et mémoires sur la Physique", ggrd. 1773 an (a.a.O., 106).

26 Zur Kategorie der Auffälligkeit und ihrem Zusammenhang mit der Thematisierung s. M. Heidegger, Sein und Zeit, Tübingen, 8. Aufl. 1957, 72—76, 356—364.

27 „Endgültig" in der Entwicklung der primären Verwissenschaftlichung. Nachdem die interne Theorieentwicklung zu einer gewissen Reife gelangt ist, kann gerade wieder eine Rückbindung an technisch-praktische Zwecke stattfinden: das ist die These der Finalisierung. S. *G. Böhme, W. van den Daele, W. Krohn*, Die Finalisierung der Wissenschaft, in: Zeitschrift für Soziologie 2 (1973), 128 ff.

28 Für die Fakten dieser Entwicklung s. *E. G. Boring*, A History of Experimental Psychology, 2nd ed., New York 1950, S. 134—156. Eine etwas ausführlichere Dartellung als sie hier möglich ist, findet sich in dem Arbeitspapier: *G. Böhme*, Ein Fall der Herausbildung eines wissenschaftlichen Gegenstandes: Von der persönlichen Gleichung zur Reaktionszeit, MPIL Starnberg, Oktober 1974.

29 *F. C. Donders*, Die Schnelligkeit psychischer Processe, in: Archiv f. Anatomie, Physiologie und wiss. Medicin, 1868, 657—681, bes. 664 f.

30 *J. Habermas*. Wahrheitstheorien, a.a.O.¯

31 Diese Auffassung ist näher ausgeführt in *G. Böhme*, Die Bedeutung praktischer Argumente für die Entwicklung der Wissenschaft, in: Philosophia Naturalis 15 (1974).

32 Dazu *G. Böhme*, Die soziale Bedeutung kognitiver Strukturen, a.a.O.

33 *N. Luhmann*, Selbststeuerung der Wissenschaft, in: Jahrbuch für Sozialwissenschaft 19 (1968), 147—170, bes. 150 f., u. *ders.*, Die Risiken der Wahrheit und die Perfektion der Kritik, Bielefeld, Fakultät für Soziologie, Ms. 1973.

34 Charakteristisch hierfür ist, daß die Deutsche Gesellschaft der Naturforscher und Ärzte in ihrer ersten Satzung den Status des Wissenschaftlers durch das Vorliegen einer wissenschaftlichen Publikation (wobei Diplom- und Doktorarbeiten nicht mitzählten) definierte.

35 *R. K. Merton*, The Mathew Effect in Science, in: Science, 159, 3810 (Jan. 1968), 56—63.

36 *N. Luhmann*, Selbststeuerung der Wissenschaft, a.a.O.

37 Ansätze für diese Seite der Gegenstandskonstitution finden sich in *G. Böhme*, Die Bedeutung von Experimentalregeln für die Wissenschaft, in: Zeitschrift für Soziologie 3 (1974), S. 5—17.

38 Zur dissoziativen Leistung des Diskurses und der damit zusammenhängenden synthetischen s. *Ch. Perelman* und *L. Olbrechts-Tyteca*, The New Rhetoric. A Treatise on Argumentation, London 1971, bes. 411—459; s. auch *M. Faucault*, Die Ordnung der Dinge, a.a.O., 119 f.

39 Die Behauptung der Einheit der geäußerten Mannigfaltigkeit im Diskurs entspricht der Notwendigkeit der Einheit der Mannigfaltigkeit im Urteil bei *Kant*.

40 Etwa *C. G. Hempel*, The Theoretician's Dilemma. A Study in the Logic of Theory Construction, in: *H. Feigl, M. Scriven* und *G. Maxwell*, Minnesota Studies in the Philosophy of Science, Vol. II, Minneapolis 1958, S. 37—98.

41 Beispiele für solche Untersuchungen sind in der Reihenfolge des Textes: *F. Pfetsch* und *A. Zloczower*, Innovation und Widerstände in der Wissenschaft. Beiträge zur Geschichte der deutschen Medizin, Gütersloh 1973; *B. C. Griffith* und *N. C. Mullins*, Coherent Groups in Scientific Change, in: Science 4053 (1972), 559 ff.; *R. D. Whitley*, Cognitive and Social Institutionalization of Scientific Specialities and Research Areas, in: *R. D. Whitley* (Hrsg.), Social Processes of Scientific Development, London 1974; *W. O. Hagström*, The Scientific Community, New York—London 1965; *R. K. Merton*, Wissenschaft und demokratische Sozialstruktur, *Th. S. Kuhn*, Postscript — 1969, beides in: *P. Weingart* (Hrsg.), Wissenschaftssoziologie I, Frankfurt 1972.

42 *J. Law*, The Development of Specialties in Science: The Case of X-ray Protein Crystallography, in: Science Studies 3 (1973), S. 175—303, bes. S. 302 f., und *G. Böhme*, Die soziale Bedeutung kognitiver Strukturen, a.a.O.

43 Entsprechende Untersuchungen in der Reihenfolge des Textes: *N. Luhmann*, Selbststeuerung der Wissenschaft, a.a.O.; *W. O. Hagström*, The Scientific Community, a.a.O.; *N. Storer*, The Social System of Science, New York 1966; *G. Böhme*, Die soziale Bedeutung kognitiver Strukturen, a.a.O.

44 Die Möglichkeit, heute Probleme der Immunologie und der Virologie in der Sprache der Molekularbiologie zu formulieren, bedeutet zugleich, sie einer Lösbarkeit mit den Mitteln der Molekularbiologie zuzuführen. Entsprechendes gilt für das Verhältnis der Festkörper- und Tieftemperaturphysik zur Sprache der Quantentheorie.

45 Zitiert nach *Davies*, The Notion of Register, a.a.O., S. 75.

46 *Th. S. Kuhn*, Die Struktur wissenschaftlicher Revolutionen, Frankfurt 1967.

47 *W. O. Hagström*, The Scientific Community, a.a.O.

48 *M. Polanyi*, Personal Knowledge, New York 1962; *Th. S. Kuhn*, The Function of Measurement in Modern Physical Science, in: *H. Woolf* (Hrsg.), Quantification. A History of the Meaning of Measurement in the Natural and Social Sciences, Indianapolis—New York 1961.

49 *Th. S. Kuhn*, Die Struktur wissenschaftlicher Revolutionen, a.a.O.

Organisatorische Faktoren im Wissenstransfer.
Eine explorative Untersuchung zur Situation in den Sozialwissenschaften*

Von Heine von Alemann

I. Einführung

Wissenstransfer mag letztlich Kommunikation zwischen Personen sein. Es ist aber unsere These, daß in diesem Prozeß heute entscheidend organisatorische Faktoren intervenieren. Dadurch wird die Art der Kommunikation zwischen sozialen Einheiten, die unterschiedlichen sozialen „Systemen" oder Gruppierungen zugeordnet werden können, zu einem wichtigen Untersuchungs- und Planungsobjekt.

In diesem Sinne kann man von „Sender" und „Empfänger" einer Nachricht oder von „Anbieter" und „Nachfrager" von Wissen sowohl bei Personen wie auch bei Institutionen sprechen. Offen bleibt dabei, welcher Ebene im Wissenschaftsbetrieb der „Sender" und „Empfänger" jeweils angehören. Die Kommunikation kann sich nämlich innerhalb der Wissenschaft selbst zwischen einzelnen Forschern oder zwischen Teildisziplinen als Einheiten der Analyse abspielen: wir wollen dann von einem *horizontalen Wissenstransfer* sprechen. Sie kann sich aber auch zwischen Wissenschaftlern und „Laien" oder Abnehmern abspielen, wobei diese oft durch Zwischeninstanzen vermittelt wird: wir wollen in diesem Fall von *vertikalem Transfer* sprechen.

Im allgemeinen wird unterstellt, daß der vertikale Transfer ziemlich einseitig vom Wissenschaftler zum „Laien" verläuft. Es wird dabei übersehen, daß auch der umgekehrte Weg wichtig ist — zumindest für die Themenstellung —, daß also eine Problemstellung des zunächst anwendungsorientierten oder „technischen" Wissens in ein Grundlagenproblem transferiert wird, somit ein „Umweg" bis zu seiner „endgültigen" Verwertung oder Umsetzung eingeschlagen wird.

Es erscheint nicht sehr realistisch, den Transfer von Wissen in der angedeuteten Komplexität für Wissenschaft als „Ganzes" zu behandeln. Aus diesem Grund haben wir uns dafür entschieden, die Problematik für den begrenzten Bereich der Sozialwissenschaften aufzuzeigen.

Es ist unsere These, daß der Transfer entscheidend davon abhängt, wie — je nach Fach verschieden — eine *„scientific community"* organisiert ist. Die Organisation der Forschung eines bestimmten Gebietes wird damit als „intervenierender Faktor" aufgefaßt, den man sich zwischen der Wissensproduktion durch den Forscher (hier gedacht als Anbieter) und seiner Nachfrage bei einem Anwender vorstellen muß. Dabei können allerdings nicht so sehr die Kommunikationsstränge selbst untersucht werden, sondern

* Diese Arbeit wurde unterstützt aus Mitteln der *Fritz Thyssen Stiftung*. Für die Anregung zu der Arbeit bei gleichzeitiger Freiheit in ihrer Durchführung danke ich Herrn Prof. Dr. *Erwin K. Scheuch*.

nur die institutionellen Rahmenbedingungen. Es soll also zunächst der organisatorische Rahmen als Einflußfaktor behandelt werden, innerhalb dessen Kommunikation dann verläuft.

II. Modelle des Transferprozesses

Es kann nicht Aufgabe dieses Aufsatzes sein, ein komplettes Modell des Wissenschaftstransfers zu entwerfen. Zu viele Faktoren sind dabei zu berücksichtigen. Das wohl umfassendste Buch über Transfer von Wissen aus den letzten Jahren (*Havelock* 1969) basiert auf einer Durchsicht von ca. 4 000 Einzelbeiträgen und versucht in sehr kondensierter Form aus dieser Literatur die wesentlichen Faktoren im Prozeß der Dissemination und der Verwendung des Wissens zu extrahieren. Als Ergebnis aus diesem im Grunde eklektischen Versuch werden sieben wichtige Faktoren herausgestellt (die sich aber — in der hier verwendeten Terminologie — vorwiegend auf den vertikalen Transfer beziehen):

1. *Verknüpfung* (linkage), d. h. die Zahl, die Vielfalt und die Gegenseitigkeit der Kontakte zwischen der Quelle und dem Abnehmer einer Innovation;
2. *Struktur*, d. h. das Ausmaß der systematischen Organisation und der Koordination der verschiedenen an dem Gesamtprozeß beteiligten Instanzen, sei es auf Seiten der Innovationsquellen oder der Verwender, sei es auf eine bestimmte Verbreitungs- und Verwendungs-Strategie oder auf die Kohärenz der zu übermittelnden Nachricht bezogen;
3. *Offenheit*, d. h. der Glaube, daß Wandel erwünscht und möglich ist; Bereitschaft und Empfänglichkeit, fremde Hilfe zu akzeptieren, den Wünschen anderer zuzuhören und selbst Hilfe zu leisten; ein soziales Klima, das Wandlungen günstig ist;
4. *Aufnahmebereitschaft* (capacity), d. h. die Fähigkeit, unterschiedliche Hilfsmittel zu mobilisieren und zu kanalisieren. Mit diesem Faktor korrelieren: Reichtum, Macht, Größe, Zentralität, Intelligenz, Ausbildung, Erfahrung, Kosmopolitismus, Mobilität und die Zahl und Verschiedenheit von bestehenden Verknüpfungen;
5. *Belohnung*, d. h. die Häufigkeit, Unverzüglichkeit, Menge, Gegenseitigkeit, Planung und Strukturierung von positiven Verstärkungen
6. *Nähe*, d. h. Nahesein in der Zeit, dem Platz und dem Kontext; außerdem Familiarität, Ähnlichkeit und Neuheit;
7. *Synergie* (synergy), d. h. die Zahl, Vielfalt, Häufigkeit und Dauerhaftigkeit der Kräfte, die mobilisiert werden können, um einen Wissensverwendungseffekt zu erzeugen (*Havelock* 1969, S. 11—20).

Die Termini, die hier von *Havelock* und seinen Mitarbeitern verwendet werden, sind sehr allgemein formuliert. Sie beziehen sich zudem auf ein reines Kommunikationsmodell. Dies wird bereits durch die Wahl der Termini Dissemination und Verwendung indiziert, während meist in der Literatur die Begriffe Diffusion und Anwendung verwendet werden. Die beiden ersten Termini suggerieren eine im Prinzip verlustfreie Transmission von Nachrichten und Inhalten von einer Ebene auf die andere, während die Termini Diffusion und Anwendung Reibungsverluste bei der Transferierung von Innovationen implizieren und diese Verluste in Rechnung stellen. Damit ist aber fraglich, ob dies reine Nachrichten-Übertragungsmodell, wie es von *Havelock* in der Wahl seiner Begriffe unterstellt wird, auf den Prozeß des Transfers von Wissen in den Sozial-

Vorwiegend hat sich die Literatur über Diffusionsprobleme jedoch in einem beschränkteren Rahmen bewegt. Dabei sind zwar sehr nützliche und auch verallgemeinerungsfähige Vorstellungen entwickelt worden, die sich aber fast alle auf ein nur einstufiges Modell (wie breitet sich eine gegebene Neuerung in einem relativ homogenen Milieu aus) oder ein zweistufiges Modell beziehen (wie wird eine bereits in einer gesellschaftlichen Ebene — oder in einem Staat — etablierte „Neuerung" auf eine andere Ebene übertragen; dies letztere ist der typische Fall in den Untersuchungsreihen zum Transfer von Technologien). Bei der Diffusion von neuen Produkten in der Landwirtschaft[1] und tendenziell auch bei der Übernahme von Medikamenten durch Ärzte[2] wurde ein S-förmiger Verlauf des Übernahmeprozesses einer Innovation in einer Gruppe entdeckt. Dabei wurden fünf Personengruppen unterschieden: Innovatoren, frühere Übernehmer, frühe Mehrheit, späte Mehrheit und Verspätete. Zusätzlich wurden im individuellen Übernahmeprozeß typische Phasen festgestellt, nämlich 1. Kenntnisnahme der Innovation, 2. Interesse, 3. Bewertung ihrer Angemessenheit, 4. Versuch und 5. Übernahme für dauernden Gebrauch[3]. Beides zusammen stellt einen gewissermaßen idealtypischen Verlauf des Diffusionsprozesses von Innovationen dar; denn es wird vorausgesetzt, daß jeweils nur eine Invention, die zudem noch produktmäßig „verpackt" sein muß, in einem relativ homogenen Milieu sich ausbreitet. In den meisten Fällen muß man aber annehmen, daß Substitutionsbeziehungen zwischen Inventionen bestehen, daß — vor allem in den Sozialwissenschaften — keine produktmäßige „Verpackung" der Invention vorliegt und daß das Milieu, in dem der Ausbreitungsprozeß vor sich geht, nicht homogen ist (wie etwa bei Landwirten oder Ärzten).

Über die soziale Stellung der Personen, die als die Innovatoren anzusehen sind, gibt es in der Literatur einen langen Streit. Es geht hier um die Frage, ob sie eher in den Führungsschichten einer Gruppe zu suchen sind oder unter Randpersönlichkeiten. In den agrarsoziologischen Untersuchungen ist vor allem das erstere herausgestellt worden, nämlich, daß die dort identifizierten Innovatoren meist aus Führungsschichten stammen. Dies steht im Widerspruch zu der frühen Behauptung von *Barnett* (1953), der behauptete, daß vor allem Randpersönlichkeiten zu Innovationen neigen. Es dürfte klar sein, daß der Übernahmeprozeß außerordentlich beschleunigt wird, wenn traditionelle Eliten ihn anführen. Andererseits scheinen von diesen aber nur bestimmte Innovationen (quasi in Wahrnehmung ihrer Führungsrolle) übernommen zu werden, nämlich solche, die Gewinn erwarten lassen und wenig risikobelastet sind (*Fliegel* und *Kilvin* 1967). Damit kommt dem Innovationstyp im Diffusionsprozeß eine wichtige Rolle zu, allerdings lassen sich bisher kaum Aussagen darüber machen, was für Typen von Innovationen in einer bestimmten Umwelt jeweils am schnellsten und mit dem geringsten Widerstand verbreitet werden.

Ergänzt werden diese Diffusionsmodelle durch Modelle über die räumliche Diffusion von Innovationen[4]. Auch dabei wird meist von einem Punktmodell ausgegangen, eine Vorstellung, die der Realität häufig nicht gerecht werden dürfte, denn zum einen ist davon auszugehen, daß Inventionen durchaus häufig an mehreren Stellen gleichzeitig gemacht werden (vgl. dazu auch die Entdeckung der „multiple-discoveries" in der Wissenschaftsforschung, *Merton* 1963). Dies wird dann besonders häufig auftreten, wenn sich mehrere Stellen mit der gleichen Problemlösung befassen. Außerdem ist es häufig nicht zweckmäßig, einen zu engen Inventionsbegriff zu verwenden, sondern man muß in bezug auf bestimmte Problemlösungen oft von mehreren substituierbaren Problemlösungen (Inventionen, Innovationen) ausgehen.

Gemeinsam ist diesen Vorstellungen über Innovations- und Diffusionsprozesse, daß jeweils nur der horizontale Wissenstransfer behandelt wird. Die Konstruktion von Modellen, die auch den vertikalen Transfer mit einbeziehen, erscheint dagegen wesentlich komplizierter und ist in der Literatur auch weniger häufig behandelt worden. Explizit ist dies noch am ehesten für den Themenbereich „Transfer von Technologien" durchgeführt worden, bei dem es darum geht, den Prozeß zu beschreiben, in dessen Verlauf technisch verwendbares Wissen (Patente, Lizenzen) von einer Organisation auf eine andere übertragen wird, wobei die beiden Organisationen unterschiedlichen Sozialsystemen (meist Nationen) angehören[5]. Ein anderes Beispiel sind Untersuchungen im Zusammenhang mit Entwicklungsprozessen, bei denen meist der Anstoßeffekt untersucht wird, der durch Entwicklungshelfer für eine weitere Diffusion von Neuerungen gegeben wird. Hier ist die soziale Distanz zwischen dem Innovator und den potentiellen Übernehmern meist sehr groß, was zu entsprechenden Konflikten (und vor allem Mißverständnissen) führt. Wenn noch hinzukommt, daß von seiten der Empfänger kaum eigene Motivationen für die Übernahme der Innovationen bestehen, dann darf es nicht verwundern, daß kurzfristig nur sehr schwer Erfolge zu erzielen sind (*Adams* und *Nash*, in: *Heintz* 1962).

Im Vergleich zu den Untersuchungen zum horizontalen Transfer ist es hier allerdings noch nicht zur Herausarbeitung gewissermaßen „handgreiflicher" Modelle gekommen (wie der S-förmige Verlauf im Übernahmeprozeß), sondern es wird zunächst einmal versucht, ein Begriffssystem zur Erfassung des Diffusions- oder Transferprozesses zu entwerfen. So wird meist zunächst einmal zwischen Invention, der Realisierung der Invention durch die Nachfrager (dies wird meist als Innovation bezeichnet) und der Akzeptierung des realisierten Wissens durch die Nachfrager (der Adoption oder Übernahme) unterschieden (vgl. *Siebert* 1967, S. 232), ganz ähnlich unterscheidet *Pfetsch* (1973, S. 13) zwischen der Innovationsphase, der Institutionalisierungsphase und der Diffusionsphase. Damit spielt sich der Gesamtprozeß bereits auf drei unterscheidbaren Ebenen ab. Entsprechend kann man Theorien des Erfinders oder der Erfindung, Theorien der Innovation oder der Innovatoren und Theorien des Übernahmeprozesses unterscheiden (letzteres ist bereits im ersten Abschnitt dieses Kapitels behandelt worden) und natürlich zusätzlich, worauf es uns hier in diesem Abschnitt ankommt, Theorien, durch die die Verbindung dieser Ebenen hergestellt wird[6].

In allen genannten Fällen scheint es nützlich, zunächst davon auszugehen, daß ein Kommunikations- und Informationsproblem vorliegt, bei dem man einen Sender, einen Empfänger und die Nachricht selbst unterscheiden kann. Wir können vermuten, daß sich die Schwierigkeiten im Transferprozeß dann häufen werden, wenn diese drei Elemente jeweils unterschiedlichen Ebenen zugeordnet werden können, wenn also beispielsweise eine wissenschaftliche Theorie (Nachricht) direkt von einem Journalisten (Sender) an Leser oder Hörer (Empfänger) weitervermittelt wird und dabei ein direkter Lernprozeß beim Publikum erwartet wird (z. B. wenn eine sozialwissenschaftliche Theorie vorgetragen und dann ein soziales Lernen erwartet wird). Werden jedoch weitere Zwischeninstanzen eingeschaltet, dann ist das Auftreten mehr oder weniger großer zeitlicher Verzögerungen (lags) sehr wahrscheinlich. Mit dem Auftreten derartiger Verzögerungen und mit der Einschaltung neuer Personengruppen nimmt dann auch die Möglichkeit von Störvariablen zu, so daß die Nachricht nicht mehr unverzerrt weitervermittelt wird. Gleichzeitig sinkt aber auch die Wahrscheinlichkeit, daß inadäquate Nachrichten weitervermittelt werden, da diese in dem verlängerten Prozeß meist ausgefiltert werden.

In ihrer Untersuchung des Kommunikationsflusses in einer amerikanischen Gemeinde haben *Katz* und *Lazarsfeld* (1955) die These vom „Zwei-Stufen-Fluß" in bezug auf Massenmedien aufgestellt. Sie besagt, daß Inhalte von Sendungen der Massenmedien nicht direkt weitervermittelt werden, sondern daß noch ein informelles Medium dazwischengeschaltet ist, nämlich lokale Meinungsführer, die hier vermittelnd tätig sind und gewissermaßen einen Puffer zwischen den Massenmedien und dem atomisierten Publikum darstellen. *Roper* entwickelt im Vorwort des gleichen Buches ein erweitertes Modell, das er allerdings nicht auf empirische Daten stützen kann. Danach werden die wirklich wesentlichen Erfindungen zunächst von den „großen Denkern" hervorgebracht, im Umkreis von diesen befinden sich „große Schüler", die diese Ideen aufnehmen und selbst schöpferisch weiterverarbeiten, „große Innovatoren" (disseminators) bringen diese Ideen dann an eine weitere Öffentlichkeit, „kleinere Innovatoren" (die in etwa den Meinungsführern bei *Katz* und *Lazarsfeld* entsprechen dürften) verbreiten die Ideen weiter an die Mehrzahl der „partizipierenden Bürger". *Roper* unterscheidet zusätzlich noch zwischen „politisch Trägen", die im Diffusionsprozeß ein retardierendes Moment darstellen (*Roper* S. XVI ff., in: *Katz* und *Lazarsfeld* 1955). Dies ist in zweifacher Hinsicht ein atomistisches Modell, das deshalb vermutlich nur auf wenige Fälle des Wissenstransfers zutreffen wird. Zunächst setzt es voraus, daß alle Inventionen eindeutig (als geistiges Eigentum gewissermaßen) einem Erfinder zugeordnet werden können und alle großen Entdeckungen von diesen großen Denkern stammen – was Zufallsentdeckungen ebenso ausschließt wie Mehrfachentdeckungen[7]. Die zweite Einschränkung des Modells besteht aber darin, daß es voraussetzt, daß Innovationen jeweils nur über Individuen sich ausbreiten und mithin von institutionellen und organisatorischen Faktoren vollständig absieht. Dies ist sicher die folgenschwerere Einschränkung; denn durch diese intermediären Instanzen (soziale Systeme, Institutionen, Organisationen und Gruppenbildungen aller Art), die sich in einer differenzierten Gesellschaft zwischen die einzelnen Individuen schieben, werden die Diffusionsprozesse gewissermaßen gebrochen, ohne daß wir bereits genaueres über die auftretenden Brechungsgesetze wüßten. Wir können nur so viel mit Sicherheit nachweisen, daß etwa durch größere Forschungsorganisationen bestimmte Forschungsprozesse überhaupt erst ermöglicht werden, daß mithin Arbeitsteilung und Arbeitszerlegung den Forschungsprozeß sowohl effektiver gestalten als auch beschleunigen (und sicher auch in manchen Bereichen retardieren). Berücksichtigt man dies, dann wird anzunehmen sein, daß der Inventions- wie der Innovationsprozeß meist nicht so streng hierarchisch abläuft, wie sich *Roper* das vorgestellt hat, sondern daß auch andere als die „großen Denker" Ideen zu produzieren vermögen, die dann aber erst in einem arbeitsteiligen Prozeß von anderen verbessert werden.

Ähnliches gilt im Bereich der Wissenschaft für das Verhältnis von Grundlagenforschung, angewandter Forschung und Entwicklung[8]. Häufig wird auch hier ein Abfolgemodell unterstellt, nach dem Grundlagenforschung immer zeitlich der angewandten Forschung und diese der Entwicklung vorausgeht (*Suchman* 1967, S. 88). Dies seinem Anspruch nach deduktivistische Modell übersieht aber, daß der Forschungsprozeß in Gänze ein Prozeß von Versuch und Irrtum darstellt, in dem empirischem Probierverhalten häufig die gleiche Funktion zukommt wie logischer Ableitung. Stillschweigend wird in dieser Abfolge die Technik der Entwicklung oder der angewandten Sozialforschung subsumiert. Historisch gesehen scheinen sich Technik und Wissenschaft aber unabhängig voneinander entwickelt zu haben (*Price* 1965) und erst in jüngerer Zeit ist eine Konvergenz beider Bereiche zu beobachten — bei einer Wissenschaft, die immer mehr auf technische Apparaturen angewiesen ist, und einer Technik, die sich zunehmend verwissenschaftlicht. Dennoch hat sich diese Unterscheidung in Grundlagenforschung, angewandte Forschung und Entwicklung als sehr nützlich erwiesen, selbst wenn in einigen Fällen keine eindeutige Zuordnung durchgeführt werden kann, vor allem wenn man unterstellt, daß diese Bereiche partiell unabhängig voneinander sind.

In den Sozialwissenschaften fällt diese Unterscheidung in Grundlagenforschung, angewandte Forschung (und möglicherweise auch noch Entwicklung und Evaluierungen) noch schwerer als in anderen Disziplinen, obwohl sich auch hier bereits die Unterscheidung Grundlagen- angewandte Forschung durchsetzt. Dies dürfte nicht zuletzt darauf zurückzuführen sein, daß das in den Sozialwissenschaften hervorgebrachte „Produkt" im wesentlichen als Information anfällt (manchmal feierlich „Aufklärung" genannt), das sich aber, gegenüber den „Produkten" anderer Wissenschaften 1. wesentlich schwerer „verpacken" läßt und sich zudem 2. kaum „objektivieren", d. h. zu marktgängigen Produkten „verdinglichen" läßt[9]. Da zu erwarten ist, daß auch in Zukunft sozialwissenschaftliche Ergebnisse vorwiegend als Information anfallen, ist zur Konsumtion dieses „Guts" selbst ein hoher Informationsstand erforderlich (während ja gerade einer der wesentlichen Vorteile marktmäßig verpackter („verdinglichter") Produkte darin besteht, daß der Konsument selbst nur ein Minimum an Informiertheit mitbringen muß). Entsprechend richten sich die von den Sozialwissenschaftlern hervorgebrachten Ergebnisse bislang überwiegend an Experten und Eliten (was dem eigenen Anspruch dieser Disziplinen, egalisierend zu wirken, häufig genug entgegensteht).

Grundlagenforschung in den Sozialwissenschaften bezieht sich vorwiegend auf die systematische Erklärung sozialer Phänomene sowie auf die Ausarbeitung einer möglichst allgemeinen Theorie, aus der deduktiv weniger allgemeine Sätze (etwa zu prognostischen Zwecken) abgeleitet werden können. Angewandte Forschung würde sich entsprechend darauf beziehen, Entscheidungsunterlagen (Informationen, Prognosen, Therapievorschläge, usw.) für Politiker und andere Entscheidungsträger (die auch als „das Proletariat" verstanden werden können) bereitzustellen, die somit entweder aus einer allgemeineren Theorie abgeleitet sein können oder auf empirischem Wege direkt gewonnen werden (durch die gegenwärtigen üblichen Formen des Survey und der Enquête). Der Begriff der „Entwicklung" ist in den Sozialwissenschaften noch nicht üblich. Wie bereits gezeigt wurde, ist es auch schwierig, sich „Entwicklungen" in der Sozialwissenschaft vorzustellen, die in marktgängig verpackten Produkten resultieren.

Allerdings ist dies auch nicht ausgeschlossen. Der Begriff des „Know-how" impliziert, daß bestimmte Institutionen oder Organisationen für abgrenzbare Problembereiche Erfahrungen sammeln und monopolisieren, die als „Paket" an andere Firmen verkauft werden — im Zuge des Technologietransfers und vor allem im Zuge von Entwicklungsprojekten. Die elektronische Datenverarbeitung ist ein Gebiet, in dem dies vermutlich am weitesten fortgeschritten ist, nämlich in der Entwicklung von „software" und ganzen „software"-Paketen, die gegenüber der Entwicklung von „hardware" zunehmend in den Vordergrund rücken. Dabei ist es sogar möglich, „know-how" in Form von Magnetbändern zu speichern und weiterzuverkaufen (obwohl bei den meisten Organisationsproblemen eine sehr umfangreiche Beratung und eine Adaptation des Systems erforderlich sind). Andere Beispiele komplexer „Entwicklungen", die den Sozialwissenschaften etwas näherstehen, sind die Versuche, effiziente Management-Modelle zu entwerfen; oder die Versuche, Schulmodelle zu entwickeln und Lehrpläne zu entwerfen, die Chancenungleichheit vermindern können; oder die Versuche im Rahmen der „human relations" Bewegung in der Industrie, die Arbeitswelt zu „humanisieren"; oder die Versuche aus den frühen 50er Jahren in den USA mit Hilfe von „change-agents" geplanten sozialen Wandel durchzusetzen; oder in jüngerer Zeit auch in der Bundesrepublik die Versuche, Gruppenprozesse für therapeutische Zwecke in der Resozialisierung von delinquenten Jugendlichen nutzbar zu machen[10]. Es kann also festgehalten werden, daß es so etwas wie „Entwicklungen" in den Sozialwissenschaften durchaus geben kann, daß diese „Entwicklungen" jedoch sehr komplexer Natur sein werden[11]. Diese „Entwicklungen" werden dann allerdings nur in den seltensten Fällen als sich selbst perpetuierende Systeme angeboten werden können[12], sondern es dürfte von entscheidender Bedeutsamkeit sein, diese „Entwicklungen" zunächst nur als Anstöße zu verstehen, denen ein sozialwissenschaftlicher Beraterstab beigegeben sein müßte, der Evaluierungen, Teste und Korrekturen vornehmen können muß, um Phänomene wie unvorgesehene Konsequenzen, sich selbst erfüllende und sich selbst zerstörende Prophezeiungen im Ansatz zu erkennen und entsprechend korrigieren zu können. Dies ist genau das, was *Machlup* zusätzlich zu Entwicklungen als vierten Wissenschaftsbereich unter Teste und Bewertungen verstand. Es setzt somit eine permanente Service-Funktion des Sozialwissenschaftlers voraus, die kurzfristig auf Widerstände stoßen dürfte, weil sie ja auch eine gewisse Einschränkung der Bandbreite von Entscheidungsbefugnissen anderer Instanzen nach sich ziehen müßte.

Dies bedeutet also, daß sowohl „Entwicklungen" im hier beschriebenen Sinne, als auch „Teste und Evaluierungen" zusätzlich zu Grundlagenforschung und angewandter Forschung Ebenen des zunehmend konkretisierten Wissens in den Sozialwissenschaften darstellen, die bei einem Wissenstransfer zu berücksichtigen sind, wobei aber in bezug auf „Teste und Evaluierungen" die Einschränkung erforderlich ist, daß es sich hierbei vor allem um professionalisiertes Wissen handelt, das Expertentum voraussetzt. Schon allein aus diesem Grunde wird der Transfer von Wissen aus den Sozialwissenschaften immer an diese Experten gebunden sein und ist nicht losgelöst von diesen in Form von verselbständigten marktgängigen Produkten denkbar. Eine Professionalisierung der Sozialwissenschaften erscheint daher auch in dieser Hinsicht erforderlich.

Als Fazit dieses ersten Abschnitts unserer Überlegungen zum Wissenstransfer in den

Sozialwissenschaften soll festgehalten werden, daß sich die gängigen Modelle des Diffusionsprozesses vor allem auf marktgängige Produkte (wie landwirtschaftliche Erzeugnisse oder Pharmazeutika) beziehen, wobei meist davon ausgegangen wird, daß diese Produktentwicklungen abgeschlossen sind und in einem relativ homogenen Milieu diffundiert werden. Für den Bereich des Transfers von soziologischem oder sozialwissenschaftlichem Wissen sind entsprechende Modelle noch kaum entwickelt worden, weil dieses Wissen meist als Information weitergegeben wird, kaum dingfest gemacht werden kann, sich ständig verändert, in unterschiedlichen Verbalisierungen auftritt, usw. Außerdem erscheint an verschiedenen Modellen problematisch, daß sie gewissermaßen von atomisierten Individuen ausgehen und organisatorische und institutionelle Faktoren nicht berücksichtigen.

III. Horizontaler Transfer

1. Wissenschaftliche Institutionen im Wissenstransfer[13]

Das geringe Alter der sozialwissenschaftlichen Disziplinen, die sich mit einem nennenswerten Personaleinsatz erst nach 1945 etabliert haben[14], bringt es mit sich, daß das System der wissenschaftlichen Institutionen sich nicht so „dicht" präsentiert, als das etwa in den Naturwissenschaften oder der Medizin der Fall ist. Die *Deutsche Gesellschaft für Soziologie* etwa versteht sich vorwiegend noch als eine Vereinigung zur Förderung der Forschung[15], nicht so sehr als eine Institution, die Berufschancen für Soziologen kanalisiert und/oder versucht, eine Berufsethik für eine Profession zu entwikkeln[16]. Dementsprechend ist die Eintrittsschwelle in die Gesellschaft mit der Promotion sehr hoch angesetzt und hält damit vor allem jene außerhalb der akademischen Profession, die ein Tätigkeitsfeld in der Wirtschaft, den Verbänden oder der Politik gefunden haben. Dennoch hat die Deutsche Gesellschaft für Soziologie bereits eine Größe erreicht, in der eine Diskussion aller mit allen nicht mehr möglich ist, und zwar sowohl weil die schiere Personenzahl zu groß geworden ist, als auch weil das Fach in sich zu sehr differenziert ist. Die Aufgliederung des Faches in die vielbeschworenen Bindestrich-Soziologien ist inzwischen insoweit institutionalisiert worden, daß sich inzwischen neun Sektionen gebildet haben, in denen die forschungsbezogene Diskussion, die Diskussion an den Forschungsfronten geführt wird. Diese Entropie des Systems Wissenschaft (von *Tenbruck* als unaufhaltsame Trivialisierung des Wissens beschrieben; siehe seine Abhandlung in diesem Bande) in ein fortlaufend arbeitsteiliger und differenzierter werdendes System beruht auf einem zumindest global und auch meist im Detail nicht geplanten Prozeß, der nach Meinung der meisten Wissenschafts-„philosophen" (wie wir sie hier einmal vorsichtig nennen wollen) auch überhaupt nicht planbar ist, da Wissenschaft, vor allem als Grundlagenforschung, eben auf die Entdekkung bislang unbekannter Sachverhalte aus ist und selbst die Methodik des Vorgehens nicht festgeschrieben werden kann. Die Frage, ob dieses System am Ende aufgrund seiner eigenen Differenziertheit kollabiert, interessiert (zumindest in Deutschland) die Wissenschaftsforscher weniger als jene, ob das System aufgrund äußerer Eingriffe zum Stillstand oder zur Stagnation gebracht werden kann.

Neben den wissenschaftlichen Gesellschaften finden sich in der Bundesrepublik Vereinigungen der wirtschaftswissenschaftlichen und der sozialwissenschaftichen Forschungsinstitute, denen aber nur ein relativ kleiner Teil aller Forschung treibenden Stellen angehört. Die Funktion dieser beiden Arbeitsgemeinschaften ist es wohl primär, auf eine gewisse Kontinuität der Vergabe von Froschungsmitteln speziell der Exekutive hinzuwirken, um so die Forschungsinstitute vor zu großen Diskontinuitäten bei der Projektvergabe zu schützen. Die Kommunikation unter den Mitgliedern wie auch die Weitergabe von Know-how scheint demgegenüber weniger bedeutsam, wenn auch von wachsendem Interesse zu sein.

Zu den Institutionen der Wissenschaft, die im Transferprozeß eine wichtige Rolle spielen, gehören auch wissenschaftliche Kongresse, Tagungen, Symposien, Seminare, usw. Die Organisation dieser Konferenzen ist eine der wichtigsten Funktionen wissenschaftlicher Gesellschaften – bei manchen internationalen Gesellschaften bildet es nahezu die einzige Aktivität. Es gibt hier eine Vielzahl von Möglichkeiten, Wissenschaftler an einem persönlichen Kontakt zum Austausch von Forschungsergebnissen zu beteiligen. Diese Kontaktaufnahme ist aber – vor allem bei den internationalen Großkongressen mit mehreren tausend Teilnehmern – meist mit sehr hohen Kosten verbunden. Daher finden immer wieder Überlegungen statt, wie derartige Veranstaltungen möglichst effektiv gestaltet werden können und ob sie nicht, wenigstens zum Teil, ganz abgeschafft werden können – weil besonders bei internationalen Kongressen der Verdacht des wissenschaftlichen Tourismus naheliegt. Kongresse scheinen vor allem drei Funktionen zu erfüllen. Zunächst eine Informationsfunktion, weil auf Tagungen in der Regel neue Forschungsergebnisse vorgetragen werden, die zuvor noch nicht publiziert wurden. Die zweite Funktion läßt sich als Kooperationsfunktion beschreiben, da über die reine Information bei Kongressen zugleich die Möglichkeiten bestehen, die vorgetragenen Ergebnisse zu kritisieren und Kontakt mit dem Verfasser aufzunehmen. Gleichzeitig pflegen sich bei Kongressen auch bereits existierende Gruppierungen zu einem Gedankenaustausch zu treffen. Die überregionale und internationale Zusammenarbeit unter Wissenschaftlern wird somit gefördert. Die dritte Funktion soll Integrationsfunktion genannt werden; denn einer der Gründe für die Attraktivität von Kongressen dürfte darin bestehen, daß ein starkes Bedürfnis unter Wissenschaftlern besteht, diejenigen auch persönlich kennenzulernen, über deren Arbeit man bisher nur gelesen hat, die man zitiert hat, und von denen man sich über ihre Publikationen hat beeinflussen lassen. Die rein symbolische Interaktion innerhalb der *scientific community*, die über das Publikationssystem vermittelt wird, wird so durch eine soziale Interaktion ergänzt. Dieser direkte Kontakt trägt aber zur Konsensbildung und zur Integration von wissenschaftlichen Teilgemeinschaften bei.

Das weitere institutionelle Umfeld der Sozialwissenschaften verschwimmt gewissermaßen im Nebel; es existieren eine Reihe von Förderkreisen, die teils einzelnen Instituten attachiert sind und dort vor allem für die außeretatmäßige Aufrundung der Institutsfinanzen sorgen (und die damit die große Rigidität dieses Finanzrahmens sprengen).

Insgesamt erscheint das System wissenschaftlicher Institutionen in den Sozialwissenschaften als unterentwickelt. Es entspricht nicht der rapiden Expansion dieser Fachgebiete vor allem in den letzten 10 Jahren. Wie diese Anpassung an die gegenwärtige

Situation bewältigt werden soll, darüber bestehen noch keine sehr deutlichen Vorstellungen. Damit bleibt festzustellen, daß für die Kommunikation innerhalb der *scientific community* nur ein sehr unvollkommenes Netzwerk zur Verfügung steht, das gegenwärtig vor allem diejenigen zumindest partiell ausschließt, die die eigentliche Forschungsarbeit tragen, nämlich die Forscher an außeruniversitären Instituten und jüngere, nicht promovierte Wissenschaftler. Es kann vermutet werden, daß auch hiermit die gegenwärtige Theoriebesessenheit in der Soziologie erklärt werden kann.

Zu den wissenschaftlichen Institutionen, die für den Transfer von Wissen bedeutsam sind, gehört vor allem auch das Publikationswesen. Auch hier erscheint die Situation insgesamt als unübersichtlich. Das Miteinander der verschiedenen Medien (Buch, Reader, wissenschaftliche Zeitschriften, Jahrbücher, Festschriften, Schriftenreihen, Forschungsberichte, usw.) gerät so eher zu einem Durcheinander. Besonders Festschriften, von relativ kleinen Instituten herausgegebene eigene Schriftenreihen, aber auch Forschungsberichte sind vorzügliche Mittel, Beiträge (meist ganz unbeabsichtigt) zu verstecken. Andererseits wird durch die Praxis, Dissertationen in ihrer Originalfassung zu publizieren (weil man nur so dem Zwang entgehen kann, die Arbeit auf eigene Kosten drucken zu lassen) der Markt an wissenschaftlichen Büchern überbesetzt[17]. Gleichzeitig wird dadurch verhindert, daß die wissenschaftlichen Zeitschriften ihre Funktion als rasche Informationsvermittler über aktuelle Forschungsvorhaben erfüllen, weil sich dann niemand mehr der Mühe unterzieht, eine Kurzfassung der Arbeit herzustellen. Die wissenschaftlichen Gesellschaften haben bisher wenig unternommen, um hier mehr Durchsichtigkeit zu schaffen und auch Normen und Kriterien für die Präsentierung der Forschung zu entwickeln[18].

Garvey, Lin und *Nelson* haben das Publikationsverhalten von Naturwissenschaftlern mit dem von Sozialwissenschaftlern verglichen. Es zeigen sich dabei sehr interessante Differenzen, die in der Regel darauf hindeuten, daß das Publikationssystem in den Sozialwissenschaften wesentlich weniger effizient ist als in den Naturwissenschaften, obwohl man davon ausgehen kann, daß die Kommunikationssysteme als solche im großen und ganzen übereinstimmen. So fanden sie beispielsweise, daß in den Sozialwissenschaften ein wesentlich längeres Zeitintervall zwischen der Erstellung des ersten Forschungsberichts und der Publikation liegt (im Durchschnitt 28 Monate) als in den untersuchten Naturwissenschaften (16 Monate)[19]; daß in den Naturwissenschaften offenbar ein dichteres informelles Kommunikationsnetz besteht, Personen nämlich, denen Vorabdrucke des Berichts geschickt werden und von denen auch eine Kritik erwartet wird[20]; und daß schließlich der Informationstransfer von der informellen in die formelle Kommunikationsebene in den Sozialwissenschaften mit größeren Unsicherheiten verbunden ist als in den Naturwissenschaften, was man mit der „eklektischen Beschaffenheit des sozialwissenschaftlichen Gegenstandsbereichs" (S. 82) begründen kann[21].

2. Wissenschaftliche Organisationen im Wissenstransfer

a) Universitäten

Bei den wissenschaftlichen Organisationen, die im Wissenstransfer eine Rolle spielen, wollen wir zwischen Universitäten (Hochschulen), Forschungsinstituten und Service-Einrichtungen (Bibliotheken, Archiven, Dokumentationsstellen) unterscheiden. Auf eine Kurzformel gebracht ist wohl die primäre Funktion der Universitäten die „Verwaltung" und Weitergabe des bestehenden Wissens[22]. Dies ist eine schöpferische Aufgabe, aber sie ist nicht primär kreativ. Die Funktion der Universitäten ist damit die langfristige Wissenssicherung für die nachfolgende Generation. Aus diesem Grund ist ihre Aufgabe auf eine sehr lange Sicht abgestellt, der Disseminationsprozeß wirkt sich oft erst nach Jahrzehnten aus[23].

Universitäten und Hochschulen sind heute meist Großbetriebe, die in der Regel zwischen 4 000 und 30 000 Studenten beherbergen (auf die kleineren Einheiten soll hier nicht eingegangen werden, weil deren Ausbildungspersonal und deren Ressourcen im Ganzen doch recht gering sind), die 1 000 bis 4 000 Angestellte und Beamte beschäftigen (vom Ordinarius bis zur Putzfrau) und die über einen jährlichen Etat von bis zu 400 Millionen DM verfügen. An den traditionellen Universitäten werden diese Großbetriebe noch immer nach dem dualistischen Prinzip verwaltet, das eine strikte Trennung von Universitätsverwaltung im technischen Sinne und der Wahrnehmung der wissenschafts- und studienbezogenen Fragen vorsieht. Um die Aufhebung dieses Dualismus ist es in der Vergangenheit zu einem heftigen Streit gekommen, weil dieser Dualismus für ineffektiv gehalten wurde und stattdessen ein monistisches System eingeführt werden sollte, durch das gleichzeitig die Universitätsverwaltung effektiver werden, der Einfluß des Staates zurückgedrängt werden, sowie eine Zentralisierung und Straffung der Universitätsarbeit herbeigeführt werden sollte. Ein systematischer Vergleich der beiden mittlerweile bereits seit einigen Jahren nebeneinander bestehenden Universitätsverwaltungssysteme (Rektoratsverfassung gegenüber Präsidialverfassung) ist aber bisher noch nicht durchgeführt worden.

Aber selbst für ein Präsidialsystem dürfte zutreffen, daß Universitäten außerordentlich dezentralisiert organisierte Einheiten darstellen, die als Volluniversitäten in zum Teil weit über hundert Fächergruppen aufgegliedert sind, und an denen, wie beispielsweise der Universität Köln im Sommer-Semester 1974 wöchentlich ca. 2 400 Veranstaltungen (Seminare, Vorlesungen, Übungen, Praktika, usw.) abgehalten werden[24]. Die konkrete Arbeit an diesen Großbetrieben wickelt sich allerdings meist in kleinen Fächergruppen (gewissermaßen in Nischen) ab, und auch nur eine relativ kleine Anzahl von Fächern ist dem vollen Ansturm von Studenten ausgesetzt.

Diese komplexe Situation an den Universitäten wurde hier kurz vorgestellt, weil sie den Kontext für die Situation der relativ kleinen Anzahl von Sozialwissenschaftlichen Fächern abgibt, mit denen wir es hier zu tun haben. Diese Fächer sind an den Universitäten noch sehr jung, zumindest als ausdifferenzierte Einzeldisziplinen. Die ersten Lehrstühle wurden als einzelwissenschaftliche Spezialwissenschaften praktisch erst nach 1945 geschaffen [so wurde z. B. der Lehrstuhl von *Leopold von Wiese* in Köln, der sich selbst wohl hauptsächlich der Soziologie zurechnete, aber formell einen wirtschaftswissenschaftlichen Lehrstuhl inne hatte, bei seiner Emeritierung in drei Lehrstühle aufgeteilt: Soziologie *(René König)*, Sozialpolitik *(Gerhard Weisser)* und Wirtschaftspolitik *(Alfred Müller-Armack)*]. Erst nach 1960 setzt dann das rapide Wachstum des Faches ein, das dazu führte, daß die Soziologie mittlerweile an allen Universitäten und den meisten technischen Hochschulen und pädagogischen Hochschulen vertreten ist, wobei in dem Jahrzehnt von 1960 auf 1970 ein Wachstum der Personalsituation um 500 % zu verzeichnen war *(Lepsius* 1972/73). Damit ist zunächst einmal nur die grundsätzliche Vertretung des Faches an den deutschen wissenschaftlichen Hochschulen durchgesetzt, es ist noch wenig darüber gesagt, welche Funktionen dieses Fach in der Ausbildung von Studenten erfüllt. Die Funktion als einem „idealen Nebenfach" scheint sich dabei mehr und mehr durchzusetzen, wie vor allem auch die Einführung der Soziologie in die Approbationsordnung der Ärzte und die Ausbildung der Juristen zeigt. Der Soziologie wird damit die Aufgabe zugewiesen, in einer immer differenzierter werdenden Gesellschaft Grundinformationen über gesellschaftliche Zusammenhänge anzubieten. Soziologie als ein Hauptfach mit eigener Forschungstradition ist demgegenüber an den Universitäten zunächst einmal zurückgetreten.

b) Service-Einrichtungen

Service-Einrichtungen bewahren gewissermaßen das Wissen als „hardware" in Formen von Büchern und anderen Publikationen, Archivmaterialien und Dokumentationen aller Art auf. Insofern sind sie für die Universitäten (die Wissen als „software" speichern) wie auch für die Forschungsinstitute gleichermaßen wichtig. Die wichtigsten Service-Einrichtungen auch für die Sozialwissenschaften sind die Bibliotheken, die teils als eigene Handbibliotheken an Seminaren und Instituten gehalten werden, die aber vor allem als zentrale Universitätseinrichtungen organisiert sind. Die Publikationsexplosion, die mit dem Wachstum der Wissenschaft insgesamt verbunden ist, stellt diese Einrichtungen vor gewaltige Probleme und nötigt sie, eine schwerpunktförmige Beschaffungspolitik einzuführen.

Neben den Bibliotheken bilden Rechenzentren an den Universitäten heute zusätzliche Service-Einrichtungen, die zunächst einmal für die Forschung genutzt wurden, neuerdings aber auch immer mehr für Dokumentationszwecke verwendet werden. Aber diese Institutionen sind noch zu neu, als daß ihre Funktionen im Prozeß des Wissenstransfers bereits voll sichtbar geworden wären.

Dokumentationsstellen und Archive der unterschiedlichsten Art werden für die Wissenschaften immer bedeutsamer. Dokumentationseinrichtungen über laufende Forschungsarbeiten sollen etwa jeweils aktuelle Übersichten über die Forschungsfronten einer Disziplin ermöglichen und somit ungeplante Doppelarbeiten verhindern helfen und ebenso mögliche Defizite in der Forschung sichtbar machen. Umfragearchive und die Archive der statistischen Ämter (deren Daten aber nur zu einem geringen Teil in maschinenlesbarer Form vorliegen) haben speziell in der empirischen Sozialforschung für Zwecke der Sekundäranalyse von Umfragen wie auch für die Entwicklung von sozialen Indikatoren und die historische Sozialforschung eine große Bedeutung erlangt.

Diese Einrichtungen werden allerdings bislang noch zu wenig genutzt. Dies liegt aber zum Teil daran, daß die technischen Probleme bei der Benutzung dieser Materialien sehr erheblich sind und etwa in bezug auf Datenarchive meist Programmierer fehlen, die Fremden die Materialien aufschließen könnten[25]. Ähnliches läßt sich für die statistischen Archive sagen, die ebenfalls — vor allem für historische Zeitreihen — sehr interessante Materialien bergen, die aber nur sehr kostspielig aufzuschließen sind. Neben diesen beiden Einrichtungen sind aber auch Dokumentationen der unterschiedlichsten Art und Archive für die Sozialwissenschaften interessant, auch sie werden häufig zu wenig und nur von bestimmten Gebieten aus genutzt. Die Kriminalsoziologie hat auf diesem Gebiet vermutlich noch die meiste Erfahrung im Umgang etwa mit städtischen Archiven.

Alle diese Einrichtungen bilden allerdings kein geschlossenes Netzwerk von Institutionen, die speziell auf die Bedürfnisse der Sozialwissenschaften abgestimmt sind. Die meisten dieser Einrichtungen dienen gleichzeitig einer Vielzahl von Disziplinen oder sind aus ganz anderen Erwägungen entstanden, wie die meisten amtlichen Archive. Dennoch können auch sie als Hilfseinrichtungen für die sozialwissenschaftliche Forschung mit herangezogen werden. Im Wissenstransfer der Sozialwissenschaften haben diese Einrichtungen die Funktion, Wissen auf unterschiedliche Art und Weise zu speichern: als selbst bereits durch Wissenschaft bearbeitet in den Bibliotheken; als einer weiteren Bearbeitung im Sinne einer Sekundäranalyse zugänglich in den Datenarchiven; und als Primärmaterial, das unter vielfältigen, vor allem inhaltsanalytischen Aspekten aufbereitet werden kann in den anderen Archiven.

c) Forschungsinstitute

Forschungsinstituten kann primär die Funktion zugewiesen werden, die Wissenserzeugung zu organisieren. Auch sie sind im Zuge der Entfaltung der Wissenschaft vor noch nicht sehr langer Zeit entstanden. Solange als Wissenschaft von Amateuren und von Professoren an Universitäten ohne größere Hilfsmittel betrieben werden konnte, war ein besonderer Organisierungsgrad nicht erforderlich. Lange Zeit hindurch waren es im Grunde nur die Bibliotheken, die als Hilfseinrichtungen in größerem Umfang organisiert waren.

Natürlich wird das Wissen nicht von den Instituten selbst hervorgebracht, sondern von Individuen, den Wissenschaftlern. Und nach wie vor ist deshalb umstritten, welche Rolle den Forschungsinstituten im Forschungsprozeß zukommt. Einer Schöpfungsauffassung, die primär die Rolle des Wissenschaftlers betont und alle übrigen Faktoren als bloß akzidentell betrachtet, kann man einer Arbeitsauffassung gegenüberstellen, die davon ausgeht, daß Wissenschaft zunehmend nur noch als arbeitsteiliger Prozeß zu verstehen ist (*Klages* 1967). Im Grunde sind aber beide Auffassungen weniger konträr, als es erscheint; denn der schöpferische Forscher ist auch bei einer teilweisen Automatisierung von Teilprozessen der Forschung (besonders bei Routineaufgaben) noch unverzichtbar, da nur er diese Automatismen in Gang setzen kann, nur er Hypothesen postulieren und die relevanten Fragen an das Material stellen kann. Dennoch haben sich die Forschungsinstitute ziemlich unaufhaltsam ausgebreitet. Die ersten derartigen Institute entstanden in Deutschland in der Mitte des 19. Jahrhunderts[26]. In der Soziologie in Deutschland wurden die ersten Forschungsinstitute der Soziologie 1919 in Köln (das *Forschungsinstitut für Sozialwissenschaften* mit drei Abteilungen) und 1923 in Frankfurt (das *Institut für Sozialforschung*) gegründet. Erst nach 1945 kam es dann zur Gründung weiterer Institute.

In den Sozialwissenschaften werden von den Instituten vor allem folgende Leistungen erbracht: sie sichern die Kontinuität der Forschung, selbst bei relativ hoher Fluktuation des Forscherpersonals (vor allem auf der unteren und mittleren Ebene); sie ermöglichen die Durchführung von komplexen Forschungsansätzen, bei denen zumindest teilweise arbeitsteilig vorgegangen wird; sie stellen eine „Firma" dar, in deren Namen Forschungsmittel eingeworben werden können, die damit prinzipiell unabhängig von einzelnen Institutsmitarbeitern oder auch dem Institutsdirektor vergeben werden können[27]; sie akkumulieren das erforderliche „Know-how" der Forschung, besonders insoweit, als es nicht in Lehrbücher eingeht (in der Sozialforschung ist dies „Know-how" besonders an zwei Stellen wichtig: beim Umgang mit den Erhebungstechniken, die noch weitgehend den Charakter von Kunstregeln haben [z. B. Fragenformulierung im Interview, Interviewtraining, Kodierungstechniken von Fragebögen usw.] und bei der Analyse von Daten mit elektronischen Datenverarbeitungsanlagen; denn hier ist neben dem aus Lehrbüchern erlernbaren Umgang mit Statistik das an jedem Rechenzentrum unterschiedliche Betriebssystem und eine genaue Kenntnis der verschiedenen angebotenen Programmpakte erforderlich). Schließlich werden von den Instituten verschiedene Hilfstätigkeiten wahrgenommen, ohne die ein Forschungsbetrieb kaum vorzustellen ist (Sekretariat, Handbibliothek, Photokopier- und Vervielfältigungsapparate, usw.). In einigen Disziplinen (wie der Psychologie oder der Sozialpsychologie, weniger der Soziologie) ist die Verfügbarkeit von größeren Apparaturen oder Räumlichkeiten (Labors, Testräume) erforderlich, ohne die ein Forschungsbetrieb kaum möglich ist, die aber gleichzeitig den Zwang zu einer rationellen Ausnutzung in sich tragen und so einen der wichtigsten Antriebe für die Organisation darstellen (in der Soziologie tritt häufig an Stelle des Labors der Zugang zu einem Interviewer- und Koderstab, sowie der Zugang zu einer Datenverarbeitungsanlage).

Es soll hier nicht der Eindruck erweckt werden, als ob Universitäten und Forschungsinstitute sich bereits vollständig auseinanderentwickelt hätten. Dies ist durchaus nicht der Fall. Im Grunde ist es jedoch ein erstaunliches Faktum, daß sich die Forschungsinstitute mit einer recht hohen Autonomie so lange im Universitätsverbund gehalten haben. Dies hat vermutlich zwei Ursachen. Zum einen sind die Universitäten, deren wesentliche Funktion wir in der „Wissensverwaltung" gesehen haben, sehr stark an einer eigenen „Wissenserzeugung" interessiert, weil dies das wichtigste Mittel zur Erlangung von Reputation ist; zum anderen haben die Forschungsinstitute an den Universitäten auch eine Ausbildungsfunktion und damit eine Wissenssicherungsfunktion, besonders in einer stark expansiven Wissenschaft, weil dann die außeruniversitären Forschungsinstitute ihren eigenen Bedarf an Nachwuchs nicht selbst decken können und somit auf die Universitäten angewiesen sind. Allerdings werden an den Universitätsinstituten die Forscher mehr zufällig als planmäßig ausgebildet, da ein Graduiertenstudium noch nicht eingeführt wurde[28].

Bei einer kürzlich abgeschlossenen Erhebung über die Organisation der sozialwissenschaftlichen Forschung in der Bundesrepublik Deutschland, bei der 423 Forschungsinstitute erfaßt wurden, stammten 279 Institute (oder 65,9 %) aus dem Universitätsbereich, also weit mehr als die Hälfte. Wenngleich die außeruniversitären Institute im
Durchschnitt fast doppelt so groß sind wie die Universitätseinheiten, so zeigt dies
doch, daß die Sozialwissenschaften ihre Basis zunächst noch an den Universitäten
haben. Betriebliche Forschungseinrichtungen in der Wirtschaft sind denn auch noch
praktisch unbekannt.

Die Forschungsorientierung wird nun zumindest partiell dadurch determiniert sein, an
was für ein Publikum man sich mit seinen Untersuchungen jeweils wendet. Grundsätzlich sind ja sehr unterschiedliche Orientierungen möglich. Das jeweils relevante Publikum[29] erscheint aber sowohl für die Auswahl der Forschungsthemen, mehr noch aber
vermutlich für die Festsetzung von Kriterien, was als wissenschaftlicher Standard zu
gelten habe, als bedeutsam. Kennzeichnend für die Bundesrepublik sei nun, daß hier in
besonderem Maße nicht-professionelle Gesichtspunkte wichtig sind, wie sie von der traditionellen Kulturintelligenz in den Vordergrund gestellt werden. In der bereits angeführten Untersuchung über organisierte Sozialforschung in der Bundesrepublik wurden
einige Fragen eingebaut, durch die das relevante Publikum in bezug auf einzelne Forschungsprojekte erfaßt werden sollte[30]. Auf die Frage, ,,für was für ein Publikum
waren die Resultate des Forschungsprojektes bestimmt'', erhielten wir die folgenden
Antworten. Betrachten wir in der folgenden Aufstellung dabei zunächst nur die ersten
beiden Ergebnisspalten, in der Mehrfachnennungen erlaubt waren (wobei im Durchschnitt 2,5 Nennungen für jedes Forschungsprojekt abgegeben wurden). Zwar werden
nach dieser Aufstellung (Tabelle 1) Forscher im gleichen Spezialgebiet am häufigsten

Tabelle 1: Relevantes Publikum bei sozialwissenschaftlichen Forschungsprojekten

Relevantes Publikum für Forschungsergebnisse	Zahl der Nennungen		wichtigstes Publikum		N/wP[31]
	N	%	N	%	
Forscher im gleichen Spezialgebiet	815	67,1	411	33,9	2,0
Wissenschaftler im allgemeinen	399	32,9	80	6,6	5,0
Politiker	593	48,8	181	14,9	3,3
Andere Entscheidungsträger	568	46,8	217	17,9	2,6
Massenmedien und Journalisten	97	8,0	9	0,7	11,4
Die informierte öffentliche Meinung	389	32,0	35	2,9	11,0
Die Bevölkerung insgesamt	69	5,7	9	0,7	8,1
Anderes	72	5,9	51	4,2	1,4
Keine Antwort			221	18,2	
Summe	3002		1214	100,0	

genannt, doch es erreichen vor allem Politiker und andere Entscheidungsträger mit
über 45 % eine sehr beachtliche Zahl von Nennungen. Danach werden aber auch Wissenschaftler im allgemeinen und die informierte öffentliche Meinung mit ca. 32 % der

Nennungen noch sehr häufig genannt. Eine Verbreitung durch Massenmedien wird jedoch nur noch bei 8 % der Projekte als relevant angesehen, und die Bevölkerung insgesamt wird schließlich an letzter Stelle genannt. Insgesamt entsteht aber der Eindruck einer großen Heterogenität des relevanten Publikums. Faßt man Politiker und andere Entscheidungsträger in einer Gruppe zusammen, dann erhalten diese Entscheidungsträger im weiteren Sinne die mit Abstand meisten Nennungen; faßt man auch die vier letzten Gruppen zusammen, so nimmt diese Gruppe der „diffusen Öffentlichkeit" noch vor den Wissenschaftlern im allgemeinen den dritten Rangplatz ein. Als Fazit ist also festzuhalten, daß das relevante Publikum sehr heterogen und diffus zu sein scheint.

Dieses Ergebnis wird teilweise relativiert, wenn die beiden nächsten Spalten der Aufstellung betrachtet werden, in der nur das wichtigste Publikum genannt wird. Hier ergibt sich ein wesentlich eindeutigeres Bild: Forscher im gleichen Spezialgebiet werden hier mit Abstand am häufigsten genannt. Es bleibt aber dabei, daß Entscheidungsträger an zweiter Stelle verblieben. In bezug auf die letzten vier Gruppen, denen wir eben das Etikett „diffuse Öffentlichkeit" gegeben haben, ist aber ein erstaunlicher Unterschied festzustellen. Der Anteil dieser Gruppe ist kaum noch größer als der Anteil der Wissenschaftler im allgemeinen. Aus der heterogenen und diffusen Gesamtsituation kristallisieren sich so bei einer Einengung der Fragestellung die wissenschaftlichen Kollegen als das eigentlich relevante Publikum heraus.

Für die Forschungsorientierung ist aber nicht nur das perzipierte Publikum wichtig, sondern auch die tatsächlichen Anstöße für Projektideen. Es wurde deshalb eine Frage nach der Projektinitiierung gestellt, in der danach unterschieden werden sollte, inwieweit ein Projekt allein auf Institutsinitiative zurückzuführen ist, bzw. inwieweit externe Instanzen dabei eine Rolle spielen *(Tabelle 2)*.

Tabelle 2: Art der Projektinitiierung bei sozialwissenschaftlichen Forschungsprojekten

Projektinitiierung	N	%
Forschungsproblem und Forschungsplan wurde vom Institut entwickelt	737	60,7
Forschungsproblem wurde durch außenstehende Organisation gestellt, Forschungsplan wurde vom Institut entwickelt	271	22,3
Forschungsproblem und Forschungsplan wurde außerhalb des Instituts entwickelt	26	2,2
Durch gegenseitige Konsultationen wurden Forschungsproblem und Forschungsplan entwickelt	98	8,1
Anderes	9	0,7
Keine Angabe	73	6,0
Summe	1214	100,0

Mit 60 % dominieren eindeutig diejenigen Projekte, bei denen sowohl der Forschungsplan als auch das Forschungsproblem vom Institut selbst entwickelt wurden. Auftragsforschung nimmt entsprechend keinen dominanten Platz in der Sozialforschung ein.

Ein konsultatives Verfahren bei der Planung eines Forschungsprojektes ist ebenfalls relativ selten. Diese Ergebnisse sind im Vergleich zu den Angaben über das relevante Publikum etwas überraschend, denn dort stellte sich doch eine relativ hohe Orientierung an Politikern und Entscheidungsträgern heraus. Bei der Frage nach der eigenen Projekt-initiierung dominiert nun allerdings stärker als zuvor erwartet die Hochschulforschung[32].

Wird nun zusätzlich unterschieden, ob es sich bei dem Projekt eher um Grundlagenforschung oder um angewandte Forschung handelt, so muß nach dem bisher Gesagten noch weiter nuanciert werden (Tabelle 3):

Tabelle 3: Projektorientierung

Projektorientierung	N	%
Grundlagenforschung	366	30,1
Angewandte Forschung	724	59,6
Beides	33	2,7
Keine Angabe	91	7,5
Summe	1214	100,0

Nunmehr zeigt sich nämlich, daß die meisten Projekte als angewandte Forschung beschrieben werden. Dies steht nun im Widerspruch zu den vorher gemachten Aussagen, daß sich die Forschung zumeist an Wissenschaftlern als wichtigstes Publikum wendet und vorwiegend als Institutsforschung initiiert wurde. Sicherlich spielt hier eine Rolle, daß der Status der Grundlagenforschung so unsicher ist wie der der angewandten Forschung auch, daß aber möglicherweise Grundlagenforschung mit irrelevanter Forschung gleichgesetzt wird und angewandte Forschung als relevanter perzipiert wird[33].

Die Untersuchung über die Organisation der sozialwissenschaftlichen Forschung enthielt aber neben Angaben zu Forschungsprojekten, die als die konkreten Arbeitsschritte zur Wissenserzeugung bezeichnet werden können, auch einige Fragen, die für unsere Themenstellung zum Problem des relevanten Publikums bedeutsam sind. Es wurden nämlich einige Fragen zum „Publikationsverhalten" der Institute gestellt, vor allem nach der Publikationshäufigkeit und nach der Art der verwendeten Publikationsmedien. Dabei ergab sich zunächst, daß nur bei 22 % der Institute die Forschungsergebnisse selten oder nie veröffentlicht wurden (von Alemann 1975, S. 103 ff.). Die Publikationshäufigkeit variiert zudem mit dem Institutstyp: Institute an der Universität publizieren am häufigsten, privatwirtschaftliche Institute am wenigsten, Institute der Universität und außeruniversitäre, nicht-profitorientierte Institute liegen zwischen diesen Extremen. Es ergab sich ferner, daß nach Projektarten unterschiedlich publiziert wird: Eigenprojekte werden wesentlich häufiger veröffentlicht als etwa Forschungsprojekte und Gutachten für die Privatwirtschaft oder für Privatpersonen. Bei der Publikationshäufigkeit unterschiedlicher Projektarten spielte auch die Forschungsdisziplin eine Rolle, da in den Sozialwissenschaften im Vergleich mit den Wirtschaftswissenschaften eine höhere Publikationsrate zu beobachten war.

Bei der Art der für die Publikation der Ergebnisse verwendeten Medien ergibt sich etwas ganz ähnliches wie bei dem relevanten Publikum, nach dem wir in der Projekterhebung fragten. In der Tat kann man den einzelnen Medien meist ein spezifisches Publikum zuordnen. Wie bei unserer ersten Aufstellung ergibt sich auch hier zunächst, daß sehr heterogene und diffuse Medien verwendet werden (so daß z. B. auch Presseartikel zunächst von fast 50 % der Institute genannt werden). Wird aber nach dem wichtigsten Publikationsmedium gefragt, dann ergibt sich wieder die Beschränkung auf spezifisch wissenschaftliche Medien (so daß Presseartikel nur noch einen Anteil von 1,4 % erreichen)[34] . In den Fällen, in denen vervielfältigte Forschungsberichte veröffentlicht wurden, wurde noch einmal direkt nach den Adressaten, also dem relevanten Publikum gefragt. Es wurde dabei zwischen Klienten und Kollegen als Adressaten dieser Berichte unterschieden. Beide Gruppen wurden gleich häufig als wichtigste Zielgruppen genannt. Es ergeben sich allerdings erhebliche Unterschiede nach dem Institutstyp: Institute der Universität nennen zu 42 % Kollegen als wichtigste Zielgruppe, Institute an der Universität nennen diese Gruppe zu 33 %, außeruniversitäre Institute zu 22 % und privatwirtschaftliche Institute nur zu 6 %[35] .

Aus diesen knapp mitgeteilten Ergebnissen der Untersuchung über die Organisation der sozialwissenschaftlichen Forschung kann gefolgert werden, daß für den Wissenstransfer vor allem folgende Faktoren bedeutsam sind: der Organisationstyp, wobei vier Gruppen von Instituten deutlich unterscheidbar sind, nämlich Institute der Universität, die sogenannten Institute an der Universität, Einheiten also, die nur partiell Ausbildungsfunktionen tragen, nicht profitorientierte außeruniversitäre Institute (Bundesforschungsanstalten, Max Planck Institute, Vereine, usw.), und privatwirtschaftliche Institute. Neben dem Organisationstyp ist die Forschungsdisziplin von Wichtigkeit, wobei aber die Disziplin für Institute außerhalb der Universitäten zunehmend weniger wichtig wird, da diese Institute meist nicht auf eine einzelne sozialwissenschaftliche Spezialdisziplin festgelegt sind. Beim relevanten Publikum wurde danach unterschieden, inwieweit wissenschaftliche Kollegen, Entscheidungsträger in Politik und Wirtschaft oder eine diffuse Öffentlichkeit als Bezugsgruppe fungiert. Schließlich ist auch die Forschungsorientierung bedeutsam, wobei hier danach unterschieden wurde, ob primär Grundlagenforschung oder angewandte Forschung betrieben wird. Es wird hier postuliert, daß diese Faktoren zumindest partiell unabhängig voneinander sind.

3. Subinstitutionelle Erscheinungen

Neben Forschungsorganisationen (Instituten) und wissenschaftlichen Institutionen (vor allem Universitäten) soll nun aber auch noch auf gewissermaßen subinstitutionelle Erscheinungen hingewiesen werden, die am Wissenstransfer beteiligt sind. Diese Phänomene werden meist unter dem Oberbegriff der *„scientific community"* behandelt. Damit ist eine Vielzahl von Erscheinungen angesprochen, etwa unter den Stichworten „invisible college", Schulenbildung, wissenschaftliche Moden, Internationalität, wissenschaftliche Normen, usw. *Böhme* (1975) hat versucht, als konstitutives Prinzip der „scientific community" Argumentationszusammenhänge zu bezeichnen, die ihre Lebendigkeit durch wissenschaftliche Diskurse erhalten. Wie diese Argumentationszusammenhänge aber inhaltlich an Wissenschaft zu binden sind, d. h. also von Pseudo- oder Nichtwissenschaft (wie Astrologie) zu unterscheiden sind, das bleibt dabei ungeklärt. *Saltzer* hat hier eine Lösung vorgeschlagen, die genau dieses Demarkationsproblem aufgreift, indem er drei Dimensionen unterscheidet, die für Wissenschaft gleichermaßen bedeutsam sind, und die unabhängig voneinander sind. Es sind dies propositionale Feststellungen (also theoretische Sätze), empirische Feststellungen (Meßanweisungen, Skalenablesung) und drittens die Dimension der Leitideen, wonach überhaupt erst festgestellt werden kann, ob es sich bei den theoretischen Sätzen um einen wissenschaftlichen Fortschritt handelt oder nicht (*Saltzer* 1974, S. 15). Die explizite Einführung von Leitideen soll deutlich machen, daß es sich bei der Berücksichtigung dieser sozialen Merkmale nicht darum handeln kann, nun die nur irrationalen Merkmale gewissermaßen aufzuzählen. In Abwesenheit einer eindeutigen Obertheorie spielen jedoch diese Leitideen eine wichtige Rolle.

Berücksichtigt man dies, dann wird auch verständlicher, warum Schulenbildung, die Bildung von „invisible colleges", usw. für die Wissenschaft eine so wichtige Rolle erhalten und weshalb manche davon eine Unterwanderung der Wissenschaftstheorie bzw. der Grundlagen der Wissenschaft befürchten. Davon kann keine Rede sein. Auch die häufig geäußerten Befürchtungen, daß etwa *Kuhn* die Wissenschaftstheorie durch Sozialpsychologie ersetzen wolle, eben dadurch, daß er der „scientific community" und ihrer sozialen Organisation bei einem Paradigmawechsel eine bedeutende Rolle einräume, verdeckt den Tatbestand, daß die soziale Organisation ganz unabhängig von der Wissenschaftstheorie besteht und daß es sich nicht darum handeln kann, hier ein Entweder-Oder zu konstruieren.

„Invisible colleges"[36], wissenschaftliche Schulen[37], „Kreise" oder auch Netzwerke[38] sind im Grunde Bezeichnungen, die auf den gleichen Sachverhalt, wenn auch mit unterschiedlicher Akzentuierung hinauslaufen, nämlich auszuweisen, daß es neben den wissenschaftlichen Institutionen und Organisationen noch einen sehr vielfältigen Bereich informeller Gruppierungen gibt, durch die erst die Flexibilität und Spontaneität des Gesamtsystems Wissenschaft gewahrt bleibt. Genau wie in der Organisationssoziologie sollte man sich also davor hüten, diese Gruppierungen unbesehen als dysfunktional zu betrachten. Im Gegenteil: Ihre spontane Entstehung in den unterschiedlichsten Disziplinen weist eher darauf hin, daß sie wichtige Funktionen für die Adaptation des Gesamtsystems spielen.

Wissenschaftliche Schulen sind meist um einen Wissenschaftler herum aufgebaut, bzw. von diesem aus einem Schülerkreis aufgebaut worden. Beispiele sind die historische Schule der Nationalökonomie in Deutschland oder die Durkheim Schule in Frankreich; andere Schulen in der Soziologie sind die Merton-Schule der Wissenschaftssoziologie, die Lazarsfeld-Schule empirischer Sozialforschung an der Columbia University, die Chicago-Schule in der Stadt- und Delinquenzforschung, in Deutschland später die kritische Theorie um *Horkeimer* und *Adorno* (*Dubiel* 1974) oder die Kölner Schule einer empirischen Sozialforschung. Der Begriff des Kreises ist meist weiter gefaßt als der Schulenbegriff, vor allem ist hier nicht immer ein Lehrer-Schüler Verhältnis impliziert. Der berühmteste dieser Kreise ist der Wiener Kreis um *Carnap* und *Schlick* oder der kleinere Kreis um *Freud.* Beide Begriffe gehen aber ineinander über. Negativ an derartigen Gruppenbildungen ist zunächst, daß Gefahren der Abschließung und Immunisierung gegenüber anderen Strömungen in der Wissenschaft bestehen, daß gewissermaßen ein Geheimwissen produziert wird. Positiv an diesen Kreisen aber ist, daß relativ unbeeinflußt durch die dominierende Wissenschaftsauffassung ein neues „Paradigma" aufgebaut werden kann, das, bevor es zur allgemeinen Kritik freigegeben wird, zunächst einmal innerhalb des Kreises auf seine Brauchbarkeit überprüft werden kann. Das gegenseitige Vertrauensverhältnis, das innerhalb eines solchen Kreises herrscht, kann einer schonungslosen Kritik der vertretenen Ansätze sehr günstig sein, so daß als Ergebnis ein bereits durch Kritik abgeklärtes Konzept nach außen hin vertreten werden kann. Den Unterschied zwischen einem Kreis und einer Schule kann man dann vor allem darin sehen, inwieweit ein internes Autoritätsgefälle innerhalb der Gruppe besteht. Gelingt es den Mitgliedern einer solchen Gruppe später, Schlüsselpositionen innerhalb einer Disziplin zu besetzen oder auch eine neue Disziplin weitgehend personell zu bestimmen, dann kann es allerdings sehr leicht zu einer Immunisierung, zu einer Erschöpfung des Ansatzes kommen.

„Invisible colleges" und Netzwerke bezeichnen meist losere Personenverknüpfungen innerhalb von wissenschaftlichen Disziplinen, nämlich Gruppen von Wissenschaftlern, die sich häufig durch Tagungen persönlich kennengelernt haben, die in einem gemeinsamen Problemgebiet arbeiten und die in einem Ringtausch von vervielfältigten Berichten und Ergebnissen stehen. Da Wissenschaftler im allgemeinen mehreren derartigen Netzwerken angehören und zudem diese Netzwerke meist relativ offen für die Aufnahme neuer Mitglieder sind, kann es sich ergeben, daß eine große Zahl von Wissenschaftlern auf diese Art und Weise soziometrisch miteinander verknüpft sind, so daß potentielle Kontakte mit einer Vielzahl von Forschern möglich sind. Empirische Untersuchungen vor allem in der Bochenergiephysik haben gezeigt, daß — auch auf internationaler Ebene — die Kontaktdichte im allgemeinen sehr hoch ist (*Zaltmann* und *Köhler* 1972).

Es ist in diesem Kapitel versucht worden, die wichtigsten sozialen Instanzen zu identifizieren, die am horizontalen Wissenstransfer innerhalb des Systems Wissenschaft (oder hier eingeschränkt: Sozialwissenschaft) beteiligt sind. Es ist allerdings nicht versucht worden, einzelne Transferprozesse an ausgewählten Fallstudien durch das Wissenschaftssystem zu verfolgen. Als Ergebnis zeigt sich, daß eine Fülle von derartigen Instanzen am Disseminationsprozeß beteiligt sind, ohne daß nun im einzelnen jeweils nachgewiesen werden kann, wie groß nun (in einem numerischen Sinne) der Beitrag jeder einzelnen Instanz in bezug auf die Hemmung oder die Förderung der Wissenschaft ist. Es zeigt sich aber, daß Wissenschaft auch in seiner sozialen Komponente (ganz zu schweigen von ihrer kognitiven Komponente) ein höchst komplexes Unternehmen ist, das noch keine einheitliche Struktur ausgebildet hat (und möglicherweise wäre die Ausbildung nur eines grundlegenden Organisationsprinzips ebenso das Ende der Wissenschaft wie die Kodifizierung einer gültigen Methode oder einer endgültigen Theorie). Zu berücksichtigen ist auch, daß Wissenschaft insgesamt eine Institution ist, die gegenwärtig sehr schnell wächst, schneller als die meisten anderen sozialen Institutionen. Es ist daher zu erwarten, daß größere Anpassungsprozesse erst dann spürbar werden, wenn sich dieses Wachstum merklich verlangsamt. Erst in dieser Situation kann sich dann gewissermaßen der wirkliche Beitrag der unterschiedlichen sozialen Instanzen zum Wachstum der Wissenschaft beweisen.

IV. Vertikaler Transfer

Vertikaler Wissenstransfer war als der Prozeß beschrieben worden, durch den Wissen von einer gesellschaftlichen Ebene auf eine andere übertragen wird. Das Konzept der „gesellschaftlichen Ebene" ist dabei bewußt vage gehalten, denn derartige Ebenen dürfen nicht völlig isoliert voneinander vorgestellt werden. Bisher wurde behandelt, was für Möglichkeiten des Wissensflusses zwischen den verschiedenen Bereichen der Wissenschaft bestehen und es konnte gezeigt werden, daß bereits auf dieser Ebene sehr vielfältige Beziehungen bestehen. Wenn nunmehr noch Beziehungen zwischen Wissenschaft und Nichtwissenschaft einbezogen werden sollen, so dürfte klar sein, daß der wissenschaftliche Bereich dabei nicht als einheitlich betrachtet werden darf, obwohl wir in diesem Abschnitt im Normalfall eine solche Einheitlichkeit unterstellen werden, um die Analyse nicht zu komplex werden zu lassen. Die weiteren Überlegungen sind dadurch behindert, daß es bislang nur sehr wenige Arbeiten gibt, die sich explizit mit dem Verhältnis der Sozialwissenschaften zu nicht-wissenschaftlichen Bereichen befassen oder zu untersuchen versuchen, weshalb gerade bestimmte Theoriestücke in das öffentliche Bewußtsein gehoben werden und andere nicht; weshalb gerade diese Ansätze von Politikern für förderungswürdig empfunden werden und nicht jene; weshalb Journalisten ganz bestimmte Richtungen der Forschung bevorzugen und andere nicht; oder weshalb Manager möglicherweise wiederum ganz andere Ansätze bevorzugen. Untersuchungen der Erwartungen und Einstellungen sowohl der genannten Eliten (Politiker, Wirtschaftler und Journalisten) wie auch der allgemeineren Öffentlichkeit gegenüber den Sozialwissenschaften sind bisher allerdings noch nicht durchgeführt worden. Die Forschung hat sich bisher meist auf die „internen" Prozesse im System Wissenschaft konzentriert.

Das Konzept des „linkage", das von *Havelock* entwickelt wurde, versucht einen Ausdruck für die Verbindung von derartigen Ebenen herzustellen. *Havelock et al.* (1969) gliedern dieses Konzept dabei noch weiter auf und identifizieren bestimmte Rollen, die speziell für diese linkage-Funktionen zugeschnitten sind, die also gewissermaßen die Lücke ausfüllen, die zwischen Forschung und Praxis besteht. Folgende Rollen im Wissensvermittlungsprozeß werden unterschieden:

1. Der Übermittler (conveyor), der ganz allgemein Wissen vom Produzenten zum Verwender transferiert;
2. der Consultant, der dem Verwender in der Problemidentifikation hilft und Verbesserungsvorschläge macht;
3. der Trainer, der beim Verwender allgemeines Verständnis für ein Wissensgebiet wecken soll;
4. der Führer, der in der eigenen Gruppe durch Macht oder Einfluß eine Verknüpfung erreicht und damit Nachahmung und Leitung initiiert;
5. der Innovator, der den Transfer durch Diffusion im Verwender-System einleitet;
6. der Verteidiger, der die Verwender über Rückfälle bei Innovationen informiert, der die öffent-

liche Meinung und öffentliche Aufmerksamkeit mobilisiert und öffentlichen Bedarf für adäquate Anwendung wissenschaftlicher Erkenntnisse weckt;

7. Wissenserzeuger als Mittler, die entweder eine Türhüter-Funktion im Transferprozeß erfüllen und Ziele der Wissensverwendung definieren oder eine doppelte Orientierung in bezug auf wissenschaftliche Exaktheit und Nützlichkeit beibehalten;
8. Praktiker als Mittler, die den eigenen Klienten und Verbrauchern durch Praxis und Dienstleistungen die jeweils neueste wissenschaftliche Erkenntnis vermitteln;
9. Verwender als Mittler, die sich durch eigene Initiative wissenschaftliche Erkenntisse erwerben und aus diesen direkt brauchbare Lerneffekte erzielen.

Die unterschiedlichen Verknüpfungs-Rollen bringen dabei Verbindungen zwischen Wissenschaft und ganz unterschiedlichen gesellschaftlichen Ebenen zustande, wie allgemeiner Öffentlichkeit und bestimmten Verwenderkategorien. Interessant ist die Typologie auch deshalb, weil sie auf einer Vielzahl von empirischen Untersuchungen basiert. Im deutschen Bereich hat *Witte* für das Management ein Promotoren-Modell vorgeschlagen, das er für die Einführung von Innovationen im betrieblichen Bereich für wirksamer hält als bisher meist verwendete Organisationsmodelle (wie das hierarchische Modell, das Stab-Linien-Modell, das Kollegialmodell oder wie speziell auf Innovationen ausgerichtete Modelle wie Change-agents oder Projektmanager). Promotoren sind nach *Witte* spezifisch eingesetzte Rollen, die Widerstände gegenüber Neuerungen abbauen sollen. „Sie starten den Prozeß und treiben ihn unter Überwindung von Barrieren bis zum Innovationsentschluß voran" (*Witte* 1973, S. 16). Er unterscheidet dann weiterhin Fachpromotoren (die einen Innovationsentschluß durch spezifisches Fachwissen vorantreiben) und Machtpromotoren (die als Mitglieder einer höheren Entscheidungsebene ihr Machtpotential zugunsten der Innovation einsetzen). Bei einer empirischen Untersuchung von Entscheidungen zugunsten von EDV-Anlagen in Industriebetrieben erwies sich eine Gespann-Struktur (mit je einem Macht- und Fachpromotor in der Firma) am effektivsten, der Innovationsprozeß verläuft hier „unter hoher Anzahl von Aktivitäten und starker Einschaltung von Außenaktivitäten. Es kommt zu einer mittleren Prozeßdauer und zu einem schnellen Takt. Der erarbeitete Entschluß ist durch einen hohen Innovationsgrad und große Problemlösungsumsicht ausgezeichnet" (*Witte* 1973, S. 55). Damit erweist sich in einem solch komplexen Organisationsproblem ganz ähnlich wie in der Kleingruppenforschung ein duales Gespannmodell am wirksamsten[39]. Weder ein einzelner Machtpromotor, noch ein Fachpromotor, noch eine Personalunion der beiden Rollen ergab somit ein ebenso wirksames Ergebnis wie eine Trennung dieser beiden Funktionen.

Der Einsatz von derartigen Promotoren (wie auch Change-agents oder Projektmanagern) setzt in der Regel eine konkrete Zielvorgabe voraus und abgeschlossene „Wissensprodukte". In den Sozialwissenschaften liegen diese Vorgaben jedoch meist nicht vor. Zu fragen ist aber, ob nicht versucht werden sollte, derartige „Promotoren" zu finden, die gegenüber der Öffentlichkeit oder gegenüber einzelnen gesellschaftlichen Instanzen (Wirtschaft, Staat, Verbänden) versuchen sollten, bestimmte Bereiche der Sozialwissenschaften aktiv zu fördern, um so einen Diffusionsprozeß in Gang zu bringen.

Neben diesen generellen Modellen der Vermittlung zwischen Wissenschaft und Praxis

sollen nun noch typische Fälle aus diesem Beziehungsgeflecht etwas näher erläutert
werden, nämlich den Diffusionsprozeß, der über die Universitäten läuft, das Auftrag-
geber-Auftragnehmer Verhältnis in den Sozialwissenschaften (und zwar in bezug auf
den Staat, die Wirtschaft, Verbände und Stiftungen) und das Verhältnis zur allgemeinen Öffentlichkeit.

Die meisten und die langfristigsten (vertikalen) Diffusionsprozesse werden wohl von
den Universitäten eingeleitet, besonders im Bereich der Sozialwissenschaften. Der Diffusionsprozeß verläuft hier, nachdem er zunächst einmal auf zum Teil verschlungenen
Wegen bis zum Dozenten gelangt ist, von diesem Dozenten zum Studenten und dann
mit einem Verzögerungsfaktor entweder von den Studenten in die Praxis, in den Universitätsbereich zurück, was in den Sozialwissenschaften noch sehr häufig ist, oder in
den Schulbereich, was zunehmend bedeutsam wird. Nur in dem ersten Fall gelangt das
Wissen aus dem Universitätsbereich damit auf diesem Kanal in die Praxis, wobei immer
noch offen bleiben muß, inwieweit dort das erworbene soziologische oder allgemein
sozialwissenschaftliche Wissen verwendet werden kann. Häufig wird es vorkommen,
daß im Beruf eine „sekundäre Sozialisation" stattfindet, in deren Verlauf der Soziologe genötigt ist, sich bei der Zusammenarbeit mit Nichtsoziologen deren Spezialwissen
(aus der Rechtswissenschaft, aus dem Verwaltungshandeln, aus der Wirtschaftswissenschaft, usw.) anzueignen und die seine eigentliche Spezialqualifikation möglicherweise
nach kurzer Zeit überdecken. Eine andere Form der Tätigkeit in der Praxis ist die Beschäftigung in der Forschung und Beratung, bei der das erworbene Spezialwissen eher
weiterverwendet werden kann, als es in den meisten anderen Praxisfeldern der Fall
ist.

Die vielen für die Hochschullehrerlaufbahn ausgebildeten Studenten stellen kaum einen
Beitrag zum vertikalen Wissenstransfer dar, weil sie ja letztlich im Wissenschaftssystem
verbleiben, die Gefahr besteht eher, daß sie die Bollwerke des Elfenbeinturms verstärken. Für das Schulwesen ausgebildete Sozialwissenschaftler werden Soziologie zunächst als ein Bildungsfach vermitteln, durch das gesellschaftliche Zusammenhänge
transparent gemacht werden können; was eine solche Transparenz aber bedeutet,
bleibt offen. Ob die „Lehren aus der Soziologie" dabei weniger unverbindlich als die
„Lehren aus der Geschichte" ausfallen, ist nicht immer anzunehmen.

Rolf Klima hat für den Zeitraum von 1950 bis 1975 die Entwicklung der soziologischen Lehre an den westdeutschen Universitäten erfaßt. Die 1970 am häufigsten vertretenen Lehrveranstaltungen waren (in dieser Reihenfolge): Methoden, Theorie,
Mikrosoziologie, Wirtschaftssoziologie, Einführungsveranstaltungen und politische
Soziologie. Im Zeitverlauf ist auffällig, daß Einführungsveranstaltungen insgesamt ab-
genommen haben, die Methodenvermittlung aber sehr stark zugenommen hat. Das
Handwerkszeug wird damit zunehmend betont. Gleichzeitig ist aber auch die Beschäftigung mit theoretischer Soziologie zurückgegangen (zurückgegangen ist beispielsweise
auch die Beschäftigung mit Kultursoziologie, dagegen hat die Wissenschaftssoziologie
in der letzten Zeit einen schnelleren Aufschwung genommen). Eine gewisse Tendenz
zu einer Professionalisierung des Fachgebietes läßt sich daraus durchaus ableiten
(*Klima* 1974). Leider läßt sich aus diesen Ergebnissen aber nichts über direkte Ver-
beruflichungstendenzen aussagen, weil dazu z. B. Studienpläne mit herangezogen werden müßten.

Beim Verhältnis zwischen Auftraggeber und der Wissenschaft wollen wir vier Fälle unterscheiden, wobei der Staat, die Wirtschaft, Verbände und Stiftungen als solche Auftraggeber auftreten können. Zweifellos ist der Staat der bedeutendste Auftraggeber für Forschungsarbeiten in den Sozialwissenschaften, denn aus unserer Erhebung über die Organisation der sozialwissenschaftlichen Forschung ergab sich, daß mehr als 30 % der von uns erfaßten Projekte von Bund, Land und den Gemeinden finanziert wurden[40].

Der Prozentsatz der Projekte, die entweder von der eigenen Universität oder vom Institut selbst finanziert werden, beträgt insgesamt ca. 26 %. Diese Eigenfinanzierungen sind damit noch sehr weit verbreitet und wir dürfen vermuten, daß es sich dabei zum großen Teil um kleinere Projekte handelt. Bund, Länder und Gemeinden sind damit für den von uns erfaßten Gesamtbereich der Sozialwissenschaften die wichtigste Finanzquelle. Natürlich ist die Bundesregierung in sich nicht homogen, sondern es sind viele Einzelressorts, die für Forschungsaufträge in Frage kommen, ohne daß durch übergreifende Planung die Projektvergabe der Ressorts koordiniert würde. Ob staatliche Instanzen überwiegend Grundlagenforschung oder angewandte Forschung in den Sozialwissenschaften fördern, muß offen bleiben. Sicher werden staatliche Instanzen der Tendenz nach bestrebt sein, anwendungsorientierte Forschungen zu unterstützen. Solange aber die Grenze zwischen beiden Bereichen verschwimmt, ist für die Auftraggeber selbst kaum zu entscheiden, ob die Probleme, zu deren Lösung sie Projekte in Auftrag geben, nicht zunächst in den Bereich der Grundlagenforschung gehören, weil Voraussetzung zu ihrer Lösung erst der erfolgreiche Abschluß von theoretischen Problemen ist, und ohne die Lösung dieser Grundlagen nur Scheinlösungen angeboten werden können. Darüber aber lassen sich staatliche Instanzen häufig genug nicht informieren, vielmehr scheinen sie gegenwärtig die Problemlösungsfähigkeiten der Sozialwissenschaften in manchen Bereichen sehr hoch einzuschätzen, wenn nicht zu überschätzen.

Ein weithin diskutiertes Thema vor allem in der Politikwissenschaft ist das der wissenschaftlichen Beratungsgremien bei staatlichen Instanzen, die als ständige Gremien oder ad-hoc Ausschüsse Stellungnahmen zur Arbeit der Ministerien abgeben. Auch bei diesen Gremien steht die Information z. B. über Nebenwirkungen von beabsichtigten Maßnahmen im Vordergrund (neben ihrer Funktion, Verantwortung bei Entscheidungen zu diffundieren, bzw., positiv gewendet, die Basis für Konsens zu verbreitern). Teste und Evaluierungen (z. B. durch ein probeweises „social experimentation", d. h. die experimentelle Einführung von Änderungen in ausgesuchten Bevölkerungsteilen und die Beobachtung der Wirkungen) werden demgegenüber nur sehr selten durchgeführt. Erst damit würde aber das volle Potential der Sozialwissenschaften ausgeschöpft.

Bei der Verteilung der Auftraggeber fällt auf, daß nur ca. 5 % der Projekte von der Privatwirtschaft finanziert wurden[41]. Offensichtlich sieht die Wirtschaft noch keine sehr großen Vorteile darin, direkt als Auftraggeber von sozialwissenschaftlicher Primärforschung aufzutreten. Möglicherweise ist aber der Anteil der von der Wirtschaft vergebenen Forschungsprojekte unterrepräsentiert, da wir abhängige Abteilungen in der Industrie nicht in die Erhebung aufgenommen haben. Nicht erfaßt wurden auch

Beratungsfirmen, die, ohne selbst Primärforschung zu betreiben, im Auftrag meist von Wirtschaftsunternehmen Planungsmodelle entwerfen, Bedarfsprognosen erstellen und ganz allgemein für die Unternehmen externe Stabsstellen darstellen, die bei kritischen Entscheidungen wissenschaftlich fundierte Entscheidungshilfen leisten sollen.

Eine Reihe von Informationen, an denen Wirtschaftsbetriebe interessiert sind, sind aber nicht auf den einzelnen Betrieb bezogen, sondern auf eine ganze Branche. Daher wird besonders von Betrieben mittlerer Größe ein gewisser Forschungsbedarf an Verbände delegiert. Einige Verbände unterhalten darüber hinaus auch eigene Forschungsinstitute, in denen allerdings zum Teil keine Primärforschung betrieben wird, sondern entweder empirische Projekte subkontrahiert werden oder eine Informationsauswertung der Forschung anderer Stellen vorgenommen wird – sie erfüllen damit Beratungsfunktionen innerhalb einer größeren Organisation (derartige Institute werden z. B. vom Deutschen Gewerkschaftsbund und von der Vereinigung der Arbeitgeberverbände unterhalten). Neben diesen Verbänden werden aber Institute auch unterhalten von halbstaatlichen Instanzen, wie der Bundesanstalt für Arbeit oder dem Deutschen Verkehrssicherheitsrat oder den Krankenversicherungen.

Schließlich sind noch gemeinnützige Stiftungen als Auftraggeber für Forschungen zu erwähnen (zu denen hier auch die DFG gerechnet werden soll), die zwar den größten Teil ihrer Finanzmittel für Projekte aus der Wissenschaft bereitstellen, die aber immer dann selbst als Auftraggeber auftreten, wenn sie eigene Ausschreibungen vornehmen, wie das zunehmend der Fall ist (z. B. durch die Kommission für wirtschaftlichen und sozialen Wandel der Bundesregierung oder durch die Deutsche Gesellschaft für Friedens- und Konfliktforschung – um nur die beiden bedeutendsten Instanzen zu nennen). In der Mehrzahl werden aber dabei Grundlagenforschungen gefördert, so daß ein vertikaler Transfer damit nur selten einen Anfang nimmt.

Dies waren einige der direkten Berührungsfelder zwischen Wissenschaft und nichtwissenschaftlichen Instanzen. Es bleibt nun noch zu fragen, welche Einflüsse einerseits von dieser Auftragsvergabe auf die Wissenschaft ausgehen und wie andererseits die Wissenschaft die Auftraggeber beeinflußt. Eine generelle Antwort hierauf ist noch nicht möglich. Es ist entsprechend hier auch nur versucht worden, die Berührungsfelder überhaupt zu kennzeichnen, denn es müßte dazu eine Reihe von Einzeluntersuchungen durchgeführt werden. Der zunächst aber wohl einfachste Einfluß ist der, daß durch die Auftragsvergabe Themenbereiche für die Forschung abgesteckt werden. Ob sich die Forschung in erster Linie mit Bildungsforschung, Arbeitsmarkt- und Berufsforschung, Industriesoziologie oder Medizinsoziologie beschäftigt, das hängt weithin von der Auftragsvergabe ab. Wie dadurch aber Theorieentwicklung stimuliert wird, das ist ein ganz anderes Problem, das auch noch weitgehend ungeklärt ist. Wenn Wissenschaft die Funktion hat, bisher unbekannte Phänomene zu entdecken, dann ist eben auch unvorhersehbar, was im einzelnen als „Unbekanntes" zu bezeichnen wäre. Effekte aus der Auftragsvergabe an die Wissenschaftler sind daher, wenn dies wirklich Aufträge an Wissenschaft bleiben sollen, letztlich nicht exakt kalkulierbar, denn es läßt sich dann nicht einmal abschätzen, wie groß die Teilmenge des bereits Bekannten gegenüber dem Unbekannten ist. Allerdings ist zuzugeben, daß ein großer Teil von Forschungen in den Sozialwissenschaften ziemlich überraschungsfrei abläuft. Dies hängt wohl einmal damit zusammen, daß in der Forschung die Deskription überwiegt. Es kann aber auch daran liegen, daß innerhalb einer bestimmten Bandbreite alle Ergebnisse häufig für gleich wahrscheinlich gehalten werden.

Es ist aber auch noch ungeklärt, welche Effekte die zunehmende Vertrautheit der Auftraggeber mit der sozialwissenschaftlichen Foschung haben. Von besonderem Interesse ist dabei die Fragestellung, ob diese Vertrautheit mit wachsenden Ansprüchen an die Präzision und die Gültigkeit sozialwissenschaftlicher Aussagen einhergeht oder ob sie eher zu einer Akzeptierung der gegenwärtig verfügbaren Forschungstechniken mit all ihren Ungenauigkeiten führt und somit einen gegebenen Stand der Forschung eher zementiert.

Abschließend sollen nun noch einige Bemerkungen des Verhältnisses der Sozialwissenschaften zur Öffentlichkeit gemacht werden. Dieses Verhältnis bleibt durchaus gespannt — und zwar im doppelten Wortsinn. Einerseits sind die Erwartungen an die Sozialwissenschaft seitens der Öffentlichkeit sehr hoch, andererseits müssen sich die Sozialwissenschaftler als ,,seriöse'' Vertreter der Wissenschaft erst noch beweisen (dies trifft vor allem auf die Soziologie zu, weniger die Wirtschaftswissenschaften und auch die Politologie oder die Sozialpsychologie). In den Massenmedien wird Soziologie tendenziell im Feuilleton von geisteswissenschaftlich vorgebildeten Journalisten vertreten, während das Gebiet in die Wissenschaftsspalten meist noch keinen Eingang gefunden hat. Eine sich als Einzelwissenschaft verstehende Soziologie hat auch gegenüber der allgemeinen Öffentlichkeit (wie auch gegenüber Journalisten) ihren besonderen Anspruch noch nicht geltend gemacht, so daß sie häufig mit Erhebungsmethodiken (Demoskopie) ohne weiteren Tiefgang identifiziert wird[42]. Es fehlt damit dringend an Popularisierungen sozialwissenschaftlicher Forschung nicht nur deskriptiver Art, wobei zudem noch eine gewisse Nützlichkeit nachgewiesen werden müßte (und wenn sie nur darin bestünde, echte Neugier zu wecken und zu befriedigen) — was zugegebenermaßen sehr schwierig ist. Gleichzeitig ist aber zu beobachten, daß von Wissenschaftlern selbst häufig Forschungsergebnisse an die Presse weitergegeben werden, ohne daß vorher die Ergebnisse in Fachzeitschriften vorgestellt worden sind. Es sollte gefordert werden, daß der Informierung der Fachkollegen Priorität vor der Informierung der Öffentlichkeit eingeräumt wird, damit eine Chance zur Kritik von Ergebnissen durch die Fachkollegen besteht. Dies setzt allerdings ein auf Schnelligkeit angelegtes wissenschaftliches Publikationswesen voraus, das gegenwärtig noch fehlt. In Abwesenheit einer solchen Regelung, die in den meisten Naturwissenschaften längst selbstverständlich ist, kommt es gegenwärtig noch viel zu häufig zur Veröffentlichung rein deskriptiver, ohne Vorkenntnisse und ohne mitgelieferten Kontext völlig sinnloser Ergebnisse (die häufig als Verhältniszahlen angegeben werden), die die Öffentlichkeit (und vor ihnen die Journalisten) mehr verwirren als informieren[43]. An dieser Presseinformation sind bevorzugt einige wenige Meinungsforschungsinstitute beteiligt. Zur Aufklärung der Journalisten wie der Öffentlichkeit müßte klargemacht werden, daß die Sozialwissenschaften mehr anzubieten haben als reine Deskription der angeblichen Volksmeinung, wenngleich ihre Sachaussagen damit zunehmend unanschaulicher werden, zur Irritation vorwiegend der Kulturintelligenz.

In diesem Kapitel über vertikalen Wissenstransfer wurde zunächst die Rolle eines

„Mittlers" zwischen der Institution Wissenschaft und verschiedienen anderen Bereichen behandelt. Anschließend wurden die verschiedenen Ebenen dargestellt, die gesellschaftliche Bereiche also, die vorwiegend an den Sozialwissenschaften interessiert sind. Da bisher noch keine empirischen Untersuchungen über den Transfer sozialwissenschaftlicher Teilaussagen in diesen Bereichen vorliegen, lassen sich hier nur wenige allgemeine Aussagen machen. Der Wissenstransfer aus den Sozialwissenschaften in diese gesellschaftlichen Bereiche geschieht bislang völlig ungeplant, durch einen osmotischen Prozeß gewissermaßen, wobei noch nicht einmal ausgemacht zu sein scheint, ob der osmotische Druck im Innern des Systems Sozialwissenschaft bereits so groß ist, daß es zu einem Austausch kommt, bzw. ob außerhalb der Sozialwissenschaft bereits eine so große Nachfrage besteht, daß ein stetiger Fluß von Informationen nach außen gesichert ist. Da das durch die Sozialwissenschaften erzeugte Produkt primär als komplexe Information anfällt, ist zu seiner Rezeption selbst schon ein hoher Informationsstand erforderlich, was dem Informationsfluß nicht förderlich ist. Abhilfe schaffen könnte hier einmal eine gewissermaßen produktmäßige Verpackung der Ware Sozialwissenschaften, was allerdings auf immanente Schwierigkeiten stößt und daher nicht sehr wahrscheinlich ist. Eine andere Möglichkeit besteht in der Professionalisierung des Fachgebiets, so daß mit einem gewissen Vertrauensvorschuß bedachte Praktiker als Mittler zwischen der Wissenschaft und anderen gesellschaftlichen Bereichen auftreten könnten. Da diese Professionalisierung, durch die der Informationsfluß selektiert und kanalisiert würde, noch kaum in Sicht ist, dürfte es auch in Zukunft zunächst bei einem wie bisher ungeplanten Wissenstransfer an die Öffentlichkeit und andere gesellschaftliche Bereiche bleiben.

Anmerkungen

[1] Vor allem *Rogers* 1964, *Kiefer* 1967, *Fliegel* und *Kilvin* 1967. Zu einer wissenschaftssoziologischen Untersuchung dieser Forschungstradition im Rahmen einer Analyse als „invisible College" vgl. *Crane* 1969.

[2] *Coleman, Katz* und *Menzel* 1966.

[3] Allerdings kommt es auch zu Diskontinuitäten, weil eine Innovation in einer durchaus nennenswerten Zahl von Fällen nach einer bestimmten Zeit wieder aufgegeben wird — und manchmal auch erneut übernommen wird. Der Übernahmeprozeß findet also keinen endgültigen Abschluß, sondern bleibt offen.

[4] Vor allem *Hägerstrand* 1970, *Siebert* 1967 und *Opp* 1974.

[5] Als Beispiele für eine deutsche Untersuchung vgl. *Kern* 1973. Faktoren, die den Transfer fördern, waren nach dieser Untersuchung vor allem: 1. Marktfaktoren (Wettbewerbsdruck, Konjunkturlage); 2. eigene Erfahrungen (eigenes Know-how), 3. rechnerische Qualifikation des Personals beim Empfänger sowie gute Planung und Organisation; 4. gute Kooperation mit der Senderunternehmung. Hemmende Faktoren waren vor allem: 1. Kapazitäts- und Personalengpässe; 2. mangelnde eigene Erfahrung (mangelndes Know-how); 3. schlechte Zusammenarbeit mit Drittunternehmen; 4. Probleme bei der eigenen Planung und Organisation. Es wurde zusätzlich auch danach gefragt, welche Faktoren für die Verbesserung des Transferprozesses am ehesten berücksichtigt werden müßten. Dabei ergab sich: 1. Kooperation und Kommunikation mit der Senderunternehmung sowie technische Qualifikation ihres Personals; 2. eigene Planung und Organisation; 3. Vertragsausgestaltung 4. Aufhebung von Kapazitäts- und Pesonalengpässen (*Kern* 1973, S. 97 f.).

6 In letzter Zeit scheinen übrigens (zumindest in der Soziologie) vor allem Theorien des Übernahmeprozesses entwickelt worden zu sein, die allgemein als Theorien einer gewissermaßen horizontalen Kommunikationsausbreitung beschrieben werden können. Neben den bereits angeführten Untersuchungen der Diffusion landwirtschaftlicher Erzeugnisse kann hier die Diffusion von Gerüchten (*Shibutani* 1966) sowie die Diffusion von Informationen während Naturkatastrophen angeführt werden. Theorien der Invention sind meist bereits älteren Datums (vgl. *Ogburn* und *Nimkoff* 1956, Kap. 24—26, *Ogburn* 1922, *Gilfillan* 1935, *Merton* 1934/35). Die Theorie der Innovation ist vor allem von *Schumpeter* beeinflußt, der im innovativen Unternehmer den wichtigsten einzelnen Faktor für eine wachsende Wirtschaft sah (*Schumpeter* 1950).
Die Bedeutung, die in den 20er und 30er Jahren der Technik zugeschrieben wurde, wird heute meist der Wissenschaft zugeschrieben — wobei auch das Begriffssystem transponiert wird. So sprach *Ogburn* lange vor *Price* vom exponentiellen Wachstum in bezug auf „culture" (womit er „technische Zivilisation" meinte) und das exponentielle Wachstum meist an der Zahl der Patente maß.
7 Beides kommt aber, wie *Merton* nachgewiesen hat, durchaus häufig vor. Ein serendipity pattern (also die zufällige Entdeckung) ist nach *Merton* möglicherweise sogar die Norm (*Merton* 1963, *Merton* 1968, S. 157).
8 *Machlup* unterscheidet übrigens zusätzlich noch Teste und Wertungen (evaluation), eine Unterscheidung, die sich für die Sozialwissenschaften als sehr nützlich erweisen könnte (*Machlup* 1963, S. 38).
9 Allen Vorwürfen gegen den sog. „Positivismus" in der Soziologie zum Trotz ist die „Technologisierung" der Sozialwissenschaften ja noch nie ernsthaft in Angriff genommen worden, bzw. — welch schönes Paradox — wird noch am ehesten naiv normativistisch in totalitären und/oder marxistisch orientierten Sozialsystemen versucht.
10 Beachtenswert an vielen derartigen Versuchen ist übrigens die geringe Beteiligung von Soziologen, denen der Vorwurf des Technokratentums derart unter die Haut gegangen zu sein scheint, daß sie den Entwurf von solchen komplexen Systemen lieber z. B. Pädagogen überlassen (und damit soziologischen Laien). Zu „Social Science Products" vgl. auch *Havelock* (1969, S. 8—23).
11 Das ist wohl auch der Grund dafür, daß sich Soziologen an solchen „Entwicklungen" bislang kaum beteiligt haben. Da sie wissen, wie komplex soziale Abläufe sind, fürchten sie sich vor dem Scheitern ihrer Modelle — und überlassen sie anderen, um dann anschließend mit Genuß *deren* — meist naive — Modelle zu kritisieren. Es wird hier als These vertreten, daß die Notwendigkeit der Entwicklung derartiger Modelle (also z. B. von Institutionen oder Organisationen, usw.) weiter zunehmen wird und wenn sich Soziologen nicht an dieser Entwicklung beteiligen — dann werden es eben die Pädagogen oder die Techniker tun.
12 Gewissermaßen soziologische Automaten, die wartungsfrei eingekauft werden können.
13 Von wissenschaftlichen Institutionen ist die Institutionalisierung wissenschaftlicher Disziplinen zu unterscheiden. Bei letzterem handelt es sich um den historischen Transferprozeß, in dessen Verlauf neue Wissensbereiche durch die Wissenschaft erschlossen werden und schließlich an den Universitäten und in der Forschung als eigenständiges Forschungsgebiet akzeptiert werden. *Clark* unterscheidet fünf Stadien der Institutionalisierung: „1. The solitary scientist, 2. amateur science, 3. emerging academic science, 4. established science, and 5. big science" (*Clark* 1972). *Weingart* unterscheidet sechs Prinzipien, die allen Institutionalisierungsprozessen der Wissenschaft gemeinsam sind: 1. Identifikation, 2. Kommunikation, 2. Initiation und Abgrenzung, 4. Rekrutierung, 5. Diffusion, 6. Sanktionierung (*Weingart* 1974, S. 26). Die *Weingart*schen Prinzipien kann man auch als funktionale Erfordernisse für die Existenz von wissenschaftlichen Disziplinen bezeichnen. In der Tat kann man eine weitgehende Parallelität zwischen den von der „klassischen" funktionalistischen Theorie postulierten funktionellen Erfordernissen als Überlebensbedingungen gesellschaftlicher Systeme und diesen Prinzipien feststellen — etwa wenn sie mit den neun bei *Aberle et al.* (1950) genannten „functional prerequisites of a society" verglichen werden (siehe dort S. 104—110).
Pfetsch hat bei einer Untersuchung über die Institutionalisierung neuer Fachgebiete der Medizin in den Universitäten den Akzent mehr auf empirische Regelmäßigkeiten gelegt. Nach ihm hat der Institutionalisierungsvorgang folgende Dimensionen (oder Phasen): 1. die Entwicklung eines Publikationswesens; 2. Ausstrahlungseffekte von bereits bestehenden Anstalten (Krankenhäusern), 3. die Etablierung von Lehrstellen (das beginnt meist mit einem Privatdozenten, Extraordinarius oder einem Honorarprofessor, erst später dann die Einrichtung eines Lehrstuhls), 4. Ausweitung wissenschaftlicher Organisationen außerhalb der Universitäten, 5. materielle und apparative Ausstattung, 6. Institutsneubau, 7. Einführung des Fachgebietes als Prüfungsfach durch den Gesetzgeber (*Pfetsch* 1973, S. 26 f.). Dabei dauert es übrigens durchschnittlich 51 Jahre von der zweiten bis zur sechsten Phase (S. 71).

[14] Die Vorgeschichte dieser Disziplinen ist um ein Vielfaches länger als ihre Geschichte. Die Vorgeschichte datiert z. B. in der Soziologie und der Politologie als philosophischer Beschäftigung mit Gesellschaft und Politik zurück bis zur griechischen Klassik. Die ersten Programmatiken der Soziologie datieren zurück auf das beginnende 19. Jahrhundert (*Comte*). Die Forschung setzte dann zu Beginn des zwanzigsten Jahrhunderts ein (Gründung der *Deutschen Gesellschaft für Soziologie* 1909). Aber noch im Jahre 1953 gab es an deutschen Universitäten in der Politologie und der Soziologie nur ca. 45 Professoren und Asistenten (Sollzahlen ohne Lehrbeauftragte, aus: *H. Plessner* (1956), S. 291).

[15] Vgl. die Empfehlungen zur Förderung der sozialwissenschaftlichen Forschung der *Deutschen Gesellschaft für Soziologie*, in: KZfSS, 26 (1974), S. 231–235.

[16] Wie das von der *American Sociological Association* vor allem seit 1965 angestrebt wurde, als *Talcott Parsons* als erster Herausgeber des *American Sociologist* in den ersten beiden Jahrgängen der Zeitschrift die Diskussion über die Entscheidung zugunsten einer „professional association" vorantrieb. Vgl. z. B. The American Sociologist 1, Nr. 3, S. 124–126.

[17] Abhilfe könnte hier wohl nur ein System schaffen — wie etwa das amerikanische — so daß über Mikrofilm alle wissenschaftlichen Bibliotheken mit einem Exemplar der Arbeit versehen werden.

[18] Dabei ist in der Wissenschaftsforschung schon seit längerem betont worden, daß besonders das Zeitschriftenwesen eine zentral wichtige Gatekeeper Funktion in einer Disziplin besitzt (vgl. *Crane* 1967, *Zuckermann* und *Merton* 1971 und *Yoels* 1974).

[19] „It seems clear from these findings that although the social science dissemination system exhibits longer lags, these longer lags should not be attributed to the lethargy or inefficiency on the part of the individual social scientist; rather, they are lags which stem from the characteristics of the dissemination system currently functioning in the social sciences" (*Garvey, Lin* und *Nelson* 1970, S. 68).

[20] „The physical scientists seem to do the most intensive dissemination of information in the shortest period of time and in the most effective manner of assimilation; the social sciences disseminate more diffusely, over a longer period of time, and in a manner less conducive to successful assimilation" (*Garvey, Lin* und *Nelson* S. 74).

[21] „. . . social science authors and social science editors disagree on the appropriateness of required revisions; the social science editorial process tends to concentrate heavily on the mechanics of the work, i.e. on statistical procedures and methodology; although social science lacks the theoretical framework of physical science, theoretical or interpretational problems are most frequently given for rejection of social sicence manucripts; and although social scientists conduct various kinds of research on particular problems, there appears to be no standard for judging the controversiality of findings" (*Garvey, Lin* und *Nelson*, S. 82).

[22] Wissens-„verwaltung" und Wissensweitergabe gehören übrigens eng zusammen, denn ohne das zweite ließe sich das erste nicht lange bewahren. Dies liegt daran, daß sich Wissen nicht als „hardware" (als Konserve gewissermaßen) auf Dauer aufbewahren läßt, da dann sein sinnhafter Kontext verlorengeht, sondern daß es nur als „software" speicherbar ist, das ständig reproduziert werden muß. Das bestehende Wissen muß bei einer wachsenden Wissensproduktion auch ständig auf den neuesten Stand gebracht werden (hierauf trifft noch am ehesten das Bild *Orwells* von der ständigen Umdatierung aller Bücher zu). Dies ist eine produktive Tätigkeit, die aber selbst nicht Primärforschung ist und neuerdings häufig mit der Bezeichnung „Lehrforschung" angesprochen wird.

[23] Wenn es sich beispielsweise darum handelt, Wissen aus der Universitäten über die Lehrer an die Schulen weiterzuvermitteln und über die Schulen an die Bevölkerung weiterzugeben, dann kann im günstigsten Fall etwa ein dreißigjähriger Hochschullehrer einem zwanzigjährigen Studenten ein Wissen vermitteln, das dieser nach einem Intervall von mindestens drei Jahren an Schüler im Alter von 8 Jahren weitervermittelt, die es dann nach einem Intervall von mindestens 10 Jahren benutzen können. Im günstigsten Fall können sich demnach Auswirkungen nach ca. 15 Jahren zeigen. Dieses Beispiel mag einerseits viele Frustrationen von Erziehungswissenschaftlern erklären, die sich diesen Transfusionsprozeß viel schneller vorstellen, es macht andererseits deutlich, daß die Universitäten eine Aufgabe darin sehen müssen, Lehrer auch nach dem Studienabschluß kontinuierlich weiterzubilden (was hier für Lehrer gesagt wurde, trifft ganz ähnlich auch für Architekten oder Ingenieure oder Soziologen zu).

[24] Vgl. Vorlesungsverzeichnis der Universität zu Köln, Sommer-Semester 1974.

[25] Neben dem Zentralarchiv für empirische Sozialforschung in Köln sind hier auch die großen Markt- und Meinungsforschungsinstitute zu nennen, die über jeweils hauseigene Datenbanken verfügen, die bislang für wissenschaftliche Zwecke noch überhaupt nicht und für sekundäranalytische Zwecke der Institute selbst vermutlich nur sehr selten genutzt werden. Schwierigkeiten erge-

ben sich hier vor allem aus dem raschen Wandel von „hardware" wie „software" der Computerindustrie, die jedes Speicherungs- und Analysesystem nach wenigen Jahren veralten läßt.

26 Die Geschichte des Forschungsinstituts wurde noch nicht geschrieben. *Ben-David* betrachtet *Justus Liebig* und *Paul Müller* als erste Gründer von Universitätslaboratorien (*Ben-David* 1969, S. 124 und passim). Institute außerhalb der Universität haben sich erst später entwickelt.

27 Man kann immer wieder beobachten, daß auch nur für ein einziges Projekt ins Leben gerufene Forschergruppen als eine ihrer ersten Aktivitäten Stempel und eigenes Briefpapier anfertigen lassen, um so ihre Eigenschaft als eine solche „Firma" zu dokumentieren.

28 *Price* weist darauf hin, daß man Disziplinen daraufhin vergleichen könne, in welchem Ausmaße promovierte Absolventen an den Universitäten als Hochschullehrer tätig werden oder außerhalb in der Wirtschaft einen Beruf finden. Nach einer derartigen Aufstellung betrug in den USA der Prozentsatz derjenigen, die im Universitätsbereich verbleiben 23 % in der Chemie, 38 % in der Physik, aber 83 % in der Soziologie und 94 % in der Politologie. Nach *Price* kann man diesen Prozentsatz als Indikator für die Reife (hardness) einer Disziplin lesen (*Price* 1970, S. 5).

29 Der Begriff des „relevanten Publikums" wurde von *Scheuch* bei einer Untersuchung über die Beziehungen zwischen Gesellschaft und empirischer Sozialforschung entwickelt. „Als relevantes Publikum seien diejenigen Gruppen bezeichnet, durch deren üblicherweise zu erwartende oder doch mögliche Reaktion der Sozialforscher die Chancen der erfolgreichen Ausübung seiner Tätigkeit beeinflußt sieht" (*Scheuch* 1965, S. 15).

30 In der Untersuchung, die sich primär an die einzelnen Forschungseinrichtungen als Analyseeinheit richtete, wurden auch Daten über abgeschlossene Forschungsprojekte erhoben. Von den 423 Instituten wurden insgesamt 1214 Projekte angegeben. Auf diese Projekte bezieht sich die folgende Auswertung. Ein erster Bericht über die Organisationserhebung wurde für den 17. Deutschen Soziologentag angefertigt (*v. Alemann* 1975).

31 In der letzten Spalte soll mit der Bildung des Quotienten N/wP (Zahl der Nennungen in % der Projekte/wichtigstes Publikum in %) das Verhältnis zwischen Gesamtzahl der Nennungen und dem wichtigsten Publikum quantifiziert werden. Es zeigt sich, daß Massenmedien und Journalisten sowie die informierte öffentliche Meinung gegenüber dem wichtigsten Publikum ca. 11 mal so häufig genannt werden. Der Quotient ist am niedrigsten für Wissenschaftler im eigenen Spezialgebiet und für andere Entscheidungsträger und weist diese damit als das zweitbedeutendste „relevante Publikum" aus.

32 Es ist allerdings auch möglich, daß die „wahren" Einflüsse von außen bei den Antworten nicht voll sichtbar werden, da man eine zumindest verbale Betonung der eigenen Autonomie erwarten darf. Es ist auch zu erwarten, daß in der meist recht langen Phase der Projektinitiierung gewissermaßen eine Internalisierung der Projektziele eintritt. Dennoch ist zu vermuten, daß ein entsprechender Korrekturfaktor nicht höher als 10 % betragen dürfte. Damit ist der Anteil der Eigeninitiative immer noch recht hoch.

33 In einer weiteren Frage wurde ermittelt, inwieweit die Projekte mehr auf die Entwicklung und den Test von Theorien, auf Deskription und Informationssammlung oder auf Entwicklung und Test von Forschungstechniken ausgerichtet waren (dabei waren Mehrfachnennungen möglich). Es ergab sich folgende Verteilung: Theorie: 48,2 %, Deskription 63,3 % und Forschungstechniken 24,6 %. Daraus läßt sich die Vermutung ableiten, daß angewandte Forschung häufig als Deskription verstanden wird.

34 Dies entspricht einem Quotienten N/wP von ca. 31. Interessant ist, daß auch Bücher zunächst ziemlich häufig genannt werden (32 %), dann aber als wichtigstes Medium nur 1,9 % erreichen. Dies entspricht einem Quotienten von fast 17 und kann interpretiert werden als sehr hohe Wertschätzung des Mediums Buch.

35 Die entsprechenden Zahlen für „Klienten" lauten: Institute der Universität 27 %, Institute an der Universität 36 %, Außeruniversitäre Institute 40 %, privatwirtschaftliche Institute 53 %. Die Zahlen addieren nicht zu 100 %, da außerdem noch Unentschiedene zu verzeichnen waren.

36 Zur Diskussion von „invisible colles" vgl. *Price* und *Beaver* (1966), *Crane* (1969 und 1972).

37 Zur Schulenbildung gibt es bisher nur wenige systematische Untersuchungen. Zum Frankfurter „Institut für Sozialforschung" unter der Leitung *Max Horkheimers* s. *Helmut Dubiel* (1974); für die deutsche Situation nach dem Positivismusstreit vgl. *Klima* (1972). *Kolegar* behauptet, daß es in der Soziologie bisher nur fünf Schulen „in the strict sense of the word" gegeben habe, ohne diese These zu belegen: die Durkheim Schule, die Chicago Schule unter *Park* und *Burgess*, die Frankfurter Schule der Sozialforschung, die Schule im Zusammenhang mit *Znaniecki* in Polen und die Brno-Schule unter der Ägide von *Arnost Blaha* in der CSSR [*F. Kolegar*, Buchbesprechung von „The Dialectical Imagination" von *M. Jay*, in: Contemporary Sociology 3 (1974), S. 395].

[38] Vgl. *Clark* (1971).

[39] In der Kleingruppenforschung werden häufig die Lokomotionsfunktion und die Kohäsionsfunktion unterschieden, erstere bezieht sich auf konkrete Probleme der Zielerreichung (= Fachwissen), die zweite Funktion bezieht sich auf den Gruppenzusammenhalt, das Überleben der Gruppe und bezieht damit in einem informellen Rahmen die Machtdimension ein.

[40] Finanzierung des Forschungsprojektes:

	N	%
Eigene Universität	190	15,7
DFG	172	14,2
Bund, Landesregierung oder direkte nachgeordnete Behörde	345	28,3
Gemeinde oder Gemeindeverband	30	2,5
Andere öffentlich-rechtliche Körperschaft	39	3,2
Stiftung Volkswagenwerk	52	4,3
Andere Stiftungen	48	4,0
Ausländische oder internationale Organisationen	15	1,2
Gemeinnützige Körperschaft	23	1,9
Privatwirtschaft	63	5,2
Eigene Finanzmittel	127	10,5
Anderes	16	1,3
Keine Angaben	94	7,7
Summe	1214	100,0

Herz und *Stegemann* (1974) berichten in ihrer Auswertung der empirischen Forschungsarbeiten aus den jährlich durchgeführten Projekterhebungen des Informationszentrums für sozialwissenschaftliche Forschung sogar noch wesentlich höhere Prozentzahlen für eigenfinanzierte Forschung. Dies dürfte aber vor allem darauf zurückzuführen sein, daß bei dieser Erhebung auch eine große Anzahl von Diplomarbeiten und Dissertationen mit erfaßt wurden (insgesamt 32 % der Projekte). Da in unserer Erhebung reine Lehreinheiten an Universitäten nicht erfaßt wurden, dürften sich unsere Projektangaben nur in Ausnahmefällen auf derartige Projekte beziehen.

[41] Die entsprechenden Werte bei *Herz* und *Stegemann* liegen noch niedriger, was auch wieder darauf zurückzuführen sein dürfte, daß dort die Universitätsforschung breiter erfaßt wurde.

[42] Es ist schwer abzuschätzen, was es für das „Image" des Faches bedeutet, wenn in Filmen wie dem „Schulmädchenreport" in der Rahmenhandlung ein Team von Interviewern nebst einem kommentierenden Sozialforscher auftritt, die in uneigentlichem Jargon die „eigentlichen" Pikanterien vorbereiten. Eine derartige „Popularisierung" von Soziologie scheint nicht einmal mehr untypisch zu sein. Die Soziologie stellt sich dabei als ein vorwiegend Trivialitäten (wenn nicht Schlimmeres) produzierendes Gewerbe dar, das sich zudem einer unverständlichen Terminologie bedient.

[43] Ein Beispiel sind die ständig veröffentlichten Zahlen zur Entwicklung der Unfallhäufigkeit besonders im Zusammenhang mit den Fahrverboten und der allgemeinen Geschwindigkeitsbegrenzung im Herbst 1973. Bis zum Frühjahr 1975 wurden immer wieder gemeldet, daß, im Vergleich zum jeweiligen Vorjahresmonat, die Unfallzahlen rückläufig waren. Diese Verhältniszahlen (die sich auf jeweils ungünstige Vorjahreswerte stützen) verdecken aber den Trend, der seit der Aufhebung dieser allgemeinen Geschwindigkeitsbegrenzungen ein stetiges Wachstum der Unfallzahlen signalisiert [vgl. *Ferdinand Ranft*: „Die fromme Lüge", Die Zeit, Nr. 10 (1975), S. 5].

Literaturangaben

Aberle, D. F., A. K. Cohen, A. K. Davis, M. J. Levy und *F. X. Sutton*, The Functional Prerequisites of a Society, in: Ethics 60 (1950), S. 100—111.

von Alemann, Heine, Die Organisation der sozialwissenschaftlichen Forschung in der Bundesrepublik Deutschland, in: Soziologie (Mitteilungsblatt der Deutschen Gesellschaft für Soziologie) 3 (1975), S. 81—124.

Barnett, H. G., Innovation: The Basis of Cultural Change, New York 1953.

Ben-David, J., The Scientist's Role in Society, Englewood Cliffs 1971.

Böhme, G., Die Ausdifferenzierung wissenschaftlicher Diskurse, im vorliegenden Sonderheft.

Clark, T. N., Le patron et son cercle: clef de l'Université Française, in: Revue Française de Sociologie 12 (1971), S. 19–39.

Clark, T. N., The stages of Scientific institutionalization, in: International Social Science Journal 24 (1972), S. 658–671.

Coleman, J. S., E. Katz und *H. Menzel*, Medical Innovation: A Diffusion Study, Indianapolis 1966.

Crane, D., The Gatekeepers of Science: Some Factors Affecting the Selection of Articles for Scientific Journals, in: American Sociologist 2 (1967), S. 195–261.

Crane, D., Social Structure in a Group of Scientists: A Test of the „Invisible College Hypothesis", in: American Sociological Review 34 (1969), S. 335–351.

Crane, D., Invisible Colleges: Diffusion of Knowledge in Scientific Communities, Chicago und London 1972.

Dubiel, Helmut, Dialektische Wissenschaftskritik und interdisziplinäre Sozialforschung. Theorie- und Organisationsstruktur des Frankfurter Instituts für Sozialforschung (1930 ff.), in: Kölner Zeitschrift für Soziologie und Sozialpsychologie 26 (1974), S. 237–266.

Fliegel, F. C., und *J. E. Kilvin*, Attributes of Innovations as Factors in Diffusion, in: American Journal of Sociology 72 (1966/67), S. 235–248.

Garvey, W. D., N. Lin und *C. E. Nelson*, Some Comparisons of Communication Activities in the Physical and Social Sciences, in: *C. E. Nelson* und *D. K. Pollok* (Hrsg.), Communication among Scientists and Engineers, Lexington 1970, S. 61–84.

Gilfillan, S. C., Sociology of Inventions, Chicago 1935.

Hägerstrand, T., Aspekte der räumlichen Struktur von sozialen Kommunikationsnetzen und der Informationsausbreitung, in: *D. Bartels* (Hrsg.), Wirtschafts- und Sozialgeographie, Köln-Berlin 1970, S. 367–379.

Havelock, R. G. (unter Mitarbeit von *A. Guskin, M. Frohman, M. Havelock, M. Hill* und *J. Huber*), Planning for Innovation through Dissemination and Diffusion of Knowledge, Institute for Social Research, Ann Arbor, Mich., 1969.

Herz, T. A., und *H. Stegemann*, Empirische Sozialforschung in der Bundesrepublik Deutschland, verv. Manuskript, Köln 1974.

Heintz, P. (Hrsg.), Soziologie der Entwicklungsländer. Eine systematische Anthologie, Köln–Berlin 1962.

Katz, E., und *P. F. Lazarsfeld*, Personal Influence, The Part Played by People in the Flow of Mass Communication, Glencoe 1964.

Kern, W., Zur Analyse des internationalen Transfers von Technologien – Ein Forschungsbericht, in: Schmalenbachs Zeitschrift für betriebswirtschaftliche Forschung 25 (1973), S. 85–98.

Kiefer, K., Die Diffusion von Neuerungen. Kultursoziologische und kommunikationswissenschaftliche Aspekte der agrarsoziologischen Diffusionsforschung, Tübingen 1967.

Klages, H., Rationalität und Spontaneität, Innovationswege der modernen Großforschung, Gütersloh 1967.

Klima, R., Theoretical Pluralism, Methodological Dissension and the Role of the Sociologist: The West German Case, in: Social Science Information 11 (1972), S. 69–108.

Klima, R., Die Entwicklung der soziologischen Lehre an den westdeutschen Universitäten 1950–1975. Eine Analyse der Vorlesungsverzeichnisse, verv. Manuskript, Bielefeld 1974.

Lepsius, M. R., Die personelle Lage der Soziologie an den Hochschulen in der Bundesrepublik Deutschland, in: Soziologie 1 (1972/73), S. 5–25.

Machlup, F., Die Produktivität der naturwissenschaftlichen und technischen Forschung und Entwicklung, Arbeitsgemeinschaft für Forschung des Landes Nordrhein-Westfalen, Köln und Opladen 1963, Heft 122, S. 37–64.

Merton, R. K., Fluctuations in the Rate of Industrial Inventions, in: Quarterly Journal of Economics 49 (1934/35), S. 454–474.

Merton, R. K., Resistance to the Systematic Study of Multiple Discoveries in Science, in: Europäisches Archiv für Soziologie 4 (1963), S. 237–282.

Merton, R. K., Social Theory and Social Structure, 2nd. enlarged ed., Glencoe 1968 (insbesondere Kap. III).

Ogburn, W. F., Social Change, New York 1922.

Ogburn, W. F., und *M. F. Nimkoff*, A Handbook of Sociology, London 1956.

Opp, M., Die räumliche Diffusion des technischen Fortschritts in einer wachsenden Wirtschaft, Baden-Baden 1974.

Pfetsch, F. R., Die Institutionalisierung medizinischer Fachgebiete im deutschen Wissenschaftssystem, in: *F. R. Pfetsch* und *A. Zloczower*, Innovation und Widerstände in der Wissenschaft, Düsseldorf 1973, S. 9–90.

Plessner, H., Untersuchungen zur Lage der deutschen Hochschullehrer, Bd. 1, Göttingen 1956.

Price, D. J. de Solla, Is Technology Historically Independent from Science? A Study in Statistical Historiography, in: Technology and Culture 6 (1965), S. 553–568.

Price, D. J. de Solla, Citation Measures of Hard Science, Soft Science, Technology, and Nonscience, in: *C. E. Nelson* und *D. K. Pollok* (Hrsg.), Communication among Scientists and Engineers, Lexington 1970, S. 3–22.

Price, D. J. de Solla, und *B. Beaver*, Collaboration in an Invisible College, in: American Psychologist 21 (1966), S. 1011–1018.

Rogers, E. M., Diffusion of Innovations, New York–London 1964.

Saltzer, W. G., Wissenschaftsgeschichte und Wissenschaftsforschung – ein komplementärer Ansatz? verv. Manuskript, Frankfurt 1974.

Scheuch, E. K., Sozialer Wandel und Sozialforschung, in: Kölner Zeitschrift für Soziologie und Sozialpsychologie 17 (1965), S. 1–48.

Schumpeter, J. A., Kapitalismus, Sozialismus und Demokratie, Bern 1950.

Shibutani, T., Improvised News, A Sociological Study of Rumor, Indianapolis–New York 1966.

Siebert, H., Zur interregionalen Verteilung neuen technischen Wissens, in: Zeitschrift für die gesamte Staatswissenschaft 123 (1967), S. 231–263.

Suchman, E. A., Evaluative Research: Principles and Practice in Public Service and Social Action Programs, New York 1967.

Tenbruck, F. H., Der Fortschritt der Wissenschaft als Trivialisierung des Wissens, im vorliegenden Sonderheft.

Weingart, P., Wissenschaftlicher Wandel als Institutionalisierungsstrategie, in: *P. Weingart* (Hrsg.), Wissenschaftsforschung II, Frankfurt 1974.

Witte, E., Organisation für Innovationsentscheidungen, Göttingen 1973.

Yoels, W. C., The Structure of Scientific Fields and the Allocation of Editorship on Scientific Journals: Some Observations on the Politics of Knowledge, in: The Sociological Quarterly 15 (1974), S. 264–276.

Zaltman, G., und *B. M. Köhler*, The Dissemination of Task and Socio-Emotional Information in an International Community of Scientists, in: Journal of the American Society for Information Sciences 23 (1972), S. 225–236.

Zuckerman, H., und *R. K. Merton*, Patterns of Evaluation in Science: Institutionalization, Collaboration, and Authorship, in: Minerva 9 (1971), S. 66–100.

Soziale Organisation, Kodifizierung des Wissens und das Belohnungssystem der Wissenschaft

Von Jerry Gaston

I. Einleitung

In diesem Aufsatz werden einige mögliche Beziehungen zwischen der sozialen Organisation der Wissenschaft, dem Grad der Kodifizierung und dem Belohnungssystem in der Wissenschaft untersucht. Die Arbeit hat drei Ziele. Die Bedeutung des Konzepts Belohnungssystem soll kritisch diskutiert werden, vorhandene Untersuchungen zum Belohnungssystem sollen analysiert werden und es soll auf Zusammenhänge zwischen sozialer Organisation, Kodifizierung des Wissens und Belohnungssystem, die in früheren Darstellungen nicht hinreichend berücksichtigt wurden, verwiesen werden. Die in diesem Aufsatz analysierten empirischen Untersuchungen zum Belohnungssystem in der Wissenschaft beziehen sich auf die amerikanische und britische Wissenschaft, da Untersuchungen aus anderen Ländern nicht vorliegen.

Zweifellos beeinflussen Unterschiede in der sozialen Organisation der Wissenschaft den internen Verlauf der Forschung in der *scientific community. Watson* war sich dessen bewußt, als er schrieb: ". . . the English sense of fair play would not allow Francis (Crick) to move in on Maurice's (Wilkins) problem. In France, where fair play obviously did not exist, these problems would not have arisen. The States also would not have permitted such a situation to develop. One would not expect someone at Berkeley to ignore a first-rate problem because someone at Cal Tech had started first. In England, however, it simply would not look right[1]."

Unterschiede in der sozialen Organisation gibt es sowohl zwischen Disziplinen als auch zwischen Nationen. Die soziale Organisation der Forschung umfaßt verschiedene Dimensionen. Eine dieser Dimensionen bezieht sich auf den Ausbildungsprozeß, in dem neue Wissenschaftler herangebildet werden. Ein weiteres Merkmal bezieht sich auf die Organisation der Wissenschaft zur Durchführung von Grundlagenforschung, zum Beispiel als Forschung, die hauptsächlich von Universitäten oder Forschungsinstituten durchgeführt wird. Eine weitere Dimension betrifft die Forschungsförderung und -politik und den Sitz nationaler oder lokaler Kontrollinstanzen.

Das in diesem Aufsatz im Vordergrund stehende Merkmal der *sozialen Organisation der Wissenschaft* bezieht sich auf die Frage, ob die Forschungsförderung und -politik in einem Land *zentralisiert* oder *dezentralisiert* ist. Das heißt, ob politische Entscheidungen und die Zuteilung von Forschungsmitteln von einer zentralen Institution vorgenommen werden oder ob die Entscheidungsgewalt dezentralisiert ist. Eine einfache Einordnung eines Landes in die zentralisierte oder dezentralisierte Kategorie übersieht natürlich die Tatsache, daß im gleichen Land einige wissenschaftliche Gebiete zentralisierter sein können als andere. Dies mag etwa von der Art der Forschung abhängen, genauer davon, inwieweit der Staat und nicht Universitäten oder Privatpersonen die Forschung wegen der Höhe der erforderlichen Mittel unterstützen muß. Obwohl diese Unterscheidung recht einfach ist, erläutert eine solche Kategorisierung die Variable und ist daher für den Zweck dieser Untersuchung ausreichend.

In dem Maße, in dem unsere Kenntnisse über die Unterschiede wissenschaftlicher Disziplinen und Spezialgebiete anwachsen, wächst unser Vertrauen, daß der Grad der Kodifizierung eines wissenschaftlichen Gebietes für eine Reihe von sozialen Prozessen der Forschung von Bedeutung ist. *Kodifizierung* bezieht sich dem Grad des allgemeinen Konsenses über Kriterien, die wichtige Forschungsprobleme definieren, sowie auf die Übereinstimmung angemessener Methoden zur Untersuchung dieser Probleme. Die beste Definition von Kodifizierung liefern *Harriet Zuckerman* und *Robert K. Merton:* "Codification refers to the consolidation of empirical knowledge into succinct and interdependent theoretical formulations. The various sciences and specialities within them differ in the extent to which they are codified. It has often been remarked, for example, that the intellectual organization of much of physics and chemistry differs from that of botany and zoology in the extent to which particulars are knit together by general ideas. The extent of codification of a science should affect the modes of gaining competence in it. Experience should count more heavily in the less codified fields. In these scientists must get command of a mass of descriptive facts and low-level theories whose implications are not well understood. The comprehensive and more precise theoretical structures of the more codified fields not only allow empirical particulars to be derived from them but also provide more clearly defined criteria for assessing the importance of new problems, new data, and newly proposed solutions. All this should make for greater consensus among investigators at work in highly codified fields on the significance of new knowledge and the continuing relevance of old[2]."

In einem wissenschaftlichen Gebiet, in dem ein hoher Prozentsatz aller Arbeiten, die zur möglichen Veröffentlichung unterbreitet werden, unmittelbar zur Publikation angenommen wird, besteht ein hoher Grad der Kodifizierung, obwohl dies keineswegs das einzige Maß für Kodifizierung darstellt[3]. Mit anderen Worten heißt dies, daß Wissenschaftler und Herausgeber darin übereinstimmen, welche Probleme wichtig sind und welche Methoden angemessen sind. Als Beispiel für diesen Stand der Kodifikation kann die Physik gelten. Im Gegensatz dazu handelt es sich um einen geringen Grad der Kodifizierung in einem wissenschaftlichen Gebiet auf dem ein hoher Prozentsatz der zur Veröffentlichung vorgelegten Arbeiten von vornherein abgelehnt wird, Wissenschaftler und Herausgeber stimmen nicht darin überein, welches die wichtigen Probleme sind und welches die angemessenen Methoden zu ihrer Untersuchung sind. Als Beispiel für diesen Grad der Kodifizierung kann die Soziologie gelten.

Das Belohnungssystem bezieht sich auf die Art und Weise, in der Wissenschaftler von ihren Kollegen als Reaktion auf die Ausübung ihrer Rolle behandelt werden. Das Belohnungssystem besteht aus einer Anzahl die sozialpsychologischen Bedürfnisse der Wissenschaftler berücksichtigenden Mechanismen. Wissenschaftlern, die ihre Rolle als Forscher durch originale Beiträge erfüllen, wird Reputation zuerkannt, Wissenschaftlern, die die an sie gestellten Erwartungen als Forscher nicht erfüllen, wird keine Anerkennung durch die *scientific community* zuteil, sofern das Belohnungssystem dazu dient, den Fortschritt der Wissenschaft voranzutreiben.

II. Das Belohnungssystem der Wissenschaft

Merton beschreibt die Grundlagen und Rolle des Belohnungssystems in der Wissenschaft wie folgt: "On every side the scientist is reminded that it is his role to advance knowledge and his happiest fulfillment of that role, to advance knowledge greatly. This is only to say, of course, that in the institution of science originality is at a premium. For it is through originality, in greater or smaller increments, that knowledge advances. When the institution of science works efficiently and like other social institutions, it does not always do so, recognition and esteem accrue to those who have best fulfilled their roles, to those who have made genuinely original contributions to the common stock of knowledge[4]."

Meiner Meinung nach bleibt das *Merton*sche Modell der Wissenschaft das wichtigste theoretische Modell, das gegenwärtig die Forschung der Wissenschaftssoziologie beeinflußt[5]. Es scheint noch zu früh, um endgültig darüber zu entscheiden, ob andere Modelle der Wissenschaft tatsächlich alternative Modelle sind oder nur kritisch gegenüber bestimmten Aspekten der *Merton*schen Perspektive eingestellt sind. Selbst wenn man davon ausgeht, daß das Modell der Wissenschaft *Mertons* nicht all das umfaßt, was in ein allgemeines soziologisches Modell der Wissenschaft eingehen könnte, bedeutet dies noch nicht, daß das Modell *Mertons* notwendigerweise mangelhaft ist. Darüberhinaus sollte man das *Merton*sche Modell nicht deshalb kritisieren, weil einige von uns eine Variante seiner Perspektive zum Zweck begrenzter empirischer Untersuchungen verwandt haben.

Norman Storer betrachtet das Konzept des Belohnungssystems als das Herzstück des Paradigmas *Mertons*, da ". . . powerful juxtaposition of the normative structure of science with its institutionally distinctive reward system . . . provides a simplified but basic model of the structure and dynamics of the scientific community"[6]. Sofern das Belohnungssystem für das Wissenschaftsmodell *Mertons* zentral ist, dann ist seine Funktionsweise von zentraler Bedeutung für den Fortschritt der Wissenschaft.

Das Konzept der Belohnung ist mit der psychologischen Theorie der Verstärkung (reinforcement) verbunden. Wissenschaftler, die individuell für angemessenes Verhalten belohnt werden — Produktion neuer Erkenntnisse — sind an weiteren Belohnungen interessiert und setzen deshalb ihre belohnte Arbeit fort[7]. Obwohl man den Verstärkungseffekt aus der Sicht des Einzelnen analysieren kann, ist das Belohnungssystem als solches dennoch ein kollektives Phänomen. Das Belohnungssystem bezieht sich auf die Kongruenz von Beiträgen einzelner Wissenschaftler und dem Grad der zuerkannten Reputation durch andere Wissenschaftler für ihren Beitrag. Der Beitrag eines Wissenschaftlers besteht nicht in seiner Selbsteinschätzung, sondern in dem, was andere Wissenschaftler von ihm halten. (Der Unterschied zwischen diesen beiden Einschätzungen ergibt ein interessantes Forschungsproblem.)

Die Hauptfolgen des Belohnungssystems sind die Erhöhung der wissenschaftlichen Produktivität und die Aufrechterhaltung der sozialen Kontrolle. Beide Funktionen sind notwendig für den Fortschritt der Wissenschaft oder zur Ausweitung des Wissens. Einzelne Wissenschaftler sind motiviert, Reputation zu suchen, die auf Originalbeiträge in der *scientific community* folgt[3]. Sofern diese Erwartung in der Tat vorhanden ist, kann das Versäumnis der *scientific community,* diese Erwartung zu erfüllen, dazu führen, daß Wissenschaftler ihre wissenschaftliche Arbeit beenden, um eine lohnendere Betätigung zu suchen (wie etwa in der Verwaltung, Lehre usw.[9]). Kurz, es liegt offensichtlich im Interesse jeder *scientific community*, die ihre Mitglieder produktiv erhalten will, die Belohnungen der Gemeinschaft so zu verteilen, daß wenigstens der *Anschein* von Gerechtigkeit gewahrt wird, selbst wenn es tatsächlich nicht gerecht zugeht.

Als eine Form der sozialen Kontrolle ermöglicht das Belohnungssystem der *scientific community* die Aufrechterhaltung anerkannter Standards und anderer Arten von vereinbartem Verhalten dadurch, daß Wissenschaftler, die sich nicht den Erwartungen entsprechend verhalten, mit Sanktionen belegt werden[10]. Soziale Kontrolle ist mit dem Belohnungssystem der Wissenschaft in bedeutsamer Weise verbunden. Das politische System, die Familie, das Erziehungssystem, die Religion und die Wirtschaft sind gesellschaftliche Institutionen, deren Regeln entweder in Gesetzen des Landes oder in Gesetzen der Kirche festgelegt sind. Nur die Wissenschaft hat keine eigenen formellen Regeln zur Kontrolle des Verhaltens von Wissenschaftlern im Forschungsprozeß.

III. Untersuchungen zum Belohnungssystem

Trotz der praktischen Bedeutung des Belohnungssystems und der ihm gewidmeten beträchtlichen theoretischen Aufmerksamkeit bleibt unser Wissen darüber begrenzt und problematisch. Im letzten Jahrzehnt sind fünf größere Untersuchungen zum Belohnungssystem veröffentlicht worden[11]. Drei der Untersuchungen beschäftigen sich mit Wissenschaftlern der Vereinigten Staaten und zwei mit Wissenschaftlern Großbritanniens[12] (Siehe *Tabelle 1* für eine kurze Zusammenstellung der wichtigsten Charakteristika der Untersuchungen).

Das Ziel der Untersuchung von *Diana Crane* war es "information about the distribution of scientific productivity and recognition, in an attempt to assess the importance of talent and achievement relative to that of academic environment"[13] zu untersuchen. Es war ihre ursprüngliche Absicht, den Einfluß von Begabung und Leistung im Vergleich zur Bedeutung des akademischen Kontexts zu analysieren, allerdings lag ihr kein direktes Maß für Begabung vor, es sei denn, daß der Besuch einer angesehenen Graduate School auf größere Fähigkeiten schließen läßt als der Besuch einer weniger angesehenen[14]. Eine Analyse der Verweise auf *Crane*s Untersuchung zeigt[15], daß sich die meisten Autoren nicht auf ihre Daten über die Vorteile von Forschungsbedingungen an größeren Universitäten, sondern eher auf das Fehlen einer Kongruenz von wissenschaftlicher Produktivität und Reputation beziehen. Die Untersuchung von *Crane* zeigte, daß das Belohnungssystem vom Ansehen der Universitätszugehörigkeit beein-

Tabelle 1: Einige Merkmale von fünf Studien zum Belohnungssystem

Autor (Datum)	Anzahl der Wissenschaftler in der Studie	Disziplin oder Spezialgebiet	Typ des Sample	Maß für Anerkennung	Maß für Produktivität	Maß für Qualität
Crane (1965)	150	Psychologie Biologie Politische Wissenschaft	Gezielte Auswahl Quotenauswahl	Index	Index	Keines
Hargens u. Hagstrom (1967)	576	Physikalische Biologie	Repräsentatives Sample	Ansehen der gegenwärtigen Zugehörigkeit	Publikation der letzten 5 Jahre	Keines
Cole u. Cole (1967)	120[a]	Physik	Geschichtete Zufallsauswahl	Ehrungen[b]	Publikation	Zitierungen[c]
Gaston (1970)	203	Hochenergie-physik	Gesamtzahl	Index	Publikation	Keines
Blume u. Sinclair (1973)	845	Chemie	Gesamtzahl	Index	Publikation der letzten 5 Jahre	Nennung durch die zuständige Gruppe[d]

a) Obwohl 1281 Wissenschaftler Informationen zur Verfügung stellten über den relativen Wert von Ehrenauszeichnungen, die dazu benutzt wurden, die Anerkennung der 120 Wissenschaftler zu bestimmen, wurden nur die 120 Wissenschaftler als relevant für das Belohnungssystem untersucht.

b) Anzahl und Ansehen der Auszeichnungen, Rang der Dienststelle und Prozentsatz der Physikergemeinschaft, der mit der Forschung von Wissenschaftlern vertraut ist.

c) Die durchschnittliche Zahl von gewichteten Zitierungen, bezogen auf Forschung in den drei am meisten zitierten Jahren.

d) Frage: Welche Forscher betrachten Sie in Ihrem Forschungsgebiet als die „Schrittmacher" (die die wertvollsten Beiträge zum Wissensbestand machen). In England? In der Welt? Gesamtpunktzahlen wurden berechnet für jeden Wissenschaftler, der einen Punkt vergibt dafür, „in England" erwähnt zu werden, und drei Punkte für eine Nennung „in der Welt".

flußt war. *Crane* berichtet: "Although the very productive were most likely to have won highest honors, highly productive scientists at the major universities were more likely to have won recognition than the highly productive scientists at a lesser school. The latter were, in fact, no more likely to win recognition than unproductive men at the major school. Evidently, productivity did not make the scientist as visible to his colleagues in his discipline as did a position at a major university[16]." Dieses Zitat legt nahe, daß das Belohnungssystem der amerikanischen Wissenschaft partikularistische Folgen hat. Zwar ist dies eine vernünftige Folgerung, dennoch weist die Analyse dieser Daten auf einen weiteren Grund hin, der Besorgnisse über das Funktionieren des Belohnungssystems aufwirft (siehe *Tabelle 2 A—D*).

Normalerweise konzentriert sich das Interesse bei der Analyse des Belohnungssystems auf Wissenschaftler, die *offensichtlich* Reputation verdienen, jedoch keine Anerkennung erhalten, da sie an wenig angesehenen Universitäten beschäftigt sind. Die nicht-beachtete Frage, die jedoch untersucht werden sollte und für das Problem des Belohnungssystems genauso wichtig erscheint, ist: „Wie verhält es sich mit „unwürdigen" Wissenschaftlern, die an weniger angesehenen Universitäten beschäftigt sind und Reputation zuerkannt bekommen, und wie steht es mit produktiven Wissenschaftlern angesehener Universitäten, denen offensichtlich zustehende Anerkennung nicht erteilt wird?" Es ist ebenso „dysfunktional" für Wissenschaftler, etwas zu erhalten, was sie nicht verdienen, wie für Wissenschaftler, etwas nicht zu erhalten, was ihnen zusteht.

Von 121 der in *Crane*s Auswahl von 150 enthaltenen Wissenschaftlern wurden 21 Prozent für ihre hohe Produktivität mit angemessener Reputation belohnt, während 44 Prozent berechtigterweise keine Anerkennung fanden, da sie sich durch geringe wissenschaftliche Produktivität auszeichneten. Daher erhielten 65 Prozent der Wissenschaftler die ihnen zustehende Anerkennung, während dies für 35 Prozent der Wissenschaftler nicht der Fall war. Die 35 Prozent der Untersuchungspersonen umfassen Wissenschaftler, die Reputation verdienten, aber nicht erhielten, sowie Wissenschaftler, die Anerkennung bekamen, offensichtlich aber nicht verdienten. Sofern die Untersuchung *Crane*s als Beispiel für die Ärgernis erregenden Kräfte des wissenschaftlichen Schichtungssystems der amerikanischen *scientific community* gelten kann, besteht das Problem nicht einfach darin, daß einige an wenig angesehenen Universitäten tätige Wissenschaftler die ihnen zustehende Reputation nicht erhalten. Vielmehr ist das allgemeinere Problem, daß einige Wissenschaftler angesehener Universitäten keine Anerkennung finden, obwohl sie ihnen zusteht, und andere, über die Hierarchie der Universitäten verstreut angesiedelte Wissenschaftler Anerkennung zugeteilt erhalten, obwohl sie ihnen nicht zukommt.

Das Untersuchungsziel der Studie von *Lowell Hargens* und *Warren O. Hagstrom* war es zu bestimmen, ob der Rang eines Wissenschaftlers im akademischen Schichtungssystem oder das Ansehen der Graduate School des Wissenschaftlers einen größeren Einfluß auf die wissenschaftliche Produktivität hat[18]. Sofern der Besuch einer angesehenen Graduate School bedeutsamer ist als die Leistung eines Wissenschaftlers, dann steht fest, daß das Belohnungssystem nicht dazu führt, Leistung zu belohnen, sondern zugeschriebene, partikularistische Merkmale. Die Autoren analysierten ihre Daten auf verschiedene Weise, um den relativen Einfluß von wissenschaftlicher Leistung und dem

Tabelle 2: Zusammenfassung der Daten zum Belohnungssystem aus vier Studien

Studie	Mögliche Kombinationen von hoher und niedriger wissen-schaftlicher Anerkennung/ Produktivität	Ansehen der Zugehörigkeit		Gesamt-zahl (N)
		hoch	niedrig	
A. Crane[a]	hoch/hoch	15	7	
	niedrig/hoch	7	8	
	hoch/niedrig	8	11	
	niedrig/niedrig	12	31	
	insgesamt	42	57	99
	(N)	(52)	(69)	(121)
B. Hargens und Hagstrom[b]	hoch/hoch	17	11	
	niedrig/hoch	8	10	
	hoch/niedrig	8	14	
	niedrig/niedrig	7	25	
	insgesamt	40	60	100
	(N)	(187)	(277)	(464)
C. Cole und Cole[c]	hoch/hoch	19	14	
	niedrig/hoch	3	4	
	hoch/niedrig	14	8	
	niedrig/niedrig	10	27	
	insgesamt	46	53	99
	(N)	(56)	(64)	(120)
D. Gaston[d]	hoch/hoch	5	13	
	niedrig/hoch	4	12	
	hoch/niedrig	6	10	
	niedrig/niedrig	21	30	
	insgesamt	36	65	101
	(N)	(57)	(102)	(159)

a) Quelle: _Crane_, S. 711. Ansehen ist in der Studie hoch für größere Universitäten und gering für kleinere Universitäten.

b) Quelle: Abgeleitet von _Hargens_ und _Hagstrom_, Tabelle 4, S. 34. Wissenschaftliche Anerkennung wird dadurch angezeigt, ob jemand eine Stellung in der obersten Kategorie der oberen Hälfte oder unteren Hälfte der Prestigeskala innehat. Das Ansehen der akademischen Zugehörigkeit wird durch die obere Hälfte (hoch) oder untere Hälfte (niedrig) der Prestigeskala angegeben.

c) Quelle: Abgeleitet von _Cole_ und _Cole_, Tabelle 5, S. 386. Hohes Ansehen besteht in einer Anstellung an einem Department, das unter den ersten zehn rangiert. Hohe Anerkennung bedeutet hohe Qualität (60+ Zitierungen).

d) Quelle: _Gaston_, Tabelle 2, S. 722, und _Gastons_ unveröffentlichte Daten. Mittlere und niedrige Prestigekategorien kombiniert in „niedrigem" Ansehen. Anerkennung basiert auf Anerkennungsindex.

Ansehen der den Doktorgrad verleihenden Graduate School zu bestimmen. Eine der Vorgehensweisen ließ erkennen, daß das Ansehen der Graduate School für die Anstellung in einer angesehenen Universität fast so wichtig war wie die wissenschaftliche Leistung; dennoch kamen *Hargens* und *Hagstrom* zu folgender Schlußfolgerung: "...being from a high prestige doctoral institution may help a scientist to obtain a position in the upper ranges of the stratification system, but will not save a scientist from placement in the bottom level of the system. On the other hand, being highly productive can help scientists to stay out of the bottom level just as much as it can help them to obtain positions in the top level[19]."

Eine Dichotomisierung der Wissenschaftler auf der Basis der gegenwärtigen akademischen Zugehörigkeit in eine Gruppe der am höchsten angesehenen und eine Gruppe der am niedrigsten angesehenen Universitäten ergab, daß "in the higher ranges of the academic stratification system, the prestige of a scientist's doctoral institution is as important as his productivity for high placement", für "those in the lower ranges of the academic stratification system, productivity is more important for high placement than the prestige of one's doctoral institution"[20]. Ihre letzte Schlußfolgerung zum Belohnungssystem war, daß die Identifikation des Wissenschaftlers mit der ihm den Doktorgrad verleihenden Graduate School einen Einfluß auf seine gegenwärtige akademische Anstellung hat, er wird allerdings umso geringer, je länger jemand seinen Doktorgrad besitzt[21]. In den ersten Berufsjahren, in denen kaum Zeit zur Demonstration akademischer Fähigkeiten vorhanden ist, mag das Studium an einer angesehenen Universität von Bedeutung sein; in späteren Jahren wird der Wissenschaftler aber selbst für seine wissenschaftliche Produktivität oder deren Mangel verantwortlich gemacht[22].

Die Untersuchungsergebnisse von *Hargens* und *Hagstrom* lassen den Schluß zu, daß das Belohnungssystem in den Vereinigten Staaten allgemein in universalistischer Weise funktioniert (siehe *Tabelle 2 unter B*). Betrachten wir die Ergebnisse jedoch in der Weise, in der *Crane*s Daten analysiert wurden. Von den 464 Wissenschaftlern in der Untersuchung erhielten 28 Prozent für ihre hohe Produktivität angemessene Anerkennung und 32 Prozent wurde aufgrund mangelnder Produktivität keine Reputation zuerteilt. 60 Prozent der Wissenschaftler wurden daher angemessen belohnt, 40 Prozent dagegen nicht. Dies Ergebnis unterstützt die Schlußfolgerung der Untersuchung *Crane*s. Der in der amerikanischen Wissenschaft beobachtete Partikularismus beschränkt sich nicht nur auf ungenügend anerkannte Wissenschaftler wenig angesehener Universitäten. Er bezieht sich auch auf an angesehenen Universitäten beschäftigte Wissenschaftler, denen keine Anerkennung zukommt, sowie Wissenschaftler im ganzen Universitätssystem, die unverdiente Anerkennung erhalten.

Das Untersuchungsziel der Studie von *Stephen Cole* und *Jonathan Cole* war, Daten zu einem Qualitätsmaß der Forschung zu entwickeln und zu untersuchen, ob das Belohnungssystem in universalistischer Weise arbeitet[23]. Sofern das Belohnungssystem Reputation an Wissenschaftler vergibt, die eine lange Liste eher trivialer Veröffentlichungen produzieren, dann ist offensichtlich, daß es negative Implikationen des „publish and perish" Grundsatzes gibt. Wenn das Belohnungssystem jedoch ausgezeichnete Leistungen anerkennt, dann funktioniert es wahrscheinlich in einer Weise, die positive Konsequenzen für die Entwicklung wissenschaftlichen Wissens hat.

Cole und *Cole* setzten folgende Variablen zueinander in Verbindung: Zahl der Veröffentlichungen, Zahl der Zitierungen (Qualität), Zahl und Ansehen der Auszeichnungen, Ansehen des Fachbereiches und Prozentsatz der Physiker, die mit der Forschung einer Untersuchungsperson vertraut sind. Sie kamen zu dem Ergebnis: "It is the quality of research rather than its sheer amount that is most often regocnized through honorific awards[24]." Die allgemeine Schlußfolgerung ihrer Untersuchung besteht in der These, daß die Wissenschaft — zumindest die Physik — in universalistischer Weise funktioniert. Trotz dieser Schlußfolgerung weisen sie jedoch daraufhin, daß "some preliminary evidence suggests rank-of-department differentials in the working of the reward system. When we take honorific awards as the dependent variable and introduce quality of research (weighted citations) into the regression equation, we account for 44 percent of the variance. When we introduce rank of department into the equation, we increase the percent of variance explained to 53[25]."

Das läßt vermuten, daß trotz der allgemein universalistischen Arbeitsweise des Belohnungssystems der Rang des Fachbereiches für einen Teil der Reputation in Form von Auszeichnungen des Wissenschaftlers verantwortlich ist. Das Ansehen des Fachbereiches ist ein partikularistisches Merkmal und es handelt sich deshalb dabei um die gleiche ärgerliche Art der Einmischung in das Funktionieren des Belohnungssystems, auf die schon in der Untersuchung von *Crane* verwiesen wurde.

Obwohl die Untersuchung von *Cole* und *Cole* die These von der universalistischen Arbeitsweise des Belohnungssystems der Wissenschaft in den Vereinigten Staaten stützt, sollen die in *Tabelle 2 unter C* zusammengestellten Daten genauer analysiert werden. Von den 120 untersuchten Wissenschaftlern erhielten 33 Prozent angemessene Anerkennung aufgrund hoher Produktivität und 37 Prozent wurden wegen niedriger Produktivität nicht durch Anerkennung belohnt. Mit anderen Worten, 70 Prozent der Wissenschaftler erhielten eine angemessene Reputation, 30 Prozent jedoch nicht. Daher verweisen diese Ergebnisse, wie im Fall der Untersuchungen von *Crane* und *Hargens* und *Hagstrom* auf die gleiche Schlußfolgerung. Die Problematik des Belohnungssystems besteht nicht nur darin, daß Wissenschaftler an wenig angesehenen Universitäten nicht die angemessene Anerkennung erhalten. Wissenschaftler sowohl an angesehenen als auch weniger angesehenen Universitäten erhalten offenkundig unverdiente Anerkennung, während anderen nicht die ihnen gebührende Anerkennung zuteil wird.

Das Untersuchungsziel der Studie von *Jerry Gaston* war die Bestimmung des Ausmaßes des Universalismus in der britischen Wissenschaft[26]. Das Interesse an der britischen Wissenschaft steht in Verbindung mit der populären, wenn nicht sogar dominanten Ansicht, daß die Achse Oxford-Cambridge das akademische, und in etwas geringerem Maß, das intellektuelle Leben in England bestimmt[27]. Informationen zur Produktivität, Reputation, sozialer Herkunft und akademische Zugehörigkeit der Wissenschaftler ergaben keinen Zusammenhang, der darauf schließen ließ, daß der Grad der wissenschaftlichen Reputation von anderen Bedingungen als der wissenschaftlichen Produktivität und Beiträgen zum Wissensstand, vor allem dem theoretischen Wissen, abhängt. Wir wollen die Daten *Gaston*s jedoch in der üblichen Weise analysieren (siehe *Tabelle 2 unter D*). Auf der Grundlage der für die Untersuchung entwickelten Prestige-Variablen erhielten 18 Prozent der 159 Untersuchungspersonen eine ihrer hohen Produktivität angemessene Anerkennung, 51 Prozent wurden aufgrund ihrer niedrigen Produktivität nicht anerkannt. Mit anderen Worten, 69 Prozent der Wissenschaftler erhielten die ihnen zustehende Reputation, 31 Prozent jedoch nicht. Auch in diesem Fall liegt das schwerwiegende Problem im Belohnungssystem, daß Wissenschaftler auf allen Ebenen der akademischen Prestigestruktur unverdiente Anerkennung erhalten oder der ihnen eigentlich zustehende Grad der Anerkennung ihnen nicht zukommt.

Schließlich berücksichtigte die Untersuchung von *Stuart Blume* und *Ruth Sinclair* die Anzahl der Veröffentlichungen von Wissenschaftlern und versuchte gleichzeitig, die Qualität der Publikationen von Chemikern in Großbritannien in die Untersuchung einzubeziehen. Ihr Qualitätsmaß beruhte auf der Einschätzung der laufenden Forschung der Untersuchungspersonen durch Kollegen und nicht auf einen Zitatenindex wie im Fall der Untersuchung von *Cole* und *Cole*[28]. Die Schlußfolgerung der Untersuchung lautet wie folgt: "As in comparable studies of physicists in the United States, the most prolific chemists were also, by and large, the most significant (that is, they had produced the work of highest quality) . . . so far as the allocation of professional rewards was concerned, industrial orientation counted for little — as indeed was to have been expected assuming normative behavior. However, both quantity and quality of research output are highly correlated with recognition received, quality being somewhat the more important. The differentiation which has occured within chemistry has led to the co-existence of numerous distinct subdisciplines differing not only in their size (popularity), and in the average number of papers published by individuals working within them, but also in their autonomy. Since the prerequisite of relative autonomy, such as a journal, a learned society, lead to a greater availability of rewards, the subdisciplines may differ in the case with which recognition may be obtained. Factors of this kind may obscure any relationship between research production and reward at the disciplinary level. We have demonstrated that this relationship is determined in part also by institutional affiliation, such that the rewards received by an individual chemist for a given contribution will depend on his place of work. In particular, chemists from the Universities of Oxford and Cambridge appear to be favoured in this. Our findings thus diverge from those of Gaston, who found no evidence for ascriptive allocation of rewards in high energy physics in Britain. They are, however, consistent with Crane's account of the institutional advantages to be had in the U.S.A., and with Halsey and Trow's discussion of the peculiar prestige attached to Oxford and Cambridge within the British university system[29]."

Es ist möglich, die Daten *Blume* und *Sinclairs* in einer den anderen Untersuchungen vergleichbaren Weise zu analysieren (siehe *Tabelle 3*). Die Autoren verwenden drei Kategorien der Anerkennung und drei Kategorien der Produktivität, sodaß die möglichen Kombinationen für das Belohnungssystem von vier auf neun anwachsen, deshalb ist ein direkter Vergleich zu den anderen Untersuchungen nur sehr schwer möglich. Berücksichtigt man jedoch die in die Zellen null-null, niedrig-niedrig und hoch-hoch fallenden Möglichkeiten, dann ergibt sich, daß 47 Prozent der Untersuchungspersonen angemessene Reputation erhielten. Die Zahl von 53 Prozent derer, die als nicht angemessen anerkannt betrachtet werden können, liegt höher als in den anderen Untersuchungen, ist aber eher ein Resultat der vorgenommenen Kategorisierung und nicht Ergebnis der Arbeitsweise des Belohnungssystems in England.

Läßt man die mittleren Kategorien aus, so verbleiben wie im Fall der übrigen Untersuchungen vier Möglichkeiten, und die Daten werden damit den der anderen Untersuchungen vergleichbar. Von den 466 Wissenschaftlern dieser Kombinationsmöglichkeit, erhalten 78 Prozent angemessene Anerkennung, 22 Prozent jedoch nicht. Man kann natürlich darauf verweisen, daß die Auslassung der mittleren Kategorie nicht angebracht ist. Tatsache aber ist, daß dadurch nicht gezeigt wird, daß das Belohnungssystem universalistischer funktioniert als die Autoren dies ursprünglich vertraten.

IV. Theoretische und methodologische Probleme

Das Ziel dieser Arbeit bestand in theoretischer Erklärung, allerdings wird deutlich, daß sowohl theoretische als auch methodologische Probleme auftreten. Ein kurzer Überblick über die verschiedenen Untersuchungen sollte dies klären.

Crane kommt zu der Schlußfolgerung, daß ihre Daten zur amerikanischen Wissenschaft auf beträchtliche Abweichungen von der Norm des Universalismus in der Wissenschaft deuten. *Hargens* und *Hagstrom*s Folgerungen sind eigentlich nicht eindeutig, dennoch stellen sie die These auf, daß das Belohnungssystem universalistisch sei, sofern ausreichende Zeit zur Entwicklung von Karrieren von Wissenschaftlern vorhanden ist. *Cole* und *Cole* betonen, daß das Belohnungssystem auf universalistische Weise funktioniert, abgesehen von einigen Abweichungen, die aus dem unterschiedlichen Ansehen von Fachbereichen resultieren. *Gaston* vertritt die Ansicht, daß seine Daten ein universalistisches Funktionieren des Belohnungssystems in England zeigen. Schließlich kommen *Blume* und *Sinclair* zu dem Ergebnis, daß der Grad des Ansehens einer Universität einen wichtigen Faktor in der britischen Chemie darstellt, deshalb machen sie auch erhebliche Zweifel an der Generalisierbarkeit der Untersuchungsergebnisse *Gaston*s geltend. Die besprochenen Untersuchungen verwandten unterschiedliche Meßverfahren und unterschiedliche Aufbereitungsverfahren. Deshalb ergeben sich bei einer Sekundäranalyse der Ergebnisse zweifellos einige Fehler. Trotzdem ist eine solche Analyse notwendig, um zu einigen wichtigen Problemstellungen zu gelangen.

Erstens, wenn man davon ausgeht, daß die Untersuchungsergebnisse tatsächlich das zeigen, was die verschiedenen Autoren von ihnen berichten, dann zeigt sich, daß das Belohnungssystem der Wissenschaft in verschiedenen wissenschaftlichen Gemeinschaften innerhalb des gleichen Landes unterschiedlich funktioniert. Für die Vereinigten Staaten ergibt sich, daß die Physik (*Cole* und *Cole*) universalistischer organisiert ist als die Gruppe der Natur- und biologischen Wissenschaften (*Hargens* und *Hagstrom*). Diese Wissenschaften wiederum sind universalistischer organisiert als die Gruppe der biologischen, psychologischen und politischen Wissenschaft (*Crane*). In England sind die Hochenergiephysiker (*Gaston*) universalistischer organisiert als die *scientific community* der Chemiker (*Blume* und *Sinclair*). Sofern diese Ergebnisse korrekt sind, dann ist klar, daß die Kodifizierung des Wissens das Belohnungssystem beeinflussen muß[30]. Die Art und Weise, in der dies geschieht, ist offenbar recht einfach.

Je objektiver wissenschaftliche Arbeiten beurteilt werden können — eine Bedingung die zu einem hohen Grad mit der Kodifizierung in Verbindung steht —, umso universalistischer kann Reputation in einer Disziplin verteilt werden.

Berücksichtigt man die Dimension Zentralisierung oder Dezentralisierung der Variablen soziale Organisation der Forschung, so erfordert dies unterschiedliche Annahmen zu den verschiedenen hier analysierten Untersuchungen. Geht man davon aus, daß die in den USA durchgeführten Untersuchungen korrekt sind, daß Partikularismus zu einem gewissen Maß wirksam ist[31], so legen diese Untersuchungen der amerikanischen Wissenschaft nahe, daß der beobachtete Partikularismus, zumindest teilweise, Ergebnis der dezentralisierten sozialen Organisation der Wissenschaft ist. In einem dezentralisierten System kann der Wettbewerb mit seinen ungleichen Wettbewerbsbedingungen die Verteilung von Reputation leichter beeinflussen, da in diesem Fall die Kontrollmöglichkeiten geringer sind als in einer Situation, in der die Forschungsförderung und -politik zentralisiert ist. Sofern diese These richtig ist, kann man erwarten, daß die zentralisierte soziale Organisation der Wissenschaft in England zu einer universalistischen Arbeitsweise des Belohnungssystems führt. Wenn man unterstellt, daß die Untersuchung der britischen Hochenergiephysiker korrekt ist, indem sie keinen Partikularismus entdeckt hat, dann ist die Untersuchung der britischen Chemiker mit ihrem Beweis zur Existenz von Partikularismus falsch und dann ist die oben angedeutete Beziehung bestätigt.

Es besteht Grund zu der Annahme, daß die Aufbereitung der Daten für *Tabelle 3* zu der angedeuteten Schlußfolgerung über die britischen Chemiker beitrug. Allen Wissenschaftlern mit hoher Produktivität wurde angemessene Reputation unabhängig von ihrer institutionellen Zugehörigkeit zuerkannt. Unter Wissenschaftlern mit geringer Produktivität ergab sich ein nur geringer Vorteil für an den Universitäten Oxbridge und der Universität London beschäftigte Wissenschaftler. Obwohl der Prozentsatz der Wissenschaftler mit hoher Anerkennung im Fall der Oxbridge Wissenschaftler 72 Prozent betrug und nur 47 Prozent im Fall von Wissenschaftlern, die an weniger angesehenen Universitäten beschäftigt sind, fällt auf, daß es nur 11 Oxbridge Wissenschaftler und 16 Wissenschaftler aus London gibt, die geringe Produktivität ausweisen. Dies bedeutet, daß schon ein einziger Wissenschaftler für 9 beziehungsweise 7 Prozent des Unterschieds von fünfundzwanzig Prozent verantwortlich ist, tatsächlich sind ein oder zwei Wissenschaftler für den größten Teil der Differenz von 25 Prozent verantwortlich. Unter allen Wissenschaftlern mit geringer Produktivität erhalten die Oxbridge Wissenschaftler mit größerer Wahrscheinlichkeit als andere Anerkennung, und dies war gleichzeitig *die stärkste Abweichung vom universalistischen Belohnungssystem, die von Blume und Sinclair aufgezeigt wurde.*

Die methodologische Vorgehensweise kann aber gerade in dieser Hinsicht zu Fehlern führen und zu falschen Schlüssen verleiten. Die Variable „Qualität der Forschung" beruht auf der Einschätzung der *gegenwärtig* betriebenen Forschung. Die Variable Reputation setzt sich dagegen aus einer Reihe von Informationen zusammen, so zum Beispiel der Anzahl der Einladungen in das Ausland während der vergangenen fünf Jahre, bei denen die Kosten erstattet wurden, der Mitgliedschaft in einem Forschungsrat oder einem anderen Forschungsmittel gewährenden Ausschuß, der Mitgliedschaft in der Royal Society, und so weiter. Der Reputationsindex ist ein durchaus gültiges empirisches Maß, dennoch taucht ein Problem auf, wenn man diesen Index mit der Einschätzung der laufenden For-

Tabelle 3: Blume und Sinclairs Daten zum Belohnungssystem in der britischen Wissenschaft[a]

	Ansehen der akademischen Zugehörigkeit											
	Oxbridge (hoch)			London			S/W/I[b]			andere (niedrig)[b]		
	wissenschaftliche Produktivität[1]			wissenschaftliche Produktivität			wissenschaftliche Produktivität			wissenschaftliche Produktivität		
Wissenschaftliche Anerkennung[2]	hoch %	niedrig %	Null %	hoch %	niedrig %	Null %	hoch %	niedrig %	Null %	hoch %	niedrig %	Null %
hoch	85	72	54	83	69	17	89	48	12	67	47	12
niedrig	15	28	26	0	31	50	11	38	36	24	44	41
Null	0	0	20	17	0	33	0	14	52	9	9	47
insgesamt	100	100	100	100	100	100	100	100	100	100	100	100
(N = 861)	(13)	(11)	(30)	(12)	(16)	(64)	(9)	(21)	(162)	(46)	(68)	(409)

a) *Quelle: Blume* und *Sinclair*, Tabelle 8, S. 135.
b) S/W/I schließt schottische, walisische und nordirische Universitäten ein; andere umfaßt alle restlichen Universitäten des United Kingdom.

1 Wissenschaftliche Produktivität basiert auf Forschungsqualität, eine Variable, die nicht unmittelbar mit Produktivität vergleichbar ist; es ist aber diejenige Variable, die von *Blume* und *Sinclair* benutzt wurde, um das Ausmaß des Partikularismus an britischen Universitäten zu bestimmen.
2 Wissenschaftliche Anerkennung, die auf einem Index basiert.

schung einer Untersuchungsperson durch die wissenschaftliche Bezugsgruppe korreliert. Das Alter des Wissenschaftlers wird dabei nicht in Betracht gezogen. Für einen jüngeren Wissenschaftler, der zwar für die Qualität seiner *laufenden* Forschungen bekannt sein mag, ist es kaum möglich, die in dem Index verwandten Ehren ebenso schnell zu erreichen, wie er etwa als kompetenter Forscher durch die Veröffentlichung eines Aufsatzes oder einer Reihe von wissenschaftlichen Arbeiten bekannt werden kann. Noch wichtiger ist jedoch, daß ein Wissenschaftler, der gegenwärtig keine Forschung von großer Bedeutung treibt, aufgrund früherer Forschungsarbeiten diese Art der Anerkennung dennoch erreichen kann. Es ist natürlich eine empirische Frage, ob Oxbridge Wissenschaftler im Durchschnitt älter sind als Wissenschaftler in anderen akademischen Institutionen. Allerdings liegt dies nahe, wenn man das Wachstum von Universitätsfachbereichen in neueren Universitäten seit 1960 berücksichtigt. Ob dies auch für die Chemie zutrifft, ist eine weitere empirische Frage[33]. Sollte dies aber der Fall sein, so erhalten Oxbridge Wissenschaftler ihre Anerkennung nicht wegen ihrer Zugehörigkeit zu Oxbridge, und dies zum Nachteil von Wissenschaftlern an anderen Universitäten, sondern ihre Reputation basiert auf in der Vergangenheit durchgeführten Forschungsarbeiten. Es ist möglich, daß die Ergebnisse anders aussehen, wenn die Variable *Forschungsproduktivität* anstatt der in den letzten fünf Jahren vorgenommenen Publikationen die Zahl aller Veröffentlichungen eines Wissenschaftlers während seiner Berufskarriere berücksichtigt. Hätte man das Alter der Wissenschaftler an verschiedenen Universitäten mit in die Untersuchung einbezogen, dann wäre die hier vorgeschlagene Erklärung möglicherweise einleuchtend. Sofern eine adäquate Analyse der Daten britischer Chemiker keine Abweichung von einer universalistischen Arbeitsweise des Belohnungssystems der Wissenschaft erkennen ließe, wäre die Dimension Zentralisierung oder Dezentralisierung der sozialen Organisation der Wissenschaft und der Grad der Kodifizierung des Wissens von Bedeutung.

Der Zusammenhang zwischen dem Grad der Kodifizierung und der angesprochenen Dimension der sozialen Organisation von Wissenschaft ist in *Tabelle 4* zusammengestellt.

Tabelle 4: Schematische Beziehung zwischen Kodifizierung des Wissens, sozialer Organisation und dem Belohnungssystem der Wissenschaft

Soziale Organisation	Grad der Kodifizierung des Wissens		
	hoch	mittel	niedrig
zentralisiert	universalistisch (Gaston)	universalistisch (Blume u. Sinclair)	partikularistisch ————
dezentralisiert	universalistisch (Cole u. Cole)	partikularistisch (Hargens u. Hagstrom)	partikularistisch (Crane)

Der Grad der Kodifizierung kann anhand der Zahl der wissenschaftlichen Disziplinen und von Spezialgebieten in eine Reihe von Kategorien eingeteilt werden. Die soziale Organisationsvariable kann im Prinzip so verändert werden, daß sie ein Kontinuum von stark zentralisiert bis zu stark dezentralisiert ergibt. Hauptindikator dafür ist der Grad der Unabhängigkeit, abgesehen von der üblichen sozialen Kontrolle der *scientific community,* den Wissenschaftler in wissenschaftlichen Spezialgebieten bei der Setzung eigener Prioritäten und dem Aufstellen eigener Forschungsprogramme besitzen.

Die soziale Organisation und der Grad der Kodifizierung des Wissens beeinflussen sich wahrscheinlich gegenseitig. Allerdings ist nicht eindeutig, welche der beiden Variablen wichtiger ist, obwohl der Grad der Kodifizierung des Wissens die universalistische Arbeitsweise des Belohnungssystems in größerem Maß zu garantieren scheint. Anders ausgedrückt, ein universalistisches Belohnungssystem der *scientific community* in einem Land mit dezentralisierter Wissenschaftorganisation kann nur dann auftreten, wenn der Kodifizierungsgrad des Wissens hoch ist.

V. Schlußbemerkungen

Dieser Aufsatz hat eine Reihe von Fragen über den Stand des Wissens in der Wissenschaftssoziologie über das Belohnungssystem der Wissenschaft aufgeworfen. Die Zahl der bisher vorliegenden empirischen Untersuchungen des Belohnungssystems ist zu gering, um uns in die Lage zu versetzen, zu definitiven Schlußfolgerungen zum gegenwärtigen Stand des Wissens zu gelangen. Die unterschiedlichen Vorgehensweisen der vorliegenden Untersuchungen machen einen Vergleich schwierig.

Der Hauptzweck aller Untersuchungen des Belohnungssystems war es, die Arbeitsweise des Systems zu beschreiben. Unbeachtet blieb dabei die Frage, welche sozialen Prozesse für eine bestimmte Arbeitsweise des Belohnungssystems verantwortlich sind. Daher ist kaum untersucht worden, welche Ursachen für einen universalistischen oder partikularistischen Ablauf des Belohnungssystems in Frage kommen, ebensowenig hat man untersucht, in welcher Weise das Belohnungssystem als unabhängige Variable das Wachstum und die Entwicklung der Wissenschaft beeinflußt. Die funktionale Rolle des Belohnungssystems ist unbeachtet geblieben. Sofern das Belohnungssystem tatsächlich eine bedeutsame positive Funktion für die Wissenschaft hat, dann sollten wir unsere Anstrengungen zu seiner weiteren Erforschung erhöhen.

Untersuchungen des Belohnungssystems in osteuropäischen Ländern, die eigenständige Wissenschaftsorganisationen aufweisen, liegen bisher nicht vor. Vergleichende empirische Untersuchungen verschiedener Merkmale des Belohnungssystems sind zum besseren Verständnis seiner Ursachen und Konsequenzen notwendig.

Anmerkungen

1 *James D. Watson,* The Double Helix. New York 1969, S. 19.
2 *Harriet Zuckerman* und *Robert K. Merton,* Age, Ageing, and Age Structure in Science, in: *Norman Storer,* Hrsg., The Sociology of Science, Chicago 1973, S. 507.

[3] *Harriet Zuckerman* und *Robert K. Merton,* Patterns of Evaluation in Science, in: Minerva 9 (1971), S. 66—100.

[4] *Robert K. Merton,* Priorities in Scientific Discovery, in: *Norman Storer,* Hrsg., a.a.O., S. 293. Das Interesse an Priorität ist auf allen Ebenen vorhanden. So druckte eine regionale Zeitung vor kurzer Zeit einen Artikel ab, in dem das Forschungsprogramm eines Universitätswissenschaftlers beschrieben wurde. Der Artikel berichtete, daß der Wissenschaftler natürlich nicht der einzige war, der den in Frage stehenden Prozeß untersuchte, aber daß er der *erste* war, der die Existenz des Prozesses entdeckt hatte.

[5] Diese Bemerkung mag polemisch erscheinen, es sei denn, man erkennt, daß sogar die Forschung und die theoretischen Abhandlungen, die das Modell *Mertons* kritisieren, offenkundig von *Mertons* Perspektive beeinflußt sind.

[6] Anmerkungen des Herausgebers in *Norman Storer,* a.a.O., S. 281.

[7] Eine der möglichen Folgen ist, daß es bei einigen Wissenschaftlern, die ein „neurotisches" Bedürfnis auf ein Übermaß von Anerkennung haben, zu einem pathologischen Verhalten kommt. In dieser Hinsicht besteht jedoch kein Unterschied zu anderen gesellschaftlichen Bereichen, in denen einer neurotischen Person ein ungewöhnliches Verlangen nach Erfolg behilflich sein kann, sich hervorzutun. Das Belohnungssystem ist in diesem Fall nicht dafür verantwortlich, daß eine Person neurotisch ist, es kann aber den Kontext darstellen, in dem neurotische Bedürfnisse befriedigt werden können. Das Auftreten „ungesunden" Verhaltens als solches negiert jedoch nicht die Tatsache, daß es ein Belohnungssystem gibt — und bedeutet in der Tat nicht, daß es wegen geringen potentiell pathologischen Verhaltens aufgegeben oder verändert werden sollte.

[8] Zusätzlich zu *Merton,* siehe auch: *Norman Storer,* The Social System of Science, New York 1966 und *Warren O. Hagstrom,* The Scientific Community, New York 1965.

[9] *Hagstrom,* Ebd. S. 22.

[10] Dies ist eine These, der jeder, wenn auch nur implizit, zustimmt, über die es allerdings nur wenig systematische Beobachtungen gibt.

[11] *Diana Crane,* Scientists at Major and Minor Universities, in: American Sociological Review 20 (1965), S. 699—714; *Lowell Hargens* und *Warren Hagstrom,* Sponsored and Contest Mobility of American Academic Scientists, in: Sociology of Education 20 (1967), S. 24—38; *Stephen Cole* und *Jonathan Cole,* Scientific Output and Recognition: A Study in the Operation of the Reward System in Science, in: American Sociological Review 32 (1967), S. 377—390; *Jerry Gaston,* The Reward System in British Science, in: American Sociological Review 35 (1970), S. 718—732; *Stuart Blume* und *Ruth Sinclair,* Chemists in British Universities: A Study of the Reward System in Science, in: American Sociological Review 38 (1973), S. 126—138.

[12] Der Rahmen beider Studien beschränkt sich genaugenommen auf das Vereinigte Königreich und bezieht sich nicht auf Großbritannien (das Nordirland nicht einschließt).

[13] *Crane,* a.a.O., S. 700.

[14] *Cranes* Untersuchung verwendet den Grad des Ansehens der *Graduate School* und nicht den Grad des Ansehens des Fachbereiches. Neuere Untersuchungen zum Ansehen von Fachbereichen erlauben Forschern, das Ansehen des Fachbereiches und nicht der *Graduate School* zu verwenden.

[15] Dies ist mehr ein impressionistischer Eindruck und nicht Ergebnis einer Inhaltsanalyse der Verweise auf *Cranes* Aufsatz.

[16] *Crane,* a.a.O., S. 710.

[17] Obwohl in dieser Tabelle der Versuch unternommen wird, die gleiche Art der Variablen zu überprüfen, sind die Untersuchungen natürlich nicht unmittelbar vergleichbar. So wird in einigen Untersuchungen Reputation aus der Zahl der Zitierungen abgeleitet (die Untersuchung von *Cole* und *Cole*), und in anderen aus einem aus verschiedenen Variablen zusammengesetzten Reputationsindex.

[18] *Hargens* und *Hagstrom,* a.a.O., S. 26.

[19] Ebd., S. 32—33.

[20] Ebd., S. 33—34.

[21] Diese Schlußfolgerung leitet sich aus einer Querschnittsstudie jüngerer und älterer Wissenschaftler ab, wobei die gegenwärtige institutionelle Zugehörigkeit mit dem Ansehen der den Doktorgrad verleihenden Institution in Verbindung gebracht wird. *Stehr* kam auf Grund von Längsschnittdaten für Soziologen, die zwischen 1959 und 1970 ihre akademische Position gewechselt hatten, grundsätzlich zu dem gleichen Ergebnis. Siehe, *Nico Stehr,* Ascriptive Career Contingencies of Sociologists: A Longitudinal Analysis, in: The American Sociologist 9 (1974), S. 206—211.

[22] *Stehr,* ebd., zog diese Schlußfolgerung nicht, da seine Daten keine Leistungsindikatoren enthielten. Aus diesem Grund ist meine Ansicht empirisch unbewiesen, aber theoretisch korrekt.

23 *Cole* und *Cole,* a.a.O., S. 378.

24 Ebd., S. 385.

25 Ebd., S. 390.

26 *Gaston,* a.a.O., S. 791.

27 Siehe *A. H. Halsey* und *Martin Trow,* The British Academics, Cambridge 1971, insbesondere S. 213 bis 225.

28 *Blume* und *Sinclair,* a.a.O.; diese Arbeit war Teil einer umfassenderen Untersuchung von *Blume* und *Sinclair.* Siehe: Research Environment and Performance in British University Chemistry, London 1973. Ihre Verwendung der Bezugsgruppeneinschätzung wird später noch von besonderer Bedeutung sein.

29 *Blume* und *Sinclair,* a.a.O., S. 136—137. Auf Seite 135 in ihrem Aufsatz deuten sie an, daß die Untersuchung von *Halsey* und *Trow* (siehe Anmerkung 25) Zweifel an der Schlußfolgerung von *Gaston* zur Abwesenheit von ". . .unmerited recognition deriving either from being attached to, or having been educated at, one or another university" aufkommen läßt. Sie weisen ferner daraufhin, daß *Halsey* und *Trow* andeuten, daß die Zugehörigkeit zu Oxbridge mit Prestige verbunden ist und daß die beiden Universitäten soziale und intellektuelle Vorbilder sind. Darüberhinaus seien die Fakultäten von Oxbridge angesehener, die soziale Herkunft ihrer Angehörigen höher und Mitgliedschaft in der Royal Society und der British Academy ihrer Angehörigen häufiger. Sie fügen hinzu: "If Halsey and Trow have interpreted their findings aright, the generality of Gaston's conclusions — that the affiliation has no effect on the allocation of rewards in science — seems doubtful." Die angeführte Beschreibung der Charakteristik von Oxbridge ist zwar korrekt, daraus folgt aber nicht, daß institutionelle Zugehörigkeit einen Einfluß in dem von *Blume* und *Sinclair* unterstellten Sinn auf die Verteilung von Belohnungen ausübt. Sogar wenn die Mitgliedschaft der Royal Society nur aus Wissenschaftlern aus Oxbridge bestehen würde, beweist dies noch nicht das Vorhandensein von Partikularismus. Das Belohnungssystem sollte dort Anerkennung vergeben, wo es aufgrund von Verdiensten angebracht ist, und sofern Oxbridge Wissenschaftler mehr Anerkennung als andere verdienen, dann sollen sie sie erhalten, solange sie Reputation nicht deshalb erlangen, *weil* sie Oxbridge Wissenschaftler sind, ihre Zugehörigkeit zu Oxbridge ist also nicht ursächlich. Schließlich untersuchen *Halsey* und *Trow* nicht das Belohnungssystem in ihrer Arbeit, sondern lediglich Variablen, die gewöhnlich bei der Untersuchung eines Belohnungssystems berücksichtigt werden. Zum Beispiel untersuchen sie nicht die Beziehung zwischen Produktivität und Reputation bei gleichzeitiger Kontrolle der institutionellen Zugehörigkeit.

30 *Stehr,* a.a.O., verweist darauf, daß dies eine von Soziologen kaum beachtete Frage ist. Obwohl er sich nicht speziell auf die Kodifizierung und das Belohnungssystem bezog, erwähnt er das Problem des ". . .interrelationship between knowledge and the system of inequality in scientific disciplines" (S. 211).

31 Es ist möglich, daß die nur unwesentliche Abweichung von der universalistischen Arbeitsweise des Belohnungssystems mit der Arbeitsteilung in der Physik zusammenhängt. Die Auswirkung der Arbeitsteilung wurde von *Hagstrom* in „The Scientific Community" analysiert und von *Gaston* in seiner Studie zur britischen Hochenergiephysik untersucht. *Cole* und *Cole* haben jedoch diese Variable weder in der hier analysierten Untersuchung noch in späteren Veröffentlichungen berücksichtigt.

32 Es sollte klar sein, daß Produktivität in dem von *Blume* und *Sinclair* verwandten Sinn benutzt wird, um die Qualität der Forschung zu kennzeichnen, da sie in ihrem Aufsatz Produktivität nicht zum Grad der Reputation bei gleichzeitiger Kontrolle der institutionellen Zugehörigkeit in Verbindung setzten.

33 In der Hochenergiephysik ist dies der Fall. Siehe: *Gaston,* a.a.O., S. 722, dort zeigte sich, daß das Ansehen der Universität, gemessen an Oxbridge, London etc., in einem positiven Verhältnis zum mittleren beruflichen Alter der Wissenschaftler steht.

Aus dem Englischen übersetzt von *Nico Stehr*

V. Teil: Soziale und kognitive Organisation von Wissenschaft: Empirische Untersuchungen

Paradigmatischer Konsens in Forschungsorganisationen

Von Hans Geser

I. Einleitung

Ein großer Teil der bisherigen Wissenschaftssoziologie hat sich auf die Beschreibung und Analyse jener generellen Normensysteme und Organisationsformen konzentriert, in denen sich — unabhängig von den Partikularitäten bestimmter Fachrichtungen oder spezifischer gesellschaftlicher Umweltbedingungen — die Produktion und Diffusion wissenschaftlicher Forschung vollzieht.

Aus der Verknüpfung verschiedenartiger Forschungsergebnisse entsteht das Bild einer relativ komplexen, noch stark im Prozeß innerer Ausdifferenzierung und Konsolidierung begriffenen *wissenschaftlichen Institution,* innerhalb der zwei Typen sozialer Systeme mit zueinander konträren Strukturformen und funktionalen Leistungen gleichzeitig bestehen und miteinander interferieren:

1. Relativ lockere, nur unscharf abgrenzbare und im Laufe der Zeit starken Fluktuationen ausgesetzte professionelle Gruppen und „wissenschaftliche Gemeinschaften" (*„scientific communities"*), deren Mitglieder sich auf Grund ähnlicher Interessen an Forschungsobjekten, Theorien und Methoden zur gegenseitigen Kommunikation und Beurteilung ihrer Ergebnisse, sowie zur Verteilung von Reputation zusammenfinden[1].

2. Relativ stabile, durch innere Arbeitsteilung, hierarchische Differenzierung und formalisierte Regeln charakterisierte *Forschungsorganisationen,* in denen die einzelnen Wissenschaftler ihre professionelle Berufsrolle verankern, und wo sie mit der für sinnvolle wissenschaftliche Produktion notwendigen — technologischen und administrativen — Infrastruktur versehen werden[2].

Die besondere Bedeutung der segmentären Systemformen (Professionen und Gemeinschaften) besteht darin, daß in ihnen die für die Wissenschaftsinstitution typischen Normen und Verhaltensweisen (des Universalismus, organisierten Skeptizismus etc.) am deutlichsten zur Entfaltung kommen[3], und daß sie die eigentlichen strukturellen Träger der „Forschungsparadigmata" darstellen, in denen der bisher erreichte Reifegrad wissenschaftlicher Erkenntnis zum Ausdruck kommt und aus denen Handlungsanweisungen für die weitere Forschungsaktivität hergeleitet werden[4]. Die Tatsache, daß ausgerechnet den labilen, informellen *Gemeinschaftsgruppen* (etwa in der Form von „invisible colleges") die eigentliche strategische Führungsrolle in der Selbststeuerung der Wissenschaft zufällt[5], rechtfertigt wohl teilweise die übergroße Aufmerksamkeit, die ihnen die Forschung in den letzten Jahren zugewendet hat.

Insbesondere der in den letzten Jahren immer deutlicher sichtbare — und vor allem durch die wissenssoziologischen Überlegungen *Th. S. Kuhns* angeregte — Trend zu *vergleichenden* Studien hat dazu geführt, daß die informellen, segmentären Gruppierungen erneut im Vordergrund des Interesses stehen[6], während die „härteren" Strukturkerne der Forschungsorganisationen — so entscheidend sie für die wissenschaftliche Produktion auch sind — nicht im gleichen Maße Berücksichtigung finden[7].

Die Vernachlässigung der von den Forschungsorganisationen repräsentierten *strukturellen* Ebene führt mit einer gewissen Folgerichtigkeit zum suggestiven Bild einer im wesentlichen kontextautonomen Wissenschaftsinstitution, in der die wissenschaftlichen Forschungsprozesse vorwiegend endogen von der *kulturellen* Ebene (z. B. vom „herrschenden" Paradigma) aus gesteuert werden, und in der das Verhalten der Forscher auf Grund des internen Normensystems der Institution hinreichend verstanden werden kann[8].

Zwar scheint sich heute die Erkenntnis rasch auszubreiten, daß wissenschaftliche Gemeinschaften in ihrer inneren Struktur und äußeren Abgrenzung keineswegs nur als *Folge* einer kulturellen Eigendynamik der wissenschaftlichen Entwicklung (z. B. der Paradigmatisierung oder der Ausdifferenzierung neuer Gegenstandsbereiche) verstanden werden können, sondern daß sie selber auch wieder einen *unabhängigen Determinationsfaktor* für den Fortgang der wissenschaftlichen Forschung bilden. Aber dadurch allein wird der strukturellen Determination wissenschaftlicher Forschung noch keineswegs voll Rechnung getragen, weil man vergißt, daß wissenschaftliche Gemeinschaften in ihrer Entstehung und Institutionalisierung selbst in hohem Maße von unterliegenden stabileren Sozialstrukturen abhängig sind, zu denen in zentraler Weise die wissenschaftlichen Forschungsorganisationen gehören[9].

Denn es sind die Forschungsinstitute,

— die die hauptsächliche (wenn auch nicht ausschließliche) Verbindung zwischen der Wissenschaftsinstitution und ihrer gesellschaftlichen Umwelt darstellen, indem sie dem Wissenschaftler eine Berufsrolle (d. h. eine stabile Position im gesellschaftlichen Schichtungssystem) anbieten und indem sie in Interaktion mit den Institutionen des lokalen Kontexts die Finanzmittel sowie die administrativen und technischen Dienstleistungen beschaffen, die die Voraussetzung für wissenschaftliche Arbeit bilden[10];

— die den organisatorischen Rahmen bereitstellen, innerhalb dessen die Forschungsprojekte langfristig und rational geplant und — was vor allem in der modernen „big science" zunehmend wichtiger wird — in kooperativer und ökonomischer Weise durchgeführt werden können[11];

— die dank ihrer inneren Stabilität häufig auch die wichtigsten Sozialisierungskontexte für den wissenschaftlichen Nachwuchs bilden und jene Qualifikationen vermitteln, die die Voraussetzung für eine spätere Mitgliedschaft in professionellen Gemeinschaften sind[12].

So bilden Forschungsorganisationen gewissermaßen die Schnittstellen, an denen sich die von den professionellen Gemeinschaften und ihren Paradigmata ausgehenden Kräfte wissenschaftlicher Selbststeuerung mit den aus dem konkreten Forschungsprozeß entstehenden „Sachzwängen" und den vielfältigen Determinanten der gesellschaftlichen Umwelt treffen und zu einem gegenseitigen Ausgleich gebracht werden müssen[13].

Darin liegt der Grund, warum sie — im Interesse einer weitergespannten und realistischeren sozio-strukturellen Analyse der Wissenschaftsinstitution — in der zukünftigen wissenschaftssoziologischen Forschung einen zentraleren Platz als bisher einnehmen sollten.

Für empirische Untersuchungen ergibt sich daraus eine Fülle bisher wenig beachteter Fragestellungen, zu denen insbesondere systematische Vergleiche zwischen Forschungsorganisationen verschiedener Fachrichtungen, Forschungsaktivitäten und gesellschaftlicher Kontexte gehören, ebenso aber auch die Analyse der verschiedenartigen Interdependenzen, wie sie zwischen Organisationen und professionellen Gemeinschaften bestehen.

II. Problemstellung

Der Versuch einer konzeptuellen und theoretischen Erfassung von Forschungsorganisationen stößt auf die Schwierigkeit

— daß diese meist zum Typus der von der bisherigen Soziologie wenig berücksichtigten kleinen und mittleren Organisationen gehören, für die weder das analytische Intrumentarium der Kleingruppenforschung noch dasjenige der komplexen (bürokratischen) Organisation direkte Anwendbarkeit besitzt[14];

— daß sie mit ihrer auf Innovation von Wissen hin ausgerichteten Funktion Aufgaben zu bewältigen haben, wie sie in anderen Bereichen der Gesellschaft sehr wenig üblich sind, und die — da sie stark an individuelle Qualifikationen gebunden sind — nicht ohne weiteres institutionalisiert (oder gar bürokratisch programmiert) werden können[15].

Erst in der neueren organisationssoziologischen Literatur werden Modelle skizziert, die — obwohl sie sich noch auf eher impressionistische, wenig systematische empirische Evidenz abstützen — den spezifischen strukturellen und funktionalen Eigenschaften von Forschungsorganisationen wenigstens teilweise gerecht zu werden scheinen:

— das Modell der (autonomen) *,,professionellen'' Organisation,* deren Bürokratisierung durch die Tatsache begrenzt wird, daß die leitenden Mitglieder der Organisation überwiegend auf Grund internalisierter Normen ihres Berufsstandes handeln und stabile Loyalitäten zu außerorganisationellen Kollegengruppen aufrechterhalten[16];

— das Modell der *,,normativen'' Organisation* (Amitai Etzioni[17]) in der die Mitglieder vor allem durch die Verteilung symbolischer Sanktionen und durch Identifikation mit den Organisationszielen zur Teilnahme motiviert werden, während ,,extrinsische'' Motivationen (etwa durch Androhung physischer Gewalt oder Verteilung materieller Belohnungen) nur ein geringes Gewicht besitzen;

— das Modell der *,,umweltoffenen'' Organisation,* die infolge einer hohen Unberechenbarkeit der Umweltereignisse und/oder hoher Unsicherheit über die zur Bewältigung ihrer Aufgaben geeignete Technologie dazu gezwungen wird, eine flexible innere Struktur mit unscharfen Rollentrennungen, geringer Formalisierung und Machtkonzentration aufrechtzuerhalten[18].

Ein gemeinsames Merkmal dieser Organisationsmodelle besteht darin, daß den individuellen Mitgliedern und den informellen Gruppenbildungen ein größerer Spielraum für autonome Handlungsentscheidungen überlassen bleibt als im Modell der idealtypischen Bürokratie, und daß infolgedessen der zwischen diesen Mitgliedern bestehende Konsens oder Dissens über Normen und Ziele zu einer entscheidenden strukturbildenden Variablen wird, die die Integration und Leistungsfähigkeit der Gesamtorganisation bestimmt[19].

Bisherige wissenschaftssoziologische Ergebnisse rechtfertigen die Vermutung, daß Forschungsorganisationen in erster Annäherung als Exemplifikationen der eben erwähnten analytischen Organisationsmodelle verstanden werden können:

— es sind *autonome professionelle Organisationen,* insofern ihre ranghohen und mit der organisationellen Führung betrauten Personen gleichzeitig Positionen innerhalb ihrer Fachprofession und in spezifischeren wissenschaftlichen Gemeinschaften besetzen und ihr Verhalten in hohem Maße durch die dort erworbenen Orientierungen beeinflussen lassen[20];

— es sind *normative Organisationen,* insofern erfolgreiche wissenschaftliche Aktivität (insbesondere in wenig strukturierten Forschungssituationen) in hohem Maße auf intrinsischer Motivation und auf persönlicher Identifikation mit den Zielen wissenschaftlicher Arbeit beruht[21];

— es sind *umweltoffene Organisationen,* insofern der mit dem Forschungsprozeß verbundene Vorstoß in bisher noch wenig explorierte Realitätsbereiche dazu zwingt, eine möglichst flexible, wenig verfestigte Sozialstruktur aufrechtzuerhalten, die es möglich macht, unvoraussehbare Änderungen in den Zielsetzungen der Forschungsprojekte und in der Auswahl der zu ihrer Durchführung eingesetzten Mittel zu tolerieren[22].

Auch bei Forschungsorganisationen wird deshalb die interne Struktur in hohem Maße durch die Konvergenz oder Divergenz der Normen und Ziele bestimmt, von denen sich die verschiedenen Mitarbeiter bei ihrer wissenschaftlichen Arbeit leiten lassen, d. h. insbesondere auch vom Ausmaß des *paradigmatischen Konsenses.* Ein hoher paradigmatischer Konsens bedeutet, daß die einzelnen Mitarbeiter ihre Handlungsentscheidungen im Forschungsprozeß auch ohne formalisierte Regeln oder hierarchische Anweisungen nach einheitlichen Gesichtspunkten treffen, so daß

— die innerhalb der Organisation ablaufenden Handlungssequenzen einen hohen Grad der Stabilität und Berechenbarkeit erhalten[23];

— die Möglichkeiten systeminterner Interaktion und Kommunikation erleichtert und erweitert werden[24];

— die Kapazität des Gesamtsystems zu kollektivem, kooperativem Handeln steigt.

Eine zentrale Problematik aber entsteht nun aus der Tatsache, daß Forschungsorganisationen einerseits zur Integration und Stabilisierung ihrer Struktur auf Konsens in hohem Maße angewiesen sind, andererseits aber im Interesse einer erfolgreichen wissenschaftlichen Forschung imstande sein müssen, stark fluktuierende und divergierende Standpunkte zu tolerieren.

Solche Quellen für intraorganisationellen Dissens entstehen etwa aus der Tatsache

— daß verschiedene Mitglieder an verschiedenen wissenschaftlichen Disziplinen oder an unterschiedlichen Paradigmagruppen innerhalb derselben Disziplin partizipieren;

- daß die mit dem Forschungsprozeß notwendig verbundene Innovativität, Unberechenbarkeit und Unvollständigkeit des Wissens zur Folge hat, daß die Mitglieder über die Gültigkeit von Ergebnissen und die Brauchbarkeit von Theorien — die „objektiv" (noch) nicht entschieden werden kann — unterschiedliche und wechselnde Ansichten besitzen.

Entsprechend ist zu vermuten, daß das in einer Forschungsorganisation bestehende Konsensniveau als Resultante aus zwei gegensätzlichen Kräftegruppen verstanden werden muß:

- die Kräfte, die auf eine Integration und Stabilisierung der Organisation hinzielen und dementsprechend zu einer Erhöhung des Konsensniveaus führen;
- die Kräfte, die auf Öffnung der Organisation gegenüber einer komplexen, unberechenbaren Umwelt und auf Innovativität hindrängen und dadurch eine Verringerung des Konsensniveaus bewirken.

Als generellste Hypothese darf angenommen werden, daß sowohl die Eigenschaften der am Institut ablaufenden Forschungsaktivitäten als auch die Merkmale seiner wissenschaftlichen und gesamtgesellschaftlichen Umwelt das relative Gewicht beeinflussen, das den integrierenden, bzw. den fragmentierenden Kräftegruppen zukommt.

Die vorliegende Arbeit verfolgt das Ziel, einige spezifischere Hypothesen über den Zusammenhang zwischen solchen Einflußfaktoren und dem intraorganisationellen Konsensniveau zu formulieren und an Hand einer vergleichenden Studie von Hochschulinstituten empirisch zu überprüfen.

III. Anlage des Forschungsprojekts und Methodologie

Die in der nachfolgenden Analyse verwendeten Daten wurden anläßlich einer mündlichen Befragung von *Institutsleitern* an den Forschungsinstituten der Universität und Technischen Hochschule in Zürich erhoben, die im Verlauf des Sommers 1973 stattgefunden hat. Als Auswahlkriterium galt, daß nur Organisationen mit selbständiger administrativer Leitung, in denen auf regelmäßige Weise auch autonome (d. h. nicht völlig von externen Auftraggebern bestimmte) Forschungsprojekte durchgeführt werden, ins Universum einbezogen werden sollten.

Daraus ergab sich eine Gesamtheit von 155 Einheiten, von denen 121 (bzw. 78 Prozent) für eine Partizipation an der Befragung gewonnen werden konnten.

Entsprechend dem Auswahlprinzip sind in dieser Stichprobe die verschiedensten Fachrichtungen repräsentiert, die in folgender Weise zu fünf Klassen zusammengefaßt werden können, wie *Tabelle 1* zeigt (S. 310).

Die Wahl des Institutsleiters als Auskunftsperson über Strukturen und Aktivitäten der Forschungsorganisation und über deren relevante Umwelt ging von der Annahme aus, daß er infolge seiner weitgestreuten Rollenverpflichtungen von allen Institutsmitgliedern den breitesten und zuverlässigsten kognitiven Zugang zu diesen Bereichen hat.

Das schließt freilich nicht aus, daß Wahrnehmungen der sozialen Realität ebenso sehr wie Attitüden durch die spezifische Rollenperspektive und individualpsychologische Idiosynkrasien der Befragungsperson mitbeeinflußt sein können und daß vor allem in größeren und dezentralisierten Forschungsorganisationen viele wichtige Tatbestände nicht mehr im Gesichtspunkt ihres Leiters liegen.

Tabelle 1: Verteilung der Institute auf Fachrichtungen[25]

	Anzahl	Prozent	durchschnittliche Größe[26] (Anzahl Personen)
Geistes- und Sozialwissenschaften	19	15,8	15,5
Naturwissenschaften	46	39,8	29,6
Medizin	23	18,2	36,6
Technische Disziplinen	30	23,8	19,2
Nicht klassifizierbar	3	2,4	23,7
Total	121	100,0	22,0

Zur Variablen des „paradigmatischen Konsenses"

Als Indikator für den organisationsinternen paradigmatischen Konsens gilt die Antwort auf die Frage, ob unter den wissenschaftlichen Mitarbeitern am Institut über fünf verschiedene Entscheidungsbereiche im Forschungsprozeß Übereinstimmung besteht (*Tabelle 2*):

Tabelle 2: Organisationsinterner Konsens (Dissens) in fünf Entscheidungsbereichen

Anzahl Institute mit	Konsens	Dissens	weiß nicht	Antwort verweigert	Total
Erkenntnistheoretische Voraussetzungen der Disziplin	63	29	21	8	121
Auswahl der Objektbereiche und Forschungsprobleme	81	30	8	2	121
Auswahl der Hypothesen und Theorien	61	40	17	3	121
Auswahl von Methoden und Forschungstechniken	67	41	10	3	121
Umsetzung der Forschungsergebnisse in die Praxis	61	32	22	6	121

Die Ergebnisse weisen darauf hin
- daß der *Konsens über Forschungsobjekte und -probleme* gleichzeitig am weitesten verbreitet, den meisten Institutsleitern auch bekannt ist und deshalb vielleicht eine für die Integration der Forschungsorganisation besonders bedeutsame Variable darstellt;
- daß der *Dissens im Bereich der Theorien und der Methoden* stärker verbreitet ist als auf den übrigen Dimensionen;

— daß über den *Konsens in der Erkenntnistheorie und in der praktischen Verwertung* — vielleicht weil diese Entscheidungen in hohem Maße dem privaten Rollenaspekt jedes einzelnen Forschers zugerechnet bleiben — relativ häufig *Unkenntnis* besteht.
Die Interkorrelationsmatrix der fünf Indikatoren zeigt unter anderem deutlich:
— daß die Dimension der Theorie am stärksten und die Dimension der Methoden am wenigsten in den Gesamtzusammenhang aller Variablen eingebettet ist;
— daß Erkenntnistheorie, Theorie und Praxisbezug in enger gegenseitiger Verknüpfung stehen und relativ unabhängig vom Objekt- oder Methodenkonsens miteinander kovariieren (*Tabelle 3*).

Tabelle 3: Interkorrelation der Konsens-Indikatoren
Phi-Koeffizient (nach Pearson).

Konsens über	Erkenntnis-theorie	Objekte	Theorien	Methoden
Objekte	.53			
Theorien	.84	.59		
Methoden	.25	.43	.46	
prakt. Anwend.	.81	.55	.72	.22

Da die verschiedenen Konsensindikatoren in beträchtlichem Ausmaß unabhängig voneinander variieren, erscheint es angebracht, sie in der nachfolgenden Analyse voneinander getrennt zu halten.
Die Frage, ob wenigstens auf der konzeptuellen Ebene weiterhin mit einem alle Indikatoren einbegreifenden, einheitlichen Begriff des „paradigmatischen Konsenses" gearbeitet werden darf, kann erst im Verlauf der empirischen Untersuchung entschieden werden, bei der es sich erweisen muß, daß sich die verschiedenen Konsensvariablen trotz ihrer inneren Divergenz in Hinblick auf zahlreiche andere soziologische Variablen ähnlich verhalten.

IV. Praxisorientierung der Forschung

Zwei verschiedene Überlegungen geben Anlaß zur Hypothese, daß Institute mit praxisbezogener Forschung ein höheres internes Konsensniveau aufweisen als Forschungsorganisationen, deren wissenschaftliche Aktivität auf keinerlei außerwissenschaftliche Anwendungen hin ausgerichtet ist:
1. Disziplinen mit konsolidierten, konsensual anerkannten Paradigmata sind wahrscheinlich eher imstande, ihre wissenschaftliche Aktivitäten auf spezifische, klar definierte Problemlösungen (wie sie z. B. von externen Auftraggebern gefordert werden) hin auszurichten[27]. Deshalb ist bei Fachrichtungen mit praxisbezogener Forschung bereits auf der Ebene der Gesamtdisziplin mit einem hohen Konsensniveau zu rechnen, das dann auch innerhalb jeder der zur Fachrichtung zugehörigen Forschungsorganisationen zum Ausdruck kommen müßte.

2. Eine an praktischen Zielsetzungen orientierte, eher in der Form von „Projekten" als von „Programmen" (*Weinberg*) konzipierte Forschung setzt relativ stark konsolidierte Organisationsstrukturen voraus, die es möglich machen, stabile Produktionsziele und Mittel-Zweck-Relationen aufrechtzuerhalten, um die Erwartungen der externen „Kunden" in voraussehbarer und präziser Weise zu erfüllen[28]. In Forschungsinstituten ist aber — wie in anderen „normativen Organisationen" — eine solche Konsolidierung nur durch einen hohen Konsens unter den einzelnen Mitarbeitern zu erreichen.

Die *Praxisorientierung der Institutsforschung* soll durch die folgenden Indikatoren operationalisiert werden, in denen je verschiedene Bedeutungsaspekte dieses Konzepts zum Ausdruck kommen:

1. Die in der Namensbezeichnung des Instituts zum Ausdruck kommende Fachrichtung, die als „naturwissenschaftlich" oder „technologisch" klassifiziert werden kann;
2. Die Frage, ob die Forschungsergebnisse, die innerhalb der vom Institut vertretenen Disziplinen erarbeitet werden, irgendeine praktische Anwendbarkeit besitzen oder nicht;
3. Die Frage, ob die vom Institut in eigener Regie betriebene Forschung auf praktische Zielsetzungen hin ausgerichtet ist;
4. Das Ausmaß, in dem das Institut mit heteronomer, von externen Auftraggebern bestimmter Forschung belastet ist;
5. Die Frage, ob in den letzten Jahren am Institut größere Expertisen ausgearbeitet worden sind.

Tabelle 4: Konsensniveau und Praxisbezogenheit der Institutsforschung

		Prozentsatz der Institute mit hohem internen Konsens über					
		Erk.-Theorie	Ob-jekte	Theo-rien	Metho-den	prakt. Anwend.	(N=)
Technolog. Fachrichtung		94	68	73	70	84	(43)
Naturwiss. Fachrichtung		65	74	55	61	65	(25)
Praxisrelevanz	hoch	63	76	55	57	70	(81)
der Disziplin	gering	42	50	23	43	67	(16)
Praxisrelevanz der	hoch	75	73	67	63	68	(70)
Institutsforschung	gering	57	73	57	60	64	(39)
Belastung mit Auf-	hoch	73	72	64	62	69	(36)
tragsforschung	gering	67	74	59	63	65	(73)
Durchführung von	ja	69	84	68	69	70	(43)
Expertisen	nein	68	62	53	56	63	(65)

Die vielleicht interessanteste Regularität in der *Tabelle 4* besteht in der Tatsache, daß der aus den *zugeschriebenen Bindungen* des Instituts (Zugehörigkeit zu einer technologischen Fachrichtung, bzw. zu einer anwendungsnahen Disziplin) entstehende Praxisbezug von einem hohen organisationsinternen Konsensniveau begleitet ist, das alle fünf Dimensionen der Paradigmatisierung (insbesondere aber die Bereiche der Erkenntnistheorie und Theorien) einbegreift. Demgegenüber zeigen die schwachen Beziehungen auf den übrigen drei Variablen, daß die *vom Institut selbst manipulierbaren Aspekte* des Praxisbezugs (Anwendungsorientierung der autonomen Forschung, Belastung mit Forschungsaufträgen und Expertisen) kaum mit dem paradigmatischen Konsensniveau in Zusammenhang stehen. Bei der Einführung der *Institutsgröße* als Kontrollvariable wird aber sichtbar, daß sich dieses Fehlen eines statistischen Zusammenhangs ausschließlich auf den Bereich der größeren Institute beschränkt, während in der Stichprobe der kleineren Forschungsorganisationen deutliche Zusammenhänge in die erwartete Richtung sichtbar werden.

Mit andern Worten: Es entsteht der Eindruck, daß die großen Forschungsorganisationen unabhängig davon, ob sie angewandte oder „reine" Forschung betreiben, ein gleichmäßiges Niveau an internem Konsens aufrechterhalten, während kleinere Institute mit zunehmender Hinwendung zur Praxis eine deutliche Erhöhung ihres Konsensniveaus erfahren.

Im Sinne von alternativen (aber einander gleichzeitig auch ergänzenden) Erklärungsansätzen könnte man vermuten

— daß kleinere Institute weniger als große die Möglichkeit haben, ihre praxisbezogenen Forschungsaktivitäten speziell ausdifferenzierten Subsystemen zuzuweisen, und deshalb dazu gezwungen sind, ihr gesamtes soziales System den Regeln und Konsequenzen dieses Forschungstyps zu unterziehen;

— daß größere Institute allein aus endogenen Gründen ihrer inneren Organisation zu einer höheren Konsolidierung ihrer Struktur hingedrängt werden[30] und daß sie dank einer höheren Umweltautonomie imstande sind, ihr Konsensniveau unabhängiger von der Art ihrer externen Beziehungen aufrechtzuerhalten.

Diese zweite — vor allem in der deutschen Tradition der Wissenschaftssoziologie beheimatete — Hypothese einer endogenen „Bürokratisierung" oder gar „Industrialisierung" der Wissenschaft[31] soll zum Anlaß genommen werden, um den Zusammenhang zwischen Institutsgröße (bzw. Mitgliederzahl) und internem Konsensniveau differenzierter zu betrachten.

V. Mitgliederzahl

Der Übergang vom traditionellen Kleininstitut zur Großorganisation der „big science" bedeutet nicht nur, daß eine immer größere Anzahl von Wissenschaftlern zur gegenseitigen Koordination ihrer Aktivitäten gezwungen wird, sondern insbesondere auch, daß in zunehmendem Maße administrative und technische Rollen entstehen, die — indem sie die arbeitsteilige Interdependenz innerhalb der Gesamtorganisation erhöhen — zu einer gewissen „Disziplinierung" des Forschungsprozesses beitragen können[32].

Beim Versuch, Zusammenhänge zwischen dem Umfang verschiedener Personalkategorien und dem Konsensniveau zu eruieren, können die in der *Tabelle 5* sichtbaren empirischen Regularitäten gewisse Hinweise bieten.

Tabelle 5: *Konsensniveau und Personalbestand in verschiedenen Kategorien*

Prozentsatz der Institute mit hohem Konsens in	Professoren			Akademische Mitarbeiter				Administratives Personal			technisches Personal			
	1	2–3	>3	0–4	5–8	9–15	>15	1	2–3	>3	0	1–3	4–8	>8
Erk. Theorie	46	71	50	39	32	70	66	43	62	81	50	83	73	88
Objekte	68	86	58	74	76	62	76	71	64	96	56	77	79	75
Theorien	42	68	50	46	32	56	63	43	54	75	36	79	58	61
Methoden	56	54	50	48	62	65	44	55	64	45	53	72	71	45
prakt. Anwendung	48	57	50	43	43	53	54	41	60	74	60	70	71	71
(N=)	(59)	(28)	(12)	(23)	(21)	(26)	(29)	(53)	(28)	(16)	(16)	(26)	(28)	(20)

Es zeigt sich, daß zwischen der Anzahl der Professoren am Institut und dessen internem Konsensniveau keinerlei Zusammenhänge bestehen und daß bei einer Zunahme der wissenschaftlichen Mitarbeiter der Konsens nur auf wenigen, aber zentralen Dimensionen (Erkenntnistheorie und Theorie) steigt. Dagegen wird deutlich, daß Institute, die über zahlreiche administrative Rollen verfügen und die technisches Personal (unabhängig von der Anzahl) beschäftigen, auf allen Dimensionen außer den Methoden ein hohes Konsensniveau besitzen — besonders ausgeprägt wiederum im Bereich der Erkenntnistheorie und Theorie. In diesem eingeschränkten Sinne sind die empirischen Ergebnisse mit der Hypothese einer endogenen (durch die Organisationsformen der Großforschung erzeugten) Institutionalisierung der Wissenschaft konsistent, allerdings ohne daß daraus zwingend auf eine von der Mitgliederzahl zum Konsensniveau verlaufende Kausalitätsrichtung geschlossen werden könnte.

Ebenso wäre denkbar, daß Disziplinen mit hochentwickelter Paradigmatisierung
— dank der Berechenbarkeit und Stabilität ihrer Forschungsaktivitäten (wie bereits erwähnt) überhaupt erst in der Lage sind, administrative und technische Hilfsfunknen auszudifferenzieren und speziell dafür geschaffenen Rollen zuzuordnen;
— im Rahmen der Gesamtgesellschaft im allgemeinen und in der staatlichen Wissenschaftspolitik im besonderen soviel Prestige besitzen, daß sie die zur Expansion ihrer Mitgliederzahl notwendigen Ressourcen erhalten können.

VI. Ausbildungsfunktionen

Die Hochschulforschung findet im allgemeinen auch heute noch in Organisationen statt, die trotz ihrer geringen Möglichkeit zur internen strukturellen Differenzierung gleichzeitig auch noch in hohem Maße Ausbildungsaufgaben erfüllen müssen. Die Pflicht zur Organisation und Durchführung von Vorlesungen muß als eine weitgehend exogen vorgegebene, vom Institut selbst wenig manipulierbare Variable betrachtet werden, und so stellt sich die Frage, ob und in welcher Weise Lehraktivitäten den paradigmatischen Konsens in der Institutsforschung beeinflussen können.

In Hinblick auf eine Hypothesenbildung darf angenommen werden, daß von den Ausbildungsfunktionen eine Tendenz ausgeht, die Wissensinhalte einer Fachdisziplin dadurch zu verfestigen, daß sie in langfristigen Lehrprogrammen stabil verankert und — etwa in Prüfungssituationen — zum Kriterium der fachlichen Qualifikation erhoben werden.

Dadurch entsteht ein prinzipieller Konflikt mit den Interessen der Forschung, innerhalb der die Wissensinhalte nur einen vorläufigen und labilen Geltungswert haben und ständigen Modifikationen unterworfen bleiben müssen.

Dieser Konflikt ist aber umso geringer, je mehr sich die Forschung einer Disziplin selbst auf den Bahnen konstant gesetzter paradigmatischer Annahmen bewegt und es dadurch ermöglicht, daß die Lehrprogramme sich auf einen stabilen Fundus von akkumuliertem Wissen abstützen und die in einer einheitlichen, bereits eingelebten Fachsprache erscheinenden neuen Ergebnisse mühelos assimilieren können.

Entsprechend ist zu vermuten, daß ein allfälliger Einfluß der Lehre auf die Forschung eher in einer Erhöhung als in einer Verringerung des paradigmatischen Konsenses zum Ausdruck kommt, und daß dieser Zusammenhang umso deutlicher sichtbar wird, je weniger ein Institut Ausbildungs- und Forschungsfunktionen strukturell voneinander separiert.

In operationalen Termini ausgedrückt:

— Institute, die in hohem Maße mit Ausbildungsfunktionen belastet sind, und
— Institute, die — als Teil des Lehrprogramms für ihre Studenten — ausbildungsorientierte Forschung betreiben

besitzen einen relativ hohen paradigmatischen Konsens.

In der ersten Hypothese darf — da die Lehrbelastungen dem Institut weitgehend vom umfassenderen System der Hochschule her zugeschrieben sind — der paradigmatische Konsens ohne Risiko als abhängige Variable betrachtet werden. Bei der zweiten Hypothese dagegen ist die Kausalrichtung problematisch: einerseits kann die Ausbildungsorientierung zu einer inhaltlich stark fixierten Institutskultur führen, so daß die interne Forschung nur noch im beschränkten Spielraum solcher Invarianzen operieren kann; andererseits aber könnte eine auf paradigmatischen Grundlagen betriebene, ,,disziplinierte" Forschung auch die Voraussetzung dafür bilden, daß sie überhaupt mit Funktionen der akademischen Ausbildung in Beziehung gesetzt werden kann[33]. Die Ergebnisse sind in *Tabelle 6* zusammengefaßt.

Tabelle 6: Konsensniveau und Ausbildungsorientierung; nach Institutsgrößen

Prozentsatz der Institute mit hohem Konsens über	kleine Institute (bis 18 Mitgl.)				große Institute (19 und mehr Mitgl.)			
	Belastung mit Lehre		Ausbildungs- orientierte Forschung		Belastung mit Lehre		Ausbildungs- orientierte Forschung	
	hoch	tief	hoch	tief	hoch	tief	hoch	tief
Erk. Theorie	73	45	62	43	75	100	78	84
Objekte	73	69	75	60	69	90	67	82
Theorien	63	29	59	40	64	70	70	71
Methoden	84	45	72	70	53	70	50	56
prakt. Anwend.	67	50	65	45	71	80	80	50
(N=)	(24)	(11)	(27)	(18)	(34)	(10)	(23)	(30)

Ähnlich wie im Falle der Praxisorientierung erscheinen auch diesmal die erwarteten Beziehungen ausschließlich in der Stichprobe der kleinen Institute, während die mit Lehrfunktionen wenig belasteten Großinstitute gar einen überdurchschnittlich hohen Konsens aufweisen. Auch hier liegt deshalb die Vermutung nahe, daß Großinstitute aus Gründen, die nicht mit der spezifischen Ausrichtung ihrer Aktivitäten zusammenhängen, ein hohes, stabiles Konsensniveau aufrechterhalten, während die kleinen Institute infolge ihrer Unfähigkeit, je spezifische Subsysteme für Lehre, ausbildungsorientierte Forschung und lehrunabhängige Forschung auszubilden, sich dem konsolidierenden Einfluß der Ausbildungsfunktionen auf die Forschung nicht entziehen können.

Dieser Einfluß erstreckt sich — auch hier die Parallele zur praxisorientierten Forschung — auf alle fünf Konsensdimensionen, am deutlichsten aber wiederum auf die Bereiche der Epistemologie und Theorie.

VII. Professionelle Integration

Man darf vermuten, daß Forschungsorganisationen, deren Mitglieder intensiv am weltweiten Interaktionsfeld ihrer Fachprofession teilnehmen, einen geringeren internen Konsens besitzen als Institute, die sich gegenüber dem professionellen Umfeld isolieren. Über die für einen solchen Zusammenhang verantwortliche Kausalwirkung lassen sich zwei entgegengesetze — aber einander keineswegs ausschließende — Hypothesen formulieren:

1. Die Teilnahme an organisationsexternen Feldern der Kommunikation — sei es durch Besuch von Tagungen und Kongressen oder durch informelle Zusammenkünfte und Korrespondenz — hat zur Folge, daß aus zahlreichen voneinander unabhängigen Quellen heterogene, ja widersprüchliche Informationen ins Institut hineingetragen werden und es entsprechend schwieriger wird, dessen Mitglieder auf einen einheitlichen Konsens zu verpflichten. Diese fragmentierenden Wirkungen der professionellen Umwelt auf die Forschungsorganisation werden wahrscheinlich besonders ausgeprägt sein, wenn verschiedene Institutsmitglieder an verschiedenen wissenschaftlichen Gemeinschaften partizipieren und/oder wenn in diesen Gemeinschaften selbst nur ein geringer paradigmatischer Konsens besteht.

2. Herrscht unter den Mitgliedern eines Forschungsinstituts nur ein geringer paradigmatischer Konsens, so wird die organisationsinterne Kommunikation zu einem komplizierten, zeitraubenden und von ständigen Mißverständnissen begleiteten Prozeß[34], und die Wahrscheinlichkeit nimmt zu, daß die einzelnen Forscher außerhalb ihrer Organisation geeignetere Kommunikationspartner finden und den Schwerpunkt ihrer Interaktionen dorthin verlagern.

Durch Verknüpfung dieser beiden Hypothesen entsteht ferner die theoretische Möglichkeit von positiven Rückkoppelungsprozessen, durch die Institute kumulativ entweder in den Zustand professioneller Isolierung oder innerer Fragmentierung hineingetrieben werden könnten. Zur Operationalisierung des Konzepts der ,,professionellen Integration" sollen zwei Indikatoren verwendet werden:

1. Die Anzahl der Kongresse und Tagungen, die von Mitgliedern des Instituts innerhalb der letzten drei Jahre besucht worden sind.

2. Die Antwort auf die Frage, ob die Mitglieder des Instituts den organisations*internen* oder den *externen* Kommunikationsfeldern größere Relevanz für ihre wissenschaftliche Arbeit beimessen. Die Ergebnisse sind in *Tabelle 7* zusammengefaßt.

Die Resultate weisen tendenziell in die theoretisch vermutete Richtung, und eine entsprechende — hier im einzelnen nicht aufgeführte — Analyse zeigt, daß die statistischen Zusammenhänge unabhängig von der Organisationsgröße gelten. Die Tatsache, daß insbesondere der *theoretische* Konsens am Institut mit zunehmender professioneller Integration deutlich sinkt, könnte als Hinweis dafür gelten, daß theoretische Fragen besonders häufige und zentrale Diskussionsthemen innerhalb wissenschaftlicher Gemeinschaften bilden, während die Auswahl der Objekte und Methoden möglicherweise eher den einzelnen Forschungsorganisationen (und den dort stattfindenden Prozessen interner Konsensbildung) überlassen bleibt.

Tabelle 7: Konsensniveau und externe professionelle Integration

Prozentsatz der Institute mit hohem Konsens über	Anzahl Kongresse		Relevantes Kommunikationsfeld		
	0—10	>10	intern	beide gleich	extern
Erk. Theorie	76	62	73	61	68
Objekte	72	77	81	66	72
Theorien	72	50	72	53	48
Methoden	67	57	61	65	60
Prakt. Anwend.	76	59	70	72	48
(N=)	(48)	(62)	(37)	(38)	(22)

Die generelle Tendenz der Ergebnisse weist auf ein Dilemma hin, wie es aus der dualen Strukturverfassung der Wissenschaftsinstitution wahrscheinlich notwendigerweise entsteht: Die Integration der Forschungsorganisation in das — funktional komplementäre — Interaktionsfeld der Profession ist auf der einen Seite normativ gefordert, setzt aber andererseits voraus, daß es gelingt, den innerhalb dieses — meist recht turbulenten — Felds üblichen Dissens innerhalb der Organisation selbst tragbar zu machen. Professionelle Integration könnte sich deshalb teilweise inkompatibel erweisen mit den Tendenzen zur strukturellen Konsolidierung, wie sie z. B. aus der Praxisorientierung und Lehrverpflichtungen (bei kleinen Instituten) oder aus den Zwängen funktionaler Koordination (bei größeren Instituten) entstehen. Daraus läßt sich die generelle Hypothese ableiten, daß eine Wissenschaftsinstitution mit dem zu Beginn skizzierten strukturellen Grundriß ihre optimale Funktionstüchtigkeit dann erreicht, wenn die Forschungsorganisationen gegenüber den wissenschaftlichen Gemeinschaften eine gewisse „mittlere strukturelle Distanz" aufrechterhalten: Zu *hohe* Distanz führt zur Fragmentierung dieser Gemeinschaften in voneinander isolierte, sektenhaft selbstbezogene Einzelinstitute, die je unabhängig voneinander ihre „professionelle Subkultur" ausdifferenzieren; zu *geringe* Distanz dagegen führt zur inneren Fragmentierung der Forschungsorganisationen, die dadurch unfähig werden, die ihnen zugedachten spezifischen Funktionen (des Praxisbezugs gegenüber der Gesellschaft, der Ausbildung des wissenschaftlichen Nachwuchses, etc.) befriedigend zu erfüllen[35].

VIII. Interorganisationelle Kooperation

Während das professionelle Interaktionsfeld vor allem in den fortgeschritteneren Phasen von Forschungsprozessen Bedeutung gewinnt, in denen wissenschaftliche *Ergebnisse* ausgetauscht und einer kritischen Beurteilung unterzogen werden sollen, besteht für ein Forschungsinstitut auch die Möglichkeit, sich bereits in den früheren Phasen der Forschungs*projektierung* und *-produktion* gegenüber seiner wissenschaftlichen Umwelt zu öffnen.

Dies geschieht z. B. durch eine Zusammenarbeit mit anderen Forschungsorganisationen, um Projekte durch eine Erweiterung der materiellen Infrastruktur und der personellen Expertise zu ermöglichen, die von der einzelnen Organisation nur schwer oder überhaupt nicht durchgeführt werden könnten. Bereits frühere empirische Studien haben — allerdings im Bereich anderer gesellschaftlicher Institutionen — Hinweise dafür geliefert, daß Organisationen durch Eingehen solcher Allianzbeziehungen eine Verschärfung ihrer adaptiven Problematik erfahren und dadurch einerseits eine flexiblere, weniger konsolidierte innere Struktur und andererseits höhere Möglichkeiten der Innovativität erhalten[36].

In ähnlicher Weise ist zu vermuten, daß Forschungsorganisationen, die interorganisationelle Allianzbeziehungen eingehen, zusätzliche Umwelteinflüsse in Kauf nehmen müssen, die zu einer Verringerung der Systemintegration (und damit auch des paradigmatischen Konsenses, auf dem diese Integration weitgehend beruht) führen können. Allerdings ist mit einer Abschwächung dieser Beziehung in dem Maße zu rechnen, als das Institut im Interaktionsverhältnis dominant und dadurch imstande ist, den Allianzpartnern seine eigenen — an der Aufrechterhaltung der internen Struktur orientierten — Entscheidungen aufzudrängen.

Aus der Beantwortung der drei Fragen, ob das Institut
— mit Hochschulinstituten derselben Fachrichtung (d. h. intradisziplinär);
— mit Hochschulinstituten anderer Fachrichtungen (d. h. interdisziplinär);
— mit Forschungsstellen außerhalb der Hochschule (d. h. interinstitutionell)
gemeinsame Forschungsprojekte durchführt, ergeben sich empirische Resultate, die in ihrer Tendenz klar in die theoretisch postulierte Richtung weisen, aber bei genauerer Betrachtung eine etwas differenziertere Sichtweise des Zusammenhangs notwendig machen:

1. Bei *kleinen* Instituten besteht eine deutliche *negative* Korrelation zwischen dem Ausmaß der interorganisationellen Kooperation (bei allen drei Allianztypen) und dem intraorganisationellen Konsens. Bei *großen* Instituten dagegen verschwindet diese Beziehung völlig, ja scheint — wenigstens im Bereich interdisziplinärer Zusammenarbeit — sich gar in eine *positive* Verknüpfung umzukehren.

2. Während die Integration ins professionelle Kommunikationsfeld vor allem mit den Dimensionen der *Erkenntnistheorie* und *Theorie* in Beziehung steht, scheinen interorganisationelle Allianzen den Konsens eher im Bereich der Forschungs*objekte* und *-methoden* zu verringern.

Das *erste* Ergebnis ließe sich durch die — im Rahmen dieser Untersuchung allerdings nicht direkt verifizierbare — Annahme erklären, daß große Institute mit höherer Wahrscheinlichkeit als kleine im interorganisationellen Kooperationsverhältnis eine dominante Stellung einnehmen und entsprechend imstande sind, ihren internen Konsens unabhängiger vom äußeren Interaktionsfeld aufrechtzuerhalten. Das *zweite* Ergebnis könnte durch die Annahme einer — bereits oben vermuteten — funktionalen Arbeitsteilung innerhalb der Wissenschaftsinstitution verständlich werden, nach der die wissenschaftlichen Gemeinschaften sich vor allem mit Diskussionen und Festsetzungen im epistemologischen und theoretischen Bereich befassen, während die — stärker mit den lokalen Gesellschaftsverhältnissen und der materiellen Infrastruktur zusammenhängende — Auswahl der Objekte und Methoden eher den Forschungsorganisationen überlassen bleibt.

IX. Schlußfolgerungen und offene Fragen

Das Hauptanliegen dieser Arbeit bestand darin, das bisher meist nur zur Charakterisierung wissenschaftlicher Gemeinschaften angewandte Konzept des „paradigmatischen Konsenses" für eine vergleichende Analyse von Forschungsorganisationen fruchtbar zu machen.
Dabei wurde von den Tatsachen Gebrauch gemacht,
— daß Forschungsinstitute vorwiegend zum Typus der „normativen Organisation" gehören, in denen der interne Konsens eine entscheidende strukturbildende Variable bildet und unmittelbar den Bereich der Aufgaben und Funktionen bestimmt, die von dem Gesamtsystem bewältigt werden können;
— daß sich Forschungsorganisationen dank ihrer zwischen der Wissenschaft und dem gesellschaftlichen Umfeld vermittelnden Stellung besonders gut eignen, um außerwissenschaftliche Einflüsse auf die wissenschaftliche Forschung im allgemeinen und auf den paradigmatischen Konsens im besonderen nachzuweisen.
Die empirischen Ergebnisse sind konsistent mit der theoretischen Vermutung, daß sich Forschungsorganisationen in einem komplexen Spannungsfeld befinden, innerhalb dem zwei Kräftegruppen unterschieden werden können:
1. Homogenisierende Kräfte, die beispielsweise aus einer instrumentellen Ausrichtung der Fachdisziplin auf Zwecke der praktischen Anwendungen und auf Ziele der Fachausbildung entstehen, und die insbesondere im Bereich der Epistemologie und Theorie von einer Erhöhung des Konsensniveaus begleitet werden.
   Dieser bei kleinen Instituten deutlich sichtbare Zusammenhang scheint bei zunehmender Organisationsgröße und komplexerer interner Arbeitsteilung durch eine — in dieselbe Richtung wirkende — Tendenz zur endogenen Selbstkonsolidierung ersetzt zu werden, die unabhängig von den spezifischen Systemfunktionen (und damit auch unabhängiger von äußeren Umwelteinflüssen) aufrechterhalten wird.
2. Fragmentierende Kräfte, die (a) aus der Partizipation an der professionellen Fachöffentlichkeit und (b) aus der Kooperation mit anderen Forschungsorganisationen resultieren, d. h. aus einer Öffnung gegenüber dem wissenschaftlichen Umfeld, wie sie durch die zentralen Normen der Wissenschaftsinstitution gefordert wird und für einen geregelten Fortgang der wissenschaftlichen Entwicklung wohl unerläßlich ist.
   Dabei erweist sich die Fachöffentlichkeit als ein — wiederum vor allem auf den epistemologischen und theoretischen Konsens wirkender — Einflußfaktor, dem sich auch große Forschungsinstitute nicht entziehen können.
Gleichzeitig werden aber durch solche Ergebnisse auch noch zusätzliche Fragen aufgeworfen, die im Rahmen der vorliegenden Untersuchung nicht befriedigend beantwortet werden können:

1. Wie verhält sich der Konsens innerhalb der einzelnen Forschungsorganisation zum Konsens in den quer dazu verlaufenden wissenschaftlichen Gemeinschaften?

Einerseits wäre eine gleichsinnige Kovariation denkbar, indem konsolidierte Forschungsinstitute — etwa durch Standardisierung der Fachausbildung — zu einer Stabilisierung und Homogenisierung wissenschaftlicher Gemeinschaften beitragen können. Dies würde mit der bekannten wissenschaftshistorischen Beobachtung übereinstimmen, daß die in den deutschen Universitäten im 19. Jahrhundert eingeführte und später in zahlreichen Ländern übernommene enge Verknüpfung zwischen Forschung und Lehre innerhalb derselben Organisation eine wichtige Voraussetzung dafür gebildet hat, daß sich fachspezifische wissenschaftliche Professionen überhaupt ausdifferenzieren konnten[37].

Andererseits aber legen die Ergebnisse den Schluß nahe, daß hohe Konsensniveaus zur Isolierung der einzelnen Forschungsorganisationen und damit zur Schwächung jener professionellen Interaktionsfelder führen, die auf der Ebene *wissenschaftlicher Gemeinschaften* für die Erzeugung und Stabilisierung von paradigmatischem Konsens sorgen könnten.

Dies wiederum ist mit der Tatsache kompatibel, daß in den technologischen Disziplinen, in denen die einzelnen Institute zu einem hohen inneren Konsens gelangen (s. hierzu weiter oben), *zwischen* den Instituten im allgemeinen nur eine wenig ausgebaute professionelle Kommunikationsstruktur besteht[38]. Dies mag mit der Tatsache zusammenhängen, daß die in den einzelnen Organisationen erzeugten Forschungsprozesse und -ergebnisse so stark auf spezifische, idiosynkratische Problemstellungen zugeschnitten sind, daß sie für die Forscher an anderen Instituten oft keinerlei Relevanz besitzen[39].

2. Inwiefern sind die am partikulären Beispiel zweier schweizerischer Hochschulen gefundenen Beziehungen auch unter ganz anderen Bedingungen der Wissenschaftsinstitution und der gesellschaftlichen Umwelt anzutreffen?

Vielleicht können die von der Praxisorientierung und den Ausbildungsfunktionen ausgehenden, homogenisierenden Kräfte nur zur Wirkung kommen, solange der Wissenschaft von den anderen Institutionen nicht genügend Einfluß und Autonomie zugestanden wird, und vielleicht bilden die im angelsächsischen Raum beheimateten ,,Department''-Strukturen alternative Organisationsformen, die eine höhere Kompatibilität zwischen organisationeller Integration und Handlungsfähigkeit einerseits und professioneller Öffnung andererseits möglich machen.

Zur Abklärung solcher mit dem interkontextuellen Vergleich zusammenhängender Fragen steht dem Verfasser eine Parallelstichprobe von Forschungsinstituten der kanadischen Universität in Vancouver (UBC) zur Verfügung, in denen derselbe Fragebogen wie in Zürich administriert worden ist. Die Auswertung dieser Daten (und deren systematischer Vergleich mit den schweizerischen Ergebnissen) soll Gegenstand einer zukünftigen Arbeit bilden.

Anmerkungen

1   Vgl. dazu u. a. *Robert K. Merton*, Science and the Social Struktur in: Social Theory and Social Structure, New York 1957, S. 552 ff.; *Norman W. Storer*, The Social System of Science, New York, 1966; *Stephen Cole* und *Jonathan R. Cole*, Scientific Output and Recognition; A Study of the Operation of the Reward System in Science, in: American Sociological Review 32 (1967), S. 377—390; *Niklas Luhmann*, Selbststeuerung der Wissenschaft, in: Jahrbuch für Sozialwissenschaft 19 (1968), S. 147—170; *Diana Crane*, Social Structure in a Group of Scientists; A Test of the „Invisible College" Hypothesis, in: American Sociological Review 34 (1969), S. 335—352; *Jerry Gaston*, The Reward System in British Science, in: American Sociological Review 35 (1970), S. 718—731.

2   Vgl. u. a. *Harvey Brooks*, The Government of Science, Cambridge, Mass. 1968; *Alvin M. Weinberg*, Probleme der Großforschung, Frankfurt 1970; *Michael J. Mulkay* und *Anthony T. Williams*, A Sociological Study of a Physics Department, in: British Journal of Sociology 22 (1971), S. 68—82; *Hans Paul Bahrdt*, Betriebsförmigkeit der Wissenschaft, in: Wissenschaftssoziologie-ad hoc, Düsseldorf 1971, S. 173—186; *Simon Marcson*, Research Settings, in: *S. Z. Nagi und R. G. Corwin* (Hrsg.), The Social Contexts of Research, London/New York 1972, S. 161—191.

3   Vgl. *Merton*, a.a.O.; *Storer*, a.a.O.

4   Vgl. *Warren O. Hagstrom*, The Scientific Community, New York 1965; *Thomas S. Kuhn*, The Structure of Scientific Revolutions, 2. Aufl. Chicago 1970.

5   Vgl. *Derek J. de Solla Price* und *D. Beaver*, Collaboration in an Invisible College, in: American Sociologist 21 (1966), S. 1011—1018; *Luhmann*, a.a.O.

6   Die Mehrzahl dieser komparativen Untersuchungen wurde bisher als Fallstudien betrieben, die sich auf eher qualitative Empirie abstützen und fast ausschließlich die Disziplin (bzw. das „Paradigma") als Vergleichskriterium verwenden. Vgl. z. B. *Hagstrom*, a.a.O.; *William D. Garvey, Nan Lin* und *Carnot C. Nelson*, Scientific Communication in the Physical and the Social Sciences (Mimeograph), Baltimore 1971; *Storer*, Relations among Scientific Disciplines, in: *Nagi* und *Corwin* a.a.O., S. 229—268.

7   Als Plädoyer für eine mehr an den „materiellen Produktionsbedingungen" orientierte Wissenschaftssoziologie vgl. *John Urry*, Thomas Kuhn as a Sociologist of Knowledge, in: British Journal of Sociology 24 (1973), S. 462—473.

8   Ein solcher Optimismus hinsichtlich der Selbststeuerungskapazität der Wissenschaft wird dann auch meist von der Forderung begleitet, daß die Forschung — soll sie möglichst produktiv gedeihen — von fremden institutionellen und wertmäßigen Bezügen möglichst freizuhalten sei. Vgl. z. B. *Michael Polanyi*, The Republic of Science; its Political and Economic Theory, in: Minerva 1 (1962), S. 154 ff.

9   Vgl. *Brooks*, a.a.O. *Urry*, a.a.O.

10 Vgl. *Marcson*, a.a.O.

11 Vgl. *Brooks*, a.a.O.; *Weinberg*, a.a.O.

12 Vgl. *Mulkay* und *Williams*, a.a.O.

13 Vgl. *Roger G. Krohn*, Patterns of the Institutionalization of Research, in: *Nagi* und *Corwin*, a.a.O., S. 29—66.

14 Vgl. *Bahrdt*, a.a.O., S. 181.

15 Vgl. u. a. *Victor A. Thompson*, Bureaucracy and Innovation, in: Administrative Science Quarterly 10 (1965), S. 1—20; *Helmut Klages*, Rationalität und Spontaneität, Düsseldorf 1967; *Paul R. Lawrence* und *Jay W. Lorsch*, Organization and Environment, Illinois 1969; *Helmut Krauch*, Die organisierte Forschung, Neuwied 1970.

16 Zum Konzept der „professionellen Organisation" vgl. *Eugene Litwak*, Models of Bureaucracy which Permit Conflict, in: American Journal of Sociology 67 (1961), S. 177—184; *Richard W. Scott*, Reactions to Supervision in a Heteronomous Professional Organization, in: Administrative Science Quarterly 10 (1965), S. 65—81; *Richard H. Hall*, Some Organizational Considerations in the Professional-Organizational Relationship, in: Administrative Science Quarterly 10 (1965), S. 65—81.

17 *Amitai Etzioni*, A Comparative Analysis of Complex Organizations, New York 1961.

18 Zum Begriff und zur Theorie der „umweltoffenen Organisation" vgl. z. B. *Tom Burns* und *G. M. Stalker*, The Management of Innovation, London 1961; *Lawrence* und *Lorsch*, a.a.O.; *Charles Perrow*, Organizational Analysis; A Sociological View, London 1970; *Werner Müller*, Die Relativie-

rung des bürokratischen Modells und die situative Organisation, in: Kölner Zeitschrift für Soziologie und Sozialpsychologie 26 (1974), S. 719—749.

[19] So z. B. *Etzioni*, a.a.O., S. 134 f. Im Unterschied dazu sind etwa bürokratische Organisationen, die die Teilnahmemotivation der Mitglieder relativ unabhängig von den spezifischen Organisationszielen beschaffen, sehr viel weniger auf Konsens als Mittel der Systemintegration angewiesen. Vgl. dazu *Niklas Luhmann*, Funktionen und Folgen formaler Organisation, Berlin 1964, S. 100.

[20] Vgl. z. B. *Barney G. Glaser*, The Local-Cosmopolitan Scientist, in: American Journal of Sociology 69 (1963—1964), S. 249—259.

[21] Vgl. *Gerald Gordon* und *Sue Marquis*, Freedom and Control in Four Types of Scientifics Settings, in: American Behavioral Scientist 5 (1962), S. 37—42; sowie *Klages*, a.a.O.; *Mulkay* und *Williams*, a.a.O.; *Marcson*, a.a.O.

[22] *Lawrence* und *Lorsch*, a.a.O., S. 24 ff.; *Thompson*, a.a.O.

[23] Vgl. *Janice Beyer Lodahl* und *Gerald Gordon*, The Structure of Scientific Fields and the Functioning of University Graduate Departments, in: American Sociological Review 37 (1972), S. 57—72.

[24] *Ebda*; sowie auch *Mulkay* und *Williams*, a.a.O.

[25] Auf Grund ihrer institutionellen Funktionszuschreibung (die in der formellen Bezeichnung zum Ausdruck kommt) können fast alle Institute — wenigstens was den generellen Schwerpunkt ihrer Lehr- und Forschungsaktivitäten betrifft — eindeutig einzelnen Fachdisziplinen zugeordnet werden. Dies schließt natürlich keineswegs aus, daß viele Institute Mitarbeiter aus mehreren Fachrichtungen beschäftigen und einige unter ihnen auch interdisziplinäre Forschung betreiben. Da die analytische Aussagekraft einer nach Fachrichtung orientierten Klassifikation dadurch verringert wird, soll sie in der nachfolgenden empirischen Analyse nicht weiter verwendet werden.

[26] Unter der *Größe* eines Instituts soll die gesamte Anzahl der vollamtlich angestellten Mitarbeiter verstanden werden, die 1. in der akademischen Lehre und Forschung, 2. in der Administration und 3. in technischen Hilfsdiensten dort beschäftigt sind.

[27] Vgl. *Kuhn*, a.a.O.

[28] Vgl. *Weinberg*, a.a.O.; *Krauch*, a.a.O.

[29] Die Bedeutung dieser Ergebnisse wird — ebenso wie die Relevanz der nachfolgenden Interpretationen — durch die Tatsache eingeschränkt, daß sich in der Stichprobe nur sehr wenige wirkliche Großinstitute aus jenem Bereich der „big science" befinden, auf den sich Autoren wie *Bahrdt*, *Krauch*, *Weinberg* etc. beziehen. Nur 30 der 121 Institute haben mehr als 25 und nur 8 mehr als 50 Angestellte, und viele der akademischen Mitarbeiter stehen infolge ihrer Lehrverpflichtungen nur teilweise für Forschungsaktivitäten zur Verfügung.

[30] Vgl. *Max Weber*, Wissenschaft als Beruf, 1919, in: Gesammelte Aufsätze zur Wissenschaftslehre, 2. Aufl. Tübingen 1951; *Bahrdt*, a.a.O.

[31] Vgl. z. B. *Helmut Plessner*, zur Soziologie der modernen Forschung und ihrer Organisation an der deutschen Universität, in: *Max Scheler* (Hrsg.), Versuche zu einer Soziologie des Wissens, München/Leipzig 1924; *Helmut Schelsky*, Einsamkeit und Freiheit, Idee und Gestalt der deutschen Universität und ihrer Reformen, Hamburg 1963, S. 145 ff.

[32] Vgl. *Weber*, a.a.O.; *Schelsky*, a.a.O.

[33] Vgl. *Lodahl* und *Gordon*, a.a.O.

[34] *Ebda.*, S. 63.

[35] Das Theorem der „mittleren strukturellen Distanz" ist von *Eugene Litwak* und *Henry M. Meyer* im Zusammenhang mit den Koordinationsproblemen zwischen bürokratischen Organisationen und Primärgruppen eingeführt worden. Vgl. *Eugene Litwak* und *Henry M. Meyer*, A Balance Theory of Coordination between Bureaucratic Organization and Community Primary Groups, in: Administrative Science Quarterly, 11 (1966), S. 31—58. In weniger expliziter Form aber erscheint es in zahlreichen anderen Bereichen soziologischer Forschung, wo Interaktionsprobleme zwischen Sozialsystemen unterschiedlicher innerer Struktur und zueinander komplementären Funktionen diskutiert werden: etwa im Verhältnis zwischen Führungsspitze und Mitgliedern innerhalb von Assoziationen oder in der Zuordnung von verschiedenen Abteilungen in Industriebetrieben. Vgl. dazu *William Kornhauser*, The Politics of Mass Society, London 1965; *Lawrence* und *Lorsch*, a.a.O.

[36] Vgl. *Michael Aiken* und *Jerald Hage*, Organizational Interdependence and Organizational Structure, in: American Sociological Review, 33 (1968), S. 912—929.

[37] Vgl. *Joseph Ben-David*, The Universities and the Growth of Science in Germany and the United States, in: Minerva 6 (1968), S. 1—36; sowie *Krohn*, a.a.O., S. 43 f.

[38] Vgl. *Brooks*, a.a.O.; *Howard H. Vollmer*, Basic and Applied Research, sowie: *James P. McNaul*,

Relations between Researchers and Practitioners, beide in: *Nagi* und *Corwin*, a.a.O., S. 67—96 und S. 269—288.

39 Vgl. *Brooks*, a.a.O.; *Bahrdt*, Ergebnisse geistiger Arbeit als Eigentum, in: Wissenschaftssoziologie-ad hoc, a.a.O., S. 51—79.

Konsensus, methodologische Verfahrensweisen und die Trivialisierbarkeit von Entscheidungen im Forschungsprozeß

Von Karin D. Knorr

Drei Ansätze beherrschen die empirisch-soziologischen Analysen des Wissenschaftssystems: Untersuchungen der normativen und sozialen Struktur von Wissenschaftlergemeinden (z. B. *Hagstrom* 1965; *Cole* und *Cole* 1967; 1968; *Crane* 1965; 1969; *Zuckerman* 1967; *Blume* und *Sinclair* 1974); Untersuchungen der organisatorischen Bedingungen wissenschaftlicher Produktivität und Kreativität (z. B. *Marcson* 1960; *Kornhauser* 1962; *Pelz* und *Andrews* 1966; *Gordon* und *Marquis* 1966; *Saxberg* und *Slocum* 1968; *Smith* 1970; 1971; *Benson* 1973); und historisch soziologische Fallstudien über die Entwicklung und Institutionalisierung wissenschaftlicher Disziplinen und Spezialgebiete (*Mullins* 1972; *Cardwell* 1972; *Ben-David* und *Collins* 1974; *Lemaine* 1975; *Mulkay* und *Edge* 1973; *Stehr* 1973).

Den meisten empirischen Arbeiten ist gemeinsam, daß sie sich vorwiegend mit Merkmalen und Problemen der Naturwissenschaften beschäftigt haben. Auch die einflußreichste theoretische Abhandlung der letzten Dekade, *Th. S. Kuhn*s Theorie wissenschaftlicher Revolutionen (1962, 1970) konzentriert sich auf das naturwissenschaftliche Erkenntniswachstum. Mit der Einführung professionellen Konsensus als Abgrenzungskriterium zwischen präparadigmatischen und paradigmatischen Wissenschaften bietet sie jedoch einen Ansatzpunkt, von dem aus sozialwissenschaftliche Entwicklungsdeterminanten näher analysiert werden können. Vergleichende Analysen zwischen Natur- und Sozialwissenschaftlern haben inzwischen die Uneinigkeit bestätigt, die *Kuhn* als Symptom nicht-funktionierenden Erkenntnisfortschritts für die Sozialwissenschaften diagnostiziert hatte (*Storer* 1967; *Zuckerman* und *Merton* 1971; *Lodahl* und *Gordon* 1972; *Lammers* 1974). Die wenigen bestehenden Erklärungsversuche für die herrschenden Uneinigkeiten sind bisher jedoch zu keinen einheitlichen Schlußfolgerungen gelangt.

Die vorliegenden Ergebnisse wurden aus einer umfassenden Studie ausgewählt, die die *externe* und *interne* (*Leinfellner* 1975) Determinierbarkeit[1] sozialwissenschaftlicher Wissensentwicklung zum Inhalt hat. Sie knüpfen insofern an die oben erwähnten Untersuchungen an, als sie das Fehlen eines kumulativen Erkenntnisfortschrittes in den Sozialwissenschaften zum Ausgangspunkt nehmen. Die Arbeit versucht zu zeigen, aus welcher kognitiv-methodologischen Bedingung das herrschende Dissenssyndrom zumindest partiell erklärt werden kann. Zu diesem Zweck seien die *Kuhn*schen Thesen zum Konsensbegriff kurz in Erinnerung gerufen.

I. Konsensus als Funktion der Trivialisierbarkeit von Entscheidungen:
Hauptthesen der Arbeit

Nach *Kuhn* zeichnen sich die Regeln- und Thesensysteme *reifer* Wissenschaft dadurch
aus, daß sie für das von ihnen behandelte Problemgebiet innerhalb der Wissenschaftler-
gemeinde mehr oder weniger *weltweite Anerkennung* finden. Während des *präparadigmatischen* Stadiums einer Wissenschaft existieren dagegen eine Reihe von *Schulen,* die
auf dem Nährboden ihrer speziellen metaphysischen Grundannahmen wechselseitige
Kontroversen ausfechten und sich nicht zuletzt dadurch am Leben erhalten. Die entstehenden wissenschaftlichen Arbeiten stellen mehr einen Dialog zwischen den Mitgliedern dieser Schulen als mit der Natur dar. Der Übergang zur reifen Wissenschaft ist mit
dem Triumph einer dieser Schulen und mit der *allgemeinen Anerkennung* des ersten
Paradigmas identisch. Sobald dies passiert, braucht der Einzelwissenschaftler in seinen
Werken nicht mehr zu versuchen, sein Fachgebiet jeweils von Grund auf neu zu konstituieren. Mit der hochgradigen Determiniertheit der Datengewinnung und Theoriekon-
struktion durch ein Paradigma beginnt der eigentliche Erkenntnisfortschritt. Denn: die
Wahrheit geht viel leichter aus einem Irrtum hervor als aus der Verwirrung (*Francis
Bacon*).

Hatte *Kuhn* ursprünglich den erwähnten wissenschaftsinternen *Konsensus* als Grundlage des puzzle-solving angesehen, das typisch für die normalwissenschaftliche Aktivitäten der reifen Wissenschaft ist, so weist er später (1968; 1970) darauf hin, daß offensichtlich auch die Schulen „präparadigmatischer" Wissenschaften gemeinsame Paradigmen aufweisen. *Kuhn* weicht auf die Einführung eines Wandels in der „Natur" eines
Paradigmas aus, der nun den Übergang markiert. Es ist allerdings naheliegend, daß
damit der Akzent nur von der *Tatsache* der Anerkennung eines Paradigmas auf die *Allgemeinheit* dieser Anerkennung in Form des Absinkens in die Selbstverständlichkeit
kollektiven wissenschaftlichen Hintergrundwissens verschoben wird. Dies insbesondere
deshalb, als ja die in den Naturwissenschaften unbestrittene selektive Kumulativität
von Erkenntnissen nur über das Medium einer solchen allgemeinen Akzeptierung
erreicht werden kann.

Für unsere Analyse sozialwissenschaftlicher Uneinigkeit taucht nun zunächst die Frage
auf, unter welchen Bedingungen ein solch genereller Konsens über Inhalte erwartet
werden kann. Die Antwort von Seiten einer materialistischen Erkenntnistheorie mag
etwa lauten, daß Konsens nur unter der Bedingung *gleichlautender Interessen* und der
daraus resultierenden Konvergenz von Meinungen zustande kommen wird (vgl. z. B.
Sandkühler 1975). Von Seiten der analytischen Wissenschaftstheorie bietet sich dagegen an, auf die im Wissenschaftlersystem normativ abgestützte *Rationalität* wissenschaftlichen Handelns zu verweisen, das nach kritischem Abwägen für die „bessere"
Alternative sich zu entscheiden verpflichtet wäre. Nun legen allerdings knappe Positionen und differentielle Zugangschancen im Wissenschaftssystem eher die Annahme
eines Interessengegensatzes zwischen Wissenschaftlern nahe, so daß die Rekonstruier-
barkeit wissenschaftlichen Konsensus aus gleichlautenden Interessen unwahrscheinlich
wird. Aber auch gegen die Herleitung von Konsens aus der Rationalität einzelwissen-
schaftlichen Handelns lassen sich unmittelbar zwei Einwände anführen: erstens die

mögliche *Inkommensurabilität* wissenschaftlicher Theorien bzw. Paradigmen, selbst Gegenstand unausgefochtener Kontroversen im Wissenschaftssystem; und zweitens die *Kontextgebundenheit* wissenschaftlichen Handelns, die die Aggregierbarkeit individueller Normbefolgungen — unabhängig von der möglichen Inkommensurabilität — unwahrscheinlich scheinen läßt. Da die individuelle wissenschaftliche Entscheidung in einem kognitiven Feld erfolgt, das in Bezug auf die Berücksichtigung entscheidungsrelevanter Faktoren relativ beschränkt sein muß, ist diese Entscheidung notwendigerweise nur partiell rational, selbst wenn keinerlei externe nichtkognitive Faktoren in sie eingehen. Dazu kommt, daß in die individuelle Rationalität des Wissenschaftlers Partikularrücksichten einfließen, die sich durchaus nicht alle über das wissenschaftliche Belohnungssystem funktionalisieren lassen[2].

Nach allem erscheint es uns angebracht, die optimistische Herleitung wissenschaftsinternen Konsensus aus kumulierbaren rationalen Einzelentscheidungen durch eine pessimistischere Alternative zu ersetzen, deren Vorzug vor allem darin besteht, viel schwächere Voraussetzungen über die Aggregierbarkeit individueller interessengebundener Rationalität machen zu müssen. Demnach wäre Konsensus nicht eine Angelegenheit der Konvergenz von Meinungen auf Grund gleichlautender Interessen und/oder äquivalenter verinnerlichter normativer Orientierungen, sondern vielmehr eine Funktion der *Trivialisierbarkeit*[3] *von Entscheidungen*. Eine Entscheidung bezeichnen wir dann als trivial, wenn man sich ihr nicht ohne Infragestellung der eigenen Rationalität als kompetentes Subjekt entziehen kann. Wir vertreten nun die These, daß die Trivialisierbarkeit von Entscheidungen von der Struktur der Argumentations- und Begründungsketten abhängt, auf die sie sich berufen. Nach *Toulmin*s (1958) Strukturskizze[4] würde ein Argument aus einer Conclusio (C) bzw. einer Erkenntnisbehauptung bestehen, für die als Begründung auch in der Wissenschaft in elliptisch verkürzter Weise Daten (D) angeführt werden, deren Relation zur Conclusio durch eine meist implizit bleibende empirische Generalisierung (G) gerechtfertigt wird. Auf die Frage nach der Validität dieser Generalisierung werden Begründungen (B) angeführt, die in Bezug auf das kognitive Feld der Argumentation variabel sind. Die Relation zwischen Daten und Conclusio gilt natürlich nur, wenn nicht gewisse Qualifikationen (Q) anzubringen sind. Insgesamt hätte das Argument die folgende Struktur:

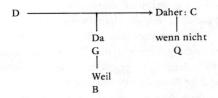

Das folgende Beispiel dient zur Erläuterung:

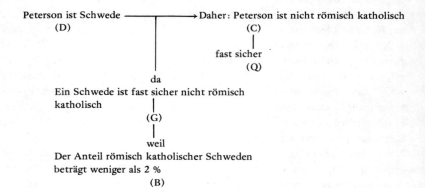

Peterson ist Schwede ————————→ Daher: Peterson ist nicht römisch katholisch
(D)   (C)

fast sicher
(Q)

da
Ein Schwede ist fast sicher nicht römisch
katholisch
(G)

weil
Der Anteil römisch katholischer Schweden
beträgt weniger als 2 %
(B)

Je nach der Art der angeführten „Begründungen" lassen sich nun tentativ folgende Argumentationsstrukturen unterscheiden:

a) *Analytische Argumentationen* bezeichnen im Anschluß an *Toulmin* diejenigen Argumente, deren Generalisierung Rückhalt nicht durch Erfahrung sondern durch Implikation gewinnt, bzw. bei denen die Überprüfung der gelieferten Begründung ipso facto eine Überprüfung der Wahrheit oder Falschheit der Conclusio enthält (Typ 1).

b) *Empirische Argumentationen* bezeichnen entsprechend diejenigen Argumente, deren Begründungen auf Erfahrungsdaten zurückgreifen, wobei eine weitere Unterscheidung danach getroffen werden soll, ob diese Erfahrungsdaten *Beobachtungsterme* oder *theoretische Terme* involvieren. Erstere umschreiben im Gegensatz zu letzteren diejenigen „wohldefinierten" und direkt meßbaren Terme, die durch ihre relative Bedeutungseindeutigkeit symbolische Kommunikation überhaupt erst ermöglichen (Typ 2).

c) *Dialektische Argumentationen* beziehen sich schließlich auf Argumente, bei denen der Begründungsversuch einer Generalisierung G_1 ein neues Argument involviert, das eine *weitere* Generalisierung G_2 enthält, etc. (Typ 3).

Die obigen Distinktionen dienen uns dazu, um (durch Konsens) abschließbare von strukturell offenen Argumentationsstrukturen und Begründungsstrukturen zu unterscheiden. Demnach wären die erwähnten analytischen Argumentationen grundsätzlich determinierbar, gefolgt von den mit Beobachtungstermen operierenden Argumentationen. Dagegen stößt die Determinierbarkeit der auf theoretische Terme gestützten Argumentations- und Begründungsketten in den Sozialwissenschaften (im Gegensatz zu den Naturwissenschaften) solange auf grundsätzliche Schwierigkeiten, solange keine fundierte Theorie sprachlicher Bedeutung entwickelt wurde[5].

Typisch für strukturell offene Argumentations- und Begründungsketten sind schließlich die von uns „dialektisch" genannten Argumentationen, wie sie vor allem in der Philosophie auftreten[6].

Wir können nun unsere Ausgangsthese genauer fassen: demnach wäre das Ausmaß des

Konsensus auf einem bestimmten Gebiet eine Funktion der *Trivialisierbarkeit von Entscheidungen,* und diese wiederum eine Funktion der *Struktur der Argumentations- und Begründungsketten.* Das Ausmaß dieses Konsensus muß umso höher sein, je stärker Argumentations- und Begründungsstrukturen des Typ 1 und 2 vorherrschen. Gleichzeitig behaupten wir, daß diese Argumentations- und Begründungsstrukturen in den methodologischen[7] Verfahrensweisen der einzelnen Wissenschaftsgebiete verankert sind. Dies insofern, als diese Verfahrensweisen die kodifizierbaren und standardisierbaren Aspekte wissenschaftlicher Tätigkeit umschreiben, oder anders ausgedrückt die Verwertungsbedingungen wissenschaftlicher Produktivität und Kreativität ausmachen.

Die behauptete Korrelation zwischen Konsensus und Argumentations- bzw. Begründungsstrukturen hat eine wichtige Konsequenz für die von *Kuhn* postulierte Relation zwischen Konsensus und Kumulativität wissenschaftlicher Erkenntnisse. Sie bedeutet nämlich, daß das Vorherrschen entsprechend determinierbarer Argumentations- und Begründungsketten bzw. ihrer kodifizierten methodologischen Versionen und *nicht* unbedingt der *Entwicklungsstand* einer Disziplin wesentlich für die Erklärung des herrschenden Konsens oder Dissens sind, wobei mit dem Entwicklungsstand die explikatorische und prognostische Leistungsfähigkeit der Disziplin auf dem von ihr untersuchten substantiellen Gebiet angesprochen ist. Unsere zweite Hauptthese besagt daher, daß Konsensus zwar ein *notwendiges Korrelat* kumulativen Erkenntnisfortschrittes darstellt, aber *keine hinreichende* Bedingung für die Existenz substantiell kumulativer Erkenntnisfortschrittes ausmacht. Anders ausgedrückt, die Tatsache eines relativ hohen Konsensus über einzelnen Paradigmenkomponenten auf einem bestimmten Gebiet *kann* zwar die wissenschaftliche „Reife" dieses Gebietes im Sinne *Kuhn*s indizieren, sie kann aber auch auf das Vorherrschen von Argumentationsstrukturen des Typs 1 und 2 zurückzuführen sein, ohne daß gleichzeitig eine entsprechende theoretische Leistungsfähigkeit gegeben wäre. Dieses potentielle Auseinanderklaffen von Konsensus und Kumulativität in Abhängigkeit von der Methodologie ist insbesondere für die Sozialwissenschaften von Bedeutung, da es erwarten läßt, daß hier hohe Übereinstimmungsraten und zugestandene Leistungsdefizite nebeneinanderhergehen — womit einerseits das Bild von der Uneinigkeit der Sozialwissenschaften differenziert wird, andererseits die Ursache der Uneinigkeit vom Entwicklungsstand dieser Wissenschaften abgehoben wird.

These drei stellt eine Spezifizierung der *Kuhn*schen Aussagen über die relative Orthodoxität normalwissenschaftlicher Orientierungen im Lichte unserer bisherigen Behauptungen dar. Sie besagt, daß das Vorherrschen trivialer Entscheidbarkeit innerhalb einer bestimmten Forschungspraxis zur Herausbildung *konvergenter*[8] *Erwartungsstrukturen* führt, wohingegen die entsprechend konträre Praxis zu divergenten Orientierungen führen sollte. Die Dichotomie konvergent-divergent bezeichnet dabei den Unterschied zwischen Erwartungsstrukturen, die auf *assimilierbare,* problemlösende, erweiternde Resultate einerseits im Gegensatz zu *abweichenden* nicht übereinstimmenden Resultaten andererseits gerichtet sind. Die These wird dann einsichtig, wenn man bedenkt, daß triviale Entscheidbarkeit auch triviale *Kontrollierbarkeit* bedeutet und zwar in doppeltem Sinn: einmal dadurch, daß die entsprechenden Entscheidungskriterien eine Kontrolle der eigenen Resultate (*„primäre Kontrolle"*) nicht nur erlauben, sondern im

Bewußtsein eben dieser Überprüfbarkeit auch nahelegen; und zum zweiten Mal dadurch, daß die Weiterverwendung der Resultate durch andere Wissenschaftler eine indirekte und meist auch unabsichtliche *sekundäre Kontrolle* insofern bedeutet, als sich etwa auftauchende Probleme als Fehler identifizieren und zu den ursprünglichen Ergebnissen rückkoppeln lassen. Letzteres stellt einen unserer Ansicht nach besonders entscheidenden Unterschied zu jenen Gebieten dar, die nicht über determinierbare Argumentations- und Entscheidungszirkel verfügen.

Unsere letzte These kann im Rahmen dieser Arbeit nicht empirisch belegt werden. Sie besagt nämlich, daß im Entscheidungszusammenhang wissenschaftlicher Forschungspraxis eine *kumulative Selektion* zugunsten derjenigen Aspekte und Themata stattfindet, die trivialisierbare Entscheidungen involvieren, und zwar *unabhängig* von der direkten substantiellen Relevanz dieser Ergebnisse. Herleiten würde sich diese Selektion a) generell aus den Strukturbedingungen von komplexen Entscheidungssituationen, die eine Orientierung an den eindeutig *entscheidbaren* und beurteilbaren Kriterien nahelegen; b) aus der Eignung solcher leicht beurteilbarer Kriterien zur Signalisierung *fachlicher Kompetenz* des Autors; c) gleichbedeutend damit aus der selektiven *Belohnung* solcher Aspekte einer wissenschaftlichen Arbeit, die triviale Kontrollierbarkeit involvieren; und d) schließlich vor allem daraus, daß nur determinierbare Entscheidungen „eindeutige" *Fehleridentifikation* sowie eine darauf aufbauende (kumulative) Selektion „richtiger" Resultate erlauben. Als offensichtliche Beispiele für derartige Selektionen seien der Modellplatonismus der Ökonomie sowie generell der viel beklagte *Methodismus* sozialwissenschaftlicher Disziplinen genannt. In beiden Fällen kann von einer universell anerkannten Wissenserweiterung in Bezug auf die Entwicklung mathematisch-statistischer Verfahren und sonstiger kodifizierbarer Problemaspekte gesprochen werden. Die gängigste Erklärung dieses Phänomens macht die artifizielle Nachahmung naturwissenschaftlicher Verhältnisse und die Übernahme von Erkenntnisinteressen für diese Entwicklung verantwortlich (z. B. *Habermas* 1968). Unsere These stellt diesen Zusammenhang nicht in Abrede; sie ergänzt und konkretisiert jedoch diejenigen Mechanismen, die die Umsetzung genereller Wertorientierungen in das tatsächliche Luxurieren bestimmter Themata ermöglicht haben.

II. Anlage und Durchführung der Untersuchung

Ein Teil der oben genannten Thesen wurde im Rahmen einer Untersuchung operationalisiert, die im Jahre 1973/74 in Österreich durchgeführt wurde. Es handelte sich um eine Totalerhebung sozialwissenschaftlicher Forschungseinheiten, wobei unsere Definition von Sozialwissenschaft die folgenden Disziplinen und Gebiete einschloß: Psychologie, Pädagogik, Soziologie, Politikwissenschaft, Ökonomie, Betriebswirtschaftslehre, Ethnologie, Zeitgeschichte und Stadt- und Regionalforschung. Innerhalb der relevanten Forschungseinheiten wurde der Leiter der Einheit in einem mündlichen Interview, dessen wissenschaftliche Mitarbeiter an Hand eines schriftlich auszufüllenden Fragebogens befragt. Da sich die Erhebung an institutionell definierte „Einheiten" und nicht an einzelne Wissenschaftler richtete, wurden Einzelwissenschaftler ohne

die unsere Definition von Sozialwissenschaft entsprechende institutionelle Verankerung nicht erfaßt. Ebenfalls außer Betracht blieben diejenigen wenigen Einheiten, die
ausschließlich mit sozialwissenschaftlicher Lehre beschäftigt waren. Als wissenschaftliche Mitarbeiter qualifizieren sich die Mitglieder einer Einheit dann, wenn sie entweder einen akademischen Grad oder aber zumindest die Position einer wissenschaftlichen Hilfskraft innehatten.

Insgesamt wurden Antworten von 628 Wissenschaftlern erhoben, die sich wie folgt auf
die einzelnen Disziplinen verteilen: Betriebswirtschaftslehre (14,9 Prozent); Ökonomie
(23,9 Prozent); Zeitgeschichte (4,5 Prozent); Pädagogik (8,6 Prozent); Politikwissenschaft (4,2 Prozent); Psychologie (11,2 Prozent); Soziologie (16,1 Prozent); Stadt- und
Regionalforschung (5,7 Prozent) und Sonstige (10,9 Prozent). In den einzelnen Erhebungsregionen ebenso wie in den verschiedenen sozialwissenschaftlichen Disziplinen
ergaben sich leicht unterschiedliche Antwortraten[9]; die Antwortrate bei den schriftlich befragten wissenschaftlichen Mitarbeitern von Forschungseinheiten betrug im
Durchschnitt 61,7 Prozent, bei den mündlich interviewten Leitern der Forschungseinheiten 85,9 Prozent. Da der Fragebogen in vielen Einzelfragen praktische Forschungstätigkeit sowie eine entsprechende sozialwissenschaftliche Ausbildung und/oder Erfahrung auf einem Spezialgebiet unterstellt, ist ein Großteil der Ausfallquote auf die
Nichtanwendbarkeit des Fragebogens bei „wissenschaftlichen" Mitarbeitern ohne
eigene Forschungserfahrung bzw. mit primär administrativen Funktionen zurückzuführen. Die schlechteren Antwortquoten in diesen Fällen bedeuten für die hier untersuchten Fragen somit insofern keine Verzerrung, als diese Personen aus unserer Zielpopula-
tion der Mitglieder sozialwissenschaftlicher Wissenschaftlergemeinden herausfallen.

III. Operationalisierung des Konsensbegriffes

Für die Überprüfung unserer Hypothesen war es zweifellos entscheidend, ob es uns gelingen würde, den Konsensbegriff adäquat zu operationalisieren. Dabei erscheinen uns
vor allem die folgenden Aspekte relevant: Einerseits mußte dem Befragten ein Ant-
wortraster angeboten werden, der die mögliche *Kontextabhängigkeit* der Konsensperzeption des befragten Wissenschaftlers berücksichtigte. Mit anderen Worten, es mußte
verhindert werden, daß ein Soziologie einen etwa gleich „hohen" Konsensus für ein
bestimmtes Gebiet angab als ihn ein Physiker angeben würde, nur weil der implizite
Bezugskontext Soziologie noch Grade von Übereinstimmung als hoch erscheinen ließ,
die im interdisziplinären Vergleich einen ganz anderen Rang erhalten würden. Zweitens
mußte das ursprüngliche Paradigmenkonzept in diejenigen *Komponenten* zerlegt werden, von denen man annehmen konnte, daß der Befragte auch tatsächlich Meinungs-
übereinstimmung bzw. Meinungsvielfalt mit ihnen assoziieren können würde. Drittens
durfte der Konsensbegriff nicht von vornherein auf die *Disziplin* bezogen werden, wollten wir unsere These vom Zusammenhang zwischen Konsens und tatsächlichen Verfahrensweisen im Forschungsprozeß ohne zusätzliche Komplizierung kontrollieren[10]. Und
schließlich mußte eine Möglichkeit gefunden werden, um zwischen der vermutlich auf
jedem Gebiet kontroversen *Vorfront* der Ereignisse und der zumindest potentiell kon-

sensfähigen Meinungsbildung über bereits längerfristig bearbeitete Themata zu unterscheiden.

Die endgültige Operationalisierung umfaßt einen Fragenkomplex über den Grad der Übereinstimmung in Bezug auf verschiedene Paradigmenkomponenten, die mit Rücksicht auf den letzten Punkt einmal auf das „kompetenteste" Spezialgebiet des Befragten (konsensfähig), das zweite Mal auf die Literatur zu der vom Befragten in letzter Zeit behandelten Fragestellung (Vorfront der Ereignisse) bezogen wurden[11]. Die ausgewählten Paradigmenkomponenten reichen von den wissenschaftstheoretischen Voraussetzungen bis zu den als anerkannt geltenden Ergebnissen. Um der unter Punkt eins genannten möglichen Kontextabhängigkeit der Konsensperzeption entgegenzuwirken, wurde nicht nach der Stärke der Übereinstimmung gefragt, sondern nach der Anzahl der Positionen, die es innerhalb der relevanten Wissenschaftlergruppe zu dem Thema gab[12]. Ein weiterer (indirekter) Operationalisierungsversuch fragte danach, wie groß die Meinungsverschiedenheiten bei der Durchführung gemeinsamer Projekte in Bezug auf die zu verwendenden Theorien bzw. Methoden waren, in Bezug auf die Interpretation der Ergebnisse u. ä. mehr. Leider erwies sich der Anteil der Population, der gemeinsame Projekte gemacht hatte, als zu gering, um multivariate Aufgliederungen zuzulassen. Wir werden uns im folgenden hauptsächlich auf diejenigen Fragen beziehen, die in Bezug auf das (der Annahme nach konsensfähige) Spezialgebiet des Befragten gestellt wurden.

IV. Konsensus und Methodologie

Der Beweis des Zusammenhanges zwischen Konsensus und konkreten Verfahrensweisen im Forschungsprozeß stützt sich auf die Frage danach, welche Quellen der Datenerhebung, welche Auswertungsverfahren und welche theoretische Verwertung der Ergebnisse — und in welchem Ausmaß — verwendet wurden[13]. Um die Rolle zeitlicher Konstanz zu untersuchen, wurde die Frage sowohl für den Zeitraum vor drei Jahren als auch für das letzte Jahr gestellt. Die einzelnen Fragen wurden zu verschiedenen Indizes aggregiert, wobei vor allem die Auswertungsverfahren herangezogen wurden, weil sie eine klarere Unterscheidung von analytisch determinierbaren und dialektischen Argumentations- und Begründungsstrukturen erlauben[14]. Im folgenden werden an Hand der einzelnen Indizes die wichtigsten Ergebnisse besprochen.

(a) Der *erste Index* (1) klassifiziert die Befragten je nach der verwendeten Auswertungsmethodologie in *qualitativ, empirisch-quantitativ* und *formal-mathematisch* verfahrende Wissenschaftler[15]. Der Index filtert diejenigen Befragten heraus, die „vor drei Jahren" (1970) und „im letzten Jahr" (1973) die *gleichen* Verfahren verwendet hatten. Das diachrone Maß wurde zur Kontrolle durch seine synchronen Korrelate, die sich jeweils nur auf das letzte Jahr (Index 2) bzw. auf die Zeit vor drei Jahren (Index 3) bezogen, ergänzt. Es ergab sich folgende Häufigkeitsverteilung der Befragten auf die einzelnen methodologischen Verfahrensweisen (*Tabelle 1*).

Tabelle 1: Häufigkeitsverteilung der Befragten auf die einzelnen methodologischen Verfahrensweisen (Index 1–3)

Methodologische Verfahrensweise	Index 1 1970–73	Index 2 1973	Index 3 1970
qualitativ	16.0	16.9	17.2
empirisch-quantitativ	74.0	72.3	69.0
formal-mathematisch	10.0	10.8	13.8
Total	100.0	100.0	100.0
(N)	(50)	(65)	(58)

Die entwickelten Indizes wurden unter Konstanthaltung der Existenz oder Nichtexistenz forschungspraktischer Erfahrung[16] mit den verschiedenen Konsensvariablen tabuliert und das Signifikanzniveau sowie die Stärke des Zusammenhanges[17] berechnet. Dabei ergaben sich signifikante Relationen zwischen den Auswertungsindizes, insbesondere dem diachronen Index und dem angegebenen Konsensus sowie Interaktionseffekte derart, daß die genannten signifikaten Relationen, von Ausnahmen abgesehen, nur bei gegebener forschungspraktischer Erfahrung auftraten (*Schaubild 1*).

Schaubild 1: Anteil der Vertreter der jeweiligen Auswertungsverfahren, die Konsensus angaben

Die Paradigmenkomponenten 1 bis 7 beziehen sich auf die in *Tabelle 1* angeführten Übereinstimmungsdimensionen „zentrale Fragestellung", „wissenschaftstheoretische Voraussetzungen" etc. Das Schaubild gilt für den Fall eigener forschungspraktischer Erfahrung der Befragten.

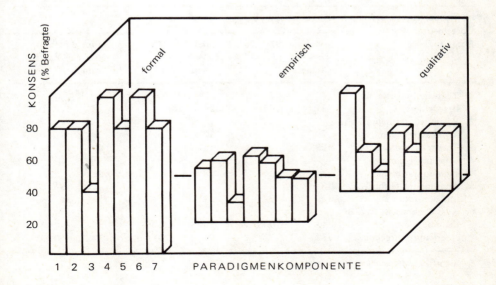

Schaubild 1 zeigt für alle von uns erhobenen Übereinstimmungsvariablen, daß der Anteil der Sozialwissenschaftler, die für ihr Spezialgebiet weitgehenden Konsens[18] über die jeweiligen Fragestellungen angaben, signifikant von den Anhängern qualitativer Verfahren in Richtung der formal-mathematisch verfahrenden Wissenschaftler zunimmt. So gaben z. B. nur 37,5 % der qualitativ verfahrenden, dagegen aber alle 100 % der formal arbeitenden Sozialwissenschaftler Konsens darüber an, welche Probleme in erster Linie untersucht werden sollten. Oder: nur jeweils 25 % der Anhänger der qualitativen Methodologie, aber 80 % der Vertreter formaler Verfahren gaben Konsens über die wissenschaftstheoretisch richtigen Voraussetzungen ihres Gebietes bzw. über die Anerkennung von Techniken und Methoden an. Selbst im Falle der theoretischen Ansätze, der eindeutig am schlechtesten abschneidenden Komponente sozialwissenschaftlicher Paradigmen, ist der Anteil der formal-mathematisch verfahrenden Sozialwissenschaftler, die Konsens über relevante Theorien angaben, noch etwa dreimal so hoch wie der der qualitativ verfahrenden Befragten (nämlich 40 % im Vergleich zu 12,5 %). Der letztgenannte Anteil erhöht sich im übrigen auch bei den empirisch-quantitativ verfahrenden Sozialwissenschaftlern kaum und bestätigt — in der Selbsteinschätzung der Sozialwissenschaftler — drastisch die bekannte theoretische Zerrissenheit der in Frage stehenden Disziplinen. Der Anteil der Befragten, die Konsens über theoretische Ansätze angeben, ist auch der einzige, der unter der 50 %-Grenze bleibt. Im übrigen zeigt sich, daß das angedeutete Verhältnis von 1:3 auch in Bezug auf die anderen Variablen gültig bleibt: im Schnitt ist der Anteil der formal-mathematisch Arbeitenden, die Konsensus angeben, bei allen Variablen etwa *dreimal* so hoch als bei den Anhängern einer qualitativen Methodologie.

Tabelle 2: Kontingenzen zwischen Konsensvariablen und Auswertungsindizes (Cramers V) unter der Bedingung forschungspraktischer Erfahrung

Im Spezialgebiet herrschende Übereinstimmung in Bezug auf	Auswertungsindizes					
	Index 1 (1970–73) $48 \leqslant N \leqslant 53$ Cramers V		Index 2 (1973) $62 \leqslant N \leqslant 69$ Cramers V		Index 3 (1970) $56 \leqslant N \leqslant 61$ Cramers V	
1. Zentrale Fragestellung des Gebietes	.31	(.08)*	.20		.28	(.10)
2. Wissenschaftstheoretische Voraussetzungen	.29		.37	(.01)	.29	(.10)
3. Theoretische Ansätze	.22		.15		.10	
4. Vorrangige Untersuchungsprobleme	.34	(.04)	.18		.23	
5. Anerkannte Techniken und Methoden	.29		.23		.26	
6. Aussichtsreichste Techniken und Methoden	.43	(.008)	.38	(.009)	.35	(.03)
7. Anerkannte Ergebnisse	.32	(.07)	.30	(.04)	.33	(.03)

* Signifikanzniveau $\leqslant .10$.

Tabelle 2 bietet eine Übersicht über die Kontingenzkoeffizienten der beiden Querschnittsindizes im Vergleich zu unserem diachronen Index (1970/73). Wie die V-Koeffizienten bei fehlender forschungspraktischer Erfahrung zeigen[19], treten die Zusammenhänge mit der methodologischen Orientierung, mit Ausnahme der Variablen 2 und 4, selbst bei mehrjähriger Anwendung bestimmter Verfahren meist erst signifikant hervor, *wenn* eine solche forschungspraktische Erfahrung besteht[20]. Mit anderen Worten, die Kristallisation von Meinungen in Konsens oder Dissens hängt von der *Bewältigung* praktischer Entscheidungen im Kontext *geschlossener* Forschungsaufgaben ab, wobei die mit dem Projektbegriff in der Operationalisierung konnotierte ,,Geschlossenheit'' und der ,,Aufgaben''-charakter darauf hindeuten, daß das Durchlaufen ganzer Serien zusammenhängender Forschungsschritte eine Rolle spielt[21].

Tabelle 3: Kontingenzen und Signifikanzniveaus zwischen Konsensvariablen und weiteren Verfahrensindizes (Cramers V)

Im Spezialgebiet herrschende Übereinstimmung in Bezug auf:	Index 4 N = 17 Cramers V:	Index 5 N = 77 Cramers V:	Index 6 N = 54 Cramers V:
1. Zentrale Fragestellung des Gebietes	.43	.33 (.004)*	.34 (.10)
2. Wissenschaftstheoretische Voraussetzungen	.43	.31 (.006)	.58 (.0004)
3. Theoretische Ansätze	.39	.15	.27
4. Vorrangige Untersuchungsprobleme	.70 (.01)	.12	.36 (.07)
5. Anerkannte Techniken und Methoden	.32	.30 (.009)	.37 (.06)
6. Aussichtsreichste Techniken und Methoden	.59 (.05)	.24 (.03)	.51 (.003)
7. Anerkannte Ergebnisse	.65 (.02)	.13	.35 (.09)

* Signifikanzniveau $\leqslant$ .10.

(b) Der Zusammenhang zwischen Verfahrensweise und Konsensbeurteilung bestätigte sich auch in einer Reihe weiterer Indikatoren. So z. B. wurde ein Disziplin und Verfahrensweisen kombinierendes Maß (Index 4) erzeugt, in dem die einzelnen Verfahrensweisen jeweils nur über diejenigen *Disziplinen* aggregiert wurden, für die sie typisch waren[22]. Dabei ergaben sich durchwegs steigende V-Koeffizienten (vgl. *Tabelle 3*), was auf einen zusätzlichen Einfluß der Kontextvariable Disziplin hindeutet. Leider waren wegen der geringen Zellengrößen nicht alle Ergebnisse signifikant, weswegen sie im Rahmen der vorliegenden Arbeit auch nur als Tendenzen interpretiert werden konnten.

(c) Ein weiterer kombinierter Index bezieht sich nur auf die im *letzten Jahr* verwendeten Ansätze und Methoden und führt eine simple *Dichotomie* zwischen den Anhängern ,,datenorientierter'' und ,,literaturorientierter'' Erhebungsverfahren sowie den Vertre-

tern „quantitativer" und „qualitativer" Auswertungsverfahren ein[23]. In einem zwei-
stufigen Filterprozeß wurden sodann die Anhänger datenorientierter Erhebungs- und
gleichzeitig quantitativer Auswertungsverfahren, die bereits mindestens ein Projekt abgeschlossen hatten, isoliert und der literatur- bzw. qualitativ orientierten Kontroll-
gruppe ohne abgeschlossene Projekttätigkeit gegenübergestellt. Der Index unterscheidet sich somit dadurch von den bisherigen, auf Auswertungsverfahren beruhenden
Maßen, daß die Datenerhebungsmethodologie mitberücksichtigt wird, jedoch keine
weitere Unterscheidung zwischen empirisch-quantitativen und formal-mathematischen
Verfahrensweisen getroffen wird. Auch in diesem Fall ergaben sich signifikante Ergebnisse in der erwarteten Richtung: die angegebene Übereinstimmung steigt in jedem Fall
in Richtung der daten- und quantitativ orientierten Gruppe (vgl. *Tabelle 3*, Index 5).

(d) An Hand der zuletzt erwähnten Indizes wurde auch der Versuch unternommen, die
Vertreter z. B. der literaturorientierten Erhebungsrichtung in Bezug auf die Konsens-
entwicklung bei der Verwendung von *analogen* (qualitativen) bzw. konträren (quantitativen) Auswertungsverfahren zu untersuchen. Dabei ergab sich im allgemeinen eine
signifikante *Zunahme* des Konsensus, wenn bei qualitativem Erhebungsverfahren quantitative Auswertungsmethoden verwendet wurden, und umgekehrt eine *Abnahme*,
wenn gleichzeitig qualitative Auswertungsverfahren zur Anwendung gelangten. Die V-
Koeffizienten und Signifikanzniveaus für den letzten Fall sind als Beispiel in *Tabelle 3*,
Index 6 angeführt. Das Ergebnis wurde aus Gründen der Besetzungszahlen nicht weiter
in Bezug auf die Variable Projekterfahrung hin kontrolliert, wobei nach bisheriger
Erfahrung eine solche Kontrolle die Kontingenzen erhöhen müßte.

V. Die Rolle der Disziplin

Es war naheliegend, die erhaltenen Zusammenhänge zunächst einmal im Hinblick auf
die Variable „Disziplin" zu überprüfen. Die Analyse der Rolle der Disziplin stößt im
Rahmen der vorliegenden Untersuchung auf die Schwierigkeit, trotz der mit der Index-
konstruktion und multivariaten Aufgliederung verbundenen drastischen Reduktion der
Zellengrößen zu signifikanten Aussagen zu gelangen. Es seien jedoch folgende Tendenzen aufgezeigt:

(a) Es ergaben sich keine signifikanten Relationen zwischen dem angegebenen Konsensus und der ursprünglich *studierten* Richtung des Befragten, ein z. T. signifikanter, aber
nicht sehr starker Zusammenhang mit der derzeit von ihm *ausgeübten* Disziplin, und
ein etwas stärkerer beim *Zusammenfall* der beiden Gebiete[24].

Tabelle 4: Kontingenzen zwischen Konsensus und Disziplin des
Befragten (Cramers V)

Im Spezialgebiet herrschende Übereinstimmung in Bezug auf:	Ausgeübte Disziplin N = 430 Cramers V	Zusammenfall von studierter und aus-geübter Disziplin N = 188 Cramers V
1. Zentrale Fragestellung	.19 (.001)*	.20
2. Wissenschaftstheoretische Voraus-setzungen	.17 (.01)	.23 (.09)
3. Theoretische Ansätze	.16 (.05)	.24 (.06)
4. Vorrangige Untersuchungsprobleme	.13	.17
5. Anerkannte Techniken und Methoden	.12	.25 (.03)
6. Aussichtsreichste Techniken und Methoden	.14	.28 (.003)
7. Anerkannte Ergebnisse	.16 (.06)	.21

* Signifikanzniveau ≤ .10.

(b) Aggregiert man die Antworten auf die Übereinstimmungsfragen zu einem *Gesamt-index des Konsensus*, so ergibt sich bei einer Trichotomisierung in hohen, mittleren und niedrigen Konsensus folgende Rangfolge der Disziplinen[25] mit hohem Konsens:

Tabelle 5: Rangfolge der Disziplinen in Bezug auf den Anteil der Befragten,
die Konsensus angeben

Disziplin	%-Anteil der Befragten, die Konsens angeben	N
Geschichte	43,5	23
Ökonomie	33,7	101
Betriebswirtschaftslehre	28,8	66
Psychologie	24,5	49
Soziologie	17,1	70
Pädagogik	14,9	47
Politikwissenschaft	10,5	19
Stadt- und Regionalforschung	7,4	27

Cramers V: .21.   Signifikanzniveau: .01.

Die Rangfolge bestätigt sich mit geringfügigen Variationen auch bei den anderen Konsensmaßen. Sie überrascht einerseits durch das unerwartet konsolidierte Bild der *Geschichte* (genauer: Zeitgeschichte), und andererseits durch die Übereinstimmung mit den Ergebnissen einer Umfrage in 80 amerikanischen Universitätsinstituten, die bei einer völlig anderen Operationalisierung die gleiche Reihung von Ökonomie vor Psychologie, Soziologie und Politikwissenschaft aufweisen und diese Sozialwissenschaften insgesamt hinter die Physik, die Chemie und die Biologie stellen (*Lodahl* und *Gordon* 1972, S. 60).

(c) Der Zusammenhang zwischen Konsens und methodologischer Verfahrensweise liegt im allgemeinen *höher* als der zwischen Konsens und Disziplin[26]. Da die Kontingenzen zwischen Methodologie und Konsensus im allgemeinen auch *innerhalb* der einzelnen Disziplinen erhalten bleiben, können sie *nicht* auf die Wirkung der Disziplin zurückgeführt werden. Allerdings weisen Abweichungen zwischen den Kontingenzkoeffizienten in den verschiedenen Disziplinen auf *Interaktionseffekte* hin.

Folgende V-Koeffizienten ergeben sich innerhalb der stärker besetzten Disziplinen Betriebswirtschaftslehre, Ökonomie, Soziologie und Zeitgeschichte (*Tabelle 6*).

Tabelle 6: Kontingenzen zwischen Übereinstimmung und Methodologie innerhalb verschiedener Disziplinen (Auswertungsverfahrensindex 1970/73, Cramers V)

Übereinstimmung in Bezug auf:	Betriebs- wirtschafts- lehre N = 16	Ökonomie N = 32	Sozio- logie N = 22	Historie N = 9
1. Zentrale Fragestellung	.31	.36	.32	(.38)
2. Wissenschaftstheoretische Voraussetzungen	.39	.14	.42	(.29)
3. Theoretische Ansätze	.14	.12	.56	(.19)
4. Vorrangige Untersuchungsprobleme	.31	.34	.11	(.19)
5. Anerkannte Techniken und Methoden	.52	.65	.32	(.45)
6. Aussichtsreiche Techniken und Methoden	.23	.40	.29	(.45)
7. Anerkannte Ergebnisse	.52	.40	.27	(.45)

Wegen der geringen Besetzungszahlen erreichen die Zusammenhänge jedoch nur in einem Teil der Fälle ein Signifikanzniveau von .05 oder höher. Die Ergebnisse wurden nicht in Bezug auf die Forschungserfahrung kontrolliert, wobei darauf hingewiesen sei, daß im Falle gegebener forschungspraktischer Erfahrung ein *Ansteigen* der Koeffizienten, andernfalls ein Absinken zu erwarten wäre. Für die Historiker und teilweise auch für die Politologen zeigen sich bei einigen der Übereinstimmungsvariablen überdies drastische Interaktionseffekte derart, daß hier die *qualitative* Verfahrensweise mit *höherem* Konsens korreliert[27].

(d) Wichtig ist, daß *kein* Zusammenhang zwischen der Beurteilung der Leistungsfähigkeit ihrer Disziplin durch die Befragten selbst und den Konsensangaben besteht, und zwar auch dann nicht, wenn die Wirkung der forschungspraktischen Erfahrung kontrolliert wird[28]. Ebenso kein Zusammenhang besteht zwischen der Einschätzung der Disziplin und der verwendeten methodologischen Verfahrensweisen. Akzeptiert man die Urteile der Befragten als Expertenaussagen und damit als bestmögliche Messung des

Entwicklungsstandes der in Frage stehenden Disziplinen, so bedeuten die fehlenden Kontingenzen, daß die Grundthese der *Kuhn*schen Theorie vom Zusammenhang zwischen Konsensus und Leistungsfähigkeit hier jedenfalls *nicht* bestätigt wird. Damit ergäbe sich ein weiterer, wenn auch negativer Beweis zugunsten unserer Behauptung von der *primären* Wichtigkeit der Verfahrensweise sowie den damit verbundenen Entscheidungsprozessen in der Forschung. Abgesehen von der Adäquatheit der Operationalisierung durch unsere Frage bleibt jedoch offen, ob eine solche Beurteilung des Entwicklungsstandes überhaupt über die Meinung der Vertreter der jeweiligen Disziplin gemessen werden kann.

Wichtig ist ferner, daß der Zusammenhang zwischen der Erwartungsstruktur und den Verfahrensweisen *innerhalb* der einzelnen Disziplinen nicht nur erhalten bleibt, sondern meist sogar ansteigt, womit eindeutig die *forschungspraktischen Verfahrensweisen* und nicht die Disziplin als Einflußfaktoren identifiziert sind (*Tabelle 7*).

Tabelle 7: Kontingenzen zwischen Erwartungsstruktur und Forschungsmethodologie in verschiedenen Disziplinen (Auswertungsverfahrensindex 1970/73; Cramers V)

Disziplin	Cramers V	N
Betriebswirtschaftslehre	.58	15
Ökonomie	.49	31
Psychologie	.54	16
Soziologie	.55	22
Politikwissenschaft	(.58)	4
Zeitgeschichte	(.66)	9

Allerdings können die Ergebnisse wegen der geringen Besetzungszahlen auch hier wieder nur als Tendenz interpretiert werden.

Insgesamt bestätigen die dargestellten Ergebnisse hinsichtlich der Disziplin unsere Ausgangsthese, daß in erster Linie die *methodologische Verfahrensweise* und die damit verbundenen Argumentations- und Begründungsstrukturen und nicht die Disziplin zur Erklärung für das Ausmaß des Konsensus herangezogen werden müssen. Die Disziplin dürfte jedoch eine nicht unwichtige Rolle als Kontextvariable spielen, die über die Art ihres Forschungsgegenstandes die Funktionalisierbarkeit methodologischer Verfahrensweisen für kumulative Erkenntniszwecke mitbestimmt[29].

VI. Die Rolle der forschungspraktischen Erfahrung

In Ergänzung der Rolle der Disziplin erschien es uns notwendig, die unerwartete Bedeutung der forschungspraktischen Erfahrung einer weiteren Analyse zu unterziehen. In Bezug auf unser ursprüngliches Ergebnis, daß nämlich der Zusammenhang zwischen methodologischer Verfahrensweise und Konsensus von der Existenz forschungspraktischer Erfahrungen des Befragten abhängt, ergaben sich dabei folgende Ergänzungen:

1. Es besteht ein möglicherweise *direkter* Einfluß zwischen der forschungspraktischen Erfahrung und dem Konsensus derart, daß dieser Konsensus mit der Zunahme der Erfahrung ansteigt[30].
2. Der genannte Zusammenhang läßt sich *nicht* auf die Wirkungsweise der *Disziplin* zurückführen. Bei einem Konstanthalten der Disziplin steigen die Koeffizienten in vielen Fällen sogar an, was auf einen ursprünglichen Suppresser-Effekt der Disziplin hinweist (*Tabelle 8*).

Tabelle 8: Kontingenzkoeffizienten zwischen forschungspraktischer Erfahrung und Konsensus[31] innerhalb der einzelnen Disziplinen (Cramers V)

Disziplin	Cramers V	N
Betriebswirtschaftslehre	.32	44
Ökonomie	.47	34
Psychologie	.35	26
Soziologie	.25	10
Zeitgeschichte	.59	14
Politikwissenschaft	(.55)	7

Wegen der geringen Besetzungszahlen können die Ergebnisse in manchen Disziplinen wiederum nur der Tendenz nach interpretiert werden.

3. Der genannte Zusammenhang läßt sich ferner *nicht* auf das *Lebensalter* des Befragten zurückführen. Während eine Tabulierung der entsprechenden Übereinstimmungsvariablen mit dem Alter keine signifikanten Zusammenhänge ergab[32], bleiben die Zusammenhänge zwischen Forschungserfahrung und Konsensus auch innerhalb der einzelnen Altersgruppen erhalten[33].

Insgesamt bestärkt das Ergebnis, daß die tatsächliche Involvierung in forschungspraktische Entscheidungs- und Argumentationsketten und nicht etwa die bloße Kenntnis bestimmter Arten von Verfahrensweisen ausschlaggebend für die Herausbildung des Zusammenhanges zwischen Konsensus und Methodologie ist, unsere Ausgangsthese. Denn es liegt nahe, daß Argumentations- und Begründungsstrukturen nur dann zur Wirkung gelangen können, wenn sie in praktisch getroffene Entscheidungen Eingang finden. Daß nicht die „mehrjährige Verwendung"[34] bestimmter methodologischer Verfahrensweisen, sondern deren Verwendung im Rahmen *abgeschlossener Forschungsaufgaben* so wichtig sind, kann innerhalb der vorliegenden Arbeit jedoch nicht genügend geklärt werden[35].

VII. Erwartungsstruktur und Methodologie

Unsere These zur Erwartungsstruktur beruhte auf folgender Überlegung: wenn das Ausmaß des Konsensus eine Funktion der Trivialisierbarkeit methodologischer Entscheidungen darstellt und diese wiederum mit der Struktur von Argumentationsprozessen zusammenhängt, so liegt nahe, daß die Erwartungen des Einzelwissenschaftlers an seine Ergebnisse diese Strukturbedingungen — vermittelt und verstärkt über das wissenschaftliche Kontroll- und Gratifikationssystem — widerspiegeln. Demnach sollten Vertreter einer „offenen" Methodologie in signifikant höherem Ausmaß an argumentativer Dialektik orientiert sein als diejenigen Wissenschaftler, die sich determinierbarer Begründungsverfahren bedienen. Zur Operationalisierung unserer These wurden die Wissenschaftler danach gefragt, über welche Art von Kritik sie sich am meisten freuen würden, wobei als Antwortkategorien die Dimensionen „Problemlösung", Exploration von theoretischem oder faktischem „Neuland", „kritische" Auseinandersetzung und „Einsicht", sowie methodische „Durchführung" und „argumentativer" Nachweis zur Verfügung standen[36].

Zur Analyse wurden die oben beschriebenen Indizes der Erhebungs- und Auswertungsmethodologie sowie der Disziplin und Verfahrensweisen kombinierende Index (vgl. *Tabelle 2* und *3*) herangezogen. Die Ergebnisse sind in der folgenden *Tabelle 9* zusammengefaßt, wobei für jede Dimension der Erwartungsstruktur die methodologische Orientierung mit der höchsten Besetzungszahl genannt ist:

Tabelle 9: Höchstbesetzte methodologische Verfahrensweise pro Erwartungsdimension

Erwartungsdimension	Erhebungs- verfahren		Auswertungs- verfahren		Auswertungs- verfahren
	1970	1970/73	1970	1970/73	1970/73 komb. mit Diszip.
1. „Kritik" u. „Einsicht"	Q	Q	Q	Q	Q
2. „Argumentation"	Q	Q	F	F	Q
3. „Problemlösung"	F	F	F	F	F
4. „Neuland"	E	E	E	E	E
5. „Durchführung"	E	E	E	E	E
Cramers V	.37	.45	.42	.43	.51
Signifikanzniveau (≤ .10)	.03	.01	.02	.01	—
(N)	(72)	(55)	(59)	(51)	(21)

„Q": qualitativ orientierte Auswertungsverfahren bzw. literaturorientierte Erhebungsverfahren;

„E": empirisch-quantitativ orientierte Auswertungsverfahren bzw. primärdatenorientierte Erhebungsverfahren;

„F": formal-mathematisch orientierte Auswertungsverfahren bzw. sekundärdatenorientierte Erhebungsverfahren.

Wie obige *Tabelle 9* zeigt, beweist sich bei den Anhängern einer qualitativen Methodologie die erwartete Orientierung an kritischer Widerlegung, Infragestellung bzw. Bloßlegung sowie an der „Einsicht"dimension. Im Gegensatz dazu entscheiden sich die Anhänger einer empirisch-quantitativen Verfahrensweise vordringlich für die unter den Begriffen „Neuland" und „Durchführung" subsummierten Items, und bei den formal verfahrenden Sozialwissenschaftlern wird die Problemlösungsdimension konsistent am häufigsten genannt. Inkonsistenzen ergeben sich nur in Bezug auf die Dimension „Argumentation", die innerhalb der Population möglicherweise verschieden interpretiert wurde[37]. Das folgende Blockdiagramm vermittelt einen Eindruck über den jeweiligen Anteil der Befragten einer bestimmten methodologischen Ausrichtung, die sich für Items der 1. Dimension entschieden.

Schaubild 2: Anteil der Vertreter der jeweiligen Auswertungsverfahren, die Kritik
bzw. Einsicht angeben

Die einzelnen Verfahrensindizes entsprechen *Tabelle 9*. Das Schaubild gilt für den Fall eigener forschungspraktischer Erfahrung der Befragten.

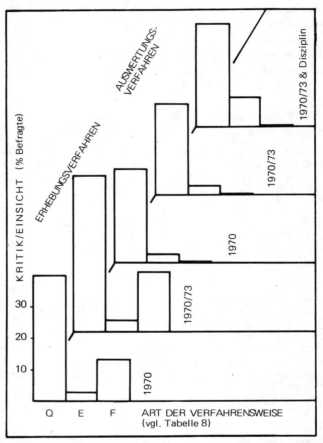

Verwendet man den Index, der nur zwischen „quantitativen" und „qualitativen" Auswertungsverfahren sowie zwischen „datenorientierten" und „literaturorientierten" Erhebungsverfahren dichotomisiert und klassifiziert man Wissenschaftler, die sowohl datenorientiert als auch quantitativ verfahren als „Empiriker", die literaturorientiert bzw. qualitativ vorgehenden Wissenschaftler dagegen als „Theoretiker" so ergibt sich, daß nur 11,8 % der „Empiriker" an Kritik, Argumentation bzw. Einsicht orientiert sind, während 60 % der Theoretiker diese Orientierung vertreten. Umgekehrt fallen

88,2 % der empirisch arbeitenden Sozialwissenschaftler in die Kategorien Problemlösung, Neuland und Durchführung, aber nur 40 % der theoretisch arbeitenden Befragten (Cramers V = .56, Signifikanzniveau = .13). Wie auch im vorhergehenden Fall gilt dieser Zusammenhang jedoch nur unter der Bedingung vorhandener forschungspraktischer Erfahrung. Wie die Vergleichszahlen[38] zeigen, verschwindet der Zusammenhang bei fehlender Forschungserfahrung völlig. Analoges gilt für sämtliche in *Tabelle 9* angegebenen Indizes, bei denen sich in keinem Fall ein signifikanter Zusammenhang zwischen Erwartungsstruktur und Methodologie ergibt, wenn keine Forschungserfahrung besteht.

VIII. Zusammenfassung

Die vorliegende Arbeit hat versucht, das Ausmaß des Konsensus auf einem Wissenschaftsgebiet auf die in den methodologischen Verfahrensweisen verankerten Argumentations- und Begründungsstrukturen zurückzuführen. Dabei wurde gezeigt, daß die These von der kognitiven Uneinigkeit der Sozialwissenschaftler insofern eingeschränkt werden muß, als — in Abhängigkeit von der methodologischen Verfahrensweise — hochgradige Konsolidierung und hochgradiger Dissens nebeneinander bestehen. Der hohe Konsens kann zweierlei Bedeutung haben: entweder man nimmt die relativ weitgehende Konsolidierung formal verfahrender Bereiche als Indiz für den „reifen" Entwicklungsstand ebenderselben Bereiche im Gegensatz zu den restlichen sozialwissenschaftlichen Gebieten; oder man akzeptiert die These vom potentiellen Auseinanderklaffen von Konsens und substantiellem Erkenntniswachstum. Es war unsere Behauptung, daß die erwiesene Konsolidierung zwar für eine kumulative Selektion in Richtung determinierbarer Argumentations- und Begründungsstrukturen spricht, diese aber noch keine substantielle Kumulativität garantieren. Die Rolle der Disziplin wird bei dieser Interpretation auf die eines historisch gewachsenen und institutionell etablierten Kontexts reduziert, dem weniger systematische Bedeutung zukommt, als bisher angenommen wurde. Wichtige Hinweise ergeben sich schließlich aus den konsistent mit speziellen methodologischen Verfahrensweisen verbundenen Erwartungsmustern, ebenso wie aus der systematischen Wirkungsweise der forschungspraktischen Erfahrungen, wobei besonders im letzteren Fall weitere Untersuchungen geraten erscheinen.

Anmerkungen

[1] Die Unterscheidung zwischen externen und internen Determinanten der Wissenschaftsentwicklung in der hier verwendeten Form geht zurück auf *Leinfellner* (1975). *Leinfellner* definiert „externe" Kriterien als alle diejenigen finanziellen, sozialen, ethischen, ideologischen oder religiösen Faktoren, die wissenschaftliche Entwicklung oder neue wissenschaftliche Erkenntnisse behindern oder fördern. Demgegenüber bezeichnen „interne" Kriterien diejenigen „kognitiven" (z. B. Verifikation, Bestätigung, Erklärung), „formalen" (z. B. Konsistenz, Kohärenz und Einfachheit) und „Anwendungs"-kriterien, die die Eigendynamik wissenschaftlicher Entwicklung entsprechend steuern können.

2   Ein mit dem Belohnungssystem integriertes Normensystem sollte ja bedeuten, daß durch Befolgung der Normen gleichzeitig auch eine Maximierung oder zumindest Zufriedenstellung persönlichen Nutzens erreicht werden kann. Nun ist aber das auf ein funktionierendes Normensystem abgestützte kooperative Gesellschaftsmodell des funktionalistischen Ansatzes in der Soziologie zumindest stark in Frage gestellt, wenn nicht überhaupt aufgegeben worden. Eine über die Sozialisation in eine Wissenschaft verinnerlichte, über Motivation funktionierende und auf prompte Belohnung abgestützte normative Grundlegung wissenschaftlichen Fortschritts ist daher heute weniger plausibel denn je, sofern sie jemals plausibel war.

3   Der Begriff der Trivialisierbarkeit soll darauf hindeuten, daß es sich im Grenzfall der Trivialität einer Entscheidung tatsächlich um eine Reduktion auf eine Nicht-Entscheidung handelt.

4   *Toulmins* Strukturskizze hat gegenüber der *Hempel-Oppenheim*schen Rekonstruktion des Erklärungsbegriffes den Vorteil größerer Allgemeinheit und wird daher von uns vorgezogen.

5   Die Bedeutung verschiedenartiger Terme in methodologischen Verfahrensweisen wird in der folgenden Arbeit genauer untersucht: K. *Knorr*, Towards a Positive Epistemology, paper presented at the 8th World Congress of Sociology, Toronto, August 1974.

6   *Stehr* (mündliche Mitteilung) hat mit Recht darauf hingewiesen, daß es in diesem Zusammenhang von besonderem Ineresse wäre, die (sozialen) Bedingungen herauszuarbeiten, die zu einem Vorherrschen bzw. Verwenden der Argumentationstypen 1–3 führen. Allerdings ist uns derzeit keine Theorie bekannt, die imstande wäre, eine solche Herleitung argumentativer Strukturen aus gesellschaftlichen Bedingungen auf nicht-triviale Weise zu leisten. Für einen unseres Erachtens mißglückten Versuch der Herstellung einer Identität zwischen Wissenschaftsstruktur und Sozialstruktur vergleiche etwa *Galtung* (1973).

7   Wir verwenden den Terminus „Methodologie" anstelle von „Methoden" um auf die Wichtigkeit des allgemeinen Ansatzes bzw. der Struktur der Verfahrensweise im Gegensatz zu den konkret elaborierten Versionen hinzuweisen.

8   Wir übernehmen die Terme konvergent-divergent aus den Arbeiten *Hudsons* 1966; 1968.

9   Die Antwortrate der wissenschaftlichen Mitarbeiter und Leiter von Forschungseinheiten in den einzelnen sozialwissenschaftlichen Disziplinen beträgt z. B.: Betriebswirtschaftslehre (73 Prozent); Ökonomie (65 Prozent); Zeitgeschichte (89 Prozent); Pädagogik (68 Prozent); Politikwissenschaft (81 Prozent); Psychologie (61 Prozent); Soziologie (77 Prozent); Stadt- und Regionalforschung (56 Prozent) und Sonstige (63 Prozent). Die Antwortrate etwa der Leiter von Einheiten in den einzelnen Erhebungsregionen beträgt: Wien (83 Prozent); Graz (91,3 Prozent); Linz (87 Prozent); Salzburg (100 Prozent); Innsbruck (76,4 Prozent); Sonstige (80 Prozent).

10   Aus den genannten Gründen konnten wir z. B. nicht im Anschluß an *Lodahl* und *Gordon* (1972) vom Befragten eine Rangordnung von Disziplinen nach dem Grad der Übereinstimmung über Paradigmen verlangen; ebensowenig konten wir einfache *Likert*skalen vorgeben, um das Ausmaß der Übereinstimmung festzustellen.

11   Demnach müßten die Fragen zur Übereinstimmung in Bezug auf die letzthin bearbeitete Problemstellung generell einen geringeren Konsens erweisen, als die Fragen zum kompetentesten Spezialgebiet — was sich auch zeigte.

12   Der genaue Wortlaut der Fragen nach der herrschenden Übereinstimmung in Bezug auf das Spezialgebiet des Befragten lautet: „Wenn Sie sich die einschlägige Literatur zu diesem (gemeint ist: ihrem kompetentesten) *Spezialgebiet* einmal vergegenwärtigen, welche *Übereinstimmung* herrscht hier in Bezug auf: – diejenige *Fragestellung*, die heute als zentral für das Gebiet gelten sollte; – die *wissenschaftstheoretisch* richtigen Voraussetzungen des Gebietes; – die *theoretischen* Ansätze, die zur Erforschung des Gebietes herangezogen werden sollten; – diejenigen *Probleme*, die in erster Linie untersucht werden sollten; – die Techniken und Methoden, die als *anerkannt* gelten können; – die *aussichtsreichsten* und nützlichsten Methoden zur Erforschung des Gebietes; – die *Ergebnisse*, die bisher als anerkannt gelten können." Der Befragte wurde aufgefordert, jeweils anzukreuzen, ob der genannte Inhalt „praktisch nicht zur Diskussion" stand, ob „weitgehend eine Meinung" über ihn herrsche, ob es „zwei sehr verschiedene Grundpositionen" gab, oder ob „mehrere verschiedene Positionen" vorherrschten.

13   Der genaue Wortlaut der Frage lautete: „Bitte geben Sie an, in welchem Ausmaß Sie die folgenden Forschungsansätze und Methoden a. im letzten Jahr und b. vor drei Jahren verwendet haben", wobei die Antwortkategorien „nie", „in einigen Arbeiten" und „in praktisch allen Arbeiten" zur Verfügung standen. Als Quellen der Datenerhebung waren angeführt: Texte und historische Quellen, vorhandene Statistiken, vorhandene Daten aus Projekten, Beobachtungsverfahren, Fragebogen bzw. Interviews und Experiment. Die angeführten Auswertungsverfahren reichten von der „Inter-

pretation von Texten und qualitative Analyse" bis zu „rein mathematischen Verfahren", die Kategorien zur Verwertung der Ergebnisse von der „Deskription" bis zu „axiomatisierten Theorien".

[14] Die Erhebungsmethoden bieten die Schwierigkeit, daß sie zwar eine Differenzierung von datenorientierten und literaturorientierten Verfahrensweisen, aber keine zwischen der Erhebung von „Fakten" und der von kognitiven Inhalten erlauben.

[15] Als qualitativ verfahrende Wissenschaftler wurden diejenigen Befragten klassifiziert, die in „praktisch allen Arbeiten" „Interpretation von Texten und qualitative Analyse" verwendet hatten, aber nie statistische bzw. mathematische Verfahren. Unter die Kategorie empirisch-quantitativ wurden diejenigen Befragten subsummiert, die in praktisch allen Arbeiten Tabellenanalyse, Mittelwerte, Signifikanzteste, Skalierungsverfahren, Regressionsstatistik oder multivariate Verfahren verwendet hatten, und als formalmathematisch verfahrende Wissenschaftler galten diejenigen, die in praktisch allen Arbeiten mit rein mathematischen Verfahren, wie Differentialgleichungen, Matrixalgebra u. ä. gearbeitet hatten.

[16] Die forschungspraktische Erfahrung wurde über die Frage operationalisiert, wieviele abgeschlossene Projekte der Befragte während der letzten drei Jahre in seiner Forschungseinheit gemacht hatte. Der Projektbegriff war dabei nicht auf eine bestimmte methodologische Verfahrensweise bezogen. Die Einschränkung auf die letzten drei Jahre erfolgte, um den Kontex mit dem heutigen Spezialgebiet des Befragten und der Konsensperzeption herzustellen. Projekte gemeinsam mit anderen wurden im Zusammenhang mit der Konsensfragestellung nicht einbezogen, da hier die Gefahr einer Kontamination durch Gruppenmeinungsbildungsprozesse groß erschein.

[17] Im allgemeinen wurde neben dem Chi-quadrat Test auf Signifikanz *Cramers V* als Maß für die Stärke des Zusammenhanges benutzt, da es gegenüber dem *Pearson*schen Kontingenzkoeffizienten und *Tschuprows T* den Vorteil der sicheren Obergrenze 1 hat. Die Formel für V^2 lautet:

$$V^2 = \frac{X^2}{N \, \text{Min} \, (r-1, c-1)}$$

wobei r die Anzahl der Zeilen, c die Anzahl der Spalten und Min $(r-1, c-1)$ die kleinere der beiden Zahlen $r-1$ oder $c-1$ bedeuten. Vgl. *Cramer, Harold,* Mathematical Methods of Statistics, Princeton 1961.

Der Test auf Signifikanz wurde durchgeführt, obwohl es sich um eine nationale Vollerhebung handelt, da letztere als Stichprobe aus einem übergeordneten Universum gewisser sozialwissenschaftlicher Disziplinen aufgefaßt werden kann. Diese Annahme ist wegen der Internationalität wissenschaftlicher Gemeinschaften sicher bis zu einem gewissen Grad gerechtfertigt. Auch ist unsere Fragestellung nicht auf die Herausarbeitung nationaler Charakteristika gerichtet, sondern auf Probleme, die sozialwissenschaftliche Disziplinen als solche betreffen.

[18] Die Antwortkategorien der Übereinstimmungsfrage wurden, um zu geringe Besetzungszahlen in den Zellen zu vermeiden, dichotomisiert, wobei die Kategorien „steht praktisch nicht zur Diskussion" und „weitgehend eine Meinung" als „Konsens" qualifizierten, während „zwei sehr verschiedene Grundpositionen" und „mehrere verschiedene Positionen" als „Dissens" zusammengefaßt wurden.

[19] Die V-Koeffizienten bei fehlender forschungspraktischer Erfahrung (in der Reihenfolge 1–7 der Paradigmenkomponenten von Tabelle 2): .13; .38; .08; .17; .18; .19.

[20] Die Zusammenhänge zwischen Methodologie und Konsens in Bezug auf die wissenschaftstheoretischen Voraussetzungen sowie in Bezug auf die vordringlich zu bearbeitenden Probleme bestehen offenbar unabhängig von *forschungspraktischen Erfahrungen.* Da es sich im Fall der wissenschaftstheoretischen Grundlagen um ein Metaproblem handelt, das in substanzwissenschaftlicher Arbeit ausgespart werden kann, ist die Irrelevanz praktischer Erfahrung einleuchtend. Die zusätzliche Irrelevanz bezüglich der „vordringlichen Probleme" könnte es jedoch geraten erscheinen lassen, zwischen substanzwissenschaftlich „externen" Paradigmenkomponenten (Metaaspekten, gesellschaftlich induzierten Aspekten, wie etwa den vordringlichen Problemen) und wissenschaftsinternen, d. h. von der Forschungspraxis abhängenden Komponenten zu unterscheiden.

[21] In diesem Zusammenhang stellt sich auch die Frage nach dem Einfluß einer evtl. Lehrtätigkeit des Befragten auf die Konsensperzeption. Unsere bisherige Analyse in dieser Richtung erbrachte jedoch keine systematische Wirkung derart, daß etwa das Ausmaß des perzipierten Konsensus mit dem Ausmaß der Lehrtätigkeit auf diesem Gebiet anstiege oder abfiele: dies trifft in manchen Fällen zu, in anderen nicht. Offenbar sind hier Interaktionseffekte im Spiel, die es geraten erscheinen lassen, das Problem der Wirkung der Lehrtätigkeit einer eigenen späteren Untersuchung zu unterziehen.

[22] Genauer: Die qualitative Methodologie des Index 1970/73 (vgl. *Tabelle 2*) wurde den Historikern und Politologen zugeordnet, die empirisch-quantitative den Soziologen und Psychologen und die formal-mathematischen Verfahrensweisen den Ökonomen und Betriebswirtschaftlern. Die Zuordnung basiert auf entsprechenden Korrelationen dieser Verfahren mit den genannten Disziplinen.

[23] Genauer: Als Vertreter literaturorientierter Erhebungsverfahren wurden diejenigen Befragten eingestuft, die in „praktisch allen Arbeiten" Texte und historische Quellen verwendeten, aber „nie" Primärdaten an Hand von Fragebogen, Beobachtung oder Auswertung heranzogen. Als Anhänger qualitativer Auswertungsverfahren wurden analog diejenigen Befragten herausgefiltert, die zwar in praktisch allen Arbeiten Interpretation von Texten und Experiment erhoben, noch Sekundärdaten aus anderen Projekten zur qualitativen Analysen durchführten, aber nie statistische (von Tabellenanalyse und Signifikanztests bis zu multivariaten Regressionstechniken) oder rein mathematische Analysen.

[24] Die Unterscheidung zwischen studierter Disziplin, ausgeübter Disziplin und in beiden Fällen gleicher Disziplin wurde getroffen, um verschiedenartigen Sozialisationsvoraussetzungen bei Sozialwissenschaftlern, die in erst seit kurzem institutionalisierten und professionalisierten Gebieten wie der Politikwissenschaft tätig sind, Rechnung zu tragen. Es bestand die Hypothese, daß der Zusammenhang zwischen Disziplin und Konsensus im Falle der Übereinstimmung von studierter und ausgeübter Disziplin ein generell stärkerer sein würde, was sich auch bestätigte.

[25] Wenn nicht anders angegeben, wurde die ausgeübte Disziplin herangezogen.

[26] Die V-Koeffizienten zwischen ausgeübter Disziplin und den Übereinstimmungsvariablen 1 bis 7 lauten im Fall gegebener forschungspraktischer Erfahrung: .30, .29, .19, .18, .22, .26 und .22 wobei nur in den ersten beiden Fällen ein Signifikanzniveau von .05 bzw. .10 erreicht wurde.

[27] Eine Erklärungsmöglichkeit besteht darin, daß die von uns als „qualitativ" bezeichneten Verfahrensweisen sowohl die theoretisch arbeitenden Wissenschaftler als auch die rein deskriptiv (aber nicht quantitativ) verfahrenden enthalten dürften. Bei letzteren sollte sich auf Grund der Struktur der Argumentationsprozesse ein eher hoher Konsens ergeben. Letztere dürften auch z. B. den Hauptanteil der Historiker stellen. Jedenfalls muß hier eine weitere Differenzierung ansetzen, die nicht nur die Auswertungsverfahren, sondern auch die – theoretische oder deskritive – Orientierung der Verwertung einbeziehet.

[28] Die Leistungsfähigkeit der Disziplin wurde durch die Frage operationalisiert, ob seine Disziplin nach Meinung des Befragten „noch keinen fruchtbaren Ansatz zur Bewältigung ihres Gebietes" gefunden habe, „derzeit eine grundsätzliche Krise" durchmache, „insgesamt fortschreite, aber in einigen Gebieten Erschütterungen" zeige, sich „kontinuierlich" weiterentwickle oder sich derzeit in einer starken „Fortschrittsphase" befinde.

[29] Die Funktion der Disziplin wird in einer Arbeit des Autors genauer untersucht, die in dem Buch „Determinants and Controls of Scientific Development", *Knorr, K. D., Strasser, H.*, und *Zilian, H. G.* (Hrsg.), Dordrecht Holland/Boston, Mass. 1975 herausgekommen ist.

[30] Wie die folgenden Kontingenzkoeffizienten und Signifikanzniveaus (in Klammern) zeigen, die in der Reihenfolge der Konsensvariablen angeführt sind, sind die Zusammenhänge im allgemeinen nicht sehr stark: .16 (.01); .18 (.01); .16 (.01); .24 (.001); .08 (– –); .14 (.05); .13 (.05).

[31] Das Ausmaß des Konsensus wurde hier als Gesamtmaß über alle genannten Übereinstimmungsvariablen aggregiert; die Tabelle zeigt diejenigen Befragten, bei denen die heutige ausgeübte Disziplin und die studierte Richtung zusammenfielen.

[32] V-Koeffizienten zwischen dem Lebensalter der Befragten und den Konsensvariablen in der Reihenfolge dieser Variablen: .13, .10, .10, .09, .09, .07, .07.

[33] Die V-Koeffizienten in den einzelnen Altersgruppen (= Geburts-Jahrgänge) lauten für die Konsensvariablen 1–7:

Altersgruppe bis 1915:   .20,   .35,   .18,   .19,   .29,   .31,   .32
Altersgruppe 1916–1925:   .18,   .54,   .19,   .23,   .14,   .31,   .23
Altersgruppe 1926–1935:   .45,   .47,   .30,   .34,   .23,   .36,   .15
Altersgruppe 1936–1945:   .19,   .13,   .17,   .25,   .13,   .10,   .17
Altersgruppe 1946–1955:   .19,   .13,   .25,   .26,   .15,   .18,   .08

Signifikanzniveaus von .05 oder höher ergeben sich vor allem in den am stärksten besetzten Altersgruppen 3 und 4. Die Differenzen zwischen den Altersgruppen weisen auf Interaktionseffekte hin, die einer weiteren Untersuchung bedürften, für den Zweck des Nachweises des Bestehenbleibens des Zusammenhanges zunächst jedoch vernachlässigt werden können.

[34] Dies ergibt sich daraus, daß die V-Koeffizienten bei Verwendung der diachronen, über drei Jahre reichenden Indizes gegenüber den synchronen Indizes zwar häufig ansteigen, die Herausbil-

dung signifikanter Koeffizienten aber insgesamt davon abhängt, ob der Befragte abgeschlossene Forschungsprojekte anzugeben hat.

[35] Man kann die Wichtigkeit abgeschlossener Forschungsaufgaben allerdings damit in Zusammenhang bringen, daß Argumentations- und Begründungsgänge erst innerhalb solcher Aufgaben einen konsensfähigen Abschluß finden können. Eine weitere Erklärungsmöglichkeit ergibt sich daraus, daß abgeschlossene Forschungs-„produkte" eine gewisse kognitive und soziale Bedeutung erfahren können, die dann wiederum auf die Einschätzung bzw. Konsensbeurteilung des jeweiligen Wissenschaftlers zurückwirken mag. Offenbar fehlt eine solche „soziale" Definition bei der einfachen mehrjährigen „Anwendung" von Verfahrensweisen.

[36] Der genaue Wortlaut der Frage lautete: „Angenommen, Sie bekommen eine (recht positive) Kritik in einer angesehenen Fachzeitschrift. Welche Aussagen über ihre wissenschaftliche Arbeit würden Sie am meisten freuen?", wobei der Befragte bis zu drei der folgenden Antwortmöglichkeiten in eine Rangreihe bringen sollte: „Brilliante Argumentation . . ." (1), „Ausgezeichnete Widerlegung . . ." (2), „Außergewöhnlicher Ansatz . . ." (3), „Problem glänzend gelöst . . ." (4), „Feinste Detailarbeit . . ." (5), „Geistvolle Analyse . . ." (6), „Aggressive Bloßlegung . . ." (7), „Erstmalig wissenschaftliches Neuland . . ." (8), „Bestechende Einsicht . . ." (9), „Hieb- und stichfeste Durchführung . . ." (10), „Schonungslose Infragestellung . . ." (11) und „Endlich präzise Aufklärung" (12). Als Operationalisierungen desselben Aspektes wurden die Items (4) und (12) zur Dimension „Problemlösung", (3) und (8) zur Dimension „Neuland", (2), (7) und (11) zur Dimension „Kritik" (6) und (9) zur Dimension „Einsicht" zusammengefaßt.

[37] Mögliche divergierende Interpretationen sind: „korrekte Beweisführung und Ableitung" sowie „gute Darstellung".

[38] 24,1 Prozent der „Empiriker" und 20,5 Prozent der „Theoretiker" orientieren sich in diesem Fall an Kritik, Argumentation und Einsicht, es zeigt sich also eher eine leichte Umkehr des ursprünglichen Trends.

Benutzte Bibliographie

Ben-David, Joseph, und *R. Collins,* Soziale Faktoren im Ursprung einer neuen Wissenschaft: der Fall der Psychologie, in: Wissenschaftssoziologie II, *P. Weingart* (Hrsg.), Frankfurt am Main, 1974.

Benson, Kenneth J., The Analysis of Bureaucratic-Professional Conflict: Functional versus Dialectical Approaches, in: The Sociological Quarterly 14 (1973), S. 376—394.

Blume, Stuart S., und *Ruth Sinclair,* Aspects of the Structure of a Scientific Discipline, in: Social Process of Scientific Development, *R. Whitley* (Hrsg.), London 1974.

Cardwell, D. S. L., The Organisation of Science in England, London 1972 (revised edition).

Crane, Diana, Scientists at Major and Minor Universities: A Study of Productivity and Recognition, in: American Sociological Review 30 (1965), S. 699—714.

—, Social Structure in a Group of Scientists: A Test of the „Invisible College" Hypothesis, in: American Sociological Review 34 (1969), S. 335—352.

Cole, Stephen, und *Jonathan R. Cole,* Scientific Outputs and Recognition: A Study in the Operation of the Reward System in Science, in: American Sociological Review 32 (1967), S. 377—390.

—, Visibility and the Structural Bases of Scientific Resarch, in: American Sociological Review 33 (1968), S. 397—413.

Galtung, Johan, Social Structure and Science Structure, Paper presented at the Institute for Advanced Studies, Guest Lecture, Wien 1973.

Gaston, J. C., Secretiveness and Competition for Priority of Discovery in Physics, in: Minerva 9 (1971), S. 472—492.

Gordon, Gerald, und *Sue Marquis,* Freedom, Visibility of Consequences and Scientific Innovation, in: American Journal of Sociology 72 (1966), S. 195—202.

Habermas, Jürgen, Technik und Wissenschaft als Ideologie, Frankfurt am Main 1968.

Hagstrom, Warren A., The Scientific Community, New York 1965.

Hudson, L., Contrary Imaginations, London 1966.
— Frames of Mind, London 1968.
Kornhauser, William, Scientists in Industry, Verley: University of California Press, 1962.
Kuhn, Thomas S., The History of Science, in: International Encyclopedia of the Social Sciences, Bd. 14 (1968), S. 74—94.
Kuhn, Thomas S., The Structure of Scientific Revolutions, Chicago 1962; Zweite erw. Aufl., 1970.
Lammers, Cornelis J., Mono- and Polyparadigmatic Developments in Natural and Social Sciences, in: Social Process of Scientific Development, R. Whitley (Hrsg.), London 1974.
Lemaine, G., Les stratégies de recherche et la naissance d'une specialité: l'example des recherches sur le sommeil, in: Social and Cognitive Factors in the Emergence of Scientific Disciplines, *C. Heller, G. Lemaine* und *R. MacLeod* (Hrsg.), 1975.
Lodahl, Janice Beyer, and *Gerald Gordon,* The Structure of Scientific Fields and the Functioning of University Graduate Departments, in: American Sociological Review 37 (1972), S. 57—72.
Marcson, Simon, The Scientist in American Industry, Princeton, N. J.: Industrial Relation Section, Princeton University, 1960.
Mullins, Nicholas C., The Development of a Scientific Speciality: The Phage Group and the Origins of Molecular Biology, in: Minerva, 10 (1972), S. 51—82.
Mulkay, M. J., und *D. O. Edge,* Cognitive, Technical and Social Factors in the Emergence of Radio Astronomy, in: Information sur les Sciences Sociales 12 (1973), S. 25—61.
Pelz, Donald, und *Frank M. Andrews,* Scientists in Organizations, New York 1966.
Sandkühler, H. J. (Hrsg.), Marxistische Wissenschaftstheorie. Studien zur Einführung in ihren Forschungsbereich, Frankfurt am Main 1975.
Saxberg, Borje O., and *John W. Slocum,* The Management of Scientific Manpower, in: Management Science 14 (1968), S. 473—489.
Smith, Clagett G., Consultation and Decision Process in a Research and Development Laboratory, in: Administrative Science Quarterly 15 (1970), S. 203—215.
—, Scientific Performance and the Composition of Research Teams, in: Administrative Science Quarterly 16 (1971), S. 486—498.
Stehr, Nico, Paradigmatic Crystallization: Patterns of Interrelations Among Areas of Competence in Sociology, in: Social Science Information, 13 (1973), S. 119—137.
Storer, Norman W., The Hard Sciences and the Soft: Some Sociological Observations, in: Bulletin of the Medical Library Association 86 (1967), S. 75—84.
Toulmin, Stephen Edelston, The Uses of Argument, London 1958.
Whitley, Richard, Cognitive and Social Institutionalization of Scientific Specialities and Research Areas, in: Social Process of Scientific Development, *R. Whitley,* (Hrsg.), London 1974.
Zuckerman, Harriet, Novel Laureates in Science: Patterns of Productivity, Collaboration and Authorship, in: American Sociological Review 32 (1967), S. 391—403.
Zuckerman, Harriet, and *Robert K. Merton,* Patterns of Evaluation in Science: Institutionalization, Structure and Functions of the Referee System, in: Minerva 9 (1971), S. 66—100.

Unterschiede zwischen einzelnen Wissenschaften im Hinblick auf Forschungsaktivität und Produktivität[1]

Von Janice M. Beyer und John M. Stevens

In letzter Zeit haben die Wissenschaftssoziologen ihre Aufmerksamkeit auf die Beziehung zwischen der kognitiven und der sozialen Wissenschaftsstruktur gerichtet. Für die Diskussion dieser Frage war der Versuch nötig geworden, einige Attribute oder Dimensionen der kognitiven Wissenschaftsstruktur zu identifizieren. Zwei zur Zeit gebräuchliche Unterscheidungen drehen sich um das Konzept der Kodifizierung in der Wissenschaft von *Harriet Zuckerman* und *Robert K. Merton*[2] und *Thomas S. Kuhn*s Begriff des Paradigma[3]. Beide dieser Terminologien haben Gemeinsamkeiten mit den früheren Unterscheidungen zwischen den „harten" und den „weichen" Wissenschaften[4].

Die kognitive Wissenschaftsstruktur bezieht sich auf jene Wissenselemente, die gewöhnlich als die Substanz der Wissenschaft betrachtet werden. Innerhalb eines gegebenen wissenschaftlichen Feldes betrifft die kognitive Struktur die symbolischen Mittel, die von den Wissenschaftlern gebraucht werden, um sich selbst oder einander alles über die Phänomene darzustellen, die auf jenem Gebiet für relevant gehalten werden. So umfaßt sie Theorien, Konzepte, Methoden, angehäufte Fakten — alles, was die Darstellung von Dingen betrifft, die Wissenschaftler in bezug auf den Gegenstand, den sie untersuchen, wissen und erfahren. Die soziale Wissenschaftsstruktur bezieht sich auf Muster sich wiederholender Interaktionen zwischen Individuen und Kollektiven, die wissenschaftlich tätig sind, sowie auf das mehr oder weniger deutliche Zusammenspiel von Institutionen, in denen diese Tätigkeit abläuft.

Zuckerman und *Merton* definieren Kodifizierung als „die Zusammenfassung empirischen Wissens zu prägnanten, interdependenten theoretischen Formulierungen"[5]. Bei etwas früheren Forschungen fanden sie bei den Zeitschriften auffällige Unterschiede in den Ablehnungsraten, je nach den betreffenden Disziplinen, die sie in relativ „geisteswissenschaftlich orientierte" Bereiche und solche, die mehr „an Beobachtungen und Experimenten orientiert waren"[6], trennten. Ihre Daten lassen erkennen, daß die physikalischen, chemischen und biologischen Wissenschaften die niedrigsten Ablehnungsraten hatten und Ausnahmen nur die Regel bestätigten: physikalische Zeitschriften mit hohen Ablehnungsraten hatten einen allgemeineren (nicht streng wissenschaftlichen) Rahmen und sozialwissenschaftliche Zeitschriften mit niedrigen Ablehnungsraten waren quantitativer und empirischer orientiert als andere Zeitschriften dieser Disziplin. Sie lassen vermuten, daß ein Mangel an Konsensus über Maßstäbe für zu veröffentlichende Forschungen mindestens zum Teil für die höheren Ablehnungsraten auf manchen Gebieten zur Rechnung zu ziehen ist.

Der Konsensus wird in einem späteren Aufsatz ausdrücklich als Teil des Kodifizierungskonzepts diskutiert: „Die umfassenden und präziseren theoretischen Strukturen des kodifizierten Gebietes erlauben nicht nur, empirische Einzelheiten davon abzuleiten, sondern bieten klarer definierte Kriterien, um die Bedeutung neuer Probleme, neuer Daten und neu vorgeschlagener Lösungen abzuschätzen. All dies sollte bei den Forschern, die auf hochkodifizierten Gebieten arbeiten, einen größeren Konsensus über die Bedeutung neuen Wissens und der weiteren Relevanz des alten fördern[7]."

Zuckerman und *Merton* sind der klaren Ansicht, daß Kodifizierung und Konsensus in Bezug zueinander stehen, und die obigen Zitate lassen vermuten, daß nach ihrer Meinung Kodifizierung zu Konsensus führt. Es ist anzunehmen, daß ein einzelner Wissenschaftler das vorhandene Wissen mit neuen Tatsachen zu einer neuen theoretischen Formulierung verbinden kann, die, in dem Ausmaß, in dem sie andere Wissenschaftler überzeugt, zu einem Konsensus über die neue Formulierung führt.

Janice Beyer Lodahl und *Gerald Gordon*[8] gebrauchten *Kuhns* Paradigma-Konzept in ihrer Untersuchung über Universitätswissenschaftler in den USA: „Das wissenschaftliche Paradigma, wie es *Kuhn* beschreibt, umfaßt nicht nur die akzeptierte Theorie und die Ergebnisse des Gebietes, sondern auch die bevorzugten Methodologien, die stillschweigende Übereinstimmung über die als wichtig betrachteten Probleme etc.. Das Paradigma ist strukturbestimmend, indem es daraufhinweist, welche Probleme zunächst erforscht werden müssen, welche Methoden für die Untersuchung geeignet sind, und sogar, welche Ergebnisse tatsächlich „bewiesen" sind. Daraus folgt, daß der Kern des Paradigma-Konzepts in dem Maß an Konsensus über die Theorie, Methodologie, Techniken und Probleme innerhalb eines wissenschaftlichen Gebietes besteht[9]."

Lodahl und *Gordon* übernehmen diese Definition des Paradigma und gebrauchen den Begriff in dem äußerst allgemeinen Sinn, in dem auch *Kuhn* selbst ihn im Nachtrag der 2. Auflage seines Buches verwendet: „Es (das Paradigma) steht für die Gesamtkonstellation von Meinungen, Werten, Techniken usw., die von den Mitgliedern einer gegebenen (wissenschaftlichen) „Gemeinschaft" (scientific community) geteilt werden[10]."

„Ein Paradigma ist, was die Mitglieder einer scientific community teilen, und umgekehrt besteht eine scientific community aus Menschen, die ein Paradigma teilen[11]." Das andere Element in dieser „Konstellation von Meinungen" beschreibt *Kuhn* als: „. . . eine Art von Element in dieser Konstellation, die konkreten Rätsellösungen, die, als Modelle oder Beispiele verwendet, explizite Regeln als Basis für die Lösung der bleibenden Rätsel der normalen Wissenschaft ersetzen können"[12].

An diesem Punkt scheint es angemessen und vielleicht nützlich, das Paradigma-Konzept von *Kuhn* mit dem Kodifizierungs-Konzept von *Zuckerman* und *Merton* zu vergleichen. Beide Konzepte gleichen sich in der Betonung des Konsensus über Theorie und Beurteilungsmaßstäbe. Es scheint jedoch einen wesentlichen Unterschied zwischen den beiden hier vertretenen Standpunkten zu geben, der durch die Betrachtung der methodologischen Frage geklärt werden kann. *Zuckerman* und *Merton* beschäftigen sich nicht ausdrücklich mit Methoden, aber sie deuten an, daß „empirische Einzelheiten" von der theoretischen Struktur abgeleitet werden. Der zweite Teil von *Kuhns* Definition des Paradigmas und seine darauffolgende Erörterung lassen vermuten, daß Beispiele, die als Teil der sozialen Tradition gelernt werden, neue theoretische Einsichten liefern können. Er schreibt: „Wissenschaftler lösen Rätsel (puzzles) nach dem Vorbild früherer Rätsellösungen (puzzle-solutions), oft mit einem nur minimalen Rückgriff auf Verallgemeinerung[13]." *Kuhn* gibt darauf historische Beispiele an, die zeigen, wie die Vorstellungen von solchen Ähnlichkeitsbeziehungen auf methodologischen Gebieten der Formulierung neuer wissenschaftlicher Gesetze vorausgingen und sie erleichtern. Vorher sagt *Kuhn*: „Die sich ergebende Fähigkeit, eine Anzahl von sich gleichenden Situationen zu erkennen, ist eines der wichtigsten Dinge, die ein Student erwirbt, wenn er sich mit exemplarischen Problemen beschäftigt. . . Nachdem er eine gewisse Zahl abgeschlossen hat. . . betrachtet er Situationen, die ihm als Wissenschaftler begegnen, in der gleichen Gesalt wie andere Mitglieder seiner Spezialistengruppe. . . Er hat sich einer von der Zeit kontrollierten (time-tested), gruppenlizenzierten (group-licensed) Sehweise angepaßt[14]." Hier und anderswo läßt *Kuhn* erkennen, daß die Erkenntnisse der Wissenschaftler unauflösbar mit dem sozialen System der scientific community verbunden sind.

Zu diesem Zeitpunkt kann ein augenscheinlicher Unterschied zwischen den beiden Ansätzen als Problem der Trennbarkeit charakterisiert werden. So diskutiert *C. West Churchman* trennbare Systeme wie folgt: „Wir sagen, daß ein System S in Anbetracht eines Teiles trennbar ist, wenn das Maß an Effektivität dieses Teiles unabhängig vom Zustand der anderen Teile ist. Das bedeutet, daß der Beitrag dieses Teiles unverändert bleibt, was auch immer mit den anderen Teilen geschehen mag[15]."

Zuckerman und *Merton* schlagen in ihrem Ansatz eine analytische Trennung der kognitiven und der sozialen Wissenschaftsstruktur vor, während *Kuhn* in seinen Schriften die Betonung auf die Verflechtung sozialer und kognitiver Elemente zu Paradigmen legt. Eine Schlüsselfrage ist hier, ob es nützlich ist, vom Konzept her Elemente zu trennen, die man möglicherweise in der empirischen Arbeit nicht getrennt messen kann. *Zuckerman* und *Merton* machen eine weitere Unterscheidung zwischen den Ansätzen, wenn sie die Popularität des *Kuhn*schen Ansatzes kritisieren, weil „. . . er etwas von einem komplexen Projektionstest angenommen hat, aus dem alle alles deuten können"[16]. Ihnen scheint *Kuhn*s Paradigma-Konzept zu global zu sein und gleichzeitig gewisse bedeutende Aspekte der globalen Struktur zu ignorieren, besonders Fragen der „exogenen Einflüsse auf die Forschungsbrennpunkte. . . die aus der umgebenden Gesellschaft, Kultur, Wirtschaft und Politik kommen", und „Einflüsse, die aus der von der normativen Wissenschaftsstruktur getrennten sozialen Struktur stammen, d. h. die sich von den sozialen Beziehungen der arbeitenden Wissenschaftler ableiten"[17]. Diese letzten Punkte sind Gegenstand der empirischen Analyse, während die Frage, welches der Konzepte für das Studium der Wissenschaften fruchtbarer sein wird, für einige Zeit eine reine Geschmackssache bleiben wird.

Der Ansatz von *Zuckerman* und *Merton* scheint für die sorgfältige Ableitung einer Vielzahl von Aspekten der kognitiven und sozialen Wissenschaftsstruktur und die Erforschung der Beziehungen dieser Aspekte zueinander und zu den Ergebnissen des wissenschaftlichen Prozesses zu argumentieren. Der *Kuhn*sche Ansatz setzt voraus, daß eine beträchtliche Zahl dieser Elemente — sowohl kognitiver wie sozialer Natur — disziplinäre Matritzen bilden, „die aus geordneten Elementen verschiedener Art bestehen, von denen jede eine weitere Spezifizierung erfordert. Alle oder die meisten Objekte der Gruppenbindung, die mein Originaltext zu Paradigmen oder Paradigmateilen macht, sind Bestandteile der disziplinären Matrix, bilden als solche ein Ganzes und funktionieren gemeinsam"[18]. Kurz, der Paradigma-Ansatz setzt voraus, daß viele Elemente unter-einander variieren und schlägt einen Forschungsansatz vor, in dem die Wirkungen des Paradigma als Ganzes dokumentiert und die Grenzen seiner Anwendbarkeit erforscht werden. Dieser letztere Ansatz wurde auch in dem Forschungsprojekt, von dem hier und früher berichtet wurde, verwendet[19].

I. Zusammenfassung der bisherigen relevanten Forschungsergebnisse

In ihrem ersten Aufsatz vertreten *Lodahl* und *Gordon*[20] die Ansicht, daß der *Kuhn*-sche Ansatz in Gebieten mit gut entwickelten Paradigmen hohe Übereinstimmung über wissenschaftliche Ziele (Probleme) und Mittel (Theorien, Methode etc.) impliziert, durch welche die Wahrscheinlichkeit gewisser Handlungsabläufe erhöht und Lehre und Forschungsaktivität erleichtert werden, indem sie Handlungen und Auswahlmöglich-keiten vorhersehbarer macht als in Gebieten mit weniger entwickelten Paradigmen. Diese Beobachtung würde ebenso gut aus dem Kodifizierungskonzept folgen, wie es *Zuckerman* und *Merton* entwickelten. Auf der Grundlage dieser Überlegungen über-prüfen *Lodahl* und *Gordon* eine Reihe von Hypothesen, die den Entwicklungsstand von Paradigmen in der Physik, Chemie, Soziologie und Politologie in bezug zu den Ein-stellungen und Haltungen von Universitätswissenschaftlern dieser Gebiete bringen. Die Autoren berichten, daß Wissenschaftler aus Gebieten mit höher entwickelten Paradig-men (Physik und Chemie) im Vergleich zu Sozialwissenschaftlern: 1. eher bereit und eher damit zufrieden sind, Zeit mit graduierten Studenten zu verbringen, 2. bereitwilli-ger in Fragen der Lehrinhalte und Prüfungsanforderungen übereinstimmen und 3. mehr Forschungsassistenten haben.

In einem weiteren Aufsatz beziehen *Lodahl* und *Gordon*[21] externe und interne Finan-zierungsmuster auf die Entwicklung von Paradigmen und erklären, daß der größere Konsensus in den Naturwissenschaften die Beurteilung wissenschaftlicher Verdienste erleichtert und zu einer größeren Konzentration von Finanzierungsmitteln an den Uni-versitäten der USA, an denen diese Disziplinen nach dem Cartter-Report[22] qualitativ am weitesten entwickelt sind, führt während die Finanzierungsmittel in den Sozial-wissenschaften weiter gestreut sind und nicht so stark mit dem Renommee des „Departments" in bezug gebracht werden können. Eine spätere Studie[23] befaßt sich mit Fragen der individuellen Reputation und dem Einfluß beim Treffen von Entschei-dungen innerhalb desselben Universitäts-„Departments". Die Ergebnisse zeigen an, daß sich in den Naturwissenschaften einzelne hervorragende Wissenschaftler, ebenso wie die Geldmittel, stärker in den qualitativ hochwertigen „Departments" konzentrieren, während sie in den Sozialwissenschaften mehr über die verschiedenen qualitativen Ebenen verstreut sind. Weiterhin geben die Angehörigen der naturwissenschaftlichen Departments an, daß ihre Departments relativ autonom seien, während die Angehöri-gen der sozialwissenschaftlichen Departments sich dem Druck der Zentralverwaltung ausgesetzt fühlen. Gleichzeitig berichten die einzelnen Wissenschaftler von einem nied-rigeren Grad an Autonomie innerhalb der naturwissenschaftlichen Departments und von einem höheren Autonomiegrad innerhalb der sozialwissenschaftlichen Departments. Die Autoren folgern, daß die hier beobachteten Unterschiede in der sozialen Struktur auf den verschiedenen Gebieten zu erwarten waren, weil 1. eine starke paradigmatische Entwicklung die sichtbare wissenschaftliche Tätigkeit erleichtert, was hilft, die Autonomie des Departments gegenüber dem einzelnen Naturwissenschaftler aufrechtzuerhalten, und 2. eine schwache paradigmatische Entwicklung eine Situation schafft, in der niemand weiß, was der andere tun *sollte,* und so die individuelle Autonomie zur vernünftigsten Alternative wird. Sie berichten jedoch auch von Abweichungen in diesen Mustern für alle Gebiete gemäß der eingeschätzten Qualität des Departments. Ähnliche Daten erhielt man auch an einer größeren Zahl von Disziplinen an zwei neuen englischen Universitäten[24].

Andere Forscher haben ebenfalls begonnen, eine Vielzahl von wissenschaftlichen Aspekten anhand von Unterschieden in der kognitiven Struktur verschiedenartiger Gebiete oder Spezialfächer zu untersuchen[25]. *Janet M. Chase* fand Unterschiede in den Kriterien, die Geisteswissenschaftler und Naturwissenschaftler zur Bewertung wissenschaftlicher Veröffentlichungen gebrauchen, und schrieb diese den kognitiven Unterschieden zwischen den Gebieten zu. In jüngster Zeit haben *William Yoels* und *Caroline H. Persell* die Zusammensetzung der Impressa wissenschaftlicher Zeitschriften und die Zitate in Zeitschriften verschiedener Disziplinen untersucht und sie in bezug zum Entwicklungsstand von Paradigmen gebracht[26]. Andere Forscher[27] wiederum haben umfassende Unterschiede in der politischen Einstellung bei Angehörigen verschiedener Disziplinen in der Akademikerschaft der Vereinigten Staaten dokumentiert. Im Gegensatz dazu ließen einige neuere Untersuchungen über Universitäten in den USA Unterschiede zwischen den einzelnen Fächern völlig außer Acht[28]. Schließlich berichten einige Forscher, die Daten aus einer Vielzahl von Disziplinen zusammengetragen haben, entweder keine wesentlichen Unterschiede zwischen den Fächern gefunden zu haben, oder sie haben die Unterschiede in ihren Daten als geringfügig dargestellt[29]. Diese beiden letzten Untersuchungen wurden neuerdings von *Beyer* und *Reuben R. Snipper* aufgenommen und erweitert[30], die beständigen Unterschiede zwischen den wissenschaftlichen Gebieten in den Beziehungen der erforschten Variablen fanden.

Eine neuere Arbeit über die *Hagstrom*-Daten[31] deckte Unterschiede auf zwischen Biologen einerseits und Physikern, Chemikern oder Mathematikern andererseits in der Beziehung von Alter zu Forschungsaktivitäten und Zitierungen. Bei einer Untersuchung der Hypothese vom kumulativen Vorteil[32] fand man eine mit zunehmendem Alter zunehmende Ungleichheit in der Produktivität in den drei erwähnten Gebieten. Diese Tendenz war jedoch für die Produktivität in der Biologie weniger ausgeprägt und für Zitierungen in der Biologie nicht belegt. Die Autoren deuten darauf hin, daß ein Mangel an Konsensus und der Mangel eines Grundsystems an Zeitschriften für die Tatsache verantwortlich sind, daß der kumulative Vorteil in der Biologie weniger wirksam ist.

Diese kurze Zusammenfassung, die nicht vorgibt, erschöpfend zu sein, illustriert im wesentlichen die Aufmerksamkeit, mit der man in der letzten Zeit die Frage der inneren Differenzierung von Wissenschaften in Disziplinen und Fachgebiete sowie deren kognitive und soziale Entwicklung betrachtet.

Die Untersuchung, von der hier berichtet wird, ist eine direkte Fortsetzung der früheren Arbeiten von *Beyer-Lodahl, Gordon, Lodahl* und *Snipper.* Ausgangsbasis für die Daten ist dieselbe Gruppe von Universitätswissenschaftlern aus den USA, und der theoretischen Rahmen für die Analyse der Unterschiede zwischen den wissenschaftlichen Fächern wird wieder das *Kuhn*sche Konzept der Entwicklung von Paradigmen sein. Die hier angeführten Daten können daher als Weiterentwicklung und Überprüfung der *Kuhn*schen Perspektive von Entwicklungsunterschieden zwischen wissenschaftlichen Disziplinen betrachtet werden. Die Daten sollen, in Hinsicht auf die Begriffe „Zusammenarbeit", „Kommunikation", „Konflikt" und „Unstimmigkeit", „Forschungsmittel" und „Forschungsproduktivität" in den vier wissenschaftlichen Fächern Physik, Chemie, Soziologie und Politologie dargestellt werden. Die allgemeine Forschungshypothese ist wiederum, daß eine größere Entwicklung von Paradigmen durch den Konsensus über Ziele und Mittel des wissenschaftlichen Prozesses Aktivitäten in den entwickelteren Gebieten fördert. In bezug auf die hier erwähnten Variablen bedeutet dies, daß man von stark paradigmatischen Gebieten höhere Kommunikations- und Kollaborationswerte, angemessenere Möglichkeiten und mehr Übereinstimmung über die Forschung erwartet als von schwach paradigmatischen Gebieten. Zusätzliche Variablen, die das Forschungsmilieu dieser Wissenschaftler beschreiben, werden ebenfalls untersucht.

II. Methoden

Eine geschichtete Zufallsstichprobe aus 80 Universitätsabteilungen in den USA — je 20 aus der Physik, Chemie, Soziologie und Politologie wurden 1968 mit Hilfe eines mit der Post versandten Fragebogens untersucht. Die betreffenden Gebiete wurden ausgewählt, um relativ hohe und niedrige Entwicklungsebenen von Paradigmen darzustellen. Für jeden Entwicklungsstand wurden zwei Gebiete gewählt, so daß sowohl Unterschiede als auch Ähnlichkeiten der paradigmatischen Entwicklung abgeschätzt werden konnten. Eine empirische Überprüfung der im Forschungsplan vorhandenen Vermutungen über die paradigmatische Entwicklung wurde ebenfalls in den Fragebogen eingebaut. Die Befragten wurden gebeten, die vier Untersuchungsgebiete mit drei weiteren Gebieten in bezug auf den relativen Grad ihrer paradigmatischen Entwicklung einzuordnen. Die Ergebnisse dieser Einstufung (Biologie, Ökonomie und Psychologie kamen noch dazu) zeigten eine überwältigende Übereinstimmung mit der Vorannahme der Untersuchung, d. h. daß Physik und Chemie Gebiete mit relativ stark paradigmatischer Entwicklung und daß Soziologie und Politologie relativ schwach in ihrer paradigmatischen Entwicklung sind. Die Einstufungen der Befragten und die Untersuchungsvoraussetzungen weisen darauf hin, daß diese Gebiete die Extreme eines hypothetischen Kontinuums in der paradigmatischen Entwicklung darstellen.

Die Stichprobe wurde auf der Grundlage von vier veröffentlichten Einschätzungen der Fakultätsqualität geschichtet, die 1964 von dem „American Council of Education" bei einer Untersuchung der „graduate education" gewonnen wurden[33]. Die Einstufungen wurden anhand von breit ausgewählten Panels aus Fakultätsangehörigen eines jeden Gebietes gewonnen und zeigten sowohl eine eindrucksvolle Zuverlässigkeit (r = .886

bis zu .930 bei „replication panels") als auch eine beträchtliche Konstruktvalidität. Für jedes Gebiet wurden zufällig aus jeder der vier Stufen (ausgezeichnet, sehr gut, gut, mehr als angemessen) fünf Departments ausgewählt, so daß man zu 20 Departments pro Gebiet und 80 Departments für die Gesamtstichprobe kam. Da in diesen Wissenschaften nur circa 20 bis 30 Prozent der „graduate departments" in den USA hoch genug eingeschätzt wurden, um im Cartter-Report aufgeführt zu werden, war die Stichprobe auf eine „Elite"-Gruppe aus den Graduierten-Institutionen der USA beschränkt. Weiterhin waren die „ausgezeichneten" Departments in der Stichprobe überrepräsentiert, da pro Gebiet und Qualitätsebene fünf Departments gewählt wurden und die höchste Ebene („ausgezeichnet") in allen Gebieten weniger Departments enthielt. Diese Daten dürfen daher nur für Lehrende an Universitäten der USA mit relativ guten Graduierten-Departments als repräsentativ betrachtet werden. Da relativ aktive Lehrkräfte an solchen Departments konzentriert zu sein pflegen, kann man die Daten als repräsentativ für die aktiveren akademischen Wissenschaftler an Universitäten in den USA ansehen.

Innerhalb der 80 Departments wurden alle Angehörigen des Lehrkörpers untersucht, die den Titel eines Assistenz-, außerordentlichen, ordentlichen oder emeritierten Professors und des Stimmrecht im Fakultätsausschuß (departmental faculty) hatten. Die ungefähre Rücklaufquote betrug bei einer Gesamtzahl von 1.164 Antworten 51 Prozent[34]. Die Überprüfungen von „response-bias" konnten signifikante Unterschiede weder zwischen den antwortenden und den nicht antwortenden Adressaten hinsichtlich Alter oder akademischem Grad noch zwischen früher oder später antwortenden Adressaten im Hinblick auf Gebiet oder Qualitätsstand erbringen.

III. Zusammenarbeit

In ihrem ersten Aufsatz erklären *Lodahl* und *Gordon*: „Der hohe Konsensus in den stark entwickelten Gebieten erhöht die Voraussagbarkeit auf mindestens zwei Weisen: 1. er liefert ein anerkanntes, von allen geteiltes Vokabular für die Diskussion der Inhalte des Gebietes und 2. er sorgt für eine Zunahme detaillierter Information (wissenschaftlicher Erkenntnisse) über das, was in der Vergangenheit erfolgreich gewesen ist[35]." Sie weisen ferner darauf hin, daß die Vorteile höherer Kommunikationsprozesse und größeren Informationsbestandes in allen wissenschaftlichen Aufgaben klar ersichtlich sein sollten, die Kommunikation und das Treffen von Entscheidungen erfordern. In ihrem Artikel überprüften sie ihre Hypothesen, indem die Daten über die Beziehungen des Lehrkörpers zu graduierten Studenten, sowohl als Studenten an sich, als auch als Lehr- oder Forschungsassistenten untersuchten.

Weitere Daten konnten in bezug auf die Zusammenarbeit in Forschung und Lehre mit Angehörigen anderer Wissenschaftszweige gewonnen werden. Wenn Gebiete mit entwickelteren Paradigmen, wie *Lodahl* und *Gordon* argumentierten, ihren Mitgliedern eine fördernde kognitive Struktur liefern, dann könnten wir auch erwarten, daß die betreffenden Mitglieder bereitwilliger in Lehre und/oder Forschung zusammenarbeiten, daß sie zur gleichen Zeit mit mehr Menschen effektiver zusammenarbeiten können, und daß sie sich gleichzeitig mit einer größeren Zahl von Forschungsprojekten befassen können als Wissenschaftler aus schwach paradigmatischen Gebieten. Die Daten über Zusammenarbeit wurden anhand einer Einweg-Varianz-Analyse analysiert. Die Ergebnisse unterstützen diese Hypothesen in hohem Maß. Naturwissenschaftler, besonders Chemiker, geben ein signifikant höheres Maß an Zusammenarbeit an als Sozialwissenschaftler[36]. Außerdem haben Physiker durchschnittlich mehr Forschungsmitarbeiter als Chemiker (2,85 bzw. 2,44) oder Sozialwissenschaftler (Soziologie 2,43; Politologie 2,48). Schließlich waren Physiker und Chemiker zur Zeit der Untersuchung an mehr Forschungsprojekten beteiligt als Soziologen oder Politologen; die Durchschnittswerte betragen für die vier Gebiete in der genannten Reihenfolge: 3,25; 4,51; 2,85; 2,58.

Da die Befragten, die in der Forschung mit anderen zusammenarbeiten, gebeten wurden, den Namen, Arbeitgeber und die Disziplin (oder das Department) ihres Mitarbeiters anzugeben, war es möglich, auch diese Merkmale der Mitarbeiter von Befragten durch die vier Gebiete hindurch zu vergleichen. Zwei dieser Variablen waren in allen vier Gebieten nicht signifikant: 1. in allen vier Gebieten gab es eine beträchtliche Zahl von Wissenschaftlern, die mit Angehörigen anderer Disziplinen zusammenarbeiteten; 2. Rangunterschiede zwischen den Befragten hoben sich gegenseitig auf, so daß der „durchschnittliche" Mitarbeiter ungefähr den gleichen Rang hatte wie der Befragte. Dieses Ergebnis spiegelt möglicherweise die Tatsache wider, daß die meisten Zusammenarbeitenden aus den gleichen Departments stammten, und beide Mitglieder eines Paars zu unserer Stichprobe gehörten[37].

Als wir uns der Frage zuwandten, woher die Mitarbeiter stammten, fanden wir heraus, daß die Naturwissenschaftler viel wahrscheinlicher mit Angehörigen der eigenen Universität zusammenarbeiteten, während die Sozialwissenschaftler häufiger mit Angehörigen anderer Universitäten arbeiteten. Vielleicht ist es für Sozialwissenschaftler auf Grund der geringen paradigmatischen Entwicklung und des konsequenten Konsensusmangels auf ihrem Gebiet relativ schwieriger, eine Gruppe Gleichgesinnter im gleichen Department zu finden, so daß sie oft in der relativ schwierigen Lage sind, Partner für eine Zusammenarbeit an anderen Institutionen suchen zu müssen. Die Größe des Departments und die damit zusammenhängende Wahrscheinlichkeit, einen passenden Mitarbeiter zu finden, kann für diese Ergebnisse nicht verantwortlich sein, da nur die physikalischen Abteilungen signifikant größer waren als die sozialwissenschaftlichen[38]. Physiker geben eine signifikant häufigere ($p < .05$) Zusammenarbeit mit Angehörigen von Universitätsabteilungen von geringerer Qualität als ihrer eigenen an, während Chemiker im Durchschnitt mit Angehörigen von Departments der gleichen Qualität arbeiten. Soziologen und Politologen lagen in bezug auf diese Variable zwischen den beiden Naturwissenschaften, wobei beide Gruppen angaben, durchschnittlich mit Wissenschaftlern aus Abteilungen von etwas geringerer Qualität als der der eigenen zu arbeiten.

Da die Daten angaben, daß Sozialwissenschaftler eher außerhalb ihrer eigenen Abteilung kollaborieren, kann die Tendenz, durchschnittlich mit Abteilungen von geringerer Qualität zu arbeiten, bezüglich der Chemiker einfach eine Funktion eines weiter gefaßten Kollaborationsbegriffs sein. Dies ergibt sich daraus, daß es eine größere Zahl von Abteilungen niedrigerer Qualität gibt und schon von der Wahrscheinlichkeit her mehr Mitarbeiter in den zahlreicheren Abteilungen geringerer Qualität sind. Die Daten weisen jedoch darauf hin, daß die meisten Wissenschaftler dazu neigen, ihre Zusammenarbeit auf Abteilungen von recht ähnlicher Qualität zu beschränken, und es scheint wahrscheinlich, daß viele der Partner bei der Zusammenarbeit entweder ehemalige Doktoranden oder Vorsitzende von Departments, ehemalige Kommilitonen oder ehemalige Kollegen aus vorhergehenden Tätigkeiten sind. Besonders ehemalige Doktoranden enden mit gewisser Wahrscheinlichkeit in Tätigkeiten in Abteilungen von etwas geringerer Qualität als der Abteilung des Befragten, da der vorherrschende Trend bei den Akademikern in den USA auf eine absteigende Mobilität hinweist. Abteilungen von höchster Qualität bilden mehr Doktoren aus, als sie selbst aufnehmen können. Ehemalige Doktoranden oder ehemalige Kommilitonen stellen besonders für Sozialwissenschaftler Arbeitspartner dar, da es für sie wahrscheinlicher ist, daß sie in einer ähnlichen Auffassung vom Paradigma des Gebietes ausgebildet sind als für irgendeinen anderen Vertreter des Fachs. Die Tatsache, daß Physiker besonders häufig mit Angehörigen qualitativ niedrigerer Abteilungen arbeiten und gleichzeitig die geringste Kollaboration nach außen aufweisen, ist ziemlich verwirrend. Vielleicht führt die Notwendigkeit, gewisse Forschungseinrichtungen gemeinsam zu benutzen, zu einer ständigen Zusammenarbeit mit ehemaligen Doktoranden und Kollegen, die (gemäß dem allseitigen Trend zur Abwärts-Mobilität) Ganztagsstellungen an Universitäten von niedrigerer Qualität angenommen haben. Diese Interpretation wird durch die Tatsache gestützt, daß Physiker die meiste Zusammenarbeit mit niedrigeren akademischen Graden zeigen.

IV. Kommunikation

Es wurden Daten gesammelt, die sich auf Merkmale von den Kollegen bezogen, von denen die Befragten angaben, daß sie am häufigsten mit ihnen Forschungsfragen diskutierten, mit denen sie Abteilungsangelegenheiten besprachen, oder zu denen sie private Kontakte hatten. Die Befragten konnten für jeden Kontakttyp drei Kollegen nennen und wurden weiterhin gebeten, auch die Stellung der genannten Person und den Grad anzugeben, bis zu dem das Fachgebiet des Genannten dem des Befragten glich[39].

Die Daten zeigten, daß Physiker angaben, mit Personen aus Spezialgebieten, die den eigenen recht ähnlich sind, zu diskutieren, während die Angehörigen der anderen drei Gebiete berichten, mit Personen aus signifikant weniger ähnlichen Spezialgebieten zu diskutieren. Die Durchschnittswerte für Physik, Chemie, Soziologie und Politologie sind in der genannten Reihenfolge für die drei Variablen: Personen, mit denen man Forschungsprobleme diskutiert: 3,32; 4,46; 4,27; 4,07; Personen, mit denen man Abteilungsangelegenheiten bespricht: 4,97; 5,72; 5,33; 5,45; Personen, zu denen man private Kontakte hat: 5,33; 6,25; 5,68; 5,62. Die Ergebnisse für die Physik und die beiden Sozialwissenschaften können leicht im Hinblick auf paradigmatische Unterschiede interpretiert werden und passen zu den schon diskutierten Ergebnissen. Physiker sprachen am häufigsten mit Personen, die auf ähnlichen Gebieten arbeiteten, weil die Kommunikation mit diesen Personen gefördert wird und weil möglicherweise die Natur der Forschung nicht erfordert, daß viele Physiker außerhalb ihres Fachgebietes gehen müssen, um Forschungsfragen gewinnbringend zu diskutieren. Andererseits könnte es für Sozialwissenschaftler wiederum nötig sein, Kontakte auf einer breiteren Basis zu suchen, um Personen zu finden, die genügend mit ihnen übereinstimmen, so daß die Kommunikation angenehmer und gewinnbringender ist. In den Sozialwissenschaften treten die paradigmatischen Unterschiede innerhalb von Spezialgebieten auf, so daß der Vertreter eines bestimmten Spezialgebietes möglicherweise mehr mit jemandem aus einem anderen Spezialgebiet, der die gleiche paradigmatische Auffassung hat, gemeinsam hat (z. B. zwei behavioristische Politologen, die empirische Untersuchungen durchführen), als mit einem Angehörigen des gleichen Faches, der das herrschende Paradigma der Disziplin völlig unterschiedlich sieht[40]. Die Daten aus der Chemie erfordern eine andere Art der Interpretation. Die Chemiker gehören dem differenziertesten Gebiet dieser Stichprobe an[41], was bedeuten soll, daß es in der Chemie mehr institutionalisierte Untergebiete gibt als in den anderen Gebieten. Innerhalb der Chemischen Disziplin könnten daher die Wissenschaftler Anlaß haben, mit Personen zu sprechen, die sie, wegen der geringen Zahl von Mitarbeitern in ihrem eigenen hoch spezialisierten Untergebiet, als recht unähnlich betrachten, oder weil die Lehr- und Forschungsaufgaben nicht so differenziert sind wie die Spezialstruktur des Faches. Diese Unähnlichkeit von Spezialgebieten könnte jedoch leicht durch eine zugrunde liegende Übereinstimmung über Paradigmen überbrückt werden.

All diese Interpretationen beziehen sich natürlich auf die Daten von Personen, mit denen die Befragten Forschungsergebnisse diskutieren. Es ist jedoch interessant festzustellen, daß dieselben Ergebnisse auch für die beiden anderen Kontakttypen gelten, und daß in allen Gebieten die Ähnlichkeit der genannten Personen abnimmt, wenn sich das Problem weniger auf die Wissenschaft selbst bezieht. So nehmen Departmentsangelegenheiten, die auch wissenschaftlicher Natur sein können, eine Zwischenstellung zwischen Forschungsdiskussionen und privaten Kontakten ein in bezug darauf, wie stark die gewählten Personen den Befragten auf ihrem Spezialgebiet ähneln. Sicherlich haben die Grenzen zwischen den Spezialgebieten einen gewissen Einfluß auf die wissenschaftliche Kommunikation, da auf allen Gebieten die Wissenschaftler dahin tendieren, ihre stark forschungsorientierten Gespräche auf Personen zu konzentrieren, die sie auf ihrem Spezialgebiet für ähnlicher ansehen als durchschnittlich die Personen, die für andere Arten der Diskussion gewählt wurden. Diese Ergebnisse zeigen auch an, daß die Interaktionsmuster von Wissenschaftlern sich nicht nur in den einzelnen Gebieten unterscheiden, sondern auch vom Zweck oder Hintergrund der Interaktion abhängen und daß die einzelnen Wissenschaftler in bezug auf wissenschaftliche Fragen, abteilungspolitische Angelegenheiten und sozialen Austausch zu verschiedenen Kommunikationsnetzwerken gehören.

Die einzelnen Rangstufen der genannten Personen wurden in Bezug zum Rang des Befragten innerhalb jeden Gebietes[42] für jeden Diskussionstyp tabelliert. Die Tabellierung zeigt, daß die Physik das hierarchischste Gebiet bezüglich der Kommunikation ist, während die Soziologie das egalitärste ist. Während ungefähr 43 Prozent der Physiker ordentliche Professoren sind, erhalten sie von den soziometrischen Stimmen von allen

Rängen und für alle Diskussionstypen mehr als diesen Prozentsatz (48 bis 81 Prozent), abgesehen von jenen Kollegen, die von Assistenzprofessoren als Personen, zu denen sie soziale Kontakte haben (35 Prozent der Stimmen), bezeichnet werden. Außerdem ist es in der Physik viel unwahrscheinlicher, daß ordentliche Professoren Assistenzprofessoren als jemanden, mit dem sie sprechen, erwähnen (5 bis 19 Prozent der Stimmen), als daß Assistenzprofessoren ordentliche Professoren nennen (35 bis 52 Prozent). Im Gegensatz dazu geben ordentliche Professoren in der Soziologie fast genauso häufig einen Assistenzprofessor als jemanden, mit dem sie Forschungsfragen diskutieren (29 Prozent) oder zu dem sie private Kontakte haben (18 Prozent) an, wie ein Assistenzprofessor aus diesem Gebiet einen ordentlichen Professor nennt (26 bzw. 14 Prozent). Die Politologie hat eine ähnliche Verteilung wie die Soziologie, die Chemie gleiche der Physik[43]. Die Sozialwissenschaftler scheinen wiederum, wie bei der Kollaboration außerhalb ihrer eigenen Universität oder des eigenen Fachgebiets, auf einer breiteren Basis nach Kollegen zu suchen, die in Einklang zu ihnen stehen.

Die in den Naturwissenschaften beobachtete hierarchische Tendenz unterstützt in gewisser Weise die Überlegungen von *Zuckerman* und *Merton* über die Altersschichtung in den Disziplinen. Wenn höhere Kodifizierung, wie sie argumentieren, zu einer schnelleren Veraltensrate (obsolescence rate) führt, da die Zusammenfassung neuerer Daten und Ideen zu theoretischen Formulierungen vergangene Beiträge überflüssig macht[44], dann könnte die Rangverteilung bei den Naturwissenschaftlern tatsächliche Kommunikationsbarrieren in diesen Gebieten widerspiegeln. Rang und Alter korrelieren stark miteinander, und die unteren wissenschaftlichen Ränge können als eine Altersgruppe betrachtet werden, die ungefähr zur gleichen, noch nicht weit zurückliegenden Zeit ausgebildet wurde. Ordentliche Professoren unter den Naturwissenschaftlern haben vielleicht nicht so gern Kontakt zu ihren jüngeren Kollegen, weil sie fürchten, daß die Jüngeren ihnen an Wissen über den derzeitigen Stand der Wissenschaft überlegen sein könnten. Diese Interpretation kann jedoch nicht alle Daten völlig erklären, da die Assistenzprofessoren aus der Physik und der Chemie angeben, häufiger mit Älteren über Forschungsfragen zu diskutieren als mit Angehörigen der gleichen Altersgruppe in der gleichen Stellung. Man könnte von dem Veraltensargument her erwarten, daß Assistenzprofessoren am meisten profitieren, wenn sie Forschungsfragen untereinander besprechen, und daß sie wenig davon haben, mit älteren Menschen zu sprechen, die über den derzeitigen Stand der Dinge nicht informiert sind. Es ist eher wahrscheinlich, daß andere Faktoren, wie z. B. die Kodifizierung von Wissen oder der Paradigmastand, nötig sind, um diese Ergebnisse zu erklären. Zum Beispiel können die Assistenzprofessoren vielleicht gar nicht „wählen", ihre Forschungsfragen mit älteren Kollegen zu besprechen, wie es erwartet oder gefordert wird, da die älteren Positionen wie die eines Labordirektors, Forschungsleiters usw. innehaben. Die Daten, die bei der Untersuchung anderer Kommunikationsaspekte gewonnen wurden, werden in *Tabelle 1* dargestellt.

Naturwissenschaftler haben bedeutend mehr Seminare in ihren Abteilungen, um Forschungen zu diskutieren, als Sozialwissenschaftler. Es scheint unwahrscheinlich, daß eine solch hohe Zahl von Seminaren bestehen bliebe, wenn man sie nicht für wertvoll hielte, und dies läßt vermuten, daß Physiker und Chemiker gewinnbringender mit-

Tabelle 1: Diskussionshäufigkeit, Höhe der Unstimmigkeiten und Hauptursachen der Unstimmigkeiten pro Wissenschaft

Variable	Durchschnittswerte der einzelnen Gebiete						
	N^1	Physik	Chem.	Sozio-logie	Poli-tol.	Total	p^2
Zahl der jährlichen Forschungs-Diskuss.-Seminare[3]	999	45.11	16.44	8.12	5.83	20.62	.01
Zahl der in den letzten 12 Monaten angeforderten Forsch.-berichte	1061	1.92	2.09	1.02	1.03	1.57	.01
Häufigkeit der Diskussion von Forschungen[4] :							
mit Finanzierungsstellen	841	2.08	1.87	2.13	1.98	2.01	.05
mit Vorgesetzten d. Departm.	1039	2.67	1.95	2.33	2.34	2.33	.01
mit anderen Wissenschaftlern	1071	5.13	4.62	4.46	4.14	4.63	.01
in Lehrveranstaltungen	1066	2.15	2.39	3.10	3.31	2.68	.01
in Seminaren	1072	2.28	2.03	2.13	1.90	2.10	.01
bei berufl. Zusammentreffen	1070	2.46	2.72	2.03	1.02	2.30	.01
Betrag der Unstimmigkeit oder kritischen Diskussion[5] :							
mit Mitarbeitern	724	2.99	2.42	3.23	3.53	3.01	.01
mit Finanzierungsstellen	572	1.78	1.58	2.13	2.44	1.88	.01
mit Vorgesetzten d. Departm.	665	2.21	1.88	2.09	1.79	2.02	n.s.
mit anderen Wissenschaftlern	1022	2.49	2.49	2.73	2.64	2.57	n.s.
in Seminaren	702	4.08	4.25	4.89	5.19	4.49	.01
bei berufl. Zusammentreffen	726	3.79	4.24	4.17	4.65	4.14	.01
Hauptursachen der Unstimmigkeiten m. Mitarbeitern[6] :							
Theorien und Konzepte	574	3.41	3.54	4.43	4.19	3.84	.05
Forschungspläne	575	3.16	3.28	2.91	3.08	3.12	n.s.
Methodologie	577	3.13	2.53	3.68	3.77	3.07	.05
Interpretation v. Resultaten	573	4.06	4.49	3.19	2.67	3.67	.01
über Finanzen	575	1.13	1.70	0.88	0.52	0.86	n.s.
über Zeitpläne	574	1.58	1.44	2.52	3.08	2.07	.01
persönliche Streitigkeiten	574	1.75	0.79	1.50	1.49	1.44	.05
Hauptursachen der Unstimmigkeiten mit Finanzierungsstellen[6] :							
Theorien und Konzepte	284	0.57	0.42	1.08	1.75	0.80	.05
Forschungspläne	283	0.54	0.95	1.54	2.10	1.09	.01
Methodologie	284	0.45	0.88	1.49	1.43	0.80	.05
Interpretation v. Ergebnissen	284	0.35	0.46	0.54	1.43	0.57	.05
über Finanzen	284	6.52	4.86	3.30	2.83	4.84	.01
über Zeitpläne	283	0.81	0.93	2.59	3.67	1.62	.01
persönliche Streitigkeiten	284	0.14	0.17	0.39	0.78	0.29	n.s.

1   N variiert stark in dieser Tabelle, da die Adressaten nicht zutreffende Fragen überschlagen sollten. So antworteten nur die, die Mitarbeiter hatten, auf Fragen, die Mitarbeiter betrafen; nur die, die Konflikte mit Finanzierungsstellen hatten, beantworteten Fragen über Konflikte etc.

2   Signifikanz-Werte bestimmt durch „one-way ANOV".

3   Von den Adressaten angegebene absolute Werte.

4   Höhere Zahlen geben größere Häufigkeit an. Die Antwortmöglichkeiten variierten zwischen 5— und 7-Punkte-Skalen, mit ! = „überhaupt nicht" für alle Items und der höchsten Zahl als Wert für die größte Häufigkeit (mehr als wöchentlich, sehr häufig, mehr als 5 mal pro Jahr).

5   Höhere Werte bedeuten größere Unstimmigkeiten: 1 = fast keine, 10 = eine Menge.

6   Die Adressaten sollten diese Items mit 1 = die meisten Unstimmigkeiten einordnen. Nicht eingestuften Items wurde der höchstmögliche Rang zugeschrieben. Dann wurden die Einstufungen umgekehrt, so daß die höheren Werte hier die Items angeben, die die Adressaten als Hauptursachen von Unstimmigkeiten betrachteten.

einander über ihre Forschungen diskutieren können. Diese Daten unterstützen die früheren Ergebnisse von *Lodahl* und *Gordon* und ihr Argument, daß der größere Konsensus in stark paradigmatischen Gebieten die Kommunikation fördert. Ein ähnliches Resultat ergibt sich aus der Zahl der Forschungsberichte, die die Befragten während der vorhergehenden 12 Monate vorlegen sollten. Wieder verzeichnen die Naturwissenschaftler eine stärkere Kommunikation; natürlich hängt dieses Ergebnis zweifellos mit der Tatsache zusammen, daß die Naturwissenschaften mehr Unterstützung bei der Forschung erhalten[46].

Schließlich wurden die Befragten gebeten, die Häufigkeit von Diskussionen über ihre Forschung in bezug auf eine Vielzahl von Hintergründen und mit verschiedenen Personen anzugeben; auch diese Daten sind in *Tabelle 1* dargestellt. Hinsichtlich all dieser Variablen gibt es signifikante Unterschiede zwischen den Gebieten. In der Physik verzeichnen Forschungsdiskussionen mit anderen Wissenschaftlern eine gleichbleibende Häufigkeit, d. h. die meisten Diskussionen finden mit der Abteilungsleitung (dem Abteilungsleiter oder Labordirektor), mit anderen Wissenschaftlern und in Seminaren statt. An zweiter Stelle stehen Diskussionen mit den Finanzierungsstellen und Diskussionen bei Kollegentreffen. Die Chemie steht an zweiter Stelle hinsichtlich Diskussionen mit anderen Mitarbeitern und an erster im Hinblick auf Diskussionen bei Kollegentreffen. Die Soziologen stehen in bezug auf Diskussionen allgemein an dritter Stelle, nur in der Diskussion mit Finanzierungsstellen liegen sie an erster, in der Diskussion in Seminaren an zweiter Stelle. Politologen verzeichnen hohe Werte nur hinsichtlich der Forschungsdiskussion in den Kursen, hier haben auch die Soziologen hohe Werte.

Diese Ergebnisse befinden sich in sinnvoller Übereinstimmung mit dem, was man aus dem Paradigma-Konzept voraussagen könnte. Naturwissenschaftler, besonders Physiker geben mehr Diskussionen mit Gleichaltrigen an, was vermuten läßt, daß Kommunikation dieser Art auf Grund des gemeinsamen Vokabulars etc. lohnend und förderlich ist. Sozialwissenschaftler geben an, ihre Forschungen stärker in Kursen zu diskutieren, und meinten, daß gewisse Aspekte ihrer Konzepte/Theorien und Ergebnisse allgemein genug sind, um mit Studenten zu diskutieren, die voraussichtlich weniger Kenntnisse haben als Gleichaltrige. Es ist auch möglich, daß Sozialwissenschaftler Diskussionen mit Studenten als Ersatz für Diskussionen mit Kollegen nehmen, weil dadurch weniger Kritik oder Konflikte entstehen, die zu Sanktionen auf nichtwissenschaftlichen Gebieten (z. B. bei der Beförderung, Anstellungsverhältnissen etc.) führen[47].

Die Diskussionshäufigkeit allein kann jedoch die Kommunikationsarten, die innerhalb wissenschaftlicher Bereiche stattfinden, nicht beschreiben. Daher wurden auch Daten über den Anfall und die Ursachen von Meinungsverschiedenheiten gesammelt, die bei Forschungsdiskussionen der Befragten aufkamen.

V. Meinungsverschiedenheiten/Unstimmigkeiten

Entsprechend den Items, in denen die Befragten über die Häufigkeit ihrer Forschungsdiskussionen befragt wurden, wurden sie auch über die Größe der Unstimmigkeiten oder der Kritik, die bei solchen Diskussionen entstanden, befragt. Bei Diskussionen mit

Mitarbeitern und Finanzierungsstellen wurden sie auch gebeten, die Hauptursachen der Meinungsverschiedenheiten einzustufen. Die Ergebnisse sind in *Tabelle 1* enthalten.

Betrachtet man den Betrag der Unstimmigkeiten oder der Kritik, so ist am deutlichsten, daß die Naturwissenschaften in allen Fällen, wo Unterschiede zwischen den Gebieten statistisch signifikant sind, die niedrigsten Werte haben. Natürlich sind diese Ergebnisse geradezu eine Wiederholung der von *Lodahl* und *Gordon*[48] gefundenen Resultate zur Übereinstimmung von Lehrinhalten und Prüfungsanforderungen. Die Unterschiede bei Unstimmigkeiten mit Abteilungsleitern und anderen Wissenschaftlern sind für alle Gebiete nicht statistisch signifikant, was darauf hindeutet, daß diese Items ziemlich große Varianzen innerhalb der Gebiete schaffen.

Es gibt eine gewisse indirekte Evidenz für diese Interpretation in den Ursachen der Unstimmigkeiten. Leider wurden die Befragten nicht gebeten, die Ursachen von Unstimmigkeiten mit all den Personen anzugeben, mit denen sie diskutierten oder Unstimmigkeiten hatten. Der Grund für die Auslassung einiger Items lag praktisch in der Grenze der Fragebogenlänge. Es gibt daher keine Daten, die Unstimmigkeiten mit der Abteilungsleitung oder anderen Wissenschaftlern direkt mit den Ursachen der Unstimmigkeiten in Verbindung bringen. In der Physik ist jedoch eine relativ hohe Zahl persönlicher Differenzen zwischen den Mitarbeitern zu verzeichnen, sowie eine sehr hohe Unstimmigkeit über Finanzfragen mit den Finanzierungsstellen. Diese beiden nicht kognitiven Faktoren könnten auch zu einem relativ hohen Unstimmigkeitsgrad mit einem Abteilungsleiter führen.

Es gibt zwei Möglichkeiten, die Daten über die Hauptursachen von Unstimmigkeiten zu betrachten. Eine Möglichkeit besteht darin, die Unstimmigkeitswerte innerhalb eines jeden Feldes einzustufen und den relativen Grad zu vergleichen. Aus diesem Vorgehen erhält man das bemerkenswerte Ergebnis, daß die Physik und die Chemie in der Bedeutung verschiedener Ursachen von Unstimmigkeiten mit Mitarbeitern genau übereinstimmen und Soziologen und Politologen auch relativ stark in den verschiedenen Einstufungen übereinstimmen. Bei Naturwissenschaftlern liegt die Hauptursache von Unstimmigkeiten deutlich in der Interpretation von Ergebnissen, während in den Sozialwissenschaften Theorien und Konzeptionen die führende Unstimmigkeitsquelle sind. Der einzige bemerkenswerte Unterschied zwischen den paradigmatischen Stufen liegt darin, daß die Soziologen die Methodologie als bedeutsamere Ursache von Meinungsverschiedenheiten ansehen als die Politologen, während die Politologen Zeitpläne als bedeutendere Unstimmigkeitsquelle einstufen als die Soziologen. Die zweite Möglichkeit, die vorliegenden Daten anzugehen, liegt darin, die Durchschnittswerte in allen vier Gebieten zu betrachten. Bei dieser Art von Vergleich bestehen die einzigen Ergebnisse, die die Disziplinen nicht vom Paradigmastand her eingruppieren, darin, daß die Physik und die Soziologie im Vergleich zu Chemie und Politologie relativ hohe Unstimmigkeiten über methodologische Fragen verzeichnen, während die Physik relativ hohe und die Chemie relativ niedrige Unstimmigkeitswerte in bezug auf persönliche Streitigkeiten haben.

Betrachtet man die Hauptunstimmigkeitsquellen für jedes der Gebietspaare, so entsprechen die Ergebnisse sehr gut dem Paradigmaansatz. Theorien und Konzepte — die Hauptunstimmigkeitsgebiete bei den Sozialwissenschaften — bilden die Basis der Forschungsbemühungen und spielen bei den ersten Forschungsdiskussionen eine Rolle. Wenn größere Meinungsverschiedenheiten, wie die Daten vermuten lassen, häufig auf diesen Gebieten vorkommen, so muß das Forschungsprojekt wahrscheinlich mit ausgedehnten Verzögerungen rechnen, wenn die Mitarbeiter versuchen, eine Einigung über das Vorgehen zu erzielen. Der hohe Konflikt über Zeitpläne in den Sozialwissenschaften unterstützt diese Interpretation, daß der Konflikt über Theorie und Konzepte ein Hemmnis darstellen kann, das das gesamte Forschungsbemühen von seinen Anfängen an durchzieht. Die Resultate aus den Naturwissenschaften zeigen, daß auf diesen Gebieten die Interpretation von Ergebnissen mit mehr Unstimmigkeiten verbunden ist. Natürlich kommen Ergebnisse erst gegen Ende eines Forschungsprojektes zustande, und Konflikte auf diesem Gebiet werden nicht so viele Zeitverzögerungen schaffen und sich eher als kreativer erweisen denn als schädlich, da die Naturwissenschaften versuchen, den Gesamtzusammenhang von empirischen Ergebnissen, über die sie übereinstimmen können, gründlich zu erforschen. Die Ergebnisse zu den Methoden passen nicht so treffend in die paradigmatische Interpretation. Physiker haben höhere Werte als man erwarten könnte, vielleicht weil Konflikte über Ausstattung und Einrichtungen in diesen Variablen enthalten sind. Politologen hatten bei Methodenkonflikten niedrigere Werte als Soziologen, vielleicht deshalb, weil methodologische Differenzen zur Zeit der Untersuchung (1968) den größten paradigmatischen Unterschied auf dem Gebiet der Politologie darstellten, wobei mehr ,,behavioristische" Politologen die Methodologie anderer Sozialwissenschaften übernahmen, um empirische Daten zu sammeln, während andere Politologen an den für die Geisteswissenschaften typischen historischen und beschreibenden Ansätzen festhielten. Es ist möglich, daß eine Zusammenarbeit über diese Kluft hinweg zur Zeit der Untersuchung sehr unwahrscheinlich war, so daß daher die Werte für Zusammenarbeit in der Politologie in erster Linie auf methodologischen Ähnlichkeiten beruhten.

Bezüglich der Hauptursache von Unstimmigkeiten mit Verwaltungstellen wird deutlich, daß die Naturwissenschaften kaum eine Unstimmigkeit mit Verwaltungsstellen, außer über Finanzierungen angeben. Die Unstimmigkeitsgebiete mit Verwaltungsstellen sind bei den Sozialwissenschaften diffuser, wobei die Politologen Zeitpläne als Hauptursache von Unstimmigkeiten angeben und die Soziologen Zeitpläne gleich hinter den Finanzen einstufen. In bezug auf alle Unstimmigkeitsursachen, außer den Finanzen, geben die Sozialwissenschaftler mehr Unstimmigkeiten mit den Verwaltungsstellen an als die Naturwissenschaftler; diese Unterschiede sind statistisch signifikant, außer in bezug auf persönliche Streitigkeiten und die Interpretation von Ergebnissen, wo sich die Soziologen nicht wesentlich von den Naturwissenschaftlern unterscheiden.

Diese Resultate bekräftigen die Diskussion der oben genannten Ergebnisse über die vier Gebiete der Untersuchung durch *Lodahl* und *Gordon*: ,,Auf Grund der hoch entwickelten Methodologien, der Ausstattung und klar ausgedrückten Theorie sind die Forschungsergebnisse in den Natur- und anderen gut entwickelten Wissenschaften verhältnismäßig leicht zu beurteilen. Es gibt mehr Übereinstimmung über das, was als bewiesen gilt; Resultate können oft deutlich veranschaulicht werden. In den weniger entwickelten Wissenschaften gibt es nicht so viel Übereinstimmung über die Methodologie, Theorien sind weit weniger präzis entwickelt und nicht so breit akzeptiert, daher sind

Forschungsergebnisse weit schwieriger zu interpretieren. Morrison nahm zu der Schwierigkeit, den relativen Wert sozialwissenschaftlicher Forschungsprojekte zu beurteilen, Stellung[49]." Sie fahren fort, indem sie diese Faktoren auf Unterstützungsformen beziehen und stellen fest, daß die starke Sichtbarkeit von Konsequenzen in den hoch paradigmatischen Gebieten dahinzielt, ein großes Maß an Unterstützung herbeizuführen oder zu verstärken, während die niedrige Sichtbarkeit der Folgen und die Ungewißheit über Maßstäbe in den Sozialwissenschaften dahin tendieren, die fortdauernd niedrigen Unterstützungsbeiträge oder die Nicht-Unterstützung zu rechtfertigen. Nach den hier genannten Resultaten meinen Sozialwissenschaftler ganz sicher, mehr Streitigkeiten mit Verwaltungsstellen im Bereich kognitiver Probleme zu haben.

VI. Verfügung über Forschungsmittel

Angaben darüber, wie einzelne Universitätswissenschaftler ihre eigenen Forschungen finanzieren, sind schon veröffentlicht worden[50]. Diese Ergebnisse zeigen, daß in den USA die Naturwissenschaftler bedeutend mehr Forschungsmittel erhalten als die Sozialwissenschaftler. So erhielten von den hervorragenden „Departments" die physikalischen Abteilungen durchschnittlich mehr als das Doppelte an Forschungsmitteln pro Mitglied des Lehrkörpers als chemische Abteilungen (ca. 60.000 bis 123.000 Dollar). Im Gegensatz dazu erhielten hervorragende soziologische Departments an Forschungsmitteln durchschnittlich 36.000 Dollar pro Mitglied des Lehrkörpers, während hervorragende politologische Abteilungen im Durchschnitt weniger als 9.000 Dollar pro Mitglied des Lehrkörpers bekamen. Es ist schwierig, wenn nicht unmöglich, zu bestimmen, bis zu welchem Grad diese Mittel tatsächlich von den Angehörigen der einzelnen Gebiete gebraucht wurden. Es ist sicher, daß die Ausstattung und die Einrichtungen, die für die heutige naturwissenschaftliche Forschung erforderlich sind, sehr teuer sind. Aber wie Deutsch u. a. ausführten, ist gute sozialwissenschaftliche Forschung nicht unbedingt billig.

Eine Möglichkeit, die Angemessenheit der Finanzierung einzuschätzen, liegt in der Befragung des Lehrkörpers, wie er mit ihr zufrieden sei. Dies ist nicht der einzige und auch nicht unbedingt der beste Weg, das Problem anzugehen, aber er kann vielleicht wenigstens beschreiben, wie die Wissenschaftler die Höhe ihrer Finanzierungsmittel empfinden, und er kann auch herausfinden, ob sich dies im Mangel an bestimmten Mitteln widerspiegelt. Tabelle 2 zeigt die hierzu gesammelten Daten. In bezug auf die Gewährung von Forschungsmitteln geben Physiker die angemessensten Bedingungen für die Gewährung von Geldern, Hilfskräften und Räumlichkeiten an. Chemiker hielten sich im Vergleich zu Physikern in den Einrichtungen für angemessener ausgestattet. Sozialwissenschaftler stuften all ihre Forschungsmittel schlechter ein als die Naturwissenschaftler.

Die Ergebnisse von Vergleichen mit anderen Forschungsinstitutionen waren recht ähnlich. Naturwissenschaftler hielten ihre Forschungsmöglichkeiten im Vergleich zu anderen Universitäten für angemessener als Sozialwissenschaftler. Während es bei der Betrachtung von Forschungszentren der Regierung keine signifikanten Unterschiede gab, meinten die Physiker, eher als die anderen Wissenschaften, im Vergleich zu industriellen Forschungszentren im Vorteil zu sein. In diesem Fall fühlen sich die Universitätschemiker nicht so begünstigt, was in Anbetracht der Bedeutung und Differenziertheit der chemischen Forschung in der betreffenden amerikanischen Industrie vielleicht den Tatsachen entspricht. In bezug auf Computer-Einrichtungen sind Chemiker und Politologen zufriedener als Physiker und Soziologen, obwohl in allen Gebieten die Computer-Einrichtungen durchschnittlich etwas besser als angemessen bezeichnet werden.

Tabelle 2: Vorhandensein von Forschungsmitteln pro Wissenschaft

Variable	Durchschnittswerte der einzelnen Gebiete						
	N	Physik	Chem.	Sozio-logie	Poli.tol.	Total	p[1]
Vorhandensein d. Mittel[2] :							
Geld	1053	2.72	2.43	2.38	2.08	2.43	.01
Hilfskräfte	1053	2.72	2.39	2.31	2.13	2.41	.01
Raum	1048	2.62	2.54	2.35	2.30	2.47	.01
Ausstattung u. Forsch.-einrichtungen	1034	2.97	3.13	2.71	2.78	2.92	.01
Wie sind die Forschungseinrichtungen verglichen mit denen in[3] :							
anderen Universitäten	985	3.43	3.48	3.08	3.02	3.29	.01
staatl. Forschungszentren	733	2.79	2.78	2.76	2.46	2.72	n.s.
industr. Forschungszentren	630	3.11	2.84	2.83	2.47	2.86	.01
Vorhandensein v. Computereinrichtungen f. eigene Zwecke[4] :	1061	2.38	2.12	2.37	2.15	2.26	.05

1 Signifikanz-Werte bestimmt durch „one-way ANOV".
2 Fünf-Punkte-Skala mit 1 = unangemessen, 3 = angemessen, 5 = reichlich.
3 Fünf-Punkte-Skala mit 1 = vergleichsweise ungünstig, 5 = vergleichsweise günstig.
4 Fünf-Punkte-Skala mit 1 = mehr als angemessen, 3 = angemessen, 5 = sehr unangemessen.

VII. Forschungsproduktivität

Daten über Publikationen wurden auf zwei Weisen erhalten. Die Befragten wurden gebeten, ihre Veröffentlichungen im laufenden Jahr im Fragebogen anzugeben, und sollten zusätzlich eine Liste von früheren Veröffentlichungen beifügen. Leider enthielt die Untersuchungsanlage keinen Mechanismus, der die Befragten, die auf die Frage nicht eingingen, von denen, die keine Veröffentlichungen hatten, trennen konnte[52]. Daraus ergibt sich, daß die folgenden Daten nur für Wissenschaftler repräsentativ sind, die Forschungsergebnisse veröffentlicht haben und die aktiv genug sind, eine Aufstellung der Veröffentlichungen schon bei den Akten zu haben. *Tabelle 3* gibt die Resultate der Analysen verschiedener Maße von Forschungsproduktivität pro Gebiet an. Bei allen Werten gibt es signifikante Unterschiede zwischen den Fächern. Allgemein wird deutlich: Chemiker sind bei Artikeln am produktivsten und Politologen bei Büchern. Selbst wenn man die Gesamtzahl in bezug auf die Jahre seit der Promotion korrigiert oder nur Artikel in den zehn führenden Zeitschriften eines jeden Gebiets betrachtet, bleiben diese Unterschiede erhalten. Während die Soziologen und Physiker bei den meisten Werten zwischen die Extreme fallen, sind sie im allgemeinen auf entgegengesetzten Seiten des Gesamtdurchschnitts, was zeigt, daß sie mit dem anderen Gebiet auf dem gleichen paradigmatischen Stand sind. Ein verblüffendes Ergebnis der Tabelle liegt in dem hohen Produktivitätsgrad all dieser amerikanischen Wissenschaftler.

Tabelle 3: Forschungsproduktivität pro Wissenschaft

Produktivitätsmaß	Durchschnittswerte der einzelnen Gebiete						
	N	Physik	Chem.	Sozio-logie	Poli-tol.	Total	p^1
Artikel aus diesem Jahr[2]	439	3.10	4.20	2.76	1.92	3.05	.01
Gesamtzahl d. Artikel	731	28.84	46.79	21.85	14.70	28.50	.01
Artikel pro Jahr[3]	653	2.31	2.58	2.04	1.43	2.11	.01
Gesamtzahl d. Art. i. führenden Zeitschr.[4]	683	14.33	23.76	3.39	1.63	10.73	.01
Art. pro Jahr i. führ. Zeitschr.	598	1.41	1.73	0.41	0.19	0.92	.01
Gesamtzahl d. Bücher[5]	737	0.27	1.32	2.41	3.22	1.80	.01
Bücher pro Jahr	660	0.02	0.11	0.22	0.35	0.18	.01

1 Gemäß Chi-Quadrat-Analyse. ANOV wurde wegen der stark asymmetrischen Verteilungen nicht gebraucht. Hier werden der Kürze halber statt der Häufigkeitsverteilungen die Mittelwerte angegeben, da sie die in den Häufigkeitsverteilungen gefundenen Ergebnisse angemessen widergeben.
2 Die Artikel umfassen nur Aufsätze, die in anerkannten Zeitschriften veröffentlicht wurden, sowie Artikel, die als Buchkapitel erschienen. Wiederholt veröffentlichte Artikel wurden nicht gezählt, d. h. wenn derselbe Artikel mehrmals an verschiedenen Stellen erschien, wurde nur die erste Veröffentlichung gezählt. Intern veröffentlichte Forschungsberichte und Buchbesprechungen wurden bei allen Produktivitätsmaßen nicht berücksichtigt.
3 Um den jährlichen Durchschnitt zu berechnen, wurden die Jahre seit der Promotion des Befragten bis zum Jahr der Untersuchung gerechnet.
4 Führende Zeitschriften waren jene zehn Zeitschriften in jedem Gebiet, die von den gleichen Adressaten am häufigsten als die „besten" Zeitschriften ihres Gebiets gewertet wurden.
5 Diese Gesamtzahl wurde aus allen Monographien, herausgegebenen Büchern, allein oder mit anderen verfaßten Büchern berechnet. Es wurde kein Versuch gemacht, Lehrbücher von Forschungsmonographien zu unterscheiden.

Wiederum dokumentieren die Ergebnisse deutliche paradigmatische Unterschiede. Da die paradigmatische Entwicklung einen größeren Konsensus über alle Fragen, von der Theorie über die Maßnahmen bis zu den Problemen mit sich bringt, ist es wahrscheinlich, daß dieser Konsensus ausgedrückt wird mit Hilfe akzeptierter anerkannter Code-Wörter und vieler anderer Formen, die dazu dienen, Ideen, Konzepte, Techniken etc., die oft wiederholt werden, wie z. B. der schon oben erwähnte, von allen geteilte Wortschatz, zu verkürzen und zu vereinfachen. Zweitens ist es in Gebieten mit gut entwickelten Paradigmen nicht nötig, viele der diskutierten Konzepte und Ideen zu verteidigen, zu definieren usw., da einige davon schon in diesem Fach anerkannt sind. Drittens sind die gut entwickelten Gebiete schon mathematisch kodifiziert, was zweifellos zu einer gewissen Ökonomie führt, wenn man gewisse Ideen und Ergebnisse ausdrückt. Und schließlich läßt die Beschäftigung mit der Antizipation und dem schnelleren Veralten der Ergebnisse in den stark paradigmatischen Gebieten Veröffentlichungen in Zeitschriften wünschenswerter erscheinen. Aus all diesen Gründen halten die Naturwissenschaftler den Zeitschriftenartikel für einen befriedigenderen Weg, ihre Forschungsresultate zu veröffentlichen als die Sozialwissenschaftler, die immer noch eine beträchtliche Zahl von Büchern veröffentlichen, in denen sie über ihre eigenen Forschungen berichten. Ein Faktor, der die Verbreitung des Veröffentlichens von Büchern noch weiter erhöht, ist die Frage der rivalisierenden Schulen in verschiedenen Unterdisziplinen, und wie dies die Veröffentlichung von Lehrbüchern beeinflußt. In den Naturwissenschaften sind die Lehrbücher einander recht ähnlich in dem Sinn, daß die Autoren über den Lehrstoff und die Ergebnisse, die dargestellt werden sollen, sowie über deren Interpretation und Bedeutung für das Gebiet oder die Unterdisziplin einig sind. In den Sozialwissenschaften, wo es weniger Konsensus gibt, werden die Lehrbuchautoren auch weniger Übereinstimmung zeigen, was zu einer größeren inhaltlichen Verschiedenartigkeit der Lehrbücher führt, und damit zu einem, im Verhältnis zur Zahl der Studenten[53], größeren Angebot an Lehrbüchern, da die Professoren Werke aussuchen, die ihrer Ansicht über das Fach am besten entsprechen, mehr als ein Lehrbuch wählen, um Standpunkte auszugleichen, oder im Extremfall eigene Lehrbücher schreiben.

Eine ständige Schwierigkeit bei Untersuchungen, die die Forschungsproduktivität zwischen verschiedenen Gebieten zu vergleichen suchen, liegt darin, daß sie die verschiedenen Typen von Veröffentlichungen nicht berücksichtigen. Dies gilt für einige Studien, die einfach auf die Zahl der Veröffentlichungen in Zeitschriften sehen, ebenso für Untersuchungen, die nur Zitierungen in Zeitschriften gebrauchen. Die hier angegebenen Daten dokumentieren die Gefahren solcher Ansätze. Veröffentlichungen von Büchern sind als wissenschaftliche Kommunikationsform in den schwach paradigmatischen Gebieten sicherlich viel verbreiteter und bedeutender[54].

VIII. Diskussion

Auf der Basis der hier und anderswo veröffentlichten Daten scheint die Existenz durchdringender Unterschiede zwischen wissenschaftlichen Gebieten mit Blick auf einen breiten Bereich von Variablen gut dokumentiert zu sein. An den Universitäten der Vereinigten Staaten führen die Natur- und Sozialwissenschaftler ein Berufsleben, das sich bis zu einem Grad unterscheidet, der beträchtliche statistische Unterschiede hervorruft. Das bedeutet, daß sich trotz der individuellen Launen, zu denen Wissenschaftler und Professoren neigen sollen, die Charakteristika ihres Arbeitslebens um Werte gruppieren, die typisch für ihr Gebiet sind — und daß diese Werte für andere Gebiete atypisch sind, besonders für jene, die sich in der paradigmatischen Entwicklung wesentlich unterscheiden.

Eine Möglichkeit, die praktischen Konsequenzen dieser Ergebnisse zu veranschaulichen, wäre die Konstruktion einer Typologie, die auf den Ergebnissen dieses Aufsatzes und der schon zusammengefaßten Aufsätze basiert. In den folgenden hypothetischen Darstellungen werden die gefundenen statistischen Differenzen benutzt, um das Arbeitsmilieu der Wissenschaftler in den vier Gebieten dieser Untersuchung einander gegenüberzustellen.

Der *Naturwissenschaftler* hat einen großen Anspruch auf Forschungsmittel, der ihn gelegentlich mit seiner Finanzierungsstelle in Konflikte über Geldfragen verwickelt. In diesem Jahr arbeitet er an verschiedenen Forschungsprojekten und bei jedem davon mit einem anderen Mitglied des Lehrkörpers, der auch einen neuen Assistenzprofessor und einige graduierte studentische Assistenten umfaßt. Im ganzen gehen diese Beziehungen harmonisch vonstatten; gewöhnlich gibt es Unstimmigkeiten erst, wenn die Resultate vorliegen. Manchmal ist es ein echtes Problem, wie die Resultate interpretiert werden sollen. Aus allen diesen Projekten ergeben sich in dem betreffenden Jahr ein oder zwei Artikel, die er höchstwahrscheinlich veröffentlichen wird. Seine Beziehungen zu den anderen Angehörigen der Abteilung sind recht harmonisch; er respektiert sie aufgrund ihrer Arbeit, und sie scheinen dies zu erwidern. In der Abteilung gibt es häufig Seminare, in denen die laufenden Forschungen diskutiert werden. Solch ein Zusammentreffen wird gut besucht und endet gewöhnlich mit einer wirklich ergiebigen Diskussion. Seine Abteilung arbeitet glatt, wobei Ausschüsse die meisten der routinemäßigen und zeitraubenden Arbeiten, wie das Aufstellen von Vorlesungsplänen, die Zulassung von Studenten u. ä. übernehmen. Solange er nicht an der Reihe ist, braucht er sich um diese Dinge keine Sorgen zu machen; die Ausschüsse leisten im ganzen gute Arbeit. Er hält in dem betreffenden Semester zwei Lehrveranstaltungen ab, aber seine Assistenten übernehmen die Prüfungen und Leistungsbewertungen und überwachen alle Laborgruppen. Er ist der Meinung, daß der Lehrbetrieb, wenn er allgemein ein Auge auf die Dinge wirft, ganz glatt abläuft. Die Zentralverwaltung der Universität achtet die Naturwissenschaften, daher braucht er sich nicht mit ungünstigen Entscheidungen der Verwaltung, die sein Gebiet betreffen, herumzuschlagen. Im ganzen gesehen fühlt er sich hier wohl und plant, hier zu bleiben. Seine Forschung ist auf die hiesigen Einrichtungen abgestimmt, wobei er die Ausstattung mit beeinflussen konnte, und es würde einen gewissen Zeit- und Energieverlust bedeuten, wenn er sich auf dieser Stufe seiner Karriere veränderte.

Wenn er ein Chemiker ist, so ist dieser Wissenschaftler hochspezialisiert. Dies bedeutet, daß er und seine Kollegen die Gebiete des anderen nur in sehr allgemeinen Zügen kennen. Dies verursacht manchmal Konflikte, weil alle denken, gerade ihr Spezialgebiet müsse in den Lehrangeboten und den erforderlichen Graduierten-Prüfungen ausgiebig vertreten sein. Jedoch beeinträchtigt keines dieser Dinge tatsächlich seine Forschung; denn er arbeitet mit verschiedenen Wissenschaftlern und graduierten Studenten zusammen, die seine Interessen teilen. Er ist der Ansicht, alle zwei oder drei Monate einen Artikel veröffentlichen zu können.

Der *Sozialwissenschaftler* dagegen hat einen bescheidenen Anspruch auf Forschungsmittel und viele Unannehmlichkeiten, um diese zu bekommen. Die Finanzierungsstelle hatte nicht angemessen bewertet, und er mußte alle Einzelheiten des Projekts verteidigen, von den grundlegenden Forschungsentwürfen bis zu den Plänen für die Datenanalyse. So wie die Dinge stehen, könnte er mehr Hilfskräfte gebrauchen, und er hinkt etwas hinter dem Zeitplan für das Projekt her. Man käme auch nicht weiter, wenn sein Mitarbeiter sich entschließen würde, an eine andere Universität zu gehen, und es dort die gleichen Verzögerungen gäbe, wenn man Daten aus dem Computer oder ausgebildete Hilfskräfte für die Forschung brauchte. Sie tendieren auch dahin, sich in verschiedene Richtungen zu bewegen, wenn er nicht da ist, um den nächsten Schritt der Analyse zu diskutieren. Zu Beginn der Untersuchung diskutierten sie viel, aber erreichten schließlich genügend Übereinstimmung, um den Entwurf abzufassen. Er hat ein paar gute Forschungsassistenten, aber diese neigen dazu, ihre eigenen Wege zu gehen, wenn er sie nicht gründlich überwacht, und er muß sie immer überzeugen, daß seine Handlungsweise richtig ist. Er hat jedoch noch einige alte Daten, die er aufarbeitet, und aufgrund deren er in diesem Jahr einige Artikel herausbringen kann; nun versucht er zu entscheiden, wo er sie anbieten soll. Er will, daß seine Arbeit in einer guten Zeitschrift erscheint, aber er weiß, daß die Ablehnungsraten sehr hoch sind, und wenn er abgelehnt wird, muß er seine Arbeit anderswo anbieten, was wieder mit einer Verzögerung verbunden ist. Er wird dies vielleicht umgehen, wenn er den einen Artikel einer relativ angesehenen Zeitschrift anbietet und den anderen einer Zeitschrift, wo seine Chancen, veröffentlicht zu werden, von Anfang an besser sind.

Seine Beziehungen zu den Kollegen in dieser Abteilung sind zufriedenstellend, aber es gibt viele Konflikte mit einigen anderen Leuten hier, und er hat nicht viel Gelegenheit, seine Forschungen mit anderen Angehörigen des Lehrkörpers zu diskutierten. Dennoch arbeitet das Department sehr demokratisch, und im allgemeinen geht jeder, wenn sich die Abteilung nicht einigt, seine eigenen Wege. Wenn das Department jedoch über irgendetwas abstimmen muß, kann das ganz schön zeitraubend sein und eine Menge Konflikte ergeben. Wenn Ausschüsse zusammentreten, werden ihre Empfehlungen oft nicht von allen Angehörigen der Abteilung befolgt, da immer irgend jemand schwere Bedenken hat. So wird in der Fakultätssitzung alles noch einmal diskutiert.

Die vorgehenden Beschreibungen typischer Wissenschaftler sind natürlich nur hypothetische Konstrukte. Sie beschreiben nicht irgendeinen bestimmten Einzelwissenschaftler, sondern sollen eine Art Mischung darstellen, von der wir glauben, daß sie die Resultate der Untersuchung an Universitätswissenschaftlern aus dem Jahre 1968 zusammenfaßt.

IX. Folgerungen

Die hier und früher dargestellten Daten haben umfassende und beständige Unterschiede zwischen als stark paradigmatisch betrachteten wissenschaftlichen Gebieten (Physik und Chemie) und als schwach paradigmatisch betrachteten Gebieten (Soziologie und Politologie) dokumentiert. Zwei Arten von Unterschieden wurden gefunden: 1. Die Daten zeigen wiederholt große Unterschiede im Konsensus und der Übereinstimmung (oder den Meinungsverschiedenheiten) zwischen diesen beiden Wissenschaftspaaren; und 2. liefern die Daten übereinstimmende Merkmale des Verhaltens, der Einstellungen und Charakteristika des organisatorischen Milieus, die den durch die unterschiedliche Konsensushöhe begründeten Erwartungen entsprechen. Wir haben erklärt, daß die zweite Gruppe von Unterschieden als aus den Unterschieden in der paradigmatischen Entwicklung resultierend gesehen werden können, aber nicht in einer einzigen Folge von Ursache und Wirkung. Wir denken eher, daß der Stand der paradigmatischen Entwicklung und die assoziierten Variablen miteinander in Beziehung stehen und sich wechselseitig verstärken[55], so wie *Kuhn* es in seiner Analyse anzuregen scheint. So kann der Konsensus die Kommunikation fördern, die wiederum zu einem größeren Konsensus führen kann.

Es ist jedoch wichtig zu bemerken, daß das Paradigma-Konzept nicht in der Lage war, alle Ergebnisse aufzulösen und zu erklären. Wie *Zuckerman* und *Merton* ausführen, könnte es nötig sein, andere Aspekte der kognitiven Wissenschaftsstruktur zu identifizieren und zu erforschen. Diese anderen Aspekte können die Effekte der paradigmatischen Unterschiede in spezifischen Fällen vergrößern, verändern oder aufheben. Wir möchten für zukünftige Untersuchungen drei mögliche Wege vorschlagen. Der erste davon umfaßt die Frage der Differenzierung der Wissenschaft in Untergebiete. Wie wir schon feststellten, ist ein Gebiet wie die Chemie höher differenziert als die anderen Wissenschaften unserer Untersuchung, und diese Differenzierung wurde als eine mögliche Erklärung für einige der doppeldeutigen Ergebnisse angenommen. Man könnte erwarten, daß das Vorhandensein vieler institutionalisierter Untergebiete Kommunikationsprozesse verändert, wenn die Spezialgebiete so isoliert werden, daß die Wissenschaftler desselben Fachs sich gegenseitig nicht mehr richtig folgen können.

Vielleicht wäre es nützlich, eine zweite Dimension der kognitiven Struktur zu erforschen, nämlich die Frage, ob sich ein gegebenes Gebiet oder Untergebiet in einer, wie *Kuhn* es nennt, „normalen" wissenschaftlichen Periode befindet, oder ob es sich auf eine „revolutionäre" Phase hin bewegt. Eine Möglichkeit, dieses Problem zu betrachten, besteht vielleicht darin, den Grad einzuschätzen, bis zu dem die Angehörigen eines Gebiets das gegenwärtige Paradigma (die gegenwärtigen Paradigmen) als für ihre augenblicklichen Forschungsinteressen angemessen akzeptieren.

Der letzte Aspekt der kognitiven Struktur, den es nützlich sein könnte zu erforschen, liegt in der Frage der relativen Betonung der Theorie und der empirischen Arbeit. Es ist denkbar, daß dieser Aspekt auf die Frage der normalen gegenüber der revolutionären Wissenschaft bezogen werden könnte, aber es scheint möglich zu sein, daß dies eher eine separate Dimension ist, die sich mehr auf den Gegenstand des Gebietes bezieht, in dem Sinne, daß sich einige Gebiete auf allgemeinere Analysen und allgemeinere Phänomene konzentrieren als andere. Bei der Betrachtung dieser Frage wäre es vielleicht sinnvoll, den Grad, zu dem empirische Arbeiten theoretische Implikationen beinhalten, einzuschätzen, sowie die Natur der Beziehung zwischen Theorie und empirischer Forschung. Überprüft oder erweitert die veröffentlichte Arbeit z. B. die Theorie in irgendeiner Weise oder wird die Theorie nur als passendes Mittel gebraucht, um Daten zu interpretieren oder vielleicht sogar als zeremonieller Kunstgriff[56] ?

Schließlich müssen wir *Zuckerman* und *Merton* darin zustimmen, daß die Einflüsse anderer Aspekte der sozialen Struktur neben denen der wissenschaftlichen Gemeinschaft selbst auf die kognitive Wissenschaftsstruktur erforscht werden sollten. *Kuhn*[57] betont den Gedanken, daß ein Paradigma ein gemeinsames Akzeptieren von Ideen bei denen, die das Wissen produzieren, und jenen, die es werten, bedeutet. Wir haben schon darauf hingewiesen, daß dieser Konsensus auch von den Forschungskonsumenten wie z. B. den Finanzierungsstellen[58] und Universitätsverwaltungen[59] geteilt werden kann. Hier wagen wir uns in ein als Wissenschaftspolitik bekanntes Gebiet; vielleicht ist für die Wissenschaftssoziologen die Zeit gekommen, systematischer auf die Beziehungen zwischen verschiedenen Umwelteinflüssen und der inneren Struktur des wissenschaftlichen Gebietes sowohl in kognitiver als auch sozialer Hinsicht zu achten.

Anmerkungen

1 Die Autoren möchten der „*New York State School of Industrial and Labor Relations*" an der Cornell University, und der „*Science, Technology and Society Group*" an der gleichen Universität für die Gelder danken, mit deren Hilfe die Daten für diese Forschungsarbeit gesammelt werden und ein großer Teil der Ausgangsanalyse der Daten durchgeführt werden konnte. Sie möchte auch *Gerald Gordon* für seine Ratschläge und Anregungen bei der Entstehung des Projekts danken. Viele Menschen halfen beim Vercoden und Analysieren der Daten, sowie der Durchführung des Projekts; unter den vielen, denen wir Dank schulden, wollen wir *Nancy Elliott* und *Reupen Snipper* wegen ihrer außerordentlichen, aufopferungsvollen Assistenz besonders erwähnen. Außerdem möchten die Autoren die Unterstützung durch die „*Management School at the State University of New York*" in Buffalo während dieser Forschungsphase anerkennen. Außerordentlich viel Dank schulden wir schließlich den vielen Untersuchungsteilnehmern, die sich trotz eines ausgefüllten Arbeitstages die Zeit nahmen, einen langen und komplizierten Fragebogen auszufüllen. Dies ist um so bemerkenswerter, wenn man die hier angegebenen Daten zur Forschungsproduktivität betrachtet.

2 *Harriet Zuckerman* und *Robert K. Merton*, Patterns of Evaluation in Science: Institutionalisation, Structure and Functions of the Referee System in: Minderva, 9 (1971), S. 66—100, und „Age, Aging and Age Structure in Science", in: *Norman W. Storer* (Hrsg.). *Robert K. Merton,* The Sociology of Science, Chicago 1973.

3 *Thomas S. Kuhn*, The Structure of Scientific Revolutions, Chicago 1962, und: The Structure of Scientific Revolutions, 2. Aufl., Chicago 1970.

4 *Norman W. Storer,* The Hard Sciences and the Soft: Some Sociological Observations in: Bulletin of Medical Library Association, 55 (1967), S. 75—84, und *Derek J. de Solla Price,* Citation Measures of Hard Science and Soft Science, Technology and Non-Science, in: *G. E. Nelson* und *Donald K. Pollack* (Hrsg.), Communication Among Scientists and Engineers, Lexington, Massachusetts 1970.

5 *Zuckerman* und *Merton*, 1973, a.a.O., S. 507.

6 *Zuckerman* und *Merton*, 1971, a.a.O., S. 77.

7 *Zuckerman* und *Merton*, 1973, a.a.O., S. 507.

8 *Janice Beyer Lodahl* und *Gerald Gordon,* The Structure of Scientific Fields and The Functioning of University Graduate Departments, in: American Sociological Review, 37 (1972), S. 57—72.

9 Ebd., S. 57—58.

10 *Kuhn*, 1970, a.a.O., S. 175.

11 Ebd., S. 176.

12 Ebd., S. 175.

13 Ebd., S. 189—190.

14 Ebd., S. 189.

15 *C. West Churchman*, Design of Inquiring Systems, New York 1971, S. 530.

16 *Zuckerman* und *Merton*, 1973, a.a.O., S. 554.

17 Ebd., S. 555.

18 *Kuhn*, 1970, a.a.O., S. 182.

19 *Janice Beyer Lodahl*, Paradigm Development as A Source of Consensus in Scientific Fields, M. S. Thesis, Cornell University. Ebenso Publication M-2407, Ann Arbor, Michigan, University Microfilms, 1970. *Janice Beyer Lodahl* und *Gerald Gordon,* Funding the Sciences in University Departments, in: Educational Record, 54 (1973a), S. 74—82, und: Difference Between Physical and Social Sciences in University Graduate Departments, in: Research in Higher Education, 1 (1973b), S. 191—213; *Janice M. Beyer* und *Thomas M. Lodahl,* A Comparative Study of Patterns of Influence in U. S. and English Universities, Working Paper, School of Management, State University of New York at Buffalo, 1974; *Janice M. Beyer* und *Reuben R. Snipper*, Objective versus Subjective Indicators of Quality in Graduate Education, in: Sociology of Education (im Druck).

20 *Lodahl* und *Gordon*, 1972, a.a.O.

21 *Lodahl* und *Gordon*, 1973a, a.a.O.

22 Zu diesen Qualitätseinstufungen siehe *Allan M. Cartter.* An Assessment of Quality in Graduate Education, Washington D. C., American Council of Education, 1966.

23 Siehe *Lodahl* und *Gordon*, 1973b, a.a.O.

24 Siehe *Beyer* und *Lodahl*, 1974, a.a.O.

25 Siehe *Janet M. Chase*, Normative Criteria for Scientific Publication, in: American Sociologist, 5 (1970), S. 262—265.

372 *Janice M. Beyer und John M. Stevens*

[26] Siehe *Caroline H. Persell,* Characteristics of Scientific Fields and Measures of Research Quality, ein Aufsatz für das Jahrestreffen der American Sociological Association, August 1973. Ebenso *William C. Yoels,* The Structure of Scientific Fields and the Allocation of Editorships on Scientific Journals: Some Observations on the Politics of Knowledge, Aufsatz für das Jahrestreffen der American Sociological Association, August 1973.

[27] Siehe *Everett C. Ladd* und *Seymour M. Lipset,* The Politics of American Political Scientists, in: Political Science, 41 (1971), S. 135–144. Ebenso *Seymour M. Lipset* und *Everett C. Ladd,* The Divided Professorate, in: Change 3 (1971), S. 54–60.

[28] Vgl. *Gerald M. Platt* und *Talcott Parsons,* Decision-Making in the Academic System: Influence and Power Exchange, in: *Carlos E. Kruytbosch* und *Sheldon L. Messinger* (Hrsg.), The State of the University, Beverly Hills, California, Sage Publications, 1968; *Talcott Parsons* und *Gerald H. Platt,* The American University, Cambridge, Massachusetts 1973. *Peter M. Blau,* The Organization of Academic Work, New York 1973; außerdem *Oliver Fulton* und *Martin Trow,* Research Activity in Higher Education, in: Sociology of Education, 47 (1974), S. 29–73.

[29] Siehe *Charles F. Elton* und *Samuel A. Rogers,* Physics Department Ratings: Another Evaluation, in: Science, 174 (1971), S. 565–568. Ebenso *Warren O. Hagstrom,* Inputs, Outputs and the Prestige of University Science Departments, in: Sociology of Education, 44 (1971), S. 375–397.

[30] *Beyer* und *Snipper,* 1974, a.a.O.

[31] *Paul D. Allison* und *John A. Stewart,* Productivity Among Scientist: Evidence for Accumulative Advantage, in: American Sociological Review, 39 (1974), S. 595–606.

[32] Zu einer Abhandlung dieses Konzeptes siehe *Robert K. Merton,* The Matthew Effect in Science, in: Science, 159 (1968), S. 56–63.

[33] *Cartter,* 1966, a.a.O.

[34] Weitere methodologische Einzelheiten sind bei *Lodahl* und *Gordon* 1972 und *Lodahl* 1970 zu finden.

[35] *Lodahl* und *Gordon* 1972, a.a.O.

[36] Alle hier und im folgenden genannten Ergebnisse sind, wenn nicht anders vermerkt, bei $p < .01$ signifikant.

[37] D. h., die Daten eines „Juniors", der einen „Senior" als Mitarbeiter hatte, würden dadurch ausgeglichen, daß der Mitarbeiter ihn wiederum als Mitarbeiter benennt. Diese Reziprozität verursacht Werte nahe den Mittelwerten der Skala. Dieses Resultat war zwar nicht überraschend, aber auch nicht unvermeidbar. Chi-Quadrat-Analysen der Häufigkeitsverteilungen zeigten, daß über 57 Prozent der ordentlichen und außerordentlichen Professoren mit einem ordentlichen Professor zusammenarbeiten, während 73 Prozent der Assistenzprofessoren mit jemandem aus den „Senior"-Gruppen arbeitete.

[38] Die größere Mobilität des sozialwissenschaftlichen Lehrkörpers könnte jedoch zu diesem Ergebnis beigetragen haben. Der durchschnittliche Sozialwissenschaftler hatte mehr als zwei akademische Stellungen gehabt (2,14 und 2,16), während der durchschnittliche Naturwissenschaftler annähernd 1,5 (1,54 und 1,56) akademische Stellungen hatte. Bei der Berechnung dieser Werte wurden nur tatsächliche Wechsel von einem Arbeitgeber zum anderen gezählt, Rückkehr nach einjähriger Abwesenheit wurde nicht als neue Stellung gezählt. Interessanterweise haben Naturwissenschaftler seit ihrer Promotion mehr Zeit (1,21 und 1,11 Jahre) außerhalb der Universität verbracht als Sozialwissenschaftler (0,66 und 0,96 Jahre). Alle diese Unterschiede sind statistisch signifikant (Chi-Quadrat-Test; $p \leqslant .05$).

[39] Rangstufen wurden als ordentlicher, außerordentlicher oder Assistenzprofessor verkodet. Die Nähe zum eigenen Spezialgebiet wurde mit 10-Punkte-Skalen gemessen, wobei 1 = meinem Gebiet ähnlich und 10 = meinem Gebiet unähnlich bedeutete. Die Unterschiede zwischen den Gebieten sind für alle Variablen signifikant (Chi-Quadrat-Test, $p < .001$.

[40] Die Autoren möchten *Nico Stehr* für diese Interpretation der Daten danken.

[41] *Lodahl* und *Gordon* 1972, a.a.O., analysierten die Differenzierung innerhalb wissenschaftlicher Gebiete, indem sie die Zahl der Untergebiete betrachteten, die in den Hauptberufsvereinigungen der USA formal konstituierte Sektionen hatten. Die „American Chemical Society" hatte mehr Sektionen (25) als die anderen Gebiete („American Physical Society": 9; „American Sociological Association": 7; „American Political Science Association": 0).

[42] Wie bei *Lodahl* 1970, a.a.O., S. 34, variierten die Rangverteilungen zwischen den einzelnen Gebieten nicht signifikant. In den vier Gebieten stammten 37–48 Prozent der Antworten von ordentlichen Professoren, 23–29 Prozent von außerordentlichen Professoren; 29–36 Prozent von Assistenzprofessoren.

[43] In allen vier Gebieten verläuft die Diskussion von Abteilungsangelegenheiten relativ hierar-

archisch, wobei Assistenzprofessoren am seltensten als Partner genannt werden (14—28 Prozent) und ordentliche Professoren am häufigsten (50—67 Prozent).

[44] *Zuckerman* und *Merton* 1973, a.a.O., S. 508.

[45] Der Rang gibt die Zahl der Berufsjahre (z. B. Jahre seit der Promotion), mit denen er sogar höher korrelieren würde, besser wider.

[46] Die Anteile der Befragten, die in den vier Gebieten eine gewisse Forschungsunterstützung erhielten, waren: Physik 89 Prozent; Chemie 89 Prozent; Soziologie 74 Prozent; Politologie 61 Prozent; (x^2 = 93.0 3df, p < .0001).

[47] Wiederum möchten die Autoren *Nico Stehr* für die Verfeinerung ihrer Interpretation danken.

[48] *Lodahl* und *Gordon* 1972, a.a.O.

[49] *Lodahl* und *Gordon* 1973a, a.a.O., ihr Bezug auf *Robert S. Morison*, Foundations and Universities, in: Daedalus, 93 (1964), S. 1109—1141.

[50] *Lodahl* und *Gordon* 1973a,b, a.a.O.

[51] *Karl W. Deutsch, John Platt* und *Dieter Senghaas*, Conditions Favoring Major Advances in Social Science, in: Science, 171 (1971), S. 450—459.

[52] Dies war nicht unabsichtlich geschehen. Wir befürchteten, daß einige Adressaten zögern würden, zuzugeben, daß sie keine Veröffentlichungen hatten und deshalb den Fragebogen nicht zurückschicken könnten. Dennoch gaben einige Adressaten freiwillig an, daß sie keine Veröffentlichungen hatten, indem sie „keine" in den vorgesehenen Raum schrieben. Ihre Antworten sind im Gegensatz zu fehlenden Angaben mit „0" kodiert worden.

[53] Die Autoren schulden wiederum *Nico Stehr* für seine scharfsinnige Interpretation Dank. Die Autorin (senior author) hatte früher in Betracht gezogen, paradigmatische Unterschiede mit Hilfe des Konsensus über Lehrbücher im Hinblick auf den aktuellen Gebrauch bestimmter Lehrbücher zu untersuchen. Sie gab diese Idee in Anbetracht möglicherweise störender Variablen, besonders der unterschiedlichen Marktsituation und der unterschiedlichen Verleger, die die verschiedenen Gebiete charakterisieren, auf.

[54] Einige Leser möchten vielleicht trotzdem eine grobe Vorstellung davon bekommen, wie man die Gesamtproduktivität für die einzelnen Gebiete vergleichen könnte. Wir konstruierten einen Produktivitätsindex für jeden Adressaten, von dem wir relativ vollständige Veröffentlichungsdaten hatten (n = 700). Für die Formel zu diesem Index wurde der Glenn-Villemez-Index umgewandelt (*Norval D. Glenn* und *Wayne Villemez*, The Productivity of Sociologists at 45 American Universities, in: American Sociologist, 5 (1970), S. 244—252).

$$P = \frac{A + 2L + 5B}{N}$$

dabei ist P der Produktivitätsindex,
       A die Gesamtzahl der veröffentlichten Artikel,
       L die Gesamtzahl der in führenden Zeitschriften veröffentlichten Artikel,
       B die Gesamtzahl der veröffentlichten Bücher,
  und N die Anzahl der Jahre seit der Promotion des Befragten.

Führende Zeitschriften waren in jedem Gebiet die zehn Zeitschriften, die von den Befragten die meisten Stimmen als die „besten" Zeitschriften des Gebiets erhielten; der Konsensus über die Zeitschriften variierte für die Gebiete nicht signifikant (siehe *Lodahl* 1970). Dieses Maß ist ziemlich grob, kann aber vielleicht als Anfangseinschätzung dienen. Es basiert auf den folgenden Annahmen und Überlegungen: 1. Artikel in führenden Zeitschriften sind vermutlich von höherer Qualität und geben eine höhere Forschungsqualität wider. Sie sollten daher doppelt gewertet werden. 2. Sind Bücher im allgemeinen länger und spiegeln mehr Arbeit wieder als Artikel. Da es nicht immer möglich war, relativ kurze Monographien, mitverfaßte Bücher und Textsammlungen zu trennen, schien es das Beste zu sein, beim Gewichten der Bücher relativ vorsichtig vorzugehen. Artikel umfassen durchschnittlich circa 20 Druckseiten; die durchschnittliche Länge selbstverfaßter Texte in allen Büchern und Monographien beträgt circa 100 Seiten. Drittens sind Veröffentlichungen vor der Dissertation kaum so zahlreich, daß sie den Index wesentlich verzerren würden.

Der Produktivitätsindex war für die einzelnen Gebiete signifikant unterschiedlich; die Durchschnittswerte lagen bei 3.73 (Physik), 5,19 (Chemie), 3.78 (Soziologie) und 3.41 (Politologie), (p < .01, „one-way-ANOV"). Obwohl die Resultate mit großer Vorsicht betrachtet werden müssen, deuten sie darauf hin, daß das In-Betracht-Ziehen von Büchern *und* Zeitschriften die großen Produktivitätsunterschiede verringert, die möglicherweise auftreten, wenn man nur Zeitungsartikel betrachtet. Diesem Index gemäß sind z. B. Physiker und Soziologen ungefähr gleich produktiv, Chemiker sind am produktivsten, während Politologen am unproduktivsten sind. Wir halten diese

Daten jedoch nicht für direkt vergleichbar, da nicht klar ist, ob Bücher in allen Gebieten die gleiche Bedeutung haben oder ob wir Bücher im Vergleich zu den Artikeln angemessen gewichtet haben etc..

Sollen diese Resultate dennoch interpretiert werden, so folgen sie nicht dem allgemeinen Muster der paradigmatischen Entwicklung und bedürfen daher einer zusätzlichen Erklärung. Vielleicht tendieren Physiker dahin, mit der Zeit weniger produktiv zu werden, was dann die Durchschnittswerte des Gebiets nach unten drückt. Hierauf weist die von *Zuckerman* und *Merton* betonte Vorstellung vom schnelleren Veralten in hoch kodifizierten Gebieten hin. Es könnte auch sein, daß sich einige Wissenschaftler in der Physik auf die Verwaltung und Durchführung von Forschungen spezialisieren müssen, um die für das Gebiet angegebenen hohen Zuschüsse zu erhalten und um die zahlreichen und komplexen Forschungseinrichtungen instandzuhalten (vgl. *Lodahl* und *Gordon* 1973a). Da die Physiker nicht angeben, signifikant mehr Zeit mit Verwaltungsangelegenheiten zu verbringen als die Angehörigen der anderen Gebiete (siehe z. B. *Beyer* und *Lodahl* 1974), betrachten sie die oben genannten Aktivitäten vielleicht eher als Forschungsarbeit und nicht als Verwaltungsarbeit.

[55] Leser, die an einer Vielzahl anderer Erklärungen für diese Ergebnisse interessiert sind, werden auf *Lodahl* und *Gordon* 1972 verwiesen. In diesem Aufsatz werden andere Erklärungsmöglichkeiten der Daten diskutiert, dabei werden auch Fähigkeitsunterschiede, Motivationsunterschiede und Unterschiede in den Forschungsmöglichkeiten zwischen den Gebieten berücksichtigt. Eine weitere, extreme alternative Erklärung könnte in einem massiven „response-set"-Phänomen liegen; d. h., daß die Sozialwissenschaftler alles auf eine pessimistischere Weise angeben, während die Naturwissenschaftler optimistischer denken. Diese Interpretation wird durch die Tatsache geschwächt, daß der Fragebogen eine große Zahl verschiedener Antwortformen hatte, wozu auch sehr tatsachenbezogene Items gehörten. Es kamen außerdem Items mit Umkehrskalen vor. Wenn solche Items in unsere Analysen gelangen, ergeben sie Resultate, die den für „response-set"-Einflüssen voraussichtlich noch anfälligeren Einstellungsmaßen entsprechen. Besonders die Resultate zu dem Komplex „Einfluß" lassen erkennen, daß sich Sozialwissenschaftler nicht immer als „Unterdrückte" charakterisieren. Sie geben einen signifikant höheren individuellen Einfluß an als die Naturwissenschaftler (*Lodahl* und *Gordon* 1973a), und diese Ergebnisse wurden in England bestätigt (*Beyer* und *Lodahl* 1974). Natürlich können wir mit Querschnittsdaten nicht beanspruchen, eine Kausal- oder Wechselwirkungsbeziehung bewiesen zu haben. Die Natur und die Richtung der Beziehungen bleibt ein Gegenstand für weitere Forschungen.

[56] *Harrison Trice, James Belasco* und *Joseph A. Alutto*, The Role of Ceremonials in Organizational Behavior, in: Industrial and Labor Relations Review, 23 (1969), S. 40—52.

[57] *Kuhn* 1970, a.a.O., S. 178.

[58] *Lodahl* und *Gordon* 1973a, a.a.O.

[59] *Lodahl* und *Gordon* 1973b, a.a.O., und *Beyer* und *Lodahl* 1974, a.a.O.

Aus dem Englischen übersetzt von *Xenia Ritter-Vosen*

Anomie und Dissens in wissenschaftlichen Gemeinschaften[*]

Von Lowell L. Hargens

Vor etwas mehr als zehn Jahren stellte *Warren O. Hagstrom* die These auf, daß es mindestens zwei Zustände mangelnder sozialer Regelung in wissenschaftlichen Gemeinschaften (d. h. scientific communities) gibt. Ausgehend von *Emile Durkheims* Theorie der Solidarität in sozialen Kollektiven[2], argumentiert er, daß einige wissenschaftliche Gemeinschaften (zum Beispiel die Mehrzahl der zeitgenössischen Sozialwissenschaften) einen verhältnismäßig geringen Grad an Übereinstimmung bezüglich der Normen, Werte und Überzeugungen aufweisen, die für die Durchführung von Forschungsarbeit von zentraler Bedeutung sind, während in anderen Gemeinschaften (wie zum Beispiel der gegenwärtigen Mathematik) die Bemühungen spezialisierter Forscher wenig wechselseitige Abhängigkeit vorweisen, obwohl solche Übereinstimmung besteht. *Hagstrom* bezeichnete den ersten Typ sozialer Fehlorganisation als „Dissens", und, *Durkheim* folgend, den zweiten als „Anomie".

Hagstrom legte nur anekdotisches Beweismaterial für seine Behauptungen vor[3], und nachfolgende Arbeiten zu solchen Fragen tendierten dazu, nur Dissens in den Mittelpunkt ihrer Betrachtungen zu stellen[4]. Deshalb werde ich in dieser Arbeit zusätzliche Beweise für die Gültigkeit seiner Unterscheidung vorlegen. Dieses Beweismaterial betrifft hauptsächlich die alltäglichen Gewohnheiten und Überzeugungen akademischer Wissenschaftler in verschiedenartigen wissenschaftlichen Gebieten und stammt aus Quellen, die sich zum größten Teil nicht mit *Hagstrom*s These beschäftigten[5]. Nach Durchsicht des Beweismaterials werde ich zu einigen gängigen Theorien über Beziehungen zwischen den beiden Arten sozialer Fehlorganisation und ihre jeweiligen Ursachen Stellung nehmen.

I. Konsens und Dissens in wissenschaftlichen Gemeinschaften

Seit dem Erscheinen seines Buches „Die Struktur wissenschaftlicher Revolution" sind die meisten Diskussionen über Konsens und Dissens in wissenschaftlichen Bereichen nach dem Muster von *Thomas S. Kuhn*s Werk verlaufen[6]. *Kuhn* unterschied zwischen Gebieten, die eine „Tradition normaler Wissenschaft" aufweisen, und solchen, bei denen dies nicht der Fall ist, und behauptete, daß erstere dadurch gekennzeichnet sind, daß ihre Mitglieder Paradigmen teilen. Obwohl *Kuhn* den Begriff „Paradigma" auf ganz

[*] Ich bin *Warren O. Hagstrom* für seine Vorschläge und Ermutigungen zu der vorliegenden Arbeit zu großem Dank verpflichtet.

unterschiedliche Weise verwendete[7], verstand er in seiner allgemeinsten Bedeutung darunter eine „Anordnung von Überzeugungen, Werten, Techniken und so weiter", die sich auf die Durchführung von Forschungsarbeiten beziehen[8]. Er behauptete auch, daß ein Paradigma die „grundlegende Analyseeinheit für denjenigen (darstellte), der sich mit Wissenschaftsentwicklung beschäftigt, eine Einheit, die nicht auf logisch atomistische Komponenten zurückgeführt werden kann, die an ihrer Stelle wirksam sein mögen"[9].

Nach *Kuhn* hat die Existenz eines von Forschern gemeinsam geteilten Paradigmas in einem bestimmten Bereich stillschweigende Übereinkunft über die relative Wichtigkeit von verschiedenen möglichen Forschungsgegenständen, die bei der Durchführung der Forschungsarbeit zu verwendenden Methoden und die bei der Beurteilung von wissenschaftlichen Forschungen anzulegenden Wertmaßstäbe zur Folge. Folglich kann Forschungsarbeit in Bereichen, die eine Tradition normaler Wissenschaft besitzen, insofern mit „Rätsellösen" verglichen werden als, wie bei Rätseln, bei Forschungsproblemen spezifische Lösungen als gegeben vorausgesetzt werden, die durch Anwendung von geeigneten Techniken erreicht werden können[10]. Innerhalb einer Tradition normaler Wissenschaft wird die Anhäufung von gelösten Rätseln als Beweis für wissenschaftlichen Fortschritt angesehen. Dagegen weisen Bereiche, denen eine Tradition normaler Wissenschaft fehlt, weniger Übereinstimmung über die Gegenstände, Techniken und Wertmaßstäbe der Forschungsarbeit auf mit dem Ergebnis, daß hier häufig Forscher vertreten sind, die sich selbst als Mitglieder konkurrierender „Schulen" sehen und nicht fähig sind, kontinuierlichen und stetigen wissenschaftlichen Fortschritt als Ergebnis ihrer gemeinsamen Anstrengungen zu erkennen. *Kuhn* sieht in den zeitgenössischen Sozialwissenschaften ein Beispiel für Gebiete, denen eine Tradition normaler Wissenschaft fehlt.

*Kuhn*s ursprüngliche Erörterungen des einheitlichen Charakters wissenschaftlicher Paradigmen besagten, daß innerhalb eines gegebenen Bereiches die Übereinstimmung über die verschiedenen logisch zu unterscheidenden Paradigmaelemente (Urteile über die relative Wichtigkeit verschiedener möglicher Forschungsgegenstände, Forschungstechniken usw.) ein gewisses einheitliches Niveau aufweist. Neuerdings hat *Kuhn* seine ursprüngliche Formulierung in zwei wichtigen Punkten geändert. Zunächst hat er seine frühere Gleichsetzung von normaler Wissenschaft mit dem Teilen eines Paradigmas aufgegeben. „Die Art dieses Übergangs zur Reife verdient, genauer als es in diesem Buch geschah, besonders von denen erörtert zu werden, die sich mit der Entwicklung der zeitgenössischen Sozialwissenschaften befassen. Dabei kann der Hinweis darauf hilfreich sein, daß der Übergang nicht mit der ersten Übernahme eines Paradigmas assoziiert werden muß (noch sollte, wie ich heute glaube). Die Mitglieder aller wissenschaftlichen Gemeinschaften einschließlich der Schulen der „präparadigmatischen" Periode teilen die Elemente, die ich zusammenfassend als ein „Paradigma" bezeichnet habe. Mit dem Übergang zur Reife verändert sich nicht das Vorhandensein eines Paradigmas, sondern vielmehr seine Natur. Erst nach der Veränderung ist normale problemlösende Forschung möglich. Viele Attribute einer entwickelten Wissenschaft, die ich (oben) mit dem Erwerb eines Paradigmas in Verbindung gebracht habe, möchte ich jetzt deshalb als Konsequenzen des Erwerbs einer Art von Paradigma erörtern, das schwierige

Rätsel identifiziert, Anhaltspunkte zu ihrer Lösung und die Garantien liefert, daß ein wirklich tüchtiger Fachmann Erfolg hat[11]."

Zweitens ist *Kuhn* dabei, die Elemente der gemeinsamen Bindung, die ein Paradigma ausmachen, zu spezifizieren. So beschreibt er nun ein Paradigma als eine „disziplinäre Matrix", die „aus verschiedenartigen, geordneten Elementen zusammengesetzt ist, die alle genauer spezifiziert werden müssen". „Alle oder die meisten Gegenstände der Gruppenbildung, die der erste Text zu Paradigmen, Teilen von Paradigmen macht oder als paradigmatisch bezeichnet, sind Bestandteile der disziplinären Matrix und bilden als solche ein Ganzes mit gemeinsamer Funktion. Sie können aber nicht mehr als einheitlich dargestellt werden[12]."

In eine vorläufige Liste der Elemente einer disziplinären Matrix nimmt er symbolische Verallgemeinerung auf, metaphysische und heuristische Modelle, allgemeine Wertvorstellungen (wie etwa den Glauben, daß eine Theorie innere und äußere logische Konsistenz besitzen soll) und beispielhafte konkrete Problemlösungen, auf die er sich als Musterbeispiele bezieht[13].

Durch solche Schritte hoffte *Kuhn,* einige der Zweideutigkeiten und Teufelskreise seiner ursprünglichen Formulierung auszuschalten[13], und vor allem der Interpretation eines Paradigmas als „einer quasi-mystischen Einheit, die, ähnlich einem Charisma, diejenigen verwandelt, die davon beeinflußt werden"[14], entgegenzuwirken. Seine Neuformulierung deutet die Möglichkeit an, daß vielleicht darin Unterschiede bestehen, wie die verschiedenen Elemente eines Paradigmas von den Mitgliedern eines Bereiches geteilt werden[15]. In Fällen, wo die Übereinstimmung auf nur ein oder zwei Elemente eines möglichen Paradigmas beschränkt bleibt, könnte man von „unvollständigen Paradigmen" oder „Paradigmafragmenten" sprechen. *Margaret Masterman* zum Beispiel behauptet, daß in den zeitgenössischen Sozialwissenschaften: „jeder Teilbereich, wenn er aufgrund seiner Techniken definiert wird, so offenkundig trivialer und enger ist als der Bereich, wenn er durch Erfassen des Wesentlichen bestimmt wird, und daß auch die verschiedenen operationalen Definitionen, die die Techniken bereitstellen, so grob voneinander abweichen, daß eine Diskussion über grundsätzliche Fragen und langfristigen Fortschritt (im Gegensatz zu stellenweisem Fortschritt) nicht stattfindet[16]."

Demgemäß könnte man die zeitgenössischen Sozialwissenschaften als aus einer Vielzahl von Paradigmafragmenten bestehend charakterisieren, von denen einige in erster Linie Techniken ohne entsprechende theoretische Modelle und Verallgemeinerungen darstellen, andere dagegen sind metaphysische Modelle ohne dazugehörige Forschungstechniken oder konkrete Voraussagen, und wieder andere konzentrieren sich auf offensichtlich triviale und enggefaßte, selbständige Themen (in dem von *Masterman* erörterten Sinn). Es sei darauf hingewiesen, daß diese Charakterisierung von Paradigmen in den Sozialwissenschaften mit der Beobachtung *Hagstrom*s übereinstimmt, daß Sozialwissenschaftler eher eklektisch in bezug auf die Paradigmen in ihren Gebieten vorgehen, als daß sie einem von ihnen verpflichtet sind[17]. Wenn Paradigmen unvollständig sind, dann fördern sie nicht diese Bindung, die die Voraussetzung darstellt für heftige Gegensätze und harte Konkurrenz zwischen den Mitgliedern verschiedener „Schulen". Im Gegensatz dazu neigen *Masterman* und *Kuhn* dazu, das Ausmaß von Konflikt und Bindung in den Sozialwissenschaften zu übertreiben, wenn sie behaupten, daß Sozialwissenschaftler in einer Vielzahl von Gemeinschaften organisiert sind, jede um ein besonderes Paradigma herumgruppiert[18].

Dadurch daß *Kuhn* Paradigmen in Teilelemente zerlegt, wirft er offene Fragen über die Beziehungen der Elemente untereinander und über das Ausmaß auf, in dem sie intern konsistent und vollständig sein müssen, bevor sie eine Tradition normaler Wissenschaft unterstützen können. Obwohl die dramatischsten Augenblicke einer wissenschaftlichen Revolution und das Auftauchen einer neuen Tradition normaler Wissenschaft Paradigmen einbeziehen können, die gekennzeichnet sind durch einen einheitlich hohen Grad an Übereinstimmung über Fragen der Theorie, Problembestimmung, Methode und so weiter, sollte die Übereinstimmung über die verschiedenen Elemente eines Paradigmas empirisch überprüft werden, anstatt sie als gleich vorauszusetzen.

Aufgrund dieser Überlegungen wird klar, daß eine vollständige Analyse der Übereinstimmung in wissenschaftlichen Disziplinen eine hervorragende empirische und analytische Aufgabe darstellt. In ihren ersten Versuchen, den Gesamtgrad an Übereinstimmung in verschiedenen Disziplinen zu messen, haben Wissenschaftssoziologen notwendig ziemlich grobe Maßstäbe auf verschiedene Disziplinen angewendet, von denen man annahm, daß sie große Unterschiede aufweisen würden. Fast alle Beweise, die in Daten gesammelt wurden, gründeten sich auf die Antworten von Wissenschaftlern auf direkte Fragen darüber, wie sie den Grad an Konsens in ihren entsprechenden Disziplinen wahrnahmen. *Tabelle 1* zeigt Ergebnisse aus drei solcher Untersuchungen für die Disziplinen, die von mindestens zwei der Studien untersucht worden sind.

Drei verschiedene Ebenen von Äußerungen sind in dieser Tabelle repräsentiert. Die Spalten 1 und 2 sind Antworten auf Fragen bezüglich der Auffassungen von Wissenschaftlern über ihre Disziplinen insgesamt. *Bernard Berelson*s Daten in Zeile 1 bestehen aus Antworten auf die ziemlich allgemeine und daher etwas unbestimmte Frage: „Wie würden Sie insgesamt den gegenwärtigen Zustand in ihrer Disziplin auf nationaler Ebene — ihre intellektuelle Stärke, Entwicklung, Fortschritt usw. — charakterisieren?" Die Antworten in Zeile 2 beruhen auf *Kuhn*s Behauptung, daß Bereiche, die nicht durch die Existenz einer Tradition normaler Wissenschaft charakterisiert sind, dazu neigen, konkurrierende Sichtweisen oder Schulen aufzuweisen. Daher wird das Vorhandensein solcher Erscheinungen als ein Anzeichen für Dissens, gleich welchen Ursprungs, gewertet (oder in *Kuhn*s Begriffen, gleich über welche Elemente eines Paradigmas Uneinigkeit herrscht). Die Verhaltensmuster, die in beiden Zeilen zutage treten, stimmen mit der Erwartung des gesunden Menschenverstandes überein, daß die Sozialwissenschaften einen weitaus höheren Grad an Dissens aufweisen als die Natur- und formalen Wissenschaften, und es liegen auch Anzeichen dafür vor, daß in der Chemie ein etwas höherer Grad an Dissens vorliegt, als in der Mathematik.

Zeile 3 und 4 der *Tabelle 1* zeigen Antworten auf Fragen, in denen eher versucht wurde, allgemeine Ursachen von Dissens zu isolieren, als den Gesamtgrad von Konsens oder Dissens zu messen. Die Antworten in Zeile 3 beziehen sich auf den Grad an Übereinstimmung, der über die relative Wichtigkeit von Forschungsfragen besteht, während die in Zeile 4 den Grad an Übereinstimmung betreffen, der darüber vorhanden ist, was man „Beweismaßstäbe" nennen könnte. Die Ergebnisse deuten an, daß die Sozialwissenschaften (hier vertreten durch Politische Wissenschaft) einen geringeren Grad an

Tabelle 1: Maßstäbe für wahrgenommenen Konsens in fünf wissenschaftlichen Disziplinen

(Die Zahlen in Klammern geben die Anzahl der Fälle an, auf denen die Statistik beruht)

| Maßstab | Disziplin | | | | |
	Chemie	Physik	Mathe-matik	Sozio-logie	Polit. Wissenschaft
1. Prozentsatz derer, die berichten, daß der Zustand ihrer Disziplin „sehr befriedigend"[1] ist	48 %	64 %	59 %	21 %	6 %
2. Prozentsatz derer, die berichten, daß es in ihrer Disziplin wenig oder gar keine konkurrierenden Sichtweisen oder „Schulen" gibt[2]	64 % (213)	—	82 % (178)	—	18 % (212)
3. Prozentsatz derer, die berichten, daß in ihrer Disziplin Übereinstimmung über die relative Wichtigkeit aller oder der meisten Forschungsfragen besteht[2]	59 % (213)	—	62 % (181)	—	33 % (211)
4. Prozentsatz derer, die berichten, daß Uneinigkeit über Gültigkeit veröffentlichter Forschung in ihrer Disziplin ziemlich ungewöhnlich oder nicht vorhanden ist[3]	50 % (215)	—	93 % (181)	—	16 % (210)
5. Mittleres Maß an Uneinigkeit mit Forschungsmitarbeitern[3]	2.4 (296)	3.0 (340)	—	3.2 (260)	3.5 (265)

1 Quelle: *Bernard Berelson*, Graduate Education in the United States, New York 1960, S. 212. *Berelson* berichtet nicht die Anzahl von Fällen, auf denen diese Zahlen im einzelnen basieren, aber Material, über das in seinem methodologischen Anhang berichtet wird, legt nahe, daß sie wahrscheinlich zwischen 100 bis 200 Fällen pro Zahl liegen. Zusätzlich enthält sein Sample von Mathematikern Statistiker, aber es besteht wenig Grund, anzunehmen, daß dies den Maßstab sehr beeinflußt.

2 Quelle: *Lowell L. Hargens*, Patterns of Scientific Research, Washington, D. C.: American Sociological Association, 1975, S. 17—19.

3 Quelle: *Janice B. Lodahl* und *Gerald Gordon*, The Structure of Scientific Fields and the Functioning of University Graduate Departments, in: American Sociological Review 37 (1972), S. 63. Die Bewertungen, auf denen diese Mittelwerte beruhen, wurden von einer Frage abgeleitet, in der Wissenschaftler darum gebeten wurden, das Maß an Uneinigkeit auf einer Skala zu veranschlagen, die von 1 (fast keine Uneinigkeit) bis 10 (große Uneinigkeit) reichte.

Übereinstimmung besitzen als die Natur- und formalen Wissenschaften und daß Mathematik einen erheblich höheren Grad an Übereinstimmung über Beweismaßstäbe aufweist als Chemie. Wiederum stimmen diese Ergebnisse mit Erwartungen des gesunden Menschenverstandes überein, aber sie legen auch eine mögliche Erklärung für den etwas höheren Grad an Gesamtkonsens nahe, der für die Mathematik im Verhältnis zur Chemie aufgezeigt wurde, und der in Zeile 1 und 2 gezeigt ist.

Schließlich enthält Zeile 5 der *Tabelle 1* Material von *Janice B. Lodahl* und *Gerald Gordon* über die Wahrnehmung von Uneinigkeit mit Forschungsmitarbeitern. Obwohl nicht exakt in Begriffen von disziplinärem Konsens ausgedrückt, sollte dieser Typ von Frage insofern solchen Konsens widerspiegeln, als Bereiche mit hohem Grad an Übereinstimmung über die verschiedenen Elemente eines wissenschaftlichen Paradigmas per definitionem auch Mitglieder haben, die Forschungsperspektiven und wissenschaftliche Werte miteinander teilen. Obwohl diese Frage auf einem niedrigeren Allgemeinheitsniveau formuliert ist als diejenigen, die sich auf Wahrnehmungen zu ganzen Disziplinen beziehen, so sollte sie dennoch in dem Maße ein ähnliches Muster von Antworten wie die Zeilen 1 und 2 aufweisen, wie Wahrnehmungen von Uneinigkeit nur durch disziplinären Konsens beeinflußt werden. Es besteht aber einiger Grund zu der Annahme, daß konkretere Maße für Konsens, wie sie zum Beispiel in Zeile 5 gezeigt sind, auch mit größerer Wahrscheinlichkeit durch Variablen von außen zusätzlich zum Konsens beeinflußt werden. Es wird zum Beispiel häufig behauptet, daß in Gebieten, die teure und komplexe Forschungstechnologien besitzen, die Wissenschaftler gezwungen sind, kollaborativen Forschungsunternehmungen beizutreten, denen sie sonst nicht beitreten würden[19]. Da allgemein angenommen wird, daß eine solche Bedingung besonders innerhalb gewisser Spezialgebiete der Experimentalphysik gegeben ist, kann es sein, daß der höhere Grad an Uneinigkeit, der in Zeile 5 für die Physiker im Vergleich zu den Chemikern dargestellt ist, eher das Ergebnis der größeren Forschungsteams ist, die durch Forschungstechnologien in der Physik nötig werden, als ein geringerer Grad an Übereinstimmung in der Physik im Gegensatz zur Chemie.

Im allgemeinen stimmen die Daten in *Tabelle 1* mit dem Anspruch überein, daß der Grad an Übereinstimmung in den Natur- und formalen Wissenschaften höher ist als in den Sozialwissenschaften, und gehen daher konform mit den üblichen Erwartungen. Man könnte jedoch argumentieren, daß sie nur die Stereotypen anzeigen, da sie lediglich auf Wahrnehmungen beruhen, die Wissenschaftler über ihre Disziplinen teilen. *Thomas J. Scheff* bemerkte, daß die Phänomene pluralistischer Unwissenheit und falschen Konsensus problematische Beeinträchtigungen darstellen bezüglich Konsens und Dissens, die sich nur auf Wahrnehmungen von Einzelnen gründen[20]. Daher ist es ratsam, solche Beweise, wie sie in *Tabelle 1* enthalten sind, mit unabhängigen Maßstäben für wissenschaftlichen Konsens zu erweitern, die nicht aus Wahrnehmungen von Wissenschaftlern bestehen.

Zwei Arten von Maßstäben, die dieses Kriterium erfüllen, sind kürzlich zur Diskussion gestellt worden. Einmal haben *Zuckerman* und Merton darauf hingewiesen, daß Unterschiede zwischen Disziplinen in den Ablehnungsraten ihrer Zeitschriften als ein indirektes Maß für Unterschiede im wissenschaftlichen Konsens dienen können[21]. Das Argument hierbei ist einfach: Wenn Wissenschaftler bei der Bestimmung und Wichtigkeit von verschiedenen Forschungsfragen in ihrem Gebiet übereinstimmen, und ebenso bei den Strategien und Techniken, sie zu untersuchen, dann werden sie imstande sein, Forschung zu betreiben, die als ein Beitrag zum Wissen angenommen wird. Aber wenn keine Übereinkunft über diese Wertmaßstäbe erreicht wird, dann werden Urteile der Art, daß einzelne Arbeiten keine Beiträge zum Wissen darstellen, häufiger vorkommen, und die Ablehnungsrate ihrer Zeitschriften wird höher sein. Zum andern hat *Hargens* darauf aufmerksam gemacht, daß die von *Berelson* bereits veröffentlichten Daten über die mittlere Länge von Dissertationen der Philosophischen Fakultät pro Gebiet auch als indirekter Maßstab für den relativen Grad an Konsens in den untersuchten Bereichen dienen können[22]. Dissertationen in Gebieten mit relativ geringem Grad an wissenschaftlichem Konsens müßten zu größerer Länge neigen. Solche Unterschiede in der durchschnittlichen Länge von Dissertationen würden hauptsächlich als eine Funktion des relativen Ausmaßes von Übereinstimmung über Beweismaßstäbe von Gebiet zu Gebiet erscheinen: wo solche Maßstäbe nicht geteilt werden oder zweideutig sind, erfordert das Aufstellen einer These längere und ausführlichere Argumentation als dort, wo Maßstäbe hoch entwickelt und übereinstimmend sind.

Abbildung 1 zeigt das Streuungsdiagramm für die Verbindung zwischen den Daten zur Ablehnungsrate von *Zuckerman* und *Merton* und den Daten von *Berelson* zur mittleren Länge von Dissertationen. Die beiden Typen von Daten liefern Rangordnungen der Gebiete, die ziemlich miteinander zusammenfallen mit Ausnahme dreier Fälle — Psychologie, Geologie und Anthropologie. *Zuckerman* und *Merton* haben aufgezeigt, daß zwei der drei abweichenden Fälle, Psychologie und Anthropologie zusammengesetzte Felder darstellen, die einige Teilgebiete umschließen, welche einigen in den physikalischen Wissenschaften ähneln (z. B. physiologische und experimentelle Psychologie sowie physische Anthropologie), und andere, die einigen Teilgebieten in den Sozialwissenschaften verwandt sind (z. B. klinische und Sozialpsychologie sowie Kulturanthropologie)[23]. Sie zeigen auch, daß die Ablehnungsraten für die Teilgebiete, die den physikalischen Wissenschaften nahestehen, niedriger sind, als sie sich für ihre Disziplinen als ganze darstellen, während die Teilgebiete, die zu den anderen Sozialwissenschaften neigen, sehr viel höhere Ablehnungsraten aufweisen. Wenn Daten zur mittleren Länge von Dissertationen für diese Teilgebiete zur Verfügung stünden, würden sie wahrscheinlich auch ein übereinstimmendes Muster ergeben. Die überraschend niedrige Ablehnungsrate für den dritten abweichenden Fall, Geologie, kann gut das Ergebnis der Tatsache sein, daß die Berechnung von *Zuckerman* und *Merton* auf einem Sample von nur zwei Zeitschriften beruht.

Im allgemeinen stimmen die Ergebnisse für die zwei Messungen von Konsens, die in *Abbildung 1* enthalten sind, mit den Ergebnissen für die Wahrnehmung von Konsens durch Wissenschaftler in *Tabelle 1* überein; alle Messungen deuten darauf hin, daß Politische Wissenschaft und Soziologie so charakterisiert werden können, daß sie einen erheblich höheren Grad an Dissens aufweisen als Physik, Chemie und Mathematik. Darüber hinaus ist zu bemerken, daß Mathematiker als Gruppe den höchsten Grad an wahrgenommener Übereinstimmung über Beweismaßstäbe in *Tabelle 1* (Zeile 4) und auch die geringste mittlere Länge von Dissertationen der Philosophischen Fakultät in Abbildung 1 zeigen[24]. Daher scheint es vernünftig zu folgern, daß die Messungen

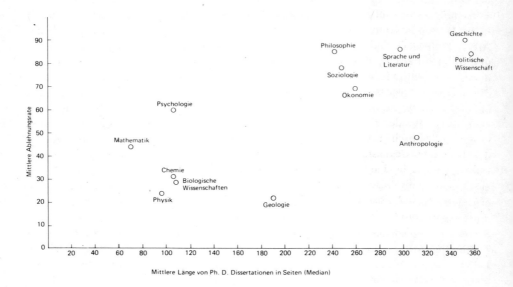

Abbildung 1

zum Konsens, die auf den Wahrnehmungen von Wissenschaftlern basieren, einen Grad
von Zuverlässigkeit besitzen.

Auf der anderen Seite ist es deutlich, daß diese Messungen grob sind, und es ist deshalb
problematisch, ob man auf sie für feinere Unterscheidungen zurückgreifen kann als den
ziemlich großen Unterschieden zwischen den Natur- und Sozialwissenschaften.
Darüberhinaus bedarf es weiterer Untersuchungen, bevor wir sicher sein können, daß
solche Messungen nur von den verschiedenen Elementen des wissenschaftlichen Konsenses beeinflußt sind, die interessieren, und nicht von Variablen außerhalb. *Zuckerman* und *Merton* zum Beispiel weisen darauf hin, daß disziplinäre Ablehnungsraten
eine Funktion von Raumknappheit in wissenschaftlichen Zeitschriften sein könnten[25].
Die U.S. National Science Foundation hat Beweismaterial veröffentlicht, das darauf
hindeutet, daß Unterschiede in Raumknappheit für eine Menge der Unterschiede in
der *Zuckerman-Merton* Ablehnungsrate[26] nicht verantwortlich sind, wenn man die
ziemlich breit angelegten Kategorien bedenkt, die es erfaßt; aber eine detaillierte Studie zur Beziehung zwischen Ablehnungsrate und Raumknappheit steht bisher noch
aus.

In der Zukunft werden hoffentlich zusätzliche Maßstäbe für wissenschaftlichen Konsens entwickelt werden. Ein solcher Maßstab könnte das Ausmaß der Uneinheitlichkeit
von Einschätzungen des Wertes eingereichter Artikel durch Zeitschriften-Sachverstän-
dige einbeziehen. Daten über solche Uneinheitlichkeit sind für eine oder zwei sozial-

wissenschaftliche Zeitschriften veröffentlicht worden[27], sie sind aber noch nicht für sinnvoll vollständige Samples von Zeitschriften aus einer Vielzahl von Disziplinen verfügbar. Ein zweiter möglicher Maßstab könnte aus Informationen über die typischen Gründe für die Ablehnung eingereichter Artikel in verschiedenen Gebieten gewonnen werden. *William D. Garvey, Nan Lin* und *Carnot E. Nelson* zum Beispiel haben Beweise dafür vorgelegt, daß Arbeiten mit größerer Wahrscheinlichkeit aufgrund von Theorie und Methode in den Sozialwissenschaften als in den physikalischen Wissenschaften zurückgewiesen werden und daß dies „trotz" (lies „wegen") der Tatsache so ist, daß Maßstäbe für Theorie und Methode in den ersteren Gebieten schwächer ausgeprägt sind. Auf der anderen Seite wird eine Arbeit mit größerer Wahrscheinlichkeit in den physikalischen Wissenschaften als in den Sozialwissenschaften deshalb abgelehnt, weil der Gegenstand als ungeeignet oder die Ergebnisse kontrovers beurteilt werden[28]. Diese beiden Bedingungen scheinen die stärkere normative Integration der physikalischen im Gegensatz zu den Sozialwissenschaften anzuzeigen. Leider bieten *Garvey, Lin* und *Nelson* diese Art von Information nicht für spezifische Disziplinen innerhalb der physikalischen und Sozialwissenschaften an, und ihre Studie schließt die Mathematik oder irgendeine andere formale Wissenschaft nicht mit ein.

II. Anomie in wissenschaftlichen Gemeinschaften

In dem vorausgegangenen Abschnitt wurde gezeigt, daß eine Vielzahl von Maßstäben, die sowohl subjektive Wahrnehmungen von Wissenschaftlern wie auch objektive Merkmale wissenschaftlicher Disziplin, wie etwa die Ablehnungsrate von Zeitschriften, einschlossen, mit einem ziemlichen Übereinstimmungsgrad die Naturwissenschaften und die Mathematik so einordnet, daß sie einen höheren Grad an wissenschaftlichem Konsens besitzen als die Sozialwissenschaften. Um zu belegen, daß es notwendig ist, eine weitere Form sozialer Fehlorganisation in der Wissenschaft anzunehmen, muß man zeigen, daß es bestimmte Merkmale der Forschungsarbeit gibt, deren Muster quer durch die Disziplinen nicht in Begriffen der Konsens-Dissens Dimension erfaßt werden kann.

Eine anomische Gemeinschaft ist eine Gemeinschaft, in der sich die speziellen Beiträge bestehender Einheiten nicht ergänzen. Nach *Hagstrom* haben die Mitglieder anomischer wissenschaftlicher Gemeinschaften keine Kenntnis davon, wer über ähnliche Forschungsprobleme arbeitet oder wer von der Lösung des eigenen Forschungsproblems betroffen sein wird. „Die Solidarität einer wissenschaftlichen Gemeinschaft wird gewöhnlich durch die empfundene gegenseitige Abhängigkeit von spezialisierten Wissenschaftlern aufrechterhalten, die sich gegenseitig Informationen zukommen lassen und dafür die Anerkennung ihrer Kollegen erlangen . . . Wissenschaftliche Anomie kann näher bestimmt werden als der Verlust der Solidarität, der die Folge eines allgemeinen Zusammenbruchs im Austausch von Information und Anerkennung darstellt[29]."

Durkheim bemühte sich zu erklären, daß Anomie nicht gleichbedeutend mit Dissens ist; seiner Meinung nach verbessern zum Beispiel Versuche, das kollektive Bewußtsein einer anomischen Gemeinschaft zu stärken, die Situation nicht[30]. Auf der anderen

Seite basieren die meisten der nachfolgenden Abhandlungen über den Begriff der Anomie auf der zumindest impliziten Annahme, daß sie umgekehrt proportional zum Konsens ist[31]. Insofern, als diese Annahme in empirischen Untersuchungen verwendet wird, kann die Messung von Anomie und Dissens vermengt werden. *Hagstrom* weist zum Beispiel darauf hin, daß ein mögliches Maß für Anomie in einer wissenschaftlichen Gemeinschaft in der Häufigkeit besteht, mit der veröffentlichte Abhandlungen von den Mitgliedern dieses Gebietes als trivial beurteilt werden[32]. Solch ein Maßstab scheint eher eine Funktion des wissenschaftlichen Dissenses als der Anomie zu sein. Ich werde die Annahme vermeiden, daß Anomie und Dissens in einer negativen Beziehung zueinander stehen, und deshalb Indikatoren für Anomie verwenden, die die Vermengung der beiden auf ein Mindestmaß reduzieren. Deshalb werde ich zu zeigen versuchen, daß die Mathematik im Vergleich zu anderen Gebieten Merkmale aufweist, die einem Zustand der Anomie zugerechnet werden können, obwohl sie, wie oben dargestellt wurde, auch Beweise für einen relativ hohen Grad an wissenschaftlicher Übereinstimmung aufweist.

Wie bereits erwähnt, haben sowohl *Hagstrom* wie auch *Charles S. Fisher* anekdotisches Beweismaterial dafür vorgelegt, daß die Forschungsanstrengungen von Mathematikern zwar hoch spezialisiert, aber nicht hochgradig miteinander verbunden sind. *Fisher* stellt zum Beispiel bei einem Vergleich zwischen Mathematik und Physik fest: ,,(In der Physik) besteht eine allgemein akzeptierte Vorstellung darüber, was grundlegend ist, und eine vage definierte Prestigehierarchie aufgrund von Theorieproduktion. Die Mathematik hingegen ist eine breitere, weniger konzentrierte Disziplin, deren Mitglieder häufig in relativer Isolation arbeiten[33].‘‘

Material aus *Hagstrom*s Studie zur Konkurrenz in der Wissenschaft verstärkt die Charakterisierung der Forschungsanstrengungen von Mathematikern als relativ isoliert im Vergleich zu anderen Gebieten. *Hagstrom* fragte Personen in vier Gebieten: ,,Haben Sie jemals erlebt, daß ein anderer Wissenschaftler Ergebnisse veröffentlicht hat, die Sie früher publizierten, ohne auf Ihre Arbeit Bezug zu nehmen[34]?‘‘

Der Prozentsatz derjenigen, die eine zustimmende Antwort gaben und die eine solche uneingestandene Nachbildung mangelnder Kenntnis des früheren Werkes zuschrieben, sind in Zeile 1 von *Tabelle 2* für jedes der vier Felder zu sehen. Wie aufgrund der obigen Erörterungen zu erwarten, führen Mathematiker mit größerer Wahrscheinlichkeit als Wissenschaftler in anderen Gebieten uneingestandene Wiederholung auf Unkenntnis der früheren Arbeit zurück.

*Hagstrom*s Beweismaterial in bezug auf den Grad an Konkurrenz um Priorität in den vier Gebieten ist auch relevant für die Frage der wissenschaftlichen Anomie. Wahrnehmungen von Konkurrenz um Priorität von Gebiet zu Gebiet müssen in einer negativen Beziehung sowohl zu Dissens wie auch Anomie stehen. Wenn Forscher in einem bestimmten Gebiet in der Bestimmung wichtiger Forschungsprobleme und den allgemeinen Regeln oder Techniken zu ihrer Lösung übereinstimmen, dann kann ihre Wahrnehmung, daß es wenig Konkurrenz um Priorität in ihren Gebieten gibt, einen Zustand der Anomie anzeigen. Da bereits Beweise vorliegen, die andeuten, daß die Mathematik einen verhältnismäßig hohen Grad an Übereinstimmung aufweist, impliziert die Hypothese, daß sie gleichzeitig anomisch ist, daß Mathematiker weniger Konkurrenz in

Tabelle 2: Messungen zum Wissen um die Arbeit anderer und zum Wettbewerb in vier wissenschaftlichen Disziplinen (die Zahlen in Klammern geben die Anzahl der Fälle an, auf denen die Statistik beruht)

Maßstab	Disziplin			
	Mathematik	Physik	Chemie	experimentelle Biologie
1. Prozentsatz derer, die die Nachbildung früherer Arbeiten ohne Bezugnahme auf diese Arbeiten mangelndem Wissen um das frühere Werk zuschreiben[1]	74 % (85)	58 % (160)	59 % (196)	43 % (138)
2. Prozentsatz derer, die niemals in der Präsentation von Ergebnissen durch andere vorgenommen wurden[2]	46 % (284)	38 % (446)	32 % (517)	33 % (316)
3. Prozentsatz derer, die sich ganz sicher bei Diskussionen um laufende Forschung mit anderen fühlen, die ähnliche Arbeit in anderen Institutionen machen[1]	56 % (283)	52 % (445)	36 % (516)	45 % (316)
4. Prozentsatz derer, die nicht in Betrachtung gezogen haben, Forschungsprobleme in einem anderen Spezialgebiet auszuwählen wegen der Konkurrenz in ihren gegenwärtigen Forschungsgebieten[1]	90 % (196)	73 % (341)	77 % (427)	78 % (248)
5. Durchschnittliche Bearbeitungszeit pro Abhandlung in wissenschaftlichen Zeitschriften (Monate)[3]	10	6.3	6.8	7

1 Quelle: *Warren O. Hagstrom,* Competition and Teamwork in Science, Madison, Wisconsin: Final Report of the National Science Foundation, 1967, S. 124—127.
2 Quelle: *Warren O. Hagstrom,* Competion in Science, in: American Sociological Review 39 (1974), S. 1—18.
3 Quelle: *National Science Foundation,* Office of Science Information Service Characteristics of Scientific Journals, 1949—1959, Washington, D. C.: National Science Foundation, 1964. S. 8.

ihrem Gebiet wahrnehmen, als dies für Wissenschaftler in anderen Bereichen gilt. Zeilen 2, 3 und 4 von *Tabelle 2* zeigen Daten aus *Hagstroms* Studie für drei mögliche Maßstäbe von wahrgenommener Konkurrenz um Priorität. Obwohl die Unterschiede zwischen Mathematik und den anderen Gebieten in diesen 3 Zeilen nicht immer groß sind, stimmen sie alle mit den Erwartungen überein, die oben skizziert wurden.

Weiteres Beweismaterial für einen geringeren Grad an Konkurrenz in der Mathematik kann gewonnen werden, wenn man den Zeitraum untersucht, der gewöhnlich zwischen dem Einreichen von Manuskripten an Forschungszeitschriften und, bei Annahme, ihrer endgültigen Veröffentlichung verstreicht. In Gebieten mit hohem Grad an Konkurrenz müßte diese Zeitspanne verhältnismäßig kurz sein, weil die Wissenschaftler darauf bedacht sind, die Möglichkeit zu reduzieren, daß ihnen jemand zuvorkommt. Wo die Konkurrenz schwächer ist wird dagegen auch der Druck zu schneller Bearbeitung gerin-

ger sein. Zeile 4 von *Tabelle 2* enthält Daten, die für diese Frage relevant sind[35]. Im
Gegensatz zu anderen Gebieten mit durchschnittlichen Bearbeitungszeiten von 6–7
Monaten weist die Mathematik eine durchschnittliche Bearbeitungszeit von 10 Mona-
ten auf.

Es besteht guter Grund zu der Annahme, daß Konkurrenz um Priorität auch in den Sozialwissenschaften schwach ausgeprägt ist. Die durchschnittliche Bearbeitungszeit bei
den Zeitschriften in diesen Bereichen beträgt zum Beispiel 9,2 Monate[36]. Diese Zahl
berücksichtigt jedoch nicht die Tatsache, daß Forscher in den Sozialwissenschaften
ihre Ergebnisse häufig eher in Buchform denn als Zeitschriftenartikel veröffentlichen.
Eine solche Vorgehensweise ist nur durchführbar in Gebieten mit geringem Grad an
Konkurrenz um Priorität, und wenn es möglich wäre, eine Gesamtschätzung über die
durchschnittliche Zeitspanne zwischen dem Einreichen und der Veröffentlichung von
Forschungsergebnissen für die Sozialwissenschaften zu erhalten, die sowohl Bücher wie
auch Zeitschriftenartikel einschließen würde, dann scheint es sicher, daß eine Zahl weit
über 9,2 Monaten herauskäme. Bei dem relativ geringen Grad an Übereinstimmung, der
oben für die Sozialwissenschaften aufgezeigt wurde, scheint es angemessen, ihren allgemein niedrigen Grad an Konkurrenz um Priorität eher dem Dissens als der Anomie zuzuschreiben.

*Durkheim*s Theorie über Anomie gab an, daß die Existenz von Anomie in einer Gemeinschaft Auswirkungen auf bestimmte Verhaltensweisen und Erfahrungen ihrer Mitglieder hat. Im Fall von Anomie in wissenschaftlichen Gemeinschaften könnte man erwarten, daß das Versäumnis, die Wechselbeziehungen zwischen den eigenen Forschungsanstrengungen und denen anderer Wissenschaftler zu sehen, zu solchen Erscheinungen wie geringer Grad beruflicher Kommunikation, Verlust von Vertrauen in die
Bedeutung der eigenen Arbeit und Zurückziehen von Forschung überhaupt führen
wird. „Das Ausbleiben von Anerkennung und Bestätigung des eigenen Urteils durch die
Urteile anderer kann zum Verlust des Glaubens in dem Wert der eigenen Arbeit führen.
Wenn jemand hoch spezialisiert ist und vor allem, wenn er alt ist und ihm die Vorstellung mißfällt, Jahre damit zu verbringen, in einem neuen Spezialgebiet zu arbeiten,
dann kann ein solcher Vertrauensverlust von einem allgemeinen Rückzug von kreativer
Arbeit, von Ablehnung sowohl der Ziele wie auch der Mittel von Wissenschaft gefolgt
sein[37]."

Relevantes Beweismaterial zu diesen Fragen wurde von *Hargens* vorgelegt und ist in
Tabelle 3 zusammengefaßt. Die Zeilen 1 und 2 dieser Tabelle enthalten Daten zu zwei
möglichen Maßstäben für berufliche Kommunikation, und die Ergebnisse für beide
stimmen mit der Hypothese überein, daß Mathematiker Verhaltensmuster aufweisen,
die in größerem Maß disziplinärer Anomie zugeschrieben werden können als Forscher
in den anderen zwei Bereichen. Die gleiche Schlußfolgerung gilt für Datenmaterial, das
sich mit dem Grad an Vertrauen in die Wichtigkeit der eigenen Arbeit und dem Anteil
derjenigen beschäftigt, die gegenwärtig nicht mit Forschung beschäftigt sind (Zeilen 3
und 4). Wie für Samples von Wissenschaftlern an US-Universitäten zu erwarten, weist
nur eine kleine Minderheit in jedem Gebiet einen geringen Grad an solchem Vertrauen
auf und betreibt keine Forschung. Die Unterschiede zwischen den drei Disziplinen
stimmen jedoch mit denen in Zeile 1 und 2 überein. Deshalb sind die Ergebnisse in

Tabelle 3 nicht nur vereinbar mit der Annahme, daß die Mathematik einen relativ hohen Grad an Anomie aufweist, sie sind auch vereinbar mit *Hagstrom*s Behauptung, daß die zeitgenössischen Sozialwissenschaften keinen so hohen Grad an Anomie besitzen und daß deshalb Anomie und Dissens zwei unterschiedliche Formen sozialer Fehlorganisation in wissenschaftlichen Gemeinschaften darstellen[38].

Tabelle 3: Maßstäbe für berufliche Kommunikation, Vertrauen in die Bedeutung der eigenen Forschung und Zurückziehen von Forschung für drei Disziplinen (die Zahlen in Klammern geben die Anzahl der Fälle an, auf denen die Statistik beruht)[1]

Maßstab	Disziplin		
	Mathematik	Chemie	Politische Wissenschaft
1. Geschätzte Anzahl von Stunden pro Woche, die auf berufliche Korrespondenz verwendet werden	2.1 (167)	4.1 (212)	3.7 (200)
2. Prozentsatz derer, die während des vergangenen Jahres keine Zeit auf beruflichen Treffen, Konferenzen, oder Gründungs- oder von der Regierung vermittelten Treffen verbrachten	11 % (179)	2 % (218)	0 % (212)
3. Prozentsatz derer, die häufig Perioden niedriger Produktivität in ihren Forschungsanstrengungen dem Empfinden zuschreiben, daß ihre Forschungsprobleme nicht sehr wichtig sind	12 % (178)	6 % (218)	7 % (212)
4. Prozentsatz derer, die gegenwärtig keine Forschung betreiben	11 % (205)	3 % (225)	3 % (220)

1 Quelle: *Lowell L. Hargens*, Patterns of Scientific Research, Washington, D. C.: American Sociological Association, 1975, S. 28–30.

Ein weiterer Test zur Existenz von Anomie in der Mathematik kann durchgeführt werden, indem man die kürzlich von *Derek J. de Solla Price* veröffentlichten Daten verwendet. *Price* definiert den „Unmittelbarkeitsfaktor" (immediacy factor), auf den er sich auch als „Price's Index" bezieht, als den Anteil von Bezugnahmen in einem bestimmten Gebiet, der Arbeiten zuteil wurde, die während der letzten fünf Jahre veröffentlicht wurden[39]. Somit mißt der Index den Grad, in dem Forschungsarbeiten in einem bestimmten Gebiet eher neue als ältere Arbeiten zitieren. Wie bei der wissenschaftlichen Konkurrenz würde man erwarten, daß *Price*s Index sich sowohl mit wissenschaftlichem Konsens wie auch Anomie verändert. In Disziplinen, die durch einen relativ hohen Grad an Dissens gekennzeichnet sind, zitieren Autoren ältere „klassische" Abhandlungen und Bücher in dem Versuch, ihre Arbeit in einen relevanten theoretischen Kontext einzuordnen, wohingegen in Disziplinen, in denen die Kenntnis und das Teilen eines solchen Kontextes vorausgesetzt werden kann, der zitierte Inhalt öfter aus der neuen einschlägigen Literatur bezogen wird.

Ähnlich wissen in einer anomischen Disziplin Wissenschaftler nicht Bescheid über neue Arbeiten zu ihrer Forschung, und zitieren deshalb neue Arbeiten mit geringer Häufigkeit. Daher würde man erwarten, daß die Naturwissenschaften verhältnismäßig hohe Werte auf *Price*s Index aufweisen und daß Mathematik (wegen der Anomie) und die Sozialwissenschaften (wegen des Dissens) niedrigere Werte haben.

Tabelle 4 zeigt die Werte von *Price*s Index für sechs Bereiche, die oben ausführlich untersucht worden sind. Wie erwartet zeigen die naturwissenschaftlichen Disziplinen in dieser Tabelle die höchsten Werte, sowohl Mathematik wie auch die Sozialwissenschaften weisen niedrigere Werte auf. Die Werte für die beiden sozialwissenschaftlichen Disziplinen sollten mit einiger Vorsicht interpretiert werden, da sie auf verhältnismäßig wenig Artikeln beruhen, aber sie scheinen vergleichbar mit den Werten, die *Price* für Zeitschriftenartikel in anderen sozialwissenschaftlichen Gebieten wie etwa Psychologie und Ökonomie vorgelegt hat. Summa summarum sind die Unterschiede des *Price*schen Index für wissenschaftliche Disziplinen vereinbar mit der Annahme, daß die Mathematik als eine anomische Disziplin gekennzeichnet werden kann.

Tabelle 4: Werte des Price Index[1] für sechs wissenschaftliche Disziplinen[2]

Disziplin	Wert des Price Index	Zahl der Artikel im Sample
Pysik	.50	144
Chemie	.49	172
Experimentelle Biologie	.45	164
Mathematik	.32	89
Soziologie	.38	37
Politische Wissenschaft	.34	8

1 Dies ist der Anteil von Bezugnahmen in einem Gebiet, die sich auf die letzten fünf Jahre der Literatur beziehen. Die in der Tabelle angeführten Zahlen sind standardisierte Durchschnittswerte für Zeitschriften der jeweiligen wissenschaftlichen Disziplin, deren Werte von *Price* beschrieben werden.
2 Quelle: *Derek de Solla Price,* Citation Measures of Hard Science, Soft Science, Technology and Nonscience, in: *Carnot E. Nelson* und *Donald K. Pollock* (Hrsg.), Communication among Scientists and Engineers, Lexington, Mass., 1970, S. 16—21.

So wurde eine Vielzahl von Beweismaterial vorgelegt, um die Haupthypothese dieses Abschnittes zu untermauern, welches von den Wahrnehmungen einzelner Wissenschaftler über ihre eigene Forschungsarbeit bis zu allgemeinen disziplinären Merkmalen wie etwa dem Grad an Konkurrenz und der Neuheit von Bezugnahmen auf Zeitschriften reichte. Obwohl man zögern würde, der Hypothese auf der Basis irgendeines dieser indirekten Maßstäbe für Anomie viel Gewicht zu geben, verdienen sie in ihrer Verbindung kräftigere Unterstützung.

III. Vorbedingungen für Anomie und Dissens in wissenschaftlichen Gemeinschaften

Bis hierher habe ich Beweismaterial vorgelegt für die Hypothese, daß die Sozialwissenschaften einen verhältnismäßig hohen Grad an Dissens ohne Anomie aufweisen, während die Mathematik einen relativ hohen Grad an Anomie ohne Dissens besitzt. Solche Betrachtungen erheben die allgemeine Frage nach den Vorbedingungen oder Mechanismen, aufgrund derer eine Disziplin eine dieser Formen sozialer Fehlorganisation, nicht jedoch die andere, an den Tag legt. Es ist klar, daß diese Frage der ursprünglichen Theorie über Anomie von *Durkheim* fremd ist. Nach *Durkheim* sollte zum Beispiel eine anomische Gemeinschaft insofern auch durch einen hohen Grad an Dissens charakterisiert sein, als die ihr angemessene Form sozialer Integration, „organische Solidarität", mit einer Schwächung des „kollektiven Bewußtseins" verbunden ist. *Durkheim*s Formulierungen sind wegen ihrer Auslassung des vollen Umfangs möglicher Arten von sozialer Solidarität kritisiert worden, und wegen ihrer Aussage über eine falsche evolutionäre Theorie, die sowohl den Grad an Spezialisierung auf ein Mindestmaß reduziert, der in Gemeinschaften mit hohem Grad an Konsens bestehen kann, wie auch den Grad an Konsens, der in modernen komplexen Gesellschaften vorhanden sein kann[40]. Deshalb wird dieser letzte Abschnitt Bedingungen prüfen, die für die Existenz von Formen sozialer Integration verantwortlich sein können, die von *Durkheim* nicht diskutiert wurden.

Wir wollen mit der Frage beginnen, warum Sozialwissenschaftler, die einen relativ hohen Grad an Dissens zeigen, nicht den gleichen Mangel an Integration von Forschungsanstrengungen wie Mathematiker aufweisen. *Hagstrom* vermutete, daß man dies in Begriffen unterschiedlicher Spezialisierungsgrade in den Sozialwissenschaften und der Mathematik erklären kann. „Soziologen sind nicht so hochspezialisiert wie Mathematiker oder die meisten ‚harten Wissenschaftler‘: sie finden es relativ einfach, neue Techniken zu erlernen oder mit Forschung in neuen selbständigen Bereichen zu beginnen. Gleichzeitig werden ‚Spezialgebiete‘, die aus denjenigen bestehen, die sich mit der Erforschung ähnlicher Themen beschäftigen, leicht anerkannt, und die meisten Soziologen können wahrscheinlich eine ganze Menge anderer Soziologen identifizieren, die ihre Probleme teilen und mit ihnen beim Liefern von Lösungen konkurrieren[41]."

Beweismaterial, welches mit *Hagstrom*s Spekulation über die relativen Spezialisierungsgrade in diesen Gebieten übereinstimmt, steht zur Verfügung. Spezialisierung in Wissenschaft ist verknüpft mit wachsenden Ausbildungsanforderungen, und *Berelson* hat gezeigt, daß Graduate Faculty Mitglieder in den Naturwissenschaften und der Mathematik eher als solche in den Sozialwissenschaften der Meinung sind, daß fortgeschrittene Ausbildung jenseits des Doktorgrades für produktive Gelehrsamkeit notwendig ist. Zusätzlich zeigt *Berelson* auf, daß diese Art von Training in ersteren Gebieten häufiger vorzufinden ist als in letzteren[42].

Kuhn hat die typischen Ausbildungsmuster in Grund- und Aufbaustudium der physikalischen und Sozialwissenschaften einander gegenübergestellt: sein Vergleich belegt, mit welcher Gründlichkeit und Kontinuität Studenten in den Sozialwissenschaften auf die allgemeinen theoretischen Debatten in ihren Disziplinen aufmerksam gemacht werden, während auf der anderen Seite Studenten in den Naturwissenschaften eine kürzere „theoretische" Erziehung durch Lehrbücher zuteil wird und sie dann ermutigt werden, spezialisierte Kenntnisse und Techniken durch konkrete Forschungsarbeit zu erwerben: „(In den Sozialwissenschaften) laufen neben der Einführungsvorlesung Übungen über Quellentexte einher, teils ‚Klassiker' des Fachgebiets, teils zeitgenössische Forschungsberichte, welche die Fachleute füreinander schreiben. Daraus ergibt sich, daß der Studierende jeder dieser Disziplinen ständig mit der immensen Vielfalt von Problemen vertraut gemacht wird, welche die Mitglieder seiner zukünftigen Gruppe im Laufe der Zeit zu lösen versucht haben. Noch wichtiger ist, daß er ständig eine Anzahl von konkurrierenden und unvereinbaren Lösungen dieser Probleme vor Augen hat, Lösungen, die letztlich er selbst bewerten muß. Stellen wir diese Situation jener gegenüber, die jedenfalls heute bei den Naturwissenschaften vorherrscht. Auf diesen Fachgebieten verläßt sich der Student hauptsächlich auf Lehrbücher, bis er, im dritten oder vierten Jahr nach seiner Graduierung, mit eigenen Forschungen beginnt. Viele wissenschaftliche Lehrpläne verlangen noch nicht einmal von Graduierten, daß sie in Werken lesen, die nicht ausdrücklich für Studenten geschrieben sind[43]."

Während so die graduierten Studenten in den Naturwissenschaften die speziellen Informationen erhalten, die sie für die Forschungsarbeit benötigen, werden jene in den Sozialwissenschaften ständig allgemeinen theoretischen Fragen und Debatten ausgesetzt sowie allgemeinen Vorlesungen in Methoden, die für ganze Disziplinen anwendbar sind.

Wenn diese Argumente für die Hypothese gültig sind, daß Sozialwissenschaftler nicht das spezialisierte Wissen und die spezialisierten Techniken entwickelt haben, die in den Natur- und physikalischen Wissenschaften typisch sind, dann sollten Sozialwissenschaftler leichter in der Lage sein, die Arbeit von anderen in ihren Disziplinen zu verstehen, als dies den Naturwissenschaftlern innerhalb ihrer eigenen Disziplinen möglich ist. Daten, die zur Unterstützung für dieses Argument interpretiert werden können, sind von *Garvey, Lin* und *Nelson* vorgelegt worden, die berichten, daß Sozialwissenschaftler, obwohl sie weniger gut als die Naturwissenschaftler mit Forschungsberichten vertraut sind, die bei beruflichen Treffen vorgelegt werden, auch weniger Versuche als Naturwissenschaftler unternehmen, diesem Zustand vor den Treffen abzuhelfen[44].

Wenn Wissenschaftler quer durch eine Disziplin Forschungstechniken teilen und keine speziellen Informationen über ihre Themen entwickelt haben, dann könnte man annehmen, daß es ihnen schneller und leichter gelingt, sich Informationen in Forschungsberichten anzueignen, als wenn diese Bedingungen nicht gegeben sind.

Zusammenfassend läßt sich sagen, daß es Beweise für die Behauptung gibt, daß die Forschungsanstrengungen in den Sozialwissenschaften weniger spezialisiert sind als in den Naturwissenschaften und der Mathematik und daß dieser relative Mangel an Spezialisierung die Entwicklung eines Anomiezustandes verhindert. Es ist bemerkenswert, daß *Kuhn* den Konsens über ein Forschungsparadigma als eine Voraussetzung für die Entwicklung hohen Spezialisierungsgrades in der Forschung betont[45]. Es kann daher sein, daß der verhältnismäßig hohe Grad an Dissens, der die Sozialwissenschaften charakterisiert, dazu neigt, die Entwicklung einer Anomie zu verhindern.

Wendet man sich der Mathematik zu, so wird man bemerken, daß die oben von ihr gegebene Beschreibung als einer Disziplin, die sowohl einen relativ hohen Grad an Konsens wie auch einen relativ hohen Grad an Anomie aufweist, zu Unvereinbarkeit mit der weitverbreiteten Erwartung neigt, daß, zumindest auf die Dauer, Anomie zu Dissens führt. Obwohl kein Material zum Langzeitcharakter des Grades an Konsens in der Mathematik vorgelegt worden ist, deuten impressionistische Darstellungen der Sozialstruktur dieses Gebietes darauf hin, daß es einen relativ hohen Grad an Konsens selbst angesichts der Anomie aufrechterhalten kann[46]. *Fisher* und *Hagstrom* zeigen beide einen wichtigen Grundzug der Mathematik auf, der dafür verantwortlich sein kann. Als Formalwissenschaft umschließt die Mathematik Forschungsparadigmen, deren Eigenschaften (Regeln für die Lösung eines Problems, Maßstäbe, die bestimmen, wann sie erreicht wurde usw.) theoretische Formulierungen betreffen, die einer Überprüfung oder Ablehnung weit weniger zugänglich sind als in den Naturwissenschaften[47]. Als Ergebnis davon sind Prozesse beruflicher Sozialisation effektiver darin, wissenschaftlichen Dissens in der Mathematik zu verhindern als in den Naturwissenschaften. Dieser Umstand scheint auch mit einer geringeren Rate von Paradigma-Aufeinanderfolgen in der Mathematik als in den Naturwissenschaften zusammenzuhängen[48]. Deshalb ermöglichen es die relativ schwachen Bindungen mathematischer Phänomene an die empirische Welt vielleicht der Mathematik, einen hohen Grad an wissenschaftlichem Konsens trotz dem häufig fragmentarischen Charakter der Forschungsanstrengungen ihrer Mitglieder aufrecht zu erhalten.

Anmerkungen

1 *Warren O. Hagstrom*, Anomy in Scientific Communities, in: Social Problems 12 (1964).
2 *Emile Durkheim*, De la division sociale du travail, Paris 1893.
3 Nachfolgende Arbeit von *Fisher*, auch von anekdotischem Charakter, stimmt im allgemeinen mit *Hagstrom*s Charakterisierung der Mathematik überein: *Charles S. Fisher*, Some Social Characteristics of Mathematicians and Their Work, in: American Journal of Sociology 78 (1973).
4 Als Beispiel siehe *Janice B. Lodahl* und *Gerald Gordon*, The Structure of Scientific Fields and the Functioning of University Graduate Departments, in: American Sociological Review 37 (1972).
5 Die Hauptausnahme stellt ein Überblick dar, den ich 1969 erstellt habe und der zusammengefaßt ist in *Lowell L. Hargens*, Patterns of Scientific Research, American Sociological Association, Washington 1975. Fast das gesamte Beweismaterial, das im folgenden vorgelegt wird, betrifft nur US-Wissenschaftler. Obwohl diese Beschränkung vielleicht gewisse alternative Erklärungen für Ergebnisse, die auf zwischenkulturellen Unterschieden basieren, ausschließt, beschränkt sie auch die Verallgemeinerbarkeit der im folgenden präsentierten Ergebnisse.
6 *Thomas S. Kuhn*, The Structure of Scientific Revolutions, Chicago 1964.
7 Siehe *Margaret Masterman*, The Nature of a Pardigm, in: *I. Lakatos* und *A. Musgrave* (Hrsg.), Criticism and the Growth of Knowledge, Cambridge 1970.
8 Siehe die 1970er Ausgabe von *Kuhn*, a.a.O., S. 175.
9 Ebd. (1964), S. 11.
10 Der hier benutzte Begriff von „Technik" ist ein extrem weiter. Siehe *Charles Perrow*, A Framework for the Comparative Analysis of Organizations, in: American Sociological Review 32 (1967), S. 195.
11 *Kuhn*, a.a.O. (1970), S. 182.
12 Ebd., S. 181—191.
13 Für eine Einschätzung seines Erfolgens entlang dieser Linien siehe *Dudley Shapere*, The Paradigm Concept, in: Science 172 (1971).

392			Lowell L. Hargens

[14] *Thomas S. Kubn,* Reflections on My Critics, in: *I. Lakatos* und *A. Musgrave,* a.a.O., S. 272.
[15] *Joseph Ben David,* Scientific Growth: A Sociological View, in: Minerva 2 (1964).
[16] *Masterman,* a.a.O., S. 74.
[17] *Hagstrom,* a.a.O., S. 195.
[18] *Kubn,* The Structure of Scientific Revolutions, 1970, S. 162—163, 179; *Masterman,* a.a.O., S. 74.
[19] Für eine Diskussion dieses Anspruchs siehe *Warren O. Hagstrom,* Traditional and Modern Forms of Scientific Teamwork, in: Administrative Science Quarterly 9 (1964).
[20] *Thomas J. Scheff,* Toward a Sociological Model of Consensus, in: American Sociological Review 32 (1967).
[21] *Harriet Zuckerman* und *Robert K. Merton,* Patterns of Evaluation in Science: Institutionalization, Structure, and Functions of the Referee System, in: Minerva 9 (1971).
[22] *Hargens,* a.a.O., S. 22—24.
[23] *Zuckerman* und *Merton,* a.a.O., S. 76—77.
[24] Konsens über Prüfungsmaßstäbe ist auch eine grundlegende Vorbedingung des Wunderkind-Phänomens. Verglichen mit den Formal- und Naturwissenschaften fehlt den Sozialwissenschaften Übereinstimmung über die Maßstäbe, mit denen ausgezeichnete Leistung frühzeitig entdeckt werden kann.
[25] *Zuckerman* und *Merton,* a.a.O., S. 79.
[26] *National Science Foundation,* Office of Science Information Service, Characteristics of Scientific Journals, 1949—1959, Washington, D. C.: National Science Foundation, 1964, S. 7—8. Vor allem die Sozialwissenschaften zeigen viel höhere Ablehnungsraten als Messungen der Raumknappheit in ihren Zeitschriften nahelegen würden.
[27] Siehe als Beispiel *Melvin Seeman,* Report of the Editor of Sociometry, in: The American Sociologist 1 (1966).
[28] *William D. Garvey, Nan Lin* und *Carnot E. Nelson,* Some Comparisons of Communication Activities in the Physical and Social Sciences, in: *Carnot E. Nelson* und *K. K. Pollock* (Hrsg.), Communication among Scientists and Engineers, Lexington, Mass., 1970.
[29] *Hagstrom,* Anomy in Scientific Communities, a.a.O., S. 186—187.
[30] *Durkheim,* a.a.O., III. Buch, Kap. 1.
[31] Siehe *Stephen R. Marks,* Durkheim's Theory of Anomie, in: American Journal of Sociology 80 (1974).
[32] *Hagstrom,* Anomy in Scientific Communities, a.a.O., S. 187.
[33] *Fisher,* a.a.O., S. 1098.
[34] Das allgemeine Gebiet, was im folgenden „Experimentelle Biologie" betitelt wird, besteht tatsächlich aus einer Vielzahl von Disziplinen wie etwa Genetik, Molekularbiologie usw. Diese Gebiete bilden eine homogenere Einheit als ein zweites Gebiet, das *Hagstrom* „andere Biologie" nennt und das Mitglieder aus klinischen Bereichen einschließt. Aufgrund der größeren Mannigfaltigkeit dieses letzteren allgemeinen Bereichs ist es in den hier berichteten Ergebnissen nicht enthalten, s. *Warren O. Hagstrom,* Competition in Science, in: American Sociological Review 39 (1974), S. 3.
[35] Die Unterscheidung zwischen „experimenteller" und „anderer" Biologie wird von der Studie, aus der diese Daten entnommen wurden, nicht verwendet. Deshalb wird nur eine Gesamtzahl vorgelegt.
[36] *National Science Foundation,* Office of Science Information Service, a.a.O., S. 8.
[37] *Hagstrom,* Anomy in Science, a.a.O., S. 192.
[38] Ebd., S. 194—195.
[39] *Derek J. de Solla Price,* Citation Measures of Hard Science, Soft Science, Technology, and Nonscience, in: *Nelson* und *Pollock,* a.a.O.
[40] Für Beispiele solcher Kritik siehe *Robert K. Merton,* Durkheim's Division of Labor in Society, in: American Journal of Sociology 40 (1934); und *Robert A. Nisbet,* Emile Durkheim, Englewood Cliffs, N. J., 1965, S. 36—37.
[41] *Hagstrom,* Anomy in Scientific Communities, a.a.O., S. 194.
[42] *Berelson,* a.a.O., S. 190—196.
[43] *Kubn,* The Structure of Scientific Revolutions, 1964, S. 164.
[44] *Garvey, Lin* und *Nelson,* a.a.O., S. 72—76.
[45] *Kubn,* The Structure of Scientific Revolutions (1964), S. 23—25.
[46] Siehe *Fisher,* a.a.O., S. 1098—1100.
[47] Ebd., S. 1097; *Hagstrom,* The Scientific Community, New York 1965, S. 4.
[48] *Salomon Bochner,* Revolutions in Physics and Crises in Mathematics, in: Science 141 (1963).

Aus dem Englischen übersetzt von *Christel Krauth-Görg*

VI. Teil: Wissenschaft, Technik und Gesellschaft: Soziohistorische Aspekte

Das Verhältnis von Wissenschaft und Technik im Wandel ihrer Institutionen

Von Peter Weingart

I. Einleitung

Innerhalb der für die Wissenschaftsgeschichte nahezu beherrschenden Diskussion um die autonome oder extern bestimmte Entwicklung der Wissenschaft nimmt die Frage nach dem Verhältnis von Technik und Wissenschaft eine wichtige Stellung ein. Dabei gilt das Interesse vor allem den Ursprüngen der „wissenschaftlichen Revolution" und dem Anteil der Technikentwicklung an der industriellen Revolution im 16., 17. und 18. Jahrhundert[1]. Diese Diskussion, an der schon *Max Weber* als Vertreter der Soziologie teilgenommen hat und die sowohl durch ihn wie durch die Fortsetzung seiner Argumentation um die Bedeutung des Protestantismus für die wissenschaftliche Revolution durch *Robert K. Merton* nicht unerheblich beeinflußt worden ist, ist dennoch zu keinem endgültigen Abschluß gekommen. Die Materie, das hat die Debatte gezeigt, ist dafür zu umfassend und komplex. Daß das Vorurteil zugunsten der Auffassung einer autonomen Wissenschaftsentwicklung besteht, mag daraus ersehen werden, daß das Interesse an der Technikentwicklung wesentlich geringer ist; die Technikgeschichte ist gegenüber der Wissenschaftsgeschichte eine sehr viel jüngere Disziplin.

Auf einem ganz anderen Hintergrund hat die Frage nach dem Verhältnis von Technik und Wissenschaft auch außerhalb der klassischen Wissenschaftsgeschichte an Aktualität gewonnen. Damit ist die neu entstandene Forschung über den Technologie-Transfer gemeint, insbesondere jene in den USA durchgeführten Untersuchungen über die jeweiligen Beiträge der Grundlagenforschung zur Entwicklung bestimmter Techniken. Sowohl das Projekt „Hindsight" des amerikanischen Verteidigungsministeriums als auch das Projekt TRACES[2], die es beide unternommen haben, Voraussetzungsverhältnisse zwischen spezifischen wissenschaftlichen und technologischen „Ereignissen" aufzuspüren, haben die gleichen methodologischen Probleme aufgeworfen. Die Schlußfolgerungen hinsichtlich der Bedeutung der Grundlagenforschung für die Entwicklung bestimmter Technologien und damit über den Grad der „Verwissenschaftlichung" der Technik bzw. ihre autonome, von der Wissenschaft unabhängige Entwicklung, sind entscheidend von qualitativen Urteilen und den für die Untersuchung zugrundegelegten Zeiträumen abhängig.

Hier wie dort führen die Versuche, das Abhängigkeitsverhältnis von Technik- und Wissenschaftsentwicklung genetisch näher zu bestimmen, in die gleichen Schwierigkeiten. Der Zugang über die Abfolge von Ideen, Erfindungen, Entdeckungen, Verfahren etc. führt tendenziell in einen infiniten Regreß. So ist es weitgehend in das Belieben des jeweiligen Autors gestellt, welche wissenschaftliche Entdeckung oder technische Erfindung er für den Ausgangspunkt einer Kette von Folgeentwicklungen hält. Innerhalb bestimmter Grenzen lassen sich derartige „Wahlen" ideengeschichtlicher Ereignisse überzeugend begründen und nicht gegenseitig widerlegen[3].

Ein weiteres Problem ist, daß das vorherrschende Interesse an den Ursprüngen der wissenschaftlichen Revolution, das die Fragestellung auf die Entstehung der exakten Wissenschaft gelenkt hat, schon immer einen spezifischen Wissenschaftsbegriff unterstellt. Die Klärung des Anteils der Wissenschaft an den technischen Veränderungen zur Zeit der industriellen Revolution ist jedoch entscheidend davon abhängig, welche Bedeutung den Begriffen „Wissenschaft", „angewandte" oder „reine" Wissenschaft gegeben wird. Die zwischen diesen Begriffen getroffenen Unterscheidungen sind „oft zu scharf und unrealistisch" und wahrscheinlich stark durch ihre gegenwärtige Interpretation geprägt[4]. Die Übertragung des heutigen Verständnisses dieser Begriffe nach der historisch vollzogenen Differenzierung zwischen dem Handwerk, den Künsten, der Technik und der Wissenschaft auf die Vergangenheit verstellt die Möglichkeit, Gemeinsamkeiten dieser gesellschaftlichen Bereiche und ihre nachfolgende Differenzierung aufzufinden[5]. Es wird Teil der Argumentation in dieser Abhandlung sein zu zeigen, daß die allenthalben unterstellte Dichotomie zwischen Technik und Wissenschaft und zwischen reiner und angewandter Wissenschaft, wie sie heute üblich ist, für die Zeit der wissenschaftlichen und der industriellen Revolution in dieser Einfachheit kaum zutreffend ist.

Schließlich erscheinen auch all die Versuche wenig erfolgversprechend zu sein, die Beziehung zwischen Technik und Wissenschaft über die intrinsischen oder extrinsischen Motivationen der Urheber von bedeutenden Erfindungen und Entdeckungen zu erschließen. Nicht nur sind diese zumeist nur in Selbstzeugnissen zugänglichen historischen Daten an das jeweils geltende Selbstverständnis und den sozialen Kontext gebunden. Sie bedürfen darüberhinaus auch einer systematischen Erklärung, soll die Analyse nicht bei der Unterstellung kontingenter Motive verharren. Der Hinweis auf „bloße Neugier" oder einen anthropologisch bestimmten Drang nach Wissen und Gewißheit[6] dient allzuoft dazu, die Erklärung stillzustellen.

Aufgrund dessen ist es offenbar erforderlich, nach neuen Ansätzen zu suchen, die die hier genannten Schwierigkeiten zu vermeiden geeignet sind. Es erscheint sinnvoll, statt von in spezifischer Weise historisch geprägten Vorstellungen über Wissenschaft und Technik, davon auszugehen, daß die Auseinandersetzung mit der Natur, d. h. ihre Beherrschung und Nutzbarmachung ebenso wie auch Regulierung und Ordnung der sozialen Verhältnisse im weitesten Sinne gesellschaftliche Formen der Wissensproduktion voraussetzen und hervorbringen[7]. Wir gehen weiterhin davon aus, daß die Art des produzierten Wissens durch Bewährungsregeln bestimmt wird, die gesellschaftlich institutionalisiert sind, die voneinander differieren können und die sich historisch wandeln. So hat z. B. zu unterschiedlichen Zeiten einmal das Gewicht auf technisch nützlichem, ein anderes Mal auf gesetzmäßig universellem Wissen gelegen. Wahrscheinlich sind die Bewährungsregeln jedoch noch weit spezifischer, d. h. etwa, die entscheidenden Kriterien sind experimentelle Reproduzierbarkeit, Mathematisierbarkeit, Haltbarkeit, Umsetzbarkeit in beliebige Dimensionen, Präzision, Harmonie oder Übereinstimmung bzw. Legitimation kodifizierter Normensysteme. Dieserart Bewährungsregeln bzw.

Bewertungskriterien, die die Produktion von Wissen regulieren und das „Erscheinen" von Wissen selegieren, können nebeneinander existieren und unterschiedlichen gesellschaftlichen Handlungsbereichen zugehören, z. B. der Kirche (d. h. dem institutionalisierten Religionssystem), der wirtschaftlichen Produktion, den Künsten oder der Politik und natürlich der institutionalisierten Wissenschaft.

Das nach derartigen Bewährungsregeln produzierte Wissen erlangt im Zeitablauf gleichsam eine „normative Kraft des Faktischen", insofern es die gesellschaftliche Perzeption strukturiert. Da jeweils bestimmte Wissensbestandteile Grundlage der Perzeption der Realität und handlungsanleitend sind, generieren sie neue Probleme und damit wiederum neues Wissen, das nach den gleichen Regeln erzeugt wird. Sind die Bewährungsregeln einmal gesellschaftlich institutionalisiert, erhält die nach ihnen erfolgende Wissensproduktion eine Eigendynamik. Man denke hierbei an andere als erfahrungswissenschaftliche Wissenssysteme, wie z. B. die Scholastik oder Schriftexegesen der Religionen. Diese Eigendynamik der Wissensproduktion gründet in der Eigenstruktur der nach bestimmten Bewährungsregeln erzeugten Wissens*systeme*. Sie unterliegen bestimmten Entwicklungsgesetzmäßigkeiten, erfordern spezifische Schritte zu ihrer Verbesserung und sind nicht für die Umsetzung *beliebiger* Ziele fungibel. Überdies sind auch die nach inkompatiblen Bewährungsregeln erzeugten Wissenssysteme nicht miteinander kombinierbar.

Diese allgemeinen Annahmen gehen der Beantwortung der Frage voraus, wie es zur Institutionalisierung der Trennung zwischen Wissenschaft und Technik kam. Technik und Wissenschaft gelten uns als nach unterschiedlichen Bewährungsregeln erzeugte Wissenssysteme, die jedoch nicht grundsätzlich inkompatibel sind. Vielmehr gehen wir davon aus, daß eine so klare Trennung, wie sie heute zwischen Wissenschaft und Technik besteht, nicht gegeben war, bevor es zur Institutionalisierung unterschiedlicher Bewährungsregeln gekommen ist. Die Frage muß durch die Analyse auf zwei Ebenen beantwortet werden. Einerseits muß die Institutionalisierung der unterschiedlichen Bewährungsregeln untersucht werden, die die Produktion technischen (d. h. auf zweckmäßige Natur*anordnung* bzw. *-gestaltung* (*Ludwig*[7]) gerichteten und damit „gegenstandsunspezifischen" Wissens einerseits und „wissenschaftlichen" (d. h. auf Naturerkenntnis gerichteten und damit „gegenstandsspezifischen") Wissens andererseits bestimmen — wobei die Gegenstandsbereiche der Wissenschaft selbst auch ein Produkt der historischen Entwicklung der Wissenschaft sind. Hier ist vor allem zu zeigen, daß diese Wissensformen zunächst im gleichen institutionellen Rahmen erzeugt werden, der sich erst zu Beginn des 19. Jahrhunderts differenziert. Zum anderen muß die kognitive Dynamik der entstehenden modernen Wissenschaft und der Technik untersucht werden. Hierfür gibt es noch keinen kategorialen Erklärungsrahmen, wenngleich die *Lakatos*sche Vorstellung von der Entwicklung wissenschaftlicher Forschungsprogramme dem vielleicht am nächsten kommt[8]. Bei dieser Analyse ginge es vor allem darum zu zeigen, ob und aufgrund welcher kognitiver Faktoren Wissenschaft und Technik partiell oder insgesamt eine Eigendynamik entwickelt haben, die die Differenzierung bedingt und ihre Entwicklungsrichtung in spezifischer Weise bestimmt. So läßt sich für die Naturwissenschaften sicherlich zeigen, daß ihre wachsende Komplexität zu einer disziplinären Spezialisierung geführt hat, die ihrerseits wiederum ihrem institutionellen Niederschlag gefunden hat. Desgleichen hat *R. D. Johnston* versucht, *Thomas S. Kuhn*s Paradigmakonzept auf die Entwicklung der Technologie zu übertragen und deren Entwicklungssequenzen damit zu beschreiben und zu erklären[9].

Werden beide Arten von Analyse aufeinander bezogen, so muß sich klären lassen, inwieweit das Verhältnis von Wissenschaft und Technik durch die Institutionalisierung disparater Bewährungsregeln und die durch sie bedingte jeweilige Eigendynamik bestimmt ist, und inwieweit durch die Struktur der Gegenstandsbereiche bzw. irgendwelche anderen kognitiven Faktoren. Auf diese Weise läßt sich ein angemesseneres Bild von den Beziehungen zwischen Wissenschaft und Technik und vor allem deren Entwicklung gewinnen. Die Bedeutung einer Forschung in dieser Richtung ist offenkundig. Sie trägt unmittelbar zum besseren Verständnis der (umstrittenen) These von der „Verwissenschaftlichung" der Technik bei, wonach die Führungsrolle der Technologie gegenüber der Wissenschaft im Zeitraum vom 12. bis in die Mitte des 19. Jahrhunderts sich um die Mitte des letzten Jahrhunderts umkehrt und an die Wissenschaft übergeht, die seither zunehmend eine Innovationsfunktion in der Technologie hat[10]. Diese These ist insofern von großer Tragweite als sie impliziert, daß die Technologieentwicklung und darüber hinaus tendenziell die Entwicklung aller Gesellschaftsbereiche an die Dynamik der Wissenschaft rückgebunden und in diesem Sinne reflexiv wird[11]. Das bedeutet zugleich die „Einbeziehung des Wissenschaftssystems mit seinen Inhalten und Zielen in diejenigen Sachbereiche, über die in gesamtgesellschaftlichen Institutionen nach diskursiven Verfahren entschieden wird", d. h. die Finalisierung der Wissenschaft[12].

Aufgrund dieses Zusammenhangs weist die These von der Verwissenschaftlichung der Technik über sich selbst hinaus auf allgemeinere Mechanismen kulturellen Wandels. Letztlich muß eine Theorie des kulturellen Wandels der Zielrahmen sein, auf den hin die Erklärung des Verhältnisses von Technik und Wissenschaft orientiert ist. Technik und Wissenschaft sind die beiden zentralen und universellen Wissenssysteme, die zugleich Ergebnis und Regulativ des Umgangs des Menschen mit der Natur sind. Sie nehmen damit nicht nur eine Schlüsselfunktion in Prozessen kulturellen Wandels ein, sondern sind auch am ehesten einer systematischen Reflexion zugänglich. Da aber alle Versuche, eine solche Theorie gleichsam „frontal" anzugehen, fehlgeschlagen sind, ist es allein erfolgversprechend, Mechanismen kulturellen Wandels dort ausfindig zu machen und zu erklären, wo sie der systematischen Analyse zugänglich sind.

Im folgenden soll nun der erste Teil der Untersuchung durchgeführt werden, d. h. es wird versucht, das Verhältnis von Wissenschaft und Technik über die institutionellen Rahmenbedingungen und deren historische Veränderungen zu bestimmen, in denen gesetzmäßiges und technisches Wissen produziert wird und worden ist. Die Untersuchung des institutionellen Rahmens von Wissensproduktion ist zwar für sich allein genommen, wie gesagt, nicht ausreichend. Dennoch ist sie soziologisch aussagefähig, weil Institutionen eine doppelte theoretische Bedeutung zukommt. Sie sind zum einen als Untersuchungsgegenstand direkt relevant im Hinblick auf ihre Funktionen und Wirkungen auf soziale Prozesse. Institutionen sind selbst „geronnenes Handeln" und strukturieren soziale Prozesse. Aufgrund dessen sind sie zum anderen mittelbar Indikatoren für die Analyse kognitiver Prozesse, soweit diese, wie im Fall der Wissenschaft, als soziale Prozesse organisiert sind. Die Institutionen der Wissenschaft sind der soziale und organisatorische Rahmen, in dem die Ziele und Thematiken der wissenschaftlichen Arbeit definiert werden, in dem die Bewertung des produzierten Wissens und damit seine Selektion stattfindet und in dem somit auch die Verbreitung des Wissens geregelt wird. Die Betrachtung von Wissenschaftsinstitutionen und ihrer Funktionen muß demgemäß Rückschlüsse auf die entwicklungsbestimmenden Regulative und Bewertungskriterien und somit auf die Struktur und Dynamik wissenschaftlicher, kognitiver Prozesse zulassen. Es wird hier nicht der Anspruch auf eine unter dieser Perspektive sicherlich wünschenswerte historische Primäranalyse erhoben, sondern versucht, die Argumentation vorwiegend an bekanntem, aufbereitetem Material zu illustrieren.

II. Die institutionelle Verschränkung von Wissenschaft und Technik im 17. und 18. Jahrhundert

Unterschiedliche Ausprägungen des Verhältnisses von Wissenschaft und Technik lassen sich seit der Antike auffinden. Die Tatsache, daß Wissenschaft und Technik zumeist nicht zur selben Zeit blühten, oder wenn, dann nicht am gleichen Ort[13], deutet daraufhin, daß die sozialen Einschätzungen verschiedener Arten von Wissen sich schon immer unterschieden und auch wandelten. Während das Griechenland des „goldenen Zeitalters" eine Blüte der Wissenschaft erlebte, entwickelte sich zur Zeit *Alexanders* auch die Technik, die, wenngleich vor allem auf die Kriegführung orientiert, sogar Ansätze von Kontinuität und systematischem Fortschritt kannte[14]. Außer im Bereich der Politik, der Kriegführung und der Medizin gab es jedoch keine wissenschaftliche Technik und keine Anwendung der Wissenschaft in der Praxis. Die allgemeine Geringschätzung der Handarbeit und damit die Antithese zwischen Wissenschaft und Technik bestimmten auch die Konzeption von Wissen: während Rhetorik und metaphysische Spekulation eine hohe Wertschätzung genossen, zählte praktisches Experimentieren zum wenig geachteten Handwerk. Dieses Verhältnis verkehrt sich im römischen Reich, das durch den relativen Niedergang der Wissenschaft und die Blüte der Technik gekennzeichnet ist. Und während das römische Reich und mit ihm die europäische Zivilisation zerfallen, wird die griechische Wissenschaft von der arabischen Kultur aufgenommen und fortentwickelt. Zu einem Wiederaufblühen der Technik kommt es in Europa dann erst wieder im Mittelalter und mit einiger Verzögerung folgt auch die Entstehung der modernen Wissenschaft in der Renaissance.

Indem die Entwicklungsphasen von Wissenschaft und Technik der Zeit vor dem 17. Jahrhundert in Erinnerung gerufen werden, soll nur deutlich werden, daß die Wahl dieses Zeitpunkts als Einstieg keinesfalls durch eine irgendwie geartete neue Qualität im Verhältnis von Technik und Wissenschaft begründet ist. Die Auswirkungen unterschiedlicher sozialer Einschätzungen verschiedener Wissensformen und damit von Bewährungsregeln bestehen auch vor dieser Zeit, Wissenschaft und Technik sind auch vorher nicht etwa identisch gewesen. Die neue Qualität, die diese Wahl rechtfertigt, ist vielmehr in der Art der Institutionalisierung von Wissenschaft zu sehen[15]. Das bezieht sich zunächst einmal auf die gegen Ende des 15. Jahrhunderts einsetzende Entwicklung der „Fortschrittsvorstellung" im Handwerk (zunächst unter den Baumeistern), in den handwerklichen Künsten und der Wissenschaft. Die „Fortschrittsvorstellung" geht einher mit dem Wandel des Ideals individuellen Ruhms, dem die humanistischen Literaten folgten, zu dem des „gemeinen Nutzens", das für die Künste und das Handwerk verbindlich wird. In zunehmendem Maße werden Einzelleistungen als „Beiträge" zu einer längerwährenden Entwicklung verstanden, in der Verbesserung und Vervollkommnung möglich sind. Dies setzt zugleich die Auflösung des auf Kontinuität (und d. h. der geheimzuhaltenden Vermittlung von Erfahrungen) gründenden Zunftwesens voraus. Der Beitrag zum öffentlichen Wohl ist an die Kommunikation (d. h. die Veröffentlichung von Ergebnissen) und Kooperation mit all jenen gebunden, für die die eigenen Arbeiten von Interesse sind[16].

Am Ausgangspunkt der folgenden Betrachtungen, dem Beginn des 17. Jahrhunderts, wird eine Verbindung von utilitaristischen und Fortschrittsvorstellungen für die Wissenschaft, die Künste und das Handwerk bestimmend, setzt sich die Idee der Kooperation und der Öffentlichkeit in der wissenschaftlichen und technisch-handwerklichen Arbeit durch und zerbröckelt unter dem Druck der fortschreitenden Technologie die Trennwand zwischen den „freien" und den „mechanischen" Künsten. Im 15. Jahrhundert war die professionelle Gruppe der „artist-engineers", wie sie *Edgar Zilsel* nennt, entstanden; Männer wie *Brunelleschi, Ghiberti, Leonardo da Vinci* und auch *Dürer* zählen zu ihnen. Sie arbeiteten sowohl als Maler, Bildhauer und Architekten als auch als Ingenieure. Ihr empirisches und experimentelles Vorgehen, das zunächst von den akademisch ausgebildeten Gelehrten abgelehnt wurde, setzte sich zu Beginn des 17. Jahrhunderts schließlich durch (*Gilbert, Galilei, Francis Bacon*)[17]. Die vor der Geburt der modernen Wissenschaft bestehende Trennung zwischen akademischer Wissenschaft auf der einen und handwerklicher und künstlerischer Technik auf der anderen Seite wird mit dem Aufkommen utilitaristischer und Fortschrittsvorstellungen zunächst aufgehoben. Und zwei weitere Momente sind in diesem Zusammenhang bedeutsam. Die Fortschrittsidee implizierte das *„Weitersuchen"* (*Dürer*) über die in der täglichen Praxis gemachten Erfahrungen hinaus und die dadurch zu erreichende Vervollkommnung von Erfindungen, die zuerst immer unzureichend sind (*William Bourne of Dover*)[18]. Diese Vorstellung des am Erfahrbaren orientierten *Suchens* nach Erkenntnissen, das gleichwohl die Perfektion des bereits bestehenden Wissens zuläßt, die später für die Wissenschaft verbindlich werden soll, erstreckt sich auf *Wissen allgemein* (d. h. auf technisches und theoretisches gleichermaßen). Die Produktion von theoretischem und technischem Wissen ist noch nicht institutionell getrennt.

Folgt man *Paolo Rossis* Interpretation *Bacons*, so ist diese Einheit von „Nützlichkeit" und „Wahrheit" der — bislang nicht richtig gedeutete — Kernpunkt seiner Programmatik. Voraussetzung dieser Einheit ist die Annahme der „neuen Methode", d. h. der empirischen und systematischen Betrachtung von Dingen, „nicht in bezug auf den Menschen, sondern in bezug auf das Universum". Nur dann koinzidieren die doppelten menschlichen Intentionen von Wissen und Macht in einer einzigen; denn das was in der theoretischen Sphäre als eine Ursache betrachtet werden muß, hat in der operationalen Sphäre als Regel zu gelten. "This implies that the designation *cause* cannot be legitimately applied to a cause which cannot at the same time also be considered a *rule*, and vice versa[19]."

Dieser Vorstellung entspricht die Gestalt des wissenschaftlichen Amateurs, der im Mittelalter zur vorherrschenden Figur wird. Zugleich vollzieht sich der Wandel in der Form der Wissenserzeugung, der einerseits durch den Bedeutungsverlust der mittelalterlichen Universität gekennzeichnet ist, durch die Neugründung von Institutionen, in der der Wissenschaftsamateur seinen Platz hat, wie dem Gresham College, den wissenschaftlichen Gesellschaften in den Hauptstädten und den wissenschaftlichen Zirkeln[20]. Die zentrale Institution der „neuen" Wissenschaft wird die wissenschaftliche Akademie, und an ihren Funktionen, an ihrer Zusammensetzung und ihrer inneren Struktur ist das Verhältnis von Wissenschaft und Technik zu untersuchen[21].

Die 1657 in Florenz gegründete Accademia del Cimento, die Akademie des Experiments, ist die erste organisierte wissenschaftliche Akademie und unterscheidet sich dennoch von den nachfolgenden Gründungen in England und Frankreich durch die Inhalte der durch sie bearbeiteten Probleme. *Galilei,* obgleich zum Zeitpunkt ihrer Gründung schon tot, gilt als ihr geistiger Vater, insofern sie sich hauptsächlich aus seinen Schülern zusammensetzte und sich zum großen Teil dem experimentellen Nachweis und der Fortführung der Probleme widmete, die er und sein Schüler *Toricelli* theoretisch dargelegt hatten[22]. Die zehnjährige Aktivität der Akademie war auf die Entwicklung von und Arbeit mit Meßinstrumenten gerichtet, Luft- und Alkoholthermometer, Hygrometer, das Pendel, Instrumente zur Messung des Luftdrucks, Experimente mit dem Vakuum, über die Auswirkungen von Wärme und Kälte auf verschiedene Objekte, die Geschwindigkeit des Schalls, den Luftwiderstand auf fallende Objekte und andere mehr. Aber auch für die Cimento gilt angesichts ihrer Beschränkung auf experimentelle Verfahren bereits, was für die nachfolgende Royal Society sehr viel ausgesprochener ist: die Methoden und Gegenstände der Untersuchung waren oft nicht sehr weit von täglicher Erfahrung entfernt und konnten daher nicht nur von denen verstanden werden, die dafür besonders ausgerüstet waren, sondern von einer großen Zahl von Menschen mit vergleichsweise geringer technischer Ausbildung[23].

Im Unterschied zur Cimento, die noch die Gründung eines Souveräns (der Brüder *Medici*) war, entstand die Royal Society aus dem spontanen Zusammenschluß von Amateuren und Gelehrten. (Sie erhielt zwar 1662 die „Royal Charter", die jedoch keine Bestimmungen über eine öffentliche Finanzierung enthielt.) Und gleichfalls im Unterschied zur Cimento waren die Interessen der Royal Society nicht im gleichen Maße ausschließlich wissenschaftlicher Natur. Vielmehr bestand, rückschauend betrachtet, eine Parallelität von rein wissenschaftlichen und praktischen Fragen in bezug auf Handel und Fabrikation, und es waren vor allem die letzteren Interessen, die der Society die Patronage des Königs gewannen[24]. In der Präambel der Charter hieß es u. a., daß der König zur Kenntnis nähme, daß sich die Mitglieder der Society zusammenfänden "to confer about the hidden causes of things, with a design to establish certain and correct uncertain theories in philosophy, and by their labour in the disquisition of nature to prove themselves real benefactors to mankind; and that they have already made a considerable progress by diverse useful and remarkable discoveries, inventions and experiments in the improvement of Mathematics, Mechanics, Astronomy, Navigation, Physics and Chemistry[25]."

Die 1663 von der Society angenommenen Statuten geben eine Vorstellung von den

Zielen dieser Akademie. In ihnen findet sich die zuvor von *Bacon* zitierte Verschränkung von Nützlichkeit und Wahrheit, von theoretischen und operationalen Problemen. "The *business* and *design* at the Royal Society is — to improve the knowledge of *natural things,* and *all useful Arts,* Manufactures, Mechanick practices, Engynes and Inventions by Experiments. . . To examine all systems, theories, principles, hypotheses, elements histories, and experiments of things naturall, mathematicall, and mechanicall, invented, recorded or practiced, by any considerable author ancient or modern. In order to the compiling of a complete system of solid philosophy for explication *all phenomen produced by nature or art,* and recording a rationall account of the *causes of things*[26] ."

Entsprechend dieser Zielsetzung förderte die Society u. a. die „Histories of Nature, Arts or Works", die, wie später die französischen Enzyklopädisten im 18. Jahrhundert, zum ersten Mal systematische Beschreibungen der handwerklichen Techniken zur Verfügung stellten, wie sie im 17. Jahrhundert praktiziert wurden. Die Liste dieser Darstellungen erfaßte alle nur denkbaren Handwerke und Künste vom Bergbau und der Erzgewinnung über die Papierherstellung bis zur Bierbrauerei, der Walfischerei und der Schießpulverproduktion[27]. *A. K. J. P. Ubbelohde* hält diese Darstellungen für einen Weg, auf dem der wissenschaftliche Ansatz zu praktischen Problemen die althergebrachten handwerklichen Techniken durchdrang. (Er geht dabei allerdings implizit von einer bereits bestehenden klaren Trennung zwischen reiner und angewandter Wissenschaft aus.) *Sprat,* der die erste „Geschichte der Royal Society" schrieb, kommt der Baconischen Vorstellung viel näher, als daß er über die angewandte Wissenschaft im heutigen Sinne reflektiert (wie *Ubbelohde* unterstellt), wenn er die „corruptions of Learning" darin sieht, daß "Knowledge still degenerates to *consult present profit too soon;* the other, that Philosophers have been always masters, and Scholars; some imposing and all the others submitting; and not as *equal observers without dependence.*" Er sieht einen bedeutsamen Defekt des Lernens (Forschens) im "rendering of Causes barren: that when they have been found out, they have been suffered to lie idle; and have been onely used, to increase thoughts and not works. . ." Wendet er sich damit gerade gegen die überlieferte Trennung zwischen der nur an den Ursachen orientierten „alten" Wissenschaft, so verurteilt er zugleich ein Vorgehen, das lediglich an der Erreichung des jeweils unmittelbaren Zwecks orientiert ist. Auf diesem Hintergrund deutet er die Tätigkeit der Royal Society: "To this the Royal Society has applyd a *double prevention;* both by endeavouring to strike out *new Arts,* as they go along; and also, by still improving all to *new experiments*[28] ."

Diese umfassende und keinesfalls nur einseitig utilitaristische Aufgabenstellung der Royal Society, wie sie *Sprat* hier negativ abgrenzt, wird auch an seiner Beschreibung der übrigen Tätigkeiten deutlich. In seiner Aufzählung der von Mitgliedern der Society erfundenen oder verbesserten Instrumente finden sich neben neuartigen Penduluhren, Instrumenten für magnetische Experimente und für die Bestimmung von Fallgeschwindigkeiten in Luft und Wasser sowie verschiedenen Thermometern auch verschiedene Kutschenmodelle, neue Taucherbrillen sowie ein Instrument zur Herstellung von Schrauben. Der Vielfalt der entwickelten Instrumente entsprachen die Experimente und Untersuchungen, für die sie erdacht waren. *Hooke* hatte das Mikroskop verbessert, und so wurde die Feinstruktur von Organismen ein Untersuchungsbereich. Instrumente zur Verdünnung von Luft dienten Experimenten über die Beziehung zwischen der Luft und der Verbrennung und dem Atmen. Zugleich wandten sich die Mitglieder der Society Problemen der Tapisserien- und Seidenherstellung, der Verbesserung der Töpferkunst und der Stein- und Ziegelfabrikation durch Analysen des englischen Bodens sowie der Verbreitung der Kartoffel und Experimenten mit dem Tabaköl zu.

Diese aus heutiger Sicht sehr verschiedenartigen Aufgaben wurden in ein und derselben Organisation und zumeist von denselben Männern verfolgt. Eine irgendwie geartete institutionelle Trennung zwischen ihnen gab es so wenig wie eine systematische Klassifikation nach dem Kriterium rein theoretischen oder technischen Interesses. So schreibt *Hooke,* daß die Mitglieder der Society "acknowledge their most useful information to arise from *common things* and diversify their most ordinary *operations* upon them"[29]. Das entscheidende Kriterium der Institutionalisierung war offenbar die systematisierende Strukturierungsleistung der empirischen und experimentellen Verfahrensweise, der prinzipiell alle natürlichen und artifiziellen Gegenstände („naturall things and all useful Arts" s. o.) zugänglich waren. Dem entspricht umgekehrt, daß die wissenschaftliche Ausbildung, die *Newton* zur angemessenen Qualifizierung des Seemanns für erforderlich hielt, einen erheblichen Teil der Forschungsgebiete der Physik und Mathematik jener Zeit abdeckte[30]. Wenn *Merton* bei der thematischen Auswertung der Protokolle der Royal Society (für die Jahre 1661, 62, 86 und 87) zu dem Ergebnis kommt, daß zwischen 40 und 70 % der Forschungen *keine direkte* Beziehung zu praktischen Bedürfnissen aufwiesen und in die Kategorie der reinen Forschung fallen, so kann dies weniger die zeitgenössische Kategorisierung von Forschungsbereichen bestätigen, als einen Eindruck vom Inhalt und Umfang der von der Society betriebenen Aktivitäten vermitteln[31].

Ein letzteres Merkmal schließlich, das die Funktion sowohl der Royal Society als auch der Académie des Sciences bestimmt, ist das Patentmonopol. Die Royal Society erhielt die Aufgabe der Prüfung von Patentanträgen bereits 1662[32]. Ihre Mitglieder wurden mit diesem Auftrag in einer Kompetenz angesprochen, die offenbar die Kenntnisse wissenschaftlicher Verfahren und Prinzipien und das Verständnis technischer Regeln in sich vereinte.

Die Bedeutung der Royal Society ist in der ersten Hälfte des 18. Jahrhunderts zurückgegangen und ihre „utilitaristische" Orientierung erfährt ebenfalls eine Wandlung. Daß es sich dabei jedoch eher um eine kontingente Entwicklung handelt, macht die um die Mitte des 18. Jahrhunderts erfolgende Gründung der Lunar Society of Birmingham deutlich, die als die bedeutendste Gesellschaft ihrer Art für eine ganze Reihe weiterer in der englischen Provinz repräsentativ ist[33]. Die Lunar Society, deren Bedeutung bis in die 1790er Jahre reicht, gilt als exemplarisch für die informellen Zusammenschlüsse von Wissenschaftlern und Fabrikanten. (Ihr gehörten u. a. *Watt, Boulton, J. Priestley, E. Darwin* und *William Small* an.) *R. E. Schofield* charakterisiert sie als „informell technologische Forschungsorganisation". Die Probleme, denen sich die Lunar Society zuwandte, weisen wiederum die große Spannweite auf, die sie in der Royal Society hatten, von der Verbesserung des Transports und landwirtschaftlicher Methoden bis zu chemischen Experimenten, mit dem Unterschied, daß die Entwicklung hundert Jahre weiter fortgeschritten war. „Die Wissenschaft wurde häufig darauf verwandt, Fabrikationsprozesse zu erklären, die unabhängig von der Wissenschaft entwickelt worden waren, aber diese Erklärungen wurden von den Fabrikanten in der Lunar Society in dem Versuch benutzt, die Prozesse zu verbessern. Darüber hinaus leisteten die Fabrikanten, oder versuchten es zumindest, ihren Beitrag zur Entwicklung der „reinen" Wissenschaft ihrer Tage[34]."

Ausgenommen die Amateurgruppen kommt es außerhalb der Royal Society kaum zu einer weiteren Expansion von Institutionen einer „professionalisierten" Wissenschaft. In der zweiten Hälfte des 18. Jahrhunderts beginnt in England allmählich die Differenzierung von Wissenschaft und Technik bzw. den Ingenieurswissenschaften. 1771 wird die erste Ingenieursgesellschaft gegründet, die nach dem Tode *Smeatons*, 1793, als Smeatonian Society seinen Namen erhält und die Vorläuferorganisation der 1818 gegründeten Institution of Civil Engineers ist. *Smeaton* selbst verband noch technische und wissenschaftliche Kompetenzen und wurde aufgrund dessen in die Royal Society gewählt. Auch die „society of engineers" umspannte mit ihren Tätigkeiten offenbar noch ein weites Spektrum, wenn es heißt, daß ein Treffen (1778) "was spent canallically, hydraulically, mathematically, philosophically, mechanically, naturally, and socially"[35]. Der Zeitpunkt der Differenzierung von Wissenschaft und Technik in England, nämlich die Wende zum 19. Jahrhundert, weist eine überraschende Übereinstimmung mit der Entwicklung in Frankreich auf. Diese gilt es als nächstes zu betrachten.

Der Gründung der französischen Académie des Sciences (1666) lagen zunächst unterschiedliche Konzeptionen zugrunde, eine die primär „utilitaristisch", die andere, die „umfassender kulturell" ausgerichtet war. Das Dilemma zwischen beiden war u. a. auf die einerseits sehr praktischen Interessen des Hofes, zum anderen aber auf die repräsentativen Ambitionen des Sonnenkönigs und Untertanen wie *Charles Perrault*, die ihnen huldigten, zurückzuführen. Als die Akademie schließlich gegründet wurde, „war sie deutlich mehr als eine beratende Versammlung, die dazu bestimmt war, die Anfragen der Krone zu technologischen Problemen zu beantworten. Sie war auch zur Glorifizierung des Sonnenkönigs durch die Förderung der Wissenschaften bestimmt[36]."

Diese Doppelfunktion der Akademie schlug sich auch in den Auswahlkriterien der Mitglieder nieder, die sich einerseits gegen Cartesianer und Jesuiten und damit gegen die Anhänger rigider philosophischer und religiöser Überzeugungen, zum anderen aber auch gegen nur oberflächlich am Fortschritt des Wissens interessierte Amateure richteten. Ein weiterer wichtiger institutioneller Unterschied zur Royal Society war die Tatsache, daß die Mitglieder der Academie vom Staat ein großzügiges Gehalt erhielten. Ebenfalls im Unterschied zu ihrer englischen Schwestergesellschaft wurden die Experimente in effektiver Kooperation der Mitglieder im Labor der Akademie durchgeführt. Diese Momente deuten auf einen von Anbeginn höheren Institutionalisierungsgrad dessen hin, was zu dieser Zeit als Wissenschaft galt.

Trotzdem gab es in den frühen Jahren der Akademie kein sorgfältig geplantes Forschungsprogramm. Jedes Akademiemitglied war aufgefordert, Vorschläge für ein Arbeitsprogramm zu unterbreiten. *Huygens* Vorstellungen, die sicherlich eine große Rolle spielten, enthielten Experimente mit dem Vakuum und die Bestimmung des Gewichts von Luft, die Untersuchung der Kraft des Schießpulvers sowie der Kraft des

Windes und ihrer Verwendung für die Schiffahrt und für Maschinen. Die Hauptbeschäftigung sollte die Ausarbeitung einer Naturgeschichte nach *Bacon*schem Vorbild sein (was zum Teil auch geschah), die *Huygen*s damit begründete: "Of all this nothing or very little is known, yet there is nothing the knowledge of which would be more *desirable or useful*"[37].

Während *Huygens* das Wissen über die Natur noch gleichermaßen erwünscht und nützlich erschien, kam es unter *Louvois,* dem Nachfolger *Colbert*s, nach dessen Tod zu einer Neuorientierung der Arbeit. „Technischer" bzw. „praktischer" war sie zunächst nur in der Weise, daß die Akademiemitglieder gezwungen waren, ihre Kapazität für die „Spielereien" des Königs einzusetzen, wie etwa die Anwendung der Hydrostatik für die Konstruktion der Versailler Wasserspiele. Auf diesem Hintergrund erhält *Louvois'* Forderung einen eigentümlich doppeldeutigen Zug, das Interesse an einer „recherche curieuse, ce qui n'est qu'une pure curiosité ou qu'est pour ainsi dire un amusement des chimistes" möge gegenüber einer größeren Aufmerksamkeit für die „nützliche Forschung" zurückweichen, „celle qui peut avoir rapport au service du roi et de l'Etat"[38].

Die Rücknahme des Edikts von Nantes und neue militärische Abenteuer führten jedoch in wachsendem Maße auch zu substantielleren Anforderungen an die Akademie[39]. Die Reorganisation 1699 ratifizierte daher Veränderungen, die zum Teil schon in den Jahren zuvor erfolgt waren. So wurde die Beratungsfunktion, die sie von ihrer Gründung an hatte, in der neuen Verfassung kodifiziert. In Artikel 31 erhielt sie, ähnlich der Royal Society, das Patentierungsmonopol. Obgleich es sich zunächst nur auf Maschinen erstreckte, wurde es faktisch auf alle technischen Projekte und später auch auf rein wissenschaftliche Ergebnisse ausgedehnt. Entscheidend für die „Patentierung" war die Feststellung, ob die Maschinen *„neu und nützlich"* waren. Innerhalb der Akademie „bestand die Tendenz, Urteile über technologische und wissenschaftliche Angelegenheiten als eine *einzige* akademische Aktivität zu betrachten"[40]. Dem entsprachen sowohl die Mitgliedschaftskriterien, wonach nur vorgeschlagen werden konnte, wer sich in der von ihm vertretenen Wissenschaft *oder* durch eine selbst erfundene Maschine oder eine bestimmte Entdeckung einen Namen gemacht hatte (Art. 13), als auch die interne Funktionsaufteilung, nach der jedes Mitglied verpflichtet war, sich einer bestimmten Wissenschaft zu widmen, jedem zugleich aber auch empfohlen war, seine Untersuchungen auf alles auszudehnen, das *nützlich und interessant* war. (Art. 22).

War zu Zeiten *Perrault*s und *Colbert*s noch die in Frankreich länger fortwirkende Geringschätzung der „techne"[41] wirksam, so schlägt sich in den Statuten von 1699 und in den tatsächlichen Funktionen der Akademie jene Verschränkung von Nutzen und Wahrheit nieder, die auch die Royal Society charakterisierte. Der Vorläufer des modernen Patentsystems, wie das Verfahren von der Akademie praktiziert wurde, und das im Gegensatz zu der zunftmäßigen Tradierung und Geheimhaltung stand, entsprach den „modernen" Vorstellungen vom Fortschritt der Wissenschaft. Die Wissenschaftler waren überzeugt, daß der Schlüssel zum Fortschritt in der Rationalisierung der Handwerke mittels der Anwendung der wahren „wissenschaftlichen Methode" war. Nur die Befolgung geprüfter, objektiver wissenschaftlicher Verfahren konnte vor dem Traditionalismus bewahren und allein die Perfektion des Handwerks zum Nutzen der Allgemeinheit sichern. In diesem Sinn hatte *Colbert* schon 1675 die Beschreibung der mechanischen Künste veranlaßt (die schließlich in 27 Bänden als „Description des Arts et Métiers" erschien). Diese Vorstellung wurde später von *Réaumur* dahingehend erweitert, daß „die Künste nur dann von den Prinzipien der Wissenschaftler profitieren könnten", wenn den Akademiemitgliedern Aufgaben mit praktischem Bezug zugewiesen würden[42]. Dieser Vorschlag wurde soweit realisiert, daß die Akademiemitglieder faktisch die technischen Aktivitäten in Frankreich beherrschten und kontrollierten. Die „Encyclopédie" schließlich, ein Lexikon der Wissenschaften, der Künste und Handwerke, wurde zum Gegenstand jener allgemeinen Begeisterung für die Wissenschaft, die die naturhistorischen „cabinets" zur großen Mode in der breiteren Öffentlichkeit werden ließ. Die Wissenschaft war in der Aufklärung zu einem wichtigen Bestandteil der französischen Kultur geworden[43].

Seit Mitte des Jahrhunderts hatte sich die Akademie in immer stärkerem Maße unmittelbar praktischen Problemen zugewandt (bzw. waren sie ihr in ihrer Beratungs- und Evaluierungsfunktion aufgetragen). So war etwa das Wachstum der Städte und die daraus entstehenden Probleme ein wichtiges Arbeitsfeld, auf dem u. a. die zuvor auf die Konstruktion von Brunnen und Kaskaden verwandten Untersuchungen über hydraulische Phänomene nunmehr auf Probleme der Wasserversorgung angewandt werden konnten. Als die Akademie jedoch in der Revolution als eine elitäre Institution des Ancien Régime unter politischen Druck geriet und *Lavoisier* versuchte, sie dadurch zu retten, daß er sie allein durch ihre „nützlichen" Funktionen legitimierte, trug dies schon die Züge eines bloß politischen Manövers[44].

Schon um die Mitte des 18. Jahrhunderts war es zu Gründungen spezialisierter wissenschaftlicher Gesellschaften in Frankreich gekommen, teils als Reaktion auf die Zugangsbeschränkungen der Akademie, teils als Ausdruck des vorherrschenden Trends zur Verwissenschaftlichung des Handwerks und der Künste. Die früheste unter ihnen, die Société Académique des Beaux-Arts hatte die Perfektionierung der Künste durch die enge Vereinigung von Theorie und Praxis zum Ziel[45]. Es folgten medizinische Gesellschaften, das Collège de Pharmacie, die Académie Royale de Marine u. a. . . . Sie alle kündeten die zunehmende Spezialisierung an, wenngleich die Akademie bis zur Revolution das größte Prestige und ihre Führungsrolle behielt. Die 1776 gegründete Société Libre d'Émulation, die in Anlehnung an englische Vorbilder eine private Vereinigung war und sich die Förderung von Entdeckungen und die Perfektionierung der Künste und Handwerke zum Ziel gesetzt hatte, zählte noch neben *Turgot, Necker* und *Dupont de Nemours* u. a. *Lavoisier* und *Condorcet* zu ihren Mitgliedern. Ihr wurde jedoch von der Akademie die Auflage gemacht, sich „nicht mit Theorie oder Wissenschaft, sondern nur mit Nützlichem" zu beschäftigen[46]. Sie verlor zwar schon sehr bald wieder ihre Bedeutung. Ihre Nachfolgeorganisation jedoch, die 1801 gegründete Société d'Encouragement pour l'Industrie Nationale, die mit den gleichen Zielen wie die Société Libre auftrat, erfreute sich zwanzig Jahre später der vollen Unterstützung der Regierung und war als „offizielle" Organisation anerkannt. Es ist bezeichnend für die um die Jahrhundertwende sich vollziehende institutionelle Differenzierung von Technik bzw. angewandter und reiner Forschung, daß Männer wie *Chaptal, Thenard, Gay-Lussac, Berthollet* und *Humboldt*, die zunächst alle mit der Société verbunden waren, mit Ausnahme von *Chaptal*, sie kaum jemals sehr ernst nahmen[47].

Noch sehr viel deutlicher wird diese Entwicklung durch einige weitere institutionelle Veränderungen im Gefolge der Revolution. Unter dem Druck der Revolution gegen die „aristokratische" Wissenschaft, die die Akademie repräsentierte, entwickelten *Fourcroy* und *Romme* 1793 einen Plan, der zwar unmittelbar vor allem das Resultat politischer Kompromisse und Strategien war, andererseits jedoch die Elemente einer *funktionalen* Differenzierung der Wissenschaftsorganisation enthält, die in groben Zügen bis heute verbindlich sind. Danach war eine Aufspaltung der Akademie in drei Institutionen mit spezialisierten Funktionen vorgesehen: die *Beratung* der Regierung sollte nach dem Muster des bereits bestehenden Bureau de Consultation durch besonders ernannte Personen oder Gruppen erfolgen und in den Verwaltungsapparat integriert sein; die *Verbreitung* wissenschaftlichen Wissens sollte entweder durch erneuerte „republikanische" Institutionen wie das Musée d'Histoire Naturelle oder eher noch durch ein nach „marktwirtschaftlichen" Prinzipien organisiertes *Bildungssystem* getragen werden; die *Förderung* der Wissenschaft selbst, d. h. die reine Forschung sollte schließlich durch freiwillige, von der verfassungsmäßigen Autorität unabhängige Vereinigungen übernommen werden[48]. Diese funktionale Aufteilung weist deutlich in die Richtung der institutionellen Differenzierung von Auftragsforschung, Grundlagenforschung und Lehre und Ausbildung.

Der vorläufige Abschluß des institutionellen Differenzierungsprozesses kann in der 1794 erfolgenden Gründung der École Centrale des Travaux Publics gesehen werden, die kurz darauf in École Polytechnique umbenannt wird, sowie in der Errichtung der École Normale, 1795. Die École Polytechnique, die in der Folgezeit zum Vorbild der Ingenieursausbildung auch in anderen Ländern und in der ersten Hälfte des 19. Jahrhunderts zu einer der führenden Ausbildungsinstitutionen der Welt werden sollte, war dazu bestimmt, zivilen und militärischen Ingenieuren eine einheitliche Ausbildung zu geben. Sie sollte zugleich Bergbauingenieuren, Geographen und Schiffsbauern etc. eine ausreichende Grundausbildung vermitteln und schließlich junge Männer darauf vorbereiten, Mathematik und Physik zu lehren. Der Unterricht erfolgte in Mathematik und Physik, wobei letzteres in einem sehr umfassenden Sinn verstanden wurde und z. B. noch die Chemie einbegriff, der ein vorrangiger Platz zukam. Der Lehrplan, der zunächst noch keineswegs die scharfe Trennung von technisch-angewandter und reiner Wissenschaft aufwies und den Wechsel von theoretischer und praktischer Arbeit vorsah, wurde im ersten Jahrzehnt des 19. Jahrhunderts weitgehend verändert. Eigentümlicherweise wurde 1807 die praktische Arbeit aufgegeben und ein großer Teil der Zeit dem Studium der Mathematik, der Mechanik sowie von Maschinen gewidmet[49]. Diese Entwicklung steht jedoch sehr wahrscheinlich mit der unter dem Einfluß *Napoleon*s ab 1804 erfolgenden Reorganisation der École nach militärischen Gesichtspunkten in Beziehung.

Was auch immer die Gründe für die Wiederbelebung der Akademie in Form der „Première Classe" des Institut de France 1795 gewesen sein mögen[50], so zeigt ihre Entwicklung in der unmittelbaren Folgezeit, daß die einmal erfolgte institutionelle Ausdifferenzierung von technischer und Grundlagenforschung sowie der Ausbildungsfunktionen irreversibel ist. Das Institut vereinigte nach dem enzyklopädischen Prinzip eine Klasse für die mathematischen und physikalischen Wissenschaften, eine zweite für die „moralischen und politischen Wissenschaften" und eine dritte für Literatur und die schönen Künste. Die Unterteilung der ersten Klasse, die im engeren Sinn Nachfolgerin der Akademie war, zeigt, daß sich hinter dem enggefaßten Aufgabenbereich bereits eine weit fortgeschrittene disziplinäre Differenzierung verbirgt. Die zehn Sektionen waren: 1. Mathematik; 2. Mechanische Handwerke; 3. Astronomie; 4. Experimentelle Physik; 5. Chemie; 6. Naturgeschichte und Mineralogie; 7. Botanik und Pflanzenphysiologie; 8. Anatomie und Zoologie; 9. Medizin und Chirurgie und 10. Landwirtschaft und Veterinärmedizin[51]. Zum Zeitpunkt der Gründung des Instituts bestand auch bereits eine große Zahl spezialisierter wissenschaftlicher Gesellschaften, in denen die Forschung auf den verschiedensten Gebieten vorangetrieben wurde. So konnte die erste Klasse des „Institut" zwar unter *Napoleon* zunächst noch einmal für kurze Zeit ihre Vorrangstellung unterstreichen, aber schon in der Krise von 1809 kam die zur Reaktivierung gegründete Kommission zu dem Schluß, daß die Schwierigkeiten sowohl auf die inzwischen in Paris entstandenen spezialisierten wissenschaftlichen Gesellschaften als auch auf die Spezialisierung innerhalb der Wissenschaft zurückzuführen seien[52]. Auch das letzte entscheidende Bindeglied zwischen Technik und Wissenschaft war 1791 durch die Errichtung eines Patentsystems bereits aufgelöst. Damit war die wichtige Funktion der Technikevaluierung und mit ihr die führende Rolle der Akademie in der Technologie fortgefallen. Sie ging 1801 an die Société d'Encouragement über.

Der Beginn des 19. Jahrhunderts war somit durch den Niedergang der den gesamten Wissensbestand umfassenden wissenschaftlichen Gesellschaft und die Entstehung der disziplinär organisierten Institutionen gekennzeichnet. Mit ihr verschwindet der Generalist, der Naturforscher und der Amateur, der ausgebildete Spezialist tritt an deren Stelle. Das Zentrum der nunmehr getrennten wissenschaftlichen und technischen Forschung verlagert sich an die modernen Ausbildungsinstitutionen, die Forschung und Lehre in sich vereinigen. Das Zeitalter der Akademie war zu Ende gegangen und das Zeitalter der modernen Universität und des spezialisierten Forschungsinstituts brach an[53]. Diese Entwicklung vollzieht sich zeitlich übereinstimmend und ungeachtet sonstiger Unterschiede in England, Frankreich und Deutschland gleichermaßen. Mit ihr zerfällt zugleich die *Bacon*sche Vorstellung von der Einheit von Wahrheit und Nützlichkeit, wenngleich, wie gleich gezeigt werden wird, der endgültige institutionelle Vollzug dieser Trennung noch fast ein Jahrhundert auf sich warten läßt. Die Betrachtung der Wissenschaftsorganisation in England und Frankreich, insbesondere der Akademien, zeigt, daß zwischen beiden sowohl deutliche Unterschiede als auch auffallende Parallelen bestehen. Schon während des 18. Jahrhunderts „spielte Frankreich Griechenland gegenüber der modernen Welt" und unterschieden gelehrte Männer deutlich zwischen den Bereichen der Wissenschaft und der Praxis[54], aber es ist nur schwer entscheidbar, inwieweit dies ein „Vorgriff" auf das 19. Jahrhundert oder nicht vielmehr die fortwirkende Verwurzelung in der Vormoderne war. Frankreich fehlte die Revolution, die in England half, die Bedingungen für die industrielle Revolution zu schaffen. Die überdies unterschiedlichen Einflüsse des Protestantismus sind sicherlich ebenfalls ein wichtiger Faktor. Doch derart globale historische Interpretationen der Unterschiede zwischen Frankreich und England unterschlagen zumeist die Tatsache, daß es auch in Frankreich zunächst eine integrale institutionelle Struktur der Wissenschaft und Technik gibt, die die gleichen Elemente wie in England aufweist.

Der Umstand, daß in beiden Ländern trotz der zum Teil unterschiedlichen Ausgangssituation und der Fülle von historisch kontingenten Differenzen eine weithin parallele institutionelle Entwicklung im Verhältnis von Wissenschaft und Technik abläuft, deutet auf fundamentalere Mechanismen des Wandels hin. Zwei Mechanismen erscheinen uns die Erklärung zu sein. Zum einen treibt die im 16. und 17. Jahrhundert beginnende Entwicklung von Wissenschaft mit ihrer Systematisierungsfunktion und ihrem Fortschrittsgedanken auf ein stetiges Wachstum des Wissens hin, das sich auch institutionell und personell niederschlägt und damit unweigerlich zur inhaltlichen Spezialisierung drängt. Zum anderen stehen die Entwicklung von Wissenschaft und Technik und die Industrialisierung seit dieser Zeit in einer Wechselbeziehung. Diese vielfältig belegte enge Beziehung weist einige wichtige Momente auf: erstens, die Übertragung wissenschaftlicher Verfahren auf handwerkliche Praktiken und damit tendenziell die Reduktion empirischer Verfahren zu Regeln[55]; zweitens, die mit der Durchsetzung der „modernen" Wissenschaft freigesetzte Eigendynamik wissenschaftlicher und technischer Probleme[56].

Es ist aufgrund dessen offenkundig, daß die Entwicklungsdynamiken der Wissenschaft und Technik in ihrem Bezug auf die Produktionssphäre den gegebenen institutionellen Rahmen notwendig sprengen. Die Substitution empirischer Verfahren durch wissenschaftliche Regeln bedeutet eine enorme Rationalisierung der Technik und d. h. der Produktion. Zugleich produziert die Verfolgung von Problemketten, d. h. die Suche nach „Ursachen" fortlaufend neues Regelwissen. Solange Wissenschaft und Technik institutionell nicht getrennt sind, ist das ein *Indiz* (das nur durch eine inhaltliche Analyse substantiert werden kann) dafür, daß wissenschaftliche „Ursachen" für empirische Verfahren aufgespürt werden, die als solche bekannt sind. Der Differenzierungsprozeß ist bereits angelegt, wenn als Resultat der Lösung von Folgeproblemen „Ursachen" entdeckt werden, die zur Grundlage *neuer,* sodann wissenschaftlicher Verfahren in der Produktion werden können[57]. Bekanntlich ist die Zeitdifferenz, in der letzteres geschieht, immer kürzer geworden, ebenso wie zunächst auch die wissenschaftliche Erklärung technischer (d. h. empirischer) Verfahren zeitlich hinter diesen herhinkte. Die institutionelle Einheit von Wissenschaft und Technik geht gerade deshalb und in dem Maße zurück, weil die Anforderungen zur Produktion von „technischem" Regelwissen immer stärker und spezifischer werden und damit das Potential an „theoretischem" Ursachenwissen zunimmt.

Scheinbar ein Nebeneffekt ist die Ausdifferenzierung der Lehrfunktion an der Wende zum 19. Jahrhundert, abgesehen von den unmittelbaren politischen Ursachen (die im übrigen in Frankreich und Deutschland ganz unterschiedliche sind), doch ebenso ein Ausdruck der Spezialisierung und der Trennung von Wissenschaft und Technik. Die Institutionalisierung der modernen technischen und wissenschaftlichen Ausbildung, die zumindest im technischen Bereich unmittelbar das gestiegene Bedürfnis nach qualifizierten Arbeitskräften sichern mußte, garantiert allein die Kontinuität einer kumulativen und spezialisierten Wissensproduktion. Mit der Ausdifferenzierung der Ausbildung ist der Schlußstrich unter die Entwicklungsphase gezogen, in der der Autodidakt und Amateur die Einheit von Erfahrung, Lernen und Umsetzung von Wissen symbolisierte. Das Korrelat der Institutionalisierung der Ausbildung ist die der Wissen*anwendung*. Sie ist ein wichtiges Moment in der Institutionalisierung der Regulative der allein ihrer inneren Systematik folgenden reinen Forschung gegenüber der Technik. Das soll am Fall der Entwicklung der deutschen Universität und der Technischen Hochschule gezeigt werden, die hierbei die zentrale Rolle spielen.

III. Die institutionelle Trennung von wissenschaftlicher Grundlagenforschung und Technik in Deutschland

Wenn die einsetzende Diskussion um die Gestalt der Berliner Universität hier als Ausgangspunkt dient, so sollen aus ihrer Vorgeschichte zumindest einige Momente erwähnt werden. Die Akademie in Deutschland hat nicht die gleiche, das gesamte wissenschaftliche Leben beherrschende Rolle gespielt. Ein frühes Interesse der Landesfürsten an der Berufsausbildung führte zu den modernen Universitätsgründungen in Halle (1694) und Göttingen (1734), wo bereits Vorstellungen der Aufklärung vorweggenommen wurden. Dabei ist bemerkenswert, daß die Einheit von Wahrheit und Nutzen, wenngleich nicht so ausgeprägt wie in Frankreich und England, auch hier ein Leitmotiv zu sein scheint[58]. Ebenfalls in der zweiten Hälfte des 18. Jahrhunderts hatte die Gründung spezialisierter, auf die Berufsausbildung gerichteter Fachhochschulen eingesetzt, insbesondere der Bergakademien, das Ackerbauinstitut, die Pepinière u. a. Die Reformbestrebungen des Kreises um *Humboldt* treffen mithin auf eine Situation, die der in Frankreich im Hinblick auf die hier relevanten Leitvorstellungen zumindest ähnlich ist. Allerdings ist unverkennbar, daß der vielzitierte unterentwickelte Zustand Deutschlands sich zu dieser Zeit nicht zuletzt darin dokumentiert, daß „sich hier die Wissenschaft vornehmlich noch aus der Perspektive der spekulativen Philosophie als ‚reine Wissenschaft' interpretieren durfte"[59].

Es ist hier nicht erforderlich, die vielfältigen Interpretationen und Darstellungen der Gründung der Berliner Universität und ihrer Wurzeln in der idealistischen Philosophie zu wiederholen[60]. Es muß ausreichen, die zentralen Vorstellungen darzustellen, die die Universitätsgründung und ihre neuen Strukturelemente bestimmt haben, insbesondere die Institutionalisierung der „reinen Wissenschaft". Die um 1800 bestehenden hochschulpolitischen Fronten beschreibt *Schelsky* wie folgt: das „Gelehrtentum der ‚im Zunftwesen erstarrten Universität'" ist der alten Universitätsidee verpflichtet und lehnt die utilitaristischen Neuerungen ab; die Denker und Politiker der Aufklärung, die von der Wissenschaft „enzyklopädische Bildung und brauchbare Kenntnisse" erwarten und von denen die radikaleren unter ihnen die „auf die Berufsausbildung einer bestimmten Berufsgruppe bezogene *wissenschaftliche Fach- oder Spezialhochschule*" fordern, die weniger radikalen setzen sich für pragmatische Universitätsreformen ein; die vierte Position vertreten die Männer um *Humboldt*, die einerseits die aufklärerischen Nützlichkeitsauffassungen von Wissenschaft und Philosophie ablehnen, andererseits „einer neuen Wissenschaftsauffassung" einen neuen institutionellen Rahmen geben wollen[61]. Die letztere keineswegs homogene Gruppe, die mit ihren Vorstellungen zum

Zuge kommt, vertritt verschiedene Schattierungen der idealistischen Philosophie, die „sich als eine bis dahin nicht gekannte Form des Wissens und der Wissenschaft" setzt: „als produktives Selbstdenken der Wahrheit in einer Allgemeinheit, die von allen Autoritäten und unmittelbaren Zwecken des Wissens zu einer Selbsttätigkeit der Reflexion befreit, die das Ganze der Welt als Bewußtsein von Prinzipien her rekonstruiert"[62]. Auf diesem Hintergrund ist es der von *Humboldt* endgültig formulierte im Idealismus gründende neuhumanistische Bildungsgedanke der „allgemeinen Menschenbildung", der in der Verschmelzung mit den Vorstellungen der idealistischen Philosophie zur „Idee einer ‚Bildung durch Wissenschaft' " wird. Sie wird in der neuen Hochschule institutionalisiert. Dieses idealistische Bildungsideal und der idealistische Begriff von Wissenschaft sind das entscheidende Leitbild, über dessen Institutionalisierung die Trennung von „reiner" Wissenschaft und praxisbezogener Technik erfolgt.

Die Begriffe von Wissenschaft und Bildung sind im Idealismus konvergent, wobei der Wissenschaftsbegriff eine zu dem der ‚emprischen Wissenschaft' unterschiedliche Bedeutung erhält. Der Weg zur sittlichen Individualität, in der sich für die Idealisten der Mensch verwirklicht, führt über die „Einsicht in die reine Wissenschaft", die der Mensch nur „durch und in sich selbst finden kann"[63].

Diese „reine" Wissenschaft ist die Philosophie, die aus der „reinen Gedankenbewegung des sich besinnenden Individuums, aus der kritischen Reflexion" hervorgeht und in die alle übrigen Fächer aufgehen[64]. Diese Vorstellung implizierte sowohl die Ablehnung der spezialisierten und an der Praxis orientierten Einzelwissenschaften wie deren empirische Verfahrensweisen, insofern ihre Wissenschaftlichkeit sich erst als Moment der philosophischen Reflexion erweisen konnte.

Neben diesem Moment der „reinen", zweckfreien und um ihrer selbst willen betriebenen Erkenntnis, das sich später institutionell gegenüber dem idealistischen Kontext verselbständigt, in dem es seine spezifische Begründung hatte, tritt ein weiteres auf. Dies ist *Humboldts* Vorstellung, „daß bei der inneren Organisation der höheren wissenschaftlichen Anstalten Alles darauf beruht, das Prinzip zu erhalten, die Wissenschaft als etwas noch nicht ganz Gefundenes und *nie ganz Aufzufindendes* zu betrachten, und unablässig sie als solche zu suchen"[65]. In der Vorstellung des „prinzipiell unerfüllbaren Suchen(s) nach dem Totalsinn des zu Wissenden und der Welt"[66] und ihrer Verbindung mit der Idee der reinen Wissenschaft liegt das entscheidende Bewegungsmoment einer von äußeren Zwecksetzungen freigesetzten und nur ihren aus sich selbst generierten Fragestellungen folgenden Wissenschaft.

Die entscheidende Konsequenz dieser in der „philosophischen Universität" institutionalisierten Prinzipien des Idealismus ist die „Trennung der Wissenschaft von ihrer Anwendung im Leben"[67]. *Humboldt* wollte die praktische Berufsausbildung von der Universität ebenso ausgeschlossen wissen wie *Fichte,* der der Ansicht war, daß verschiedene der bislang an den Universitäten beheimateten Fächer wie die Jurisprudenz und die Medizin „nicht zur wissenschaftlichen Kunst, sondern zu der sehr verschiedenen praktischen Kunst der Anwendung im Leben" gehören, wobei die wissenchaftliche Kunst „zu möglichster Reinheit sich abzusondern und in sich selbst zu konzentrieren hat"[68]. Hier ist das für diese Fächer noch heute gültige Prinzip der Teilung des Ausbildungsweges in Universitätsausbildung und praktische Ausbildung formuliert, ebenso wie der entscheidende Gedanke, daß die Wissenschaft direkt mit der Praxis nichts mehr zu tun hat, sie ist Staat und Gesellschaft nur *indirekt* von Nutzen. Das Verhältnis von Wissen und Praxis, das zuvor noch eine Einheit gewesen war, ist nun nurmehr *vermittelt,* „vermittelt hauptsächlich durch die Versittlichung des Individuums im Medium reiner Wissenschaft (die Funktion der Bildung-P.W.), sodann aber durch die zunächst ganz zweckfrei gedachte theoretische und methodologische Selbstentfaltung der Einzelwissenschaften als Momente der Einheit des Wissens in der Philosophie"[69].

Der deutsche Idealismus, der eine nationale Sonderentwicklung in der Philosophie darstellt und in seiner spekulativen und metaphysischen Orientierung dem zu der Zeit in England und Frankreich längst etablierten empirisch-experimentellen Wissenschaftsbegriff entgegensteht, wird so das bestimmende Prinzip für die institutionellen Bedingungen, unter denen sich die Trennung von Wissenschaft und Technik vollzieht. Die zuvor ohnehin schon angelegte Tendenz zur Differenzierung erhält hier die Gestalt durch die Institutionalisierung der „reinen" Wissenschaft an der Universität und die Abspaltung der „Anwendung" von Wissenschaft.

Die idealistische Naturphilosophie *Hegels* und *Schellings,* deren Unterordnung der Einzeldisziplinen unter die Philosophie in der Organisation der neuen Universität zunächst wirksam wird und vorübergehend in Deutschland großen Einfluß gewinnt[70], verliert jedoch bereits mit *Hegels* Tod 1831 zunehmend an Bedeutung. Die Naturwissenschaften, die ihr überwiegend gegenüberstanden, entwickeln sich gleichwohl in dem institutionellen Rahmen der neuen Universität so erfolgreich, daß sie bald führend in der Welt sind. Das Modell der Berliner Universität von 1809 wird mit dem Erfolg der *Humboldt*schen und *Schleiermacher*schen Reformen zum Vorbild der übrigen Universitäten in Deutschland und auch im Ausland. Die Forschung, insbesondere die naturwissenschaftliche Forschung bleibt deshalb trotz des Niedergangs der Naturphilosophie der „reinen" Wissenschaft verpflichtet. Die institutionelle Trennung von Wahrheit und Nützlichkeit, von Wissenschaft und Technik ist irreversibel geworden. Der praktische Nutzen von Wissenschaft ist nurmehr als ein vermittelter denkbar.

Helmholtz, der der Naturphilosophie immer kritisch gegenüberstand, spricht dies aus, wenn er sagt, daß der Nutzen aller Kenntnisse über die Naturkräfte oder die Kräfte des menschlichen Geistes gewöhnlich an Stellen auftaucht, an denen er „am allerwenigsten vermutet" wird. „Vollständige Kenntnis und vollständiges Verständnis des Waltens der Natur- und Geisteskräfte ist es allein, was die Wissenschaft erstreben kann", die Verfolgung des praktischen Nutzens muß dagegen erfolglos sein[71]. Und *Liebig,* dessen Beziehung zur *Anwendung* von Wissenschaft vielleicht noch ausgeprägter ist als die von *Helmholtz,* bringt das neue Verhältnis von Technik und Wissenschaft auf den Begriff: „Ein wahrhaft wissenschaftlicher Unterricht soll fähig und empfänglich *für alle und jede* Anwendung machen, und mit der Kenntnis der Grundsätze und Gesetze sind die Anwendungen leicht, sie ergeben sich von selbst. Nichts ist nachteiliger und schädlicher als wenn der Materialismus oder die Nützlichkeitsprinzipien in irgend einer Lehranstalt Wurzel fassen. . ." *Liebigs* Ausführungen scheinen eine Fortführung der *Bacon*schen Gedanken zu sein, wenn er darauf verweist, daß die Chemie, ebenso wie Astronomie und Physik und Mathematik in früherer Zeit durch Erfahrung vermittelte und „in *Regeln* gebrachte Experimentierkunst war; seitdem man aber die *Ursachen* und Gesetze kennt, die diesen Regeln zu Grunde liegen, hat diese Experimentierkunst ihre Bedeutung verloren"[72].

In diesen Äußerungen zwei der führenden Naturwissenschaftler um die Mitte des 19. Jahrhunderts wird die rationale Begründung der Trennung von „reiner" Forschung und Technik offenkundig. Die auf vollständige Kenntnis der Naturgesetze gerichtete Forschung hat deren innerer Logik zu folgen. Zugleich mit der Erzeugung der Ursachenkenntnis produziert sie auch das erforderliche Regelwissen für die technische Umsetzung. Technik ist somit der Wissenschaft nachgeordnet, sie ist deren Anwendung. Der praktische Nutzen der Wissenschaft ist notwendig immer ein indirekter. Zugleich ist die Rückbindung der Technik an die Wissenschaftsentwicklung, d. h. ihre „Verwissenschaftlichung" impliziert.

Nunmehr verbleibt nur noch, die entsprechende Entwicklung der aus der Universität ausgeschlossenen technischen Forschung und Lehre kurz darzustellen. Die unabhängige Institutionalisierung der Technik erfolgte zeitlich parallel zur Gründung der Berliner Universität. 1806 wurde das „Ständische Polytechnische Institut" in Prag gegründet und zur selben Zeit, als *Humboldt* seine einflußreiche Schrift zur Organisation der neuen Universität verfaßt, entwirft *Prechtl* in Wien seinen „Plan zu einem Polytechnischem Institut", der eine ähnliche Bedeutung für das Technische Hochschulwesen in Deutschland erlangt[73]. 1825 schließlich folgt die Gründung der Polytechnischen Schule in Karlsruhe, der dritten der nach dem Pariser Vorbild geschaffenen höheren Lehranstalten für die Technik. Sie verstanden sich von Anfang an nicht als „Absprengsel der bestehenden Universitäten, sondern folgten nach den Vorstellungen ihrer Gründer ihrem eigenen gesetzmäßigen Aufbau und schließlich der Dynamik ihrer Entwicklung"[74]. Was die Universität zunächst für die Bildung der Staatsbeamten und die Wissenschaft selbst, sollten die Polytechnischen Einrichtungen für die „wichtige Klasse der höheren Fabrikanten, Unternehmer und Handelsleute" sein[75]. Die Abgrenzung der Technischen Anstalten von der Universität wurde zudem über die Zugrundelegung des „technischen Prinzips" gegenüber dem „gelehrten Prinzip" unterstrichen, d. h. die „Einheit" bzw. das „Wesen der Technik" sollten zum Organisationsprinzip der Technischen Hochschulen erhoben werden[76].

Die folgende Entwicklung der Technischen Institute bis zu deren formaler Gleichstellung mit den Universitäten durch kaiserlichen Erlaß im Jahre 1899 ist durch den Widerstreit zwischen den Anhängern einer (Re-)Integration mit der Universität und deren Gegnern gekennzeichnet, wobei das Streben der „Techniker" nach dem hohen sozialen Status der Universität eine große Rolle spielt. Die bereits seit Ende der zwanziger Jahre ständig zunehmende Universitätsreformdiskussion, die sich vor allem an der Kritik der Praxisferne der Universität entzündet, wird von den technischen Schulen politisch zu der Forderung nach Gleichstellung mit den Universitäten genutzt. Sie können zunehmend darauf verweisen, daß sie es sind, die dem Bedarf der ab Mitte des Jahrhunderts besonders intensiv einsetzenden Industrialisierung nach „höheren Technikern" entsprechen.

Damit einher geht das Bestreben einer „Amalgamierung" von Wissenschaft und Technik[77] und der Versuch der Akademisierung und Theoretisierung der Technik[78]. Das Vordringen der Theorie, d. h. die Anstrengungen zur Verwissenschaftlichung der Technik war zugleich auch ein Ausdruck der Konsolidierung der Polytechnischen Schulen. Das 1855 gegründete Eidgenössische Polytechnische Institut in Zürich wird zum Vorbild für die Einheit von Forschung und Lehre auch in den technischen Wissenschaften, und danach wird es üblich, qualifizierte Naturwissenschaftler an die technischen Schulen zu berufen[79].

Die eigentliche Emanzipation der technischen Wissenschaft vollzieht sich jedoch erst im letzten Drittel des Jahrhunderts, durch die Zurückdrängung der Theoretisierungstendenzen. Die inzwischen an den technischen Schulen etablierten nicht-technischen Fächer, so die Mathematik und die naturwissenschaftlichen Grundlagendisziplinen, hatten sich mit ihrer Orientierung an der universitären „reinen Forschung" gegenüber den Erfordernissen der technischen Fächer verselbständigt. Dies stand im Gegensatz zu den durch die inzwischen voll entfaltete Industrialisierung in Deutschland gestellten Anforderungen nach immer stärkerer Expansion und Differenzierung. Infolgedessen entstand die Forderung nach einer Stärkung der technischen Fächer, insbesondere ihrer experimentellen Lehre und Forschung, die schließlich auch den Ausbau besonderer technischer Laboratorien begründete und zur Zurückdrängung der theoretischen Fächer führte[80].

Durch die erstmals an der neuen Münchner TH (1868) erfolgte Einrichtung von experimentellen technischen Forschungslaboratorien, die unter dem Eindruck der Chicagoer Weltausstellung und des hohen Standes der amerikanischen Technik nach 1893 zur allgemeinen Forderung erhoben worden war, wurden die organisatorischen Voraussetzungen für die Eigenständigkeit der Technischen Hochschulen geschaffen. Grundlage der endgültigen Verselbständigung der Technischen Hochschulen (die mit der Verleihung des Promotionsrechts ratifiziert wird) war die vor allem von *Riedler* gegenüber den Universitäten vertretene Betonung der Eigenart der Technik, der „Erkenntnis der Vielfalt praktischer Bedingungen"[81], der gerecht zu werden nur mittels eigener Methoden möglich erschien, nämlich durch „Versuche an Maschinen in natürlichem Maßstab unter Bedingungen, die einer wirklichen Ausführung" entsprechen[82].

Die äußeren Bedingungen dieser Entwicklung sind in den Anforderungen der Industrie zu suchen, denen die Universitäten aufgrund ihrer ablehnenden Haltung gegenüber der Anwendung der Wissenschaft und ihrer Orientierung auf die theoretische Durchdringung der verschiedenen Disziplinen nicht gerecht wurden. Da sich zunächst auch die Technischen Hochschulen vorwiegend auf die Lehre konzentriert hatten und zeitweilig auf eine Theoretisierung der technischen Fächer orientiert waren, hatte die Industrie ihre eigenen unabhängigen Forschungsinstitute gegründet. Andere Kräfte in der Industrie, so vor allem *Werner von Siemens*, strebten jedoch die Organisation der technischen Wissenschaften in den Technischen Hochschulen an, anerkannten aber zugleich die Bedeutung einer sich unabhängig von materiellen Interessen entfaltenden Wissenschaft, da die technische Verwertbarkeit wissenschaftlicher Ergebnisse erst nach ihrer vollständigen und systematischen Bearbeitung, und d. h. nach längerer Zeit feststellbar sei[81].

Diesem Prinzip verdanken sich nicht nur die technisch-experimentellen Hochschulforschungsinstitute, sondern auch jene Institutionen, die unabhängig von Erwägungen unmittelbarer Verwertbarkeit wie auch von Lehrverpflichtungen in besonderer Weise den

Transfer wissenschaftlicher Ergebnisse zu technischer Anwendung leisten sollten. Ihr Prototyp, die Physikalisch-Technische Reichsanstalt, wurde 1887 gegründet. Die PTR war ein hochschulfreies Forschungsinstitut, das, gegliedert in eine technisch-mechanische und eine physikalisch-wissenschaftliche Abteilung, sowohl der Grundlagenforschung als auch der angewandten Forschung und Technologie dienen sollte[84]. Die Gründung der Reichsanstalt, deren Muster für eine ganze Reihe von Folgegründungen in anderen naturwissenschaftlich-technischen Bereichen verbindlich blieb und ebenso wie die Universität kein ausländisches Vorbild hatte, war bezeichnenderweise die Reaktion auf die Bedürfnisse nach Verbesserung der wissenschaftlichen Präzisionsinstrumente sowie der Materialprüfung und Messung, die mit der industriellen Praxis nicht Schritt gehalten hatten. Aufgabe der physikalischen Abteilung war es, „physikalische Untersuchungen und Messungen auszuführen, welche in erster Linie die Lösung wissenschaftlicher Probleme von großer Tragweite und Wichtigkeit in theoretischer oder technischer Richtung bezwecken"[85]. Die technische Abteilung sollte die Eichung von Maßen und Meßinstrumenten, die Bestimmung von Materialkonstanten vornehmen sowie allgemein die Ergebnisse der reinen Forschung nach der technischen Seite hin erweitern und Verbindung mit den verschiedenen Zweigen der Technik halten. Unabhängig von ihrer späteren Entwicklung war mit der PTR damit das Prinzip der Vermittlung von reiner Forschung und technischer Anwendung institutionalisiert worden.

IV. Schluß

Die in groben Zügen geführte Betrachtung der Entwicklung der vorherrschenden Wissenschaftsinstitutionen und ihrer Funktionen während des 17.–19. Jahrhunderts soll hier abgebrochen werden. Sie hat zunächst einmal deutlich gemacht, daß das Verhältnis von Wissenschaft und Technik historischen Veränderungen unterlegen hat, die seine Interpretation auf der Basis des heutigen Verständnisses dieser Begriffe als irreführend erscheinen läßt. Die Abgrenzung zwischen Wissenschaft und Technik in unserem heutigen Verständnis ist ganz offenkundig erst ein Produkt des 19. Jahrhunderts. Sicherlich hat immer ein Bewußtsein von der Differenz zwischen Theorie und Praxis bestanden, aber die Auffassungen über deren Verhältnis zueinander haben sich erheblich gewandelt. Nicht erst unser Zeitalter[86], sondern bereits die wissenschaftliche Revolution ist durch die Vorstellung der Konsistenz von Theorie und Praxis gekennzeichnet, durch die Abkehr vom platonischen Ideal des reinen Verstehens ebenso wie durch die Hinwendung zum Handwerk und seinen technisch-empirischen Erfahrungen (den „useful arts") als *Gegenstandsbereich* der Wissenschaft. Das dokumentiert sich einerseits im Bedeutungswandel des Begriffs der „Philosophie" zur empirischen Wissenschaft, am nachhaltigsten jedoch in der Verquickung der entsprechenden sozialen Handlungsvollzüge und Organisationen. (Daß es demgegenüber „Ausnahmen" gibt — etwa die vergleichsweise stärker antiutilitaristische Orientierung der französischen Akademie und noch ausgeprägter der preußischen — versteht sich fast von selbst: nämlich als die Bandbreite verschiedener Formen der Institutionalisierung in unterschiedlichen kulturellen Kontexten.) Das qualitativ neue Moment besteht in der Voraussetzung der

„Konsistenz von Theorie und Praxis" d. h. von Wissenschaft und Technik, dessen Geltung und vor allem Realisierung nicht ex post als schon immer gegeben angenommen werden kann[87].

Das Überraschende und scheinbar Widersprüchliche an dieser Entwicklung ist dabei, daß durch die idealistische Naturphilosophie und die durch sie geprägte deutsche Universität die klassische Trennung von Theorie und Praxis, von Wahrheit und Nützlichkeit wieder neu institutionalisiert wird. Diese zunächst auf Deutschland beschränkte Entwicklung — hier sprach man unter Hinweis auf das sehr stark anwendungsorientierte amerikanische Universitätssystem abwertend vom „Amerikanismus" und vom französischen „Polytechnismus" — wurde zum Vorbild für die Wissenschaftsorganisation in Amerika und England. *Zugleich* blieb aber die Vorstellung von der „Konsistenz von Theorie und Praxis" als die der *Anwendbarkeit* der Wissenschaft erhalten, wurde der Transfer wissenschaftlicher Kenntnisse in technische Kontrolle und Verfahren in gesonderten Organisationen institutionalisiert. Dieses Nebeneinander der freigesetzten, nur dem Verständnis dienenden und ihrer immanenten Dynamik folgenden „reinen Forschung" und der „technischen Umsetzung" wissenschaftlicher Erkenntnisse und ihrer Übertragung auf praktische Verhältnisse, die eine Forschungsleistung eigener Art erfordert, ist die entscheidende institutionelle Differenzierungsleistung, die im gleichen Maße, wie sie allenthalben zum Vorbild der Wissenschaftsorganisation geworden ist, das derzeitige Verständnis vom Verhältnis von Wissenschaft und Technik geprägt hat.

Dieses Verständnis hat sich vor allem aufgrund der eigenständigen Institutionalisierung und Entwicklung der beiden Bereiche (hinter denen die Vermittlung zwischen ihnen lange Zeit auch faktisch relativ zurücktritt) freilich auch verdinglicht. Es erscheint gegenüber den vielfältigen Formen der staatlichen und industriellen Verwertung der Wissenschaft als notwendig[88]. So stellt sich die entscheidende Frage, ob es einem historischen Zufall oder einer immanenten Gesetzmäßigkeit der Entfaltung jener Regulative entspricht, die die Entwicklung der modernen Wissenschaft bestimmen.

Es muß eine spekulative, allenfalls plausible These bleiben, daß schon die Verselbständigung der „reinen Forschung" kein historischer Zufall war. Nachdem die Wissenschaft einmal den Regeln der empirischen Überprüfbarkeit verpflichtet war, und die Vorstellung des Erkenntnisfortschritts gegenüber einer sich nur schrittweise konzertierten, kollektiven Anstrengungen entschlüsselbaren Natur virulent wurde, war ein Weg vorgezeichnet, der nur vorzeitig verlassen oder zu Ende beschritten werden konnte. Die gegen Ende des 18. Jahrhunderts erfolgende interne Differenzierung scheint kognitiv bedingt zu sein, sie führt zur Verselbständigung der Erkenntnisregulative von den Verwendungsregulativen, d. h. auch zur institutionellen Trennung der Verfolgung theoretischer gegenüber praktischen Problemen. Zufällig war allenfalls, daß sie sich im Zeichen der Institutionalisierung eines auf „reine" (als philosophische verstandene) Erkenntnis gerichteten Bildungsideals vollzog.

Grundlage dieser Verselbständigung ist die Tatsache, daß die *Verwendung* wissenschaftlichen Wissens selbst Erkenntnisprobleme stellt. Insofern ist die Institutionalisierung der Trennung von Wissenschaft und Technik genaugenommen die der auf „Ursachenwissen" und auf „Regelwissen" gerichteten Erkenntnisregulative, um die *Bacon*sche Unterscheidung noch einmal aufzunehmen, und das bedeutet letztlich: unterschiedlicher Erzeugungskontexte von Erkenntnis. Obgleich wissenschaftliches und technisches Wissen der experimentellen Überprüfung genügen müssen und insofern kein grundsätzlicher Unterschied ihrer „Wahrheits"- und Geltungskriterien vorliegt, konstituiert die „freigesetzte" Suche nach Ursachen andere Gegenstandsbereiche als die „Operationalisierung" (d. h. Anwendung) von Ursachen zu verfahrensmäßigen und apparativen Regeln. Deshalb ist die — in der sozialen Wertschätzung sich ausdrückende — Annahme einer Hierarchie von Wissenschaft und Technik auch irreführend.

Gerade die Historizität dieser Entwicklung läßt aber vermuten, daß die sich andeutenden Ansätze zur Institutionalisierung einer geplanten auf praktische Probleme gerichteten Wissenschaftsentwicklung einen neuen Entwicklungsabschnitt ankündigen. Charakteristikum dieser auch als „problemorientierter Grundlagenforschung" bezeichneten Form der Wissenschaftsorganisation ist der weit fortgeschrittene Entwicklungsstand der entsprechenden Disziplinen, die Geschlossenheit ihrer grundlegenden Theorien und eine Orientierung auf Fragestellungen hin, die die Lösung von technischen Verfahrensproblemen, von Übersetzungen auf Großmaßstäbe und/oder die Integration der Theorien verschiedener Disziplinen voraussetzen. Beispiel hierfür sind die fusionsorientierte Plasmaphysik, die Krebsforschung, die Umweltforschung u. a. In ihnen verwischt sich der Unterschied zwischen Technik und Wissenschaft ein weiteres Mal, Wahrheit und Nützlichkeit verschmelzen, freilich auf einer höheren Ebene, von neuem. Auf diesem Hintergrund erscheint die Institutionalisierung der Trennung von reiner Forschung und technischer Umsetzung, soweit sie die empirischen Wissenschaften betrifft, als ein Entwicklungsstadium, in dem die Einzeldisziplinen der Dynamik ihrer jeweiligen „Forschungsprogramme" bis zu deren weitgehendem Abschluß folgen, ehe sie sich einer strategischen Verwendung gemäß externer Zwecksetzungen gegenüber öffnen.

Anmerkungen

[1] Vgl. u. a. *B. Hessen,* Die sozialen und ökonomischen Wurzeln von Newtons „Principia", in: *P. Weingart,* Hrsg., Wissenschaftssoziologie 2, Determinanten wissenschaftlicher Entwicklung, Frankfurt 1974; *R. K. Merton,* Science, Technology and Society in Seventeenth-Century England, New York 1970; *R. A. Hall,* The Scientific Revolution, 1500—1800, London 1954; *A. E. Musson* und *E. Robinson,* Science and Technology in the Industrial Revolution, Manchester 1969; *A. E. Musson* (Hrsg.), Science, Technology and Economic Growth in the Eighteenth Century, London 1972.
[2] „Technology in Retrospect and Critical Events in Science", National Science Foundation, Washington, 1968.
[3] Als ein Beispiel unter vielen sei *Cardwell* zitiert, der die Erfindung der Uhr und der Druckpresse für die beiden Säulen der Zivilisation und die Entdeckung der Atmosphäre durch *Galilei, Torricelli, Viviani* und *Pascal* für „möglicherweise" die größte der „Entdeckungen" hält und die Folgewirkungen der letzteren bis zur Atomtheorie, der Dampfmaschine und der Physiologie rekonstruiert; siehe *D. S. L. Cardwell,* Technology, Science and History, London 1972.
[4] *A. E. Musson,* Introduction, in: *Musson,* a.a.O., S. 57.
[5] Vgl. ebda., S. 65 f.
[6] Vgl. *Musson* und *Robinson,* a.a.O., S. 8.
[7] Vgl. *S. Moscovici,* Essai sur l'histoire humaine de la nature, Paris 1968, sowie *H. Nowotny* und *M. Schmutzer,* Gesellschaftliches Lernen. Wissenserzeugung und die Dynamik von Kommunikationsstrukturen, Frankfurt/New York 1974.

[8] *Imre Lakatos,* History of Science and its Rational Reconstruction in: *Buck* und *Cohen* (Hrsg.), Boston Studies in the Philosophy of Science VIII, 1971.

[9] *R. D. Johnston,* The Internal Structure of Technology, in: *P. Halmos* (Hrsg.), The Sociology of Science, The Sociological Review Monograph 18, Keele University, 1972.

[10] Vgl. *H. Bode,* Reflections on the Relation between Science and Technology, in: National Academy of Sciences, Basic Research and National Goals, Washington 1965.

[11] *P. Weingart,* Verwissenschaftlichung und Reflexivität der Praxis als Strukturprinzipien von Lernprozessen, in: Neue Sammlung 14 (1974).

[12] *G. Böhme, W. van den Daele, W. Krohn,* Die Finalisierung der Wissenschaft, in: Zeitschrift für Soziologie 2 (1973), S. 143.

[13] Vgl. *Bode,* a.a.O., S. 46.

[14] Vgl. *Edgar Zilsel,* The Genesis of the Concept of Scientific Progress, in: Journal for the History of Ideas 6 (1945), S. 328.

[15] Zum folgenden vgl. *Zilsel,* a.a.O.

[16] *Dürer* adressiert seine Abhandlung „Unterweisung der Messung mit dem Zirkel und Richtscheit" nicht nur an Maler, sondern „an jene, die des Messens bedürfen"; *Zilsel,* a.a.O., S. 334.

[17] Vgl. *Edgar Zilsel,* The Sociological Roots of Science, in: American Journal of Sociology 47 (1942).

[18] *Zilsel,* The Genesis . . ., a.a.O., S. 334 u. S. 336.

[19] *P. Rossi,* Philosophy, Technology and the Arts in the Early Modern Era, New York 1970, S. 161, sowie Appendix II zu der hier wiedergegebenen Interpretation *Bacons.* Erwähnenswert ist auch die Begründung *Bacons* für die Verwendung verschiedener Begriffspaare wie Wissen und Macht, Ursache und Regel, „knowing" und „operating". Es gäbe keinen Grund für diese Unterscheidungen, wenn dem Menschen alle zur Arbeit erforderlichen Mittel zur Verfügung stünden. Die dem Handeln gesetzten Grenzen sind angesichts der Vielzahl der menschlichen Bedürfnisse jedoch enger, als die des Wissens. So geschieht es, daß im praktischen Handeln immer die Wahl des unmittelbar Verfügbaren gefordert ist und nicht das „freie und universale" Wissen dessen, was erreicht werden kann. Deshalb, so *Bacon,* ist es opportun, zwischen der Untersuchung von Ursachen und der Verwendung von Auswirkungen zu unterscheiden; ebda., S. 165.

[20] Vgl. *Rupert A. Hall,* The Scholar and the Craftsman, in: *M. Clagett,* Critical Problems in the History of Science, Madison 1962, S. 5.

[21] *Schelsky* verweist im Zusammenhang mit der Gründung der Berliner Universität darauf, daß Gründung bedeutet, „neue Arten von Institutionen für neue Zwecke und Bedürfnisse zu schaffen, ohne die alten Institutionen in ihrer Existenzberechtigung anzutasten oder in ihren Aufgaben aufzuheben", eine These, die sich auch auf das Verhältnis der Akademien zu den mittelalterlichen Universitäten übertragen ließe. *H. Schelsky,* Einsamkeit und Freiheit, 2. erw. Aufl., Düsseldorf 1971, S. 49.

[22] Vgl. *M. Ornstein,* The Role of Scientific Societies in the Seventeenth Century, Chicago 1928, S. 76.

[23] Ebda., S. 53.

[24] Vgl. ebda., S. 91.

[25] Zit. in *Ornstein,* a.a.O., S. 104 f.

[26] Zit. in *Ornstein,* a.a.O., S. 108 f., meine Hvhbgn.

[27] Vgl. *A. R. J. P. Ubbelohde,* The Beginnings of the Change from Craft Mystery to Science as a Basis for Technology, in: *C. Singer,* et. al. (Hrsg.), A. History of Technology, Vol. IV, Oxford 1958, S. 669.

[28] *Sprat* zit. in *Ubbelohde,* a.a.O., S. 670, meine Hvhbgn.

[29] Zit. in *Ornstein,* a.a.O., S. 120, meine Hvhbgn.

[30] Vgl. *R. K. Merton,* a.a.O., S. 173.

[31] Vgl. ebda., S. 203.

[32] „No patent should be granted for any philosophical, mechanical invention until examined by the society"; *Weld* zit. in *Ornstein,* a.a.O., S. 121.

[33] Vgl. *R. E. Schofield,* The Lunar Society of Birmingham, Oxford 1963.

[34] *Schofield,* The Industrial Orientation of Science in the Lunar Society of Birmingham, in: *A. E. Musson,* a.a.O., S. 146.

[35] Zit. in *Musson,* The Diffusion of Technology in Great Britain during the Industrial Revolution, in: *Musson* (Hrsg.), a.a.O., S. 101.

[36] *Roger Hahn,* The Anatomy of a Scientific Institution — The Paris Academy of Sciences, 1666—1803, Berkeley, Cal. 1971, S. 14.

[37] Zit. in *Ornstein*, a.a.O., S. 149, meine Hvhbgn.

[38] Zit. ebda., S. 157.

[39] Vgl. *Hahn*, a.a.O., S. 20.

[40] *Hahn*, a.a.O., S. 24, meine Hvhbgn.

[41] Ebda., S. 41.

[42] Ebda., S. 68.

[43] S. ebda., S. 86 ff.

[44] *Lavoisier* unterschied explizit zwischen den Triebfedern des Wissenschaftlers und des Handwerkers; vgl. *C. C. Gillispie*, The Natural History of Industry, in: *Musson*, a.a.O., S. 128.

[45] S. *Hahn*, a.a.O., S. 109.

[46] S. ebda., S. 111.

[47] Vgl. *M. Crosland*, The Society of Arcueil, Cambridge, Mass. 1967, S. 180.

[48] *Hahn*, a.a.O., S. 240 f.

[49] Vgl. *Crosland*, a.a.O., S. 192 ff.

[50] Vgl. dazu *Hahn*, a.a.O., S. 289.

[51] *Crosland*, a.a.O., S. 149.

[52] Vgl. ebda., S. 160; S. 148; sowie *Hahn*, a.a.O., S. 304 f.

[53] Vgl. *Hahn*, a.a.O., S. 275.

[54] *Gillispie*, a.a.O., S. 128.

[55] Dies Moment klingt in *Bacons* Parallelisierung von Ursachen und Regeln an und läßt sich an der Entwicklung von Meßinstrumenten aufweisen; vgl. *P. Mathias*, Who Unbound Prometheus? Science and Technical Change, 1600–1800, in: *Musson*, a.a.O., S. 95; s. a. das Zitat *Berthollets* in: *Gillispie*, a.a.O., S. 132.

[56] Vgl. dazu das von *Merton* zitierte exemplarische Beispiel der Entwicklung von *Huygens* Arbeit an der Pendeluhr, die ihn aufgrund der logischen Abfolge von Problemen zur mathematischen Bestimmung der Länge von Kurven führte; *Merton*, a.a.O., S. 171.

[57] S. ebda., Beispiele für neue Technologien, die keine Vorläufer im Handwerk hatten, sind z. B. jene, die aus der Analyse der verschiedenen Formen der Energie hervorgingen, der Gebrauch von Kohle-Gas für künstliches Licht und die Extraktion von Kohle aus geschmolzenem Eisen zur Herstellung von Stahl sowie die Technologie, die aus der Analyse der Elektrizität hervorgingen; vgl. *Ubbelohde*, a.a.O., S. 677 f.

[58] Vgl. die Äußerung *v. Münchhausens*: „Meine Universitätsmoral ist auf das Interesse der Ehre und des Nutzens gegründet", sowie die Kabinettsorder *Friedrich Wilhelms III.* vom 11. 4. 1798 an die Preußische Akademie der Wissenschaften, in der er diese unter Hinweis auf das französische Vorbild anhält, ihre Arbeiten mehr auf den allgemeinen Nutzen zu richten und sich gegen die Beschränkung auf „abstrakte Gegenstände" wendet. Er wünschte, „daß sie (die Akademie-P.W.) die Nazional-Industrie weckte, die so oft aus Mangel der notwendigen *Einsichten* in *neue Gattungen* vergebliche Versuche macht, indem sie dieselbe mit den *wahren Grundsätzen* über denjenigen Teil, womit sie sich beschäftigt, ausrüstete . . .", zit. in: *Schelsky*, a.a.O., S. 32 und S. 37, meine Hvhbgn.

[59] *W. Nitsch, K. Gerhardt, C. Offe, U. K. Preuß*, Hochschule in der Demokratie, Berlin Neuwied 1965, S. 7.

[60] Vgl. *H. Schelsky*, a.a.O.; *Nitsch* et. al., a.a.O.; *R. König*, Vom Wesen der deutschen Universität, Berlin 1935 (2. Aufl. 1970) und andere.

[61] *Schelsky*, a.a.O., S. 38 f.

[62] Ebda., S. 55.

[63] *Humboldt* zit. in: *Schelsky*, a.a.O., S. 65.

[64] S. ebda.

[65] *Wilhelm von Humboldt*, Über die innere und äußere Organisation der Höheren Wissenschaftlichen Anstalten in Berlin, in: *Ernst Anrich*, Hrsg., Die Idee der deutschen Universität, Darmstadt 1956, zuerst veröff. 1810, S. 379. Dies steht im übrigen im Widerspruch zu dem ebenfalls zur philosophischen Wissenschaftsauffassung gehörenden Gedanken, daß das wissenschaftliche Erkennen auf das „Ganze" des Wissens in einem philosophischen System des Wissens bereits gewußt ist. Dieser Widerspruch hat *Schelsky* zufolge in „seiner Spannung einen der entscheidenden Impulse der ‚philosophischen Universität' ausgemacht"; *Schelsky*, a.a.O., S. 68.

[66] Ebda.

[67] Ebda., S. 70.

[68] *Johann Gottlieb Fichte*, Deduzierter Plan einer zu Berlin zu errichtenden höheren Lehranstalt, die in gehöriger Verbindung mit einer Akademie der Wissenschaft stehe, verfaßt 1807, erstm. veröff. 1817, in: *E. Anrich*, a.a.O., S. 155.

[69] *Nitsch et. al.,* a.a.O., S. 7.

[70] In Frankreich stößt sie auf starken Widerstand und in England bleibt sie unbekannt; vgl. *J. T. Merz,* A History of European Thought in the Nineteenth Century, Vol. I., New York 1965, S. 174 f.

[71] *Hermann von Helmholtz,* Über das Verhältnis der Naturwissenschaften zur Gesamtheit der Wissenschaften (1862) in: *ders.,* Philosophische Vorträge und Aufsätze, Berlin 1971, S. 104 f.

[72] *Justus Liebig,* Über das Studium der Naturwissenschaften und über den Zustand der Chemie in Preußen, Braunschweig 1840, S. 38, Hvhbg. im Text; S. 24, meine Hvhbg.

[73] S. *Karl-Heinz Manegold,* Universität, Technische Hochschule und Industrie, Berlin 1970, S. 34.

[74] Ebda., S. 39.

[75] Zit. ebda.

[76] Vgl. ebda., S. 40.

[77] *Karl-Heinz Manegold,* Das Verhältnis von Naturwissenschaft und Technik im 19. Jahrhundert im Spiegel der Wissenschaftsorganisation, in: Technikgeschichte in Einzeldarstellungen Nr. II, Düsseldorf 1969, S. 164.

[78] So *Redtenbachers* Programm, „das ganze Maschinenfach auf sichere Regeln" zurückzuführen. Er begründet den wissenschaftlichen Maschinenbau als selbständigen Lehrzweig; vgl. *Manegold,* Das Verhältnis . . ., a.a.O., S. 165 f. Die gleiche Rolle nimmt *Releaux* ein, der die Maschinenwissenschaft „der Deduktion gewinnen" wollte und planvolles, gelenktes „wissenschaftliches Erfinden" anstrebte; vgl. ebda., S. 168 f.

[79] Vgl. ebda., S. 167.

[80] Vgl. ebda., S. 174.

[81] *Manegold,* Universität . . ., a.a.O., S. 153.

[82] *Manegold,* Das Verhältnis . . ., a.a.O., S. 177.

[83] Vgl. ebda., S. 181.

[84] Vgl. *Frank Pfetsch,* Zur Entwicklung der Wissenschaftspolitik in Deutschland 1750—1914, Berlin 1974, S. 114 f.

[85] Zit. in *Manegold,* Das Verhältnis . . ., a.a.O., S. 182.

[86] Wie etwa *Drucker* argumentiert; *Peter F. Drucker,* The Technological Revolution: Notes on the Relationship of Technology, Science and Culture, abgedr. in: *ders.,* Technology, Management and Society, New York/Evanston 1970, S. 181 f.

[87] Vgl. ebda.

[88] Vgl. zu einer problematisierenden Studie *Roger Krohn,* The Social Shaping of Science, Westport 1971.

VII. Teil: Wissenschaft, Technik und Gesellschaft: Aktuelle Aspekte

Der vielschichtige Schnittbereich von Wissenschaft und Gesellschaft

Von John M. Ziman

Zahlreiche Bücher sind inzwischen mit dem Titel oder Untertitel „Wissenschaft und Gesellschaft" erschienen, ohne jedoch alle Aspekte des in Anspruch genommenen Gegenstandes zu behandeln. Verschiedene Standpunkte werden eingenommen. Die „Wissenssoziologie" befaßt sich abstrakt und schematisch mit der Wissenschaft als einer Wissensgesamtheit: Unter der Überschrift „Wissenschaftsplanung" finden wir weitschweifige Abhandlungen über bürokratische Forschungs- und Entwicklungseinrichtungen in politischer und ökonomischer Fachsprache. Die Verfechter der „sozialen Verantwortung der Wissenschaft" kritisieren leidenschaftlich die technologischen Faktoren des modernen Lebens und so weiter.

Jeder Standpunkt hat zweifellos seine Vorzüge, von denen hier nicht zu handeln ist. Da es sich um einen so vielschichtigen Bestandteil der menschlichen Kultur handelt, kann es kaum eine umfassende, klare Gesamtbeschreibung oder Analyse geben. Der Gegenstand ist jedoch äußerst wichtig, nicht nur als soziologische Besonderheit, sondern auch in der Praxis der Ausbildung, Politik, Wirtschaft und Psychologie. Seit ich Vorlesungen zu diesem Thema vor College-Studenten der Naturwissenschaft[1] halte, ist mir die Notwendigkeit eines umfassenden Katalogs von Tatsachen, Phänomenen, Grundsätzen, Deutungen, Themen usw. bewußt geworden, der möglicherweise in ein breites akademisches Lehrprogramm dieser Art aufzunehmen wäre. Mit anderen Worten: Was ist das Sachgebiet der „externen" Wissenschaftssoziologie?

Die vorliegende kurzgefaßte Abhandlung beabsichtigt zu diesem Thema keine allgemeine theoretische Synthese. Vielmehr soll als Kernpunkt die Vielfalt und Komplexität der Beziehungen und Interaktionen zwischen der Wissenschaft und anderen menschlichen Tätigkeiten und Einrichtungen herausgestellt werden. Ich versuche nicht, einen Überblick über die gewaltige Literatur zu vielen dieser Beziehungen zu geben. Das ist eine Aufgabe für den Fachgelehrten. Ich habe aber das unbehagliche Gefühl, daß es hier viel mehr Mißverständnisse und Unwissen gibt als zureichend erforschte Aspekte. Um so größer ist die Herausforderung für unseren Eifer!

Als ich eine vorläufige Fassung dieses Aufsatzes einer Gruppe von Soziologen vorlegte[2], warf man mir vor, ich hätte keine klar formulierte theoretische Grundhaltung, die mir oder ihnen helfen könnte, die Bedeutung der verschiedenen Aspekte einzuschätzen — vielleicht auch überhaupt erst zu verstehen, wovon die Rede war. Ich zeige jedoch keine Reue. Als Student der Naturphänomene habe ich die Notwendigkeit kennengelernt, daß man zunächst einmal in einer Art geistiger Auflistung alle Merkmale des zu untersuchenden Systems sammeln muß, ehe man eine Theorie aufstellt, die einige dieser Aspekte erklären und auslegen kann. Diese Merkmale sind hinreichend in verständlicher Alltagssprache formulierbar; sie werden dadurch nicht wirklichkeitsnäher, daß man sie in abstrakte Begriffe von fragwürdiger theoretischer Gültigkeit umsetzt. Um möglichen Angriffen aus diesem Lager zuvorzukommen, meide ich jede Bezugnahme auf soziologische Fachliteratur, die ich zweifellos falsch auslegen würde.

I. Die Annäherung an kategoriale Festigkeit

Wenn man mit dem Begriff „Wissenschaft" ein unterscheidbares soziales Gebilde, eine Wissensgesamtheit, eine gemeinsame Aktivität, eine Gruppe von Praktikern oder eine Gesinnung kennzeichnet, so weicht dieser Wortgebrauch vielen Fragen der Abgrenzung von vornherein aus. Einige sind hinreichend genau unter Berufung auf den erkenntnistheoretischen Grundsatz der „Konsentierbarkeit" (consensibility)[3] zu beantworten. Einige der anderen Fragen sind bereits beantwortet, wenn wir die „interne" Wissenschaftssoziologie als eigene Disziplin anerkennen: Wofür wäre sie intern, wenn „Wissenschaft" nicht innerhalb der Gesellschaft ein abgrenzbares Feld wäre. Öffentliche Verwirrung und populistische Verdammungsurteile zeigen aber, daß die Grenze zwischen Wissenschaft und Technologie sehr schwach markiert ist, daß es dort ein Kontinuum sich überschneidender Berufsrollen gibt, vom Mathematikprofessor bis zum Automechaniker. Die Behauptung, daß wir die Grenze genau zu ziehen wissen, ist kaum a priori aufzustellen.

Um aus der Not eine Tugend zu machen, wollen wir die Logik umkehren. Als allererste Annäherung oder Ausgangshypothese lassen Sie uns annehmen, daß es eine definierbare zusammengehörige Gruppe von Gedanken und Menschen unter dem Namen Wissenschaft gibt. Wir untersuchen die Interaktionen dieser Gruppe mit anderen Elementen des sozialen Lebens und merken uns jede Situation, wo die wechselseitigen Einflüsse so stark sind, daß die angenommene Grenzlinie nicht mehr auszumachen ist. Beobachten wir auf diese Weise echte Abweichungen von unserer Ausgangshypothese, nach der kategoriale Unterscheidung annähernd möglich ist, dann haben wir ein Stück Information, das theoretischer Deutung bedarf. Auch hier ist die elementare Methodologie der Naturwissenschaften praktischer und flexibler als die Vorwegentscheidung für einen starren, theoretischen Rahmen, in dem jedes Element bereits seinen zugewiesenen Platz hat.

Wie der Titel unserer Abhandlung andeutet, erweist sich diese Ausgangshypothese nicht als grob irreführend. Als Mathematiker neige ich dazu, „Wissenschaft" als ein mehr oder weniger abgeschlossenes Gebiet in einem hypothetischen Raum mit zahlreichen kategorialen Dimensionen darzustellen – intellektuellen, technischen, psychologischen, wirtschaftlichen, historischen usw. Die Darstellung ist locker genug, um störende Widersprüche zu vermeiden, sie ist jedoch nicht so vage, daß man mit ihr keine „Landkarte" des Gegenstandsbereichs mehr entwerfen könnte. Das wissenschaftliche Gebiet ist wahrscheinlich kein sozusagen konvexes Polyeder mit nach allen Seiten scharf abgegrenzten Oberflächen, es ist aber ein festgefügtes und im Kern konsistentes Gebilde. Innere Festigkeit in diesem Sinne kann mehr bedeuten als ein äußerlich klarer Umriß. Das Nebeneinander einer signifikanten Menge charakteristischer Attribute könnte das unveränderliche Merkmal der Wissenschaft sein, das sie kenntlich macht und ihr soziale Macht verleiht.

II. Intellektuelle Dimensionen

In diesem Bereich gilt Wissenschaft als Wissen ohne Bezug auf unmittelbaren praktischen Nutzen. Dies Wissen wird den Menschen mit Hilfe organisierter Mittel wie in der Ausbildung und durch informelle Kanäle wie den Wissenschaftsjournalismus vermittelt.

Ausbildung: Wissenschaftliches Grundwissen wird Schulkindern im Rahmen des normalen Lehrplans gelehrt ohne Rücksicht darauf, welchen speziellen Gebrauch sie davon vielleicht später machen. Dies ist ein recht bedeutendes Merkmal moderner Zivilisation, das ein charakteristisches Weltbild schafft. Phänomene wie der anhaltende Streit, ob die Evolutionstheorie gelehrt werden sollte, deuten auf die Wichtigkeit dieses Merkmals hin. Die pädagogischen Probleme, solche Dinge auf elementarem und naivem Niveau lehren zu müssen, beleuchten zugleich die philosophischen Grundlagen der Wissenschaft und die Methodologie der Forschung.

Journalismus: Wissenschaftliche Information wird an die breite Öffentlichkeit durch Bücher, Fachzeitschriften und Massenmedien herangetragen. Die Art dieses Materials und die Funktion, die es erfüllt, sind nicht besonders erforscht. Wir beobachten z. B. einen in Ziel, Normen und Stil grundsätzlichen Widerspruch zwischen wissenschaftlicher und journalistischer Kommunikation. Das Element der Sensationsmache, das einer Popularisierung von Wissenschaft gewöhnlich unterstellt wird, betrachten Wissenschaftler als pathologisch. Jedoch sagt es uns eine Menge über allgemeine Sozialpsychologie. Die Brechung der Wissenschaft durch dies ungewöhnliche und verzerrende Medium ist sorgfältiger Beachtung wert.

Amateurwissenschaft: Viele Menschen pflegen Hobbies — wie das Beobachten von Vögeln —, die der eigentlichen Forschung schon sehr nahe kommen. Vom Standpunkt der Fachgemeinschaft erscheint das nur als historischer Überrest einer sehr viel bedeutsameren Gruppe, deren Chance echter wissenschaftlicher Tätigkeit mit zunehmender Professionalisierung und Spezialisierung geschrumpft ist. Immerhin zeigt sich darin deutlich die Anziehungskraft, die wissenschaftliches Wissen und wissenschaftliche Arbeit auf viele Durchschnittsmenschen als eigenständiges kulturelles Tun ausübt. Da die Amateurwissenschaftler an Zahl nicht unbedeutend sind, können sie wirksame Kanäle für die Verbreitung von wissenschaftlichem Verständnis für sozial sensitive Themen schaffen, z. B. für Probleme des Umweltschutzes. Wie das mit dem naturwissenschaftlichen Unterricht durch Lehrer zusammenhängt, die ebenfalls kompetente Amateurwissenschaftler sind, sollte man ebenfalls näher untersuchen.

Szientismus: Am anderen Extrem finden wir zahlreiche wissenschaftliche oder pseudowissenschaftliche Fragmente, die zu allgemein-kulturellen Phänomenen geworden sind. Die Berufung auf „wissenschaftliche Experimente", um Reklamebehauptungen zu untermauern, und die Rechtfertigung des Rassismus auf der Grundlage biologischer oder psychologischer Erkenntnisse zeugen von der Kraft der Wissenschaft als oberster Schiedsrichterin über Nutzen und Wahrheit. Die Wunder der „science fiction" dramatisieren die schon erreichten sozialen und technischen Veränderungen, indem sie diese fortschreiben und in eine unbekannte Zukunft projizieren. Die phantastischen Unmöglichkeiten von Weltraumschnulze und Zeitmaschine verherrlichen die unwiderstehliche, anscheinend jedes praktische Hindernis überwindende Kraft der Wissenschaft. Auf der anderen Seite ist das Bild vom verrückten Wissenschaftler als bösem Zauberer ein Lieblingsthema in Literatur und Kino. Diese Phänomene sind besonders bemerkenswert als Beweis für die unter Durchschnittsmenschen verbreiteten stereotypen Ansichten über Wissenschaft und Wissenschaftler. Solche Stereotypen müssen u. U. auf die ökonomische und politische Situation der Wissenschaft selbst zurückwirken.

Philosophie und Religion: Auf der anderen Seite sind die Verbindungen und Wechselbeziehungen der Wissenschaft zu Philosophie und Theologie viel schwächer als in der Vergangenheit. Die akademische Spezialisierung hat das Überschreiten der traditionell offenen Grenzen zwischen Wissenschaft und Philosophie risikoreicher gemacht. Dagegen sieht man den großen Streit zwischen Wissenschaft und organisierter Religion heute meist als historische Kuriosität. Die gegenseitige Unkenntnis und das Desinteresse an der Arbeit des anderen zwischen Wissenschaftlern, Philosophen und Theologen zeigen an, daß die Wissenschaft den Bereich der Intellektualität und der Abstraktion überschritten hat und in eine allgemeine Sozialsphäre hinübergewechselt ist. Die auffällige Isolierung der „Wissenschaftstheorie" von der Wissenschaft selbst ist ein schlagender Beweis dafür.

Akademisches: Als eine der Hauptfakultäten der Universität ist Naturwissenschaft heute ein wesentliches Mittel höherer Bildung und Gelehrsamkeit. Die Beziehung zwischen Naturwissenschaft und anderen akademischen Disziplinen verdient Aufmerksamkeit. Wir gehen wie selbstverständlich von der vollständigen Akademisierung der Naturwissenschaften in den vergangenen 150 Jahren aus und beobachten ihr Wachstum in der universitären Sphäre, sowohl was die Studentenzahl im Vergleich zu anderen Fakultäten betrifft, als auch darin, daß sie sich mehr und mehr das intellektuelle Rüstzeug anderer Fakultäten heimlich aneignet, unter dem Etikett von Sozialwissenschaft und Linguistik. Solche imperialistischen Tendenzen werden von denjenigen Geisteswissenschaftlern unterstützt, die sich einer Höchstform von Wissenschaftlichkeit verschrieben haben, wo naturwissenschaftliche Technik und Verfahrensweisen als Paradigma aller Gelehrsamkeit gelten. Deshalb sind Grenzstreitigkeiten zwischen solchen Spezialgebieten wie Physiologie und Sozialpsychologie von besonderem Interesse als Indiz für das ernsthafte Bemühen um die Anwendung naturwissenschaftlicher Kriterien bei der Bewältigung komplexer intellektueller Probleme.

Kunst: Die Gleichzeitigkeit naturwissenschaftlicher und ästhetischer Revolutionen hat man oft als Beweis für einen ursächlichen Zusammenhang angesehen. Diese Ansicht beruft sich auf die Anleihen, die moderne Malerei, Musik und Literatur inhaltlich und stilistisch bei der Wissenschaft gemacht haben. Es handelt sich hierbei um ein Phänomen, das gründlichere Behandlung verdient, als ihm Kunstkritiker und Sozialphilosophen zuteil werden ließen. Die Natur der Wechselbeziehung ist keineswegs klar. Nur sehr wenige Künstler oder Dichter sind mit moderner Wissenschaft vertraut, so daß die Beziehung wohl hauptsächlich über den journalistischen Zwischenbereich läuft. Der Künstler reflektiert und übertreibt eher die volkstümlichen Stereotypen über Wissenschaft, er wird kaum in der Lage sein, Wissen oder Verhaltensweisen zu erhellen, die er selbst ohne lange Fachausbildung gar nicht beherrschen kann.

III. Technische Dimensionen

Die Wissenschaft hat durch ihren praktischen Nutzen einen ungeheuren Einfluß auf die Gesellschaft. Umgekehrt stützt, pflegt und beherrscht die Gesellschaft die Wissenschaft, um ihre Früchte ernten zu können. Dieser Sachverhalt ist allgemein bekannt und bedarf keiner Betonung. Trotzdem sind einige allgemeine Fragen in diesem Zusammenhang anzuschneiden.

Technologie: Die Unterscheidung zwischen Wissenschaft und Technologie wird oft als bedeutungslos oder als bloße Konvention abgetan. Der Versuch einer solchen Unterscheidung wirft jedoch zahlreiche Fragen auf, die äußerst relevant sind für eine interne Wissenschaftssoziologie ebenso wie für die Differenzierung von Berufsrollen in Forschung und technischer Entwicklung; schließlich auch für die Herausbildung von Normen der Wissenschaftlergemeinschaft usw. Verwischt man die Unterscheidung zwischen den Extrempolen der akademischen, langfristigen „Grundlagen"-Forschung und der industriellen, kurzfristigen, angewandten Wissenschaft, so kommt man zu unsinnigen Schlüssen über die soziale Funktion der Wissenschaft und die soziale Verantwortung des Wissenschaftlers.

Praxis: Fachkenntnis im Maschinenbau, in der Medizin, Landwirtschaft usw. beruht ebenso auf persönlicher Erfahrung wie auf systematischem Wissen. Auf wissenschaftliche Autorität beruft man sich oft, wenn es um die Begründung für praxisgeeignete Verfahren geht — oft konservativ und fälschlich. Das Wachstum von wissenschaftlicher Theorie und Methodologie in praxisbezogenen Berufen ist nicht genügend erforscht, vielleicht weil dieser Prozeß schlecht zu den konventionellen philosophischen und soziologischen Paradigmen von Wissenschaft als selbsterhaltender Tätigkeit passen will. Ursache des akuten akademischen Unbehagens ist der quer durch die Disziplinen reichende Lehrplan für die Ausbildung technischer Experten: *E. Ashbys* berühmte Schilderung[4] des Brauereistudiums als einer Allgemeinausbildung in Botanik, Mikrobiologie, chemischem Instrumentenwesen, Wirtschaftswissenschaft, Soziologie usw. ist in Universitätskreisen nicht begeistert aufgenommen worden.

Innovation: Über das Ausmaß und den Charakter des Einflusses von Grundlagenwissenschaft auf industrielle Erfindung und Innovation wird ausführlich debattiert. Als wichtiger Faktor entpuppt sich der Transfer von Menschen und Ideen quer durch die verschiedenen Schnittbereiche von Wissenschaft und Industrie — ein Phänomen, das theoretisch ohne Bedeutung bliebe, wenn solche Grenzen nicht auszumachen wären. Eine weitere Erforschung dieser Prozesse würde ihre soziale Dynamik verständlich machen. Ist die technische Innovation die treibende Kraft, oder wird sie von wissenschaftlichen Revolutionen vorangetrieben? Einander widersprechende Beispiele liefern die Geschichte der Dampfmaschine einerseits, die der Elektrotechnik andererseits. Wo Wissenschaft und Technik ganz eng verbunden sind wie im Fall der Molekularbiologie, Genetik und Medizin, kann die Veränderungsgeschwindigkeit solche Ausmaße annehmen, daß sie sozial destruktiv wirkt. Die Frage ob Wissenschaft aus sich heraus der autonome Hauptfaktor bei der sozialen Innovation ist, oder ob sie einfach der vom Bedarf nach sozialer Veränderung geschaffene Katalysator ist, mag nicht definitiv zu beantworten sein; sie ist es aber durchaus wert, gestellt zu werden.

IV. Militärische Dimensionen

Streng genommen ist die Anwendung wissenschaftlich konstruierter Waffen im Krieg — ebenso wie andere Formen sozial zerstörerischer Aktivität — in einen Sonderbereich technischen Handelns einzuordnen. Daraus ist aber ein so gewichtiger Anteil moderner wissenschaftlicher Arbeit geworden, daß sie besonderer Erwähnung bedarf.

Waffenentwicklung: Techniken, die unmittelbar aus moderner Wissenschaft und Technologie hervorgegangen sind, beherrschen die moderne Kriegsführung. Die Stufen einer ingenieursmäßigen Entwicklung werden oft übersprungen, Radar und Atombombe gelangten ohne Umweg vom Labor zum Kriegsschauplatz. Die Frage stellt sich wieder: Wer verursacht solche revolutionären Innovationen? Stimmt die Vorstellung noch, daß das Militär „zieht", oder ist es in Wahrheit nicht schon längst die Wissenschaft, die „schiebt"? Soweit wir keine Antwort auf diese Frage geben können, müssen wir zu dem Schluß kommen, daß die professionellen und institutionellen Zwischenbereiche zwischen Wissenschaftler und Soldat, zwischen Forschungslabor und Armee nicht mehr von großer Bedeutung sind.

Loyalität und soziale Verantwortung: Wenn der Schreibtisch-Wissenschaftler inzwischen zum „technischen Soldaten" geworden ist, so wird die Beziehung zwischen der Wissenschaftselite und den übrigen Machtbereichen der Gesellschaft zum Problem. Die logischen und ethischen Widersprüche zwischen dem wissenschaftlichen Internationalismus und dem Patriotismus stellen sich eindringlicher. Die Unvereinbarkeit der Rolle des militärwissenschaftlichen Geheimberaters und des öffentlichen Wohltäters der Menschheit ist so peinlich, daß sie selten als moralische Frage aufgeworfen wird. Die Rolle der Universitäten als Mittler internationaler Gewalttätigkeit durch Ausbildung von technischen Soldaten oder sogar als Träger militärischer Forschung sollte dabei nicht übersehen werden. So sehr diese Probleme emotional geladen sind, man sollte ihre soziologische Bedeutung nicht übersehen.

Operations Research: Das äußerste, was man auf diesem Gebiet tun kann, ist der Versuch, eine Kriegswissenschaft zu konstruieren. Die Anwendung der Spieltheorie und Systemanalyse auf strategische Probleme ist der letzte Schrei im technischen Szientismus. Damit ist eine charakteristische heutige Einstellung zur gesellschaftlichen Aufgabe der Wissenschaft überaus deutlich illustriert. Hier ist nicht der Ort für Ausführungen über die unüberbrückbare Kluft zwischen politisch-gesellschaftlicher Wirklichkeit und einem Computer-Modell oder über die fundamentale Irrationalität keimfreier Rationalität in der Politik menschlicher Beziehungen. Auf alle Fälle ist die Existenz umfassender Tätigkeiten dieser Art für die externe Wissenschaftssoziologie relevant.

Friedensforschung: Im Gegensatz dazu ist das wissenschaftliche Studium internationaler Konflikte sehr dürftig, im Umfang der Bemühungen ebenso wie in ihrer intellektuellen Tiefenschärfe. Das hat vielleicht nichts mit Wissenschaftssoziologie zu tun, ist aber im Hinblick auf Soziologie als einer Wissenschaft erwähnenswert.

V. Persönliche Dimensionen

Die Betrachtung der Forschung als Beruf oder Berufung hält man gewöhnlich für einen Teil der *internen* Wissenschaftssoziologie. Aber der Wissenschaftler ist auch ein Staatsbürger und ein Mitglied der Gesamtgesellschaft.

Professionalismus: Die Wissenschaftlergemeinschaft ist eine unter anderen Gruppen, die sich als Gegenstand der Berufssoziologie eignen. Berufspraktiken in Institutionen wie Universitäten oder Industrielabors verbinden den Wissenschaftler mit anderen Fachleuten und beeinflussen wesentlich sein Verhalten gegenüber seiner Arbeit. So erlaubt z. B. die akademische Sphäre Individualismus und persönliche Unabhängigkeit, die man traditionsgemäß demjenigen zuschreibt, der große wissenschaftliche Leistungen beibringt. Dergleichen ist nicht ohne weiteres mit der hierarchischen Organisation im öffentlichen Dienst vereinbar. Die lange reglementierte Ausbildung und Lehrzeit des professionellen Wissenschaftlers erfordern Verfahren zur Anerkennung befähigter Experten und ebenfalls Karrierechancen in Lehre, Verwaltung und anderen Bereichen außerhalb der Forschung für denjenigen, der den Forscherberuf nach einer Zeit aufgegeben hat. Über die Mittel zur Bezahlung und Belohnung wissenschaftlicher Arbeit kann die Wissenschaftlergemeinschaft nicht selbst entscheiden. Die Frage, ob die Freude und das Vorrecht, forschen zu dürfen, ihre Belohnung in sich selbst tragen, oder ob die enorme potentielle Macht kreativer wissenschaftlicher Ergebnisse anzuerkennen und zu bezahlen ist, ist bislang nicht befriedigend gelöst.

Autorität: Als Staatsbürger genießt der Wissenschaftler oft Ansehen als Hüter von Fachwissen. Ein erfolgreicher Wissenschaftler wird in unmittelbarer persönlicher Verantwortung um Rat oder Stellungnahme zu Angelegenheiten von öffentlichem Interesse ersucht. Es ist schwierig, diesen Purpur geistiger oder technischer Führerschaft abzulegen. Es fragt sich, ob diese Autorität gewissenhaft mit „sozialer Verantwortung" ausgeübt werden sollte, wobei auf mögliche fragwürdige Motive der Ratsuchenden besonders zu achten wäre, oder ob es sich ganz bescheiden lediglich um die Anwendung technischen Könnens auf vorgegebene Probleme handelt. Das Gesellschaftsbild des Wissenschaftlers ist oft ebenso sterotyp wie die ihm selbst unterstellte Rolle: In Wahrheit findet sich die ganze politische Skala vom revolutionären Radikalen bis zum neurotischen Konservativen unter praktizierenden Wissenschaftlern.

Ruhm: Die wechselseitig wirkenden Kräften zwischen Wissenschaft und Gesellschaft treffen brennpunktartig bei wenigen sehr bekannten Individuen zusammen, die sich in den Augen der Öffentlichkeit stets als eine „Super-Elite" ausnehmen. Dieses „Star"-System hat nicht nur große Auswirkung auf die Wissenschaftlergemeinschaft und auf die persönliche Psychologie der derart Herausgestellten; es beeinflußt außerdem nachhaltig die Rolle der Wissenschaft im gesellschaftlichen Leben. *Einstein* und *Oppenheimer* personifizierten jeder auf seine Weise zahlreiche Aspekte der Wissenschaft auf der sozialen und politischen Bühne und übten durch ihr Verhalten in der Öffentlichkeit erheblichen Einfluß aus.

VI. Ökonomische und Politische Dimensionen

Die Kosten und Konsequenzen der wissenschaftlichen Forschung dürfen nationalpolitisch und wirtschaftlich nicht länger vernachlässigt werden. Die Wissenschaft macht heute ein bis zwei Prozent der gesamtgesellschaftlichen Aktivität aus. Große Probleme stehen zur Entscheidung durch die Regierung und anderes Führungspersonal an.

Rechnungslegung: Großforschung kostet großes Geld; wohin fließt dies Geld nun tatsächlich? Die für die verschiedenen Forschungsarten aufgewendeten Beträge geben wichtigen Aufschluß über die Organisation der Gesellschaft und ihre relativen Prioritäten. Es ist seit dem Zweiten Weltkrieg z. B. für alle hochindustrialisierten Nationen charakteristisch, daß sehr viel mehr für Forschung auf dem Gebiet der Luftfahrt (sogar abgesehen von militärischen Zwecken) als für Eisenbahn oder Wohnungswesen ausgegeben worden ist. Die Forschungsbudgets vieler Entwicklungsländer sind — obwohl verhältnismäßig geringer — stark auf Prestigeprojekte mit wenig praktischem Wert fixiert. Diese Faktoren sind als feine Indikatoren einer unbewußten Einstellung zur Wissenschaft als sozialer Kraft zu werten.

Volkswirtschaft: Man hat oft versucht, den wirtschaftlichen Gewinn zu schätzen, den die Förderung wissenschaftlicher Forschung bringt. Da allerdings der größte potentielle Gewinn — wie z. B. ein besserer Gesundheitszustand — nicht quantifizierbar und im voraus sehr ungewiß ist, kann dies wohl kaum als wahre Bilanzierung gelten. Wirtschaftswissenschaftler und Politiker geben ausgesprochen widerwillig zu, daß Ausgaben für Forschungszwecke im Grunde ein Glücksspiel sind. Auf der anderen Seite erkennen sie ungern an, daß der Ertrag, der von der Wissenschaft ausgeht und durch den Schnittbereich in die Gesellschaft fließt, nirgendwo sonst zu haben ist. Trotz Anwendung der zum großen Teil verfeinerten und vervollkommneten Technik wirtschaftlicher Prognosen läßt sich die Zukunft weniger denn je voraussagen. Mit anderen Worten: Wissenschaft ist zum größten „Joker" im sozio-ökonomischen Kartenspiel geworden, der sowohl ungeheure Unsicherheit als auch enormen Reichtum bringen kann. Auf mikroökonomischer Ebene gibt es ein ähnliches Problem: die langfristige Bestimmung des Anlagewerts oder der Gewinnträchtigkeit von Forschungsausgaben ist den Unternehmen in der Marktwirtschaft noch nicht gelungen. Der Versuch, Wissen als Ware zu behandeln, stellt viele Grundannahmen der Wirtschaftstheorie in Frage.

Wissenschaftsplanung: Verschiedene Länder haben verschiedenartige Organisationsstrukturen zur Planung und Durchführung von Großforschung geschaffen. Jede einzelne dieser Strukturen spiegelt den charakteristischen bürokratischen Stil des entsprechenden Staates oder Industrieapparats wider: Wissenschaftsplanung spielt sich z. B. in den USA zwischen konkurrierenden halbautonomen Abteilungen der Staatsverwaltung ab, während sie in Frankreich zentral und hierarchisch betrieben wird. Die Untersuchung dieser verschiedenen Typen ist eine instruktive Vergleichsanalyse politischer Institutionen, hat aber offensichtlich keine überzeugenden Daten vom tatsächlichen Einfluß bürokratisch-politischer Entscheidungen auf wissenschaftlichen Ertrag oder sozialen Nutzen geliefert. Einige Kreise bezweifeln, daß politische Entscheidungen Forschung und Entwicklung letztlich motivieren können; ideologische Argumente werden für die Behauptung zu Hilfe gerufen, man habe Wissenschaft pervertiert, um der herrschenden Klasse statt dem ganzen Volk zu nützen. Die Geringschätzung, die solchen Ansichten von seiten des Führungspersonals zuteil wird, ist noch kein Beweis, daß es sich um paranoide und unbegründete Vorwürfe handelt.

Wissenschaftspolitik: Die institutionelle Struktur der Wissenschaftlergemeinschaft ist so komplex geworden, daß Konflikte in der Wissenschaft zu beobachten sind. Hohe wissenschaftliche Autoritäten, die mit Verwaltungsaufgaben überlastet sind, werden in Streitigkeiten um Geld und Macht verwickelt. Wie die „Kirchenfürsten" können sie nicht verhindern, daß ihre Autorität zugleich eine politische Rolle birgt: Solche Streitigkeiten sind nicht nur ärgerlich und unschön: Die für politisches Taktieren charakteristische Geheimniskrämerei und Skrupellosigkeit widersprechen der Klarheit und persönlichen Integrität wissenschaftlicher Haltung. Äußere politische Faktoren strahlen damit zurück auf die Wissenschaftlergemeinschaft und dürfen in der internen Wissenschaftssoziologie nicht übersehen werden.

VII. Historische Dimensionen

Alle erwähnten Wechselwirkungen und Transaktionen haben ihre Geschichte, oft über Jahrhunderte. Die Rede von der Veränderung der Gesellschaft durch die Wissenschaft ist zum Gemeinplatz geworden; ebenso muß man sich der Veränderung der Wissenschaft durch die Gesellschaft bewußt werden. Metaphorisch können wir die Abfolge der Veränderungen kennzeichnen als Übergang von der Amateurwissenschaft zur akademischen und schließlich industrialisierten Wissenschaft. Man kann ebenfalls die Anwendbarkeit der Begriffe „Kommerzialisierung", „Bürokratisierung" oder „Militarisierung" auf den historischen Wandlungsprozeß in Rolle und Struktur der Wissenschaft in den letzten Jahren erwägen. Wissenschaftssoziologie behandelt sowohl intern wie extern kein im Gleichgewicht befindliches statisches System, sondern eine sich rapide entwickelnde soziale Institution, die sich selbst und ihre Umgebung unumkehrbar durch ihre eigene ungeheure Kreativität verändert. Da wir bisher kaum verstehen, woher wir kommen oder was jetzt geschieht, ist es unmöglich vorauszusagen, wohin unser Weg führt. Nichtsdestoweniger ist dies ein faszinierendes Thema für Spekulation.

VIII. Schlußfolgerung

Es ist schwer, hier einen überzeugenden Abschluß zu finden. Über viele der von mir angeschnittenen Themen sind ganze Bücher geschrieben worden; andere Themen harren noch des Forschers und der intensiven Gedankenarbeit. Der Katalog ist keineswegs fertig, und die gesamte kategoriale Struktur ist vielleicht sogar irreführend. Doch nur der engstirnige Spezialist oder ideologische Fanatiker könnte leugnen, daß es sich insgesamt um relevante Aspekte des Themas handelt und daß wir nur auf eigene Gefahr die damit angesprochenen Fakten und Theoreme vernachlässigen können. Wir mögen gänzlich außerstande sein, Wissenschaft insgesamt soziologisch zu begreifen; das entbindet uns aber nicht von der Pflicht, um sie herumzugehen und sie von allen Seiten zu betrachten.

John M. Ziman

Anmerkungen

[1] Veröffentlichung in Kürze unter dem Titel „The Force of Knowledge" (Cambridge University Press).
[2] Am 13. 2. 1974 vor der Gruppe Wissenschaftssoziologie in der British Sociological Association, für deren Kritik ich sehr dankbar bin.
[3] *J. M. Ziman*, Public Knowledge, Cambridge 1968.
[4] *E. Ashby*, Technology and the Academics, London 1958.

Aus dem Englischen übersetzt von *Anita Köhler*

Gelenkte Wissenschaft in der gelenkten Gesellschaft

Von Hilary Rose

Diese Abhandlung stellt die These auf, daß es eine Übereinstimmung zwischen der Natur des Staates, sowohl in der kapitalistischen Gesellschaft wie auch dem Staatssozialismus, und den Institutionen und dem Inhalt von Wissenschaft und Technologie gibt, die in diesen Gesellschaften betrieben werden. Die Möglichkeit und Aktualität von Wissenschafts- und Technologiepolitik ist Ausdruck dieser Übereinstimmung, obwohl die beiden kritischsten Bereiche dem Blick entzogen sind, insofern als Wissenschaft und Technologie direkt mit (a) der Produktion (Industrieforschung und -entwicklung) und (b) der Verteidigung (einschließlich der Verteidigung gegen innere Revolten) verbunden und beide durch strengste Geheimhaltung gekennzeichnet sind. Während ich sicher bin, daß gerade diejenigen in das Geheimnis eindringen, vor denen es bewahrt werden soll, weil ja die Legitimität von Wissenschafts- und Technologiepolitik diese Verbindungen voraussetzt, ist das soziologische Studium der Wissenschafts- und Technologiepolitik dennoch in Gefahr, eher eine offizielle Definition seiner Forschungsprobleme anzunehmen, als sie für sich selbst zu definieren. Die zweite Schwierigkeit, wenn nicht Gefahr, liegt in der Natur des gegenwärtig noch dominierenden Paradigmas der Wissenschaftssoziologie. Trotz eines frühen Interesses an der gegenseitigen Durchdringung von Wissenschaft, Technologie und Gesellschaft, die in der Arbeit von *B. Hessen*[1], *R. K. Merton*[2], *J. D. Bernal*[3] und *J. Needham*[4] feststellbar ist, griff die Soziologie eine Konzeption von Wissenschaft als einem normativ geregelten, mehr oder weniger autonomen Subsystem auf. Diese Theorie, die unten als eine soziologische Version des „Internalismus" charakterisiert werden soll (in der alten Internalismus/Externalismus Debatte über das Wachstum der Wissenschaft), hat den Nachteil, die Einheit von Wissenschaft und Technologie zu übersehen, die der modernen Wissenschaft zugrunde liegt. Ihr wird die pragmatische Version des Gleichgewichts zwischen Externalismus und Internalismus gegenübergestellt, die von Wissenschaftspolitikern und Politikwissenschaftlern entwickelt wurde.

Die Konvergenz der Politik zwischen dem Kapitalismus und dem Staatssozialismus wird kurz diskutiert, wobei England als Beispielfall des Prozesses dient, durch den die Expansion der Wissenschaft im zwanzigsten Jahrhundert durch eine zunehmend enge Übereinstimmung mit den Anforderungen des Staats und im Westen mit den Anforderungen von Verbänden und Unternehmungen gekennzeichnet ist. Abschließend betrachte ich diese Verbindung zwischen Wissen und Macht im Licht der Naturbeherrschungsthese. Es wird die Frage gestellt, ob — wie *J. J. Salomon*[5] behauptet — Wissenschafts- und Technologiepolitik diese Beherrschung für alle Gesellschaften verewigen müssen, unabhängig von deren ökonomischer Organisation und politischer Ideologie, oder ob im Zusammenhang mit einer transformierten gesellschaftlichen Ordnung die Politik auf eine harmonische Beziehung zwischen Mensch und Natur hinarbeiten könnte, und deshalb auf eine veränderte Wissenschaft und Technologie.

I. Wissenschaftspolitik: Pragmatischer Externalismus

In ihrer gegenwärtigen Form ist die Literatur zur Wissenschaftspolitik und den gegenwärtigen Beziehungen von Wissenschaft und Regierung eine ganz neue Entwicklung der beiden letzten Jahrzehnte, obwohl sich das meiste implizit oder explizit auf *Bernals* "Social Functions of Science" bezieht. *Bernals* Buch war ein systematischer Versuch, eine „externe" Analyse der Wissenschaft zu entwickeln, die sich auf die marxistische Sicht wechselwirkender Beziehungen von Wissenschaft und Gesellschaft gründete. Die Dialektik zwischen beiden bedeutete, daß soziale Inputs, vor allem in der Form der Geldvergabe, aber auch auf subtileren Wegen, der Wissenschaft halfen, sich zu entwickeln, während der Fortschritt der Wissenschaft selbst sowohl direkten wie indirekten gesellschaftlichen Nutzen hatte. Es war sogar möglich, die Einträglichkeit bestimmter Bereiche der Wissenschaft für kurze Zeiträume zu berechnen. Dennoch war für *Bernal* die Langzeitentwicklung der Wissenschaft stets ein Widerspruch zum Kapitalismus, der sie verzerrte und ihre wahre schöpferische Entwicklung verhinderte. Wissenschaft war ihrer Natur nach progressiv und deshalb der natürliche Verbündete des Sozialismus. Sozialismus hieß vor allem Planung, die rationale und logische Entwicklung der Wissenschaft zum Nutzen des Volkes. Es galt nur zu planen, den Umfang der Ausgaben für Wissenschaft um etwa das zehnfache zu steigern (auf das Niveau, das zum Beispiel die UdSSR zur Zeit angibt), den Kapitalismus zu beseitigen, und alles wäre in Ordnung. Die Ideologie dessen, was Techno-Ökonomismus werden sollte, begann Gestalt anzunehmen. In gewissem Sinne war das Wahlprogramm der britischen Labour Party von 1964, das sich damit auseinandersetzte, wie man den Sozialismus in der weißen Flamme der technologischen Revolution schmiedet, ein abgeschwächter Nachklang der *Bernal*schen Analyse von vor fünfundzwanzig Jahren.

Die Gründe für die Beschäftigung der Politiker mit der Wissenschaft in den späten 1950er und 1960iger Jahren sind klar; sie werden versinnbildlicht durch das Wachstum des Budgets für Wissenschaft entlang der exponentiellen Kurve bis zu den magischen 3 Prozent des Bruttosozialproduktes in den USA, der Sowjetunion und Europa. Während die Politiker versuchten, dieses Wachstum zu verstehen, zu kontrollieren und zu lenken, mühten sich die Politikwissenschaftler von *D. K. Price*[7] über *R. Gilpin*[8], *S. Lakoff*[9], *R. Barber*[10] und *D. Schooler*[11] mit Fragen nach der Verbindung von Wissenschaft und Macht ab. Ohne *Bernals* marxistische Perspektive waren sie gezwungen zu fragen, wo die Wissenschaftler innerhalb der traditionellen Schichten des Königreichs standen, wie sie zum Beispiel die Verteidigungs- und Außenpolitik in der Ära nach 1945 beeinflußt hatten.

Für die Politiker erweckte das Argument den impliziten (und manchmal expliziten) Eindruck, es sei möglich, die Richtung und Geschwindigkeit des wissenschaftlichen Fortschreitens durch Geldvergabe zu beeinflussen. Während dieser pragmatische

Externalismus kaum so krude war, anzudeuten, die Grenzen des Wissens könnten durch die mechanische Anwendung von Ressourcen auf ein bestimmtes Problem erweitert werden, versuchte man in der Praxis doch, allgemeine Richtlinien zu fördern oder sogar gesteckte Ziele zu erreichen; die auffallendsten Beispiele hierzu waren die *Kennedy*-Antwort auf den Sputnik — innerhalb von zehn Jahren ein Amerikaner auf dem Mond, und heute die Krebs- und Herzprogramme — oder auf niedriger Ebene das Sichelzellenanämieprogramm. Während auf dem Höhepunkt der förderungsintensiven Jahre sowohl technologische wie Projekte der reinen Wissenschaft erträumt und mit sorgloser Unbekümmertheit finanziert wurden, so daß *D. Greenberg*[12] eines der bekannteren Projekte reiner Wissenschaft dokumentieren konnte, wie etwa den Moholoder den Linear-Beschleuniger, setzte sich, als das ökonomische Klima abkühlte, eine größere finanzielle und wissenschaftliche Vorsicht durch. Dennoch wurden einige Bereiche reiner Wissenschaft von den Regierungen wie der Industrie als für ihre politischen oder ökonomischen Zwecke wesentlich angesehen. So gaben Regierungen der Hochenergiephysik massive staatliche Unterstützung sowohl für nationale wie für internationale Verwertungsmöglichkeiten.

Auch waren es nicht nur die Regierungen, die die Einheit von Wissenschaft, Technologie und sozialen Zielen erörterten. Die Industrie übernahm einen ähnlichen Ansatz, wie die Laboratorien von Bell Telephon bezeugen; diese förderten *William Shockleys* Arbeit, die ihm sowohl den Nobelpreis einbrachte als auch die Grundlagen für die kommerzielle Ausbeutung der Transistor- und Mikroelektronik legte. Es fällt nicht schwer, *Salomons* Ansicht zuzustimmen, daß ,,das Feld der reinen Forschung den extremen Fall des Zusammentreffens von Machtinteresse und dem des Wissens konstituiert''[13]. Und auch historisch betrachtet — die Verbindung wird immer enger in dem Maß, wie die anderen Produktionsmittel ihre Grenze erreichen.

Während die 1960er Jahre fortschritten, begannen die Politiker und die Wissenschaftspolitologen die Gemeinsamkeit ihrer Interessen zu entdecken: Wie konnte man einander helfen? Sowohl an den Universitäten wie auf nationaler und supranationaler Ebene (zum Beispiel OECD, UNESCO) wurden Forschungsgruppen gegründet, die über ,,Wissenschaftsstudien'', ,,Wissenschaftsforschung'', ,,Wissenschaftspolitik'', ,,Wissenschaft und Regierung'' arbeiteten, gemäß den ideologischen Perspektiven, innerhalb derer die Fragen gestellt werden sollten. Die Betonung lag jetzt auf Quantifizierung, und in dem Maß, in dem die steigenden Kosten von Wissenschaft und die unausweichliche Lösung von der exponentiellen Wachstumsphase sichtbar wurden, auf Versuchen, die Ausgaben für Wissenschaft durch den Aufweis ihrer Beziehung zum ökonomischen Wachstum zu rechtfertigen. Dies war ein konstanter Wesenszug zum Beispiel der englischen Arbeiten von *C. F. Carter* und *B. R. Williams*[14] und der Gruppe um *Freeman* in Sussex[15].

In den USA war das bekannteste Beispiel das vom Verteidigungsministerium unter dem Namen »Project Hindsight« initiierte Unternehmen. Das Problem vieler dieser Arbeiten war die vorwiegend empirische Ausrichtung, aber weil sie vom Druck der Notwendigkeit, den die Wissenschaftspolitiker fühlten, abgetrennt waren, abgeschnitten und abgesondert von der politischen Situation, brachten sie zum größten Teil weder theoretische Erklärungen, und noch nicht einmal für die Wissenschaftspolitik hilfreiche

Fakten ein. In den USA, die als erste solche Forschungsgruppen unterstützten, gibt es Anzeichen einer Zurücknahme der Förderung, die, was ihre Empfänger angeht, nahelegen, man hätte die Ware nicht liefern können.

Allgemeiner und deshalb von größerem theoretischen Interesse war der Versuch A. Weinbergs[16], Kriterien zu formulieren, nach denen bestimmte Forschungsvorhaben eingeschätzt werden sollten. Sein *"Criteria for Scientific Choice"*, die mit großem Interesse von der wissenschaftlichen wie der wissenschaftspolitischen Gemeinschaft gleichermaßen aufgenommen wurden (teilweise vielleicht, weil *Weinberg* selbst Wissenschaftler — Physiker — war), versuchte sowohl externalistische wie internalistische Argumente zu umfassen und abzuwägen. So schlug er zum Beispiel vor, größere Investitionen in einem gegebenen Sektor seien richtig, wenn diese Entwicklung andere angrenzende Bereiche mitunterhalten könnte (ein Argument, das in England *gegen* die Ausweitung der Hochenergiephysik und Investitionen in weitere Beschleuniger verwendet werden sollte).

1974 wurde es offensichtlich, daß die Leistungen der Wissenschaftspolitik, vor allem *Weinbergs* Klarheit, begrenzt waren. Dies ist deutlich auf der praktischen Ebene verspürt worden, viele Regierungen haben ihre „Wissenschaftsminister" oder „Wissenschaftsberater" entlassen, und die Förderung einiger Forschungsbereiche tendierte dazu, eingeschränkt zu werden[17].

Die Gründe für diese Beschneidung sind nicht ohne Interesse. Wissenschaftspolitik ist in eine Art Sackgasse geraten; die berauschenden Tage der wissenschaftlichen Expansion sind heute ein für alle mal vorbei. Die 1960iger und frühen 1970iger Jahre sahen, wie wir im Falle Englands unten etwas ausführlicher darlegen werden, die sich vertiefende Integration der Wissenschaft in den Staatsapparat. Wo wissenschaftliche Rationalität in alle Aspekte des gesellschaftlichen Lebens eindringt, braucht Wissenschaft nicht länger beiseite gestellt und eine Politik für sie verlangt zu werden, als hätte sie eine Autonomie; so als könne man Biologie und Physik so betrachten, als seien sie etwas von der Weiterentwicklung der Medizin und Landwirtschaft auf der einen und der militärischen und industriellen Entwicklung auf der anderen Seite Getrenntes. Genauso sind all jene vielen Bücher mit dem Titel „*Wissenschaft und Gesellschaft*" (darunter auch eines von Autoren, die es vielleicht hätten besser wissen müssen), wie *J. M. Levy-Leblond* und *A. Jaubert*[18] feststellen, soziologisch unkorrekt, insofern als sie wissenschaftliche und soziale Systeme in der Interaktion als autonom einander gegenüberstellen. Es wäre angemessener, wenngleich schwerfälliger, solche Studien „*Wissenschaft in der Gesellschaft*" und „*Gesellschaft in der Wissenschaft*" zu nennen, und, in der Tat, zwei kürzlich erschienene Bücher von *S. Blume*[19] und *Salomon*[20] versuchen genau dies. *Salomons* Buch teilt sich in zwei Hauptabschnitte: Politik in der Wissenschaft und Wissenschaft in der Politik, während *Blume* versucht, die wissenschaftssoziologische und wissenschaftspolitische Literatur zu integrieren mit dem Ziel, eine politische Wissenschaftssoziologie zu entwickeln.

II. Die Einheit von Wissenschaft und Technologie

Es geht hier darum, daß trotz des Paradigmas, in dem viele Wissenschaftssoziologen zu arbeiten scheinen, die moderne Wissenschaft und Technologie untrennbar sind. Der besondere Charakter moderner Wissenschaft, die mit der *Galilei*schen Revolution eingeleitet wurde, besteht vor allem in ihrer Ausrichtung aufs Experiment, den Gebrauch, ja sogar die Technologie; es ist dieser Umstand, der die moderne Wissenschaft von jener des klassischen Griechenland, Babylons oder Indiens absetzt. Die gegenwärtige Produktion wissenschaftlichen Wissens geschieht mit der Methode des Experiments, eigens ausgeübt, um auf die natürliche Welt Einfluß zu nehmen, um sie zu verstehen und zu kontrollieren. Auf der Ebene des Bewußtseins von Einzelwissenschaftlern kam vom 19. bis zur Mitte des 20. Jahrhunderts allgemein eine ganz andere Sehweise zum Ausdruck. Sie betonte die interesselose und nicht-utilitaristische Natur der Arbeit des Wissenschaftlers, eine Sehweise, die umgekehrt in der Bourgeoisie weite Akzeptierung fand – im Gegensatz zu marxistischen Philosophen und Wissenschaftssoziologen. Oft werden die Beispiele des Mathematikers *G. H. Hardy* zitiert, der erklärte, was er an der Mathematik liebe, sei, daß sie niemandem nutze, während *Ernest Rutherford,* der die Grundlage zur Kernphysik am Cavendish Laboratorium legte, zu sagen pflegte, er sähe keine Anwendung für seine Arbeit. Ihr Glaube, sie strebten nach Wissen um des Wissens willen, deutet eher auf die sozialen Funktionen vormoderner Wissenschaft hin, wo Wissenschaft anderen intellektuellen und ästhetischen Aktivitäten wie Musik oder Dichtung gleicht, als die zeitgenössischer Wissenschaft es tut. (Es soll hier nicht behauptet werden, es gäbe *keine* Wissenschaft ohne eine soziale Funktion; sondern vielmehr, daß die herrschende Art der Produktion wissenschaftlichen Wissens soziale Funktionen hat; oder in *J. Habermas'*[21] Begrifflichkeit: es gibt erkenntnisleitende Interessen.) Im Fall von *Rutherford* sollte die Relevanz seiner reinen Wissenschaft für die Militärtechnologie trotz seiner Ableugnung nur allzu deutlich werden. Die Bedeutung der *Hardy-Weinberg*-Gleichung für die Populationsgenetik schwächte, wenn auch weniger dramatisch, *Hardys* Behauptung der Nutzlosigkeit. Interessant wäre es, wozu wir hier nicht den Raum haben, zu untersuchen, wie sich die Trennung der Einheit von Wissenschaft und Technologie, Theorie und Praxis der Wissenschaft institutionell und ideologisch abspielte[22]. Was als technische Arbeitsteilung zwischen Theoriebildung und ihrer Anwendung auf bestimmte praktische Probleme begann, wurde zunehmend mit einer sozialen Arbeitsteilung verwechselt. Die Unterscheidung zwischen „reiner" Wissenschaft (das Wort rein ist nicht ohne soziologische Konnotation) und Technologie (unreine, schmutzige Wissenschaft?) wurde und wird von den sozialen Institutionen von Wissenschaft aufrechterhalten. Der Elitestatus der nichtmanuellen Wissenschaftler gegenüber den manuellen Ingenieuren hat sich in einer Weise gehalten, die selbst *Aristoteles* befriedigen würde.

Es lohnt sich vielleicht, daran zu erinnern, daß diese Arbeitsteilung von den Gründern der Royal Society weder für notwendig gehalten noch praktiziert wurde. Wie *Robert K. Merton* zeigt[23], erstreckten sich ihre Forschungen sowohl auf solche Fragen mit primär theoretischem Interesse als auch solche mit primär praktischem. *Robert Boyle* zum Beispiel war sich der Verbindung seiner Entdeckung im Jahre 1662, daß die Ausdehnung jedes Gases bei konstanter Temperatur umgekehrt zum Druck variiert, und den Problemen der Ballistik bewußt. *Merton* weist auf die Art hin, auf die damals theoretische Fragen gestellt wurden; Wie auch immer, die Theorieentwicklung nahm ein Leben für sich an, das heißt, daß Ideen in gewissem Maße von der ökonomischen Basis unabhängig wurden. Seine folgende Arbeit zum Problem gleichzeitiger Entdeckungen in der Wissenschaft, die sich auf *W. F. Ogburn* und *D. S. Thomas*[25] stützt, die beide gleichzeitige Entdeckungen und Erfindungen behandelten, legt nahe, daß erfolgreiche wissenschaftliche Lösungen bestimmter Probleme sowohl von einem geeigneten Fundus an Wissen als auch von sozialen Bedürfnissen bestimmt sind.

III.   Der Internalismus der Wissenschaftssoziologie

Um das Argument von der gegenwärtigen Einheit von Wissenschaft und Technologie und ihrer sozialen Funktionen zu entfalten, ist es an diesem Punkt angebracht, über die Geschichte der Wissenschaftssoziologie zurückzuschauen und zu zeigen zu versuchen, auf welche Weise sie die fundamentale faustische Natur der Wissenschaft übersehen konnte. Viele von *Mertons* frühen Arbeiten, vor allem »Science, Technology, and Society in 17th Century England« werden am besten als ein fortlaufender Dialog mit dem Marxisten *Boris Hessen* und seiner „externalistischen" Sehweise des Wachstums der Wissenschaft gelesen. *Hessens* These war, daß die *Newton*sche Mechanik als Antwort auf die Bedürfnisse des aufkeimenden Kapitalismus entwickelt wurde. Bei seinem Versuch, den Einfluß des Puritanismus auf die Entwicklung der Wissenschaft, im siebzehnten Jahrhundert zu erklären, steht *Merton* zu *Hessen* wie *Max Webers* Protestantische Ethik im Vergleich zu *K. Marx'* Theorie der kapitalistischen Entwicklung. In dieser frühen Phase seiner Arbeit ist *Merton* an der gegenseitigen Durchdringung von Wissenschaft und Gesellschaft und Gesellschaft und Wissenschaft interessiert. Er unterließ es nicht, auf die sozialen Kräfte einzugehen, die die Richtung der Wissenschaft bestimmten. Aber im Gegensatz zu *Hessen* versuchte er zu zeigen, wie Wissenschaft auch autonom, unabhängig von sozialen Determinanten fortschreitet. In dem Maße, wie seine Arbeit diesen Ansatz entwickelte, wurde die heikle Überprüfung der Internalismus/Externalismus-These zunehmend internalistisch und öffnete den Weg für die Entwicklung der „normalen" Wissenschaftssoziologie. Ich möchte behaupten, daß die Debatte zwischen Internalismus und Externalismus vor allem den Wissenschaftshistorikern zu führen überlassen wurde, während das *Merton*sche Paradigma im Kontext amerikanischer positivistischer Soziologie als eine Spielart des soziologischen Internalismus konstituiert wurde. *Mertons* Schüler waren somit »mertonischer« als *Merton* selbst, dessen Arbeit erstaunlich ungebunden blieb und weiter um Fragen aus dem Gebiet der Soziologie wissenschaftlichen Wissens wie auch um solche der Soziologie der Wissenschaftler kreiste.

Das Paradigma selbst wird durch ein Vorurteil über Wissenschaft als eines mehr oder weniger autonomen Subsystems charakterisiert. Wesentlich auf seiner Arbeit über den Wertekomplex aufbauend, der mit dem Puritanismus und dem Aufkommen der Royal Society verbunden war, wendete sich *Mertons* Interesse dem wissenschaftlichen Ethos selbst zu. Die vorwiegende Beschäftigung mit den Normen der Wissenschaft wurde durch die Vorstellung *Michael Polanyis*[26] von der wissenschaftlichen Gemeinschaft als einer sich selbst bestimmenden Gemeinschaft unterstützt. Dieses Interesse sollte sich in der paradigmabildenden Abhandlung von 1957 herauskristallisieren und eine Anzahl anderer Beiträge provozieren, wie jene von *N. W. Storer*[27], *H. Zuckerman*[28], *W. O. Hagstrom*[29], *J. Gaston*[30], *D. Crane*[31] und *J. Cole* und *S. Cole*[32]. Diese Spielart des Internalismus hörte auf, sich Fragen der gegenseitigen Durchdringung von Wissenschaft und Gesellschaftsordnung auf einer kognitiven Ebene oder selbst denen nach Wissenschaftlern und Gesellschaftsordnung auf der strukturellen Ebene zuzuwenden. Stattdessen wurden Nobelpreisträger, Phagenbiologen, Topologen, Hochenergiephysiker und andere interview. Für Wissenschaftler in der Industrie und Technologen blieb allein eine Betrachtung in der Perspektive einer Berufs- oder Organisationssoziologie: *W. Kornhauser* und *Hagstrom*[33], *H. Shepard*[34], *S. Marcson*[35], *N. Kaplan*[36] und *D. Plez* und *F. Andrews*[37]. So wurde der fundamentale Charakter von Wissenschaft und Technologie in ihren sozialen Funktionen aus dem Blickfeld verloren.

Um eine Soziologie wiederzuentdecken, die Wissenschafts- und Technologiepolitik, das heißt die gegenseitige Durchdringung von Wissenschaft und Staat in Rechnung stellt, müssen wir das *Merton*sche Paradigma beiseite legen, das die selbstbestimmende und autonome Natur der Wissenschaft betont. Dennoch ist es nicht ohne Ironie, daß die Soziologie diese seltsame rückwärts gewandte Konzeption von Wissenschaft gerade zu dem Zeitpunkt aufgreifen sollte, als der Beginn des Krieges die Basis der These *Polanyis* zerstörte, die eine Anstrengung war, Wissenschaft vor den gefürchteten, von *J. D. Bernal* angeführten marxistischen Planern zu bewahren. *Polanyis* — und folglich *Mertons* — Gemeinschaft sich selbst bestimmender Wissenschaftler sollte zerstört werden in einer realen Welt, die nicht mehr länger fragte, ob *Wissenschaft* geplant werden sollte, sondern *wie* sie geplant werden sollte. In Begriffe der Sozialpolitik transponiert bedeutete das nicht, *ob* Wissenschaft dem Staat dienen sollte, sondern *wie* sie dem Staat dienen sollte. Die Ironie erreichte ihren Höhepunkt im Manhattan-Projekt, jener ungleichen Allianz von *J. Robert Oppenheimer* und Generalmajor *Groves*, welches die Verkörperung der massivsten Einmischung des Staates in die Wissenschaft (und aus diesem Grund die schärfste Konfrontation der Wissenschaftler mit dem Staat) darstellte und sich doch im heiligsten Bezirk der Wissenschaften, der Physik selbst, abspielte.

IV. Die Verwaltung der britischen Wissenschaft

Der Wandel im Charakter der Wissenschaft, dessen Wasserscheide das Manhattan-Projekt markiert und der unausweichlich zu ihrem gegenwärtigen gelenkten Status geführt hat, der so sehr von dem abweicht, worauf sich das *Merton*sche Paradigma richtete, kann am deutlichsten in kapitalistischen Ländern gesehen werden. In England macht das Interesse an sauberen und einheitlichen Verwaltungsanordnungen oft sichtbar, was sich hinter der ersichtlichen Vielzahl von Agenturen und der Rhetorik des wissenschaftlichen Unternehmers in den USA verbirgt. Der Übergang von einer laissez-faire zu einer staatlich gelenkten Wissenschaft wird versinnbildlicht durch den Unterschied zwischen zwei besonders wichtigen und befruchtenden Regierungsberichten über die Beziehung zwischen Staat und Wissenschaft, die durch mehr als fünfzig Jahre voneinander getrennt sind, Jahre, deren Mittelpunkt die *Polanyi-Bernal* Debatte und das Manhattan-Projekt markieren. Es handelt sich um die Berichte von Lord *Haldane* 1918[38] und Lord *Rothschild* von 1972[39]. Der *"Machinery of Government Report"* (Haldane Report, HMSO 1918) war der Höhepunkt einer Reihe von Studien, die *Haldane* und seine Kollegen in den Kriegsjahren begonnen hatten und die zur Gründung der Research Councils führten, die seither in England „reine" Wissenschaft fördern. Für *Haldane* war die Sache eindeutig. Ein moderner Staat bedurfte der Wissenschaft zum Überleben — wie sehr, hatten die Versäumnisse und Grenzen der britischen Technologie gegenüber einem in Chemie, Physik und Ingenieurwesen überlegenen Deutschland in den frühen Kriegsjahren gezeigt. *Haldane* brauchte die ausgearbeiteten Übungen späterer Politiker, wie etwa das DoD *"Project Hindsight"*, nicht, um auf die Verbindung zwischen Grundlagenforschung und Verteidigung und Industrie zu vertrauen. Doch schien es auch ihm, daß diese Verbindung sehr vermittelt war; um effektiv zu sein, benötigten Wissenschaft und Wissenschaftler Raum und Schutz vor unmittelbarer Produktion und militärischem Druck. So wurde das berühmte *Haldane-Prinzip* verkündet, durch das die Räte von denjenigen Ministerien unabhängig wurden, von denen man erwartete, daß sie von der Forschung betroffen wären (obwohl diese Ministerien auch selbst forschen sollten). Der Vorteil dieser Unabhängigkeit war in den Worten *Haldanes* folgender: „Sie legt die Verantwortlichkeit für die Forschung und vor dem Parlament in die Hände eines Ministers, der in normalen Zeiten frei vom harten Druck durch Verwaltungsaufgaben ist und gefeit gegen jede Verdächtigung, durch administrative Zugeständnisse gegen die Anwendung von Forschungsresultaten voreingenommen zu sein[40]."

Auf diese Weise wurde der „Raum", der wissenschaftlicher Autonomie zur Verfügung stand, vorsichtig definiert und im Interesse der Leistungsfähigkeit geschützt, und dieser Bereich selbst wurde als die Säule wissenschaftlicher Freiheit bis zum Ende des Zweiten Weltkrieges geheiligt. Von 1945 an zogen die aufeinanderfolgenden Regierungen (ob Labour oder Konservative), wie wir an anderer Stelle gezeigt haben (*H. Rose* und *S. Rose* 1969) das Netz der Zusammenarbeit von Staat und Wissenschaft enger, und der Höhepunkt wurde erreicht, als 1970 unter Regierung der Konservativen der *Rothschild* Report *"A Framework for Government Research and Development"* das *Haldane-Prinzip* vollkommen umkrempelte und über den lautstarken Protesten der wissenschaftlichen Elite als künftige Grundlage für die Lenkung der Wissenschaft akzeptiert wurde[41].

Was *Rothschild* tat, war, deutlich zu machen, daß Forschung und Entwicklung nicht autonom wären, sondern ein Ziel hätten, das vom Staat und seinen industriellen Mitspielern definiert würde; politische Entscheidungen waren nicht das freie Vorrecht von Elitewissenschaftlern, bloß weil sie Wissenschaftler waren — außer insoweit sie zufällig auch andere Regierungsstellen oder Positionen in der Industrie innehatten (siehe unten). Sogar die Sprache des Reports hatte einen Stil, der die neue Beziehung manifest machte; *Hardy* und *Rutherford* hätten sich im Grabe herumgedreht. „Dieser Report gründet sich auf das Prinzip, daß angewandte F und E, das heißt, F und E mit praktischer Anwendung als ihrem Gegenstand, auf einer Kunde-Unternehmer Basis ausgeführt werden muß. Der Kunde sagt, was er will, der Unternehmer führt es aus (wenn er kann): und der Kunde zahlt."

Auf diese Weise verdeutlichte *Rothschild* mehr als irgendeiner seiner US-Kollegen das Maß, in dem die verwaltete Wissenschaft unter dem modernen Kapitalismus Teil einer verwalteten Gesellschaft wurde. Allerdings einer Gesellschaft, deren Verwaltung selbst wissenschaftlich fundiert ist. Genau aus dieser Ausweitung wissenschaftlicher Rationalität, die charakteristisch für die gegenwärtige Phase des Kapitalismus und bürokratischen Sozialismus ist, wurde die Konzeption einer Wissenschaft geboren, die zuerst die Beherrschung der Natur und dann die des Menschen ermöglicht.

V. Beherrschung der Natur und die Beherrschung des Menschen

Die Verknüpfung von Wissenschaft und Macht, die auf einer relativen Ad-hoc-Basis vorhanden war — eng in Kriegszeiten, vernachlässigt im Frieden — wurde auf diese Weise in der Mitte des zwanzigsten Jahrhunderts großgeschrieben und institutionalisiert. Was in dieser scheinbaren Erfüllung der *Bacon*schen Vision passiert war, war die Ersetzung des menschlichen Fortschritts, der das der neuen Atlantis zugrundeliegende Ziel war, durch technischen Fortschritt. So sagte *Edward Teller*, Vater der amerikanischen Wasserstoff-Bombe, zur Verteidigung der „Operation Plowshare", einem Vorschlag, Kernexplosionen zur Ausradierung großer Häfen einzusetzen: „Wissenschaft ist Fortschritt; sie kann und wird nicht gestoppt werden."

Während in der Vergangenheit die Ideologie der Wissenschaft ihre gesellschaftlich befreiende Funktion verkündet hatte (ähnlich wie die offizielle Wissenschaft in der Sowjetunion das noch tut — siehe unten), markierten Nagasaki und Hiroshima unzweideutig, was vorher nur flüchtig sichtbar war, die Allianz zwischen der Naturbeherrschung durch Wissenschaft und der Beherrschung des Menschen durch Macht. Unfähig, die Ideologie aufrecht zu erhalten, Wissenschaft und Technologie seien sozial progressiv, entwickelten westliche Wissenschaftler eine veränderte Ideologie, die die Neutralität der Wissenschaft betonte, die ihrer nicht-neutralen Anwendung gegenübergestellt werden konnte.

Wie wir bereits an anderer Stelle gezeigt haben[42], wurden die Fragen nach den Implikationen der Bombe eher als eine Folge des *Mißbrauchs* der Wissenschaft angesehen, denn als ein soziales Problem, das dem Charakter von Wissenschaft selbst eigen wäre. Es war dies der Fall, ob die Folgen im liberalen *"Bulletin of the Atomic Scientists"* diskutiert wurden, dem marxistischen *"Journal of the World Federation of Scientific Workers"*, oder den verschiedenen Gruppen von Wissenschaftlern, die sich an der Friedensbewegung in den USA und Westeuropa während der späten 1940iger und frühen 1950iger Jahren beteiligten.

Die Kritik der Wissenschaft als wesenhaft auf die Beherrschung der Natur und von daher des Menschen ausgerichtet, die von der neo-marxistischen Frankfurter Schule kritischer Gesellschaftstheorie entwickelt worden war, blieb deshalb anfänglich im wesentlichen ungehört, von anderen Gesellschaftstheoretikern abgesehen. Unbehindert von irgendeiner Untertanenpflicht gegenüber der bestimmten Form des in der Sowjetunion und danach in Osteuropa entstehenden Sozialismus konnten die Mitglieder der Frankfurter Schule die kritische Prüfung der Natur der Entfremdung unter einem zunehmend korporativen Kapitalismus und bürokratischen Sozialismus fortsetzen. Indem sie ihr Interesse an der psychologischen Dimension der Entfremdung beibehielten, ein Interesse, das andernorts von orthodoxen Marxisten als Beschäftigung des frühen *Marx* abgetan worden war, konnte die Schule, und vor allem M. *Horkheimer*[43], *Th. Adorno* und *Horkheimer*[44], *J. Habermas*[45] und *H. Marcuse*[46] die Wege erforschen, auf denen sich die unpersönliche Rationalität von Wissenschaft in den politischen Prozeß ausweitete.

Marcuses „Eindimensionaler Mensch" porträtiert eine von technischer Rationalität durchdrungene Welt. *Marx* hatte behauptet, daß der Antagonismus zwischen Natur und Mensch und somit die Entfremdung des Menschen von der Natur, einschließlich seiner eigenen, der kapitalistischen Gesellschaft eigen wäre. Dennoch hatte die Naturwissenschaft für *Marx* und noch mehr für *Engels* etwas von einer Aufklärungsidee, die sich in Harmonie zum menschlichen Fortschritt befand[47]. *Marcuse* lernte in einem Jahrhundert massiven Wachstums von Umfang und Macht der Wissenschaft, Wissenschaft und Technologie als eine besondere Art von Rationalität kennen, die der menschlichen *Befriedung*, der gegenwärtigen und bedrückenden Alternative zur menschlichen Befreiung, in die Hände arbeitet. Auch ist es kein Zufall, daß der von *Marcuse* konzeptualisierte Kampf zwischen *Befriedung* und *Befreiung* sein Echo in den Kämpfen für nationale Unabhängigkeit in der realen Welt findet. Guerillas sind Teil nationaler *Befreiungs*bewegungen, während koloniale und neokoloniale Mächte, die die gesamten Waffenarsenale zeitgenössischer Wissenschaft und Technologie einsetzen, von der *Befriedung* der einheimischen Völker sprechen. Noch war die Kritik der Wissenschaft in der heutigen Gesellschaft die alleinige Domäne der Neomarxisten. Zeitweilig war eine augenscheinlich paradoxe Konvergenz zwischen den Werken etwa von *Marcuse* und denen des stark konservativen *Jacques Ellul*[48] zu beobachten. Fast jeder von beiden hätte den Satz geschrieben haben können: „Psychologie fängt mit dem Wunsch an, den Menschen zu verstehen, und endet damit, ihn manipulieren zu wollen", obwohl es in Wahrheit *Ellul* war. Jüngst hat *Hans Lenk*[49] eine Übersicht über die Debatte um den technokratischen Charakter der gegenwärtigen Gesellschaft vorgelegt. Obgleich jedoch seine Perspektive optimistischer ist als die prominenterer Technokratietheoretiker (was er auf die Unterentwicklung des Begriffs zurückführt), ist sie insofern beschränkt, als der Bezugsrahmen seines Arguments nur Europa und die Vereinigten Staaten umfaßt. Insoweit Planung und Wissenschaft, die heute oft als „Technokratie und Szientismus" gesehen werden, in Zusammenhang mit den russischen und chinesischen Revolutionen als für die Befreiung des Menschen wesentlich angesehen wurden und werden, will ich mich nun kurz ihren theoretischen und praktischen Leistungen (und Mißerfolgen) zuwenden.

VI.   *Wissenschaftsplanung und menschliche Befreiung*

In der UdSSR war die Verknüpfung von Wissenschaft mit gesellschaftlichen Bedürfnissen und Staatsinteressen seit 1917 explizit und auf Theorie gegründet. Wissenschaft,
die sowohl zur ökonomischen Basis wie zum Überbau gehört, sollte eine führende
Rolle in der Herbeiführung menschlicher Befreiung zuerst durch den Sozialismus und
dann den Kommunismus spielen. In den frühen 20er Jahren, während der Periode
des NEP (Neuer ökonomischer Plan), wurde es als ausreichend angesehen, die Arbeit
der Ingenieure zu fördern und die Wissenschaftler in wachsendem Maße und ohne zu
enge Kontrolle ihrer Ideologie oder Produkte mit Geldmitteln zu unterstützen. In der
Folge des Großen Bruches jedoch, der den sowjetischen *Versuch* einer Kulturrevolution
darstellt, aber durch administrative Willkür und Terror *auferlegt* worden war, gab es
entschlossene Anstrengungen, ein besonderes rotes Expertentum zu schaffen, um die
technologischen Ziele und die Ideologie der Technologie selbst enger mit dem Kommunismus zu verbinden[50]. Diese Kulturrevolution, die mit den Ingenieuren begonnen
hatte, breitete sich gegen Ende der 1930er und 1940er Jahre in alle Zweige der
Naturwissenschaften, von der Physik bis zur Psychologie aus[51]. Jedoch aus Gründen, die
an anderer Stelle umfassender von *Rose* und *Rose*[52] und *R. Levins* und *R. Lewontin*[53]
diskutiert werden, wurden die Bemühungen, nach einer besonders proletarischen
Form von Wissenschaft zu suchen, in den letzten beiden Jahrzehnten in die Annahme
umgewandelt, es gebe eine automatische Verknüpfung zwischen den Bedürfnissen des
sowjetischen Staates und dem Fortschritt der neutralen Wissenschaft. So war es der
chinesischen Revolution überlassen, die Theorie und Praxis der Kulturrevolution weiterzuentwickeln, was in der Kulturrevolution von 1966 seinen Höhepunkt erreichte. Alle
Arten von Führung, die versucht hatten, ihre Autorität allein aus einem Expertentum
abzuleiten, wurden heftig kritisiert. Die außerordentlich fließende und unter Partizipation aller vorgenommene Reorganisation vieler gesellschaftlicher Institutionen ist für
westliche Leser nur in bestimmten Bereichen, vor allem der Medizin, dokumentiert
worden. Dort haben *J. S. Horn*[53] und andere den Wandel in den biomedizinischen
Wissenschaften diskutiert, in denen sich die normale Neigung zur städtischen und sich
auf das Krankenhaus gründenden, von medizinischen Technokraten so geliebten, aus-
getüftelten Technologie umkehrte in ein ländlich ausgerichtetes System, in das traditionelle medizinische Methoden integriert wurden, die sonst von der hohen Technologie ,,überholt" waren. Hier gründet sich die Autorität auf den Dienst am Volk, der
sich durch Expertentum ausdrückt[54]. Wir wissen weniger über die Arbeiten und
Erfolge sowie Mißerfolge von Laboratorien bei ihrem Versuch, sowohl rot wie sachver-
ständig zu sein. Obwohl es anhaltende Versuche gab, die Laboratorien zu proletari-
sieren, die akademischen Wissenschaftler aus der Erfahrung des Arbeiters lernen zu
lassen, scheinen die Probleme der Wissenschaft selbst im Großen und Ganzen eher
durch Experiment und Diskussion des ,,hundert Blumen"-Prinzips behandelt worden
zu sein, als durch eine Wiederholung des Desasters der *Lysenko*-Erfahrung. Die stali-
nistische Lösung des Problems der Genetik wurde bereits früh von *Mao Tse-tung* und
der Partei als ein ungeeigneter Weg der Behandlung wissenschaftlicher Fragen angesehen. (Hier ist vielleicht die Linie der kommunistischen Partei Chinas in Bezug auf

Stalin erwähnenwert, der, obwohl als großer kommunistischer Führer betrachtet, in *"The Question of Stalin"* kritisiert wird, weil er es unterließ, Gegensätze unter Menschen von jenen zwischen Menschen zu unterscheiden. Erstere können bewältigt, letztere müssen herausgestellt und bekämpft werden.)

Im Gegensatz hierzu werden heute in orthodoxen sowjetischen Schriften, wie etwa den Essays von *Mikhail Millionschikov* (Vizepräsident der Akademie der Wissenschaften der UdSSR) und anderer in *"The Scientific and Technological Revolution"*[55] Wissenschaft und Technologie als wertfrei betrachtet (d.h., es gibt keine spezifisch *sozialistische* Biologie, und die explosiven Debatten der *Lysenko*-Periode werden als irregeführt abgetan). Die Maximierung ihres Potentials für das menschliche Wohlergehen kann nur im Rahmen des Sowjetsystems stattfinden. Es wird deshalb als sicher unterstellt, daß unter dem sowjetischen Sozialismus Staat und Wissenschaft durch eine ausgearbeitete politische Planungsmaschinerie in enger Übereinstimmung gehalten sind.

Um jedoch *sowohl* die These aufrechtzuerhalten, daß Wissenschaft wertfrei ist, *wie auch* daß sie mit den Bedürfnissen des Volkes in einer wohltätigen Sowjetgesellschaft übereinstimmt, muß man behaupten, in kapitalistischen Gesellschaften seien Staat und Wissenschaft im Widerstreit. Mit den Worten *Millionschikovs*, ,,das Prinzip der privaten Wirtschaft wird im Zeitalter der Kernenergie, Elektronik und Kybernetik zunehmend als obsolet aufgegeben werden". Von wissenschaftlicher Rationalität wird – ohne daß sie in eine spezifisch sozialistische Wissenschaft umgewandelt wird – angenommen, daß sie die Irrationalität des Kapitalismus entlarvt. Man muß nicht *Marcuse* sein oder in *Solschenizyns First Circle*[56] arbeiten, um die Fehlerhaftigkeit dieser Behauptung zu sehen.

VII.   Wissenschaftliche Fabrik oder wissenschaftliche Gemeinschaft

Dieses Wachstum und die Einbeziehung der Wissenschaft in den Staat wurde von einem Wechsel in der Art der Produktion wissenschaftlichen Wissens und einer veränderten internen Sozialstruktur begleitet. Am anschaulichsten in *Big Science* sichtbar, wo ein ganzes Laboratorium ein kurzes Papier unterzeichnen kann, wurde dieser Wandel weithin als ein Wechsel von handwerklicher zu industrieller Wissensproduktion betrachtet (*Merton*[57], *Ravetz*[58] und *Salomon*[59]). Während Wissenschaftler früher als Einzelproduzenten von Wissen arbeiteten, arbeiten sie heute in großen hierarchisch organisierten Teams, die sich durch eine zunehmend starke Arbeitsteilung auszeichnen. Jeder Wissenschaftler, oder genauer jeder wissenschaftliche Arbeiter, denn so muß die große Masse der Wissenschaftsfabriken von heute bezeichnet werden, hat bruchstückhafte, eingeschränkte Fähigkeiten, die mit einem Zweck verbunden sind, der allein vom Projektleiter und denen, die die Ziele der Gruppe oder des Laboratoriums setzen, ganz verstanden wird. Diese Zersplitterung wissenschaftlicher Arbeit und wissenschaftlichen Wissens begannn, wie *André Gorz*[60] ausführt, in der chemischen Industrie Deutschlands vor etwa neunzig Jahren, als *Carl Duisberg* von Bayer die Aufgaben der Chemiker organisierte und teilte.

Der Prozeß lief weiter und breitete sich von Wissenschaft zu Wissenschaft, von der Physik bis zur Molekularbiologie aus. Die wissenschaftlichen Arbeiter wurden Facharbeitern ähnlich, die durch die Maschine, die sie bedienen, definiert werden, so daß es Dreher und das Personal für den nuklearmagnetischen Schall, Stenotypisten und Computerprogrammierer, die Führer atomgetriebener Maschinen und Spektroskopisten gibt.

Die Bedeutung dieses Wandels kann nicht überschätzt werden. Während im neunzehnten Jahrhundert *Whewell* der vornehmen Natur der Suche nach Wissen durch seinen Ausspruch "cultivators of science" Ausdruck verlieh, war die Professionalisierung durch den Begriff Wissenschaftler gekennzeichnet. Heute ist mit der Industrialisierung der Wissenschaft ein Proletariat entstanden, die große Masse der wissenschaftlichen Arbeiter. In einer Studie von industriellen und staatlichen Forschungsstellen zeigten sich die wissenschaftlichen Arbeiter den Normen der Wissenschaft gegenüber gleichgültig und waren stattdessen durch Arbeitsbedingungen, Bezahlung, Sicherheit und Zukunftsaussichten ganz in Anspruch genommen. Die behauptete Verpflichtung dem „öffentlichen Wissen" gegenüber[62], wo das Belohnungssystem durch Kollegen, Eponymie und Preise Anerkennung zollt, bleibt so für weiteste Bereiche des Forschungssystems irrelevant.

Dennoch führt, plant und verwaltet Wissenschaft eine wissenschaftliche Elite, die glücklich ist, den Mythos der sich selbst bestimmenden Gemeinschaft von Wissenschaftlern zu teilen und zu tradieren. Man könnte behaupten, daß soziologisch betrachtet nur diese legitimerweise als Wissenschaftler bezeichnet werden können. Die relativ geringe Größe dieser Elitegruppe muß hervorgehoben zu werden, vor allem in Zusammenhang mit der Ausrichtung von Wissenschaft und der technologischen Entscheidungstätigkeit. In den USA wurde zum Beispiel geschätzt, daß etwa 200 bis 300 Hauptentscheidungsträger – vorwiegend Wissenschaftler – die innere Elite aus einer gesamten wissenschaftlichen Arbeiterstreitmacht von etwa zwei Millionen konstituieren. Für die große Masse der wissenschaftlichen Arbeiter scheint Entfremdung die Norm zu sein.

VIII. *Politische und gewerkschaftliche Antworten*

Ich habe hier nicht den Raum, die Antworten der wissenschaftlichen Arbeiter und Wissenschaftler zu der Situation, durch die die wissenschaftliche Gemeinschaft zur wissenschaftlichen Fabrik wurde, zu untersuchen. Einige, wie etwa der Molekularbiologe *Gunther Stent*, bedauern, daß diese heroische Epoche zuende geht[63]. Andere, wie etwa *Arthur Galston,* protestieren beim Gebrauch ihrer Arbeit durch andere – in seinem Fall Wachstumshormone als Mittel zur Entlaubung – als Beispiel einer verlorenen wissenschaftlichen „Verantwortung". Wissenschaftliche Gewerkschaften sind entstanden, und es gab eine neue Welle des Radikalismus unter den wissenschaftlichen Arbeitern. Am beachtenswertesten in der gegenwärtigen "Radical Science"-Bewegung ist vielleicht das Fehlen einer sichtbaren elitären Führung (in Übereinstimmung mit vielen anderen radikalen Gruppen der Gegenwart, aber sehr verschieden von der Wissenschaftlerbewegung zwischen den Weltkriegen und nach 1945). Diese Bewegung zeichnet sich auch durch ein neuerliches Interesse an den Problemen der Verbindung wissenschaftlichen Wissens mit der Macht aus, was von den Linken nach der *Stalin*-Ära ziemlich vernachlässigt wurde.

IX. Die Entzauberung der Wissenschaft

Die These dieser Abhandlung gibt einer Analyse Ausdruck, die zunehmend von Gesellschaftstheoretikern, sowohl radikaler wie liberaler Provenienz, geteilt wird. Die Ansicht der gegenseitigen Durchdringung von Wissenschaft und Gesellschaft ist eine wachsender Entzauberung. So sind, um ein jüngeres Beispiel aufzugreifen, *Salomons* Schlüsse denen *Max Webers* an der Jahrhundertwende über das Anwachsen bürokratischer Rationalität bemerkenswert ähnlich. Beide schauen auf Individuen, um die Menschheit zu retten, wobei *Salomon* klugerweise dem Gebrauch des Begriffes Charisma mit all seinen außeralltäglichen faktischen Konnotationen aus dem Wege geht.

Dieser Pessimismus der Liberalen entspringt einer begrenzten Perspektive von alternativen Gesellschaften und kann die Gefahr nicht vermeiden, auf die ich zu Beginn dieser Abhandlung hinwies, nämlich einen offiziellen Zuschnitt der Forschungsprobleme der Soziologie der Wissenschafts- und Technologiepolitik anzunehmen. So beschränkt *Salomon*, im Einklang mit vielen, wenn nicht den meisten anderen, im wesentlichen seine Vergleiche auf kapitalistische Länder und die UdSSR. Während es in der ökonomischen Organisation zwischen den USA und der UdSSR wichtige Unterschiede gibt, treffen wir auf der kulturellen Ebene viele Übereinstimmungen an. Bevor nicht die kulturellen Alternativen, wie die in der Sowjetunion aufgegebenen, aber von den Chinesen weiter untersuchten, in Betracht gezogen werden, können die Prognosen für Wissenschafts- und Technologiepolitik, ja sogar für Gesellschaft selbst nur düster sein.

Anmerkungen

[1] *B. Hessen*, The Social and Economic Roots of Newton's Principia, in: *N. Bukharin u.a.* (Hrsg.), Science at the Cross Roads, London 1931; Neudruck London 1973.
[2] *R. K. Merton*, Science Technology and Society in Seventeenth Century England, in: Osiris: Brugge 1938, Neudruck New York 1970.
[3] *J. D. Bernal*, The Social Functions of Science, London 1939.
[4] *J. Needham*, Science and Civilisation in China, 7 Bde. in 12 Teilen, Cambridge University Press 1954.
[5] *J. J. Salomon*, Politics and Science, London 1973.
[6] *H. Rose* und *S. Rose*, Science and Society, London 1969.
[7] *D. K. Price*, Government and Science, New York 1954.
[8] *R. Gilpin*, Atomic Scientists and Nuclear Weapons Policy, New Jersey 1962.
[9] *S. Lakoff*, Knowledge and Power, New York 1966.
[10] *R. Barber*, The Politics of Research, Washington D.C. 1966.
[11] *D. Schooler*, Science, Scientists and Public Policy, New York 1971.

[12] *D. Greenberg*, The Politics of Pure Science, Harmondsworth 1969.

[13] *Salomon*, a.a.O., S. 61.

[14] *C. F. Carter* und *B. R. Williams*, Industry and Technical Progress, London 1957.

[15] Die Arbeit der *Freeman*-Gruppe ist dokumentiert in *Science Policy Research Unit Annual Report*, Sussex 1974.

[16] *A. Weinberg*, Criteria for Scientific Choice, in: Minerva, 1 (1963).

[17] Während dieser Trend allgemein gleichzeitig auftritt, haben einige Länder wie etwa Kanada (wie *Nico Stehr* mir gegenüber erwähnte) kürzlich einen ,,Wissenschaftsminister" ernannt.

[18] *J. M. Levy-Leblond* und *A. Jaubert*, Critique et Autocritique de la Science, Paris 1973.

[19] *S. Blume*, Towards a Political Sociology of Science, New York/London 1974.

[20] *Salomon*, a.a.O.

[21] *J. Habermas*, Erkenntnis und Interesse, Frankfurt a. M. 1968.

[22] Für eine interessante Diskussion dieses Trennungsprozesses siehe *J. R. Ravetz*, Scientific Knowledge and its Social Problems, Oxford University Press 1971.

[23] *Merton*, a.a.O. (1938).

[24] *R. K. Merton*, Priorities in Scientific Discovery: A Chapter in the Sociology of Science, in: American Sociological Review, 22 (1957).

[25] *W. F. Ogburn* und *D. S. Thomas*, Are Inventions Inevitable?, in: Political Science Quarterly, 37 (1922).

[26] *M. Polanyi*, The Logic of Liberty, London 1945.

[27] *N. W. Storer*, The Social System of Science, New York 1966.

[28] *H. Zuckerman*, Scientific Elites: Nobel Laureates in the United States, Chicago 1967.

[29] *W. O. Hagstrom*, The Scientific Community, New York 1965.

[30] *J. Gaston*, The Reward System in British Science, in: American Sociological Review, 35 (1970).

[31] *D. Crane*, Invisible Colleges, Diffusion of Knowledge in Scientific Communities, Chicago 1972.

[32] *J. Cole* und *S. Cole*, Social Stratification in Science, Chicago 1973.

[33] *W. Kornhauser* und *W. Hagstrom*, Scientists in Industry, Berkeley 1962.

[34] *H. Shepard*, Nine Dilemmas in Industrial Research, in: Administrative Science Quarterly, 1 (1956).

[35] *S. Marcson*, The Scientist in American Industry, Princeton, N.J. 1960.

[36] *N. Kaplan*, Professional Scientists in Industry, in: Social Problems, 13 (1965).

[37] *D. Pelz* und *F. Andrews*, Scientists in Organisations, New York 1966.

[38] (*Haldane* Report) Machinery of Government Report, Cmd HMSO, London 1918.

[39] (*Rothschild* Report) A Framework for Government Research and Development, Cmd 1272, HMSO, London 1972.

[40] *Haldane*, a.a.O., Paragraph 67.

[41] *R. Williams*, Some Political Aspects of the Rothschild Affair, in: Science Studies, 3 (1973).

[42] *H. Rose* und *S. Rose*, The Radicalisation of Science, in: *R. Miliband* und *J. Saville* (Hrsg.), The Socialist Register, London 1972.

[43] *M. Horkheimer*, Eclipse of Reason, New York 1947.

[44] *T. W. Adorno* und *M. Horkheimer*, Dialektik der Aufklärung, Amsterdam 1947 (1970).

[45] *J. Habermas*, Towards a Rational Society, London 1971.

[46] *H. Marcuse*, One Dimensional Man: Studies in the Ideology of Advanced Industrial Society, Boston 1964.

[47] *A. Schmidt*, The Concept of Nature in Marx, London 1971.

[48] *J. Ellul*, The Technological Society, New York 1964.

[49] *H. Lenk*, Technocracy and Scientism? Remarks Concerning an Ideological Discussion, in: Man and His World, The Hague 1972.

[50] Siehe zum Beispiel *D. Joravsky*, Soviet Marxism and Natural Science, London 1961; oder *A. Solschenizyn*, Gulag Archipelago, London 1972.

[51] *Grahams* Studie stellt wertvolle Informationen für eine Vielzahl von Gebieten bereit, *Salomons* Bericht über den Konflikt in der Agrarsoziologie — obwohl keine Naturwissenschaft — eine sorgfältige Untersuchung einer kulturellen Revolution in einer Disziplin. *L. Graham*, Science and Philosophy in the Soviet Union, New York 1972; *S. G. Salomon*, Controversies in Social Science: Soviet Rural Studies in the 1920s, Ph. D. Thesis, Columbia University 1973.

[52] *Rose* und *Rose*, a.a.O., 1972; *R. Levins* und *R. Lewontin*, Political Aspects of the Lysenko Affair, in: *Rose* und *Rose* (Hrsg.), Ideology in the Natural Sciences, Harmondsworth, im Druck.

[53] *J. S. Horn*, Away with all Pests, London 1969.
[54] *J. Needham, J. Robinson, E. Snow, T. Raper*, Hand and Brain in China, Anglo-Chinese Education Institute, London 1971.
[55] *M. Millionschikov*, in: The Scientific and Technological Revolution, in: Social Effects and Prospects, Moskau 1972.
[56] *A. Solschenizyn*, The First Circle, Harmondsworth 1970.
[57] *Merton*, a.a.O., 1957.
[58] *Ravetz*, a.a.O.
[59] *Salomon*, a.a.O.
[60] *A. Gorz*, On the Class Charakter of Science and Scientists, in: *Rose* und *Rose*, Ideology in the Natural Sciences (im Druck).
[61] *N. Ellis*, The Scientific Worker, Ph. D. Thesis, University of Leeds 1969.
[62] *J. Ziman*, Public Knowledge, Cambridge 1968.
[63] *G. Stent*, The Coming of the Golden Age: A View of the End of Progress, New York 1971.

Aus dem Englischen übersetzt von *Christel Krauth-Görg*

Zur gesellschaftlichen Irrelevanz der Sozialwissenschaften

Von Helga Nowotny

I. Das Problem der gesellschaftlichen Irrelevanz der Wissenschaften

Zu einer Zeit, in der die Wissenschaften sich höchsten Ansehens und einer entsprechenden Macht- und Privilegienfülle erfreuen, in der füglich von einer Verwissenschaftlichung
nicht nur unseres Weltbildes, sondern weiter Bereiche öffentlichen Handelns gesprochen
werden kann, mag es zunächst seltsam anmuten, die Frage nach der gesellschaftlichen Relevanz oder Irrelevanz wissenschaftlicher Ideen und Erkenntnisse und ihrer
Umsetzung in die Praxis zu stellen. Zeigen doch, wie *G. Böhme et al.* meinen, die
Wissenschaften in einem gewissen Entwicklungsstadium die Tendenz zur „Finalisierung" und die Bereitschaft, sich zu „funktionalisieren", d.h. Zwecke, die extern vorgegeben sind, oder Problemstellungen, die von außen herangetragen werden, zu akzeptieren und zumindest teilweise zu den ihren zu machen. Dennoch — und das ist in
vieler Hinsicht das erstaunlichere und erklärungsbedürftigere Phänomen — zeigen die
Wissenschaften aber auch eine gewisse *Resistenz* gegenüber den Vorstellungen und
Wünschen jener, die als Policy Makers oder in ähnlicher, durch öffentlichen Auftrag
legitimierter Form, an die Wissenschaften herantreten, indem auf bestimmte Forderungen entweder gar nicht oder mit nur geringer *Akzeptanz* reagiert wird.
Es stellt sich somit die Frage, wieso es möglich ist, daß Policy Makers und die Öffentlichkeit Ergebnisse fordern, die sie nicht bekommen, oder, falls diese auf überhöhten
Erwartungen beruhen, gar nicht bekommen können, und wieso es andererseits dazu
kommt, daß viele Wissenschaftler das Gefühl haben, ihre Arbeit erwecke außerhalb
eines engen Fachkreises von Kollegen keinerlei Interesse und sei, entgegen ihrer
eigenen Überzeugung, für die Gesellschaft irrelevant. Noch krasser läßt sich dieses
Mißverhältnis wahrscheinlich an Hand der Finanzierung von Forschungsvorhaben
aufzeigen: hier herrscht der Eindruck vor, daß Forschungsvorhaben finanziert werden,
deren gesellschaftlich relevanter Output äußerst fraglich ist, andererseits führen jedoch
Wissenschaftler und ein Teil der aufgeklärten Öffentlichkeit Klage darüber, daß für die
dringlichsten gesellschaftlichen Probleme kein Geld und wenig Interesse vorhanden
sei.
Diesen Sachverhalt, den wir hier nur grob skizzieren können, wollen wir — trotz der
bereits im Begriff enthaltenen Multivalenz — als *gesellschaftliche Irrelevanz* der Wissenschaften bezeichnen, wobei wir uns in der Folge insbesondere mit der gesellschaftlichen
Irrelevanz der Sozialwissenschaften auseinandersetzen werden. Als gesellschaftlich
relevant bezeichnen wir jenes wissenschaftliche Wissen, dem die Gesellschaft mit der
Bereitschaft zur Aufnahme und des Umsetzens in das gesellschaftliche Handeln be-

gegnet. Es handelt sich somit um den Vorgang des „*Heraushebens*" (im ursprünglichen Sinn von re-levare, wie ihn *D. Bohm* verwendet hat) in das allgemeine gesellschaftliche Bewußtsein. Ein solcher Vorgang findet in Hinblick auf sozialwissenschaftliches Wissen nur zu einem geringen Teil statt, obwohl — und hierin erblicken wir das eigentliche Problem — das Bekenntnis zur gesellschaftlichen Relevanz und deren Erstrebenswertigkeit auf Seiten der Sozialwissenschaftler abgelegt und auf Seiten der Öffentlichkeit und der sie gegenüber den Wissenschaften vertretenden Institutionen durchaus vorhanden ist.

In diesem Zusammenhang ist es vielleicht angebracht auf einige naheliegende Erklärungsversuche für diesen Sachverhalt hinzuweisen:

— Als sicher darf gelten, daß Kriterien, die zur Feststellung und Definition von gesellschaftlich relevanter Wissenserzeugung verwendet werden könnten, keineswegs gegeben sind, sondern ihrerseits wiederum das Produkt eines Prozesses gesellschaftlicher Wissenserzeugung sind (*H. Nowotny* und *M. E. A. Schmutzer* 1974). Es würde von großer Naivität zeugen, nähme man an, es gebe unabhängige Nützlichkeits- oder Brauchbarkeitskriterien, die als Grundlage für die Feststellung der Relevanz oder Irrelevanz sozialwissenschaftlichen Wissens dienen könnten. Es ist vielmehr so, wie schon *H. Blumer* gemeint hat, daß bereits die Erhebung eines Problems in den Rang eines *sozialen* Problems einem kollektiven Definitionsprozeß unterliegt und somit ein Teil gesellschaftlicher Wissenserzeugung ist.

— Ein anderer Versuch, die gesellschaftliche Irrelevanz der Sozialwissenschaften zu erklären, besteht darin, sie mit den Naturwissenschaften und ihren Erfolgen zu vergleichen. Dabei wird immer wieder auf die Unreife der Sozialwissenschaften, als Folge ihres historisch erklärbaren Nachhinkens, Bezug genommen. Kritikern, wie *J. D. Bernal,* entgeht es dabei nicht, daß diese Unreife in Zusammenhang mit der vorherrschenden Gesellschaftsform zu sehen sei. „Das Stadium, das sie (die Sozialwissenschaften) erreicht haben, ist analog dem, das die Naturwissenschaften vor Galilei erreicht hatten. Sie sind im wesentlichen diskursiv und klassifikatorisch. Obwohl sie in neuerer Zeit die Messung in ihrer statistischen Form dazu genommen haben, fehlen ihnen entsprechend angeordnete oder kontrollierte Experimente — der praktische Anwendungstest — der die Naturwissenschaften auf eine sichere materielle Basis vom 17. Jahrhundert an stellte. Einfach ausgedrückt könnte man sagen, daß die Sozialwissenschaften schönes Gerede sind, aber nicht funktionieren. Sie sind nützlich um ein Thema für akademische Grade und Thesen abzugeben, um Lehrstellen zu besetzen und für Posten in der Werbebranche und dem Wissenschaftsmanagement. Sozialwissenschaftler, wie immer beeindruckend und dekorativ sie sein mögen, sind in der kapitalistischen Welt noch nicht so unentbehrlich wie Chemiker oder Ingenieure" (*J. D. Bernal* 1969, S. 1020).

Selbst wenn eine relative Aufwertung der Sozialwissenschaften inzwischen eingetreten sein mag und sich die Einstellung zur sozialwissenschaftlichen Forschung ändert (*P. Grottian* 1974), so ist doch unbestritten, daß den Naturwissenschaften und ihren Erzeugnissen, trotz aller in letzter Zeit in der breiten Öffentlichkeit ebenso wie im Kreise der Politiker und Entscheider aufgetretenen Skepsis, noch immer ein anderer Stellenwert eingeräumt wird als den Sozialwissenschaften.

Dabei ist die Bereitschaft der Gesellschaft, bestimmte wissenschaftliche Erkenntnisse und Produkte aufzugreifen und sie in die Praxis umzusetzen, sicher nicht unabhängig von strukturellen Voraussetzungen vor allem ökonomisch-politischer Art zu sehen. Die systembedingte potentielle Brauchbarkeit wissenschaftlicher Produkte, die unmittelbar einsichtige praktische Relevanz aller, etwa unter die in einer kapitalistischen Gesellschaft geltenden Nützlichkeitskriterien subsumierbaren Erzeugnisse, steht außer Zweifel. Ferner üben die politischen Entscheidungsstrukturen einer Gesellschaft einen gewissen Einfluß auf die Relevanzbestimmung aus, wie sich bereits aus den frühen Arbeiten der wissenschaftlichen Akademien des 17. Jahrhunderts und der heute aufgestellten Prioritätskataloge für Forschungsarbeiten ersehen läßt. Dennoch lassen sich aus solchen Beispielen, die die Abhängigkeit der Wissenserzeugung von bestehenden wirtschaftlichen und politischen Interessensverhältnissen dokumentieren, noch keine Kriterien zur Bestimmung gesellschaftlicher Relevanz wissenschaftlicher Erzeugnisse ableiten. Gesellschaftliche Ansprüche und Bedürfnisse sind im allgemeinen diffuser Natur und wenig artikuliert. Sie stellen teilweise die Antwort auf vorausgegangene wissenschaftliche Erkenntnisse dar, die neue Möglichkeiten gesellschaftlicher Bedürfniserzeugung geöffnet haben. Um die potentielle Relevanz wissenschaftlicher Produkte überhaupt erkennen zu können, muß zunächst eine *Verbindung* zwischen gesellschaftlichen Ansprüchen und wissenschaftlichen Möglichkeiten hergestellt werden. Es muß daher Personen und Institutionen geben, die im Stande sind, am Prozeß der gemeinsamen Konstruktion von Relevanz mitzuwirken. Dieser Vorgang, den wir *Re-levierung* nennen wollen, bedarf — so lautet unsere Hypothese — der *kognitiven* Antizipation vermeintlicher gesellschaftlicher Ansprüche durch die Wissenschaft einerseits und des *aktiven „Heraushebens"* bestimmter Erkenntnisse aus dem wissenschaftlichen Angebot durch die Gesellschaft andererseits.

II. Die Bestimmung gesellschaftlicher Relevanz: Relevierung

Wir gehen somit davon aus, daß es unzureichend ist, die Bestimmung der gesellschaftlichen Relevanz wissenschaftlicher Erzeugnisse auf wirtschaftlich und politisch determinierte Nützlichkeitskriterien reduzieren zu wollen. So wenig sich wissenschaftliche Rezeptivität auf das Angewiesensein der Wissenschaften auf materielle und ideelle Unterstützung seitens der Gesellschaft beschränken und daraus erklären läßt (*J. D. Bernal 1969*), so wenig kann Relevanz auf den Nutzen reduziert werden, den die wirtschaftlich und politisch Mächtigen aus der Wissenschaft zu ziehen vermögen. Trotz wiederholt vorgenommener massiver Beeinflußungsversuche, ist es der Wissenschaft gelungen, sich die Fähigkeit zur theoretischen — und somit Nützlichkeitskriterien übersteigenden — Autonomie zu bewahren und in der sogenannten reinen Grundlagenforschung zu institutionalisieren.

Die Wissenschaften haben es verstanden, aus der ihnen eigenen Fähigkeit der Akkumulation von Wissen und ihrer inhärenten Problemerzeugungskapazität Kapital zu schlagen. In der Wissenschaftsgeschichte und vergleichenden Wissenschaftsforschung läßt sich immer wieder die Tendenz feststellen — wie sie etwa in der Resistenz gegen die vorgegebenen Zwecke oder in der geringen Akzeptanz von Prioritäten zum Ausdruck kommt —, die bestehenden Bedingungen externer Zielsetzung zu unterlaufen, in autonome Theorieentwicklung auszuweichen oder sie dahin umzufunktionieren (*W. van den Daele 1973*). In diesem Freiraum autonomer Theorieentwicklung ist zugleich die Fähigkeit der Wissenschaften angesiedelt, auf *Erwartungen,* die seitens der Gesellschaft an sie herangetragen werden und an die eine noch nicht näher bestimmte Relevanzerwartung geknüpft ist, nicht nur zu reagieren, sondern — zumindest teilweise — diese auch *antizipieren* zu können. Was die Wissenschaften durch diese Antizipation gesellschaftlicher Erwartungen bereitstellen, muß jedoch von der Gesellschaft durch aktives „*Relevieren*" honoriert werden: aus dem vorhandenen Wissen muß selektiert und „heraus-gehoben" werden. Dem solcherart Herausgehobenen wird gesellschaftliche Aufmerksamkeit zuteil, und es wird schließlich in den jeweils vorhandenen politischen und wirtschaftlichen Interessenskontext eingepaßt.

Was hier sichtbar wird, ist eine Permeabilität zwischen Wissenschaften und Gesellschaft: die Gesellschaft bewertet, was relevant ist, mit Hilfe von Kriterien, die zumindest teilweise von der Wissenschaft antizipiert wurden. Dies geschieht dadurch, daß einzelne Wissenschaften und ihre Institutionen in der Lage sind, in ihren Forschungsvorhaben das zu berücksichtigen, was sie als Erwartungen der Gesellschaft in einem diffus gehaltenen Relevanzbegriff interpretieren. Dies geschieht nicht nur aus Gründen der Selbsterhaltung und zur Rechtfertigung der eigenen Existenz, sondern wird in die Theorieentwicklung selbst mit hineingenommen, wo eine kognitive Ähnlichkeit zwischen herrschendem Denkmodell und jenen Vorstellungen immer wieder festzustellen ist, die als Teil des allgemeinen Weltbildes und allgemeiner gesellschaftlicher Bedürfnisse gesehen werden. Hier sind — um mit *F. X. Kaufmann* (1974) zu sprechen — Prozesse der gesellschaftlichen Konstruktion von Wirklichkeit im Gange, die von der weitgehend inartikulierten Öffentlichkeit einerseits und der '*scientific community*' andererseits zu leisten sind. Der praktische Test dieser Wirklichkeitskonstruktion liegt darin, ob beide Teile den ihnen zufallenden Konstruktionsbereich dieses Prozesses tatsächlich zu erbringen im Stande sind. „Denn nur das, was von ihrem (der Wissenschaft) Definitionsangeboten in die ‚praktische Theorien' der politisch Handelnden eingeht, kann ‚wirklich' werden" (*F. X. Kaufmann 1974*). Anders ausgedrückt, nur das, was von der Gesellschaft *releviert* wird, kann relevantes Wissen werden. Vieles spricht dafür, daß die Naturwissenschaften, im Vergleich zu den Sozialwissenschaften, den ihnen bei diesem Prozeß zufallenden *antizipatorischen* Beitrag eher zu leisten im Stande sind als die Sozialwissenschaften.

In einer Zeit, in der das von den Naturwissenschaften erzeugte Wissen und seine Umsetzung in die Praxis, einschließlich der nun sichtbar werdenden Auswirkungen dieser Umsetzung, problematisch geworden sind, kommt den Zweifeln, die von den Wissenschaftlern selbst geäußert werden, erhöhte Bedeutung zu. Es ist dies nicht der gegebene Ort, um Wissenschaftsambivalenz und angeschlagene Fortschrittsgläubigkeit näher zu untersuchen. Doch ist es nicht uninteressant, dabei auf die Rolle zu verweisen, die die Wissenschaftler und insbesondere die Naturwissenschaftler in diesem Bewußtwerdungs- und Umdenkprozeß einnehmen.

Diese sind in einem — allein auf Grund ihrer stark angewachsenen Zahl — nicht übersehbarem Ausmaß bereit, an der bisherigen Praxis von Wissenschaftsanwendung Kritik zu üben und die Forderung nach sozialer Relevanz auf ihr Banner zu schreiben. Dabei trifft wahrscheinlich zu, was *W. van den Daele* und *W. Krohn* in ihrer Arbeit festgestellt haben: daß das politische Bewußtsein der Wissenschaftler dem allgemeinen politischen Bewußtsein nachhinkt: „Für die Mehrzahl der Wissenschaftler steht legale parlamentarische Machtausübung ohne weiteres für die Allgemeinheit der gesetzten Zwecke. Sie haben Aufrüstung und Maximierung des Wachstums als allgemeine Ziele der Gesellschaft akzeptiert, solange deren politische Geltung unangefochten war. Nachdem diese Ziele fragwürdig geworden sind, sehen sie darin eher die partikularen Interessen eines militärisch-industriellen Komplexes. Ebenso erkennen sie gegenwärtig die Sanierung der Umwelt als allgemeines Ziel an, nachdem sie politisch als solches deklariert worden ist" (*W. van den Daele* und *W. Krohn* 1973, S. 33).

Man mag in der Aufgeschlossenheit vieler Wissenschaftler, vermeintlich sozial relevante Leistungen zu erbringen, nur den Versuch einer Interessensgruppe sehen, den Fortbestand ihrer Privilegien zu sichern, indem sie ihre Nützlichkeit für vorhersehbare gesellschaftliche Veränderungen umdefiniert. Die Eigenart der Wissenschaft als wissenserzeugendes System bringt es jedoch mit sich, daß sich bewußte wie auch unbewußte Interessenwahrung nicht so leicht von den durch innere theoretische Entwicklungen entstehenden Optionen unterscheiden lassen. Zum Unterschied von anderen Gruppen in der Gesellschaft, die ihre Unentbehrlichkeit und Nützlichkeit unter veränderten sozialen Bedingungen entsprechend zu beweisen verstehen, ist die Wissenschaft jedoch am *Relevierungsprozeß* unmittelbar selbst beteiligt. Sie ist im Stande, die nur äußerst diffus in Öffentlichkeit und Politik vorhandenen und noch im Entstehen begriffenen neuen Relevanzkriterien in das Gebäude ihrer Theorien aufzunehmen und kann so der Gesellschaft das anbieten, was diese noch tastend sucht: darin liegt ihre antizipatorische Leistung. Viele Anzeichen sprechen dafür, daß es für die Sozialwissenschaften bedeutend schwerer ist als für die Naturwissenschaften, diese Leistung zu erbringen.

III. Die Irrelevanz der Sozialwissenschaften

Cornelius J. Lammers (1974) hat in einer eingehenden Analyse die Schwierigkeiten untersucht, mit denen sich die Sozialwissenschaften, im Vergleich zu den Naturwissenschaften, konfrontiert sehen. Die Naturwissenschaften befinden sich demnach in einer weitaus *geschützteren* Stellung vor den Anforderungen und den Interessen, die seitens der Gesellschaft an sie gestellt werden. Als Folge des bereits erreichten wissenschaftlichen Fortschritts fällt es ihnen leichter, ihre relative Autonomie zu bewahren und auszubauen. Je größer die öffentlich sichtbaren Erfolge einer Wissenschaft, desto höher ihr institutionelles Prestige und ihre Macht und desto geringer das Risiko, daß externe Institutionen Einfluß nehmen können. Daher droht den Naturwissenschaften weit weniger Konkurrenz als den Sozialwissenschaften von Seiten der 'lay images', der wissenschaftlichen Vorstellungen, die sich Laien machen, und zwar sowohl in der Problemstellung als in der Ausarbeitung der wissenschaftlichen Paradigmata. Den Naturwissenschaften ist es auch gelungen, eine institutionell verankerte Arbeitsteilung zwischen reiner und angewandter Wissenschaft vorzunehmen. Die sogenannte reine Wissenschaft wird von einer institutionellen Pufferzone umgeben, in der sich anwendungsorientierte Institutionen befinden. Auf diese Weise können die Naturwissenschaften Experten und Laien als Abnehmer ihrer Produkte trennen und entgehen in der Folge den oft kontradiktorischen Anforderungen dieser beiden Gruppen (*Rolf Klima 1972*). Auch im Stadium der Diffusion wissenschaftlicher Erkenntnisse können die Naturwissenschaften erhebliche Vorteile buchen. Da es weniger 'lay images' gibt, die sich auf die Naturwissenschaften beziehen, können populärwissenschaftliche Vorstellungen auch weniger oft ein Hindernis in der Verbreitung neuen Wissens darstellen. Dazu kommt noch, daß die Öffentlichkeit — durch die Sozialisation in der Schule und durch andere ‚missionarische' Institutionen — gelernt hat, dem naturwissenschaftlichem Wissen gegenüber aufnahmebereiter und wissenschaftsgläubiger zu sein. Die größere Bereitschaft der Öffentlichkeit an die naturwissenschaftliche ‚Propaganda' zu glauben, führt auch dazu, daß es ganz allgemein zwischen den Erzeugern und Konsumenten naturwissenschaftlichen Wissens eine größere *Interessensharmonie* gibt: die Öffentlichkeit sieht in den Errungenschaften der Naturwissenschaften überwiegend etwas positives, etwa die Hebung des individuellen und gesamtstaatlichen Wohlstands und die Erzeugung faszinierender technische Spielzeuge, durch die das Leben bequemer gestaltet werden kann.

Die Lage der Sozialwissenschaften hingegen beschreibt *C. J. Lammers* (1974, S. 134) wie folgt: "Lay images and external demands for 'relevant' research and 'relevant' theoretical analysis are moreover operative not only in the stages of inception of new trends of thought, but even more in the stage of elaboration of professional conceptions. Considerable pressure is exerted on the social scientist by the public at large, by specific agencies wanting 'service', by his students, and last but not least even by the subjects he studies, to put their problems with high priority on his agenda für professional activities."

Im Bemühen, diese an sie gestellten Anforderungen zu erfüllen, werden die Sozialwissenschaften jedoch nicht von einer Kette von Pufferinstitutionen geschützt, die auf die externe Druckausübung reagieren und kurzfristige Dienstleistungen erbringen würden. Die Arbeitsteilung zwischen angewandter und reiner Sozialwissenschaft ist weitgehend defekt. Dazu kommt noch, daß die Naturwissenschaften in der Lage sind, ‚Dinge' und ‚hardware'-Anweisungen zu liefern, die Sozialwissenschaften jedoch nur Ideen und ‚software' Rezepte. Anforderungen und Konkurrenz durch die laienhaften Wissenschaftsvorstellungen sind so groß, daß viele Sozialwissenschaftler dadurch praktisch immobilisiert werden: entsprechen die Ergebnisse ihrer Arbeit den Laienvorstellungen, dann haben die Sozialwissenschaften nichts Neues zu bieten: sind sie hingegen inkompatibel, so wird die Annahme und Verbreitung dieser Erkenntnisse verhindert. Eine weitaus größere Diskrepanz besteht zwischen professionalisiertem und Laienwissen, die auf widersprüchliche Wertvorstellungen und divergierende Interessen zurückzuführen ist. Andererseits sind jedoch die Sozialwissenschaften durch die fehlende ‚Dinglichkeit' ihrer Erzeugnisse mehr als die Naturwissenschaften auf die öffentliche Aufnahme angewiesen.

Auf unsere Fragestellung bezogen zeigt die *Lammer*sche Analyse deutlich, mit welcher Hypothek die Sozialwissenschaften belastet sind, wenn sie danach streben, die ihnen zufallende Aufgabe der Antizipation gesellschaftlicher Relevanz durch systematischen Einbau in ihre Theorien und Wissenschaftsentwicklung im gemeinsamen Relevierungs-prozeß zu erbringen.

Die umfangreiche Literatur zum Thema Anwendung sozialwissenschaftlicher Er-kenntnisse (*Adam Podgorecki 1974; P. F. Lazarsfeld, W. A. Sewell* und *H. L. Wilensky 1967; H. Ozbekhan 1971; W. Zapf 1971* und *F. X. Kaufmann 1974*; um nur einige zu nennen) und die darin zum Ausdruck kommenden Frustrationen verstärken den Eindruck, daß die Sozialwissenschaften in einer *Sysiphusarbeit* befangen sind, das von ihnen erzeugte und ihrer Meinung nach durchaus gesellschaftlich relevante Wissen einer Öffentlichkeit und einem Kreis von Auftraggebern, der stellvertretend und fragmenta-risch für das nicht-institutionalisierte Verhältnis zur Öffentlichkeit steht, näher zu bringen. Diese wiederum steht vor der paradoxen Situation, daß ihre Forderung nach relevanter sozialwissenschaftlicher Forschung von den Sozialwissenschaften nur in ungenügendem Maße beantwortet wird, weil eine wissenschaftliche Vorwegnahme dessen, was die Gesellschaft an sozialwissenschaftlicher Forschung bedarf, aus den von *Lammers* aufgezeigten Gründen nicht möglich ist. Dort hingegen, wo es gelingt, in einem ‚bargaining‘ Prozeß zwischen Forscher und Auftraggeber im diffusen Inter-esse der Öffentlichkeit Relevanzkriterien auszuhandeln, nach denen sozialwissen-schaftliche Forschung durchgeführt oder Ergebnisse selektiert und bewertet werden sollen, handelt es sich bestenfalls um eng umschriebene, partielle Lösungen auf ebenso definierte Probleme, die auf unmittelbare, sofortige Wirkung und oft auch auf un-mittelbar mögliche Einflußnahme abgestellt sind.

Das *Paradoxe dieser Situation* liegt darin, daß auf beiden Seiten — der Öffentlichkeit und stellvertretend für sie, der Auftraggeber, und der für soziale Anwendung enga-gierten Forscher — durchaus die Bereitschaft vorhanden ist, sozial relevantes Wissen zu erzeugen bzw. zu akzeptieren, daß jedoch der *Relevierungsprozeß*, der notwendig ist, um aus der Fülle des vorhandenen Wissens das ‚herauszuheben‘, was aufgenommen und verwendet werden soll und somit relevant gemacht wird, nur sehr mangelhaft funktioniert.

IV.   Die Relevierung sozialwissenschaftlichen Wissens

Sucht man die Gründe für die praktische Irrelevanz der Sozialwissenschaften primär *nicht* in deren Versagen, relevantes Wissen zu erzeugen, noch in einem prinzipiell vorausgesetzten Unverständnis oder Überforderung seitens der Öffentlichkeit, son-dern im mangelhaften Funktionieren eines Relevierungsprozesses, der sowohl kogni-tiver wie institutioneller Art ist, so lassen sich von einem informationsverarbeitenden, kognitiven Ansatz aus (*H. Nowotny 1973; H. Nowotny* und *M. E. A. Schmutzer 1974*) einige Postulate skizzieren, die in der Abfolge eines solchen Prozesses berücksichtigt werden sollten. Zum Unterschied von einer kürzlich erschienen Untersuchung der Faktoren, die Resistenz und Rezeptivität der Wissenschaft gegenüber einer Steuerung von außen bedingen (*Wolfgang van den Daele* und *Peter Weingart 1974*) und die sich auf Fallstudien stützt, sind unsere Überlegungen allgemeiner Natur und wollen auf einige Komponenten des Relevierungsprozeßes aufmerksam machen.

(1) Bei der notwendigen Auswahl aus der Fülle des sozialwissenschaftlichen Wissensangebotes seitens der Auftraggeber (die wir hier in grober Vereinfachung für die Seite der Gesellschaft als Interaktionspartner vorstellen) spielt die Berufung auf die gesellschaftliche Nützlichkeit und Brauchbarkeit des zu relevierendes Wissens eine große Rolle. Wie wir gesehen haben, lassen sich jedoch keine gültigen und verbindlichen Kriterien für die Definition von Brauchbarkeit aufstellen, da diese vielmehr erst bei der späteren Verwendung, d.h. dem Gebrauch des Wissens im Handeln, erfolgt. Individuelle und kollektive Informationsverarbeitung werden jedoch durch die Erstellung einer *Rangordnung* von Problemen und Problemlösungsstrategien, zumindest in Hinblick auf die zeitliche Abfolge, wesentlich erleichtert. Daher finden sich solche Problemrangordnungen sowohl in der Wissenschaft wie in der Gesellschaft. Sie sind jedoch keine strengen Präferenzordnungen, sondern kontextabhängig und daher veränderbar. Sie stehen, was in diesem Zusammenhang oft übersehen wird, in enger Abhängigkeit von den vorhandenen Machtstrukturen: jede Gruppe tendiert dazu, eine ihrer strukturellen Stellung in der Gesellschaft entsprechende kognitive Rangordnung zu haben, derzufolge bestimmte Sachverhalte als Probleme gesehen, definiert und gelöst werden, wobei wiederum die Lösungsstrategien strukturell bedingt erscheinen. Wie unter anderem die Arbeiten von *Pierre Bourdieu* (1975) zeigen, stehen den herrschenden Gruppen überdies Strategien zur Verfügung, mit deren Hilfe sie die eigenen kognitiven Rangordnungen nicht nur erhalten, sondern auch auf andere Gruppen ausdehnen können.

Da von Seiten der Gesellschaft *keine wissenschaftlich* gültigen Rangordnungen in Hinblick auf die Wichtigkeit und soziale Relevanz von Problemen erstellt werden, sondern nur deren politische Erwünschtheit deponiert werden kann (was letztlich das Ziel jeder Wissenschaftspolitik ist), findet sich hier eine nicht koordinierte Übergangstelle im Relevierungsprozeß. Damit es zu einer Annäherung der Rangordnungen und somit zu einer gemeinsamen Auswahl von Problemen kommen kann, müssen bestimmte strukturelle Voraussetzungen erfüllt werden. Eine Ähnlichkeit im Problemstellenwert ist dort am ehesten zu erwarten, wo die kognitiven Rangordnungen der dominanten wissenschaftlichen und gesellschaftlichen Gruppen sich überlappen oder − wie etwa in der Energieforschung − sich leicht in Einklang bringen lassen. Dort hingegen, wo ein Problem in der politisch artikulierten Öffentlichkeit zwar einen höheren Stellenwert, in der Wissenschaft jedoch einen relativ niedrigen besitzt (was etwa auf Probleme der sogenannten Humanisierung der Arbeitswelt zutreffen könnte), ist eine Angleichung kaum zu erwarten. Der umgekehrte Fall eines Problems, das wissenschaftlich einen hohen Stellenwert, in der gesellschaftlichen Öffentlichkeit jedoch einen niedrigen hat, bleibt ohne weitere Konsequenz, da die wissenschaftliche Autonomie einen Schutz der wissenschaftlichen Problemrangordnung bietet. Ganz allgemein gilt dies für die Beschäftigung mit theoretisch-abstraktem Wissen, das in der wissenschaftlichen Rangordnung vor der Beschäftigung mit praktisch-orientiertem Wissen rangiert, in der Rangordnung der Allgemeinheit hingegen kaum. Nimmt ein Problem jedoch sowohl in der Wissenschaft als auch in der Gesellschaft einen relativ niedrigen Stellenwert ein − was z.B. für die Psychiatrie und verwandte Gebiete zutrifft, wenngleich aus anderen Gründen − so verhindert diese konvergente niedrige Placierung mit Erfolg eine Relevierung. Eine systematische Erforschung der strukturellen Bedingungen für die Entstehung und Veränderung kognitiver Randordnungen steht noch weitgehend aus, wäre jedoch in Hinblick auf eine gezielte Annäherung wissenschaftlicher und gesellschaftlicher Problemrangordnung äußerst wünschenswert.

(2) Eine weitere diskrepante Übergangstelle im Relevierungsprozeß ergibt sich durch die verschiedenen „*Ethnosoziologien*", die im Forschungsprozeß Eingang finden. Unter Ethnosoziologien verstehen wir die Erklärung sozialer Tatbestände und Phänomene mit Hilfe des Alltagswissen, das in verschiedenen Gruppen unterschiedlich und auch in verschiedenem Grad systematisiert und ausgeprägt ist. Eine wesentliche Komponente zum Verständnis der jeweiligen Ethnosoziologie ist der Variablensatz, der für manipulierbar und kontrollierbar erachtet wird und somit in den Bereich möglichen Handelns der Betroffenen fällt. (Ein interessantes Beispiel für die − von der offiziellen Soziologie stark abweichende − Ethnosoziologie von Gefängnisinsassen wird von *Magoroh Maruyama* (1974) angeführt.) Welche Variablen als kontrollierbar gelten, hängt jedoch wiederum von der Stellung in der sozialen Struktur ab.
Es wäre somit nach der Übereinstimmung oder Diskordanz der oft implizit bleibenden Ethnosoziologien der Auftraggeber und Sozialwissenschaftler zu fragen. Es ist eine triviale Feststellung, daß Auftraggeber die zu untersuchende Problematik oft ganz anders ‚sehen' als der Sozialwissenschaftler. Im allgemeinen wird angenommen, daß im Wege eines Verhandlungsprozesses eine Angleichung des Standpunktes ausgehandelt wird. Das Verständnis dieses bargaining muß jedoch so lange an der Oberfläche bleiben, als es nicht gelingt, die sich darunter verbergenden Ethnosoziologien, die sich oft in einem andersgearteten Rationalitätsbegriff manifestieren (*Stuart Blume* 1975), explizit zu machen.

(3) Das solcherart selektierte und mit den verwendeten Ethnosoziologien in Einklang gebrachte Wissen muß jedoch zusätzlich in einen größeren *Interessenkontext* eingepaßt werden. Bei dieser Einpassung im Rahmen des Relevierungsprozesses kommt dem verwendeten *Zeitbegriff* und den verschiedenen Dringlichkeitserwartungen große Bedeutung zu. Hier ist offensichtlich, daß der Zeithorizont der Politiker und anderer Entscheidungsträger ein anderer ist als der der Wissenschaftler: erstere sind auf Grund ihrer Stellung an aktuelle, tagespolitische Ereignisse und Fragen in weitaus größerem Maße gebunden als letztere. Selbst wenn man die Tatsache berücksichtigt, daß auch in der Wissenschaft Probleme und Methoden einem zeitlichen Wandel unterworfen sind, gilt im allgemeinen doch, daß der Zeithorizont des Forschers ein langfristigerer ist als der des Auftraggebers, selbst wenn dieser langfristig planen möchte. Diese Dyschronisation im Forschungsprozeß wird im allgemeinen als etwas Gegebenes hingenommen und nicht weiter hinterfragt. Zwar ist der Sozialwissenschaftler oft darüber enttäuscht, daß bei Vorliegen seiner Ergebnisse in der inzwischen vergangenen Zeit viel von der ursprünglichen Aktualität des Themas verloren gegangen ist und seine Empfehlungen oder Antworten auf entsprechend geringe Resonanz stoßen. Umgekehrt ist der Auftraggeber oft darüber frustriert, daß der kontinuierliche sozialwissenschaftliche Forschungsprozeß, trotz Vorliegen einer Vielzahl von Studien, so wenig an für ihn brauch-

baren Resultaten erbringt, wenn er diese plötzlich benötigt. Für einen funktionierenden Relevierungsprozeß wäre daher eine bessere zeitliche Synchronisierung nötig, um eine Einpassung in den größeren Interessenkontext zu ermöglichen. Sie ist jedoch nur zu erwarten, wenn — neben einem beim Auftraggeber einzusetzenden Lernprozeß über den für sozialwissenschaftliche Forschung benötigten Zeitaufwand — es gelingen wird, das bereits vorhandene sozialwissenschaftliche Wissen in einer Weise anzuordnen und zu speichern, das eine flexiblere Abrufung des Wissens in *relativer Unabhängigkeit* von der ursprünglichen Problemstellung gestattet. Das vorhandene Wissen müßte so angeordnet und gespeichert werden, daß relevante Antworten unabhängig von der Aktualität der Fragestellung gegeben werden können. Dies hängt wiederum mit der kognitiven Strukturierung des vorhandenen und neu hinzukommenden Wissens ab.

(4) Einer der markantesten Unterschiede in der kognitiven Wachstumstruktur zwischen den sogenannten ,harten' und ,weichen' Wissenschaften, auf den *Derek de Solla Price* (1973) aufmerksam gemacht hat, besteht darin, daß die harten Wissenschaften gewißermaßen von der Peripherie her wachsen, die weichen hingegen von innen heraus. So kommt es, daß in den harten Wissenschaften die neuesten Arbeiten vor allem wiederum auf solche Arbeiten bezug nehmen, die selbst relativ neueren Datums sind. Der Akkumulationsvorgang dieses Wissens vollzieht sich durch eine Art Kompressionsvorgang, durch den das ältere Wissen in einen Korpus akzeptierten Wissens zusammengedrängt wird, der nur selten wieder aufgerollt und dann meist radikal umstrukturiert wird. In den weichen Wissenschaften nehmen jedoch die neuesten Arbeiten noch immer direkten Bezug auf ältere Arbeiten, die von einer andere Perspektive her untersucht werden. Anstelle eines Wachstums an der Peripherie werden dem vorhandenen ,Stamm' neue Zweige angefügt.

Für eine gemeinsame Relevierung potentiell relevanten sozialwissenschaftlichen Wissens ist es notwendig, ein Mindestausmaß von kognitiven Ähnlichkeiten zwischen diesem Wissen und den in der Gesellschaft vorhandenen kognitiven Strukturen herzustellen. Es erhebt sich dabei die Frage, ob die fehlende Relevanz der Sozialwissenschaften nicht durch die ihnen eigene kognitive Organisation des vorhandenen Wissens mitverursacht wird. Bisweilen entsteht der Eindruck, als würden die Sozialwissenschaften auf jede Änderung in der Fragestellung des Auftraggebers, auf eine Verschiebung im Akzent der gewünschten Forschung, entweder mit der Forderung nach mehr Forschung oder mit Panik reagieren. Eine solche Reaktion ist jedoch unbegründet, wenn man sich die Fülle vorhandenen Wissens vergegenwärtigt, das durchaus als gesellschaftlich relevant bezeichnet werden kann. Woran es jedoch fehlt, ist die Fähigkeit dieses Wissen in einer Weise zu speichern und kognitiv zu organisieren, das es dem Sozialwissenschaftler ermöglichen würde, es jederzeit abzurufen und so flexibel zu halten, daß es durch entsprechende Umschichtung in seiner *wissenschaftlichen Mehrdimensionalität* Verwendung finden kann. Das ist nicht eine Frage von geeigneten Dokumentations- und Informationsspeichersystemen, sondern des kognitiven Organisationsprinzips, das bereits in den Forschungsprozeß selbst Eingang finden müßte. Durch eine geeignete Antizipation der möglichen Fragestellungen über einen sozialwissenschaftlichen Gegenstand müßte dessen Mehrdimensionalität in der Theorie und in der Forschung berücksichtigt werden. Dies ist wahrscheinlich nur dann möglich, wenn das vorhandene und neu hinzukommende Wissen in kleinere Einheiten zerlegt wird, die sich ergänzen und multipel verwenden lassen, um solcherart eine Annäherung an das ‚harte' Organisationsprinzip zu erreichen. Es ist wahrscheinlich, daß in vielen Bereichen gesellschaftlichen Wissens ein ähnliches kognitives Organisationsprinzip vorherrscht, das wir an anderer Stelle als *„heterarchisches"*, zum Unterschied von einem „hierarchischen", beschrieben haben (*H. Nowotny* 1973b).

Durch eine heterarchische Speicherung des bereits vorhandenen Wissens und einer entsprechenden Auflockerung des Forschungsprozesses durch Berücksichtigung der gegebenen Mehrdimensionalität jedes Problems und jeder Fragestellung lassen sich Rückwirkungen auf die anderen Komponenten im Relevierungsprozeß erwarten. Ein heterarchisches Organisationsprinzip würde einer starren Rangordnung der Probleme zumindest teilweise entgegenwirken. Statt ein Problem — wie etwa die Befassung mit sozialen Randgruppen — von vornherein in der gesellschaftlichen und wissenschaftlichen Rangordnung an einem niedrigen Platz anzusiedeln, könnten Teile dieses Komplexes, allein durch die Art, in der sie behandelt werden, oder ihrer Koppelung mit anderen Fragen, die einen höheren Stellenwert besitzen, aufgewertet werden. Auch der Diskrepanz im Zeithorizont könnte durch eine heterarchische Organisation entgegengewirkt werden, indem die Forschung durch jederzeit mögliche Abrufbarkeit vorhandenen Wissens die Dringlichkeit des Auftraggebers ignorieren kann. Neue Fragestellungen würden die Sozialwissenschaft nicht unvorbereitet treffen. Dies würde jedoch auch einer Art fortlaufender *„Forschung über Forschung"* bedürfen, um die notwendige Komprimierung vorhandenen Wissens bei gleichzeitiger Berücksichtigung ihrer Mehrdimensionalität zu ermöglichen. Die derzeit propagierten Datenbanken, Dokumentations- und Informationssysteme, die zur Reduktion einer ansonsten nicht überschaubaren Komplexität eingesetzt wurden, werden solange die in sie gesetzten Erwartungen nicht erfüllen, als die theoretisch-begrifflichen Einheiten, in die das vorhandene Wissen gefaßt und die entsprechenden Verbindungsstrukturen, die zwischen ihnen hergestellt werden, die Vielseitigkeit und Mehrdimensionalität der gesellschaftlichen Ansprüche nicht zu antizipieren im Stande sind. Die Entwicklung eines heterarchischen Organisationsprinzips kann vielleicht am ehesten im Rahmen einer „Forschung über Forschung" und dort auf vergleichender Basis, vorankommen. Die Sozialwissenschaften müssen, wenn sie sozial relevantes Wissen produzieren wollen, sich der Bedingungen der Relevanzerzeugung stärker bewußt werden.

Bibliographie

J. D. Bernal, Science in History, 4 Bde., London 1969.
Stuart Blume, Toward a Science Policy in the Social Welfare Field, in: Zeitschrift für Soziologie 4 (1975), S. 301—315.
Herbert Blumer, Social Problems as Collective Behavior, in: Social Problems 18 (1971), S. 298—306.

Gernot Böhme, Wolfgang van den Daele, Wolfgang Krohn, Die Finalisierung der Wissenschaft, in: Zeitschrift für Soziologie 2 (1973), S. 128—144; und *diesn.,* Alternativen in der Wissenschaft, in: Zeitschrift für Soziologie 1 (1972), S. 302—316.

David Bohm, An Inquiry into the Functions of language and Thought, Colloquy held at the Institute of Contemporary Arts, London 1971, mimeo.

Pierre Bourdieu, Méthode Scientifique et Hiérarchie Sociale des Objects, Actes de la Recherche en sciences sociales 1 (1975), S. 4—7.

Wolfgang van den Daele und *Wolfgang Krohn,* Theorie und Strategie — zur Steuerbarkeit wissenschaftlicher Entwicklung, Starnberg, unveröffentlichtes Manuskript.

Wolfgang van den Daele und *Peter Weingart,* The Utilization of the Social Sciences in the Federal Republic of Germany, Report Wissenschaftsforschung, No. 2, Bielefeld, o.J.

Peter Grottian, Strukturprobleme staatlicher Planung, Hamburg 1974.

Franz-Xaver Kaufmann, Soziale Indikatoren in der Bundesrepublik Deutschland? in: Zeitschrift für Soziologie 3 (1974), S. 200—208.

Rolf Klima, Theoretical Pluralism, Methodological Dissension and the Role of the Sociologist, in: Social Science Information 11 (1972), S. 69—108.

Cornelis J. Lammers, Mono- and Poly-Paradigmatic Developments in Natural and Social Sciences, in: *Richard Whitley* (Hrsg.), Social Processes of Scientific Development, London, Boston 1974, S. 123—147.

Paul F. Lazarsfeld, W. A. Sewell und *H. L. Wilensky* (Hrsg.), The Uses of Sociology, New York 1967.

Magoroh Maruyama, Experts from Outside, in: Futures (1974), S. 389—394.

Helga Nowotny, On the Feasibility of a Cognitive Approach to the Study of Science, in: Zeitschrift für Soziologie 2 (1973), S. 282—296.

Dies., Hierarchies, Heterarchies and Competion in Science, unveröffentlichtes Manuskript, London 1973.

Helga Nowotny und *Manfred E. A. Schmutzer,* Gesellschaftliches Lernen, Frankfurt a. M. 1974.

Hazan Ozbekhan, Planning and Human Action, in: *Paul Weiss* (Hrsg.) Hierarchically Organized Systems in Theory and Practice, New York 1971.

Adam Podgorecki, Methodology of Practical Social Sciences and Social Engineering, Warsaw, o.D., mimeo.

Derek de Solla Price, The Nature of Science, in: *Richard A. Goldsby* (Hrsg.), General Biology, New York 1973.

Wolfgang Zapf, Zur Messung der Lebensqualität, in: Zeitschrift für Soziologie 1 (1972), S. 353—376.

Die Rolle der wissenschaftlich-technischen Revolution (WTR) im Marxismus-Leninismus

Von Arnold Buchholz

Die Aufarbeitung von Problemen der sogenannten „wissenschaftlich-technischen Revolution" kann als das zentrale Thema der marxistisch-leninistischen Ideologie in den vergangenen zehn Jahren angesehen werden. Es gibt Tausende von Aufsätzen und eine große Zahl von Büchern, in denen alle nur erdenklichen Aspekte des materiellen, gesellschaftlichen und geistigen Lebens in Verbindung mit der „wissenschaftlich-technischen Revolution" interpretiert worden sind. Ferner wurden zahlreiche Kommissionen und Arbeitsgruppen zum Studium dieser Thematik an Universitäten und Akademien gebildet, und von der politischen Führung wird kaum eine Resolution verabschiedet, in der nicht auf die Bedeutung der „wissenschaftlich-technischen Revolution" für Theorie und Praxis hingewiesen wurde. Der ständige Gebrauch dieser Formulierung hat dazu geführt, daß die Abkürzung „NTR" (naučno-techničeskaja revoljucija = wissenschaftlich-technische Revolution) im sowjetischen Fachschrifttum ohne jede weitere Erklärung gebräuchlich und verständlich geworden ist. Da dieser Begriff auch in dem vorliegenden Bericht häufig Anwendung findet, soll er nachfolgend durch die Buchstaben „WTR" abgekürzt werden. Die Vielzahl der Arbeiten zur WTR im Rahmen des Marxismus-Leninismus macht es ferner notwendig, die Ausführungen auf einige allgemeine Grundzüge zu beschränken, wobei wegen der ideologischen Führungsrolle der Sowjetunion im Ostblock vor allem auf sowjetische Veröffentlichungen eingegangen werden soll.

I.   Die Primärkräfte der geschichtlichen Entwicklung

In der Sowjetunion hatte man lange Zeit grundsätzliche Vorbehalte, die neuere Geschichtsepoche aufgrund technischer Errungenschaften gegen die Vergangenheit abzugrenzen. Schon der Begriff des „Atomzeitalters", der nach dem Zweiten Weltkrieg im Westen zur Kennzeichnung einer neuen historischen Situation weite Verbreitung fand, stieß auf Ablehnung. Kennzeichnend hierfür ist ein Artikel der Zeitschrift „Fragen der Philosophie" aus dem Jahre 1953, in dem gegen die Konzeption des „Atomzeitalters" mit der Argumentation polemisiert wird, daß theoretische Darlegungen dieser Art der Verteidigung des Kapitalismus dienen, indem sie „die Technik fetischisieren und versuchen, sie als Hauptmotor der gesellschaftlichen Entwicklung darzustellen"[1].
Hier wird die Problematik, um welche es für die Marxisten-Leninisten bei der Interpretation der neuesten Geschichtsepoche geht, bereits deutlich angesprochen. Sieht man die Haupttriebkräfte der geschichtlichen Entwicklung nämlich in naturwissenschaftlich-

technischen Fortschritten, so kann dadurch die leninistische Forderung an das Proletariat, unabhängig vom Entwicklungsstand der Technik den Klassenkampf zu führen
und auf den revolutionären Umsturz der Gesellschaft hinzuarbeiten, abgeschwächt
werden. Denn die Geschichte des Marxismus hat gezeigt, daß unter Berufung auf die
fortschreitende Entwicklung von Technik und Wirtschaft und die damit verbundenen
Möglichkeiten, die sozialen Probleme auf andere als revolutionäre Weise zu lösen, eine
grundlegend andere politische Strategie als die des Marxismus-Leninismus eingeschlagen worden ist, wobei von sowjetischer Seite an den Anfang dieser schismatischen
Entwicklung der sozialdemokratische „Revisionismus" von *Eduard Bernstein* gestellt
wird.

Besonders empfindlich reagierte man im kommunistischen Lager, als die moderne
technisch-industrielle Entwicklung von westlichen Theoretikern als „zweite industrielle
Revolution" gekennzeichnet wurde, da der Begriff der „Revolution" für die sozialen
Umwälzungen vorbehalten bleiben sollte. Darüber hinaus legt die Annahme einer neuen
Revolution im Bereich der Produktivkräfte im Selbstverständnis des Marxismus-Leninismus die Folgerung nahe, daß damit auch die bestehenden gesellschaftlichen Verhältnisse — einschließlich der des sozialistischen Lagers — dem neuen Entwicklungsstand
der Technik mit neuen Inhalten angepaßt werden müßten. Ganz in diesem Sinne hatten
auch verschiedene westeuropäische sozialistische Parteien in den fünfziger Jahren
unter Berufung auf die „zweite industrielle Revolution" neue Richtlinien entwickelt,
als deren Kerngehalt die Abkehr vom marxistischen Klassenkampf angesehen werden
kann. Die neuen Parteiprogramme beruhen wesentlich auf der Einsicht, daß die „zweite
industrielle Revolution" eine andere Einstellung zur Wirtschaft notwendig mache, als
sie vom traditionellen Marxismus — auch in seiner sozialdemokratischen Ausformung
— gefordert wurde und daß die sich abzeichnenden Möglichkeiten einer raschen Pro-
duktivitätssteigerung auch neue sozialpolitische Konsequenzen im Gefolge haben
müssen. Es bedarf keiner näheren Begründung, daß der „neue Weg" der sozialdemokratischen Parteien des Westens von den marxistisch-leninistischen Theoretikern schlechthin als Verrat an der Arbeiterklasse interpretiert wurde. Kennzeichnend für die Einstellung der Sowjetideologie gegenüber diesen Entwicklungen ist ein Aufsatz aus dem
Jahre 1958 mit dem Titel „Über die reformistischen Theorien der ‚zweiten industriellen Revolution'"[2], in dem dargelegt wird, daß die „technischen Revolutionen" zwar
zur Schaffung neuer Transportmittel, neuer Industrien usw. geführt haben, nicht aber
zu jenen sozialen Veränderungen, wie sie mit der Herausbildung der Klassen in der
„ersten industriellen Revolution" und im Frühkapitalismus verbunden waren. Damit
sich eine Revolution in der Technik zu einer industriellen Revolution entwickeln
könne — so wurde weiter argumentiert — müsse erst eine neue gesellschaftliche Formation herausgebildet werden.

Die hier kurz gekennzeichneten Vorbehalte gegenüber einer unbefangenen Einbeziehung
einer neuen Stufe technisch-industrieller Entwicklung in die Ideologie haben ihre
Wurzeln in der Wendung vom klassischen Marxismus zum Leninismus. Der Kerngedanke
der materialistischen Geschichtsauffassung lag ursprünglich darin, Geschichte im Sinne
eines evolutionären Naturgeschehens zu interpretieren, bei dem die Akkumulation der
Produktivkräfte — vor allem der Technik — bestimmte soziale Mechanismen in Gang

setzt, die über Klassenkampf und Revolution zur Ablösung einer Gesellschaftsformation durch die andere führen. Diese Bemühung um die Begründung eines materialistischen Geschichtsdeterminismus läßt sich durch eine Fülle von Gedankenführungen und Zitaten belegen, auch wenn *Marx* und *Engels* — insbesondere in ihrer späten Schaffensperiode — der aktiven Rolle des Proletariats gelegentlich eine größere Bedeutung beigemessen haben als den nur „in letzter Instanz" wirkenden technisch-ökonomischen Kräften. Ungeachtet aller Differenzierungen in diesem weitgespannten Diskussionsfeld ist für die hier zu behandelnden Zusammenhänge vor allem wichtig, daß der historische Materialismus gegen Ende des vergangenen Jahrhunderts von den Zeitgenossen vor allem als eine von den Produktivkräften ausgehende deterministische Geschichtsphilosophie *verstanden* wurde.

Eine solche Geschichtsinterpretation aber bereitete besondere Schwierigkeiten, als der Marxismus auf die russischen Verhältnisse übertragen werden sollte. Es gab zahlreiche Theoretiker, die die Ansicht vertraten, daß Rußland sich auf noch einem zu niedrigen industriellen, also auch technischen Niveau befinde, um in einen revolutionären Kampf eintreten zu können. Man müsse erst warten, so postulierten die sogenannten „Ökonomisten", bis durch die wirtschaftliche Weiterentwicklung auch das Proletariat weiter anwachse, und Rußland auf diese Weise — kraft der Geschichte — für die Revolution reif werde.

Im Kampf gegen diese Art der Geschichtsinterpretation liegt ein zentraler Gedanke *Lenins*, wobei er die Zielsetzung der proletarischen Revolution in Rußland durch folgenden Grundgedanken mit den tradierten Thesen der materialistischen Geschichtsauffassung verklammerte: wenn die marxistische Theorie festgestellt hat, daß eine geschichtliche Gesetzmäßigkeit zum Kommunismus führt, dann ermöglicht es diese Erkenntnis, den „blinden" Geschichtsprozeß abzukürzen und gleichsam im Vorgriff auf die Zukunft sofort mit dem Aufbau der sozialistisch-kommunistischen Gesellschaftsordnung zu beginnen. Diese Wendung bedingte auch, daß alle jene Formulierungen bei *Marx* und *Engels*, in denen die aktive Rolle der Arbeiterklasse — unabhängig vom technischen Niveau — als historische Primärkraft angesprochen worden ist, besonders herausgestellt wurden, wie der Satz „Von allen Produktionsinstrumenten ist die *größte Produktivkraft die revolutionäre Klasse selbst*"[3] oder die Feststellung „Die Geschichte aller bisherigen Gesellschaft ist die Geschichte von Klassenkämpfen"[4]. Dennoch sei mit Nachdruck festgestellt, daß im Marxismus-Leninismus die Grundkonzeption einer von „Basiskräften" ausgehenden historischen Entwicklung und einer gesetzmäßigen Ablösung der Gesellschaftsformationen nie aufgegeben wurde. Geschärft durch die Auseinandersetzung mit revisionistischen Theorien hat man dabei jedoch die Richtlinie entwickelt, daß Produktivkräfte und Produktionsverhältnisse — oder auch technischer Fortschritt und Sozialbewegung — nie im Sinne einer einseitigen Ableitung, sondern stets in dialektischer Wechselwirkung zu behandeln sind.

Trotz dieser Verklammerung sind aber in der Entwicklung des Marxismus-Leninismus wellenartige Bewegungen erkennbar, bei denen die Gewichte im Verhältnis der beiden historischen Haupttriebkräfte unterschiedlich verteilt werden. Dabei kann modellartig gezeigt werden, wie mit einer stärkeren ideologischen Betonung der Produktivkraftentwicklung zumeist die Forderung nach Effizienzsteigerung und größerer Rationalität des sozialistischen Systems verbunden wird, während die stärkere Betonung der geschichtsformenden Rolle des Proletariats und der Partei mit verschärftem ideologischen Kampf und Abgrenzungen bei gleichzeitiger Hinnahme bestehender Strukturmängel einhergeht. Auf diese Zusammenhänge wird an anderer Stelle noch einzugehen sein.

II.   *Die Wissenschaft als Produktivkraft*

Im System des historischen Materialismus, wie es insbesondere in der Stalinzeit entwickelt wurde, war die Wissenschaft als ein Produkt der geistigen Tätigkeit im „Überbau" angesiedelt. Dies hatte gute Gründe, denn bei einer Einbeziehung der Wissenschaft in die „Produktivkräfte" ergaben sich Ansätze für einen höchst gefährlichen „Revisionismus". Als abschreckendes Beispiel für eine solche Interpretationsrichtung ist in der Sowjetunion oft auf das Werk von *Karl Kautsky* über „Die materialistische Geschichtsauffassung" hingewiesen worden. Ein Grundgedanke dieser Geschichtsinterpretation läuft darauf hinaus, dem naturwissenschaftlichen Erkenntnisprozeß eine primäre Rolle in der Entwicklung der Technik und damit auch der allgemeinen Produktivkräfte, zuzumessen. *Kautsky* war der Ansicht, daß *Marx* dem Prozeß der Naturerkenntnis bei der Untersuchung des wirtschaftlichen und gesellschaftlichen Fortschritts nicht genügend Beachtung geschenkt habe und setzte sich das Ziel, den Marxismus in dieser Frage zu ergänzen. Wörtlich heißt es bei ihm: „Die Entwicklung der ,materiellen Produktivkräfte' ist also im Grunde nur ein anderer Name für die Entwicklung des Wissens von der Natur. Als die tiefste Grundlage der ,realen Basis', des ,materiellen Unterbaus' der menschliche Ideologie, erscheint demnach ein geistiger Prozeß, der des Erkennens der Natur[5]."

Eine durchaus ähnliche Interpretation des historischen Materialismus findet sich bei *Max Adler*. Er beruft sich auf die berühmte Stelle bei *Marx*, wonach die Arbeit als ein „Stoffwechselprozeß" zwischen Mensch und Natur aufzufassen ist, dem letztlich eine geistige Tätigkeit vorhergeht im Sinne jenes nicht weniger bekannten Satzes, wonach der schlechteste Baumeister vor der besten Biene dadurch ausgezeichnet ist, „daß er die Zelle in seinem Kopf gebaut hat, bevor er sie in Wachs baut". Aus der weiteren Analyse des Verhältnisses von physischer Arbeit und geistiger Tätigkeit kommt *Max Adler* schließlich zu der Folgerung: „Der Charakter der Produktivkräfte oder der ökonomischen Kräfte als geistiger Wirkungsweisen der Menschen ist damit zweifellos festgestellt[6]." Man muß sich die orthodoxen Auffassungen der stalinistischen und ersten nachstalinistischen Jahre vergegenwärtigen, um zu erkennen, daß diese Darlegungen von *Kautsky* und *Adler* als eine totale Revision des Marxismus angesehen werden mußten. Denn wenn das Primat der historischen Entwicklung einem geistigen Prozeß oder geistiger Tätigkeit gehören soll, dann bedeutet dies, daß der Marxismus von den „Füßen" wieder auf den „Kopf" gestellt wird.

Allerdings gab es bereits Anfang der fünfziger Jahre in der Sowjetunion zumindest einen namhaften Vertreter, der eine grundsätzlich andere Auffassung über die Rolle der Naturwissenschaften im historischen Materialismus vertreten hat. Bezeichnenderweise handelt es sich dabei nicht um einen Philosophen, sondern um den Wirtschaftswissenschaftler *S. G. Strumilin*. Seine Ansichten trug er erstmalig im Jahre 1951 in einer Versammlung der Abteilung für Wirtschaft und Recht der Akademie der Wissenschaften vor[7]. Er knüpfte dabei an die gerade erschienenen Linguistikbriefe *Stalins* an, in denen dargelegt worden ist, daß die Sprache entgegen andersartigen Interpretationen weder zur gesellschaftlichen Basis noch zum Überbau gehört, sondern eine Erscheinung außerhalb dieser Kategorien darstellt. In ähnlicher Weise, so meinte *Strumilin*, müsse auch die Rolle der Naturwissenschaft im historischen Materialismus neu überdacht werden. Ähnlich wie die Sprache, überdauere auch die Wissenschaft — und insbesondere die Naturwissenschaft — den Wandel der gesellschaftlichen Formationen und könne deshalb nicht zum Überbau gehören, wenn man von bestimmten ideologischen Verformungen absieht. Ihren wahren Ort habe die exakte Wissenschaft — so führte *Strumilin* aus — wegen ihrer elementaren Bedeutung für den technisch-wirtschaftlichen Fortschritt bei den Produktivkräften. In der Diskussion dieses Referats haben sich jedoch alle Teilnehmer gegen die Ansichten von *Strumilin* gewandt. In einem Buch der damaligen Zeit über „Basis und Überbau in der sowjetischen Gesellschaft" heißt es in bezug auf den Vorstoß *Strumilins*: „So verwandelt S. G. Strumilin die Wissenschaft in eine Kraft, welche selbst den Wandel der Formen von Basis und Überbau bestimmt! Einer solchen Forderung würde sich jeder Idealist anschließen[8]."

Bei einer Interpretation des historischen Materialismus, in der die Wissenschaft zum Überbau gehört, ist es nur folgerichtig, wenn für alle Wissenschaftsbereiche die ideologische Abhängigkeit der wissenschaftlichen Aussagen von der gesellschaftlichen Basis gefordert wird. Hier liegen die theoretischen Wurzeln für jene Verformungen der exakten Wissenschaften, wie sie für die letzte Epoche des Stalinismus kennzeichnend geworden sind. In allen naturwissenschaftlichen Disziplinen forderte man damals den Aufbau einer dialektisch-materialistischen und eigenständig sowjetischen Wissenschaft mit jenen bekannten Auswirkungen, die zur Ablehnung der Relativitätstheorie, der Kybernetik, der chemischen Resonanztheorie und vor allem zur Ausrichtung der gesamten biologischen Wissenschaft auf den Lyssenkoismus geführt haben.

Der Umbruch bahnte sich bald nach *Stalins* Tod an, als einerseits erkannt wurde, daß man insbesondere durch die Eingriffe in die physikalisch-mathematischen Wissenschaften eine höchst gefährliche Behinderung des technischen, ökonomischen und militärischen Fortschritts riskierte, und als sich andererseits zeigte, daß die Sowjetunion mit Hilfe der Wissenschaft plötzlich auf den Gebieten der Atomforschung, der Rüstungstechnik und der Weltraumerschließung politisch höchst relevante Pionierleistungen hervorzubringen in der Lage war. Beflügelt durch diese Erfolge, begann in der Sowjetunion eine Zeit überaus optimistischer Zukunftserwartungen, in denen der Wissenschaft zunächst ganz pragmatisch eine Pionierrolle beim Aufbau des Kommunismus eingeräumt wurde. Es dauerte dann allerdings bis zum Jahre 1961, als im neuen Parteiprogramm der KPdSU recht unvermittelt die Formulierung auftauchte, daß die „Wissenschaft als Produktivkraft" zu betrachten sei. Da zumindest in der Sowjetunion dieser Schritt geistig nicht vorbereitet war, gibt es gute Gründe für die Annahme, daß der erwähnte Wirtschaftler *Strumilin*, der sich an den vorbereitenden Diskussionen des Programms maßgeblich beteiligt hatte, diese Formulierung eingebracht hat. Nach 1961 erschien in rascher Folge eine große Zahl von ideologischen Abhandlungen, um die neue Situation zu interpretieren. Ausgangsbasis aller Darlegungen waren einige Ausführungen von *Marx* über die Bedeutung der Wissenschaft für die Produktivkräfte, die zumeist aus Werken stammen, die erst in neuerer Zeit veröffentlicht worden sind[9]. Generell läßt sich feststellen, daß man das Verhältnis von materieller und wissenschaftlicher Entwicklung auf „dialektische" Weise gelöst hat, indem man forderte, beide Bereiche stets in Wechselwirkung zu sehen. Materielle Entwicklungen bedürfen eines bestimmten geistigen Vorlaufs, und umgekehrt stellen die materiellen Bedingungen wiederum bestimmte geistige Anforderungen und Aufgaben. Heute spricht man recht unbefangen davon, daß die wissenschaftliche Tätigkeit für alle materiellen Fortschritte eine fundamentale Bedeutung hat und die Produktivkräfte durch die Wissenschaft erweitert werden müssen, ohne daß dabei die Befürchtung einer „Vergeistigung" der materialistischen Geschichtsauffassung noch eine besondere Rolle spielt[10].

Die Frage, wie die Wissenschaft bei den Produktivkräften einzuordnen ist, beziehungsweise wie sie mit ihnen zusammenwirkt, ist von sowjetischen und ostdeutschen Theoretikern eingehend erörtert worden. Als Beispiel für eine interessante Interpretation sei auf die Ausführungen von *V. Stoljarow* hingewiesen, der sich dabei auf eine neu aufgefundene Randbemerkung von *Engels* stützt, in der es heißt: „Der menschliche Intellekt einer historischen Epoche ist gleichermaßen ein Produktionsinstrument und ein *historisches Produkt*[11]." *Stoljarow* erläutert dieses Zitat in der Weise, daß das Bewußtsein ein historisch gewachsenes Gesamtprodukt darstellt, das in diesem umfassenden Sinn *sekundär* zur evolutionären und materiellen Entwicklung einzuordnen ist. Im konkreten Produktionsprozeß aber kann und muß die geistige Arbeit der materiellen Realisierung vorausgehen und ist in diesem punktuellen Sinne *primär* für die materielle Entwicklung. Nach dieser Interpretation wirken also Wissenschaft als historisches Produkt und geistige Tätigkeit als aktuelle Handlung bei der Entstehung der Produktivkräfte „dialektisch" zusammen, wobei die Grundstruktur des historischen Materialismus in einer einsichtigen Weise aufrechterhalten werden kann.

Sieht man die Welt des Bewußtseins bzw. der Wissenschaft in einem solchen Verhältnis zur materiellen Entwicklung, dann kommt man in eine bemerkenswerte Nähe zur Auffassung *K. R. Poppers* über die „dritte Welt", wenn auch die Ausgangspositionen grundlegend verschieden sind[12]. *Popper* unterscheidet in seinen neueren Darlegungen die physische Welt, die Welt des Bewußtseins und „die Welt der Ideen in einem objektiven Sinn". In dieser dritten Welt bringt er zwar nur „die Welt der Theorien und ihre logischen Beziehungen" unter, erläutert sie aber in der Weise, daß darin auch die konkreten wissenschaftlichen Erkenntnisse eingehen müssen, wenn er von der Theorie der elektrischen Kraftübertragung oder der Atomtheorie spricht, die unsere Lebensgrundlagen tiefgreifend verändert haben. Eine solche „dritte Welt" theoretischer und empirischer Erkenntnisse, zu der der Einzelwissenschaftler nur einen winzigen Beitrag leisten kann, die aber als historisch akkumuliertes Gesamtprodukt auf unser Denken und Tun zurückwirkt, läßt sich auch aus der Sicht heutiger Interpretationen des historischen Materialismus durchaus verständlich machen, wenngleich sich diese Ansätze aus sowjetideologischer Sicht natürlich im Grenzbereich höchstgefährlicher „revisionistischer" Tendenzen befinden.

III. Allgemeine Kennzeichen der WTR

Bislang war man allgemein der Auffassung, daß der Begriff der WTR erstmalig von *J. D. Bernal* geprägt worden ist, der in der 2. Auflage seines Buches über „Die Wissenschaft in der Geschichte" (1957) diese Formulierung eingeführt hat[13]. Heute legt man in der Sowjetunion Wert auf die Feststellung, daß diese Formulierung bereits in den „Dokumenten" einer Tagung des Zentralkomitees der KPdSU vom Jahre 1955 zu finden ist (faktisch handelt es sich um eine Rede *Bulganins*[14]) und daß dem Marxismus-Leninismus „die Priorität und eine solide Tradition bei der Analyse der Prozesse der wissenschaftlich-technischen Revolution gehören"[15]. Wenngleich es wahrscheinlich zutrifft, daß man sich in keinem anderen Land so intensiv mit dem Studium der Phänomene, Strukturen und Auswirkungen der wissenschaftlich-technischen Entwicklung der letzten Jahrzehnte befaßt hat wie in der Sowjetunion, so muß doch hinzugefügt werden, daß gerade in den fünfziger Jahren diese Thematik in der sowjetischen philosophisch-ideologischen Literatur noch kaum eine Rolle spielte. Wichtige Pionierarbeiten auf diesem Gebiet haben allerdings Wissenschaftler in der DDR geleistet. 1957 erschien ein Buch von *G. Kosel* über „Produktivkraft Wissenschaft", 1962 veröffentlichte *K. Tessmann* ein Buch über „Probleme der technisch-wissenschaftlichen Revolution" und 1965 fand in Ostberlin ein großangelegter Kongreß über die „technische Revolution" statt, an dem auch Vertreter aus anderen sozialistischen Ländern teilnahmen. Von dieser Zeit an hat der Begriff der WTR sehr rasch in allen Ostblockländern Eingang gefunden.

Bald nachdem der Begriff der WTR aufgekommen ist, waren es zunächst bestimmte technische Merkmale, mit denen die neue Epoche gekennzeichnet wurde, also die Erschließung der atomaren Kräfte, die neuen Möglichkeiten der Energiegewinnung, die Chemie der Kunststoffe, die Eroberung des Kosmos, die Rechenmaschinen und die fortschreitende Automatisierung. Zugleich stellte man die veränderte Rolle des Menschen im Arbeitsprozeß fest, seine zunehmende Freistellung von körperlicher Arbeit, die Möglichkeiten und Notwendigkeiten einer ständigen Weiterbildung sowie die neuen Anforderungen und Perspektiven für den Aufbau des Sozialismus und Kommunismus. Zu allen diesen Fragen wurde bereits in den sechziger Jahren eine Fülle von Arbeiten veröffentlicht.

In struktureller Hinsicht hat man die WTR gleich zu Beginn vor allem durch die besondere Dynamik aller materiellen Entwicklungsprozesse, wie sie im Phänomen der Beschleunigung zum Ausdruck kommt, gegen die Vergangenheit abgegrenzt. Die Priorität für die Erkenntnis des Phänomens der Beschleunigung schreibt man *Engels* zu, bei dem sich in einer Auseinandersetzung mit den Auffassungen von *Malthus* die Feststellung findet: „Die Wissenschaft schreitet fort im Verhältnis zu der Masse der Erkenntnis, die ihr von der vorhergehenden Generation hinterlassen wurde, also unter den allergewöhnlichsten Verhältnissen auch in geometrischer Progression[16]."

Bei der empirischen Beschreibung der Beschleunigungsvorgänge mit statistischen Parametern hat man sich im Anfangsstadium vor allem auf die Arbeiten von *D. J. de Solla Price* gestützt, der wohl überhaupt der in der Sowjetunion am häufigsten zitierte westliche Wissenschaftsforscher ist. Es gibt eine ganze Reihe weiterführender sowjetischer

Arbeiten, in denen vor allem versucht wird, die Zuwachsraten der Wissenschaftsentwicklung in verschiedenartigen Differenzierungen mathematisch und kybernetisch in den Griff zu bekommen[17].

Eine umfangreiche Diskussion gibt es in der Sowjetwissenschaft hinsichtlich der Frage, ob die Wissenschaft mit den statistisch festgestellten Zuwachsraten weiterhin beschleunigt anwachsen kann. Den Stein des Anstoßes bildet dabei die These von *Price*, daß die quantitativen Parameter der Wissenschaftsentwicklung einer Sättigungskurve entgegengehen. Diese Auffassung hat er zunächst theoretisch aus den statistischen Kurven abgeleitet und verkündete in einem Vortrag auf dem wissenschaftshistorischen Kongreß in Moskau im Jahre 1971, daß nach neueren Daten ein Abflachen bestimmter quantitativer Zuwachsraten der amerikanischen und sowjetischen Wissenschaft bereits Ende der sechziger Jahre empirisch erkennbar wurde.

Auch sowjetische Theoretiker können sich der allgemeinen Feststellung, daß die quantitativen Parameter nicht in gleicher Weise ständig wachsen können, schwerlich entziehen, denn dabei käme man zu der absurden Prognose, daß eines Tages alle Menschen auf der Welt Wissenschaftler wären, die sich mit nichts anderem beschäftigen, als wissenschaftliche Bücher zu schreiben. Dennoch polemisiert man gegen die Interpretation von *Price*, wobei das dialektisch-materialistische Axiom der Unerschöpflichkeit der Materie in Raum und Zeit sowie das praxisbezogene Postulat von der ständig zunehmenden Bedeutung der Wissenschaft für alle Lebensbereiche eine besondere Rolle spielen. Auf diesem Hintergrund wird in der Auseinandersetzung mit *Price* die Argumentation vertreten, daß zwar die heutigen Formen quantitativer Wissenschaftsentwicklung irgendwann auf Grenzen stoßen, dafür aber neue Formen wissenschaftlicher Tätigkeit, Informationsaufarbeitung und Erkenntnisgewinnung entstehen werden, die einen unbegrenzten Fortschritt auch in Zukunft ermöglichen. In dialektischer Sicht nimmt man an, daß im Wissenschaftsprozeß nach Ausschöpfung bestimmter quantitativer Parameter neue Wachstumsbereiche entstehen werden und daß darüber hinaus die Wissenschaft als Gesamtkomplex in qualitativ neue Formen umschlagen werde. Dabei wird darauf hingewiesen, daß solche neuen Formen der Wissenschaft durch die fortschreitende Annäherung physischer und intellektueller Tätigkeit, durch die nach wissenschaftlichen Grundsätzen gestalteten Produktions- und Lenkungsmethoden sowie durch die ständige Hebung des allgemeinen Bildungsniveaus bereits im Entstehen begriffen sind[18]. Letztlich läuft also diese These auf eine Verwissenschaftlichung aller gesellschaftlichen Bereiche und die ständige Fortschrittsmöglichkeit auf der Basis der wissenschaftlichen Tätigkeit hinaus.

Verhältnismäßig wenig hat man sich mit der Frage nach den Gründen für die Beschleunigung des wissenschaftlich-technischen Fortschritts befaßt. In dem gegenwärtig wichtigsten Buch über die WTR, das als Kollektivarbeit von 30 sowjetischen Wissenschaftlern verfaßt wurde[19], stützt man sich bei der Diskussion der Ursachen des Beschleunigungsprozesses auf Ausführungen des Sowjetphilosophen *M. M. Karpow* aus dem Jahre 1963[20]. Darin werden als Gründe für die Beschleunigung vor allem die Akkumulation des wissenschaftlichen Wissens, die ständige Ausweitung des wissenschaftlichen Informationswesens, die fortschreitende Differenzierung der Wissenschaften und die wachsende Zahl der Wissenschaftler angeführt. Alle diese Feststellungen sind freilich richtig, haben aber einen mehr deskriptiven Charakter, womit über die „Mechanismen" des Beschleunigungsprozesses noch wenig ausgesagt ist. Kaum aufgearbeitet sind im sowjetischen Schrifttum zum Beispiel die empirischen Daten des sogenannten „Zitaten-Index", mit dem sich zeigen läßt, wie aufgrund von Zitierungen wissenschaftliche Forschungsergebnisse wechselseitig aufeinander einwirken. Denn indem bestimmte Ergebnisse, die von einem einzelnen Wissenschaftler hervorgebracht worden sind, von mehreren anderen Wissenschaftlern benutzt werden, kommen deren Forschungen gleichsam ohne eigene Arbeitsleistung etwas voran. Es hat den Anschein, daß dadurch eine Art von „Kettenreaktion" im wissenschaftlich-technischen Fortschrittsprozeß entsteht, wodurch das Phänomen der Beschleunigung zumindest in einem Aspekt eine kausale Erklärung finden kann. Allerdings sind auch im Westen Untersuchungen zu dieser Frage spärlich.

In der Sowjetunion sind die Probleme der WTR in den vergangenen 15 Jahren über die allgemeinen Aspekte hinaus mit dem methodischen Rüstzeug aller in Betracht kommenden Fachrichtungen studiert und abgehandelt worden. Für die philosophischen Wissenschaften ging es dabei vor allem um die Einordnung dieses Vorgangs in den historischen Materialismus und in die neue Disziplin des „wissenschaftlichen Kommunismus". Wesentlichen Anteil hat die Fachrichtung der Geschichte der Naturwissenschaft und Technik an der Aufarbeitung historischer und methodischer Grundlagen der WTR. Hinzu kommt die neue Fachrichtung der Wissenschaftskunde (naukovedenie), die in zunehmendem Maße mit statistisch-mathematischen Methoden die Wissenschaftsprozesse angeht. Die Wirtschaftswissenschaften haben als ein zentrales Thema die Umsetzung wissenschaftlich-technischer Ergebnisse in die Praxis und die Entwicklung von Planungsmethoden, die den neuen Voraussetzungen angemessen sind, und die sozialwissenschaftlich-pädagogischen Fächer untersuchen die gesellschaftliche Relevanz der mit der WTR verbundenen Wandlungsprozesse sowie Probleme, die sich für den weiteren Aufbau des Sozialismus und Kommunismus ergeben.

Angesichts der ungeheueren Flut dieser Einzelstudien wird seit geraumer Zeit immer nachdrücklicher die Forderung erhoben, die Anstrengungen darauf zu konzentrieren, eine allgemeine Theorie der WTR zu erarbeiten, die die Prozesse dieses historischen Großvorgangs kausal erklärt und es damit ermöglichen soll, Prognosen wissenschaftlich zu begründen, um auf dieser Basis eine langfristige Strategie für die wissenschaftliche und politische Praxis zu entwickeln[21]. Die seit 1972 laufende Ausarbeitung eines 15-Jahresplanes, der den 5-Jahresplänen mit konkreten Zielsetzungen übergeordnet sein soll, kann als das praktische Korrelat der theoretischen Aufgaben angesehen werden[22].

IV. Abgrenzungen zur „westlichen" Wissenschaftsforschung

Die vorangegangenen Ausführungen über die WTR dürften deutlich gemacht haben, daß damit ein anderer Zeitabschnitt und eine andere Dimension der wissenschaftlich-technischen Entwicklung thematisiert werden, als dies für jene „wissenschaftlichen Revolutionen" der Fall ist, deren Struktur *Th. S. Kuhn* in seiner berühmten Untersuchung behandelt hat. Während *Kuhn* die Aufmerksamkeit auf revolutionäre Umbrüche in der Entwicklung der Naturwissenschaft seit der Renaissance gelenkt hat, wird in der

WTR-Diskussion der Gesamtkomplex des wissenschaftlich-technischen Fortschritts, und zwar in der Zeit nach dem Zweiten Weltkrieg, zum Forschungsgegenstand gemacht. Hinzu kommt, daß paradigmatische Theorie-Ablösungen in dem wissenschaftlich-technischen Großgeschehen unserer Zeit hinter anderen strukturellen Merkmalen wie den Phänomenen der Beschleunigung, der fachlichen Differenzierung und den interdisziplinären Wechselwirkungen an Bedeutung offenbar zurücktreten. Alle diese Gründe führen dazu, daß die Theorie von *Kuhn* und die weiterführenden wissenschaftstheoretischen Diskussionen des „Westens" von den Wissenschaftsforschern der Sowjetunion und anderer sozialistischer Länder zwar aufmerksam verfolgt und kommentiert werden, aber kein besonders bewegendes Thema darstellen.

Ferner muß man sich vergegenwärtigen, daß die wissenschaftliche Ausgangslage, in der die Theorie von *Kuhn* Anfang der sechziger Jahre im Westen „revolutionär" wirkte, grundverschieden war von jenem theoretischen und ideologischen Kontext, in dem sich die sowjetische Wissenschaftsforschung bewegt hat und auch heute bewegt. *Kuhns* große Bedeutung lag offenbar darin, daß er in einer Situation, in der theoretische Probleme des wissenschaftlichen Fortschritts weitgehend formal, normativ und „inhaltsleer" abgehandelt wurden, das konkrete wissenschaftshistorische Geschehen in die Wissenschaftstheorie einbrachte und damit bei allen Angriffsflächen seiner Interpretation ein neues großes Diskussionsfeld eröffnete. In der Sowjetunion war die Sichtweise völlig anders, da zum Beispiel die ganze positivistische Interpretationsrichtung — im Gegensatz etwa zu Polen — fehlte. Der wissenschaftliche Fortschritt stand, wie bereits angedeutet, vor allem in den Kategorien von „Basis" und „Überbau" oder materiellem und geistigem Geschehen zur Diskussion. Dennoch gab es in den fünfziger und frühen sechziger Jahren eine gewisse Parallele zu den Problemstellungen „westlicher" Wissenschaftstheorie bei den Auseinandersetzungen über die Berechtigung und Abgrenzung von formaler und dialektischer Logik. Im Prinzip ging es darum, ob neben der formalen Logik, oder gar ihr übergeordnet, die dialektische Logik als eine *inhaltliche* Bewegung des menschlichen Wissens etabliert werden könne. Die Diskussionen haben dazu geführt, daß auf der einen Seite die formale Logik für wissenschaftliche Allaussagen uneingeschränkt Anerkennung gefunden hat, während die Fundierung der dialektischen Logik zumindest bei einem Teil der Sowjetphilosophen umstritten blieb. Dennoch ist insbesondere mit Beginn der Studien über die „Wissenschaft als Produktivkraft" die konkrete Wissenschaftsentwicklung auf breiter Basis in die Interpretation des dialektischen und historischen Materialismus einbezogen worden.

An dieser Stelle sei darauf hingewiesen, daß in der Sowjetunion *B. M. Kedrow*, der langjährige Direktor des Instituts für Geschichte der Naturwissenschaft und Technik der Akademie der Wissenschaften der UdSSR, die Bedeutung „wissenschaftlicher Revolutionen" für die Wissenschaftsentwicklung bereits Ende der fünfziger Jahre klar herausgearbeitet hat. Er verfaßte zu dieser Zeit zwei Monographien über die Entdeckung des periodischen Systems der Elemente durch *Mendelejew*, in denen er den ganzen wissenschaftlichen Kontext dieser Entdeckungsgeschichte detailliert analysierte und daraus verallgemeinernde Folgerungen zog[23]. Das letzte Kapitel seines Buches von 1958 trägt den kennzeichnenden Titel: „Die wissenschaftliche Entdeckung als revolutionärer Sprung und seine evolutionäre Vorbereitung". Später hat *Kedrow* die „dialektischen Sprünge" in der Wissenschaftsentwicklung und die Entstehung neuer theoretischer Sichtweisen für die Einordnung empirischer Erkenntnisse immer wieder unter verschiedenen Aspekten behandelt[24].

Ein wesentlicher Unterschied zur Interpretation der wissenschaftlichen Revolutionen im *Kuhn*schen Sinne liegt bei *Kedrow* und anderen sowjetischen Wissenschaftstheoretikern darin, daß trotz aller Sprunghaftigkeit im Umschlag der Theorienbildung der Grundgedanke der Kontinuität des historischen Fortschritts erhalten bleibt. Die entscheidende Grundlage hierfür ist im erkenntnistheoretischen Verständnis der objektiven Realität zu sehen, welche unabhängig vom Bewußtsein existiert und fortschreitend erkannt wird, sowie im Begriff der wissenschaftlichen Wahrheit, die voranschreitet und auch bei einem Konzeptionswechsel die der Realität entsprechenden Erkenntnisse in die neue Theorie aufnimmt. Am Rande sei vermerkt, daß in der Sowjetunion von allen westlichen Wissenschaftstheoretikern *Imre Lakatos* mit seiner Konzeption der Theoriensequenzen die größte Zustimmung findet.

Allgemein wird der marxistisch-leninistischen Wissenschaftsgeschichte und Wissenschaftstheorie die Aufgabe gestellt, die „Genetik" der wissenschaftlichen Entdeckungen zu rekonstruieren und die „Einheit von Logischem und Historischem" in der Wissenschaftsentwicklung aufzudecken. Ganz in diesem Sinne kennzeichnet *G. Kröber*, der Direktor des wissenschaftstheoretischen Instituts der Akademie der Wissenschaften der DDR, unter Berufung auf *Hegel* die Wissenschaft als ein „System in der Entwicklung", was bedeutet, „daß in der geschichtlichen Entwicklung der Wissenschaft selbst System ist, daß die Darstellung der Entwicklungsgeschichte des Systems also selbst systematisch erfolgen muß, und schließlich: daß die Systematik der Darstellung durch das System selbst bestimmt wird, aus dessen Sicht sie vorgenommen wird[25]."

Diese Ausführungen haben aber einstweilen einen mehr programmatischen Charakter, denn eine systematische Durcharbeitung der Geschichte der Wissenschaften in ihrem Verhältnis zur „inneren Logik des Fortschritts" steht noch aus. Erstaunlich wenig hat man sich auch mit einem so wichtigen Phänomen wie den „Mehrfachentdeckungen" befaßt, das für die Aufdeckung der inneren Determination des Wissenschaftsprozesses eine grundlegende Bedeutung haben dürfte. Es gibt allerdings einige Arbeiten, in denen mehr deskriptiv als methodisch gezeigt wird, wie auch die sogenannten zufälligen Entdeckungen — zum Beispiel die Entdeckung der Röntgenstrahlen — von vielen anderen Erkenntnissen gleichsam „eingegabelt" wurden, bis durch eine zufällige Beobachtung die Entdeckung im Sinne des „logischen Fortschritts" gemacht werden konnte[26].

Generell wird man davon ausgehen können, daß zwischen marxistisch-leninistischer und „westlicher" Wissenschaftsforschung trotz unterschiedlicher Ausgangspositionen viele gemeinsam interessierende Themenbereiche zunehmend diskutiert werden könnten, wenn es gelingen würde, durch „Übersetzung" unterschiedlicher Terminologien und Sinngehalte eine gemeinsame Sprache zu finden. Darüber hinaus aber gilt es zu sehen, daß in der westlichen Wissenschaftsforschung im weiten Umfeld der von *Kuhn* initiierten Thematik wissenschaftliche Wandlungsprozesse trotz der konkreten historischen Bezugspunkte mit dem Ziel erforscht werden, allgemeingültige Prinzipien des wissenschaftlichen Fortschritts — unabhängig von bestimmten Epochen — zu erfassen. In den osteuropäischen Ländern aber spielt durch die Bindung an den historischen

Materialismus darüber hinaus die Frage eine besondere Rolle, inwieweit sich verschiedene Etappen der Wissenschaftsentwicklung in struktureller Hinsicht voneinander unterscheiden. Daraus ergibt sich auch, daß das Hauptthema heutiger sowjetsozialistischer Wissenschaftsforschung, nämlich das Studium der strukturellen Eigenheiten der WTR, einstweilen noch kaum ein Korrelat in der westlichen Wissenschaft findet.

V.   *Interne und externe Wissenschaftsentwicklung*

Ein zentrales Thema, mit dem sich die moderne Wissenschaftsforschung in der ganzen Welt zu befassen hat, liegt in der Frage, inwieweit sich die Wissenschaft durch „interne" Fragestellungen weiterentwickelt und inwieweit „externe" Anforderungen aus dem wirtschaftlichen, sozialen oder politischen Bereich ihren Verlauf bestimmen. Die politische Relevanz dieser Thematik ist offensichtlich, wobei zunächst auf einige unterschiedliche Voraussetzungen bei ihrer Behandlung im „westlichen" und „östlichen" Schrifttum eingegangen werden soll.

Das Selbstverständnis „westlicher" Wissenschaft ist ihrer Tradition nach mit der Auffassung verbunden, daß Wissenschaftler ihre Forschungsprobleme nur in der eigenen Sachkompetenz hinreichend überblicken können, daß erst bei der Verfolgung interner Fragestellungen wirklich neue Ergebnisse hervorgebracht werden können und daß schließlich das Urteil der *"scientific community"* auch bei der Mittelverteilung die entscheidende Rolle spielen muß. Je mehr jedoch im Gefolge der modernen Großforschung die ökonomischen und politischen Abhängigkeiten der Wissenschaft erkennbar und relevant wurden, ist auch die These von der „Wissenschaftsautonomie" zunehmend in Frage gestellt worden, so daß heute mit großem Nachdruck eine politisch und sozial gesteuerte Wissenschaftsentwicklung gefordert wird.

Eine gegenläufige tendenzielle Entwicklung ist — zumindest in einem bestimmten Zeitabschnitt — für die Sowjetwissenschaft kennzeichnend. In den staatssozialistischen Ländern sind die politische Steuerung und zentrale Planung der Wissenschaft systemimmanent verankert und stellen von Anfang an ein unanfechtbares Prinzip dar. Nachdem jedoch diese Abhängigkeit in der letzten Epoche des Stalinismus soweit übersteigert worden ist, daß durch politisch-ideologische Steuerungen ganze Wissenschaftsrichtungen extrem vereinseitigt und in die Irre geleitet wurden, setzte nach *Stalins* Tod eine Gegenbewegung ein, in der die Vertreter der exakten Wissenschaften in harten Auseinandersetzungen schrittweise eine Befreiung von der ideologischen Bevormundung durchsetzen konnten. Dabei ist auch die wissenschaftliche Eigenverantwortung wesentlich gestärkt worden, was in der faktischen Ausweitung des wissenschaftsimmanenten Handlungsspielraums und in gelegentlichen Randbemerkungen, in denen vor der Wiederholung früherer Fehler gewarnt wird, seinen Ausdruck findet. Allerdings sind die früheren Fehlentwicklungen und die damit verbundenen Konsequenzen für das Verhältnis von Wissenschaftsautonomie und politischer Einflußnahme nie in grundsätzlicher Weise zur Diskussion gestellt worden. Der Versuch von *Sh. Medwedew*, diese Thematik für die Biologie aufzuarbeiten, endete mit einer „Samisdat-Publikation" und seiner Ausweisung aus der Sowjetunion[27].

Das heutige konkrete Verhältnis von interner und externer Wissenschaftsentwicklung läßt sich am hierarchischen Aufbau der sowjetischen Wissenschaftsorganisation und der Verflechtung mit dem Staatsapparat in den Grundzügen aufzeigen. Dabei ist wichtig, daß der Bereich der Grundlagenforschung im wesentlichen in die Kompetenz der Akademie der Wissenschaften fällt, die ihrerseits — verkörpert durch ihre Mitglieder — eine für westliche Vorstellungen kaum nachvollziehbare Autorität im öffentlichen Bewußtsein und in ihrem politischen Einfluß besitzt. Allerdings wird auch die Grundlagenforschung im Rahmen des Akademiesystems zentral geplant und ist dabei an das gesamtstaatliche Planungssystem eng gebunden. Die wichtigste Institution für die Aushandlung wissenschaftsimmanenter, ökonomischer und politischer Interessen ist das Staatskomitee für Wissenschaft und Technik, eine Mammutbehörde mit einigen Tausend Mitarbeitern[28]. Trotz aller gesellschaftlich-politisch bedingten Unterschiede in der Wissenschaftssteuerung von „Ost" und „West" ließe sich jedoch in der Praxis zeigen, daß in beiden Bereichen die naturwissenschaftlich-technische Forschung und Entwicklung ähnlich proportioniert vorangebracht werden. Etwas anders gelagert ist einstweilen lediglich der Sektor gehobener Konsumgüter mit seinem wissenschaftlich-technischen Unterbau, jedoch wird auch hier ein Nachholen allgemeiner Entwicklungen angestrebt, was als ein Indiz für die starke prägende Kraft der „Angebote" aus dem wissenschaftlich-technischen Bereich angesehen werden kann.

Bei den theoretischen Diskussionen über das Verhältnis von interner und externer Wissenschaftssteuerung ist für die Sowjetphilosophie die Ausgangsbasis dadurch gegeben, daß sich der Marxismus-Leninismus selbst als Wissenschaft versteht. Dies bedeutet zugleich, daß damit auch der Anspruch verbunden ist, die Ziele der Forschung aus dem Gesamtsystem der Gesellschafts- und Geschichtsinterpretation wissenschaftlich ableiten zu können. Die Spannung von interner und externer Wissenschaftssteuerung findet auf diese Weise ein Bindeglied in einem übergeordneten Bezugsrahmen. Darüber hinaus macht es die Sichtweise des historischen Materialismus erforderlich, auch die historische Dimension der Wechselbeziehung von wissenschaftlicher und gesellschaftspolitischer Entwicklung in Betracht zu ziehen. Dies bedeutet, daß beim Studium des Verhältnisses von interner und externer Wissenschaftsentwicklung der Blick nicht auf die konkreten Einzelaktionen mit ihren Motiven fixiert ist, sondern daß ganz generell danach gefragt wird, von welcher Seite aus die stärkeren geschichtsformenden Kräfte ausgehen, beziehungsweise wie beide Bereiche zusammenwirken.

Ein wichtiger Ansatz, der bei der Behandlung dieser Thematik Anfang der sechziger Jahre in der Sowjetunion entwickelt wurde, kann mit der Formulierung von der „relativen Selbständigkeit der wissenschaftlich-technischen Entwicklung" gekennzeichnet werden. Bereits im ersten wichtigen sowjetischen Buch zur WTR-Duskussion stellte *M. M. Karpow*[29] ein Kapitel unter diese Überschrift und führte darin eine ganze Reihe von Entdeckungen an, die aus wissenschaftsimmanenten Fragestellungen hervorgegangen sind: zum Beispiel die Entdeckung des periodischen Systems der Elemente, der Polarisation des Lichtes oder der Radioaktivität. Mit besonderem Nachdruck weist er auf die „praxisfernen" Entwicklungen in der Mathematik hin, die später eine grundlegende Bedeutung für die moderne Physik erlangt haben. Ebenso sind die mathematische Logik und jene Grundlagen, die später den Bau von Rechenmaschinen

möglich machten, zunächst völlig losgelöst von praktischen Zielsetzungen erarbeitet worden. In ähnlicher Weise hat auch *G. Wolkow* in einem recht engagierten Aufsatz die relative Unabhängigkeit der Wissenschaft von wirtschaftlichen und technischen Bedürfnissen betont, indem er schreibt: „War etwa die Ausarbeitung der Geometrie von Lobatschewskij, die Entstehung der Relativitätstheorie, der Quantentheorie, die Entdeckung der Antiwelt und ebenso eine Vielzahl anderer großer Errungenschaften des menschlichen Genius auf die Lösung von Aufgaben zurückzuführen, die von der Technik gestellt worden sind? Schwerlich kann man auf diese Frage zustimmend antworten, wenn man nicht riskieren will, in Vulgarismus zu verfallen. Dagegen kann mit Entschiedenheit behauptet werden, daß jede dieser Entdeckungen einen mächtigen Anstoß für den technischen Fortschritt gegeben hat[30]." In noch stärkerer Reduktion hat der Atomphysiker *P. Kapiza* den Gedanken entwickelt, daß in der Physik der letzten 200 Jahre nur wenige echte Naturphänomene entdeckt wurden, die dadurch ausgezeichnet sind, daß sie für die Wissenschaft völlig unerwartet kamen und aufgrund der theoretischen Anschauungen der jeweiligen Zeit weder vorherzusehen noch zu erklären waren[31]. Die Marksteine dieser physikalischen Entwicklung sieht *Kapzia* in der Aufdeckung des Phänomens der strömenden Elektrizität, in der elektromagnetischen Induktion, im äußeren lichtelektrischen Effekt, in der Entdeckung der Radioaktivität, im Nachweis der Elektronenladung, in den Ergebnissen des Michelson-Versuchs, in der Entdeckung der kosmischen Strahlen und der Uranspaltung. *Kapiza* begründet ferner, daß in diesen unerwarteten Fundamentalentdeckungen die wesentlichen Konsequenzen der modernen Physik mit ihren Folgewirkungen im Bereich der Elektrotechnik, der physikalischen Chemie, der Atomphysik usw. einschließlich der daraus resultierenden industriellen Anwendungen begründet sind. Zugleich ist klar, daß diese Ergebnisse völlig losgelöst von praktischen Bedürfnissen der Technik oder Ökonomie hervorgebracht worden sind.
Diese allgemeinen Darlegungen über die relative Selbständigkeit der wissenschaftlich-technischen Entwicklung sind darüber hinaus mit dem Ansatz eines „Informations-Modells" des wissenschaftlich-technischen Fortschritts systematischer angegangen worden, wobei die Kiewer Schule der Wissenschaftsforschung unter Führung von *G. Dobrow* Pionierarbeit geleistet hat[32]. Ihre schärfste Akzentuierung hat diese Arbeitsrichtung in einem Buch von *W. W. Nalimow* und *S. M. Multschenko* mit dem Titel „Wissenschaftsmetrie" gefunden, in dem das Ziel eines Studiums der Wissenschaftsentwicklung als Informationssystem folgendermaßen gekennzeichnet wird: „Phänomenologisch kann man die Wissenschaft als einen Prozeß zur Gewinnung grundlegend neuer Informationen betrachten. Dieser Prozeß hat fortschreitenden und kollektiven Charakter. Jede wissenschaftliche Arbeit basiert auf einer bestimmten Zahl früher hervorgebrachter Erkenntnisse. Neue wissenschaftliche Arbeiten erscheinen als Resultat der Weiterentwicklung oder des Überdenkens früher ausgeführter Arbeiten. Die Wissenschaft ist ein sich selbst organisierendes System, dessen Entwicklung von seinen Informationsströmen gesteuert wird. Die äußeren Bedingungen — die Geldmittel, die für die Entwicklung der Wissenschaft zur Verfügung gestellt werden, die Organisationsformen, die sich in diesem oder einem anderen Land herausgebildet haben, der ideologische Druck, die Geheimhaltung — alles dies sind lediglich Elemente jenes Mediums, in welchem sich die Wissenschaft entwickelt. Das Medium kann günstig oder ungünstig für die Entwicklung der

Wissenschaft sein, aber es ist nicht in der Lage, die Wissenschaft zu zwingen, sich in einer für sie organisch fremden Richtung zu entwickeln. Hier ist der Vergleich mit der Biologie angebracht, wo die Entwicklung eines Organismus durch die genetischen Informationsströme bestimmt wird; das äußere Milieu kann die Entwicklung des Organismus nur begünstigen oder hemmen, aber es kann seine Entwicklung nicht auf irgendwelche besondere, dem Organismus fremde Wege lenken[33,34]."

Die vorangegangenen sowjetischen Arbeiten, in denen die relative Selbständigkeit der wissenschaftlich-technischen Entwicklung betont worden ist, sind etwas ausführlicher behandelt worden, da diese Sichtweise weitreichende theoretische und praktische Konsequenzen ausgelöst hat. Um Fehlinterpretationen zu vermeiden, sei jedoch nachdrücklich darauf hingewiesen, daß alle sowjetischen Theoretiker, die diese Ansätze entwickelt haben, in Weiterführung ihrer Darlegungen stets auch die gesellschaftlichen Determinanten der wissenschaftlich-technischen Entwicklung und die besonders günstigen Bedingungen, die im Sowjetsystem für die Entfaltung der Wissenschaft gegeben sind, dargestellt haben. Dennoch hat die Sicht auf die WTR als ein relativ selbständiges, globales und beschleunigt wachsendes Informationsgefüge, zu dem alle Länder einen gewissen „Input" leisten und dem sie letztlich als einem ganzheitlichen Komplex internationaler Wissenschaftserkenntnisse „gegenüberstehen", die brisante Frage aufkommen lassen, welches sozialökonomische System bei der Umsetzung des historisch akkumulierten Wissenschaftspotentials in die Praxis effizienter ist und welche Anforderungen an ein politisches System unter den Bedingungen der WTR zu stellen sind.

VI. *Die strukturelle Bedeutung der technisch-ökonomischen Effizienz*

Im Marxismus-Leninismus galt — und gilt in gewisser Hinsicht auch heute — das Axiom, daß die Rationalität von Wissenschaft und Technik ihr angemessenes Korrelat erst in der Rationalität der sozialistischen Planwirtschaft findet und daß dabei eine ökonomische Effizienz erzielt wird, die der des Kapitalismus überlegen ist. Der Zusammenhang von wissenschaftlich-technischer und ökonomischer Rationalität kann als die „materielle" Grundlage für die Überzeugung angesehen werden, daß die Geschichte gleichsam im „Durchlauf" durch unterschiedliche ökonomische Strukturen den Sieg des sowjetsozialistischen Systems und den Untergang des Kapitalismus hervorbringen werde. Daraus ergibt sich auch, daß der industrielle Rückstand der Sowjetunion nur als zeitbedingt aufgefaßt wird, da man annimmt, daß das effizientere ökonomische System das weniger effiziente kraft seiner Struktur in einer historisch kurzen Zeitspanne überholen kann.

Im Sinne dieser Grundgedanken findet sich bei *Lenin* bereits in den Jahren 1917/19 die Losung vom „Einholen und Überholen der kapitalistischen Länder" und die Formulierung, daß die Arbeitsproduktivität in letzter Instanz das Allerwichtigste ist, um den Kapitalismus zu besiegen[35]. Eine zentrale Rolle spielte die Zielsetzung des „Einholens und Überholens" auch bei *Stalin*, der 1931 unter direktem Bezug auf die Rolle, die Wissenschaft und Technik dabei spielen, ausführte: „Wir sind hinter den fortgeschrittenen Ländern um 50 bis 100 Jahre zurückgeblieben. Wir müssen diese Distanz in zehn Jahren duchlaufen. Entweder wir bringen das zustande oder wir werden zermalmt. ... Hierzu besitzen wir die ‚objektiven' Möglichkeiten. Es fehlt bloß an dem Können, diese Möglichkeiten auszunutzen. Das hängt aber von uns ab. Nur von uns! ... Nur noch wenig ist uns zu tun übriggeblieben: Die Technik erlernen, die Wissenschaft meistern. Und wenn wir das geleistet haben werden, dann werden wir ein Tempo einschlagen, von dem wir heute nicht einmal zu träumen wagen. Und wir werden es leisten, wenn wir es nur richtig wollen[36]!"

Hier ist also von zehn Jahren die Rede, in denen die fortgeschrittenen Länder eingeholt werden sollen. Obwohl dieses Ziel nicht erreicht wurde, ist dadurch das Selbstverständnis des Marxismus-Leninismus nicht beeinträchtigt worden, da man annehmen konnte, daß Ende der dreißiger Jahre und in der Kriegszeit eine Ausnahmesituation bestanden hat, durch die der Aufstieg der Sowjetunion zur führenden Wirtschaftsmacht nur unterbrochen worden ist. Nach Überwindung der schwersten Kriegsfolgen taucht deshalb Ende der fünfziger Jahre erneut die Losung vom „Einholen und Überholen" auf, und zwar in einer optimistischen und konkretisierten Form wie nie zuvor. Bereits bei der Verkündung des Siebenjahresplans im Jahre 1958 erhob *Chruschtschow* die Forderung, die „am höchsten entwickelten kapitalistischen Länder" etwa im Jahre 1970 in der Pro-Kopf-Produktion einzuholen und zu überholen[37]. Ähnliche Zielsetzungen hinsichtlich der Industrieproduktion und der Arbeitsproduktivität fanden sich dann im Parteiprogramm der KPdSU von 1961[38].

Die Erwartung der wirtschaftlich-technischen Überlegenheit war für *Chruschtschow* zugleich mit der großen Perspektive verbunden, daß die Völker der Welt in dem Maße, wie dieses Ziel erreicht wird, die Vorzüge des sozialistischen Systems erkennen werden und sich dann freiwillig dem sowjetischen Beispiel anschließen. Dadurch könne der Endsieg des Kommunismus auf friedlichem Wege erreicht werden, oder, wie es im Parteiprogramm von 1961 heißt: „Sobald das Sowjetvolk die Errungenschaften des Kommunismus genießt, werden neue Hunderte Millionen Menschen in der Welt sagen: ‚Wir sind für den Kommunismus!' Nicht durch Krieg mit anderen Ländern, sondern durch das Beispiel einer vollkommeneren Organisation der Gesellschaft, durch den Aufschwung der Produktivkräfte, durch Schaffung all dessen, was der Mensch braucht, um in Glück und Wohlstand zu leben, gewinnen die Ideen des Kommunismus die Hirne und Herzen der Volksmassen[39]."

Anfang der sechziger Jahre zeigten sich in der Sowjetunion, insbesondere in der Landwirtschaft, erhebliche wirtschaftliche Schwierigkeiten, die ein wichtiger Grund für die Ablösung *Chruschtschows* gewesen sein dürften. Mitte der sechziger Jahre griff dann in der Sowjetunion und in anderen sozialistischen Ländern die dramatische Erkenntnis um sich, daß das sowjetsozialistische Wirtschaftssystem im Wettbewerb mit den kapitalistischen Ländern bei Fortbestehen der ökonomischen Struktur keineswegs besonders begünstigt wird. Es zeichnete sich sogar die Perspektive ab, daß in wichtigen Bereichen der Industrialisierung die Leistungsfähigkeit dieses Systems geringer ist als die des Kapitalismus. Es begann eine Zeit verstärkter Diskussionen über eine Wirtschaftsreform, mit der das sowjetsozialistische System für die Erfordernisse der modernen Industrialisierung flexibler und leistungsfähiger gemacht werden sollte.

Die damit zusammenhängenden grundsätzlichen Überlegungen, die aus der Sowjetunion und anderen sozialistischen Ländern nur andeutungsweise in den Westen drangen, sind von tschechischen Wissenschaftlern in einer großen Kollektivstudie in Angriff genommen worden. Die Ergebnisse wurden im sogenannten „Richta-Report" zusammengefaßt, der die Grundlage für den „neuen Weg" des tschechischen Sozialismus wurde[40]. Da die Konzeption der WTR in diesem Zusammenhang eine zentrale Rolle spielt, seien die schrittweisen Ableitungen des „Richta-Reports" kurz geschildert.

Ausgangsbasis der Analysen war die Feststellung, daß sich die „erste industrielle Revolution" und die WTR in wesentlichen Merkmalen voneinander unterscheiden. Hierbei spielt die neue Dimension, mit der Wissenschaft und Technik auf die moderne Welt einwirken, eine entscheidende Rolle. Diese neue Dimension führt dazu, daß in der Beziehung von Wissenschaft, Technik und Ökonomie qualitativ neue Verhältnisse herausgebildet worden sind, die im ökonomischen Bereich durch den Übergang von extensiver zu intensiver Produktionsweise gekennzeichnet werden können. Ein zweiter Untersuchungskomplex erstreckte sich auf Produktionsvergleiche verschiedener sozialistischer und kapitalistischer Länder, wobei gezeigt worden ist, daß die sozialistischen Länder insbesondere bei der Adaption moderner Technologien nicht nur im Rückstand sind, sondern daß die Gefahr einer tendenziellen Ausweitung der „technologischen Lücke" besteht. Dies gilt insbesondere für den Computerbau und die Automation, die eine Schlüsselstellung beim Aufbau moderner Industrien und bei der Hebung der Arbeitsproduktivität einnehmen. Theoretisch wurde die Innovationsschwäche damit begründet, daß das qualitativ neue Möglichkeitsfeld der WTR in den sowjetsozialistischen Ländern mit einem ökonomischen System kombiniert ist, das in wesentlichen Merkmalen der ersten industriellen Revolution entspricht. Von hier aus war es nur ein kleiner Schritt zu der Konsequenz, daß das sowjetsozialistische Wirtschaftssystem nur dann wieder international wettbewerbsfähig gemacht und zur Weltgeltung gebracht werden kann, wenn es den Bedingungen der WTR angepaßt wird. Für die Praxis wurde damit die Forderung verbunden, das ökonomische System flexibler, demokratischer und transparenter zu machen, wozu unter anderem eine Öffnung für weltweite Kommunikationen gehören sollte. Schließlich ist in diese Konzeption die Bemühung um eine Philosophie des Menschen eingebracht worden, die nicht mit einseitigen Festlegungen arbeitet, sondern die menschlichen Existenzbedingungen problematisiert. Hieraus ergab sich dann jenes neue Programm eines „sozialistischen Humanismus", das bei Übertragung in der Praxis nicht nur eine Reform, sondern eine Revolutionierung oder weitgehende Aufhebung des sowjetsozialistischen Systems bedeutet hätte.

Andere Konsequenzen hat man in der DDR aus der Beziehung der WTR zur Notwendigkeit der ökonomischen Effizienzsteigerung gezogen. Dort bemühte man sich, die sozialistische Planwirtschaft in einem systemtheoretischen Modell mit der WTR zu verbinden. Indem man das Gesamtsystem funktionell optimierte, hoffte man, ein Höchstmaß an Effizienz erzielen zu können. Für die Erwartungen, die mit dieser Konzeption verbunden worden sind, ist die Losung vom „Überholen ohne Einzuholen" charakteristisch, die von *Ulbricht* noch im Jahre 1970 ausgegeben wurde. Gemeint war mit dieser ungewöhnlichen Formulierung, daß man sich nicht damit aufhalten solle, gängige Technologien des Westens nachzubauen, sondern daß man alle Kräfte darauf konzentrieren müsse, durch wissenschaftliche und technische Spitzenleistungen sofort auf höchstem Weltniveau einzusetzen, um dann kraft des überlegenen Wirtschaftssystems die anderen Länder zu überholen. Alles dies hat sich jedoch als nicht realisierbar erwiesen. Nach der Ablösung *Ulbrichts* wurde selbstkritisch festgestellt, daß mit der vorrangigen Orientierung der Wirtschaft an technischen Höchstleistungen zugleich die Richtung auf eine technokratische Entartung des sozialistischen Systems und eine fortschreitende Aushöhlung der tradierten Ideologie eingeschlagen worden sei. In der Gegenreaktion sagte man sich vom systemtheoretischen Gedankengut weitgehend wieder los und erhob darüber hinaus die Forderung, den programmatischen Begriff der WTR durch den neutralen Begriff des „wissenschaftlich-technischen Fortschritts" abzulösen. Ganz ist es dazu allerdings nicht gekommen, da in der Sowjetunion die WTR-Konzeption nach wie vor eine zentrale Bedeutung hat. Dennoch kann man auch heute in der DDR ein merklich distanzierteres Verhältnis zur WTR feststellen, als dies in der Sowjetunion der Fall ist[41].

VII. WTR-Konzeption und Sowjetpolitik

Mitte der sechziger Jahre befand sich die sowjetische Führung in einer recht labilen Phase politischer Konzeption. Sie hatte sich mit der Erkenntnis besorgniserregender ökonomischer Strukturschwächen, mit reformistischen Konzeptionen verschiedener westeuropäischer kommunistischer Parteien, mit dem Neomarxismus, mit dem China-Konflikt, mit eigenständigen Entwicklungen in den Ländern des Warschauer Paktes und nicht zuletzt mit neuartigen intellektuellen Protestbewegungen innerhalb der Sowjetunion auseinanderzusetzen. Ihre dramatische Zuspitzung fanden diese kritischen Entwicklungen durch den „neuen Weg" der tschechischen Reformkommunisten, wobei der Einmarsch in die Tschechoslowakei als Wendepunkt zum schrittweisen Aufbau einer neuen politischen Generallinie angesehen werden kann.

Angelpunkt der neuen Führungskonzeption wurde die Erkenntnis, daß alle Bemühungen zu einer strukturellen „Verbesserung" des sozialistischen Systems sowjetischer Prägung, wie sie im Weltkommunismus, im sozialistischen Lager und auch innerhalb der Sowjetunion mit verschiedenen Ansätzen gefordert wurden, zugleich einen systemsprengenden und „konterrevolutionären" Charakter haben. Daraus ergab sich die Konsequenz, daß alle Anstrengungen primär auf die Erhaltung der Stabilität und den weiteren Ausbau des bestehenden Systems zu konzentrieren sind, auch wenn damit offensichtliche Strukturmängel, zum Beispiel im ökonomischen Bereich, hingenommen werden müssen. Für die politische Praxis wurde daraus jene Generallinie entwickelt, die durch die Bipolarität von innenpolitischer Stabilisierung, Abschirmung und Indoktrination bei gleichzeitiger außenpolitischer Absicherung und internationaler Kooperation, vor allem im technologisch-ökonomischen Bereich, gekennzeichnet ist.

Die hier kurz umrissene neue politische Großkonzeption der Sowjetführung hat auch zu spezifischen Rückwirkungen auf die ideologische Interpretation der WTR geführt. Um die neue Situation theoretisch in den Griff zu bekommen, ist auf dem Parteitag der KPdSU des Jahres 1971 die Formulierung geprägt worden, daß es darauf ankomme, „die Errungenschaften der wissenschaftlich-technischen Revolution organisch mit den Vorzügen des sozialistischen Wirtschaftssystems zu verbinden[42]." Diese Losung ist seither zur zentralen Achse aller theoretischen Darlegungen über die WTR geworden. Man amalgiert förmlich die WTR mit dem sowjetsozialistischen Gesellschaftssystem, sieht beide als eine sich wechselseitig durchdringende Einheit an und stellt alles darauf ab, die Entwicklung in dieser Kombination voranzubringen.

Die Grundtendenz dieser Wende wird noch deutlicher, wenn man sich vergegenwärtigt, daß die ersten WTR-Interpretationen und insbesondere die reformkommunistischen Konzeptionen vom historischen Großvorgang der Verwissenschaftlichung und Technisierung ausgingen, an den die Gesellschaft mit neuen Inhalten anzupassen sei, während nunmehr die bestehende Struktur der sowjetsozialistischen Gesellschaftsordnung zur Ausgangsbasis aller Interpretationen gemacht wird und die Errungenschaften der WTR nur ein Hilfsmittel zur weiteren Vervollkommung dieses Systems darstellen sollen. Dies bedeutet zugleich, daß die Sichtweise von der WTR weggelenkt und zur Gesellschaftsordnung hingeführt wird. Recht deutlich sind die Konsequenzen für die WTR-Konzeption zum Beispiel von *V. Stoljarow* zum Ausdruck gebracht worden, wenn er schreibt: „Es gibt keine wissenschaftlich-technische Revolution ,an sich', sondern nur eine *sozialistische* wissenschaftlich-technische Revolution und eine *kapitalistische* staatsmonopolistische wissenschaftlich-technische Revolution[43]." Ganz im Sinne dieser Grundposition liegt auch die Feststellung, daß das Wesentliche der gegenwärtigen Epoche nicht der Prozeß der WTR, sondern der „historisch gesetzmäßige Übergang vom Kapitalismus zum Kommunismus im Weltmaßstab" ist. Sieht man nämlich die WTR als den Hauptvorgang an, dann ist „die Konsequenz dieser Behauptung ... die These von der Konvergenz beider Gesellschaftssysteme in einer einheitlichen ,Industrie' ,postindustriellen' oder ,WTR-'Gesellschaft[44]." Für alle jene Richtungen, die die Haupttriebkräfte der neuzeitlichen Wandlungsprozesse in den wissenschaftlich-technischen Umwälzungen sehen, hat man darüber hinaus inzwischen das Schlagwort vom „technologischen Determinismus" geprägt, der als ideologische Basis aller revisionistischen, konvergenztheoretischen und kapitalistisch-restaurativen Theorienbildungen angesehen wird. Weitere Konsequenzen dieser Grundkonzeption liegen darin, daß die WTR nicht mit der Konvergenz, sondern mit der Divergenz von kapitalistischer und kommunistischer Gesellschaftsordnung verbunden ist und daß deshalb auch der „verschärfte ideologische Kampf" fortgesetzt werden müsse.

Alle diese Darlegungen sind ein Ausdruck heutiger Sowjetpolitik und ergeben — entsprechend dem Postulat der Einheit von Theorie und Praxis — eine in sich stringente politisch-ideologische Großkonzeption. Ihre Grundlage ist das unbedingte Festhalten an allen wesentlichen Strukturelementen des sowjetsozialistischen Systems und die ideologische Verteidigung jener Grenzbereiche, bei deren Überschreitung systemsprengende Prozesse in Gang kommen würden. Da eine Systemveränderung des Sowjetsozialismus in der Tat mit unabsehbaren Konsequenzen verbunden wäre und alle Verantwortlichen sich dessen bewußt sind, kann auch die Perspektive einer Evolution dieses Systems aus prinzipiellen Gründen nicht in die heutige Konzeption aufgenommen werden.

Dies bedeutet zugleich, daß man aller Voraussicht nach langfristig mit der heutigen

WTR-Konzeption im Sinne eines ideologischen Kampfinstrumentes konfrontiert sein wird. Um so wichtiger erscheint es, in systematischer Untersuchung der Frage nachzugehen, ob nicht doch — im Wissen um die damit verbundenen Probleme — eine allgemeine Theorie der wissenschaftlich-technischen, gesellschaftlichen und geistigen Wandlungsprozesse unseres Zeitalters in schlüssigen Ableitungen aufgewiesen werden kann, welche die Vereinseitigungen und Grenzen der sowjetsozialistischen Konzeption deutlich macht und zugleich eine tragfähige Basis für eine langfristige Zukunftsstrategie zur Sicherung menschwürdiger Existenzgrundlagen liefert.

Anmerkungen

[1] „Voprosy filosofii", 1953, 5, S. 210–219.

[2] „Voprosy filosofii", 1958, 12, S. 39–53.

[3] *Marx/Engels*, Werke, Bd. 4, S. 181.

[4] Manifest der Kommunistischen Partei, in *Siegfried Landshur,* Karl Marx, Die Frühschriften, Stuttgart 1953, S. 525.

[5] *Karl Kautsky*, Die materialistische Geschichtsauffassung, Berlin 1927, Bd. I, S. 864.

[6] *Max Adler,* Grundlegung der materialistischen Geschichtsauffassung, Wien–Köln–Stuttgart–Zürich 1964, S. 192.

[7] „Izvestija Akademii nauk SSSR, otdelenie ekonomiki i prava", 1951, 4, S. 286–293.

[8] *G. E. Glezerman*, Bazis i nadstrojka v sovetskom obščestve (Basis und Überbau in der sowjetischen Gesellschaft), Moskau 1954, S. 99.

[9] Die wichtigsten Formulierungen finden sich in *K. Marx,* Grundrisse der Kritik der Politischen Ökonomie (Rohentwurf, 1857–1858), Berlin 1953, S. 594 und einem in deutscher Sprache noch nicht veröffentlichten Nachlaßmanuskript: Zur Kritik der Politischen Ökonomie (1861–1863), russisch in „Kommunist" 1958, 7, S. 22/23. Deutscher Auszug aus der Originalschrift von *Marx* im Kollektivband: Die gegenwärtige wissenschaftlich-technische Revolution, Berlin 1972, S. 184/85.

[10] Eine zusammenfassende Darstellung der Diskussionen über die „Wissenschaft als Produktivkraft" findet sich bei *W. G. Marachow*, Struktur und Entwicklung der Produktivkräfte in der sozialistischen Gesellschaft, Berlin 1972 (Moskau 1970).

[11] *Vitali Stoljarow*, Die Entwicklung der Wissenschaft zur unmittelbaren Produktivkraft und die materialistische Geschichtsauffassung, in: Deutsche Zeitschrift für Philosophie, 1963, 7, S. 826–837. Bei dem Zitat von *Engels* handelt es sich um eine handschriftliche Randbemerkung an einem Aufsatz von *A. Loria* über *Karl Marx.* Dazu ferner *V. Stoljarow,* Zu weltanschaulichen Grundfragen der wissenschaftlich-technischen Revolution, Sonderheft 1973 der Deutschen Zeitschrift für Philosophie, S. 62–83.

[12] *Karl R. Popper,* Eine objektive Theorie des historischen Verstehens, in: Schweizer Monatshefte, 1970, 3, S. 207–215.

[13] *J. D. Bernal*, Die Wissenschaft in der Geschichte, 2. Aufl., Berlin 1961, S. 493 und S. 903.

[14] „Pravda" v. 17.7.1955.

[15] „Voprosy filosofii", 1974, 2, S. 10.

[16] *Marx-Engels*, Werke, Bd. 1, S. 251.

[17] z.B. *G. E. Vleduc, V. V. Nalimov, N. I. Stjazkin,* Naučnaja i techničeskaja informacija kak odna iz zadač kibernetiki (Wissenschaftliche und technische Information als eine der Aufgaben der Kybernetik). „Uspechi fizičeskich nauk", 1959, 1, S. 13–54; *V. V. Nalimov,* Količestvennye metody issledovanija processa razitija nauki (Quantitative Methoden der Untersuchung des Prozesses der Wissenschaftsentwicklung). „Voprosy filosofii", 1966, S. 38–47; *L. A. Chursin,* O prirode mechanizma razvitija nauki na sovremennom etape naučno-techničeskoj revoljucii (Über die Natur des Mechanismus der Wissenschaftsentwicklung in der gegenwärtigen Etappe der wissenschaftlich-technischen Revolution). „Voprosy filosofii", 1971, 6, S. 34–44; *G. M. Dobrov; L. P.*

Smirnov, V. N. Klimenjuk, E. I. Levin, Mašinnye metody analiza informacii ob opyte naučno-techničeskogo razvitija (Maschinelle Methoden der Informationsanalyse der Kenntnisse von der wissenschaftlich-technischen Entwicklung), Moskau 1972.

[18] Eine zusammenfassende Darstellung dieser Diskussion findet sich in der Kollektivarbeit: Naučno-techničeskaja revoljucija i obščestvo (Wissenschaftlich-technische Revolution und Gesellschaft), Moskau 1973, S. 189 ff.

[19] Siehe Anmerkung 18.

[20] *M M. Karpov,* Osnovnye zakonomernosti razvitija estestvoznanija (Die grundlegenden Gesetzmäßigkeiten in der Entwicklung der Naturwissenschaft), Rostov 1963, S. 190 ff.

[21] Verwiesen sei auf einen Leitartikel der „Voprosy filosofii", 1974, 2, S. 3—14 sowie auf einen daran in den „Voprosy filosofii" anschließende neue Artikelserie über Probleme der WTR.

[22] *Arnold Buchholz,* Vorbereitungen zum sowjetischen Langzeitplan 1976—1990. Berichte des Bundesinstituts für ostwissenschaftliche und internationale Studien, Nr. 24/1974. Veröffentlichung in der Zeitschrift „Osteuropa" im Satz.

[23] *B. M. Kedrov,* Den' odnogo velikogo otkrytija (Der Tag einer großen Entdeckung), Moskau 1958; *ders.:* Filosofskij analiz pervych trudov D. I Mendeleeva o periodičeskom zakone (Philosophische Analyse der ersten Arbeiten D. I. Mendelejews über das periodische Gesetz), Moskau 1959.

[24] *B. M. Kedrov,* Dialektika revoljucionnych perevorotov v nauke (Dialektik der revolutionären Umwälzungen in der Wissenschaft). „Nauka i žizn'", 1966, H. 5, S. 18—24.; *ders.* Lenin i revoljucija v estestvoznanii XX veka. Filosofija i estestvoznanie (Lenin und die Revolution in der Naturwissenschaft des 20. Jahrhunderts. Philosophie und Naturwissenschaft), Moskau 1969; *ders.:* Lenin i dialektika estestvoznanija XX veka. Materija i dviženie (Lenin und die Dialektik der Naturwissenschaft des 20. Jahrhunderts, Materie und Bewegung), Moskau 1971.

[25] *Günter Kröber,* Zur Einheit von Logischem und Historischem bei der Erforschung der Wissenschaftsentwicklung. „NTM"-Schriftenreihe für Geschichte, Naturwissenschaften, Technik, Medizin, Leipzig 1974, 1, S. 56—62.

[26] *R. Glebov,* „Slučajnoe otkrytie" (Eine „zufällige Entdeckung"). „Nauka i žizn'", 1965, 10, S. 11—18.

[27] *S. A. Medwedjew,* Der Fall Lyssenko, Hamburg 1971. Vgl. dazu *Arnold Buchholz,* Systemkritiken sowjetischer Naturwissenschaftler. Im Sammelband *Heinz Brahm,* Opposition in der Sowjetunion, Düsseldorf 1972, S. 91—111.

[28] Vgl. dazu *Arnold Buchholz,* Die Rolle sowjetischer Naturwissenschaftler im Entscheidungsprozeß, im Sammelband: *Boris Meissner* und *Georg Brunner,* Gruppeninteressen und Entwicklungsprozeß in der Sowjetunion, Köln 1975, S. 211—232.

[29] *M. M. Karpov,* (vgl. Anm. 20), S. 113 ff.

[30] *G. Volkov,* Čelovek i buduščee nauki (Der Mensch und die Zukunft der Wissenschaft). „Novyj mir", 1965, H. 3, S. 194—212.

[31] *P. Kapica,* Buduščee nauki (Die Zukunft der Wissenschaft). „Nauka i žizn'" (Sonderdruck, ca. 1960); *Ders.,* The Future of Science, in: Bulletin of the Atomic Scientists, April 1962, S. 3—7.

[32] *G. M. Dobrov,* Nauka o nauke (Die Wissenschaft von der Wissenschaft), Kiew 1966; *Ders.:* Mašinnye metody ... (vgl. Anm. 17).

[33] *V. V. Nalimov, Z. M. Mul'čenko,* Naukometrija (Wissenschaftsmetrie), Moskau 1969, S. 11/12.

[34] Zu dieser Thematik vgl. ferner *Arnold Buchholz,* Die relative Selbständigkeit der wissenschaftlich-technischen Entwicklung, in: Futurum, 1971, 1, S. 52—62.

[35] Zitate und nähere Darlegungen zu den nachfolgenden Ausführungen bei *Arnold Buchholz,* Wissenschaftlich-technische Revolution (WTR) und Wettbewerb der Systeme, in: „Osteuropa", 1972, 5, S. 321—390.

[36] *J. Stalin,* Über die Aufgaben der Wirtschaftler, in: Fragen des Leninismus, Berlin(-Ost), 1951, S. 399/401.

[37] „Pravda" v. 14.11.1958.

[38] Vgl. dazu *Boris Meissner,* Das Parteiprogramm der KPdSU, 1903—1961, Köln 1962.

[39] Ebd., S. 243/44.

[40] *Radovan Richta* und *Kollektiv:* Richta-Report. Politische Ökonomie des 20. Jahrhunderts, Frankfurt a. M. 1971.

[41] Zur Entwicklung in der DDR vgl. *Hans Lades* und *Clemens Burrichter* (Hrsg.), Produktivkraft Wissenschaft. Sozialistische Sozialwissenschaften in der DDR, Hamburg 1970; ferner: Wissenschaft in der DDR, Köln 1973.

[42] Rechenschaftsbericht des ZK der KPdSU an den XXIV. Parteitag, Moskau/Berlin 1971, S. 78.

[43] *Vitali Stoljarow*, Zu weltanschaulichen Grundfragen der wissenschaftlich-technischen Revolution. Sonderheft 1973 der „Deutschen Zeitschrift für Philosophie über: Mensch, Wissenschaft und Technik im Sozialismus"; Berlin 1973, S. 62—83, hier S. 76.

[44] *Günter Kröber*, Wissenschaft, Gesellschaft und wissenschaftlich-technische Revolution, in: Sonderheft 1973 (vgl. Anm. 43), S. 122—140, hier S. 127.

VIII. Teil: Wissenschaftssoziologie und Wissenschaftsphilosophie

Über einen neueren Versuch, die Vernunft zu retten

Von Paul K. Feyerabend

In jüngster Zeit hat der ewige Drang nach Gesetz und Ordnung in Wissenschaft und Philosophie einen neuen und höchst wirkungsvollen Fürsprecher in der Person von *Imre Lakatos* gefunden. Die Aufgabe, die sich *Lakatos* selbst stellt — die Anzahl der Freunde der Vernunft zu vermehren sowie von Zweifeln bedrängten und ängstlichen Rationalisten den Rücken zu stärken —, ist in mancher Hinsicht gar nicht schwer zu lösen. Ein paar passende Phrasen genügen, die Furcht vor dem Chaos dem aufgeklärtesten Publikum einzuimpfen und die Sehnsucht nach einfachen Regeln und Dogmen, an die es sich halten kann, ohne die Probleme bei jeder Gelegenheit neu überdenken zu müssen. Selbst sehr wortreiche Anarchisten bauen auf Wissenschaft und Vernunft und sogar auf Induktion[1]. Und die jüngere Generation, die ihre Verachtung der Autorität so laut verkündet, ist auch nicht bereit, ohne die Autorität der Vernunft zu leben.

Ich muß gestehen, daß mir dieser fast allgegenwärtige Drang nach „objektiver" Führung ganz rätselhaft ist. Es überrascht mich nicht, wenn Fachleute in fortgeschrittenem Alter, die einen Ruf zu bewahren haben (oder noch schnell erwerben müssen, bevor sie sterben) und die natürlicherweise Wissen mit geistiger Totenstarre verwechseln, allen Versuchen mit Mißtrauen gegenüberstehen, die Wissenschaft zu entkrampfen oder zu zeigen, daß *große* Wissenschaft (die nicht die Schulwissenschaft ist, auch nicht die Wissenschaft der Rand Corporation, und schon gar nicht die Wissenschaft von Fallowfield[1a] oder der London School of Economics) ein intellektuelles Abenteuer ist, das sich nicht in Schranken halten läßt und keine Regeln anerkennt, nicht einmal die Regeln der Logik.

Aber ich finde es ziemlich erstaunlich, wenn ich sehe, mit welcher Leidenschaft Studenten und andere, die noch nicht ihre Weihen empfangen haben, sich an schale Phrasen und brüchige Prinzipien klammern, als ob ihnen eine Situation völlig unerträglich wäre, in der sie selbst die Verantwortung für *jede* Handlung tragen und den letzten Grund für *jede* Ordnung des Geistes bilden. Bei einer solchen Einstellung findet ein Appell an die Vernunft unweigerlich ein aufnahmewilliges Publikum, auch wenn dieser Appell selbst jeder Vernunft bar ist. Das meinte ich, als ich sagte, daß die Aufgabe, die sich *Lakatos* gestellt hat, in einer bestimmten Hinsicht gar nicht schwierig sei. In anderer Hinsicht ist die Aufgabe jedoch sehr schwer. Es ist sehr schwer, die Hindernisse auf dem Weg zur Vernunft zu überwinden, die von der neueren Forschung entdeckt worden sind, und eine Form des Rationalismus zu entwickeln, die ihnen gewachsen ist. Das ist es aber gerade, was *Lakatos* zu leisten versucht. Sehen wir zu, wie er diese Aufgabe anpackt.

Lakatos kritisiert die vorliegenden Methodologien und kommt zu einem Ergebnis, das mit meinem fast identisch ist. Hinsichtlich der Art und Weise, in der Theorien eliminiert werden, schreibt er: „Wenn wir uns die Wissenschaftsgeschichte näher ansehen, wenn wir sehen wollen, wie die berühmtesten Falsifikationen zustandegekommen sind, dann werden wir zur Schlußfolgerung gezwungen, daß einige von ihnen entweder völlig irrational waren oder Rationalitätsprinzipien entsprachen, die sich von den eben diskutierten radikal unterscheiden[2]." Die „eben diskutierten Rationalitätsprinzipien" sind die Prinzipien des kritischen Rationalismus, wie sie von *Karl R. Popper* und seinen Schülern aufgestellt werden; *Lakatos* ist jedoch bereit, seine Beobachtung auf andere Methodologien sowie auch auf andere Tatbestände als die Falsifikation auszudehnen[3]. Er ist einer der wenigen Denker, die die riesige Kluft bemerkt haben, die zwischen den verschiedenen *Bildern* von der Wissenschaft und der „Sache selbst" besteht. Er hat auch eingesehen, daß der Versuch, die Wissenschaften dadurch zu *reformieren*, daß man sie dem Wissenschaftsbild näher bringt, der Wissenschaft schaden muß, ja sie sogar zerstören kann. Diesem Ergebnis stimme ich sicherlich zu.

Ich akzeptiere auch zwei Vorschläge, die einen wesentlichen Teil der Wissenschaftstheorie von *Lakatos* bilden. Der erste Vorschlag besagt, daß die Methodologie den Ideen, die wir in Betracht ziehen wollen, einen „Raum zum Atmen"[4] zubilligen muß. Wenn wir eine neue Theorie haben, dann dürfen wir nicht sofort die üblichen Maßstäbe anwenden, die über ihr Überleben entscheiden. Weder eklatante innere Widersprüche, noch ein offensichtlicher Mangel an empirischem Gehalt oder ein massiver Konflikt mit experimentellen Resultaten dürfen uns davon abhalten, einen Standpunkt, der uns aus irgendeinem Grund gefällt, beizubehalten und weiter zu entwickeln[5]. Nicht die Form einer Theorie zu einem bestimmten Zeitpunkt, sondern ihre *Entwicklung* über lange Zeiträume hinweg zählt in unserer methodologischen Bewertung.

Zweitens schlägt *Lakatos* vor, methodologische Maßstäbe selbst der Kritik zu unterziehen. Maßstäbe können überprüft, verbessert und durch bessere Maßstäbe ersetzt werden. Die Prüfung ist nicht abstrakt, sondern verwendet *historische Daten*: historische Daten spielen eine entscheidende Rolle in dem Kampf zwischen rivalisierenden Methodologien.

Dieser zweite Vorschlag scheidet *Lakatos* und mich von den Wissenschaftslogikern, die im Rekurs auf die Geschichte „eine Methode von sehr geringer Effizienz"[6] sehen und die glauben, daß Methodologie nur auf der Basis einfacher Modelle betrieben werden sollte. (Viele Logiker sehen nicht einmal das Problem. Sie halten es für selbstverständlich, daß die einzige legitime Art, Methodologie zu betreiben, darin besteht, formale Systeme zu konstruieren und mit ihnen herumzuspielen[7].)

Mein Einwand gegen *Lakatos* betrifft die Maßstäbe, die er empfiehlt, seine Einschätzung der modernen Wissenschaft (im Vergleich zu, sagen wir, Mythen oder *Aristoteles)*, seine Behauptung, daß er in beiden Fällen „rational" vorgegangen sei, und schließlich die speziellen historischen Daten, die er in seiner Diskussion von Methodologien verwendet. Ich beginne mit einer Darstellung des ersten Punktes dieser Liste.

Wenn eine neue Theorie oder eine neue Idee die Bühne betritt, so ist sie gewöhnlich ziemlich unartikuliert; sie enthält Widersprüche, die Beziehung zu den Tatsachen ist unklar, Mehrdeutigkeiten gibt es in großer Zahl. Die Theorie ist voll von Fehlern. Man kann sie aber entwickeln und verbessern. Die natürliche Einheit methodologischer Bewertungen ist also nicht eine einzelne Theorie, sondern eine Folge von Theorien oder ein *Forschungsprogramm*; und wir beurteilen nicht den *Stand* eines Forschungsprogramms in einem bestimmten Augenblick, sondern seine *Geschichte*, vorzugsweise im Vergleich mit der Geschichte rivalisierender Programme.

Nach *Lakatos* geht es um Beurteilungen folgender Art: „Ein Forschungsprogramm *schreitet fort*, solange sein theoretisches Wachstum sein empirisches Wachstum antizipiert, d. h. solange es neuartige Tatsachen mit einigem Erfolg vorhersagt ..., es *stagniert*, wenn sein theoretisches Wachstum hinter seinem empirischen Wachstum zurückbleibt, d. h. wenn es nur *Post-hoc-Erklärungen* entweder von Zufallsentdeckungen oder von Tatsachen gibt, die von einem konkurrierenden Programm antizipiert und entdeckt worden sind[8]." Ein stagnierendes Programm kann noch weiter *degenerieren*, bis es nichts mehr enthält als „feierliche Wiederholungen" der ursprünglichen Position, verbunden mit der in die eigene Sprache übersetzten Wiederholung der (Erfolge von) rivalisierenden Programme(n)[9]. Urteile dieser Art stehen im Mittelpunkt der Methodologie, die *Lakatos* verteidigen möchte. Sie *beschreiben* die Situation, in der sich ein Wissenschaftler befindet. *Sie geben ihm noch keine Anweisungen, wie er vorzugehen hat.*

Angesichts eines Forschungsprogramms im fortgeschrittenen Stadium der Degeneration mag man sich gedrängt fühlen, es aufzugeben und durch ein progressiveres Konkurrenzprogramm zu ersetzen. Das ist ein völlig legitimer Schritt. *Aber es ist auch legitim, das Gegenteil zu tun* und das Forschungsprogramm beizubehalten. Denn jeder Versuch, die Aufgabe des Forschungsprogramms aufgrund einer *Regel* zu fordern, läßt sich mit Argumenten kritisieren, die fast identisch sind mit den Argumenten, die „Raum zum Atmen" zuallererst eingeführt haben. Wenn es nämlich unklug ist, falsche Theorien schon im Augenblick ihrer Geburt zu verwerfen, weil sie ja wachsen und sich verbessern können, dann ist es ebenso unklug, Forschungsprogramme auf einem absteigenden Ast zu verwerfen, denn auch sie können sich wieder erholen und zu ungeahnter Blüte entfalten. (Der Schmetterling schlüpft aus, wenn die Raupe ihren tiefsten Stand der Degeneration erreicht hat.) Man kann also einen Wissenschaftler nicht darum *rational* kritisieren, weil er an einem degenerierenden Forschungsprogramm festhält, und es gibt keine *rationale* Möglichkeit, seine Handlungsweise als unvernünftig hinzustellen.

Lakatos stimmt damit überein. Wie er ausdrücklich betont, kann man „rational an einem degenerierenden Programm festhalten, bis es von einem Rivalen überholt ist *und sogar noch nachher*"[10], denn „Forschungsprogramme können aus Entartungstälern entkommen"[11]. Zwar ist nicht zu leugnen, daß seine Rhetorik ihn häufig noch viel weiter führt, was zeigt, daß er sich selbst noch nicht an seine eigenen liberalen Vorschläge gewöhnt hat[12]. Aber wenn das Problem in expliziter Form erscheint, dann ist die Antwort klar: die Methodologie der Forschungsprogramme liefert *Maßstäbe*, die dem Wissenschaftler bei der Beurteilung der historischen Situation helfen, in der er seine Entscheidungen zu treffen hat; sie enthält jedoch keine *Regeln*, die ihn anweisen, was er tun solle[13].

Die Methodologie der Forschungsprogramme unterscheidet sich daher radikal vom Induktivismus, Falsifikationismus sowie von anderen, eher noch paternalistischeren

Philosophien. Der Induktivismus fordert, daß Theorien ohne empirische Grundlage *eliminiert werden*. Der Falsifikationismus verlangt, daß Theorien (mit fehlendem Gehaltsüberschuß (im Vergleich mit den Vorgängern)) *eliminiert werden*. Jedermann fordert, daß inkonsistente Theorien oder Theorien mit niedrigem empirischen Gehalt *eliminiert werden*. Die Methodologie der Forschungsprogramme *enthält* weder derartige Forderungen, noch *kann* sie sie überhaupt enthalten, wie wir gesehen haben. Ihre raison d'être — „Raum zum Atmen" zu schaffen — und die Argumente zugunsten mehr liberaler Maßstäbe machen es unmöglich, Bedingungen zu spezifizieren, unter denen ein Forschungsprogramm aufgegeben werden *muß* oder seine weitere Unterstützung *irrational* wird. *Jede* Wahl des Wissenschaftlers ist rational, weil mit den Maßstäben vereinbar. Die „Vernunft" beeinflußt nicht länger die Handlungen des Wissenschaftlers. (Aber sie liefert ein Vokabular zur Beschreibung der Resultate dieser Handlungen.)

Wiederholen wir noch einmal die Schritte, die zu diesem überraschenden Ergebnis geführt haben. Der erste Schritt ist die Definition der Vernunft (die „Rationalitätstheorie"), die von *Lakatos* angenommen wird. Sie ist in seinen Maßstäben für die vergleichsweise Bewertung von Forschungsprogrammen enthalten. Der zweite Schritt ist die Beobachtung[14], daß die Maßstäbe für sich genommen keine heuristische Kraft haben. Vernunft, wie sie *Lakatos* definiert, leitet nicht *direkt* die Handlungen des Wissenschaftlers. Ist nur diese Vernunft und sonst nichts gegeben, dann „ist alles erlaubt" („anything goes"). Daraus folgt, daß es keinen „rational" beschreibbaren Unterschied zwischen *Lakatos* und mir gibt, wobei immer die Maßstäbe von *Lakatos* als Maß der Vernunft genommen werden. Es bleibt jedoch sicherlich ein großer Unterschied in der *Rhetorik*, und wir haben auch eine unterschiedliche *Einstellung* zur „Freiheit" der Forschung[15], die aus unseren Maßstäben hervorgeht. Untersuchen wir diesen Unterschied noch etwas eingehender.

Das Kennzeichen des *politischen Anarchismus* ist seine Opposition gegen die etablierte Ordnung der Dinge, gegen den Staat, seine Institutionen und die Ideologien, die diese Institutionen stützen und glorifizieren. Die etablierte Ordnung muß zerstört werden, damit die menschliche Spontaneität hervortreten und ihr Recht ausüben kann, Handlungen frei einzuleiten und frei zu wählen, was man für gut hält. Gelegentlich will man nicht nur einige soziale Umstände sondern die gesamte physische Welt überwinden, die als korrupt, unwirklich, vergänglich und unbedeutend angesehen wird. Dieser *religiöse* oder *eschatologische* Anarchismus leugnet nicht nur soziale Gesetze, sondern auch moralische, physikalische und Wahrnehmungsgesetze; und er stellt sich eine Lebensweise vor, die nicht länger an den Leib, seine Reaktionen, seine Bedürfnisse gebunden ist. *Gewalt*, sei sie politischer oder geistiger Natur, spielt eine wichtige Rolle in fast allen Formen des Anarchismus. Gewalt um die physischen Hindernisse einer wohlorganisierten Gesellschaft zu überwinden, aber sie hat auch Vorteile für den Menschen, denn sie setzt seine Energien frei und bringt ihm seine Fähigkeiten zum Bewußtsein. Freie Vereinigungen, in denen jeder das tut, was seinen Talenten am besten enspricht, ersetzen die erstarrten Institutionen des Tages, keine Funktion darf erstarren: „Der Führer von gestern kann der Untergebene von morgen werden[16]." Das Lehren soll auf Neugierde und nicht auf Befehl beruhen; dem „Lehrer" obliegt es, diese Neugierde zu fördern, statt sich auf feste Methoden zu verlassen. Die Spontaneität beherrscht alles das im Erkennen (die Wahrnehmung) ebenso wie das Handeln.

Einer der bemerkenswerten Züge des nachaufklärerischen Anarchismus ist sein Glaube an die „natürliche Vernunft" des Menschengeschlechts und sein Respekt vor der Wissenschaft. Dieser Respekt ist nur selten ein opportunistisches Manöver — man erkennt einen Verbündeten und schmeichelt ihm, um ihn glücklich zu machen. Er beruht zumeist auf der ehrlichen Überzeugung, daß reine, unverfälschte Wissenschaft ein wahres Bild des Menschen und der Welt liefert und wirksame ideologische Waffen im Kampf gegen die falschen Ordnungen unserer Zeit zur Verfügung stellt.

Heute ist dieses naive und fast kindliche Vertrauen in die Wissenschaft durch *zwei* Entwicklungen gefährdet.

Die *erste* Entwicklung ist der Aufstieg der Wissenschaft des 20. Jahrhunderts. Diese Wissenschaft hat alle philosophischen Ambitionen aufgegeben und ist ein einflußreiches *Geschäft* geworden, das den Geist seiner Praktiker formt, statt selbst durch ihn geformt zu werden. Gute Bezahlung, guter Rapport mit dem Boß und mit den Kollegen ihrer Arbeitsgruppe sind die Ziele dieser menschlichen Ameisen, die zwar winzige Probleme glanzvoll lösen können, aber nicht in der Lage sind, Dinge zu verstehen, die außerhalb ihres Fachs liegen. Humanitäre Überlegungen beschränken sich auf ein Minimum[17] ebenso wie jegliche Form von Fortschrittlichkeit, die über lokale Verbesserungen hinausgeht. Die glorreichsten Leistungen der Vergangenheit werden nicht als Instrumente der Aufklärung, sondern als Mittel zur Einschüchterung benutzt, wie es zum Beispiel aus einigen neueren Debatten um die Evolutionstheorie ersichtlich ist. Macht jemand einen großen Schritt nach vorn — schon schmiedet die Profession daraus unweigerlich einen Prügel, um die Leute damit wieder das Kuschen zu lehren.

Die *zweite* Entwicklung betrifft die angebliche Autorität der *Produkte* dieses in stetem Wandel begriffenen Unternehmens. Wissenschaftliche Gesetze wurden einst für sicher und unwiderruflich gehalten. Der Wissenschaftler entdeckt Tatsachen und Gesetze und erweitert damit beständig das Ausmaß an *sicherem* und *unbezweifelbarem* Wissen. Heute haben wir, hauptsächlich dank des Werks von *Mill, Mack, Boltzmann, Duhem* u. a., eingesehen, daß die Wissenschaft keine derartigen Garantien geben kann. Wissenschaftliche Gesetze können revidiert werden. Oft erweisen sie sich nicht nur als lokal unrichtig, sondern als völlig falsch, indem sie Aussagen über Entitäten machen, die niemals existiert haben. Es gibt Revolutionen, die keinen Stein auf dem anderen und kein Prinzip unangetastet lassen. Unerfreulich in ihrer Erscheinung und unzuverlässig in ihren Ergebnissen, hat die Wissenschaft aufgehört, ein Verbündeter des Anarchisten zu sein und ist zu einem Problem geworden. Soll er sie aufgeben? Das ist die Frage. Der epistemologische Anarchismus gibt eine Antwort auf diese Frage. Die Antwort stimmt mit den übrigen Prinzipien des Anarchismus überein und beseitigt seine letzten harten Elemente.

Der epistemologische Anarchismus unterscheidet sich sowohl vom Skeptizismus als auch vom politischen (religiösen) Anarchismus. Während der Skeptiker jeden Standpunkt entweder als gleich gut oder als gleich schlecht ansieht oder sich jedes Urteil darüber überhaupt versagt, hat der epistemologische Anarchist keine Bedenken, auch die platteste oder die wildeste These zu verteidigen. Will der politische oder der religiöse Anarchist eine bestimmte Lebensform abschaffen, so ist der epistemologische Anarchist vielleicht bereit, sie zu verteidigen, denn er kennt keine dauernde Loyalität für, und keine dauernde Aversion gegen irgendeine Institution oder Ideologie. Wie der Dadaist, dem er viel mehr ähnelt als dem politischen Anarchisten, hat er „nicht nur *kein* Programm", sondern ist „ganz und gar antiprogrammatisch"[17a], obwohl er bei Gelegenheit zuweilen zum lautesten Verteidiger des Status quo oder auch von dessen Gegnern werden kann: „Um ein echter Dadaist zu sein, muß man auch ein Anti-Dadaist sein[17b]." Seine Ziele bleiben fest — oder sie wandeln sich als Folge von Argumenten, Langeweile, Bekehrungserlebnissen oder um eine Geliebte zu beeindrucken und dergleichen mehr. Ein gegebenes Ziel wird der epistemologische Anarchist mit Hilfe von organisierten Gruppen oder auf eigene Faust zu erreichen versuchen; er wird sich der Vernunft bedienen, des Gefühls, des Spottes oder einer „Haltung ernster Besorgnis" und was sonst noch von Menschen erfunden worden ist, um ihre Mitmenschen zu übertölpeln. Seinen liebsten Zeitvertreib sieht er darin, Rationalisten zu verwirren, indem er zwingende Gründe für unvernünftige Doktrinen ersinnt. Es gibt keinen Standpunkt, und sei er noch so „absurd" oder „unmoralisch", den er nicht gelegentlich in Betracht ziehen, oder als Handlungsgrundlage wählen wird, und keine Methode gilt als unersetzlich. Ein Ding allein bekämpft er positiv und absolut, und das sind universelle Maßstäbe, universelle Gesetze und universelle Ideen, wie „Wahrheit", „Vernunft", „Gerechtigkeit", „Liebe" sowie das Verhalten, das sie nach sich ziehen, obwohl er nicht leugnet, daß es oft eine gute Politik ist, *scheinbar* nach solchen Maßstäben (Gesetzen, Ideen) zu handeln. In seiner Opposition gegen die Wissenschaft und die materielle Welt kann er sich dem religiösen Anarchisten nähern, aber er kann auch jeden Nobelpreisträger durch seine energische Verteidigung wissenschaftlicher Reinheit ausstechen. Er hat keinen Einwand gegen die Annahme, daß der Aufbau der Welt, so wie er von der Wissenschaft beschrieben und durch die Sinneswahrnehmung enthüllt wird, ein Trugbild ist, das entweder eine tiefere, möglicherweise geistige Realität verbirgt oder ein bloßes Traumgebilde darstellt, das nichts enthüllt und nichts verbirgt. Er interessiert sich sehr für Prozeduren, Phänomene und Erfahrungen, wie die von *Carlos Castaneda*[18] geschilderten, aus denen hervorgeht, daß Wahrnehmungen auf höchst ungewöhnliche Weise geordnet werden können und daß die Auswahl einer bestimmten Ordnung als „der Wirklichkeit entsprechend" zwar nicht willkürlich (denn sie hängt fast immer von Traditionen ab), aber sicherlich nicht mehr „rational" oder „objektiv" ist als die Auswahl einer anderen Ordnung: Rabbi *Akiba*, der sich in ekstatischer Trance von einer Himmelsphäre in die andere erhebt und schließlich Gott in all seiner Herrlichkeit[19] gegenübersteht, *macht echte Beobachtungen*, sobald wir uns einmal entschieden haben, seine Lebensweise als einen Maßstab der Wirklichkeit zu akzeptieren, und sein Geist ist von seinem Körper genau so unabhängig, wie die ausgewählten Beobachtungen es ihm offenbaren[20].

Wendet man diesen Gesichtspunkt auf ein bestimmtes Sachgebiet wie die Wissenschaft an, so findet der epistemologische Anarchist, daß deren angenommene Entwicklung (zum Beispiel „Von der geschlossenen Welt zum unendlichen Universum"[20a]) nur deshalb eingetreten ist, weil die Fachleute in ihrem Fach unwissentlich seine Philosophie in der Tat umgesetzt haben — sie hatten Erfolg, weil sie sich nicht von „Gesetzen der

Vernunft", „Maßstäben der Rationalität" und „unverbrüchlichen Naturgesetzen"
binden ließen.

Hinter diesem unerhörten Benehmen des epistemologischen Anarchisten steckt die
Überzeugung, daß der Mensch erst dann aufhören wird, ein Sklave zu sein, und eine
Würde gewinnen wird, die mehr ist als eine Pflichtübung in vorsichtigem Konformis-
mus, wenn er die Fähigkeit gewinnt, die Grenzen der fundamentalsten Überzeugungen
zu übertreten, jene eingeschlossen, die ihn angeblich erst zum Menschen machen.
„Die Erkenntnis, daß Vernunft und Anti-Vernunft, Sinn und Un-Sinn, Plan und Zufall,
Bewußtsein und Un-Bewußtsein (und ich möchte hinzufügen: Menschlichkeit und
Unmenschlichkeit) zusammengehören und notwendige Teile eines Ganzen darstellen,
darin eben hatte Dada seinen Schwerpunkt", schreibt *Hans Richter*. Der epistemologische Anarchist ist derselben Ansicht, würde sich aber nicht so verklemmt ausdrücken.
Es führte zu weit, hier allen Konsequenzen dieses radikalen Standpunktes nachzu-
spüren, der vernünftig ist in dem Sinn, daß sich jeder Schachzug, den er empfiehlt, mit
den schönsten Argumenten verteidigen läßt. Ich will aber zu zeigen versuchen, wie ein
epistemologischer Anarchist in *spezifischen* Problemsituationen handeln könnte,
vorausgesetzt, er hat sich vorläufig entschieden, ein bestimmtes Ziel zu verfolgen und
eine bestimmte „Zustandsbeschreibung der Welt" zu akzeptieren.

Stellen wir uns vor, er lebt zu Beginn des 17. Jahrhunderts und hat gerade eben *Kopernikus'* Hauptwerk kennengelernt. Wie wird seine Einstellung dazu sein? Welche Maßnahmen wird er empfehlen? Welche wird er bekämpfen? Was wird er sagen?

Was er sagen wird, hängt von seinen Interessen ab, von den „sozialen Gesetzen" der
Sozialphilosophie sowie den Ansichten über die zeitgenössische Situation, die er
vorläufig zu akzeptieren bereit ist. Es gibt zahllose Möglichkeiten, um diese Gesetze,
diese Meinungen, diese Philosophie gegenüber denjenigen zu rechtfertigen, die auf einer
Rechtfertigung oder wenigstens auf einem Argument bestehen. An solchen Argumenten sind wir jedoch nicht interessiert.

Nehmen wir weiter an, daß unser Anarchist nicht nur an fachtechnischen Entwicklungen interessiert ist, sondern auch am *sozialen Frieden*, und daß er einsieht, daß der
soziale Friede durch Entwicklungen auf abgelegenen Gebieten gestört werden kann.
(Man bedenke, daß die Worte „Interesse" und „einsehen" sowie alle weiteren Beschreibungen seiner Aktivität Commensense-Beschreibungen sind, die eine methodologische Einstellung zur Folge haben, welche der Anarchist nicht teilt: *er* gleicht einem
Geheimagenten, der für beide Seiten arbeitet.) In diesem Fall wird er das ideologische
Potential des Kopernikanismus studieren, im Bewußtsein der vorgegebenen Existenz
neuer und ein wenig unsteter Klassen, die versucht sein könnten, *Kopernikus* als eine
Stütze ihrer Interessen in Anspruch zu nehmen, die aber auch durch Argumente erreicht und gezähmt werden können. Überzeugt von der „Rationalität" seiner Gegner
(vorausgesetzt, die Gründe werden nicht in trockener und schulmeisterlicher Sprache
vorgetragen) wird er unterhaltsame Traktate vorbereiten („unterhaltsam" in der Sicht
seiner Leser), die die schwachen Punkte der Kopernikanischen Theorie betonen, und
er wird die lebhafteren Intellektuellen zur wirksameren Vollendung dieser Aufgabe
organisieren. Damit mag er durchaus Erfolg haben, denn „es ist sehr schwer, ein Forschungsprogramm zu schlagen, das von begabten und einfallsreichen Wissenschaftlern

unterstützt wird"[21] : „Wenn zwei Forschungsgruppen konkurrierende Forschungsprogramme verfolgen und miteinander in Wettstreit treten, dann wird jene mit dem größeren schöpferischen Talent (und man sollte hinzufügen: mit mehr Einblick in die sozialen Bedingungen und in die Psyche des Gegners) höchstwahrscheinlich erfolgreich sein.
… Die Richtung der Wissenschaft ist vor allem durch die schöpferische Phantasie bestimmt und nicht durch die Welt der Tatsachen, die uns umgibt[22]." Er kann sogar
direkter vorgehen und das Ideal der *Stabilität* verteidigen, das dem Aristotelischen
Standpunkt zugrunde liegt und das noch immer große Gruppen der Gesamtbevölke-
rung anzieht. So kann der Anarchist, indem er das Spiel einer Gruppe von Rationalisten spielt und soziale Gebiete als gelegentlichen Hebel benutzt, die Fortschritts-
wünsche einer anderen Gruppe von Rationalisten rational aus dem Felde schlagen.

Es ist interessant zu sehen, daß Kardinal *Bellarmin*, obgleich alles andere als ein Anarchist, von Überlegungen ähnlicher Art geleitet war: er will sozialen Frieden „Galilei
selbst sorgte sich nicht besonders um das gemeine, unwissende Volk; die ‚Herde‘, wie
er es in seiner ziemlich snobistischen Einstellung zu allen denjenigen Menschen nannte,
die nicht große Mathematiker und Experimentalisten seines Schlages waren. Der Kopernikanismus muß jahraus, jahrein gepredigt werden, selbst wenn das hieß, daß die
Menschen, denen man erzählte, daß sich die Erde mit einer Geschwindigkeit von
18 Meilen per Sekunde um die Sonne bewegt, ihren Glauben verlieren würden. Der
kleine Mann … war eine Person, die Bellarmin sehr am Herzen lag, und er konnte
Galileis unbesonnenen Übereifer nicht verstehen, als er eine Sache forcierte, die den
Glauben des einfachen Menschen erschüttern könnte. Wo es ihm doch so leicht möglich gewesen wäre, seine Einsichten für ruhiges Studium und eine Debatte mit Gleich-
gesinnten aufzusparen, wie es die Wissenschaftler heutzutage zu tun pflegen! *Bellarmin*
war sicherlich berechtigt, einen solideren Beweis zu verlangen als die Jupitermonde, die
Phasen der Venus und die Sonnenflecken, die alle vollkommen in Tycho *Brahes* System paßten und die Erde unbewegt ließen … (Dies) war das von den jesuitischen
Astronomen akzeptierte System[23]." (Unglücklicherweise (oder glücklicherweise?)
gaben sich diese Astronomen damit zufrieden, Schwierigkeiten hervorzuheben und die
Entdeckungen anderer dem System anzupassen. Sie erkannten weder den propagandistischen Wert von Vorhersagen und dramatischen Shows noch nutzten sie die intellektuelle und soziale Macht der neu aufgekommenen Klassen aus. Dieses Versäumnis
kostete sie den Sieg. *Sie verloren durch Unterlassen.*)

Nehmen wir andererseits an, daß unser Anarchist die emotionalen, intellektuellen und
sozialen Fesseln verabscheut, denen seine Zeitgenossen unterworfen sind; daß er sie
mehr als ein Hindernis ansieht denn als die Voraussetzung eines glücklichen und erfüllten Lebens und daß er, weil er eben ein Intellektueller ist und kein General oder
Bischof, die Situation zu ändern wünscht, während er in seinem Studierzimmer sitzen
bleibt. In diesem Falle wird er nach Ansichten Ausschau halten, die zu fundamentalen
Annahmen der orthodoxen Ideologie im Gegensatz stehen und die als intellektuelle
Hebel verwendet werden können, um diese Ideologie aus den Angeln zu heben. Er wird
erkennen, daß abstrakte Ideen nur dann zu solchen Hebeln werden können, wenn sie
Teil einer Praxis sind, einer „Lebensform", die sie (a) mit einflußreichen Ereignissen
verknüpft und (b) selbst sozialen *Einfluß* hat. Sonst werden sie ja mißachtet oder als

Zeichen intellektueller Spitzfindigkeit und Leere aus der Welt gelacht. Es muß eine Tradition geben, die die neuen Ideen absorbieren, gebrauchen und ausarbeiten kann, und diese Tradition muß von einflußreichen Leuten, mächtigen Gruppen, etc. respektiert werden. Unser Anarchist kommt vielleicht zu der Entscheidung, daß der kopernikanische Standpunkt ein möglicher Hebel der gewünschten Art ist, und er sieht sich nach Mitteln um, ihn wirkungsvoller zu machen. Die erste Disziplin — oder ,,Lebensform'' —, auf die er bei seiner Suche stößt, ist natürlich die Astronomie, und innerhalb der Astronomie der Wunsch nach besseren Tabellen, genaueren Werten für die Konstanten und besseren Möglichkeiten zur Bestimmung des Kalenders. Fortschritt in dieser Richtung würde den kopernikanischen Standpunkt unterstützen und damit auch die Wirkung dieses Hebels verstärken.

Aber selbst der größte Prognoseerfolg wird sogleich durch eine wohlbekannte Theorie entschärft, die auch ein Teil der Astronomie ist und sogar die Unterstützung des großen *Kopernikus* selbst zu haben scheint[24]. Danach sind astronomische Theorien *Instrumente* zur Voraussage; ihr Erfolg sagt nichts über die wirkliche Struktur des Universums, denn Probleme dieser Art werden von der *Physik* aufgrund einfacher Beobachtungen entschieden. Dieser ,,instrumentalistische Standpunkt'' ist nicht nur ein wichtiger Teil der Tradition, die der Anarchist verwenden will, sondern wird auch von anderen als physikalischen Beobachtungen unterstützt: man beobachte die Venus oder den Mars, und man sieht, daß Änderung ihrer Größe mit dem Verhältnis ihrer Bahnen nicht übereinstimmt[25]. Man braucht also ,,weitere'' Hilfsmittel, um den Standpunkt zu verstärken, der den Status quo aus den Angeln haben soll — Hilfsmittel, die nicht so leicht instrumentalistisch umgedeutet werden können.

Unser Anarchist ändert also seine Methode. Er sieht von den Komplikationen der planetarischen Astronomie ab[26], er läßt die Planeten in einfachen Kreisen laufen und er versucht, mehr direkte Wahrheitsindizien für den kopernikanischen Standpunkt zu finden. Durch einen Glücksfall hat er vom Teleskop gehört. Es scheint eine wichtige Hilfe in der Kriegskunst zu sein; es hat allgemeine Aufmerksamkeit erregt, ist geheimnisumwittert, und man ist bereit, ihm zu vertrauen oder vielmehr: jene Künstler-Handwerker, die durch Vertrautheit mit Linsen praktische Erfahrung mit derartigen Apparaten haben, sind bereit, ihm zu vertrauen. Öffentliche Schaustellungen werden arrangiert. Man sieht Dinge, die mit dem bloßen Auge nicht zu erkennen sind und deren Beschaffenheit man unabhängig vom Teleskop kennt: Türme, Mauern, Schiffe u. dgl. Niemand bezweifelt, daß das Instrument die Dinge so zeigt, wie sie wirklich sind. Die Bühne ist vorbereitet, und jetzt wird das Teleskop gen Himmel gerichtet. Zahlreiche rätselhafte Phänomene treten in Erscheinung, von denen einige absurd sind, andere widersprüchlich während wieder andere *den kopernikanischen Standpunkt direkt unterstützen*. Auch das spitzfindigste optische Argument kann die aufkommende Überzeugung nicht mehr bremsen, daß ein neues Zeitalter der Erkenntnis begonnen hat und daß die alten Geschichten über den Himmel halt nichts anderes sind als — *Geschichten*. Diese Überzeugung ist besonders stark unter denjenigen, die Erkenntnis praktisch, ohne komplizierte Terminologie gefördert haben und die überzeugt sind, daß es sich bei der Universitätsphysik eher um einen Haufen Worte denn um Erkenntnis der Dinge handelt. (Man erinnere sich an die Verachtung der Puritaner für nutzlose Spekulation.)

Zu einer theoretischen Begründung aufgefordert wird unser Anarchist – der ungleichmäßigen Entwicklung eingedenk – unverschämt propagandistisch mit argumentativem Flickwerk antworten. Oft genug ist der Enthusiasmus für die neuen Ansichten stark genug, um jede weitere Propaganda entbehrlich zu machen. „Zum Glück für diese Leute haben ihre Sympathien zuweilen ihren kritischen Sinn getrübt", schreibt *Albert Schweitzer* über analoge Entwicklungen in der Christologie[27]. Und so wird der Hebel weiter verstärkt, bis er schließlich den ganzen orthodoxen Standpunkt entwurzelt zusammen mit allen seinen Konsequenzen hinsichtlich der Stellung des Menschen im materiellen Universum, des Verhältnisses von Mensch und Gott und so weiter[28].

Als drittes Beispiel nehmen wir einen Anarchisten, der ausschließlich an der Verbesserung der *wissenschaftlichen* Astronomie interessiert ist und der im Anwachsen des Informationsgehalts wissenschaftlicher Theorien eine notwendige Bedingung solcher Verbesserung sieht. Er mag sich selbst davon überzeugt haben, daß eine Zunahme des Informationsgehalts nur durch Beobachtungen einer völlig neuen Art erreicht werden kann, und er mag die Entwicklung mit dem Anspruch in Gang setzen, über derartige Beobachtungen zu verfügen, obwohl es nicht die Spur eines Argumentes zugunsten dieser Behauptung gibt. Da er den Gehaltszuwachs völlig auf die neuen Beobachtungen aufbaut, muß er die alten Beobachtungen verwerfen und begräbt sie, ohne jemals zu erklären, warum sie nicht weiter benutzt werden sollten, und schafft so eine höchst bemerkenswerte „erkenntnistheoretische Illusion". Die neuen Beobachtungen werden akzeptiert, die alten Beobachtungen werden vergessen, und niemand gibt jemals Gründe für diesen Tausch. Solche Gründe sind nicht vorhanden, wenn der Wechsel erfolgt, und sie sind nicht mehr von Interesse, wenn sie schließlich verfügbar werden. So wird eine Gehaltszunahme durch den kombinierten Einsatz von Enthusiasmus, Vergeßlichkeit und historischem Wandel fabriziert.

Die beiden letzten Beispiele, die nur ganz leicht frisierte Versionen tatsächlicher historischer Entwicklungen sind[29], lassen einen Punkt ganz klar erkennen: Bei gegebenem Ziel, und sei es auch „wissenschaftlich" im allerengsten Sinne, hat die Un-Methode des Anarchisten eine größere Erfolgschance als jede wohldefinierte Menge von Maßstäben, Regeln oder Vorschriften[29a]. Das erste Beispiel macht es plausibel, daß klug eingesetzte Argumente das Aufkommen der modernen Wissenschaft hätten verhindern können. Argumentationen können Wissenschaft aufhalten, während Täuschungsmanöver für ihren Fortschritt nötig sind. Fügen wir dem noch hinzu, was wir über die Ordnungsprinzipien von Mythos, religiösem Enthusiasmus und abnormalen Erfahrungen gelernt haben, dann wird man sehr geneigt sein, anzunehmen, daß es viele verschiedene Wege zur Erkenntnis von Natur und Gesellschaft gibt und viele verschiedene Möglichkeiten, die Resultate eines bestimmten Vorgehens zu beurteilen, daß wir eine Wahl treffen müssen und daß es keine *objektiven* Kriterien gibt, die uns bei der Wahl leiten.

Imre Lakatos aber will, daß die Wissenschaft und das gesamte intellektuelle Leben gewissen festen Maßstäben genügen, daß es „rational" ist. Das bedeutet zweierlei. Die gewählten Maßstäbe dürften niemals von (A) Maßstäben anderer Art überstimmt werden. Wenn die Erkenntnis oder die Wissenschaft Teil eines umfassenderen Kontextes sein sollen, dann darf der auf ihre Natur keinen Einfluß haben; insbesondere muß die Wissenschaft ihre „Integrität" bewahren. (B) Die Maßstäbe müssen auch heuristische Kraft besitzen, das heißt die von ihnen geleitete Tätigkeit muß verschieden sein vom intellektuellen Privatisieren des Anarchisten.

Nun haben wir aber gesehen, daß die Maßstäbe, die *Lakatos* gewählt hat, weder abstrakte Vorschriften liefern (wie etwa: „Theorien, die akzeptierten Basissätzen widersprechen, sind zu eliminieren") noch allgemeine Urteile über die Rationalität oder Irrationalität einer Handlungsweise enthalten (wie etwa: „Es ist irrational, an einer Theorie festzuhalten, die akzeptierten Basissätzen widerspricht"). Solche Vorschriften und Urteile sind konkreten Entscheidungen in komplexen historischen Situationen gewichen. Wenn das Unternehmen mit diesen Maßstäben sich von „Chaos" des Anarchismus unterscheiden soll, *dann muß gewährleistet sein, daß diese Entscheidungen mit einer gewissen Regelmäßigkeit eintreten.* Die Maßstäbe allein können dies — wie wir gesehen haben — nicht garantieren. Aber ein psychologischer oder soziologischer *Druck* kann hier zum Ziele führen.

Nehmen wir zum Beispiel an, daß die Institutionen, die das Werk und die Resultate des einzelnen Wissenschaftlers publizieren, die ihm eine intellektuelle Heimat geben, wo er sich geborgen fühlt und das Gefühl hat, daß er gebraucht wird, und die ihn aufgrund ihrer Eminenz sowie ihrer (intellektuellen, finanziellen und politischen) Beziehungen aus einer Null in eine wichtige Person verwandeln — nehmen wir also an, daß diese Institutionen eine *konservative Haltung* gegenüber den Maßstäben annehmen, sich weigern, degenerierende Forschungsprogramme zu unterstützen, deren finanzielle Förderung einstellen, Fürsprecher der Lächerlichkeit preisgeben, die Veröffentlichung ihrer Forschungsergebnisse verweigern und sie in jeder möglichen Weise fühlen lassen, daß sie einer schlechten Sache dienen. Das Ergebnis ist leicht vorherzusehen: Wissenschaftler, die emotionale und finanzielle Unterstützung genau so brauchen wie jeder andere Mensch auch — zumal heute, wo die Wissenschaft kein philosophisches Abenteuer mehr ist, sondern ein Geschäft —, werden ihre „Entscheidungen" revidieren und dazu neigen, Forschungsprogramme auf dem absteigenden Ast zu verwerfen.

Diese konservative Einstellung der Institutionen ist nun keineswegs irrational; denn sie widerspricht nicht den Maßstäben. Sie ist das Ergebnis kollektiver Schachzüge, die von den Maßstäben gefördert werden. Desgleichen ist die Haltung des einzelnen Wissenschaftlers, der sich so bereitwillig dem Druck anpaßt, nicht irrational, denn auch er handelt in einer Weise, die von den Maßstäben gutgeheißen wird. So haben wir Gesetze und Ordnung erreicht, ohne den Liberalismus unserer Methodologie zu verringern. Und selbst die komplexe Natur der Maßstäbe erhält nun eine Funktion. Obwohl nämlich die Maßstäbe eine bestimmte Handlungsweise weder vorschreiben noch verbieten, obwohl sie mit der Devise *Anything goes!* des Anarchisten völlig vereinbar sind, der sie deshalb mit Recht als bloße Ornamente ansieht, geben sie doch dem Handeln der Individuen und der Institutionen Inhalt, die sich dazu entschlossen haben, ihnen gegenüber eine konservative Haltung einzunehmen. Die Maßstäbe *als solche* sind zwar nicht in der Lage, selbst ein ganz skandalöses Verhalten auszuschließen. *In Verbindung mit dem Konservatismus* der gerade beschriebenen Art üben sie jedoch einen subtilen und zugleich starken Einfluß auf den Wissenschaftler aus. *Und genau so möchte sie Lakatos angewendet sehen.* Im Hinblick auf ein degeneratives Forschungsprogramm schlägt er vor: „Herausgeber wissenschaftlicher Journale sollten sich weigern, ...

Aufsätze (von Wissenschaftlern, die an diesem Programm festhalten) zu publizieren ...
Auch Forschungsstiftungen sollten sich weigern, Geld zu diesen Zwecken zu gewähren[30]."
Wie wir gesehen haben, widerspricht dieser Vorschlag nicht den Maßstäben. Werden
die Maßstäbe als Richtlinien der Rationalität genommen, dann ist es völlig richtig, diesen Vorschlag zu machen und entsprechend zu handeln. Der Vorschlag gibt den Maßstäben Zähne, nicht durch Stärkung ihrer Rolle in Argumenten, sondern durch das
Schaffen einer historischen Situation, in der es *praktisch* sehr schwierig wird, ein degeneratives Forschungsprogramm weiter zu verfolgen. Man läßt nun ein Forschungsprogramm fallen, nicht weil sich aufgrund der Maßstäbe Argumente gegen es erheben, sondern weil seine Verteidiger ihre Forschung nicht mehr fortsetzen können. Kurz, aber
keineswegs ungerecht gesagt: Forschungsprogramme verschwinden nicht darum, weil
sie durch Argumente erledigt werden, sondern weil ihre Verteidiger im Daseinskampf
auf der Strecke bleiben. Es mag den *Anschein* haben, daß ein freundlicher Kollege, der
die relativen Verdienste zweier Forschungsprogramme erklärt, der eine detaillierte Bi-
lanz vom Erfolg des einen und von den zunehmenden Fehlschlägen des anderen aufstellt, der alle Ad-hoc-Manöver, Widersprüche und leeren Wortklaubereien des degenerierenden Programms beschreibt, damit sehr starke *Argumente* gegen seine weitere
Beibehaltung liefert. Dieser Eindruck ergibt sich aber nur dann, wenn man noch nicht
den Schritt vom naiven Falsifikationismus etc. etc. zu *Lakatos* gemacht hat. Wer diesen
Schritt gemacht *hat* und sich seiner neuen, damit angenommenen Rationalitätskonzep-
tion bewußt ist, kann immer antworten: „Mein lieber Freund, Du meinst es gut, aber
was Deine Rationalitätstheorie angeht, bist Du einfach nicht auf dem laufenden. Du
glaubst, daß Du mich mit Deinen Argumenten überzeugen kannst, während ich weiß,
daß man in meinem Sinn des Wortes „rational" „rational an einem degenerierenden
Programm festhalten (kann), bis es von einem Rivalen überholt ist, *und sogar noch
nachher*"[31]. Du magst natürlich den Eindruck haben, daß ich nicht nur die Maßstäbe
von *Lakatos*, sondern auch noch eine konservative Einstellung zu ihnen akzeptiert
habe. Wäre dies der Fall, würde mich Dein Argument ganz richtig dafür schelten, daß
ich zuerst eine Entscheidung gefällt habe, aber dann nicht danach handle. Aber ich
bin kein Konservativer, bin es nie gewesen, und deshalb kannst Du mich so zwar beiseite drängen, aber nicht der Irrationalität überführen."
Ich fasse zusammen: Insoweit die Methodologie der Forschungsprogramme „rational"
ist, unterscheidet sie sich nicht vom Anarchismus. Insoweit sie sich vom Anarchismus
unterscheidet, ist sie nicht „rational". Selbst eine völlige und vorbehaltlose Akzeptierung dieser Methodologie schafft keine Probleme für den Anarchisten, der ja nicht
leugnet, daß methodologische Regeln mit Hilfe von Drohungen, Einschüchterung
und Täuschung durchgesetzt werden können und es gewöhnlich auch werden. Dies ist
schließlich einer der Gründe, weshalb er (nicht Gegen*argumente*, sondern) Gegen*kräfte*
mobilisiert, um die mit den Regeln auferlegten Beschränkungen zu überwinden.
Es ist auch klar, daß es *Lakatos* nicht gelungen ist, „rationale Veränderung" aufzuzeigen, wo „Kuhn und Feyerabend irrationalen Wechsel sehen"[32]. Mein eigener Fall ist
soeben diskutiert worden. Was *Kuhn* angeht, so brauchen wir uns nur daran zu erinnern, daß es immer dann zu einer Revolution kommt, wenn ein neues Forschungsprogramm eine genügende Anzahl von Erfolgen angesammelt und das orthodoxe

Forschungsprogramm eine genügende Anzahl von Fehlschlägen erlitten hat, so daß beide als ernsthafte Rivalen angesehen werden, und wenn die Protagonisten des neuen Programms den Tod des orthodoxen Standpunkts proklamieren. Vom Standpunkt der Methodologie der Forschungsprogramme aus gesehen, machen sie das nicht nur wegen ihrer Maßstäbe, sondern weil sie eine konservative Haltung gegenüber diesen Maßstäben eingenommen haben. Ihre orthodoxen Gegner haben eine Einstellung, die man „liberal " nennen könnte; sie sind willens, ein weit größeres Ausmaß von Degeneration zu tolerieren als die Konservativen.

Die Maßstäbe erlauben beide Haltungen. Wie wir gesehen haben, haben sie nichts über die „Rationalität" oder „Irrationalität" dieser Haltungen zu sagen. Daraus folgt, daß der Kampf zwischen den Konservativen und den Liberalen sowie der Endsieg der Konservativen keine „rationale Veränderung"[33] ist, sondern ein reiner, schlichter „Machtkampf" voll von „gemeiner persönlicher Kontroverse"[34]. Das ist kein Thema für die Methodologie oder für die Rationalitätstheorie, sondern für eine „Psychologie der Meute"[35].

Die Tatsache, daß es *Lakatos* nicht gelingt, sein Versprechen einzulösen und das Wirken der Vernunft zu enthüllen, wo andere nur ein großes Geschiebe und Gedränge sehen, wird durch seine zweideutige Terminologie verborgen. Einerseits sagt er uns, daß die scheinbare Irrationalität vieler wichtiger wissenschaftlicher Entwicklungen auf eine unnötig engherzige Idee der Rationalität zurückzuführen ist. Wenn nur die Akzeptierung von *bewiesenen* Theorien rational ist, wenn es irrational ist, an Theorien festzuhalten, die akzeptierten Basissätzen *widersprechen*, dann ist die ganze Wissenschaft irrational. Also entwickelt *Lakatos* neue Maßstäbe. Die neuen Maßstäbe, die zugleich auch neue Richtlinien der Rationalität sind, verbieten nicht länger das, was gute Wissenschaft tatsächlich ausmacht. Aber sie verbieten auch sonst nichts. Sie müssen verstärkt werden. Sie können nicht verstärkt werden, indem man weitere Maßstäbe hinzufügt, d. h. die *Vernunft* kräftigt. Aber man kann ihnen *praktische* Stärke geben, indem man sie zum Kern konservativer *Institutionen* macht. An den Maßstäben der Methodologie der Forschungsprogramme gemessen, ist dieser Konservatismus weder rational noch irrational. *Aber er ist eminent rational gemäß anderen Maßstäben*, zum Beispiel nach den Maßstäben des *Commonsense*[36].

Diese Bedeutungsvielfalt des Wortes „rational" wird von *Lakatos* maximal ausgenützt. In seiner Kritik des naiven Falsifikationismus stellt er den neuen „Rationalismus" seiner Maßstäbe heraus, der die Wissenschaft überleben läßt. In seinen Argumenten gegen *Kuhn* und gegen den Anarchismus betont er die völlig andersartige „Rationalität" des Commonsense, ohne jedoch sein Publikum vom Bedeutungswechsel zu informieren. So schafft er es, den Kuchen – die liberalen Maßstäbe – zu behalten und ihn doch aufzuessen, d. h. die Maßstäbe in konservativer Funktion zu benutzen, und er darf sogar noch hoffen, in beiden Fällen als Rationalist zu gelten. Hier besteht tatsächlich eine große Ähnlichkeit zwischen *Lakatos* und den frühen Kirchenvätern, die im Kleid vertrauter Gebete (dem Commonsense jener Zeit) revolutionäre Doktrinen einführten und dadurch allmählich den Commonsense selbst umwandelten[37].

Dieser köstliche Schwindel macht *Lakatos* zu einem höchst willkommenen Verbündeten im Kampf gegen die Vernunft. Denn ein Standpunkt, der „rational" klingt – *in irgendeinem Sinne dieses emotional geladenen Wortes* —, hat heutzutage eine viel größere Chance, akzeptiert zu werden, als ein Standpunkt, der die Autorität der Vernunft offen verwirft. *Lakatos'* Philosophie, sein verkleideter Anarchismus, ist ein prächtiges Trojanisches Pferd, das man verwenden kann, um den wirklichen, unverfälschten, „ehrlichen" (ein Wort, das *Lakatos* sehr liebt) Anarchismus in die Köpfe unserer ergebensten Rationalisten einzuschmuggeln. Und wenn sie erst einmal entdecken, daß sie hereingelegt worden sind, dann werden sie sich nicht mehr scheuen zuzugeben, daß die Ideologie des Rationalismus keinen wesentlichen Vorteil hat. Sie werden erkennen, daß man sogar in der Wissenschaft den Machenschaften der Propaganda unterworfen und in einen Kampf zwischen widerstreitenden Kräften verwickelt ist; und sie werden zugeben, daß das Argumentieren nichts weiter ist als eine subtile und höchst wirksame Strategie, einen gutgläubigen Gegner zu lähmen[38].

Bis jetzt habe ich *Lakatos'* Maßstäbe als gegeben angenommen. Ich habe sie mit anderen Maßstäben verglichen, ich habe gefragt, wie sie das Verhalten beeinflussen (zum Beispiel, wie sich ein von der Methodologie der Forschungsprogramme geleitetes Verfahren von einem anarchistischen Verfahren unterscheidet), und ich habe die Konsequenzen der Maßstäbe für die Theorie der Rationalität untersucht. Nun erhebt sich die Frage, warum wir die Maßstäbe überhaupt in Erwägung ziehen sollten, worum wir sie anderen *wissenschaftlichen* Maßstäben (wie zum Beispiel dem Induktivismus) oder auch *„unwissenschaftlichen"* Maßstäben (wie etwa den Maßstäben der religiösen Fundamentalisten) vorziehen sollten? *Lakatos* beantwortet zwar die erste Frage, aber nicht die zweite, obwohl er mit Erfolg den Eindruck erweckt, daß er sie beide beantwortet hat. Wie schon vorher benutzt er auch hier den Commonsense und die allgemeine Voreingenommenheit für die Wissenschaft, um eine Kluft zu überbrücken, die sich mit Argumenten nicht schließen läßt. Sehen wir zu, wie er vorgeht.

Ich habe gesagt, daß sowohl *Lakatos* als auch ich Methodologien durch Vergleich mit historischen Daten bewerten. Die historischen Daten, die *Lakatos* heranzieht, sind „ ,*Basis'-Bewertungen der wissenschaftlichen Elite*"[39] oder „Basiswerturteile"[40], dies sind *Wert*urteile über *spezifische* wissenschaftliche Leistungen, Beispiel: „Einsteins Relativitätstheorie von 1919 ist der Newtonschen Himmelsmechanik in der Laplacschen Form überlegen." Solche Werturteile sind für *Lakatos* eine geeignete Grundlage für methodologische Diskussionenen, denn die meisten von ihnen werden von der großen Mehrheit der Wissenschaftler akzeptiert: „Während es nur wenig Einmütigkeit in bezug auf ein *allgemeines* Kriterium des wissenschaftlichen Charakters von Theorien gab, gab es doch in den letzten zwei Jahrhunderten beträchtliche Einmütigkeit hinsichtlich *einzelner* Errungenschaften[41]."

Basiswerturteile können also zur Überprüfung von Theorien über die Wissenschaft oder von *rationalen Rekonstruktionen* der Wissenschaft in derselben Weise benutzt werden wie „Basis"-*sätze* zur Überprüfung von Theorien über die Welt. Die Art der Überprüfung hängt natürlich von der besonderen Methodologie ab, für die man sich entschieden hat. Ein Falsifikationist wird methologische Regeln verwerfen, die seinen Basiswerturteilen widersprechen[42]; ein Anhänger von *Lakatos* wird dasjenige methodologische Forschungsprogramm akzeptieren, das „eine *progressive Verschiebung*" in der Reihe der Forschungsprogramme rationaler Rekonstruktionen darstellt: *„Ein Fortschritt in der*

Theorie wissenschaftlicher Rationalität wird also durch die Entdeckung neuartiger historischer Tatsachen gekennzeichnet, durch die Rekonstruktion einer ständig wachsenden Masse wertdurchtränkter Geschichte als rational[43] ." Der Maßstab der methodologischen Kritik ist also das beste methodologische Forschungsprogramm, das zu einem bestimmten Zeitpunkt verfügbar ist. Soweit eine erste Approximation an das Verfahren von *Lakatos*.

Diese Approximation hat zwei wichtige Merkmale der Wissenschaft ausgelassen. Einerseits sind die Basiswerturteile nicht so einheitlich, wie angenommen worden ist. Die Wissenschaft ist in zahlreiche Disziplinen aufgespalten, von denen jede eine andere Haltung gegenüber einer gegebenen Theorie annehmen kann, und jede einzelne Disziplin ist wiederum in Schulen aufgeteilt. Die Basiswerturteile eines Experimentalisten werden sich von denjenigen eines Theoretikers unterscheiden (*Rutherford, Michelson* und *Ehrenhaft* über *Einstein*), ein Biologe wird eine Theorie anders sehen als ein Kosmologe, der gläubige Anhänger *Bohrs* wird Modifikationen der Quantentheorie mit anderen Augen betrachten als der gläubige Anhänger *Einsteins*. Was an Einheit noch übrig bleibt, wird im Verlauf von Revolutionen aufgelöst, die kein Prinzip unangefochten, keine Methode unverletzt lassen. Selbst einzelne Wissenschaftler kommen über eine vorgeschlagene Theorie zu unterschiedlichen Beurteilungen: *Lorentz, Poincaré, Ehrenfest* hielten die spezielle Relativitätstheorie durch *Kaufmanns* Experimente für widerlegt und waren bereit, das Relativitätsprinzip in der von *Einstein* vorgeschlagenen Form aufzugeben, während *Einstein* selbst anderer Meinung war[44]. Zweitens werden Basiswerturteile nur selten mit guten Gründen gefällt. Jedermann ist der Meinung, daß *Kopernikus'* Hypothese ein großer Schritt nach vorne war, aber kaum jemand kann sie auch nur halbwegs erklären[45]. *Newtons Theorie* (der Gravitation) wurde „von den größten Wissenschaftlern ... hoch eingeschätzt"[46], von denen die meisten die Schwierigkeiten der Theorie nicht kannten, und einige glaubten, daß sie aus *Keplers* Gesetzen abgeleitet werden könnte[47]. Die *Quantentheorie*, die unter quantitativen und qualitativen Konflikten mit empirischen Daten leidet[48] und die an gewissen Stellen auch ziemlich ungefüge ist, wird nicht *trotz* ihrer Schwierigkeiten akzeptiert, also in *bewußter Übertretung* der methodischen Vorschriften des naiven Falsifikationismus, sondern weil „alle Erfahrungsdaten mit gnadenloser Deutlichkeit in die ... Richtung ... weisen, (daß) alle Prozesse mit ... unbekannten Interaktionen dem fundamentalen Quantengesetz entsprechen"[49]. Und so weiter. *Das* sind die Gründe, aus denen sich die Basiswerturteile ergeben, deren „allgemeiner wissenschaftlicher Weisheit"[49a] *Lakatos* gelegentlich solch großes Gewicht beimißt[50]. Fügt man noch die Tatsache hinzu, daß die meisten Wissenschaftler Basiswerturteile auf Treu und Glauben akzeptieren, sie also nicht überprüfen, sondern sich einfach der Autorität ihrer Kollegen beugen, so erkennt man, daß die *„allgemeine wissenschaftliche Weisheit"* nicht besonders allgemein ist und gewiß nicht besonders weise.

Lakatos ist sich dieser Schwierigkeit bewußt. Er weiß, daß Basiswerturteile nicht immer vernünftig sind[51], und er gibt zu, daß „das Urteil der Wissenschaftler (gelegentlich) versagt"[52]. In solchen Fällen wird es vom „Gesetzesrecht der Philosophen"[53] ausgeglichen und vielleicht sogar aufgehoben. Die „rationale Rekonstruktion der Wissenschaft", *die Lakatos* als Beurteilungsmaßstab für Methoden benutzt, ist daher nicht einfach die Gesamtsumme aller Basiswerturteile, noch ist sie das beste Forschungsprogramm, das versucht, sie in sich aufzunehmen. Sie ist vielmehr ein „pluralistisches System von Autoritäten"[54], in dem die Basiswerturteile eine dominierende Rolle spielen, so lange sie einförmig *und* vernünftig sind. Aber wenn die Einförmigkeit verschwindet, oder wenn „eine Tradition degeneriert"[55], dann treten allgemeine philosophische Restriktionen auf den Plan und erzwingen Vernunft und Einförmigkeit (oder stellen sie wieder her).

Ich habe nun den Verdacht, daß *Lakatos* bei weitem die Zahl jener Fälle unterschätzte, in denen das geschieht. Er ist überzeugt, daß „in den letzten zwei Jahrhunderten"[56] Einförmigkeit der Basiswerturteile vorherrschte, während sie tatsächlich ein sehr seltenes Ereignis war. Das bedeutet aber, daß seine „rationale Rekonstruktion" entweder vom Commonsense[57] beherrscht wird oder von den abstrakten Maßstäben und den konkreten Zwängen der Methodologie der Forschungsprogramme. Außerdem akzeptiert er eine Einförmigkeit nur dann, wenn sie nicht zu sehr von seinen Maßstäben abweicht: „Wenn eine wissenschaftliche Schule zur Pseudowissenschaft degeneriert, dann mag es angebracht sein, eine methodologische Debatte zu erzwingen[58]."

Das bedeutet, daß die Urteile, die *Lakatos* so frei verteilt, letztlich weder Ergebnisse der Forschung noch Teile der „wissenschaftlichen Praxis" sind; sie sind Teile einer *Ideologie*, die er uns unter dem Mantel einer „‚allgemeinen' wissenschaftlichen Weisheit" aufzudrängen versucht. Zum zweiten Mal stoßen wir auf einen höchst interessanten Unterschied zwischen der *Phraseologie* von *Lakatos'* Vorschlägen und ihrem *Barwert*. Wir haben gesehen, daß die Methodologie der Forschungsprogramme mit der Absicht eingeführt wurde, den Rationalismus zu stützen. Und doch kann sie keine einzige Handlung als „irrational" verwerfen. Wann immer *Lakatos* ein solches Urteil abgibt — und er tut das oft genug —, stützt er sich auf „externe" Faktoren, wie etwa seine eigene konservative Einstellung oder den Konservatismus des Commonsense. *Jetzt* entdecken wir, daß seine „Rekonstruktionen" den allgemeinen Methodologien, die er kritisch zu überprüfen vorgibt, viel näher stehen und daß sie in Krisenzeiten mit ihnen verschmelzen. Trotz des Unterschieds in der Rhetorik („Ist es ... nicht *Hybris* zu versuchen, den fortgeschrittensten Wissenschaften eine *apriorische* Wissenschaftstheorie aufzuzwingen? ... Ich glaube, die Frage muß bejaht werden"[59]), trotz des Entschlusses, die Probleme konkret anzugehen („gab es ... beträchtliche Einmütigkeit hinsichtlich *einzelner* Errungenschaften"[60]), unterscheidet sich *Lakatos* in Wirklichkeit nicht von den traditionellen Epistemologen. Ganz im Gegenteil, er liefert ihnen ein machtvolles neues Propagandainstrument: er verknüpft seine Prinzipien mit etwas, das auf den ersten Blick wie eine gewichtige Ladung von echtem, unabhängigem wissenschaftlichem Commonsense aussieht; aber diese Ladung ist weder sehr gewichtig noch unabhängig. Sie ist aufgebaut nach und durchsetzt mit den abstrakten Prinzipien, die er verteidigen möchte.

Sehen wir uns das Problem einmal von einem anderen Gesichtspunkt aus an. Eine „rationale Rekonstruktion" im Sinne von Lakatos schließt konkrete Urteile sowohl über die Ergebnisse eines bestimmten Gebiets als auch über allgemeine Maßstäbe ein. Die „rationale Rekonstruktion" ist „rational" in dem Sinne, daß sie das reflektiert, *was als eine wertvolle Leistung* in dem betreffenden Gebiet *angesehen wird*. Sie reflektiert, was man die *professionelle Ideologie* dieses Fachbereiches nennen könnte. Aber selbst wenn diese professionelle Ideologie ausschließlich aus einer einheitlichen Menge von Basis-Werturteilen bestünde, selbst wenn sie keinerlei abstrakte Zutaten enthielte, *würde sie nicht gewährleisten, daß das betreffende Gebiet lohnende Ergebnisse vorzuweisen hat oder daß die Ergebnisse nicht illusorischer Natur sind.* Jeder Medizinmann geht nach komplexen Regeln vor, vergleicht seine Ergebnisse und seine Tricks mit den Ergebnissen und Tricks anderer Medizinmänner desselben Stammes. Er hat eine reich ausgebaute und kohärente professionelle Ideologie — und doch würde kein Rationalist bereit sein, ihn ernst zu nehmen. Die astrologische Medizin folgt strengen Maßstäben und umfaßt ziemlich einheitliche Basiswerturteile. Und doch verwerfen die Rationalisten ihre ganze professionelle Ideologie als „irrational". So sind sie zum Beispiel nicht bereit, das „Basiswerturteil" vom Vorteil der tropischen Methode der Herstellung von Horoskopen gegenüber der siderischen Methode überhaupt nur in Betracht zu ziehen[61]. Diese Möglichkeit, professionelle Maßstäbe *tout court* zu verwerfen, zeigt, daß „rationale Rekonstruktionen" *allein* das Methodenproblem nicht lösen können. Um die richtige Methode zu finden, muß man die *richtige Disziplin* rekonstruieren. Aber was ist die richtige Disziplin?

Lakatos geht auf diese Frage nicht ein — und für ihn besteht kein Grund dazu, solange er nur wissen möchte, was in den *Wissenschaften* vorgeht, und solange er davon ausgehen kann, daß Wissenschaftler eine kohärente und einheitliche professionelle Ideologie haben. Aber er geht weiter. Nachdem er seine Rekonstruktion der modernen Wissenschaft beendet hat, richtet er sie gegen andere Gebiete, *als ob es bereits erwiesen wäre*, daß die moderne Wissenschaft der Magie oder der Aristotelischen Wissenschaft überlegen ist und keine illusorischen Ergebnisse aufweist. Aber die Argumente fehlen. Niemand hat nachgewiesen, daß die Wissenschaft (der „letzten zwei Jahrhunderte"[62]) Ergebnisse zeitigt, die ihren Maßstäben entsprechen, während Magie und Hexerei (oder Aristotelische Wissenschaft) keine solchen Ergebnisse haben. Man hat auf Grund anthropologischer Studien nachgewiesen, daß alle Ideologien Ergebnisse haben, die den von ihnen akzeptierten Maßstäben entsprechen, und andere Ergebnisse, die mit den Maßstäben in Konflikt stehen. Zum Beispiel ist es der Aristotelischen Wissenschaft gelungen, zahlreiche Tatsachen zu absorbieren und so ihren Maßstab der *Stabilität* zu akkomodieren. Wir müssen also weitere Überlegungen anstellen, um entscheiden zu können, welches Gebiet als Quelle von Methoden zu gelten hat.

Dasselbe Problem entsteht im Falle der *individuellen* methodologischen Regeln. Es ist kaum befriedigend, den naiven Falsifikationismus zu verwerfen, weil er einigen Basiswerturteilen hervorragender Wissenschaftler widerspricht. Die meisten dieser Wissenschaftler behalten widerlegte Theorien bei, weil sie nicht bemerken, daß die Theorien widerlegt sind, und nicht, weil sie den naiven Falsifikationismus überwunden haben. Selbst eine „vernünftigere" Praxis würde nicht ausreichen, die Regel zu verwerfen: allgemeine Nachsicht gegenüber widerlegten Theorien mag schlicht ein Fehler sein. In einer Welt, die wohldefinierte Klassen von Objekten enthält, welche von unseren Sinnen nur selten verkannt werden, wäre sie sicherlich ein Fehler. In einer solchen Welt sind die Grundgesetze offenkundig und widerspenstige Beobachtungen werden mit Recht als ein Mangel unserer *Theorien* statt unserer *Methodologie* angesehen.

Anders ist es, wenn die Störungen beharrlicher werden und den Charakter einer alltäglichen Angelegenheit annehmen. Jetzt müssen wir eine Wahl treffen: Sollen wir
am naiven Falsifikationismus festhalten und folgern, daß Erkenntnis unmöglich ist,
oder sollen wir eine mehr abstrakte, eine dunklere Idee der Erkenntnis und eine
entsprechend liberalere (und weniger „empirische") Methodologie wählen? Die meisten Wissenschaftler, die sich des nomologisch-kosmologischen Hintergrunds des
Problems oder sogar des Problems selbst nicht bewußt sind, akzeptieren Theorien,
die etablierten Beobachtungen und Experimenten widersprechen. Man könnte sagen,
daß sie *instinktiv*[63] die richtige Wahl treffen — aber man wird das daraus resultieren-
de Verhalten kaum als einen entscheidenden methodischen Maßstab betrachten, insbesondere in Anbetracht der Tatsache, daß der Instinkt nicht selten in die Irre geführt
hat. Die oben skizzierte *kosmologische Kritik* (die die Allgegenwart von Störungen
berücksichtigt) ist vorzuziehen.

Eine solche kosmologische Kritik[64] ist besonders wichtig, wenn neue Methoden und
neue Erkenntnisformen in Erscheinung treten. In Zeiten der Degeneration, sagt *Lakatos*,
tritt das Gesetzesrecht des Philosophen in Erscheinung und versucht, „die Autorität
der verdorbenen Kasuistik (des Wissenschaftlers zu) durchkreuzen"[65]. Beispiele einer
entstehenden oder länger währenden Degeneration, an die er daher denkt, sind bestimmte Teile der Soziologie, Sozialastrologie[66] und der modernen Teilchenphysik[67].
Alle diese Fälle verletzen eine „gute Methodologie"[68], d. h. eine Methodologie die
„aus den reifen Wissenschaften ‚herausdestilliert' "[69] ist. Anders ausgedrückt: sie verletzen die professionelle Ideologie der Wissenschaft von *Newton, Maxwell, Einstein*
(jedoch nicht die von *Bohr*[70]). Aber der stete Wandel der modernen Wissenschaft, der
sich mit *Galilei* ankündigt, ihr legerer Gebrauch von Begriffen, ihre Weigerung, herkömmliche Formen zu akzeptieren, sowie ihr „unempirisches" Verfahren verletzen
die professionelle Ideologie der Aristoteliker und war *für sie* ein Beispiel beginnender
Degeneration. Beim Fällen dieses Urteils machten die Aristoteliker Gebrauch von *ihrer*
allgemeinen Philosophie, von *ihren* Anforderungen (Schaffung einer stabilen intellektuellen Ordnung auf Grund derselben Art von Wahrnehmung, die dem Menschen im
täglichen Leben hilft; „Rettung der Phänomene" mit Hilfe mathematischer Kunstgriffe;
etc.) und von den Basiswerturteilen *ihrer* Wissenschaft (die die Occamisten ebenso
übersahen wie *Lakatos* die Kopenhagen-Gang). Dabei hatten die Aristoteliker einen
enormen Vorteil, denn die Basiswerturteile der Anhänger des kopernikanischen Glaubens waren sogar noch unterschiedlicher und unvernünftiger, als die Basiswerturteile
der Elementarteilchenphysiker von heute. Außerdem wurde die Aristotelische Philosophie von der weitverbreiteten Annahme unterstützt, die sich noch bei *Newton* findet, daß die meisten Neuigkeiten nicht sehr wichtig sind, und daß alle wichtigen Erkenntnisse bereits bekannt sind. Es ist klar, daß ein *Lakatos* des 17. Jahrhunderts die
Partei der Schulphilosophie hätte ergreifen müssen. *Und so hätte er die gleiche „falsche" Entscheidung getroffen, wie ein Induktivist des 17. Jahrhunderts oder ein Konventionalist des 17. Jahrhunderts oder ein Falsifikationist des 17. Jahrhunderts.* Hier
zeigt sich wieder, daß *Lakatos* die Schwierigkeit nicht überwunden hat, die umwäl-
zende Entwicklungen in den Wissenschaften für andere Methodologien verursachen.
Es ist ihm nicht gelungen zu zeigen, daß solche Entwicklungen zur Gänze durch die

„Poppersche Brille"[71] gesehen werden können. Erneut muß er zugestehen, daß der Streit zwischen den Alten und den Modernen nicht auf rationale Weise rekonstruiert werden kann. Zumindest kann eine solche Rekonstruktion nicht *zur Zeit der Auseinandersetzung* geliefert werden.

Heute haben wir jedoch genau die gleiche Situation. Natürlich ist es möglich, den Übergang zu „rekonstruieren", indem man die Aristotelischen Basiswerturteile (über Aristotelische Theorien) durch moderne Basiswerturteile (über Aristotelische Theorien) ersetzt und moderne Maßstäbe benutzt (Fortschritt mit Gehaltszunahme) an Stelle der Aristotelischen Standards (Stabilität der Prinzipien; nachträgliche „Rettung der Phänomene"). Aber gerade die Notwendigkeit einer *solchen* „Rekonstruktion" würde zeigen, was *Lakatos* leugnet: daß nämlich neue Paradigmen ... eine vollkommen neue Rationalität mit sich"[72] bringen. Und zweitens würde er die professionelle Ideologie der Aristoteliker ohne jeden Nachweis verworfen haben, daß sie schlechter ist als ihr Ersatz. Um eine Entscheidung zu treffen zwischen einer „rationalen Rekonstruktion" (im Sinne von *Lakatos*) der Aristotelischen Wissenschaft, die vom „Gesetzesrecht" der Aristotelischen Philosophie und von den Basiswerturteilen der besten Aristotelischen Wissenschaftler Gebrauch macht und einer „rationalen Rekonstruktion" der „modernen" Wissenschaft (der „letzten zwei Jahrhunderte"[73]) auf Grund „moderner" Gesetzesrechte und „moderner" Basiswerturteile, braucht man mehr als „moderne" Maßstäbe und „moderne" Basiswerturteile. Man muß entweder zeigen, daß die Aristotelischen Methoden zur fraglichen Zeit die Aristotelischen Ziele nicht oder nur mit großen Schwierigkeiten erreicht haben, während die „Modernen" mit modernen Methoden keine derartigen Schwierigkeiten hinsichtlich *ihrer* Ziele spürten, *oder* man muß nachweisen, daß die modernen Ziele den Aristotelischen Zielen vorzuziehen sind. Nun haben wir aber gesehen, daß die „Aristoteliker"[74] ihre Sache ganz gut gemacht haben, während die „Modernen" mit zahlreichen Problemen konfrontiert wurden, die sie mit Hilfe von propagandistischen Kunstgriffen versteckten[75].

Wenn wir also wissen wollen, weshalb der Übergang stattfand und wie er *unter der Voraussetzung* unserer gegebenen Vorliebe für die Methoden und Ergebnisse der zeitgenössischen Wissenschaft gerechtfertigt werden kann, dann müssen wir versuchen, die *Motive* zu erkennen, die die Leute veranlaßt haben, sich trotz der Probleme an die Arbeit zu machen[75a]. Außerdem müssen wir auch die *Funktion* von Propaganda, Vorurteilen, Vertuschung und anderer „irrationaler" Schritte bei der allmählichen Lösung des Problems untersuchen. All das sind „externe" Faktoren in *Lakatos'* Schema[76]. Aber ohne sie kann keine der größeren Revolutionen des Denkens verstanden werden. Ohne sie können wir lediglich sagen, daß die professionelle Ideologie der Physik und Astronomie des 15. und 16. Jahrhunderts von der professionellen Ideologie der „modernen" Wissenschaft abgelöst worden ist und daß nun die letztere am Ruder ist. Wir können weder erklären, wie es dazu gekommen ist, noch können wir behaupten, daß unsere professionelle Ideologie besser ist als die Aristotelische.

Ich möchte nun eine kurze, unvollständige und sehr einseitige Skizze dieses Übergangs geben, die Faktoren berücksichtigt, die meines Erachtens relevant sind und die ihre Funktion beim Aufstieg der neuen Astronomie erklärt. Viele Details fehlen, während andere übertrieben sind. Es ist nicht meine Absicht, eine gelehrte Abhandlung zu liefern. Vielmehr möchte ich ein *Märchen* erzählen, aus dem eines Tages vielleicht eine gelehrte Abhandlung werden könnte, das aber realistischer und vollständiger ist als jenes Märchen, das von *Lakatos* und seiner Mafia eingeschmuggelt wurde. Weitere Einzelheiten finden sich in meinem Aufsatz „Problems of Empiricism, Part II"[76a], sowie in meinem Buch Against Method (London 1975; dt. rev. Ausg. Ffm. 1976). Erstens müssen wir zugestehen, daß nun neue Basiswerturteile und neue Gesetzesrechte in die Astronomie eindringen. Es gibt nicht nur neue Theorien, neue Fakten, neue Instrumente, *sondern auch eine neue professionelle Ideologie.* Diese Ideologie ist nicht aus dem hohlen Bauch heraus erfunden worden. Sie hat ihre Vorgänger im Altertum (zum Beispiel *Demokrit*) und wird von Gewerben und Berufen außerhalb der Physik und Astronomie praktiziert. Die wachsende Bedeutung der Klassen und Gruppen, die in diesen Gewerben und Berufen beschäftigt sind, kommt der Ideologie auch zugute und hilft denjenigen, die sie in der Astronomie zur Anwendung bringen möchten. Ihre Unterstützung ist bitter nötig, denn die vielen theoretischen Schwierigkeiten, die sich erheben, können nur gelöst werden, wenn man entschieden genug ist, das Programm der bewegten Erde weiter zu entwickeln. Die unterschiedliche Betonung, die „*Kopernikus*" (Fortschritt; zukunftsorientiert; gegen den Status quo) und „*Aristoteles*" (vergangenheitsorientiert; für den Status quo; feindselige Einstellung zum Aufstieg der neuen Klassen) von den neuen Klassen erfahren, vermehrt die Entschiedenheit, mildert die bestehenden Schwierigkeiten und macht so astronomischen Fortschritt möglich. Diese Verbindung von astronomischen Ideen mit historischen (und Klassen-) Tendenzen macht die Aristotelischen Argumente nicht weniger rational oder weniger schlüssig, verringert aber ihren Einfluß auf jene Geister, die bereit sind, *Kopernikus* zu folgen. Sie bringt auch kein einziges neues Argument hervor. Aber sie erzeugt eine starke Bindung an die Idee von der Bewegung der Erde und das ist alles, was in diesem Stadium erforderlich ist. (An anderer Stelle habe ich erklärt, wie meisterhaft *Galilei* die Situation zu seinen Gunsten ausnützt, wie er sie durch eigene Tricks, Scherze und *non sequiturs* ausweitet.) Damit komme ich zum zweiten Punkt.

Gegeben sei die historische Situation der Idee der sich bewegenden Erde einmal, sagen wir, im Jahre 1550 und zum anderen, sagen wir, im Jahre 1850. Unser Problem ist nun: wie war es möglich, von der ersten Situation (S') zur zweiten (S'') zu kommen? Welche psychologischen, historischen und methodologischen Bedingungen mußten erfüllt sein, damit eine Gruppe von Leuten, die sich dem Erkenntnisfortschritt und insbesondere dem Fortschritt der Astronomie verschrieben haben, die Wissenschaft — und das bedeutet: die professionellen Vorurteile der Astronomen ebenso wie die Bedingungen außerhalb der Wissenschaft, die für deren Überleben in einer besonderen Form notwendig sind — von S' nach S'' verschieben konnten? Umgekehrt, welche Überzeugungen, Handlungen und Einstellungen hätten es unmöglich gemacht, S'' von S' aus zu erreichen?

Wir erkennen sofort, daß das Erscheinen einer neuen professionellen Ideologie absolut unentbehrlich war — doch dies ist ein Punkt, der einer Analyse in den Begriffen von *Lakatos* nicht zugänglich ist. Wir sehen auch, daß die für *Lakatos* so wichtige Unterscheidung zwischen „interner" und „externer" Geschichte die Antwort einschränkt und die Methodologie schützt, die auf der Grundlage dieser Unterscheidung ausgewählt wurde.

Denn es ist ohne weiteres möglich, daß eine Wissenschaft eine bestimmte „interne" Geschichte nur deshalb hat, weil ihre „externe" Geschichte kompensierende Vorgänge enthält, die die definierende Methodologie ständig verletzen. Beispiele können sogleich geliefert werden. *Galileis* Unkenntnis der Grundprinzipien des teleskopischen Sehens wird sicherlich zum externen Teil der Geschichte der Astronomie gerechnet werden. Aber unter der Voraussetzung von S'', also der optischen und psychologischen Theorien des 16. Jahrhunderts, war diese Unwissenheit notwendig, damit *Galilei* so entschieden sprechen konnte, wie er es tat. In der historischen Situation war diese Unwissenheit ein Segen. *Galileis* noch unbestätigte Überzeugung von der Richtigkeit des Kopernikanismus war notwendig, um das, was er sah, *als bestätigende Erfahrung* zu interpretieren — genauer: als Zeugnis für die wesentliche Ähnlichkeit zwischen den (kosmischen) Dingen oben und den (irdischen) Dingen unten. Die Existenz anti-Aristotelischer Gruppen und anderer Gegner der Schulphilosophen war notwendig, um solche subjektiven Handlungen in ein umfassenderes soziales Phänomen und schließlich in Elemente einer neuen Wissenschaft zu verwandeln.

Wenn wir uns auf die interne Geschichte des Kopernikanismus konzentrieren, bemerken wir einen Gehaltszuwachs (*Galileis* Beobachtungen) und scheinen uns somit in völliger Übereinstimmung mit den Prinzipien der neuen professionellen Ideologie zu befinden. Aber sobald die externe Geschichte — oder, wie Lakatos sich auszudrücken pflegt, die „Psychologie der Meute" — in die Informationslage einbezogen wird, entdecken wir, *daß die Übereinstimmung „innerhalb" der Wissenschaft das Ergebnis zahlreicher Verletzungen „außerhalb" ihrer ist.* Wir erkennen, daß diese Verletzungen für den Übergang von S' zu S'' notwendig waren *und daß sie deshalb zu der Wissenschaft selbst gehören* und nicht zu einem anderen Gebiet. Zum Beispiel ist der Gehaltszuwachs, den *Lakatos* mit solchem Stolz betrachtet, das Ergebnis der früher beschriebenen „epistemologischen Illusion", die ihrerseits nur deshalb entsteht, weil man sich entschlossen hat, die wahre „Liste der Erfolge und der Mißerfolge der konkurrierenden Programme" *nicht* „aufzuzeichnen" und „öffentlich vorzulegen"[77]. Selbst eine Entwicklung, deren Verlauf völlig ordentlich geregelt aussieht, muß also ständig überprüft werden. Das bedeutet, daß die Trennung zwischen „intern" und „extern" (und die entsprechende Unterscheidung zwischen einem dritten Himmel und seinem verworrenen Spiegelbild im menschlichen Geist[78]) das Studium des wissenschaftlichen Wandels behindert. Es ist lediglich ein weiteres Beispiel für eine Unterscheidung ohne Unterschied, die, ernst genommen, einen großen Unterschied in der Qualität unserer Forschung nach sich zieht.

Ich komme also zu der folgenden Beurteilung von *Lakatos'* Leistung.

Alle Theorien der (wissenschaftlichen) Erkenntnis gehen von der Frage aus: Was ist Erkenntnis und wie kann sie erlangt werden?

Die *traditionelle Antwort*[79] enthält eine Definition der Erkenntnis oder der potentiellen Erkenntnis (ein Abgrenzungskriterium) und eine Aufzählung jener Schritte, durch die Erkenntnis erzielt werden kann (durch die Erkenntnis von Nicht-Erkenntnis abgegrenzt werden kann). Die traditionelle Antwort wird gewöhnlich als endgültig betrachtet. Auf jeden Fall lernt man kaum, wie sie revidiert werden kann[80]. Die Modifikationen, die tatsächlich eintreten, werden versteckt und geschehen auf

jeden Fall ohne Argumente; sie ändern die Erkenntnispraxis, lassen aber die damit ge-
koppelte Erkenntnistheorie unberührt[81]. Als Folge davon wird der Kontakt zwischen
Wissenschaft und Erkenntnistheorie immer spärlicher und verschwindet schließlich
ganz[82]. Das ist die Situation, die ich in meinem Buch Against Method beschrieben
habe[83]. Niemand gibt zu, daß es verschiedene Erkenntnisformen geben könne und
daß es notwendig sein könnte, eine Auswahl zu treffen.

Verglichen mit dieser traditionellen Position ist die *Theorie von Lakatos* ein unge-
heurer Fortschritt. Seine Maßstäbe und seine Erkenntniskonzeption stehen der Wissenschaft viel näher als diejenigen früherer Ansätze; sie können revidiert werden — oder
es sieht wenigstens so aus —, und wir erfahren auch, wie dies zu geschehen hat. Die
Methoden der Revision verwenden die Geschichte in wesentlicher Weise und überbrücken so die Kluft zwischen der Erkenntnis*theorie* und dem Material (der „Erkenntnis"), das *tatsächlich* vorliegt. Nun ist es möglich, selbst die einfachste Regel
in realistischer Weise zu diskutieren und zu entscheiden, ob sie beibehalten oder
durch eine andere Regel ersetzt werden soll.

Dies ist der Eindruck, der durch die Art und Weise hervorgerufen wird, in der *Lakatos* seine Methodologie *präsentiert*. So *erscheint* sie dem ahnungslosen und begeister-
ten Leser. Ein genauerer Blick, eine „rationalere" Überprüfung bringt jedoch eine ganz
andere Geschichte ans Licht. *Lakatos* hat nicht gezeigt, daß seine Maßstäbe die Maßstäbe der Wissenschaft sind. Er hat nicht gezeigt, daß sie zu substantiellen Resultaten
führen. Es ist ihm nicht einmal geglückt, ihnen Kraft zu geben, es sei denn durch Ausübung von Druck, Einschüchterung und Drohungen. Er hat den Anarchismus nicht
widerlegt, er hat nicht einmal gezeigt, daß seine Methodologie das bessere historische
Forschungsprogramm ist. Und er hat uns ganz gewiß keine Darstellung der intellektuellen Revolutionen gegeben, die sie durch Aufdecken aller notwendigen Bedingungen ihres Auftretens verständlich machen. Er macht willkürlich die Wissenschaft zum
Maßstab von Methode und Erkenntnis, ohne die Verdienste anderer professioneller
Ideologien überprüft zu haben. Für ihn existieren alternative Ideologien einfach nicht.
Da er sie mißachtet, liefert er nur eine Karikatur der wichtigsten sozialen und intellektuellen Umwälzungen; da er die „externen" Einflüsse ignoriert, fälscht er die Ge-
schichte der Fachgebiete, indem er zu verstehen gibt, daß Abweichungen von den
Maßstäben für ihren Fortschritt nicht *notwendig* seien.

Das ist die „wahre Geschichte" von *Imre Lakatos. Aber das ist nicht die Geschichte,
die den Leser beeinflußt*. Wie auch in anderen Fällen wird der Student der Methodologie der Forschungsprogramme durch ihr Aussehen beeinflußt, *nicht* durch ihren
„rationalen" Kern („rational" hier verstanden im Sinne der Rationalitätstheorie, die
Lakatos verteidigt). Und da dieses Aussehen einen enormen Schritt selbst über die
Realität der früheren Standpunkte hinaus bedeutet und da es zu höchst interessanten
historischen und philosophischen Entdeckungen geführt hat, können wir es unterstützen, ohne den Anarchismus aufzugeben. Wir können sogar zugestehen, daß im
gegenwärtigen Stadium des philosophischen Bewußtseins eine irrationale Theorie,
fälschlich als eine neue Konzeption der Vernunft interpretiert, ein besseres Instrument zur Befreiung des Geistes sein kann als ein schrankenloser Anarchismus, der
geeignet ist, das Gehirn von fast jedem zu paralysieren. Es gibt jedoch keinen Grund,

weshalb wir nicht das nächste Stadium vorbereiten sollten, indem wir unsere Argumente zusammenstellen und in der schmackhaftesten Weise präsentieren. Der erste Schritt zu *diesem* Unternehmen ist eine gründliche Kritik der fortgeschrittensten Formen des Rationalismus. Das ist es, was ich in dem vorliegenden Essay zu tun versucht habe. Ich schließe mit einigen Bemerkungen zur gegenwärtigen Lage der Methodologie der Forschungsprogramme.

Imre Lakatos war ein lebendiger Mensch mit einer Fülle von Ideen und einem Ausmaß von Denkfreiheit, das es ihm erlaubte, seinen eigenen Ideen gegenüber eine gewisse heitere Distanz zu bewahren. Sein Feldzug gegen den Irrationalismus war zum Teil ein Ergebnis der Überzeugung, zum Teil aber auch ein Ergebnis seiner unglaublichen Energie und seiner Freude an einer guten intellektuellen Auseinandersetzung. Das Wort „rational" war für ihn nicht mit einer Aura umgeben, nichts Numinoses hing ihm an, es war eine politische Waffe, die er oft mit einem gewissen schelmischen Opportunismus gebrauchte. Das hat sich nach seinem Tode gründlich geändert. Wir haben nun eine Gruppe ernster junger (und älterer) Leute, die, vom Reformationsdrang beseelt, die Ideen von *Lakatos* wie eine neue Religion behandeln und somit ruinieren: das Zeitalter der Glaubenserstarrung setzt ein. Das heißt nicht, daß weniger publiziert wird. Ganz im Gegenteil. Getreu den Prinzipien *Festingers* ergießt sich nun eine Flut von Abhandlungen über die geduldige Menschheit, in der eine und dieselbe endlose Litanei endlos wiederholt wird: daß Gehaltszunahme gut ist, Gehaltsabnahme schlecht ist, daß es wichtig ist, „rational" vorzugehen, und so weiter und so fort. Das Argument hat seine Rolle gespielt, jetzt kommen die Phrasen. Drei verschiedene Arten von Untersuchung werden angestellt. Erstens, Vergleiche zwischen *Lakatos* und seinen Zeitgenossen, vor allem *Popper*. Grundsätzlich ist dabei bis jetzt niemand über *Lakatos* hinausgegangen. Zweitens, interne Verbesserungen. Diese leiten das epizyklische Stadium der Methodologie der Forschungsprogramme ein. Drittens, Anwendung auf die Geschichte. Diese Anwendungen, von denen bald ein ganzer Sammelband erscheinen wird, sind alle nach demselben Schema geschrieben: eine Episode in der Geschichte der Naturwissenschaften oder der Geisteswissenschaften wird fixiert und ältere Darstellungen werden untersucht. Es stellt sich heraus, daß alle älteren Darstellungen an Fehlern leiden. Sie können nicht erklären, warum ein gewisser Standpunkt durch einen anderen Standpunkt ersetzt wurde. Zum Beispiel weder der Induktivismus noch der naive Falsifikationismus, noch der Konventionalismus, noch eine Theorie von sozialen Einflüssen kann erklären, warum *Lavoisier* schließlich triumphierte, warum *Youngs* Wellentheorie mit so geringem Enthusiasmus empfangen wurde, warum die Atomtheorie gegen Ende des letzten Jahrhunderts in den Hintergrund trat und so weiter und so fort. Die Methodologie der Forschungsprogramme liefert in allen diesen Fällen eine befriedigende Erklärung. Die Erklärung ist nicht nur soziologisch, d. h. wir lernen nicht nur ein Gesetz betreffend das Verhalten der Wissenschaftler, sondern rational, d. h. wir lernen, daß die Wissenschaft überall den Geboten der Vernunft folgt. In der Tat, Worte wie „rational", „reasonable" etc. etc. kehren in diesen Abhandlungen mit ermüdender Regelmäßigkeit wieder. Da nun die Wissenschaft de facto „rational" ist im angegebenen Sinn, so kann die Methodologie der Forschungsprogramme verwendet werden, neue Entwicklungen in derselben Weise zu beeinflussen. Das hat etwa *Urbach* in seinem langen Aufsatz über die Intelligenzkoeffizientenkontroverse versucht: Die Genetiker haben ein „fortschrittliches" Forschungsprogramm, die Environmentalisten haben ein „degenerierendes" Forschungsprogramm, also ist es an der Zeit, das genetische Forschungsprogramm ernst zu nehmen. Meine Einwände im vorliegenden Aufsatz zeigen, daß das alles leere Worte sind. Wiederholen wir also das Ergebnis der Untersuchung noch einmal auf etwas andere Weise.

Fortschrittlichkeit und Degeneration sind Grundbegriffe der Methodologie der Forschungsprogramme. Diese Begriffe sind wertgeladen, sie setzen bereits voraus, daß erwiesen ist: Fortschrittlichkeit ist gut, Degeneration ist schlecht. Ersetzen wir sie also zunächst durch neutrale Begriffe. Die Begriffe beschreiben eine bestimmte Beziehung zwischen Forschungsprogrammen und relevanter Evidenz. Nennen wir die von *Lakatos* propagierte Beziehung, Beziehung L, die von ihm abgelehnte Beziehung, Beziehung A (im Gedenken an *Aristoteles*). Es ist wohl möglich, daß in der Geschichte der Wissenschaften Forschungsprogramme vom Typ L immer Forschungsprogramme vom Typ A verdrängen. Das wäre ein interessantes *soziologisches* Gesetz, hätte aber mit der Rationalität nichts zu tun. Um das soziologische Gesetz in ein Gesetz der Vernunft zu verwandeln, muß gezeigt werden, daß die Bevorzugung von Forschungsprogrammen vom Typ L vernünftig ist. *Lakatos* hat das nicht getan. Er *behauptet* natürlich, daß die Bevorzugung von Forschungsprogrammen des Typus L vernünftig ist, aber nur auf Grund der folgenden *willkürlichen* Annahmen, (1) die moderne (nicht-Aristotelische) Wissenschaft wird ganz willkürlich zum Maßstab der Vernunft gemacht, kein Grund wird angegeben; (2) nicht die moderne Wissenschaft *selbst* wird nach diesem ersten Glaubensbekenntnis als Maßstab verwendet, sondern eine zurechtgebogene Fassung der modernen Wissenschaft, die sich vom Gegenstand selbst oft beträchtlich unterscheidet. Kein Grund wird für die Abweichung gegeben; (3) die Maßstäbe, die man auf Grund der willkürlichen Schritte (1) und (2) erhält, haben selbst noch keine heuristische Kraft. Das oben erwähnte soziologische Gesetz (wenn es wahr ist) läßt sich mit seiner Hilfe keinesfalls erklären. Doch man kann keinesfalls sagen, daß es gilt, weil sich die Wissenschaftler an die Maßstäbe von *Lakatos* halten. Wird es dennoch vernünftig genannt, so bedeutet das eine weitere Willkür; (4) die Auswahl von Forschungsprogrammen ist immer einem gewissen Ausmaß von Willkür unterworfen, aber diese Willkür gestattet es dem „Historiker" im Stile von *Lakatos* seinen Maßstäben den *Schein* historischer Wirklichkeit zu geben; (5) der Nachweis, daß Wissenschaftler „rational" handeln, wird nicht auf alle Wissenschaftler ausgedehnt, sondern nur auf jene, die der Methodologie der Forschungsprogramme folgen. Der „Nachweis" ist also zirkulär (was man wegen der Länge der Abhandlungen nur selten bemerkt). Alle diese Dinge habe ich in meinem Beitrag zu *C. Howson* (Hrsg.), Reconstruction and Discovery in the History of Science, Cambridge 1976, im Detail ausgeführt. Es ist schon wahr, daß die Abhandlungen der Schule von *Lakatos* als *historische* Abhandlungen auf einem hohen Niveau stehen. Der Grund ist, daß ihnen gewisse *Ideen* zugrundeliegen, der Grund ist nicht die Richtigkeit dieser Ideen. Selbst die verrückteste Ideologie führt zu besserer Geschichte, als das ziellose Tatsachensammeln vieler Wissenschaftshistoriker. Umgekehrt können aber die historischen Ergebnisse der Schule nicht mehr als Argumente für methodologische Urteile verwendet werden. Wenn *Urbach* sagt: „Die genetische Intelligenztheorie schreitet fort" und damit insinuiert, daß man ihr folgen soll, so lautet die Antwort: „Du meinst, sie ist ein Forschungsprogramm vom Typ L? Das tut nichts zur Sache — ich ziehe ein Forschungsprogramm von Typ A vor" — und niemand kann die Anklage des Irrationalismus *rechtmäßig* erheben.

Anmerkungen

¹ *Kropotkin*, der ansonsten alles reformieren will, hält an der Wissenschaft fest, sogar an der Induktion. *Ibsen*, der keine einzige Institutionen respektiert, akzeptierte die Wissenschaft, ohne mit der Wimper zu zucken. Und einige zeitgenössische „radikale" Großmäuler wehren sich sogar dagegen, auch nur ein bißchen Anarchismus in die Wissenschaft zu bringen. So schreibt *Robert Paul Wolff* in seinem pretentiösen, unwissenden und engstirnigen Buch „Das Elend des Liberalismus", Frankfurt a. M. 1969, S. 25: „Selbst beim entschlossensten Liberalen kann man sich kaum vorstellen, daß er die Einrichtung von Lehrstühlen für Astrologie an den astronomischen Instituten verlangen würde, oder die Aufnahme eines chiropraktischen Kurses in die Lehrpläne der Mediziner — und zwar zu dem Zwecke, unseren Glauben an die Übertragung von Krankheiten durch Bakterien zu bestärken." Dies ist in der Tat kaum zu glauben; denn „unsere entschlossensten Liberalen" sind oft moralische und intellektuelle Feiglinge, die nicht im Traum daran denken würden, das Preisstück des 20. Jahrhunderts anzugreifen — die Wissenschaft. Nebenbei gesagt, wer glaubt eigentlich, daß eine Vermehrung von *Universitätslehrstühlen* uns zu einem kritischeren Standpunkt verhelfen wird? Sind denn Universitätslehrstühle das einzige, was einem zeitgenössischen „radikalen Philosophen" (Umschlagtext der englischen Ausgabe) einfällt, wenn er an die Möglichkeit intellektuellen Fortschritts denkt?
„Es dürfte kaum jemand annehmen", fährt *Wolff* in seiner „Untersuchung" fort (a.a.O., S. 24), „daß ein gescheiter junger Physiker seinen ‚Glauben' an die Quantenmechanik von Zeit zu Zeit durch Wiederholung ihrer klassischen Experimente neu bestärken müßte?" Aber genau das, lieber Freund, wird von Leuten angenommen, darunter die Begründer der Quantentheorie. Es gibt viele Leute, die darauf hinweisen, daß die Wissenschaft oft mit Hilfe eines Stücks *historischen* Wissens fortgeschritten ist, und die die Ungeschliffenheit eines Großteils der heutigen Physik mit genau dem Mangel an Perspektive erklären, den unser „radikaler" Autor zur Grundlage seiner Kritik macht. Selbstverständlich wird durch die Unterdrückung der Geschichte und von Alternativen kaum „irgendein Schaden" (a.a.O., S. 24) entstehen, genausowenig wie Bordelle unter der philosophischen Ignoranz der Huren leiden. Aber eine philosophische Kurtisane ist sicherlich einer Straßenhure vorzuziehen, dank der zusätzlichen Techniken, die sie entwickeln kann, und eine Wissenschaft mit Alternativen verdient aus genau denselben Gründen vor der zeitgenössischen Orthodoxie den Vorzug.
¹ᵃ Es handelt sich um die Anschrift *Karl Poppers*: Haus „Fallowfield", Manor Road, Penn, Buckinghamshire, England (Anm. d. Übersetzer).
² *Imre Lakatos*, Falsification and the Methodology of Research Programmes, in: *Imre Lakatos* und *Alan Musgrave* (Hrsg.), Criticism and the Growth of Knowledge, Cambridge 1970; im folgenden immer zitiert nach der deutschen Übersetzung: Falsifikation und die Methodologie wissenschaftlicher Forschungsprogramme, in: *Imre Lakatos* und *Alan Musgrave* (Hrsg.), Kritik und Erkenntnisfortschritt, Braunschweig 1974, S. 112.
³ Vgl. *Lakatos'* Ausführungen zur Problematik des Erkenntnisfortschritts auf widerspruchsvoller Grundlage in: Falsifikation ..., a.a.O., S. 137 ff.
⁴ *Imre Lakatos*, History of Science and Its Rational Reconstructions, in: *Roger C. Buck* und *Robert S. Cohen* (Hrsg.), Boston Studies in the Philosophy of Science, Bd. VIII, Dordrecht — Holland 1971; im folgenden zitiert nach der deutschen Übersetzung: Die Geschichte der Wissenschaft und ihre rationalen Rekonstruktionen, in: *Imre Lakatos* und *Alan Musgrave* (Hrsg.), Kritik und Erkenntnisfortschritt, Braunschweig 1974, S. 296.

⁵ Beispiele: *Fehlen des Informationsgehalts* — die Atomtheorie die ganzen Jahrhunderte hindurch; die Idee der Bewegung der Erde von *Philolaos*; *Inkonsistenz* — das Programm *Bohrs* (vgl. *Lakatos*, Falsifikation ..., a.a.O., S. 134 ff); *massiver Konflikt mit experimentellen Ergebnissen* — die Idee der Bewegung der Erde; *Prouts* Theorie (wie sie in *Lakatos*, Falsifikation ..., a.a.O., S. 134 ff., beschrieben ist).

⁶ *Rudolf Carnap*, Logical Foundations of Probability, 2. Auflage, Chicago 1962, S. 217.

⁷ *Carnap* (a.a.O., S. 202) betont den Unterschied zwischen logischen und methodologischen Problemen und er warnt uns, die Probleme der Psychologie und Soziologie, die bei der Anwendung der Systeme der induktiven Logik entstehen, „sollten nicht als Schwierigkeiten in der induktiven Logik selbst angesehen werden" (a.a.O., S. 254). So scheint er die Notwendigkeit für eine tatsachenorientierte Beurteilung der *angewandten* induktiven Logik klar zu erkennen. Aber diese faktische Beurteilung erfolgt in derselben abstrakten Weise, die zu allererst zur Konstruktion einer induktiven Logik geführt hat. Neben einem „einfachen Universum", ohne das eine induktive Logik nicht einmal in Gang gebracht werden könnte, wird noch von einem „Beobachter X mit einer vereinfachten Biographie" (S. 213) Gebrauch gemacht.
Nun habe ich nichts gegen das Abstraktionsverfahren an sich. Aber wenn wir von einem bestimmten Aspekt der Wissenschaft abstrahieren, sollten wir uns vergewissern, daß die Wissenschaft ohne ihn existieren kann oder daß eine Aktivität — die nicht unbedingt Wissenschaft sein muß — ohne diesen Aspekt (physikalisch, historisch und psychologisch) *möglich* ist. Außerdem sollten wir auch Sorge tragen, den ausgelassenen Teil am Ende der abstrakten Diskussion *wieder einzuführen*. (In dieser Hinsicht handeln Wissenschaftler und Wissenschaftsphilosophen sehr unterschiedlich. Der Physiker, der zur Berechnung einiger Eigenschaften eines physikalischen Objekts von der Geometrie Gebrauch gemacht hat, führt das Gewicht — das von der Geometrie vernachlässigt wird — wieder ein, wenn er seine Berechnungen beendet hat. Keinen Augenblick nimmt er an, daß die Welt aus gewichtslosen Formen besteht. Der Philosoph, der zur Feststellung einiger Eigenschaften eines wissenschaftlichen Arguments die deduktive Logik — die Widersprüche vernachlässigt — herangezogen hat, führt diese Widersprüche nie wieder in das Argument ein, nachdem er *seine* Arbeit beendet hat; er nimmt an, daß seine Welt aus widerspruchsfreien theoretischen Systemen besteht.)
Die einzige Möglichkeit zu entdecken, ob ein bestimmter Tatbestand für die Wissenschaft notwendig ist, besteht in einer *funktionalen Untersuchung* dieses Sachverhalts (im Sinne der modernen Anthropologie), die seine Rolle in der Wissenschaftsentwicklung überprüft. Das führt uns auf direktem Wege in die Geschichte zurück, wo die Daten für eine derartige Untersuchung zu finden sind. Ohne sie kann man nie wissen, ob „der Umweg über ein abstraktes Schema" in der Tat „der beste Weg" ist, Methodologie zu betreiben (S. 217) und ein vorgeschlagenes Schema zu beurteilen.

⁸ *Lakatos*, Die Geschichte der Wissenschaft ..., a.a.O., S. 281 (Hervorhebung im Original).

⁹ *Lakatos*, Die Geschichte der Wissenschaft ..., a.a.O., S. 286 f; weiter ausgeführt in: Falsifikation ..., a.a.O., S. 113 ff.

¹⁰ *Lakatos*, Die Geschichte der Wissenschaft ..., a.a.O., S. 286 (Hervorhebung im Original).

¹¹ *Lakatos*, Falsifikation ..., a.a.O., S. 158.

¹² Ich gebe „Regeln für die ‚Elimination' ganzer Forschungsprogramme" an (*Lakatos*, die Geschichte der Wissenschaft ..., a.a.O., S. 281) — man beachte die durch die Anführungszeichen erzeugte Zweideutigkeit dieser Aussage. Gelegentlich werden Einschränkungen anders eingeführt, indem man nämlich gewisse Verfahren die „Rationalität" abspricht. „Riskantes Spielen ist völlig rational", schreibt *Lakatos* (Die Geschichte der Wissenschaft ..., a.a.O., S. 286), „irrational ist es, wenn man sich über die eingegangenen Risiken täuscht." Man kann also machen, was man will, sofern man sich nur gelegentlich an die Maßstäbe erinnert (oder sie deklamiert?), *die, beiläufig gesagt, nichts über die Risiken und deren Ausmaß aussagen*.
Ein Hinweis auf Risiken schließt entweder eine *kosmologische* Annahme ein (nur selten erlaubt es die Natur, daß sich Forschungsprogramme wie Raupen verhalten) oder eine *soziologische* Annahme (nur selten gestatten *Institutionen*, daß degenerierende Programme überleben). *Lakatos* gesteht beiläufig (Die Geschichte der Wissenschaft ..., a.a.O., S. 283, 2. Abschnitt) die Notwendigkeit solcher Annahmen zu; denn nur sie können „die Wissenschaft aus einem bloßen Spiel in eine erkenntnistheoretisch rationale Übung ... verwandeln". Aber er *diskutiert* sie nicht im einzelnen, und jene, die er als gegeben annimmt, sind zumindest sehr problematisch. Nehmen wir die eben erwähnte kosmologische Annahme. Sie ist ziemlich interessant und verdient es sicherlich, näher untersucht zu werden. Ich wage zu behaupten, daß eine solche Untersuchung zeigen würde, daß das damit verbundene Forschungsprogramm sich jetzt in einer degenerierenden Phase befindet. (Um dies zu erkennen, sollte man *Anomalien* in Betracht ziehen wie die Kopernikanische Revo-

lution, die Renaissance der Atomtheorie, das Wiederaufleben der Annahme himmlischer Einflüsse, zugleich mit den Ad hoc-Adaptionen dieser Anomalien, die sich in der „epistemologischen Illusion" widerspiegeln, wie sie in Kapitel 15 von „Against Method", London 1975, von mir beschrieben wird.) Andererseits ist die soziologische Annahme sicherlich richtig – was bedeutet, daß wir in einer Welt, in der die kosmologische Annahme nicht zutrifft, für immer daran gehindert sind, die Wahrheit zu finden.

13 *Lakatos*, Die Geschichte der Wissenschaft ..., a.a.O., engl. Ausg. S. 104.

14 Dies wird von *Lakatos* selbst immer wieder betont; vgl. Die Geschichte der Wissenschaft ..., a.a.O., S. 272 f., S. 285 f., Fußnote 2, 57 et al.

15 Man darf hier nicht vergessen, daß es in dieser Debatte nur um methodologische Regeln geht und daß „Freiheit" nun lediglich Freiheit gegenüber solchen Regeln bedeutet. Der Wissenschaftler bleibt weiterhin eingeschränkt durch die Eigenschaften seiner Instrumente, die verfügbaren finanziellen Mittel, die Intelligenz seiner Assistenten, die Haltung seiner Kollegen, seiner Frau, seiner Geliebten. Er ist durch zahlreiche physikalische, physiologische, soziologische und historische Zwänge eingeengt. Die Methodologie der Forschungsprogramme (und der von mir verteidigte epistemologische Anarchismus) beseitigt nur die methodologischen Beschränkungen.

16 *Bakunin*, Oeuvres, Bd. II, S. 297.

17 „Der Wunsch, Schmerzen zu lindern, ist von geringerem Wert in der Forschung" schreibt ein moderner Frankenstein, Dr. Szentgyorgi, in: Lancet 1 (1961), S. 1394 (Auszug aus einer Rede auf einem internationalen *medizinischen* Kongreß). „Man sollte einer solchen Person raten, für wohltätige Zwecke zu arbeiten. Die Forschung braucht Egoisten, verdammte Egoisten, die ihr eigenes Vergnügen und ihre eigene Befriedigung suchen, aber diese im Lösen der Rätsel der Natur finden." Zu den Auswirkungen dieser Einstellung auf die Tätigkeiten der Ärzte vgl. *M. H. Pappworth*, Human Guinea Pigs, Boston 1965; hinsichtlich einiger Auswirkungen in der Psychiatrie *D. L. Rosenhan*, in: Science 179 (1973), S. 250 ff.

17ª *Hans Richter*, Dada-Kunst und Antikunst, 2. Auflage, Köln 1970, S. 33 (Hervorhebung im Original).

17ᵇ Anmerkung der Übersetzer: Diese ohne genaue Quellenangabe zitierte Formulierung konnte in *Richters* Buch nicht verifiziert werden. Es scheint sich um eine freie Paraphrasierung einer jener Sprüche zu handeln, wie sie im dadaistischen Credo dutzendweise vorkommen.

18 Vgl. *Carlos Castaneda*, Die Lehren des Don Juan. Ein Yaqui-Weg des Wissens, Frankfurt a. M. 1973. Hier eine seiner Erfahrungen, die von der auf S. 135–138 berichtet wird: „Er sagte, daß mein Körper verschwand und daß nur mein Kopf übrigbleiben würde, und um in einer derartigen Lage wachzubleiben und mich bewegen zu können, müßte ich eine Krähe werden. Ich mußte mich anstrengen und blinzeln, und er fügte hinzu, daß ich dann, wenn ich es fertig brächte, zu blinzeln, weitermachen könnte. Dann sagte er, daß mein Körper völlig verschwunden war und daß ich nur meinen Kopf hatte, und sagte, der Kopf verschwindet nie, weil es der Kopf ist, der zur Krähe wird. Ich sollte blinzeln. Er muß diese und all seine anderen Aufforderungen unzählige Male wiederholt haben, weil ich mich an sie alle mit außergewöhnlicher Klarheit erinnern konnte. Ich muß geblinzelt haben, denn er sagte, ich sei jetzt bereit. Er forderte mich auf, den Kopf aufzurichten und ihn auf mein Kinn zu legen. Er sagte, daß im Kinn die Krähenbeine seien. Ich mußte die Beine fühlen und beobachten, wie sie langsam herauskamen. Dann sagte er, daß ich noch nicht vollständig sei, daß ich mir einen Schwanz wachsen lassen mußte und daß der Schwanz aus meinem Hals kommen würde. Er forderte mich auf, den Schwanz wie ein Fächer auszubreiten und zu fühlen, wie er über den Boden glitt.

Dann sprach er über die Flügel der Krähe und sagte, sie würden aus meinen Backenknochen kommen. Er sagte, es würde anstrengend und schmerzhaft sein. Er forderte mich auf, sie auszubreiten. Er sagte, sie müßten außerordentlich lang sein, so lang wie ich sie strecken konnte, sonst würde ich nicht fliegen können. Er sagte mir, die Flügel kämen heraus und wären lang und sehr schön und daß ich sie schlagen müßte, bis sie zu wirklichen Flügeln würden.

Dann sprach er über meinen Schädel und sagte, er sei noch sehr groß und schwer, und seine Masse würde mich am Fliegen hindern. Er sagte mir, daß ich seine Masse durch Blinzeln verringern könne; mit jedem Blinzeln würde mein Kopf kleiner werden. Er forderte mich auf zu blinzeln, bis die Kopflast verschwunden wäre und ich frei springen könnte. Dann sagte er mir, ich hätte meinen Kopf zur Größe eines Krähenkopfes verringert und müsse nun umherlaufen und springen, bis ich meine Starre verloren hätte.

Bevor ich fliegen könnte, hätte ich noch eine letzte Sache zu ändern, sagte er. Es sei die schwierigste Veränderung, und um sie auszuführen, müßte ich gut zuhören und genau tun, was er mir sagte. Ich müßte lernen, wie eine Krähe zu sehen. Er sagte, daß mein Mund und meine Nase zwischen meinen Augen wachsen würden, bis ich einen starken Schnabel hätte. Er sagte, daß Krähen starr zur Seite sehen, und ich müßte meinen Kopf drehen und ihn mit einem Auge anblicken. Er sagte, wenn ich wechseln und mit dem anderen Auge sehen wollte, müßte ich meinen Schnabel schütteln, und durch diese Bewegung könnte ich mit dem anderen Auge sehen. Ich mußte von einem Auge zum anderen wechseln. Und dann sagte er, ich sei bereit zu fliegen, und um loszufliegen, müßte ich mich von ihm in die Luft werfen lassen.

Ich hatte überhaupt keine Schwierigkeiten, zu jeder seiner Aufforderungen die entsprechenden Empfindungen auszulösen. Ich nahm das Wachsen der Vogelbeine wahr, die zuerst schwach und wacklig waren. Ich merkte einen Schwanz aus meinem Nacken und Flügel aus meinen Wangenknochen wachsen. Die Flügel waren eng gefaltet. Ich fühlte sie allmählich herauskommen. Der Vorgang war anstrengend, aber nicht schmerzhaft. Dann blinzelte ich meinen Kopf zur Größe einer Krähe. Aber die erstaunlichste Wirkung vollbrachten meine Augen. Meine Augen sahen wie Vogelaugen!

Als mich Don Juan aufforderte, einen Schnabel wachsen zu lassen, hatte ich das bedrückende Gefühl von Atemnot. Dann schwoll etwas heraus und bildete einen Klotz vor mir. Aber erst als Don Juan mich anwies, zur Seite zu blicken, waren meine Augen wirklich fähig, die seitliche Richtung voll zu erfassen. Ich konnte mit jedem Auge einzeln blinzeln und die Schärfeeinstellung von einem Auge aufs andere verlagern. Aber die Ansicht des Raumes und all der Dinge darin waren nicht wie eine gewöhnliche Ansicht. Es war jedoch unmöglich zu sagen, auf welche Weise sie sich von dieser unterschied ...

Im nächsten Bild hatte mich Don Juan wirklich hochgeworfen oder nach vorn geschleudert. Ich erinnere mich, daß ich ,meine Flügel ausbreitete und flog'. Ich fühlte mich allein, als ich in schmerzlicher Vorwärtsbewegung durch die Luft glitt ...''

Wie andere ,,Experimente'' wird dieses ,,Experiment'' auf zweierlei Weise vorbereitet. Es gibt eine langfristige und eine kurzfristige Vorbereitung. Die langfristige Vorbereitung besteht aus einer Reihe von Testen, Erklärungen über Zweck und Ergebnisse der Teste, durch Drogen erzeugte Halluzinationszustände und wird in einer komplexen, höchst interessanten Erkenntnistheorie oder einem Erkenntnisweg zusammengefaßt. ,,Jedes Ding ist eins von Millionen Wegen (*un camino entre cantidades de caminos*). Darum mußt du immer daran denken, daß ein Weg nur ein Weg ist. Wenn du fühlst, daß du ihn nicht gehen willst, mußt du ihm unter gar keinen Umständen folgen'' (S. 88; Hervorhebung im Original). Es gibt vier Erkenntnisstufen. ,,, Wenn ein Mann anfängt zu lernen, ist er sich über seine Ziele nicht klar. Sein Vorsatz ist schlecht; seine Absicht ist vage. Er hofft auf Belohnungen, die niemals eintreffen werden, denn er weiß nichts von den Härten des Lernens.

Er beginnt langsam zu lernen — zuerst Schritt für Schritt, dann in großen Sprüngen. Und bald sind seine Gedanken durcheinander. Was er lernt, ist nicht, was er sich ausgemalt hat, und so beginnt er sich zu ängstigen. Lernen ist niemals, was man erwartet. Jeder Schritt des Lernens ist eine neue Aufgabe, und das Erleben der Furcht nimmt erbarmungslos und unnachgiebig zu. Sein Vorsatz wird ein Schlachtfeld.

Und so ist er über den ersten seiner natürlichen Feinde gestolpert: die Furcht! Ein schrecklicher Feind — tückisch und schwierig zu überwinden. Er bleibt an jeder Wegbiegung verborgen, lauernd, wartend. Und wenn der Mann, erschreckt durch ihre Anwesenheit, fortläuft, wird sein Feind seine Suche beendet haben! (Dies passierte Carlos Castaneda selbst.)

,Was geschieht mit dem Mann, wenn er aus Furcht fortläuft?'

,Nichts geschieht ihm, nur wird er niemals lernen. Er wird niemals ein Wissender werden. Er wird vielleicht ein Angeber oder ein harmloser, ängstlicher Mann; auf jeden Fall wird er ein geschlagener Mann sein. Sein erster Feind wird seinem Verlangen ein Ende gesetzt haben.'

,Und wie kann er die Furcht überwinden?'

,Die Antwort ist sehr einfach. Er darf nicht fortlaufen. Er muß seine Furcht besiegen, er muß ihr trotzen und den nächsten Schritt des Lernens gehen und den nächsten und den nächsten. Er muß nur aus Furcht bestehen, und doch darf er nicht aufhören. Das ist die Regel! Und ein Moment wird kommen, wo sein erster Feind zurückweicht. Der Mann beginnt, sich seiner selbst sicher zu sein. Sein Vorsatz wird stärker. Lernen ist nicht länger eine erschreckende Aufgabe.

Wenn dieser glückliche Augenblick kommt, kann der Mann ohne Zögern sagen, daß er seinen ersten natürlichen Feind besiegt hat.'

,Geschieht es plötzlich, Don Juan, oder allmählich?'

,Es geschieht allmählich, doch wird die Furcht plötzlich und schnell überwunden.'

,Aber wird ein Mann sich nicht wieder fürchten, wenn ihm etwas Neues geschieht?'

,Nein. Wenn ein Mann einmal die Furcht überwunden hat, ist er für den Rest seines Lebens frei von ihr, weil er statt der Furcht Klarheit gewonnen hat — eine Klarheit der Gedanken, die die Furcht auslöscht. Aber dann kennt ein Mann seine Wünsche: er weiß sie zu befriedigen. Er kann die neuen Schritte des Lernens voraussehen, und alles ist von deutlicher Klarheit umgeben. Der Mann fühlt, daß nichts verborgen ist. Und so hat er seinen zweiten Feind getroffen: die Klarheit! Diese Klarheit der Gedanken, die so schwierig zu erlangen ist, vertreibt die Furcht, aber sie macht auch blind.

Sie zwingt den Mann, sich niemals selbst anzuzweifeln. Sie gibt ihm die Sicherheit, alles zu tun, was ihm gefällt, denn er sieht klar in alle Dinge. Und er ist mutig, denn er ist sicher, und er schreckt vor nichts zurück, weil er sich eben sicher ist. Aber all das ist ein Fehler: es ist wie etwas Unvollständiges. Wenn der Mann dieser vorgetäuschten Macht nachgibt, ist er von seinem zweiten Feind besiegt worden, und er wird mit dem Lernen spielen. Er wird eilen, wenn er geduldig sein sollte, oder er wird geduldig sein, wenn er eilen sollte. Und er wird mit dem Lernen spielen, bis er endet, unfähig, noch irgend etwas zu lernen.'

,Was wird aus dem Mann, der so besiegt wird, Don Juan? Stirbt er deswegen?'

,Nein, er stirbt nicht. Sein zweiter Feind hat ihn nur kaltgestellt bei seinem Versuch, ein Wissender zu werden; statt dessen könnte aus ihm ein gleichgültiger Kämpfer oder Clown werden. Aber die Klarheit, für die er so teuer bezahlt hat, wird sich nie wieder in Dunkel und Angst verwandeln. Er wird klar sehen, so lange er lebt, aber er wird nichts mehr lernen oder nach irgend etwas suchen.'

,Was muß er tun, um nicht besiegt zu werden?'

,Er muß tun, was er mit der Furcht getan hat: er muß seiner Klarheit trotzen und nur mit ihr sehen und geduldig warten und vorsichtig erwägen, bevor er neue Schritte tut; er muß vor allem denken, daß seine Klarheit fast ein Fehler ist. Und ein Augenblick wird kommen, da er verstehen wird, daß seine Klarheit nur ein Punkt vor seinen Augen war. Und so wird er seinen zweiten Feind besiegt haben, und er wird in eine Lage kommen, in der ihm nichts mehr schaden kann. Das wird kein Fehler sein. Es wird nicht nur ein Punkt vor seinen Augen sein. Es wird wahre Macht sein.

Zu diesem Zeitpunkt wird er wissen, daß die Macht, die er so lange gesucht hat, endlich die seine ist. Er kann mit ihr machen, was immer ihm einfällt. Er beherrscht seinen Verbündeten. Sein Wunsch ist das Gesetz. Er sieht alles, was um ihn ist. Aber er hat auch seinen dritten Feind getroffen: die Macht!

Macht ist der stärkste aller Feinde ...'" (S. 70—72). (Anmerkung der Übersetzer zu dieser Zitatstelle: Die fehlerhafte Übersetzung „Das wird sein Fehler sein" in der hier benutzten deutschen Ausgabe ist durch die korrekte Wiedergabe „Das wird *kein* Fehler sein" ersetzt worden.)

Die kurzfristige Vorbereitung besteht in der Herbeiführung des Halluzinationszustandes sowie den gegebenen Instruktionen (siehe oben). Langfristige und kurzfristige Vorbereitung zusammen geben den Erfahrungen Sinn und vereinen sie zu einer einzigen, einheitlichen Welt, genauso wie die Vorbereitung des Wissenschaftlers seine seltsamen Phänomene (komplexe Experimente und rätselhafte Ergebnisse) zu einer einzigen, zusammenhängenden Welt vereint, die mehr oder weniger stark mit der alltäglichen Welt verbunden ist, gelegentlich jedoch völlig getrennt von ihr. Die Kriterien können in beiden Fällen natürlich voneinander abweichen, doch gibt es keine objektive Möglichkeit, zwischen ihnen zu entscheiden, es sei denn man findet eine „Superwelt", die Erfahrungen beider Arten in sich einschließt. Aber selbst in diesem Fall brauchen wir Kriterien, um die Erfahrungen zu bewerten, und müssen uns zwischen mannigfaltigen Möglichkeiten entscheiden.

19 Vgl. *W. Bousset*, Die Himmelsreise der Seele, in: Archiv für Religionswissenschaft 4 (1901), S. 136 ff.; Neudruck Darmstadt 1961, S. 14.

20 „Befehle deiner Seele in Indien zu sein, den Ozean zu überqueren; im Nu wird es geschehen sein. Und wenn du das Himmelszelt durchbrechen möchtest, um zu sehen, was dahinter ist — wenn überhaupt etwas dahinter ist —, so kannst du es tun" (Corpus Hermeticum XII, zitiert nach *Festugière*, La Révélation d'Hermès Trismégiste, Paris 1950, Bd. I, S. 147).

20a Anmerkung der Übersetzer: Das ist offensichtlich eine Anspielung auf das Buch von *Alexandre Koyré*, Von der geschlossenen Welt zum unendlichen Universum, Frankfurt am Main 1969.

20b*Richter*, a.a.O., S. 65.

21 *Lakatos*, Falsifikation ..., a.a.O., S. 153.

22 *Lakatos*, Falsifikation ..., a.a.O., S. 181.

23 *James Broderick S. J.*, Robert Bellarmine — Saint and Scholar, London 1961, S. 366 f.

24 „Viele sonst scharfsichtige Leser der *Revolutionen* (*Kopernikus'* berühmtes Werk „De revolutionibus orbium caelestium", das in erster Auflage 1543 mit einem nicht minder berühmt-berüchtigten Vorwort *Osianders* erschienen, Anm. der Übersetzer) wurden durch *Osianders Verstümmelung getäuscht*," schreibt Edward Rosen, Three Copernican Treatises, 3. Auflage, New York 1971, S. 405.

25 Vgl. *Paul K. Feyerabend*, Problems of Empiricism, Part II, in: *Robert G. Colodny* (Hrsg.), The Nature and Function of Scientific Theories — University of Pittsburgh Studies in the Philosophy of Science, Vol. 4, Pittsburgh 1970.
26 So geht *Galilei* tatsächlich vor; vgl. meine in Anmerkung 25 genannte Arbeit.
27 *Albert Schweitzer*, The Quest for the Historical Jesus, New York 1962, S. 5.
28 Auf diesem Gebiet gab es noch weitere Ideen und Einstellungen, die zur Verstärkung der Kopernikanischen Ideologie benutzt werden konnten; vgl. *Hans Blumenberg*, Die kopernikanische Wende, Frankfurt a. M. 1965; sowie *I. Seznec*, The Survival of the Pagan Gods, Princeton 1963, insbesondere S. 60.
29 Vgl. die detailliertere Darstellung in der in Anmerkung 25 genannten Publikation.
29a Man beachte, daß nach *Lakatos* die „epistemologische Illusion", die oft den Fortschritt erst ermöglicht, nicht vorkommen darf: „... *die Liste der Erfolge und der Mißerfolge der konkurrierenden Programme muß aufgezeichnet und zu allen Zeiten öffentlich vorgelegt werden"* (*Lakatos*, Die Geschichte der Wissenschaft ..., a.a.O., S. 283; Hervorhebung im Original).
30 *Lakatos*, Die Geschichte der Wissenschaft ..., a.a.O., S. 286 f.
31 *Lakatos*, Die Geschichte der Wissenschaft ..., a.a.O., S. 286 (Hervorhebung im Original).
32 *Lakatos*, Die Geschichte der Wissenschaft ..., a.a.O., S. 303; vgl. auch Falsifikation ..., a.a.O., S. 91.
33 *Lakatos*, Die Geschichte der Wissenschaft, a.a.O., S. 303.
34 *Lakatos*, Die Geschichte der Wissenschaft ..., a.a.O., S. 305.
35 *Lakatos*, Falsifikation ..., a.a.O., S. 172; Hervorhebung im Original.
36 „Bei solchen Entscheidungen", betont *Lakatos* im Hinblick auf Entscheidungen etwa jener Art, die zu einem konservativen Gebrauch der Maßstäbe führen, muß man „auch seinen *Commonsense* gebrauchen" (*Lakatos*, Die Geschichte der Wissenschaft ..., a.a.O., S. 287, Anmerkung 58; Hervorhebung im Original). So weit, so gut — solange wir uns darüber im klaren sind, daß wir unter diesen Umständen den durch die Maßstäbe abgegrenzten Rationalitätsbereich verlassen und uns einem „externen" Medium oder anderen Maßstäben zuwenden. *Lakatos* läßt diesen Übergang nicht immer klar erkennen. Ganz im Gegenteil, bei seinem Angriff auf seine Gegner macht er von unserer Neigung vollen Gebrauch, den Commonsense als seinem Wesen nach rational anzusehen und das Wort „rational" in Übereinstimmung mit *dessen* Maßstäben zu gebrauchen. (Er unterscheidet sich demnach nicht allzusehr von den Oxford-Philosophen!) Er wirft seinen Gegnern „Irrationalität" vor, wir stimmen ihm instinktiv zu und vergessen dabei völlig, daß seine eigene Methodologie dieses Urteil nicht unterstützt und keine Gründe für es gibt. — Vgl. auch die folgende Anmerkung.
37 *Irenäus* gelang der Sieg über die gnostische Irrlehre, indem er den *psychologischen Einfluß*, den das Taufbekenntnis auf die Mitglieder der frühen christlichen Kirchen hatte, ausnutzte und die nicht-gnostische Interpretation „als seinen selbstverständlichen Inhalt" (*Adolf Harnack*, History of Dogma, Bd. II, New York 1961, S. 26) ausgab. Desgleichen ist es *Lakatos* beinahe gelungen, uns von der Rationalität seiner *law-and-order-Philosophie* und dem nicht-ornamentalen Charakter seiner Maßstäbe zu überzeugen, indem er den psychologischen Einfluß, den der Commonsense über den Wissenschaftsphilosophen und andere Gewohnheitstiere hat, ausnutzte und die konservative Interpretation seiner Standards zu *dessen* selbstverständlichem Inhalt erklärte. Damals wie heute finden sich die besten Propagandisten in der Kirche und in der konservativen Politik.
38 Hier möchte ich schnell auf einige Einwände eingehen, die an dieser Stelle aufzukommen pflegen.
Nachdem er sich eine meiner anarchistischen Predigten angehört hatte, antwortete Professor *Wigner*: „Sicherlich lesen auch Sie nicht alle zugesandten Manuskripte, sondern werfen die meisten von ihnen in den Papierkorb." Zweifellos mache ich das. *Alles ist möglich* bedeutet nicht, daß ich jede einzelne Schrift lesen werde — Gott bewahre! Es bedeutet vielmehr, daß ich meine Wahl in höchst individueller und eigenwilliger Weise treffe, teils weil ich mich nicht überwinden kann zu lesen, was mich nicht interessiert — und meine Interessen wechseln von Woche zu Woche und von Tag zu Tag; teils weil ich überzeugt bin, daß die Menschheit und sogar die Wissenschaft von jedermann profitiert, der tut, was seinem eigenen Interesse entspricht. Ein Physiker mag eine schlampige und teilweise unverständliche Arbeit voller Fehler einer kristallklaren Exposition vorziehen, weil sie eine natürliche Weiterführung seiner eigenen, noch ziemlich desorganisierten Forschung ist. Auf diesem Wege kann er unter Umständen Erfolg und Klarheit lange vor seinem Rivalen erreichen, der einen heiligen Eid geschworen hat, niemals eine einzige windige Zeile zu lesen. (Einer der Vorzüge der Kopenhagen Schule war ihre Fähigkeit, vorschnelle Genauigkeit zu vermeiden; vgl. meinen Aufsatz: On a Recent Critique of Complementarity, Part II, Philosophy of Science,

Vol. 36, 1969, Abschnitte 6 ff.) Bei anderer Gelegenheit mag er den vollkommensten Beweis für ein Prinzip suchen, das er zu gebrauchen im Begriff ist, um nicht in der Diskussion von dem abgelenkt zu werden, was er als seine wichtigsten Resultate ansieht. Es gibt natürlich sogenannte ,,Denker", die ihre Post in genau derselben Weise unterteilen, ob's regnet oder ob die Sonne scheint, und die auch ihre Auswahlprinzipien imitieren. Aber wir werden sie kaum wegen ihrer Uniformität bewundern und ihr Verhalten gewiß nicht für ,,rational" halten. Die Wissenschaft braucht Leute, die anpassungsfähig und erfinderisch sind, nicht sture Imitatoren von ,,etablierten" Verhaltensmustern.

Im Fall von Institutionen und Organisationen, wie etwa der National Science Foundation, ist die Situation genau die gleiche. Die Physiognomie einer Organisation und ihre Leistungsfähigkeit hängt von ihren Mitgliedern ab und nimmt mit deren geistiger und emotionaler Beweglichkeit zu. Selbst *Proctor & Gamble* (Anmerkung der Übersetzer: *Proctor & Gamble* sind Amerikanische Waschmittelhersteller) haben jetzt erkannt, daß eine Bank von Ja-Sagern in ihrer Wettbewerbsfähigkeit einer Gruppe von Menschen mit ungewöhnlichen Ansichten unterlegen ist, und die Geschäftswelt hat Mittel und Wege gefunden, die erstaunlichsten Nonkonformisten in ihren Apparat einzugliedern.

Besondere Probleme ergeben sich im Fall von Stiftungen, die Geld vergeben und dies in einer gerechten und wirksamen Weise tun möchten. Die Gerechtigkeit scheint zu fordern, daß die Zuteilung von Geldmitteln auf der Basis von Maßstäben erfolgt, die sich nicht von Bewerber zu Bewerber ändern und die die intellektuelle Situation in dem zu fördernden Gebiet widerspiegeln. Diese Forderung kann ad-hoc erfüllt werden ohne Rekurs auf *universelle* ,,Maßstäbe der Rationalität". Man kann sogar die Illusion aufrechterhalten, daß die gewählten Regeln Effizienz garantieren und nicht einfach bequeme Lückenbüßermaßnahmen sind. Denn jede freie Vereinigung von Menschen muß die Illusionen ihrer Mitglieder respektieren und institutionell unterstützen.

Die Illusion der *Rationalität* wird besonders stark, wenn eine wissenschaftliche Institution gegen politische Forderungen opponiert. In diesem Fall wird eine Klasse von Maßstäben gegen eine andere Klasse eingesetzt. Das ist völlig legitim. Jede Organisation, Partei oder religiöse Gruppe hat das Recht, ihre besondere Lebensform und alle Maßstäbe zu verteidigen, die sie enthält. *Aber Wissenschaftler gehen viel weiter.* Wie vor ihnen die Verteidiger der Einen und Wahren Religion bestehen sie darauf, daß ihre Maßstäbe für die Wahrheitsfindung oder das Erzielen von Ergebnissen *wesentlich* seien, und sie sprechen Forderungen der Politiker eine solche Autorität ab. Insbesondere widersetzen sie sich jeder politischen Einflußnahme und werden ganz atemlos bei dem Versuch, den Zuhörer oder Leser an den katastrophalen Ausgang der Lysenko-Affaire zu erinnern.

Nun haben wir gesehen, daß der Glaube an eine einzige Kollektion von Maßstäben, die immer zum Erfolg geführt hat und weiterhin immer zum Erfolg führen wird, nichts als eine Chimäre ist. Die *theoretische* Autorität der Wissenschaft ist viel geringer als im allgemeinen vermutet wird. Dagegen ist ihre *soziale* Autorität mittlerweile so übermächtig geworden, *daß politisches Eingreifen notwendig ist, um eine ausgewogene Entwicklung wieder herzustellen.* Und um die *Auswirkungen* solcher Eingriffe zu beurteilen, muß man mehr als einen unanalysierten Fall untersuchen. Man muß sich an jene Fälle erinnern, wo die Wissenschaft, sich selbst überlassen, schwere Fehler beging, und man darf auch jene Fälle nicht außer acht lassen, in denen politisches Eingreifen die Situation *verbessert* hat. (Ein Beispiel dafür ist die Wiederbelebung der traditionellen Medizin in China.) Solch eine ausgewogene Präsentation des Tatsachenmaterials mag uns sogar davon überzeugen, daß der Zeitpunkt überfällig geworden ist, der mittlerweile völlig selbstverständlichen Trennung von Staat und Kirche die Trennung von Staat und Wissenschaft folgen zu lassen. Die Wissenschaft ist nur *eines* der vielen Instrumente, die der Mensch erfunden hat, um mit seiner Umgebung fertig zu werden. Sie ist nicht das einzige Mittel, sie ist nicht unfehlbar und sie ist zu mächtig, zu streberhaft und zu gefährlich geworden, als daß man sie sich selbst überlassen dürfte. Für Details sei der Leser auf mein Buch Against Method verwiesen, vor allem auf die neue Einleitung zur deutschen Ausgabe, Frankfurt 1976.

Zum Schluß noch ein Wort über die *praktischen Ziele*, die *Lakatos* mit Hilfe seiner Methodologie verwirklichen möchte.

Lakatos ist besorgt über die intellektuelle Umweltverschmutzung. Ich teile seine Besorgnis. Analphabetische Bücher bar jeder Sachkenntnis überfluten den Markt. Leeres Gerede voll von seltsamen und esoterischen Begriffen tritt mit dem Anspruch auf, die tiefsten Einsichten auszudrücken, ,,Experten" ohne Gehirn, ohne Charakter und ohne das geringste intellektuelle, stilistische, emotionale Temperament klären uns über unsere ,,Lage" sowie die Mittel zu deren Verbesserung auf. Sie predigen nicht nur *uns*, die wir sie vielleicht noch zu durchschauen vermögen, sondern werden auch auf unsere Kinder losgelassen, und man gestattet ihnen, sie in ihren eigenen intellektuellen Schmutz zu zerren. „Lehrer" benützen gute und schlechte Noten und die Furcht vor dem Versagen, um den Geist der Jugend zu prägen, bis diese das letzte Quentchen Phantasie verloren hat, die sie einmal besessen haben mochte. Dies ist eine katastrophale Situation, und sie läßt sich nicht leicht verbessern. Aber ich sehe nicht, wie die Methodologie von *Lakatos* hier helfen kann.

Meiner Ansicht nach ist es das erste und drängendste Problem, die Erziehung aus den Händen der „professionellen Erzieher" zu nehmen. Der Druck der Zensuren, der Konkurrenz und der regelmäßigen Prüfungen muß beseitigt werden. *Wir müssen auch den Lernprozeß von der Vorbereitung auf einen bestimmten Beruf trennen.* Ich bestreite nicht, daß Wirtschaft, Religion, besondere Berufe wie etwa die Wissenschaft oder die Prostitution das Recht haben, von allen Beteiligten und/oder Praktikern das Lernen und Einhalten ihrer Maßstäbe zu verlangen und einen Kompetenznachweis zu führen. Ich gebe auch zu, daß dies die Notwendigkeit einer besonderen Art von Erziehung impliziert, durch die ein Mann oder eine Frau auf die entsprechenden „Prüfungen" vorbereitet werden. Die Gelehrten brauchen nicht „rational" oder „vernünftig" in irgendeinem Sinn zu sein, obwohl sie als solche präsentiert zu werden pflegen. Es genügt, daß sie von den Gruppen *akzeptiert* sind, denen man sich anzuschließen wünscht, sei es nun Wissenschaft, Big Business oder die Eine Wahre Religion. Schließlich hat in einer Demokratie doch „die Vernunft" genau so viel Recht, gehört und ausgedrückt zu werden, wie „die Unvernunft" — insbesondere angesichts der Tatsache, daß „die Vernunft" des einen der Irrsinn des anderen ist. Aber eines muß unter allen Umständen vermieden werden: Die besonderen Maßstäbe, die spezielle Fachgebiete und spezielle Professionen definieren, dürfen nicht die *allgemeine* Erziehung durchdringen, und sie sollten nicht zum Definitionsmerkmal eines „gebildeten Menschen" werden. Die allgemeine Erziehung sollte den Bürger darauf vorbereiten, *zwischen* den Maßstäben zu *wählen* oder seinen Weg in einer pluralistischen Gesellschaft zu finden, deren Gruppen an verschiedene Standards gebunden sind. *Aber unter keinen Umständen darf sie seinen Geist so verbiegen, daß er den Maßstäben einer bestimmten Gruppe genügt.* Die Maßstäbe werden *in Betracht gezogen* und *diskutiert.* Die Kinder werden ermutigt, die wichtigeren Fachgebiete zu meistern, *allerdings nur so, wie man ein Spiel meistert,* also ohne ernste Bindung und ohne den Geist der Fähigkeit zu berauben, auch andere Spiele zu spielen. So vorbereitet, kann sich ein junger Mensch entschließen, den Rest seines Lebens einer besonderen Profession zu widmen, und er mag beginnen, sie sofort ernst zu nehmen. Aber dieses „Engagement" muß das Ergebnis einer bewußten Entscheidung sein auf der Grundlage einer ausreichenden Kenntnis von Alternativen *und nicht ein unvermeidliches Ergebnis der Erziehung.*

All dies bedeutet natürlich, daß wir die Wissenschaftler daran hindern müssen, die Erziehung zu übernehmen, und daß wir sie nicht länger als „Tatsache" oder als „die einzige wahre Methode" lehren lassen dürfen, was immer auch als Mythos des Tages zufällig auftritt. Zustimmung für Wissenschaft sowie die Entscheidung, den Richtlinien der Wissenschaft gemäß zu arbeiten, sollte das Ergebnis einer Prüfung und Auswahl sein, *nicht* eine automatische Folge der Erziehung.

Ich glaube, daß eine solche Änderung in der Erziehung und die sich daraus ergebende Änderung in der Perspektive einen großen Teil der intellektuellen Korruption entfernen wird, die *Lakatos* beklagt. Die Änderung der Perspektive macht es deutlich, daß es viele Möglichkeiten gibt, Ordnung in die uns umgebende Welt zu bringen, daß man die verhaßten Fesseln bestimmter Maßstäbe höchst wirkungsvoll durch freie Wahl anderer Maßstäbe brechen kann und daß es nicht nötig ist, *jede* Ordnung zu verwerfen und sich selbst zu einem weinerlichen Bewußtseinsstrom reduzieren zu lassen. Eine Gesellschaft, die auf einer Kollektion wohldefinierter, restriktiver Regeln beruht, so daß Menschein dasselbe ist wie Befolgen dieser Regeln, *drängt den Gegner in ein Niemandsland ohne alle Regeln und beraubt ihn so seiner Vernunft und seiner Humanität.* Es ist das Paradoxe des modernen Irrationalismus, daß seine Verfechter stillschweigend Rationalismus mit Ordnung und artikulierter Sprache identifizieren und sich so selbst gewzungen sehen, Gestammel und Absurdität zu unterstützen. Viele Formen des „Mystizismus" und „Existentialismus" sind ohne eine feste aber unbewußte Bindung an einige Prinzipien der verachteten Ideologie unmöglich. (Es sei nur an die „Theorie" erinnert, daß Dichtung nichts anderes sei als farbenfroh ausgedrückte Gefühle.) Man entferne diese Prinzipien, man gestehe die Möglichkeit vieler verschiedener Lebensformen zu, und Phänomene wie diese werden verschwinden wie ein schlechter Traum.

Meine Diagnose und meine Vorschläge decken sich mit denen von *Lakatos* — bis auf einen Punkt. *Lakatos* hat allzuharte Rationalitätsprinzipien als die Quelle einiger Formen des Irrationalismus identifiziert und er hat darauf gedrängt, neue, liberalere Maßstäbe zu akzeptieren. Ich habe allzuharte Rationalitätsprinzipien sowie einen allgemeinen Respekt vor der „Vernunft" als Quelle einiger Formen des Mystizismus und Irrationalismus identifiziert und dränge auch auf die Akzeptierung liberaler Maßstäbe. Aber während *Lakatos'* großer „Respekt für große Wissenschaft" (*Lakatos*, die Geschichte der Wissenschaft ..., a.a.O., S. 297) ihn nach Maßstäben suchen läßt, die innerhalb der Grenzen der modernen Wissenschaft „in den letzten zwei Jahrhunderten" (a.a.O., S. 294) liegen, schlage ich vor, die Wissenschaft auf den ihr zukommenden Platz zu verweisen, als eine interessante doch keineswegs exklusive Wissensform, die neben vielen Vorteilen auch viele Nachteile hat: „... obschon die Wissenschaft als Ganzes Unfug ist, ist sie lehrreich", schreibt *Gottfried Benn* in einem Brief an *Gert Micha Simon* vom 11. September 1949 (*Gottfried Benn*, Lyrik und Prosa, Briefe und Dokumente, Wiesbaden 1962, S. 235). Auch glaube ich nicht, daß Scharlatane einfach durch Verschärfung der Regeln aus der Wissenschaft verbannt werden können.

Scharlatane hat es zu allen Zeiten gegeben, sogar in den exklusivsten, am strengsten organisierten Professionen. Einige der Beispiele, die *Lakatos* erwähnt (vgl. *Lakatos*, Falsifikation ..., a.a.O., S. 170, Fußnote 325) scheinen darauf hinzudeuten, daß das Problem durch zu viel Kontrolle und nicht zu wenig Kontrolle entstanden ist. (vgl. seine Bemerkungen über „falsches Bewußtsein" in: *Lakatos*, History of Science in: Boston Studies in the Philosophy of Science, Bd. VIII; *Roger C. Buck* und *Robert S. Cohen* (Hrsg.), Dordrecht-Holland 1971, S. 94; dieser Abschnitt ist in der deutschen Übersetzung nicht enthalten; vgl. ferner *Lakatos*, Die Geschichte der Wissenschaft ..., a.a.O., S. 291 ff.). Dies gilt insbesondere für die neuen „Revolutionäre" und ihre „Reform" der Universitäten. Ihr Fehler ist, *nicht daß sie Libertiner, sondern daß sie Puritaner sind.* (Ein älteres Beispiel findet sich in: *Albert Einstein, Hedwig* und *Max Born*, Briefwechsel 1916–1955, München 1969, S. 202 ff.) Glaubt übrigens jemand allen Ernstes, daß das intellektuelle Klima von Feiglingen eher verbessert wird als von Libertinern? (Einstein hat dieses Problem gesehen und deshalb dafür plädiert, Forschung und Beruf nicht miteinander zu verbinden: die Forschung muß von den Zwängen und dem Konformitätsdruck professioneller Organisation und Betätigung frei bleiben; vgl. *Einstein-Born*, a. a.O., S. 149 ff.) Wir müssen auch daran erinnern, daß jene seltenen Fälle, in denen liberale Methodologien *tatsächlich* leeres Gerede und windiges Denken ermutigen („windig" von einem Standpunkt aus gesehen, jedoch vielleicht nicht von einem anderen), insofern unvermeidbar sein mögen, daß der dafür verantwortliche Liberalismus *auch* eine Vorbedingung für Fortschritt ist.

Zum Schluß möchte ich nochmals wiederholen, daß meines Erachtens der Chauvinismus der Wissenschaft ein viel größeres Problem ist als die intellektuelle Umweltverschmutzung. Vielleicht ist er sogar ihre Hauptursache. Wissenschaftler geben sich nicht damit zufrieden, ihre eigenen Sandburgen nach den Regeln aufzubauen, die sie für die Regeln der wissenschaftlichen Methode halten. Sie wollen diese Regeln universalisieren, sie wollen sie auf die Gesellschaft als Ganzes audehnen und benutzen jedes verfügbare Mittel – Argumentation, Propaganda, Druckmittel, Einschüchterung und Lobbyismus –, um ihre Ziele zu erreichen. Die chinesischen Kommunisten erkannten die diesem Chauvinismus innewohnenden Gefahren und gingen daran, ihnen zu begegnen. Im Rahmen ihrer Gegenmaßnahmen gaben sie wichtigen Teilen des intellektuellen und emotionellen Erbes des chinesischen Volkes neues Leben, und sie verbesserten die Praxis der Medizin. Es würde anderen Regierungen zum Vorteil gereichen, dem chinesischen Beispiel zu folgen.

[39] *Lakatos*, Die Geschichte der Wissenschaft, a.a.O., S. 294 (Hervorhebung im Original).

[40] *Lakatos*, Die Geschichte der Wissenschaft, a.a.O., S. 302.

[41] *Lakatos*, Die Geschichte der Wissenschaft ..., a.a.O., S. 294.

[42] Vgl. die Regeln in *Lakatos*, Die Geschichte der Wissenschaft ..., a.a.O., S. 294 f.

[43] *Lakatos*, Die Geschichte der Wissenschaft ..., a.a.O., S. 302 und 303/304 (Hervorhebung im Original).

[44] Für weitere Literatur vgl. Anmerkung 32 und 33 meines Aufsatzes: von der beschränkten Gültigkeit methodologischer Regeln, in: Neue Hefte für Philosophie, Heft 2/3, Göttingen 1972.

[45] Vgl. die kurze Übersicht auf S.139 ff meiner in Anmerkung 44 genannten Abhandlung.

[46] *Lakatos*, Die Geschichte der Wissenschaft ..., a.a.O., S. 295.

[47] *Max Born*, Natural Philosophy of Cause and Chance, London 1948, S. 129 ff.

[48] Vgl. die in Anmerkung 44 genannte Abhandlung.

[49] *Leon Rosenfeld*, Misunderstandings about the Foundations of Quantum Theory, in: *S. Körner* (Hrsg.), Observation and Interpretation in the Philosophy of Physics, London 1957, S. 44.

[49a] Erläuternder Zusatz der Übersetzer: *Lakatos'* zentraler Ausdruck "common scientific wisdom" ist in der hier ansonsten zitierten deutschen Fassung seines Aufsatzes in der Regel mit „allgemeine wissenschaftliche *Klugheit*" übersetzt worden, womit jedoch unseres Erachtens der genaue Sinn von Lakatos' Standardprädikat für die wissenschaftliche Elite ("scientific élite") um bedeutsame Nuancen verfehlt wird. *Feyerabends* Kritik stellt auch weniger die Klugheit der Wissenschaftler infrage (denn an Intelligenz und Denkakrobatik pflegt es Wissenschaftlern üblicherweise nicht zu fehlen), sondern ihre *Weisheit*.

50 „Ist es ... nicht *Hybris* zu versuchen, den fortgeschrittensten Wissenschaften eine *apriorische* Wissenschaftstheorie aufzuzwingen? ... Ich glaube die Frage muß bejaht werden" (*Lakatos*, Die Geschichte der Wissenschaft ..., a.a.O., S. 307; Hervorhebung im Original).

51 *Lakatos*, Die Geschichte der Wissenschaft ..., a.a.O., S. 294, Anmerkung 80.

52 *Lakatos*, Die Geschichte der Wissenschaft ..., a.a.O., S. 307.

53 *Lakatos*, Die Geschichte der Wissenschaft ..., a.a.O., S. 307.

54 *Lakatos*, Die Geschichte der Wissenschaft ..., a.a.O., S. 307.

55 *Lakatos*, Die Geschichte der Wissenschaft ..., a.a.O., S. 308.

56 *Lakatos*, Die Geschichte der Wissenschaft ..., a.a.O., S. 294.

57 Vgl. oben Anmerkung 36.

58 *Lakatos*, Die Geschichte der Wissenschaft ..., a.a.O., S. 308.

59 *Lakatos*, Die Geschichte der Wissenschaft ..., a.a.O., S. 307 (Hervorhebung im Original).

60 *Lakatos*, Die Geschichte der Wissenschaft ..., a.a.O., S. 294 (Hervorhebung im Original).

61 „Vice versa" — dies war *Keplers* Meinung. Vgl. *Norbert Herz*, Keplers Astrologie, Wien 1895, sowie die dort gegebenen Literaturhinweise.

62 *Lakatos*, Die Geschichte der Wissenschaft ..., a.a.O., S. 294.

63 „Bis zum heutigen Tage waren es die wissenschaftlichen Maßstäbe, so wie sie von der wissenschaftlichen *Elite* instinktiv in *besonderen* Fällen angewendet werden, die den hauptsächlichen — wenn auch nicht ausschließlichen — Maßstab der *universellen* Gesetze der Philosophen bildeten" (Lakatos, Die Geschichte der Wissenschaft ..., a.a.O., S. 307; Hervorhebung im Original).

64 Der Begriff „Kosmologie" umfaßt hier Geschichte, Soziologie, Psychologie und alle anderen Faktoren, die den Erfolg eines bestimmten Verfahrens beeinflußen mögen. Das „Gesetz" der ungleichmäßigen Entwicklung (vgl. *Feyerabend*, Against Method, London 1975, Kapitel 12) gehört in diesem Sinne auch zur „Kosmologie".

65 *Lakatos*, Die Geschichte der Wissenschaft ..., a.a.O., S. 308.

66 *Lakatos*, Die Geschichte der Wissenschaft ..., a.a.O., S. 308, Anmerkung 132; und Falsifikation ..., a.a.O., S. 169 f.

67 *Lakatos*, Die Geschichte der Wissenschaft ..., a.a.O., S. 308, Anmerkung 130.

68 *Lakatos*, Die Geschichte der Wissenschaft ..., a.a.O., S. 308, Anmerkung 132.

69 Ibid.

70 *Lakatos*, Die Geschichte der Wissenschaft ..., a.a.O., S. 308, Anmerkung 130; *Lakatos*, Falsifikation ..., a.a.O., S. 141 (Hervorhebung im Original): „Die *rationale Position* wird am besten von Newton verkörpert."
Wir sehen, wie willkürlich diese Auswahl der Maßstäbe ist: der einsame *Einstein* wird akzeptiert, die wohldisziplinierten Kohorten der Kopenhagen Schule aber ins Abseits gestellt. Man braucht gewiß nicht die ganze komplizierte Maschinerie der Basiswerturteile, im Gleichgewicht gehalten durch „Commonsense" und philosophische Prinzipien, wenn man im voraus weiß, welche Entwicklungen man nicht tolerieren wird.

71 *Lakatos*, Falsifikation ..., a.a.O., S. 171.

72 *Lakatos*, Falsifikation ..., a.a.O., S. 172.

73 *Lakatos*, Die Geschichte der Wissenschaft ..., a.a.O., S. 294. Alle methodologischen Urteile von *Lakatos* basieren (wenn sie überhaupt auf Basissätze gegründet sind — siehe Text zu den Anmerkungen 56 ff.) auf den Basiswerturteilen und dem Gesetzesrecht dieser Periode, wobei natürlich die Basiswerturteile mißliebiger Schulen ignoriert werden. Und wenn die Basiswerturteile nicht die geforderte Einheitlichkeit aufweisen, dann werden sie sogleich durch *Popper*sche Maßstäbe ersetzt. Kein Wunder, daß *Lakatos* im Mittelalter nicht die geringste Spur „wissenschaftlicher Erkenntnis" findet. Denn zu jener Zeit gingen Denker tatsächlich ganz anders vor. *Lakatos* kann mit seinen Maßstäben nicht sagen, daß sie schlechter wären — und so fällt er einfach wieder in die Vulgärideologie unseres eigenen „wissenschaftlichen" Zeitalters zurück.
Der größte Teil der Forschung über die ägyptische, babylonische und griechische Astronomie des Altertums geht in genau der gleichen Weise vor. Sie ist nur an jenen Fragmenten der älteren Ideen interessiert, die der Ideologie der modernen Wissenschaft entsprechen. Sie ignoriert die älteren Kosmologien und die älteren Zielsetzungen, die sie und andere Fragmente in höchst eindrucksvoller Weise vereinigten. Kein Wunder, daß die Ergebnisse unzusammenhängend und „irrational" erscheinen. Eine einsame Ausnahme ist *B. L. van der Waerden*, Erwachende Wissenschaft, Bd. II, Basel 1968, S. 7: „In diesem Buch soll die Geschichte der babylonischen Astronomie in ihrer Wechselwirkung mit der Sternreligion und der Astrologie untersucht werden. Bei dieser Methode wird die Astronomie nicht aus dem kulturhistorischen Zusammenhang, in den sie hineingehört, herausge-

rissen." Vgl. auch meine „Einführung in die Naturphilosophie", hrsg. von *Helmut F. Spinner,* Bd. I, Braunschweig 1976. (Auch *Needhams* großartige Geschichte der chinesischen Wissenschaft unterliegt nicht dem erhobenen Einwand.)

[74] Ich wiederhole, daß ich mich hier nicht auf die Doktrinen beziehe, die in der Aristotelischen Lehre enthalten sind, sondern auf ihre Ausarbeitung innerhalb der Astronomie, Psychologie usw. usw. des späten Mittelalters. Der Begriff „Aristoteliker" ist natürlich eine Vereinfachung und muß eines Tages durch das Aufspüren des Einflußes einzelner Denker ersetzt werden. In der Zwischenzeit können wir ihn bei unserer Kritik einer anderen Vereinfachung einsetzen, nämlich der „modernen" Wissenschaft „in den letzten zwei Jahrhunderten".

[75] Vom Standpunkt der *Lakatos*schen Maßstäbe aus beurteilt, sind sie reine Propaganda. Einsicht in ihre Funktion beim Aufstieg der modernen Wissenschaft verbessert unsere Meinung von ihnen und wir nennen sie „rational".

[75a] Meiner Meinung nach ist die Beziehung zwischen den Aristotelikern und den Schülern des *Kopernikus* in vieler Hinsicht der Beziehung zwischen den Mitgliedern der Kopenhagen-Schule und den Theoretikern der Verborgenen Variablen vergleichbar. Die einen stellen zuerst Grundprinzipien auf und geben dann mit ihrer Hilfe eine rein formale Darstellung neu entdeckter Tatsachen, während die anderen von den Grundprinzipien selbst verlangen, daß sie alle relevanten Tatsachen antizipieren und/oder erklären. Angesichts der Schwierigkeiten eines jeden einheitlichen Ansatzes scheint die erste Methode wesentlich realistischer zu sein.

[76] *Lakatos,* Die Geschichte der Wissenschaft ..., a.a.O., S. 287 ff.

[76a] Anmerkung der Übersetzer: Quellenangabe oben in Anmerkung 25.

[77] Die zitierten Ausdrücke sind entnommen aus: *Lakatos,* Die Geschichte der Wissenschaft ..., a.a.O., S. 283.

[78] *Lakatos,* Falsifikation ..., a.a.O., S. 173 f.; *Lakatos,* Die Geschichte der Wissenschaft ..., a.a.O., S. 287 ff., Abschnitt 1E.

[79] Diese Ausdrucksweise ist natürlich ebenso eine Vereinfachung, wie die der folgenden Darstellung.

[80] Das gilt für *Popper:* „Die Frage ,*Unter welchen Umständen würdest Du Dein Abgrenzungskriterium aufgeben?*' wird von ihm nicht gestellt, und sie wird schon gar nicht beantwortet" (*Lakatos,* Die Geschichte der Wissenschaft ..., a.a.O., S. 293; Hervorhebung im Original). Es trifft *nicht* zu für *Plato* oder *Aristoteles,* die das Wissen *untersuchen* und seine Komplexität *entdecken.* Vgl. *Wolfgang Wieland,* Die aristotelische Physik, Göttingen 1962, S. 76 ff. (Das ganze Aufheben der Popperianer um das „Hintergrundwissen" ist hier mit starken, einfachen Argumenten und Beobachtungen vorweggenommen). Aber es *trifft zu* für die Aristoteliker des späten Mittelalters.

[81] Ein Beispiel hierfür ist beschrieben in meinem Aufsatz: Classical Empiricism, in: *Robert E. Butts* und *John W. Davis,* (Hrsg.), The Methodological Heritage of Newton, Oxford 1970, S. 150 ff.

[82] Vgl. zum Beispiel die Beziehung zwischen *Descartes'* Philosophie und Physik, zwischen *Newtons* Methodologie und Physik sowie zwischen der Philosophie *Poppers* und der Physik *Einsteins, wie sie von Einstein gesehen wird.* Das letzte Beispiel wird durch die Tatsache etwas vernebelt, daß *Popper Einstein* als eine der Inspirationsquellen und als den wichtigsten Anwendungsfall seines eigenen Falsifikationismus ausgibt. Nun es ist schon möglich, daß Einstein, der eine Art epistemologischer Opportunist gewesen zu sein scheint, gelegentlich Dinge sagte, die als eine Unterstützung der falsifikationistischen Erkenntnislehre ausgelegt werden könne (vgl. zum Beispiel *Herbert Feigl,* Beyond Peaceful Coexistence, in: *Roger H. Stuewer* (Hrsg.), Minnesota Studies in the Philosophy of Science, Bd. 5, Minneapolis 1970, S. 9, sowie meinen Kommentar dazu im 3. Abschnitt der Fußnote 33 meiner Abhandlung: Von der beschränkten Gültigkeit ..., *loc. cit.,* S. 134 f.). Seine Handlungen jedoch und der Großteil seiner Schriften erzählen eine ganz andere Geschichte. Im Jahre 1907 weigerte er sich, die Spezielle Relativitätstheorie aufzugeben, trotz der sie widerlegenden Forschungsergebnisse von *Kaufmann* und trotz der Tatsache, daß er keine überzeugende Kritik dieser Resultate liefern konnte (vgl. Jahrbuch der Radioaktivität und Elektronik (1907), S. 439). Später betonte er oft die „Vernunft der Sache" im Gegensatz zur „Verifikation (d. h. Prüfung) durch kleine Effekte" (vgl. *Carl Seelig,* Albert Einstein, Zürich 1960, S. 271; *Gerald Holtons* Aufsatz in: Organon 3 (1966), S. 242). Diese Haltung wird in *Einsteins* Brief an *Born* vom 12. Mai 1952 ganz deutlich: „Der Freundlich aber" (dessen Bericht von den experimentellen Ergebnissen über die Lichtablenkung in der Nähe der Sonne und über die Rotverschiebung *Max Born* veranlaßte zu schreiben: „Es sieht wirklich so aus, als ob Deine Formel nicht ganz stimmt. Bei der Rotverschiebung sieht es noch schlimmer aus ...," zitiert nach *Einstein-Born,* a.a.O., S. 255 f.) „rührt mich nicht ein bißchen" (*Einstein-Born,* a.a.O., S. 258). Und er fährt fort: „Es ist eigentlich merk-

würdig, daß die Menschen meist taub sind gegenüber den stärksten Argumenten, während sie stets dazu neigen, Meßgenauigkeiten zu überschätzen." Wie so vieles in *Poppers* Philosophie ist der Falsifikationist *Einstein* nichts als eine (nicht einmal sehr interessante) Fiktion.

[83] Vgl. auch meinen Vortrag auf dem Kieler Philosophenkongreß: Die Wissenschaftstheorie — eine bisher unbekannte Form des Irrsinns?, in: *Kurt Hübner* und *Albert Menne* (Hrsg.), Natur und Geschichte — X. Deutscher Kongreß für Philosophie (Kiel 8.—12. Oktober 1972), Hamburg 1973, S. 88—124.

Aus dem Englischen übersetzt von *Ilse Spinner-Offterdinger* und *Helmut F. Spinner*

Philosophische Aspekte der Wissenschaftsforschung

Von Lorenz Krüger

I.   Einleitung

Die Wissenschaften oder — falls eine Einheit oder Einheitlichkeit ihrer einmal angenommen werden darf — die Wissenschaft ist zweifellos ein überaus komplexer Forschungsgegenstand. Daher scheint man nicht übel beraten zu sein, wenn man die Wissenschaftsforschung als ein interdisziplinäres Unternehmen konzipiert. Es liegt in der Natur interdisziplinärer Arbeit, daß keine der zur Kooperation antretenden Disziplinen ohne weiteres den gemeinsamen Arbeitsplan von sich aus für alle anderen mit entwerfen oder gar diktieren kann. Eine allgemeine Umschau und Reflexion über das geplante Unternehmen wird daher schon zu Beginn nötig, so vorläufig sie auch ausfallen mag. Dergleichen jedoch hat seit jeher als eine philosophische Aufgabe gegolten, deren Erledigung heute in der Zeit der fachwissenschaftlichen Spezialisierung mehr noch als früher auch institutionell von den Vertretern der Philosophie erwartet wird. So mag es nützlich sein, sich einige philosophische Aspekte der Wissenschaftsforschung zurechtzulegen.

Bei dem Versuch, dies zu tun, möchte ich von den Problemen der interdisziplinären Kooperation ausgehen. Zu einer solchen stehen im Hinblick auf die Wissenschaft in erster Linie die Wissenschaftsgeschichte, die Wissenschaftssoziologie und die Wissenschaftstheorie bzw. Wissenschaftsphilosophie bereit. Als unentbehrlich wird sich, wie ich zeigen möchte, darüberhinaus die Mitarbeit der einzelnen jeweils betroffenen Fachwissenschaften selbst erweisen. Zunächst soll jedoch von dem Zusammenwirken von Wissenschaftstheorie auf der einen und Wissenschaftssoziologie und Wissenschaftsgeschichte auf der anderen Seite die Rede sein, und zwar im Hinblick auf die Naturwissenschaften. Zum einen sind diese sowohl die ältesten wie auch wohl die am weitesten gefestigten und fortgeschrittenen Wissenschaften, in diesem Sinne also die „wissenschaftlichsten", so daß man erwarten darf, gewisse typische Probleme an ihnen besonders deutlich ablesen zu können. Überdies werden die Sozialwissenschaften als Gegenstand der Wissenschaftsforschung von weiteren Referaten behandelt[1].

Im ersten Anlauf wird man versuchen, sich eine Aufgabenteilung zwischen Wissenschaftstheorie und Wissenschaftssoziologie bzw. -geschichte etwa folgendermaßen zurechtzulegen: Da die Wissenschaftstheorie institutionell zur Philosophie gehört, ferner die Philosophie weithin die Erforschung besonderer Sachgebiete an die Einzelwissenschaften abgegeben und sich mehr und mehr zur Disziplin der Erkennung und Klärung begrifflicher Grundprobleme entwickelt hat, wird man ihr die Rolle einer Metadisziplin im üblichen Sinne und als Forschungsgegenstand die sogenannte „Logik" der wissen

schaftlichen Forschung zuweisen wollen. Der Terminus „Logik" soll zunächst einmal
— etwa im Sinne der klassischen Wissenschaftstheorie unseres Jahrhunderts — einen
Gegensatz markieren zu „Psychologie", „Biographie", „Geschichte" oder dergleichen,
also verweisen auf eine Seite des Begriffspaars „Entdeckung/Rechtfertigung" oder
„quid facti/quid juris". Worum es geht, sind also die zeitfreien Relationen zwischen
Aussagen, aber auch außersprachlichen Überprüfungsverfahren und Aussagen usw., kurz,
um eine zeitfreie Methodologie und Erkenntnistheorie der wissenschaftlichen Erkenntnis. Demgegenüber hätten Wissenschaftssoziologie und Wissenschaftsgeschichte
die Wissenschaft als raum-zeitliches Phänomen mit all seinen historischen, ökonomischen, psychologischen etc. Bedingungen zum Gegenstand; kurz, sie wären gewissermaßen als empirische Metadisziplinen anzusehen.
Diese Zurechtlegung klingt höchst plausibel, nicht zuletzt weil sie der faktischen
Praxis und dem Selbstverständnis der beteiligten Disziplinen weitgehend entspricht.
Doch so plausibel sie klingt, so irreführend kann sie sein, weil sie nämlich ein entscheidendes Problem verbirgt. Erst die Einsicht in dieses Problem zeigt, wieso die eben
angedeutete Scheidung der Zuständigkeiten überhaupt die Basis einer interdisziplinären
Kooperation werden kann. Sie kann es nur deshalb, weil sie genaugenommen unhaltbar
ist, d.h. weil in Wahrheit die Verschränkung der Disziplinen weit enger ist, als die
Formel von logischer Analyse und empirischer Erforschung zum Ausdruck bringt. Die
Arbeitsteilung in der Praxis wird zwar ebenso möglich und nötig sein wie die zwischen
Zimmermann und Maurer beim Bau eines Hauses; aber sie wird ihren Sinn und ihre
Wirksamkeit nur aus einem gemeinsamen Konzept — dem Plan des Architekten vergleichbar — ziehen können. Andeutungsweise kann die hinter der Arbeitsteilung als
ihr tragender Grund stehende Verflechtung der Disziplinen durch den Hinweis bezeichnet werden, daß die Logik der Forschung selbst noch in einem realen unter
historischen und sozialen Bedingungen stehenden Prozeß verwirklicht werden muß.
Diesen zu beurteilen wird nicht möglich sein, ohne zu sehen, was er real leistet bzw. geleistet hat. Umgekehrt wiederum wäre ein solcher Prozeß nicht als „wissenschaftlich"
erkennbar, wenn er nicht einer besonderen „Logik", eben jener „Logik der Forschung"
unterläge[2].

II.   Die Unerzwingbarkeit wissenschaftlichen Fortschritts

Auf die Besonderheit und den entscheidenden Einfluß einer für die wissenschaftliche
Forschung charakteristischen Bedingung — hier provisorisch „Logik der Forschung"
genannt — kann uns der folgende Umstand eindringlich hinweisen: Es ist leicht, sich
historische oder gesellschaftliche Verhältnisse vorzustellen, die einen negativen Einfluß auf die Wissenschaft zwingend zur Folge haben, d.h. die hinreichende Bedingung
dafür sind, daß die wissenschaftliche Forschung behindert, verzögert, entstellt oder
schließlich gar zum Stillstand gebracht wird, ja die Ergebnisse solcher Forschung zerstört werden. Nicht möglich jedoch ist es, gesellschaftliche Bedingungen anzugeben,
unter denen das Umgekehrte zwangsläufig der Fall sein würde, nämlich eine positive
Beeinflussung der wissenschaftlichen Forschung. Es ist zwar ohne weiteres möglich,

aus Erfahrung mit dem Wissenschaftsprozeß Bedingungen anzugeben, die der Forschung
förderlich sind: Man muß gewisse institutionelle Formen des Unterrichts garantieren,
Kommunikationssysteme schaffen, den für wissenschaftliche Forschung erfahrungs-
gemäß notwendigen Freiraum herstellen und so fort. In diesem Sinne ist es durchaus
möglich, eine Vielzahl von zusammengenommen oft sehr wirksamen Faktoren zu
nennen, die die Wahrscheinlichkeit dafür erhöhen, daß erfolgreiche wissenschaftliche
Forschung betrieben wird. Dennoch ist die Gesamtheit dieser Faktoren niemals eine
hinreichende Bedingung dafür, daß solcher Fortschritt wirklich stattfindet.

Der noch fehlende Faktor ist die wissenschaftliche Einsicht selbst: der produktive
Einfall, seine Ausarbeitung, Korrektur, Überprüfung und im günstigen Falle schließlich
seine Bewährung. Wegen der Schlüsselfunktion dieses Faktors für den wissenschaftlichen Fortschritt ist es berechtigt (d.h. hier: zweckgerecht), wenn die Gesellschaft
— möglicherweise nach einer Vorentscheidung über die Präferenzordnung unter den
jeweils umfassenden Forschungszweigen — ihre materielle Unterstützung an einen
solchen global vergibt und deren Verwendung im einzelnen der Eigendynamik der
betroffenen Wissenschaftlergemeinschaft überläßt.

Eine Bemerkung über die Reichweite der eben angestellten Überlegung sei hinzugefügt:
Gesellschaftlich forcierte und dabei erfolgreiche Unternehmungen wie das Mondflug-
programm oder die Entwicklung atomarer Waffen scheinen Gegenbeispiele darzustellen. In der Tat wird man wohl erwarten dürfen, daß Zielvorgabe von außen desto
mehr Aussicht auf Erfolg bietet, je „technischer" ein Vorhaben ist, d.h. je weiter es
von der Grundlagenforschung entfernt ist, je mehr es nur noch in der Anwendung
oder Ausarbeitung bereits verfügbaren theoretischen Wissens besteht. Man sollte jedoch „technisch" nicht mit „praxisnah" verwechseln: Krebstherapie und Kernfusion
sind praxisnah in eminentem Maße; sie mögen jedoch deshalb so große Schwierigkeiten
machen, weil grundlegende theoretische Einsichten, z.B. der Molekularbiologie und der
Plasmaphysik noch fehlen. Und im Prinzip kann dergleichen kognitives Defizit[3] in
jedem scheinbar noch so überschaubaren technischen Projekt lauern. Wie leicht hätte
das Raumflugprogramm — aller Kenntnis der seit *Newton* vertrauten mechanischen
Grundlagen zum Trotz — an unscheinbaren metallurgischen oder elektronisch-kyber-
netischen Problemen scheitern können.

Worauf es mir hier ankommt, ist der Hinweis, daß auch jedes technische Projekt zum
Scheitern verurteilt ist, wenn nicht gewisse im Prinzip unerzwingbare Erkenntnisbe-
dingungen erfüllt sind. Im nächsten Schritt möchte ich diese negative Bemerkung in
eine positive These wenden, die den eigentlichen Grund für die Verflechtung von
Wissenschaftstheorie und empirischer Wissenschaftsforschung sichtbar machen soll.

III.   *Eine These über die Selbststeuerung der Wissenschaften*

Bevor ich die These ausspreche, möchte ich klarstellen, inwiefern der oben genannte
oberflächliche Gegensatz zwischen logischer Analyse und empirischer Erforschung des
Phänomens Wissenschaft ein gewisses Recht hat. Dieses Recht beruht auf der Existenz
von zweierlei Art des Zusammenhangs zwischen wissenschaftlichen Forschungsschritten.

Zum einen kann ein Forschungsschritt mit dem anderen in einem argumentativen Zusammenhang stehen, derart, daß sich zeigt, daß der erste Forschungsschritt A mit dem zweiten Forschungsschritt B (beide seien etwa als das Behaupten oder Vertreten einer Aussage verstanden oder auch als das Ausführen einer bestimmten experimentellen Handlung) so verbunden ist, daß, wie man zu sagen pflegt, „wer A sagt (bzw. erfolgreich tut), auch B sagen muß". Zum anderen besteht zweifellos zwischen den einzelnen Forschungsschritten eines bestimmten Forschungsprozesses als realen Gegebenheiten auch ein kausaler Zusammenhang. Beide Zusammenhänge werden jeweils auf verschiedene Art als zwingend empfunden. Im einen Falle handelt es sich um den Zwang der Logik in dem bereits benutzten weiteren Sinne dieses Wortes, im anderen Falle handelt es sich um die Notwendigkeit der kausalen Verknüpfung. Es ist ein philosophisches Erbe der Neuzeit die Ansicht, daß diese beiden Zusammenhänge tatsächlich ganz verschiedener Natur sind[4].

Gegen diesen philosophischen Hintergrund stelle ich die folgende These:

> Argumente können Ursachen sein. Für die Entwicklung der Wissenschaft (im Unterschied zu natürlichen oder anderen kulturellen Phänomenen) ist charakteristisch, daß sie eine zusammenhängende Kette dieser besonderen Art von Ursachen zum Leitfaden hat.

Zur Erläuterung dieser These lasse ich einige Bemerkungen folgen:

1. Es ist zu fragen: Ursachen wovon sollen Argumente sein? Antwort: Ursachen der sich ausbreitenden und stabilisierenden Überzeugung vom Wahrheitsgehalt gewisser Aussagen, zunächst unter den Fachwissenschaftlern, in der Folge (oft vermittelt durch die durch diese Überzeugung eröffneten erfolgreichen Handlungs- und Produktionsmöglichkeiten) in der Gesamtgesellschaft.

2. Die in der These gewählte Formulierung scheint ein Problem zu enthalten: Ein Argument wird üblicherweise zunächst als abstrakte linguistische Entität aufgefaßt, die als Relation über Propositionen definiert ist, oder soweit es um experimentelle Bestätigungen oder Prüfungen geht, über methodisch festgelegten Handlungen und Propositionen[5]. Eine Ursache wird überlicherweise als an einem bestimmten Punkt in Raum und Zeit wirkendes Ereignis aufgefaßt. Genauer, so sollte man meinen, müßte der erste Teil der These also lauten: Die Äußerung, Darlegung oder dergleichen eines Arguments kann Ursache sein. Es wäre jedoch irreführend, sich die Sache so vorzustellen, als ob der reale Kommunikations- (oder auch Selbstkommunikations-)prozeß kein Argument sei. Richtig ist nur, daß das, was ihn zu einem solchen macht, seine Wiederholbarkeit, seine Invarianz gegen die Besonderheiten der biographisch und historisch bestimmten Motivationen, Konnotationen etc. ist. Z.B. ergibt die historische Forschung, daß *Kopernikus* unter dem Einfluß hermetischer Spekulationen und astronomisch-technischer Überlegungen zum heliozentrischen Weltbild kam[6]. Aus diesem komplexen Wirkungszusammenhang ist die aus dem Renaissancemilieu genährte spekulative Motivation unwiederholbar, hingegen sind die astronomisch-mathematischen Argumente heute überzeugend reproduzierbar. Der Schritt des *Kopernikus* zählt für uns als wissenschaftlich nur deshalb, weil auch jene zweiten Ursachen mit am Werke waren.

3. Die eben angeführte Wiederholbarkeit ist jedoch nicht von der Art der Reproduzierbarkeit anderer kausaler Zusammenhänge, die sich aus der Konformität zweier

Ereignisse mit den Instanzen eines allgemeinen Gesetzes ergibt, das man als offenbar geltend (weil immer wieder wirksam) erschließen kann. *Der Betrachter muß sich ihr vielmehr selbst unterworfen wissen; er muß aktiver Teilnehmer am wissenschaftlichen Dialog sein, in dem das Argument ausgetragen wird.* An diesem Punkt wird klar, warum Wissenschaftstheorie oder Wissenschaftsphilosophie von der Wissenschaft selbst, die sie betrachtet, nicht zu trennen ist. Der Wissenschaftstheoretiker kann nicht einfach über eine Wissenschaft reden, er muß sie zugleich selbst betreiben, wenn er das auch oft nur in der rudimentären Weise tun kann, daß er die vorgeprägten Überzeugungen und Begründungen von Wissenschaftlern für sich selbst übernimmt oder verwirft.

4. Es scheint nun nahezuliegen, im Gegensatz zu dem soeben von der Wissenschaftsphilosophie Behaupteten die Wissenschaftssoziologie und die Wissenschaftsgeschichte als rein registrierende empirische Metawissenschaften zu konzipieren, die das *gegebene* Objekt Wissenschaft gleichsam von außen betrachten, nach dem Motto „Es kommt nicht darauf an, was wahr oder falsch ist, sondern allein darauf zu verstehen, warum bestimmte Wissenschaftler oder wissenschaftliche Institutionen dies oder jenes geglaubt und getan haben." Diese Auffassung führt zusammen mit der obigen These offenbar zu einer einschneidenden Beschränkung der Arbeitsmöglichkeiten der Wissenschaftssoziologie und Wissenschaftsgeschichte, nicht notwendigerweise natürlich des Wissenschaftssoziologen oder des Wissenschaftshistorikers, der an dieser Stelle zum Wissenschaftstheoretiker — oder besser zum Wissenschaftler, als dessen Anwalt und Kompagnon der Wissenschaftstheoretiker hier auftritt — werden und in Personalunion die oben beschworene Verschränkung der Disziplinen aktualisieren könnte.

Zur Begründung der obigen These, insbesondere ihres zweiten Teiles, folgen nun einige Überlegungen. Sie stellen alle indirekte Begründungen dar, also Versuche, aus der Ablehnung inakzeptable Folgerungen herzuleiten. Eine direkte Begründung ist schwieriger und müßte offensichtlich sehr weitläufig ausfallen. Auf welchem Wege man hoffen kann, sie zu erarbeiten, kann ich abschließend (Teil V) nur noch andeuten.

(a) Angenommen es gäbe eine zureichende soziologisch-historische Analyse wissenschaftlicher Erkenntnis (hier und im Folgenden ist immer an die Naturwissenschaften gedacht), die nicht von der Frage nach Wahrheit oder Falschheit Notiz nähme, mit der sich jedoch die der Untersuchung unterworfenen Wissenschaftler selbst herumschlagen, ja die womöglich die Sinnhaftigkeit einer solchen Frage der Objektwissenschaft leugnete. Eine solche Metawissenschaft müßte die Auflage auf sich nehmen, ihrem eigenen Wahrheitsanspruch oder — vorsichtiger gesagt — Anerkennungsanspruch eine Grundlage zu verschaffen; sie müßte ihre eigenständige methodologisch abgesicherte Objektivität entwickeln. Damit vollbrächte sie jedoch eine Leistung gleichen Ranges, wie sie sie der von ihr zu untersuchenden Objektwissenschaft absprechen möchte, und schaffte damit den Zustand einer angesichts der faktischen Durchsetzungskraft der historischen und sozialwissenschaftlichen Disziplinen relativ zu der der Naturwissenschaften ganz unplausible Asymmetrie zu ihren eigenen Gunsten.

(b) Was hier unter dem Namen „Argument" bezeichnet wird, steht für jenen inneren Zusammenhang der Wissenschaften, den man als Ausdruck einer ihnen eigenen Rationalität ansehen möchte. Falls man nun die obige These ablehnt, d.h. leugnet, daß die Wissenschaften sich an einem durchlaufenden Leitfaden von Argumenten als nicht mehr hintergehbaren Ursachen entwickeln, so gibt man die Idee auf, daß die fragliche Wissenschaft ihre immanente Rationalität hat und damit ihre sachgegebene Steuerung in allen Wahrheitsfragen. Dies jedoch würde gerichteten Fortschritt, genauer Wachstum des *Wissens*, unverständlich machen.

(c) Man kann allerdings versuchen, der eben ausgesprochenen Schlußfolgerung dadurch zu entgehen, daß man eine *Hegel*sche Position einnimmt, in der eine Wissenschaft oder einige Wissenschaften (z.B. die Naturwissenschaften) für sich freilich nicht vernünftig sein können, in der sie untauglich sind, für sich genommen Wahrheit zu erfassen. Das Merkmal der Vernünftigkeit und die Fähigkeit zur Wahrheit wären vielmehr dem Gesamtprozeß zuzuschreiben, von dem die Wissenschaften nur ein Teil (wenn auch gerade für Vernunft und Wahrheit ein unentbehrlicher Teil) sind. Gegen diesen gigantischen Versuch, das Verhältnis von Wissenschaft und Geschichte zu bestimmen, der für die Wissenschaftsforschung natürlich eine vollkommen neue Ausgangsbasis schafft, kann ich hier nicht sinnvoll mit ein paar Worten antreten. Ich begnüge mich daher mit zwei mehr kommentierenden Randbemerkungen. Zum einen erscheint mir an diesem Versuch überzeugend, daß man für einen geringeren Einsatz die erstrebte historisch-soziologische Relativierung der Wissenschaften nicht haben, also auf *diesem* Wege die Versöhnung von Wissenschaft und Geschichte bzw. gesellschaftlicher Realität nicht vorstellen kann. Zum anderen erscheint mir an ihm nicht nur unplausibel, sondern auch bedenklich, daß man wissenschaftliche Erkenntnis, da wo sie auf ihrer größten Höhe erscheint, nämlich in beschränkten Sachbereichen und Methoden, keine selbständige Geltung zusprechen kann; damit untergräbt man, zumindest in der philosophischen Theorie, ihre korrigierende, wenn nicht gar lenkende Funktion im historisch-gesellschaftlichen Prozeß. Über den hier drohenden Verlust von Vernunft kann das wache Bewußtsein ihrer Unentbehrlichkeit nicht hinweghelfen, wie es sich in der globalen These meldet, daß freilich eine *wissenschaftlich* gesicherte Einsicht in den gesamten Geschichtsprozeß zugrundegelegt werden müsse. Es kann dann darüber nicht hinweghelfen, wenn diese Einsicht nicht zugrundegelegt werden kann, weil sie nicht zur Verfügung steht, wenn nämlich der Eindruck zutrifft, der sich dem Wissenschaftler immer wieder aufdrängt, daß zuverlässige wissenschaftliche Erkenntnis inselhaft begrenzt, fragmentarisch und vorläufig ist.

IV. *Folgerungen für die Wissenschaftsforschung als empirische Metawissenschaft*

Es seien nunmehr einige Folgerungen betrachtet, die sich für die Wissenschaftssoziologie aus der obigen These ergeben. Angenommen, daß die Wissenschaften sich nicht ohne einen ihnen selbst immanenten Leitfaden von Argumenten entwickeln können, und unter Berücksichtigung der unbestreitbaren Tatsache, daß diese Argumente jedenfalls in fortgeschrittenen Wissenschaften hochgradig professionell und esoterisch sind, steht der Wissenschaftssoziologe vor einer Forschungsaufgabe, die ihn über seine eigene professionelle Kompetenz hinausweist. Er ist angesichts dieser Aufgabe nicht entscheidend besser gestellt als andere Mitglieder der Gesellschaft, die ebenfalls außerhalb der Disziplin stehen, die er zu seinem Forschungsobjekt gemacht hat. Eben die Existenz der *Scientific Community* als einer relativ unabhängigen Untergruppe der Gesellschaft wird nur so möglich und ist nur aus diesem Grunde wichtig oder sogar unentbehrlich.

Aber nicht die bloße Komplexität des Aufgabenbereiches allein, die allenthalben zur Arbeitsteilung und zur Strukturierung der Gesellschaft in Berufsgruppen führt, begründet die Unabhängigkeit der Wissenschaftlergemeinschaft; ein weiteres auszeichnendes Merkmal vor anderen Gruppen der Gesellschaft kommt hinzu: Eine eigenständige intellektuelle Autorität, wie sie z.B. der Verwaltungsbeamte dem Politiker gegenüber nicht ohne weiteres geltend machen könnte. Eben die Verfügbarkeit und die Nützlichkeit oder sogar Unentbehrlichkeit einer Quelle derartiger Autorität ist das, was die Existenzgrundlage wie die Berechtigung der *Scientific Community* ausmacht. Wer diese in einer gleichsam übergeordneten Wissenschaft erforschen will, hat daher nicht nur die sich faktisch immer weiter steigernden technischen Schwierigkeiten des Verständnisses zu meistern, er muß methodisch einen *prinzipiellen* Schritt tun: nämlich selbst zum Fachwissenschaftler der Objektdisziplin werden, bzw. — wenn das zuviel verlangt ist — zum Partner dieses Fachwissenschaftlers. Statt *über* ihn zu forschen und zu reden, muß er *mit* ihm den dialogischen Forschungsprozeß fortführen.

So wird z.B. die hier postulierte Verschmelzung der Fachwissenschaft und der auf sie gerichteten Soziologie bzw. die Kooperation ihrer jeweiligen Vertreter bei der Untersuchung scheinbar typisch soziologischer Phänomene notwendig: Will man etwa das Ausmaß des Matthäus-Effekts[7] bestimmen, so braucht man ein Maß für die fachliche Seriosität oder Dignität neuer wissenschaftlicher Ideen, das auf die zu einem bestimmten Zeitpunkt bestmögliche Einschätzung der Forschungslage bezogen ist; ein solches Maß kann aber, wenn überhaupt verbindlich, dann nur von den Experten der jeweiligen Disziplin angegeben werden, allerdings wohl auch nicht ohne soziologisch inspirierte Bereicherung der Problemerfassung und ein durch sie geschärftes Gewissen.

Ein etwas tiefer liegendes Beispiel bietet die Bestimmung der oder einer *Scientific Community* und ihrer inneren Struktur. Es scheint mir kein Zufall zu sein, daß eine rein äußerliche Bestimmung etwa anhand von Zitationszusammenhängen und -häufigkeiten für sich wenig Kredit besitzt, vielmehr inhaltliche Kriterien der gemeinsamen Forschungsthematik ins Spiel gebracht werden: So spricht etwa *Thomas S. Kuhn* von dem von der Gruppe geteilten „Paradigma" bzw. der "disciplinary matrix"[8]. Die geläufige Kritik der Wissenschaftstheoretiker an *Thomas S. Kuhns* angeblicher Soziologisierung der Wissenschaftstheorie geht hier ebenso zu weit wie die Erwartungen mancher Soziologen: *Kuhn* löst die inhaltlichen wissenschaftlichen Kriterien für die Abgrenzung der Wissenschaft oder einer ihrer Teildisziplinen keineswegs in rein soziologische Meta-Begrifflichkeit auf; vielmehr verkörpert gerade seine Arbeit die intime Verknüpfung von objektwissenschaftlicher und historisch-soziologischer Forschung, von der auch hier die Rede sein soll. Die Disziplinenstruktur der *Scientific Community* gestattet gerade zu illustrieren, worauf ich hier hinaus will: Zu den notwendigen Bedingungen eines ihrer Entwicklungsstadien oder Entwicklungsschritte gehören kognitive wie institutionelle Voraussetzungen. Darüberhinaus jedoch wird ihre Adäquatheit sich nach den kognitiven Voraussetzungen richten müssen. In Anlehnung an Teil II dieses Berichts kann man sagen, daß zwar das Fehlen institutioneller Voraussetzungen die Forschung behindern oder verhindern, daß Ergreifen institutioneller Maßnahmen allein jedoch die Forschung nicht weiterbringen kann, wenn die Erkenntnisvoraussetzungen nicht vorhanden sind. Für den Erkenntnisfortschritt muß die Wissenschaft schon selbst sorgen; keine noch so energische oder noch so fürsorgliche Betreuung durch die Gesellschaft kann ihr dies abnehmen.

V.   Ein Einwand gegen die Selbststeuerung der Wissenschaft

Im abschließenden Teil dieses Berichts möchte ich mich mit einem besonders vertrauten Einwand beschäftigen, der gegen die in meiner These behauptete durchlaufende Kontinuität des die Wissenschaftsentwicklung leitenden Argumentationszusammenhanges gerichtet werden kann. Zwar wird meist akzeptiert, daß in den Grundlagenwissenschaften im Unterschied zu den angewandten Wissenschaften eine Außensteuerung zumindest phasenweise aussichtslos ist, weil die interne Problematik der Theoretisierung den Gang der Forschung diktiert. Ebenso verbreitet ist andererseits die von *Kuhn* aufgestellte These von der Existenz wissenschaftlicher Revolutionen, in denen bloße Überredung den Sachzwang methodisch fortschreitender normaler Forschung durchbricht[9]. Ob dies nun in *Kuhns* Sinne ist oder nicht[10], sein Konzept der wissenschaftlichen Revolution bietet sich dazu an, es zum Einwand gegen die von mir behauptete argumentative Kontinuität der Wissenschaftsentwicklung auszubauen. So haben z.B. *G. Böhme*, *W. van den Daele* und *W. Krohn* von den Revolutionen als „Einbruchsstellen ..., an denen wissenschaftsfremde Einflußfaktoren im Wachstumsprozeß wirksam werden", gesprochen[11].
Es scheint mir jedoch verfehlt, die Möglichkeit externer Steuerung an die Revolutionsphasen zu knüpfen. Wenn man nicht innerhalb normaler Forschung, z.B. der Entwicklung der klassischen Mechanik oder der klassischen Elektrodynamik, externe Steuerung nachweisen kann, wird dies schwerlich allein deshalb gelingen, weil diese beiden Theorien bei ihrem Aufeinandertreffen im Bereich bewegter Ladungen und Lichtquellen zu einer Krise der Forschung und ihrer revolutionären Lösung in der speziellen Relativitätstheorie geführt haben. Die revolutionäre Entwicklung ist hier ebenso sehr oder ebenso wenig wie die normale eine „immanente". Nicht zufällig ist die Relation der *Scientific Community* zur Gesamtgesellschaft unempfindlich gegen Revolutionen der eben genannten Art. Die in *Kuhns* Theorie des wissenschaftlichen Fortschritts benutzte Annahme relativer Autonomie auch während wissenschaftlicher Revolutionen trifft zu. Andernfalls ließen sich jene Revolutionen gar nicht als selbst wissenschaftliche Vorgänge, also gar nicht als „wissenschaftliche Revolutionen" im wörtlichen Sinne verstehen.
An diesem Punkt muß allerdings eine Qualifikation dessen, was ich unter dem Stichwort „argumentativer Zusammenhang" im Auge habe, deutlich hervorgehoben werden:

Er kann für normale und revolutionäre Phasen der Entwicklung von verschiedener Art sein. Es ist eine Aufgabe, eine im Ansatz oder in den Grundsätzen gegebene Theorie zu entfalten, zu prüfen, zu modifizieren oder zu ergänzen; es ist eine durchaus verschiedene und meist wesentlich schwierigere Aufgabe, sie mit einer anderen solchen in den gehörigen Zusammenhang zu bringen und die theoretischen Vorstellungen über solchen Zusammenhang zu präzisieren, zu prüfen, ja womöglich durch neuartige „revolutionäre" Theoriebildung abschließend wissenschaftlich zu fassen. Meine Überzeugung geht dahin, daß der Eindruck, Übergänge *zwischen* Theorien seien geeignete „Einbruchsstellen" in den internen Zusammenhang der Forschung, nur entstehen konnte, weil die herkömmliche Wissenschaftstheorie (keineswegs jedoch die Wissenschaft selbst) bislang entweder nur einheitliche Theorien betrachtet oder aber, wie etwa in der Schule *K. R. Poppers,* die Beziehungen zwischen ihnen lediglich negativ als solche der Konkurrenz und der sukzessiven Verdrängung einer Theorie durch eine nächste — oder auch eines Forschungsprogramms durch ein neues[12] — verstanden hat.

An dieser Stelle wird nun sichtbar, worin ich die Möglichkeit nicht nur indirekter Begründungen für meine These, wie ich sie oben (in Teil III) skizziert habe, sondern einer direkten Begründung sehe: in dem konkreten Aufweis des argumentativen Zusammenhanges über die Grenzen von Theorien (oder auch Forschungsprogrammen) hinweg, in der Artikulation und Analyse intertheoretischer Relationen. Diese sind ebenso sehr für die systematische Gestalt des gegenwärtigen Wissens auch noch in der fortgeschrittensten Wissenschaft (der Physik) charakteristisch wie zugleich ein Dokument der fortschreitenden, aber keineswegs gleichmäßigen, vielmehr durch Revolutionen hindurchgehenden Entwicklung der Wissenschaften. Billiger als um den Preis der Analyse dieses Theoriengefüges, also eines höchst komplexen argumentativen Zusammenhanges, läßt sich die Eigensteuerung der Grundlagenwissenschaften nicht nachweisen, vorsichtiger gesagt: in ihrer tatsächlichen Reichweite abschätzen.

Zur Verdeutlichung dieses Gedankens mögen hier noch Beispiele angefügt werden, an denen sich eine derartige Analyse bewähren muß und zu einem Teil auch schon bewährt hat. Etliche betreffen den Schritt der Verallgemeinerung einer Theorie T_1 durch Einbau in eine umfassendere Theorie T_2 und meist ineins damit durch die Zusammenfassung mehrerer Teiltheorien T_1, T_1' usw. innerhalb eines einheitlichen Rahmens. Hierher gehört etwa der Übergang von der *Kepler*schen Theorie der Planetenbewegung und der *Galilei*schen Theorie des freien Falls zur *Newton*schen Gravitationstheorie. Dieser Forschungsschritt wird üblicherweise nicht als besonders dramatisch angesehen, sondern eher als kontinuierliches Fortführen erster erfolgreicher Ansätze. Eine genauere Analyse zeigt jedoch, daß auch hier schon subtile Überlegungen (in die etwa Begriffe wie die der kontrafaktischen Erklärung und der numerischen Approximation gleichermaßen eingehen[13]) nötig, allerdings auch einwandrei durchführbar sind. Hier von einer Ersetzung der (streng genommen „falschen") älteren Theorie(n) durch eine neue zu sprechen, wird weder dem historischen Gang der Wissenschaft gerecht noch den systematischen Möglichkeiten ihrer Bestätigung, Überprüfung und Anwendung.

Weitere Illustrationen bieten die Schritte von phänomenologischen makroskopischen Theorien zu (zunächst nur hypothetischen) mikroskopischen Theorien, etwa der von der klassischen Thermodynamik zur atomistischen kinetischen Theorie der Materie. Mit diesen ist die Notwendigkeit verbunden, von einer deterministischen zu einer statistischen Beschreibung der Natur überzugehen, also einen ziemlich fundamentalen Wechsel der Beschreibungsweise sowie der Erklärungs- und Überprüfungsmethode zu vollziehen — eine Neuerung, die dann schließlich, als sie mit der Quantenmechanik nicht „nur" pragmatisch-empirisch, sondern sogar theoretisch unwiderruflich zu werden schien, auch wirklich als „revolutionär" empfunden wurde. Dieser Bruch mit älteren Erkenntnisidealen hat sich jedoch darum nicht weniger als inneres Ereignis der Forschungsentwicklung einer speziellen Fachwissenschaft vollzogen. Ferner verbindet er Theorien oder Forschungsprogramme (etwa in der statistischen Mechanik) in einer spezifischen Weise miteinander, die weitgehend durch die Form festgelegt ist, die die ursprünglich schon entwickelten Theorien haben.

Es darf also gesagt werden, daß durch die Entwicklung intertheoretischer Verknüpfungen ein Stück der immanenten „Logik der Forschung" sichtbar gemacht wird, zumindest in der fachwissenschaftlichen Forschung selbst, neuerdings aber auch in der wissenschaftsphilosophischen Reflexion[14]. Wieweit eine Festlegung der Forschungsentwicklung aus einer derartigen argumentativen Kontinuität der Theorieentwicklung bezüglich eines vorgegebenen Gegenstandes geht, ist natürlich eine schwierige Frage. Man sollte jedoch nicht aus dem Auge verlieren, daß eben diese Kontinuität gerade diejenigen Wissenschaften kennzeichnet, denen „Fortschritt" als Merkmal unbestritten zuerkannt wird.

Die weitere Aussicht auf ein Gelingen des Nachweises, daß jener auch und gerade aus praktischen Gründen geschätzte Fortschritt maßgeblich auf der Wirksamkeit einer Eigensteuerung der Grundlagenwissenschaften beruht, erhält ferner im Falle der Naturwissenschaften eine gewisse Nahrung aus der vergleichsweise metaphysischen Überzeugung des unverbildeten Bewußtseins, es finde in der Forschung ein schrittweise wachsendes Erkennen der gegebenen natürlichen Realität oder jedenfalls gewisser Ausschnitte aus dieser statt. Gegen diese Überzeugung und die sie fortführende und entfaltende wissenschaftliche und metawissenschaftliche Forschung muß der Versuch abgewogen werden, denn Erkenntnisfortgang der Wissenschaft aus äußeren Bedingungen zu erklären oder, von einer solchen Erklärung geleitet, planend zu beeinflussen.

Anmerkungen

[1] Siehe z.B. u.a. *Gerald Eberlein*, Wissenschaftstheorie oder Wissenschaftsforschung? Wider eine Dogmatisierung wissenschaftlichen Handelns. Vortrag, Deutsche Gesellschaft für Soziologie, Kassel, November 1974.
[2] Daß das Wort „Logik" hier in Anführungszeichen gesetzt ist, soll nicht auf einen bekannten Buchtitel anspielen, sondern andeuten, daß nicht Logik im engeren Sinne gemeint ist, sondern, wie im Text erklärt, die Gesamtheit argumentativer und pragmatischer Elemente, wie sie den inneren Zusammenhang der fachwissenschaftlichen Forschung ausmacht.

3 Diesen Terminus entleihe ich aus der Arbeit von W. *van den Daele* und P. *Weingart*, Resistenz und Rezeptivität der Wissenschaft — zu den Entstehungsbedingungen neuer Disziplinen durch wissenschaftspolitische Steuerung, in: Zeitschrift für Soziologie 1975, Nr. 2.

4 Die erste kompromißlos klare und bis heute nicht recht überwundene Formulierung dieses Unterschieds findet sich bekanntlich bei *David Hume* (An Enquiry Concerning Human Understanding, section IV).

5 Die Einführung von Handlungen neben Aussagen in einem Argumentationszusammenhang bedürfte natürlich der näheren Erläuterung und Absicherung. Für die Zwecke dieses Berichts jedoch wird es genügen, sich zur Illustration vorzustellen, daß man eine sogenannte Basis- oder Primaussage durch Aufweis begründen kann, also etwa die Aussage „Die Sonne scheint" dadurch, daß man zum Fenster hinausweist.

6 Zu diesem Beispiel vergleiche man: *Frances A. Yates*, The Hermetic Tradition in Renaissance Science, in: Art, Science, and History in the Renaissance (Hrsg.) *C. S. Singleton*, und: *ders.*, Giordano Bruno and the Hermetic Tradition, Chicago 1964; samt der kritischen Reaktion, z.B. bei: *Mary Hesse*, Hermeticism and Historiography — An Apology for the Internal History of Science, Minnesota-Studies in the Philosophy of Science, vol. V (Hrsg.) *R. Stuewer*, Minneapolis 1970, SS. 134—160.

7 *Robert K. Merton*, The Matthew Effect in Science, in: Science 159 (1968), S. 56—63. Auf die Einzelheiten und die weitere Entwicklung des ursprünglichen Ansatzes kann ich hier nicht eingehen; etwa auf *S. Cole*, Professional Standing and the Reception of Scientific Discoveries, in: American J. of Sociology 76 (1970), S. 286—306, dt. in *P. Weingart* (Hrsg.), Wissenschaftssoziologie Bd. I, Frankfurt 1972. Worauf es mir ankommt, ist der Umstand, daß jede sozial bedingte Beeinflussung der Anerkennung wissenschaftlicher Arbeiten gegen eine rein wissenschaftlich gebotene Anerkennung als Norm abgehoben werden muß. So sieht sich *Cole* z.B. genötigt, zwischen „Spitzenarbeiten" und „weniger guten" Arbeiten zu differenzieren.

8 *Thomas S. Kuhn*, The Structure of Scientific Revolutions, 2. Aufl. mit Postscript 1969, Chicago 1970; dt. Frankfurt 1968, Postscript in: *P. Weingart* (Hrsg.), s. Anm. 7. Man vgl. für den hier betonten Aspekt auch, *Alan Musgrave*, Kuhn's Second Thoughts, in: British J. for the Philosophy of Science 22 (1971), S. 287—297.

9 Vgl. Anm. 8, bes. Kap. XII und Postscript.

10 Wie eben schon beim Begriff der *Scientific Community* angedeutet, besteht die Gefahr, *Kuhns* Ausgreifen auf soziologische Hintergründe der Wissenschaftsgeschichte aus einem fragwürdigen Konzept von Wissenschaftssoziologie heraus allzu externalistisch zu interpretieren. Ferner besteht *Kuhn* in seiner Theorie des wissenschaftlichen Fortschritts gerade auch in Revolutionsphasen auf der relativen Autonomie der Wissenschaftlergemeinschaft (Anm. 8, Kap. XIII).

11 *G. Böhme, W. van den Daele, W. Krohn*, Alternativen in der Wissenschaft, in: Zeitschrift für Soziologie, 1 (1972), S. 302—316.

12 *Imre Lakatos*, Falsification and the Methodology of Scientific Research Programmes, in: Criticism and the Growth of Knowledge, (Hrsg.) *I. Lakatos* und *A. Musgrave*, Cambridge Univ. Press 1970, dt. Braunschweig 1974.

13 *Clark N. Glymour*, On Some Patterns of Reduction, in: Philosophy of Science 37 (1970), S. 340—353; *Erhard Scheibe*. Die Erklärung der Keplerschen Gesetze durch Newtons Gravitationsgesetz, in: Einheit und Vielheit, Festschrift für Carl Friedrich von Weizsäcker, hrsg. von *E. Scheibe* und *G. Süssmann*, Göttingen 1973, S. 98—118; *ders.*, The Approximative Explanation and the Development of Physics, in: Logic, Methodology and Philosophy of Science IV (Hrsg.) *P. Suppes* et al., Amsterdam 1973, SS. 931—942.

14 Als ausgewählte Beispiele seien zur Illustration für den näher Interessierten außer den in Anmerkung 13 genannten Arbeiten erwähnt: *J. G. Kemeny* and *P. Oppenheim*, On Reduction, in: Philosophical Studies 1 (1956), S. 6—19; *E. Nagel*, The Structure of Science, New York 1961, Kap. 11; *M. Bunge*, Problems Concerning Intertheory Relations, in: Induction Physics and Ethics (Hrsg.) *P. Weingartner* und *G. Zecha*, Dordrecht/Holland 1970. Den erkenntnistheoretischen Hintergrund und die Bedeutung intertheoretischer Relationen für eine rationale Analyse der Wissenschaftsgeschichte habe ich zu skizzieren versucht in: Wissenschaftliche Revolutionen und Kontinuität der Erfahrung, in: Neue Hefte für Philosophie, hrg. *R. Bubner, K. Cramer, R. Wiehl*, Heft 6/7: Tendenzen der Wissenschaftstheorie, Göttingen 1974, S. 1—26.

Sonderhefte der Kölner Zeitschrift für Soziologie und Sozialpsychologie

Sonderheft 1
Soziologie der Gemeinde
Herausgegeben von Prof. Dr. René König
4. Auflage 1972. 229 Seiten. Kartoniert

Sonderheft 2
Soziologie der Jugendkriminalität
Herausgegeben von Prof. Dr. Peter Heintz
und Prof. Dr. René König
6. Auflage 1974. 192 Seiten. Folieneinband

Sonderheft 3
Probleme der Medizin-Soziologie
Herausgegeben von Prof. Dr. René König
und Dr. Margret Tönnesmann
Vergriffen.

Sonderheft 4
Soziologie der Schule
Herausgegeben von Prof. Dr. Peter Heintz
9. Auflage 1971. 200 Seiten. Kartoniert

Sonderheft 5
Soziale Schichtung und soziale Mobilität
Herausgegeben von Prof. Dr. David V. Glass
und Prof. Dr. René König
5. Auflage 1974. 348 Seiten. Folieneinband

Sonderheft 6
Probleme der Religionssoziologie
Herausgegeben von Prof. Dr. Dietrich Gold-
schmidt und Prof. Dr. Joachim Matthes
3. Auflage 1971. 289 Seiten. Kartoniert

Sonderheft 7
Max Weber zum Gedächtnis
Herausgegeben von Prof. Dr. René König
und Prof. Dr. Johannes Winckelmann
Vergriffen.

Sonderheft 8
Studien und Materialien zur Soziologie der DDR
Herausgegeben von Prof. Dr. Peter Christian Ludz
2. Auflage 1971. 540 Seiten. Kartoniert

Sonderheft 9
Zur Soziologie der Wahl
Herausgegeben von Prof. Dr. Erwin K. Scheuch
und Prof. Dr. Rudolf Wildenmann
Vergriffen.

Sonderheft 10
Kleingruppenforschung und Gruppe im Sport
Herausgegeben von Prof. Dr. Günther Lüschen
Vergriffen.

Sonderheft 11
Studien und Materialien zur Rechtssoziologie
Herausgegeben von Prof. Dr. Ernst E. Hirsch
und Dr. Manfred Rehbinder
2. Auflage 1971. 412 Seiten. Kartoniert

Sonderheft 12
Beiträge zur Militärsoziologie
Herausgegeben von Prof. Dr. René König
unter Mitarbeit von Prof. Dr. Klaus Roghmann
Dr. Wolfgang Sodeur und Prof. Dr. Rolf Ziegler
1968. 360 Seiten. Kartoniert

Sonderheft 13
Aspekte der Entwicklungssoziologie
Herausgegeben von Prof. Dr. René König
unter Mitarbeit von Prof. Dr. Günter Albrecht,
Dr. Wolfgang S. Freund und Dr. Dieter Fröhlich
1969. 816 Seiten. Kartoniert

Sonderheft 14
Soziologie der Familie
Herausgegeben von Prof. Dr. Günther Lüschen
und Prof. Dr. Eugen Lupri
2. Auflage 1974. 528 Seiten. Folieneinband

Sonderheft 15
Zur Soziologie der Sprache
Herausgegeben von Prof. Dr. Rolf Kjolseth
und Prof. Dr. Fritz Sack
1971. 396 Seiten. Kartoniert

Sonderheft 16
Soziologie und Sozialgeschichte
Herausgegeben von Prof. Dr. Peter Christian Ludz
1972. 623 Seiten. Kartoniert

Sonderheft 17
Künstler und Gesellschaft
Herausgegeben von Prof. Dr. Alphons Silbermann
und Prof. Dr. René König
1974. 353 Seiten. Folieneinband

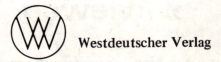

Westdeutscher Verlag

Gerd Abel
Wissenschaftssprache und Gesellschaft
Zur Kritik der Sozialwissenschaften.
(Studien zur Sozialwissenschaft, Bd. 28) 1975. 120 S. Folieneinband

Raymond Boudon
Strukturalismus — Methode und Kritik
Zur Theorie und Semantik eines aktuellen Themas.
Aus dem Französischen übersetzt von Rüdiger Teufert.
(WdWS, Bd. 4) 1973. 160 S. Folieneinband

Gerald Eberlein / Werner Kroeber-Riel / Werner Leinfellner (Hrsg.)
Forschungslogik der Sozialwissenschaften
Mit Beiträgen von H. Albert, R. Carnap, G. Eberlein, W. Kroeber-Riel,
W. Leinfellner und M. Nowakowska.
(WdWS, Bd. 3) 1974. 312 S. Folieneinband

Carl G. Hempel
Grundzüge der Begriffsbildung in der empirischen Wissenschaft
Aus dem Amerikanischen übersetzt von Hans-Joachim Kondratowitz.
(WdWS, Bd. 5) 1974, 104 S. Folieneinband

Heinrich Hülsmann
Argumentation. Faktoren der Denksozialität
(Interdisziplinäre Studien, Bd. 3) 1971. 248 S. Folieneinband

Tadeusz Pawlowski
Methodologische Probleme in den Geistes- und Sozialwissenschaften
Aus dem Polnischen übersetzt von G. Grzyb.
1975. X, 130 S. Kartoniert — (Vieweg)

Carol H. Weiss
Evaluierungsforschung
Methoden zur Einschätzung von sozialen Reformprogrammen.
Aus dem Amerikanischen übersetzt von Kathy Davis und Rolf Butzmühlen.
Herausgegeben und eingeleitet von Manfred Küchler.
(Studienbücher zur Sozialwissenschaft, Bd. 10) 1974. 196 S. Folieneinband

 Westdeutscher Verlag

 **vieweg**